U0355314
U0398720

朱傑人　朱人求　崔英辰　主編

栗谷全書

〔韓國〕李珥　著

上册

華東師範大學出版社

圖書在版編目(CIP)數據

栗谷全書 / [朝] 李珥著；朱傑人，朱人求，崔英辰主編. —上海：華東師範大學出版社，2017

ISBN 978－7－5675－6160－1

Ⅰ. ①栗… Ⅱ. ①李… ②朱… ③朱… ④崔… Ⅲ. ①李珥(1536－1584)—全集 Ⅳ. ①B312－52

中國版本圖書館 CIP 數據核字(2017)第 258897 號

栗谷全書

著　　者　[韓國]李　珥
主　　編　朱傑人　朱人求　崔英辰
責任編輯　呂振宇
裝幀設計　高　山

出版發行　華東師範大學出版社
社　　址　上海市中山北路3663號　郵編　200062
電　　話　021－60821666　行政傳真　021－62572105　客服電話　021－62865537
網　　址　www.ecnupress.com.cn
門市地址　上海市中山北路3663號華東師範大學校内先鋒路口　郵編　200062
門市(郵購)電話　021－62869887
網　　店　http://hdsdcbs.tmall.com/

印 刷 者　上海中華商務聯合印刷有限公司
開　　本　890×1240　32開
印　　張　72.375
字　　數　1355千字
版　　次　2017年10月第1版
印　　次　2017年10月第1次
書　　號　ISBN 978－7－5675－6160－1/Z·067
定　　價　360.00元(全三册)

出 版 人　王　焰

栗谷全書編輯委員會

主　編

朱傑人　朱人求　崔英辰

校點人員

藺　華（卷一至卷三）　苑學正（卷四至卷六）　李慧玲（卷七至卷十一）

和　溪（卷十二至卷十六）　陳　才（卷十七至卷二十）　吕振宇（卷二十一至卷二十三）

朱人求（卷二十四至卷二十八）　蔡　浪（卷二十九至卷三十三）

許春偉（卷三十四至卷三十八）　王凱立（附録續編、拾遺）

栗谷全書發刊詞

本書是二〇一五年十一月韓國栗谷研究院、中國厦門大學國學研究院、華東師範大學古籍研究所簽訂學術交流協定以來取得的第一項成果。雖然這一成果尚爲微小，但不可否認的是，它將爲栗谷學的未來發展奠定堅實的基礎。我認爲紀念李栗谷誕生四百八十周年，在中國出刊栗谷全書，這是非常有意義的事情。

作爲韓國十六世紀的代表儒者，李珥（號栗谷，一五三六——一五八四）的學術成就並不僅僅局限於性理學，也涵蓋了經世學、教育學、社會學等各個領域。他在這些領域所提出的嶄新理論，其學術水平不僅在韓國，甚至在整個東亞文化圈都屈指可數。栗谷學也因此被評爲朱子學以來儒學的又一座高峰。栗谷性理學說之「理通氣局説」、「氣發理乘一途説」、聖學輯要；經世學説之以務實爲前提的「一系列更張説」；教育學説之「同居戒辭」、擊蒙要訣、學校模範、小學集注、聖學輯要；以及社會學説之社倉契約束、西原鄉約、海州鄉約等就是最好的例證。

爲了方便廣大學者正確、快捷地理解和把握複雜又深奥的栗谷理論，我們對栗谷學之代表作栗谷全書開展了這一項標點加注工作。因此，該書的刊行將會爲那些致力於韓國古典著作研究工作的學者，特別是中國儒學研究者提供有益的幫助，進而促進「栗谷學的國際化」。這也正是我向該書發刊致辭的本意所在。

在此，我謹向爲本書的發刊付出無數心血的華東師範大學朱傑人教授、厦門大學朱人求教授、韓國栗谷學會會長崔英辰教授致以衷心的感謝！同時，向厦門大學國學研究院以及華東師範大學古籍研究所的各位研究人員表達真摯的謝意！我也熱誠希望，本書的刊行能够爲栗谷學的發展貢獻一份微薄之力。

二〇一六年七月三日　尹絲淳（栗谷研究院理事長、高麗大學終身教授）

栗谷全書解題

栗谷全書是朝鮮中期著名學者兼官員李珥的詩文集。

李珥，籍貫朝鮮京畿道德水，字叔獻，號栗谷、石潭、愚齋。一五三六年（中宗三十一年）陰曆十二月二十六日，李珥出生於江原道江陵烏竹軒，是監察員李元秀和師任堂申氏的第三個兒子。

一五四八年（明宗三年），十三歲的李珥考中進士初試，並師從趙光祖的門人休菴白仁傑。一五五一年回鄉爲母親申師任堂治喪。服喪三年後，李珥於一五五四年離家前往金剛山摩訶衍學習禪家的頓悟法，次年下山返回家鄉江陵，作自警文，開始專注性理學研究。自警文分爲立志、寡言等十一項，對自我警戒的具體方法進行了探討。

一五五六年（明宗十一年）春，二十一歲的李珥回到首爾，在漢城試「對策」，狀元及第。一五五七年，二十二歲的李珥與星州牧使盧慶麟之女成婚。次年就性理學問題與隱居禮安的退溪李滉進行了探討。一五五八年冬，在別試中，以探討天文、氣象運行和異變的天道策再次狀元及第。一五六四年實行的大科中，再中文科初試、復試、殿試三場的狀元。此外，他還在生員試、進士試等九場科舉考試中均中狀元，被人們稱爲「九度狀元公」。

一五六四年（明宗十九年）大科及第後，李珥任正六品户曹佐郎，後歷任禮曹、吏曹佐郎，以及向王諫諍、論駁的司諫院正言和司憲府持平等負責臺諫的職位。一五六七年十月，以書信的方式，與高峰奇大升就格物致知展開討論。一五六八年（宣祖元年）就大學的格物致知與牛溪成渾進行討論。同年，作爲千秋使的書狀官前往明朝。一五六九年，擔任弘文館副校理，以及負責歷史記録和編纂的春秋館記事官，參與明宗實録的編纂工作，並與松江鄭澈就經世濟民的社會改革案進行討論，向宣祖上奏東湖問答。

一五七〇年（宣祖三年），李珥辭官退隱於黃海道海州，潛心研究學問，並與退溪進行書信交流，探討聖學十圖的來源和意義。一五七一年出任清州牧使，次年因病告隱，復歸海州，後移居坡州栗谷村。與此同時，與成渾探討理氣説、四端七情、人心道心。一五七三年再次受命擔任承政院的同副承旨、右副承旨。一五七四年，針對當時社會上存在的問題，提出了具體的對策，向宣祖進奏萬言對事。當年擔任黃海道觀察使，此後歷任大司憲、弘文館副提學等。

一五七五年（宣祖八年），李珥以弘文館副提學的身份，作帝王學指南聖學輯要，向宣祖進奏。一五七六年，朝廷派沈義謙和金孝元出任地方官後，李珥所主張的「兩非論」不僅未能調解、緩和二人之間的矛盾，反而遭致了雙方的怨恨，進而遭到了宣祖的責難。此後，李珥決心辭官，隱居坡州栗谷村。同年十月，由栗谷村遷至海州，次年一月回到海州石潭。當年十二月編纂教化弟子的擊蒙要訣。一五八〇年著述箕子實記。與此同時，在石潭搭建隱屏精舍，致力於學術研究和教書育人，實行鄉約和社倉。

一五八一年（宣祖十四年），李珥再次出任大司憲和藝文館提學，歷任同知中樞府使、弘文館和藝文館大提學，同時著述經筵日記。一五八二年擔任吏曹判書，七月承蒙王命作人心道心說。八月擔任刑曹判書，九月擔任右贊成，向王上疏萬言疏。十二月擔任兵曹判書，次年李珥向宣祖上疏時務六條，提出「十萬養兵説」的改革方案，但也因此遭到了「東人」一派以「助長黨爭」爲由的彈劾，不得不辭去官職。此後再次擔任吏曹判書和判敦寧府事等官職。

一五八四年（宣祖十七年）陰曆一月十六日，四十九歲的李珥在首爾大寺洞辭世，葬於坡州紫雲山的祖墳。一六二四年（仁祖二年）被追封爲文成公。此外，李珥還在全國各地建立了坡州紫雲書院、江陵松潭書院、豐德龜巖書院、黄州白鹿洞書院等二十餘家書院。

一六八二年（肅宗八年）李珥被列位於文廟，追奉爲韓國名賢。

栗谷全書在綜合成渾主持編纂的原集、樸世采後續編纂的别集、外集、續集以及語録、年譜、聖學輯要、擊蒙要訣等基礎上，按原則進行删減後予以刊行。以下，本文將按照刊行的順序，對編纂的過程分别進行探討。

一 原集的刊行和内容

栗谷死後，牛溪成渾首次對其詩文集進行了編輯整理。成渾從一五八六年開始對栗谷詩文稿進行整理，之後金長生、權擎、高敬命、樸枝華等人也參與了整理工作。一五九八年，成氏尚未完成對原集的編纂工作就與世長辭。此後，栗谷詩文集的編纂刊行工作交由樸汝龍負責，並於一六一一年最終完成。是年，在栗谷辭世二十七年後，在樸汝龍等人的負責下，海州紹賢書院正式刊行了木刻版的栗谷先生文集。初版的卷首簡略地記録了李珥世系以及其子李景臨所作的年譜，並對九卷文集和一卷詩集分别進行編排。此外，該文集還以「封事」爲題，將與「上疏」和「封事」有關的文集與其他文集相區分進行編纂。這也體現了編者在整理栗谷政治思想時的匠心獨運。一六一二年，在原文集的基礎上增録了月沙李廷龜整理的栗谷所作的行狀一卷，共計十一卷。這種單獨增録的方法體現了編者將詩集與文集相區分的考慮。

二 續集、外集、别集的編纂和刊行

樸世采一直不滿於原集的編纂方式以及内容粗略等問題，因此他於一六七二年前往栗谷石潭的宅第，在閲覽栗谷文集手抄卷後，開始潛心編纂續集。他以原集刊行過程中遺漏的文章爲基礎，收集了栗谷在海州、江陵、坡州宅第所藏的著作，並篩選了其中的重要篇目，整理爲續集，並將剩餘的作品編纂爲外集。在一六七二年至一六八一年期間，樸氏將其編纂爲八卷續集、八卷外集和六卷别集。一六八二年觀察使申翼相在全州將續集和外集進行了刻印，並於一六八六年在平壤對别集進行了刻印。我們可以從外集卷首的栗谷續外集所輯書籍後録了解到外集和續集的内容構成，以及其收録書目之多樣性的特點，並進而推知其大概的收録範圍。遺憾的是，續集的完整版並没有保存下來，只有散落的部分章節流傳至今。參閲這些散帙，我們可以得知，卷三是書簡，收録了答成浩原戊寅等書信内容；而卷四則是書簡和雜著，雜著部分收録了策問。

一六八一年别集的編纂工作最終完成。雖然與續集相比，别集收録的大多是栗谷不太重要的作品，但也收録了類似於經筵日記等十分重要的作品。負責原集編纂的成渾雖然也認爲經筵日記非常重要，但是考慮到其包含了很多當時敏感的内容，所以樸世采將其收録在了外集中。雖然部分日記内容受相關人物後嗣之托予以删除，但其仍然真實地反映了栗谷對當時人物的評價。此外，别集也没有收録栗谷的作品，而是模仿二程全書的體系，匯編了栗谷弟子們編寫的栗谷語録以及其他文獻中與栗谷有關的内容。

樸世采的别集刊行後引起了軒然大波。宋時烈就曾對别集的刊行表達了深深的擔憂。宋氏認爲别集不僅體系不合理，而且收録的内容都非栗谷本人的作品；此外，部分内容還可能會遭致類似於「入山問題」的争論。他還主張那些批評栗谷的内容雖然符合事實，但不應該收録在文集當中。

三　年譜和語録

關於栗谷的年譜，在原集刊行時，栗谷之子李景臨曾編寫過相關内容，此後宋時烈再次整理，並將其與牛溪成渾的年譜整編匯合，單獨刊行。鑒於栗谷與成渾是道義之交，栗谷的弟子們將二人稱爲「兩文」，並在此基礎上形成了所謂的「西人學派」。

大約從一六五〇年起，就有關於宋時烈和宋俊吉奉金集之命編輯校對栗谷年譜，並在一六六五年整合刊行栗谷、牛溪二人年譜的議論。但這其實是關於是否要在年譜編纂的基礎上，收録與申辯有關的上疏内容的爭辯。最後，各方一致同意將上疏的内容也收録在内。在此基礎上，一六六五年兩先生年譜編纂而成，以宋時烈的書文作附，同年在鄭瀁的主持下，由江陵松潭書院進行了刊行工作。後來，樸世采又對宋氏編寫的年譜進行了校對，並創作了年譜考證，繼而編纂了反映這一内容的栗谷年譜。這也成爲了栗谷全書編纂過程中續寫新譜的重要參考。

四　栗谷全書的編纂和刊行

栗谷全書的編纂，大約始自一七四二年，至一七四四年書寫跋文爲止，在陶庵李載的主持下完成。李載承蒙宋時烈遺命，與栗谷第五代孫李鎮五一道完成了全書的編纂工作。該書將與詩集、文集、續集、外集分開刊行的聖學輯要、擊蒙要訣、年譜、語録等所有著作以及相關作品整合爲一，分爲三十八卷刊行。

該書的編纂原則如下：

一、將詩集、文集、續集、外集整合爲一套全書，將其命名爲栗谷全書。

二、依據二程全書收録易傳的例子，將聖學輯要、擊蒙要訣等栗谷單獨創作的作品也一起收録在内。

三、詩按照編年順序排纂，並對習作和科文進行了删節。

四、針對栗谷與退溪、牛溪的來往書信，除了栗谷的去信外，根據所需增附了二人的部分回信。

五、劄子、啓辭中，删減了與日記重複的部分。

六、對栗谷任職兩司時上奏的劄子中不重要的部分進行了删節。

七、依據二程全書的外書例，將語録編録在附録之前。

八、根據尤庵的判斷，考慮到别集中收録的太極問答可能是宋翼弼的作品，全書在編録過程中删除了這一作品。

九、以尤庵編纂的版本爲依據，在參考樸世采年譜考證的基礎上，編寫了新的年譜。

一七四九年，洪啓禧對栗谷全書進行了活字印刷，並予以刊行。此外，全書版本中還另外增加了「拾遺五卷」，並收録了之前版本中遺漏的詩文。因此，全書初版刊行時共有四十四卷的内容。

拾遺的編纂原則如下：

一、以全書刊印後留下的作品爲基礎進行編纂。
二、對續集或外集中收録的來源不明或疑爲他人著作的部分予以删節。
三、即使續集或外集並未收録，但如果判斷確爲栗谷作品的部分也將其收録在内。
四、原集中雖然並未收録栗谷參加科舉時所作之文，但是鑒於拾遺的正式程度低於原集，加之考慮到這些文章都是栗谷所作，所以拾遺將其一道收録在内。

一八一四年，在栗谷全書刊行六十五年後，在海州地區對全書的活字印刷版本進行了木刻重印，進而刊行了重刊本。栗谷全書的重刊本在李載正本的基礎上，對部分内容進行了符合時代變化的修改，例如將子孫録、院享録、廟侑録等内容增録在内，並將其他相關記録編纂在附録續篇之中。

五　栗谷全書的結構和內容

栗谷全書將所有與栗谷有關的記録都編録在內。總體上來看，全書卷一至卷十八是詩文集，卷十九至卷二十六是聖學輯要，卷二十七是擊蒙要訣，卷二十八至卷三十是經筵日記，卷三十一至卷三十二是語録，卷三十三至卷三十八是附録，此後還增録了附録續編以及拾遺六卷，總計四十四卷。

卷首有李載編纂的全書修正凡例和總目，具體的目録載於每卷卷首。

卷一、卷二是辭、賦和詩。卷一有浴沂辭和祭湘靈辭辭二篇，理一分殊賦、畫前有易賦、箕子廟賦賦三篇，以及詩一百三十九首。卷二有湖堂夜坐、遊三清洞等詩一百七十四首。這兩卷的詩按照創作的時間進行排序，這可能是出於對內容分量的考慮。

卷三到卷七是疏劄。這一部分按照時間順序收録了五十一篇疏劄。我們可以由此了解到栗谷所奉行的政治理念和政治哲學。鑒於其重要性，在原集編纂時將這一部分收録在了開頭。卷三包括論妖僧普雨疏、論尹元衡疏、辭正言疏、諫院陳時事疏、六曹郎官論沈通源疏、玉堂陳時弊疏、陳弭災五策劄等十一篇疏劄。卷四包括玉堂論乙巳僞勳劄、擬陳時弊劄、論朋黨疏等八篇疏劄。卷五包括玉堂陳戒劄、萬言封事、陳海西民弊疏等八篇疏劄。卷六包括請勿過哀疏、玉堂論君德四事劄、司諫院請勉學親賢臣劄等七篇疏劄。卷七包括辭大司諫兼陳洗滌東西疏、司諫院乞變通弊法劄、司諫院請進德修政劄、陳時弊疏、陳時事疏、辭吏曹判書疏等十七篇疏劄。在這些疏劄中，除了少部分是關於辭官的疏劄外，大多數是針砭時政的内容。

卷八收録了二十二篇啓辭和議。就内容來看，包括請革兩宗禪科啓、陳黄海道民弊啓、復命後陳所經一路民弊啓、六條啓等二十篇啓和二篇議。雖然其中也有辭職啓等内容，但主要還是針砭時政的啓文。

卷九至十二是書簡文。主要收録了栗谷與退溪李滉、高峰奇大升、思庵樸淳、牛溪成渾、龜峯宋翼弼、松江鄭澈等人來往的書信。這一部分首先按照人物整理，之後再按照時間順序的原則進行編集。卷九有上退溪李先生別紙、與奇明彦大升、答朴和叔淳、答成浩原渾等書十七篇。卷十有答成浩原等書九篇。卷十一有與宋雲長翼弼等書三十九篇。卷十二有答鄭季涵澈、與李夢應濟臣等書三十篇。我們可以從這些書中了解到栗谷對性理學問題的思考以及他對禮制的關注。特别是在第九、十卷收録的栗谷與成渾的來往書信中，我們可以清楚地了解到栗谷在性理學問題上「四端七情」、「人心道心」等主張。

卷十三包括了本國祭世帝皇帝文、本國請改宗系奏本、禮曹答對馬島主書、祈雨祭文等十一篇應製文，風樹契序、别洪表叔序等五篇序，九容帖跋、學蔀通辨跋等五篇跋，以及熙川兩賢祠記、輔仁堂記等九篇記。

卷十四包括了一五八二年栗谷依王命所作的人心道心圖説以及同年所作的克己復禮説等六篇説，夫子文章贊一篇贊，思菴琴銘一篇銘，祭退溪李先生文、祭聽松成先生文、成大谷祠宇祭文等十六篇祭文，以及箕子實記、金時習傳、李氏感天記、論心性情、記大學小註疑義、晦齋大學補遺後議、易數策、天道策、孔孟言性道軍旅疑等十八篇雜著。

卷十五收録了東湖問答、學校模範、隱屏精舍學規、隱屏精舍約束、示精舍學徒、文憲書院學規。這些主要是體現栗谷對教育問題的關心和主張的雜著。

卷十六收録了西原鄉約、海州鄉約、社倉契約束等栗谷試圖依據儒學的道德理念對地方百姓進行教化的鄉約等五篇雜著。由此看見，栗谷所學並没有止步於對性理學或經典著作的研究，而擴大到了以這些學問理念爲基礎，探索其現實適用性的層面上。栗谷對如何利用所學提出具有實踐意義的方略、制定現實規範等方面表現出了極大的興趣。

卷十七收録了八篇神道碑銘以及八篇墓碣銘。卷十八則收録了静菴趙先生墓志銘等十四篇墓志銘以及七篇行狀。

卷十九到卷二十六是聖學輯要的内容。聖學輯要是栗谷在一五七五年創作的「帝王專用教科書」。栗谷之所以作聖學輯要，是因爲考慮到西山真德秀的大學衍義卷帙過於浩繁，文章過於冗長。聖學輯要包括：第一篇統説、第二到四篇修己、第五篇正家、第六到七篇爲政，以及第八篇聖賢道統，書中主張君主應當繼承道統，並在現實中積極實踐性理學的理念。

卷二十七收録了擊蒙要訣和祭儀鈔。擊蒙要訣將所需學習的經典按照重要性進行排序，對初學者給予治學上的引導。祭儀鈔則探討的是各種祭祀禮儀。

卷二十八至卷三十是經筵日記，記録了栗谷自一五六五到一五八一年在經筵上開展的對經書的講解及討論。卷三十一至卷三十二則是語録，主要是金振綱、樸汝龍等人對栗谷語録的記載，此外也收集了其他人作品中關於栗谷的内容。

卷三十三到卷三十八都屬於附録部分。卷三十三收録了世系圖和年譜上，卷三十四則包括了年譜下和門人録等。卷三十五是金長生所作的行狀。卷三十六是李廷龜所作的謚狀和李恒福所作的神道碑銘等。卷三十七包括墓表陰記等。卷三十八是諸家記述雜録、前後辨誣章疏等内容。

從第三十九卷開始則是六卷拾遺部分。拾遺卷一包括五篇賦和一百九十二首詩。卷二包括七篇疏劄、二十五篇啓、一篇議、十六篇書。卷三則包括二十八篇書、三十篇應製文、七篇序等。卷四包括十五篇雜著，其中有討論禮儀節次的諸生相揖儀等文章，也有警誡初學者易犯之錯誤的小兒須知等文章。卷五則是五篇雜著，包括神仙策、祈禱策、節序策、壽夭策和時弊七條策，都是對王提問的答議。卷六是十二篇雜著以及七篇墓文。

六　栗谷的性理學和經世論

栗谷不僅是「氣發理乘一途說」、「理通氣局說」、「理氣之妙」等新理氣說的代表，他還在「四端七情論」、「人心道心說」等心性論方面，提出了很多獨具匠心的理論。

栗谷理氣說之核心「理氣之妙」主張理氣二者實現了不離性和不雜性的平衡。他在聖學輯要中進行了如下闡釋：

有問於臣者曰：「理氣是一物，是二物？」臣答曰：「考諸前訓，則一而二、二而一者也。理氣渾然無間，元不相離，不可指爲二物，故程子曰『器亦道，道亦器』。雖不相離，而渾然之中實不相雜，不可指爲一物，故朱子曰「理自理，氣自氣」，不相挾雜。合二說而玩索，則理氣之妙庶乎見之矣。」

「理氣是一物」是指理氣二者「不相離」；「是二物」則是指二者「不相離」，相互區別。栗谷用「一而二、二而一」來表示理氣的關係，主張以中庸的方式，實現二者之間的平衡。具體來説，栗谷舉明道的「器亦道，道亦器」即説明理氣不相離的命題，舉朱子的「理自理，氣自氣」即説明二者不相離的命題，並將兩個命題統一起來。栗谷理氣論的本質，即是將「不相離」與「不相離」兩個相互對立的屬性相統一起來。這種「理氣之妙」的思想正是栗谷思想體系的根本所在。

「理氣之妙」的思想作用於心性論中就是將四端納入七情之中，主張「七包四」的「四端七情論」；以及主張人心和道心可以相互轉化的「人心道心説」。與朱子和退溪的人心道心説相比，栗谷的人心道心説具有其自身的特點。朱子認爲一心是造成人心和道心相分離的重要原因，以此爲依據，朱子提出了「知覺的根源」和「知覺的對象」的説法。朱子六十九歲所作的大禹謨注釋中提到：「心者，人之知覺主於身而應事物者也。指其生於形氣之私者而言，則謂之人心；指其發於義理之公者而言，則謂之道心。」這標志著朱子在「人心和道心産生根源不同」問題上主張的最終確立。但是栗谷卻認爲自然變化之根源具有唯一性，因此人心産生的根源也具有唯一性，以此爲前提和基礎，他認爲人心和道心都是以仁義禮智，即天理爲基礎而産生的。關於栗谷的這種主張，我們可以從下文的引述中略窺一二：

人心道心，夫孰非原於理乎？非未發之時，亦有人心苗脈，與理相對于方寸中也，源一而流二。

這一小節内容清晰地表明了栗谷關於人心和道心的根源在於理的主張。栗谷認爲人心和道心的根源雖然都在於唯一的理，但是卻在流動中分化爲了二心。他說：「人心道心俱是氣發，而氣有順乎本然之理者，則氣亦是本然之氣也，故理乘其本然之氣而爲道心焉。氣有變乎本然之理者，則亦變乎本然之氣也，故理亦乘其所變之氣而爲人心，而或過或不及焉。」他將氣分爲「本然之氣」和「所變之氣」，以此對道心和人心之分離進行説明。這種説明方式異於先人，具有獨特的創新性。因此，栗谷用人心與道心根源相同的特點對人心、道心二者之間可以相互轉化的特征進行了解釋。

栗谷「理氣之妙」的思想也成爲了其核心政治理論——「朋黨論」的基礎。退溪所處的時代是執政的勳舊派與士林派相互對立的時期。但是三十多年後，栗谷所處的時代則是士林派執政，並分裂爲「東人」、「西人」的時期。爲了解決這一問題，栗谷提出了「兩是兩非論」和「調劑論」。「兩是兩非論」在批判「東是西非」的同時，引用朱子語類中「或兩人都是，或兩人都非」的内容，主張「東人」和「西人」都有對錯的地方；而「調劑論」則是主張在用人時不應該受黨性的限制，偏袒其中任何一方。究其主張的根源，正是依據了「理氣之妙」思想所主張的理氣具有不相離、不相雜，能够實現二者平衡的特性。此外，依據「理無爲，氣有爲」的原則，在這種强調氣的現實作用以及重視氣之多變的理氣論的基礎上，栗谷還提出了主張「矯氣質論」的修養論以及强調「務實論」和「更張論」等社會改革論的經世論。

由此可見，栗谷可謂是將性理學與經世論，將理論與實踐有機結合的儒學泰斗。他的學問也成爲十七世紀以後畿湖學派的立派宗旨，並與以退溪學説爲宗旨的嶺南學派齊名，形成了韓國儒學的「雙璧」，在漫長的歷史發展過程中，主導了韓國的學界和政界。

二〇一六年一月十八日　崔英辰（成均館大學教授、栗谷學會會長）

目録

上册

詩上

栗谷先生全書卷二

栗谷先生全書卷三

栗谷先生全書卷六……二〇九

栗谷先生全書卷七……二三七

栗谷先生全書卷八 …… 二九〇

栗谷先生全書卷九

栗谷先生全書卷十……三五二

栗谷先生全書卷十一……三九〇

栗谷先生全書卷十二……四三〇

栗谷先生全書卷十三

應製文

序……四八〇

跋……四八六

記……四九五

栗谷先生全書卷十四

雜著一

栗谷先生全書卷十五

栗谷先生全書卷十七……六七九

栗谷先生全書卷十八……七一四

中册

栗谷先生全書卷二十一……八五七

栗谷先生全書卷二十二……九〇〇

聖學輯要四……九〇〇

栗谷先生全書卷二十三……九三〇

聖學輯要五……九三〇

栗谷先生全書卷二十四

栗谷先生全書卷二十五……一〇三〇

目録

栗谷先生全書卷二十六

栗谷先生全書卷二十七……一一三四

擊蒙要訣……一一三四

栗谷先生全書卷二十八

栗谷先生全書卷二十九……一二二〇

栗谷先生全書卷三十

栗谷先生全書卷三十一……一三九七

栗谷先生全書卷三十二……一四五六

下册

栗谷先生全書卷三十三……一四八五

栗谷先生全書卷三十七

栗谷先生全書卷三十八……………………一七四九

栗谷先生全書附録續編

栗谷先生全書拾遺卷二

議

栗谷先生全書拾遺卷三……一九一八

應製文……一九三七

序

祭文……一九七一

栗谷先生全書修正凡例

一　先生集有詩集一卷、文集九卷、續集四卷、外集四卷。蓋詩集與文集刊出在於萬曆辛亥。而詩集則朴守菴、枝華諸公所選，文集則牛溪先生所定，而其分類編次，多出於先生門人朴公汝龍諸人之手。詮次鮮法，又多缺而不備，故玄石以是病之。續集、外集，鱗次而成焉，一主文集草本，草本，先生仲兄璠所録寫，凡九卷。而且廣聚海陽、臨瀛、坡山及當時親舊子孫家所藏片言一作而編入之，故或不無不分早晚、博取不精之歎焉。尤菴俱病於先後集，以不能一番釐正爲恨云。今適書院所在板本朽刓多缺，早晚須將改刊，故兹依尤菴遺意，通詩、文、續、外四集，滚合爲一焉。

一　詩、文、續、外四集，既合而爲一，又依二程全書易傳例，并取先生所著如聖學輯要、擊蒙要訣諸書録之，改名之曰全書，又次附録於末。

一　詩集，初則分體類會，别爲一沓，而非朱子大全及諸家文集之體，故一從年條編次。間有年條未甚分明者，亦考其時世辭意而附之，合而爲一通。

一　先生文集，非諸家詞章文字之比，一以明道學、關治體、有補於世教者爲主。少時漫戲吟詠及科場程文之類，多刪去。

一　與退溪、牛溪二先生論學書札，間附二先生書，以便考證。

一　劄、啓全文之載於日記而疊出於集中者，亦皆刪去。院府啓辭無甚關係者，亦從刪定焉。

一　先生答門生問及諸家撰述中，關於先生平日言語者，今皆裒集，名之以語録，置附録之前，以倣二程全書外書例。而太極問答一篇，則尤菴以爲出於宋龜峯，故不敢收入。

一　臨瀛所刊先生年譜乃尤菴所編，而其時鄭進善瀁以杆城倅臨歸刊出，工役甚急，故尤菴亦以悤率不盡精爲恨。其後玄石録出誤錯處，爲年譜考證，質之於尤菴，則尤菴許以更爲勘定。玄石又爲別本一件，置諸續、外兩集之下。今依尤菴遺意，參考兩本，改正誤錯處編成，而間以他事之不備者添入焉。

一　附録中年譜、行狀、碑誌、表記諸文字外，又以諸家記述雜録續入下端，以倣紀譜及他集遺事之例。前後辨誣文字，撮其要語，又附於其後。

重刊凡例

一　全書三十八編，英廟壬戌陶菴所手定。跋文成於甲子後五年己巳，以活字印行，而所布已多散佚。有欲讀先生之書、志先生之學者，莫不病之，謀所以重刊。後六十有五年甲戌秋，始鋟梓之役。一字一句，不敢增損，一依舊本繙刻。

一　字畫之訛誤，年條之錯謬，題目之或漏或衍者，竝參攷舊集，一一釐正。

一　附録以上，固不敢增損。而至於譜系，若子孫録，若院享，若廟侑後於壬戌者，不得不隨類追補，以便考閱。

一　兩朝侑文之末及載録者，先賢撰述如尤菴春秋享祝文、丈巖神道碑後記、芝村謚狀後記、渼湖所著贊，及高山九曲詩諸公所和最有關於先生氣象言行者，略附附録之末，名之曰附録續編，以別其新舊。

一　英廟御製聖學輯要序、正廟御製擊蒙要訣序附硯背銘。理宜各弁於原書，而此亦壬戌以後，故不敢不追附於續編之首。

一　拾遺六編，乃原書既成後已已追編者，而業已並行。

栗谷先生全書卷一

辭

浴沂辭

春風兮習習，春日兮遲遲。我服既成兮，我友同遊；瞻彼沂水兮，浴乎清漪。振余衣兮彈余冠，風一陣兮於舞雩；觀物化兮詠而歸，達一本兮通萬殊。仰天兮俯地，魚躍兮鳶飛。勳華已逝兮，吾誰與歸？樂彼杏壇兮，爰得我師。

祭湘靈辭

擇良辰兮齋余心，薦香火兮邀帝女。蘭爲肴兮玉爲醴，籩豆整兮禮有序。香煙起兮引仙馭，風爲馬兮雲爲車。山靈前導兮水神後隨，嬪御粲粲兮飄輕裾。鑑余誠兮享余奠，庇我福我兮無窮期。禮既終兮樂亦闋，歌一曲兮送神歸。帝駕南巡兮竟不回，山高水闊兮倘相逢。留神兮不可得，愁煙慘慘兮迷江楓。廟宇清肅兮厥位吉，神庶幾兮無我斁遺。思皇英兮撫遺跡，竹上斑斑兮淚痕晞。

賦

理一分殊賦

仰玄覽乎混淪兮，俯冥觀乎磅礴。窮絪緼之化源兮，極羣彙之至賾。廓遊心於物初兮，悟萬殊之一本。俶太虛之無眹兮，泯聲臭於混沌。一生兩而之四兮，闔與闢其相因。爰成象而效法兮，沕藏用而顯仁。分一光於晝夜兮，日月昭乎其迭曜。散一聲於大塊兮，萬籟調刁於衆竅。一元之往復舒慘兮，序四時而錯行。一氣之屈伸消長兮，判鬼神於幽明。矧林叢之品類兮，賦一命而受形。同成器於橐籥兮，若無閒於通塞。然偏正之既殊兮，又區別於動植。雖性命之各正兮，夫孰非太和之化醇。雖統體之渾然兮，又豈非粲粲而有倫？懿聖后之首出兮，誕範圍而彌綸。洞惟明於大本兮，揭達道而教人。噫！彼民縱曰同胞兮，愛莫先於親親。噫！彼物縱曰吾與，務莫急於仁民。老吾老而立愛兮，孝克被乎無垠。長吾長而立敬兮，順斯達於率土。羌善推而有序兮，孰近遺而遠取？始不出乎一家兮，終化被乎草木。既合德於元妙兮，豈物我之有隔？固天秩之不紊兮，豈本末之相錯？何曲見之有作兮，欲舉一而廢百。或窺本於恍惚兮，或逐末於形器。彼索隱昧乎物情兮，恒痼心於不貳。小太山於秋毫兮，哂莊生之詭異。欲以德而報怨兮，嗤老氏之倒施。徒想像乎理一兮，若有田而不治。彼淺量昧乎物理兮，局親疏而騁私。窘室廬而無空虛兮，紛婦姑之勃谿。愛欲生而惡欲死兮，甘目眯而心迷。徒拘拘於分殊兮，若不耕而求穫。嗟我生之困蒙兮，仰前訓而尋繹。內潛求於方寸兮，外以察夫飛躍。用雖費而孔彰兮，體則隱而未現。苟玩費而知隱兮，信厥微之莫顯。然允蹈之實難兮，恐斯言之不踐。肆敷陳而作歌兮，庶有裨於觀省。歌曰：陰根乎動，陽本乎靜。動靜一體，孰分二儀。形資黃矩，氣始玄規。乾坤異用，孰貫乎一。一故神妙，兩故化物。無涵妙有，有著真無。道非器外，理與物俱。敦化無窮，川流不息。孰尸其機，嗚呼太極！

畫前有易賦

繫太虛之寥廓兮，運妙有而不測。諒厥虛之不虛兮，理假象而昭晰。泝畫前而冥思兮，覩自然之變易。邈鴻蒙之肇剖兮，定尊卑於乾坤。包六子而爲蘊兮，拓二儀而爲門。

升爲雲而降爲泉兮，驗通氣於山澤。動莫疾而撓莫舒兮，鼓風雷而相薄。懸兩曜而著明兮，水與火其不相射。大而覆載之器兮，示易簡於玄黃。細而鳥獸之文兮，亦粲然而成章。形無形於有形兮，理何隱而不彰。無聲無臭是易之實體兮，絶思慮於太極。一動一静是易之妙用兮，設機關於闔闢。位最靈於兩閒兮，誕彌縫其罅隙。固三才之自備兮，奚有待於卦畫。嗟慈易之前無始後無終兮，孰厥本之能覩。夫孰知一草與一木，亶莫非至理之所寓。彼河中之負圖兮，亦此易之鏡象。仰可觀兮俯可察，何必數天參而地兩。健立剛兮順立柔，何必著陰偶而陽奇。噫本然之易道兮，炳垂象兮若兹。然仁智各隨所見兮，失全體而昧斯。矧百姓之蚩蚩兮，羌日用而不知。肆聖人運以獨智兮，極鈎深而闡幽。爰立象而盡意兮，理自此而可求。胡易學之漸晦兮，惟象爻之是拘。捨筌蹄而得魚兔兮，竊有取於堯夫。冥搜乎無易之易兮，玩心乎不物之物。詠性情而播妙兮，發前聖之未發。嗟我生後千載兮，心古人之方寸。悟真源之可兮，知守株之自困。假永言而示志兮，瀆弄丸之餘論〔一〕。歌曰：天地之易，不待庖羲。象兮至顯，理兮至微。八卦既畫，聿洩玄機。滔滔逐末，達本者稀。安樂窩空，吾誰與歸？無隱乎爾，魚躍鳶飛。

次王天使敬民箕子廟賦韻并序○壬午

平壤是箕子故都，立廟妥靈，春秋毖祀。而西華是箕子始封之地，亦有祠揭虔，無聞海内外焉。皇明萬曆十年冬，給事中儆吾王先生奉命宣詔于我國。先生是西華人，少時鍊玉于洪範堂，紬繹疇範之旨，薰沐仁聖之澤，素矣。今於萬里之外適到箕子之邦瞻仰廟貌，徘徊興感，遂賦陳其事。一筆轉環，不加點綴，而辭富旨遠。尊賢感古之意，溢於言表。況我東人受聖師罔極之恩，遺風舊俗，髣髴猶昨，其可無辭以揚休烈乎？兹敢不揆荒拙，次韻以呈。

夫何明宮之岌嶪兮，耀朝暉而色鮮。肅將禮而敷衽兮，人文之始宣。昔玄鳥之啓商兮，迄帝乙而祚延。咸明德而愼罰兮，君六七兮聖賢。何期獨夫之恃命兮，謇君子兮道邅。結怨毒兮謂無傷，曾不念獲戾于上天。噫！太師遭此明夷兮，抱艱貞而彌堅。豈不知反覆而熟諫兮，恐我辟之彰愆。豈不知高逝而行遯兮，憫靈修兮誰憐。肆内明而外晦兮，甘隱忍而爲奴。炳丹心兮獻于先王，勖自靖兮之死不渝。如林之衆一散于牧野兮，羌自絶兮云何吁？覽武烈于湯有光兮，不授法而何圖？諄諄洪範之既陳兮，前後聖兮一符。夫孰知八百之姬業兮，寔肇基於嘉謨。念周德是天所輔兮，民相慶於來蘇。顧余志罔爲臣僕兮，指九天而爲乎。一葦兮泛泛渡海，敢辭夫投荒而迹孤。王乃敬賢而表忠兮，不咈乎夫子之所趨。畫朝鮮而建國兮，夫惟不臣之故也。君子居兮何陋？莅殊域兮不忍舍。介鱗兮易以衣裳，蚩蚩兮繩以法度。政以德兮化遠，罄海隅兮歸附。撫檀君之幅員兮，教八條兮勤諭。煥禮樂兮軼華夏，民至今猶受惠。甚燭龍之照昏兮，俔大寐之得寤。世綿曆兮千祀，德厚流光兮其誰與仇？曰皇華起敬於祠宇兮，珮鏘鳴兮琳璆。云是箕城之秀士兮，夙涵泳兮澤流。西華平壤不知其幾千里兮，想彼此兮思悠悠。禮之格兮如水在地，奚必此都之獨留。遺泯瞻玉節而增惻兮，相排擁乎道周。酌瓊漿兮椒醑，採蘋蘩兮爲羞。靈風至而颯然兮，髣髴兮迎我聖魂。陟降兮焄蒿悽愴，豈無不亡者猶存？嗟漢使之揭誠兮，導邦人以益虔。永世相傳而不忘兮，尤有感於敷陳而直言。亂曰：噫！嗟嗟君子守身之經兮，樂行憂違。猗歟夫子之達權兮，孰敢望乎？依俙欲鑽仰兮何由，在極深兮研幾。

詩上

花石亭八歲作

林亭秋已晚，騷客意無窮。遠水連天碧，霜楓向日紅。山吐孤輪月，江含萬里風。塞鴻何處去，聲斷暮雲中。

偶興二首 癸丑

步屧松林下，開樽空翠來。雨昏鴻外岫，溪漱石邊苔。

地勢千山小，泉源萬壑分。高人獨昏曉，迎送只閒雲。

出東門 甲寅

乾坤孰開闢，日月誰磨洗？山河既融結，寒暑更相遞。吾人處萬類，知識最爲巨。胡爲類匏瓜，戚戚迷處所？八荒九州閒，優游何所阻？春山千里外，策杖吾將去。伊誰從我者，薄暮空延佇。

途中

炊煙一抹午鷄鳴，幽人策杖臨溪水。山家四月春不盡，夾籬菜花紛青紫。微行時有採桑女，南畝頻看饁舉趾。斜陽疏雨入孤邨，牧笛樵歌相應起。柴門剥啄唤主人，老翁見我如相喜。松牀竹席極瀟灑，不知人閒羅綺侈。翁言閲世不記年，勞佚悲歡皆染指。人情蟬翼苦無常，刀劍藏於言笑裏。我今持拙保餘年，本來無譽誰爲毁？逢君欲問蝸角事，時運幾泰還幾否。莫將名字播紅塵，我是當年被衣子。旋將雞黍飽我飢，伴宿虚齋談性理。奇言險語或不經，下視莊列如螻蟻。明朝睡覺寂無人，只見空庭遺脱蹝。

望寶蓋山

寶蓋山容入望中，洞門應有白雲封。遥知隱者饒春睡，松下殘棊斂未終。

山　中

採藥忽迷路，千峯秋葉裏。山僧汲水歸，林末茶煙起。

楓嶽贈小菴老僧并序

余之游楓嶽也，一日獨步深洞中，數里許得一小菴。有老僧被袈裟正坐，見我不起，亦無一語。周視菴中，了無他物，廚不炊爨，亦有日矣。余問曰：「在此何爲？」僧笑而不答。又問：「食何物以療飢？」僧指松曰：「此我糧也。」余欲試其辯，問曰：「孔子釋迦孰爲聖人？」僧曰：「措大莫瞞老僧。」余曰：「浮屠是夷狄之教，不可施於中國。」僧曰：「舜，東夷之人也；文王，西夷之人也，此亦夷狄耶？」余曰：「佛家妙處。不出吾儒。何必棄儒求釋乎？」僧曰：「儒家亦有即心即佛之語乎？」余曰：「孟子道性善，言必稱堯舜，何異於即心即佛？但吾儒見得實。」僧不肯，良久乃曰：「非色非空，何等語也？」余曰：「此亦前境也。」僧哂之。余乃曰：「鳶飛戾天，魚躍于淵，此則色耶空耶？」僧曰：「非色非空，是真如體也，豈此詩之足比？」余笑曰：「既有言說，便是境界。何謂體也？若然則儒家玅處，不可言傳。而佛氏之道，不在文字外也。」僧愕然，執我手曰：「子非俗儒也，爲我賦詩，以釋鳶魚之句。」余乃書一絶，僧覽後收入袖中，轉身向壁。余亦出洞，怳然不知其何如人也。後三日再往，則小菴依舊，僧已去矣。

魚躍鳶飛上下同，這般非色亦非空。等閒一笑看身世，獨立斜陽萬木中。

萬瀑洞

石逕高低入洞門，洞中飛瀑怒雷奔。巖橫萬古難消雪，山聳千秋不散雲。獅子峯前披翠霧，火龍淵上坐黃昏。夜投普德禪菴宿，鶴唳猿啼攪夢魂。

楓嶽記所見

吾生賦性愛山水，策杖東遊雙蠟屐。世事都歸掉頭中，只訪名山向楓嶽。初沿石川得小逕，漸見鳥道通山麓。林間有寺知不遠，青煙起處疏鐘落。行行日暮路窮時，蒼檜蕭森露朱閣。僧房寄卧不成夢，隔窓終夜聞飛瀑。平明粥熟木魚動，一庭緇髠羅千百。我時出門問前途，有僧指點青山北。褰衣披草不辭勞，欲使清風駕兩腋。藤蔓蔽日入洞深，石角拘衣知路窄。直上高峯始豁然，萬境森羅收不得。風聲水響浩難分，幾道飛泉喧衆壑。擡頭東望眼力盡，茫茫大洋連天碧。逍遥便作物外人，洗盡胸中塵萬斛。忽驚蘭若在林端，往扣禪扉聲剥啄。空庭寥寂一鳥鳴，門外溪清難濯足。更尋幽逕傍危巖，引手攀蘿屢攲側。崎嶇上下得小菴，四面芳草無人迹。峯巒削立怪欲飛，雪色嵯峨迥無極。青天去地不盈尺，頭上星辰手可摘。雲來雲去何所見，階下千峯青又白。雷聲殷殷俯可聽，知是人間風雨作。排門忽見入定僧，鍊得身形瘦如鶴。欣然見我不相語，淨埽禪牀留我宿。淩晨蹴我見出日，驚起開窓遥送目。東方盡入紅錦中，不辨朝霞與海色。須臾火輪涌扶桑，照破乾坤一夜黑。僧言此地最奇絶，世間何翅仙凡隔？嗟余俗緣磨不盡，不能棲此全吾樂。他年勝遊如可續，寄語山靈須記憶。

松蘿菴

蘭若千年境，松蘿一逕深。僧歸喬木外，鳥度暮山陰。衣濕雲生壁〔二〕，窓明月上岑。夜來羣籟靜，泉石奏瑶琴。

楓嶽登九井看日出

嵯峨雪峯幾千仞，鳥道人行白雲外。青藜戛上犖确中，兩眼漸覺東丘隘。夜投禪室徹曉坐，時聽笙簫來上界。金鷄一鳴登絶頂，萬境熹微天尚昧。須臾火光漲天地，不辨滄波與曉靄。朱輪轉上數竿高，一朵彩雲如傘蓋。青紅漸分水與天，極目始知東海大。扶桑暘谷渺何處，欲看出處知無奈。秦皇夸父等小兒，千載令人起一喟。

與山人普應下山至豐巖李廣文之元家宿草堂乙卯

學道即無著，隨緣到處遊。暫辭青鶴洞，來玩白鷗洲。身世雲千里，乾坤海一頭。草堂聊奇宿，梅月是風流。

山中四詠

樹影初濃夏日遲，晚風生自拂雲枝。幽人睡罷披襟起，徹骨清涼只自知。風。
萬里無雲一碧天，廣寒宮出翠微巓。世人只見盈還缺，不識冰輪夜夜圓。月。
晝夜穿雲不暫休，始知源派兩悠悠。試看河海千層浪，出自幽泉一帶流。水。
飛入青山幾許深，洞中猿鶴是知音。何如得逐神龍去，慰却蒼生望雨心。雲。

偶成

得趣自忘憂，吟詩不成句。鄉關夢乍回，木落秋江雨。

向臨瀛題祥雲亭

秋風別楓嶽，斜日到祥雲。沙上千巖列，松閒一路分。殷雷波捲海，疏篆雁成羣。秣馬催程發，前山晚靄昏。

燈下看書

何處人間有廣居，百年身世是蘧廬。初回海外游山夢，一盞青燈照古書。

白川邊酌月丙辰

衣濕三更露，雲收一笛風。開樽涼月下，人在水晶宮。

送李可謙增遊頭流山丁巳

頭流楓嶽可尋真，誰脱區寰没馬塵？我昔白雲臺上客，君今青鶴洞中人。吟鞭驛路春千里，蠟屐山蹊月一輪。收拾煙霞知幾許，錦囊從此貯清新。

立馬羊腸回望伽倻山

立馬羊腸口，雲回不見山。慇懃碧溪水，隨我出人間。

神龍圖戊午

造化苦無常，壁上神龍涌〔三〕。雲奔六合昏，鰲走三山動。眼奪日月明，聲掀天地洶。怒來一呀口，吸盡尾閭孔。飜然駕霹靂，却以風雨弄。任公何足道，龍伯亦應恐。

次林石川億齡韻

石川古遺士，風雨生揮筆。俊逸與清新，公今合爲一。興來百紙盡，倏忽成卷帙。小子才可愧，不能窺堂室。一席得親炙，何幸同時出。生平不屈膝，今日爲公屈。

寄呈石川

先生勇退卧菟裘，算得閒居樂事優。茶鼎火殘松籟靜，竹輿行穩橘林幽。雲隨芚嶽尋真屐，月送魚川訪客舟。丘水遺懷多少作，一篇能寄遠人不？

次李承旨文楗默齋吟韻

活計從他百不諧，樂天誰復歎時乖？灰心南郭機初息，合喙莊生味轉佳。玉軫曲中含古意，雲窓睡裏夢無懷。雷聲淵默人難會，莫道先生但守齋。

詠四皓三首見瑣言

自星山向臨瀛

客路春將半，郵亭日欲斜。征驢何處秣？煙外有人家。

過禮安謁退溪李先生滉仍呈一律見瑣言

奉次退溪先生寄示韻二首見瑣言

泛　菊

爲愛霜中菊，金英摘滿觴。清香添酒味，秀色潤詩腸。元亮尋常採，靈均造次嘗。何如情話處，詩酒兩逢場。

贈山人智正

昔年流宕愛山水，遠遊不得毛生脛。竹杖芒鞋淡行裝，負笈相隨惟智正。同穿白雲入楓嶽，萬二千峯雪相映。搜奇探勝不暫休，泉石膏肓天與病。時時步戛碧海濱，笑指鯨波一銅鏡。踏盡關東一千里，天機一周回斗柄。我別湖山塵臼深，師卧煙霞根境淨。爾來屈指過五年，道人謦咳無由聽。南荒北極兩渺然，繭足來尋情轉盛。我時偷閒卧古寺，只將黄孀窮晨暝。跫然可喜況故人，客裏相逢斯亦命。瓶錫隨緣休便休，禪窓連榻歡難罄。朱樓步屧暝色來，碧巘縱目春糚靚。尋花傍水動相隨，苔逕巖扉行不定。時揮玉塵辨異同，談邊矛盾紛縱横。憐師惑志未曾變，不遵大路求捷徑。法輪心印本無徵，三界六道誰汝證？吾家自有真樂地，不絶外物能養性。求高立異摠非中，反身而誠可醒聖〔四〕。師聞此語始聽冰，漸似醉夢人呼醒。低頭請讀子思書，欲以墨名儒其行。頭流雄鎮蟠地軸，路指火維幽且敻。師今遮莫千萬峯，競秀爭流幾吟詠。臨流不堪懷抱惡，贈言何待殷勤請？但恨鉛槧廢已久，詩成苦乏詞鋒勁。

龜峯下訪李司評之蕃○己未

峽裏仙區別有天，危峯如畫蘸晴川。人間歧路波聲外，林下衡門秀色邊。枕水巖平當卧榻，宿簷雲細雜茶煙。客來剩作清宵話，坐待寒蟾上翠巔。

龜峯草堂風雨徹曉

客夢頻驚地籟號，打窓秋葉亂蕭騷。不知一夜寒江雨，減却龜峯幾尺高。

降福寺石佛庚申

臬腐神奇非異物，畫殿荒草孰爲真？那知路傍一片石，却引無窮祈福人。

次靈熙軸韻

一錫飄然幾處飛，白雲猶惹出山衣。煙村訪客情多少，細雨松門獨自歸。

催詩雨

雲鎖青山半吐含，驀然飛雨灑西南。何時最見催詩意？荷上明珠走兩三。

詠　菊

佳色掇時憐靖節，落英餐處惜靈均。秋霜一著東籬畔，只有此花無此人。

入玉溪洞

行傍清溪步步遲，奇巖懸瀑雪花飛。羽人應在水窮處，路斷雲深惆悵歸。

宿鳥嶺

登登涉險政斜暉，小店依山汲路微。谷鳥避風尋樾去，邨童踏雪拾樵歸。羸驂伏櫪啖枯草，倦僕燃松熨冷衣。夜久不眠羣籟靜，漸看霜月透柴扉。

趙公保擴家偕李汝受山海諸公飲

月上林梢萬境清，纖雲不起玉盤盈。若爲除却山河影，添得今宵分外明。

與諸公會

酒熟小桃發，論詩聚故人。瓶含春意思，花挹雪精神。病怯杯心凸，慵驚句法新。斯游也不惡，拂盡染衣塵。

與汝受往李景魯希參家詠懷

曉色生虛閣，熹微窓半明。深林一鳥語，殘月幾人行。夜話深情洽，朝分别袖輕。從今歡會數，對榻可忘形。

挽黄孤山耆老

醉墨甘觴五十年，却將豪氣困沈綿。衣飜洛下千家酒，筆染人間萬竈煙。梅塢有春魂已返，鶴汀無主月空圓。緘辭一哭君知否？立向南風淚似泉。

坡山奉呈聽松成先生守琛

靜裏生涯足，人間事不聞。草封趨俗路，簷宿下山雲。動靜朝看易，行藏晝掩門。客來欣所得，清話破吾昏。

至夜書懷

子半一陽動，天心妙難議。若識無中有，雷聲殷大地。中宵點新火，耿耿坐不寐。及此夜氣清，默念玄機祕。向來剥牀膚，萬彙困凋瘁。春回九泉底，萌蘖含生意。一氣互動靜，闔闢誰汝使？感彼天運復，省心還惴惴。噫我參三極，精氣秀萬類。明德皎日月，斯皇天所畀。妄念蝕本明，始微終轉熾。山木困斧斤，天真汩私僞。二十五年間，沈迷夢中醉。追思昨者非，令人發驚悸。我今痛自誓，昊天應聽視。色爲伐性斧，胡爲留汝思？若使敬爲主，染心安所自。名乃實之賓，莫以文爲事。用功於實地，繡繪何暇嗜？家貧親已老，念之常不置。君子養以善，三牲不足比。苟能素其位，所居常坦易。外貌不莊肅，怠慢於斯萃。散坐與空談，畢竟非善戲。衣冠必整飭，言語慎勿費。中心不專一，邪思所窺覬。擾擾起復滅，火炎兼馬駛。截斷前後際，卓立恒勿貳。慎獨與不息，聖謨斯爲至。參前復倚衡，不可須臾離。處心廓如天，屋漏可無愧。任重且道遠，要以志爲帥。九仞今正始，莫使虧一簣。冥觀天地化，至健功乃施。爲人不法此，有身乃自棄。但使泥塵盡，水鏡元無累。

送李土亭之菡還開天

難兄難弟摠清流，選勝移家占一區。活計蕭條車不滿，塵紛閴絶地偏幽。紫荊陰裏三間足，黄犢坡邊二頃優。何日得諧攜手約？春江佇立送扁舟。

送山人敬悦之香山

太白横西未了青，高標欲與雪山爭。層雲歸鳥空神契，目斷春鴻送爾行。

上山洞

入洞山容别，沿流境漸新。林深不受暑，泉語解留人。苔石承鞋滑，雲厓蔭席親。清詩吟未了，慙愧向紅塵。

次崔主簿益齡漁翁韻

漁翁荷網曉開扉，綠漲春江可染衣。款乃數聲煙雨外，暗中猶記釣船歸。

贈參寥上人二首癸亥

不領叢林爲養真，寥曾首禪科，差檜巖住持，不赴而遁。名韁豈到上根人？一千里外萍蓬客，四十年來雲水身。觀貌便知舂米熟，接機深訝箭鋒新。猶嫌未吐煙霞語，洗却吳儂兩眼塵。寥不作詩，故及之。

高人冷笑世人忙，一視衡門與畫堂。已判六根歸寂滅，應教五濁自清涼。雲行嶺外難尋迹，月印波心豈捉光？何似吾家真樂地，不求虛遠履平常。

平丘驛遇雨

疾雷洩驟雨，挾風驅祝融。萬里炎威霽，千山水墨濃。

哭聽松先生甲子

嶽精偏毓碩人頎，坐使儒林仰羽儀。雲翼未瞻摶北極，霜英還惜老東籬。清和風月流聲影，上下溪山入燕貽。滴盡平生壯夫淚，非斯爲慟爲伊誰？

釋褐登龍門應製

离明垂照海東天，鳳曆開元十九年。整頓二儀調玉燭，昭回五緯聚奎躔。熙熙物囿春臺樂，濟濟人歌旱麓篇。雨施雲行亨品彙，川流敦化察魚鳶。經邦既使彌綸弼，束帛旁求仄陋賢。沽玉摠看朝象魏，考槃誰復老林泉。孤臣早綴窮民籍，下學徒研蠹簡編。詩廢蓼莪風撼樹，家無庾釜硯爲田。艱關活計長炊玉，濩落虛名不直錢。觀國縱充多士列，立身難致五雲邊。橫經愧欠談天舌，秉筆慚無落紙煙。三級幾年勞點額，九霄今日始登仙。攀龍大似乘軒鶴，釋褐真同脫殼蟬。存没被榮悲感集，親朋送喜慶聲連。螢窓食蘖纔收效，雲路膏車敢著鞭。素志豈無江海趣，丹忱只向衮龍懸。忘身欲試鉛刀割，守拙何須樗櫟全？別殿秋風摇佩玉，故山煙月自啼鵑。包瓜龐洽蓬門側，貫石誠横繡户前。干禄肯懷求餔啜，補天深願效埃涓。兢兢怳若臨深谷，戰戰茫如涉大川。閶闔可能呈肺腑，臯音冀得徹穹玄。勛華濟衆猶爲病，文命憂民不自憐。黄屋正推恩澤廣，蒼生尚被苦愁纏。如傷倘竭周文惠，解愠應調帝舜絃。雨露普需圭蓽户，光明莫照綺羅筵。盈成最是無彊恤，廣運宜追不息乾。前後道如符節合，流行化速置郵傳。蒲盧德教三韓浹，瓜瓞休祥萬祀綿。願效康衢歌帝則，頌聲奚待筆如椽？

李伯生純仁**趙公保尹仲説**箕**崔立之**岦**崔嘉運**慶昌**及趙兄**大男**季獻與余共泛舟于楊花渡傍仙遊島余將有西行故諸君出餞也嘉運出城時有詩因次韻**

載酒撑船水一隈，青山隱向海門開。汀花岸草與煙遠，别後知君愁更來。

題烏原驛三首

東溟萬頃波，摠入吟眸裏。不見採魚船，寧分天與水。

薄暮獨支頤，樵歌起何處。輕風動竹林，似與幽人語。

久别蓬萊島，來游海上山。題詩聊戲耳，名字落人間〔五〕。

陽德縣次韻乙丑秋以黄腸木敬差官往平安道

乘昏投古縣，暝雲生幽谷。霏霏迄未收，作雨鳴板屋。凭欄四面山，松檜鬱翠麓。聞説長官清，居民雜麇鹿。清邊忽生戎，倉卒希秦俗。萬事付滔滔，深憂蔡謨獨。入夜耿不寐，有懷人如玉。沈沈萬境空，半壁摇殘燭。

送尹子固根壽赴京丙寅

歸期非闊豈傷神，自有幽悁未解顰。喬木長沙朝帝路，淡煙芳草渡江人。雙行且忍憂時淚，萬里毋輕許國身。聞説燕山多志士，憑君觀市訪沈淪。

灞橋晴雪庭試

風捲填空絮，虚簷斷夜聲。幽懷牽灞水，奇畜出柴荆。野曠寒雲斂，天高霽景明。瓊沙彌世界，玉堞擁神京。一望川原合，從知岸谷平。山驚銀筍秀，橋訝白霓横。遠店煙飛縷，初陽樹掛鉦。羣囂收靜境，人迹絶長程。冷逼肩常聳，光摇眼奪精。石閒梅寂歷，冰底水琮琤。策蹇欣杯散，經林惜蕊輕。優游添逸趣，舒暢騁詩情。濩落難諧俗，浮休任此生。

疏才空抱瑟，何路試和羹？暮色俄迷遠，寒鴉亦喜晴。往來俱自在，心迹一般清。世事輸吟料，生涯付散行。惟耽驢背樂，豈顧代間名？酒旆輕初舞，樵蹊細欲成。黄昏興不盡，歸路踏彭鏗。

天馬月課

房星降精孕龍胎，霧鬣風鬃奮西野。霜蹄一舉涉流沙，萬里騰驤汗始赭。迥立長嘶志無前，奔霄絶地風斯下。漢家四葉懾九夷，域外異物來華夏。當時不獨月窟産，渥洼神駒絶瀟灑。君王好馬馬自至，亦如好賢來賢者。蘭筋虎文世豈乏，自是權奇知者寡。聖明今日築金臺，小臣作詩歌天馬。

臨河歎丁卯

行行復行行，曰至河水潯。河水去洋洋，黑波千丈深。欲濟舟楫闕，斜陽空俯臨。吾道竟何之，天意杳難尋。麟鳳不擇所，何殊凡獸禽？得失命也夫，歸歟誰我禁？美哉彼河水，實獲仲尼心。

明宗大王挽詞

日角真天表，聰明自弄璋。乾坤鍾秀氣，雲漢煥文章。五讓龍飛代，重華舜協唐。滄溟澄霽浪，黄道赫垂光。每切無虞戒，恒憂罔念狂。景賢搜澗谷，思孝謹烝嘗。道可通三極，天胡閟百祥。紫宸綿喪患，玄命困悲傷。黎首方嵩祝，雲驂已帝鄉。哀聲掀鰈域，慘色接扶桑。琴殿衣裳在，喬山草樹荒。攀髯更無路，臨穴愧三良。

次松都大平館華使韻十首

立馬荒城欲暮天，緑蕪喬木鎖寒煙。雲根只是前朝物，碧砌依山幾百年。

鵠山横翠鬱嵯峩，山下王城勝概多。驛樹依依連薊北，仙槎渺渺自銀河。

山河依舊市朝新，一代衣冠摠是塵。士女即今迎玉節，笙歌挾路大平人。

吟鞭斜日過名區，臺殿遺基碧草蕪。楊柳蔭街車馬咽，繁華秪爲近新都。

客懷惆悵立黄昏，故堞凄涼野雀喧。滿月臺邊荒薺合，當時輦路已無痕。

雨歇山城樹色青，平郊一抹淡煙横。皇華四牡從天下，王事驅馳不計程。

松嶽天磨勢競嶢，浮空秀色映星軺。迎賓館裏羣囂静，明月何人弄玉簫？

水落巖邊細溜清，弄晴山鳥自呼鳴〔六〕。峯陰欲暝樵歌絶，手撫喬松萬古情。

舊京風色見來佳，萬室鱗鱗枕翠崖。倚檻忽驚塵慮斷，煙霏日夕入虛齋。

王家卜曆半千春，統一奇功已作塵。自是孱孫迷祖誡，還教後辟鑑前人。

箕子殿戊辰

麥秀悲殷祚，彝倫叙我東。轉深微禹歎，祗有變夷功。閟殿苔昏晝，宏庭柳拂空。井田今有址，安得挽遺風。

鴨江船上別義州牧伯郭景高峰

長城塞雨收，萬里煙江闊。緑樽送將歸，蘭舟棹歌發。主人叙幽悁，遲回不忍别。下船便異域，烏紗草間没。燕山渺何許？夕陽明一髮。

次睦思可詹**杏山客館韻**

露砌蟲音細，風欞月影多。難憑清夜夢，歸釣鏡湖波。

次思可望長城韻

南臨鯨海北雲峯，客路透遲勝概中。胡馬每嘶幽薊草，長城萬里爲誰雄？

次思可聞諸公登城觀軍容韻

沙場一夕起妖氛，報道胡塵漲塞雲。陴上豎旗喧鼓角，將軍只解守城門。

撫寧縣遇回還謝恩使丁公姜公李侯敘懷即别

西行四千里，舉目無相識。回風起馬首，但見塵沙撲。有客自天來，班荆手一握。欣悵語未能，驪駒促行色。那堪爲客日，送人歸故國。寸心含遠愁，雲暗平蕪緑。家人入孤夢，一别無消息。憑君報平安，以慰長相憶。

次思可三叉河韻

客路三千里，鄉愁十二時。雲煙迷戍遠，舟楫渡河遲。獨鳥去超忽，蹇驢行邐迤。燕山望不極，還旆杳難期。

次思可送别進賀使先行韻

萬里秋風得得行，客懷何事轉凄清？三河分却東飛鞚，疏雨寒燈獨夜情。

通州途中

晚雨霑沙路，秋風渡石橋。輪蹄紛接武，煙火藹連郊。障塞青山迥，沿河碧樹遥。神京饒壯觀，聊慰客魂銷。

次思可朝天韻

齋心瞻拜九重天，一朵紅雲咫尺前。日照眼迷仙仗影，風回衣惹御鑪煙。金門乍出星河迥，玉畢初傾雨露宣。故國渺然遼海外，重陪鵷鷺更何年？

次金元瑞玉河吟韻

匹馬燕山萬里行，故園東望水雲平。三秋旅雁隨陽過，一壁殘燈伴客明。斜月入簷飛玉露，疏鐘度閣閉金城〔七〕。愁邊荏苒空昏曉，何日刀頭放遠情？

次元瑞即事韻

玉河秋思問如何？燕趙曾聞志士多。鬱鬱帝居山北峙，悠悠世事水東波。塵埃柴市行人鬧，風雨金臺獨鳥過。一鎖館門深似海，長虹萬丈氣難磨。

次思可登天壇韻

肅肅宏庭碧樹高，五雲臺殿勢雄豪。圜丘盛禮無由覩，管裏窺斑恨我曹。

在燕京見仲氏詩次韻

鶴禁迓令辰，祥光動八區。扶桑使節遥，寒暑變須臾。欽達我王誠，回轅自清都。鴒原夢寐煩，彼此情豈殊？會合指日待，莫費長嗟吁。

燕京途中寄舍弟

去路三千四百里，歸路三千四百里。行行六千八百里，月魄看看六回死。我弟村莊更千里，況是别日前乎此。故國人來不見書，搔首看雲遼海涘。孤城木鐸不成眠，單于獵火連郊紫。漢陽風雪子來否？對牀話此真夢耳。只願相逢有新得，論詩論學令人起。

押馬官朴公挽

江頭物色正依依，萬里靈輀掩素幃。白雪黃雲遼塞路，斷腸同往不同歸。

永平東郊次思可韻時有㺚子聲息

客程杳何指？騑騑馬首東。朔風捲地來，日入黃埃中。誰管北門鑰，邊民愁犬戎。聖神方遠猷，四海車書同。安得霍驃騎？折彼天驕鋒。

次思可留前屯衛韻

絶塞孤城暗朔雲，邊聲空使客邅迍。天朝虎旅紛如雨，却畏陰山犬豕羣。備禦郝仲光連日閉門，不許發行，故云。

清節祠

牧野漂杵天地變，二賢隻手擎不周。鎬京商邑兩丘墟，有廟俯瞰澄川流。入門瞻拜凜生毛，萬古清風吹不休。 悤悤未將椒桂奠，出城惆悵荒郊秋。

龍灣酒席贈主倅郭景高兼示同行友人

薊樹遼雲道路長，歸心一日抵三霜。 清樽促膝龍灣館，此地分明是故鄉。

鄭季涵澈奉使湖南余有關東之行臨别賦贈

石友分千里，幽懷付一嗟。 東關迷雪路，南極渺星槎。 芳草佳期闊，寒梅晚影斜。 堪憐今夜月，相送到天涯。

再游五臺山石澗踏雪己巳

四月山中踏雪崖，大風吹袂空中舉。 羣峯擁翠寂無聲，松下幽泉向人語。

遊南臺西臺中臺宿于上院

洞壑媚新晴，巖流清有聲。 五臺引興深，苔逕芒鞋輕。 攀蘿凌絶頂，白雲生翠屏。 俯覽衆山小，浩浩煙樹平。 冷冷石竇泉〔八〕，竽筒水在西臺水精菴。 一飲遺世情。 禪房坐蒲團，灑落魂夢清。晨磬發深省，澹澹吾何營？

題老僧詩軸僧老而耳聾

蟻動與牛鬬，寥寥同一聲。誰知淵默處？殷地海濤轟。

有僧惟命求詩甚苦走書以贈

禪形鶴共臞，行脚雲無迹。胡爲淡泊僧？却有求詩癖。

金剛淵

辜負名山二十年，重來物色摠依然。寒巖倚遍幽悄集，數道飛泉落晚淵。

重游月精寺

客路蕭蕭萬木中，夕陽疏磬出琳宮。居僧莫問重來意，默對巖流世事空。

將入内山遇雨

解綬歸來萬事輕，五臺奇勝最關情。山靈灑雨非嫌客，添却林泉分外清。

贈山人

五臺山下月精寺，門外清溪不息流。可笑衲僧迷實相，只將無字謾推求。

次山人詩軸韻

此道元一本，人心有去來。如何入他逕？十年頭不回。霜落千山瘦，風和百卉開。玄機宜默識，妙運孰相催？

題處均軸

青瑣空餘夢裏蹤，海山無事不從容。禪窓雪夜疏鐘歇，萬木蕭蕭月影中。

書安定樓

長路行方倦，危樓眼忽明。暝煙催鳥噪，松影助風清。雨意頻愁客，苔痕已占庭。倚欄成小睡，魂夢繞江城。

雲交驛

積雨瀨山路，終朝行石梁。人愁荒店遠，馬愛綠坪長。十曝三庚熱，千金一樹涼。不知爲客苦，都爲近湖鄉。

無盡亭下乘月艇

江天霽景爽如秋，晚泛蘭舟碧玉流。雲影月光迷上下，美人西望思悠悠。

沿流坐石研墨于巖上題詩記事

坐遍奇巖出洞遲，玲瓏碧潤動相隨。遊人只把清漪弄，絶頂真源世不知。

重遊楓嶽將入内山遇雨

雲雨暗幽林，山堂轉清絶。茶罷一事無，詩談雜禪説。明朝欲尋勝，陰靄夜應歇。

贈山人雪衣

石與水相激，萬壑清雷鳴。借問衣上人，水聲還石聲。爾若下一語，便了物我情。

新晴遊通德山

幽人長夏不窺園，爲愛新晴出郭門。百派水交川勢闊，千章樹合驛程昏。芳樽碧藉山頭草，落照紅拖海外雲。風弄笛聲挑客興，僧須留待月紛紛。

書院别諸友

煙鎖長川雨滿衣，碧空吟斷送人歸。明朝别恨知何許，萬木參天一逕微。

原城酒泉縣江樓夜坐

紫綸飛下聖恩深，補衮非才愧此心。虛閣夢回江雨細，孤螢明滅度西林。

蓮池島上小閣崔監司景肅顒設酌

碧沼過疏雨，新涼隨雨生。荷香樽外細，林響暝來清。銀燭樓臺影，秋風去住情。孤帆明日發，雉嶽望中青。

次李達韻

泠泠斜雨浸庭莎，小閣開樽別意多。吟罷碧雲燒燭短，秋聲無賴集池荷。

復用前韻答景肅

輕煙羃柳露凝莎，霽景初澄嶽色多。別後夢魂何處著？曲樓新月小池荷。

舟中寄景肅用前韻

秋水溶溶没錦莎，短篷依樹暮蟬多。憑虚樓上今宵月，誰伴清吟弄碧荷？

次韻別李達

鐘鳴巖下寺，煙鎖渚邊沙。孤棹客程遠，亂山秋意多。樹深喧鳥語，江迴斷漁歌。珍重西潭子，高吟泝碧波。

過魯谷悼表叔洪上舍浩贈表兄士俊

溪壑渾依舊，溪翁事已非。入門愁獨立，登榻淚雙垂。纖月低寒樹，幽泉繞短籬。吾兄幸無恙，終孝慰慈闈。

過上山洞忽憶舊事因感有作

客意忽惆悵，山陰催夕曛。弟兄曾駐馬，朋友亦隨羣。石澗鳴春水，巖峯聳夏雲。至今成舊迹，蘿逕獨黄昏。

神勒寺東臺夜坐用汝受韻

夜靜江天霽月懸，蟲音在草水禽眠。騷人自是秋多感，松下寒巖坐悄然。

將發神勒寺二首

蕭寺繫蘭舟，秋風動林樾。虛窓耿不眠，雲翳寒江月。

杳杳驪江波，依依廣陵樹。題罷碧雲牋，輕帆落秋雨。

過越溪棧宿村舍有懷兄弟

歇馬滄洲上，尋蹊畎澮閒。孤村依老樹，細澗下荒灣。雨足連畦菜，嵐收繞屋山。別愁今轉極，無境解吾顏。

斗尾十詠表叔韓正脩所居之地

我土惟九畹，春逢一犁雨。長鑱獨自鋤，餘濕沾芒屨。不勞漢陰瓮，香苗已滿圃。藥圃春雨。

黃花挾蒼苔，此是幽人路。寂無車馬迹，褰衣散孤步。所思在空谷，不憚行多露。菊逕秋露。

燒痕得雨潤，草深山逕微。曳杖乘晚興，入林歌采薇。谷口鎖暮煙，盈筐應始歸。早谷採薇。

小溪起清漣，我來山雨餘。垂釣本無鉤，一絲風卷舒。物我兩無間，非魚亦知魚。小溪釣魚。

向晚菰岸鳴，長江生片帆。渺渺水程遥，歸心指雲嵐。風利更須棹，夕照沈危巖。斗尾暮帆。

英英復藹藹，洞壑時爭吐。凝爲曉山陰，布作春江雨。出入兩無心，誰散還誰聚？劍端朝雲。

梅花本瑩然，映月疑成水。霜雪助素艷，清寒徹人髓。對此洗靈臺，今宵無點滓。梅梢明月。

虛窓對竹塢，當午來清風。華胥夢初回，體舒心和沖。願將一枕涼，遍灑夏畦中。竹塢清風。

林巒媚晚晴，子規響蒼壁。問渠本無悲，血淚誰爲滴？啼罷忽飛去，樹深山寂寂。清晝杜宇。

寒濤撼山齋，響在雲霄外。開門星月明，雪上松如蓋。太虛本無聲，何處生靈籟？雪夜松籟。

有僧求詩次退溪韻

五臺山上有禪龕，石底笋筒水味甘。早識此心元是佛，玉峯無竭不須參。

次洪忍齋暹淳熙院韻

松陰峯影滿軒涼，泉語玲瓏下曲塘。木脱猩紅山逕瘦，羹和錦帶客盤香。

贈沈景混長源二首

山前得酒飲山光，鳥碎花妍春晝長。無限別愁今日散，松風吹耳勝簫簧。

三月園林日氣和，小庭芳草得春多。君來正與良辰遇，一笑論詩興若何。

題九拙菴上梁明府喜菴在嶺南是明府幽棲之所自號九拙謂性拙貌拙言拙文拙射拙官拙與朋友交拙爲身謀拙爲子孫計拙也

大朴散生巧，拙乃物之初。使君已聞道，自修恒有餘。直性乘真率，古貌又清疏。有言實不華，有文鬱而舒。觀德不主皮，宦遊任乘除。貧交淡若水，屢空常晏如。子孫遺以安，負郭無菑畬。裝點此九拙，作扁揭林居。一菴小如舟，細逕直通閭。土砌種節友，峯翠蘸清渠。簷前蔓龍鬚，柳下觀游魚。逍遥岸烏紗，野老牽衣裾。夕日曖山城，嵐光落幽廬。入室人語靜，四壁盈圖書。俯仰生事足，拙境樂只且。聊將拙作郡，愛民勞拮据。催科自考下，四野樂耕鋤。苦被赤子挽，南望吟歸歟。江干訪散人，映林孑干旟。薙水愧無箴，木瓜挑瓊琚。何當陪杖屨，一宿雲窓虛。

校勘記

〔一〕瀆弄丸之餘論　「瀆」，疑作「續」。

〔二〕衣濕雲生壁　「壁」，一本作「室」。

〔三〕壁上神龍涌　「涌」，疑作「踊」。

〔四〕反身而誠可醒聖　「醒」，疑作「成」。

〔五〕名字落人間　「落」，一本作「入」。

〔六〕弄晴山鳥自呼鳴　「鳴」，疑作「名」。

〔七〕疏鐘度閣閉金城　「閉」，一本作「鎖」。

〔八〕冷冷石竇泉　「冷冷」，疑作「泠泠」。

栗谷先生全書卷二

詩下

湖堂夜坐己巳

湖堂久不寐，夜氣著人清。葉盡知秋老，江明見月生。疏松摇榻影，塞鴈落沙聲。自愧紅塵客，臨流未濯纓。

湖堂醉示諸公求和

醒酒披衣起，憑軒俯碧湖。春光浮遠岫，晴景滿平蕪。煙樹憐殘錦，雲牋閱唾珠。日高松影轉，虛閣響投壺。

君山鐵笛

萬里滄溟闊，中浮一點山。笛吹煙雨外，聲出渺茫閒。旅客情難掩，孤臣淚自潸。蕭蕭蘆岸遠，叫月斷鴻還。

與諸友到季涵家季涵他適入夜而還小酌

有約人何去？客來棲鳥稀。月緣寒樹没，鐘度華山微。擊目凝清思，回燈照夜霏。深杯叙離别，寂寞素心違。

送慎君吉遠喜男按節關東

攬轡車初動，澄清志不虚。緣雲巖路細，隱樹驛亭疏。海郡宵觀日，山氓夏種畬。從來稀訟牒，風月屬干旟。

與汝受往景魯家詠懷

霾霖止還復，窓户晝難明。電影横天走，雷車曳雨行。葉中鶯語濕，風處燕翔輕。細話三年別，愁看鏡裏形。

遊三清洞

曳杖煙蘿逕，支頭老樹根。石泉幽處咽，松籟靜中喧。鳥動巖花影，苔留澗雨痕。暮雲生邃谷，從却鎖山門。

寄權松溪應仁

一別松溪老，三秋抱渴飢。風塵衣盡染，林壑意偏怡。我爲吟詩瘦，君應勝戰肥。光儀勞夢想，怪爾白駒遲。

九月十五夜見月感懷三首

咄咄獨無寐，擁衾清夜闌。木疏牀剩月，籬缺缺當山。感舊衣常濕，懷人眼幾寒。平生一長劍，無計剪憂端。

世事今休道，吾生只可嗟。墳塋荒草木，昆季隔山河。覽物思荆樹，論詩廢蓼莪。病妻書不至，眠食近如何？

萬物誰齊得，莊生誇騁辭。賦形雖有别，司命本無私。鵠白非由洗，烏玄豈染緇。窮通與苦樂，順受是男兒。

觀周同行契軸

遼海遠無波，燕山遥際天。客路山海閒，行役過半年。胡騎輕渡漠，隔壟生獵煙。孤城木鐸悲，達曉耿無眠。曠野不見人，回風導馬前。骨肉日已遠，同乘情自牽。皇都壯城闕，氣象浩無邊。仰見天日光，一破羈愁煎。秋月鎖玉河，殘燈鄉思偏。拜辭皇極殿，出門賦言旋。還家一夢耳，所經尚依然。萬里共辛苦，豈云無夙緣？霜綃寫陳迹，姓名相接聯。努力莫緇磷，付與雲仍傳。

哭退溪先生辛未

良玉精金禀氣純，真源分派自關閩。民希上下同流澤，迹作山林獨善身。虎逝龍亡人事變，瀾回路闢簡編新。南天渺渺幽明隔，淚盡腸摧西海濱。

次李大仲海壽韻

酒闌吟斷碧波潯，楊柳風來散客襟。谷霧江煙迷遠近，卧聞幽澗細穿林。

復次大仲韻

圖書湖閣靜，飄雪柳堤時。山霧生衫袖，江風散鬢絲。酒筵無貌敬，蘭室摠心知。碧澗如瑶瑟，泠泠細入池。

義寧監胤祖挽

悄悄夜無眠，潛憂故人疾。故人已觀化，神魂暗來別。空齋睫乍交，髣髴瞻顏色。問答語未了，惕然忽驚魄。輾轉候天明，俄傳消息惡。嗟我解簪組，初歸桑梓域。鬱鬱坡山陽，斯人期卜築。一慟事已矣，寂寞連門約。石交成徵君，孤兒此可託。含悲寫薤露，目斷平蕪緑。

安季弘自裕朝燕京與李愉愉彦愉聲遠歷訪余别于江閣壬申

江閣逢佳客，征途指玉關。交情無遠近，人事有悲歡。水淨天光迴，暉清石影寒。川原馬前闊，幾日到燕山？

理氣詠寄呈牛溪道兄 見答書下

乞退蒙允感著首尾吟四絶名之曰感君恩 癸酉

君恩許退返鄉園，古木荒灣栗谷村。一味簞瓢生意足，耕田鑿井是君恩。
君恩許退謝籠樊，野逕蕭蕭獨掩門。四壁圖書無外事，草堂晴日是君恩。
君恩許退老江村，清坐垂綸釣石温。晚檥蘭舟紅蓼岸，渚風汀月是君恩。
君恩如海報無門，滿腹詩書莫更論。暖日香芹難獻御，一生惟詠感君恩。

陳疏求退三上乃允乘船西下有感而作

行藏由命豈由人？素志曾非在潔身。閶闔三章辭聖主，江湖一葦載孤臣。疏才只合耕南畝，清夢徒然繞北辰。茅屋石田還舊業，半生心事不憂貧〔一〕。

文忠堂書示沈都事文叔禮謙兼呈經歷具時中忭

廟洞千年地，懷賢竝馬尋。眼明新棟宇，腸斷舊園林。細雨迷喬木，荒庭噪晚禽。一家賓主會，坐待暝煙深。

文忠堂小會次申企齋光漢江閣韻

倚遍虛窓待晚晴，巖流得雨有清聲。先賢已遠空遺宅，畫閣西邊一鳥鳴。

奉贈時仲尊兄求和

城樓痛飲暮鐘鳴，醉後心肝一笑傾。從此首陽歸路遠，不堪嵩嶽望中青。

送邊兵使協鎮關西

迢迢關路送人歸，紅樹滄江淡午暉。聞說仁聲傳塞外，安邊不在著戎衣。時邊將多挑禍，故云。

將按海西和安賚卿見贈

拘束衣冠別舊廬，雲慙高鳥水慙魚。清潭九曲含明月，準擬誅茅卜我居。余將築室于石潭，故云。

挽吴典翰子强健○甲戌

迢迢碧珍城，與君初相遇。心肝澹相照，發軔遵一路。聚散任人事，霜根期歲暮。鵬鶚衆所指，中輟雲霄步。南天鴻雁稀，三載含幽素。奄忽顯晦殊，殄瘁誰將訴？哀哉一片土，埋却崑山璐。滴盡壯夫淚，秋風凋碧樹。

在黄岡除夜有感

黄岡守歲坐凄然，舊念新懷燭影邊。世路强顔終少味，山居未卜爲無錢。心勞原隰韶容變，情結觚棱魏日懸。三十九年尤悔積，今宵洗濯矢蒼天。

延安府月夜聞金雲鸞彈箏金是舊日同里人彈箏妙絶一時

虛閣發箏聲，竦然人語絶。絃絃應手語，激川邃幽咽。寒蟬抱露葉，細泉鳴巖穴。側耳在雲霄，餘音久未歇。我少君壯夫，仁里曾相悦。悲歡三十年，渺渺參商闊。邂逅在今宵，感舊腸内結。停杯悄相對，碧空懸霽月。

金希元長生**來石潭受業辭歸平壤詩以贈之**乙亥○時金君大人重晦爲平安監司

千里相從寂寞濱，洞雲溪月伴怡神。歸時垂橐吾堪愧，別後須教刮目頻。

挽洪判決事奉世○丙子

大雅推先輩，微言鑽古經。聲名尊一代，藥餌涉三齡。桐邑留遺愛，朝家失老成。諸孫承緒業，宰木擁佳城。

宿南時甫彦經**郊舍**

返照依山扣野扉，坐看清月出林霏。焚香小閣清無語，更覺風塵此會稀。

沈判尹希安守慶**朴參判君沃**啓賢**歷見余于花石亭適山人仁鑑求詩乃步軸中韻**

高僧在座世緣輕，江雨初收夏意清。邂逅一歡無箇事，斜陽碧岫看雲生。

次李宜仲義健**叙别韻**

邂逅衡門適野情，清宵不寐聽溪聲。喬林秋色日加好，惆悵送君江上行。

題山水障

瀑布寒巖下，苔磯柳影中。客來人已醉，殘月隱孤峯。

呈朴思菴相公淳

十年來往誤天恩，春半那堪夢故園。主聖正開言者路，臣迷不識寵之門。三章解紱辭丹闕，匹馬嘶風度緑原。黄閣故人情意重，碧雲吟罷暗銷魂。

贈金景嚴 戕○并序

樂幽閒而愛泉石，通人素心，而每患不遂者，宦爲之祟也。宦之道有二：爲親也，爲民也，如斯而已。亦有不爲親不爲民，而惟印綬是事者。此所以山亭水榭，多閑空宇，以資巢禽伏蛇者也。金景嚴累歲求閒居之所，近者始卜于交河深嶽山之東峯下。構屋數閒，引巖泉注方塘，種以淨友，植松菊梅竹，以挾小蹊。既飽幽趣，而憑窓縱目，則大野彌望，禾稼連雲，煙岑繚繞，閒以長江帆檣隱映，島嶼微茫，曠如奥如，兩得其美。其愜素心可知，而景嚴不得朝夕于此者，豈非腰閒銅印爲之祟乎？景嚴之聖善年高，而其爲邑，廉勤盡情，民獲其所，其宦之爲親爲民也明矣，此豈終於印綬者乎？他日歸來，與珥居相近，可以相從，故賦一詩爲信，而先之以序。

故人卜新居，瀟灑適野性。寒巖細泉鳴，方沼荷花淨。黄雲遠郊平，碧靄遥岑暝。江湖浩滿眼，款乃卧可聽。胡爲未歸來？坐憂千室病。俸錢具甘旨，婉受慈闈命。儻許以善養，山阿有誰競？我家枕臨津，可浴亦可詠。兩地不宿舂，追隨豈待請？佇君辭五馬，同遊松菊徑。

送尹參議子仰斗壽朝天請雪宗系之羞兼示金書狀士純誠一崔質正立之

觀周仙侶去聯翩，病裏分攜倍黯然。華表柱西天接野，永通橋北樹緣川。才堪專對詩三百，情結偏親路四千。定被皇恩湔國恥，歸來喜氣滿朝鮮。

感寒疾調于密室有感寄浩原丁丑

病中省人事，灑埽清幽室。小罏對焚香，明窓坐終日。意到輒開卷，倦來還掩帙。計往積尤悔，追來庶無失。惺惺保此念，喧寂當如一。感發遂成詩，因之寄同疾。

次思菴相公贈別韻

江海晴光浩莫垠，數閒茅屋返沈淪。邇來轉覺君恩大，城市山林一樣春。

將向首陽寄別浩原戊寅

苦雨連旬阻對牀，臨歧別意更堪傷。離羣自此多尤悔，警語時時寄首陽。

遊花潭贈徐時遇應麒花潭先生子是日雨

至人觀化後，有客雨中遊。道在巖阿潤，雲生野逕幽。石苔隨意綠，山澗盡情流。逢君問先迹，更喜典刑留。

曹雲伯駿龍卜居松都遮日巖下草堂甚蕭灑

千嶂環回翠峽開，巖流一泒出雲來。詩翁選勝茅齋淨，孤坐凝神百事灰。

滿月臺

下馬披荊棘，高臺四望虛。雲山孤鳥外，民物故都餘。危砌依林廢，喬松落影疏。斜陽照三角，指點是王居。

題申濆詩卷

松籬竹塢淨無塵，門外山蹊草色新。四壁圖書春晝永，一林花鳥伴幽人。

到海州野頭村有作

海路逶遲得得歸，野頭村巷映斜暉。風塵十二年前事，付與閒人説是非。

曹雲伯來訪贈詩次其韻

卜築生涯定，山阿面勢巖〔一〕。遥開林外石，雲宿水邊簷。嘉客高軒過，清宵樂事兼。灘聲來不歇，更覺雨餘添。

權用經來訪時爲安岳訓導二十年同遊盆浦者也

不見詩人二十年，石潭今日兩欣然。别來世事渾無賴，夢著東湖載月船。

寄上盧蘇齋守慎

仰止中台座，分離歲月深。風霜老琪樹，魚雁閒徽音。廊廟憂民志，江湖戀主心。誰言出處異？千里兩開襟。

題趙光瑗扇

一杯梨花春，遠餉滄浪客。酌罷山日低，溪聲滿虛閣。

六月憂旱

畎澮生塵石井乾，白氛如霧蔽羣山。擡頭欲問蒼天意，雲漢昭回夜已闌。

雨後次宋士强大立**見寄韻**

雨歛空山亂午暉，小童鋤草啓柴扉。清香一炷無餘伴，坐看閒雲出岫飛。

許校理美叔篈**以厲壇賜祭官到海州先寄以詩後數日訪余于石潭小酌次韻以贈二首**

幽棲簡略客來稀，谷口雲深草逕微。山鹿入門知遠害，野人爭席驗忘機。溪邊石榻驚孤夢，天上瓊仙扣晚扉。共藉緑苔成一醉，半天新月下林霏。

去年田野稻花稀，白屋蕭蕭活計微。民困更堪逢癘氣，天高誰主運玄機？君王毖祀回神意，近侍承綸出鳳扉。聞道至誠能奏格，海鄉從此霽氛霏。時海西癘疫甚熾。

聽溪堂對琴書

面水依山一小堂，土牀風榭可温涼。門無外客心無事，玉軫韋編味正長。

金君德器大司成金公湜之第三子也氣度倜儻不凡不事生産隱居麋鹿村兄弟相樂也有詩曰可笑吟人有示余者余慕其爲人爲之次韻欲使名聞于後世也麋鹿村距吾卜居數里金之歿今若干年

可笑又可笑，笑我心計拙。汲古綆空脩，趨時路頻絶。宦海深不測，難試凌波襪。簪組厭拘束，還被舊時褐。但求分所安，豈憂貧到骨？山雨長菜根，百口可以活。我亦民之一，天心豈不恤？可笑又可笑，何爲心忽忽？爲子當盡孝，爲臣當盡節。生平讀經訓，素心非隱逸。只慚樗櫟材，空談仁義説。縱遇聖明朝，奈成無用物。堯舜難再逢，何忍便永訣？所以寂寞濱，有時不怡悦。可笑又可笑，世人恒聒聒。喜氣生紫綍，憂愁集圭篳。身榮道必枉，誰得還誰失？古人知此義，忍飢啖橡栗。章甫豈適越？齊門不奏瑟。瀟灑江海上，優游送日月。我思古之人，中夜心如結。九原不可作，遺書看不輟。由來百世師，元不在施設。我居何所鄰？木石與薇蕨。忽聞金老風，喟然相感發。寓興一篇詩，調高如白

〻雪。若人不外慕，容膝一斗室。逍遥紫荆下，兄弟相磋切。躬耕麋鹿村，身否志不屈。樵夫與野老，爭席亦無咈。我憐得此生，不須塵事汨。賡章豈無意？欲使名不滅。

次安丹城瑛船巖韻

有石形何似？青林露半船。攜朋憐坐密，巖上可容四人。垂釣見魚懸。淫潦雖藏迹，孤堅不隱賢。千年肯移棹，終日載風煙。

次安丹城石潭韻三首

春色日加媚，幽人相對閒。傾壺須盡醉，莫待緑侵山。

沙暖織芳草，花明糚翠巖。散人兼逸士，水北又山南。

文會步晨露，詠歸穿夕嵐。澄心無別法，寂默俯清潭。

承命召以大諫耳赴徵將以慰上在疚兼得謝恩而歸留京一月竟未得面對乘舟西下感懷有作書寄浩原

蹇劣非世器，棲棲竟何爲。築室海山阿，巖泉結幽期。天書下衡門，欲出慙明時。三韓泣喪妣，五月滕文悲。趨朝慰在疚，謝恩拜彤墀。重瞳隔咫尺，五雲深難窺。逡巡出金門，悵然雙涕垂。蕭條囊橐空，只有病相隨。留邸一月罷，乃賦歸歟詩。出郭理歸棹，我行何遲遲。親朋餞江閣，執爵各有辭。仁智見雖異，惓惓情非私。親朋多勸余留。滄波望無極，一葦渺何之。中流發孤嘯，有心誰我知？却憐沙上鷗，閒眠百無思。鄒孟非不豫，斯人吾所師。永言寄同病，微子吾從誰？

舟中回望南山悵然有作

屑屑之譏我所甘，素心非欲老雲巖。舟行不忍南山遠，爲報篙師莫舉帆。

雪中騎牛訪浩原敍別

歲云暮矣雪滿山，野逕細分喬林閒。騎牛聳肩向何之？我懷美人牛溪灣。柴扉晚扣揖清臞，小室擁褐依蒲團。寥寥永夜坐無寐，半壁青熒燈影殘。因悲半生別離足，更念千山行路難。談餘輾轉曉鷄鳴，舉目滿窓霜月寒。

與辛君望應時**黃牧伯景文**廷彧**登浩然亭更約仲秋翫月二首**

選勝開慳祕，誅茅鬬翠巔。乾坤四圍遠，窓户半空懸。雨霽山成畫，潮平水作天。三山不須覓，棲此即神仙。

一丘專勝賞，飛閣架危巔。迥壓西溟盡，平看北斗懸。明沙斜耀日，碧岫細浮天。更得風將月，應成玉界仙。

次君望小酌石潭韻

楊柳和風日日吹，山花開盡小川湄。人間不管身榮辱，客罕非關路險夷。五馬臨門成邂逅，三杯引興慰棲遲。煙霞簿領還同調，屈指中秋結後期。

次君望路中寄贈韻

許亭前夜駐吟鞍，情寫雲牋酒上顔。山室夢驚仍不寐，曉風吹月照孤欄。

與李大仲趙汝式憲諸君登浩然亭

相攜地上仙，坐弄滄溟月。秋光滿上下，萬境皆清絶。神飆吹嫋嫋，玉笛雲衢徹。臨觴忽惆悵，美人天一末。

大仲次韻復步以賡

江天纖翳盡，皎皎懸秋月。羣峭蘸空明，山川成兩絶。緑樽對良朋，心肝澹相徹。悵然下山逕，危亭隱林末。

贈别趙汝式李達夫培達辛君望三君子

衰白離羣久，驚君扣石關。清歡曾幾日，别恨繞千山。觀物煙霞外，論心洞壑間。明朝已陳迹，愁坐對巖灣。

攜諸友游潛陽洞

崎嶇山逕少人行，策杖尋幽旁水聲。路斷巖奇雲木合，一樽相對萬緣輕。

金沙寺次安丹城韻

蜃收孤嶼斂游雲，雪作峯巒繞梵門。清夜焚香無一夢，海潮松籟靜中聞。

題金沙寺是日適見海市

松開引步午風涼，手弄金沙到夕陽。千載阿郎無處覓，蜃樓消盡海天長。阿郎，古仙人號。

金汝器偉**以敬差官訪余于南江其明日復來江上船邀余同載余與季獻載琴小船風潮逆至舟不得渡望見有作**庚辰

一葉載玉軫，相期天上郎。風潮阻柔櫓，悵望煙蒼茫。

與汝器登覽浩然亭明日泛舟江中奏樂日沒而罷

玉友忽來翔，握手滄溟涘。山樹罷登臨，蘭舟泛綠水。煩暑此焉滌，微風疊縠起。山川四圍闊，興入煙霞裏。採蓮曲初歇，殘暉遠岫紫。酒醒人已遥，相思渺千里。

題浩然亭

南江名勝擅多年，更有新亭倚翠巔。檻外青山連北極，軒前碧海盡西天。寒巖隱見潮來往，疏樹昏明月缺圓。清坐默觀消長理，世間榮辱可忘旃。

浩然亭見月

天放空疏客，逍遥江上山。登臨夕陽盡，月出海雲間。

芙蓉堂與方伯大仲都事嘉應及季獻小酌

碧城秋雨送新涼，虛檻憑來嶽色蒼。晴景攬人成晚酌，曲池微月泛荷香。

次大仲見贈韻

平生瓊玉友，攜手海西頭。綺席澄江暮，仙山碧樹秋。

聽歌聲

芙蓉堂上歌一曲，迴入碧霄愁行雲。主人勸酒客忘去，日暮池風生縠紋。

露坐酌月

空亭酌月光，枕石迷胡蝶。風露夜如何？醒來衣盡濕。

與大仲期會南江別季獻大仲有故不至寄謝以詩次韻

秋日開樽海上亭，離鴻別鶴曲初成。襜帷不至夕陽盡，雲樹煙波無限情。

大仲使謳者碧桃助餞席之歡因其歸寄詩

寒江煙浪阻佳期，嫋嫋秋風一夕吹。試遣碧桃歌數曲，碧桃新唱摠吾詞。

浩然亭酒席贈山人雲水

袖滿長風倚浩然，席邊秋水盡晴天。誰知漂渺琴歌裏〔三〕？亦著雲林白足禪。

浩然亭置酒別季獻

秋山明霽景，萬朵開青蓮。天光映海色，極目俱澄鮮。此時送將歸，把酒危峯巔。纖歌倚長笛，嫋嫋神飆前。四坐悄相視，杳如聞湘絃。斜陽沈碧靄，片月生江煙。對牀罷今宵，孤琴何處眠？離懷寫不形，欲語還茫然。

偶　吟

世味淡於水，吾生嗟已衰。憐憐不能釋，只有膝前兒。

遊矗雲巖寄大仲

一曲蒼屏枕碧流，明沙錦石可清遊。臨觴不御懷瓊友，亂嶂荒郊極目秋。

神光泰定樓宴坐

雨後涼生古石樓，輕風度磬響颼颼。高僧相對坐無語，佛榻燒香金殿幽。

贈僧

憶昔中臺下，同聞上院鐘。乖離十三載，雲水幾千重。洗鉢臨秋澗，攀蘿度夕峯。相逢問缺二字，各怪舊時容。

深源寺月夜季獻彈琴次玄玉上人韻

山月斜移萬木陰，溪風吹雜六絃音。香煙銷盡長廊靜，兀對高僧坐夜深。

雨後題安叔珍璡平遠亭

雨晴遥岫碧浮天，亂瀑懸巖閒紫煙。一詠一觴慵歸去，日高松影滿長川。

聞監司季弘辭遞將别于路上阻雨未果贈短律一首

海國萍蹤會，頻開選勝筵。相分元有數，一見亦由天。目極雲生樹，魂消雨滿川。日邊君獨去，山客耿孤悁。

方伯李仲益友直都事李應堯增來訪石潭小酌于茅亭

石潭春水滿，沙頭步屧緩。駟騎映林嘶，冠蓋驚疏懶。呼童埽小亭，狎坐恣清玩。餘寒勒羣卉，巖草緑猶短。含意未發媚，却勝鶯花亂。白酒隨量飲，談笑開情款。山阿寂寥中，一會誠有算。夕陽悄分袂，平蕪望眼斷。獨卧聽溪聲，玲瓏作幽伴。

別季涵于露梁江閣二首

此日足可惜，此別真可傷。那知駏與蛩，轉作參與商。秋空灑輕雨，漢水流洋洋。宣尼戒三緘，大易貴包荒。林居勉存省，此語願毋忘。

輕風拂琪樹，錦水收微雨。望望君去遥，秋山入寒霧。

送季涵按湖南辛巳

清時馳俊乂，遺直有臨汀。射策非干禄，輸丹豈弋名。茝蘭紉雜佩，鷗鷺謝深盟。白簡風霜肅，青蒲黈纊傾。雲霄舒闊步，鵰鶚在朝廷。一醉瑕生璧，三緘戒入銘。牙旗辭北闕，玉節按東溟。蔀屋霑仁澤，甘棠起頌聲。迹廵仙界遍，詩到雪峯清。宦意秋光淡，羈愁暮靄生。松江理孤棹，漢水濯行纓。報國誠猶炳，明農策未成。宸衷簡方伯，申命撫虆甇。更拂朝天服，因懷攬轡情。殘民競加額，碩鼠欲潛形。惆悵平生友，淒涼向曙星。梁鵜愧濡翼，林鶴惜摧翎。不待賓筵暖，旋驚別馬鳴。煙花迷故里，雲樹渺歸程。只有心無遠，相思一寸明。

浩原退歸寓津關作詩相示次韻還寄二首

天意定應扶社稷，謝安寧免濟蒼生。白駒何處維空谷，西望津關古木平。

盛際千年會，憂時一病身。願回巖穴老，終作匪躬臣。

司諫院契軸

江海空疏客，薇垣厠衆英。匡時五臣足，憂國一身輕。自分非忠直，何緣補聖明？後人應歷指，今日愧題名。

送魚景游雲海**作嶺南幕賓**

昨夜對綠樽，共惜霜林月。今朝困清羸，不作河橋別。山長水復遠，珍重慎脂轄。佐宣責非輕，澄清會有日。所嗟畏友遠，耳畔箴規絶。悵然想行塵，坐到微鐘歇。

送沈公直忠謙作宰春川

閉户養清羸，謝客疏人事。此時聞我弟，出作餐砂吏。悄悄病後思，悠悠别離意。春州擅佳名，山水饒清致。江洲草色遠，巖壑雲姿媚。鈴齋簿牒閒，幾叩清平寺。自嗟絆風塵，空懷遠遊志。何當入禪扃，共對蒲團睡？

寄精舍學徒

心如盤水最難持，墮塹投坑在霎時。爲報僉賢操守固，世紛叢裏卓無移。

送金希元陪嚴侍朝天之行夜裏叙别壬午

對榻挑燈夜向深，草堂幽寂候蟲吟。燕山漢水明朝隔，兩地秋風會此心。

送崔立之以質正官隨重晦之行

幽意忽惆悵，秋風生遠林。那堪抱歸興，更值别知音。路夐川原闊，天高雨露深。回程報殊渥，邦慶動宸心。

送李夢應濟臣出鎮北邊

未視承明草，旋登大將壇。北門新佩鑰，西塞舊牢關。來去山輕重，恩威氣煖寒。一杯連祖道，秋意助辛酸。

挽伯嫂

我生胡不辰，早纏風樹悲。清門舊業薄，雁行亦分離。同居計未圓，伯氏奄我違。中年宦興闌，世路多險巇。誅榛卜一丘，渺渺西海涯。我嫂就余居，自南攜孤兒。三架奉先主，一簞同忍飢。洞壑靜而幽，擬作窮年期。天書召不止，束帶還羽儀。戀恩不能歸，盡眷移京師。南北不辭勞，恩義兩無虧。一朝困沈痾，痛矣無良醫。乘化奄歸盡，骨肉棄如遺。哀哀桂與蘭，籲天天無知。祖載發中堂，撫柩神如癡。蕭辰霜露零，慘惔晨飆吹。送別有後期，此去歸何時？

挽金重晦

早年才調擅英姿，夙夜清朝不顧私。數畝田園惟祖業，一生冰雪恐人知。傷心忽喪多聞友，憂國空吟殄瘁詩。天意定貽身後慶，可憐如玉有孤兒。

次黄天使洪憲沿途諸作并序

伏承辱示沿途諸作，雲錦爛然，盥手捧玩，爽若江風海雨入于牙頰，無任忻幸之至。重違台教，敢構荒拙，次韻奉呈。

渡鴨綠江二首

斜陽鼓角殷孤城，肅隊催班迓漢旌。絶域戴天承雨露，塞門韜甲會簪纓。翔風水鳥迎船舞，引路山雲旁馬輕。共仰前星垂遠耀，四方爭頌泰階平。

十行丹詔下雲空，威鳳來隨度海鴻。玉節影摇寒水迴，錦袍光映晚霞紅。千秋瑞氣浮蘭殿，萬國歡聲繞紫宫。道路聳觀香案吏，輪蹄雜沓氣成虹。

車輦館蟠松

霜皮鐵幹老盤松，韻入長風撼遠峯。影合太陰林月暝，氣通喬嶽洞雲封。羣賢撫玩芳蹤杳，雙鳳徘徊晚色濃。護惜敢忘嘉樹傳，只愁雷雨化蒼龍。

孝女碑

秉彝均賦孰無親，短碣摩挲倍愴神。列鼎曾聞懷負米，百年風樹瘦吾身。

納清亭三首

樹擁川湄畫影清，笳鳴橋外晚風橫。焚香畫閣人如玉，水色山光摠有情。

一曲溪山旁路清，皇華駐節彩雲橫。芳樽半日陶幽趣，更把瓊詞寫遠情。

砌臺寒浸縠紋清，隔水疏松翠蓋橫。幽興未闌王事急，夕陽歸去有餘情。

練光亭

玉節臨彫檻，仙袍映紫煙。山容增嫵媚，江色更澄鮮。風露侵三夜，笙歌落九天。遥知虛講席，宫燭待君然。

箕子廟二首

東土當年建國賓，邑居依舊井田湮。曾將疇範傳華夏，更把衣裳變介鱗。仁列三賢遺訓炳，澤流千載耿光新。皇華起敬增悽感，日暮悲風滿渚蘋。

玉馬東來啓我先，歎深微禹即仁賢。敢將韜晦爲身地，秪是艱貞不愧天。故墓淒涼寒樹裏，明宫翬映曉雲邊。遺風舊俗今猶在，惆悵無因作九泉。

泛大同江二首

暫上蘭舟駐四黄，列城簪笏摠賓將。清遊未半斜陽盡，山色蒼蒼接水光。
長途敢問馬玄黄，玉帛相交祇敬將。入眼忽驚逢絶寶，錦囊纔發座生光。

次黄天使浮碧樓韻

畫欄危棟枕巃嵸，俯闞江流碧海通。水面落陰明寶鏡，雲衢飛彩結晴虹。茫茫喬木迷荒磴，點點尖峯秀遠空。此是青丘奇絶處，謝樓滕閣可爭雄。

次黄天使太虚樓韻

遶樓山骨瘦稜稜，十二欄干向晚凭。鳥噪東林紅日盡，月沈西海彩霞蒸。鑪煙吐篆香初散，池縠收紋氣漸凝。照壁清詩看不厭，玉京仙子幾回登。

次黄天使頒詔記事韻

丁東漏盡叫天鷄，夙駕懸燈渡野谿。笙鶴溢街迎彩羽，龍光滿國啓金泥。偏承帝眷優藩服，更賀皇威埽狄鞮。慶罷還愁霄漢遠，繡衣能得幾時稽。

次王天使沿途諸作并序

伏承辱示途中盛作，奎璧燦爛，不勝忭悚之至。重違台旨，奉和以呈。

渡鴨緑江二首

星軺聞説發清都，爲候霓旌夙在途。丹詔十行隨彩鳳，青丘千里駕飛菟。蒼山雨霽巖姿媚，碧落雲消雁影孤。玉帶神人登畫鷁，煙波驚殺釣魚徒。

東人拭目候星槎，騎從如雲簇晚沙。窮海謳歌歸一索，層霄日月耀重華。風隨使節潛回暖，浪爲仙舟不作花。莫訝殊方佳氣遍，鳳綸來自玉皇家。

車輦館

玉節迢迢度遠岑，湖山興趣浩難禁。暫辭諫掖臨藩土，曾把丰儀動士林。日耀干旌穿樹影，風傳鼓吹咽江潯。松圍古驛濃陰爽，酌罷霞觴爲朗吟。

蟠　松

童童一青蓋，當路博清歡。柯屈驚虬壯，根穿厚地蟠。苔紋和葉緑，月色助陰寒。故老寧知歲，流傳自馬韓。

過金孝女故廬

嗟嗟弱質秀閨門，贏得芳名振外藩。指不若人何損孝？世間戕賊忍堪言。

納清亭

松籟溪聲滿閣清，晴郊日暮淡煙橫。蒼鷹振翮魚登網，儻得皇華一慰情。

嘉平館觀射

暇日娛賓闢射圃，百步沙堋環短堵。穿楊絶藝入神悟，巧力須知在承弼。傳聞土蠻屯犬羊，正點邊兵簡貔虎。願借皇威乘一障，縛取呼韓作奴虜。

百祥樓

飛樓收勝趣，豈爲察禨祥？野接青天迥，江通碧海長。千山環縹渺，雙鳳對翺翔。只恨黄昏近，無由泛彩航。

肅寧館微雪

雪意遲回乍欲飛，卧聞風力撼窗扉。吹殘柳絮輕初散，篩下銀沙勢漸微。忍凍漁翁蓑笠側，暖寒豪客玉舟揮。何時嘯入瓊瑶窟？快覩清光蕩月輝。

謁箕子墓

世遠人亡澤未收，井田尚辨東西疇。淒涼遺老誦入教，繚繞荒城經幾秋。閟殿嵬峨奉香火，佳城蕭瑟鳴梧楸。天遣皇華肅將禮，更銜聖化宣東陬。

快哉亭

選勝頻移席，凭危更上亭。帽因邀月側，杯爲覓詩停。綠幌低朱檻，華譙擁翠屏。都人爭拭目，仙客幾回經？

浮碧樓

箕城東畔浿江頭，中有縹渺之飛樓。青山一望何衮衮，白雲千載空悠悠。猩袍仙子此時過，麟馬天孫何處遊？玉簫吹澈彩霞盡，古國煙波人自愁。

練光亭

練光高閣臨江渚，十里平波寒鏡開。喬木遥看白鳥没，古城迴抱青雲回。舉手遐思揖喬晉，掛帆直欲迢登萊。當風披氅動霞酌，落日爲我猶徘徊。

江上泛舟二首

黑頭公竝豫章黄，海外江山恣取將。縹渺仙舟人指點，一雙和璧爛清光。

箕城回首淡雲黄，南浦蘭舟慣遠將。爲報長年須緩棹，寒波澈底醮天光。

渡大同江

威鳳雙飛渡遼水，面承綸音聖天子。紫禁煙霞一萬重，青丘雨露三千里。征車畏途笑王陽，孤舟徑渡江蒼茫。採風殊壤富新作，一一金石聲鏗鏘。醉呼馮夷驅玉虯，仙袂飄飄天際翔。高吟倚柁樓，天地爲低昂。手捧金泥賜東國，日映扶桑光燀爀。此邦箕子有遺風，莫道山川非禹迹。

生陽館

鳳曆開休運，虹流賀此時。星圖膺大慶，僻壤荷鴻私。漸覺陽爻長，無煩暖律吹。東人瞻玉節，天際五雲隨。

太虛樓

嚴裝曉發夜猶行，星彩寒從翠嶺生。葉盡長郊村火迥，人稀古渡野航橫。鳳含丹詔來西極，樓倚青冥近上清。曠望忽驚飛六出，登臨應抱歲寒情。

鳳山途中遇雪

向晚發黃州，逶遲度阡陌。滕六爲清路，轉眄青山白。瓊花點錦袍，似媚天上客。仙靈故催詩，不愁霑漢節。

龍泉館

西來仙客錦鞍連，灝噩文章降自天。盥手吟來津溢口，爽如巖壑瀉寒泉。

次王天使宣詔後所作韻二首

瑞電祥虹啓聖期，天心悦豫近臣知。身持漢節輕千里，口誦堯言動九夷。綵嶺笙簫來縹渺，鰲岑影象弄神奇。如今更覺皇恩大，瞻仰文星式令儀。

賢闕發軔歲星周，白簡青蒲諫業優。鰈域乘槎宣鳳口，天門聽履識魚頭。恩霑僻壤歡聲振，雲擁神京瑞氣浮。四海一家無内外，聖朝蕃錫在康侯。

太平樓次黄天使韻

危樓手可撫天星，香案仙曹暫此停。晝靜松風圍綉幕，夜寒霜氣透雲屏。窓含暮景煙光紫，簷抱遥空岳色青。盡取海山輸越橐，會看雄藻播彤庭。

太平樓次王天使韻二首

盛以清都白玉樓，陋邦何幸見淹留。神京西北占雲氣，江漢東南蕩客愁。天上瑞圖雙鳳下，海中圓嶠六鰲浮。太平華扁君須記，封祝年年向帝州。

城闕蒼蒼二百秋，俯臨東極有飛樓。千家簾幕圍清晝，萬里山川記壯遊。魂繞五雲環珮響，眼窮三島髻鬟愁。莫嫌夜坐饒風露，會看冰輪出九幽。

慶會樓次黄天使韻

迴入層霄聳四阿，綠樽留待使星過。簾浮嵐氣圍青嶂，池蘸蟾光弄素娥。數曲雲和軒外奏，萬株松籟雨餘多。夜深前殿賓筵罷，銀燭紗籠散玉珂。

讌集慶會樓次王天使韻

星槎遠泊海東陬，勝日相攜上翠樓。玉鏡涵空波不起，煙鬟繞座雨初收。牢籠景象歸吟筆，揮斥乾坤放醉眸。自是天威臨咫尺，却從西北望神州。

漢江夕泛次黄天使韻

桂棹蘭橈泝錦湍，煙光盡入彩毫端。雲開秀色青螺髻，天放清輝白玉盤。風弄簫聲挑客興，江涵峯影滿船寒。黄昏返駕頻回首，林表紅樓露曲欄。

漢江樓讌集次王天使韻

綺席芳樽晚倚樓，江山霽景愜清遊。雲開海色蓬瀛近，鶴杳仙蹤歲月悠。玉管隨風時激烈，畫船牽興故遲留。黄昏不用謀燈燭，好事天公爲洗眸。

次王天使謁文廟韻

廟貌恒如昨，精禋式至今。休言此邦陋，須識欲居心。

次黄天使花石亭韻并序

伏承辱示花石題詠，詞意俱到，豈但鯫生受賜，爲永世之寶。定有先人之靈，懷感於九泉，銘骨無以仰謝，伏步高韻，聊表下情。

先業荒凉野逕幽，江山依舊擁林丘。花殘草砌纔分種，土蝕雲根不記秋。占勝豈緣甘隱遯，重新祇爲守箕裘。瓊琚照壁仍垂警，自愧疏才未煥猷。

附黄天使詩并序

李氏别墅構自先曾，蓋取贊皇公平泉莊之意，以貽後昆。贊成規恢先業，能不隤其家聲？爲賦短章，以塞其請，竝致祈望之私云。

緑野堂開背郭幽，白雲芳草即丹丘。山花色映松杉翠，石壁青含薜荔秋。世業自應勤肯構，清時豈合念菟裘？贇皇勳烈標唐史，勉佐藩宣紹遠猷。

復以一首申謝

山繞平郊水繞村，一區花石散荒園。重開祖業初營室，未報君恩却鎖門。天上神仙留彩筆，雲閒笙鶴下幽軒。寧論霞鶩生顔色，會有先靈感九原。

次王天使花石亭韻并序

伏承辱示花石題詠，至於眷惠，手筆捧玩，如得拱璧，榮被幽明，無以仰報。拙句非敢爲詩，只表銘感之忱。

文星來自白雲鄉，青瑣多年侍玉皇。筆落野亭辭最妙，炯如隋璧夜猶光。山容更媚濃浮檻，松籟增清爽滿墻。人返紫霄詩在壁，夢魂飛度海天長。

附王天使詩并序

余使朝鮮，往復鴨緑江，遠接使李君寔送迎焉，念其勤渠，方爲詩似。廼一日，謂余其家花石亭創自曾大父，取贇皇公平泉莊遺意，冀後人世守勿失，四傳至君。厥基益拓，厥聲益著，是真能光迺祖者。余嘉之，遂爲賦之。時萬曆壬年仲冬日也。

堂開緑野聞裒相，莊卜平泉有贊皇。百代家聲人共羨，四傳基業爾能光。羣芳燦爛依幽砌，疊石參差出短墻。撫景一亭承澤遠，江山流峙竝延長。

復以一首申謝

舊業蕭條枕水皐，唾花真幸遇仙曹。一揮灑落雲生筆，四韻清新僕命騷。屋宇含輝動光彩，江流受鎮靜波濤。榮加存没將何報？喜極還悲淚點袍。

次黄天使葱秀山玉溜泉韻

數朵芙蓉夕照開，玉溪流旁翠屏回。泉珠點點飄輕雨，松籟蕭蕭響遠雷。洞府乍傳青鳥信，天仙對酌紫霞杯。靈區勝迹終難寫，自愧元非七步才。此律及射獵詩，華使回至義順館，臨發，録示於餞筵，走筆寫呈。

次黄天使觀射獵韻

石路緣雲高復低，千里玉節遥追躋。數峯葱翠秀琬琰，一溪湛碧開玻瓈。丹霞彩靄迷洞壑，石竇細泉飛珠落。呼鷹校獵壯士集，願得皇華一行樂。穿楊不數三箭雄，洞鐵更道千鈞弱〔四〕。山谿馳逐步驟同，慘惔殺氣隨陰風。揮戈白日爲少回，勝地樂事誠難窮。鳳簫聲斷仙馭發，林悽水咽壺天空。嗚呼四海昇平久，罝兔野人空赳赳。榆關不聞刁斗聲，玉帳但醉羔兒酒。君不見垂衣聖人御皇極，萬國梯航玉帛走。海邦耕鑿亦堯民，帝力於我知何有？

次王天使玉溜泉韻

地閟千年祕，天開一竇清。摘來珠點散，流處縠紋成。靜聽瑶琴韻，寒疑檜雨鳴。儒仙頻激賞，幽趣愜詩情。

次黄天使生陽館韻

海國窮陰節，蕭條百草摧。佳名徵候館，盛禮憶觀臺。自是洪恩遍，仍教暖氣回。葭灰初散落，梅蕊已磓堆。道屬千齡泰，朋看七日來。連茹在仙伯，應被詔書催。

百祥樓次黄天使韻

碧瓦雕甍倚古城，仰摩星漢俯澄明。天邊黛色分三壤，沙外波光接八瀛。衆鳥入空喬木遠，寒蕪極目淡煙平。却嫌晨夜催程急，清景難淹漢使行。

次黄天使留别韻

騷人綴佩起蘭皐，翰墨場中善劵刀。文命來宣東土遠，靈槎還向北天高。百篇莊誦煙霞語，千里渾忘跋涉勞。身似化蜩留海甸，此心潛逐繡麟袍。

次黄天使贈别韻

長川冰雪覆寒沙，此日愁聞出塞笳。兩地雲泥分席上，一江南北即天涯。情勞永夜應飛夢，路絶何時更倚麻？珍重贈言歸橐富，愧將燕石報瓊華。

附黄天使詩并序

萍水相逢，金蘭若契，我奉朝命，君爲主役，周旋几席，登眺江山，未嘗一日不相從也。顧地域異制，人生有涯，隙日難留，嘉會不再，江亭祖帳，黯然消魂，再賦短章，用申别緒。

江亭祖帳映清沙，風急潮聲咽暮笳。乍會豈堪驚别緒？相悲各自念生涯。長裙君去承王寵，短鋏吾歸侍帝麻。東國年年修職貢，可能跨馬到京華。

次王天使贈别韻

歲暮離懷浩莫裁，當筵只有倒深杯。贈言驚玩珠璣疊，欲和陽春愧不才。

次王天使留别韻

澄江如練遠潮平，仙客開筵駐旆旌。箕壤霞觴澆别恨，薊門霜樹渺歸程。寒空雪霽千山迥，虚閣風輕一笛横。唱斷驪駒天日暮，碧雲難寫去留情。

附王天使詩

館署别離恨未平，憐君來往伴旌旌。秋深東去傳天語，歲晏西歸憶客程。光射斗牛雙劍在，地分中外一江横。遨遊殊域知難再，浿水葱山總繫情。

奉别天使兩大人四首并序

海外鯫生獲近天朝侍臣，陪行千里，往返四旬，飽德薰香，受惠罔涯。疊璧聯珠，愈出愈奇，令人驚玩，不覺道路之遠、鞍馬之疲，此實一生難再之榮。第恨龍門乍登，飆御遽歸，一作弦矢，後會無期。臨江愴别，物色含悲，敢抽鄙誠，短律是裁，辭取達意，詩云乎哉！

金鑾學士秀鵷行，色映青丘布耿光。詞倒豫章音調壯，孝傳江夏姓名香。一言非善空攜手，萬里臨歧更斷腸。漢水吴山雲樹隔，玉人仙馭杳難望。

摻袪臨別更何言，慘惔寒暉照北門。衰草按天人度塞，亂山環海路緣原。心驚雲駕無回日，涙濺江梅未返魂。此夜銀河成悵望，使星移入紫微垣。右贈黄天使。

左掖瓊仙松柏姿，幾回焚草畏人知。門齊晉謝簪纓盛，詩竝唐楊格律奇。鰈域宣綸欣得御，鴨江回旆惜分歧。雲霄九萬鵬程遠，雁札難傳只夢思。

賓筵莫恨不通辭，擊目無言心自知。十載曾觀周禮樂，雙旌今見漢威儀。顔承蘭室纔薰襲，思亂江雲倏別離。惆悵明年春草緑，王孫西望渺天涯。十載前曾朝天，故第三及之。右贈王天使。

詩帖付聖節使呈中朝王給事中并序

儆吾王先生奉帝命來宣德音，珥叨遠接之任，迎送于境上，穆然襲乎春風者一月有餘。先生不鄙夷之，沿路寓興之作必投虚牝，堆金疊玉，燦爛盈眼。珥荷盛意，亦抽肝腎，仰博一哂。先生不使漫瓿，反加奬勸，令作帖以寫。珥之惡詩，傳笑中華。雖可愧，而其獲一言之譽于先生，則其榮幸至矣，茲不敢固辭。時萬曆十年季冬也。

猗蘭播慶德音昭，渺渺重霄下使軺。儐館翱翔樽俎盛，塞門迎送旆旌遥。江山入筆留仙迹，禮義成邦慕聖朝。共事羣賢終不忘，眼明高閣掛霜綃。

題墳菴僧軸

欲使心無愧，那堪面目憎？招提草樹裏，寂寞對山僧。

乘舟西下

處世苦不諧，悠然歸意催。天心縱不移，變態知誰裁？滄海細雨迷，斜陽孤棹開。美哉水洋洋，萬念嗟已灰。只有一寸丹，九死終不回。

去國舟下海州癸未

四遠雲俱黑，中天日正明。孤臣一掬淚，灑向漢陽城。

附高山九曲歌本諺録係宋時烈翻文

高山九曲潭，世人未曾知。誅茅來卜居，朋友皆會之。武夷仍想像，所願學朱子。

一曲何處是？冠巖日色照。平蕪煙斂後，遠山真如畫。松閒置緑樽，延佇友人來。

二曲何處是？花巖春景晩。碧波泛山花，野外流出去。勝地人不知，使人知如何。

三曲何處是？翠屏葉已敷。緑樹有山鳥，上下其音時。盤松受清風，頓無夏炎熱。

四曲何處是？松崖日西沈。潭心巖影倒，色色皆蘸之。林泉深更好，幽興自難勝。

五曲何處是？隱屏最好看。水邊精舍在，瀟灑意無極。箇中常講學，詠月且吟風。

六曲何處是？釣溪水邊闊。不知人與魚，其樂孰爲多。黄昏荷竹竿，聊且帶月歸。

七曲何處是？楓巖秋色鮮。清霜薄言打，絶壁真錦繡。寒巖獨坐時，聊亦且忘家。

八曲何處是？琴灘月正明。玉軫與金徽，聊奏數三曲。古調無知者，何妨獨自樂。

九曲何處是？文山歲暮時。奇巖與怪石，雪裏埋其形。遊人自不來，漫謂無佳景。

校勘記

〔一〕半生心事不憂貧　「半」，一本作「平」。

〔二〕山阿面勢巖　「巖」，疑作「嚴」。

〔三〕誰知漂渺琴歌裏　「漂」，疑作「縹」。

〔四〕洞鐵更道千鈞弱　「鈞」，原作「匀」，據文意改。

栗谷先生全書卷三

疏劄一

論妖僧普雨疏乙丑

伏以官守各有其職，而誠激于中，則不可拘於守職，進言必有其時，而害切於國，則不可局於待時。今臣不任言責，則非可言之職，殿下方居諒闇，則非可言之時。第以商旅尚議于道路，則人固有不拘職而竭誠者；百官不聽於冢宰，則事固有不待時而極言者，故愚臣輒昧萬死，敢效一得，伏願殿下試垂睿覽焉。

今兹普雨之事，舉國同憤，欲磔其肉，以至國子抗疏，兩司交章，玉堂進劄，累日不已，而天聽愈邈。一國臣民，罔不駭然自失，皆曰殿下不信舉國之公論，而護一妖僧。臣竊伏痛以殿下之明聖，乃因普雨而受此名也。夫以爲普雨負弑逆之罪，殿下有釋怨之失者，此固過激之論，而臣未敢盡信也； 至若殿下以普雨爲無罪者，則臣竊怪嘆，亦未敢信服焉。此教一出，三尺童子，亦皆竊笑，竊恐大哉之王言，宜不若是也。 宮禁密事，雖可諉之妄聞，若其暴殄天物，誑惑士女，僭造乘輿，屈辱至尊，萬目之所見者，皆可以爲妄聞乎？ 眉睫至近而不見，則宮中之事，安知國人皆知而殿下有所未知乎？ 衆怒不可遏，民口不可防，而殿下牢拒至此，何耶？ 且殿下信以普雨爲無一毫之罪乎？ 普雨之得行其志，今幾年矣，廣張罪福，欺罔君上，罄竭内帑，貽患生民，驕矜自聖，奉己奢僭，有一於此，罪當罔赦，殿下尚以爲無罪，何耶？ 以殿下之聰明剛斷，貶竄權，曾不少假，而至於誅一妖僧，乃獨留難，臣誠愚昧，未喻其理。 豈有國人皆曰可殺而無罪者乎？

雖然，臣之所大憂者不爲此焉，何則？ 夫玉堂，殿下之腹心也； 臺諫，殿下之耳目也。太學之生，雖不能盡法孔子，其中有志者，亦皆孔子之徒也。 殿下既擇賢材，使處腹心耳目之地，以爲稱其職也，則當用其言； 以爲不稱其職也，則當斥其人，固不當任之而不信，疑之而不黜也。 今者玉堂兩司太學之生，交口合辭，請罪一僧，而終不回天。 則雖曰殿下待腹心耳目之官，誦法孔子之徒，皆出於一僧之下，亦非妄言也，何其任之重而待之薄耶？ 假使普雨無毫髮之罪，受暗昧之名，天下後世，其將以殿下爲何如主耶？ 況今雨之罪足以死，而諍者之言非妄也哉。 自是厥後，國人皆將曰殿下之待普雨，有加無替； 緇髡皆將曰殿下之崇吾道，非諫諍之所能間。由是而異類得志，士氣益挫矣。在朝之臣皆將曰殿下從諫如流之美，乃沮格於一僧；巖穴之士皆將曰殿下之聲音顔色，拒人於千里之外。由是而百僚解體，言路益塞矣。士氣既挫，言路既塞，則直士色舉而遠遯，佞人伺隙而競進，由是而朝綱日紊，國脈益傷矣。殿下雖有排佛之志，孰從而將順之？殿下雖有聽德之聰，孰從而啓沃之哉？烏可以殿下之情，家喻而户説也哉！一事之失，似不足爲輕重；一僧之微，似不足爲有無，而害切於國家者乃如此！曾謂殿下之睿智而莫此之察乎？區區之士氣，又從而挫之；介然之言路，又從而塞之；綴旒之國脈，又從而傷之。災害竝至，莫可救止，然後雖斬普雨百輩，何足以補其既往之失耶？

臣竊伏念殿下玉體素弱，纍然衰絰，深墨哭泣之際，煩進逆耳之言，則殿下之心不寧矣。若復私憂過計，恐傷殿下之心，而遽退勿諍，則殿下之國不安矣。事勢至此而無以處之，則不寧不安，終不兩全，此臣之所以中夜不寐，仰屋流涕者也。以臣之愚，反覆思之而得一説焉。夫以慈聖憂國之志、祝釐之誠，不能拒絶普雨之譸張者，垂二十年矣。一朝賓天，而遽爾誅戮，則似非慈聖平日之心，而殿下以好生之仁，當諒闇之日，豈肯以刑辟加人哉？殿下遲回隱忍之心，臣亦有所妄料矣。殿下既不能快從公論，亟施天刑，則何不竄逐遐裔，以示與衆同棄之意乎？夫如是則可以少慰一國臣民之心，亦可以少減譸張惑誣之勢，而殿下好生惡殺之仁心，亦無所怫焉，殿下以爲何如哉？殿下方以爲無罪，而臣進竄逐之説；士林方指以弑逆，而臣進降罪之説，固當上忤殿下之旨，下缺士林之望矣。若臣愚忠，則必欲全殿下之仁心，而保國家之元氣，故雖得罪於上下而莫之自恤也。若殿下斷然以爲無罪，而終不示貶，則是士氣之挫，言路之塞，國脈之傷，皆有所不顧矣。况以蟣蝨之臣，螢燭之微，安敢望補日月之光輝耶？如以爲臣言少或可採，則詢芻蕘而察邇言，亦盛德之一事也，何必觀其人而廢其言乎？嗟乎！國家之酷禍，未有甚於今日者也！生民之憔悴，亦未有甚於今日者也！當酷禍之時，役憔悴之民，而又重以挫士氣，塞言路，傷國脈，而馳驟之，則必至之憂、不測之患，將有不可忍言者矣。詩云：「譬彼舟流，不知所届。心之憂矣，不遑假寐。」臣之憂矣，實同於此。

臣本至愚極陋之資，濫充觀國賓王之列，幸蒙殿下不棄，擢置上第，聖恩深重，罔知攸報。故目覩病國之幾，心切感激之誠，不敢容默，而既陳狂瞽之説，請伏越職之罪。

論尹元衡疏

伏以人君以宗社爲一身，與萬姓爲一心；以宗社之安危，爲己之安危；以萬姓之憂樂，爲己之憂樂，則宗社安而萬姓悦，感召和氣，而祈天永命焉。如或只念一身，而不計宗社之安危；只徇一心，而不顧萬姓之憂樂，則宗社危而萬姓怨，馴致禍亂，而身心俱不得其寧焉。此必然之理，不待曉譬而可知也。噫！苟非安其危利其災，樂其所以亡，則孰有身與宗社爲二，而心與萬姓不同者也哉？

臣等伏見殿下玉體，屢至愆和，此誠宗社之不幸，而萬姓之所深憂也；權姦跋扈，斲喪國脈，宗社將危，萬姓胥怨，此誠殿下之不幸，而聖心之所深憂者也。殿下一身，是宗社之主，而一心是萬姓之心也，宗社安則殿下安矣，萬姓悦矣。元衡之罪，擢髮難數，而殿下終始曲護，必欲保全。每以玉體之愆和，爲拒諫之資。不審今日股肱耳目、滿朝具僚之所陳者，是耶，非耶？欲伸公論耶，欲報私怨耶？欲活國救民耶，欲病國害民耶？若其言不是，而欲報私怨，欲病國害民，則雖玉體康强，無少疢疾，安可容受其言，而使之肆其胸臆耶？若其言甚是，而欲伸公論，欲活國救民，則在玉體愆和之日，尤當容受忠言，以安宗社，以順萬姓，況可反以未寧爲辭耶？國家治亂，其幾不一，而人君疾病，尤爲可畏之時。故古之聖王，雖在大漸之時，猶能憑几發命，以安宗社，以鎮人心。若皆以疾爲辭，以拒公論，以拂人心，而不恤安危，則是人君有疾之時，即國家危亡之秋也。自古拒諫之主非一，而未聞以疾爲辭也，殿下此言，未必不爲萬世禍本也，臣等竊爲殿下通惜焉。

元衡之罪惡昭著，萬目之所覩者，殿下皆諉之於傳播不實，則是殿下不能洞照其罪惡，而不知宗社之將危，萬姓之胥怨也。誠能洞照而實知宗社之危、萬姓之怨，則殿下方且自揮乾斷之不暇，何待人言耶？大臣以元氣之衰敗，諄諄仰達，則大臣欺殿下乎？侍從喉舌之臣，以危亡之迫在朝夕，連疏累牘〔一〕，則近臣欺殿下乎？耳目之官，以二十六條及他無狀之罪，包藏之惡，伏閤力諍，則耳目欺殿下乎？滿朝之士，莫不欲正其罪，而不待言責，競叫閶闔，則滿朝欺殿下乎？一國之人，積年之怨，一朝俱發，聚罵于道路，訴冤于官司，以冀上達憤恨之氣，徹乎蒼穹，則國人皆欲欺殿下乎？股肱耳目，以至滿朝之士，舉國之人，皆不可信，則殿下將何取信，以理萬機，以臨一國乎？抑人言雖天盡信，而殿下念勳勞恤外戚之私，終不能自已耶？宗社者，殿下之所主；而萬姓者，殿下之所天也。寧見宗社之危，而不能去一勳臣，寧失萬姓之心，而不能竄一外戚，則是勳臣重於殿下之所主，而外戚重於殿下之所天也。此豈殿下之本心哉？

嗚呼！元衡妒賢嫉能似李林甫，黷貨無厭似元載，第宅奢僭似梁冀，潛通宮掖似韓侂胄，口蜜腹劍似李義府，無君偪上似賈似道，彼小人輩一人皆足以塗炭生民，傾覆宗社，況以一身兼有其惡，而殘忍亂倫，包藏禍心，又非數姦之所及者耶？此非臣等之言，乃國人之言也。皇天后土，宜聞此言。嗟呼！元氣之公論，不可終遏；水火之衆怒，不可終止。舉國洶洶，未由底定。當此殿下未寧之時，又遭國家禍亂之幾，臣等所以雪涕痛心，尤增憤激切齒于元衡之負國者也。伏願殿下平心省念，亟從公論，以安宗社，以洩衆怒，不勝幸甚！

辭正言疏

伏以上之官人，不特以恩澤爲眷遇而已，將以用其材，故量能而授職；下之求仕，不徒以爵禄爲餔啜而已，將以達其道，故量己而受命。孟子有言曰：「左右皆曰賢，未可也；諸大夫皆曰賢，未可也；國人皆曰賢，然後察之，見賢焉然後用之。」夫左右諸大夫國人皆曰賢矣，猶且深察而徐用之。蓋察之明故擇之精，擇之精故知之深，知之深故信之篤。夫如是則諫行言聽，膏澤之及民，固其宜也。若使上不精擇，下不自量，謬舉而無用材之效，冒進而無達道之志，則尸位曠官，鼎餗之顛覆，亦其宜也。

今臣本一豎，而不通時務，加之以志輭才下，學無所成，家貧干禄，苟應科舉，濫蒙天恩，擢置上第，郎署之職尚恐不堪，況忝言責重地乎？自臣除授本職以來，寢不安席，食不甘味，撫躬思憂，不寒亦慄。況今國事譬如大病之餘，元氣未復，百節疼痛，一失調護，便至危急。於此之時，上格宸衷，下達輿情，釐補穿弊，責在諫官，當擇忠直達理之士，俾盡其職，豈可使新進下劣之流冒居重任？進有未信之嫌，退思負乘之誚，冀免罪咎之不暇，況望進盡忠言，以補衮職乎？伏望殿下察臣非可用之材，憐臣有自知之明，命遞臣職，授以百執事之任，俾安其分，則庶朝廷無謬舉之失，小臣免冒進之譏矣。

諫院陳時事疏 丙寅

伏以天下之事不進則退，國家之勢不治則亂。進退治亂固有其數，而其所以進退治亂者，實由於人。故人君當審治亂之幾，勉其所以治，去其所以亂，期於必治而後已，不可安於少成，局於常規，悠悠泛泛，任其成敗而已也。

臣等伏覩殿下臨御以來，宵衣旰食，勵精求治，内無聲色之娛，外無弋獵之好，古之人君所以蠱心害政者，舉絶聖念。而乃者權倖亂政，國勢岌嶪，幸賴天啓聖衷，屏斥羣姦。四境之内，延頸拭目，佇見治化，而蠹教害政之具以次革去。綸音每下，瞻聽聳動，太平之望，非朝伊夕，可謂至治之幾。而至今時政，尚未有以大慰民心，紀綱尚未整肅，公道尚未恢張，貪風尚未戢斂。臧否不分，而仕路之混雜如昨；獄訟不平，而豪猾之得志依舊。天心未豫，而災異疊出；民力已殫，而惠澤未下。良由積年痼疾，一藥難救。大官習於糊塗，小官習於滑稽。内而百司習於偷惰，外而列邑習於誅求。舊習纏繞，不能自拾，以容默爲達權，以建白爲生事。隨俗者謂之得中，待立者謂之迂怪。似此氣象，與權姦蠹國之時，未甚相遠。若此因循，架漏牽補，則未見日進於治，而終必日趨於亂而已，豈不深可惕念乎？

臣等俱以無狀，待罪言地，仰屋竊嘆，夜不能寐，深思革弊之源，罄竭聾瞽之誠。謹以三事，獻于聖明：一曰正心以立治本，二曰用賢以清朝廷，三曰安民以固邦本。

所謂正心以立治本者，君仁莫不仁，君義莫不義。古之人君莫不欲治，而治日常少，亂日常多者，只是修己未盡，無以表正萬邦，故以正心爲首。其目有三：一曰立大志，二曰勉學問，三曰親正人。一曰立大志者，人君之志，治亂之所係也。志在仁義，則爲堯舜；志在假仁，則爲五霸；志在逞慾，則爲桀紂。志無所定，則招弄權之臣；志主一偏，則聚面諛之士。志之所向，效如影響。伏望殿下奮發乾剛大有爲之志，截然以古昔聖王爲己規矩，平日循情守例之習，一切埽除。而爲學則必欲道積厥躬，求賢則必欲盡致巖穴，施政則必欲庶績之咸熙，化民則必欲於變而時雍，此志既固，則治國可運之掌上矣。二曰勉學問者，三代既遠，聖王不作，堯舜心學，絶無所傳，吾道之寄，只在下焉不尊之聖賢而已。漢唐以下，非無明主，身致治平，而皆無内反之學，不復先王之政。今殿下以睿智之資，都君師之責，欲堯舜而可爲堯舜，欲文武而可爲文武，莫有能禦者矣。伏望殿下勿以正心誠意爲厭聞之陳言，須以窮理居敬爲致治之本原。潛心聖學，無怠無荒，天理人欲，縷析毫分。知其爲天理，則敬以擴之，不使少有滯礙；知其爲人欲，則敬以絶之，不使留其纖芥。必以高明廣運，融液周遍，爲得力之時，則二帝可三，三王可四，彼漢唐少補之功，何足與言治道也哉？三曰親正人者，聖學雖自天縱，而必以正人左右之，然後箴規輔導，成就聖德。昔程子有言曰：「人主一日之閒，接賢士大夫之時多，親宦官宫妾之時少，則可以涵養氣質，而薰陶德性。」此誠不易之論，而惜乎時不能用也。嚮者，玉候屢愆，久廢經筵，中外憫鬱，和氣未臻。頃開經筵，察納嘉猷，臣鄰胥悦，黎庶欣聳。萬物之咸章，可覩於今日。第緣哀疚之中，視事日少，賢士大夫，罕得進見，十寒一曝，豈不可憂？雖不能日御經筵，禮接羣臣，而若近臣之進見，則固不可擇時矣。君臣猶父子也，豈有父子之閒，拘於禮貌而不得進見者哉？伏望殿下務親正人，務講道學，別擇學問醇正之士，置在近侍之列，不時召對于便殿。殿下以便服，坐卧隨意，使近臣得以舒氣講道。有時引見大臣，咨以得失，温顔簡禮，虚己察言，順于心者求諸非道，逆于心者求諸其道。夫如是則非徒上下交孚，治道休明，而亦於保養玉體，大有裨益，實萬世無疆之休矣。

所謂用賢以清朝廷者，不先修己，而欲清朝廷，則忠邪信讒，無以辨别；修己雖盡，而朝廷未清，則有君無臣，無以出治，故以用賢次之。其目有三：一曰辨邪正，二曰振士氣，三曰求俊乂。一曰辨邪正者，君子小人，如水火之不同器，冰炭之不相類，此長則彼消，彼盛則此衰。古之人君莫不欲進用君子，退斥小人。而君子之得君甚鮮，小人之誤國相繼者，良由君德未成，君心未明，樂逢迎而憚違拂故爾。若使君心純正，一意向治，不惑他歧，則雖有小人百輩，豈得售姦而病國也哉？夫以道進退，不苟爵位者，必君子也；徒求利禄，先意順旨，不恤國事之日非，而只欲固其寵祿者，必小人也。陳善閉邪，不顧人主之喜怒，而只欲格其非心者，必君子也；用心陰險，有如深穽密機者，必小人也。特立獨行，不溺於流俗者，必君子也；逐利附勢，不定其趨向者，必小人也。處事明白，有若青天白日者，必君子也；造言生事，羅織清流，欲以害人爲發身之路者，必小人也。授引善類，振起道脈，欲使朝廷有多士之盛者，必君子也。伏望殿下擴乾坤至公之量，昭日月至明之鑑，聽其所言，觀其所行，必使是非邪正，無所逃於聖明洞照之下。而知其爲君子，則必引而親之，使之必行其道；知其爲小人，則必斥而遠之，使之必絶其根。則直就剛正之士，爭效其忠；姦邪讒佞之輩，遠屏其迹。而朝著之清，指日可待矣。二曰振士氣者，今者，聖明在上，而士習不古，徒知干祿之爲務，不顧出處之當否。一有繩趨尺步，欲以正學律身者，則羣怪聚罵，必使不容而後已。若不丕變此習，則無以作成人材，爲國器用。伏望殿下以躬行心得之餘，推之而成教於國。別擇學成行尊、可爲師表者，俾教大學之胄子。其他學校之官，皆擇經明行修之士，不以文藻之工拙，爲考課之高下，而專以講學力行爲急務。至於異端之教、惑世之術，一切禁斷。始于京邑，達于四方，則豪傑之士，必有甚焉者，而凡民亦有作興者矣。三曰求俊乂者，今世之士所以只求科第、不務實行者，只是廉恥道喪，患得患失故爾。夫富與貴，人之所欲也，若使求者得之，不求者不得，則雖有懷道抱才之士，終無顯揚之路，而昧義忘恥之輩，率皆得遂其願矣。伏望殿下至誠求賢，思共天職，明明揚仄，以爲己憂，抑其躁進，舉其恬退。科舉之外，別求賢良，下教四方，俾搜遺逸，隨其才行，授以官爵。雖門蔭之士，必得一善之名，然後乃得筮仕。苞苴干請，絶不復行。夫如是則士知冒進之恥，朝無貨吉之譏，而韞櫝待賈之士，亦有出爲世用者矣。

所謂安民以固邦本者，君依於國，國依於民，人君所以立治本者，欲爲表準於斯民也；所以清朝廷者，欲施仁政於斯民也，故以安民次之。其目有四：一曰詢弊瘼，二曰寬一族，三曰選外官，四曰平獄訟。一曰詢弊瘼者，近年以來，政紊吏苛，賦繁役重，饑饉荐臻，疫癘繼作。壯者散之四方，弱者填於溝壑。嗷嗷赤子，如彼棲苴，邑里蕭條，田野荒蕪。或至於百里之間，不見人煙，氣象悲涼，令人墮淚。殿下深拱九重，泛聞民瘼而已，豈能實知斯民之倒懸一至於此哉？據今民力，則雖使只供常貢正賦，而亦不可支保，終必至於困極作亂而已。赤眉、黄巾，豈是天性好逆者哉？此皆齊民之不堪塗炭者耳。言之至此，良可痛哭，及今不救，後悔何益？當今有司，只恤經用，不顧民力，雖有陳弊之疏，例以防啓爲常規。而大臣又不聞長慮深憂，必欲活民，而熟視殄瘁，置之無可奈何之域，莫敢出一策焉，但曰貢進不可闕而已。嗚呼！若使窮民，轉爲逆民，則貢進之物，責出何地，而使之不闕耶？理勢必然無可疑者。方今急務，莫若上下一心，講求訏謨，損上益下，務安邦本，而百爾時弊，難悉周知。伏望殿下特頒求言之教，大開不諱之門，上自朝臣，下至氓俗，內自京邑，外至遐裔，皆令各陳時弊，務盡其情。章疏既集，勿令該曹循例回啓，而廣收廷議，商確採擇。若其言辭切直、正中時病者，即施於政，不歸之空言。或有論議明達、學通經濟者，既用其言，且官其人。雖其所陳猥屑，無足可觀而觸犯無忌者，亦置而不問。夫如是則庶幾以國人之視聽，爲一人之聰明，而積弊可祛，民勞可息矣。二曰寬一族者，斯民之所以展轉流離，莫保其生者，一族之故也。字牧之所以立而視死，莫措其手者，亦一族之故也。一族之被侵，其故有三：水陸之軍，太半未充，只存虛簿，而又設旅外之卒，當戍之時，按籍督赴，既無其人，則責其價布，此其一也；各司選上，徵價償役，而或因權設之司，或因一時之役，輒加其數，民户漸縮，而選上漸增，分徵之苦，民莫不被，此其二也；久陳之田，不減其稅，雖流亡絶户，草樹成林，而亦必斂於一族切鄰，使與耕穫之地，略無差等，此其三也。惟此三弊，爲納民溝壑之巨患。而朝廷莫敢更張，守令莫敢陳達。其患延及於一族之一族，切鄰之切鄰，其勢必至於盡一國之民皆至逋逃，盡一國之田皆至陳荒，然後乃已也。雖使朝廷清明，政事修治，而此患不除，則民將盡散，國將何依？臣等之意，若罷旅外之卒，而擇其實户，充爲正軍，則可除一患；各司選上，只存大典所定額數，而其餘悉減，則可除二患；陳荒之田，募民起耕，而隨起隨稅，則可除三患。夫選上之裁減，不係於國用。苟非先私後公者，莫敢有異議矣。若罷旅外之卒，則議者必以爲防備不固；減陳田之税，則議者必以爲國廩不裕。此言似是而實非。今夫水陸之軍，執殳邊境者無幾，而其餘悉以價布，納于邊將。蓋見存者可以立役，流亡者不過分徵一族而已，其勢不得不爾。旅外之減，只減布物而已，防備虚實，初不係此。況兵患不精，不患不多，國若富庶，百姓皆兵，何患無兵？且不税陳田，則税入減舊，而國廩稍若不裕矣。但今沃野荒蕪，民有起耕者，則纔勵數畝之土，便督百結之税。故荷耜熟視，莫敢開壤，以此陳地漸廣，極目蕭然。今若隨起隨税，則無業之氓，爭來開闢，不出十年，可以復舊，民生可免於阻飢，國用暫嗇而永裕矣。況國雖少儲，民可藏富，百姓足，君孰與不足？伏望殿下以此三弊，咨于大臣，議于該司，改絃易轍，以救膏肓，則聖明能推不忍人之心，而蒼生可脱塗炭之苦矣。三曰選外官者，民生休戚，繫於守令；軍額虚實，關乎邊將；黜陟當否，在於監司。守令非人，則輦賂媚權，肥己瘠民；邊將非人，則剥割軍卒，隳損武備；監司非人，則務報恩讐，不察民情。夫如是則雖聖君賢相，日講治道，而澤未及下，化不被外，四境之内，終無可治之理矣。伏望殿下別擇剛明仁厚、可任方面者，以爲監司，責之以陟罰臧否，保民成政。而其殿最不公、無績可紀者，顯示譴罰，勿使登庸。又令廷臣各薦堪爲守令者，必持廉能忠恕者，出爲百里之宰，責之以蘇殘起弊，得民歡心。而其怠事虐民者，接以重罪，言治舉者。至於鎮帥堡將，亦以公道，拔其有才略操行者，而毋得以貨利之多少定其高下，則庶乎碩鼠屏息，金湯守固，而生民始有樂業復舊之望矣。四曰平獄訟者，當今聽訟之官，多不得人。誘於賄賂，怵於權貴，不辨事理之曲直，惟視勢力之强弱。故當路之士，熾其氣焰，武斷之輩，攀附要人。公行刦奪，民莫敢抗。甚至於傷人者不問，殺人者不死，怨憤之氣，徹乎蒼穹。夫一女抱冤，尚致三年之旱；一夫含悲，尚降五月之霜。況今邦域之内，抱冤含悲者，不知其幾，則安得不傷天地之和，以召水旱之災乎？伏望殿下嚴勅内外之臣，一洗舊染之污，察辭以明，斷決以公，毋虐煢獨，毋右高明，修其五刑，以弼五教。或有因舊徇私見鄙物論者，則治以貪贓之律，永杜羣枉之門。夫如是則惟兹臣庶，罔或干正，而從欲無刑之治，庶乎可復矣。

凡此三事，言雖淺近，效必長遠。若殿下特垂睿鑑，逐條深思，力行不怠，則太平可期矣。詩云：「迨天之未陰雨，徹彼桑土，綢繆牖户。今此下民，或敢侮予？」孟子曰：「國家閒暇，及是時，修其政刑，雖大國，必畏之矣。」幸今聖明當宁，而朝廷無偃月格天之姦，境内無閭左戍卒之變，邊圉無侵鎬及方之寇，及今尚可有爲，而稍緩則無及矣。祖宗付畀之業，如此其重；皇天戒告之仁，如彼其著。政是殿下之政，民是殿下之民，殿下誰禁而莫之治耶？嗚呼！法語可從，而改之爲貴；巽言可說，而繹之爲貴。若殿下從而不改，說而不繹，使臣等肝膈之要，只歸於文具，則萬姓顒若之望，於斯絶矣！伏願殿下益致聖念焉。

六曹郎官論沈通源疏丁卯

伏以通源之罪惡已極，情狀已著，國人一口皆曰可竄，耳目論思之臣瀝血陳辭，愈久愈激。天聽邈然，反加曲庇，臣儀惶惑，未喻其故。豈不以辭不足感心，害不切國家而然耶？若使辭感於心，害切於國，則以殿下嗣服之初，願治之心，豈不樂從以快輿情耶？今之言者，歷數罪惡，雖若詳悉，而至於害切國家，則尚未明言，故殿下以爲已往過愆，不必深治，三朝老臣，不可輕去耳。

臣等請以害切國家者言之：國家不幸，姦兇繼出，反覆沈痼，今幾年矣。紀綱日以陵替，公道日以消縮，士習日趨於污下，風俗日歸於薄惡。仕路混濁，而貪虐肆熾；民生倒懸，而盜賊將起。大行大王之季年，慨然興嘆，嘆革宿弊，老姦巨猾，以次除去，四方風動，佇見盛化，而天降酷禍，日月收明，元元喪考，社稷無依。幸賴殿下承統，克正厥始，是先王以未革之弊、未除之慝，投艱于我殿下矣。殿下可不思皇天之付畀，念祖宗之基業，以無負先王作室之意乎？大慝未去，則大亂必作。所謂未除之慝者，通源是也。即今殿下幼沖，國步多艱，人心危疑。雖使朝廷清明，少無滓穢，尚恐患生不虞，禍起所忽。而通源乃以元凶冒處廐班，狺然懷憤，欲噬士林。君子無所恃而莫盡其忠，小人有所窺而欲借其力。朝野懔懔，重足而立，禍機之發，非朝伊夕。言之至此，寒粟遍體，殿下以此爲何等時，而必欲保護，以拂公論耶？所貴乎朝廷和平者，善善惡惡，激濁揚清，以安百姓耳。若容保蟊賊，護養蛇蝎，而欲和朝廷者，自古及今，未之有也。假使通源罪惡，止於貪贓，既爲公論之所棄如此，則殿下不可以外戚之故，抑公論而失人心也。況其罪惡貫盈，不可容貸者耶？此人不竄，則言路壅塞，而百僚解體，人心恟懼，而羣小乘隙。夫如是則紀綱終不可張，公道終不可行，士習終不可振，風俗終不可正。貪鄙之習，日熾於上，塗炭之民，積怨於下，國之爲國，未可知也。殿下何其不忍於三朝之一老賊，而忍使二百年宗社阽於危亡之域耶？臣等憤激，不覺太息流涕，繼以痛哭也。

嗚呼！金安老肆毒而納諛者，通源也；尹元衡稔惡而附麗者，通源也；李樑構禍而陰主者，通源也。三兇既伏其辜，老賊安得獨免？天網恢恢，疎而不失，除惡求治，此其時矣。耳目論封之臣，非不知山陵之日迫，諒陰之哀痛，而敢爲此舉者，誠以宗社不可不憂，人心不可不順故也，其慮誠遠而其情可悲也。伏願殿下深憂熟計，快洩輿憤，不勝幸甚！

辭副校理疏戊辰

伏以人君之用臣，咨詢必博，鑑察必精；人臣之事君，慮時必詳，量己必審。咨之博，故不蔽于近習；察之精，故不眩於衆論；慮之詳，故無昧幾之失；量之審，故無冒進之患。國人皆曰賢矣，而必待見賢然後用之，咨之博而察之精也如此。吾君可與有爲，而吾非可爲之人，則姑退而自修，慮之詳而量之審也亦如此。夫如是，故君以得賢爲務，不以爵禄輕與非人；臣以自守爲志，不爲利名輕受非分。此古之所以君君臣臣，上無謬舉，下無尸素者也。若有一種之人，無絲毫可録之善，有江漢難濯之疵，竊採虚名，濫厠華秩，循資倣例，馴致高爵，則其可晏然以爲己分，而坐享其利乎？抑將仰首自鳴，以彰其失，而獲安愚分乎？

今臣立朝五年，靡有勞效，諸大夫之所不稱，國人之所不知。臣之無狀，聖明無由洞照，臣何敢緘口靦面，甘叨天職，以負明時乎？臣本漢陽一布衣也，髫年求道，學夫如方，泛濫諸家，罔有底定。生丁不辰，早喪慈母，以妄塞悲，遂耽釋教。膏浸水潤，反覆沈迷，因昧本心，走入深山，從事禪門，治周一年。賴天之靈，一朝覺悟，誣辭僞説，破綻昭著，抽臟擢腑，未足洗污，纍然歸家，慙憤求死，自古中釋氏之毒，未有如臣之特深者也。當是時也，自分爲世所棄，便欲謝絶世務，潛翳寂寞之濱，躬耕讀書，以送天年。臣父惜臣稍有雕蟲末技，强令求名。父在觀志，不得自由。臣亦自念家貧親老，無以爲養，包羞掩垢，遂作舉人。科業未就，臣父棄世，名宦之念，頓絶於心。尚慮家累無依，欲遂其生，應舉不輟，區區之意，只求升斗之禄，以救飢寒耳。豈期好官儻來，謬恩横被，歷職郎署，出入華省，忝爲言官，逐隊隨行？執筆銓曹，茫無識鑒，庸庸碌碌，雀鼠太倉自顧初心，不寒亦慄。每欲一吐危悰，懇辭淸要，趦趄囁嚅，迄于今日。階級漸高，名位漸顯，職事漸重，非臣隕首所可上報，臣復何顏，偃然處玉堂近密之地，以當論思之任乎？當今聖明龍興，羣賢彙征，士有行道之責，民望至治之澤。雖山林枯槁之人，尚且纓冠振衣，引領魏闕，欲裨淸化之萬一。況臣生於世祿之家，受國厚恩，糜粉難酬，豈不欲勉策駑鈍，少效涓埃？第念微臣資質駁雜，學問空疏，舊愆未修，新愆繼作。顧己揣分，不當一命，滓穢淸班，玷辱名器，仰慙烏帽，俯愧黑綬，中夜思之，惕然不寐。百爾忖度，只有懇乞解官，專心學問，可以少掩前瑕而已。若使知進而不知退，知榮而不知辱，則負乘致寇，理所必至。臣之一身，固不足惜，奈朝廷名器何？伏乞聖明，俯諒微悰，重惜名器，命解臣職，退之畎畝，使之安分守己，勉力爲學，以修舊愆，不勝幸甚！

辭校理疏己巳

伏以小臣襁褓之時，鞠于江陵外家，外祖母李撫抱顧復，恩愛備至。臣早失恃，奉之爲母；祖母無男，倚之爲子。身後之事，悉託於臣，名雖祖孫，情實母子。祖母今年九十，日迫桑榆，病不離身，沈綿牀席。臣縻王爵，覲省無路，深恐一朝奄忽，永爲終天之痛。玆用移疾謝事，狼狽東歸，庶及救藥。而祖母動止須人，氣息奄奄，恐遂澌盡，生意不回，不忍離側，尚未還京。竊念微臣罔畏邦憲，私情是徇，爲祖母而擅棄職務者至再矣。有臣如此，百無所用，恒懷慄慄，伏俟譴責。

今兹祇承有旨，以臣爲弘文館校理，且命乘馹上來，聞命兢惶，無地措躬，聖恩如海，擢髮難酬。經筵重責，臣固不堪，而就召謝恩，不可少緩。義當顛倒發程，不遑俟駕，區區烏鳥之情，在所不恤。第緣小臣禀氣甚弱，調攝良艱，素有胃證，入夏轉劇，飲食不下，胸膈煩悶，加以傷暑，腹中虚冷，泄瀉不止，計非旬月之閒所可差復。不能承命登途，惟當罪罰是甘。伏望亟收成命，改授可堪之人，俾勿久曠論思之職。

辭校理仍陳情疏

伏以古者人臣學優而仕，故民不失望；人君見賢而用，故朝無曠官。士之事君，非爲利禄也，欲推其所得，施之於邦國而已；君之用士，非爲恩倖也，欲資其所有，達之於政治而已。學無所得，則無可推，故臣不敢冒進焉；賢無所有，則無可資，故君不敢謬舉焉。小臣之誦此言，而感慨自奮者，爲日久矣。

今臣志于斯道十有餘年，悠悠泛泛，進寸退尺，而儻來之物，歲加月遷，一朝自省，慙負神明。去年之冬，休官一疏，實吐肝膽。微誠未格，聖俞終閟，鹵莽之學，不進於舊，論思之職，反重於前。臣雖無狀，苟貪榮利，至於負乘致寇之訓，代斲傷手之戒，講之有素，何敢一日冒處，以貽僨事之患乎？當今聖上側席，庶明勵翼，一技一藝，搜括無遺。使臣之學，稍加於前，而所居之位，又不踰分，則鞠躬陳力，固其時矣。寬閒寂寞之濱，非臣之所也。今也不然，不度其德，不量其能，循途進職，守轍加階，束縛馳驟，而天鑑之明，又未洞照。臣誠隕穫，無地措躬，前承恩召，跼蹐不安，加以抱疾，未克登途，逋慢之罪，無辭可避。聖量天涵，納污藏疾，蓬蓽之中，天書再下，撫己驚感，精爽飛越。今茲上來，只爲一謝恩命耳。經筵重責，決非所堪，一之已甚，其可再乎？不寧惟是，抑臣有悶迫之情，敢冒雷霆之威，悉陳無隱：

臣之外祖母，於臣有罔極之恩，實同親母，老而無子，惟臣是賴。而歸覲祖母，不載法典，使臣就列于京，則是與祖母永訣也。祖母年紀已極，疾病纏綿，黄髮種種，鮐文滿背，奄奄氣息，不絶如綫，言善之期，匪朝伊夕。婦人性偏，愛臣過酷，臣若在京，憶念增疾。今臣之被召也，恐其不復相見，牽裾哽咽，哀動傍人。臣生不辰，早失父母，惟一祖母，又隔嶺嶠，臣獨何心，能不悲哉？每得鄉信，不覺驚悸，知其無恙，氣乃徐定，若聞嬰疾，方寸輒亂。當此之時，雖欲盡瘁於靡鹽之地，其道無由。臣之辭職，固是量能度分，而亦爲祖母之無養也。昔者，文王發政施仁，必先鰥寡孤獨，而尤善於養老。夫如是則老寡而無子者，文王之所先恤也。臣之祖母，雖窮巷婦人，自少知學，稍通古今，貞烈之行，載於輿誌。中宗大王命旌其閭，非蚩蚩匹婦老而不死之比。恭惟聖明，立愛自親，篤近擧遠，孝理之化，施仁之政，爲今日之急務。則如臣祖母者，亦聖明之所先恤也。何惜於一微臣，而使之不得終孝耶？若使小臣學足以致用，才足以經世，有無係治亂，進退關盛衰，則公義爲重，私情是輕，區區烏鳥之私，有所不遂也。今臣之碌碌無取，如前所陳。臣於國家，則若九牛一毛；於祖母，則若千金一瓠。在朝無益清明之治，在鄉足補孝理之化，其得失不待辨而自明矣。假使國家鳩材聚工，細大不捐，如臣樲棘之流，或不見棄於場師，亦當徐俟其成長，不必汲汲於收用也。祖母之年，今滿九十，雖無病痛，在世無幾，況遘宿疾，不離牀席者耶？臣年三十有四，距古人强仕之時，尚隔六歲。待祖母之歸盡，使附於身、附於棺者，必誠必信，然後還朝獻身，厠乎百執事之列，亦未晚也。臣本世家之臣也，豈同山林之士，潔身長往者哉？且臣世居漢城，鄉無舊業，一官之外，無所於歸，臣身雖往江陵，而家累數十口，尚在都下，糊口無資，臣豈樂爲矯激之擧，自取飢寒之苦哉？誠以非分之職不可妄忝，垂死之親不忍終訣，故一家之窮厄，不遑顧念也。伏惟聖明，天地父母，察臣非才，憫臣至情，命解臣職，使歸養老，則朝廷待士之道，小臣自處之義，兩得其宜，公私幸甚！

玉堂陳時弊疏

伏以當今國家之勢，譬如萬間大厦，歲久不理，旁傾上漏，宋桷蠹朽，丹臒漫漶，支撑牽補，苟度朝夕。若不奮然振作，鳩羣材會衆工，易而新之，則棟橈屋壞，指日可待。恭惟主上殿下以聖明之資，當覆隍之運，勵精求治，存心萬機者，三載于兹。而天心未豫，民力方竭，水旱不時，稼穡卒痒，日月薄蝕，星宿騁妖，雷雹失節，飛蟲塞空，非常之變，萃于一時，災不自作，孽由人興。善應之，則轉禍爲福；不善應之，則百殃斯降矣。殿下其不惕然驚動於斯乎？在易泰之九二曰：「包荒，用馮河。」程子之傳曰：「人情安肆，則政舒緩而法度廢弛，庶事無節。治之之道，必有包含荒穢之量，則其施爲寛裕詳密，弊革事理而人安之。故在包荒也。」「自古泰治之世，必漸至於衰替，蓋由狃習安逸，因循而然。自非剛斷之君，英烈之輔，不能挺特奮發以革其弊也。故曰用馮河。」雖以泰治之世，狃習安逸，尚至衰替，況我國家權姦濁亂，痼疾沈綿者二十餘年，百度廢壞，邦本殄瘁。今若因循姑息，玩歲愒月，則國事日非，將不可爲矣。必以包荒之量，容受衆善，以馮河之勇，洗滌舊習，然後百弊可革，庶績可熙矣。

方今殿下諒闇甫畢，訪落羣臣，此亦爲政之一初也。當新厥德，以答景命，天人離合之幾，正邪消長之幾，世道升降之幾，皆決於今日矣。安知上天仁愛之心，欲以災異警懼聖上，使振起治道，以升大猷耶？臣等俱以無狀，待罪經筵，上觀天變，下察人事，深憂過計，寢食不安，輒竭肝膈之要，敢效芹曝之獻：若定聖志以求實效，崇道學以正人心，審幾微以護士林，謹大禮以重配匹，振紀綱以肅朝廷，尚節儉以舒國用，廣言路以集羣策，收賢才以共天職，革弊法以救民生，凡此九者，皆殿下所當勉勵而不可缺一者也。

所謂定聖志以求實效者：一國之治亂，係於一人，一人之臧否，係於一心。一心之所之，謂之志，是故志乎善而與治同道，則罔不興；志乎惡而與亂同事，則罔不亡。如或立志靡定，悠悠泛泛，則亦同歸於亂亡而已。所謂靡定者，徒有其志而不能擴充，終無實效之謂也。有其志而無實效者，謂之無志亦可也。今我殿下臨政願治，爲日久矣。安常守故，不見治化者，臣等不敢知聖志未定而然耶？聖志雖定，不求實效而然耶？抑聖心以先王之道，爲高遠而不可行耶？何其願治之久而見效之遲也。時有古今，道無古今，文武之政，布在方策，舉而措之，在我而已。伏願殿下奮發大有爲之志，必務日可見之實：修己當以窮理盡性爲志，必務規圓矩方，繩直準平，以盡表率之道；事親當以養志無違爲志，必務烝烝祇載，愉色婉容，以盡洞屬之誠；爲政當以道德齊禮爲志，必務愛民施仁，育才正俗，以盡富教之方。此志既定，日新聖德，不爲功利雜霸之術所遷動，不爲流俗守常之説所移奪，則君子有所恃而興起於爲善，小人有所懼而沮止其爲惡，風行草偃之化，庶幾於變之治矣。

昔者，晉悼公即位于朝，其年十四矣。始命百官，施恩惠，逮鰥寡，救災患，禁淫慝，薄賦斂，節器用，時用民，任賢使能，以復霸業。悼公是雜霸之君，而年又甚少，尚能於旬月之間，改紀其政，舉不失職，爵不踰德，民無謗言者，無他，其志先定故也。況我殿下聰明睿智，卓冠百王，講學求道，對越聖賢。欲爲堯舜，則可爲堯舜；欲爲文武，則可爲文武。誰禁而莫之爲，誰憚而莫之敢耶？孔子曰：「仁遠乎哉？我欲仁，斯仁至矣。」此殿下所宜留念也。

所謂崇道學以正人心者：斯道之在天下，猶元氣之在四時也，不隨治而存，不隨亂而亡，然而或行或，實係於人。斯道行，則五典克從，而七政順度；斯道不行，則九疇不叙，而三光失曜。周公既没，善政不作，千載以來，斯道荒塞。只有在下之真儒，浚源導流，燭幽發蒙，以淑諸人，以傳諸後而已。今我殿下都君師之位，窮性理之學，行道之責，不在他人。而人心之陷溺已久，風俗之頽敗已極，殿下其不慨然思有以正之耶？伏願殿下力行古道，爲國人唱，奬拔儒臣，咨訪嘉猷。更張一代之政，漸復三王之制；修舉學校之政，申明孝悌之義。貴恬退而賤躁進，以勵其廉恥；表宅里而樹風聲，以别其淑慝。括緇門游手之徒，悉歸之畎畝，罷非禮無福之禱，以正其祀典。至於淨業院等胡神之廟在京城者，一切破毁，而先王後宫，俾處别殿，一洗變形奉佛之舊習。夫如是則教化明於上，風俗變於下，豪傑有作，而凡民亦興矣。孟子曰：「今有仁心仁聞，而民不被其澤，不可法於後世者，不行先王之道也。」此殿下所宜留念也。

所謂審幾微以護士林者：福生有基，禍生有胎，幾微之際，聖人所慎也。夫心慕古道，身飭儒行，口談法言，以持公論者，謂之士林。士林在朝廷，施之事業則國治；士林不在朝廷，付之空言則國亂。自古君子小人之進退，治亂所係，而機關常發於所忽焉，易於所忽，非知幾者也。且以我朝之事言之，己卯諸賢，責難陳善，期致唐虞，方持公論。而南衮、沈貞之徒，伺隙設機，一網打盡焉。乙巳諸賢，遭遇聖君，欲回世道，方持公論。而尹元衡、鄭順朋、李芑之徒，乘勢構禍，悉舉一時之良善，投之叛逆之深坑焉。士林之禍，何代無之？未有若己卯、乙巳之慘酷者也。今兹羣姦已盡，公論稍行，而士氣尚挫，不能自振者，良由覆轍在前，餘毒可畏故也。頃者有一憸邪，敢以詖遁之説，濫發經席之上，將禍士林。而幸賴天鑑洞照，姦謀不售，此誠莫大之慶也，士林可保無虞矣。第念危者，安其位者也，亡者，保其存者也，豈可謂朝無憸佞而輒忽幾微乎？姦細非一端，觀人亦多術。人固有行之似廉潔，居之似忠信，而不悦古道，深惡儒者，終至於妨賢病國者焉；亦有外託士類，内無行檢，攀附以假吹嘘之力，得志方濟利欲之私，終至於濁亂朝著者焉。若非辨之明而決之斷，則不爲小人之所惑者幾希矣。伏願殿下昭日月之明，以辨邪正，以審幾微，奮夬決之斷，以定取捨，以護士林，必使君子常在朝廷，以持公論，而鬼蜮狐鼠之輩，屏迹遐裔。則上下相孚，而德業日進，國是歸正，而衆志可一矣。易曰：「羸豕孚蹢躅。」又曰：「履霜，堅冰至。」此殿下所宜留念也。

所謂謹大禮以重配匹者：婚姻者，生民之始，萬福之原。匹夫求配，尚且慎重，況以萬乘之尊，擇承乾之德，以母儀一國，表正三宮，而可不致慎哉？古之帝王所與爲婚姻者，莫非先聖之後，仁賢之裔。而其求之之道，不過曰「窈窕淑女，寤寐求之。求之不得，寤寐思服」而已。未聞聚會闕庭，辨其優劣，如今日之爲也。已然之事，雖不可追，自今以後，勿以容姿服飾次等級，勿以推卜吉凶爲急務。先觀父母之賢否，以察其家法。次觀威儀之合度，以察其女德。且以選擇之人，出其姓氏，先問大臣，必得衆心允協，然後乃定，則天人之意無不同矣。蓋父母之賢否，非九重之内所可灼知，若不咨詢，而遽定名目，則羣下雖有所見，何敢發言？三代之後，家法之正，莫如趙宋。其立后也，必咨于大臣，此真後世之法也。夫用一賢士，去一不賢，尚待國人之皆可，則況求聖女以配至尊，而斷以獨見乎？若於定妃之日，一國臣民欣然相慶，則宗社無疆之休，實兆於此矣。至於六禮之儀，不須一倣前例。當使儒臣廣攷古儀，講究禮經，參以我國之制，以立垂後之範，則婚姻之禮既正，麟趾之化可冀矣。詩：「文定厥祥，親迎于渭。造舟爲梁，不顯其光。」此殿下所宜留念也。

所謂振紀綱以肅朝廷者：紀綱者，國家之命脈也。紀綱整則衆事自理，紀綱紊則百度皆廢。紀綱之整，不在怯之以威，驅之以法也，在於舉錯得宜，賞罰必信而已。夫使賢者在位，而不肖者不敢進；能者在職，而不才者不敢干。賞當其功，罰當其罪。大臣秉鈞[二]，足以服衆；臺諫補闕，足以盡言。而人君以大公至正之道，照臨于上，則紀綱自整，而朝廷可肅也。近年以來，權姦蠹政之習，尚餘查滓，公道未盡行，奔競未盡抑。官爵太濫，而刑餘之賤，比肩宰相；賞罰無章，而徼幸之徒，乘時射利。賢者不必在位，能者不必在職。有法不行，而成憲多缺；惟勢是視，而訟獄多枉。如是而欲望紀綱之振，何異却步而圖前耶？伏願殿下先正聖心，以清治本，嚴於内治，以清宮壼，以使内言不出，外言不入。檢防姻戚，杜絶交通，抑制宦寺，只供灑埽。然後推其所有，達諸政事，任賢使能，修舉廢墜，以使百僚奉公，衆職悉辦。而且明先王之道，以張四維，則紀綱不期振而自振矣。書曰：「惟先格王，正厥事。」此殿下所宜留念也。

所謂尚節儉以舒國用者：今之國儲垂竭，民勞太甚。而經費之出不能量，入不時之需，多資橫斂，公私俱乏，無以爲國。救時之策，只在節用；節用之方，只在崇儉。伏願殿下慕大禹之惡衣，法周文之卑服，御衫不厭澣濯，常膳量宜減損，以儉約之德，躬率臣民。至於大禮之儀，服玩之美，不必悉遵舊規，而斟量節省，務使得宜。且悉出内帑之財，以助國用。夫如是則可施愛民之仁，可裕軍國之儲矣。昔者，衛文公拾敗亡之燼，城于楚丘，服大布之衣、大帛之冠，務財訓農，通商惠工，敬教勸學，授方任能，元年革車三十乘，季年乃三百乘。夫崇儉生財，衛文公之所能也，豈殿下之所不能耶？孔子曰：「道千乘之國，敬事而信，節用而愛人，使民以時。」此殿下所宜留念也。

所謂廣言路以集羣策者：人君以眇然之身，處億兆之上，聰不足以盡聽，明不足以盡視。故古之聖王，必以國人之耳，爲我之耳，聰無不聽；以國人之目，爲我之目，明無不視；以國人之心，爲我之心，知無不盡。天地不足以爲大，日月不足以爲明矣。昏君反此，自恃聰明，不受忠言，此所以惑於讒諂面諛而終至喪邦者也。古者不設諫官，舉朝之臣各以其職，陳其規戒，又使商賈議於市，行旅謗於道，則國人無非諫官也，何其言路之廣也？後世治不古若，乃設諫官，言路已窄矣。如是而尚不從諫，以伸公論，則國事何由可正乎？伏願殿下虛心平氣，容受直言，使臺諫盡不諱之忠，無阻隔之患，而頻接大臣，講求治道。至於賢士之退處巖穴者，亦咨詢時務，使盡規畫。且下教四方，赤心求言，以致羣策悉集，而採其可用者，施於有政，則與人爲善，而庶政日新矣。書曰：「捨己從人。」又曰：「從諫弗咈。」此殿下所宜留念也。

所謂收賢才以共天職者：程子曰：「天生一世人，自足了一世事。」此所謂才不借於異代者也。易曰：「雲從龍，風從虎。」自古何嘗有人君至誠求治，而不得賢才者耶？患在舉錯失宜，收用乖方故也。我國祖宗朝用人之規，惟視才德，不專以科舉爲重，故朝無曠官，野無遺賢，政治以成焉。自己卯士林之敗，姦兇連執國柄，嫉惡高尚之士，非由科舉而進，終不置之要地，祖宗良法，於斯埽地矣。乙巳年閒，雖非出身，亦命交差憲官，而終不克施焉。今則流俗之輩習以爲常，若聞欲用遺逸以爲臺官，則羣怪聚笑，如見太古茹毛飲血之事。此所以朝多尸素，野有潛珍，而政治不成者也。夫舉業奪志、專心求利者，多擢科第；學問餘暇，兼治舉業者，類多抱屈。又況守道山樊、杜門求志者，豈有苟售有司之理哉？如是而不共天職，使老於丘壑，豈國家之福也？伏願殿下務以祖宗爲法，不拘近規，特命銓曹，擢拔賢士。苟有經明行修、才可適用者，不次收用，使居要地，則士類柏悦，官不乏人矣。書曰：「旁招俊乂，列于庶位。」此殿下所宜留念也。

所謂革弊法以救民生者：權姦誤國之後，苛政日作，百弊俱積，民生之塗炭，未有甚於今日者也。今日之弊，詳舉而縷陳，則罄南山之竹，不足以盡書矣。嗷嗷赤子，轉死溝壑者，不知其幾。今日之救民，當如捧漏卮沃焦釜，不可少緩也。伏願殿下擴充不忍人之心，至誠以父母生民爲己任，咨于大臣，訪于具僚，兼採輿議。苟可以革弊救民者，不擇難易，悉舉行之。損上益下，薄征寬役，務使積弊盡革，深仁浹洽，則民心悦而天意得矣。若復諉之於無可奈何之地，坐視其死而不救，則不出數年，民心渙散，而國勢瓦解矣。可爲痛哭流涕長太息也！書曰：「民惟邦本，本固邦寧。」此殿下所宜留念也。

嗚呼！祖宗付畀之業，如彼其重；皇天警動之威，如彼其著；億兆顒望之誠，如彼其切。殿下其可以崇高自尊，寵樂自娱，而不念二百年宗社，將阽於危亡之域耶？臣等之言，雖涉淺近，一言一藥，足醫今日之病。伏望殿下勿視以厭聞之陳言，深思熟玩，必施之行事，不歸之文具，則災沴可變爲休徵，衰亂可變爲至治。宗社幸甚！生民幸甚！

辭命製摩尼山醮青詞劄

伏以諫官職在規正得失，講官職在輔成君德，其任少無輕重彼此之殊。今摩尼山塹城醮三獻青詞，殿下既知其爲左道，不敢强使諫官製進，而乃命小臣。是諫官不可以左道事君，而講官猶可以左道事君也。臣雖無狀，待罪經筵，縱未能仰裨聖德，盡廢左道，亦安敢頑然製進此文，以玷論思之職乎？大抵非禮不正之事，未或知之，猶可爲也。既或知之，不可不革。臣民顒望聖上方奮大有爲之志，以復三代之治。而如此左道之醮，尚且因循姑息，不命改革，則他復何望？伏願殿下省念焉。

陳弭災五策劄

伏以國家之所以維持者，賴有紀綱；紀綱之所以整肅者，在於守法。有法不行，則紀綱必紊。頃者，聖教加特恩於小臣，使不解官而覲省外祖母，若父母之比。臣之感恩，昊天罔極。奈法之不行何？以私滅公，以情掩義，人臣之所不忍爲也。嗚呼！臣之愛祖母，不若祖母之愛臣。秋初上京，期以速還，而貪戀聖恩，至今未歸。以致祖母憶念成勞，晝夜涕泣，氣力既盡，精神又耗。昨者見書，則丁寧反覆者，不過願於生前相見而已。小臣學術淺薄，計慮疏闊，在朝而瘝官素食，既不足以爲忠矣。今若愛惜爵禄，不時歸覲，遂成死別，永爲終天之慟，則又不能以爲孝矣。忠孝兩失，則將何以自立於覆載之間乎？今臣欲承命受暇而去，則常典決不可創毁也；欲循例謝病而去，則恩命亦不可虛棄也。進退維谷，無地措躬，夙夜腐心，終無善策。伏願殿下遵守成憲，矜憫至情，還收特許覲省之命，只遞臣職，使於生前相見，公私幸甚！屬兹側身之日，大開不諱之門，求言之教既下，四方必有響應者矣。

小臣世受國恩，歷忝近侍，愛君一念，倍於他人，今當遠離，其可無一言以退乎？伏覩殿下以聰明睿智足以有爲之資，當亂極思治可以有爲之時，臣鄰聳動，黎庶顒望，而治不師古，政多踵弊。迄今不見上應天心，下答民望，厥初如是，則厥終如何？目今非常之災，慘酷之變，疊現層出，上天之仁愛殿下，必欲其驚惕振奮者，其亦至矣。延訪訏謨，以革弊政，斯其時矣。未知大臣設何策，而自上用何計，以盡弭災之道乎？抑臣私憂過計，則災莫大於人謀不臧，而天變次之。天變之可駭可愕者，則已昭示國人，震驚聖衷矣。人謀之不臧，則臣請歷言之：人心沈於痼疾，而仁義荒廢；士習騖於仕進，而廉恥埽地。以致朝廷之上，舉錯失宜，好惡不公；不務辨別邪正，而徒以恥言人過，爲保身之良謀；不務振起治道，而徒以遵守近規，爲治國之要道。忼慨建白者，目之以浮薄喜事；慕古傷今者，斥之以不知時務。惟知瞻前顧後，畏首畏尾，以苟保爵禄而已。至於億萬蒼生陷於塗炭，則置之相忘之域，環顧朝臣，孰敢爲殿下任其治亂之責，以盡其誠與才乎？譬如龍驤萬斛，泛于中流，而無一人任其操舟之責，風浪驟至，其免淪胥之患乎？嗟乎！羣臣之不念大計，只固其位者，雖無補於邦國，其各自爲家計則得矣。若宗社安危，是殿下家事也，殿下獨不自爲家計耶？朝野方以二帝三王望殿下，而何其因循姑息，一至此耶？殿下資非不美也，欲非不寡也，權綱非不揔攬也，殿下之不治，不爲也，非不能也。奈之何仁義王道，付之空言，弊政痼習，比之成憲，尚不奮發大志，以慰輿望耶？

小臣不避雷霆，敢竭愚忠，謹以弭災之策，仰塵睿覽焉。道學不行，善治不作者，今已數千年矣，固非一朝所可猝變。然拱手熟視，無所更張，則終無可變之時矣。伏願殿下堅定聖心，以先王之道，爲必可行，躬行仁義，以爲表率，發號施令，一遵古制，正始大禮，務求盡道。且命三公頻坐于議政府，以會六曹之官。凡經席所奏，章疏所論，涉於革弊救民者，悉下于政府。且令朝官及士庶如有所見，悉投書于政府。政府與該曹商議，今日革一弊，明日又革一弊，要以至誠救民爲務，以積弊盡革爲期。此其爲弭災之策一也。

言路開塞，興亡所係。而殿下從諫，漸不如初：近臣時務之疏，責之以過越；耳目癉惡之章，斥之以浮言。士氣不揚，公論鬱抑，如是而求言四方，四方之士孰有爲殿下盡言者乎？伏願殿下擴乾坤之量，昭日月之明，受善以誠，舍己從人，咨詢具僚，酬酢如響，使在朝之士務盡其情，有懷必吐，然後四方之善策，乃集于朝廷矣。此其爲弭災之策二也。

俗習卑下，惟知附勢，不顧笑駡。近有一種議論盛行於時，曰：「國舅之出，是非乃定。」嗚呼！堂堂聖明，方親庶政，老成尚遺，典刑猶在，而趨附之徒乃欲委政於國舅，是何人心之薄惡，一至於此耶？自古明君誼辟，曷嘗有委政后族而能保治安者乎？自上若有左右姻戚之意，則觀望諂諛者蜂起蟻附，雖以殿下之明，亦不能制矣。且國家求婚，必擇世家，世家族盛，賢否雜糅，若不痛繩以法，則恣横之弊，勢所必至。伏願殿下信任仁賢，旁求俊乂，以共國事。而戚里之人，一切不授權柄，賞罰付之有司，彈駁委之公論，無有一毫係戀之私。此其爲弭災之策三也。

西北二方，無異空虛之域，脱有緩急，無計可施。二方之中，北方尤甚，無民可守，無粟可食，講求善策，只有得人而已。伏願殿下議于大臣，若邊將未得其人，則斯速易置；已得其人，則别賜教書，詢以應變之策，許以便宜從事，不自朝廷遥制，使盡其規畫。而朝廷之政，一以保民内治爲主，然後庶無一朝土崩之患。此其爲弭災之策四也。

乙巳羣姦，斬刈士林，以録僞勳，神人同憤者二十餘年，而公論尚未發者，以殿下前在諒闇之中故也。今者聖政維新，百僞歸正，則埽蕩姦宄之窟穴，扶護國家之元氣，不在今日乎？伏願殿下勿爲已定之説所蔽，勿爲紹述之論所誤，奮决乾斷，昭示天威，悉削僞功，追罪姦黨，以此告于宗廟社稷，與一國更始。此其爲弭災之策五也。

天意玄遠，雖不可測，降格示威，必有其應。應之速則其禍猶輕，應之遲者尤可畏也。所謂恐懼修省者，不在於言語，而在於實功，豈可守故循常，無大處分乎？漢臣劉陶有疏曰：「天災不有痛於肌膚，震食不即損於聖體，故蔑三光之謬，輕上天之怒。」此真今日之藥石也。小臣進言，自知狂僭，而事急不能安言，心痛不能緩聲，伏惟聖明垂察焉。

校勘記

〔一〕連疏累牘　「牘」，原作「瀆」，據文意改。

〔二〕大臣秉鈞　「鈞」，原作「勻」，據文意改。

栗谷先生全書卷四

疏劄二

玉堂論乙巳僞勳劄庚午

伏以叛逆，天下之大惡也，其爲人也必誅，其在法也罔赦，凡爲臣子者，生當爲不共戴天之讎，死當結萬世同憤之怨。嗚呼！苟非亂臣賊子之徒，則孰敢有一毫庇護逆臣之心哉！惟其叛逆之名出於誣罔，衛社之號生於樂禍，忠賢受叛逆之罪，兇慝録衛社之功，故萬姓不敢言而敢怒，怨憤之氣徹天徹地焉耳。今者衆怒之積，如久壅之水，不決自潰，公論之發，出於國人，不可沮遏，則順輿情，定國是，正在今日。而自上留難至此者，良由殿下於姦兇之情狀尚未洞照，只求其名，不求其實耳。臣等雖已陳達，猶未詳盡，今請泝其源而極言之。

在昔中廟末年，仁廟在東宮，而尹元衡兄弟與尹任構隙，銜怨日深，於是有大、小尹之説，識者已知其爲禍胎矣。元衡與李芑等潛謀祕計，無所不用其極，只爲報怨之術，不顧宗社興亡。仁廟即阼，元衡等乃造不測之飛語，欺罔文定，驚動明廟，每以爲大禍朝夕將起。當是時也，文定深居内殿，明廟方在沖年，外間之事，何由灼見？茲不能不動於邪説，而尹任叛逆之名肇於此矣。及仁廟大漸，丁寧授受，明廟以嫡統介弟，入承丕緒。天命人歸，名正言順，如白日中天，億兆咸覩，孰敢有一毫異議於其間哉！只緣元衡與李芑等挾憾煽毒，將殲善類，鼓無根之説，摇動宫掖，脅制朝廷。尹任固爲机上肉，而柳灌、柳仁淑皆與李芑有嫌，故俱得大罪，猶未敢加以叛逆之名。鄭順朋以陰譎叵測之人，欲圖大利，誣飾進疏，敢欺君上于白日之下。兇謀既逞，大禍斯作。

夫以尹任麤鄙無狀、濫侍宫禁之罪，誅之固不足惜；而叛逆之事，實無形迹，罪非其罪矣。況柳灌之盡心國事、柳仁淑之好善愛士者，豈有毫髮疑貳之端哉！三人既死，無可推問。林百齡知尹任之壻李德應輕躁怯弱，可怵以威，遂誘脅百端，約以免死。彼德應之愚妄，冀其苟活，胡言亂語，莫見端緒。羣姦捃摭其稍涉不道者，定爲叛逆之律，此以一人之亂言斷其大獄也。夫三人之罪，誠是叛逆，則當推鞫得情，明示典刑，夫誰曰不可？今也不然。始則或遞或罷，次則竄謫，次則賜死，終則梟首夷族。不問其情，不取其服，自古未聞討叛誅逆之舉迂回不明若此其甚也。至於瑠之被訊也，酷加淫刑，極其慘毒。瑠不勝其苦，欲誣服速死，而不得其説，推官教之，乃得取招。鳳城之死，出於金明胤之讒口；壁書之禍，生於鄭彦慤之毒手；忠州之獄，始於同氣之鬩墻，成於元兇之鍛鍊。紛紛告變者，不知其幾。此由罔蔽君上，羅織忠賢，寃痛極天，舉國之人莫不知之，故元兇恐其姦狀發露，欲以戕殺之威鎮定國人，於是貪功嗜利之徒希旨生事，此所以告變者接踵，而善人無孑遺矣。彼誠叛臣也，則既誅之後，人所同惡，衆心帖然矣；奈之何清議日沸，人情不服，必大加誅戮，芟刈士林，然後僅能鉗制萬夫一談之口，使之不言耶？

夫以明宗大王之恭儉愛士，少無失德，而臨御二十餘年，天心未豫，灾異荐臻，水旱極備，癘疫頻作，日月薄蝕，星宿騁怪，盲風怪雹，暴發無時，桃李冬華，山冢崒崩，其他虹霧雷震之變、草木昆蟲之妖，史不絶書。迄于殿下，變怪尤酷，殆無虛日。夫孰使之然哉？豈非大寃未雪，傷和召沴，以至此極哉？明廟末年，天誘聖衷，惕然覺悟，漸啓伸雪之端。弓劍忽捐，睿志未就。垂簾之日，克遵遺意，人皆引領而望，庶見天日還昭，而霈恩中止。此亦機會未發而然耳。今則舉國之人同然一辭，願雪忠賢之寃，願食姦兇之肉，此豈非辨誣誅姦之一大機會乎？明宗末年，覺悟之意，皎如日星；慈聖垂簾，伸雪之恩，盎如春和。在今殿下，不過遵先志，奉慈衷，以終其事耳，何所未燭而遲疑至此乎？

嗟乎！廟堂老成之相，孰非先王之股肱乎？朝著夙夜之賢，孰非先王之臣子乎？先王仁深澤厚，臣庶感戴，有如天地父母。一朝昇遐，攀號莫及，喬山宿草，淚痕纔晞。若使乙巳之人稍有可疑之迹，則今日爲何等時，而乃欲伸雪如此其汲汲耶？爲人臣子者，乃捨没世不忘之先王，而欲庇叛臣地下之朽骨，天下之理寧有是耶？若殿下終閟俞音，則此以叛逆待乙巳之人也。乙巳之人實爲叛逆，則是今日滿朝衣冠揔污黨逆之名，舉國之人無非亂臣賊子之徒也，豈不痛哉！豈不苦哉！此臣等所以不勝太息流涕，繼之以痛哭也。目今公議否塞，人心恟懼，如沸如羹，罔有攸屆。今日之勢，若非盡雪無辜，悉削僞勳，則終無以鎮慰衆情，肅清朝綱。而是非未定，倚伏無常，國之存亡，未可知也。

噫！姦兇威脅士林，動輒構禍者爲日已久，削勳二字，人不敢出諸其口，豈非積威所劫，心膽墮地而然哉？大臣引而不發，兩司言而未瑩，臣等忝在論思之地，亦不免趦趄囁嚅。今始盡達，臣等之罪大矣。伏願殿下深思夬斷，先責羣臣以不能盡言之罪，然後涣發俞音：乙巳以來，無辜之人，悉復官爵，還其籍没；姦兇之輩，悉奪官爵，因削僞勳。告于宗廟社稷，與一國更始，上以繼先王未伸之志，下以雪羣賢九泉之冤，毋使一國臣民盡污黨逆之名，宗社幸甚！生民幸甚！

七　劄

伏以冤痛不可不伸，兇慝不可不誅，僞勳不可不削。舉朝力爭，久而益激；天聽邈然，峻拒日甚。反覆思之，未曉其故。豈不以辭不盡言，言不盡意，以致天鑒尚未洞照而然歟？臣等請枚舉當時之事，明其誣罔之實，伏願聖明試垂察焉。

當初構禍之時，尹元衡簧鼓邪説，欺罔文定下密旨，而亦不顯言叛逆之狀。鄭順朋、李芑、林百齡等陰囑兩司，欲罪尹任、柳灌、柳仁淑，而兩司長官閔齊仁、金光準則欲隨其指嗾，其他臺諫持正議不撓。於是兇黨相顧，罔知所措，林百齡乃倡告變之謀。夫叛逆，天下之大變也，當聲罪致討，使人心曉然知其極惡罔赦可也，安有潛謀祕議、陰囑兩司之理？而臺諫亦人臣也，安有食人之禄，而欲護逆臣之理乎？此其爲誣罔之證一也。

忠順堂入侍之時，李芑進言曰：「尹任多有不自安之心，柳灌、柳仁淑亦有形迹。」因議其罪，竄任，罷仁淑，遞灌。彼誠叛逆，則李芑於任等有何畏忌，而不明言其叛狀，乃以「不自安」、「有形迹」爲辭乎？此其爲誣罔之證二也。

大禍之作，專出於順朋之一疏。疏中誣飾無所不至，而今按疏辭，則論尹任之罪者，不過丁酉之事也。且順朋既知任等不軌，則何不於忠順堂悉陳之，而追疏如此乎？忠順堂入侍，距上疏之時只隔六日。六日之間，既罪之人乃謀不軌乎？此其爲誣罔之證三也。元衡既以飛語熒惑文定，而又造諺書以誣恭懿，至今臣民尤不勝痛骨之至。惟我恭懿王大妃，聖神之配，任姒之儔。尹任縱有姦計，恭懿王大妃當不顧私親，舉義討賊之不暇，安有反祕兇謀，與之交通之理乎？此其爲誣罔之證四也。

凡定罪之時，雖雜犯死罪，必窮推得情，結案取招，然後乃正典刑，况治叛逆之賊乎？任與二柳之死也，不問其情，不取其服。此不過速殺掩口，以祕其邪術而已。此其爲誣罔之證五也。

瑠之逆名，始於尹元老之亂言。當其時也，中廟在位，仁廟在東宮，尹任雖無狀，豈有捨此二聖而豫附他人之理乎？且瑠年長於仁廟十四年，豈有以瑠爲仁廟嗣之理乎？此其爲誣罔之證六也。

當仁廟大漸之時，尹任之入侍大内固有罪矣，但當日正統之傳無毫髮異議，若使尹任欲行姦計，則宫中耳目不爲不多，豈無形迹之可見者乎？傳授之時既無異議，而乃以德應之誣服斷以叛逆，並及無瑕之兩柳。此其爲誣罔之證七也。

治逆討叛，王法之至嚴者也，當據大義，以訊其情，安有潛行誘脅以取誣服之理乎？德應之被訊也，林百齡甘言于外，宋世珩詐泣于内，使愚妄之人信其利口，欲以陷人之功，苟免其死。此其爲誣罔之證八也。

許磁、閔齊仁初附姦兇，欲取富貴，而及其羅織日熾，鍛鍊日酷，以録僞勳之後，自知不免小人之歸，方始悔悟，漸與姦兇不合，遂得重罪，齊仁則至於削勳。兇黨之中亦相矛盾，況一國之公議乎？此其爲誣罔之證九也。

李彦迪、權橃，皆伸救任等者也。兇黨以二人並録于勳籍者，欲援引名賢，以欺士林也。橃之録功，乃在書啓之後，尤爲無理。安有伸救逆賊而得參勳籍之理乎？小人之欲借重於君子者，於此可見矣。二人之録勳固非本心，而守正奮忠，伸救不已，竟陷姦穽，幾至赤族。朝録其功，暮治其罪，録之削之，惟其胸臆。此其爲誣罔之證十也。

沈連源素不與於邪議，而元衡等乃曰：「必以連源並參功臣，然後勳籍乃固。」連源心恥其非，外畏其禍，不敢力辭。録功還家，與其妻相對而泣。夫衛社之勳果實不虚，則安富尊榮自有山河帶礪之固，何必强援外戚，爲長久之計乎？此其爲誣罔之證十一也。

兇威雖酷，清議不滅。街巷之閒，言或稍正，則輒加以庇護逆黨之名。至於柳堪，只以「武定寶鑒不必印看」之語，流謫遐裔，幾死復還。夫好善惡惡，國人之所同然也，何必以淫刑鉗制，然後乃息國言之嚚嚚乎？此其爲誣罔之證十二也。

陳其大槩，雖止於斯，其他可證之實，難以悉舉。天地神祇，昭布森列，臣等雖無狀，待罪近密之地，安敢以一言一辭上誣天聰乎？殿下欲拒公論，而不得其説，乃以姦兇所爲誘諸先后，又以瑠之在逃爲可疑。臣等請明其不然也。曾參之不殺人，其母灼知，而告者至三，則不免投杼。文定王后當主少國疑之際，處分國事，其苞桑之計，宜無所不用其極。而灌等之見信既非曾參之比，姦兇之浸潤膚愬者不止於三人，則文定之被欺固其理也。若以此歸咎於文定，則豈不痛甚乎！文定在天之靈，亦必有未安之懷矣。殿下何爲發此言乎？瑠之在逃，則非他計也。元老之捏造惡言固非一日，而尹任既誅，則瑠之必死，雖三尺童子亦可知也。知其必死，而順受正命者，士君子之所難也，豈可以此責之於一無識之宗親乎？姦兇既以飛語成罪，又以誣服定律，瑠之誅戮，亦可悲也。

目今天災時變，近古所無，而舉國洶洶，罔有攸屆。臣等之竭誠不已者，不特爲人心世道計也，欲爲先后洗其被欺之羞，欲爲先王雪其同盟之辱，欲爲恭懿殿伸其受誣之枉。殿下雖不念人心之涣散，世道之斁敗，獨不念先后、先王及恭懿殿乎？伏願殿下更加三思焉。

十六劄

伏以臣等伏覩聖批曰：「大臣之言猶且不從，況其下者乎？」臣等不勝觖望之至。自古人君之拒諫固非一端，大要不明是非而莫適所從耳。是非苟明，則未嘗有捨是取非、自趣亂亡者也。其言是，則芻蕘之言不可不擇；其言非，則卿相之言不可苟從。今日之事，若殿下不明是非也，則當親問大臣臺諫，反覆論詰，期於歸一可也，不當先以不允之意確定于中，不問是非，只爲牢拒而已也。

嗚呼！國人之情，畢達于冕旒；婦寺之讒，莫干於天日。殿下何所取信，而必欲使是非倒置乎？頃者伏覩聖明答翰苑之批曰：「謀叛之狀，衛社之功，皆載於武定寶鑑。」若然，則殿下之所信，只在武定寶鑑而已。夫續武定寶鑑者，姦兇欺罔聖母，極其誣飾，羅織成書，無有餘巧，自謂無瑕可指，可傳萬世者也。雖然，今見其書，疵隙百出，難掩其僞，適足爲識者嗤笑而已。古人有言曰：「直者，操筆不待累累，讀之如破竹，横斜反覆，自中節目。曲者，雖使假辭於子貢，問字於揚雄，如列五味而不能調和，食之於口，無一可愜。」信乎斯言也！臣等不援他説，請以武定寶鑑所載明其虚僞，伏願聖明試垂察焉。

當初忠順堂入侍之日，李芑進曰：「尹任多有不自安之心，柳灌、柳仁淑亦有形迹。」洪彦弼曰：「任可竄，仁淑可罷，灌可遞。」衆議皆如此。申光漢曰：「危疑之際，不可不镇定人心。任等之罪，皆可斟酌。」李彦迪曰：「事必光明正大，不然恐有士林之禍。」彼三人者誠是謀叛，則李芑、順朋等何不直言，而光漢、彦迪伸救若此乎？自古未聞誅叛討逆而禍及士林者也。此其爲虚僞之端一也。

越二日，加罪三人之時，順朋曰：「任包藏禍心，罪固不赦，若至依律，恐其太重。灌與仁淑，陰附尹任，謀危宗社，其罪極重，而事涉脅從，恐不可以一律斷之。」夫包藏禍心、謀危宗社者，極惡大罪，在法罔赦。春秋之法，尤嚴於治其黨與，則順朋於彼三人有何愛惜而救護如此乎？此不過構造虛言，驟加大戮，則人情駭怪，莫可鎮服，故欲以浸潤之術漸致重典耳。此其爲虛僞之端二也。

檝，社稷之臣也，書啓之辭，皎如星日，殿下試垂睿覽，則可以想見其爲人矣。檝之伸救如此，其至而反録于勳籍，此小人欲假君子以服人心也。自古安有伸救逆賊而得爲功臣者乎？此其爲虛僞之端三也。

順朋因檝之啓而發怒，乃上誣罔之疏，大禍斯起。夫順朋之疏未上，則尹任只爲不自安之人，灌等只爲稍存形迹之人而已。順朋之疏既上，則三人乃爲締結謀叛之賊。順朋早知三人所爲，則何不於面對之日盡言不諱，而反欲救護乎？且廷議不然，而順朋之疏獨如此，則當使順朋與三人對辨，取服定罪可也。今也不然，獨以順朋之疏爲信，而不問三人謀叛之狀，朦朧賜死。此其爲虛僞之端四也。

順朋之疏，極其誣飾，固爲巧密，而其論尹任之罪，則只舉丁酉之事。且曰「陰圖不軌」，而不能言其不軌之狀，所謂「不軌」者何事耶？知而不言，則順朋亦有罪矣；不知而言，則其爲誣罔亦明矣。此何異於以「莫須有」三字斷岳飛之罪乎？此其爲虛僞之端五也。

順朋所論柳灌、仁淑之罪，尤無指的之處。灌則以有「當立何人」之説，仁淑則以有默然不悦之色。自古安有見其辭色，便指爲叛逆者乎？且順朋則曰：「柳灌與首相附耳相語曰：『當立何人？』」尹仁鏡則曰：「與林百齡會坐時，柳灌入來曰：『禀宗社大計。』」言既有異，日亦不同，姦黨合謀之説，自相矛盾乃如此。此其爲虛僞之端六也。

諺簡之説，上誣恭懿，至今思之，腐心痛骨。文定爲元衡所欺罔，不能不致疑於恭懿。元衡之罪，可勝誅哉！若非文定以慈愛扶護，則事且不測矣。恭懿之塞淵，寧有交通尹任、陰閟兇謀之理乎？此其爲虛僞之端七也。

順朋之疏既上，定罪三人之時，林百齡曰：「三人自懷疑懼，反有患失之心，其漸將無所不至。」百齡既參元勳，得炳幾之號，則三人不軌之狀宜無所不知，何不明言其叛狀，而乃以患失之漸爲辭乎？人臣之患失雖曰有罪，若悉取世上之鄙夫而誅之，曰「汝有患失之心，將無所不至」，則世上之人得免叛逆之罪者幾希矣，此豈理耶？此其爲虛僞之端八也。

録功之時，或以告變，或以入侍，或以承旨，或以史官，此則有言可執矣。至如尹元衡、韓景禄、林九齡、萬年、尹敦仁、崔彦浩、鄭礩、申秀涇等，一事不載，一言不現，而乃參勳籍，何耶？此不過或以潛通宮掖，或以交結姦兇而已。誅討叛臣若是實事，則元衡等之所爲無非出於憂國之誠心，何不顯録其事，使後世曉然知其爲大功耶？惟其魑魅鬼蜮之謀，罔聖欺明，不可示於後世，故録其名而閟其迹。此其爲虚僞之端九也。

金明胤貪功樂禍，希旨生事，誣啓岏、瑠之事，挑生大亂之階。夫三人若有推戴岏、瑠之謀，則順朋之疏，面對之時，何不一言及此乎？三人既死，無可推問之時，乃造無形之説。此其爲虚僞之端十也。

安世遇誘脅任家之老婢，以中姦兇之欲，以遂徼幸之計。乃曰：「若問毛麟，則情狀可知。」夫尹任雖無識，非不辨菽麥之人也。謀叛，莫大之事也，乃與老婢相議乎？此其爲虚僞之端十一也。

世遇又曰：「任陰謀祕計，鄭淑儀婢内隱難知之。」此言尤爲無理。謀叛之計，雖父子之閒不敢輕説。鄭淑儀婢内隱難，於任爲何如人，而乃知任之陰謀乎？其他從伊、玉梅香、頓一之類，皆迷暗女子也。任非病風喪心、狂言亂走者也，欲舉大事，而乃與此等女子説其懷抱乎？此其爲虚僞之端十二也。

羣兇所恃而雀躍者，只在李德應之供，而今據供辭，自相乖戾者甚多。蓋緣畏死求生，胡亂説道故也。今舉其一二，則德應曰：「任謂自上凡事皆議決於大臣，吾門可保五六年無事。」又曰：「大行王昇遐後，大王大妃遣内官勸粥於任及汝弼。任曰：『我侍病入内，必以我圖爲不測，而終無異意，傳位于主上，是必感喜而然也。』心甚自安。」又曰：「任欲通於灌、仁淑，而臣曰：『安知灌、仁淑以父爲無狀而反害父也？』任曰：『果然。』」如此等說，或以尹任爲心甚自安，或以灌、仁淑疑任之無狀，則與所謂與灌、仁淑共謀者何其懸絶耶？且只稱其共謀，而終不能言共謀之爲何事，則可見其誣服也。此其爲虚僞之端十三也。

假使三人共謀不軌，必有實迹，辭證歸一，然後乃可依律定罪。今也不然。玉梅香之供則曰：「瑠到任家，任坐庭中，語瑠曰：『汝當立矣。』」從伊供則曰：「七月初三日，任謂興義曰：『欲立鳳城君。』」興義供則曰：「仁宗大漸時，父任言：『鳳城君若以問安入内，即使傳位，則孰能禦之？』」瑠之供則曰：「任欲議諸朝廷，封主上爲上王，將立臣或鳳城矣。」前後各人之招，互相逕庭，一至於此，尚可謂之辭證歸一乎？此其爲虚僞之端十四也。

姦兇手自粉澤之書，其謬妄乃如此，雖欲信之，不可得也。況當時目覩之人，孰不懷憤含悲，欲言而未言乎？今之卿相多有目覩者，而殿下不信其言，乃信姦兇所造之書，抑何意耶？姦兇一時之説可以取信於後世，則是司馬光永爲姦黨，朱子永爲僞學，唐之羅織經可爲用法之程式矣，天下寧有是理耶？

嗚呼！文定扶翊聖主，欲定邦家，其好生愛士之念寧有紀極哉！其教曰：「予之欲定人心，豈偶然哉！」又曰：「不欲傷人，是予本意。生禍士林，非所疑也。」以此觀之，文定好生愛士之本意昭然可見。惟時元衡、順朋、李芑、百齡等左蒙右蔽，前遮後擁，必使日月藏光、乾坤晦盲而後已。姦兇之罪，擢髮難數。今若不削此勳，不焚此書，以暴先后之本意，則天下後世將以血肉士林、濁亂邦家爲先后盛德之累矣，臣民罔極之痛窮天地而未解也，殿下獨不念及於此乎？伏願殿下取武定寶鑒，參以臣等之言，反覆相證。臣等之言若有差謬，則當伏欺罔之罪；如其不然，則快順輿情，以定是非，不勝幸甚！

四十一劄

伏以人君之急務，莫先於明理。理苟明矣，則是非好惡咸得其正，如燭照而權稱矣。理有未明，則是其所當非，非其所當是，好者未必善，惡者未必惡，終至於安其危，利其災，樂其所以亡者矣。明理之後，又以善斷爲貴。如或知其是而不盡好之之道，知其非而不盡惡之之道，則無貴乎明理矣。

今茲乙巳之事，全出於姦兇，而反爲先朝之玷汚。故羣臣之瀝血哀叫者，無他，爲先王也。利源不塞，四維墜地，將無以爲國。故羣臣之誓心極論者，無他，爲國家也。夫羣臣受先王天地父母之恩，其懷沒世不忘之心者，誠固至矣；殿下之追慕先王，則尤切於羣下矣。羣臣之愛君憂國，必欲措一世於泰山之安者，志固至矣；殿下之勤念國家，亦尤切於羣下矣。夫以殿下追慕先王之誠，聞姦兇之欺罔我先王，而不以爲怒；聞姦兇之侮慢我先王，要以盟誓，而不以爲恥；聞姦兇所煽之禍濁穢我先朝，而不思所以洒之；其視先朝之羞辱，如秦視越瘠，漠然不動乎中。則非殿下之追慕先王不及於羣臣也，竊恐理有未明，而是非好惡不得其正耳。假使有人欺罔殿下，則殿下必罪之，侮慢殿下，則殿下必誅之，而於先王之事乃不顧念，則是殿下之爲先王不如自爲也，豈不大可痛哉！且以殿下勤念國家之志，見利源大開，以成遺君後親之俗，將無以振起四維，而不以爲憂；見公論壅塞，人心憤悶，將有土崩瓦解之勢，而不以爲恤；見變異疊現，饑饉荐臻，政荒民流，無以保邦，而不思正名圖治，上答天譴，下慰人望，而如安寢於積薪之上，不知火之將至。則非殿下之勤念國家不及於羣臣也，竊恐理有未明，而安危治亂未見其兆耳。今者戚里之越法妄訴，則殿下不問曲直而從其請；内奴之犯科希恩，則殿下不問可否而復其役。乃於宗社之大計，留時逆衆，則是殿下之顧念國家，不如愛護戚里、内奴也，豈不大可惜哉！

嗚呼！先朝之垢污未洗，則雖使謹於烝嘗，嚴於齊潔，皆非孝之至者也。爲政而正名未盡，則雖使良法日施，美令日下，皆非治之至者也。伏願殿下格物而明理，明理而善斷，使是非好惡咸得其正，不勝幸甚！

擬陳時弊疏

伏以民依於食，國依於民，無食則無民，無民則無國，此必然之理也。今年大旱，振古所無。兩麥已盡，秋苗又稾，而上自度支，下至上農，儲蓄罄竭。哀哀赤子，散之四方，剥樹啖草，山童野赭。强者起爲盜賊，弱者填于溝壑。殿下之國，近於無民矣。靡神不宗，圭璧既卒，而茫無靈效，是神祇不享也。下教求言，詞旨勤懇，而罕聞直言，是臣民不應也。嗚呼！上則神祇不享，下則臣民不應。餓莩積于道路，而無粟可賑；邊釁兆于南北，而無兵可守。殿下以今日爲何等時耶？漢臣董仲舒曰：「國家將有失道之敗，而天乃先出災害以譴告之；不知自省，又出怪異以警懼之；尚不知變，而傷敗乃至。以此見天心之仁愛人君而欲止其亂也。」殿下臨御四年，而非常之災，可愕之怪，不可殫紀。天之譴告警懼者，其亦至矣，尚且政踵舊弊，治效渺茫，則傷敗之至，指日可見矣。

自古亂亡之國，必由於君上荒淫，宰輔貪邪，醖釀成亂，未有君明臣謹，而厲階自生者也。當今聖明當宁，少無失德，權姦埽迹，朝著清肅，而生民失所，國勢岌岌，將與叔季昏濁之朝同歸於亂亡。臣誠愚昧，未燭其理，晝夜潛思，而得其說焉：其失在於宜更張而不更張耳。程子有言曰：「治道亦有從本而言，亦有從事而言。從本而言，惟從格君心之非，正心以正朝廷，正朝廷以正百官。若從事而言，不救則已，若須救之，則須變。大變則大益，小變則小益。」此言真今日之急務也。流俗之輩，固不足以語此矣；朝廷大小臣僚，豈盡無憂國之誠、救時之策乎？誠恐殿下安於舊習，不喜建明，故有口不言耳。

噫！羣臣之不言者，固不免「吾君不能」之罪矣；致羣臣之如此者，亦殿下之所當自反也。殿下即阼之後，近臣之劄，耳目之章，草野之疏，凡幾達于冕旒之下乎？法言則責以過越而不信，巽言則視爲尋常而不省；大事則諉以重難而莫敢舉，小事則付諸該司而爲文具。卒致嘉謨讜論，悉歸騰口。仁義之談，雖發於經席之上；塗炭之苦，未解於圭蓽之下。國事日非，職此之由。所貴乎求言者，在於聽用其言，救亂持危而已。有言而不用，則何事乎求言？宋人有言曰：「城門閉則言路開，城門開則言路閉。」今兹上天之震怒極矣，下民之生理竭矣，人心搖動，而四境嗷嗷。仁不能加惠，猛不能施威，危亡之禍，瞭然於目前，三尺童子所可明知，此與城門之閉何以異哉？如是而下情之達，悉無所施，則今之言路，可謂開耶不開耶？

嗚呼！以殿下之聰明剛斷，欲爲堯舜文武之治，力非不足；而因循姑息，不自振奮，圖治之難，甚於超海，趨亂之易，速於走丸。臣誠悶迫，直欲一抱斧鑕，慟哭于闕庭而末由也。今日救弊之策，百計難措，只有變易常轍，生財活民，昭雪幽冤，慰悦輿情而已。小臣敢冒百死，以竭一得。

其一曰減御用以舒民力。祖宗朝生齒繁盛，田野盡闢，物産豐殖，故府庫盈溢，民力有裕。今則生齒凋耗，田野荒蕪，物産鮮少，而進貢不減常規，經費不能量入，故府庫虛竭，民膚剥盡，其勢必至於公私俱無尺布斗米之儲，然後乃已也。損上益下，今日之所急也。臣請自御膳御衣，一切進供之物，及闕中日用之需，皆三分減一。推此量度，凡八道進上貢物，皆三分減一。夫如是，則恩澤下究，民受實惠矣。議者必以進貢之物不可減損爲辭，此則不然。昔帝堯以四海之富，自奉不過茅茨土階、糲飯藜羹而已。人臣愛君以德，當以帝堯爲法，不當以衣食之奉爲重也。且饑饉荐臻，民無孑遺，四方進貢，無路辦出，則雖欲三分減一，其可得乎？孰若少損於今日，而永爲長久之利乎？

其二曰正祀典以改煩黷。祖宗垂統，謨烈丕顯，而祭祀一事，不遵先王之制，殊非可繼之道。黷祀不敬之失，姑置勿論。國家經用，祭需居半，竭生民之膏血，以崇非禮之祀，祖宗在天之靈，豈無未安之懷乎？臣請考古禮以明祀典，於文昭、延恩殿，只設朔望祭，於各陵寢，只祀六名日。至於昭格署、摩尼山等不正之祀，一切革罷。夫如是，則祀事得正，而祖考來格；經費減半，而公私兩饒矣。議者必以祖宗所定奉先之禮不可輒改爲辭，此則不然。目今太常供祭之需，窘束殊甚，今年若歉，則後年難繼。國用既乏，民力亦盡，簿正祭器，無物可實，則雖欲一月一祭，其可得乎？孰若量減於今日，而永勿替於萬世乎？

其三曰省官司以汰冗員。我國之大，比於中朝，不及一道。臣見中朝官職衙門不倍於我國，可見我國之官司太冗也。至於八道，郡邑過多，或有坐守無民之地者。生之者寡，食之者衆，烏得而不困？臣請倣唐虞建百之制，内而各司可併者併之，外而列邑可合者合之，只存有掌之官，悉捐不急之員。夫如是，則朝無幸位，民有餘力，怨之者鮮，悦之者衆矣。議者必以祖宗官制不可輕變、沿革重事不可輕舉爲辭，此則不然。循常而守故者，以治承治者也；隨時而變通者，以治救亂者也。法久弊生，勢所必至，而權姦濁亂，國非其國者久矣。今若不解變通，徒欲因舊，則此乃束手待亡之術也。若使窮民轉爲逆民，郡邑爲大盜所據，俸禄不足以頒給，則雖欲因舊勿革，其可得乎？孰若預爲之謀，使無盡散百官之患乎？

其四曰斂浮費以助國用。國家浮費甚廣，不可枚舉。姑言其一二，則内帑之財，多歸於供佛。兩宗雖廢，而忌辰之設齋自若也；淨業不毁，而後宫之崇奉依舊也。至若别設瓦署，欲業孤寡，而反爲宰樞土功之利；點視軍裝，欲整戎器，而反爲酒肉縻費之資。其他各司贖布，摠歸無用之地，不過資其公辦而已。臣請斷自聖心，視宫府爲一體，悉以内帑付之户曹。其奴婢之貢，令有司收納。忌辰等奉佛之事，痛洗前習，一切不行。撤去淨業院，使先王後宫毋得變形，以示闢佛之意。罷别瓦署等無益之費，百官只給月俸，使自備點心，而禁其公辦。内而各司，外而監司守令，所收贖布作紙，悉歸之户曹，則一歲所得，不知其幾千匹矣。斂虚費而有實蓄，不加賦税而國用不乏矣。議者必以内帑之藏不可猝廢、贖布之收近於瑣屑爲辭，此則不然。人君富有一國，倉廩府庫，莫非吾財，只在取之有節，用之有度而已，何必别爲私藏，以累清明之德耶？若使府庫一空，而軍國之需方急，則内帑之財必不得爲私蓄矣，不若早歸有司之爲愈也。至於贖布，則本是公家之物，非胥吏所當擅用也。「金作贖刑」，唐虞之制也，豈可諉以瑣屑，使有用歸無用耶？

其五曰重外任以委字牧。王政莫先於愛民，而能盡愛民之責者，莫切於守令。漢宣帝有言曰：「民所以安其田里，而無嘆息愁恨之聲者，政平訟理也。與我共此者，其惟良二千石乎？」宣帝雖傷於綜核太甚，而此言則可爲求治之一助也。是故周之六卿，分理六鄉；漢之三公，先歷三輔。誠以公輔之材，非試於臨民，則無以驗其實故也。至如今之監司，古之方伯，即周、召之舊職也，其責莫大焉，豈可諉以外任而輕視之乎？今日用人，輕外太甚。文官之稍有名望者，一切不任守令；必爲物論所棄，然後乃得分符。是故爲守令者，自知前程不遠，不復爲盡心撫字之計，善者隨分度日，惡者瘠民肥己而已，民生安得不蹙哉！監司之除雖重於守令，而亦不精擇堂上二品之列。負時望者，或授其任，則憮然自失，疑有物議。苟無別擇之命，則率擬充位之人，巡遊列邑，不過載妓縱酒而已，黜陟安得公明乎？民爲邦本，而撫民不得其道，誠可嘆也。臣請文官之初授六品者，例試吏治，在臺侍之列者，輪次補外。觀其政成，驗其賢否，然後還除內職。循吏則超資擢用，使一時登庸者多出於州郡。且擇大官之才德兼備者，委以方伯之任。勿以周年爲限，率眷莅于大府，限以三年，如兩界監司之例，以俾宣化成績。夫如是，則吏稱其職，民安其業，庶有治平之望矣。議者必以許多州縣，安可一一擇人爲辭，此則不然。州縣固不可一一擇人矣，但守令之恣於爲惡者，不過無所忌憚而已。若使出入臺侍者處于列邑之閒，曉夕有還朝之望，則彼貪吏之環其邑者，畏其威聲，必知自戢矣。是擇一人而使衆人止惡也，其效豈淺淺哉！

其六曰雪誣枉以快衆心。夫「天視自我民視，天聽自我民聽」。是故民心悅豫，則和氣致祥；民心怫鬱，則乖氣致異。當今民心之怫鬱者，殿下亦嘗忖度而得其情乎？天下古今之冤枉，莫大於乙巳諸賢。臣今悉陳，則日力不足，請言其略。中廟末年，尹任與尹元衡不協，有大、小尹分黨之説。仁廟既立，無嗣，明廟是貴介之弟，元良之望不在他人，特仁廟初立，未及正位儲副耳。當是之時，雖愚夫愚婦，孰不知明廟當爲仁廟之嗣乎？一朝禮陟，膺圖承統，天人之意得矣，豈有異議哉！羣兇乘時肆毒，不計宗社安危，徒以報怨射利爲事。其意以爲，不以叛逆爲名，則無以熒惑上聽、劫制朝廷，故乃造飛語以動宫掖，設嚴刑以取誣服。又慮只治大尹之黨，則恐士林不服，清議不息，故多引知名之士，加以逆黨之號，以參夷之典隨之，舉一世之忠賢，悉陷叛逆之深坑。羅織日熾，鍛錬日酷，百僚鉗口，道路以目。宗社之不亡，實是天幸也。嗚呼！李彦迪之賢，已達于宸聽，泮宫諸生至以從祀爲請，則此豈黨逆者乎？舉此一人，可見諸賢之枉也。乙巳之禍，國家所未曾有也。羣兇已死，公論漸發。明廟末年，有意昭雪，而竟未果焉。殿下初立，慈殿遵先王遺意，微示昭雪之旨，朝野懽欣，庶見國是歸正，而霈恩中止，輿情未厭。嗚呼！小人之誤國亂政者，只得售姦於一時，無以欺明於後日。而乙巳羣兇，尚得鉗制衆口于既死之後，使吾聖主不得洞照其姦狀，臣竊痛焉。神人之憤，歲久益甚。列聖在上，於昭于天，想必震怒，欲假手于殿下矣。近日白仁傑稍發其端，而後無繼之者，可見朝廷循默成習，無謇諤之風也。己酉之禍，實因乙巳而發。年少狂童，憤其父被罪，時出怨言。乃遭天倫之變，適值姦兇方欲立威之際，遂成大獄，廣殺無辜。至今思之，腐心墮膽也。大臣既以己酉爲可雪矣，己酉可雪，則乙巳不言可知矣。卒領議政沈連源，是臣祖母之從母弟也。臣祖母生時，往連源家，連源初録衛社之功，與其妻相對而泣。祖母生時語臣曰：「功臣，大利也，沈公乃泣，可謂賢哉！」臣少時不忘其言，到今始知連源雖被脅録功，而實知諸賢之非罪，故潛傷如此也。乙巳之寃，天神鑒于上，地祇證于下。臣若妄言，則叛逆之罪，宜加臣身。伏願殿下垂恩於枉死之賢，赫怒于構禍之姦。特命一切昭雪，給其職牒，還其籍没。其時擅權之姦兇，悉奪官爵，因削衛社之勳。以此告于宗廟社稷，與一國更始。夫如是，則上以慰祖宗陟降之靈，下以洩朝野久鬱之憤，人心胥悦，天意亦回矣。昔者宋神宗觀鄭俠之圖，命罷新法，民皆抃舞，久旱得雨，今日安知亦有如此之應乎？

小臣少遭喪患，心氣損敗，到今尤甚。精神減少，脾胃積傷，胸膈痞塞。本以無狀，添此痼疾，決不能堪論思補衮之職。國家天地父母之恩，無路仰報，夙夜嘆傷，不能自止。苟可以利國安民者，則臣不敢愛身。故輒陳肝膈之要，冀效涓埃之補。伏願殿下不以人廢言，咨詢廟堂，舉而行之。數年之內，國不饒，民不給，天心未豫，年穀不登，則請治臣以誣罔之罪，以爲越職言事者之戒。

代白參贊仁傑論時事疏

伏以昊天曰明，日監在兹，作善降祥，作不善降殃，如影隨形，如響應聲。是故因災警懼，改紀其政者，罔不治且興焉；玩災因循，安於習非者，罔不亂且亡焉。恭惟主上殿下，以聰明睿智足以有爲之資，當亂極思治可以有爲之時，臣鄰聳動，黎庶顒望，今四年矣，而治不師古，政多踵弊，迄今不見上應天心，下答民望。近日非常之災，慘酷之變，疊現層出。

赤地千里，種不入土，生民流散，餓莩相望。臣生七十餘年，而尚未見切迫之災有如今日者也。上天之仁愛殿下，必欲其警惕振奮者，其亦至矣。罪己求言，盛意藹然，四方善策，宜乎輻輳，而側耳有日，寂無所聞。一國之人，豈盡無救時之策，豈盡無憂世之誠乎？良由不知殿下之誠與未誠，故不敢冒陳耳。殿下曩日亦嘗求言矣，臣不敢知取某策而救某弊也。近臣之疏，耳目之章，非不累達，而殿下之答，一則曰過越，二則曰過越，或斥之以訛言，或諭之以不可行，或邈然無所可否。然則殿下之求言，應文備數而無其實也。下焉者縱有良謀高見，孰肯爲殿下抽肝擢腎，以做一場虛具而已乎？

嗟乎！今之國勢，其亦岌岌矣。溝壑之民，無粟可賑，悖倫之俗，無教可施。大臣非無憂國之念，而憚於變法，不務遠大之猷；具僚非無藴奇之士，而恬於固位，苟避生事之譏。拱手熟視，坐而待亡，不幸而夷狄乘釁，起於南北，窮民弄兵，遍於四境，則雖有善者，末如之何。言念及此，不勝痛哭也。

今日之弊，條陳而悉數之，則日亦不足矣。殿下誠欲撥亂歸治，則盍反其本矣？其本豈非殿下之一心乎？殿下當即位之初，下教曰：「生於閭閻，不知學問。」又教曰：「萬機之暇，學不專一，夙夜憂懼。」此正「學如不及，猶恐失之」之盛心也。又教曰：「號令之發，豈能得宜？生民利害，罔知攸濟。」此正「后克艱厥后」之盛心也。臣不知殿下至今尚存此心而不容少懈歟？臣於其時，既以敬之一字獻焉，又以正心爲急務。此非臣言，乃聖賢之遺訓也，故殿下嘉納之曰：「當置諸左右而省覽焉。」臣不知殿下至今尚置左右而省覽不倦歟？大學、論語、孟子，斯三書者，修己治人之道罔不備載，讀此三書而不知道，所謂「雖多亦奚以爲」。今殿下於此三書既已貫穿融會矣，何不體之身心，真踐其域，使生民得蒙至治之澤乎？殿下資非不美也，欲非不寡也，權綱非不摠攬也；殿下之不治，不爲也，非不能也。奈之何仁義王道，付之空言，弊政痼習，比之成憲，尚不奮發大志，以慰輿情耶？

漢臣劉陶有疏曰：「天災不有痛於肌膚，震食不即損於聖體，故蔑三光之謬，輕上天之怒。」此言真今日之藥石也。程子有言曰：「治道亦有從本而言，亦有從事而言。從本而言，惟從格君心之非，正心以正朝廷，正朝廷以正百官。若從事而言，不救則已，若須救之，則須變。大變則大益，小變則小益。」此言真今日之急務也。伏願殿下惕然自省，振發精明，誠心向治。然後咨詢大臣，警勅百僚，上下相誓，痛絶舊習，挽回世道，期效三代。使大臣悉心推訪訏謨之士，相與講求治具，盡改疵政。進上貢物，量宜減損，諸色卒隷，式均苦歇。除一族切鄰之弊，禁列邑無名之税。其他可施之策，不可枚舉，苟可以便國利民者，深究其方，期於必行。則國事及今猶可爲也，少緩數年則無及矣。

殿下有教曰：「昔者于公慟哭，三年旱，今日不知其幾于公慟哭乎？」因命疏放滯囚。

好生之德，溢於言表，瞻聆所暨，孰不感戴？第念冤有大小，政有緩急。先其小而後其大，務其緩而忽其急，則所謂「不能三年之喪，而緦小功之察」者也。今日之冤，孰有大於乙巳、己酉罪籍，而今日之政，孰有急於昭雪誣枉、慰悦衆心乎？伏願殿下善推好生之心，涣發作解之音：乙巳、己酉籍没之物，悉令還給，士林之名在罪籍者，悉復職牒。夫如是，則忠魂感泣于幽冥，士類興起於昭代，國是歸正，衆心可一矣。

士類之興，國是之正，固是急務；而褒崇先正，使後生有所師表者，亦不可緩也。臣謹按：卒贈領議政趙光祖，以性理存心，以繩墨律身，以達不離道爲事業，以致君堯舜爲規模，愛君如父，竭誠盡瘁，不幸横罹讒構。雖不得考終，其流風遺澤，没世愈著。至今士林尊尚道學，貴王賤霸者，皆光祖之功也。我國邈在海隅，文獻無徵，箕子以後，寥寥千載，不聞儒者之作。麗末，鄭夢周始倡理學，而猶未大著。我朝金宏弼遠紹其緒，爲士子矜式，而未克達施，無事業可攷。惟光祖奮乎衰世，馨德夙播，譬如青天白日，有目者莫不識其清明，聞風振起者景仰山斗。其丕闡絶學之功，優於夢周、宏弼也。伏願殿下力扶道脈，追念賢臣，使得從祀文廟，則多士悦服，作成可期矣。

嗚呼！真儒之作，歷代所罕，況我東方，人物眇然，必求學若程朱，然後乃可尊崇，則尊崇之典何時可舉乎？必求才若程朱，然後乃任輔弼，則輔弼之位何時可備乎？已没之賢，如光祖者，足以尊崇矣；見存之賢，亦豈無可責任者乎？當今人望，無出李滉之右，未審殿下以李滉爲何如人耶？議者或以滉爲可繼程朱之統，或以滉爲無致用之才，皆非知滉者也。滉之懇乞致仕也，論者或以爲道不行矣，引身而退，或以爲與當路不協，浩然而歸，此亦皆非知滉者也。愚臣妄料，滉之學問固精，律身固嚴，而常以學者自處，未嘗以知道自許。其懇辭大任者，不過量能度分，安於不求知而已。昔者孔子使漆雕開仕，對曰：「吾斯之未能信。」子悅。滉之求退，亦「吾斯未信」之意也，非以不合於世，悻悻而去也。滉之自處，誠得其道矣，但以一世觀之，人望所屬，無逾此人，豈可聽其長往乎？賢者去國，士林失望。殿下不欲圖治則已，如欲圖治，非委任李滉，則無以慰士望而收俊乂矣。雖然，致滉之道，不在於下書翩翩，而在於至誠待之，信用其言而已。殿下若不奮然振作，劃除舊習，而徒事姑息，玩歲愒日，則雖使孔孟程朱日侍經幄，必無啓沃之功矣，一李滉其如殿下何哉！苟如是，則寧許退閒，使全其義可也，不必召命相續，徒爲驛路之弊也。伏願殿下先定聖志，深改昨非，然後以災異切迫、國步綴旒之意，下書咨問，俾盡所蘊，因求應召，期以必用，則滉受國厚恩，愛君之誠倍於他人，想必幡然上來，羽儀王庭矣。

如臣者，少既無學，老益衰敗，精神茫昧，耳聾語錯，在臣之義，所當還歸桑梓，以全晚節；而貪戀恩寵，强顔負乘，取笑當時，貽譏後世，臣罪大矣。今年昏耗益甚，處事顛倒，決不可久玷名器。而目覩饑饉荐臻，邦本顛蹶，危亡之禍，迫在朝夕，故只欲一言而退，庶幾少答聖恩之萬一。伏願殿下恕其狂僭，傾心下採，而許臣致仕，使不得罪於識者，則公私幸甚。

辭應教兼陳所懷疏 壬申

伏以小臣，疏才淺學，素非適用之器；釋褐登仕，苟求升斗之祿。謬踐館閣，玷污名器，一朝反顧，仰愧俯怍。自度立朝，難效涓埃，求補外郡，庶幾陳力。豈期事不從心，術非識務。科斂之徵，不擇疲癃，逋逃之役，毒遍鄰族。革而更張，非距心之所得爲；立而視死，又鄒孟之所深訶。欲決棄去，恐負國恩，遲回勞瘁，遂成心恙。加以風寒外感，氣血內傷，眼眩體萎，殆不運身。被劾歸來，杜門調養，今將周歲，呻吟甫歇，頭腦之間，眩氣猶盛，精神茫茫，如在夢中，少有勞動，輒生他疾，此證不瘳，當爲廢人。夫以臣之迂陋無取，雖康强無疾，其於國家，無異雀鼠之在太倉，置之溝壑，固不足惜，況沈痼在身，理合退黜者乎？孔子曰：「舉諸枉錯諸直，民不服。」當今聖明臨御，朝著雖清，巖穴之間，豈無遺才隱德可勸徵辟者哉？側席綸音，未聞旁求，而天書之下，疊到臣門。旋辭旋召，月不虛度，舉錯之宜，恐不如此。蟣蝨微臣，濫叨非分，累拒朝命，豈但取笑一時，貽譏後世而已哉？將致吹毛之口，四面而集，不敬之謗，相和而起，罪戾叢積，無以自解。伏惟聖明，天覆地載，動植之物，咸囿仁澤，豈不能容一微臣養病田野，安静自守，潛頌聖德也哉？且臣非山林不售之士也，厠迹玉堂，叨侍經幄，亦非一再，發言無章，陳策乖時，亦聖明之所洞照也。殿下豈真以臣爲可用，而必欲召致也哉？第因銓曹注擬，循例加恩而已。聖明舉錯，四方觀瞻，豈可不擇其人，輕下恩命，以懈四方觀國多士之心哉？伏願殿下重惜名器，鑒察愚衷，下教銓曹，擇材授職，許臣休官，獲安其所，上以慎盛代之舉錯，下以遂微臣之分願，公私幸甚。

臣今跧伏草茅，病與衰謀，愛君一念，無路自致，敢因祈免之章，兼獻一得之懇，伏望殿下勿以人廢言焉。殿下嗣服之初，聖體清健，玉音鏗鏘，入侍之臣，相顧欣悦，以賀萬載無疆之慶。頃年以來，玉候漸不如初，以至今日，龍顔殊瘦於舊，天語不能洪暢，讀經之音，侍臣僅辨。臣雖廢處壟畝，竊參朝野之憂亦已久矣，迄未聞大臣問候、明醫獻技汲汲調治之舉。若以爲傳聞過實，則聖教自有「病不離身」之語；若以爲聖候實愆，則廟堂殊無憂懼悶慮之容。臣誠愚昧，未曉其故。豈殿下微有諱疾之念，而大臣承順，不敢以疾病爲説耶？抑殿下諉諸微恙，不以爲憂，而大臣亦不知病根之淺深，且厭騷擾，不敢頻入藥房耶？無乃殿下都無親信之臣，臣鄰亦少愛敬之誠，泛然若秦視越瘠耶？此非在野之臣所敢知也。祖宗付畀之責，億兆顒若之望，萃於殿下，殿下之一身，是二百年宗社安危之所係也。今日之憂，孰有大於調護聖躬者乎？豈宜大小恬然，朝餔暮啜而已耶？人有血氣，受病有兆。調病之方，治心爲上。若不深究疾病之所由生，拔本塞源，則瞑眩之投，徒傷元氣而已。臣今謹以三說，仰塵睿鑒：一曰清心以養德，二曰任人以省事，三曰親醫以察候。

所謂清心以養德者，心官善思，則耳目不能蔽，泰然居位，百體從令，聲色不能爲撓，疢疾不能爲祟。伏想殿下氣質清粹，學問高明，志慮必正，嗜欲必淡。而竊聞太醫以聖躬受傷，在於腎經，聲音失常，最爲深憂。臣竊怪之，反覆思之而得其說焉。人之禀氣有厚薄，猶井之儲水有深淺也。水在於井，有終日汲而不減者，有一二挹而已竭者。人亦如是。有縱其嗜欲，不知自止，而猶享康寧者；有少乖保養，輒生疾病，而艱難調攝者。人見縱欲之康寧，調攝之艱保，遂以酒色爲無害，謹慎爲無益，此非知命者也。今以聖上志慮之正，嗜欲之淡，猶不免愆度失音，則安知聖質清粹有餘，完實不足，必加百倍調養之功，然後乃得玉體之康寧耶？伏望殿下智慮已正，而益慎於微；嗜欲已淡，而益謹其防。明天理人欲之分，適飲食節宣之宜。喜怒當理，動靜遵度，養氣養德，合而爲一焉。

所謂任人以省事者，人君之職，得其道則身逸而國治，失其道則身勞而政亂。何謂人君之職？信任君子，退斥小人，公以莅事，寬以容衆，受直諫以補不逮，革弊法以救民生，務摠大綱，不親細務，如斯而已。昔者舜任九官，無爲而治，庶獄庶慎，文王罔敢知于兹，此所謂身逸而國治者也。秦始皇衡石程書，隋文帝衛士傳餐，君行臣職，不能長世，此所謂身勞而政亂者也。古之聖王，求賢如渴，委任責成，良爲是也。今殿下之所倚仗而委任者爲誰？廷臣擔當大事、奉公忘身者亦爲誰耶？機務叢集，無所委任，則聖心恒勞，而和豫之候恐不可以日月期也。伏望殿下博鑒精採，務辨賢邪。知其爲君子，則任之勿貳；知其爲佞人，則斥之勿疑。虚心坦懷，正表率下。大官使行其道，小官使盡其才。治平之術，撮其綱領；文簿之繁，不以經意。勿摘微以爲明，勿拒諫以爲辯。處靜居簡，舒體怡神，治病治國，合而爲一焉。

所謂親醫以察候者，清心省事，是調病之本；藥餌鍼石，是治病之具。其本固當務，其具不可捨也。今世之醫，罕精術業，視色視言，雖不可得，切脈觀候，猶或庶幾。伏望殿下命擇明醫，日直藥房，或三日一次，或五日一次，入診聖脈，講求攝養之方，商量對證之劑。必待聖候真元日滋，神氣日寧，榮衛和暢，膚腠潤澤，然後乃令退去。本末兼舉，期於五福並臻焉。

竊念人之疾病，發作雖暴，疼痛雖深，而有形可覩，有迹可尋者，庸醫之所懼，而扁鵲之所易也。若其精神不爽，氣脈不調，内無發作之形，外無疼痛之迹，而真元日弱，莫知其所以然者，扁鵲之所憂，而庸醫之所忽也。今殿下之疾，既自諉諸微恙，而世醫又無扁鵲之見，廷臣亦不以爲切己之憂，上下相蒙，玩日愒月，臣竊痛心，每欲瀝血籲天而不敢者也。今臣畢命嬰疾，分甘廢棄，覆載之恩，仰報無期，區區一牘，實吐至誠，伏願聖明垂意加念焉。

論朋黨疏

伏以小臣禀受素弱，形孱氣虚，生丁不辰，早失怙恃，巨創之餘，心血俱傷。加以性度迂疏，識見昏昧。内忝論思，學不足以補闕；外叨字牧，才不足以活民。壟畝偷安，既避事於平時；宿病纏身，又不效其小技。有臣如此，將焉用之？聖恩如海，淪肌浹骨，百爾忖度，圖報無路。馱疾還鄉，杜門自省，寢不安席，食不知味。竊有愚忠可效獻芹者，敢冒斧鉞之誅，畢陳無隱，伏願殿下試垂睿覽焉。

小臣離京日久，頃者入城，察見風色，殊異平昔。有志之士，深懷隱憂，入則仰屋竊嘆，出則駭目相顧，頓無治世氣象。竊怪其故，徐詢厥由，則蓋以卒領中樞府事李浚慶將死進言，以破朋黨爲説，殿下深信其説，疑朝廷已亂，朋黨已成，而朝臣之疏劄，皆諉以自辨之辭，莫之深省，故臣鄰之惶惑如此。臣雖無狀，私心痛之。

噫！浚慶位台輔，荷重任，殿下平日素所倚仗，而臨死自以爲獻忠者，切切焉惟朋黨是憂，則殿下之深信，固其理也。雖然，聽言有道，不可重外而內惑；知人有術，最宜觀行而察心。竊詳浚慶之爲人，以剛嚴自守，以清儉自律，自世俗觀之，孰不以爲賢相也哉？顧其氣質之禀，病痛多端。非無好善之心，而識見不明；非無憂國之念，而才器不足；非無愛士之志，而矯亢自高。夫識見不明，則察理不精，而以是爲非、以非爲是者多矣；才器不足，則不能釐補穿弊，振舉綱維，而因循姑息，取人譏侮焉；矯亢自高，則守正挺立之士望望然不入其門，而讒諂面諛之人雜進於其庭焉。夫以不明之識見，重之以矯亢之聲色，內受媚悦之言，外招具瞻之刺，浚慶之相業從可知矣。此非臣言也，國人之公論也。

嗚呼！朋黨之説，何代無之？惟在審其君子小人而已。苟君子也，則千百爲朋，多多益善；苟小人也，則一人亦不可容也，況於成黨乎？若不問邪正，輒疑其朋黨而欲破之，則東京黨錮之禍，白馬清流之慘，未必不作也。夫一林甫足以誤唐，一蔡京足以亡宋，則小人之釀亂，豈待有徒之寔繁乎？自古論朋黨者，莫辨於歐陽脩之論，莫切於朱子答留正之書。殿下試取而觀之，則君子小人之情狀昭然可見矣，臣何敢更贅於其間乎？第以今日之事言之，未知浚慶之所謂朋黨者指何人耶？當今權姦已盡，餘孽熄氣，雖不可謂無小人，而莫敢公然翕訿，無聚徒同惡之迹，則固不可以朋黨目之也。隨行逐隊、旅進旅退者不知其幾，而各私其身，各保其禄，則尤不可指爲朋黨也。惟是愛君憂國、奉公杜私者屈指無幾，而公論依之得以稍行，浚慶之所謂朋黨者，無乃指此等人乎？

今日之朝廷，殿下固以爲已亂，而臣亦不敢以爲已治也。第未知殿下之所謂已亂者指何事耶？臣之所謂未治者，臣請言之。夫所謂朝廷之治者，上有道揆，下有法守，紀綱整肅，百度俱貞，發政施仁，黎民皡皡之謂也。今日則不然。上不見道揆之經邦，下不見法守之盡職，紀綱不振，百度俱弛。臺諫不見重，而言路多壅；王澤不下究，而邦本不固。王道爲迂遠之路，美令爲文具之辭。至如正供都監之設，三載于兹，而不能革弊救民，徒取文簿，朝筆暮削，坐糜廪粟，卒無所成，閭巷愚民尚且竊笑，況於識者乎？設施如是，而以爲已治者，非愚則佞也。

今日之朝廷，殿下固以爲不和，而臣亦不敢以爲已和也，第未知殿下之所謂不和者指何事耶？臣之所謂未和者，臣請言之。夫所謂朝廷之和者，大小一心，同寅協恭，三公秉鈞於上[一]，百僚奉職於下，得失相規，可否相濟，心和氣和，以召天地之和，而至於巖穴之士，亦皆同聲相應，同氣相求，莫不願立於朝廷之謂也。今日則不然。大臣歷變於權姦斬伐之餘，僅保其身，故每創前禍，務欲安靖，而士林疑其偷。士氣稍作於聖明臨御之日，汲汲於整紊圖治，故言論忼慨，不襲近規，而大臣疑其激。此則其迹雖似不和，而其心同歸於憂國，不害其爲和也。於是羣小之失志怏怏者，潛伺間隙，簧鼓彼此，苟非曠度弘量、明燭是非者，烏能不動於浸潤之説乎？加之以流俗雷同，不悦古道，瞢前經而不恥，論當世而解頤者，滔滔皆是。以學問之士爲好名，以性理之説爲迂闊，以守職爲愚，以直言爲訐，惟是含糊鶻突、專事餔啜者，乃能無責於父兄，免謗於時議。而人有爲善者，則吹毛覓疵，洗瘢指痕，必求其非笑之資。人非堯舜，不能每事盡善，而一有所失，則衆口爭咻，並與其善行而棄之，故爲善者身危。人有爲惡者，則恬不爲怪，反以爲此乃庸常之人，固當如是，而不爲之深嫉，故爲惡者心放。習尚如是，而以爲朝廷已和者，非惑則詐也。

嗚呼！今日之事，可謂已亂，亦可謂不和，而猶有所恃而望治者，以殿下有帝王之資，而一二臣爲人望所屬者乃能深被聖眷，士氣有所賴而漸興，公論有所倚而漸行故也。豈可使朋黨之説攻其所恃，而使士氣摧沮、公論消縮乎？浚慶少時，稍有士望，及居相位，無所建白，清議始詆其尸位。浚慶不思回光自勵，而反怒其議己，故近年以來，漸與士林相阻。既與士林相阻，則讒諂之輻輳，理所必然也。去年間，都下喧傳狐鼠之輩欲陰害士林，而浚慶爲之主云。識者皆以爲聖明如日中天，魑魅魍魎必不敢衒怪，而且浚慶雖荒，奚至於誣陷清流乎？於是公論欲發而中止。以今日所言觀之，則安知去年之傳播非虛語也哉？

嗚呼！執狐疑之心者，來讒賊之口；持不斷之意者，開羣枉之門。浚慶之言果實，則廷臣明有朋姦黨惡、背公行私者矣。殿下當明辨而精覈之，必得其人而放流之，迸諸四裔可也；豈可説而不繹，從而不改，使姦慝肆志而莫之禁乎？廷臣若無此等人，則是浚慶之言，或激於忿懥，或出於錯亂，非徒不忠，反挑大禍之源也。殿下當深斥其非，明告羣臣，使君子仰恃而得盡其忠，小人讋伏而莫售其姦可也；豈可不辨是非，不分黑白，使冰炭同器，薰蕕混臭乎？嗚呼！殿下以破朋黨之責委重於大臣，大臣非不知浚慶之妄言，而不能披肝瀝血，竭誠陳達，顧乃含糊兩可，似若廷臣有朋黨者，是誠何心哉！夫廷臣實有可破之私黨，則大臣當是是非非，激濁揚清，使君子得輿，小人屏迹可也。豈可徒以數行辭説，姑爲塞責之計耶？若廷臣實無可破之私黨，則是浚慶之言爲媢嫉之嚆矢、陰賊之赤幟也決矣。大臣當論破其辭，力詆其失，使人人曉然知此言之流毒，如烏喙之必不可食，水火之必不可蹈可也；豈可以憂國之誠心，妄加稱讚，以致殿下不能不動於先入之説乎？此豈大臣格其非心、能好能惡之道哉！

且浚慶以正直行平生自許，而位冠百僚，榮享五鼎，可以不顧禍福，知無不言，以報聖主矣。苟見廷臣結爲私黨，則何不於作相之日，入告之際，明白痛陳，以絶柔道，而乃於屬纊之際，始敢發端，又不明言某人結爲朋黨，而乃爲隱語，以致殿下舉羣臣而并疑之哉？此則無他，浚慶所指爲朋黨者，皆負一時清望、主張公論者也。若明言姓字，則不特得罪士林，而歸於小人，雖殿下亦疑其妨賢病國矣，故藏頭匿形，鬼談蜮説如此。正直行者，果如是乎？

古人將死，其言也善；今人將死，其言也惡。嗚呼，異哉！臣竊取浚慶之辭，而復之再三，則其錯亂之言，不特此一說也。何以言之？浚慶所謂「殿下於致知之功，思過半矣」者，何言之容易乎？浚慶頃刻就木之人，豈有求媚之心哉？此不過理有未明，言不得中耳。殿下其亦聞此言而自反乎？格物致知，雖曰大學之始教，而未有致知而不在敬者，則不能涵養而能致知者，未之有也。今殿下以睿智之資，不能遠法三代，挽回世道，而惟近世常規是拘是守；舉錯未服輿情，朝著未見親臣；不信臺諫，而受善漸不如初；未祛宿弊，而撫字不能如傷；私護内司，而叛奴閒有投屬：凡此數者，皆志士之喟然慨嘆者也。竊恐殿下於致知之功未能過半也，浚慶之言，果實而不虛乎？

浚慶所謂「有違拂之辭，時露英氣以振警之」者，此言何謂也？英氣最害事，尋常學者亦當礱磨涵蓄，不露圭角，況人君臨億兆之上，居自肆之地，乃以英氣加人乎？臣伏覩殿下，聰明絶人，而有輕士獨馭之志，才智拔萃，而有超詣自用之意，接人發言之際，英氣固已太露矣。古之匡君者，補其所不足，節其所有餘，故沈潛剛克，高明柔克。今進英氣之説以匡殿下，則是勉高明以剛克也，如以火濟火，以水濟水，非徒無益，而又害之。浚慶之言，果可補闕而拾遺乎？

浚慶又以唐之文宗、宋之仁宗同條並舉，則此昧於臧否，豈知治亂之幾者乎？宋仁宗，賢君也，而其世治；唐文宗，闇主也，而其世亂。今者不分賢愚治亂，而皆諉之牽於私黨，則浚慶之言，果得觀史之法乎？

浚慶所謂「身無過舉，事無違則，而一言不合，排斥不容」者，未知指何人耶？果有斯人，則殿下當疇咨大臣而收用之，豈容但已乎？雖然，浚慶權衡不平，藻鑒不明，其以有過者爲無過，以違則者爲無違也明矣，安足取信乎？若其不事行撿，不務讀書，高談大言，結爲朋友，遂成虛僞之風者，則此豈特浚慶之所當排擯哉？士類之稍知向方者皆當揮而斥之矣。雖然，浚慶之所憂者，其亦淺淺矣。夫士之欺世盜名者，以其有可欺之資故也。惡紫，恐其亂朱也；惡莠，恐其亂苗也：以其似是而非故也。是故居之似忠信，行之似廉潔，無可刺，無可非，而同乎流俗，合乎污世，自以爲是而不喜學問之名，忌嫉道義之士者，此乃君子所深惡，而治世之所痛絕者也。若其不事行撿，不務讀書，高談大言者，則此乃愚人而止耳，妄人而止耳，三尺童子亦知侮笑，曷足以欺世而盜名哉！浚慶彼之不憂，而此之深憂，豈非淺淺之見乎？但蒼蠅止棘，變亂黑白，則以有行撿者爲無行撿，以有學問者爲不讀書，以憂世正論爲高談大言矣。程子尚被無行之劾，朱子尚遭僞學之謗，市有虎而曾參殺人，罔極之讒言，何所不至哉！若虛僞之風，則固不可長，而亦不可嫉人之虛僞，而並疑一世之實才也。己卯年間，善類登庸，人慕清名，俊乂布列，於斯莫盛，而好名之士未免雜進，色厲内荏者扼腕而馳騁。今之追咎己卯者，皆以此藉口，其亦未之思乎？夫膾炙熊蹯，天下之珍饌，而夏月藏之不謹，蒼蠅污穢，則人皆唾棄，此豈膾炙熊蹯之罪哉？道德仁義，天下之至寶，而學者不能爲己求名於世，則反爲姦宄粉飾之資，此豈道德仁義之過哉？今見虛僞之可惡，而欲並與實學而俱廢，則是惡蒼蠅之污穢，而遂以膾炙熊蹯同於土炭也。天下之理，寧有是耶？今殿下既惡虛僞之風，則當審其舉錯，務得其實，不可只形於語言而已也。若殿下不務好賢之名，而惟務好賢之實，則虛僞之人安敢仰干天威乎？何謂好賢之名？聞人善名，羅致于朝，不問道義之如何，啓沃之當否，徒以爵禄榮寵羈縻不放之謂也。何謂好賢之實？聞人善名，致敬盡禮，既立于朝，則視其所以，觀其所由，察其所安，名不虛得也，則信之深而任之專，使之行道展才致君堯舜之謂也。夫爵禄榮寵，虛僞者之所慕悦也，賢者豈屑屑於是乎？若富貴其身而不用其言，則好名者競進，而賢者不肯受其籠絡矣，此虛僞之風所以長也。浚慶之所憂者，果在於此乎？今殿下誠得賢者，既隆其爵，又用其言，使之展布所學，旁招俊乂，列于庶位，則一君子足以引衆君子，而朋黨之名無以啓讒人之口矣，何憂朝廷之不靖，和氣之未臻乎？浚慶之言，果出於此乎？

以臣觀之，四條之説，皆是謬妄，無一可取，安知非臨死昏憒，失其精神，其所云云者不出於本心也哉？

嗚呼！當今上天之震怒極矣，下民之生理竭矣。餓莩積于北道，而倉廩告罄；戎蠻接于門庭，而兵勢單弱。觸事寒心，苟延歲月，而只有區區公論之一脈尚未斷絶，所賴而求安者只此而已。今者朋黨之説爲拔君子之鉗鎚，招小人之麾旌，而將舉一脈之公論並絶之矣。噫嘻，甚矣！苟非至不仁者，胡寧忍此乎？殿下既以朋黨疑羣下，則是上不信下也；羣臣亦疑殿下確守先入之説，則是下不信上也。殿下歷觀古史，曾有上下不相信而其國不亂亡者乎？殿下之朝廷，豈可因一老臣臨死亂言而破壞也哉？

臣之肝膈，粗陳於前；臣所深憂，不止於此。昔者先大夫趙光祖，輔佐中廟，將興大平，使善善同其清，惡惡同其污，好惡明白，是非截然。而勳舊之臣，深懷憤嫉，於是南衮、沈貞等，設機伺隙，潛啓北門，閃弄毒舌，魚肉士林，志士悲慟，于今未已。而今之議者，反以辨别是非爲光祖之過，而歸之於已甚之地，流俗之惑，有如是夫！所貴乎君子者，以其扶陽抑陰，黜邪陟正，以清朝廷，以壯國脈故也。是故舜舉皐陶，不仁者遠；湯舉伊尹，不仁者遠。今若陰陽不分，黜陟不明，親媚豺狼，保養蛇蝎，而自謂得中，則是亦小人而已，何足謂之君子乎？嗚呼！穀在田而雀耗之，米在倉而鼠竊之，君子在朝而小人害之，必然之勢也。今者不深罪小人之害正，而反以君子之不容爲過，則是見雀鼠之耗竊穀米，遂欲荒其田而廢其倉也，此豈近於情理乎？

今之人物眇然，雖不若己卯之濟濟，而士氣稍興，公論稍行，則舊臣之不悦古道者，豈無反唇非笑、未滿其意者乎？幸賴大臣善於調護，彌縫兩間，使不至撕捱耳。大抵己卯以後，姦臣代執權柄，頤指氣使，百僚風靡，犯之者家破，觸之者身碎，唯唯諾諾者得保首領。故當其時也，爵高者行卑，官要者才下。今日之舊臣，皆出於斲方爲圓，餔糟啜醨之餘，若求其剛直不屈、伏節死義之士，則豈舊臣之所能當哉？公論之不許者，良以此也。雖然，捨生取義，君子所難，不可以是責之人人，則安可概以舊臣歸之於無用之地哉？夫以舊臣爲老成而授之權柄固不可，以舊臣爲無能而一切不用亦不可，要在各稱其職、各得其所耳。今者朝臣之中，大姦大慝如南衮、沈貞者，雖不可謂必有此人，而亦不可謂必無此人也。浚慶之説一出，而流俗之輩多有是之者。不幸而衮、貞之姦潛伏周行，復啓讒喙，舊臣之素懷非笑者隨聲應響，牢不可破，而殿下又不免爲先入之説所移，則己卯之禍復作於今日矣。士林何辜，宗社何依？言之至此，不勝痛哭。

伏惟殿下明目達聰，芻蕘必詢，狂夫之言，亦有所擇。臣雖至愚，所言則社稷之計也，伏望殿下平心易氣，舒究深思，然後廣召廷臣，下臣此疏，使辨是非。臣言果非，則命治臣以欺罔之罪，以爲越職言事者之戒。臣言果是，則命攻破浚慶之説，曉告中外，以解臣鄰之惑，而慰安其心，以振士氣，以扶公論，而勉諭舊臣，使之各安其分，各盡其才，以靖朝廷，以召和氣，宗社幸甚，士林幸甚！

臣言既竭，而更有微誠可盡吐露者，伏願少寬不測之威，而傾意採納焉。臣在京城，伏見朝報，則玉候愆和，藥不見效，求見明醫。臣誠憂悶，達朝不寐。人之禀氣，鮮得俱全，清者少完，濁者多實。臣伏覩天容，禀五行精英之氣，明粹異常，竊恐血氣之完實或有所未至也。春秋鼎盛，百神扶相，而微恙彌留，鐘音未亮。在色之戒，保養之術，伏願殿下深留睿念焉。臣言如妄，則罪當萬死，而宗社臣民之福，可勝言哉；如或不妄，則朝野之憂，寧有紀極？千金之子，尚知自愛，坐不垂堂，況宗社百神之主宰，四方萬民之父母，而自愛之道有所未盡乎？

小臣與俗矛盾，蹤迹孤危，痼疾沈綿，學問茅塞，心灰仕宦，望絕當時。而葵藿一念，耿耿猶新，不量疏遠，敢罄丹衷。如使一得之言有所補益於聖朝，則臣雖枯死寂寞之濱，亦可謂少酬聖恩之萬一矣。臣誠激于中，言不知裁，無任戰慄屏營之至。

校勘記

〔一〕三公秉鈞於上　「鈞」，原作「匀」，據文意改。

栗谷先生全書卷五

疏劄三

辭直提學疏癸酉

伏以蟣蝨微臣，跧伏田里，疾病支離，累拒朝旨，席稾私室，恭俟譴責。聖量天涵，含垢棄瑕，非常之命，復降草野。撫己惶恐，精爽飛越，力疾還京，謹謝恩命。竊念愚衷，未獲盡達，更叫閶闔焉。

臣之前此拜官輒辭者，非但宿疾未瘳而已也，抑念小臣資禀劣弱，學問空疏，才不稱官，行不稱爵，昧先聖「陳力」之戒，招風人「彼其」之刺，故求補外郡，庶竭駑鈍。疾病作祟，民冤日積。自度此生無以報國，決意歸守先人墳壠，咬得菜根，以送殘年。愛君憂國，雖切於心，望絶有爲，難以效命。嗚呼！致君澤民，天理之所宜；厚禄膴仕，人情之所欲。臣雖無狀，亦不至於病風喪心，豈樂乎違天理拂人情，以自枯死寂寞之濱哉？誠以才非適用，身抱羸疾，强顔登仕，專事餔啜，則上誤國恩，下失所守，將無以自立於天壤之間，此所以甘心忍饑而不敢冒進者也。

伏惟聖明，爲民父母，一民之不得其所者，莫非殿下所矜恤也。今臣欲承命就職，則瘝官害義，如前所陳；欲退閒自守，則召命絡繹，不遑寧處。進退維谷，無地措躬，臣可謂不得其所矣。伏望殿下諒臣有自知之明，察臣非矯飾之辭，特許休官，獲安愚分，則非徒狗馬之疾將息於丘壑，抑亦廉恥之風裨補於聖化，公私幸甚。

再疏

伏以士之不仕，固非一端，泛言其概，其品有四：懷道抱德，不求聞達，藏非潔身，忘世行可，致君澤民者，謂之遺賢。清介自守，輕視軒冕，不屑天下之務，獨潔其身者，謂之隱遁。自度才不足而安於家食，自度學不足而習於求靜，量己揣分，不敢冒進者，謂之恬退。若其矯情飾行，釣採虛譽，陽辭徵辟，陰覬非望，貌澹而中熱，色厲而內荏者，謂之盜名。昔者先王若遇遺賢，則卑辭厚幣，致敬盡禮，必與之共天位，食天禄，使之得行其道，兼善天下焉。其於隱遁之士，亦加以禮度，不能相屈，則褒揚其節，任其優游，使之興起廉頑立懦之風焉。其於恬退之士，熟觀其才否，度不可强其所不能，則許其退休，使不失其所守焉。若盜名之士，則盛世之所不齒也，得免魑魅之禦幸矣，安可使之欺明而病民乎？此古先哲王待士之法，而後王之所當取則也。

今臣雖曰夙慕斯道，恥爲凡人，立志不固，悠悠泛泛，學問之功，進寸退尺，年迫不惑，卒無所成，才調素劣，無一長可紀。其不能企及乎遺賢者，三尺童子所可明知，天鑒昭昭，豈不灼見乎？臣生於世家之裔，受國厚恩，糜粉難酬，身退畎畝，而情懸冕旒，雖欲果於忘世，心有所不忍也，臣之不敢爲隱遁亦明矣。聖明當宁，如日中天，公論不泯，衆目難掩。臣雖欲從事於盜名，亦不可得也。只於恬退一節，臣雖未能，竊有所慕效焉。學淺才疏，既無經世之具，容身保位，又無止足之志，則鄙夫之流也，夫何所取乎？臣伏承聖批，以爲可合論思之職，臣誠惶惑，未喻聖旨。未知臣學可以致用乎？才可以救時乎？章句之勤，不達乎義理；雕蟲之技，只適於科業。如是而可合論思之職，則安往而不得其人乎？且臣猥蒙異常之恩者，近侍之臣有以啓之也。孟子曰：「左右皆曰賢，未可也。」近侍之言何可必信，而殿下輕施恩命，以駭四方之觀聽乎？抑念小臣得容於時論者，非以爲有才可用也，不過見臣之退縮，疑其爲可取耳。今臣聞命奔走，不度義理，則是並與其所可取而失之矣，將安用之乎？越人之辭章甫，未足爲廉；黄門之遠女色，未足爲貞。豈可不揆情理，徒以不仕爲高乎？孔子曰：「邦有道，穀，恥也。」朱子釋之曰：「邦有道，不能有爲，但知食祿，可恥也。」今臣就職，亦何能有爲乎？不過食祿而已。臣雖無狀，稍解讀書，豈不知可恥之甚乎？

昔者賀知章之退也，唐玄宗至於贈詩而不固挽；俞好仁之辭也，我成廟至於悲歌而不强留。斯二人者，以文藝之才，值昇平之世，決意休官，若將浼焉，而上無失賢之責，下無亂倫之譏者，誠以量能度分，知止知足，此其素志，君不得而奪也。况臣愚陋，非二人之比，其進其退，若九牛增減一毛，有何損益於清時乎？在廷則招尸素之譏，在野則守恬退之節，於臣固切，於國何與哉？伏望殿下特垂离明，俯察卑悰，遵先王待士之法，使無一物不得其宜，不勝幸甚。

三疏

伏以滓穢愚臣，累瀆天聰，恭承聖恩，不賜揮斥，感激固切，惶愧尤深。若使小臣得忝末官，人器相稱，則黽勉供職，猶或可也。今則不然。講官任陳善閉邪之責，玉堂非姑且休息之地，如臣不才，勢難冒處，一日在官，則貽一日之羞。臣退伏私室，寢食不安，反覆思之，決不可緘默以誤國恩，敢冒斧鉞之誅，畢其餘說焉。

竊觀今日，政遵舊規，人取練熟，廟堂無建白之議，臣鄰避喜事之謗。正心誠意，爲已陳之芻狗；王道仁政，爲豎儒之空言。章奏爲該司之故紙，簿牒爲胥吏之世業。侍從以休告廢事爲高致，士類以模稜容默爲得中。庶官數易，百務不舉。事私者爲智，事公者爲愚，徇俗者爲賢，特立者爲不肖。假使豪傑之士含章蘊奇者厠乎朝列，將必矛盾掣肘，不能施一策；況臣才疏病痼，言闊行孤，以殘根弱植，孑孑於羣非衆笑中，罪戾之不暇免，況可望少補於衮職乎？殿下如欲得人爲政，匡濟一時，則必須奮發乾剛之志，深追三五之迹，上下相誓，痛洗舊習，旁招俊乂，列于庶位，因循之弊，一切革罷，然後國家之勢庶幾可回也。如臣者，雖千百爲羣，朝夕入侍，何益於時事之日非乎？小臣之得蒙寵擢，此俊乂之士所以不至也。

且臣自承命入城以來，心熱上攻，惛眩頻作，表裏俱虛，肥瘦無常，飲食不下，胸膈煩悶，精神茫茫，如在夢中。調攝就仕，勢所不能，坐妨賢路，有靦面目。伏望殿下深加矜恤，曲循情願，使將骸骨，早歸桑梓，則殿下天地父母之恩，隕首結草，無以仰報。

復拜直提學辭疏

伏以犬馬孤臣，濫荷天恩，召命之下，至再愈勤，撫己揣分，惶駭罔措。人君之不好士尚矣，以崇高自尊，以富貴自重，聞命奔走者悦其從順，直己守道者疑其矯激，叔季以來，滔滔皆是。今我殿下以睿聖之資，撫盈成之運，乃垂恩命於愚陋微臣若是，其惓惓誠近代之所罕聞也。豈殿下之明，不燭小臣之無狀而然哉？不過欲昭示好士之誠，以來四方之俊乂耳。昔者越王拜螳螂，而喪元之士四集；涓人買死馬，而千里之駒三至。今以臣之無狀，尚受異常之命，則四方賢士將不日而至矣。臣雖不佞，尚秉良心，願忠之志，不後恒人，豈不知分義之至重、寵渥之至深乎？以臣之身，苟可以尊君父，庇生民，則雖糜肉粉骨，亦所不辭，疾病輕重，何暇顧恤哉！第念殿下之所以召臣者，非爲哀憫其窮而衣食之也；臣之所以應命者，亦不可貪叨其爵而利達之也。必也有學可施，有策可用，然後名副其實，而不獲罪於清議矣。今臣滅裂之學，無補於衮職；疏謬之策，不適於時用。屑屑往來，形迹徒煩，負乘致寇，理所必至，無益於國，只失其身。與其冒進而負恩，曷若安分而自守乎？伏望殿下日新聖學，追踵先王，俊乂之來，取其實才，務行其諫，務聽其言。而如臣一介鯫生，置之度外，使守先人墳壟，永爲大平之農民，不勝區區之望。

玉堂陳戒劄

伏以殿下以聰明睿智足以有爲之資，値亂極思治可以有爲之日，士佇大道之行，民望至治之澤，七年于兹，而天心未豫，變異荐臻，水旱不調，稼穡卒痒，星妖不滅，雷作不時。

狃於遇災，人不驚懼，上穹仁愛，豈無所警？

今以人事推之。紀綱者，有國之元氣，而紀綱埽地；百姓者，有邦之根本，而百姓失所。紀綱埽地，故百僚怠官，先私後公。朝遷暮除，專事餔啜，職分所爲，置之度外。是非混淆，無所取正，大小涣散，無所統攝。美令雖下，徒法不行，政事日紊，無端緒可理焉。百姓失所，故飢寒切身，不顧禮義。急於逃役，則父子不相保，族鄰之苦，毒遍區宇；放於爲惡，則法令不能制，綱常之變，接踵而起。弱者填於溝壑，强者起爲盜賊，以致邑里蕭條，居圉卒荒，兵擁虚簿，糧無宿儲。昇平百年之餘，不幸而有潢池赤子弄兵於境内，島夷山戎梗化於徼外，則外無干城禦侮之託，内乏伏節死義之風，土崩瓦解之勢昭然在目。殿下守祖宗艱大之業，觀時勢危難之漸，寧無惕然警省、思自振發之志乎？

昔者唐文宗曰："朕讀書，恥爲凡主。"諸葛亮戒後主曰："不宜妄自菲薄，引喻失義，以塞忠諫之路也。"夫政同凡主，文宗尚以爲恥；妄自菲薄，後主尚以爲戒。今殿下英資睿質，卓冠百王，欲爲堯舜，可踵唐虞，欲爲湯武，可繼商周，奮庸熙載，宜無所不能。而奈之何退託不敏，以杜責難之路；膠守近規，以沮復古之議。罕接儒臣，禮嚴言簡，而無講論治道之益；牢拒公論，發露英氣，而無虚受弗咈之量。名爲遵守成憲，而北司之日盛，實非祖宗之舊規；號爲安民補邊，而豐儲之换米，實爲内需之私用。命德之器，濫加微勞，而賞無以勸善；普霑之恩，偏施同氣，而惠無以感人。當今殿下之責，在於振紀綱，安百姓。紀綱之振，由乎立志；百姓之安，係於革弊。前論數事，皆非所以立志革弊之具也。殿下才非不高也，學非不博也，權綱非不摠攬也，是非非不洞照也；殿下之不治，不爲也，非不能也。嗚呼！弭天災，致人和，挽回世道之機，在於殿下之一心。殿下誠能一朝覺悟，奮發大志，快從公論，明示好惡，規責大臣，勉興事功，赫然日新，雲行雨施，則仁者欲行其道，智者欲盡其謀，才者思效其能，勇者思致其力，在官者淬厲自勖，在野者拔茅彙征，將見衆賢輻湊，羣策畢陳，紀綱不期振而自振，百姓不期安而自安，太平之治不日可覩矣。殿下誰禁而莫之爲耶？

嗚呼！難遇者時，易失者機。今殿下命行鄉約，而國人皆以爲殿下將興至治，延頸拭目，以觀殿下之施設，此實可爲之時，可乘之機也。今若因循舊習，無所改革，則斯民失望，鄉約旋廢，而大學所謂「雖有善者，亦無如之何」者，不幸而近之矣。詩曰：「譬彼舟流，不知所届。心之憂矣，不遑假寐。」臣等之憂，實同於此，伏願殿下留意焉。

玉堂論遞兩司劄

伏以設官分職，各有所司，擇人久任，庶績乃成。舜命九官，終身一職；漢任良吏，以官爲姓。至如我世宗大王，東方聖主也，知人善任，立賢無方。才大位卑，則不次擢用；人器相稱，則十年不遷。治成制定，垂裕後昆，此實今日所當法者也。

頃年以來，紀綱不立，人心解弛，大小之官，一切避事。休告遞職，項背相接，朝遷暮易，百務皆廢。至於臺諫爲國家耳目，主張公論，尤不可數易，而紛紛辭遞，甚於庶官。耳目靡定，公論焉寄？小過微失，輒不能在官，責望之重，宜若盡善盡美，而繼其後者未必勝於前，失於前者未必復於後，愈遞而愈不定，徒爲政事之頻煩而已。若不痛革此弊，以新一代之規矩，以遵先王之成憲，則頹綱無由可振，治道無由可成。

近日臺諫之不當遞而遞者，固不可枚舉，而金宇宏之見遞，尤爲無謂。啓辭之必待完議，已非古法，不必拘於常例。憲府之請罷次知内官，此實公論。其所以停啓者，度不能回天聽，故抱悶而止耳，非以謂不可啓而遽停也。停啓之論雖發於僚議，詣閤更啓，庸何傷乎？雖曰過誤，不至於必遞憲府。以此請遞，似若不當啓而啓者。不思革弊，而益長舊習，大非識時務者所爲也。若此不已，如以膏濯衣，因循積久之弊無時可祛。憲府既有此失，而諫院喑無一言，懵不致察亦甚矣。

兩司除新授及在外者外，請並命遞差。自今以後，微小避嫌及不相容等事，一切勿論，以革紛更廢事之習。殿下亦宜思自奮勵，日新又新，擇賢專任，頓綱振紀，挽回世道，不勝幸甚。

萬言封事甲戌

王若曰：天者，理氣而已。理無顯微之間，氣有流通之道。人事有得失，災祥各以類應。是故國家將興，必有禎祥以曉之；國家將亡，必有妖孽以告之。政失於下，譴見於上。蓋福善禍淫，天道之常，而莫非所以仁愛人君，輯寧邦家。上帝眷顧，意亦至哉！其有以受天明命而爲人君上者，奈何不敬勤惕勵，以答皇天仁愛之心乎？予以寡昧，轡于大道，潛於代邸，若將終身。不幸猥承先王之託，迫於臣民之推，固知富貴之憂不若貧賤之安，末世之難治有如超海之不易，雖欲辭之，其可得乎？以不敏之資，守艱大之基業，負荷既重，設施皆乖。玆予未知獲戾于上下，慄慄危懼，臨深履薄，憂勤七載，不敢逸豫，寸效未著，衆怪沓臻。妖星經歲而不滅，太白當晝而肆曜，雷發非時，地震不一。由其德之不懋，寧無心兮忸怩。方深若隕之志，冀免顛隮之厄，天怒益譴，變出尤酷。乃於前月京城，白虹貫日，妖氣逼陽。日者，衆陽之宗，人君之表，乃爲邪氣所侵犯。驚痛于心，若無所容。安有人事不失而天譴至者？昔日太戊修德，祥桑自滅；景公善言，熒惑退舍。廣延人之讜論，庶轉災而爲祥。意者，君心，出治之源，而心有所未正歟？講學，致知之務，而學有所不進歟？朝廷，四方之則，有虛僞喜事之風歟？民生，邦國之本，有困窮抏捏之慘歟？賢邪雜進，而或有所未知歟？政擅有地，而或有所凌上歟？言路未開，而聰明猶有所壅蔽歟？巖穴有隱，而俊乂猶有所未登歟？百工尸而庶事墮歟？犴獄滯而民怨多歟？奢僭尚熾，何以變之？人心日惡，何以化之？盜賊遍起，何以弭之？軍政不嚴，何以修之？凡此數者，皆是召災，不識何以則民致富庶，政教兼舉，復祖宗之隆治，追唐虞之盛際，垂功竹帛，爲後矜式。噫！仰觀天象，俯察人事，其不能爲令主，而終未免危亂之歸，昭昭焉矣。乃者求言之旨屢下，疏章之上未聞，豈不以言辭有假，求誠不集，有所趦趄畏疑而然耶？故下手教，冀聞如渴。咨爾大小臣僚，上自廊廟，下至草野，其竭心膂，極言無隱，言雖不中，亦不加罪。咨爾政府，體予至懷，布告中外，咸使聞知。

臣伏以政貴知時，事要務實。爲政而不知時宜，當事而不務實功，雖聖賢相遇，治效不成矣。恭惟殿下聰明英毅，好士愛民，内無音樂酒色之娱，外絶馳騁弋獵之好，古之人君所以蠹心害德者，皆非殿下之所屑也。倚仗老成，擢用人望，旁招俊乂，仕路漸清，優容直言，公議盛行，朝野顒顒，佇見至治，宜乎紀綱振肅，民生樂業。而以言其紀綱，則徇私蔑公猶昔也，號令不行猶昔也，百僚怠官猶昔也。以言其民生，則家無恒産依舊也，流轉失所依舊也，放辟爲惡依舊也。臣嘗慨歎，竊欲深究其故，一達冕旒，而未得其會。昨者伏覩殿下因天災諭大臣之教，則殿下亦大疑而深歎，願聞振救之策，此誠志士盡言之秋也。惜乎大臣過於惶惑，辭不盡意也。

夫災異之作，天意深遠，固難窺測，亦不過仁愛人君而已。歷觀古昔明王誼辟，可以有爲而政或不修，則天必示譴以警動之。至於暴棄之君，與天相忘，則反無災異。是故無災之災，天下之至災也。今以殿下之明聖，居可爲之位，值可爲之時，而紀綱如是，民生如是，則皇天之付畀者，未塞其責矣。設使今者景星日現，慶雲日興，殿下之危懼，尤無所自容矣。衆災疊現，日無虛度者，乃皇天仁愛之至也，殿下之兢惕修省，其可少緩乎？雖然，不知時宜，不務實功，則危懼雖切，治效終邈，民生豈可保，天怒豈可弭乎？臣今罄竭一得，先陳沈痼之弊，後及振救之策。伏願殿下虛心易氣，勿厭其煩文，勿怒其觸忤，以垂睿察焉。

夫所謂時宜者，隨時變通，設法救民之謂也。程子論易曰：「知時識勢，學易之大方也。」又曰：「隨時變易，乃常道也。」蓋法因時制，時變則法不同。夫以舜繼堯，宜無所不同，而分九州爲十二。以禹繼舜，宜無所不同，而革十二爲九州。此豈聖人好爲變易哉？不過因時而已。是故程子曰：「堯、舜、禹之相繼，其文章氣象，亦自少異也。」降自夏商，其間小變，不可枚舉。以言其大者，則夏人尚忠；忠弊，故救之以質；質弊，故救之以文。文弊不救，然後天下壞亂，入于强秦。秦以暴虐，焚詩書而亡。漢興，鑒其弊，尚寬德，崇經術；及其弊也，崇虚文，無實節，權移外戚，諛佞成風。世祖之興，褒崇節義，於是士務名節；而其弊也，不知節之以禮，視死如歸。苦節不中，人皆厭之，而時無賢主出而救之。故苦節變爲魏晉之曠蕩，尚浮虚，亡禮法。禮法既亡，與夷狄無異，故五胡亂華，中原糜爛。亂極當治，故有貞觀之治，而救弊未盡其道，猶有夷狄之風。三綱不正，君不君，臣不臣，藩鎮不賓，權臣跋扈，陵夷有五代之亂。宋興，懲藩鎮之患，釋去兵權，收攬威柄。而真宗以後，狃於昇平，紀綱漸弛，武略不競。仁宗雖極富庶，而頹靡之象已著，當時大賢，皆思變通之策。直至神宗，值可變之會，奮有爲之志，而所信任者王安石也，後仁義而先功利，違天人而促亂亡，反不如不變之爲愈也。馴致大禍，變夏爲夷，他尚何説哉？

上下數千年間，歷代治亂之迹，大概如此。隨時善救者，只見於三代而已。三代以後，救者固鮮，而亦未盡道焉。大抵隨時可變者，法制也；亘古今而不可變者，王道也，仁政也，三綱也，五常也。後世道術不明，不可變者有時而遷改，可變者有時而膠守，此所以治日常少，亂日常多者也。且以我東言之，箕子八條，文獻無徵，鼎峙擾攘，政教蔑聞，前朝五百，風雨晦冥。至于我朝，太祖啓運，世宗守成，始用經濟六典。至于成廟，刊行大典。厥後隨時立法，名以續録。夫以聖承聖，宜無所不同，而或用經濟六典，或用大典，添之以續録者，不過因時而已。當其時也，建白創制，人不爲怪，而法行不滯，民得蘇息。燕山荒亂，用度侈繁，變祖宗貢法，日以損下益上爲事。中廟反正，政當惟舊，而初年當國者，只是功臣之無識者而已。厥後己卯諸賢，稍欲有爲，而讒鋒所觸，血肉糜粉。繼以乙巳之禍，慘於己卯，自是士林狼顧脅息，以苟活爲幸，不敢以國事爲言，而惟是權姦之輩放心肆意。利於己者，以爲舊法而遵守；妨於私者，以爲新法而革罷。要其所歸，不過剥民自肥而已。至於國勢之日蹙，邦本之日斲，孰有一毫動念者哉？

幸值聖明存心學問，垂念民生，可以因時設法，匡濟一世。而自上虞邯鄲之步，少更張之慮。而爲臣者，論人則恐有安石之患，自愛則恐有己卯之敗，莫敢以更張爲説。試言今日之政，則貢案守燕山虐民之法，銓選遵權姦請託之規。先文藝，後德行，而行尊者終屈於小官；重門閥，薄賢材，而族寒者不展其器能。承旨不入稟于御内，近臣疏而宦官親；侍從不參預於廷議，儒臣輕而俗論重。不久一官，以歷揚清顯爲榮；不分職事，以專委曹司爲務。弊習謬規，難以縷陳，而不始于己卯，必成于乙巳。而今之議者，擬以祖宗之法，不敢開更張之論，此所謂不知時宜者也。大抵雖聖王立法，若無賢孫有以變通，則終必有弊。故周公，大聖也，治魯而不能振後日寖微之勢；太公，大賢也，治齊而不能遏後日篡弑之萌。若使齊魯賢孫，善遵遺意，不拘於法，則寧有衰亂之禍哉？我國祖宗立法之初，固極周詳，而年垂二百，時變事易，不無弊端，猶可變通，況後日謬規，汲汲改革，當如救焚拯溺者乎？傳曰：「窮則變，變則通。」伏願殿下留念，思所以變通焉。

所謂實功者，作事有誠，不務空言之謂也。子思子曰：「不誠無物。」孟子曰：「至誠未有不動者也。」苟有實功，豈無實效哉？今之治效靡臻，由無實功，而所可憂者有七。上下無交孚之實，一可憂也。臣鄰無任事之實，二可憂也。經筵無成就之實，三可憂也。招賢無收用之實，四可憂也。遇災無應天之實，五可憂也。羣策無救民之實，六可憂也。人心無向善之實，七可憂也。

上下無交孚之實者，何謂也？君臣交際，猶天地之相遇也，在易姤之彖曰：「天地相遇，品物咸章也。」程子之傳曰：「天地不相遇，則萬物不生；君臣不相遇，則政治不興；聖賢不相遇，則道德不亨；事物不相遇，則功用不成。」是故明良相遇，肝膽相通，密如父子，合如符契，骨肉之親不能閒，鑠金之口無所容，然後言行策用，庶績以成。三代聖王，皆由是道，未有君臣不相深信，而能成治效者也。竊伏惟念殿下明睿有餘，而執德不弘；好善非淺，而多疑未祛。是故羣臣務建白者疑其過越，尚氣節者疑其矯激，得衆譽則疑其有黨，斥罪過則疑其傾陷。加以發號之際，辭氣抑揚，好惡靡定。至於頃日之教有曰：「大言競進，喜行前無之事，宜乎風淳政舉。」斯教一出，羣惑彌增。古人有言曰：「言善非難，行善爲難。」邵雍曰：「治世尚德，亂世尚言。」古今天下，安有大言競進，而能使風淳政舉者乎？

且殿下以大言爲是耶，爲非耶？如其是也，則其所謂大言者，不過引君當道，期臻至治而已。殿下當採用之不暇，不當以競進爲譏諷也。有言而不用，則雖美而無益。故子思爲臣，而魯繆之削弱滋甚；孟子爲卿，而齊宣之王業不興。況今進言者既非思、孟，而採用之實蔑聞者乎？何怪乎時事之不治哉！如其非也，則此乃造言生事之流也。殿下當抑浮躁，務敦實，以安朝廷，以鎮人心，不當以大言爲美事也。嗚呼！以讜論尤其競進，則士氣沮而邪徑開；以浮躁美其大言，則虚僞長而實德喪。殿下必居一於此矣。抑未知殿下實無深意而言辭偶失者乎？

殿下於羣臣，深信有所不足，故羣臣亦不知聖意之所在。每於聖教之下，一言異常，則莫不駭目怵心，常若臨不測之淵。昨者大臣之承召也，只是一味惶恐而已，無一策可以回天心救世道者。若使大臣全無識見則已矣，如有所見，則豈非預憂殿下之不傾四聰也哉？至於出一郎官，補一殘邑，聖心憂民，未必有他，亦非異事。而朝士之有善名者，咸懷不自安之心，豈非殿下之誠未能素孚而然乎？古之聖王，處心行事，如青天白日，萬物咸覩，至於蚩蚩下民，亦莫不洞知上意，故殺之而不怨，利之而不庸。今者近密之臣尚未曉聖心，況他人乎？昔者中廟之於趙光祖也，可謂聖賢相遇矣，而陰邪忽入左腹，如明鏡蔽于塵垢，晝而唯諾於一榻之前，夜而墜落於千仞之壑。今之士林，傷弓甫已，餘惴尚存。小臣嘗以淺見爲説曰：「中廟固是聖主，而過於虛受。君子之言雖易進，小人之譏亦易入矣。」今上則不然。察言必詳，傾聽不苟，君子雖悶悶難契，小人亦不敢罔以非道矣。聖明之代，必無士林之禍，但恐民窮國蹙，變通無策，終有土崩之勢耳。今之士類能信臣言者有幾人乎？君臣交際，誠信未孚，而能保治平者，自古及今未之聞也。此其可憂者一也。

臣鄰無任事之實者，何謂也？設官分職，各有所司，三公統摠機宜，六卿分理庶務，侍從有論思之責，臺諫受耳目之寄。下至庶司小官，莫不各有其任。監司宣化于外，節帥領督于邊，守令分憂，鎮將監戍，亦莫不各有其職。今者三公固是人望所屬，而亦不敢建白施設，徒能恭慎畏忌而已，殊無經濟邦國、挽回世道之望，他又何責焉？大官悠悠於上，惟瞻前顧後是務；小官泛泛於下，惟相時射利爲事。紀綱專委之臺諫，而不過摘抉一二姦細以塞責；銓選專出於請囑，而不過安排一二名士以託公。以至庶司之官，漫不知所掌何事，惟知積日累朔以求遷。大小之官，豈無一二奉公忘私者哉？只是形單勢弱，不能有所裨益。監司巡遊自娱，以廚傳豐約、文書工拙爲殿最，能明黜陟者有幾人乎？節帥嚴刑以自威，剥割以自奉，撫綏精鍊，兩失其策，能不辱閫外之寄者有幾人乎？守令只知斂民以自利，行媚以干譽，能以字牧爲心者，屈指甚鮮。鎮將先問軍卒之幾何，以計綿布之多少而已，能以防備爲虞者，絶無幸有。惟是胥吏之輩，投間抵隙，執其機要，生民膏血，殆盡於胥吏之手矣。至於籍兵，最是大事，而賄賂交于路，僞券亂其真。村民欲餽以牛，色吏必求綿布。以牛易布，牛價頓賤，京外皆然，衆口沸騰，況於他事乎？曹植嘗曰：「我國以胥吏而亡。」此言雖過，亦有理焉。此由羣臣不任事之過也。官各稱職，則安有以胥吏亡國者乎？今若以爲所任非人而欲易之，則一時人物不過如此，賢才難以猝辦；以爲刑法不嚴而欲重之，則法重而姦益滋，且嚴法非救弊之策也；以爲無可奈何而置之，則百弊日增，庶績日敗，民生日困，而亂亡必隨。此其可憂者二也。

經筵無成就之實者，何謂也？古者設三公之官：師，道之教訓；傅，傅之德義；保，保其身體。此法既廢，師、傅、保之責專在於經筵。故程子曰：「君德成就責經筵。」經筵之設，非爲臨文講讀，不失章句而已，將以解惑而明道也，將以納誨而進德也，將以論政而制治也。故祖宗於經筵官，待之有禮，親之有恩，如家人父子，情意洞徹焉。今之侍臣，學問多缺，誠懇多乏，或難於入侍，至有窺避者矣〔一〕。雖然，豈無懷誠抱蘊，願親聖明者哉？近者經筵不頻，接見固疏，而禮貌嚴肅，辭氣罔舒，酬答甚罕，講問不詳，政要時弊，未嘗咨詢。間有一二講官勸勉聖學，則亦泛然俯聽而已，殊無體驗踐履之實。罷筵之後，大内深邃，瞻仰徒勤，而殿下左右只有宦寺宫妾而已。未知殿下燕居之時，所覽者何書，所做者何事，所聞者何語耶？近臣尚不能知，況外臣乎？孟子，亞聖也，齊王之尊敬亦至矣，尚有「一曝十寒」之歎，況今侍臣，有愧古人，而疏外若是者乎？此其可憂者三也。

招賢無收用之實者，何謂也？古之帝王，至誠求賢，猶恐不及，或感於夢寐，或遇於漁釣者，非特賢其人，示其褒奬而已，將與之共天位，使之食天禄，俾施澤於蒼生，故詢之以輿議，察之以接言，試之以行事。果知其爲賢，則近其人而用其計，使行其道焉。夫是之謂王公之尊賢者也。今殿下愛士求賢，視古無愧，幽貞隱德，揚仄殆盡，盛美之典，近古所罕。第以論薦之際，泛言某人可用而已，行迹之詳，未嘗陳達。有司既失其宜矣，自上亦不曾親見其人，察其賢否，但依例爵之而已。夫修身篤行，非以有求也。山林之間，豈無不屑爵禄者哉？士之出處，固非一端，有不卑小官者，有韞櫝不售者。殿下之招賢，只命以爵禄而已，殊無接見察試、擢用行道之實。故今日以薦舉就職者，或有爲親而屈者，或有爲貧而仕者，或有只爲謝恩而來者，未嘗聞一人爲行道而出者也。求賢最是美事，而其歸不過虚文，則治道何由可成？此其可憂者四也。

遇災無應天之實者，何謂也？皇天之於人君，若父母之於子也。父母怒其子，發諸辭色，則子雖無過，必倍加齊慄，承顔順旨，必得父母之底豫，乃安於心。況有過者，尤當引咎哀謝，革心改行，起敬起孝，必得父母愉悦之色可也，不當但懷危懼，拱手閉户而已也。帝王之遭天變，亦如是焉。反躬自省，周察疵政，身無愆矣，政無闕矣，亦當益加修勉，欽若不已，未嘗以無過自恕也。况於身有愆而政有闕者乎？必也求言以廣知見，進賢以助不逮，省民以勤撫摩，革弊以興政治，必務所以補前過迴天怒可也，不當遑遑無策，若有過之子，拱手閉户，以俟父母之怒自息也。頃年以來，尋常有災，人皆狃習，不知可懼。只緣白虹貫日之變，極是陰慘，故睿念驚惕，倍加祗畏，無乃回亂做治之幾闖發於今日乎？因此機會，別無修治之舉者，何耶？夫避殿減膳者，畏災之文也，末也；進德修政者，畏災之實也，本也。文與末，固不可廢也；實與本，今何事耶？此其可憂者五也。

羣策無救民之實者，何謂也？法久弊生，害歸於民。設策矯弊，所以利民也。聖教有曰：「君依於國，國依於民。設百官，分庶職，只爲民生而已。民既擾蕩，則國將何賴焉？」臣伏讀再三，不覺感激流涕。大哉王言，一哉王心！此真安庶民回天怒之一大機也。三代以後，能知君臣之職只爲民生者，有幾君乎？但徒善非法不推，徒法非善不行。殿下愛民之心固是如此，而愛民之政猶有未舉。羣下之獻策者，只齊其末，不揣其本，故聽之若美，行之無實。今日進一計，請除無名之税，而列邑之科斂自若；明日建一議，請均田户之役，而豪右之逭賦猶舊。減選上，將以蘇復公賤，而偏受其苦者流離如昔；禁防納，將以不費民財，而誅求其賂者刁蹬愈甚。劾罷貪吏，則繼之者未必愈於前人，徒貽迎送之弊；請擇邊將，則望重者未必愈於新進，反無忌憚之念。其他良號之下，美令之頒，非一非再，而州縣只傳數行書札而已，村民不知其爲某事也。夫是之故，君子之進，議論之正，與夫民生邈不相關，但曰某人官高，榮顯可羨而已，未嘗聞某人被用，其澤及民云爾。善言之無效果如是，則雖使朱汲滿朝，讜論盈耳，何補於民窮財盡，而四境涣散者哉！惟是議論一失，則乃能害及生民，無所遲滯焉。嗚呼，怪哉！古今所未聞也。譬如萬間大厦，久不修理，大而樑棟，小而椽桷，莫不腐朽，支撑牽補，僅僅度日。欲修其東，則西掣而傾；欲改其南，則北橈而壞。衆工環視，無所措手，置而不修，則腐朽日甚，將至顛覆。今日之勢，何以異此？此其可憂者六也。

人心無向善之實者，何謂也？教化不明，民散久矣，秉彝雖存，晦蝕殆甚。聖明臨御之初，人心聳然，頗有向善之念。若於此時，聖德日進，治化日昇，則今日之人心豈止於此哉？第緣初年，大臣輔導失宜，誤殿下以淺近之規，納民生於卑污之域。間以本明之心，發爲公論，而清議尚弱，俗見猶痼。其聞善言、見善人也，或有爲人而歆羨者，或有外悦而中忌者，或有顯指而非笑者，中心好之者絶鮮矣，是故良實少而虛僞盛。在縲紲而被衆救者，未必無罪；爲守令而獲衆譽者，未必有績。館薦本求學行，而設酒饌而誘多士者或有之；里選本求端良，而棄行撿而昧廉耻者或與焉。若使秉銓之人又從而不擇焉，則清濁混淆，賢愚雜糅，弊將難救。乃若下民，飢寒切身，本心都喪，父子兄弟，尚如路人，他又何説？綱常不能維持，刑政不能撿制。由今之道，無變今之習，雖聖賢在上，施教無地。廣舉鄉約，雖是美事，臣愚竊恐以今之習，徑行鄉約，亦無成俗之效焉。此其可憂者七也。

凡此七憂，爲今世之沈痼，紀綱之頹，民生之困，職此之由。七憂未除，則雖聖心勞瘁于上，清議馳騁于下，亦無保國安民之效矣。自古以來，人君失德，自取敗亡者，理勢然也，無足恨者。今日聖明有何失德，而國勢如此其岌岌乎？臣雖多病才疏，自知無補，而區區血誠，不後恒人。入瞻重瞳，英姿洞徹，睿議明斷，而出顧四方，殿屎愁苦，蹙蹙靡騁，未嘗不深怪永嘆，焦心隕涕也。

嗚呼！病至膏肓，神醫尚可救；國至垂亡，明王尚可興。當今朝廷尚靖，權孽屏迹，四封尚完，外釁不作，及今猶可有爲也，稍緩則後時而無及矣。孟子曰：「國家閒暇，及是時修其政刑。」伏願殿下留念，思所以振起焉。今進修己安民之要，爲祈天永命之術。修己爲綱者，其目有四：一曰奮聖志，期回三代之盛；二曰勉聖學，克盡誠正之功；三曰去偏私，以恢至公之量；四曰親賢士，以資啓沃之益。安民爲綱者，其目有五：一曰開誠心，以得羣下之情；二曰改貢案，以除暴斂之害；三曰崇節儉，以革奢侈之風；四曰變選上，以救公賤之苦；五曰改軍政，以固内外之防。

所謂奮聖志，期回三代之盛者，昔者成覸謂齊景公曰：「彼丈夫也，我丈夫也，吾何畏彼哉!」彼謂聖賢也。夫以景公之資,奮勵自强,則可與聖賢同歸,故成覸云然。孟子於梁惠、齊宣,非王道不言,非仁政不勸。夫以梁惠、齊宣之質,苟能實行王道,實施仁政,則亦可與三王比肩,故孟子云然。此豈好爲大言,不度實效者哉!伏覩殿下資質甚美,仁足以保民,明足以辨姦,武足以斷制,而惟是作聖之志不立,求治之誠不篤,以先王爲不可企及,而退託自小,迄無振發之念,未知殿下何所見而然歟?夫所謂志大才疏以敗事績者,不務修己,妄舉難行之政,不度强弱,妄挑難禦之敵之謂也。若其修己有實功,安民有實心,則可以求賢而共治,可以革弊而救時,此豈志大敗事者乎?程子嘗曰:「爲國而至於祈天永命,養形而至於長生,學而至於聖人。此三事,分明人力可以勝造化,自是人不爲耳。」信乎斯言!自古未聞實用其功而不見實效者也。今世之人不强於爲善者,只是心志爲他物所移耳,政教風俗有以使之也。教化不明,人欲無窮,志乎富貴,志乎嗜欲,志乎避患。爲學則道與時乖,故志富貴者遠避焉;爲學則閑邪窒慾,故志嗜欲者退縮焉;爲學則毁謗必興,故志避患者求免焉。此豈非政教風俗有以使之乎?殿下則不然。富貴已極,而志道者,豈非所以長守富貴者乎?嗜欲必淡,而所欲豈不在於安社稷、壽國脈乎?禍患可虞,而防患豈不在於修一身、靖萬民乎?殿下何憚而志不立乎?古語曰:「有志者,事竟成。」伏願殿下濯去舊見,以來新意,奮發大志,期興至治。此志既立,然後勖勵大臣,使之糾率百官，改心易慮，勉稱其職，則孰敢因循舊習，以取不恪之罪哉！夫如是，則時事庶可救，世道庶可回，天變庶可弭矣。

所謂勉聖學，克盡誠正之功者，大志雖立，必以學問實之，然後言行一致，表裏相資，無負乎志矣。學問之術，布在謨訓，大要有三：曰窮理也，居敬也，力行也，如斯而已。窮理亦非一端。內而窮在身之理，視聽言動各有其則；外而窮在物之理，草木鳥獸各有攸宜。居家則孝親刑妻、篤恩正倫之理，在所當察；接人則賢愚邪正、醇疵巧拙之別，在所當辨；處事則是非得失、安危治亂之幾，在所當審。必讀書以明之，稽古以驗之。此是窮理之要也。居敬通乎動靜。靜時不起雜念，湛然虛寂，而惺惺不昧；動時臨事專一，不二不三，而無少過差。持身必整齊嚴肅，秉心必戒慎恐懼。此是居敬之要也。力行在於克己以治氣質之病。柔者矯之以至於強，懦者矯之以至於立。厲者濟之以和，急者濟之以寬。多欲則澄之，必至於清淨；多私則正之，必至於大公。乾乾自勖，日夕不懈。此是力行之要也。窮理乃格物、致知也，居敬、力行乃誠意、正心、修身也。三者俱修並進，則理明而觸處無礙，內直而義形於外，己克而復其性初。誠意、正心之功，蘊乎身而睟面盎背，刑于家而兄弟足法，達于國而化行俗美矣。朱子曰，文王正心、誠意之功，熏烝透徹，融液周遍，南國之人，服文王之化。此豈朱子想象揣摩而有是説哉？的知誠正之功，必能周遍於國故云爾。

伏願殿下勿以高遠爲難行，勿以微細爲可忽。常於燕居不輟學問，四書五經及先賢格言、心經、近思録等書，循環披讀，深究其義。非聖賢之志不敢存，非聖賢之書不敢觀。玉藻九容，仔細體認。念頭之發，審其天理人欲之幾。如人欲也，遏絶於未形；如天理也，善推而充廣。放心必求，己私必克，衣冠必正，瞻視必尊，喜怒必慎，辭令必順，以盡誠正之功焉。

所謂去偏私，以恢至公之量者，矯治病痛之説，略陳於前矣，惟是偏私一事，古今之通患，故表而言之。若偏私之念，一毫未除，則難入於堯舜之道矣。今殿下清明在躬，病痛固寡，而偏私一念，猶未克盡，恐不能與天地同其大也。至如頃日内官呈手本之事，臣在外休告，未得其詳，似聞以新生王子繫於中殿之下，政院使改書云。若然則名稱不可混也，改書數字，易於反掌，宦官何爲不從乎？後日伏覩傳教，則自上命勿改，而直下于政院云。臣愚不識事體，但政院既名喉舌，則大小之事，莫不經由，内殿外廷，豈有二體？若是特出於上命，則雖微細之事，是乃傳教，何名手本？既是内官手本，則不當不由政院而入也。平心察之，則其理自明。政院安知特出聖意而不尤内官乎？殿下不能平心，大厲聲色，是疏喉舌而親宦官，使長輕蔑朝臣之漸也。聖教曰：「時事多誤，君上不嚴之故也。」嗚呼！刑餘小豎，敢抗喉舌之臣；遐遠内奴，敢希非分之恩；貴戚乘馬，遇教書而不避；殿下之政，可謂不嚴矣。殿下其亦以此自咎耶？漢文帝時，太子過司馬門不下車，而公車令得以劾奏；鄧通以寵臣無禮，而丞相檄召將斬。若以常情論之，不敬太子，無乃輕君上耶？欲斬寵臣，無乃擅威權耶？然而文帝不失人君之威，而治平之效固非今日所可比擬也。今殿下莫親於近臣，而乃以宦官爲私臣；莫衆於庶民，而乃以内奴爲私民。此病未除，則時事無由可正，臣恐殿下愈嚴而時事愈誤也。漢武帝不冠，見汲黯而避帳中；唐太宗臂鷂，見魏徵而匿懷中。斯二君者，道雖不粹，而政令嚴明，信賞必罰，貴戚閹寺，莫敢犯法，亦今世之所不能及也。然而以君畏臣，有若不嚴，何耶？此非畏臣也，乃畏義也。徒嚴而不畏義，未有不敗者也。殿下其亦自反而思義乎？且近日憲府所爭之事，臣雖未知首尾，固疑憲府契勘不詳也。何則？殿下雖未免有私，必不至毋問曲直，而與匹夫爭一臧獲也。羣臣計未及此，可謂智不明矣。雖然，殿下既知其當屬内司，而猶許竝給，則尤足以欽仰聖度之弘廣矣。累日堅執，無乃臣民疑殿下私吝未消乎？人君不患不嚴而患不公。公則明，明則嚴在其中矣。伏願殿下行法始於貴近，推仁達於衆庶。宫府一體，而毋使宦官恃近而輕朝紳；兆民一視，而毋使内奴恃私而窺非望。内帑付之有司，不以爲私物。偏繫之念，絶於方寸，公平之量，包涵遍覆。夫如是，則府庫皆財，何患無用，率土皆臣，何患無奴哉！

所謂親賢士，以資啓沃之益者，人君之學，莫善於親近正士。所見皆正事，所聞皆正言，君雖欲不正，得乎？若正人不親，而惟宦官宫妾是近，則所見非正事，所聞非正言，君雖欲正，得乎？先賢之言曰：「天地生一世人，自足了一世事，非借才於異代。」今之賢者，固難其人。雖然，極一世之選，不論出身與否，不分在朝在野，則豈無一二可以補衮者乎？伏願殿下博詢精擇，必得其人。出身者，萃于玉堂，不移他職。未出身者，授之閒局，帶以經筵職名。陞堂上者，亦隨其職，必兼經筵之官。參於是選者，輪日入侍，使之展布所蘊，而自上虛己和顔，受其忠益。講學則必窮義理，論治則必求實效。雖非進講之日，源源召對于便座，只令史官俱入，質問所疑，宣示淵衷。至如承旨，則例以所掌公事，一日一度，各得親禀聖旨。如大臣及臺諫之言，則不拘時日，必入親達，以復祖宗之規。夫如是，則上下之契日密，而情意無間，性理之説日進，而聖學將就，交歡有同于魚水，邪穢罔干於天日矣。

凡此四者，修己之目也，大概如斯，其詳在殿下加意知行而已。

若夫所謂開誠心，以得羣下之情者，聖帝明王，待人處事，一以至誠。知其爲君子，則任之勿貳；知其爲小人，則斥之勿疑。疑則不任，任則不疑，坦懷率下，平平蕩蕩，爲臣者亦仰之如父母，信之如四時。進之則懼不克任，而益盡其忠；斥之則自知罪戾，而只責其身。故其得人心也，可以赴湯火，可以蹈白刃，可以植遺腹、朝委裘而不亂，只知有君上而不知有其身，無他，至誠所感也。後之人君，誠意不足，只以智力馭下。所任未必賢，取其合於己也；所黜未必不賢，惡其異於我也。雖合於己，而其中未可信，故任之而不能無疑，疑之而不能不任。大臣當國盡職，則衆情必歸重焉，安能不疑其專權而擅政乎？諫官面折廷爭，則朝野必屬目焉，安能不疑其賣直而沽名乎？君子小人，以類相從，安知其孰爲朋黨乎？善策邪論，雜然並進，安知其孰爲誤國乎？於是邪正難分，是非難辨，因循則悶其頹墮，改革則嫌其騷擾。君心波蕩，慌然不樂之際，必有大姦潛伺間隙，隨君心有所左右，而漸施其巧，浸潤以入之，逢迎以悦之，恐動以惑之。君心漸信，陷于術中，則良善必殲，而邦國必喪。此亦無他，不誠所致也。今殿下好善愛士，固出於誠，而只緣羣臣才德不足，少可倚信，故似無委任之意。至於發言之際，未免有不信之心、輕侮之辭。羣臣固所自取也，聖明亦不可不自反也。伏望殿下務以至誠待下，心是則言亦稱是，心非則言亦斥非，進之則必賞其賢，退之則必數其過。聖心如門洞開，使羣下咸得仰見，無少隔礙。夫如是，則羣臣亦無疑畏之念，務盡其情，君子有輸忠之願，小人絶售姦之謀矣。

所謂改貢案，以除暴斂之害者：祖宗朝用度甚約，取民甚廉。燕山中年，用度侈張，常貢不足以供其需，於是加定以充其欲。臣於曩日聞諸故老，未敢深信。前在政院，取户曹貢案觀之，則諸般貢物，皆是弘治辛酉所加定，而至今遵用。考其時，則乃燕山朝也。臣不覺掩卷太息曰：「有是哉！弘治辛酉於今爲七十四年，聖君非不臨御，賢士非不立朝，此法何爲而不革耶？」究厥所由，則七十年之間，皆有權姦當國。二三君子，雖或立朝，志不及展，奇禍必隨，何暇議及於此哉？其必有待於今日乎！且物產隨時或變，民物田結，隨時增減，而貢物分定，乃在國初，燕山朝只就而加定耳，亦非量宜變通之也。今則列邑所貢，多非所産，有如緣木求魚，乘船捕獸，未免轉貿他邑，或市于京，民費百倍，公用不裕。加以民户漸縮，田野漸荒，往年百人之所納，前年責辦于十人，前年十人之所納，今年責辦于一人，其勢必至於一人亦盡，然後乃已也。今者語及改正貢案，則議者必諉以祖宗之法不可輕改。雖祖宗之法，民窮至此，不可不變，況燕山之法乎？伏望殿下必擇有智慮可以曉事，有心計可以推算，有才能可以幹辦者，俾之專掌其事，以大臣領之，悉除燕山所加定，以復祖宗之舊。因考列邑之物産有無，田結多少，民户殘盛，推移量定，均平如一，必以本色，納于各司，則防納不禁自罷，民生如解倒懸矣。今日急務，無大於此矣。

所謂崇節儉，以革奢侈之風者，民窮財盡，今日已極，貢物不可不減。而若用度不法祖宗，則不能量入爲出，而方底圓蓋，理所不合。加以風俗之奢靡，莫甚於今日。食不爲充腹，盈案以相誇；衣不爲蔽體，華美以相競。一卓之費，可爲飢者數月之糧；一襲之費，可爲寒者十人之衣。十人耕田，不足以食一人，而耕者少，食者多；十人織布，不足以衣一人，而織者少，衣者多：奈之何民不飢且寒哉！古人曰：「奢侈之害，甚於天災。」豈不信哉？若非自上先務節儉，以救此患，則刑法雖嚴，號令雖勤，徒勞而無益。臣嘗記故老之言曰：「成廟寢疾，大臣入問，則卧内所覆荼褐紬衾，將弊而不改矣。」聞者至今欽想不已。伏願殿下命考祖宗朝供奉規例，宮中用度一依祖宗之舊，儉約之制垂範中外，以革民間之侈習，使人羞陳盛饌，羞被美服，以惜天財，以舒民力焉。

所謂變選上，以救公賤之苦者，選上本意，非欲辦出綿布也。在京典僕，不足於立役，故以在外公賤，輪立京役，名之曰選上。貧殘公賤，裹糧羈留，侵苦多端，有所不堪，始以綿布償役。今則只徵綿布而已，無一人來役者矣。民生日困，户口日耗，公賤亦民也，豈能獨完？輾轉流亡，不能生息，而一償選上之役，則其免敗家者鮮矣。二年納貢，一年選上，大率三年必一敗家，而公賤之苦極矣。加之以該曹色吏分定不均，雖奴婢衆多之邑，有賂則少定；雖僅存數口之邑，無賂則多定。力不能支，則侵及一族，齊民亦被其苦矣。既困之後，雖公明均定，亦不能救矣。若不變通，後患無窮。臣愚以爲，改身役而受綿布已非大典之法，則今亦可廢選上而加身貢也。伏望殿下命該官詳考奴婢之案，據其現存之數，每年奴貢納綿布二疋，婢貢納一疋半，都計幾何。以其五分之二，儲于司贍爲國用；以其五分之三，分給各司，以準選上之役。綿布不足，則量宜減立役之數。夫如是，則公賤有定貢，可以預備無猝辦之患，收貢有定，簿無所删改，絶姦吏之術，號令不煩而民受實惠矣。

所謂改軍政，以固内外之防者，天變難測，固不可指爲某事之應，然以古史驗之，白虹貫日，多是兵象。目今軍政廢壞，四徼無備，脱有緩急，雖以良、平運智，起、信統制，無兵可將，安能獨戰？念及於此，心寒膽慄。時弊既陳於前，而軍政則未之詳也。今請先陳其弊，後設其策，可乎？

我國法制，多所欠闕，只設兵使、水使、僉使、萬户、權管等官，而無廩養之具，使之取辦於士卒。邊將侵漁之弊，濫觴於此矣。法制漸弛，貪暴轉盛，加以銓選不公，債帥接武，公言曰「某鎮之將，其直若干；某堡之官，其價若干」。彼輩徒知割剥軍卒，以發其身而已，他又何慮哉？士卒苦於留防，願納綿布，以免戍役者，必悦而從之。其留鎮者，則必督以難堪之役，責以難辦之需，使煎熬於膏火之中。人非木石，孰不愛身？見免戍之人，偃卧其家，莫不歆羨，亦效其爲。若戍役多免，鎮堡將空，則必誘近處居民，使於擲姦之時假名代點，巡按之官只閲其數而已，孰問真贋？免戍雖便，綿布難備，故數度留防，家已懸罄，不能支保，逋亡相繼。明年按簿督戍，則本邑必以一族應役。一族又逃，則侵及一族之一族。禍患蔓延，無有紀極，將至於民無孑遺。而彼所謂債帥者，方且志滿氣得，稇載還家，驕其妻妾，而貧者以富；行賂權門，又圖陞授，而賤者以貴焉。今之議者，不思矯革此弊，而徒以軍額未充爲憂。臣愚以爲，假使軍額悉充，此弊未革，則不過添邊將所得綿布而已，於防備何與哉！此一弊也。水陸之軍，不必留防於所居之地，或赴於數日之程，或赴於千里之外。

至有不習水土，多發疾病者，既怵於將帥之侵虐，又困於士兵之陵暴，羈旅寒苦，飢飽失時。南軍之戍北邊者尤甚，羸瘁顛頓，面無人色。此等若遇虜騎，雖欲逃避，亦不可得，坐受魚肉，況可望控弦而禦敵乎？臣聞黄海騎兵之戍平安者，一行之費，必不下三四十疋綿布。夫三四十疋，乃郵民數家之産也。一往必破數家之産，安得不窮且逃也？此二弊也。六年成籍之法，廢而不行。癸丑年，搜括於久廢之餘，奉使之臣以嚴急幹辦爲能，州縣承風，猶恐不及，只念搜括之或遺，不計苟充之貽患。匄乞之人，無不備數；鷄犬之名，亦得載録。不出一二年，太半爲虚簿矣。于今二十餘年，又舉大事，軍額之闕甚於癸丑，閒丁之鮮亦甚於癸丑。搜括雖巧，豈能造無麪之不托哉？今之所刷出者，非童穉則乞人，非乞人則士族也，閑丁之實者有幾人乎？今雖籍軍，不日又成空簿矣。該曹非不聞見，而方且研研然以必充爲説，其不度理勢甚矣。此三弊也。内外良役，名目甚衆，不可枚數，而其中所謂皂隸、羅將、諸員者，最其苦役也。此亦以綿布償役而已。其所屬之司既以他人代立，而不時侵督邸吏，使償役債。邸吏出息以納，而歷算所費徵其三倍於當身。故一人每應三人之役，有所不支，例徵一族。此四弊也。

凡此四弊，及今不救，數年之後，雖有善者，亦無如之何矣。伏望殿下更張舊制，創立新規。凡兵水營及鎮堡所在處，必以其邑簿外之穀，量宜優給邊將之糧。其邑之穀不足，則收旁邑之穀，必使邊將有以自奉，所需無闕。而嚴明法制，尺布斗米，使不得斂於軍卒，只使精鍊器械，教習騎射。兵水使及巡按之行，不徒呼名點闕，必閱其器械，試其騎射，視其訓鍊能否，以爲殿最。若如前斂債放卒而發覺，則治以贓律。僉使、萬户、權管等官，不論南北遠近，皆付軍職，使妻子受禄以資生。初授之時，必擇其人，而既授之後，五考五上，則由權管而陞萬户，由萬户而陞僉使，由僉使而授東班六品之職。五考之内，若居中者，則平遷他鎮，不得陞授，使之自惜前程，有所勸勉。若其留防，則必領其邑之卒。其邑之卒不足，然後乃定于旁邑，而留防所在處。則諸色良役皆廢，只存留防之役，使無遠赴之勞，而分番迭休。其在鎮之時，亦無一毫費力傷財之事。其應鎮將之使令也，不過搬柴運水而已，他無所與，使得專意於操弓習射焉。若黄海騎兵北戍之役，則命罷勿爲。若虞邊備之疏，則命沿邊守令，教民習射。三月一試，矢數多者，厚其賞給，二度居魁者，復其家口之役。若五度居魁者，軍卒則特補軍官，擇其中有知識可堪領衆者，啓其名于該曹，使補權管，以試其可用與否。若公私賤，則啓其名，特許免賤，私賤則優給其價于本主。夫如是，則五度居魁者，其出甚罕，而邊氓盡化爲精兵矣。脱有邊警，則人各自救，孰不力戰乎？上番之軍，有司亦時試其武才，其中最優者，啓達論賞。五度居魁，則特補所居近處鎮堡軍官，使有鍊業之志。至如籍兵，務得實軍，不爲苟充。闔丁未滿十五歲者，但録其名字年歲于别簿，使之待年入籍。傭食匃乞人，則一切刊落。列邑軍簿，姑存舊額，但録幾名未充，而命守令休養生息，勞來不怠，而隨得隨補，不限年月，期以悉充。且於六年，例必改籍，俾無倉卒騷擾之患。若虞軍卒不足，不能應諸處之役，則上番之軍，量減其數；猶不足，則防歇之處，量減其數；猶不足，則南方冬月之留防，量減其數；猶不足，則步兵之納價布者，除其半以補留防之闕。留防既無侵暴之害，則步兵亦不至如避豺虎矣。若所謂皂隷、羅將、諸員等，則不必各有所屬，悉廢其名，皆變爲步兵，納價布于兵曹。兵曹量各司立役之數，以給價布，則邸吏免不時之侵督，民間無三倍之暴斂矣。軍政之善策，此其大略也。

凡此五者，安民之目也，大概如斯，其詳在殿下博咨規畫而已。

竊觀今之時事，日就謬誤，生民氣力，日就消盡，殆甚於權姦用事之時，其故何哉？權姦之時，祖宗遺澤尚有未盡，故朝政雖亂，民力尚支。今日則祖宗遺澤已盡，權姦遺毒方發，故清議雖行，民力已竭。譬如有人少壯之時縱酒荒色，戕害多端，而血氣方强，未見所傷；及其晚年，戕害之毒，乘衰暴發，雖謹愼調保，元氣已敗，不可支持。今日之事，實同於此，不出十年，禍亂必興。匹夫以十間之屋、百畝之田傳於子孫，子孫猶思善守，以無忝所生；况今殿下受祖宗百年社稷、千里封疆，而禍亂將至者乎！心誠求之，不中不遠，力雖不足，猶可自救，况今殿下摠攬權綱，明燭事理，力能救時者乎！

小臣受國厚恩，百死難報，苟利於國，鼎鑊斧鉞，臣亦不避。況今殿下廓開言路，容受不諱，手教之下，詞旨懇惻，臣若不言，實負殿下。衷情所激，極言竭論，而疾病之餘，神惛手戰，辭俚語複，字畫僅成，無足可觀。雖然，其意似遠而實近，其策似迂而實切，雖非三代之制，實是王政之本，行之有效，王政可復。伏望殿下詳觀熟閱，舒究深思。取捨既定于聖衷，然後廣咨廷臣，議其可否而進退之，幸甚！殿下用臣之策，付之能手，行之以誠篤，守之以堅確，毋爲流俗守常之見所移奪，毋爲醜正讒間之舌所摇惑，如是者三年，而國不振，民不寧，兵不精，則請治臣以欺罔之罪，以爲妖言者之戒。臣無任激切屏營之至。

陳海西民弊疏

伏以臣本腐儒，不適時用，屢進屢躓，甘分溝壑。濫荷聖眷，委畀一道，感戀天恩，不敢固辭。受命以來，食不甘味，寢不安席，思所以撫綏斯民，以效涓埃。惟是民瘼已深，一藥難醫，臣雖費精勞神，而智慮淺短，未獲良策。凡臣自擅之事，庶盡蠲除，而不救民勞百分之一。茲以概陳一道之弊，仰冀朝廷有所處分，伏望試垂睿覽焉。

道内民瘼，大者有二，一曰西塞遠戍之苦，二曰進上煩重之弊也。

所謂西塞遠戍者，本道軍卒，國初只留防沿海各鎮，厥後分運西戍于平安道，未知昉於何時。乙卯倭亂以後，罷西戍之役，以實本道備禦之力。越四年己未，因平安道監司、兵使同議啓請，以別侍衛、甲士、騎兵二千名，自十月朔日至翌年二月之晦，分二運遞戍西陲。明年，又以二千名如前赴戍例，以四千名間年休息。丙寅年間，兵曹商議，以爲間年遠戍，有獨勞之歎，故以別侍衛、定虜衛、甲士、騎兵等通計輪役，一年上番，一年休息，又一年赴防，又一年休息，庶救獨戍之苦。而番次有疏數，勞逸不相侔，定虜衛及騎兵，則多有今年上番，明年赴防者，怨苦之狀，反甚於前。而初點于駒峴，再點于寧邊，每點必有所費。且於分防之際，姦吏乘隙，誅求賄賂，視其多少，以定遠近。南人不習北方水土，未至先懷驚怵之念。加之以鎭將浚剝，土兵陵暴，赴戍未幾，行橐已罄，朔風一起，龜縮不動，少有使令，必雇他人。典衣賣馬，宛轉赤脫，飢羸成病，不似人形。此等如遇虜騎，則走避之尚不能，況有扞禦之望乎？是故西人目爲黃軍，如羣蟻之嘬羶。黃軍之臨戍者，擬投身於陷穽。一經戍役，則能保其家者，十室而六七；再行而能不敗家者，十室而三四；三行而得免死亡者，十室而一二。故每於遣戍之際，加試甲士，刷括閒丁，逐年籍兵，民間騷擾，恒如遇敵。調發之時，以有限之良民，填無窮之闕額，其非可繼之道，童子亦知矣。

竊念黃海一道，內接畿甸，外控關塞，實是樞要之地。而西濱洋海，島夷之發，亦不可預料。平日愛養軍民，使有餘力，然後扞外衛內，緩急有用。今者四徼無刁斗之警，而一道之民獨受其苦，逌逌汲汲，如有門庭之寇。逋逃相繼，侵及族鄰，比里爲墟，平居勞瘁。少無餘力，脱有事變，束手無策。此非一道之患也，實是國家深遠之憂也。若不更張，以開安全之路，則其勢必至於民無孑遺矣。第念西鄙兵力亦甚萎弱，釁生海坪，賊謀叵測，一朝廢戍，亦非陰雨之備。臣曉夜焦思，得一説焉。兵務精，不務多。夫以二千之兵，徒爲塞上之肉塊，則莫如精擇一千，使爲禦侮之具也。今若勿鈔騎兵，只以道内近西郡邑别侍衛、甲士三千名，分三番永定赴防。二年休息，一年赴防，每年分二運，一運爲五百名，而量其道里遠近，定爲分防之所。至如戍江界者，永定江界；戍理山者，永定理山。他鎮亦然。勿使臨時换定，又勿毫分縷析，散置諸鎮，只於要害防緊之處，優數分送，嚴勅邊將，永絶侵漁之弊。且以騎兵一千户，除其番役，每年勿論户保，各出綿布三疋，率丁則出二疋，收納于營庫。每於戍卒之西也，分給以送。如甲士多保者則少給，别侍衛無保者則多給，使爲戍役之費。又廢駒峴、寧邊兩處點考，只使本邑守令臨時點閲，委定領吏。且於戍卒之中，擇勤幹解文者差都將，直送于防所。闕防者則按以重律，例於防所充軍，且治都將領吏之罪。夫如是，則分防有定所，行路有資糧，舍館無羈孤之患，主客有相熟之情，漸習水土，心安分定。其視防所，如歸别墅。以之鍊習，則氣逸而生勇；以之禦侮，則親上而盡力。其於生聚之道，捍備之策，兩得之矣。若上番之軍，則以别侍衛、甲士、騎兵之在近京郡邑者，量宜永定上番。而六朔軍士，則一年上番，二年休息。二朔軍士，則一年上番，一年休息。又以別侍衛、甲士等在沿海郡邑者，量宜永定留防，亦使閒年休息。若定虜衛，則本爲宿衛而新設，無祿無保，不可赴戍，皆永定上番，亦得閒年休息。夫如是，則無臨時紛改之弊，民志以定，有蓄力養銳之功，士氣以壯，宿衛不虛，防備不疏，公私兩便矣。伏望下教該曹議于大臣，早示定奪，及臣在任時，得以規畫處置，不勝幸甚。

所謂進上煩重者，本道進上，視諸道尤重。我國諸道，土地之廣，物力之盛，無如下三道，而供進之物，反不及此道。當初分定之意，臣實未曉。臣之到任也，所巡之邑，白叟黃童，盈庭訴悶，以爲江原道所定進上，其道穌復閒移定此道，久而不還，仍爲永定之規云。臣既不知厥由，又無文籍可考，民言不可輕信。但蕞爾小道，許多進獻，反多於下三道，則故老之說恐或然也。考諸該曹舊簿，則可知已。夫是之故，一道殘民，獵山漁水，日不暇給，田蕪不耘，屋壞不葺，顛沛流離，無以奠居。若非厥土所産之物，則頭會箕斂，遠貿他境，勞費十倍。至如牙獐、甫獐之封也，獲獐累百，非牙獐、甫獐，則不能罷獵，其苦尤甚。臣愚竊念牙獐、甫獐若爲藥餌而進也，當納于醫司，不當納于饔人也。獐一也，而必求牙、甫，臣誠未燭其理也。又如鹿尾、鹿舌，本非佳味，不合進御。而道内郡邑，多不産鹿，皆以布貨，往貿于京，多得於貴近之家，厥價翔貴，往往以曾進之物輪迴復納。是則浚民膏澤，以爲貴近罔利之資而已，思之可爲於邑。且本道距京城數日之程，而暄暖之時，亦進生物。雖朝備而夕封，春夏則數日之内色味必變，而必須預爲之備，置之凌陰，經日既久，乃送于都會官。故初封之時已多失性，況過數百里乃達于京城者乎？若以預備腐敗爲不恪，則臨時倉卒，多不能辦，此理勢之必然也。夫責人以必不能，而隨之以罪罰，豈聖王之政乎？前日之封進無事者，不過行賂饔吏而已，非色味不變也。

伏惟聖明，懷保赤子，視之如傷。當此民嵒岌岌之時，若不特施異常之恩，則恐無以慰民心而壽國脈也。臣愚妄料，有若有言曰：「百姓足，君孰與不足？百姓不足，君孰與足？」君民一體，上下相須，昭然若此。今玆本道民力漸不能支，固已囂然喪其樂生之心矣。若按例遵規，只以今日之幸存，擬以永久無事，則竊恐一朝土崩，無以收拾也。伏望深軫民隱，斷自聖衷。進上生鹿、臘猪，量宜蠲減，則雖除五六口，聖澤之及民者廣矣。牙獐、甫獐，不必別立名號，只以生獐隨得封進，則田獵之苦可以少歇矣。鹿尾、鹿舌，知厥味之不佳，而悉命罷除，則倍價遠貿之患可以少息矣。若使本道只於二月以前、十月以後封進生物，而三月以後、九月以前命以本道生物換京畿乾物，則供進之物可合御膳，而郡邑免必至之責矣。凡此數者，在聖明若反手之易，而於生民有浹骨之恩。試留睿思，鞏固邦本，永建萬世不拔之基，不勝幸甚。

臣忝方面之職，不能糾率斯民，盡誠供御，乃進減損之説，臣之無狀極矣。但今時務之急，莫先於保民。愛民，所以愛君也。罪戾之至，臣所甘心。今臣疏辭，雖止於此，一道衆弊，難以枚舉，隨後陳達，豈敢憚煩？臣扶羸曳疾，冒居重任，不知揆分自退者，誠欲售一得之愚，少利斯民，庶報聖明天地之恩耳。若臣所言誠不可用，則臣瘝官負恩之罪著矣。臣寧枯槀巖穴之閒，不忍立視牛羊之死也。臣無任戰慄隕越之至。

校勘記

〔一〕至有窺避者矣　「窺」，疑作「規」。

栗谷先生全書卷六

疏劄四

請勿過哀疏乙亥

伏以旻天降割，慈聖昇遐，臣民號絶，遐邇同悲。恭惟殿下孝思天至，率禮罔愆，俯就中制，宜法先王。臣伏覩朝報，則殿下哀毁踰式，不量氣力。六日飲粥，五時哭臨，宦寺獨侍，内外阻隔。近侍未瞻深墨之容，大臣罔盡保護之責。以殿下清羸之質，縱使百神扶相，日復一日，寧無積傷之漸乎？

臣謹按：禮記曰：「居喪之禮，毁瘠不形，視聽不衰。頭有瘡則沐，身有瘍則浴，有疾則飲酒食肉。不勝喪，乃比於不慈不孝。」又曰：「毁不滅性，不以死傷生也。」孔子曰：「毁瘠爲病，君子不爲也，君子謂之無子。」伏惟聖學高明，此等禮文，講之有素，豈待愚臣之喋喋乎？第恐不怠不懈之際，或過於自盡。玉候虛實，未及省念。只見一時之粗安，不計後日之成疾。一朝違豫，以致在天之靈有所驚動，則殿下雖改圖節哀，其爲孝思之玷，則不可磨也。嗚呼！可不懼哉？匹夫執喪，尚以傷生爲戒，況人主一身，宗社所係，百神所主者乎？殿下歷覽千古，何嘗有聖帝明王以居喪過於致毁者乎？假使任情直行，不恤病敗，然後乃爲孝子，以臣子愛君之情，猶當懇祈量力，期於必保可也。況安全者爲孝，毁瘠者爲不孝者乎？

大臣侍從，披肝瀝血者，非一非再。無乃殿下罔極之中〔一〕，偶忘聖訓，反以毁瘠，爲無害於克孝者乎？輔弼左右，尚阻一侍，醫官入診，屢啓乃允。藥餌之進，猶以爲難，至於恭懿殿之請，亦不將順。臣誠愚昧，反覆思之，終未見其允合禮意也。伏望殿下深惟宗社付託之重，體念新陟慈愛之情，仰順恭懿勤懇之旨，俯從臣鄰悶迫之請，節減哭臨之數，勉進調胃之膳。使大臣侍從，出入無閒，醫官亦使頻進診候，一以講論禮文，一以豫防疾患。以聖躬無虞，克全大孝，不勝幸甚。

嗚呼！股肱喉舌耳目論思之臣，陳達已盡，天意未回。今以疎逖至微極陋之臣，乃試仰天一籲者，其亦不自量矣。第念太陽雖遥，葵藿自傾，魯國有虞，嫠婦亦憂。今臣區區血誠，不以内外有閒，一自奉訃摧慟之後，結情倚廬，心焉如割，兹忘愚僭，言不自裁。伏惟殿下少垂察納焉，臣無任精爽飛越之至。

玉堂論君德四事劄

伏以殿下英睿夙成，好善愛士，踐阼之初，中外顒若，佇見至治。而數年以來，志勤道遠，政化不成，紀綱解弛，號令不行，風俗日薄，民生日困。災異之作，習於耳目，忠讜之言，歸於文具。顧瞻四方，蹙蹙靡騁，豈特臣民絶望於太平哉？殿下亦必自傷爲叔季之君矣。雖然，臣等之意，則有不然者。

自古繼序之君，委靡頹墮，不能振發，以壞基業者，觀其氣質，類多昏庸，不曉事理。故仁義之論，視爲高遠，流俗之談，比諸典常，垂衣拱手，坐以待亡耳。千載以來，未見才智拔萃有如殿下，而因循荏苒，日趨亂亡者也。有所不飛，飛則衝天，有所不鳴，鳴則驚人。日夜翹首，以待殿下惕然覺悟之日久矣。近日慈聖之喪，殿下以天性之孝，秉自盡之禮，哀戚之誠，感動遠邇。一國臣民莫不拭淚延頸曰：「吾王之孝，卓冠千古。」孝爲百行之本，將必推是心，典學誠身，仁民愛物，以陶至治，豈止於盡情喪制而已哉？顒若之望，復盛於即位之初。嗚呼，此正殿下覺悟日新之幾會歟！古之帝王居喪致孝者，如魏文帝、宋孝宗，史不多見，後世稱美而不能善推其所爲。故孝行雖若敦篤，而治效不能復古，不過爲魏文而止耳，宋孝而止耳。此特匹夫之孝也，豈足爲帝王之孝哉？必也善推是心，進學修德，立愛惟親，立敬惟長，始于家邦，終于四海，功光祖宗，業垂後裔，然後可謂帝王之孝矣。

今殿下於喪制一節，孝則至矣，第未知將擴充是心，以全帝王之大孝耶？抑只守一節，追踵魏文、宋孝而已耶？如欲只守一節，則非臣等所敢知也。誠欲擴充是心，以全大孝，則立志不可不篤，進德不可不勇，推行不可不慎，保躬不可不重。所謂立志者，必奮然振起大有爲之志，洗滌循常守舊之習，不作漢唐以下模樣，必期致世如三代之隆，然後儒者之言，人耳而弗拂，俗論之咻，交至而不惑矣。所謂進德者，專精學問，必下實功，親近儒臣，講明道義，居敬窮理，竝進不已，堯舜之行，爲己規矩，非禮之事，絶於身口，然後聖賢之言，不爲空言，允德之修，日躋罔覺矣。所謂推行者，身心所蘊，發爲政事，政事一差，便見君心之不正，必也施爲擧錯，粹然一出於天理，無一毫人欲之雜，一號之下，一令之出，莫不悦服人心，使四境聳動，以至巖穴之士彈冠振纓，願立于朝，然後衰世可升大猷，薄俗可回淳風矣。所謂保躬者，心者，性之郛郭也；身者，心之區宇也。身得其寧，然後心得其養；心得其養，然後性得其全。是故聖賢之學，既持其志，又養其氣，使血氣充完，真元不耗，以助養心之功，其勢不得不然也。孔子大聖而慎乎疾，程子大賢而戒忘生，此豈區區爲延年益壽之計哉？將以養心而全其性也。況人主一身，負託甚重，一身失寧，便爲宗社之憂，尤不可不自重也。

今殿下立志之篤，進德之勇，非臣等所敢窺測也。第以推行一事言之，當此臣民仰覩日月之際，施爲舉錯，不能務順天理，宮府不見一視之公，寵擢或出人望之外，爵賞未免猥濫之失。臺諫所爭，一向違拒，又不明示聖意，使羣下茫然莫測，而其閒決不得不從者，亦留難引日，不即夬斷。公論不伸，士氣不振，似此政令，恐未可以大慰人心，以基治平。無乃殿下立志或有所不能致其篤，進德或有所不能致其勇乎。嗚呼！祖宗艱大之業，不可不扶其危；殿下清粹之質，不可不得其養。末俗不可不拯，民望不可再缺。殿下燕居深思，則必不以臣等之言爲過計之憂也。至於保躬一事，則臣等仰恃聖明高見卓識，必不膠守小節，以傷大孝。第以還元丹不進之教觀之，則無乃殿下或未免致意於一節，以忽宗社大計乎？疾病之作，其幾甚微，中氣之虛，百恙所萃。今若失其滋養，遂至成疾，則雖日親醫官，日進藥餌，恐無補於已傷之玉候。今日臣等所憂，莫切於此，伏望殿下奮發大志，進德修業；仰念宗社，保養玉體。推之政事，一循天理，以啓東方萬世之治，不勝幸甚！

進聖學輯要劄見本編

辭大司諫疏戊寅

伏以士生斯世，所當竭力而致身者，只在孝親、忠君二事而已。人莫不願孝，而親壽有長短，故孝不能如志；人莫不願忠，而才誠不同謀，故忠不克從心，此是古今之通患也。臣生不辰，早失怙恃，風樹之慟，終天不懈〔二〕，雖欲盡孝，其道末由，臣之仰戴而懸誠者，只有殿下一人而已。使臣有才也，則雖是多病，亦當量力受任，調攝從政，陳猷獻策，補闕拾遺，以盡誠悃，仰贊聖德，必不虛老于畎畝矣。使臣無病也，則雖是不才，亦當奔走服役，或内或外，惟力是視，不憚勤苦，鞠躬盡瘁，少裨庶務，必不自安於寂寞矣。臣今不然，禀才空疎，不適時用，受氣虛弱，病不離身，有病無才，徒誠何用？抑而從仕也，則竊禄苟位，疲苶支離，内以傷生，外以瘝官，不過作清朝之一鄙夫而已矣。於公於私，有何寸益？

竊聞古之明王爵士之道，非苟貴其身而富其家也，將以用其言行其道，而救時活國也。士之進於朝者，亦非苟榮其名而利其禄也，將以達其志展其學，而致君澤民也。如使上之人無意於行道，而只縻以富貴，下之人不求乎展學，而只貪其榮利，則天工必曠，庶績必隳矣。此後世之所以治日常少，亂日常多者也。是故士有懷才抱道，自重不出者，則明王必致敬以示其誠，盡禮以備其儀。一聘而不至則再聘，再聘而不至則三聘，至於五六聘而不懈。期於必致，與之共天位，食天禄，治天職，以化黎民，以升世道焉。士有高潔自尚，不屑世務者，則亦加禮聘，期以必見，如其終不可屈，則不强召致，褒其節義，以成廉頑立懦之風焉。如有自度非才，而恬退不進，安於家食者，則許其自守，不奪其志，使貪躁布進之輩，有所知戒焉。如或釣名干譽，以退媒進，陰以簞食豆羹計得失，陽以千駟萬鍾爲弊蹝者，則明王必燭其姦，不爲所罔，棄不省録焉。古者明王之待士，大概不出此四者而已。四者之中，臣則何居焉？其不得爲自重之士者，三尺童子亦所明知。而亦非高蹈遠引者也，亦不敢矯情好名也。只以名過其實，不得自安，非曰能之，其所願學者，恬退自守而已。

夫以臣之虚名過實，如使隱遯山林，不曾一出，則雖以殿下之明智，無由灼見其不才，徵召不已，必欲立朝者，猶或可也。今臣非遺逸之士也，立朝有年，殿下亦知臣之爲人矣：試執銓筆，則藻鑒不明；試分郡符，則治劇非才；試於納言，則不能惟允；試於諫官，則輕肆妄言；試之巡宣，則勞而無績；試之論思，則華而無實；咨以世道，則妄引古經而不度時宜；詢以時政，則發謀迂遠而欲變舊章。若大若小，若内若外，四面環顧，無一可取者，以殿下之睿哲，寧有一毫未燭者乎？才既如是，病又深痼，嘗試已驗，亦甚章章。殿下之召臣，豈以臣爲可用乎？不過未忘昔日犬馬之勞，而名在仕籍，故循例加恩耳。臣之感恩，則刻骨鐫肌，有不足喻，隕首結草，固無所辭矣。其所以不敢冒進者，臣之就職，決無裨益，不過竊禄而已。殿下强召竊禄之士，既非事宜，而臣雖無狀，稍知廉恥矣。扶曳强進，必充竊禄之數，則是何義理乎？此臣所以悵望象魏，蓄誠含淚，而不敢拜命者也。頃者，小臣仰念聖躬方在哀疚，承恩不敢遥謝，力疾入京，初擬一瞻天光。而勞熱之餘，臂痛忽作，不能屈伸，深以曠官爲未安，謝病得遞，於是益懷惘惘，始知一侍天顔，亦有命也。嗚呼！一侍尚有命，則其得責難陳善，回乾轉坤，以救世道，以安生靈者，豈非在天而非人力之所可希覬者乎？向臣留京一月，病雖少歇，元氣未復，還歸桑梓，恩命又下，惶悶跼蹐，置身無地，而病中神思茫昧，欲即上章乞骸，而把筆不能構思。今過累日，始克陳情，臣罪大矣。臣今欲冒昧還進，則害義違理，如前所陳，今欲泯迹巖壑，則非但愛君之念，内切于衷。而召命頻煩，心常戰懼，平居慄慄，如獲重譴，進退維谷，臣之謂也。伏惟殿下仁覆憫下，欲使萬物咸得其所。臣亦仁化中之一物也，特垂矜恻，命遞臣職，許以恬退，使得其所，閒居讀書，仰頌聖德，仰呼華祝，豈非殿下仁化之一事乎？

抑又惟念今兹天災時變，極其驚慘。川絶山鳴，民消畜殘，愈出愈異，而習見既久，漸至於恬不爲怪焉。世道人心，日沈月痼，如水益下，四維墜地，彝倫斁敗，而習非已熟，馴致於無藥可醫焉。内而紀綱陵夷，號令不行，涣散之形，昭在目前。外而民生倒懸，兵食匱竭，土崩之勢，匪朝伊夕。如是而大官小官，秦視越瘠，恬嬉度日。閒有憂念者，亦不知所以爲計，直付之無可奈何。譬如龍驤萬斛，去碇失柁，泛于洋海，風浪驟至，而無一人任其操舟之責焉。殿下歷觀前史，寧有國勢如今日，而能保無大患者乎？嗟乎！以殿下之明聖，受祖宗之基業，非恝然不動於治亂也。中夜思之，寧無惕然驚懼者乎？爲殿下計者，當汲汲以求賢籲俊爲先務，必得才德可用之人，委任責成，至誠咨詢，屈己從善，必洗痼習，回亂爲治，使邦家清泰可也。豈可泛召無用之人如臣者，朝而徒聘，晝而徒進，夕而徒歸，使之上有仇仇之失，下招屑屑之譏乎？況今士大夫引疾爲高，避事成風，今日除官，明日辭遞，遷移無定，百職俱廢，此正當世之大病。而引疾避事，惟臣尤甚。殿下誠欲赫然罰一勵百，則宜自臣始。顯斥自便之罪，永絶收叙之路，使百僚聳懼，咸知夙夜奉公之義，則亦救時之一美令也。

嗚呼！小臣親年不永，既不能竭力於孝，不才多病，又不能致身於忠，實是天地間一罪人也。出入銜恤，豈臣所願？天實爲之，謂之何哉？臣言已盡，而猶有餘蘊，更竭危衷，伏惟殿下試一念焉。殿下於臣洞見心肝，的知無用，宜乎棄之若遺。而至今收召不置者，無乃殿下於臣猶有所未盡實見者乎？苟如是則殿下之召臣，非苟爵其身也，或將以用其言也。今日世道之降，人心之薄，政事之疵，黔首之苦，殿下非不知也。雖見其然，而未得救之之術也。殿下試以此條問其弊，使臣一一陳其可救之策。如臣策可用，合於聖算，則臣雖枯死巖穴，亦得仰報天恩之萬一矣。其榮幸爲如何哉？如其杜撰妄作，不可施之於事，則臣之無用，尤益彰著矣。汰去仕籍，廢置度外，使四方之士知無用者不能欺明，而有爲者咸思自奮，則豈非世道之大幸乎？臣精神不爽，語無倫序，伏惟殿下垂仁加察焉。

應旨論事疏

伏以臣祗受有旨書狀，聖批有曰：「爾有所懷，可實封以聞。」臣伏讀再三，精爽飛越。夫以臣之受恩感激，常懷以身徇國之志。苟罄愚衷，有可以裨補萬一，則鼎鑊斧鉞，臣亦不避。況聖度優容，使之進言者乎？臣今披肝瀝膽，不恤觸忤，伏惟聖明試求諸道焉。

嗚呼！今玆乾道失常，七政乖度，妖星蔽天，白虹貫陽，風雹妄作，水旱極備，沴氣塞空，釀成癘疫者，殿下既已仰觀矣。坤軸失寧，震動不時，大川中竭，名山牛吼，禽獸騁怪，木石呈異，土氣散漫，五穀不成者，殿下亦已俯察矣。士習偷卑，泄泄沓沓，後義先利，瘠公肥私，污濁日盛，忠讜日孤，紀綱紊舛，庶續咸隳者，殿下既已見而知之矣。民生塗炭，秉彝都喪，父子相戕，兄弟相害，綱常泯絕，盜賊興行，災慘洪水，俗甚蠻貊者，殿下亦既聞而知之矣。天怒民窮，國勢岌岌者，皆殿下之所自知也。臣何敢縷縷瀆陳乎？臣請以反本爲說焉。

臣聞天下之事有本有末，理其本則末無不治。從本先末，徒勞無益。孟子曰：「君仁，莫不仁；君義，莫不義。」一正君而國定矣。朱子於詩傳贊文王之德曰：「文王化之入人者，深矣；澤之及物者，廣矣。」蓋意誠心正之功，不息而久，則其熏烝透徹，融液周遍，自有不能已者，非智力之私所能及也。在易，觀之九五曰：「觀我生，君子無咎。」象曰：「觀我生，觀民也。」程子作傳曰：「九五居人君之位，時之治亂，俗之美惡，係乎己而已。若天下之俗皆君子矣，則是己之所爲政化善也，乃無咎矣；若天下之俗，未合君子之道，則是己之所爲政化未善，不能免於咎也。」「我生，出於己者。人君欲觀己之施爲善否，當觀於民也。」由是觀之，人君是一國之本，而治亂係焉。君得其道，而國不能治者，必無之理也。今日之人心世道，一至於此，則殿下之政化，無乃未善乎？政化係於君心，則無乃殿下於反身之學，誠正之功，有所未盡乎？殿下其亦反諸本而思之乎？

嗚呼！道之不明不行也久矣。聖經賢傳，只資美談，求名者借此得譽，求禄者階此得官，能踐其言、能治其身者，寥寥甚鮮。苟非豪傑之才，則孰能奮起百世之下，以洗一時之陋習乎？嗚呼！殿下英資睿質，出類絶羣，既有命世之才，作君作師，臨御區宇，又有治世之勢，而至今不成允德，不能善治者，其故何歟？自古人臣，鮮能爲善者，常人之情，大抵好利，而衰世未蒙爲善之利。身正則衆忌，道直則官躓，職治則妒興，言忠則恩替。是故苟非志道爲己之士，則不能爲善，而多汩於流俗焉。人君則不然，道自我行，治自我出，作善降祥，作惡降殃，撫我爲后，虐我爲讎，天意民心，較然可觀。人君非不知此，而鮮能爲善者，欲錮而見蔽故也。蓋喜聲色，則樂於荒淫，而不見其鴆毒；好貨財，則務於聚斂，而不見其民散；好逸遊，則流連無度，而不見廢政之害；好用兵，則黷武不戢，而不見殃民之禍：人君之失道，大概不出此四者。今殿不受氣明粹，持身清約，寧有好色好貨之病乎？臨御一紀未嘗遊觀，則其無盤樂之病可知。只修武備，不妄出師，則亦無好勇之病矣。殿下以何病而不能典學誠身乎？道非高遠，只在日用，而或意其至難，或憂其力弱，莫敢下功焉。無乃殿下亦以爲至難而力不及耶？殿下既無奮發作聖之志，故羣臣皆見其然，以正心誠意，爲厭聞之陳言，以責難陳善，爲愚儒之迂策。經席之上，只以解釋文字，塞啓沃之責。殿下亦反覆咨問字訓文意，未嘗下詢切實踐履之功。夫讀書而只求文義，不反之身者，乃科業之士所以求名求禄者也。俗士以此發身，名顯禄厚，固遂所願矣。今殿下之所願，在於堯舜其身，堯舜其民，則豈可求其華而不求其實乎？此一事也。嗚呼！殿下以經世之才，受付託之重，始初清明，豈無平治邦域，高出百王之志乎？只緣羣臣少有承當者，訏謨失宜，試可弗績，議論多歧，實德不著。朝紳之間，言語可觀，而闕門之外，惠澤不流。於是聖心悵然，始有不可治之嘆，以沮大有爲之志矣。聖志既沮，不復圖治，故羣臣亦見其然。心緩體弛，餔啜是事，爲人擇官，優游度日。久於一官，則引疾遷就，只縻廩禄，百務不理。閒有奉公盡職者，則衆必指目，或譏以愚妄，或刺以釣名。惟是怠事徇俗者，乃能上不批逆，下不喪朋，外無人謗，内無親讒，美食安坐，榮身潤屋。今世之士，不職其職者，非其本心也。

以容身保位之術，在於從衆故也。嗚呼！人情孰不欲利於己乎？惟守道之君子，乃能重義而輕利焉。今日重義而輕利者，有幾人乎？徇俗而求位，則身可貴也；徇俗而求財，則家可富也。莫不遂其欲利之志矣。惟有殿下了無所利，但見時事日非，不可收拾而已。二百年社稷，阽於危亡之域，而殿下之明，無不洞知。殿下之力，可以振起，何爲至今不下手一救乎？昔者春秋之時，世衰道微，諸侯擅制，大夫專政，天下淆亂極矣。而孔子以匹夫之力，猶且欲救一世，轍環四國，而其言曰：「天下有道，丘不與易也。」蓋聖人之心，不以無道必天下而棄之也。今日世道之降，雖下於春秋之時，無列國戰爭之患，而殿下居得治之位，非孔子匹夫之比，欲治則可治矣。殿下豈可以無道必一國而棄之耶？此二事也。嗚呼！殿下聰明絶人，氣馭一世，而聖學未進，聖量未弘，故未免有輕士之意，不信其人，不用其言。今者上自大臣下至庶官，近自侍從外至岳牧，殿下心所信重而用其謨猷者，不知爲誰乎？至於已死之賢，雖一世所宗仰者，殿下尚無推重之意，況今時之士乎？士之有才可試者，則殿下必憂其喜事。直言廷諍者，則殿下必厭其違拂。欲制儒行者，則殿下必疑其矯飾。未知學何道陳何策，然後乃合聖衷，而得所倚信乎？衰世喜同惡異，故儒者見嫉，而流俗得志，殿下豈可不念此弊乎？夫以世俗常情言之，則儒者固可惡也，論治則遠引唐虞，諫君則責以難事，縻之不留，寵之不樂，惟在於欲行其志焉。固是難用，而其閒或有過激者，或有迂闊者，亦有好名者或厠乎其列，豈非世主之所可惡者乎？流俗之士，順時同衆，無所忤逆，熟於事君，惟命是從，安於習非，不事矯激，是固人君之所親信也。雖然，儒者好義，流俗好利，未有好利而愛其君者，未有好義而忘其君者。一朝禍亂之作，挺身救君，取義捨生者，必出於儒者，決不出於流俗矣。嗚呼！好義者爲國，好利者爲家。爲國爲家，辨之不難。廷臣之碌碌隨波，無所建白，君有過失，不敢繩糾者，大抵是爲家者，恐失其利也。若其謇諤正色，無所回撓，有懷必陳，有才必盡者，大抵是爲國者，恐失其義也。惟是人君辨之不明，而讒諛善乘其隙，故爲家者多被寵擢，爲國者多陷刑辟，誠可悲也。只有好名之士，似是而難辨。若人君理明義精，則虚僞者，亦不能遁其情矣。但不可嫉人之好名，而遂疑實德之士也。己卯年閒，中廟求治甚鋭，而羣賢彙進，其閒豈無好名者哉？大概多是爲國者，而讒人罔極，巧成貝錦，遂以一網打盡。趙光祖臨死，有詩曰：「愛君如愛父，天日照丹衷。」臣每誦此句，未嘗不流涕也。今以殿下之明，必不被姦人之所罔，則決無己卯之禍矣。但羣下之所望於殿下者，豈止於不生士林之禍而已哉？以殿下之高亢明爽，無人得被信重，無策得被採用。故大小之官，循默成風，苟且居位，賢者不敢輔以德，能者不敢助以才，智者無所獻其謀，勇者無所用其斷。忠臣竊嘆，鄙夫馳騁，殿下之國事，更無可爲之勢。此三事也。嗚呼！殿下於世務非不留心也，於民瘼非不惻念也，至今一政之弊未革，一民之苦未解者，以殿下固守前規，不思變通故也。自古帝王創業定法，雖是盡善盡美，而時移事變，法久弊生，則後嗣之善繼善述者，必隨宜更化，不膠於舊。故真西山論中庸繼述之義曰：「當持守而持守者，固繼述也；當變通而變通者，亦繼述也。」此言真知治體者也。我朝太祖大王開基立經，大綱雖舉，節目未備，列聖承繼，隨時創法，不拘一規，代有新制，各適其宜，故大典頒降之時，其法旋有一二不能行者矣。燕山之朝，祖宗典刑，蕩然顛覆。中廟反正，可以改紀，而朝臣鮮識時務議不及此，加以士林禍作，萬事瓦裂，祖宗良法美意，多廢不行。而權臣幹吏，隨事用智，添設科條，以爲聚斂病民之制者，則行之既久，遂爲成法，擬以金石之典，莫敢出更張之計。今之所謂持守者，於祖宗成憲，則守空名而無實；於近代弊法，則務因循而不改。政治之不興，生民之困瘁，職此之由。今殿下誠欲有爲，則雖祖宗舊典，尚有量宜變通者矣。況權姦所設病民之法，則改之當如救焚拯溺矣。何苦而遵守，自底危亡乎？今之議者多曰：「緣法爲治，則可以無患。若欲改法，非命世之才，則不可能也。」此言似矣而實不然。夫所謂緣法爲治者，法之可治者耳。今守病民之法，而求以治民，則反不若緣木求魚之無後災矣。且如燕山所定貢案，則不過是任士洪輩所設耳。任士洪輩所造弊法，必待命世之才，乃可改定者，此何說歟？若使今日不改謬轍，則雖聖主憂勤於上，賢相盡瘁於下，亦無救於民之糜爛，終亦必亡而已矣。譬如人家子孫，守先人大屋，久不重修，樑棟腐朽，瓦甎破缺，支撐不密，勢將覆壓，則豈可以拱手坐視者，爲能繼述，而反以改瓦易材者，爲不能持守也哉？古人曰：「聽言之道，必以其事觀之，則人不敢妄言。」愚臣每進更張之説，殿下深所厭聞也，請以其事驗之。殿下之循塗守轍，今過十年，若是治道之當然，則宜乎功成制定，上安下順。而持之愈久，百弊愈生，政事日紊，紀綱日頹，民生日苦，風俗日敗，舉國靡潰，若決江河，莫敢隄防，其故何歟？殿下亦知其然矣，何不反而思之乎？此四事也。惟此四事，爲今日痼病之深源。上之使殿下退託自小，安常習故，無奮厲振拔修己治人之志。次之使廷臣瞻前顧後，患得患失，無委質許國盡忠補過之心。下之使斯民流離失所，如彼棲苴，無安生樂業仰事俯育之資。上下四方，蹙蹙靡騁，嗚呼，苦哉！若此四病不除，則雖使皐益陳謨于內，周召宣政於外，終無一分之益，況以廷臣之齪齪者，右聖朝者乎？

自古忠臣之進言者，必以治世爲亂。故人君逆料曰：「斯世也奚至此極，進言之道當如此耳。」今殿下亦料臣言乎？今日果是治世，而愚臣過言乎？以今日之國勢民情，平居無事，固已奄奄如病革之人，形骸僅存，而氣息就盡。若或不幸，內有小人，嫁禍士林，外有兵戈，匪茹不恭，則是國家運盡之秋也。小人之禍，則聖明在上，可無虞矣。若兵戈之難，則安保其必無哉？竊聞去年，朝廷有量田之舉，以閒散朝士充敬差官，三令五申，竟無起應者。量田非死地也，朝士非頑民也，欲使有識之人，就不死之地，而尚不可得，則紀綱可知，人心可知。以此紀綱，以此人心，儻遇外寇，則能有親上死長者乎？昔者前朝恭愍王時，紅巾賊十四萬騎冰渡鴨緑江，東人無禦之者，直擣松京，王避走安東，收合國兵二十萬，僅能克之。此時兵力，猶勝於今日也。若今日則外寇雖不滿萬騎，人誰敢禦之乎？不特外寇可憂也，民窮財盡，勢必爲賊，嶺南結陣之卒，是叛國之兆也。一處結陣而復散，則殿下得以誅之矣。若處處結陣而不散，則殿下將何以處之乎？臣言皆据事實，果是過言乎？

嗚呼！殿下若無美質，不可有爲，則臣雖懇懇，亦復何望？今臣之仰首哀鳴，披露赤心，累牘連章，既退而猶不能止者，只以殿下資質可以入道，今日不能覺悟，則明日必能悔過故也。嗚呼！臣計誠不自量，而臣情誠可悲也。雖然，若不遇聖主之涵育，則臣何能至此乎？臣聞時有否泰，事有幾會。時否而有治之幾，時泰而有亂之幾，在人主審察而善乘之耳。殿下即阼之初，仁聞廣被，一國人士，舉首引領，顒望至治，此正可治之幾。而當時大臣，無經邦遠猷，不能引翼睿旨，反迪上以尋常塗轍，遂失其幾焉。及乎乙亥之歲，聖躬遭憂，喪制盡禮，親近儒臣，講求治道，人心翕然，更望德化，此亦可治之幾。而適憲吏誤觸宮禁，臺臣對不以實，遂激上怒，由此聖心改圖，反厭儒者，遂失其幾焉。當此之時，譬如春陽盎然，草木萌動，而嚴霜忽零，生意頓喪。至今追思，心寒腸結，不能自遣也。去年之冬，殿下明燭元兇之祕術，恭承仁聖之懿旨，命削僞勳，以定國是，根本枝葉，一切剗鋤。斷自聖衷，超出羣臣意慮之外，使三十年神人之憤，一朝快洩，無少餘憾，國人相慶，跛躄亦抃。因此正名之擧，復起有爲之望，此亦可治之幾也。殿下前日既已再失其幾矣，今者豈忍三失乎？嗚呼！殿下之不能修己治人者，不爲也，非不能也。殿下若知四病之爲害，則今日當務之道，豈不在於汲汲力去四病乎？殿下誠能一日慨然發憤曰：「人性皆善，我獨不可爲堯舜歟？道無古今，我獨不能興至治歟？祖宗付畀之業，豈可忍壞於吾身歟？祖宗直道之民，豈可忍棄於吾時歟？才不借於異代，我國豈盡無人乎？法因時而通變，舊規豈盡可守乎？」既發此心，以立基本，而深陳既往之悔，手下哀痛之教。以至誠招賢，以至誠求言，脱去前日循常之習，聳動一國臣民之望。賢士既至，羣策既集，則又須屈意咨詢，虛懷樂聞。忠言必聽，善謀必取，以之修身，以之爲政。則賢者求行其道，能者求售其才，必有輕千里而至焉者矣。

帝王之先務，莫急於得人，得人之術，又在於修身。身不修則心不正，心不正則智不明，智不明則忠邪不能分，臧否不能辨，安能得人？是故孔子曰：「爲政在於得人。取人以身，修身以道。」今殿下埽去舊習，誠心向道，則必勉强修身，以身取人。而修身之道，聖賢之言備矣。臣於前日撰進聖學輯要，此非臣言也，乃聖賢格言也。未知殿下留心記憶否，修身大要，不出此書，臣不復贅達於今日矣。第念修身實功，在於矯治氣質而察病加藥。今殿下之志不立，身不修，政不治者，有何病根而然歟？此在殿下反而求之耳。愚臣竊見聖明，重於自信而短於從人。夫自信有二焉，擇善執中而自信，則固可以有恒而成德矣。然不可專於自信，而必資於取善，況權衡未得其正而自信，則不幾於惟其言而莫予違乎？古之帝王，莫不以虛心從善，爲進德之本。故仲虺之誥曰：「能自得師者王，謂人莫己若者亡。好問則裕，自用則小。」今以殿下之聖智，宜乎無善不從，而尚不免於偏係好勝之病，其故何歟？無乃殿下自謂聖學已成，無所資於他人乎？抑以爲世無賢士，無可取信者乎？抑心主他事，而不暇及於爲善歟？抑聖心漠然，其於是非善惡，都無所管念乎？權然後知輕重，度然後知長短，殿下其亦權度之哉？若殿下自謂聖學已成，無所資於他人，則有不然者。古人稱堯曰「舍己從人」，稱舜曰「樂取諸人以爲善」，稱禹曰「拜昌言」，稱湯曰「從諫弗咈」。堯、舜、禹、湯，德已至矣，治已極矣，猶且虛心從善，如恐不及。況今殿下德不及四聖，治不及三代，而其可忽於人言，不以誠求乎？若以爲世無賢士，無可取信，則亦不然。古語曰：「愚者千慮，必有一得。」故狂夫之言，聖人擇焉。古之帝王詢于芻蕘者，用是道也。顔淵以能問於不能，以多問於寡，蓋不知有餘在己，不足在人也。況十室之邑，必有忠信。千里之國，豈無可信之士乎？若以爲殿下心主他事，而不暇及於爲善，則人君之病，不出於前所陳好色、好貨、好遊畋、好用兵。而今殿下宜無此病，則豈主於他事乎？若以爲聖心漠然，其於是非善惡，都無所管念，則此乃叔季昏庸之主，委靡頹墮，安其危利其災之氣象也。豈以殿下之英明超卓，乃有此病乎？反覆思之，終未能仰曉聖心之所在，此臣所以惶惑而罔測者也。殿下何不反諸心而深思其所以然乎？嗚呼！一人之聰明有限，天下之道理無窮。故雖聖人，不敢自恃其聰明，而必以衆人之耳爲我耳，必以衆人之目爲我目。然後聰無不聞，明無不見，而智無不周，德無不備焉。殿下誠能以帝舜之明四目、達四聰爲法，使一國之善言，無不輻輳，而聖心權度，精明不差，執其兩端而用其中，則典學誠身本諸此，敬天勤民本諸此矣。何德之不進？何業之不修？何天災之不可弭？何民隱之不可解乎？嗚呼！人君是一國之本，而虛心從善，又是君人進德修業之本。則天下之德，孰有加於此乎？人臣之告君者，多以舍己從人爲說，故此言無異老儒常談矣。今臣則非泛言也，竊敢以殿下切己之病，竭誠盡言。伏望殿下勿視以恒言，更加深念焉。東方否泰之幾，宗社存亡之幾，天命人心去就離合之幾，決於殿下從善與否而已。

嗚呼！殿下既以修身爲出治之本，而又須知人善任，然後可以成政。譬如人家，梓人造屋，陶人造器，奴主耕耘，婢主織紝，鷄能司晨，犬能吠盜，各有其才，各當其職。若使用違其才，而紛更不專，則必致敗績，爲國何以異此？今者誠能明明揚仄陋，盡收一時賢才，而不論新舊，不問門閥，只擇其人器相稱者。以有德量識道理者，居之廟堂；通經術善啓沃者，置之經幄；藻鑒公明者，任以銓衡；生財有道者，任以度支；講禮不差者，授以宗伯；知兵遠猷者，授以司馬；忠信明決者，使治刑獄；幹事無弊者，使主工役；正身糾物者，責以風憲之重；直己盡言者，委以諫諍之職；奉公愛民者，付以承流宣化之任。大小内外之官，皆擇其人，任之專而持之久，期以成績，不限日月。其間才過於位者，則超陞之；才不稱位者，則左遷之；才位相當者，則雖終身一職可也。如有疾病，亦不輕遞，必如漢法滿三月乃免。倘有厭居一官，託疾辭避者，則臺諫隨現論劾。必使公卿百僚恪勤守職，一心爲國。而至於弊法之當改，新制之可行者，則必須博採羣議，明察精擇，或革或立，務合時宜。政疵民瘼，一切埽除，必使州縣賦斂寬平，徭役輕均，吏無苛政，民有恒産，則天意可回，民心可得，而教化可施，禮樂可興矣，豈特免危亡而已哉！殿下苟立此志，涣發德音，則善政未及施，而國人已鼓舞於千里之外矣，豈非東方億萬年無疆之休乎？伏願殿下無失幾會焉。夏書曰：「不見是圖。」況今危亡之象已見。而以殿下之明聖，莫之圖乎？勢迫情急，不容少緩矣！

嗚呼！能辭説者，不必有才德，故不可以人而廢言，亦不可以言而取人。今以臣身之不才，謂臣言無可取，不可也。以臣言之有理，謂臣才有可用，亦不可也。伏願殿下無以人廢言。抑又竊聞，學校，風化之本也。今之學校，荒廢久矣。風化何由可興乎？内之成均，既不足以興學，而外之鄉校，尤可寒心。近來書院之建，可養志學之士，爲益不淺，而但不設師長，故儒生相聚，放意自肆，無所矜式，不見藏修之效。國家設立本意，必不如此。故議者或詆書院以爲可罷，此則出於憤懟，非正論也。臣愚欲乞於大處書院，依中朝之制，設洞主、山長之員，薄有俸禄，如童蒙教授之例。擇有學行、可爲師表者及休官退隱之人，使居其職，責以導率，則其教育之效，必有可觀。而他日國家之得人，未必不資於此也。至如臣之無狀，於内於外，百無所用，但於章句訓詁之閒，業專且久，不無管見，若於海州書院，主山長之職，教誨童蒙，正其句讀，而勿煩下召，使安其分，則聖朝無棄物，愚臣不徒食矣。此乃周官鄉大夫教民之遺法也。殿下誠以此咨詢大臣，創制行之，則亦風化之一助也。臣既承清問，不敢不盡其愚，衷情所發，言不知裁，伏惟聖明垂仁察納焉。

辭特召疏

伏以小臣於前月之末，本州吏持監司關，諭以上命，起臣上京。臣於是時，暑痢重發，飲食全廢，元氣大敗，不能運身。家人不知所以爲計，具陳病狀呈於本州，冀得轉達天聽。厥後始得祗受有旨書狀，知有特召之命，辭意勤懇，病中伏讀，感激嗚咽，繼以戰慄。無官而特召者，是乃自古招賢之盛禮，顧臣滓穢，何敢承當？第已受命，則在臣子之義，所當行不俟駕。而病勢彌留，乍歇還增，日久不差，不能前赴，席槀待罪，玆敢復進一説焉。臣之獻疏，只願殿下採用其言而已，非敢求進其身也。今聞政院請召微臣，以爲一召不至，而再召三召，則不敢不進云。政院之請，雖出於愛君好士而發，於臣則誤矣。況所謂一召不至、三召乃至者，是山林自重之士所以應聘者也，豈可指臣而言乎？夫山林自重之士，如女之未歸，故必待人君致敬盡禮，然後乃就徵辟，此固處士自守之義也。今臣則非山林之士也，乃殿下已試之臣也，願忠而未能者也。使臣有才可用，有策可施，不愧乎位，無負于禄，則臣當夙夜在職，猶恐不及，雖遭斥逐，亦必惓戀矣。安有求退之理乎？惟其才不適用，策不知務，位爲尸居，禄爲素食，内外大小，無官不瘝，故退而忍飢，不敢復進，而區區願忠之志，終不自遏。至欲補書院山長，仰裨萬一，則臣情可哀，而臣路已窮矣。臣安敢偃蹇自高，而靳於一進，以待殿下召命之勤乎？今殿下之用舍與夫臣之行藏，不在召命之煩簡，只在臣言之可用與否而已。政院不察斯義，而乃請以累召致身，則是猶已歸之女，更加納幣也，非所以待王臣之道也。臣何敢當此誤禮乎？

嗚呼！臣之不才多病，固殿下之所灼見也。其論時務也，一則曰改紀，二則曰更張，其不能俯仰隨時者，亦決然矣。殿下若欲遵守前規，專於鎮靜，則如臣志大喜事者，雖欲自進，亦當揮而遠之，以矯不靖之習。況量能度分，自求恬退者乎？假使殿下奮然振作，思革宿弊，以新一代之規模，亦當廣求賢哲之通達世務者，使之揚于王庭，各盡其才與誠可也。如臣空疎滅裂者，豈合先應收用之命乎？殿下已知臣之無用，而每下召命，此臣所以進退維谷，置身無地者也。自古未有不行不藏之臣，亦安有不用不舍之君乎？此義人鮮克知之，只可仰達于聖明耳。伏惟聖明，天地父母，特垂哀憐，還收召命，許臣恬退，一以警貪躁之俗，一以遂安分之志，公私幸甚。

辭大司諫疏

伏以小臣才疎病深，理合休退，召命稠疊，猶不敢進，疏狀頻煩，聖俞不下，是臣辭不達意，誠未格天，自取狼狽，尚誰怨尤？君臣猶父子也，父子之間，何言不盡？今請悉吐危懇，毫髮不遺，伏願試垂睿察焉。

士生斯世，進則行道，退則守志，二者之外，更無他歧。行道之策，非英才碩德、功覆斯民者則不敢當也。若守志之節，則知恥自好者，亦可庶幾。今臣非韜光匿彩之士也，立朝累年，嘗試已驗，其無行道之具，夫人所知，況天鑒孔昭者乎？殿下之知臣已悉，臣之自量已熟，守志之外，豈有他望？幺麼一箇病臣，不足爲有無。而天書之下，到今尚爾，何耶？

臣之不可用，不言可知，而猶慮日月之明，或有遺照。今陳大概，其目有四：禀性浮駁，短於持重。聖賢之書，非不讀也，義理之微，非不窮也，徒能發諸言語，不能踐以身心，其不可用者一也；志在好古，不度時宜。妄意三代之政可復於今日，祖宗之法可變而通之，而措諸事業，實多踈脱，其不可用者二也；愚不避事，言不知慎，觸諱覆虀，取憎於人，虚名誤身，謬膺時選，而叢誹積謗，與名俱長。其涉世也，踽踽涼涼，孤蹤如寄，異衆獨立，而能有所爲者，未之有也，其不可用者三也；受氣孱弱，病不離身，居閒調養，稍得支持，一有勞動，輒發衆證，終年慎攝而不足，一日戕敗而有餘。其不能驅馳鞅掌，報效涓埃者較然矣，其不可用者四也。殿下非不知此，而猶且收召不置者，豈欲責臣以有爲乎？只以稍有名字，粗識分義，廢于荒野，似或可惜，而無功食禄，士習皆然，不應微臣僭欲求志，故曲加恩命，欲使保全爵禄耳。臣非病風喪心之人也，豈不知天恩之浹骨、富貴之可樂乎？然而灰心榮宦，屏伏溪壑，餬口無資，孑孑東西者，第以陳力就列，不能者止。匹夫之志，區區自守已及半生，一朝係戀恩寵，改頭換面，甘心作餔啜之人，誠所不忍。

今者殿下如欲立志更化，奮庸熙載，光前裕後，則當求學明性理，才蘊經濟之士，與之興治。如臣迂滯固陋者，不宜在旁招之列。殿下如欲恬靜無爲，謹守前規，不求作事，則在廷之士，老成愿慤者，未爲乏人，如臣輕驫喜事者，尤當在擯斥之地。百爾忖度，終無一線之路，臣非故辭，理勢然也。伏惟殿下光臨區宇，志濟黔蒼，四境之內，一夫之不獲其所，無非殿下所當惻念也。今臣欲承命就職，則瘝官喪守。如前所陳，欲求補外，庶竭駑鈍，則簿領之勞，病不能堪。欲處林泉，得免過惡，則徵召絡繹，形迹不安。進退路窮，俯仰跼蹐，如負重罪，臣之不獲其所，亦已甚矣。伏惟殿下天地父母，特垂哀憐，許臣解官。使得自適於寬閒之野，寂漠之濱，調病之暇，益讀聖賢之書，益窮精微之蘊，收斂身心，勉强踐履。幸於異日，賴天之靈，變化氣質，得爲可用之器，則殿下曲成之恩，碎身灰骨，猶未足報。近世帝王惟殿下可以聞此言，惟臣於殿下也可以此言達。愚臣愛君，實如愛父，進退畏義，未獲服勤，犬馬孤忠，輸寫末由，臨疏涕零，不知所裁。

司諫院請勉學親賢臣劄

伏以爲學在於涵養本原，變化氣質；爲政在於虛己推誠，倚任賢臣。涵養之功不密，則變化之術末由；虛己之誠不至，則倚任之道不成。恭惟殿下聰明恭儉，未見失德，而世道日降，政治不興，豈特羣臣歎悶而已哉？殿下亦嘗慨然發憤，屢形於言矣。聲微而響大，形靜而影動，必無之理也。今日之弊，豈可不深究其故哉？殿下於燕閒之中，潛寂之際，其亦念及於此乎？不念則已，苟或念之，則豈宜付之空言，不施實功也哉？殿下學問庶臻高明之域，而涵養變化之功則未之聞也。何則？欲矯氣質之病者，必先考病根之所自，然後以克己爲治病之藥。故先儒謝氏曰：「克己須從性偏難克處克將去。」殿下氣質，臣等未敢窺測，第以見諸辭令者言之：逆耳之説纔進，則訑訑之色輒發，是受善之量未弘也；涉内之事著外，則遮障之辭轉嚴，是偏係之私未去也；爭辨之語稍激，則理奪之言不從，是好勝之癖未醫也。三者爲殿下氣質之病，必須涵養而守之於靜，克己而治之於動，然後可以變化矣。

聖賢之謨，非口耳之資也。終日談敬，心中昏擾，則讀書萬卷，亦有何益？中庸之戒懼慎獨，大學之誠意正心，伏願殿下深致意焉。殿下好善愛士，固出於天性，而推誠委任者，未之見也。羣臣之少可倚信者，固所自取也。雖然，臨御八年，俯察已熟，賢愚邪正，想不逃於聖鑒，豈無一人之可作腹心者哉？竊恐殿下恬於守故之習，不發必治之志，故其待羣臣，茫無取捨，以之愛賢不切，嫉惡不深。人心之靡定，紀綱之不立，職此之由。近者經席既罕，而接見之際，亦無虛己咨詢之益。凡有啓沃，邈然若不聞者，大臣之言，亦不酬答。未知殿下深居宴處，宦官宮妾日親之時，其能淵默若此之甚乎？至於大臣進退，萬民具瞻：終始任賢，則黎獻興起；倚毗不重，則羣邪窺覘。嗚呼！可不慎乎？頃日朴淳之遞，上意固出於憫其沈緜，欲使將息，而第於允許之辭，不示留難顧惜之意，若庶官之得解，則既失敬大臣之體貌矣。及盧守愼之請仍也，三啓而未允，衆情疑阻，士氣不振，聖心之無他，其可家喻而户説乎？孔子曰：「君使臣以禮，臣事君以忠。」昭烈帝曰：「孤之有孔明，猶魚之有水。」君臣之間，誠意未孚而能保治平者，自古及今未之有也。虞朝都俞吁咈之樂，商書股肱良臣之説，伏願殿下深致意焉。

嗚呼！今日朝廷所不足者，實也，非言也。言雖叢集，效絶涓埃。臣等之言，殿下若一覽而擲之，則不過爲政院故紙而已。猶不敢不言者，良由官以諫爲名，矢在弦上，不得不發。昔者朱子不以宋帝之厭聞而廢誠正之説，臣等區區之誠，亦效此而已。伏願殿下勿以人廢言，試垂睿察焉。

校勘記

〔一〕無乃殿下罔極之中　「殿下」後，一本有「於」字。

〔二〕終天不懈　「懈」，疑作「解」。

栗谷先生全書卷七

疏劄五

辭大司諫兼陳洗滌東西疏己卯

伏以蟣蝨微臣獲罪于天，痼疾在躬，自廢溝壑，惟是愛君一念，不以進退有間。頃日伏聞聖上遇災警惕，下教求言，深欲披肝瀝膽，更叫天閽。歷陳居圉卒荒，敵至必敗之形。兼進養兵休民，預備不虞之策。而又伏惟念臣本淺薄，不能見信於聖明，從前連章累牘，盡歸空言，喋喋無益，故悶然中止。既而繼聞，時論不靖，士類泮渙。朝廷之上，和氣日消；閭巷之閒，浮議雲興。臣誠痛恨，仰屋竊歎，又不敢以寸忱。仰達冕旒之下，時或中夜撫枕，耿耿不寐。今玆伏承召命，責以諫長之職，感激之極，彌增惶恐。臣之才疏病深，不能前進之狀，曾悉底蘊，仰滓聖聰者，非一非再。式至于今，舊病不瘳，新知不長，揣分揆義，尚無就職之路。東望隕淚，精爽空飛。第念天恩重疊，愈久有加。臣今身既不進，口又無言，則臣罪尤大矣。茲陳瞽說，伏祈睿採焉。

今之時事，可言者多矣，姑先以最切而急者論之。臣聞自古國家之所恃而維持者，士林也。士林者，有國之元氣也。士林盛而和則其國治，士林激而分則其國亂，士林敗而盡則其國亡。已然之迹，昭載簡策。昔者帝舜命九官十二牧，而濟濟相讓。周武之臣三千，同心同德。此則士林之盛而和者也。唐之李德裕、牛僧孺分朋結黨，相傾相軋。宋之羣賢以類相從，論議不協，遂有洛黨、川黨、朔黨之名。此則士林之激而分者也。東漢黨錮之禍，忠賢殆無孑遺。唐末白馬之慘，清流悉葬魚腹。前宋章、蔡之徒，悉逐元祐諸賢，而至立姦黨之碑。此則士林之敗而盡者也。其治亂興亡，莫不由之，此理勢之必至者也。今之士林，可謂和乎？臣未能知也。但聞東西之說，爲今大祟，此臣之所深憂也，臣請循本而言之。沈義謙出於戚畹之中，稍有向善之心，癸亥年閒，李樑方禍士林，而義謙有救護之力，故士林許其爲人。許義謙者，是前輩士類也。金孝元少時雖無檢束，而後乃改行爲善，及其從仕也，律身清苦，不畏强禦，且喜汲引名流，故士林多推重焉。許孝元者，是後輩士類也。前後輩皆是士類也，若使不相疑阻，同心戮力以奬王室，則不亦善乎？只緣義謙不忘孝元少時之愆，屢遏清選之望，而孝元聲名日盛，竟不得抑。及孝元得路之後，又議義謙之失，以爲戇且氣粗，不可柄用。夫義謙之短孝元，初非有夙怨可銜也，只執嫉惡之心，而不知變通耳。孝元之疵義謙，亦非必欲復其私憾也，適其所見如此耳。於是，傍觀者不能深究其實，而泛説二人交惡，加以不逞之徒交構兩間，顯有分黨之漸。乙亥年間，臣在玉堂，目見其然，深知異日醖釀成禍，乃見大臣盧守慎曰：「兩人皆士類，非有黑白邪正之可辨，亦非真成嫌隙，必欲相害也。只是流言交亂，使朝著不靖。若此不已，恐成大患。不若姑出兩人於外，而消融彼此以鎮之也。」守慎之意適與臣合，達于經席。兩出之後，意謂庶幾帖息，而臣以病退。時事之誤，末如之何？而議者始以出孝元爲臣之咎矣。於是喜事造言者，做出東西之説，勿論公私得失，而只以許義謙者謂之西人，以許孝元者謂之東人。朝紳苟非庸碌闒茸，則皆入東西指目之中。嗟乎！前輩士類，非盡趨附於義謙也，亦多有以清望自樹立者，只是義謙自附士類，而乃以前輩皆諉之義謙門客。則爲前輩者，不亦辱乎？後輩士類，亦非盡服孝元而推爲領袖也，亦多有以學問名世得孝元之向慕者，而乃以後輩舉諉之孝元門客。則爲後輩者，不亦羞乎？東西之名一出，而朝著無全人，其亦可謂士林之厄會歟？乙亥之所謂西人者既失人心，而厥後所謂東人者漸主清論，不待相角，而勝負已決矣。去年，金誠一於經席言及貪污行賂，而被殿下猝問其名，乃不敢隱，直啓所聞，輾轉發露，爰及受者，臺諫不得已始劾三尹。當初非必有心於排擊三尹也，偶發之言，馴至於此。但東西立名爲日已久，而受賂之家適指三尹，故傍觀者皆以爲有意於攻西，而不主於按贓也。其時諫長金繼輝受假在鄉，不能深察曲折，只聽道路之言，且以東人攻西爲不韙。故馳來獨啓，言甚失中，過不知裁，惹起士類之憤激，遂致大擾。臣於平日嘗以繼輝爲解事可仗，而一朝疏脫至此，真是咄咄怪事矣。既然之後，若有心公見明者，鎮定兩間，和平者議，則庶或可以安靖。而大臣僅能自守，而力不能鎮物。其餘卿大夫，緘默容身，苟避鋒鋩，一任後輩之所爲。於是羣憾蝟起，衆怒如火，議論日激，無所裁制。譬如萬斛之船，泛于風濤，無一人操柁，而人競擊楫，罔有攸届。臣未知厥終之如何也。日者憲府之疏，始敢顯斥西人爲邪黨，以義謙爲小人。議論之激，極於此矣。孝元，臣所知也。義謙，亦臣所知也。論其人則皆可用也，語其失則可謂兩非也。若必以一人爲君子，一人爲小人，則臣未之信也。何謂兩非？自古外戚之預政，鮮有不敗者。雖以竇武、長孫、無忌之忠賢，尚且膏身砧斧。義謙何人，敢以外戚欲預政事乎？此則義謙之非也。自古君子，鮮不避嫌，瓜田納履，李下整冠，古人所戒也，只有聖人大賢能不避嫌焉。孝元何人？乃不避嫌，而直詆義謙，自取報怨之名，以來交構之舌乎？此則孝元之非也。臣爲是論，故今之議者，皆譏臣以爲含糊兩可，是非不明白。天下安有兩是兩非乎？臣謹應之曰：天下之爭是非者，亦有兩是焉，武王伐紂，伯夷扣馬，此乃兩是也；亦有兩非焉，戰國諸侯之兵爭，此乃兩非也。若使義謙誤國，而東人攻之，則是非不喻而自定矣，何費辭説之有？

今則不然。國家治亂，生民休戚，不係於義謙之進退，而明目張膽，必欲置之於小人之域者，果何見歟？竊觀時輩之意，不過欲防義謙再入之路，只加以小人之名，然後乃以和平處之。故其言曰是非不可不明白，處置不可不和平。此言似矣，而實無要領。何以言之？夫所謂調劑者，兩皆士類，故可以相和矣。若是一爲君子，一爲小人，則水火不同器，薰蕕非一叢。自古及今，安有君子、小人同調共劑，而能保其國者乎？是故善善而不能用，惡惡而不能去，郭公之所以亡也。傳曰：「見不賢而不能遠，過也。惟仁人放流之，迸諸四夷，不與同中國。」古之君子待小人若是其嚴者，何也？小人在朝，必能禍人國家故也。今之言者，若以義謙爲小人，則當盡言不諱，列數過惡，亟加以流放竄殛之典可也。今乃隱忍容護，是事殿下不以直也。若以義謙爲非小人，則啓達之辭不可不慎。而無故加人以惡名，不度虛實，惟快於意，是事殿下不以誠也。言者進退無據，必居一於是矣，義謙則已矣。收司之律，延及善士，至如鄭澈，忠清剛介，一心憂國，雖量狹見偏，病於執滯，而論其氣節，則實是一鶚之比，而乃加以黨邪之名，使不能接迹於朝列焉。金繼輝清白自守，明練典故，雖不重不威，病於輕率，而論其才器，則求之列卿，未見其比，而亦加以簧鼓之誚，使之退遯於荒野焉。韓脩恬靜老成，好善愛士，雖才智、學識有所未裕，而論其心行，則實是一國之良士也，而一言見忤，毁謗沓至，使之杜門不出焉。不論餘事，只此三人之退，已爲可惜，況其吹毛覓疵，使受污名者不止於此乎？時輩之意，亦非欲盡斥西人也。只欲强定國是，必使一時之人皆曰東正西邪，然後乃收而爵之，使不抗己。此其素計也。雖然，一簞食、一豆羹，蹴爾而與之，乞人不屑也，安有名爲士類而甘受惡名、俯就羈絏者乎？待之不以士類，而乃以退去爲彼之過，則是閉之門而使之入也。乙亥，西人固失於前，而今者東人之失，殆過於乙亥，尤而效之，不亦已甚乎？噫！朝廷者，殿下之朝廷也；官爵者，國家之公器也。當以公論，盡用一時之人才。義謙、孝元兩人是非之辨有何大關，而乃以此定其舉錯乎？況國是之定，尤不可以口舌爭也。人心之所同然者，謂之公論。公論之所在，謂之國是。國是者，一國之人，不謀而同是者也，非誘以利，非怵以威。而三尺童子亦知其是者，此乃國是也。今之所謂國是則異於此，只是主論者自以爲是，而聞之者或從或違。至於愚夫愚婦，亦皆半是半非，終無歸一之期，豈可家喻户説而强定之乎？不過益人之疑而反生厲階耳。作此論者，非士類之意盡然也。其間非無深識遠慮之士，而迫於衆議，不能自主張焉。士論之横潰，何時可定乎？嗚呼！才難之歎，三代猶然。矧今衰世，人物眇然，屈指無幾，雖使一時士類，不問前後，同寅協恭，共濟國事，猶恐時危力綿，不克有成。況復隔以東西，甄別流品，必欲捨彼取此者乎？一自蚌鷸相持之後，前瞻後顧，左牽右掣，猶恐彼之圖我，故更無餘力可及他務。夫是之故，仕路混濁，紀綱日頽，生民日殘，而莫之匡救。假使東得君子之名，西得小人之名，其亦何補於四方之蹙蹙乎？臣之所憂不止於此，自古士類多敗少成，雖使持論粹然一出於正，尚被小人加以朋黨之名，誅竄相繼。況今士類處事失中，讒閒易乘，安知後日之禍，不兆於今日之舉乎？若有小人窺伺機會，巧生網打之計，則臣恐激而分者變爲敗而盡，而國隨而亡也。乙巳大、小尹之分黨，初不與於士林，而尚彼小人之嫁禍。況今士林相激，而寧免士林之禍乎？幸今聖明當宁，洞燭情狀，而且無小人可乘之機，故雖致紛拏，而不生大禍，此則聖主之惠也。雖然，及今聖明之朝，不施解紛之策，而任其傾軋，無有了期，則後日潰癰之痛，必甚於今日，而非所以貽厥燕翼之謨也。殿下其不欲朝廷安靖，國論歸一乎？夫朝廷之靖，國論之一，亦有二道焉：君子得君，諫行言聽，百僚奉職，莫有異論，則是以善歸一者也；小人得君，謀行計遂，箝制人口，道路以目，則是以不善歸一者也。

當今聖明，如日中天，固無小人售姦者矣，又不聞君子之行道者也。小人既不售姦，君子又不行道，則宜乎人各有言囂囂不定也。近來國家無世不被小人之禍，以不善歸一者，則聞見已熟矣。殿下何不一使君子得志，使斯世得見以善歸一之盛事乎？伏願殿下以臣此疏下于公卿大臣，使之商議。如以臣言爲是，則下教朝紳，使之洗滌東西，不復甄別，惟賢惟才則用之，不賢不才則舍之。同朝之士舉，皆一心徇國，無復疑阻。激濁揚清，整肅朝綱，而其或偏主己見，不從公議者，則裁而抑之。或有必欲交構，造言生事者，則斥而遠之。夫如是，則士林之幸可勝道哉！如以臣言爲非，則亦須顯加庇惡之罪，永不收叙，亦定國是之一助也。臣非不知臣疏朝上，醜詆之口夕集臣身，而不容自已者。伏念愚臣受國厚恩，仰報無路，假使摩頂放踵，苟利國家，臣亦不辭，豈敢只欲保全虛名，而不盡忠言，以負殿下乎？臣言略盡，而又念國家自韓明澮以來，外戚多執權柄，蠹國病民，爲世大患，甚者至於魚肉士林。故「外戚」二字，士類視之，有同豺虎鬼蜮，蹙頞相對者有年數矣。如義謙者，別無罪惡，而一遭指玷，年少士類，望風排擯，猶恐不及者，豈盡希旨附會者乎？良由名爲外戚，故不復舒究，而一概非之耳。由是觀之，則雖洗滌東西，悉加器使，而若義謙則只當保其爵禄，不可更居要地也。因此垂訓後世，使之永勿授外戚以權柄，則亦聖明裕後之一道也。

嗚呼！今日可言者豈止於此乎？若其養兵休民、預備不虞之策，則臣雖在野，爲國焦思，或有愚見。而決知迂疏之計，不合時用，故不敢瀆陳矣。恭惟殿下每下召命者，此豈哀臣之窮而欲禄之乎？必念愚臣之言，或有可採故也。臣雖病不能進，而言則已達矣。儻蒙用臣之言，遞臣之職，而許臣閒退，使得優遊養痾，耕鑿任意，則天地父母之恩，臣尤不知所報。伏惟聖明垂諒焉。

代白參贊仁傑疏

伏以臣以無狀受恩四朝，退老田野，寵賚滋重，臣誠感激。無路報效，思欲一瞻天光，粗酬宿願，然後還仆溝壑，死亦瞑目。故日者作氣趨朝，一侍經幄，老耄既極，氣力澌盡，趨蹌殿階，已致委頓。曁至榻前，心神昏塞，眼暗耳聾，慌惚茫昧。天顔咫尺，玉音弘亮，而了不得聞，平日所懷，百不達一。雖有所達，志燕言越，始東終西，顛倒錯亂，不成倫理。退而追思，如醉如夢。筵中言語，都不省記，及因同時入侍之人，得聞其一二。則凡臣所達之辭，與臣所懷之志大相逕庭。驚惋累日，病懷益惡。臣之衰耗，朝夕就木，言之得失，雖不足恤，第以自上眷顧之隆，如此其過分，而乃於臨訣之際，言多害理，若聖明諉之老妄而不採則幸矣。如或不廢其言，則豈不爲盛代之疵累乎？兹不默默作非，敢明臣意，伏惟睿察焉。臣言之失，不可一一追記，但其中指朴淳爲有才無德云者，果出於臣口，則此言實非臣意也，語失倫序而然耳。

今日廷臣之學知向方者，莫如朴淳，才堪託重者，亦莫如朴淳，惓惓憂國者，亦莫如朴淳，而臣平日常以淳之才誠固兼，而德量不足爲未盡，故有責備之意。而乃於筵中昏眩之際，胡亂啓達，至謂之有才無德，則轉失本意，比之於才勝德之小人矣。臣雖至極妄悖，安敢指士林領袖之大臣爲有才無德之小人乎？伏願聖明，覺其妄發，察其本情，勿以此輕待賢相焉。至於殿下清問有曰：「今之朝廷何如乎？」此正老臣平日所欲極言竭論者。而臣不能仰聆玉音，乃答以他汨董之説，臣尤驚恨。今伏私室，平朝之間，精神稍定，乃摭平昔所懷而爲説曰：自古人君，孰不欲士論歸一，朝廷安靖乎？然而其所以定于一者，有二道焉：君子得君，上下相孚，而政治日興，生民日寧。時無可議之疵，則議論無不同，而士林定焉。此是以善定者也；如或小人得君，上下相結，而異言者見斥，誹謗者獲罪，惟務防民之口。則議論不敢異，而國言定焉。此是以不善定者也。若乃上不至於以善定，而下不至於以不善定，則人各立論，以類相從，是非相亂，取捨靡常，政出多門，朝廷不靖焉。此是不定者也。古之人有以善定者，五帝、三王尚矣，無以言爲，下至漢高祖、文帝、光武、昭烈、唐太宗及玄宗初年，宋太祖、仁宗暨我世宗大王之時，皆是以善定之類也。有以不善定者，桀殺龍逄、紂殺比干、漢成帝殺王章，至於趙高之於秦、王莽之於漢、虞世基之於隋、李林甫之於唐、秦檜、賈似道之於宋，天下岌岌，而人莫敢言者是也。至如乙巳之禍，燎原滔天，而在朝者以言爲戒。鳳城之死也，舉朝皆曰可殺，莫敢異議。此乃以不善定之明驗也。古者亦有不定之時矣，就其中言之，則唐懿宗以後，時論不定。牛、李分黨，日事報復，政以漸壞陵夷。至於僖、昭，而天下卒於亂亡焉。有宋元祐之末，司馬光既殁，羣賢各以類分朋，相傾相軋，而被小人乘隙，施卞莊子之術一網打盡，而宋以不振，淪於夷狄焉。此是不定之驗也。今日朝廷之勢，亦殿下之所洞照也。殿下高亢獨運，俯視一世，無人得被信重任用，則君子雖欲得君而以善定，其可得乎？殿下明粹寡慾，不惑佞倖之導以邪逕，不悦姦猾之得擅權勢，則小人雖欲得君而以不善定，亦不可得也。今日之朝廷，其將以不定趨於亂亡乎？乙亥年間，君在草野，竊聞縉紳有沈義謙、金孝元分黨之説，當時大臣及近臣有憂之者相議，作鎮定之計，啓於經席。兩出補外，議論稍息。若於其時殿下信用賢士，上下相孚，則朝廷可靖，而國事可爲也。良由殿下無必治之志，無待賢之誠，故羣臣解體，國綱弛散，浮議雲興，做出東西之目。稍涉於義謙儕輩者，則指謂之西；稍涉於孝元儕輩者，則指謂之東。朝士若非特立獨行及庸碌闒茸，則皆入東西指目之中。駁論一人，則衆必譁然曰：某是某黨，故被駁也。薦用一人，則衆必譁然曰：某是某黨，故被薦也。一駁一薦，無不指以私情，而臺諫銓曹，不能措手足焉。其閒重爵禄、輕名義之徒，則乘朝綱之不振也。爭事漁利，賄賂公行，曩時權姦之秉政也。爲守令者，只賂一二人，而可恃爲援。故所賂雖重，而其力不分焉。今之朝廷，滉瀁無依，不可賂一二人而爲可恃之援。必處處行賂，然後得以自安。故所賂雖輕，而其力分焉，其數不減於前矣。爲士類者雖欲忼慨論劾，而恐上疑其相攻擊也，恐下議其斥異己也，相顧憂嘆，莫敢發言。邦本日以困，國脈日以傷，「東」、

「西」二字，是亡國之禍胎也，殿下其亦灼見之乎，其思所以救止之乎？嗚呼！士之特立獨行者，世不疊見，而庸碌闒茸者又不可用。則今日可用之士，皆入東西之目矣。其所謂東者，則多指年少新進，而志於爲善，勇於謀國，誠心方盛。此當誘掖扶植，宰制裁成，而不可排抑以沮其志也。其所謂西者，則多指先輩舊臣，而經歷變故，力去權姦，功在社稷。此當眷待無替，刮垢磨光，而不可疏斥以失其心也。以東攻西不可也，以西攻東不可也。若欲盡斥東西，則是空殿下之朝廷也。爲此論者，必是小人章惇、蔡京之流也。必欲調和鎮定，使之同寅協恭者，其君子之論乎？殿下如欲調和鎮定，則必得士類之見明心公、人所信服者，引以爲腹心，而打破東西，不問其類。惟賢且才則用之，非賢且才則舍之。使之激濁揚清，稍治其貪污者，使不得病國而病民，則今之國事，猶有庶幾之望矣。若不信任賢士，不分臧否清濁，而惟務鎮定，則清議鬱而不行，貪風盛而莫遏，馴致人心涣散，國非其國矣。殿下勿以臣之老耄而忽其言，幸甚。臣又竊念公論者，有國之元氣也。公論在於朝廷，則其國治。公論在於閭巷，則其國亂。若上下俱無公論，則其國亡。何則？在上者不能主公論，而惡公論之在下也。防之口而治其罪，則其國未有不亡者也。周有衛巫之監，秦有誹謗之法，是也。今日之朝廷，公論不張，故閭巷閒果有議是非者矣。此在士之自處，則固失矣。不在其位，固不可議其政矣。若爲上者惡其議己而禁絶之，則是周、秦促亡之遺法也。

國無公論則亡，安可禁絶之乎？臣竊聞延訪之時，卿大夫有以士論過盛，進啓而欲禁之者。其信然乎？有君聖明如殿下，而乃欲效法周厲、秦皇，則爲此言者，其亦不仁者矣。此乃亡國之言也，願勿採納焉。臣雖粉骨碎身，無以仰答聖恩之重。今將入地，罄竭愚衷，倘蒙虚納，則臣死無憾矣。臣今已病，日氣又寒，進不能供職，退未能還鄉，罪憂俱積，無以爲心。伏望命遞臣職，以安待盡之餘喘，區區之至願也。

司諫院乞變通弊法劄

伏以臣等聞天下有事，則芻蕘之説重於泰山，天下無事，則聖賢之説輕若鴻毛。何則？當其有事也，厭亂思治，怵危求安，故人言易入，而羣善畢收焉。當其無事也，狃安循常，志滿心弛，故人言難入，而衆才不售焉。無事而能知戒用賢，則古今無亂世，有事而猶昧圖無策，則古今無治日矣。嗚呼！臣等伏覩今兹上天之震怒已極，下民之生理已窮，災害竝至，饑饉荐臻，餓莩盈路，公私罄竭。宗社之危有如綴旒，脱有邊釁外作，獷民内梗，則無兵可禦，無粟可食，土崩之勢，非朝伊夕。今若付於無如之何？坐而待亡，則固無所猷爲矣。如欲死中求生，必期匡時救民，迓續天命。則有事之大者，誠莫若今日矣。臣等狂瞽之言，無乃或有格天之望耶？嗚呼！誠能於無事之時，預憂無疆之恤，則國勢豈至如今日之岌岌乎？

今之濟艱，譬如七年之病，求三年之艾，勢難猝辦。雖然，及今蓄之，則猶爲後日之用，不猶愈於束手養病者乎？臣等竊念民失所天，國無所依，則生財活民，最爲當今之急務。此二策者，不可謀利而求贏，亦不可膠舊而守弊。臣等竊獻愚策，願垂睿察焉。我國税輕貢重，税則幾於三十税一，而近來歲比不登，災傷過半，加以里胥瞞官，守令干譽，收税尤輕，甚於貉道。比諸祖宗朝，則不及三之一。而經費之需，則一依舊規，不能量入。故一歲之入無以支出，逐年侵用舊藏。祖宗宿儲，日漸就盡。乃以二百年積累之國，倉廩不能支一歲，誠可哀痛！今若徵此加税，則民膏已浚，無以箕斂。必須先紓積苦，慰悦民情，然後收税始可適宜矣。貢案之定，不度民户殘盛，田結多寡，物産有無，而只以郡邑職秩高下爲輕重，且非土産，故不免輸價于防納之徒，以致刁蹬阻遏，徵以十倍。故利歸胥吏，而國與民俱乏之矣。誠能改定貢案，以民户田結分多寡，而必貢厥土之産，則民力寬得十之五六，如解倒懸矣。因以酌宜收税，而量入爲出，每有餘蓄，則國用漸饒，而民勞亦惕矣。且念生民休戚，係於守令。守令勤怠，係於監司。我國絶長補短，地方不過千數百里，而分州割邑，數過三百。或有有邑而無民者，吏員既夥，勢難精擇，而無民之邑，役苦尤甚。併省之策，出於聖衷，此宜汲汲奉行。而監司瓜期，只限周年，故循俗者苟經日月，盡職者未及施爲。

紛紜數遞，只煩驛路，上下不相維繫，緩急無以行令。此非細故，且如慶尚一道，則郡邑太多，一人之力，不能周按。今若以慶尚分爲左右道，而於各道擇其大邑設營，使監司兼宰其邑，率眷往釐，久任責成。而別擇廷臣，有牧民制治之才，期以公輔者授之。則黜陟明而列邑競勸，行政熟而民庶被澤。立見功效，決非空言矣。生財活民之策，固難枚舉。而今之易行者，大略如斯矣。雖然，孔子之言曰「爲政在於得人」，善政良法，待人而行。有法無人，是謂徒法。若使徒法可行，則禹、湯、文、武之法，豈毁於桀、紂、幽、厲乎？我國賢才不用，庶績咸隳者，非一朝一夕之故矣。士林之氣，斬於己卯，絶於乙巳。自是以後，求仕者斵方爲圓，守道者韜光晦迹。父戒其子，兄勖其弟，皆以爲慎勿經營國事以挑禍機。於是相觀而學者，只以摸稜隨俗，曠職餔啜爲良圖，自初筮仕，至于大官，皆務肥己，而國家安危，生民利病，則視如楚越。一有憂國忠公者忼慨正色於其閒，則羣誹衆謗，必使之不容，然後乃已。以至各司小官，亦皆習爲依阿之態，上無所矯，下無所糾，慢弛者保官，舉職者必敗，以致紀綱大壞，胥徒横恣，盜竊無禁，侵毒無防，一切之弊悉歸小民，而四境嗷嗷矣。以今人才，以今紀綱，雖得周官制度，而一一講明，莫不爲文具而無實效矣，豈不大可痛悶哉？殿下如欲奮興事功，以救危亡之勢，則必須登崇異材，爲官擇人，旁招俊乂，使之彙征，然後國家之事庶幾可爲矣。雖然，賢邪之辨，係於君心之明暗。自古人君，雖甚無道，豈有自求亂亡者乎？只以心術不明，無以知人。大姦似忠，大佞似智，直道不阿者近於矯激，難進易退者近於索價。須旨者如愛君，循俗者如淳厚，同心勠力者似結朋黨，嫉惡斥非者似擯異己。故或以君子爲小人，小人爲君子，舉錯失宜，人心不服，而政亂民散矣。人君誠欲得人爲政，則必須先明心術，以正權衡。而心術之明，係於學問，此所以古之欲明明德於天下者，必自格致誠正始也。伏願殿下先務窮理正心，端本清源，以立表準。而觀人之際，視其所以，觀其所由，察其所安，取其心存國事、忘身格君者，而舍其心營家業、貪位慕禄者。權衡不差，好惡得正，則爵賞刑罰，不必徧加于境内。而善者興起，惡者懲創，風行草偃，化成俗美矣。殿下聰明拔萃，寡慾清修，不讓於古先哲王，今日之不治，是殿下不爲也，非不能也，只在以國事加之意，明好惡慎舉錯而已。

臣等管見已陳梗概，而抑又有一説焉。臣等聞和氣致祥，乖氣致異，此雖老儒常談，而求之今古，實不出此。今以此説，觀乎時事，則無乃氣乖而不和歟？噫！士類之愛君憂國者，則遭遇聖明，志欲挽回三代，而因循退惰，政不成而時不升，故咸懷悶悶鬱悒而不得伸焉。流俗之爵位高顯者，則不爲清論所許，每被指玷，故雖處富貴而無芬華，咸懷憤恨疑懼而不得平焉。至如朝紳之閒，所見不同，議論多岐，莫能統一。而東西之説，未盡消釋，不能洞然無閒，同寅協恭，而未免相顧忌焉。下至小民，則飢餓顛連，老弱塡乎溝壑，壯者散之四方，愁怨之氣上徹穹蒼。上自朝廷，下及閭巷，少無歡心，如上所陳。則和氣何自而生乎？感傷天地之和，以召水旱之災者，理勢之所必至也。殿下君臨一國，作民父母，其可視而莫之救正歟？此在殿下一轉移之閒耳。殿下誠能獎拔士類，任賢使能，裁抑其過而誘掖其不及，與之共濟艱難，陶成至治。而若夫流俗士大夫，亦非有罪惡可廢棄者也。只是循資歷階，馴至大官，而才不稱職耳。殿下亦宜待以忠厚，使保爵祿，而其閒如有才能者，則可以隨其器而任使之也。若朝紳之不能協和者，則亦非有積怨相磨軋也，只是見識不高，疑萌未釋耳。只宜洗滌東西，使無毫髮退迹，而但觀其人之才器而用之。如是日久，則自底和平矣。朝廷既和，賢能任事，則政舉民安，四方和悦，而天地之和應之矣，伏惟殿下留神猛省焉。臣等備員耳目之司，當此側身之日，才疏計短，罔知攸濟，寢不帖席，食不甘味，區區貢忠，無以塞責，無任戰慄屏營之至。

司諫院請進德修政劄

伏以殿下以睿智之資，守盈成之業，内無聲色之蠱，外絶遊畋之荒，尊崇道學，禮敬大臣，好士以誠，視民如傷。宜乎政舉民安，風淳俗美，天心悦豫，瑞應畢至。而臨御以來，十有五年之閒，治效蔑聞，世道日敗，三光失常，水旱極備，變異之作，式月斯興。方此惕念勵精之日，又覩白虹貫日之慘，臣民驚懼，罔保朝夕。妖不自作，孽由人興，殿下亦嘗慨然傷歎，深究厥由乎？臣等晝嗟夜唏，罄竭愚衷，敢獻一得，伏惟舒察邇言焉。

自古人君之善治者，規模節目雖或不同，而其大要，不過修身致賢，舍己從人，擇能授職，委任責成，擧直錯枉，信賞必罰，如斯而已。此數句者，語其狀則陳人腐儒之所能言，求其實則英君碩輔之所難行。今殿下修身之實，則臣等未敢窺測，請以朝政言之。今日三公，固皆人望，士林期以霖雨者亦在其閒。而迄未聞建明施設，致君澤民，大副一時顒若之情，則他尚何責焉。大官練於涉世，泄泄保位，小官習於應俗，嬉嬉度日。以數遷避事爲良謀，以勤身奉公爲愚計。內而百司，曠廢職務，權委胥吏，外而列邑，罔念撫字，惟事誅求。積弊沈痼，清議痞塞，馴致紀綱頹弛，人心渙散。饑饉荐臻，四方蹙蹙，食無年歲之蓄，兵無緩急之備。風俗薄惡，彝倫斁喪。人事如此，上天安得而不怒哉？此非臣等之言，乃國人之言也。非但國人知之，殿下亦已洞照矣。殿下歷覽千古，曾有天工瘝曠，赤子失所，四維不張，而能免危亡者乎？身逢堯舜聖明之君，目覩叔季衰亂之象，豈獨臣等太息流涕痛哭於下乎？殿下亦必深憂永懷浩歎于上矣。今日之勢，非一朝發憤作氣之所能矯革也。急而無漸，則人情騷動，反挑厲階，緩而後時，則怠惰因循，坐而待亡。轉移振作之機，只在殿下善推所爲，緩急得中耳。殿下近日於號令之閒，仁心藹然，羣下咸仰，能推此心，何政不成？孟子曰「徒善不足以爲政」，伏願殿下擴充今日之心，勿使爲徒善焉。竊伏惟念殿下一身，是完社之主，百神萬民之所歸也。聖躬康寧，疢疾不作，然後五廟賴以享，羣情賴以定。乃者違豫，一國喪膽，而因此殿下動心忍性，有所省悟。則頃刻之災，轉作無疆之休矣，豈非宗社臣民之大幸乎？頃者下教，欲近良醫，講求藥理，臣等仰覩殿下爲宗社自愛之盛心，不勝感激欣抃之至。殿下之自保，乃所以保宗社也。嗚呼！孟子論養心曰「莫善於寡欲」，寡欲固是養心之術，而保身亦莫善於寡欲。以殿下之清修淵默，其於物欲，固已澹然矣。但血氣或虛，聖賢所不免；細行不矜，大德所由累。伏望殿下於燕閒幽獨之地，益加涵養省察之功，以爲修身基址。而嗜慾必防，飲食必節，喜怒必中，言語必慎，動止有方，視聽有則。欲既寡矣，又閑以禮，寡焉以至於無，使殿下本原之地，極乎誠立明通之境，則德何以不及三五，壽何以不到期頤乎？既勉自修之功，而因以申警大臣，使之董統百僚，奮熙事功，旁招俊乂，與共天職。在朝之臣量才授官，在野之士盡誠加禮，必使賢者在位，能者在職。及今閒暇，修明刑政，則天意可回，民生可保矣。古人有言曰「應天以實不以文」，古今遇災者，孰不曰恐懼修省，而能應以實者，千載罕覯。夫所謂恐懼修省者，非閉門扃户、拱手默坐而已，必有改過遷善之實，見諸政事之間，然後可謂應天以實矣。

嗚呼！不慮胡獲，不謀胡成？今殿下已發求治之志矣，必須收合羣策，擇善用中，以成一代之政。不可恬常守故，架漏苟安，使二百年社稷日趨危亡而莫之救也。近緣寒沍，恐傷玉體，久廢視事，臣鄰阻隔，思慕日切。伏望每於稍温之日，不必進講，而只接大臣臺諫近侍于便殿，與之講論修己治人之方、挽回世道之策，不滯近規，恢弘遠圖。則安知非今日之災異，反爲億萬年太平之休徵乎？若論積弊當祛，則雖不可猝然遽革，亦當量時度力，漸磨而進。一年有一年功夫，必以保民施教，移風易俗爲期，仰答仁愛之天心，俯慰顒戴之民情，不勝幸甚。

辭大司諫疏

伏以無狀小臣遭遇聖明，受恩深厚，昊天罔極，粉骨碎首未足仰報。而從前求退，炊不暇熟者，其故何哉？才非適用一也，病不堪仕二也，與世寡合三也。畎畝之中，一飯之頃，豈敢忘吾聖君乎？去冬被召，適値聖躬新經違豫，犬馬之情，急於覲省，不敢辭職。及瞻天光，感戀尤深，未遑揆分，遂冒重任。竊思政治得失，係於士論。士類調和，合而爲一，而就其中激濁揚清，是是非非，然後朝廷可靖，而事業可興矣。苟或不然，先分彼此，物色異己，則取捨不公，人心不服，將無以立清論而定國是。故臣之存乎心者，必主和平，發諸言者，必欲無偏。冀以此少效涓埃者，是臣素所蓄積也。

近年東西之名，本出於閭巷不根之談，臣嘗以爲明者聞之，未滿一笑，實不料至今尚爲朝廷之疢疾也。沈義謙是臣父家外屬，金孝元是臣同年儕輩，二人臣皆熟知。初非懷嫌積釁，結黨相傾者也。第以義謙猥持權柄，氣勢張皇，孝元當事果敢，不避忌諱，一語相忤，而流言交構，漸致不靖。大臣之建請兩出者，是鎮靖之策也。如是而洗滌痕迹，不生偏議，則實是搢紳之幸。而彼比方生之説，迄未寧息，此臣之所未解也。大抵所謂東西者，非若冰炭薰蕕不可相容者也，不過先後輩之不相合。而只是義謙以外戚參先輩之列，人所厭惡，故一時清望，不歸於西而在於東耳。雖然，東人固多清流，而其閒豈無趨時附勢者乎？西人縱被指摘，而其閒豈無才識可尚者乎？以西攻東固不可矣。若一主於東，而惟西是斥，則是亦偏見而非公論也。昔年孝元之作宰富寧也，臣敢獨啓，請改内邑者，非爲一孝元也，欲以安後輩之心也。及乎士類深攻義謙，延及他人，目爲邪黨，則臣敢陳疏救解者，非爲一義謙也，欲以安先輩之心也。至於今日士林，猶未保合，猜疑未絶，臣與一二同志之士，思所以匡救，則多以爲義謙未蒙顯斥，好惡不明。士類皆疑先輩有愛護之志，故不敢爲同寅之計。今若明譴義謙而絶之，則可以蕩滌東西，協和爲一矣。臣亦竊念義謙爲人，到今尤被士類之所深惡，決不可並容於清朝，故其敢論罷者，只欲順成士論，夬決一人，而爲調劑鎮定之策耳。臣誠至戇，更無他心，區區誠不自量，前後效愚者，惟在於救偏見張公議，以清朝廷而已。伏惟聖君在上，賢相在下，若以打破東西，不問彼此，只觀人器而舉措者，爲國是。而敢有浮薄喜事，横議過激，以拂和平之論者，輒加抑制，則士論可以得中而歸一矣。苟如是，則義謙既以外戚，曾執國論，積失士心，不可更用。只當待以其道，不失其禄。而若孝元之才氣可惜，歷變鍛鍊者，則不可比竝而捨之矣。夫然後東西之癥，可以永洗矣。今者薦用一人，則上下輒疑其吹嘘附會，論劾一人，則上下輒疑其排擯異己，公論不得見信於上下。此則無他，以東西形迹猶存故也。每有所爲，人各以私意相窺測，則國事何由可正乎？當此之時，苟非公心直道，負一時重望者，則決不能鎮服羣情，以主清論矣。如臣疏愚浮淺，被人輕侮者，則安敢更叨言責重地，行呼唱於道路，使人指笑而疵議乎？今臣欲竭智殫誠，匡輔明時，則志大才疏，終必僨事。欲隨俗俯仰，只事餔啜，則内顧初心，愧恧山積，決不敢爲也。欲揣度分義，退歸田里，則堯舜之君，不忍便訣。進不獲便，退亦不安，臣情臣勢，孔艱而可悲矣。伏望殿下明燭事理，俯察危悰，命遞臣職，授以庶官，使得隨分供職，以盡葵藿之誠，則公私幸甚。

辭户曹判書疏

伏以臣聞爲官擇人，猶匠用木，大爲樑棟，小爲椽楣，各得其當。然後鳩材築室，績用不圮。今臣只是空疏戇騃，一病人耳，揆分度義，自甘溝壑。語其才則無毫髮之長，論其績則乏分寸之勞。伏遇聖明，天覆海涵，不遺菅蒯，矜憐犬馬之誠，使備顧問之列，已踰涯分。小心慄慄，懼不克荷，而不意今者誤恩橫被，擢長地官，此實平生夢寐所不到也。驚戰惶悶，置躬無所，竊念當今國儲垂罄，民力已殫，聚斂則邦本先蹶，損上則經費不繼。盍徹之策，無以應目前之需；理財之説，鮮不長征利之習。於此之時，上以裕公家之調度，下以制赤子之恒産，使財足民安者，責在度支，非有材智足以辦事、仁恕足以濟人者，則決不能負此重任矣。今臣若使坐談民隱，則千慮或有一得矣。至於錢穀出納，算數心計，則茫然不省，精神筋力，實所不逮。如是而强委重焉，責蚊以負山，則一身罪戾，雖不足恤，奈僨國事何？且臣恒伏田里，立朝日淺，而特陞宰班，纔經數月，又躋正卿，官爵太濫，名器太輕。不有人非，必有鬼責，福過災生，理所必至。臣雖至愚，亦知自愛，安敢冒昧承當，以貽朝廷之羞，自作難逭之孽乎？況臣恒抱疾祟，衆所明知。自春徂秋，休告居半。假使微臣學爲通儒，才足生財，只此痼病已不堪劇職，矧伊無才有疾者乎？實非聖上爲官擇人之意也。古人曰「知臣莫如君」，伏望殿下俯察愚臣非應文之讓，還命改正，擇授可堪之人，以重名器，區區至願也。

陳時弊疏壬午

伏以無狀愚臣，濫荷寵眷，位踰涯分，功無寸效，福過災生，身嬰重疾，沈綿牀席，輾轉數月。病中竊念聖主在上，而國事日非，中夜撫枕，達朝不寐，丹心耿耿，不堪鬱伊。茲乃刳肝瀝血，展盡底蘊，具疏未上之際，誤恩荐加，秩以貳公，驚惶悶迫。辭不獲免，退揔前稟，敢扣天閽，而事急不容徐步，心痛不能緩聲。上批逆鱗，下乖時情，皆不暇恤。伏願殿下少霽不測之威，而試垂察焉。

臣聞上智明於未然，制治于未亂，保邦于未危；中智覺於已然，知亂而圖治，識危而圖安；若夫見亂而不思治，見危而不求安，則智斯爲下矣。恭惟殿下以上智之資，當復隍之運，危亡之象，明若觀火。中智之所歎悶，而終不見治安之策，可以上副皇天祖宗付畀之責，下慰臣鄰黎庶顒若之望。謂殿下不知危亡之象，則今之國勢岌岌，童子亦知，寧有聖明不知之理乎？謂殿下已知也，則何恃而不出制治保邦之計乎？嗚呼殆哉！嗚呼殆哉！危亡之象，臣請冒鈇鉞之誅，試陳其略焉。

世污於循俗，績敗於食志，政亂於浮議，民窮於積弊。此四者，其大目也。世污於循俗者何謂也？世降俗末，人心漸薄，非有教化振起之，則風澆俗敗，勢所必至。今之世道，如水益下，習非已久，視若當然。禮義廉恥，不張久矣。循俗者無謗，異衆者招譏，故大小尊卑，相率而入於荒亂之境。放心爲惡，無復顧忌。士子尚且先利而後義，則小民何觀焉？甚至於遺君後親，無所係念，三綱淪而九法斁者，今日之謂也。無事時已解綱常之紐，脱有緩急，則將必疾視長上之死而不救矣。土崩之勢，翹足可待，此其爲危亡之象一也。績敗於食志者何謂也？設官分職，非祿其躬也，將得人才以治天工。而今則不然，爲人擇官，不問才否，大官持祿，固鮮憂國之志；小官餔啜，尤絶奉職之念。師師非度，筋脈解弛，一有欲治官事者，則羣笑聚駡，指爲癡兒。左牽右掣，前拘後礙，卒無所成。至於胥吏之微，亦得乘機售姦，竟使失職，習已成例。由是，士之稍知自守者，不欲做官，而惟慕爵貪榮，及窮不能家食者，或偷時得勢，或屈心抑志，乃能久於居官。故大小臣僚，皆不敢有意於職務。其中彼善於此者，只能按簿書應期會而已，馴致庶績日敗，百司皆弊，延及郡縣，無邑不殘。內外空虛，無以爲國，此其爲危亡之象二也。政亂於浮議者何謂也？自古爲國，必有執政，三公統六卿，六卿摠庶司，貴以臨賤，下以承上，尊卑有序，綱紀攸張。今則不然，廷議多岐，朝更夕變，是非之權，莫適主張。上下大小，不相管攝，朝紳千百，千百其心。所謂浮議者，不知其所自來，始微漸盛，終至於動摇廟堂，波盪臺閣，則舉朝靡然，莫敢相抗。浮議之權重於太山，銛於鋒刃，一觸其鋒，則公卿失其尊，賢俊失其名，儀、秦無所用其辯，賁、育無所施其勇，終莫知其所以然也，吁亦異矣！由是下而陵上，賤而蔑貴，人各自用，紀綱板蕩，不顧義理所在，而惟觀浮議之勢而已。噫！政在臺閣，尚云擾亂，況於政在浮議者乎？誠千古之所罕聞也。譬如萬斛之船，泛于溟渤，無人執柁，一任風浪，此其爲危亡之象三也。民窮於積弊者何謂也？法久弊生，古今通患，不有變通，生理必窮。況我國家屢經權姦之手，多立弊法，踵謬不改，因微至大，貽毒生民，無有紀極。而數十年來未嘗釐革，至于今日。版籍之數，田野之闢，太半減舊，而責辦貢賦反甚於前。故民窮財盡，輾轉流散。民益少而役愈苦，其勢必至於民無孑遺，然後乃已也。民爲邦本，本固邦寧，目今民生日蹙，如在水火，撫我則后，虐我則讎，豈不深可懼哉？孟子曰：「爲叢毆雀者，鸇也。」今以斯民之倒懸，儻有鄰邦如曹、莒者在傍，則民必襁負而歸之矣，此其爲危亡之象四也。今此四象，非隱微未現之幾也，有目者可覩，有口者可言，殿下寧獨未知乎？漢臣梅福之言曰：「不見其形，願察其影。」若言今日之影，則天文示變，地道不寧，水旱極備，癘疫連年。草木山川，昆蟲鳥獸，百怪競出，式月斯興。此是何影乎？嗚呼！殿下爲一國之主，則一國之不治，將責之誰乎？古之論爲治者，必以格致誠正爲本。今爲老儒陳言，孰不以爲迂且遠哉！雖然，欲捨格致誠正而求治國者，終無是理，何則？不格致則智不燭理，不誠正則心不循理，不燭理則無以辨邪正是非之分，不循理則無以施任賢安民之術。自古人君，雖甚無道，豈有欲亡其國者乎？惟其智不明也，故以亂爲治，以姦爲忠。惟其心不正也，故見賢而憚其守道，遇佞而悦其媚己，此所以覆轍相尋，而終莫之悟者也。今殿下天資睿聖，寡慾清修，恭儉禮下，無少過失，而臨御十六年，治道不升，乃有危亡之象，如前所陳，則豈非格致誠正之功有所未盡而然乎？嗚呼！殿下其以今日國勢爲可以拱手垂衣，終得保存乎？抑欲匡救，而未知其策乎？抑有其志，而不得其臣，難於作事乎？抑欲付之天運，任其興亡，而不容人力乎？

自古欲治而不能者有二焉，多慾之君，自奉甚廣，宮室之盛，聲色之娛，馳騁弋獵之樂不能自抑，故民不能堪而亂作者，一也；柔弱之君，授柄權姦，政不己出，寄生於上，左右耳目皆非腹心，稍欲有爲，便被鉗制者，二也。今殿下既無多慾之累，又無權姦之患，欲王而王，欲霸而霸，在殿下度内耳，誰禁而莫之治乎？竊料危亡四象，皆係於殿下，而革弊興治，亦在於殿下。不爲也，非不能也。何以言之？殿下好善雖至，而信道不篤，聞人有忠孝清白一節之行，則嘆賞不置，聞人有以道學自任，則或疑其僞。夫道學者必具善行，行善者未必知道，豈可重一節而輕道學乎？惟殿下重道崇儒之誠未至，故發號舉錯之閒，喜循俗而惡異常。直節之士，疑其矯激，緘默之臣，比於醇厚。古道之説斥以大言，由是流俗之士，向風草偃，咸曰吾王不悦道學，爲善者沮，爲惡者肆。稍自修飭，則目以釣名，同流合污，則許以任真。教化陵夷，彝倫喪敗，此所以世污於循俗者也。殿下愛士之意固出於誠，而惟是好勝之私未克，求治之志不立，故惓戀印綬者順而承寵，難進易退者逆而忤旨。至於進賢則不論用舍，而只以爵禄爲羈靮，待士則不辨賢否，而只以崇卑分輕重。故欲行其道者，願忠而不可得，彷徨躑躅，終至於必退。欲食其禄者，雖毁瓦畫墁，必以久次，終至大官。夫爵禄者，所以礪世磨鈍而命德之器也。若使欲得者皆進，不求者皆退，則天工之曠何足怪哉？此所以績敗於食志者也。自古明王誼辟，不能獨治，必得賢者而共國，故大哉之堯，獨以不得舜爲己憂。君哉之舜，猶以不得禹、皐陶爲己憂。人君任臣，天地之道也，顧所任有邪正，而治亂安危係焉。是故任君子則政治而安，任小人則政擅而危，君子、小人都無所任，則政散而亂，此必然之勢也。今以殿下之明聖，小人固不得肆其姦矣。至於君子，亦未深信，而任之不專，故君子亦不能行其志，是君子、小人皆無所用也。由是國柄無寄，而朝綱涣散，有如第宅無主，路人爭入，發言盈庭，具曰予聖，各以私見馳騁而横議，至於牛童馬卒、乳臭小兒皆欲預論朝政之是非，故朝廷不嚴，國勢不尊，此所以政亂於浮議者也。

自古繼世之君，善於守成者有二焉：繼治世則遵其法而治焉，繼亂世則革其弊而治焉。其事雖異，其道則同也。故真西山曰：「當持守而持守，固繼述也；當變通而變通，亦繼述也。」此真不易之定論也。今殿下承積弊之餘，宜講更張之策，而每以改紀爲難。故變通之説，略不採納，譬如舊室材朽，朝暮將頹。而不易一椽，不改一柱，坐待覆壓，是何理歟？雖舊章成憲，時移事變，則或有勢難遵行者。故國初用經濟六典，而光廟創成經國大典，成廟以後續録多端，此豈好爲紛更乎？權時適宜之策不得不爾。今者非但膠守舊章，而雖誤規出於一時，行之既久，則認爲成憲，遵守益虔，毒遍寰宇而莫之恤。斯民何罪？值聖明之君，而終不得脱塗炭之苦乎？昔者諸葛亮曰：「不伐賊，王業亦亡，惟坐而待亡，孰與伐之？」臣亦曰：「不更張，邦國必亡，惟坐而待亡，孰與更張？」更張而善，則社稷之福也。更張而不善，亦非促亡，只與不更而亡者一般耳。殿下雖有愛民之心，而不施安民之政，徒善無法，民不見德，此所以民窮於積弊者也。嗚呼！我太祖康獻大王肇受天命，太宗恭定大王贊成大業，世宗莊憲大王鞏固弘基。列聖相承，至于殿下。祖宗在天之靈，於昭陟降，其有望於殿下者，豈不深且遠哉？今者民散兵銷，倉廩匱竭，恩不下究，信義埽地，脱有外侮侵犯邊陲，頑民弄兵潢池，則無兵可禦，無粟可食，無信義可以維持。未知於此殿下將何以應之耶？今聞詔使將來，西民已無支撑之計。今以殿下之恪慎，尚不能保國，儻使繼於後者，稍不謹度，則其亡必亟矣。不及今日爲貽厥燕翼之謨，則是殿下上負祖宗、下棄子孫矣。殿下若於乙夜燕閒之際，念及於此，則能無愓然警省者乎？嗚呼！非常之績，不可以常調，幸而成也。今將回亂爲治，轉危爲安，一新世道，迓續天命，功光祖宗，業垂後裔，則此固非常偉烈。必樹立大志，奮庸熙載，日有所事，盡其才誠，然後庶可有成矣。今者上下束手，恬嬉姑息，則不進而退者，固其理也。竊瞯廷臣氣象萎苶，賢者只欲持身寡過而已，不賢者汲引儕輩，託公營私，在職之人皆無固志，少有人言，引疾避事，朝遷暮除，不成模樣。其於治亂安危，漠然不入於心，言及經國遠猷，則賢者顰眉，猶憂上意之難回。其次諉之天命，以爲無可奈何。若不賢者，則直加非笑，以爲愚妄。由是廟堂絶建白之議，六部守文墨之規，臺諫毛舉細故，摘人舊惡，以爲日課。侍臣尋章抉句，閒言漫語，以擬啓沃。未嘗聞有一人憂深思遠，提挈綱領，直言極諫者。此無他，殿下不以有爲之志昭示羣下，故廷臣疑殿下惡聞逆耳，而不盡其忠也。噫！自古人臣之獻忠者，先事而言，則必不見信；事至而言，則欲救無及。此所以死病無良醫者也。今日之象，非先事之言也。剥牀不已，必至於膚；引繩不止，必至於絶。豈可以目前之幸免，遂以爲終得無事也哉？今殿下無意於救時，則雖臯陶、稷、契布列左右，亦無益也，臣可緘口矣。如欲救時，豈可寥寥無策乎？嗚呼！殿下誠能一朝慨然發憤，大振勇猛之志，必以旋轉乾坤，昭洗宇宙，光祖宗裕後昆爲期。而篤信大道，終始典學，居敬窮理，兩進其功，動静云爲，一循天則，以一身立表凖於上，使一國臣民咸覩聖心重道崇儒，申明教化，快若雲霧盡消，大陽中天，則污世濁俗，寧無於變之勢乎？如是，而至誠側席，旁招俊乂，明明揚仄陋，惟賢惟才，不問其類，用人只觀人器相當而已。勿拘常格，各使稱職，則食志之患，非所慮也。其於賢者察之審，擇之精，知之深，信之篤，而委任責成，勿貳勿間，使之舉其所知，分掌百職，各興事功。考績課勞，黜陟公明，則清論有主，而國勢尊嚴，悠悠之輩，亦皆俯首聽位，各守其分矣，浮議安得以亂政乎？人君臨政，每患無人，此亦不然。若三代君臣，則固無議爲，如漢武帝，非賢君也，當其好大喜功之際，材略之士宣力于外，東恢西拓，惟意所欲。及其末年，悔過斂迹，養民保境，則又有任土之臣，運智制器，便耕利民。若使武帝求踵哲王，則安知無道學之士出而應命乎？世未嘗無人，只患人君求治不誠，不能收用耳。今日人物眇然，殿下俯視一世，固嘆無可用之才。雖然，殿下若誠心望治，用當其才，則豈不可做一時之事業乎？

若積弊之可袪者，則今難枚舉，愚臣之每達于經席者，是改貢案、省吏員、久任監司三者耳。所謂改貢案者，列邑土地人民，大小不同，或至懸絶，而貢役之定無甚差等。苦歇不均，而多非土産。百物皆辦，而分納各司。刁蹬之弊，害歸於民，胥吏弋利，而公用不加焉。且近來税輕，有如貉道，一歲之入不能支出，每以宿儲補用，二百年積累之國，今無二年之食。國非其國，豈不寒心？今欲加賦，則民力已竭，坐守前規，則不久必罄，此非難見者也。臣意若改貢案，付之能手，善於規畫，只以土産均敷平定，使一邑所納，不過二三司，則元入之數，別無所減，而民費則可除十之九矣。如是寬舒民力，慰悦民情，然後量宜加税，則國用可以漸裕矣。欲改貢案者，非獨爲民，實爲經費也。所謂省吏員者，設邑置宰，只爲牧民，而今者邑夥民少，多擁虛器，吏民之困日甚一日。除拜之際，亦難擇人。而時議方以沿革爲難，故所謂救弊者，不過除衙眷而已。四方蹙蹙，穌殘無日，則終至於環八道而作曠夫矣。此是何等法制乎？此弊則殿下固嘗留意而屢言矣，何故畏難而莫之施乎？今若擇數三殘邑之接壤者，今而爲一，則此非驚世駭俗之舉，而民役可減三分之一。愼簡守令，亦易於前矣。所謂久任監司者，監司爲一道之主。久於其職，與民相信，然後王化宣焉，號令行焉，平日可以成政，緩急可以應變。今則不然，監司只任一期，而不以家眷自隨，故人皆厭苦。受命之日，已有謝病之計，苟淹數月，無意察任，而終以疾免。故一道常若無主，政無所寄，民不被化，其中乃心王室者，雖欲整理政化，而朞月易滿，不能有成，故監司有無，民不管他，監司之設，豈亶使然哉？今若於諸道，擇巨邑設營，使監司率眷，兼爲邑宰，久於其位。如兩界之例，而別簡朝臣之心存經濟，可以牧民馭衆者，往欽厥職，責以成效。入則俾參朝政，無重內輕外之弊，則四境之民可蒙實惠，而碩鼠之歌不作於邑里矣，豈非安民之至計乎？康誥曰「如保赤子」，古之聖王，保民如赤子，故飢則思所以食之，寒則思所以衣之，勞則思所以佚之。此夏禹所以一飯十起，文王所以日中不食者也。今殿下誠能愛民如赤子，則顛連溝壑之民，豈不起聖衷之惻念乎？漢臣劉陶曰：「天災不有痛於肌膚，震蝕不即損於聖體，故蔑三光之謬，輕上天之怒。」今者上天之震怒極矣，下民之生理竭矣，而殿下視之恬然，無所猷爲者，無乃近於劉陶之説乎？

嗚呼！皇天祖宗之意，欲殿下治乎，不治乎？殿下每欲以因循爲國，如使因循而可治，則殿下之因循已踰一紀，非不久矣，何故國事益亂而危乎？以殿下之明智，於此不思改絃易轍之爲當務，則豈非天耶，豈非命耶？大厦之傾，非朽木可支。如臣空疏蹇劣者，乃敢仰首哀鳴，則其情誠可悲，而其愚誠不自量矣。然一生受恩，糜粉難酬，知而不言，罪不容誅。每伏惟念殿下以英睿之質，清粹之德，不能推廣仁心施於有政，故將與古昔荒嬉無度之主，危亂同歸於一轍，此臣所以夙夜悶惜腐心痛骨者也。殿下如以臣言爲不妄，則深思舒究，詢及大臣，少加採用，區區至願也。殿下用臣之策，得人授政，頓綱振紀，更張宿弊，勿爲流俗所沮，勿爲浮議所動。如是者三年，而世道不新，庶績不熙，朝廷不靖，百姓不安，則請治臣以誣罔之罪，以爲妖言者之戒。不勝幸甚。

陳情乞退疏 癸未

伏以臣聞求治之主，必擇濟時之才以爲輔佐；藏器之士，必遇有爲之君以興事業。君不擇臣，則求治而反亂，臣不遇君，則藏器而不售，此天下之通患也。然則君之所擇，必才智足以經邦，德望足以服衆，然後可以回亂爲治，易危爲安，樹非常之勳，建不拔之基矣。如或才智不逮，輿望不歸，而誤被倚重，妄奮庸載，則事僨身戮，而亂亡隨之。嗚呼，可不懼哉！恭惟殿下躬上聖之資，值積衰之運，慨世道之頹敗，憫生靈之塗炭。欲得輔佐之賢以增前烈之光，而大小臣僚未見有承當者。近來，誤恩濫加於無狀之愚臣，委以改紀養兵之任，此猶責瞽以辨色，責聾以賞音，寧有是理哉！

臣本空疏孱病一腐儒耳，自度決非應世之器，故退縮田野，若將没齒。聖量天涵，菅蒯不遺，四五年閒，宣召不置。臣子分義，不敢終遯，一出應命，因失初心，貪戀恩眷，冒昧道義。秉銓則藻鑑不明，主文則儒風益壞。官無不瘝，績無少成，加以言輕謀淺，大拂羣情，一議纔發，百謗輒隨。用是志勤效遠，身勞職廢，爵位徒崇，寵命秪辱。臣非木石，寧不知恥？嗚呼！殿下之爲國不亦難乎？民失恒心，兵擁虚簿，内則儲畜罄竭，外則金革連結。士論涣散，紀綱陵夷，因循則束手待亡，變通則衆目駭異。若非豪傑之才，聖賢之學，出爲世用，鎮靖人心，挽回世道，則雖以殿下之睿智，無救於土崩之勢矣。於此之時，以臣之疏才短識，弱植孤根，棲棲其閒，乃欲匡主而救民，其亦不自量矣。譬如一隻朽木，欲支大厦之傾，其爲愚妄，童子亦知。身被覆壓之不暇，尚能有所匡救乎哉！若頃日權克智、黄暹之説，則只拘俗見，豈有他心？黄暹則臣相知未熟，若克智則是臣族黨，熟知爲人，保無壅蔽之邪意矣。殿下疑之太深，折之太嚴，此尤小臣之所未安，而重得罪於公論者也。臣自冒忝司馬以來，的知筋力有所不堪，而辭不獲免，黽勉供職。適值邊患，不敢自便，力疾夙夜，積勞致傷。肢體萎困，精神惛眩，遇事茫昧，不成頭緒。若此不已，將必上誤國事，下喪性命。公私之悶，可勝言哉？嗚呼！今臣欲退而安分，則堯舜之君不忍便訣，欲留而獻忠，則錯謬之策不適於用。進退路窮，觸事生病，入則髮白心焦，出則笑罵盈路。知臣之情者，孰不悲憐哉？臣反覆思之而得一計焉，傳有之：「不信乎朋友，不獲乎上矣。」今臣之違衆招譏者，由臣學力未充，素行不潔，不能見信於人故也。臣自還朝，今四年矣。職務鞅掌，全廢學業，志氣荒怠，見識茅塞，馴致梏亡，則將爲棄人。中夜撫枕，惕然悔懼，如得數年之閒，更得用力於操存省察之地，以立根本，然後還事聖主，竭誠盡才，則必不至如今日之齟齬矣。伏惟聖明，天地父母，於臣心曲洞燭無遺，臣非飾辭，實吐丹衷。伏望殿下廣招俊乂，明明揚陋，博鑑精擇，必得經濟之才，付以輔佐之責，而許臣姑退，勉力學問。幸有所得，則進可以不離於道，退可以不失於義。洪造陶甄之恩，臣雖粉骨，無以仰酬矣。

陳時事疏

伏以興亡有漸，治亂有幾，先事而言，則多不見信。事至而言，則欲救無及。臣讀前史，每於張九齡「成忠」之説，未嘗不掩卷深吁，不能爲懷也。嗚呼！義慈之昏庸固不足道，玄宗之明智亦昧先見，不用之悔，曲江之祭，何補於亂亡也哉？自古亂亡之國，或以淫虐暴絶天命，或以積衰，委靡不振。臧穀雖殊，其亡羊則一也。然淫虐之病，猝發於一時，若賢君代之，則可以按古而易於復興，積衰之證，醞釀於累葉。雖哲王受之，倍用其功，而難於振起。我國家積得累仁，根本固深，而百有年來，俊乂不售其才，疵政日加於民。自燕山顛覆典刑之後，無人釐正朝廷，與百姓相忘者厥惟久矣。嗷嗷赤子，常在水火之中，籲呼無聞，雖無外寇，其勢固已岌岌矣。況今北胡啓釁，兵連禍結，欲援則國少控弦，欲餉則倉無宿儲，緩之則慢弛不集，急之則潰散爲盜。亂亡之象，昭在目前，此非先事之言也，無乃近於欲救無及者乎？嗚呼殆哉！嗚呼殆哉！雖然，豈可付之無可奈何，而束手待亡乎？竊惟天下之事，有本有末。先治其本者，似迂而有成，只事其末者，似切而反害。以今日之事言之：和朝廷而革弊政者，其本也；調兵食而固防備者，其末也。末固可舉，而本當尤先。昔者鄒、魯之鬨，鄒民疾視長上之死而不救，穆公問於孟子，孟子不告以嚴肅軍令，而乃勸行仁。夫仁政，非一朝所可猝辦也。兩陣相當，矢石方交，雖欲行仁，勢無及已。以常情言之，孰不笑其迂且遠哉？然既無教養之素，而遽加棄民之刑，則必敗之道也，寧退而修政，以爲後圖。孟子循本之論，豈云迂哉？今之事勢實類於此，殿下其亦反本而思之乎？所謂和朝廷而革弊政者，何謂也？自古爲治之君，必先正心以正朝廷，朝廷既正，士類協和，然後形和氣和，而天地之和應之矣。今者朝廷之不和，災沴之荐臻，誰任其咎？無乃殿下正心誠意之學，有所未至，而用捨舉錯之令，未得其當歟？伏願反躬省念，無拘近小，必以追踵聖王爲志焉。此在聖明典學力行之如何，今不敢喋喋累陳焉。若今朝廷，則殿下以爲何如耶？

自東西分類之後，形色既立，往往未免以同異爲好惡，而造言生事者，交構不已。縉紳之主論者多是東人，所見不能無偏，而其流之弊，或至於不問賢愚才否，而惟以分辨東西爲務。非東者抑之，斥西者揚之，以此定爲時論。於是士類之初進輕鋭者，知發身之路在於攻西，故爭起附會，傷人才、壞士習，而莫之禁遏。嗚呼！「東」、「西」二字，本出於閭巷之俚語，臣嘗笑其無稽，豈意式至今日爲患滋甚乎？觀人之道，只分邪正而已，何東西之足辨乎？如臣初非得罪於士類者也，只欲調劑兩閒，共爲國事。而士類之不知者，誤指爲扶西抑東，一被指玷，漸成疑阻，百謗隨起，終至於館學之儒，亦或輕侮。揆臣分義，固當乞退，杜門省愆，而貪戀恩寵，迄未決去。且念士類固過，而多出於識見之差，非必挾私誤事也。一朝覺悟，則其閒儘有可用之才，而閒有一二人知臣本心，故黽勉遲固，必欲偕之同寅協恭之域。嗟乎！鳥獸不可與同羣，臣捨士類，將誰與集事乎？臣之用意甚艱，而情理可悲矣。臣今竭言，固知益忤於時論，而展盡底藴如此者，殿下略見影象，未究實狀。而近日獻言者，或有斥朝紳以偏黨者，若殿下未能洞燭，遂疑臣鄰盡爲朋黨，則恐爲士林無窮之累，必須明辨而極言之，且陳救弊之策，然後士林得安，而公論得行矣。自古小人固有朋黨，而君子亦引同類，若不問邪正，而惟黨是惡，則無乃同心同德之士，亦不得見容於朝耶。是故自古朋黨之弊，只爲搢紳之疵，而惡朋黨而欲去之者，未有不至於亡人之國者也。東京黨錮之變，白馬清流之禍，可不深戒乎？今之搢紳，豈無一二偏黨之習？不可因此而舉疑羣臣也。嗚呼！上下未孚，搢紳不睦，國是靡定，浮議横流，如此而欲望戡亂制治者，未之前聞。聖明在上，雖無士林之禍，安知後日不測之變，實萌於今日乎？南衮、沈貞，寧有種乎？今者一任士類之所爲，固不可也。若以士類爲非而攻之，則尤不可也。伏望殿下廣召大臣臺侍，賜對榻前，明諭聖旨，俾改分辨東西之習。陟罰臧否，一循公道，消融澀滯，鎮定調和。而如有執迷不悟者則裁抑之，懷私强辨者則斥遠之，必使人心所同然之公是公非，得爲一時之公論，士林幸甚。臣發此言，豈敢自以爲是哉？惟殿下裁自宸衷，詢及廟堂。臣言若是，則即命施行，如以爲非，則即加罷斥，使國是歸一，而無是非模糊之失，則其幸尤大矣。如是而推誠接下，從諫改過，聖心既正，朝廷既和，則可議得人而革弊矣。夫得人之説，固是老儒常談，而揆以實事，更無他策。孔子所謂「爲政在人」者，豈欺我哉？雖然，才不借於異代，在於任用之如何耳。百里奚居虞而虞亡，子思居魯而魯削，有賢而不用，則與無賢何異哉？今之議者，託於得人之難，每遏變通之論，若必得人如古昔聖賢，然後乃可保邦，而不得聖賢，寧任危亡云爾。則得人之説，反爲痼病，天下之不喪其邦者幾希矣。漢高之蕭何、唐宗之魏徵、宋祖之趙普，此豈伊、傅、吕、葛之徒乎？不過取其一時之尤者耳。如使三帝置三人而不用，必待伊、傅、吕、葛，然後始欲爲國，則伊、傅、吕、葛卒不可得，而四百之業，貞觀之治，天下之定，無與共創者矣。今之人物，視漢、唐猶且眇然，況求三代之士乎？如欲取一時之尤者，則代豈乏人乎？在殿下委任與否耳。洪惟我世宗大王，是東方聖主也，用人由己，立法圖治，垂裕後昆，永建鴻基。而其用人之規，則惟賢惟才，不問其類。任用既專，讒閒罔入。南智出自門蔭，而以黑頭拜三公。金宗瑞顯被物論，而以獨見開六鎮。超遷不日者，意謂當至卿相，而位稱其才，則終身不改；久任累年者，意謂官止於此，而一朝陞擢，則不限階級。此真古昔聖帝明王任賢使能之一揆也。豈特世廟爲然哉？祖宗率由成憲，雖設科舉，而人才之不由科舉者，多致卿相。當時不以爲怪，後世稱爲美事，未聞錮門蔭以限職者也。門蔭尚不可錮，況守道尚志之士不屑科舉者？寧可後於決科之士乎？頃年，殿下命復祖宗用人之法，使未出身者得爲憲官。其選必取時望，故風采多有可觀者，清議甚愜，而俗見疑之。殿下不意還下循俗之命，使祖宗良法美意，既行而還廢，未知殿下何爲而輕變祖宗之法，反循流俗之見耶？士類失望，人才不進，自此伊始言之，豈但太息而已哉？近日奇大鼎之説，有以激惱聖衷而然耶？夫廷臣曾以神德當祔之説，仰叫丹陛者，不爲不久，自度決不能回天，然後遷就於建閣設官之説，出於事勢之不得已耳，非其本心也。廷議既然，則安得以一人之言輒變前説乎？大鼎若不能以己見回衆論，又不肯以衆見屈己意，則當初宜引疾不出，使無紛擾之弊，而乃敢挺身獨斷，欲使擧朝從己，其亦不自量己。及其竝出之後，既不許獨啓，又不能改圖，則謝病之外更無他計。此則事勢之當然者也，謂之木强執滯則可也。若指爲詭譎，則實非其情。玉堂之分疏，似不明瑩，而殿下之過疑亦未深燭也。豈可因此一事，遽置而不用？亦可因此一人，盡廢一時之人才乎？因噎廢食，見刖廢屨，古今之通戒也，殿下其未之思乎？

嗚呼！希世規進，衒玉求售，決得失於一夫之目，以爲干禄之資者，殿下之所貴也。恬靜自守，韞匵待價，不以禄位爲榮，而必欲不失其義者，殿下之所賤也。如使伊尹、傅説、吕尚、諸葛亮之徒復作於今日，則未如出於前所稱者乎？出於後所稱者乎？死馬見買，而得千里之駒，郭隗爲師，而致國士之趨，好善之效，捷於影響。方今國勢板蕩，氣象愁慘，雖得曠世之賢才，亦恐不能扶持，而殿下乃與恬常守故之臣，循例講論，不革一弊，不出一奇，而輕視一時之士，使之望望而去。如是而欲望坐靖邊塵，撫安生民，無乃近於却步而圖前乎？伏望殿下亟回前見，復遵舊憲，使日月之蝕仰見旋復，而側席求賢，致誠盡禮，未至者期於必致，已至者期於必用，國家幸甚。今日上下，皆以慶源爲憂，必欲得人，再三掄擇，其計至矣。若一國之危，無異慶源，則未聞深思遠慮，而朝廷大官及臺侍之職，則不見難慎，塞員填闕，朝除暮拜，席不暇暖，玩愒度日，百度皆弛，豈慶源重於一國，而邊將重於六卿臺侍乎？何不以憂慶源者憂國家乎？虞舜之帝也，不過命九官而已。晉悼之霸也，不過選六卿而已。若使九官數易，六卿頻遷，則雖以虞舜之聖，晉悼之賢，終罔與成厥功矣。伏望殿下與大臣講求久任臺諫之策，而至於官人之際，亦必疇咨熙載，務使人器相稱。委任責成，勿貳勿閒，期於底績，此尤幸之大者矣。

若革弊政，則愚臣從前所懇，在於改貢案、改軍籍、并省州縣、久任監司四條耳。改軍籍雖蒙允許，而臣不敢始事者，臣之初意，軍卒之設，本爲防禦，故欲減軍卒，進貢之役移于田結。使得閒居養力，專意訓鍊，以備緩急。而既命不改貢案，則雖改軍籍、養兵之策，必不見效。古語有之：「利不什，則不改舊。」若只有更張之虛名，而不獲變通之實利，則寧仍舊而已。嗚呼！不改貢案，則民力終不可紓，國用終不可裕，目今邊患漸棘，寧息無期，所急者兵，所乏者食。加賦則民困尤甚，不加則國儲必竭，況別造軍器，加設禁軍等事，皆出於不得已。而經費之外，調度甚廣，未知出何異策而可補經用乎？至於并省州縣，則本出於睿思，而施行不難，利害較然。殿下每以沿革爲重事，古之沿革，非必大段變通也。或分或合，代不絶書，此豈重難之舉乎？小邑殘民困於繁役，若一朝并數邑爲一，則斯民之歡忻如解倒懸矣。今以一事可見其驗：黄州判官之革也，吏民蹈舞相賀，二邑爲一，亦與革判官一也，不難知矣。斯民憔悴，訖可少康。殿下何不一施惠澤乎？若久任監司，則臣於前日已盡仰達，而尤所汲汲者，兵營之設於巨邑，使兵使兼宰者，最爲今日蘇復軍卒之良策。而先須久任監司，然後始令兵使率眷，故臣之切望在此，豈是愚臣一身之計哉？當今之策，歸重於備邊，故今日糾摘列邑之姦吏，明日調發二道之僧軍，命鈔豪右矣，募加禁軍矣，廣取武士矣。此皆枝葉之謀，非根本之計也。嗚呼！災害竝至，式日斯興，人情驚懼，罔保朝夕。而朝廷之所施措，了無一事可以仰答天譴，消弭禍萌，慰悦民心，鞏固邦本者，徒使中外囂然，訛言四騰。臣雖竭誠仰瀆，非一非再，而殿下難於更化，至今遲疑馴致，民力益盡，國計益罄，邊釁益深，而不堪塗炭之民起爲盜賊，遍於四境。則雖有王佐之才，亦無弘濟之術矣。至此而始悔不用臣言，何嗟及矣？今之時勢，譬如久病之人，元氣澌敗，動輒生病，治冷則熱作，治熱則冷發，雖曰外邪可防，先須補養元氣。元氣既復，根本既固，然後治邪之藥可以有效。若不顧元氣，只服攻擊之劑，則不久而命盡矣。今臣之必請變通者，是補元氣之劑也，其請調兵運糧，而不顧變通者，是只事攻擊之劑也。議者或以騷擾爲憂，而不欲變通，此大不然。改貢案、改軍籍、省州縣等事，皆自朝廷商確勘定而已，民無升米尺布之費，何與於民而有騷擾之患哉？若量田則不能無少撓於民，故必待豐年乃可舉行。貢案之改，必後於量田云者，此亦不然。貢案固當以田結多寡均定矣。量田之後，田結增減，豈至於大相懸絶乎？先改貢案，隨後量田，亦何害哉？田結雖有盈縮之少差，豈如今之貢案不問田結多寡，而率意誤定者乎？大抵俗情，樂因循而憚改作，自無意智，度人皆然。故雖見危亡之象，罔念扶持之術，反以有爲爲騷擾，無謀爲鎮靜，有如禁人服藥，藏痾待死。此固具臣之常態，不足深責，只恨殿下之明聖，難於奮庸，坐視必亡而莫之改圖耳。若殿下悉用臣策，堅持不變，既行三年，而民生不安，國用不足，養兵不如意，則雖加臣以斧鉞之誅，臣實甘心矣。伏願殿下勿以人廢言，更加熟慮焉。所謂調兵食而固防備者，雖是事爲之末，而亦不可弛緩不舉也。發民爲兵，屯田積穀，廟謨已施，其成敗利鈍不可預料。儻使慶源小醜終不悔禍，而他鎮藩胡，乘時扇亂，則咸鏡一道之力，決不能支撑矣。今欲發送援兵，則不教之民勢難驅迫，輸運饋餉，則二千之程，勢難聚糧。於此拘守常規，則僨事在於俄頃矣。臣之愚計，前者既發而復止，到今尤無他策。若用臣言，募庶孽及公私賤有武才者，使自備餱糧，入防于南北道，北道以一期爲限，南道以二十朔爲限，使應募者衆，而兵曹試才而遣之，庶孽則許通仕路，賤隷則得免爲良，私賤則必本主呈單子于兵曹，然後乃許試才，使無叛主之奴，其代則從自願擇給。如無武才者，則使之納粟于南北道，以遠近定其多寡之數，而許通從良，亦如武士焉，則兵食稍可以備禦矣。昔者李施愛之亂，賤人輸運軍器者，皆得從良，庶孽從軍者，得赴科舉。此是世祖大王權時已行之規也。臣固知此策必不合於時議，而此外更無良籌，故不得不更瀆也。伏望殿下深思熟計，斷而行之也。噫！匪茹之亂，作於無備，勝敗安危，決於呼吸，而議者猶欲從容談笑，徐考前規。加之以衆論紛興，折衷無期。若待廷議之定，則邊城已破矣。「謀夫孔多，是用不集」者，此之謂也。

嗚呼！無狀愚臣遭遇聖明，仰恃恩眷，無少隱諱，狂言妄語，前後累陳，疏謀謬策，十不一施。孤蹤隻影，踽踽棲棲。主憂臣辱，晝嗟夜唏，髮白心爛，徒勞無益。陳力就列，不能者止。義當奉身，退守愚分，而披肝瀝血，至今悲號而不知自止者，誠以受國厚恩，糜紛難酬。明觀積薪之燃，敢懷顧身之念，臣不更言，臣有厥咎。伏望聖明憐察採納焉。

被劾辭兵曹判書疏

伏以無狀愚臣自知猶明，叨主兵柄，逆料僨事，披肝控辭，非一非再，微誠未格。聖命終閟，責蚊負山，不計成敗。適值邊患，策應疏謬，彈章未發，物議已沸。臣雖昏昧，揣度亦熟，頃於榻前，預請擇人。天鑑未照〔一〕，誤託如前，積戾既厚，公論斯激，兩司合辭，咸曰可罪。雖有同僚，首惡由臣，縱不顯言，臣敢自隱？天恩雖重，豈容私護？臣本病孱，力疾從仕，積久致傷，惛眩廢事，承命不就，罪犯益重。而反垂溫問，至於遣醫賜藥，且仰念洪造，昊天罔極，糜粉難酬，只增感泣。

嗚呼！專擅權柄，驕蹇慢上，慢棄君命，三者有一，罪死無赦。觀諸史牒，尚且寒心，豈意今者，身具犯之？論止於罷職，誠爲太歇，臣雖至騃極妄，粗聞君臣之義，只緣謀淺，陷此大戮，爲法受罪，臣實甘心。僥倖苟免，非臣本意。有罪不治，何以爲國？賴有公論，日俟嚴譴，而恩私曲庇，竟未允許。臣誠隕心，欲死無地，伏乞乾剛特斷，正臣之罪，振肅朝綱，以快輿情。不勝幸甚。

再疏

伏以臣誠愚直，徑情而行，不顧前後，妄觸憲章，公議奮發，竟未得伸。臣雖頑鈍，尚克知罪，請服常刑，勢非得已。聖量天覆，反下温綸，開釋慰勉，恩溢辭表。臣非木石，寧不感激？第有所未安，而不敢仰承聖教者，兹敢仰首悲號，伏冀俯採焉。

國家設耳目之官者，將使隨事糾摘，以正官邪耳。若使負罪者以爲其論不足算，其言不足顧，而恣行無忌，則是公論爲兒戲，而臺諫爲虛位矣。其於設臺諫本意爲如何哉？傳曰：「自反而不縮，雖褐寬博，吾不惴焉。」今臣之負罪，非但不縮，而兩司豈褐夫之比哉？

臣之愧慄羞縮，不敢復齒於周行者，天理人情之所必至，而無毫髮可疑者也。目今邊患方棘，災沴荐臻，國勢危急，嫠婦亦憂。若臣所犯細過薄罪，則臣將不暇顧恤，趨事不讓矣。今臣惡至慢上，罪在罔赦，如是而不有公論，行呼唱於道路，則雖鄧綰之從他笑罵，不至是也。先失其身，何以事君？且臣所恃而願忠者，只是方寸地耳。今者積慝招戾，重遭震薄，方寸恇擾，失其常度。雖欲盡心國事，其道末由，後日誤事，將有甚於今日矣，此臣所以低徊掩泣而不敢前進者也。伏惟聖明，天地父母，陽舒陰慘，莫非生成之澤。斥逐小臣，以正邦刑，而使之杜門内訟，遷善改過，則桑榆之收，庶幾可望。臣無任激切惶悶、瞻仰懇祈之至。

三疏

伏承聖教，仁覆憫下，辭旨之懇，責望之重，決非螻蟻微臣所敢承當。捧讀隕越，感淚如瀉。嗚呼！殿下之教，發於臣則誤矣。其待士之禮，則真帝王之盛德也。使臣有微瑕細愆，可洗而進，則何敢執滯謬見，以拂聖衷乎？良以擅權慢上，死有餘辜，雖欲抗顏，更立清朝，有所不敢。故復抽肝腎，仰叫天閽，冀蒙憐察焉。傳曰：「禮義廉恥，是謂四維。四維不張，國乃滅亡。」兵官可無，四維不可無也。臣本輕疏迂拙，不適世用之人也。自知非才，甘老溝壑。幸際聖明，不遺菅蒯，誤恩屢下，不敢終遯。一縻寵榮，迷不知返，方物出謀，動輒失宜。揣分揆義，當尋遂初。只緣國家多事，新經詔使，又值胡變，無隙可退。黽勉遲徊，滓穢明廷，顧影自慙，爲日已久。況今僨事，得罪公論，衆怒難犯，有如水火，如是而貪恩戀寵，叨冒不已，則其棄禮義而捐廉恥甚矣。愚臣無狀，雖不足道，奈壞清朝士風何哉？昔者，皇朝兵部尚書劉大夏以微事忤旨，孝宗皇帝欲切責，而以大夏將以不職固辭，則無人可代，故乃止不責。誠以六卿得責，則雖賢才如大夏者，勢難在位故也。今者幺麽小臣，於朝廷不能爲有無，何異九牛一毛？而犯罪深重，公論憤激，則非因事切責之比，何敢仍冒重任，兜攬四方之譏侮，使人心益解，紀綱益頹乎？

歷觀古昔人臣排公論、犯衆怒而得寵於君上者，若非佞幸嬖臣，則必是患失鄙夫。臣雖至愚極陋，區區自守，實不敢以嬖臣鄙夫自處。用是憂惶，不敢承命，臣罪至是而尤重矣。伏望聖慈深思義理，務振綱維，亟命貶斥，擇人改授，上伸朝家之法，下遂匹夫之志，則臣之感激圖報，雖隕首結草，有不足言。小懲大戒，得無大過於後日，則未死之前，豈無效忠之時乎？臣無任兢隕悶迫之至。

四疏

伏以泥塗賤臣，干瀆宸嚴，不自知止，罪合萬死。綸音温諭，訓辭益重，感激之餘，惶悶尤深。嗚呼！使臣可以仰裨聖德，贊成功業，則是乃賢士也。明時清議，寧有不容賢士之理乎？今臣身負罔赦之罪，安敢諉公論於過中之地，晏然從仕，貪天之寵耶？臣之無狀，舉國揶揄，而天鑑偶未深燭，譴責不加，恩遇反隆，此臣所以撫躬揆分，益抱危悚者也。堂堂盛朝，多士濟濟，輿望所屬，豈無其人？主兵重地，非腐儒所可久冒也。嗚呼！殿下以臣爲小人耶，爲君子耶？如以爲小人，則當斥逐之不暇，豈待人言？如以爲君子，則古今天下，寧有負罪耐彈、易進難退之君子乎？反覆思惟，勢難仍忝。況今邊報日急，時事艱危，司馬之職，總制四方。一日曠廢，爲患不貲。臣既不敢就職，而聖明又閟俞音，則遷延誤事，臣罪日重，必至於糜身病國而後乃已也。用是憂悶，食不下咽。伏乞聖慈上思國法之難撓，下念臣志之難奪，亟命貶黜，使得收拾闕敗，得齒恒人，則公私幸甚。

五疏

伏承聖教，矜念微臣，軫慮兵務，温旨丁寧，諭以委任，臣誠感激，涕泗交頤。嗚呼！使臣可以承當聖旨，少補時事，則安敢終始膠固，以負聖恩乎？抑臣有所大悶而不敢明言者。今被嚴命日迫，不得不罄竭所懷，仰控于君父也。臣本愚騃，不曉物情，自知與世抹摋，退伏田野，恩命稠疊，辭不獲免，乃敢以身許國。自是厥後，只知上有君父而已，不知有他。

當事直前，不顧左右，其於論議，尤不能隨俗低昂。積忤時論，非一朝一夕，天鑑亦必俯燭矣。於是蹤迹孤危，若莠在苗，一策纔發，百口交謗。予盾掣肘，多敗少成，臣之得罪明時，實所自取，尚誰怨尤？竟至於公論重發，擬以無君之罪，臣舉何顔更立清朝乎？

自古人臣有爲於斯世者，必上得君心，下協時望，然後主張清論，大小響應，制事建功，無小齟齬矣。寧有違衆獨立，動輒顛躓而可以有爲者乎？假使直在於臣，勢難苟容，況今曲在於臣者乎？用是仰慙玄帽，俯愧朱紱，寢不帖席，食不甘味。乞貶之外，更無他策。嗚呼！古語有之：「主憂臣辱，主辱臣死。」今者國家不幸，戎馬生郊，宵旰紆念，臣子之所至痛也。當此之時，臣豈敢生辭退之計乎？只是主兵重任，決不可仍冒，伏乞睿聖深思熟計，斷以國法，治臣之罪，然後許臣從征北道，得以自贖。則雖乏摧鋭陷堅之功，可釋負罪引慝之心，縱與先軫、來濟爲伍，臣亦甘心。臣無任惶悶切迫之至。

六疏

伏以人君爲政，貴於兼聽，而戒以偏信。人臣效忠，務在集善，而忌於獨進。今臣誤事違衆，理合貶斥，兹欲省躬改圖，全節晚境，故累陳危悃，仰瀆不已者，實出内訟。期以受罪，初非具文飾辭，備數塞責而已也。伏承聖教，乃出意望之外，捧讀惶悶，無以爲心也。

殿下誠欲獨任愚臣，而以物議爲衆咻，則臣之得罪於公論尤重矣。臣誠不賢也，則殿下雖欲任以國事，負乘致寇，將焉用之乎？臣誠賢也，則安有違公論犯衆怒，獨媚君父，苟保爵禄之賢者乎？嗚呼！雖有周公之才之美，使驕且吝，其餘不足觀也。驕於匹夫，其過猶大，驕於君父，其罪伊何？里名勝母，曾子不入。古人尚避其名，今臣自蹈其實，擅權驕君，是何等罪狀乎？豈可以公論爲誣，而敢擧面目於周行乎？在臣之義，只當退而反己，一味羞縮而已，更無他計。兵務久曠，誠爲急切，可代臣職，豈無其人？伏望聖明，更加三思。貶臣之職，少快輿情，然後或使從征北道，贊畫戎幕之下，或使白衣隨行，得參謀臣之末，俾效一得之愚，少酬從前願忠之志。則殿下於治臣之罪，用臣之策，兩得其道而無憾矣。辭竭情迫，不知所云。

辭吏曹判書疏

伏承聖批，辭旨懇惻，慰諭丁寧，百代之下，可泣鬼神。況臣親受，何以爲心？捧讀未半，涕泗交頤。殿下於待臣子之情，嗚呼至矣！恨臣非人，無以仰副聖意也。矧伊新除，是百官之長，臣方負罪引慝，寧有冒據之理？戰慄跼蹐，甚於前日也。

竊念近日之事，不過出於搢紳之不相知耳〔二〕。輾轉相激，竟不相保，誠非始慮所及也。攻擊雖過，臣實多疵，過既均有，罪當分受。臣是何人？獨免譴罰，反承寵渥乎？噫！士生斯世，遭遇聖君，千載一幸。同寅協恭，竭誠致身，圖治濟世，正在今日。而事乃大謬，紛紜乖隔，惟爭勝負，不恤是非，甚至於同舟變爲敵國，朋友按劍相眄。下至章甫，亦成蠻觸，朝廷閭巷，判而爲二。引長爭短，厚養禍胎，後日之患有不可測，此真千古所無之變。遂使至尊獨憂社稷，嗚呼痛哉！靜思厥咎，職臣之由，擢髮縻身，無以仰謝君父矣。義當杜門席稾，内訟改圖，以收桑榆，以蓋前愆。安敢抗顔無恥，再穢清朝乎？目今方生之說，日新交馳，殊無寧息之期。而羣疑未定，衆怒猶鬱，必得心公識明、輿望所服者，秉國之衡，抑退浮躁，奬進恬靖，集定過激之論，然後潰裂之勢庶可收拾。豈可以冢宰重任，遽授敗露之愚臣乎？伏望聖慈上念國事，下諒臣衷，免臣新授之職，悉革兼帶之任，擇授其人，而許臣索居，畏慎修省，得齒平人，則天固玉汝而殿下成之也。天地父母之恩，將何以仰報乎？

嗟乎！瞻仰耿光，是臣至情，戀恩雖切，揆義難進。累日沈思，髪白心爛，躕躅趦趄，竟上辭章。臨紙嗚咽，不知所裁。

再疏

伏以愚臣事君無狀，招尤速戾，自作之孽，無所逃逭。天恩曲庇，既免顯戮，仍保爵禄，生死肉骨，仰報末由。以臣之身，苟利於國，摩頂放踵，亦無所辭。第惟任大力綿，終歸僨事，上累聖哲，下失臣身，則不敢不叫閶闔，一盡愚懇也。嗚呼！殿下於臣，不忘犬馬之勞，比於帷蓋之賜，使之得保首領，則猶有所諉也無已，而必置臣於冢宰，畀以銓衡者，是欲用臣以爲國事也，無乃聖明偶未之思乎？

臣雖至愚，自知則明，臣之冒據重任，其不可者有四，請冒斧鉞之誅而悉數之，伏冀睿察焉。臣禀氣輕浮，學問滅裂，才迂意廣，識淺言闊。聽其謀則似忠，施諸事則實疏，由是衆心不服，羣誚所萃。今日疵臣者，豈皆讐怨？實爲公論所非，其不可者一也。世道已敗，人心已壞，因循者無責，矯革者罹謗。今欲束手無爲，則危亡必至，建白改紀，則衆怒火烈，雖以豪傑之才、忠良之輔，亦難措手，況以空疏駁雜如臣者？乃敢踽踽棲棲，欲有所爲乎？其不可者二也。臣本愚愿，短於審勢，累上疏章，直觸時忌。士心不附，孤立無與，今日一番騷擾，是臣不見信於儕輩所致，豈必媒孽構陷而然乎？不信乎朋友，而能獲乎上者，未之前聞。今臣强顔秉銓，進退人物，人誰信服？其不可者三也。少多疾病，到衰尤甚。血氣消耗，精神減少，暫有勞動，輒發惛眩。今欲竭智殫慮，仰補袞職，則神思不逮；陳力就列，以效微勞，則筋骨不及。其不可者四也。臣欲變其初心，苟保爵位，只事餔啜，則誠負所學，有所不忍。如欲量才度力，勉循時議，則負此四不可，終無進步之地，臣以何心濫處百官之長乎？況今殿下之國事，日危一日，民陷塗炭而無拯救之路，士趨偷薄而無教育之望。朝論渙散，莫可收拾。百隸怠官，末由振作。智者縮手，賢者遠舉，其視朝廷，有如危機火坑，皆恐禍將及身。忠臣痛哭，有何所益？殿下宜觀時勢，極擇才誠具備、可以弘濟艱難者，付以扶顛持危之責，庶可挽回垂亡之勢矣。如臣百敗孤蹤，一誤已甚，寧容再誤？臣今百爾思量，決無供職之理。知臣莫如君，臣今控辭，出於肝膈，聖明豈不俯燭乎？臣之詣闕，誠切戀主，欲瞻天光而已。擔當時事，實非所堪。伏惟聖明仁覆憫下，曲施恩私，如蒙許臣休官，退歸田里，得與章甫之徒習爲絃誦，歌頌聖德，則是臣至願也。如以聖智不遺菅蒯，欲盡人才，則遞臣冢宰及文衡之任，置之閒局，使之出入經幄，有所補拾。因參議臣之末，得獻愚忠，則用適其宜，而不害於公私矣，伏願聖明曲加採納焉。臣路中抱疾，赴召稽緩，臣罪至此而尤重矣，無任惶恐戰慄之至。

校勘記

〔一〕天鑑未照　「照」，疑作「昭」。

〔二〕不過出於搢紳之不相知耳　「知」，疑作「和」。

栗谷先生全書卷八

啓

請擇任太學諸官啓乙丑

太學之官，教誨冑子，責任至重。若不擇人，非但無所矜式，反爲儒生笑侮之資。故近來別擇師儒，使之導率而成就之，其意甚盛。所當精選，以期丕變，而頃日加揀擇時，不察人物當否，徒廣其數。多有混雜之失，殊無遴選之意，請令該司改擇有學識者，以重師表之任。

論銓曹請託之失啓

頃緣權姦當國，政出私門，初入仕者不問賢愚，惟視賄賂，故官不得人，吏不稱職，生民塗炭。職此之由，去姦之後，朝野拭目，佇見清明之政。而聖教丁寧，公論繼發，爲銓曹者，所當革其舊習，一徇公道，以答顒望。而恬不動心，略無所改。至於都目大除之時及轉動之政，許多初入仕者皆以請託注擬，只以孝行一人爲塞責之謀。其不奉聖旨，不有公論，無異權姦在朝之日。若不痛革此弊，則政必日紊，無以爲國，至爲寒心。請吏曹堂上色郎廳推考重治，以袪徇私廢公之習。

請革兩宗禪科啓

兩宗禪科爲治平疵政，聖明累德，異教朋興，正氣消沮，人心憤悶，公論鬱抑者垂二十年，聖明豈不知邪教之不可崇，公論之不可遏哉？特以文定王后賓天未久，不敢輕改遺教，故遲遲至此耳。臣等亦臣子也，豈不知哀慕先后以體上意乎？但衆怒如水火，不可力制。公論是元氣，不可摧喪。若拒公論、拂人心，阽國家於危亂之域，而只保邪教，則必非文定王后本意也。統領僧徒，自有州縣有司，不待兩宗之有無也。先儒尹焞釋論語曰〔一〕：「如其道，雖終身無改可也；如其非道，何待三年？」未審聖明以禪科之設爲道耶非道耶。臣等之論執，不過爭是非而已，未審聖明以中廟之革禪科爲是耶非耶。知是而不能從，知非而不能改，則吾道已矣，國脈何依？自上既拒兩司，而至以風俗之不純，責政院之輕啓，聖明此言非國家之福也。必使居喉舌之地者，依阿承順，默無可否，然後風俗乃純耶？君出言自以爲是，而卿大夫莫敢矯其非，此衛國之事所以日非也。豈可使聖明之朝，乃有此習耶？昔者任士洪進言于成廟曰：「近日臺諫，好爲煩論，宜稍示罰。」成廟責以失言，後乃貶斥。臣等竊恐士洪之姦，有以窺伺上意而復起於今日也。具瞻之臣，耳目之官，豈皆好爲騷擾者哉！勢不得容默耳。伏願聖明，遠法聖祖之納諫，近遵神考之革邪，永罷兩宗禪科，以鎭人心。

辭副提學啓乙亥

無狀小臣遭遇明時，内忝侍從，外叨方伯，疏謀謬策，十發九誤。涓埃未效，只辱名器，加以孱弱之質，血氣向衰，危機敗證，乘勞竝發。不克支保，勢將顚仆，分當屛伏，畢命溝壑。適值國有巨創，皇皇罔極，臣子之義，不敢退歸。扶曳上京，聖恩天覆，非徒不加譴責，乃授以論思長官，屢賜休告，期以就職。感激惶恐，措躬無所。經筵之官，國家極選，而長官之職尤所難愼。上以輔養君德，下以維持公論，所該者廣，非一官守一言責之比也。苟非學行兼備，爲清論所重者，則不敢居其位焉。況今殿下盡誠大事，哀禮兼至，孝思之實，聳動四境。朝野延頸拭目曰：吾王之孝，卓冠百王。將必推是心，典學誠身，以興政治，以養黎元。東方萬世之治，肇基於今日矣。悲喜交極，風草方偃，此正殿下充廣善端、進德修業之一大幾也。將順啓沃，助成允德，責在玉堂，當擇第一人物能任陳善格非之責者，俾爲長官，以冀薰陶之益，豈是如臣淺薄輕粗者所可一日冒處乎？今以臣之才智學識，精神筋力，揆以分義，反覆揣度，決不能堪此重任。請改臣職，擇授其人。

請移補金孝元啓

臣有所懷，不得面對，今因拜辭，不敢不達。金孝元補外之説，非但大臣之意與臣合，實是士林閒公論。自上憂六鎮，委於武夫之手，欲以文士有名望者，厠坐彈壓，聖意所在，實非偶然。若使孝元康强無疾，則因此報恩，誠得其時。第孝元身氣偏虚，疾病深重，自去年以來，不能齒於平人。有時卧不省事者累月，盛夏尚不能脱襦衣，將此筋力受任於塞北，顛頓霜雪之中，則緩死爲幸，安能有所籌畫，以爲固邊之計乎？然則富寧一邑，實同無宰，禦侮之虞，將畀何人乎？且大臣之意，只以孝元與沈義謙曾相疵議，迹似懷嫌，因此人言紛紜，恐啓不靖之端。故欲以兩人暫補外職，以爲裁制鎮定之策而已，非以孝元爲有罪而欲放逐之也。聖慈亦欲以此人爲重於北陲，非以爲可惡而比於貶竄也。病之輕重，自上豈能詳知乎？禮曰：「弊帷不棄，爲埋馬也；弊蓋不棄，爲埋狗也。」狗馬微勞，尚獲帷蓋之報，況孝元曾作侍從，出入經幄，豈無狗馬之勞乎？北邊決非養病之地，頃日武夫之有病者尚以臺論得遞，而言官明知孝元必不能堪，而以出於特命，故不敢啓遞耳。臣言輕淺，難以取信於上。如以臣言下詢大臣，擇可堪鎮邊者授富寧，而以内地殘僻之郡授孝元，使之穌撫疲氓，兼養疾病，内全君臣之義，外固邊圉之備，則聖德益厚，士林感動矣。臣不勝惶恐，敢啓。

陳黄海道民弊啓庚辰

臣竊聞：祖宗朝奉命出使之臣復命時，以所聞所見民間弊瘼書啓，則自上下于公卿，詢議釐革。今臣雖非奉使之臣，而久處畎畝，目覩民瘼。且臣上京之時，邨民多有羅列馬前，號訴所悶，乞達天聰者。臣今詣闕，不敢默默，撮其尤者，條録于左，不勝惶恐。

一、去年黄海道秋事，七八月之間，禾穀甚豐茂。緣隕霜太早，不能結實。水田則稍有豐稔之處，而閒閒亦多不實，若田穀則全無所收。廟議只聞豐稔之名，不究其實，勒定全稅。民方阻飢，而督促甚急，富者賣田，貧者流離，侵及族鄰，寃號苦楚之狀有不忍見，今則已無及矣。但自今年，將永定三斗之稅，若然則民閒之苦，每每如此，何可支保？大抵黄海之地，多田少畓，而土品比之下三道，則饒瘠懸絶。若下三道出稅四斗，則黄海道雖減半亦不均平，况只減一斗乎？民情皆所不樂，而年年踏驗之弊亦不可不更張。故民間父老解事者，咸願黄海之税定以二斗云。

一、黄海道軍卒赴防之弊，朝廷非不詳知。而西鄙關重，不能改轍，一道殘傷。職此之由，今聞平安兵使以壬戌年後闕防之軍鈔録狀啓，而厥數甚多，其中海州爲尤甚。蓋緣當身現存者少，而以一族充送，故其弊如此。且所謂闕防者，非盡不至防所者也，或立防垂畢，未滿數日而被侵糧盡，脱身逃走者亦多，而不分輕重，皆論以闕防。今方督送，民間騷擾，不勝其苦，追鄰逮族，纍纍相繼。今雖入送，其勢必如前逃走，無益於彼，有害於此。民情皆願今後申明軍令，俾無闕防，而往年闕防之軍，若當身現存，則徵其價布，入送西邊，使之召募，給價立防。若其逃亡物故老除者，則特垂天恩，勿侵一族，以穌民生云。

一、西海島中漁船坌集，捉魚船各有税。置籍收税，而或黄海漁船捉魚于忠清、全羅兩道海中，則其處官吏又籍其船而上其名于該曹，收税于本道本邑。故捉魚人等，或變易名姓，不告以實。本道按籍而推捉其人，則多不知所在。追捕鄰近，拷掠備至，而終不能得者甚多。故户曹徒擁虚簿，貽弊沿海州郡而已。收税實難，夫以一人之船，既籍于本邑收税，可以一二度出入他道之故，又籍于他道，實非王政薄税斂之道，况徒爲騷擾，而實不能收税。民情皆願本道漁船，只籍于本邑，而勿籍于他道他邑。假使籍于他邑，亦當於置籍之邑收税，而勿徵于本邑云。

辭藝文提學啓辛巳

竊聞明王用人各因其才，其所不能，不强使爲。故君不失人，臣不瘝官，相成其美，而不著其疵焉。小臣於言語文字之學，雖不可謂元不從事，而若於詞章，則性既不近，且不用功。加以近年以來疾病連綿，氣衰神耗，全廢鉛槧，固不能以翰墨爲業矣。今者不意特命兼帶藝文提學，伏觀故事，則藝文館專掌詞翰之事，非以文章自任者不敢濫膺是選也。臣誠惶慄羞汗，無地措躬。世俗觀人，不究其實，只取其名，以臣於科場閒僥倖占魁之故，遂目以爲習於文章。臣抱悶默，無以自解。知臣莫如君，敢此仰達，伏望聖慈深諒危悃，還命減下，使得安心供職。

辭大提學啓

小臣只是空疏一病人耳，際遇至此，誠非始願。聖明含垢，試可列卿，已踰涯分，戰懼憂悶，寢食不安。不意今者誤授文衡，重任承命驚震，置身無所。伏惟盛朝多士濟濟，此任何故謬加臣身乎？此實朝廷之至羞也。目今文風滅裂，師道荒廢，俗尚詭詐，士乏實行，狂流四潰，勢難防遏。雖得學可爲師、文起衰世者授以此任，猶恐不能匡救，況如小臣愚騃鹵莽者，安敢抗顔冒忝，自取瘝曠，以負聖明乎？抑念我國接待華使，以詞藻爲重，故從前典文衡者，未有不尚才華者也。今臣自少只讀經書，不習辭章，到今衰病日甚，全廢鉛槧。其於詩學，既不能自力，又無以辨人之優劣。只此一事，亦難堪任。伏望聖慈俯諒危懇，亟命改授可堪之人，以重作成之任。

再啓

小臣受氣虛弱，恒抱疾病，多年退閒，如保嬰兒，僅能支持。今承誤恩，優以高秩，授以劇職。辭不獲免，感激戰慄，不敢自愛。卯酉趨仕，勞傷致疾，加以觸風感寒，沈綿一旬，累受恩假。雖得少歇，頭目之間眩氣猶重，動必氣急，膚汗股戰，自度筋力勢難供職。而竊觀數易之弊，使庶績咸隳，似當矯革。今臣受任日淺，未效涓埃，遽爾遞免，涉於自便，非夙夜奉公之義。故作氣强出，來謝恩命，竊有危懇，兹敢仰籲。以臣精神氣魄，雖只委地部，力小任大，猶且不堪，而乃益之以文衡重任，是猶强責稺子以舉萬斤之重也，焉往而不敗哉？錢穀之務，文翰之藝，正相背馳，雖以高才，決難兼任，兩盡其職。況以臣才劣，重以痼疾者乎？自臣忝冒度支以來，未遑看一卷書，每於簿牒倥傯之際，藝文之吏示臣以製述文字，使之斤正。臣於此時神識茫昧，實不能辨其工拙。雖閒漫之作，猶當明示優劣，以爲勸懲，況事大交鄰文書，其可草草放過乎？曾試以驗，然後益知其終不能堪也。至於儒習之誤，文風之壞，尤非臣力所可振救。以此憂懼，將成心恙，誠不可抑行之。伏願聖明量度臣才，矜憐臣病，命解文衡，擇授其人，使臣得專一職，以盡犬馬之誠，公私幸甚。

三啓

伏承上教丁寧，感激之餘惶悶尤深。竊聞君使臣以禮，臣事君以忠，禮有節文，必度其臣之才力，而授之職以責其成。忠當盡命，必自度其才力，而受其任以致其身。君不度臣之才，則爲枉其人；臣不自度其才，則爲賊其身。今臣病弱，衆所共知，天鑑亦應洞照。以臣之才，以臣之病，乃兼度支、文衡二大任，而能不僨事者，萬無其理。臣之憂懼爲如何哉？文衡雖非劇務，必須完養精神，涵泳簡編，然後可以自進其學，亦可以爲人之師矣。今以滅裂之學，勞心簿領之間而能兼是任，豈不難乎？況臣於詩學久不從事，今雖勤用其功，猶恐不成。明年華使之來，雖不可預料，而大提學必當接待之任。我國素以詞章頡頏中朝名士，若不能抵當，則爲國恥大矣。當今豈無詩學之人，而必委重於疏劣病臣，以成一大錯乎？臣誠愚直，不敢飾辭仰瀆，伏願深思，亟命遞文衡之職。

辭吏曹判書啓壬午

小臣空疏戇騃，最出人下，學愧致用，材非世器，自分溝壑，不敢求進，聖量藏疾，收召不置，爵位之隆誠非始願。不意今者誤恩橫加，銓衡重任，授之非人，聞命戰慄，置躬無所。竊念今之銓長，即古之宰相。古稱安危係於宰相，銓長得其人，則仕路清而百職舉，人心可淑，世道可變，而國以之安焉；銓長不得其人，則仕路溷而庶績隳，人心趨利，世道日卑，而國以之危焉。人主之責，只在慎擇冢宰而已。今兹聖明臨御，望道求治，而未見成效者，實由天官未能舉職故也。宜擇識鑑精明、秉心正直之人以授重任，而疇咨之舉，乃及愚臣。觀聆駭異，具僚解體，真所謂「歇後作相，時事可知」者也。臣是何人，乃敢謬當關時運、繫盛衰之大任乎？臣之才迂病痼，百無所能，不特國人知之，天鑑之明，無所不燭。曾已試可，寸效未著，豈可强委以必不堪之職，使之僨事敗身也哉？今臣狗馬之疾尚未痊復，而久稽謝恩，益切惶怖，作氣拜命，敢瀝危悰。伏惟聖明察臣非負重之才，諒臣非文飾之辭，命解臣職，授以可堪之任，使得隨分獻忠，公私幸甚。

再啓

伏承可合之教，不勝惶悶之至。臣竊聞王者用人，各因其材，故孟公綽以爲趙魏老則優，不可以爲滕薛大夫。今臣疏愚輕淺，素無藻鑑，加以痼疾在身，精神昏昧，尋常職事尚多瘝曠，其於進退人物、陶甄世道之任，決非所堪。此何異於責聾以賞音，責瞽以辨色哉？古人有言曰：「僮子備官，魯其亡乎？」其是之謂歟？一國銓衡，非戲劇之地，不合輕試于非人。安危治亂，所係至重，臣何敢冒據以誤國事乎？昔者漢臣汲黯泣告武帝，願爲中郎。此則退託之辭，雖非今日之比，而第臣忝居經幄，已踰涯分矣。倘得處以閒局，使之出入禁闥，補過拾遺，則臣之至願也。伏望聖明命遞臣職，爲官擇人，國家幸甚。

三啓

伏承聖教，不勝感激，累瀆天聰，至爲惶恐。而心懷憂悶，不敢不盡達於聖明也。臣聞古人有言曰：「欲法堯舜，當法祖宗。」竊思今日之政不舉、治不成者，良由祖宗良法美意久廢不行，而近日謬規弊習，反如成憲故也。祖宗朝特重銓衡之長，必極一時之選，或以三公領之，或以重臣兼之，豈如今日取次充位也哉？昔之居是位者，以國政世道爲己任，鑑別極其明，掄選極其公，主張一時清論，而郎僚只補其所不逮而已。今則館閣清選，一委之郎僚，無復置意於其間，只以注擬微末之職爲己責，而亦復瞻顧前後，以請託高下爲輕重。就其中公私相半者，則時論稱善，故清議在於郎僚，而不在於長官。由是冠屨倒置，不成紀綱焉。昔者該官各執其職，正事格王，恩命雖出於上，而如不合公議，則必覆逆不已，不以阿從爲敬。今則咸以爲該曹只當奉行文書，如有錫爵之命，則不問臧否，而惟上命是順。此真所謂「三旨宰相」者也。吏曹有考功之司，故昔之考功者，檢察百僚之勤慢，有不稱職者則隨現汰去。故百僚奉職，莫敢怠忽。今則銓曹只掌除授，而其於考課不知爲何事，用是百司解弛，庶績皆敗焉。此等痼弊，數十年來莫知釐革。時人耳恬目熟，以爲當然。今以臣之才望，其能革舊誤而反之正乎？假使愚臣不自度量，强欲盡心，其能上格宸衷，下愜衆情乎？聖上明燭事理，歷覽古今，曷嘗有一介迂儒持國政柄，而能免禍敗者乎？況臣天賦疏戇，素不諳人情物態，今欲以孤根弱植，自奮於羣譏衆笑之中，效愚售忠，則將必左右掣肘，決無所裨益矣。如欲隨行逐隊以遵俗例，則亦將上負國家，下負所學，生當抱羞，死不瞑目矣。百爾思之，決難供職，恭惟聖明，天地父母，伏願俯察危辭，矜憐至情，命遞臣職，量才授官，以全君臣之義。

辭大提學啓

小臣本一空疏病人也，濫承天寵，叨忝重任，材輕力薄，倍勞神思，疾病連綿，一二歲之內，眩證重發者凡三矣。其他小恙靡月不作，氣血消耗，精神昏昧。今冒參贊，固非所堪，而職非劇地，猶可尸位。若所兼帶大提學，則事大交鄰，辭命所萃，作成人才，專出其手。而小臣久病之後，餘眩猶存，抛放簡編，疏棄翰墨，方寸惝怳，有若迷方之人。尋常文字尚不記念，其於一國文衡，豈可竊位，自取僨事乎？如臣腐儒，兼有痼疾，而位踰於才，只得閒局，出入經幄，親近耿光，涯分已極，志願已畢，此外絲髮之務皆所不堪。臣雖無狀，不敢託疾避事，伏望聖慈矜察危哀，爲官擇人，命遞文衡之仕，改授可堪之人。不勝幸甚。

辭右贊成啓

臣本空疏腐儒，加以痼疾在身，百無所用。聖恩天涵，不遺菅蒯，得從大夫之列，已爲越分。誠不自意誤恩横被，濫躋正卿，恒懷戰慄，坐待致寇。至於貳公之命，又出夢寐之外。驚震跼蹐，置身無所。歷觀古今如臣無狀者，致位崇班，誠所未聞。玷辱名器，傳笑四方，非細事也。臣舉何顔敢犯冒進之戒乎？況用人之規，非有賢才過人者，則必計踐歷，不可遽以新踰舊。今臣釋褐未滿二十年，恒疾在野，而立朝實仕，爲日甚淺。有何才德功勞，而一朝驟陞，至於此極乎？揆之分義，既甚乖理，揣以利害，亦非佳福。伏望聖慈矜察愚誠，曲全微物，亟命改正，以重名器。

辭大提學及遠接使啓

累塵天聽，至爲惶恐。臣之固辭，實抱悶迫，非出於應文備禮而已。臣之冒忝崇班，既辱朝廷，而又有所大不堪者，不敢不達，尤不勝戰慄之至。華使之來，典文衡之人，例爲遠接使。若平日擇詞章足以華國者居是任，則迎待境上，無辱命之虞。今臣疲病，百脈解緩，其於迎接之禮亦必失於周旋矣。雖然，只勞筋力而已，則假使顛踣中路，義無所辭矣。至於詩學，本非所長，加以年來沈眩之證甚重，精神茫昧，不事翰墨。儻值華使善於詞藻，則臣必不能酬酢，大貽國家之辱矣。臣於平日每辭文衡者，正爲今日之憂也。臣非飾辭，情勢實然。伏望特加睿念，命改正臣職，兼遞文衡及遠接使，俾無取笑於華人。區區無任懇祈之至。

復命後陳所經一路民弊啓

臣聞祖宗朝奉使之臣還朝，則必採民情上達云。臣所經平安、黃海兩道之民，多有呈狀訴悶者，採其一二可施者書啓，伏願試垂睿察焉。詔使之來，未有如今日之急迫者，列邑倉卒應辦，倍傷民力，民情皆願國家賜民田租之半，以償其勞費云。

驛路凋殘，莫甚於今日。平安館軍願如黄海道收合館馬價布於軍户，使得支保云。黄海館軍則欲破永定之規。此則似難猝變，但闕户旋即充定，使應役者衆，則可以支持。立馬之數，或有不滿舊額者，皆望加立，以充舊額云。

平壤、安州二邑之民皆言頃年救荒時，分給久陳不可食之穀。今將督納以正穀，民不能堪。臣問於監司盧稙，則以爲實然云。下問厥數于監司處，雖不全減，若減其半，則庶慰民情云。

黄州邑小民寡，田結亦不過三千結。官屬甚少，故不論軍民，役以官屬，毒遍一境。民情欲革判官，不然則願以他邑之地添入，使民物有裕云。

辭兵曹判書啓

小臣奉命無狀，接待失宜，上軫聖憂，下招物議，兢惶跼蹐，置身無所。而千萬意外，叨忝西銓之長，尤不堪戰慄之至。臣聞用人有道，宜適其才，用違其才，則是棄其人也。今臣孱病迂疏，觸事齟齬，環顧分義，實無可堪之職。但得親近耿光，時獻愚忠，是乃區區志願也。兵務重任豈能綜理？況今軍政不修，武備隳弛，居圍空虛，足兵無策，尤非白面腐儒所可尸位也。近來官職數易，庶績不成者，非徒時習之誤，亦由用人乖方故也。如臣者雖無疾病，固不堪主兵，而加以少有煩勞，則輒發宿疾，務劇之地，決難久處。雖欲竭智殫力，少效涓埃，其道無由，惶懼悶迫，不知所以爲計。伏望聖慈深察危懇，亟命改差，以授可堪之人。

六條啓 癸未

我朝昇平已久，恬嬉日甚，内外空虛，兵食俱乏。小醜犯邊，舉國驚動，儻有大寇侵軼，則雖智者無以爲計。古語有之：「先爲不可勝，以待敵之可勝。」今之國事無一可恃，敵至必敗。言念及此，心寒膽破。況今慶源之寇，非一二年可定，若不一振兵威，蕩覆棲穴[二]，則六鎮終無寧靖之期。今不汲汲圖治蓄力以爲後計，而因循牽補，則豈特一隅之賊爲可虞哉？竊恐意外之患有不可勝言者。臣本腐儒，濫忝兵官，夙夜焦思，敢獻一得。而只陳梗概，其閒曲折則必須面對細達矣。其目則一曰任賢能，二曰養軍民，三曰足財用，四曰固藩屏，五曰備戰馬，六曰明教化。

所謂任賢能者，爲國有要，君拱於上，不勞而治者，由賢者在位，能者在職，各效其誠與才故也。今之授官固皆擇人，而朝拜暮遷，席不暇暖。雖欲察任，其道無由。雖以周、召、伊、傅之賢且才，若今日授司徒，明日除司寇，則必不能成績，只奔走勞苦而已，況非賢才乎？今茲數易有二道焉：一曰呈病，二曰避嫌。欲矯呈病之弊，則下教羣臣，務實而不徇俗。非實病則不呈辭，閒有託疾者，隨現糾治，必病滿一旬，然後始呈辭。初度滿一旬，然後始許再呈。再度滿一旬，然後始許三呈。若一司一員呈辭，則他員不得竝呈。如有疾病，不得已竝呈，則必一司僉議入啓，然後始呈。如是，則可矯呈病之弊。欲矯避嫌之弊，則凡臺諫除人物不合者外，宜不以避嫌遞差。祖宗朝臺諫雖被推，不遞，司憲府推考，則下司諫院云。人非堯舜，豈能每事盡善？今之大官被推行公者，別無傷於廉恥，而獨於臺諫，必責以聖賢。毫髮錙銖之失，必至於遞，耳目數易，公論靡定，固非爲國之體。而因此遷移他官，亦至數遞，庶績之敗，職此之由。臣意請考故事，復臺諫被推不遞之規，然後可矯避嫌之弊矣。但數易而失其任，與久任而非其人同歸於不治。自今大小之官，不拘常規，廣收賢才，務在人器相當。而若大官之除，必詢問大臣而擇差，苟得其人而信任之，則毋使浮言搖動，然後庶有任賢使能之實矣。

所謂養軍民者，養兵以養民爲本，不養民而能養兵者，自古及今，未之聞也。夫差之兵，無敵於天下，而卒僨其國者，由不養民故也。今之民力已竭，四方蹙蹙，目今有大敵，則雖使諸葛坐謀，韓、白領衆，亦無如之何矣。何者？無兵可調，無粟可食。雖智者豈能爲無麪之不托乎？此由諸色軍士，苦歇不均，歇者稍保，而苦者必逃。逃則侵毒一族，輾轉蔓禍，甚至於一邨皆空故也。臣意別擇賢能，設局委以軍籍，推移苦歇，式均其役。而軍士逃亡過三年者，則更括閒丁，以充其代，必使諸色軍士皆得支保，而無侵徵一族之患，則可紓軍民之力。其他休養生息之規，則設局之後，任事者可以講究矣。至於訓鍊之術，則亦待養民然後可議也。

所謂足財用者，足兵以足食爲本。百萬之兵，一朝可散者，由無食故也。今之國儲不支一年，真所謂國非其國者也。上下昭見此患，而只諉之無可奈何，不思生財之道。儻有大賊，自南自北衝突而入，則以何物爲軍糧乎？國儲之日縮有三焉：一曰入寡出多，二曰貉道收稅，三曰祭祀煩黷。入寡出多云者，祖宗朝稅入甚多，而費用不廣，故一年必有贏餘。如是積年，至於紅腐，勢固然矣。今者一年之入不能支一年之出，而權設日滋，冗官太多，每以宿儲供經費，二百年積累之國，無一年之蓄者，誠可痛心。臣意量入爲出，盡革不急之官、無益之費，而典守之官，嚴明規畫，不被偸竊，然後庶不至罄竭矣。貉道收稅云者，古者什一而稅，公用不乏，而民亦無怨。祖宗朝以九等收稅設法，非不詳密，而行之既久，吏怠民頑，每以給災爲要譽之資。今則以下之下，爲上之上，而一國之田，不給災者無幾，國用安得而不匱哉？勢至於此，雖守令之賢者不敢不給災者，以民生日困，徭役多端，若不解倒懸，而只以不給災爲不負國，則赤子尤不能支，仁人君子豈能忍之乎？爲今之計，莫如改定貢案，使田役減其十分之七八，然後可量宜加税，以裕國用也。不然，則公私終無足用之時矣。祭祀煩黷云者，古之聖帝明王孰非大孝？而祭祀以不黷爲貴。宗廟不過月祭，而無原廟。自漢以下，始設原廟，已非古制輾轉承訛。至於日祭，則其黷甚矣。國家於宗廟、各陵行朔望祭，於文昭、延恩殿行三時祭，此固出於祖宗追遠之誠孝，而比於唐、虞、三代聖王之制，則難避煩亂之戒矣。祭祀主於誠潔，而文昭、延恩兩殿日上三祭，故主者心怠，狃於尋常，饌物器皿，孰設不精，洗拭不淨，不誠不潔，神必不顧。帝王之孝，豈在於此？古者年凶，則量減祀典，況今擧國無儲，非止年凶而已，豈無通變之道乎？臣意惟宗廟依前祭以朔望，而各陵則只祭以四名日，文昭、延恩殿則只行日祭，而廢二時之祀。夫如是，而齋心潔饌，極其誠虔，則於帝王之孝少無所損，反爲有光。祭需之費，可減三之一焉。祖宗之靈，於聖上恢業拓基之誠孝，有所感動，而益享苾芬之祀矣。

所謂固藩屏者，京師是腹心，而四方是藩屏也。藩屏完固，然後腹心有所恃而安。今之四方郡邑無不殘弊，而監司數易，民不知道主之爲何人。設使暴寇出於不意，風馳電擊，則監司雖欲倉卒節制，民不相信，令不素行，安能有所爲乎？此必敗之道也。臣意請合殘弊小邑爲一，以紓民力，選擇監司而久任之，使以恩威著於一道。而民素信服，則平時可以休養，緩急可以禦侮。藩屏既固，則國家有磐石之勢矣。或以監司之權太重爲疑，此則不然。中朝之任監司，莫不率眷，而久任者或十餘年，未聞以此虞其權重也。況今兩界之任，不過二十四朔，他道不過倣此而已。二年之間，寧有自制一道，不從朝命者乎？既擇其人，則權重之患非所慮也。

所謂備戰馬者，今之國中，戰馬最貴。儻有調發軍馬之事，則只用步卒而已。彼騎我步，何以相敵？今之島馬，有籍而無其實，歲損月耗，假使不至故失，散處諸島，無異野獸，緩急無以爲用。臣意京外武士善騎射者，試其才，取其優等者使往牧場。本道都事及本邑監牧官同監，使武士就場中，自擇牡馬之可合戰用者，以入格之次分給。而録其禾毛色、大小、高低尺寸之數爲三籍，一上于兵曹，一送于司僕寺，一留于本官，使之善飼者騎。每年終，京則司僕寺，外則本邑，察其肥瘠，以行賞罰。若馬斃則告官檢馬屍，若死於五年之内，則量徵其價，若死於五年之外，則不徵其價。臨事變則按籍收取，以爲戰馬。若其人從軍，則許令自騎，如是，則島馬不積於無用，而臨戰有馬矣。至如廣貿唐馬、胡馬，亦以此法分授武士，則業武者不患無馬，而國有緩急之資矣。

所謂明教化者，傳有之：「自古皆有死，民無信不立。」孟子曰：「未有仁而遺其親者也，未有義而後其君者也。」假使足食足兵，苟無仁義，則寧有維持之勢乎？今之風俗薄惡，義理都喪者，固出於飢寒切身，不顧廉恥，而亦由教化不明，無以振起綱維故也。吴起，一將之雄耳，其言尚曰：「綏之以道，理之以義，動之以禮，撫之以仁。此四德者，修之則興，廢之則衰。」又曰：「凡制國治軍，必教之以禮，勵之以義，使有恥也。夫人有恥，在大足以戰，在小足以守矣。」吴起猶有此説，況今聖王爲國，豈不念教化之爲先務哉？蚩蚩之氓，一朝不可遽教，當自教胄子始。臣意太學及四學之官，先擇其人，使教士子，而外方郡邑之校官，雖不能盡得其人，亦宜別爲規畫，以興起儒風，漸及於氓俗，不宜置之無可奈何之地而已也。

六疏後請罪啓

無狀小臣獲戾既重，嬰疾又深，輾轉牀席，度日如年。仰惟天語，洋洋盈耳，感激隕越，有淚如瀉。狗馬之疾雖未差復，不敢退伏私室，扶曳詣闕，復罄愚衷，伏冀睿察焉。竊聞自古儒者，進退不苟，其進以禮，其退以義，未嘗有負罪包羞，係戀爵禄者也。今臣極愚至陋，固不敢望乎儒者，雖然，平日自處亦未嘗不以士爲期。士而無恥，曷足爲士哉？今者臺諫既以專擅權柄，驕蹇慢上，爲臣罪目則是乃一罪也。大臣爲臣分疏，敦迫令出，而猶不敢以彈章爲過當，則臣之負罪，至此而益驗矣。若臺諫只斥臣之疵累而已，則雖極重大臣，固當虛受，莫敢與較矣。此則律之以無君，而臣乃恬不動念，晏然出仕，則實非人臣之義也。臣雖至頑，獨不知國法可懼，公論可憚，而處之若無罪之人乎？聖諭勤懇既至，而國事艱虞日甚，使臣少可堪忍，則安敢固滯至此，上不能承順聖意，下有以違忤衆心乎？殿下獨以臣爲無罪，不加辨覈，而每以公論爲衆咻爲謗毁，則臣固不敢承當。而臺諫聞之，豈安於心乎？臺諫之停啓者，以久未蒙允，且以臣爲非全然無恥者，必知所以自處，故姑退耳，非以臣罪爲輕歇而可恕也。臣若不知自處，幸上之優容，偃然從政，則從前累疏，只是固寵之計，而無禮無義甚矣。先失其身，何以事君乎？且臺諫既以臣爲擅權驕君，則臣雖承命而出，臺諫豈容使無君之人終處正卿之位乎？匹夫匹婦，有罪無罪，亦當分析。使國人洞知，然後可赦可誅，無有所憾矣。臣雖見棄於衆，待罪崇班，廉恥所係，臣罪虛實，豈合置而不問，終以負罪之容，靦面於清朝乎？爲國正卿，而負罪耐彈，則其爲朝廷之羞辱大矣。此豈細故乎？況今教化不明，倫紀斁敗，遺君後親，利欲滔滔。今使臣負無君之罪，而仍叨主兵長官，號令將士，則四方聞之，必將以擅權驕君，爲細愆薄過矣。非但傷風敗俗之可虞，其流之弊，漸不可長矣。伏望聖慈明察義理，務定羣情，舉臣之罪，咨詢左右，爰及諸大夫，使之稱量輕重。如以爲可貰，則臣雖未安，敢不黽勉隨行乎？如以爲實犯，則雖加流放竄殛，臣實甘心。今玆仰控之辭，臣固知非臣之所敢言，亦非臣之所當言也。然臣無仍冒之義，而上教之丁寧可感神祇。臣雖終日涕泣，終夜繞壁，而不知所以處身之地。敢此冒達，情迫辭蹙，不知所云。無任俯伏待罪之至。

議

立後議一 癸未

立後事，若以世俗常情觀之，無子故繼後，有子則還罷，似無不可者。但聖人制禮本意，則斷不如此。父子之恩，天性也，劬勞鞠育，昊天罔極。而若爲他人之後，則便以所後父爲父，而所生父視以伯叔父母，降服不杖期，則是以劬勞鞠育、昊天罔極之恩移于所後之父矣。定爲父子，慈孝之心已固，則雖生親子，豈有撓改之理乎？且父之於子，子之於父，其恩情一也。子既捨生父，而父其所後，則父獨不能捨親子，而以繼後子爲嫡乎？若父捨親子爲無理，則子捨生父無理尤甚矣。聖人豈肯制禮立法，以垂萬世乎？子可捨父，而父不可捨子，則是天下只有慈父而無孝子矣，此豈天理人情之本然者乎？況父子君臣，其爲大倫一也，是故父子之恩不重，則君臣之義不明矣。臣之事君，不可懷二心，則子之於父，獨可懷二心乎？

今兹爲父者，其意以爲彼非親子，我若生子，吾當罷繼。爲子者亦以爲彼非親父，彼若生子，吾當退去云爾。則父子懷二心以相賊，苟且假合，其家道何如耶？是故禮無罷繼之文，而其論爲人後，女適人者，皆降一等。而女被出則有還服之文，子無還服之議，其不許罷繼灼然明矣。聖人制禮本意，固不可以世俗常情測度也。且俗情之流，無禮以防，則大亂之道也。

癸丑年受教所謂「論以衆子」者，雖引大明令，而令所云云者，只論義同兄弟，均分財物耳，非謂論以衆子也。此教雖立，而不久旋罷，禮官誤置于新立科條之故，至今猶存。兄爲衆子，弟爲嫡子，甚乖情理，此受教則不可舉行也。夫以親子奉祀者，經也；以所後子奉祀者，權也。當權之時，必欲從經，則是任情棄禮也。魏晉以下始有罷繼之議，大明律亦循魏晉之舊也。我國祖宗朝，只於刑典用大明律，他典未必行用，恐不可一一從律也。今者廷議不一，而睿旨亦於禮經有所未快，竊恐因此任情棄禮，則父子恩輕，君臣義薄，綱淪法斁，大亂之道未必不由於此也。但柳和，則先王朝已許罷繼，今不可追奉其祀，只當依明令，均分財物，而比於世俗所謂三歲前收養子爲得矣。其他已罷者不可追改，自今以後，立爲不罷之法，永成金石之典，則綱常倫紀庶得其正，而天下後世之爲父子者定矣。伏惟上裁。

立後議二

爲人後者爲之子，是常經通義。無子而有子，父子之倫已定，反以所生父母爲伯叔父母，則與親子無毫髮之殊，當以兄弟之序定其奉祀。故宋賢胡安國有親子，而乃以繼後子寅奉祀。父子既如此，則祖孫之倫亦定矣。如靈川副正侹，既奉壽璿之祀，則其奉楊原之祀無疑矣。安嬪之祀，則先王後宮，非立宗之比。因一時特命，定于河原君鋥，亦不害理矣，若宗法則決不可亂。今以世俗常情歸重於親子，則先王立後之本意不明，而父子爲假合之親，倫紀紊錯，所係非輕，伏惟上裁。

校勘記

〔一〕先儒尹焞釋論語曰　「焞」，原作「享」，據文意改。

〔二〕蕩覆棲穴　「棲」，疑作「巢」。

栗谷先生全書卷九

書一

上退溪李先生別紙戊午

朱子曰：「定、靜、安雖分節次，皆容易進。安而後能慮，慮而後能得，最是難進處。安而後能慮，非顔子不能之。」此下缺。

答：朱子謂「安而後能慮，非顔子不能之」，誠如所疑。然聖人之言，徹上徹下，精粗具備，隨人所學之淺深皆可用得。安而能慮，自其粗者言之，中人以下猶可勉進。自其精之極致言之，非大賢以上，固有所不能焉。朱子此言，乃以其極致言之耳。若以是藉口而自棄者，其人之識趣，已不足與議於道，何可憂彼之藉口，而卑吾説以就之耶？「藉口」二字，才有一毫此意，便不可與入堯舜之道。

先生曾問珥曰：「敬者主一無適，如或事物齊頭來，則如何應接？」珥以此言反覆窮之，而得其說焉：「主一無適」，敬之要法，「酬酢萬變」，敬之活法。若於事物上一一窮理，而各知其當然之則，則臨時應接，如鏡照物，不動其中，東應西答，而心體自如，因其平昔斷置事理分明故也。不先窮理，而每事臨時商量，則商量一事時，他事已蹉過，安得齊頭應接？譬如五色同現鏡中，而鏡之明體，不隨色變，同時缺照，敬之活法亦如是也。此則動中功夫。若於靜中，則須於一事專心，如讀書而思射鴻鵠，便是不敬。蓋靜中主一無適，敬之體也。動中酬酢萬變，而不失其主宰者，敬之用也。非敬則不可以止於至善，而於敬之中，又有至善焉。靜非枯木死灰，動不紛紛擾擾。而動靜如一，體用不離者，乃敬之至善也。以此推之，舜之明四目、達四聰、齊七政、修五禮、如五器，雖若多事，何嘗不敬？何往而無主一之功也。先生以爲何如？若方氏所謂「中虛而有主宰」。朱子曰：「聖人之心，瑩然虛明。看事物來，若大若小，四方八面，莫不隨物隨應，此心元不曾有這物事。」此之謂也。

答：無事時，存養惺惺而已。到講習應接時，方思量義理，固當如此。蓋才思義理，心已動了，已不屬靜時界分故也。然此意分明，似不難知，而人鮮能真知。故靜時不思，便認以爲窈冥寂滅，動時思量，又胡亂逐物去，都不在義理上。所以名爲學問，而卒不得力於學也。惟主敬之功，通貫動靜，庶幾不差於用工爾。

又答：所論「主一無適」、「酬酢萬變」之義，甚善。其引朱子「隨物隨應，此心元不曾有這物事」及方氏「中虛而有主宰」等語，尤爲的確。惟此理，非知難而行難，非行難而能真積力久爲尤難，此衰拙所深懼，而亦不能不爲高明懼也。

程子曰：「或讀書講明道義，或論古今人物而别其是非，或應接事物而處其當否。若於一事上窮不得，别窮一事。」司馬温公曰：「自未始有形之前暨四達無窮之外，事物之理，舉集目前，可者學之。」此言近於格物，而所謂「可者學之」者，與程朱之言全然不同，未若求其所當爲與其所以然者之妙也。理本至善，何嘗有不可？若曰可者學之，則與察天行以自强，察地勢以厚德者何異哉？蓋温公以格物之「格」爲扞禦字，知格物要，不若程子，故其言如此。先生曾以此言示珥，故敢告，不審如何。

答：窮理多端，不可拘一法，如窮一事不得便生厭倦，遂不復以窮理爲事者，謂之遷延逃避可也。不然，所窮之事，或值盤錯肯綮，非力索可通，或吾性偶譻於此，難强以燭破。且當置此一事，别就他事上窮得。如是窮來窮去，積累深熟，自然心地漸明，義理之實，漸著目前，時復拈起向之窮不得底。細意紬繹，與已窮得底道理參驗照勘，不知不覺地，并前未窮底，一時相發悟解，是乃窮理之活法，非謂窮不得而遂置之也。若延平説待一事融釋脱落，而後循序少進者，即是窮理恒規當如是。其意味尤爲淵永，與程子之言初不相妨，格菴所論無可疑矣。

又答：來喻以事物之理舉集目前可者學之一段，爲近於格物，而深斥可者學之之説爲誤。滉不記前日面論如何，以今所見，殆不如盛喻也〔一〕。事物之理，循其本而論之，固莫非至善，然有善斯有惡，有是斯有非，亦必然之故也。故凡格物窮理，所以講明其是非善惡而去取之耳。此上蔡所以以求是論格物也。今曰事物之理，莫非至善，何嘗有不可？以此而訾温公可者學之之説，恐如此論，理將墮於一偏，而非内外一致之學也。

八章釋敖惰處，朱子曰：「因人之可敖而敖之，則是常情所宜有，而事理之當然也。」乃以夫子之取瑟而歌，孟子之隱几而卧爲證。胡氏曰：「敖惰，非爲君子言，乃爲衆人言，衆人中固自有偏於敖惰者。」此兩説如何和會？若曰彼人可敖而遂敖之，則能無病乎？孔孟所爲，乃不屑之教誨也，豈有敖之之心乎？此處不能無疑，但陳氏曰「敖只是簡於爲禮，惰只是懶於爲禮」，然則此章「敖」字之義，與韓子所謂「敖雖凶德」之「敖」有異義耶？

答：敖惰之説，胡氏謂「爲衆人言」者是也，故章首以人之一字爲言。而朱子解之，亦曰「人謂衆人」，又曰「常人之情，惟其所向而不加察」，可見其本非爲君子言也。然其説衆人病處，正所以曉君子使之知病矯偏，以致之於中道，故「敖惰」二字，亦不可不就君子而論其所處之如何也。蓋由衆人言之，雖曰因人可敖，亦曰情所宜有，猶未免於帶累凶德者，以其陷於一偏故也。在君子則因其人平平，而我略於爲禮，乃事理當然之則也，亦灑無一點帶累向一邊底意思。而其渾厚懇惻、中正和平氣象依然自在。朱子所以援取瑟、隱几爲證者，非實謂孔孟爲敖惰，謂敖惰之在聖賢做處，如是而已爾。然則何嫌於同歸敖惰，亦何慮學者之傲物輕世乎？「敖」字與凶德之「敖」，本非字同義異，就君子説時，其義方少異耳。

上退溪先生丁卯

謹伏問令候何如，仰慮仰慮。前者宗伯擬望時，珥意頗以爲難，而堂上則以爲銓曹當爲官擇人，不可爲人擇官。此意亦好，故不敢終止，罪仰罪仰。既已拜命，不可少忍須臾，以待山陵之畢耶？每瞷鈞旨[二]，常有退意，此誠出於不得已也。但今嗣王幼沖，國步多虞，揆之道理，恐不如鈞旨也。國家之沈於痼疾二十餘年矣，上因下循，一毫不改。目今民力已竭，國儲已罄，若不更張，國將不國。立朝之士，何異幕燕？中夜思之，不覺起坐。如珥微末尚且如此，況明公受恩三朝、位躋六卿，而能恝然於斯乎？假使明公閉户養疾，不窺闕門，若在京師，則士氣自倍，望治有期。國事至重，一身之私恐不暇計也。伏乞上念國恩，下悶斯民，不以過謙爲心，安神定慮，簡接賓客，爲久留之計，不勝幸甚。且中昨日李愈之疏，不知所道何辭，但聞自上改擇葬日，此誠美意也。在下之道，似當將順，陰陽拘忌之説，明者所不道。古昔聖賢，豈不謹於安厝，而必以五月葬耶？《禮》曰：「生與來日，死與往日。」葬期既近，卒哭又促，思之甚爲未安。必擇吉日，而不從禮文，大臣之意，非愚陋所曉。明公雖一日在職，當盡一日之責，此事不可救正乎？珥禀氣輕浮，不敢安定其辭，遇事輒發，不顧前後，已被人言不少，伏乞此書丙丁之，不掛人眼，幸甚。

上退溪先生戊辰

謹伏問起居何如。春寒尚嚴，恐調攝失宜，仰慮不已。此中濫達，至惶至悚。曾蒙不揮之賜，敢爾開喙。聖主傾心，士林顒望，東山之起，終不可免，未審何以處此耶？珥嘗妄揣閤下，謙恭太甚，自以爲學力未至，未可辦事，故深縮不出。此正程子所謂「量能度分，安於不求知者」也。但士林之意，非遽以經綸一國、制禮作樂望之閤下也。當今國事，無一可恃，以勢觀之，似不可有爲。而但主上盛年美質，向學不倦，若培養輔導，克成允德，則太平之基，其不在此歟？閤下於經濟之才，雖自以爲不足，若深玩聖賢之書，章明其義，句分其旨，温故知新，則環顧四境，恐無居閤下之右者矣。一介不敢妄取，一介不敢妄與，不厭簞食，不屑萬鍾，則環顧四境，恐無與閤下比肩者矣。其知如此，其行如此，而謙謙自卑，若空空之鄙夫。此所以聖主傾心，士林顒望者也。百里奚爵禄不入於心，故飯牛而牛肥，使穆公忘其賤而與之政。閤下之退縮愈深，而世人之佇望愈甚，其勢終不可止於此而已。閤下若以經濟爲己所不能，則何不只爲主上曉析經義，發其旨趣，益勉向學之功，不負側席之誠乎？國家之命脈，其不在此歟？百萬蒼生，在漏船之上，其命懸於一人，而一人之成德，必資於閤下之上來，惜乎機不可失也。華佗、醫緩，醫之至善者也。若必待此二人而可以療病，則天下之人，不死於病者幾希矣。今閤下有疾，將以求藥，而世之醫者皆曰我非華佗、醫緩，而終不命藥，則閤下之心以爲何如耶？閤下之事何以異此？日者疏中所道「山禽異端」等語，出自何人之口耶？言之者不必有情，傳之者不必盡信。而至陳於疏中，無乃未安耶？大凡學者，雖未至於聖賢，而進退出處，當以聖賢爲師。若曰我非聖賢，不可效聖賢之所爲，而可進不進，可退不退，則其可謂學聖賢者耶？閤下雖自毁自詆，終不可謂不學聖賢也。今日之事，揆之以道理，質之以古昔，權之以時勢，參之以閤下之身，則恐不可終退也。既曰可進矣，則儻來之物，任其高下，不可以此爲大嫌而不進也。不寧惟是，竊觀主上之意，必欲召致，不來則不止。若創爲近古所無之禮，加之於閤下之身，期於必來，則以謙恭之心尤不能堪，大段狼狽必甚於今日矣。伏望汲汲先此而乘温暖上來，以副聖主之誠，以培國家之根，以慰士林之望。千萬幸甚！珥輕浮駁雜之習，仕而尤甚，若此不已，恐無以爲人。中夜以思，寒粟遍體，儻得親近光儀，鍼灸痼病，庶幾有省。而道路脩邈，向風自警而已。

上退溪先生庚午

去冬因崔通禮伏承下札，迨今仰感不已。珥年前喪外祖母，畢襄事後上京。憂患之餘，形神俱瘁，學問荒廢。惕然自省，思欲振發，而無明師啓其途，悶不可言。前日仰問之目，迨未承下諭，無任仰佇之至。在江陵時，因便達鄙狀，未審下鑑否。前承下教云，既無舊業可歸，則寧勿爲退計，珥謹聞命矣。但珥爲虛名所誤，謬入名宦之途，所除皆非可堪之職。若循例旅進，則仰愧俯怍，與平昔素志背馳，故未免拜官，輒辭以爲禄仕之計。紛紜辭受，無時可定。衆口呶呶，謗集于身。世間毁譽雖不掛念，而仰恐自處之道有所未盡，每想幽巖長川，有時欲脱走而未能爾。進則無學可施，退則無地可歸，欲爲禄仕，則拘執不許。未知古人亦有遇此事而能善處者乎？伏乞下示，以爲迷途之指南。千萬幸甚！此中聽松先生碣銘，得鈞筆以垂後，其孤成渾感祝罔涯，寶祕不宣，而潛示於珥。其間或有可更仰稟處，成君爲此專人進去，伏乞鈞答何如。

上退溪先生問目

首章或問陳氏以「由教而入」者，庶幾乎位育云云，珥疑其「由教而入」者及其成功一也。今承下諭，以爲孔子之綏來動和，顔曾不能遽及，此固然矣。但珥意以爲生知與學知，資質雖不同，及其大而化之，則無有差别。顔子雖曰學知，而只去聖人一間，若假之年而化之，則其綏來動和亦同於孔子矣。若如陳氏之説，則學知者終不能盡位育之功矣，豈不沮學者作聖之志乎？且下諭所謂不能遽及者，誠是矣。若曰終不能及，則不可也。此珥所以有疑於陳氏之説也。

饒氏中庸、中和分内外之説，雖承下諭，終不免有疑。蓋以性情言之，則謂之中和；以德行言之，則謂之中庸。游氏之説精當矣。然而致中和云者，以性情包德行而爲言也。中庸之中，實兼中和之義云者，以德行兼性情而爲言也。非若饒氏之説以致中和踐中庸，分内外功夫，如是之支離也。夫大本達道者，性情也；立大本行達道者，德行也。若以立大本爲養内，以行達道爲養外，則可也。今以致中和爲養内，則是以立大本、行達道皆爲養内也。此外又安有踐中庸功夫耶？若求中庸於大本達道之外，則其病不翅牀上疊牀也。且子思子明言致中和，則天地位焉，萬物育焉，豈其無養外功夫，而便致位育之極功耶？饒氏之説終是未安，更教何如。

答：觀饒氏不曰此是内功夫，彼是外功夫，只云内外交相養之道也。此言致中和，亦有踐中庸底事。踐中庸，亦有致中和底意。互相滋益，故謂之交相養耳。且如來喻既曰以此包彼，又曰以彼兼此，亦豈非内外交相養意思乎？來説與饒説，無甚相遠，而於饒獨加苛斥，無乃饒不心服耶？

聖學十圖，名義精切，後學不可容議於其間。但小生所見，似有一二可疑處，疑當思問，不敢終默，西銘所謂惡旨酒以下至伯奇也。此則似以子之事親，比於人之事天，以爲某事是顧養，某事是錫類等云爾，非謂列數之人，皆盡道者也，但取其一事爾。今圖乃曰聖賢各盡道，若如此言，則舜禹、曾子固盡道矣，彼潁封人、申生之徒，豈盡道者耶？

答：潁封人、申生等，當初張子意，非謂此人等盡道，特借其事，以就事天人分上而言，則當作盡其道説。不應與舜、禹等分別人品，以不盡道之義，和泥帶水説了。使事天人遇此等事，亦和泥帶水，不盡其道也。林隱識得此意，故并謂之盡道耳。來説張子但取其一事云云，固亦知張子本意之所在，如此則於林圖，亦當以此意看了。

林隱程氏心學圖，可疑處甚多，試言其略，則大人心乃聖人之心，是不動心從心之類也，何以置之道心之前耶？本心，則雖愚者亦有此心矣，若大人心，則乃盡其功夫，極其功效，能全本心者也，豈可不用功而自有耶？且以遏人欲、存天理，分兩邊功夫，已爲未安，而其功夫次第，亦失其序。心在心思，亦似易置，既曰慎獨克復心在，而乃曰求放心，雖反覆推之，終是失序。閤下推衍，至以顔子爲求放心，此亦未安。大抵聖賢之言，有精有粗，不可就其精者而强求其粗，就其粗者而强求其精也。孟子求放心之説，泛爲學者言也，是粗底也。孔子克己復禮之説，專爲顔子而言也，是精底也。今於其精底，必抑而卑之，使爲粗；於其粗底，必引而高之，使爲精。則雖是説得行，豈是平正底道理耶？且以慎獨置之遏人欲一邊，則凡省察之事皆當屬焉；以戒懼置之存天理一邊，則凡涵養之事皆當屬焉。然而盡心是知，而乃屬乎涵養；正心是行，而乃屬乎省察：此亦不可曉也。珥意此圖，重文疊説而已，别無意味，恐不必取也。

答：心圈上下左右六箇心，只謂聖賢説心各有所指有如此者。以其本然之善，謂之良心。本有之善，謂之本心。純一無僞而已，謂之赤子心。純一無僞而能通達萬變，謂之大人心。生於形氣，謂之人心。原於性命，謂之道心。於是以良心本心，其義類相近，故對置諸上左右。赤子心、大人心、道心、人心，以其本語之相對，故對置諸中下左右。此六者，正如朱子以西銘前一段爲棋盤者同焉，當其説棋盤時，安有功夫之可分先後耶？自惟精惟一以下，方説做功夫底，亦猶西銘後一段下棋子處一般。其以遏人欲存天理爲相對功夫，其來尚矣。真西山亦云克治存養，交致其功，於此對説，何爲而不可乎？所以必歷舉其餘而言之者，是豈謂必由於此一層，而至於彼一層，又以彼一層爲梯級，而又上至第幾層耶？蓋以爲聖賢論心法處不止一端，皆不可不知，皆不可不用功力云爾。其從上排下，亦以其作圖之勢有不得不然者，非謂其如大學條目之有功程先後也。「求放心」三字，若如來諭而已，則孟子當言曰學問之始，當求其放心，足矣，何得謂學問之道無他云云耶？若謂到顏子地位，功夫已精細，無復有一毫放心之可言，則纔差失，便能知之説著不得矣。朱子每每爲學者舉此章者，以爲始之固在此，終之亦以此。若以孟子之語推其極而細論之，顏子之不遠復，亦可以擬言於此矣。至如心在心思盡心正心之易置，則來説亦似有理，然心非省察，何由而在思而立乎大？豈不是涵養？則二者所屬，初亦無礙，忿懥恐懼等，一有之而不能察云云。則正心豈必偏屬於涵養乎？盡心雖云屬知，此圖非分知行，只分遏人欲存天理耳。盡心之訓曰：「極其心之全體而無不盡者，必其能窮理而無不知也。」以此屬之理一邊，豈有不可？

第八仁説圖，似當在心學圖之前，不審何如。

答：仁説圖當在心學圖之前，此説甚好，此見甚超詣。滉去年歸來，始審得當如此，及得來説而益信之，即已依此説互易矣。

與奇明彦大升○丁卯

昨承指諭，諄諄不已，退而思之，終未喻高明之旨，豈珥識見昧昧，終不可學道耶？何其不相合至此耶？疑當思問，更陳贅説，珥所謂知之至善云者，不必深排。夫至善云者，只是事物當然之則也，其則非他，只是十分恰好處耳。統而言之，則知行俱到，一疵不存，萬理明盡之後，方可謂之止至善。分而言之，則於知亦有箇至善，於行亦有箇至善。知到十分恰好處更無移易，則謂之知之止於至善；行到十分恰好處，更無遷動，則謂之行之止於至善。何害哉？先生只取統言之止至善，而不取分言之止至善，何耶？若如先生之言，則於行只有至善，而於知無有至善也。有物必有則，知是何物而獨無至善耶？若以知爲非物，則明德且謂之物，知獨非物耶？天下之有名可名者，皆可謂之物，豈必物之物乃爲物耶？以此觀之，大學之止至善，分而言之，則明德亦有止至善，新民亦有止至善。就明德上分言之，則修身亦有止至善，正心亦有止至善，誠意亦有止至善，格物致知亦有止至善，新民亦然。合而言之，則明德、新民皆止於至善，然後乃極其止至善之分耳，烏可謂之格物、致知無止至善耶？且先生所謂明明德雖盡，猶未到窮理盡性地位者，尤爲未安。明明德之目，有格物、致知，此則窮理也。有誠意、正心、修身，此則盡性也。若如先生之説，則大學功夫雖極盡，而猶未至聖人也。夫如是，則孔子何不教人以至極之道，而乃教以第二等之學。使人雖盡其道，只做第二等人耶？先生又以爲能得爲不惑地位，更見大學此説本誤，不必深辨。故明明德未到窮理盡性地位，此亦太固。先儒之説各有所指，不可執滯也。能得固有淺深，就其淺者言之，則不惑亦可謂之能得。就其深處言之，則非不思而得，不勉而中，則不可謂之能得之極功。烏可判大學之極功，止於不惑，而終不至聖人地位耶？且顔子未盡正心功夫云者，此言初學者驟聞而不察之，則反爲其病，豈意先生亦有所不合耶？且道聖人只盡其心性之分耶，抑加毫末於心性之分耶？若曰聖人於心性上又有加焉，則顔子可謂畢心正之極功矣。若曰聖人不加毫末，則顔子固有一毫未盡處矣。心正之極功既未畢，則心之知亦有一毫未盡處矣。且聖人之從心所欲者，心所欲，皆天理故也。顔子之未得從心者，心所欲，有時非天理故也。此所謂非天理者，就其至精至微處言之耳，非謂顔子便有惡念也。既不得從心所欲，則不可謂之盡其心性之分也。夫所謂聖、所謂化、所謂神者，非渺茫怳惚之謂也，只是盡其心性之分而已。若曰顔子既盡心性之分而猶未化，則是聖人之德必有贅於心性也，烏可哉？若曰顔子既畢心正之極功，而猶未盡心性之分，則大學功夫落在第二等矣。且先生以爲明明德既盡，然後方可止於至善，珥以爲明明德既盡處，此是明明德之止至善。此説雖不大忤，若學者不察，以爲明明德既盡，然後又求止至善功夫，則豈不大錯耶？且先生所謂至善非中者，亦未安。至善乃天然自有之中也，聖賢之説雖各有所指，而名之者，其實一也。若皆二之，則既有至善，又有中，又有當然之則，學者將何所適從耶？大抵古之學者，耳聞目見，心思身踐之，然後乃發於言。如珥者只塗於口耳而已，宜乎所言之多窒也。但君子不以人廢言，伏乞更加三思，復示以至當之論，何如？吾輩中議論且相矛盾，則何暇定他説之是非耶？此所以汲汲於歸一者也。

答朴和叔淳○乙亥

台教所謂「澹一虛明之氣」，是陰耶陽耶？若是陰，則陰前又是陽；若是陽，則陽前又是陰。安得爲氣之始乎？若曰別有非陰非陽之氣，管夫陰陽，則如此怪語，不曾見乎經傳也。且所謂「沖漠無眹」者，指理而言，就理上求氣，則沖漠無眹而萬象森然，就氣上求理，則一陰一陽之謂道。言雖如此，實無理獨立而沖漠無陰陽之時也，此處最宜活看而深玩也。

答朴和叔

伏承台諭諄複，感荷實深，但鄙意終有所未安者。台諭所謂「經傳所論，未嘗及天地之先」者，最爲未安。夫子曰：「易有太極，是生兩儀。」周子曰：「無極而太極。」未知閤下以此等説話，皆歸之於天地已生之後乎？小闔闢、大闔闢之説，此固然矣。天地未生之前，謂之陰者，此甚當理，雖聖人不可得而易也。但既是陰，則是亦象也，安得謂之沖漠無朕乎？以此知所謂「沖漠無朕」者，只是單指太極，而實無沖漠無陰陽之時也。閤下且道天地只一而已乎？抑過去有無限天地乎？若曰天地只一而已，則珥復何説？若曰天地無窮生滅，則此天地未生之前，陰含陽者，乃前天地既滅之餘也，豈可以此爲極本窮源之論乎？台諭又曰「然則太極懸空獨立」，此又不然。前天地既滅之後，太虛寂然，只陰而已，則太極在陰；後天地將闢，一陽肇生，則太極在陽。雖欲懸空，其可得乎？張子之論，固爲語病，滯於一邊。而花潭主張太過，不知陰陽樞紐之妙在乎太極，而乃以一陽未生之前氣之陰者，爲陰陽之本，無乃乖聖賢之旨乎？嗚呼！陰陽，無始也，無終也，無外也，未嘗有不動不靜之時。一動一靜、一陰一陽，而理無不在，故聖賢極本窮源之論，不過以太極爲陰陽之本，而其實本無陰陽未生、太極獨立之時也。今者極本窮源，而反以陰氣爲陰陽之本，殊不知此陰是前陽之後也。但知今年之春，以去冬爲本，而不知去年之冬，又以去春爲始也，無乃未瑩乎？志在明道，言涉不恭，伏惟垂恕加察焉。

答朴和叔

伏承台諭，仰感仰感。此事本不合輕論，且人微言淺，決無感動之望。而猶不能自已者，以閤下秉心平穩，不加揮斥，庶有可合之望也。望賢之説，果有未盡處，以但言太極生兩儀，而不言陰陽本有，非有始生之時故也。是故緣文生解者，乃曰氣之未生也，只有理而已，此固一病也。又有一種議論曰，太虚澹一清虚，乃生陰陽，此亦落於一邊，不知陰陽之本有也，亦一病也。大抵陰陽兩端，循環不已，本無其始。陰盡則陽生，陽盡則陰生，一陰一陽而太極無不在焉。此太極所以爲萬化之樞紐，萬品之根柢也。今若曰澹一寂然之氣乃生陰陽，則是陰陽有始也，有始則有終矣。然則陰陽之機，其息也久矣，其可乎？且澹一之氣是陰陽耶？閤下前者目之以陰矣，然則太極非根柢，而陰氣乃根柢也，但以陰爲陽之母，而不知陽爲陰之父也，其可乎？且邵子所謂「無極之前陰含陽」者，亦截自一陽未動之前言之耳，非謂極本窮源而實有陰陽之始也。且太極爲陰陽之根柢，而或陰或陽，兩在不測，故曰神無方而易無體。今若曰陰氣爲陰陽之根柢，則是神有方而易有體矣，尤不可也。且所謂「沖漠無眹」者，指理而言也，若曰指氣，則非陰則陽也，不可謂之無眹也，豈可以無形者便爲無眹乎？今者空中皆氣，雖無所見，豈可謂之沖漠無眹乎？是故「沖漠無眹」之稱,如就氣上指本然之性也。雖曰本性,而實無本性離氣之時,猶雖曰沖漠,而實無沖漠之時也。若曰實有沖漠之時而乃生陰陽,則此亦陰陽有始也,此處須著十分理會,不可草草放過。花潭用功非不深,而但思之過中,反以氣爲陰陽之本,終歸滯於一邊,理氣雜糅無辨,不能妙契聖賢之旨,豈不可惜哉?程子曰:「動靜無端,陰陽無始。」非知道者孰能識之?伏望於此語三致意焉。

答成浩原 渾○甲寅

浩原足下,前承示誨,反覆開喻,辭旨勤懇,欲使聾者有聞,瞽者有見。僕雖凡下,能不感發耶?噫!非足下不得聞此言,幸甚幸甚。足下疑於僕者誠是矣,然尚有似不相曉者,不可不吐露情實,使知己者有所未明也。

僕自少懶於爲學,十五六前所讀之書無幾,十七歲始有志於學。下功未幾,便得脾積之疾,自後不能讀書,但默而記之。一日忽思先儒多記損心之語,不復記誦,頗覺不費力,意甚便之,于今數歲矣。僕雖不懶,尚爲斯疾所礙,不能做功,況以懈怠之資而有斯疾耶?雖日撻而求其勤尚不可得,況疑其篤缺而有所云云耶?僕性不喜出入,每好靜坐,故不知者疑其耽讀,惟與我同處一室者,乃知吾懶耳。於文章詞藻漸無意味,近來絶不事鉛槧,僕非於學問有進，而於彼無味也。直以懶與病謀，安於無事耳，此何異於黄門之貞哉？文章雖曰小技，不可容易言也。其用功甚難，安可徑造其門哉？僕於文章少無所得，足下乃以感動一國稱之，無乃見卵而求時夜耶？何言之謬也！每怪世人多有過情之譽，不意知己者亦有斯言也。雖使僕實造妙處，尚無所用，不可戀著，況於不得其門耶？僕之不進於學問者，自棄之罪耳，非文藻誤我也。自古勤者有立，懶者無成，夫何故有志與無志，得失自不同也？異端之勇於自修者，君子猶不絶之者，冀變惑志，回其勇於異端之心，以勇於吾道耳。設使僕勇於記誦詞章之習，誠如足下所道，則可以此心推之學問上，此真所幸也，非所憂也。士之所可憂者，惟在悠悠泛泛耳。苟有篤實奮厲之志，則何患其不能有所成就耶？足下所疑於僕者，乃正僕之所乏者也。僕所謂似不相曉者，此也。世間本多不虞之譽，而於僕尤甚，此亦命耶？僕讀古書數十遍，然後乃誦，而世人則曰某也一覽輒記；不喜出入，常在一室，則乃曰某也耽讀，不出門外，亦不計疾病；自去歲始披閱實學，則乃曰某也於經傳精熟無比。苟有稱道，輒過其實，僕亦莫知其故，常嘆世人之不求實也。不意知己之所疑，乃無異於世人也。人雖至愚，苟不至於病風狂惑，則尚知自愛，僕安敢不憂疾病耶？但投之以藥，求所以治脾胃者，三歲于兹，終無寸效。今者又問於醫，則乃曰此非脾胃受病也，乃肺傷耳。苟醫其肺，食可下矣。方欲劑治肺之藥，而未得厥材，未果耳。

足下惓惓以謹疾爲喻，非愛我之切，豈至是耶？足下所謂以科舉爲重，規規於得失者，僕安得辭其責耶？此亦僕之所不得已者也。僕世無産業，窮不能家，老親在堂，甘旨常闕，爲人子者能不動心哉？傭作商賈，如可爲也，吾不羞賤。但國俗有定，士庶異業，固不可抑而行之也。猶有科舉一路可得養老之資，故爲親屈耳。非敢以干禄爲貧，爲孔孟之正脈也。父母之命，苟不至於不義，則皆可勉從，僕其可不應舉乎？既有所事，則不可全不用力，故時做科文，求合於程，度此皆不得已耳，非敢以此爲生平事業也。科舉雖曰近世之通道，其迹近於衒玉，由此而禄仕則可矣。由此而欲行其道，則恐不能也。大丈夫處斯世也，囂囂畎畝之閒，禄之萬鍾，有所不屑也，繫馬千駟，有所不顧也，必待人君致敬盡禮，然後乃可幡然一起，兼善天下，功覆斯民耳。安有售才騁藝，決得失於一夫之目，而乃希聖賢之出處也哉？古之不見諸侯者，決不爲此也。僕故曰，由此而欲行其道，則恐不能也。僕雖志氣萎下，胸中所蘊，豈止科舉一事而已哉？足下謂僕鋭意科業，置死生於度外者，似過矣。僕固可謂汲汲矣，然何至如足下之言耶？世俗之士，迷不知向方者，尚知功名爲身外之物，僕雖至愚，豈肯以儻來之物，舉一身而易之哉？雖然，責善之道，誠不可不如是也。足下之言，豈云過哉？僕今應舉之時，已不能不爲得失所動矣，前途夷險之際，安能必其不受變於流俗耶？

足下所謂義利之分，所爭毫末，纔出於正，便謂私邪者，真僕藥石也，敢不敬受昌言，以自鍼灸耶？足下之言至此，真僕之幸也。但僕亦有可疑於足下者，不可不陳道鄙懷也。足下所謂勿以有爲望我者，此是情語耶，抑自謙耶？若自謙則可矣，若曰情語，則何其明於責人而暗於恕己耶？大凡道非高遠難行之事，只在日用耳，日用之所當行者，無非道也。《中庸》曰："素患難，行乎患難。"君子之所當素其位者，豈特此哉？素疾病，亦可行乎疾病，素憂愁，亦可行乎憂愁，君子焉往而不自得哉？足下既有疾病，而尊先生宿疾，終不永瘳，固可無聊，但日用之閒隨時善處，即此是學，安可一日偷肆耶？一息尚存之前，無非用功之地。若待身安氣充，然後乃可著力，則吾見此心之日放也而已。牛山之木，能不受斧斤之害耶？讀書一事，只在明善窮理而已，何必費力然後爲得耶？足下日侍先生之側，豈無所聞乎，亦無所知乎？尊所聞，行所知，則吾保足下日趨高明光大之域矣，尚何暴棄之是憂哉？

明鏡不能自照，勇士不能自舉，僕若有所見，當無隱乎足下。足下其亦勤勤示誨，勿以朽木爲不可雕也。嗚呼！吾兩人之相磨切，其可止此而已乎？

答成浩原 乙丑

日者乘昏謁白先生，致君虛枉，悵恨不已。欲更進而拘末署，望君再臨。今承不可期之示，尤增惘然。幸緩行則一來相叙，何如？示喻鐫誨，感深感深，但引而不發，反增迷惑，何不明示耶？所謂遷就者指何事耶？以珥上來爲非耶？珥本世臣也，君命之則不可固拒也，若因此行，便作流俗仕宦者，則非也。起頭突兀，固難繼也，利害之念，則自謂不累於胸中也。第未知不知不覺、自有此念否耳？尊嚴魯論之説，此何等議論耶？如此等言足以起疑，則無望於相知也，想君必知傳者之妄矣，餘非奉難悉。

答成浩原 丁卯〔三〕

至善與中之説，尚未歸一，緣珥所見，自不端的故，言不明瑩，致足下輾轉生疑耳。但先儒之説似是分明，不可別生意旨。玉溪盧氏曰：「至善，太極之異名，而明德之本體。得之於天，而有本然一定之則者，至善之體，乃吾心統體之太極也。見於日用之間，而各有本然一定之則者，至善之用，乃事事物物各具之太極也。」以此觀之，至善之體，非未發之中耶？至善之用，非事物上自有之中耶？蓋至善之體，即未發之中而天命之性也。至善之用，即事物上自有之中而率性之道也。止於至善者，即時中之中而修道之教也。至善上分性道，而著教字不得者，至善是專指正理，不兼人事而言故也。惟止於至善者，乃人事也，德行也。中字上通性道教而言者，中字兼性情德行而言故也。中有二義，而聖賢之言中，多指行處。

足下乃以中爲體，以至善爲用，無乃未安耶？蓋以正理對德行而言，則正理爲體，德行爲用。正理如規矩，德行如用規矩，做方圓相似。且足下以時中之中，爲率性之道，此亦似誤。時中是修道者也，若以此爲率性之道，則道乃因人而有者也，烏可哉？細觀中庸首大文輯註則可知。○中者，性之德也，大本也。和者，情之德也，達道也。時中者，致中和者也，立大本而行達道者也，毫釐間不可有差。且未發之中，只是吾心之統體一太極也，不可便喚做理之一本處。易有太極之太極也，足下所謂以吾心對事物而言，則吾心爲體，事物爲用者，甚是。但以吾心對天道而言，則天道爲體，吾心爲用矣。統體中也有體用，各具中也有體用。以易有太極之太極觀之，則吾心之一太極，亦是各具中之統體也。易有太極之太極，乃統體中之統體也。易有太極之太極，水之本源也，至善與中之所從出。吾心之一太極，水之在井者也。至善之體，即中之體。事物之太極，水之分乎器者耳。至善之用，即中之用。若以至善只作器中之水，則是舉其用、遺其體也。以中只作井中之水，則是執其體而昧其用也。皆不成道理矣。若曰至善與中同實而異指，足下同實異指之示，至當，但其主意不是。至善，即吾心與事物上本然之中，同實處。○至善。是當然之則也。必先見吾心之則，然後可以知事物之則矣。若曰吾心雖有則，而所重在事物上云，則事物之則反重，而吾心之則反輕也。大學工夫，豈不輕體而重用、輕内而重外乎？千萬不是，更宜商量。○何謂吾心之則？未發之中是也。何以見之？能敬則見之矣。故程子曰：「未有致知而不在敬者。」而專指正理而言。異指處。中即不偏不倚，無過不及之正理，同實處。而兼指德行而言。異指處。中庸之理，是至善也；中庸之行，是止至善也。中和，是至善之體用也；致中和，是止至善也。節節推之，莫不相應。如此立說，方無病痛矣。足下前日以爲至善即中，則但言至善，或但言中足矣，何必兩言之耶？珥以此思之，而得其說焉。中庸之道，至微至妙，初學者驟聞之，則力量不能承當，或有流而爲無近名、無近刑之學者矣。是以聖人之教，必先立至善以爲標的，使學者曉然以事理當然之極爲至善，然後進之於中庸，使知至善乃所以不偏不倚、無過不及之道，則不陷於執中，不流於過不及，而真能止乎至善耳。此雖淺陋之見，道理恐是如此。

狄梁公事，珥何嘗謂失節耶？但謂之屈身耳。屈身與失節有間，而未盡其正也。若曰吾君尚在，母后妄作，而可以屈身於周武氏，則漢獻帝時，亦可屈身於曹操耶？足下推尊狄公之忠則可矣，以爲人臣之正，無過於此，則過矣。狄公只是忠臣，而未盡其正也。綱目前書周以狄某爲某官者，抑其事周而屈身也；後書其卒而不係于周者，揚其爲唐而輸忠也。如此抑揚，真得其中矣。大抵惟義可以盡忠，忠不必盡義。子文之相楚，忠則忠矣，所以僭王猾夏者，非義也。狄公之屈身，忠則忠矣，所以挾周爲唐者，非義之正也。然則欲得其正者，遇此時當如何，曰高宗之世，天下無道，可隱而不可出也。設或不幸立朝，不能見幾引退，以值武氏之變，則當量其力，可以舉義致誅則誅之，不能則掛冠而去，泯迹山林，此人臣之正義也。狄公乃周旋其閒，屈膝陰邪，而惓惓社稷，幸而成功。其忠雖盛，而其道已屈，未免計功謀利，枉尺直尋耳，何以謂之無所爲而爲之耶？無所爲者，不計其功也。狄公分明是計社稷之功，而不計道之屈伸也，不可謂無所爲也。寗武子無所屈身，不可比而同之也。足下所謂義理之辨所係甚大云云者，極是，學狄公而不至者，流而爲馮道矣，豈不大可畏耶？武攸緒事，足下見得是，但寧爲攸緒之易，不可爲狄公之難也。儒者正論，不得不爾，若以世俗之士觀之，狄公豈可少哉？

答成浩原

顔子一毫未盡之説，衆皆非之，而珥獨不肯自非者，非故立異而好勝也，誠以鄙意終有所未安，故不敢曲循衆見耳。顔子與聖人所爭者，只在思與不思、勉與不勉耳，其得之其中之則一也。夫所謂思者，非格致而何？所謂勉者，非誠正而何？事物之來，未能不思而必思之，今日既思而得矣，明日事物之來，又不免於思，則可謂格致之功已畢乎？今日既勉而中矣，明日又不免於勉，則可謂誠正之功已畢乎？夫所謂力之盡者，只是就人事上極其力，無以復加云爾，非若聖人之動以天而不施人事也。且顔子之查滓，非若衆人之查滓也。不貳過，不若無過之可貳。冰銷凍釋，不若無冰凍之可銷釋也。纖芥必見，不若無纖芥之可現〔四〕。故比之於聖人，則微有查滓耳。格致誠正固學者事，亦不可捨此而求聖人也。位天地，育萬物，許大神妙不測，是聖人之能事，而其實不過學問之極功耳。豈可捨學問之功，而別求一種聖人道理耶？足下以格致誠正，斷然爲學者事，以其十分盡頭，歸之於顏子，而求聖人於格致誠正之外，無乃未安耶？此正釋教拂迹超凡聖之機權也，非吾儒之的論也。低看聖人固不可，求聖人於高遠怳惚之境，尤不可也。愚則以爲物極其格，知極其至，意極其誠，心極其正者，聖人也。格致誠正而未造其極者，君子也。就君子上最近聖人而未達一間者，顏子也。未格致而欲格致，未誠正而欲誠正者，學者也。聖人無待於思勉而自格致誠正，顏子雖不免於思勉，而亦不待著力，學者未免苦心極力耳。大抵珥則以不思而得，爲知之極，不勉而中，爲行之極。足下則以爲思得爲知之極，勉中爲行之極，又求聖人於其極之外，此所以多言而愈不相合也。顏子若造其極，則聖人過其極而非中也。聖人若止於其極，則顏子必有所未至也。所爭在此，夫豈多言？朱子有言曰：「人心私欲者，非若衆人所謂私欲也，但微有一毫把捉底意思。則雖云本是道心之發，然終未離人心之境，所謂動以人則有妄，顏子之有不善。正在此閒者，是也。既曰有妄，則非私欲而何？須是都無此意思，自然從容中道，方純是道心也。」已上朱子語。深味此言，則可見心正之極功，非聖人未了，而程子所謂顏子心麤者，非謂衆人之麤心也。珥之所謂未盡者，豈敢胡説亂道哉？

答成浩原

至善與中之論，大概相合，其不合者，足下之意以爲中只在於吾心，而不在於事物故也。程子有言曰：「事事物物皆有自然之中。」足下偶未之見耶？大本者，中之在心者也。達道者，中之在事物者也。先儒多説中無定體，若只以在心者謂之中，則未發之中，實體一定，烏可謂之無定體耶？從古聖賢之言中者，多指其用，或曰執中，或曰時中，皆指達道。而未發之中，則子思始著於中庸，故先儒以爲擴先聖所未發。若如足下之言，則從古聖賢所言中者，皆指未發之中耶？至善，是十分是處，中亦十分是處。明德有箇至善，則明德有箇中，新民有箇至善，則新民有箇中，何不可言之有？愚之前書只言事物，而欠「日用」二字，足下之説是矣。但既謂之事物，則「日用」二字在其中矣。足下恐其泛言事物，則吾心亦在事物中耶？此則未然。自天而觀事物，則人心亦一事物者，是矣。自人而觀事物，則吾心自吾心，事物自事物，不成只言事物，而吾心亦在其中矣。足下以爲章句釋至善，不曰天理，而曰事理。其下曰天理者，總會吾心而言之，以此究其立名之義者，頗不可曉。若如此言，則天理初不在於吾心，而至於止至善，然後天理乃在吾心耶？事理者，摠言天理之在事物者，而省文曰事理，而吾心之理亦在其中矣，恐不可以天理、事理爲在心、在事之別，而究其立名之義也。自天命而觀之，則明德亦一箇物事。明德之體，即至善之體而未發之中也。明德之用，即至善之用而已發之中也。明明德者，即立大本而行達道者也。如此看破，豈不分曉乎？體統各具之說，足下之說亦是。但天命與性自有界限，不可一向滾合也。時中之說，愚意亦非專以教爲時中也，只謂教亦時中耳。「時中」二字，先儒有指達道而言者，有指行達道而言者。前書恐足下專以達道爲時中，故有所云云，今者又恐足下專以行達道爲時中也。朱子釋「時中」，章句曰：「中無定體，隨時而在，是乃平常之理也。」此指達道而言也。其曰君子知其在我，故能戒謹不睹，恐懼不聞，此則致中。而無時不中，此則致和。此指行達道而言也。達道，是時中之道也。行達道，是時中之行也。君子之能行達道者，未有不能立大本者也，故朱子曰：「必其體立而後，用有以行。」然則，愚以時中爲致中和者，亦非過矣。先大學後中庸之說，非特足下之言爲然也，愚意亦主乎此也。非謂學中庸而流於異端，故立大學以救之也。足下更取而徐玩之，何如？先儒曰：「中體難識，善端易擴。」是故中庸論下學功夫，必曰擇善，而不曰擇中，必曰明善，而不曰明中。豈不以中體難識乎？若大學、中庸各自明道，不相管攝，初非有意於先後次第，則程朱之教人先讀大學者，非孔、曾、子思之意也。不先大學從事於格物致知，而徑學中庸欲上達天理，則吾未保其善學聖道也。足下責愚以敢言，至引荀卿，不覺竦然自失也。雖然，以學言之，則愚幸而生於朱子之後，必不爲性惡之論；以才言之，則愚不幸而才不足，雖欲爲荀卿，不可得也。足下憂其退墮不爲善，可矣，勿憂其爲荀卿也。道孤之説，誠如下諭，深恨深恨。但愚意恨無朋友講磨相長之益耳，非敢以任斯道者自處也。點檢自家之諭，當服膺而終身焉。

狄梁公事，足下所見，終始未瑩。龜山之論，指其開諭之正一事而言耳，非論其全體也。若論其全體，則狄公分明枉已，龜山何以謂之不枉已耶？孔子曰：「臧文仲不仁者三，不智者三。」又曰：「子産有君子之道四焉。」此等皆指一處而論，非論其全體也。若以此言爲局，真以子産爲成德君子，臧文仲爲不仁不智之人，則無乃失其旨耶？王莽之篡漢，武氏之稱帝，一也。若使王莽雖稱皇帝，以子嬰爲太子，終傳於子嬰，則漢家羣臣當事莽如漢帝，以待子嬰之立耶，抑舉兵以討不當立者耶？以此義推之可見也。孔子曰：「惡不仁者，其爲仁矣，不使不仁者加乎其身。」惡不仁者雖不可及，若知恥自愛者，則必不爲狄公矣。夫子大管仲之功而稱其仁，先儒大狄公之功而許其忠，其旨一也。愚之論狄公如此反覆者，只爲狄公迹雖屈而心則正，恐後人效其迹而不學其心，爲失節之人耳。若狄公之心不可取，則乃揚雄也，何足置齒牙間哉？足下取其心，而欲并其迹而許之，無乃太過乎？心迹之不同，已非儒者矣。愚非敢慢於前賢而有是説也，義理之論，不可糢糊不明也。既非儒者而屈迹如此，則足下所謂人臣之正者，無乃過耶？程子曰：「人臣之義，當以王陵爲正。」如王陵者，雖非儒者，迹不屈者也。

答成浩原庚午

日者入城巧違，竟不做一場佳話，追思悵然。今承下書，示諭諄複，深荷厚意，且承周急之惠，尤爲感仰。其麥從當取來爲計，且中珥之舉止，事勢頗逆，致人言不少。至於朋友中，多有不相曉者，此亦命也。自古休官者必有退歸之地，而珥則京家之外無所於歸。既已退歸，則宜與妻子相攜，而珥則妻妾離散。祭祀最爲重事，而珥則無可祭之資。簞瓢足以自樂，而珥則無半頃之田。此數者，皆事勢之至難，必有權宜善處之道，而觀珥者皆執常規而相責，宜乎瑕疵之疊見也。曩見雲長，傳吾友之言深以珥累於妻子爲尤云，此果然耶？若然，則吾友之見偏於高潔，非中正之道也。夫累於妻子，而受無禮義之萬鍾，則固非也。若棄妻子而獨潔其身，則是果何見耶？雲長、景魯若以珥爲見忤於流俗而休官，則此言亦太儱侗，非知珥本意也。珥之應舉求官，本爲祿仕也。中間被虛名所誤，謬入清班，心事相違，與世矛盾。向前一路，荆棘蕪穢，抑塞無聊之際，適因祖母之病，棄官東歸。閒居之中，取論語而讀之，似有省悟，因思學不足而濫居行道之職，一日不可處也，遂爲辭尊居卑之計，始辭臺官，又辭講官。以疾求遞，不可達情，故去冬陳疏乞解官，未蒙允俞，又以病遞，復棄兵郎而歸。珥之本意，只辭行道之職而已，非掛冠長往，竝與祿仕而棄之，如吾友所見也，亦非全無省悟，偶然辭職，如雲長、景魯所見也。孟子曰：「立乎人之本朝，而道不行，恥也。」如珥者，無道可行，此所深恥也。若一邑一郡，足以少施所藴，則吾不辭也。且退歸之後，只承召一來耳，奚至於數乎？陳疏至三，只乞解官而已，非有所求望於上，則豈交淺言深之例乎？朱子初年辭職，亦非移疾也，且朱子之官皆不緊之職，非珥侍從之類也。使珥不以疏章悉陳情悃，而每用移疾，則恐於君臣之義有所未盡，而流於世俗糊塗之見也。但珥疏之上，反承踰分之恩命，跼蹐無以措躬，用是不能隨即呈病，黽勉過一朔，一接天顔，然後解官下歸爲計。鷄黍之約，當在九秋耳。大抵觀人甚不易，一抑一揚，不可率爾。吾友曩日觀珥太高，故疑之亦太過，皆非中道也。虛心察理，以權事物之宜，則觀人亦不失，而格致之功在是矣。

答成浩原 壬申

聖賢之說，或横或竪，各有所指。欲以竪準横，以横合竪，則或失其旨矣。心一也，而謂之道、謂之人者，性命形氣之别也。情一也，而或曰四、或曰七者，專言理兼言氣之不同也。是故人心道心，不能相兼而相爲終始焉。四端不能兼七情，而七情則兼四端。道心之微，人心之危，朱子之説盡矣。四端不如七情之全，七情不如四端之粹，是則愚見也。

人心道心相爲終始者，何謂也？今人之心，直出於性命之正，而或不能順而遂之，閒之以私意，則是始以道心，而終以人心也。或出於形氣，而不咈乎正理，則固不違於道心矣。或咈乎正理，而知非制伏，不從其欲，則是始以人心，而終以道心也。蓋人心道心兼情意而言也，不但指情也，七情則統言人心之動，有此七者四端，則就七情中擇其善一邊而言也，固不如人心道心之相對説下矣。且情是發出恁地，不及計較，則又不如人心道心之相爲終始矣，烏可强就而相準耶？今欲兩邊説下，則當遵人心道心之説。欲説善一邊，則當遵四端之説。欲兼善惡説，則當遵七情之説。不必將枘就鑿，紛紛立論也。四端七情，正如本然之性氣質之性。本然之性，則不兼氣質而爲言也。氣質之性，則却兼本然之性。故四端不能兼七情，七情則兼四端。朱子所謂「發於理」、「發於氣」者，只是大綱説，豈料後人之分開太甚乎？學者活看可也。且退溪先生既以善歸之四端，而又曰七者之情，亦無有不善。若然，則四端之外亦有善情也。此情從何而發哉？孟子舉其大概，故只言惻隱、羞惡、恭敬、是非，而其他善情之爲四端，則學者當反三而知之。人情安有不本於仁義禮智而爲善情者乎？此一段當深究精思。善情既有四端，而又於四端之外有善情，則是人心有二本也，其可乎？大抵未發則性也，已發則情也，發而計較商量則意也。心爲性情意之主，故未發已發及其計較，皆可謂之心也。發者氣也，所以發者理也。其發直出於正理，而氣不用事，則道心也。七情之善一邊也，發之之際，氣已用事，則人心也。七情之合善惡也，知其氣之用事，精察而趨乎正理，則人心聽命於道心也。不能精察而惟其所向，則情勝慾熾，而人心愈危，道心愈微矣。精察與否，皆是意之所爲，故自修莫先於誠意。今若曰四端理發而氣隨之，七情氣發而理乘之，則是理氣二物，或先或後，相對爲兩歧，各自出來矣。人心豈非二本乎？情雖萬般，夫孰非發於理乎？惟其氣或揜而用事，或不揜而聽命於理，故有善惡之異。以此體認，庶幾見之矣。別紙之説大概得之，但所謂「四七發於性」、「人心道心發於心」者，似有心性二歧之病。性則心中之理也，心則盛貯性之器也，安有發於性發於心之別乎？人心道心皆發於性，而爲氣所揜者爲人心，不爲氣所揜者爲道心。

附問書

霖陰不止，想惟道況清和否，傾仰不自已。前禀別紙，乞答示何如？今看十圖、心性情圖退翁立論，則中間一段曰：「四端之情，理發而氣隨之，自純善無惡。必理發未遂而揜於氣，然後流爲不善。七者之情，氣發而理乘之，亦無有不善。若氣發不中而滅其理，則放而爲惡云。」究此議論，以理氣之發，當初皆無不善，而氣之不中，乃流於惡云矣。人心道心之説，既如彼其分理氣之發，而從古聖賢皆宗之，則退翁之論自不爲過耶？更望於此痛加血戰，極意消詳，以解鈍澀之惑，千萬至祝。

心之虚靈知覺，一而已矣。而有人心道心之二名，何歟？以其或生於形氣之私，或原於性命之正，理氣之發不同，而危微之用各異，故名不能不二也。然則與所謂四端七情者同耶？今以道心謂之四端可矣，而以人心謂之七情，則不可矣。且夫四端七情，以發於性者而言也。人心道心，以發於心者而言也。其名目意味之間，有些不同焉。幸賜一言，發其直指，何如？人心道心之發，其所從來固有主氣主理之不同，在唐虞無許多議論時已有此説。聖賢宗旨，皆作兩下説。則今爲四端七情之圖，而曰發於理發於氣，有何不可乎？理與氣之互發，乃爲天下之定理，而退翁所見，亦自正當耶？然氣隨之理乘之之説，正自拖引太長，似失於名理也。愚意以爲四七對舉而言，則謂之四發於理，七發於氣可也。爲性情之圖，則不當分開。但以四七俱置情圈中，而曰四端，指七情中理一邊發者而言也。七情不中節，是氣之過不及而流於惡云云，則不混於理氣之發，而亦無分開二歧之患否耶？并乞詳究示喻。

答成浩原

未發之體，亦有善惡之可言者，甚誤。喜怒哀樂之未發，謂之中。中也者，大本也，安有善惡之可言耶？衆人之心，不昏昧則必散亂，大本不立，故不可謂之中也。幸於一瞬之間，或有未發之時，則即此未發之時，全體湛然，與聖人不異矣。惟其瞥然之際還失其體，昏亂隨

心性情圖

性則理未發之時本無不善

性

心

氣質則有清濁粹駁有萬不同

發爲

情

善

喜　怒　哀　懼　愛　惡　欲

仁之端　義之端　禮之端　智之端

惡

喜　怒　哀　懼　愛　惡　欲

原於仁而反害仁　原於義而反害義　原於禮而反害禮　原於智而反蔽智

善惡之情。無非感物而動。特所感有正有邪。其動有中有過不及。斯有善惡之分耳。

此情之發而不爲形氣所揜。直遂其性之本然。故善而中節。可見其爲仁義禮智之端也。直發故直書。

此情之發而爲形氣所揜。失其性之本然。故惡而不中節。不見其爲仁義禮智之端也。橫發故橫書。

之，故不得其中耳。其所以昏且亂者，由其拘於氣質故也。若曰拘於氣質而不能立其大本，則可也，若曰未發之時亦有惡之萌兆，則大不可。蓋其或昏昧、或散亂者，不可謂之未發也。程子曰：「人生氣禀，理有善惡。」此曉人深切，八字打開處也。其所謂理者，指其乘氣流行之理，而非指理之本然也。本然之理固純善，而乘氣流行，其分萬殊，氣禀有善惡，故理亦有善惡也。夫理之本然，則純善而已，乘氣之際，參差不齊，清淨至貴之物及污穢至賤之處，理無所不在。而在清淨則理亦清淨，在污穢則理亦污穢。若以污穢者爲非理之本然則可，遂以爲污穢之物無理，則不可也。夫本然者，理之一也；流行者，分之殊也。捨流行之理，而別求本然之理，固不可。若以理之有善惡者，爲理之本然，則亦不可。「理一分殊」四字最宜體究，徒知理之一而不知分之殊，則釋氏之以作用爲性而猖狂自恣是也。徒知分之殊而不知理之一，則荀、揚以性爲惡，或以爲善惡混者是也。昨書以爲未發之時，亦有不善之萌者，更思之，尤見其大錯。吾兄之不識大本，病根正在於此。未發者，性之本然也，太極之妙也。中也，大本也，於此亦有不善之萌，則是聖人獨有大本，而常人無大本也。孟子性善之説，爲駕虛之高談，而人不可以爲堯舜矣。子思何不曰君子之喜怒哀樂之未發謂之中，而乃泛言喜怒哀樂之未發謂之中耶？千萬不是，切宜速改。

右議論間有先賢所未發者，不遇吾兄，未易辨論至此，於此相合，則無所不合矣。

今世之所謂學者，豈無聰明才辯之人哉？可語此事者殊不多見，見此論而不怪笑者，亦鮮矣。

校勘記

〔一〕殆不如盛喻也　「如」，疑作「知」。

〔二〕每瞷鈞旨　「鈞」，原作「勻」，據文意改。下同。

〔三〕丁卯　「丁卯」，一作「戊辰」。

〔四〕不若無纖芥之可現　「現」，一作「見」。

栗谷先生全書卷十

書二

答成浩原壬申

數日來道況何如？前稟心性情之説，自謂詳盡，而及承來示，又多不合，三復以還，不覺憮然。吾兄志學二十年，非不讀聖賢之書，而尚於心、性、情無的實之見者，恐是於「理」、「氣」二字有所未透故也。今以理氣爲説，幸勿揮斥。

夫理者，氣之主宰也；氣者，理之所乘也。非理則氣無所根柢，非氣則理無所依著。既非二物，又非一物。非一物，故一而二；非二物，故二而一也。非一物者何謂也？理氣雖相離不得，而妙合之中，理自理，氣自氣，不相挾雜，故非一物也。非二物者何謂也？雖曰理自理，氣自氣，而渾淪無閒，無先後無離合，不見其爲二物，故非二物也。是故動靜無端，陰陽無始。理無始，故氣亦無始也。夫理，一而已矣，本無偏正通塞、清濁粹駁之異，而所乘之氣升降飛揚，未嘗止息，雜糅參差，是生天地萬物。而或正或偏，或通或塞，或清或濁，或粹或駁焉。理雖一而既乘於氣，則其分萬殊，故在天地而爲天地之理，在萬物而爲萬物之理，在吾人而爲吾人之理。然則參差不齊者，氣之所爲也。雖曰氣之所爲，而必有理爲之主宰，則其所以參差不齊者，亦是理當如此，非理不如此而氣獨如此也。天地人物，雖各有其理，而天地之理，即萬物之理，萬物之理，即吾人之理也，此所謂「統體一太極」也。雖曰一理，而人之性非物之性，犬之性非牛之性，此所謂「各一其性」者也。推本則理氣爲天地之父母，而天地又爲人物之父母矣。

天地，得氣之至正至通者，故有定性而無變焉；萬物，得氣之偏且塞者，故亦有定性而無變焉。是故天地萬物，更無修爲之術，惟人也得氣之正且通者，而清濁粹駁，有萬不同，非若天地之純一矣。但心之爲物，虛靈洞徹，萬理具備，濁者可變而之清，駁者可變而之粹，故修爲之功，獨在於人。而修爲之極，至於位天地、育萬物，然後吾人之能事畢矣。於人之中，有聖人者，獨得至通至正至清至粹之氣，而與天地合德，故聖人亦有定性而無變。有定性而無變，然後斯可謂之踐形矣。然則天地，聖人之準則，而聖人，衆人之準則也。其所謂修爲之術，不過按聖人已成之規矩而已。若萬物則性不能稟全德，心不能通衆理，草木之全塞固不足道矣。禽獸之或通一路者，有虎狼之父子，蜂蟻之君臣，雁行有兄弟之序，雎鳩有夫婦之別，巢穴有預知之智，候蟲有俟時之信，而皆不可變而通之。其得各遂其性者，只在吾人參贊化育之功而已。夫人也，禀天地之帥以爲性，分天地之塞以爲形，故吾心之用，即天地之化也。天地之化無二本，故吾心之發無二原矣。人生而靜，天之性也，感於物而動，性之欲也。感動之際，欲居仁，欲由義，欲復禮，欲窮理，欲忠信，欲孝於其親，欲忠於其君，欲正家，欲敬兄，欲切偲於朋友，則如此之類，謂之道心。感動者固是形氣，而其發也，直出於仁義禮智之正，而形氣不爲之揜蔽，故主乎理而目之以道心也。如或飢欲食，寒欲衣，渴欲飲，癢欲搔，目欲色，耳欲聲，四肢之欲安佚，則如此之類，謂之人心。其原雖本乎天性，而其發也，由乎耳目四肢之私，而非天理之本然，故主乎氣而目之以人心也。道心之發，如火始燃，如泉始達，造次難見，故曰微。人心之發，如鷹解韝，如馬脱羈，飛騰難制，故曰危。人心道心雖二名，而其原則只是一心。其發也，或爲理義，或爲食色，故隨其發而異其名。若來書所謂理氣互發，則是理氣二物，各爲根柢於方寸之中。未發之時，已有人心道心之苗脈，理發則爲道心，氣發則爲人心矣。然則吾心有二本矣，豈不大錯乎？朱子曰：「心之虛靈知覺，一而已矣。」吾兄何從而得此理氣互發之説乎？其所謂「或原或生」者，見其既發而立論矣。其發也爲理義，則推究其故，何從而有此理義之心乎？此由於性命在心，故有此道心也。其發也爲食色，則推究其故，何從而有此食色之念乎？此由於血氣成形，故有此人心也云爾。非若互發之説，或理發，或氣發，而大本不一也。大抵發之者，氣也；所以發者，理也。非氣則不能發，非理則無所發。發之以下二十三字，聖人復起，不易斯言。無先後，無離合，不可謂互發也。但人心道心，則或爲形氣，或爲道義，其原雖一，而其流既歧，固不可不分兩邊説下矣。若四端七情，則有不然者，四端是七情之善一邊也，七情是四端之摠會者也。一邊安可與摠會者，分兩邊相對乎？朱子發於理發於氣之説，意必有在。而今者未得其意，只守其説，分開拖引，則豈不至於輾轉失真乎？朱子之意，亦不過曰四端專言理，七情兼言氣云爾耳，非曰四端則理先發，七情則氣先發也。退溪因此而立論曰：四端，理發而氣隨之；七情，氣發而理乘之。所謂「氣發而理乘之」者可也，非特七情爲然。四端亦是氣發而理乘之也，何則？見孺子入井，然後乃發惻隱之心，見之而惻隱者，氣也，此所謂氣發也。惻隱之本則仁也，此所謂「理乘之」也，非特人心爲然。天地之化，無非氣化而理乘之也，是故陰陽動静，而太極乘之，此則非有先後之可言也。若「理發氣隨」之説，則分明有先後矣，此豈非害理乎？

天地之化，即吾心之發也。天地之化若有理化者氣化者，則吾心亦當有理發者氣發者矣。天地既無理化氣化之殊，則吾心安得有理發氣發之異乎？若曰吾心異於天地之化，則非愚之所知也。此段最可領悟處，於此未契，則恐無歸一之期矣。且所謂發於理者，猶曰性發爲情也。若曰理發氣隨，則是纔發之初，氣無干涉，而既發之後，乃隨而發也，此豈理耶？退溪與奇明彦論四七之説，無慮萬餘言。明彦之論，則分明直截，勢如破竹，退溪則辨説雖詳，而義理不明，反覆咀嚼，卒無的實之滋味。明彦學識，豈敢冀於退溪乎？只是有箇才智，偶於此處見得到耳。竊詳退溪之意，以四端爲由中而發，七情爲感外而發，以此爲先入之見，而以朱子發於理發於氣之説，主張而伸長之，做出許多葛藤。每讀之，未嘗不慨嘆，以爲正見之一累也。易曰：「寂然不動，感而遂通。」雖聖人之心未嘗有無感而自動者也，必有感而動，而所感皆外物也。何以言之？感於父則孝動焉，感於君則忠動焉，感於兄則敬動焉。父也君也兄也者，豈是在中之理乎？天下安有無感而由中自發之情乎？特所感有正有邪，其動有過有不及，斯有善惡之分耳。今若以不待外感由中自發者爲四端，則是無父而孝發，無君而忠發，無兄而敬發矣，豈人之真情乎？今以惻隱言之，見孺子入井，然後此心乃發。所感者，孺子也。孺子非外物乎？安有不見孺子之入井，而自發惻隱者乎？就令有之，不過爲心病耳，非人之情也。夫人之性，有仁義禮智信五者而已。五者之外無他性。情有喜怒哀懼愛惡欲七者而已，七者之外無他情。四端只是善情之別名，言七情則四端在其中矣，非若人心道心之相對立名也。吾兄必欲竝而比之，何耶？蓋人心道心，相對立名，既曰道心，則非人心，既曰人心，則非道心。故可作兩邊説下矣。若七情則已包四端在其中，不可謂四端非七情，七情非四端也，烏可分兩邊乎？七情之包四端，吾兄猶未見得乎？夫人之情，當喜而喜，臨喪而哀，見所親而慈愛，見理而欲窮之，見賢而欲齊之者，已上喜哀愛欲四情。仁之端也。當怒而怒，當惡而惡者，怒惡二情。義之端也。見尊貴而畏懼者，懼情。禮之端也。當喜怒哀懼之際，知其所當喜、所當怒、所當哀、所當懼，此屬是。又知其所不當喜、所不當怒、所不當哀、所不當懼者，此屬非。此合七情，而知其是非之情也。智之端也。善情之發，不可枚舉，大概如此。若以四端準于七情，則惻隱屬愛，羞惡屬惡，恭敬屬懼，是非屬于知其當喜怒與否之情也。七情之外更無四端矣，然則四端專言道心，七情合人心道心而言之也，與人心道心之自分兩邊者，豈不迥然不同乎？吾兄性有主理主氣之説，雖似無害，恐是病根藏于此中也。本然之性，則專言理而不及乎氣矣；氣質之性，則兼言氣而包理在其中。亦不可以主理主氣之説，泛然分兩邊也。本然之性與氣質之性分兩邊，則不知者豈不以爲二性乎？且四端謂之主理，可也；七情謂之主氣，則不可也。七情包理氣而言，非主氣也。人心道心，可作主理主氣之説，四端七情則不可如此説，以四端在七情中，而七情兼理氣故也。子思論性情之德曰：「喜怒哀樂之未發，謂之中。發而皆中節，謂之和。」只舉七情而不舉四端。若如兄言七情爲主氣，則子思論大本達道，而遺却理一邊矣，豈不爲大欠乎？

道理浩浩，立論最難。言之雖無病，見者以私意橫在胸中，而驅之牽合，則未嘗不爲大病。故借聖賢之言，以誤後學者亦有之矣。程子曰：「器亦道，道亦器。」此言理氣之不能相離，而見者遂以理氣爲一物。朱子曰：「理氣決是二物。」此言理氣之不相挾雜。而見者遂以理氣爲有先後，近來所謂性先動、心先動之説，固不足道矣。至如羅整菴以高明超卓之見，亦微有理氣一物之病，退溪之精詳謹密，近代所無，而理發氣隨之説，亦微有理氣先後之病。老先生未捐館舍時，珥聞此言，心知其非，第以年少學淺，未敢問難歸一。每念及此，未嘗不痛恨也。向與兄論理氣，所見不異，私心喜幸，以爲吾兩人於大本上，雖不可謂真見，亦可謂識其名義矣。今承來示，靡靡欲趨於理氣二歧之病，豈再數長廊柱而差誤耶？何其見之不定耶？兄既以明彦及鄙人之論爲明白直截，而又疑道理更有如此者，尤不可曉也。二説，一是則一非，不可兩可而俱存也。若道理既如此，而又有如彼者，則是甘亦可喚做苦，白亦可喚做黑也。天下安有定論乎？兄若不信珥言，則更以近思録、定性書及「生之謂性」一段，反覆詳玩，則庶乎有以見之矣，此是道理築底處。大頭腦處者，誠如來喻，於此差却，則不識大本，更做甚事無已。而必以人心道心爲辭，欲主理氣互發之説，則寧如整菴以人心道心作體用看，雖失其名義，而却於大本上未至甚錯也。如何如何，世上悠悠之輩既不足以驟語此，而吾兩人相從於寂寞之濱，不可各尊所聞，各行所知，故急欲歸一，而不覺傾倒至此。伏惟恕其狂僭而徐究深察，幸甚。

附問書

連承手誨，獲審静況超勝，欣遡無任。昨來别紙之誨，謹已三復領讀矣。渾於退溪之説，常懷未瑩；每讀高峯之辨，以爲明白無疑也。頃日讀朱子人心道心之説，有「或生或原」之論，似與退溪之意合。故慨然以爲在虞舜無許多議論時，已有此理氣互發之説，則退翁之見，不易論也。反欲棄舊而從之，故敢發問於高明矣。人心道心與四七之名理，非欲强比而同之，牽此而合彼也。聖賢無限道理，必欲并口而一談，齊舉而比較。正如羅衆味於前，啗嚼於一口之中，不惟不知其味，并與其酸鹹甘苦之正而失之矣。渾之發問，乃欲知四七之與人心道心意味旨意之同不同，以爲理氣互發之論，果合於此否也？大抵四七之與人心道心，雖其立言意味之差不同，皆其説性情之用耳。然則，若非理氣互發之説爲天下之定理，則朱子何以有此言耶？此説甚長，所見未明，已入高峯、退翁是非叢中，何能涣然自釋於來喻耶？如高峯、尊兄之説，非不明白直截，而或疑道理有如此耳。願更深察「或原或生」之義，常加精思，何如？續有所得，當即馳禀也。愚意以爲人心道心，以其發於心者而言也，則與四七之發於性之目，意味差不同云耳。非謂人心道心只發於心，而不與性情干涉也。來喻「兼情意而爲言」者，正是鄙見差不同者，而在渾不能説出耳。此是道理築底處，大頭腦處，於此錯，則無不錯矣。正要極意研究，要歸於正者也。適患吐血，氣甚不平，言不能盡所欲言，謹俟後稟焉。

高峯四七説曰：「論人心道心，則或可如此説。若四端七情，則恐不得如此説。」愚意以爲論人心道心，可如此説，則論四端七情，亦可如此説也。如何而不得如此説耶？此處願賜解釋歸一之論，至祝至祝。愚以爲於性亦有主理主氣之分言，則於發於情也，何以無主理主氣之異乎？此處亦願賜一轉語，幸甚。

答成浩原

即承委問，以審道履如宜，感仰感仰。珥粗保，感兄憤悱，知其將有所悟。不憚縷縷，畢呈鄙見，而不被揮斥，乃蒙領略，何幸如之？道理不必聰明絶人者乃得見之，雖氣稟不能高明通徹，而若積誠用功，則寧有不見之理乎？聰明者，見之易，故反不能力踐而充其所見。誠積者用功之深，故既見之後，易於力踐矣，此所望於吾兄者也。

理氣之説，與人心道心之説，皆是一貫。若人心道心未透，則是於理氣未透也。理氣之不相離者，若已灼見，則人心道心之無二原，可以推此而知之耳。惟於理氣有未透，以爲或可相離，各在一處，故亦於人心道心，疑其有二原耳。理氣可以相離，則程子所謂「陰陽無始」者爲虛語也。此說豈珥杜撰乎？特先賢未及詳言之耳。昨爲長書，待兄之需，辨說頗詳，譬喻亦切，一覽可以契合矣。如此而猶有疑，則姑置此事，多讀聖賢之書，更俟後日之有見可也。珥則十年前已窺此端，而厥後漸漸思繹，每讀經傳，輒取以相準。當初或有不合之時，厥後漸合，以至今日，則融會脗合，決然無疑。千百雄辯之口，終不可以回鄙見，但恨氣質浮駁，不能力踐而實之，每用慨嘆自訟耳。

理，形而上者也；氣，形而下者也。二者不能相離，既不能相離，則其發用一也，不可謂互有發用也。若曰互有發用，則是理發用時，氣或有所不及，氣發用時，理或有所不及也。如是，則理氣有離合，有先後，動靜有端，陰陽有始矣。其錯不小矣。但理無爲而氣有爲，故以情之出乎本然之性，而不揜於形氣者，屬之理；當初雖出於本然，而形氣揜之者，屬之氣。此亦不得已之論也。人性之本善者，理也，而非氣則理不發。人心道心，夫孰非原於理乎？非未發之時，亦有人心苗脈，與理相對于方寸中也，源一而流二。朱子豈不知之乎？特立言曉人，各有所主耳。程子曰：「不是善與惡在性中爲兩物相對，各自出來。」夫善惡判然二物，而尚無相對、各自出來之理，況理氣之混淪不離者，乃有相對互發之理乎？若朱子真以爲理氣互有發用，相對各出，則是朱子亦誤也，何以爲朱子乎？人心道心之立名，聖人豈得已乎？理之本然者，固是純善，而乘氣發用，善惡斯分。徒見其乘氣發用有善有惡，而不知理之本然，則是不識大本也。徒見其理之本然，而不知其乘氣發用，或流而爲惡，則認賊爲子矣。是故聖人有憂焉，乃以情之直遂其性命之本然者，目之以道心，使人存養而充廣之。情之揜乎形氣而不能直遂其性命之本然者，目之以人心，使人審其過不及而節制之。節制之者，道心之所爲也。夫形色，天性也，人心亦豈不善乎？由其有過有不及而流於惡耳。若能充廣道心，節制人心，使形色各循其則，則動靜云爲，莫非性命之本然矣。此從古聖賢心法之宗旨，此與理氣互發之説有何交涉？退溪之病，專在於「互發」二字，惜哉！以老先生之精密，於大本上猶有一重膜子也。北溪陳氏之説，未知亦知朱子之意之所在乎？抑真以爲互發，如退溪之見乎？是則未可知也。道理決是如此，但當持守此見，力行而實之，不當狐疑不定，使異同之説亂吾方寸也。釋徒之言曰：「金屑雖貴，落眼則翳〔一〕。」此譬聖賢之説雖貴，誤見則爲害也。此言甚好。聖賢之言，意或有在，不求其意，徒泥於言，豈不反害乎？夫子曰：「喪欲速貧，死欲速朽。」雖曾子尚以爲當然，若非有子之辨，則後世之喪家者，必棄糧委貨而送死者，必以薄葬爲是矣，此豈聖人之意乎？朱子「或原或生」之説，亦當求其意而得之，不當泥於言而欲主互發之説也。羅整菴識見高明，近代傑然之儒也，有見於大本，而反疑朱子有二歧之見，此則雖不識朱子，而却於大本上有見矣。但以人心道心爲體用，失其名義，亦可惜也。雖然，整菴之失，在於名目上；退溪之失，在於性理上。退溪之失較重矣。如此段議論，豈可驟掛他眼乎？不知者必以爲謗毁退溪矣。穌齋於人心道心欲從整菴之説，此亦以互發之説爲不然故也。其見本是，但不必資於互發之説，而人心道心，亦各得其名義矣。何必乃爾？今以此議論質于穌齋，則似有契合之理，但非其時，故不敢爾。

物之不能離器而流行不息者，惟水也，故惟水可以喻理。水之本清，性之本善也。器之清淨污穢之不同者，氣質之殊也。器動而水動者，氣發而理乘也。器水俱動，無有器動水動之異者，無理氣互發之殊也。器動則水必動，水未嘗自動者，理無爲而氣有爲也。聖人氣質清粹，性全其體，無一毫人欲之私。故其發也，從心所欲，不踰矩。而人心亦道心也，譬如清淨之器儲水，無一點塵滓，故其動也，水之本清者傾瀉而出，流行者皆清水也。賢者則氣質雖清粹，未免有少許濁駁雜之，故必資進修之功，然後能復其本然之性。其發也，有直遂其本然之性，而不爲形氣所揜者。有雖發於性而形氣用事者，形氣雖用事而人心聽命於道心，故食色之心，亦循軌轍。譬如儲水之器雖清淨，而未免有少許塵滓在裏，必加澄淨之功，然後水得其本然之清。故其動也，或有清水傾出，塵滓未動者，或有清水雖出，而塵滓已動者。必止其塵滓，使不混淆，然後水之流行者乃得其清也。不肖者，氣質多濁少清，多駁少粹，性既汨其本然，而又無進修之功，其發也，多爲形氣所使，是人心爲主也。間有道心雜出於人心之間，而不知所以察之守之，故一任形氣之私，至於情勝欲熾。而道心亦爲人心也，譬如儲水之器，污穢不淨，泥滓滿中，水失其本然之清。又無澄淨之功，其動也，泥滓汨水而出，不見其爲清水也。間有泥滓未及汨亂之際，忽有清水暫出，而瞥然之頃，泥滓還汨，故清者旋濁，流行者皆濁水也。性本善而氣質之拘，或流而爲惡，以惡爲非性之本然則可，謂之不本於性，不可也。水本清而泥滓之汨，遂成濁流，以濁爲非水之本然則可，謂之非水之流，則不可也。中人之性，在賢不肖之間，推此而可知之矣。理不離氣，真如水不離器也。今曰互有發用，則是或器先動而水隨而動，或水先動而器隨而動，天下寧有此理乎？且以人乘馬喻之，則人則性也，馬則氣質也。馬之性，或馴良或不順者，氣稟清濁粹駁之殊也，出門之時，或有馬從人意而出者，或有人信「信」字與「任」字，同意而微不同。蓋「任」字，知之而故任之也；「信」字，不知而任之也。馬足而出者，馬從人意而出者，屬之人，乃道心也。人信馬足而出者，屬之馬，乃人心也。門前之路，事物當行之路也。人乘馬而未出門之時，人信馬足，馬從人意，俱無端倪，此則人心道心，本無相對之苗脈也。聖人之血氣與人同耳，飢欲食，渴欲飲，寒欲衣，癢欲搔，亦所不免。故聖人不能無人心，譬如馬性雖極馴，豈無或有人信馬足而出門之時乎？但馬順人意，不待牽制，而自由正路，此則聖人之從心所欲，而人心亦道心者也。他人則氣禀不純，人心之發，而不以道心主之，則流而爲惡矣。譬如人信馬足出門，而又不牽制，則馬任意而行，不由正路矣。其中最不馴之馬，人雖牽制，而騰躍不已，必奔走于荒榛荆棘之閒，此則氣禀濁駁，而人心爲主，道心爲所掩蔽者也。馬性如是不馴，則每每騰躍，未嘗少有静立之時，此則心中昏昧雜擾，而大本不立者也。雖不馴之馬，幸而静立，則當其静立之時，與馴良之馬無異。此則衆人之心，昏昧雜擾，中體雖不立，幸有未發之時。則此刻之閒，湛然之體與聖人不異者也。如此取喻，則人心道心、主理主氣之説，豈不明白易知乎？若以互發之説譬之，則是未出門之時，人馬異處，出門之後，人乃乘馬。而或有人出而馬隨之者，或有馬出而人隨之者矣。名理俱失，不成説話矣。雖然，人馬或可相離，不如譬以器水之親切也。水亦有形，又非理無形之比，譬喻可以活看，不可泥著於譬喻也。

人生氣質之性，固有善惡之一定者也，故夫子曰「性相近也，習相遠也」，又曰「上智與下愚不移」。但非其性之本然，而昏昧雜擾，故不可謂未發之中也。未發者，性之本然也。昏昧雜擾，則氣已揜性，故不可謂性之體也。今承來書，詳究其旨，則兄之所見非誤也，發言乃誤也。前呈鄙書，太厲聲氣，追愧追愧。來書所謂汲汲歸一，何可强爲？亦待乎潛思玩索者，此言極是。道理須是潛思自得，若專靠人言，則今日遇雄辯之人以此爲是，則悦其言而從之，明日又遇雄辯之人，以彼爲是，則亦將悅其言而還就之矣，何時有定見乎？柳磯邀水之説，可謂見物思道矣，猶有所未盡也。夫水之就下，理也，激之則在手者，此亦理也。水若一於就下，雖激而不上，則爲無理也。激之而在手者雖氣，而所以激之而在手者，理也，烏可謂氣獨作用乎？水之就下，本然之理也，激而在手，乘氣之理也。求本然於乘氣之外，固不可，若以乘氣而反常者謂之本然，亦不可。若見其反常，而遂以爲氣獨作用，而非理所在，亦不可也。某也之老死牖下，固是反常，但治道不升，賞罰無章，則惡人得志，善人困窮，固其理也。孟子曰「小役大，弱役强」者，天也。夫不論德之大小，而惟以小大强弱爲勝負者，此豈天之本然哉？特以勢言之耳。勢既如此，則理亦如此，故謂之天也。然則某人之得保首領，謂之非理之本然則可，謂之氣獨爲之而無理則不可也。天下安有理外之氣耶？此段最可深究，於此有得，則可見理氣不相離之妙矣。

理氣之妙，難見亦難説。夫理之源，一而已矣，氣之源，亦一而已矣。氣流行而參差不齊，理亦流行而參差不齊。氣不離理，理不離氣。夫如是，則理氣一也，何處見其有異耶？所謂理自理、氣自氣者，何處見者理自理、氣自氣耶？望吾兄精思。著一轉語，欲驗識見之所至也。

附問書

昨蒙手誨，獲承道履清和，欣溯無任。且被長書開導，累累千萬言，辭旨明暢，義理直截，伏而讀之，庶幾有牖昏之賜矣。非但此也，吾兄哀我之誤入，血誠開示，猶恐其言之不盡，不辭勞且勤如此其至也。則誨人不倦之盛心，惻怛相與之誠意，不勝嘆服欽動，慨然而心切也。前後二書皆一意也，此在前日已講之説，敢不欽領乎？渾於退溪先生有金注之惑，每於理氣互發之説，不以爲然，而猶戀著不能舍。及其讀「人心道心」之説，而看所謂「或生或原」之論，則與退溪之言暗合，故慨然向之，欲棄舊而從之，此其所以改思之端也。互發之説，非我創新，乃老先生之説也。今以一段元論書呈，伏希視至焉。先生之所自得，乃在此段，其正其非，亦在於此段矣。至於人心道心之説，猶不能無疑焉。古人以人乘馬出入，譬理乘氣而行正好，蓋人非馬不出入，馬非人失軌途。人馬相須，不相離也。然則人馬之出門，必人欲之而馬載之也。正如理爲氣之主宰，而氣乘其理也。及其出門之際，人馬由軌途者，氣之順理而發者也。人雖乘馬，而馬之橫騖不由其軌者，氣之飜騰決驟，而或過或不及者也。以此求理氣之流行，誠幾惡幾之所以分，則豈不明白直截？而性情體用之理，可以昭晰而無他歧之惑矣。人之察理者，由夫已發之後，善惡之所由分者。而名之曰如此，性之發而無不善也。如此，氣之不齊而流於惡也。以此玩之，則只於纔動之際，而便有主理主氣之不同，非元爲互發而各用事也。人之見理見氣，各以其重而爲言也，如是求之，與吾兄之誨不背焉矣。奈何？朱子之説曰：「或生於形氣之私，或原於性命之正。」陳北溪之説曰：「這知覺，有從理而發者，有從氣而發者。」正如退溪互發之説，何耶？四七之對舉而分屬，固然矣，人心道心，亦情也。奈何以道心爲理發而人心爲氣發乎？人之有是形氣，大而身心，小而百骸，無非有物則者矣。聲色臭味之欲，亦發於天理之不可已者矣。今言戒其過而節其情，亦可以爲訓矣，奈何獨以耳目口鼻之欲屬之氣而謂之人心耶？無乃是氣者，亦有造作自用之時，而别爲一場流行耶？不然，何以從氣上説出耶？人之乘馬，相須以行，而今也指其人爲道心，指其馬爲人心，似不成説話，而人心道心之分言，亦不知端的之所在矣。深望吾兄説出此段意味，極反覆而諄切。再示提誨，則此處打破一重，則其外無不脗合矣。大抵要爲之汲汲歸一，何可强爲之哉？亦待乎潛思玩索，至於一朝見到而脱解，則卒灛漫而同歸矣。適有外客連至，走草言不能達意，伏惟加以逆志之恕。千萬開示，至祝至祝。

退溪元論曰：滉謂就天地人物上看，亦非理在氣外，猶可以分别言之。則於性於情，雖曰理在氣中，性在氣質，豈不可分别言之？蓋人之一身，理與氣合而生，故二者互有發用，而其發又相須也，互發則各有所主可知，相須則互在其中可知。互在其中，故渾淪言之者固有之；各有所主，故分别言之而無不可。論性而理在氣中，思、孟猶指出本然之性，程、張猶指論氣質之性，論情而性在氣質，獨不可各就所發，而分四端七情之所從來乎？兼理氣有善惡，非但情爾，性亦然矣。然安得以是爲不可分之驗耶？從理在氣中處言，故云性亦然矣。

從人生受形以後而言，則未發之性，并氣質言。亦應有善惡之一定者矣，然未可謂之未發之中也。愚所謂未發之體者，指氣稟一定而言也，非言未發之中也。「非但情也，性亦然矣」二句，亦如鄙言之所指者矣。來喻未發之中，未可以惡言者，極是。鄙言無所因襲，臆度創造之見也。

昨出柳磯，以手激水而思之曰：水之就下，理也。至於激而在手，氣所爲也。然則氣有作用時，有互發時耶？李某之所爲罪大惡極，而卒保首領，天道無知，是亦氣之作用耶？既而又思曰：如以氣之所作無底定，而無理以爲主宰，則到今日月無光，天地墜落已久矣，豈不誤耶？思之反走無定如此，不覺自笑而歸，幸一哂何如？

答成浩原

夜來道況何如？昨送長書照詳否？午來閒坐，感理氣之妙，本無離合，遂作短律一首書呈。於此相合，則無所不合矣。但兄既知理氣之不能一瞬相離，而猶戀著互發之說。反覆思之，未喻其故，無乃爲「或原或生」之説所縛，轉動不得乎？周子曰：「太極動而生陽，靜而生陰。」此二句，豈有病之言乎？若誤見，則必以爲陰陽本無，而太極在陰陽之先，太極動然後陽乃生，太極靜然後陰乃生也。如是觀之，大失本意，而以句語釋之，則順而不礙。「或原或生」之説亦如是也。夫五行出於理氣，而猶曰木生火、火生土者，以其序言之也。若泥其言，而以爲火必生於木，而非本於理，可乎？發道心者，氣也，而非性命則道心不發；原人心者，性也，而非形氣則人心不發。以道心謂原於性命，以人心謂生於形氣，豈不順乎？形氣之生，人心亦猶木生火之謂也。若兄已悟，則此簡爲剩語；若不悟，則不爲無助也。

理氣詠呈牛溪道兄

元氣何端始？無形在有形。窮源知本合，理氣本合也，非有始合之時。欲以理氣二之者，皆非知道者也。沿派見羣精。理氣原一，而分爲二五之精。水逐方圓器，空隨小大瓶。理之乘氣流行，參差不齊者如此。空瓶之説出於釋氏，而其譬喻親切，故用之。二岐君莫惑，默驗性爲情。

性者，理氣之合也。蓋理在氣中，然後爲性，若不在形質之中，則當謂之理，不當謂之性也。但就形質中，單指其理而言之，則本然之性也。本然之性，不可雜以氣也。子思、孟子言其本然之性，程子、張子言其氣質之性。其實一性，而所主而言者不同。今不知其所主之意，遂以爲二性，則可謂知理乎？性既一，而乃以爲情有理發、氣發之殊，則可謂知性乎？

余性與世抹撥，閱人雖多，少有相合者，惟兄乃不相棄，必是臭味不異故也。珥有吾兄，而所見尚有不同者，則此學之孤單不亦太甚乎？他見之或有異同，學者所不免，但此道理大頭腦，分是非邪正之處，不可不同也。珥之縷縷如此者，不特爲兄，乃亦自憫其孤單耳。今之所謂窮理者，少有可語此者，怪且非之者，固不足道，見之而自謂相合者，亦不可信其有見也。惟宋雲長兄弟可以語此，此珥所以深取者也，兄亦不可輕此人也。安習之若來，試以相示，何如？此君之比，珥亦罕見之，但恐泛然是之，而不能精思深究，的然相信也。未知習之見此語，轉身如何耳。

附問書

昨因客至，草草報謝，殊切嘆恨，未委即今靜履和勝否。下賜圖說，積日沿泝，粗窺一斑，感幸無已。今也無多言，「四七之對」説，爲理爲氣，姑且置之。只有「人心」、「道心」四字，見不得分明，敢此申稟矣。於此處打透，則鄙人疑晦於二歧之惑，可以消落，而盛意汲汲歸一，誨人不倦之仁，或庶幾得力矣。來喻性情本無理氣互發之理，凡性發爲情，只是氣發而理乘之也，敢請再三詳證于高明。此理真是如此，建天地俟後聖而不悖不惑耶？竊願更入容思量何如。果如此也，朱子何以曰「或生或原」，北溪何以曰「這知覺」？有從理而發，有從氣而發，從古議論，何以仁義皆歸之理發，而知覺運動、食色形氣皆歸之氣乎？人之五臟百骸，無非有是理而具是形矣。今於物則之地，性情之發，主理而言其善惡之幾，可矣。何必曰人心道心從理從氣而發乎？得非斯氣也能主張於形氣，而能過能不及，任其所自爲而理不能管攝也耶！來喻人心道心，雖有主理主氣之異，其原皆理，而發之者皆氣也。所謂「或生或原」，見其既發之後，而特取其所重者而立名也。如此立説，豈不簡便而易曉耶？然朱子之意果如此，則當變文立説，明其如此，略如誠幾圖之意也，不曰「或生或原」也。「或生或原」、「從理從氣」之説，鄙人騃鈍，不知果如來喻看否也。所謂「生於此」、「原於此」、「從理從氣」等語，似是理氣二物先在於此，而人心道心生於此，原於此，從此而發也。吾兄善説道理，横説豎説，無所不可。切願曲爲敷暢，使此元説可合於來喻也。前之粗聞道理，粗有據依，每以退翁之説爲疑。而及見人心道心之解，三思變亂，念慮紛紜，極爲憤悱。欲決而從退翁之言，則艱澀不穩，欲棄而守舊見，則惟此「或生或原」之説，横格而不去。道理見不真，故有此摇惑也。守此膠漆之盆，無益於得，而不能讀書，不能精思，此生真可惜也。

答成浩原

夜來清況何如？昨承辱復，備悉雅旨，庶有歸一之望，幸甚幸甚。别論理氣爲長書以上，詳照而還報何如？來示所謂「氣涉形迹，與理不同」者，固是大綱，其中有許多曲折，須是窮得十分盡頭，乃可謂得其旨耳。長書之説頗詳，珥本欲留此一轉説，以待吾兄自爲論説。而今被兄窮問到底，若不説到極處，窮其本源，則終無歸一之期。故又罄橐中所有，此皆聖賢之意也。或散出於經傳，而不總合而言之，故珥今合而爲説耳。「理通氣局」四字，自謂見得，而又恐珥讀書不多，先有此等言而未之見也。以道心爲本然之氣者，亦似新語，雖是聖賢之意，而未見於文字。兄若於此言不疑怪而斥之，則無所不合矣。且昨日出力相助，得輸小窗之材，仰謝不已。昨得季涵書，有寄兒之簡，而深望速傳，故伻童奴耳。季涵簡内，以爲珥之得謗，比來尤甚云，將有罪綱之加矣。一身既付造化，鼠肝蟲臂，將任其所爲。但細思珥之所爲，别無與人作憎嫌之事，只是不仕一事，形迹異俗耳。以異於己而輒疾之如讐，則世道可謂險矣。自古未聞以不仕獲罪者，而乃自珥始，則亦末世可笑之事也。方今國有大事，而珥不供職，反作遠行，則於義未安。故止東南之行，欲伻人于舍弟處，使往奠于退溪先生之墓。兄之送奠，何如而可耶？昨聞思菴拜右相，近日朝報，殊愜物情，不知果收效驗否耳。

理氣元不相離，似是一物。而其所以異者，理無形也，氣有形也。理無爲也，氣有爲也。無形無爲而爲有形有爲之主者，理也；有形有爲而爲無形無爲之器者，氣也。理無形而氣有形，故理通而氣局；理無爲而氣有爲，故氣發而理乘。理通者何謂也？理者，無本末也，無先後也，無本末無先後，故未應不是先，已應不是後。程子說。是故乘氣流行，參差不齊，而其本然之妙，無乎不在。氣之偏則理亦偏，而所偏非理也，氣也。氣之全則理亦全，而所全非理也，氣也。至於清濁粹駁，糟粕煨燼，糞壤污穢之中，理無所不在。各爲其性，而其本然之妙，則不害其自若也。此之謂理之通也。氣局者何謂也？氣已涉形迹，故有本末也，有先後也。氣之本則湛一清虛而已，曷嘗有糟粕煨燼、糞壤污穢之氣哉？惟其升降飛揚，未嘗止息，故參差不齊而萬變生焉。於是氣之流行也，有不失其本然者，有失其本然者。既失其本然，則氣之本然者已無所在。偏者，偏氣也，非全氣也；清者，清氣也，非濁氣也；糟粕煨燼，糟粕煨燼之氣也，非湛一清虛之氣也。非若理之於萬物本然之妙，無乎不在也。此所謂氣之局也。氣發而理乘者何謂也？陰靜陽動，機自爾也，非有使之者也。陽之動則理乘於動，非理動也。陰之靜則理乘於靜，非理靜也。故朱子曰：「太極者，本然之妙也。動靜者，所乘之機也。」陰靜陽動，其機自爾，而其所以陰靜陽動者，理也。故周子曰：「太極動而生陽，靜而生陰。」夫所謂「動而生陽，靜而生陰」者，原其未然而言也；

「動静所乘之機」者，見其已然而言也。動静無端，陰陽無始，則理氣之流行，皆已然而已，安有未然之時乎？是故天地之化，吾心之發，無非氣發而理乘之也。所謂「氣發理乘」者，非氣先於理也，氣有爲而理無爲，則其言不得不爾也。夫理上不可加一字，不可加一毫修爲之力。理本善也，何可修爲乎？聖賢之千言萬言，只使人檢束其氣，使復其氣之本然而已。氣之本然者，浩然之氣也。浩然之氣充塞天地，則本善之理無少掩蔽，此孟子養氣之論，所以有功於聖門也。若非氣發理乘一途，而理亦别有作用，則不可謂理無爲也。孔子何以曰「人能弘道，非道弘人」乎？如是看破，則氣發理乘一途，明白坦然。而「或原或生」、「人信馬足，馬順人意」之説，亦得旁通而各極其趣。試細玩詳思，勿以其人之淺淺而輒輕其言也。

「氣發理乘一途」之説，與「或原或生」、「人信馬足，馬從人意」之説，皆可通貫。吾兄尚於此處未透，故猶於退溪理氣互發，内出外感，先有兩箇意思之説，未能盡捨，而反欲援退溪此説，附于珥説也。别幅議論頗詳，猶恐兄未能涣然釋然也。蓋「氣發理乘一途」之説，推本之論也；「或原或生」、「人信馬足，馬從人意」之説，沿流之論也。今兄曰其未發也，無理氣各用之苗脈，此則合於鄙見矣。但謂性情之間，元有理氣兩物各自出來，則此非但言語之失，實是所見差誤也。又曰就一途而取其重而言，此則又合於鄙見。一書之内，乍合乍離，此雖所見之不的，亦將信將疑，而將有覺悟之機也。今若知「氣發理乘」與「人信馬足，「馬從人意」滚爲一說，則同歸于一，又何疑哉？道心原於性命，而發者氣也，則謂之理發不可也。人心道心俱是氣發，而氣有順乎本然之理者，則氣亦是本然之氣也，故理乘其本然之氣而爲道心焉。氣有變乎本然之理者，則亦變乎本然之氣也，故理亦乘其所變之氣而爲人心，而或過或不及焉。或於纔發之初，已有道心宰制，而不使之過不及者焉？或於有過有不及之後，道心亦宰制而使趨於中者焉？氣順乎本然之理者，固是氣發，而氣聽命於理，故所重在理而以主理言。氣變乎本然之理者，固是原於理而已，非氣之本然，則不可謂聽命於理也。故所重在氣而以主氣言。氣之聽命與否，皆氣之所爲也。理則無爲也，不可謂互有發用也。但聖人形氣，無非聽命於理，而人心亦道心，則當別作議論，不可滚爲一說也。且朱子曰：「心之虛靈知覺，一而已矣。或原於性命之正，或生於形氣之私。」先下一心字在前，則心是氣也。或原或生，而無非心之發，則豈非氣發耶？心中所有之理，乃性也，未有心發而性不發之理，則豈非理乘乎？或原者以其理之所重而言也，或生者以其氣之所重而言也，非當初有理氣二苗脈也。立言曉人，不得已如此，而學者之誤見與否，亦非朱子所預料也。如是觀之，則「氣發理乘」與「或原或生」之說果相違忤乎？如是辨說而猶不合，則恐其終不能相合也。若退溪「互發」二字，則似非下語之失，恐不能深見理氣不相離之妙也。又有內出外感之異，與鄙見大相不同，而吾兄欲援而就之，此不特不知鄙意之所在也，又不能灼見退溪之意也。蓋退溪則以内出爲道心，以外感爲人心。珥則以爲人心道心皆内出，而其動也皆由於外感也。是果相合而可援而就之耶？須將退溪元論及珥前後之書更觀而求其意何如。

性情本無理氣互發之理，凡性發爲情，只是氣發而理乘等之言，非珥杜撰得出，乃先儒之意也。特未詳言之，而珥但敷衍其旨耳。建天地而不悖，竢後聖而不惑者，決然無疑，何處見得先儒之意乎？朱子不云乎：「氣質之性，只是此性此「性」字，本然之性也。墮在氣質之中，故隨氣質而自爲一性。此「性」字，氣質之性。」程子曰：「性即氣，氣即性，生之謂也。」以此觀之，氣質之性、本然之性決非二性。特就氣質上，單指其理，曰本然之性；合理氣而命之，曰氣質之性耳。性既一，則情豈二源乎？除是，有二性然後方有二情耳。若如退溪之説，則本然之性在東，氣質之性在西，自東而出者謂之道心，自西而出者謂之人心。此豈理耶？若曰性一，則又將以爲自性而出者謂之道心，無性而自出者謂之人心。此亦理耶？言不順則事不成，此處切望反覆商量。前日圖説中之言，非以爲擴前聖所未發也。其圖及所謂原於仁而反害仁等之説，雖是先賢之意，無明言之者，淺見者必疑其畔先賢之説，故云云耳，不以辭害意，何如？

附問書

昨領誨言，三復慨然。兹蒙寄札，兼被明道韻語，見明語精，毫髮不爽，拜受恩誨，益以感隕，第前來相往復之紛紛，彼此俱不得人言之真意也。今而後庶幾歸一之喜，而猶有所未也，請略言之。退溪之所云互發者，豈真如來喻所謂理氣各在一處，互相發用耶？只是滚在一物，而主理主氣，内出外感，先有兩箇意思也。渾之所謂性情之間，元有理氣兩物各自出來云者，亦看如此也。豈所謂人馬各立，出門之後相隨追到耶？渾則筆力未足，下語太重，是爲罪耳。吾兄前後勤喻，只曰性情之間有氣發理乘一途而已，此外非有他事也。渾承是語，豈不欲受用，以爲簡便易曉之學，而參以聖賢前言，皆立兩邊説。無有如高誨者，故不敢從也。昨賜長書中有曰：「出門之時，或有馬從人意而出者，或有人信馬足而出者。馬從人意而出者屬之人，乃道心也；人信馬足而出者屬之馬，乃人心也。」又曰：「聖人不能無人心，譬如馬雖極馴，豈無或有人信馬足而出門之時乎？」渾究此數段，皆下兩邊説，頗訝其與只有一邊氣發理乘之語稍異，而漸近於古説也。又讀今書，有曰：「發道心者，氣也，而非性命，則道心不發；原人心者，性也，而非形氣，則人心不發。以道心原於性命，以人心生於形氣，豈不順乎？」渾見此一段，與之意合，而嘆其下語之精當也。雖然，於此亦有究極之未竟者焉。吾兄必曰氣發理乘，無他途也。渾則必曰其未發也，雖無理氣各用之苗脈，纔發之際，意欲之動，當有主理主氣之可言也，非各出也，就一途而取其重而言也。此即退溪互發之意也，即吾兄「馬隨人意，人信馬足」之説也，即非性命則道心不發、非形氣則人心不發之言也。未知以爲如何如何？此處極加分辨，毫分縷析，以極其歸趣而示之，千萬至祝。於此終不合，則終不合矣。雖然，退溪互發之説，知道者見之，猶憂其錯會；不知者讀之，則其誤人不少矣。況四七理氣之分位，兩發隨乘之分段，言意不順，名理未穩，此渾之所以不喜者也。

示喻相合相同，憫其孤單之意，竊以爲不必如此也。君子之於道，苟有深造自得之實，則舉天下無相同者，心平氣和，樂道無悶矣。伯夷不憂於餓死之日，而況吾兄乎？至於憂道之無傳，學道之無人，則不得不憂耳。惟此至大至精要妙之理，難以一朝而大悟，一口而併食。要在學隨見進，見由行深，久久涵索，昭然會心。默識心通，左右逢原，然後乃得也。如渾殘疾昏憒，尸居餘氣，安能精思實到而有自得之功耶？吾兄邁往之韻，離絶於人，人自無追之者。然自信之深，當由於果熟自落之時也，不可張旺發揚，有些虛驕驁外自高之病也。渾非謂兄今日有此病也，雖高明之人，不可不察此於吾身也。

昨書有引而發問以試鄙見者，今日困於淫思，精神尤荼，不欲深思，故姑未仰對以禀得失。只於一讀之際，忽自心語曰：理氣之不同，氣纔涉形迹，便有過不及。其爲不同，只在此處而已。未知此意如何？後當敷衍此意爲獻，亦願吾兄自發鴑鴦之譜，度與愚昧也。

習之來，當示前後議論，非但此一詩也。然習之性疏，於學殊欠實事求是之意、切問近思之功，精思細察，體驗充廣，非其所長。是以於書徒能一讀而已，望吾兄相責以是意，使有棄舊來新之益也。且情之發處，有主理、主氣兩箇意思，分明是如此，則「馬隨人意，人信馬足」之説也，非未發之前有兩箇意思也。於纔發之際，有「原於理，生於氣」者耳，非理發而氣隨其後，氣發而理乘其第二也，乃理氣一發，而人就其重處言之，謂之主理、主氣也。

答成浩原

枯木有枯木之氣，死灰有死灰之氣，天下安有有形無氣之物乎？只是既爲枯木、死灰之氣，則非復生木、活火之氣，生氣已斷，不能流行爾。以理之乘氣而言，則理之在枯木、死灰者，固局於氣而各爲一理，以理之本體言，則雖在枯木、死灰，而其本體之渾然者固自若也。是故枯木、死灰之氣，非生木、活火之氣，而枯木、死灰之理，即生木、活火之理也。惟其理之乘氣而局於一物，故朱子曰「理絶不同」。惟其理之雖局於氣，而本體自如，故朱子曰「理自理，氣自氣，不相挾雜」。局於物者，氣之局也。理自理，不相挾雜者，理之通也。今兄只見理之零零碎碎者，局於氣而各爲一理，不見渾然一體之理。雖在於氣而無所不通，其於一貫之旨，何翅隔重關複嶺哉？荀、揚徒見零碎之理各在一物，而不見本體，故有性惡、善惡混之説。孟子只舉本體而不及乘氣之説，故不能折服告子。故曰：「論性不論氣，不備；論氣不論性，不明。二之則不是。」今兄所見，只論氣而不論性，陷於荀、揚矣。與其不明，曷若不備之爲愈乎？道理難看，最忌執著一邊。見此言而猶不合，則姑且各尊所知，不復論辨，以待積功後，更辨如何耳。

答成浩原

人之所見有三層：有讀聖賢之書，曉其名目者，是一層也。有既讀聖賢之書，曉其名目，而又能潛思精察，豁然有悟其名目之理，瞭然在心目之間，知其聖賢之言果不我欺者，是又一層也。但此一層煞有層級，有悟其一端者，有悟其全體者。全體之中，其悟亦有淺深。要非口讀目覽之比，而心有所悟，故俱歸一層也。有既悟名目之理瞭然在心目之間，而又能真踐力行，實其所知，及其至也，則親履其境，身親其事，不徒目見而已也。如此然後，方可謂之真知也。最下一層，聞人言而從之者也。中一層，望見者也。上一層，履其地而親見者也。譬如有一高山於此，山頂之景勝妙不可言，一人則未嘗識其山之所在，徒聞人言而信之。故人言山頂有水，則亦以爲有水；人言山頂有石，則亦以爲有石。既不能自見，而惟人言是從，則他人或以爲無水無石，亦不能識其虚實也。人言不一，而我見無定，則不可不擇其人而從其言也。人若可信者，則其言亦可信也。聖賢之言必可信，故依之而不違也。但既從其言，而不能知其意之所在，故有人或誤傳可信者之言，亦不得不從也。今之學者於道，所見亦如此。徒逐聖賢之言，而不知其意，故或有失其本旨者，或有見其記録之誤，而猶牽合從之者。既不能自見，則其勢不得不然也。一人則因他人之指導，識其山之所在，舉頭望見，則山上勝妙之景涣然滿眼，既自望見矣，他人之誤傳者，豈足以動之哉？於是有樂其勝妙之景，必欲親履其境而求上山頂者。又有既見其景，自以爲樂，俯視他人逐逐於言語，不覺撫掌大笑，以是爲足而不求上山者。於望見之中亦有異焉，有自東而見其東面者，有自西而見其西面者，有不拘於東西而見其全體者，雖有偏全之異，而皆是自見也。彼不能自見而從人言者，雖能説出全體，非其自言也，如鸚鵡之傳人言也，則安足以折服望見一面者之心哉？又有一人，則既望見勝妙之景，樂之不已，褰衣闊步，勉勉上山，而任重道遠，力量有限，鮮有窮其山頂者矣。既窮其山頂，則勝妙之景皆爲我物，又非望見之比矣。然而到山頂之中，亦有異焉，有望見其東面而上于東面者，亦有望其西面而上于西面者，有望其全體而無所不到者。上于一面者，雖極其至，而不得爲上山之極功也。大概有是三層，而其中曲折，不可枚數。有先識其山之所在，雖不能望見，而上山不已，一朝到于山頂，則足目俱到，便爲己物者。曾子之類。又有不識其山之所在，而偶行山路，雖得上山，而元不識山，又不望見山頂，故終不能到山頂者。司馬温公之類。如是之類，何可悉舉乎？以此取喻，則今之學者大概從人言者也。縱能説出無病，不過依樣摸畫耳。依樣摸畫之中，説出無病者亦不可多見，尤可嘆也。若孔門弟子及程、朱門下之根機不全不深者，皆望見一面者也。曾點則望見全體而以是爲樂，不求上山，故終於狂者而已也。曾點之學，有以見夫人欲盡處。天理流行，隨處充滿，無所欠缺，其胸中之樂爲如何哉？俯視諸子，徒見一面，規規於事爲之末，豈不撫掌大笑乎？雖然，樂於此而已，曾無俛首上山之功，其檢束之行，反不若諸子之謹飭矣，所見之物安得爲己物乎？若顏、曾、思、孟、周、張、程、朱，則不止於望見而親履其境者也。朱子六十之年始曰「吾今年方無疑」，此親見之者也。孟子之所謂「自得」者，亦指此境也。就中顏子、明道用功甚易，譬如人之所處，去山頂本不遠，故舉目移足，不勞而至也。若聖人則本在山頂者也，雖本在山頂，而山頂無窮勝妙之景，不可不待周覽，故雖以孔子之生知安行，若禮樂名物、制器、度數，則必問於人而後知之也。若伯夷、柳下惠之徒，則雖極其山頂，而各處一面，不能以全體爲己物者也。若異端，則所謂山頂者，非此山也，更有他山。山頂有可驚可愕之物，荆榛塞途，而惑者乃從之，不亦悲哉？人之不能望見此山而徒信人言者，若被人指異山爲此山，而其人素所信重者，則必將褰衣涉榛而從之矣，豈不尤可悲哉？若望見者，則寧有此患哉？但望見一面者，所見不全，故雖自不惑於異端，而發言之或差者，反誤他人，未必不爲涉榛途者之助也。此等處尤不可不明目張膽，極言而明辨之。

近觀整菴、退溪、花潭三先生之説，整菴最高，退溪次之，花潭又次之。就中整菴、花潭多自得之味，退溪多依樣之味。一從朱子之説。整菴則望見全體，而微有未盡瑩者，且不能深信朱子，的見其意，而氣質英邁超卓，故言或有過當者，微涉於理氣一物之病，而實非以理氣爲一物也，所見未盡瑩，故言或過差耳。退溪則深信朱子，深求其意，而氣質精詳慎密，用功亦深。其於朱子之意不可謂不契，其於全體不可謂無見，而若豁然貫通處，則猶有所未至，故見有未瑩，言或微差。「理氣互發」、「理發氣隨」之説，反爲知見之累耳。花潭則聰明過人，而厚重不足。其讀書窮理不拘文字，而多用意思，聰明過人，故見之不難，厚重不足，故得少爲足。其於理氣不相離之妙處，瞭然目見，非他人讀書依樣之比。故便爲至樂，以爲湛一清虚之氣無物不在，自以爲得千聖不盡傳之妙，而殊不知向上更有理通氣局一節。繼善成性之理，則無物不在，而湛一清虚之氣，則多有不在者也。理無變而氣有變，元氣生生不息，往者過，來者續，而已往之氣已無所在。而花潭則以爲一氣長存，往者不過，來者不續，此花潭所以有認氣爲理之病也。雖然，偏全間，花潭是自得之見也。今之學者，開口便説理無形而氣有形，理氣決非一物，此非自言也，傳人之言也。何足以敵花潭之口而服花潭之心哉？惟退溪攻破之説，深中其病，可以救後學之誤見也。蓋退溪多依樣之味，故其言拘而謹；花潭多自得之味，故其言樂而放。謹故少失，放故多失，寧爲退溪之依樣，不必效花潭之自得也。

此等議論，當待珥識見稍進，熟於明理，然後乃可作定論示學者也。今因兄之相感發，不敢少隱，一口説破，可謂發之太早矣。覽後還送，切仰切仰。欲不掛他眼，而後日更觀其得失耳。

與成浩原

理氣無始，實無先後之可言，但推本其所以然，則理是樞紐根柢，故不得不以理爲先。聖賢之言雖積千萬，大要不過如此而已。若於物上觀，則分明先有理而後有氣。蓋天地未生之前，不可謂無天地之理也，推之物物皆然。今吾兄反以極本窮源者爲有先後，而以物上看者，爲無先後。矛盾枘鑿，至於此極，不敢望其歸一也。但程子之言曰「陰陽無始」，且道此言是假託曉譬耶，是明白直説耶？此言若是假託曉譬，則吾兄之説是矣。不然，則安可謂之陰陽有始乎？吾兄之説，曲折不同，大概謂有太一之初者，此是所見之根本也。此言無病，則珥説非矣。理氣本自混合，皆本有也，非有始生之時。故先儒推求，不過以一元之初爲始，或以一歲之初爲始，未聞極本窮源而必有太一之初，如吾兄之説者也。且吾兄以有先後者爲實然，而嘲珥妄見，未知吾兄亦以無先後者爲假託乎？昔者老子之言曰「有生於無」，莊子之言曰「有有也者，有無也者，有未始有無也者，有未始有夫未始有無也者」，此等皆是太一之初之説也。大抵凡物有始，則必有終。天地至大，而惟其有始，故不免變滅。若使此氣之源實有所始，則其必變滅而有無氣之時矣。其形狀何如耶？惟其無始也，故又無終無始，無終故無窮無外也。曾與吾兄論太極動而生陽，余曰：「此是樞紐根柢之説，非謂陰陽自無而生也。」兄亦即可，余心自幸矣。不意今者吾兄做出太一之初之説，以爲陰陽自無而生，不免老莊之説，極令人駭嘆，寢食不安也。道理不可容易言之，深願積久玩索也。

理氣之説，綱領已合，小小同異，不必深辨汲汲求合，久久必有融會之時。向者紛紛之辨，大抵出於不相會意，追思可笑。理通氣局，要自本體上説出，亦不可離了本體，别求流行也。人之性非物之性者，氣之局也。人之理即物之理者，理之通也。方圓之器不同，而器中之水一也。大小之瓶不同，而瓶中之空一也。氣之一本者，理之通故也。理之萬殊者，氣之局故也。本體之中，流行具焉；流行之中，本體存焉。由是推之，理通氣局之說，果落一邊乎？愛曰仁、宜曰義之類，不一而足，先儒何嘗不以一字論理耶？此在深思細究，亦不可强合也。前書珥説頗傷陵厲，來示果當，深謝深謝。但「氣斷理通」、「有形無氣」、「人心失本然之氣」等說，皆非珥語。試取前書而更觀之，何如？若變其語而反詞之，則是自作元隻而求克其訟也，無乃不能平心之過耶？呵呵。以偏塞爲失其本然之氣者，雖似不當，但以孟子「失其本心」之語求之，則恐不悖理。本心不可失，而猶謂之失，則況湛一之變爲污穢者，不可謂之失乎？更思之何如？至如以勉齋之説，爲得强敵者，尤近於戲語。若以道理相辨，則芻蕘可詢，狂言可擇，珥亦可以容喙矣。今若不求之道理，而惟强弱是觀，則一退溪足以勝十李珥矣，況將勉齋助之乎？是羣虎搏一羊也。餘不能言，只在面陳。

答成浩原

歷聘之說，誠有所疑如來問者，今更詳思。則凡事有第一義，有俗例，有非義。第一義者，儒者事也，是前所論孔孟之事也。俗例者，是戰國歷仕之人也。非義者，是失節叛臣也。歷仕之義，本由一統也。戰國時，雖周室如無，而只是一統餘習尚存，列國不禁人出入，故士之歷仕諸國，猶是通例也。若據邑而投他國，或投仇讐之國而反噬本國，則是失節叛臣也。若得罪逃刑而出奔，則是亦叛臣也。樂毅之出處，素非儒者，則何敢望第一義乎？無罪見疑，脱身出境，終身不敢謀燕，則是得通例者也，豈可目以失節叛臣乎？若是儒者，則既與前王分義已定，無所逃於天地之間，後王雖見疑，代將之後，奔就君喪，死生惟命可也，豈可出奔乎？且如真西山事理宗，謂之事不當事之君則可也，豈可謂之失節乎？樂毅之出奔，謂之於義未盡則可也，亦不可謂之失節也。未審何如。

答成浩原

歷聘之義，本有一統也〔二〕。孔子之事〔三〕，則無可疑者，孟子時稍變，周室尤不能爲主於天下。然子思去孟子不遠，而其言曰：「今天下車同軌，書同文。」則猶有一統意味也。非若中國、夷狄判爲二域，故孟子猶可歷聘也。雖然，使孟子得遇齊王或梁王，諫行言聽，委質爲臣，大義已定，而王薨，後嗣不能用，則恐無他適之義，只可終於此國而已，非若孔子之可去也。此時變之故也。孔子則尊周，孟子則從天命，此時變致然也。孟子於梁不爲卿，於齊不受禄，故可以歷聘而自在也。若周亡而列國爭雄，無天子於上，則爲士者，歷聘而觀其可以行道與否，則可也，朝臣齊而暮臣梁，則決不可也。假使孔、孟生乎其時，決不往滅周之秦，而其於他國，雖應其聘，不遽爲臣矣。若爲臣而分義已定，則決不可爲他國臣也。不事二君之義，天地綱常，豈以聖人而忽此哉？天下義理固隨時不同，但其不同者必有所以然，不可泛觀時變，徒循流俗而已也。君子之歷聘，無害於義者，其所以然者，在一統也。若割據之國各有聲教，禁人出境，則更無歷聘之義矣。周亡，列國之歷聘，則一統餘習也。劉、項之世，胡元之末，天下無君，則臣可擇君矣。然既於一處委質，分義既定，則亦不可他適也。更始之世亦如此，但此時天命尚眷劉氏，則爲臣子者，志存劉氏可也。經生處士，迎之而至，不合而去者，既不爲臣，則可以自在矣。若曰聖賢負生民之託，與衆人不同，衆人不可事二君，而聖賢事二君，則甚害理，大啓爲臣不忠之路矣。此等義理，合有先賢議論，而愚末之見，但以義理推之，不過如此耳。「行一不義而得天下，不爲也。」若事二君而得平天下，則聖賢必不爲也。

校勘記

〔一〕落眼則翳　「翳」，疑作「瞖」。

〔二〕本有一統也　「有」，疑作「由」。

〔三〕孔子之事　「事」，疑作「時」。

栗谷先生全書卷十一

書三

答成浩原癸酉

曩在城中，再承手札，一答一否，未知照下否？即今道況何如？戀懷曷喻。且珥自西湖乘舟，昨到栗谷耳。求退陳疏，猶恐不得請。得請之後，還抱耿耿。彼荷蕢者，獨何心哉？珥之退也，識者以聖上輕士爲憂，三司交章云。形迹太露，虛名過實，未知何以收殺也。

答成浩原乙亥

卒哭國哀。前祭祀可行與否，無禮文可考。前日悤卒報答，更思多有未穩處，可愧。墓祭、忌祭雖無分别，但忌祭一年一度，其日恝然無事，是所不可忍也。墓祭則卒哭後亦有節日，故不必行也。如珥則卒哭前忌墓兩祭，俱廢矣。如兄則無衰服，略設一奠，不備殷禮，無妨也。

卒哭前朔望參，則非祭禮也，依常例行之何妨。

節祀，略設奠于墓前，無妨。

卒哭後時祭，當依常例。

前日妄料季涵官高有衰服，故臆説云云，更思之，則季涵之無衰服，與兄一般。且哭君喪于私室，亦非便。前説誤矣，傳于季涵何如？祥祭略行云者，只爲卒哭前不敢舉殷禮也。

答成浩原

猶子之來，獲承手翰，以審道履稍愆，止入城之計，非但念之不置，亦恨坐失佳期也。即今平安否？因便相示伏望。珥三度辭疾，未蒙允俞，悶不知所爲。疾病向歇，而山陵事迫，不得已拜命。前途必值荆棘，未知狼狽幾許也。第念進退之數數已甚，欲以所編輯要之書，脱稾進獻後，還家爲計，未知合宜否。商量下示，幸甚。下詢别紙，更呈鄙見，珥不敢自以爲是也。第恐吾兄太爲仁字所壓了，若雜木氣而言，則似涉低看仁字，故曲護太甚也。

張子曰「合虛與氣，有性之名」，仁是性之名目。今曰合理與木氣，有仁之名，何害於義理哉？此是緊關處，虛心熟思，千萬切仰切仰。自此更無入城之期耶，窃糾不已。

答成浩原

庶母之說，終無可據之禮，而鄙見亦不高，何由爲定論乎？吾家之祭，則伯嫂立於主婦之前，庶母立於伯嫂之西稍退，諸妾立於主婦之西稍退，不敢序以昭穆矣。諸妾雖立于主婦之後亦可，以地窄，不得又作一行矣。承重妾子之親母，立於主婦之西稍前，似無害。雖曰妾，而乃是親母，豈不與庶母有間矣？婦居姑前，終是未安，不如不參祭也。

監司行祭于別館，終似無妨。蓋忌日之哭，與舉哀之哭自不同也。若曰不異，則未聞朱子行忌祭于僧舍也，舉哀則必於僧舍矣。

答成浩原 丙子

朴生之來，謹承手札，備審道履迓新，神相萬福，感喜殊極。珥病深學荒，又添一年，他復何言？示喻海西事情，垂誨誠切，感荷實深。但其閒曲折，不可不使吾兄一聞而理會也。珥固輕淺，但年已四十，涉世亦久，物情事勢，豈至於全然不知而妄有更改乎？初忝方伯，意以爲可救斯民一分之瘼，而及到任徐察，則凡大段弊瘼，必關白朝廷，無可擅改者。於是或疏或狀，條陳縷達，而實惠可周者，則例被朝論沮抑，寸步難進。其他無甚利害者一二事，乃得報可。其中爲而已成者一事，爲而未成者二事。營中自擅者四事矣，大抵革舊更新，但計其是非利害，要在有便於民而已。若必待貪官污吏與夫幸民一切樂從，然後乃欲有爲，則宿弊終無可改之日矣。珥之所改，雖有一分之益，而貪官污吏幸民，則皆所不樂，此所以不終日而旋復者也。所謂爲而已成者，各鎮浦水軍，每朔除若干名，使納鹽、黄角，以爲救荒之資。當初萬户僉使，固多濫捧，既納之後，又多偷用，託稱消融。若會計減縮，則例報户曹，分徵于水軍，水軍不勝其苦。珥意以爲救荒莫切於租，雖積鹽如山，無穀則難救飢民。乃啓請以租代鹽、黄角，此則便於水軍，切於救荒，而萬户僉使則失其大利矣。但既已啓請施行，似難還廢矣。所謂爲而未成者，其一館軍之事也。海西驛路凋殘，以軍民助役，名曰館軍，或輪回，或永定，不一其規。自乙丑年尹公鉉爲監司，詳定永定世襲之制。初則募民爲之，厥後民無應募者，乃勒令永定，於是被定者號冤，以爲無罪而陷於驛子之役。珥初巡行，坌集訴悶曰：一般良民，我何罪而爲驛子乎？如是者不勝其擾。珥意亦以爲若輪回，則一道軍民，一生不過三年受苦而已。彼人何罪？獨受終身之苦，以及子孫哉？乃啓請輪回。而其中亦頗有自願永定者，珥意除自願者依舊永定，而鈔出不願者之闕額，以軍民輪回，則兩得其便矣。以此爲事目，而未及施行。交代之意以爲永定則當悉永定，輪回則當盡輪回，豈可半定半輪乎？於是自願永定者，多不願輪回，而一道軍民，皆畏輪及其身，紛起沮撓，竟不得施云，館軍不久將爲驅民之巨患矣。其二則水陸軍換定事也。道内山郡水軍，則願爲陸軍，沿海陸軍願爲水軍。珥之巡行也，亦紛紜呈訴。此雖無大利害，而不難之事，可從民情，故啓請換定。久無回報，珥之遞任後乃報可。交代之意以爲不可小小相換，必盡換一隊，然後乃可。遂令列邑悉問一隊情願，則一隊之中，或欲陸，或欲水，紛紜不一，乃以難行而止云。此甚可笑。寧有一隊之軍盡同情願之理哉？所謂營中自擅者，其一則列邑貢物價詳定事也。貢物之價，邑各不同，而大抵濫徵於民，故悉權貴賤，定其價采。此則甚便於民，而貪官污吏所不樂也，似聞海州、松禾二邑行之，而他邑則不行云矣。其二則水軍價布及造船軍也。前者水軍差進上等諸役者，收合價布，付色鎮撫，使之備納。厥價不定，恒被濫徵。珥下令定價綿布三疋，此則便於水軍，而鎮撫之所惡也。造船軍前者濫定多數，收其價布，爲將吏私用。珥爲量定其數，使優於造船，而無甚贏餘，此則利於公家，而將吏則大以爲怨。未知今已廢否也。其三則釜鼎之事也。營屬之人，例納釜鼎。珥以爲釜鼎安用許多，乃令營屬一歲納綿布二疋，以儲營中，待國家不時之需。若積之既多，則如國喪天使等時所費，可以不煩於民矣。去春纔立法，而即遇國喪，凡需多

自營中措辦。一道之民，除僧軍外，不知有國喪。此亦一分之惠也，但營屬以鼎價甚輕，故皆願納鼎，而不願納布。營屬真是幸民也！託籍閒遊，一年二疋，比於軍役，則輕歇太甚，而猶願益輕，豈可苟循其情乎？其四則罷元定之事也。道内漁船多集海中，營鎮撫悉録于簿，每船責徵魚物，名曰元定。而擇大而且多，故漁人甚苦之。|珥以爲監司坐享列邑之供，無用魚物，故罷之。漁人等以爲若全罷，則恐其復立，願納正木一疋以代之。|珥亦欲助公用，故從之，減十存一矣。此則甚便於漁人，而營中鎮撫庫子等，如失家産，緣出納之際，得利甚多故也。交代之意則以爲海邊防禦之地，故儲釜鼎將以炊軍人之飯，積魚物將以作將士之饌，不可革也，遂盡復舊云。自古預備不虞，只在於貯軍糧鍊兵器而已，未聞先積釜鼎魚物而可以防備者也。就令有此，亦當積于營中，今乃盡散之親舊，預備之意安在？況魚物未滿一年，已盡蟲敗，雖欲積貯待用，不可得也。凡人有所更張，交代者踵而行之，若有防礙難行之患，則復舊可也。今也不論是非，不度利害，只以更張爲不可，日聽貪官污吏幸民之喧聒，悉復其舊。固易於發蒙振落，第未知於事何如耶。傍人亦不深思，隨聲和附，反以爲輕改之罪，非但一道一世皆然。此俗見之所以深痼，世道之所以難救者也，尚何言哉？兄試以右件事商量垂誨，何如？未知何事爲輕率誤改者，而若使深謀遠慮者遇此，則亦將如何處置耶？大概|珥以病遞，不能久留施行，職此而有所謗議，此亦不得已也。若使

朝廷稍從珥請，則珥雖苟且，亦將開素留調，務利於民矣。今則不然，大段之請，一切沮拒，其所從者，如前無甚利害者，而珥亦被列邑忌憚，如芒刺在背。如是而苟留開素，則將被大謗，而於事亦非直截。奈何，奈何？兄引西山一蠹以責鄙人，兄之期我重矣，不敢當矣。但一道之政，非數月可成，而朝論阻於前，交承敗於後，雖西山一蠹，亦將無如之何矣，况如珥者乎？珥素有輕淺之名，故凡有所作，人必疑其率爾，真所謂「紂之不善，不如是之甚」者也。此是珥所當十分策礪處也。今所云云，非欲分疏，欲吾兄據事而度宜，亦窮格之一助也。山僧焚蕩之説，的是虛傳也，火起他人積穀，決非怨珥者所爲也。海州有一品官，深嫉書院之儒，造作此語，珥亦前此已聞之矣。海州半刺，決是廉吏，大受誤聞也。右半刺不犯秋毫，甚有惠政，而厥性迂拙，不能媚事上官，款接私行。故過客必毁之，大受亦信聽過客之言也。監司之欲貶，未委虛實，若亦信客言，則容或有之。此則珥所深知，浮言斷不可信也。

答成浩原戊寅

凡事有是非，有優劣，是非與優劣不同。優劣者，同中有輕重也；是非者，異色不可相容者也。以人言之，一則君子，一則小人；以謀言之，一則爲國事，一則營家計；以事言之，一則成事，一則誤事。如是之類，乃是非分明者也。若是優劣，則同是士類而彼善於此者也。今使善處事者，若遇君子小人相爭，則當汲汲攻小人以救君子矣。若是士類相爭，而無甚黑白邪正之可辨，則其將捨一取一乎，其將兩保而俱全之乎？以此斷今日之士論，則可不勞而定矣。沈、金之相爭，當初沈無宿嫌，其遏清選之望，亦非私意。只是過念舊愆而然耳，此非小人之事也。金之毁沈，亦非必報復私怨也，只是所見如此。此非大釁，若兩得消釋，則可無事矣。兩出之計本爲消釋，而乙亥之不能消釋者，西人之失也。西人既失矣，今之士類只論其失，而處事自和平，則亦可無事。而今者乃唱爲君子小人之論〔一〕，必欲以西人爲邪黨，則其失甚於乙亥矣。東人自在廬山之中，固不能自見是非矣。自山外觀之，其爲嶺爲峯，豈不分明乎？今若以優劣言之，金固優於沈矣。雖然，其所謂東人者，豈盡優於西人乎？間有趨時附勢，浮薄不正者矣，豈可以一二人之優劣，便定是非邪正，斷爲國論乎？若使優者必攻劣者而不相容，則諸葛孔明可攻龐士元矣，天下寧有是理耶？若以是非言之，是非無定形，隨事而現，大抵利於國者爲是，害於國者爲非矣。當初同是士類，欲爲國事，則固可謂兩是矣，及乎結釁相排，顧念身計，則可謂兩非矣。乙亥，西人舉措失當，東人退縮，則西人誤事，固非矣。今日東人持論過激，西人退縮，則東人誤事，亦非矣。是非何常之有？今欲以東人所爲皆是者，愚雖百爾思量，終不能見其然也。論其事則均有是非，而論其人則皆是士類也，何必獨斥西人之非而目爲小人乎？其人有君子小人，則其論雖同，必當用君子而捨小人矣。其事有是非而其人同是士類，則其論雖異，只可正厥事而容其人也。今之極力爭辨者，欲爲何事乎？且憲府之疏有曰以私怨構禍，未知所構者何禍耶？仁伯之出，是果一人構禍而然乎？告君之言，如是不實，未知厥心公乎私乎。玉堂從而讚其忠，此亦何見耶？玉堂之言曰：是非不可不明，而處置當以和平。既曰有是非邪正，則雖欲和平，其可得耶？爲今士類之計者，當曰沈某雖無現著罪過，而本非可柄用之人，且與士類相失，此當保其爵祿，而不可更居要地也。三尹既忤於士類，此亦不可更授清職也。其餘士類，當視以一家之人，議論稍或不同，皆可消融歸一，洗濯形迹，用捨一以至公，同寅協恭，共爲國事。如此而人心不服，國論不定者，愚未之信也。今乃不然，必以君子小人立標幟，斷定東爲君子，西爲小人，然後乃欲以和平處之。進退無據，極爲可笑。彼誠小人也，當亟屏斥，何可相容乎？如非小人也，名之以小人，亦何意耶？

過激之論，出於少年氣鋭之人，則擧朝莫不靡然從之。而逆耳得中之言，出於局外，則反皆譁然非笑，可嘆可嘆。滔滔者既不足與議，而如景涵善人，亦汩於衆，反笑我狼狽，豈非命耶？第未知景涵真以西人爲邪黨耶？若然，則宜乎訾我如此也，如其不然，則鄙言何過焉？肅夫兄是心公底人，故其言甚從容可愛，但以優劣定是非，此似察理未精矣。假使金優於沈，只當曰某也優而可用，某也劣而不可用而已，此何足以緣及他人，斷定一國之是非乎？今者流俗，得志陞擢，而西人若季涵、重晦、景瑞諸公皆退縮矣。若使士類與流俗爲一，則士類亦流俗也，何益於國？今若與流俗區別，則勢必不克，而又生一秦，其禍尤速矣。自今以後，更無善後之策，坐待其亡而已。天實爲之，謂之何哉？鄙疏兩利俱存之計，乃所以防後患也。肅夫以西人獨作壞而東人不至作壞者，亦未可曉。乙亥西人之失，在於舉措失當而已，未至如今東人大唱邪正之説，使人心憂駭，士論横潰，更無收拾之望也。雖曰不至作壞，吾不信也。鄙疏兩利俱存之計，乃所以防後患也。若以爲一是一非，則乃所以助其傾軋也，何以防卞莊子之窺伺乎？若使兩虎不鬭，則莊子亦無如之何矣。景涵以鄙言爲出於忿懟，此則不然。排難之文，主於明辨，故觀者或疑忿懟。大抵忿懟多出於私，此非我家事，珥何忿之有？竊思金仁伯所見甚開明，若使今日主論，必不至如此勞攘。以此觀之，景涵之才，可謂不及仁伯矣。兩是兩非之論，方被士類之詆斥，第未知唐之牛、李，宋之諸黨及韓、富二公，必捨一取一，然後乃可爲國乎？此皆不知優劣與是非不同，而加以私意附會，乃至於此矣。若使心公見明，則可以一視，而就中優者進之，劣者容之，同歸於太和矣。孰主張是，只仰蒼蒼而已，鄙言未知大段悖理否？若於兄見不合，則委曲開示，使祛迷惑。如以爲無失，則須通諭于肅夫、景涵二賢，使之反覆歸一，幸甚幸甚。不謀其政，雖有聖訓，而問而告者，間或有之。兄雖括囊，猶不免謗，須使吾輩議論可以定千古之是非矣，况景涵陷溺之深，汲汲救拔此友，亦吾輩之責也。珥言恐不見信，渠於老兄之言，豈敢相忽哉？

答成浩原己卯

近日往復議論，可謂詳矣。而不相契者，鄙意則以爲是非不關，不須力辨。而兄及肅夫則以爲不可不辨是非，此一事不同故也。今若以兄言爲主，而力辨是非，則物情尤駭矣。奈何奈何？大抵此事，以人物言之，金優而沈劣，金可用而沈則有無不關。若以結釁一事言之，則曲在於金也。紛紜士類，心私見偏者固不足道也。若兄與肅夫，則十分無私，而猶不覺悟者，以不知始終曲折故也。珥前此不欲明言者，恐傷於金也，今者不得已略言之，幸察納焉。

當初沈、金少無宿嫌，只是沈爲舍人時，以公事到尹元衡家，見金寢具在尹壻之室，心賤之。及金擢第有名字，人皆稱譽，而沈獨不韙之。及吴子强在銓曹，欲金爲銓郎，他人皆可，而沈獨遏之。子强就沈家相爭，不知其幾許，此事珥及儕輩知之，他士類未必知也。阿私者雖知亦諱之。沈竟不得遏，卒爲銓郎。及金得路之後，又力詆沈失，以爲愚且氣粗，不可柄用。此言似矣，而發於金口，則爲妒婦之言也，人必疑之矣。且沈將誤國，而勢不得不攻，則金不可避嫌矣。今則不然，沈雖外戚，而無作弄之失。沈之有無，不係治亂，而其他紆金拖紫、接武顯班者多出沈下。而金皆不疵，獨攻沈太力，故隨後出而從金遊者，莫不非沈，以爲媢疾之人。於是沈之儕輩，亦多不平，而皆指金爲報怨之小人。此時明其不然者，獨鄙人耳。前後輩之相爭，始於此矣。朱子亦曰：「君子有時不可不避嫌。」此類之謂也。金雖避嫌，何害於國乎？兄試思之，沈之遏金，雖曰不知人，而此實公過，有何罪乎？金之詆沈，雖不可謂私心，而非安危治亂所係，而無故肇生厲階，至今爲梗，是誰之愆？若使金不遽詆沈，而持議平和，使士林不歧，而引進清流，布滿朝廷，則國家寧靖。而如沈者，不過爲一外戚之參入士類者耳，何能作弊乎？金不出此，而輕淺寡謀，先爲下手之計，從遊少輩多和之。于時有一達官心雖公而氣懦弱，今指爲東人者也。聞其議，乃語諸某某曰，賢而今指爲西人者也。幸值士論攻前輩，則除思菴一人外，他人皆不可救，救則反挑其禍云云，此言只是儕輩數三人知之，不可煩告他人也。於是前輩之疑金益甚。甲戌年間，有浮談謂沈將攻金，此則虛傳也，鄙人知其實矣。乙亥之歲，金爲亞諫，劾思菴，使之謝病，於是，雖珥亦疑其不吉。及後細聞，其議不出於金，然後乃解其疑。於此輾轉疑阻，斷不能相容，然後珥乃生兩出之計，此事兄亦暫知之。沈無攻金之實事，金有圖沈之實形，曲折如此，未知沈、金孰曲孰直乎。優劣還他優劣，是非還他是非，優者不必是，劣其不必非，天下之理，烏可以粗心略見而便斷是非乎？乙亥西人之失固非矣，當其始若善處，則豈有今日乎？雖然，由今日東人所爲觀之，則乙亥之失爲輕矣。時人不曉事理，而惟以人物優劣是主。見沈非粹白可愛，而其從遊者雖有善人，而無學問之士。見金清苦好善可愛，而其朋友多清流，間有學問之士。加以乙亥西人失人心，而公論許東人，故遂以分辨東西是非爲奇貨。欲得善名者趨之，欲做好官者附之，一世靡然，莫敢牴牾。而間有士類心公者，亦不知曲折，不察義理，而不能不動於時論。於是無智愚賢不肖，皆入於東，萬口和附，并爲一談，牢不可破。而人心不服，則便曰人心之不公者，雖不服無害也。識者矯其偏，則彼雖名爲善士，而實懷私心也。於是排軋異己，欲售私計，無所不用其極。名爲助金，實爲金累，到今仁伯乃爲祭後之芻狗矣。鄙人之疏，若謂之欠於周詳則可也，若以不辨是非之故，遂至大激云，則恐兄察理不精也。若從實言之，則當初結釁，曲在於金，乙亥舉措，曲在於西，今日所爲，曲在於東。東負二曲，西負一曲，尚可謂之東是西非乎？兄恨珥不析以至理者，此固然矣。

今之曲折如上所陳，則愚意以西爲非，以東爲是者，無乃非至理乎？夫如是，則至理愈析，而時論愈激矣。兄則以扶東抑西爲至理乎？兄以沈爲外戚而不屈於金，爲沈之非，此尤不然。此則勢也，豈是非之所在乎？所生之地，豈其人之罪乎？更思幸甚。大抵凡事過情近僞者，必邪慝之所爲也。憲府之疏，言多譸張，以沈爲小人，以西人爲邪黨，此乃過情近僞、小人之言也。陰之剥陽，邪之害正，必有其兆，非一朝一夕之故。憲府之疏，乃託公售私，剥陽害正之兆，而羣賢不斥其失，而反加崇長，則公論何由得行乎？至于今日，姦狀已著，而猶不敢崖異，受其籠絡，砥柱横流者，獨一肅夫也。惜乎！肅夫察理不精，而見幾太遲也，習之切責，而肅夫虚受云。此在尋常善人則可謂貴矣，吾兄視肅夫爲何等人，而以此爲貴乎？吾黨則當責備於肅夫。若以此等事爲肅夫之所貴，則無乃低看學者乎？若使鄙疏既上之後，羣賢合力裁抑過激者，而收拾西人之賢者，使有和平之福，則不亦善乎？今則羣小充斥，蔓難圖也，末如之何也已！吾兄以鄙疏爲峻言，亦恐不然。憲府之疏，實出小人之手，而珥疏則只論其激而不直斥之，則此乃婉辭，非峻言也。珥不敢盡言者，恐連累傷於東邊善人故也。疏中所謂深慮遠識者，正指而見景涵輩，而渠輩亦不免攻珥，則尚何言哉？此是國運窮厄，非人力也。今兄察事情不詳，而徒以鄙疏惹起騷擾爲僕之過，此恐未然。今人積冷成腸者，少飲熱物，則必衝激成痛，飲冷則無傷也。若善醫治之，則將不計暫激而用熱藥乎，欲不相激而用冷藥乎？今日之時論自成一家，少有他議，則攘臂攻之，必附合時論，然後帖然無事。鄙人安能爲此態乎？以熱救熱，以冷治冷，此是神醫手段，若庸醫用之，則多有殺人者矣。如僕拙手，安能效之乎？鄙意以大病在於無用之辨，以別是非爲名，故欲先去病根，而施其調劑之藥。其言固不盡理，而大綱則不誤矣。肅夫別紙，大概公言也，只是所見不明耳。牛、李之事，誠近於今日矣，若宋之諸賢云云者，只言不必君子小人相攻擊云爾，非謂不相符合矣。但如蜀黨，固非矣，假使程子爲政，則將舉蜀黨而盡斥之乎，抑治其不可服使者乎？愚意蘇東坡則不可用也，其餘亦多君子，胡可盡棄乎？牛、李則以人物言之，李優於牛，而結釁之初，則曲在於李也。牛僧儒、李宗閔對策毁執政，而執政是德裕之父吉甫也。吉甫非君子，則兩人對策是公言，而德裕先懷嫌怨，豈非曲在於李乎？人物則李有才可用，而牛則只是優游之人，而不可用也。今日之事，髣髴類此矣。肅夫以珥疏爲救沈而發，此則專不相知也，可嘆可嘆。今日名爲明辨是非，而盡斥西人以邪黨，使士類判涣，國將不國，故鄙疏欲治此病耳，豈區區爲一沈義謙者乎？肅夫之見尚如此，則他人何足道哉？裴度之不能鎮定朋黨者，其時人君不明〔二〕，不可告語，而度之忠誠亦有所未至耳，豈可取以爲法乎？若如肅夫之言，則裴晉公上調和士林之疏，則便以爲力救牛奇章乎？大抵士類之鬪，當視傾者而扶之。乙亥，仁伯將竄絶域，而珥獨啓救之，則豈爲一仁伯乎？今者以沈爲小人，以西人爲邪黨，則甚於仁伯之竄矣。鄙疏只明沈非小人，西人非邪黨而已，曷嘗讚沈爲君子可用者乎？鄙疏筆端抑揚處，容或過中則有之，肅夫作劄，以全然顛錯目之，無乃已甚乎？

近日覽朱子語類，得一段議論，使人有省。其言曰：在論語「弘毅」章。「弘是寬廣耐事，事事都著得。道理也著得多，人物也著得多。若著得這一箇，著不得那一箇，便不是弘。今者而見景涵輩胸中，只著得東一邊，不著西一邊，豈非不弘乎？且如有兩人相爭，須是寬著心，都容得始得，若便分別一人是一人非，便不得。今者粗心略見事理彰迹，而便欲判斷是非，安能得其正乎？或兩人都是，或兩人都非。今之士類，張口大言曰：天下安有兩是兩非之理乎？如肅夫亦有此言。今見朱子之言如此，則彼輩何以抵當得乎？如吾兄亦以爲兩邊人必有一是一非者，無乃察理未精乎？始知讀書不可不博也。或是者非，或非者是，東人本善類，而今則詿誤於附會之羣小，反成其非。乙亥西人固非，而今則退縮，反歸於是矣。皆不可知道理自是。大底物事，無所不備，無所不包，若小著心，如何承載得起弘了？却要毅寬廣裏面，又要分別是非，有規矩始得。」朱子之言，大中至正，無偏無頗，道理至此，然後乃爲直上直下、亭亭當當之正論耳。鄙人固加省，而願兄明察也。吾人今日只合閉口，而所爭者義理不得不講論歸一。故葛藤至此支蔓，不可掛他人眼，只肅夫可使見之也。欲抵書肅夫相講，而肅夫無書，鄙人先之，則近於自明。鄙性平生不欲與人分疏，故不爲耳，若肅夫有書，則豈不盡言相正乎？

答成浩原 癸未

謹承垂問，感仰。但寒甚，在旅榻有妨調攝，仰慮仰慮。珥入京之日即被引見，天語敦勉，珥雖三四懇辭，而終不許免從。此已負泰山，豈蚊力之可堪乎？只望尊兄來救而已。示事敢不留念以圖乎？宋翰弼事不欲更言也。昨聞天語，則曰：「自古固有小人，寧有罵辱山林者？此則前古小人所不爲者，頃日時輩爲之云。」其重尊兄如此，可不速來謝恩耶？藥則昨已劑上，想達座下。適患頭痛，無聊不宣。

與成浩原

寒甚，伏問道況何如。前奉依依可恨，今兄何以爲計耶？鄙料兄今更無逃義之路，直須向前，鞠躬盡瘁，以死爲限而已，未知如何。珥亦近日獨仕，殆不能堪，可歎。肅夫處送札否？此人悔悟，則豈不幸乎？

答成浩原

再承手字，感慰，深仰深仰。以兄則或可羨珥矣，他人則珥可羨矣。示欲預聞事，明明坐起時可共商確，故不録上矣。若以坐起爲煩，而不相往復，則恐無參判政事意也，未知如何。肅夫之書，亦貽于珥，其見終不可回，命也，奈何？洪君瑞之言儘好，第所謂公論者，難的知真是天理人欲同行異情處也。

答成浩原

來諭激不激之論終是苟且，計較利害，莫如勿爲此論也。且所謂不激云者，當初有兆眹，而事未發之時也。彼輩既以誤國小人逐鄙人之後，雖欲不激，其可得乎？末俗偷惰，不能正言，固其時習於斯時也。又以尊兄不激之論行於其間，則天地閒正氣消盡矣，願勿更言也。呵呵。

與宋雲長 翼弼○甲子

昨奉未穩，誠如下示。示意反覆思之，果如下諭，嘆服嘆服。但今塗窮，無以爲計，且珥素是世臣，非孟子之比。典籍之科〔三〕，只爲付禄而已，非委任之職。辭此而至於餓死，則恐非中道，若稍有他途，則珥必決意不爲矣。昔朱子受祠官之禄，每以爲不滿人意而終不免者，無他途故也。今之典籍，雖不若祠官，而只爲付禄，則亦庶幾焉。不受固是，而受之者，亦不可謂食不義之食也。以此爲利，而欲其富足，則乃眞不義也。一家數十口，朝夕絶糧，與其乞於人，寧受君賜也。雖然，珥若以處士立朝，一日欲退，則不可受此也。其間又有權衡，商量如何，珥非敢自是也。

答宋雲長 丙子

花石佳會，杳然如夢，追思悵惘。頃因沈仲悟得承手簡，感慰深仰。即今道況何如？前日之會，連値外客，講論未穩，追恨追恨。珥因事到西湖，適被恩命，拜銓曹參議。進退狼狽，可悶。揆以出處之義，則只合退歸，更有何疑？第今近事日非，士林横潰，國勢岌岌，莫如今日。如珥者受國厚恩，似當忘身殉國，朋友多有以此相責者，亦似有理。未知雅意如何。精思回諭，切仰。國勢若下於今日一等，則將有捐生赴難之舉，與其已敗而捐生，寧救止於未敗爲得也？今日與珥叙別桂林亭子之時，迥不同矣，殊可痛哭流涕矣。

與宋雲長

謹問侍候何如，戀仰戀仰。珥受由來坡，期限甚促，雖欲歷拜，不可得也，可恨。麇塵受羈，不知能忍幾許時耶？熊潭事，切欲一見方叔細論，而迄不能得，可知卯酉無暇也。若此度却光陰，終至做什麼事乎？初二日，欲與浩原作夜話，君若健人，則或可臨陋。奈不能冒寒何？可歎可歎。

答宋雲長

魚公之來，獲承惠手簡披閱，欣感如對雅儀。第審調況尚未康復，戀慮亦極。珥緣客煩，不能邀浩原，昨日投宿厥家，今日始還耳。熊潭事若成，則幸可言耶？當扣方叔，若蒙許諾，則築室之費，珥亦略助爲計。且下示進退之義，是平日鹵莽所講也，敢不敬佩。第念久速有義，雖不可貪戀，亦不可悻悻。此事言不可悉也。

與宋雲長 丁丑

謹問道履即今何如，戀想日切。頃承手札，得審遭服，且患兒疾，深用憂念。今則已寓漢江耶？姪景震則擬來此，而毋也獨受業云。此兒性懶，痛警俾變其習，則厥賜大矣。珥僅保。賢季無恙否？向者見書甚慰，但無移卜之意。峽中之事，恐不得成也。金希元今在何處？約訪石潭，而迄無一書相問，無乃此君於言忠信上功夫未足乎？如相見，則道以此意何如？珥坐在冗中，又無朋友相警發，若如此度日，則此生可惜。

舅甥是一家之人，而君乃使聃稱珥以先生，此殊未穩，命改之可也。此等事，從俗無害於義也。

與宋雲長

近日霾熱甚劇，未知道況即今何如。曾承六月念七日下書，厥後更無音問，向念悠悠。承聃甥侍學，有可教之勢云，幸甚。珥僅保。但妻妾在山中無止泊處，必築室修粿移入，然後可歸坡山。人事不如意，還期似在仲秋之晦，可歎。希元來此纔二旬，厥嚴天召去，寂寞之中更無相長者，甚恨。安峽之卜，季氏不還，則事恐不成，未知魚彥休之計今則何如。且舅甥之間，爲師弟子，若真有所授受者，則可稱先生。今者聃也於珥，有何所得而稱先生乎？不如從俗稱叔姪之爲愈也。餘祈自愛加嗇。

與宋雲長

謹問邇來道況何如，戀仰戀仰。頃者奴來，得承兩度手簡，甚慰遠懷。珥緣妻妾避寓山中，屋舍虧疏，婦人多畏，不能棄還坡山。必待新築稍成，可使妻妾入接，然後乃可還也。還期當在孟秋之末。相奉似遠，思之悵惘。姪輩進學座下，誠得其所，第慮俯教費力耳。

安峽溪山，誠可愛玩，田土亦肥，可以考槃。事之成不成，在於力之何如耳。魚君已還耶？此君定居，則兄業亦成矣。珥則初無移卜之計，但兄弟當會坡山，人夥糧少，故欲作農墅以添數月之糧。兄若卜居，則珥亦築數間，以爲相從之所爲計。見得季鷹書，無意移居，可歎。卜居之事須是自定，魚君若還，則伏冀同往更見，早定何如？季鷹答書，適便忙，當俟後便。

與宋雲長〔四〕

別後消息渺茫，戀懷日積。即日温暖，道況何如？珥凡百粗保，只是旁無畏友，耳絶規警，學力日退，是深可懼耳。仄聞兄與賢季，暮春之初訪浩原信宿，恨不參席末也。小學輯註想多疵尤，伏乞細評付標，送于浩原處，且留跋語，切仰切仰。頃因無事，周覽海州山北泉石，得一瀑布，長可準朴淵，但巖非斗起而横卧，故水勢逶迤，布流巖上，此不及朴淵之壯耳。水清巖潔，使人愛玩，盡日忘歸。適有山人請構屋其側，鄉士亦有助者。屋就，則殊可棲息，而去珥家只二十餘里，往返之路亦平易，願兄與季鷹一來同宿，往聽風雷也。「習與性成」之説，更檢看商書，則曰伊尹之言曰「慈乃不義，習與性成」。既云不義性成，則其爲氣質之性明矣。成性之論，則朱子以爲如踐形云。然則性成之性，氣質之性也。成性之性，本然之性也。如此看何如？更思回示。

庶母之禮，思之未得其中，雖承盛喻，旁引曲譬，辭嚴義正，而揆之情理，終是未安，決然行不得。略言其難，幸更思而回教如何。

答宋雲長

祭時婢妾立於婦女之後云者，亦難曉解。古人所謂婢妾者，多是女僕，豈必庶母乎？倘使庶母，立於婦女之後，則非但嫡婦居前，雖所生之子婦，亦必居前矣。欲避匹嫡之嫌，而使姑居婦後，則無乃虞舜受瞽叟朝之禮乎？此一難也。庶母亦多般，父若幸侍婢而有子者，謂之庶母。則此固賤妾，不能處子婦之上矣。若使父於喪室之後，得良女主饋，以攝內政，厥父生時，已居子婦之上矣。今以父歿之故還抑之，使坐子婦之下，則於人情何如哉？此二難也。父之婢妾，則有子者有服，無子者無服矣。若主家之妾，則乃貴妾也。不論有子無子，而其家長尚有服，則況子爲父之貴妾，豈可以爲無子而無服乎？況同爨緦者，著之禮文，恐不可目之以無服也。今兄定論以爲無服，此三難也。古人慕親者，所愛亦愛之，犬馬尚然。庶母既經侍寢，則子不可不愛敬也。今以位次之嫌故，使之塊處一室，不敢出頭，家人相率宴樂，而庶母不得出參，飲泣終日，則是乃囚繫也，於人情何如哉？此四難也。

大抵禮固主於别嫌，而位次相隔則非所憂也。若使庶母主此北壁，受諸子之拜，則固是干名犯分矣。今者坐西壁而與諸子婦相對而拜，則是果相逼於先妣乎？以坐之差後分嫡庶云者亦不然。若先妣在，則其可坐於西壁而差前乎？君臣之分，嚴於嫡妾，而君坐北壁，臣坐東西壁。先妣之位在北，庶母之位在西，寧有干名犯分之嫌？近世人心薄惡，多視庶母如婢妾，至於所生之子，亦嗤厥母爲婢妾者或有之，珥亦見之矣。吾兄不此之憂，而乃憂時俗之推尊庶母，無乃過乎？又以爲庶母居尊，則凡事必稟命者，亦不然。庶母只是位次居上耳，家政則當屬家長。母子之閒尚有三從，況於庶母乎？凡事更歷，然後乃知其難，吾兄不親歷，故立論甚易。若使遇珥家事，則亦必難處，恐不能信口信筆如此之快也。

奉祀妾子之母，固不當立于主婦之前矣，亦豈可立於主婦之後乎？不得立於前者，嫡妾之分也。不得立於後者，母子之倫也。頃者承重妾子來問祭時厥母之位，余答以當立於主婦之西稍前云，兄必非之矣。雖然，三代以後，亂嫡妾之分者多有之矣，若亂母子之倫，則人情尤駭，無乃母子重於嫡妾歟？高論以行列之多，爲不可行，此則未然。若曰禮不當然則已，然於禮無害，則雖千行百列何傷哉？子孫若分散數世，則其行列亦多矣，豈可以行列之多，而合昭穆爲一行哉？

衆妾亦然。苟可分序，則雖多行列，亦不可已也。大抵貴妾之異於婢僕，三代以來皆然，恐不可一切斥以婢妾也。同爨緦，非謂父妾之無子者也，珥豈不知哉？禮：大夫爲貴妾，雖無子亦緦。妾無子尚可緦，況庶母之貴者？雖無子，豈可無服云爾？假曰無服，亦當以同爨有服，此則指珥之庶母而言也，非泛指人之庶母也。

與宋雲長

吾兄論九容，議論處雖好，推衍過深，凡一身動靜言語處事，皆欲以九容蔽之。此恐未然。九容者，只言其形體當如此，恐不如來說。足容重，只是不輕舉耳。所謂周旋折旋等之說，何其太廣耶？手容恭，則來說是也，謹改之耳。聲容靜，與安定辭亦不同。近來學者語聲多低微，無乃主兄說耶？君子其言也厲，豈可以低勢爲可乎？且所謂不出雜聲者，亦謂其可不出而不出耳，非故忍而不出也。氣容肅，則分明是似不息也。人固不可無聲氣，若鼻中出聲氣，使人聞之，則不可謂之調和也。貌思恭，似是主於端莊，然添入謙遜意思亦不妨。「立志」章「我又何求」云者，果不瑩，故謹改之耳。「時時」云者，先儒之言亦有時時習之之語，恐不妨，且無時不猛省，則無乃太過用心而生病耶？「持身」章合論持身正心之功，恐不妨。中庸只說誠身，而正心在其中矣。「讀書」章云云者亦有意思，何必盡删？「事親」章云云，父母之恩莫大焉者，是生我之故也。若以生我爲非恩，而别求他義理，恐不能也。但兄説如此，他人亦有疑之者，故謹改之耳。復時若兄長乘屋，則或可呼名故云耳。孝子出入不脱衰者，乃古禮也。古禮之不行已數千年，以朱子之大賢，尚不能復古，以墨衰出入矣。今人不顧前後，而帶絰出入者，乃生乎今之世，反古之道者也。吾兄以此爲禮之當然，恐未三思也。到家即成服之「即」字，非吾意也，浩原考家禮而加之矣。但家禮與古禮稍異，恐不能一遵古禮也。「朋友麻」之説，載在禮文，恐難違也。「守令之饋」云云者，似未穩云，故已改之耳。但吾兄以守令假要訣費錢財作美饌，此則過憂也。瘠民肥己，媚竈之徒，乃讀要訣而遵守乎？祠堂叙立之圖，鄙意諸兄當稍前，諸弟則既立於主人之右，不必稍後。脯稱佐飯似未穩，但設饌依俗禮，故易以俗名耳。經旬當依舊文，朔望用紅直領者，取盛服也。時祭用分至，是程子式也，大書何妨？祭禰，恐豐于昵也，題贈當添入其儀。墓祭既已兩度再拜，而旋又參神，恐非禮意。喪服中行祭儀，謹改之。

答宋雲長戊寅

溽暑挾霾，人氣不寧，向戀方深。忽承情翰，憑審道況沖裕，何慰如之？珥稍蘇耳，未拜諫長時，具陳情小疏，言不可輕進素食之義，且請恬退。疏未上而召以諫長，尤增惶恐。欲待厥疏發落以定行止，而上疏之後，自上即命遞諫長，不待珥更辭矣。從此可免紛紜除拜，得以遂其優游之志，此則幸甚。但優游中，功夫事業不可不惜寸陰，此則仰恃吾兄有以提撕警策，使不止虛作野人也。西歸之思，浩然而發，加以家人避病奔竄，尤不可不急往護視，故念閒發西軔耳。第恨國恩未由上報，此不無耿耿耳。示諭別紙，果如伯喈碑文，則綱目誤矣。但綱目經朱子之手，以朱子之博學，豈不見此碑文乎？且此碑文不類兩漢文章，頗似宋、晉閒浮麗之文，此亦可怪，徐俟更考耳。相奉似遠，未前珍嗇爲禱。浩原家無恙矣。蔡碑文出於何書？切欲知之。龜峯別紙，以蔡邕所作郭林宗碑觀之。林宗生於順帝永建三年戊辰，卒於靈帝建寧二年己酉。綱目書黄憲卒在安帝延光元年壬戌，則憲死後七年林宗始生，安得有汪汪之稱於未生前耶云云？

與宋雲長〔五〕

一别音斷，甚苦懸想，玆承辱復，感慰良深。但偏證未瘳云，煎念罔喻罔喻，浴泉或可見效，試之爲良。如兄資高見明，可以大進，而乃爲二祟所撓，不能安居。修業進德，豈非命耶？可嘆。珥凡百粗遣，雖一味窘乏，而山中寂寥，却無閒是非，是可樂也。「習與性成」之説，高喻殊未相契。大抵説經，先得本文義，然後可以旁及。此四字本出商書，伊尹之意則曰太甲不義之習，久而慣熟，若出於天性云爾，更無他意。天性，如文王天性聰明，至如人論人物曰：某人性本云云，此是氣質之性也。若做本然之性，則「不義」二字襯貼不得，上下文義各成胡越，不問義理何如，而文字已不通矣。此外旁引之説，則合則取之，不合則舍之耳，何必爲彼牽制而曲爲之辭乎？老兄善思，若虚心不主先見而更思之，則必曉然無疑矣。伊尹則以惡爲性成，程子則以善爲性成，或以善成，或以惡成，豈非同爲氣質之性乎？朱子之説雖或如此，或是記録之誤，或是少時之説，未可知也。曷如伊尹口道底經孔子删取者之爲可信乎？未審高見如何如何。兄説不善之習，亦同本然之性云爾，則恐不成義理也。

答宋雲長 己卯

謹問道況即今何如，前在海鄉，謹承手字，備悉道履愆和。至於左臂不仁，深用驚憂，不能已已，想今差息矣。珥今在栗谷，來初三日，將陪寡嫂西行。凡事悤悤，不能進拜，兄又難出，恐失邂逅，嘆恨罔喻。兄若平康，則二十六七日間可一枉否？珥則拘於職名未遞，尤難一進也。成性之説，每以涵養成、甚生氣質例之故，看作氣質之性。今承來説，又見朱子語類，以爲成性猶云踐形云。若然，則當看作本然之性矣。成性存存之性，乃渾成底性也，知禮成性之成性，乃謂以知禮成其性云爾。文義不同，而性則皆似指本然之性也。語類文字有些未瑩處，更思爲計。

答宋雲長

向戀日積，忽因浩原便，得承中元日手書，感慰不已。信後道況何如？似聞又遭舐犢之悲，未知信然否？是第幾胤耶？驚悼罔喻，天何不祐善人至此極也？想惟安之若命，不至過傷也。珥杜門依昔，無可言者。性成之說，來說亦不爲無理，但古人所引文字，以本義觀之，則迂回不通，然後乃可求他義也。今者程子性成之說，以本義觀之，乃「少成若天性」之義也，十分通得，而乃求他義，何耶？朱子所論本文，時未檢看，徐當考出爲計。來諭專心讀書，日新己德者，真鄙人所當服膺也，感佩感佩。但審欲移家屬入山益深，從此影響尤難相接，不勝悽黯之至，第恐兄之物力不能辦此也。舟到楊江，果有是計，火色尚盛，退然中止，末由一奉，可嘆。去月以書寄浩原倩傳，未知下照否？季氏今在何處？恭承寄問，深慰深慰。戒勖之辭，敢不虛受。珥受國厚恩，常切仰報之念，有時不免輕發，真是屈原之病也。有時不覺自笑，況旁觀識者豈不發笑乎？每欲匹馬獨往，以扣幽扃而不可得，徒切馳慕耳。秋涼漸生，伏惟二兄爲道益珍。

答宋雲長

仰戀方切，忽承七月二十六日下書，備審哭未殤之兒，念其明悟，殊以爲悼。前因浩原聞失兒，而不知爲某，泛上弔狀，未知下照否。萬事皆命，寬抑幸甚。下示性成之説，前書略論，俟檢看朱子之語，然後當畢餘論，未知其語在朱子何書幾卷耶。且疏辭得失云云，今不須辨，只是義理不可不講，兹不敢默默。

沈、金，以人物言之，金優於沈，而其儕輩多清流，雖使朝廷捨沈而用金，無妨也。但當初結釁，則曲在於金，況所謂西人者亦多賢者，不可盡斥也。若使心公見明者處之，則打破東西，只以人物賢否爲用捨，此乃今日用人之第一義也。時人不問結釁曲直，而只以二人優劣爲主，遂以分辨東西爲奇貨。好名者趨之，好爵者附之。間有賢者，識見不明，亦從時論，萬口和附，并爲一談。羣小蝟起，爭相附會，壞弄國事，將無所不至。而大小臣僚，無一人敢言者，亦無明知其是非者。如珥爵居大夫，受國恩非不深也。官以諫爲名，言非出位也，兹敢陳疏。心知彼輩多小人，而恐連累傷於善人，故回護待以士類。疏多婉辭，而嫉惡之意，有時闖發於筆端抑揚處，此乃人情之所不免也。欲攻附會之小人，而求辭氣之平平，理不可得。兄曾見朱子封事及論唐仲友事否？朱子亦出於忿懟乎？言雖不見用，因之激發時輩之怒，弄得不吉手段。情狀敗露，使一時善類知其爲小人，不受欺誣，則鄙疏亦不爲全然無益矣。吾兄非之者，未知深意所在矣。智者見於未見，吾兄尚不能悟於已然乎？吾兄雖云只道於希元，而亦必道於他人，故彼輩方以兄言爲公論，爲攻珥之赤幟。言飛千里，寧有不聞之理乎？所幸者，吾兄本取人謗，而今此一事，乃與珥乖，不取醜詆於衆也。只是義理未盡，爲可憾耳。吾兄又以疏非格君心，爲非儒者事，此亦不然。格君心固是第一義也，除此外，雖有危亡之禍，亦不可言乎？孔子何不只格君心，而請討陳恒？孟子何不只格君心，而請發棠邑之倉？朱子何不只格君心，而乃論山陵之失兆乎？且譬之人身，則格君心是補養元氣也，不幸而或有癰疽發於背膂，則亦當治以箴石。今日箴石〔六〕，非補養元氣之具而不用，則無乃傷於人命乎？且來示以爲珥與朱子時異事殊者，義理何居？必有所以然。晦菴屢疏，至於孝宗大怒，欲治其罪，而終至於時論，斥以僞學，則其辱無乃甚於今日乎？時異事殊之實，細示以祛其蔽，幸甚。且不欲鄙人念時憂國，忼慨亢言，此則尤不可曉。儒者之道，非離了君臣之義而獨立於天地之閒也。根於秉彝，消釋不得，雖欲忘時忘國，理有所不能也。若如兄言，則龍逢、比干皆非儒者也。大抵老兄資禀超詣，而窮理未精，不以鄙人觀鄙人，而以兄身觀鄙人，故每以不言爲義。昔者老母送子出征，而坐于土牀溫煖處，窺窓隙則風雪撲眼，乃曰吾子臂煖而眼寒矣。吾兄無乃類此乎？呵呵。世之賢者不察義理，粗見事迹，議論紛紜，未得其中，坐誤國事。時事之誤，非但小人作弄，或賢而智不明者，助小人之勢。顧今賢而智不明者，厥數不少，深願老兄勿充其數也。義理無窮，不可概以一律，須曲盡其趣可也。兄見頗涉迂滯，若不加功，則恐不得爲通儒也。勉進窮理之功，切仰。珥亦從今以後，當守括囊之戒矣。懸燈之計未知果成否，早晚閒當必一叩雲扃，兄亦當一訪珥於海曲，可也。

答宋雲長

懸慕中，謹承八月二十九日下書，勤誨縷縷，感荷感荷。且承偏虛之疾，至今未瘳，仰慮。秋事不實，又將移家入深，尤用悵惘深念也。珥杜門如昨，他無可言，示喻深切，敢不欽服欽服？珥非不知過忠爲偏，而自不能止抑，從今以後，庶知自處矣。但來示所謂孟子之去齊，與珥休官有些不同，此等處不可泥著陳迹，恐當更思。若孟子在他國，則齊宣王被圍，必無赴救之理。如珥則能坐視主上之危急乎？此恐非一律也。其閒曲折，則珥固有過中處矣。服膺來訓切計，赤幟云云者，果出於季涵貽浩原書矣。其他云云者，亦以爲草茅志同之士皆非之云，而指兄與浩原，則兄必更語他人矣，此不足言。但如兄遯世深藏，而未免出入人口，此可嘆也。喪子而理遣，固難爲力，但亦須知命樂天，何至今尚未忘懷耶？珥明春決歸栗谷，此時母違，作會于一處，幸甚。

答宋雲長 辛巳

謹承情翰，示戒丁寧，感佩不已。即今道況平善否？珥入城以來，自爾多故，迄未一伻，深負深負。李僉知事，年則無憾，但戀憶女息，而竟不得相訣，是可悲悼。珥謝恩之日，果承引見，天眷非無意，而恨珥非承當者耳。建白施設不可率爾，今日之務，當在積誠回天，其次則調和士林。第珥孤蹤踽踽，而浩原非久於京師者，只恐有願未遂，仰恃者蒼蒼而已。浩原迄未謝恩，僵卧旅舍，可悶。汝式自何來高屏耶？便忙未答厥書，今尚在耶？

與宋雲長

春寒不歸，方用仰念。兹承手翰，感慰深仰。珥之遲遲，若律以儒者進退，則或非直截，愧向老兄説破。而今蒙印可，無乃是或一道耶？家眷猥多，欲一時率來，則物力有所不逮，故荆布則姑留鄉，而寡嫂庶母，先率來爲計。示字説，古人不避仲叔等字，王羲之子曰獻之，名尚不避，況字乎？但兄意未慊，則改以叔字無妨。「春」字上孟仲，則隨時改用，何如？適對客，且筆凍，言不盡意。

答宋雲長

曾審入城，方謀穩敘，遽聞還山，悵惘殊極。今承情翰，三復感慰。第承體中不佳，賢兒之瘢亦未息，深承仰慮。近若遡流達漢，可以蘇奉，翹企翹企。卜他之計，豈能成就？兄與鄙人俱過半生，費力之事，則意思先怯，可嘆。珥失計，一入樊籠，事不從心，欲決去，則又有區區納約之志，真所謂鷄肋無可食，而棄之還可惜者也。近以改貢案、併州縣、久任監司三事上劄，則自上不即揮斥，而命議大臣，似有可望。而左台呈病，論議時未結局，又恐多魔爲憂耳。珥今春得眩疾，自後氣尚未復，玆致瘦憊耳。戒勅激厲，謹當佩服。苟且之迹，固如來示。但古人亦有爲之兆者，故不敢決退，坐受朋友四面之誚，可嘆。浩原進退俱難，病卧客榻，可憫。

答宋雲長

謹承垂翰，感慰。珥役役逐隊，他無可言。示喻儒者事業，固是如此，敢不佩服？但道理千差萬别，古人有以天民自處，必見斯道之大行，然後乃出者，亦有漸救世道，納約自牖者。若遽以三代之政羅列建請而不得施，則輒引去，恐非今日之時義也。浩原一向求退，亦恐太執，大抵億萬蒼生在漏船上，而匡救之責實在吾輩，此所以惓惓不忍去者也。

與宋雲長 癸未

邊城被陷，國恥大矣。文恬武嬉百有餘年，無兵無食，百計無策，真所謂善者無如之何矣！見兄貽舍弟書，欲使珥長宿本司，此固然矣。但此邊報寢息閒，廷臣之會議者必至滿月，鄙人雖宿本司，必待大臣之來始議事，則獨宿無益也。況病骨亦當調保爲可繼之道矣，極邊無人，殘堡被賊陷入，而兵官先自動摇，亦太怯矣。第因此上心遽變，欲爲更張改紀之計，此實宗社之福也。此時有策，則可以進言，願兄罄示所懷也。天下事得成爲幸，出於己出於人，何異哉？

答宋雲長

垂示所闕，且誨以良策，深用感仰。當初命牌之日，珥最先入闕庭，但政院啓以某來則可也。珥自啓先來，於事體未穩，且啓本未下，未知爲何事。而先爲驚衆自標之狀，何如耶？巡察之往，非動大衆也。但金兵使是武人，不能節制監兵使，故使曉解邊事者馳往，鎮撫邊氓，審察形勢。只以一道兵力見可知難，相時善處而已，非空國遠征也。先往勇士只八十人，巡察軍官三十人，只百十人而已，豈埽國中兵力乎？今之所鈔精兵，只備不虞而已，非必赴防也，願勿憂焉。以良賤從父從母之法雖好，豈能行乎？島馬事、省官事、使其主鈔啓其奴事，皆良策也。深思至此，嘆服嘆服。六鎮若爲胡地，則脣亡齒寒，漸至於盡棄關北矣，兄説無乃迂耶？慶源無可守之策，欲使庶孽及公私賤人防，而庶孽則通仕路，賤人則爲良，而衆論譁然非之，可笑。

答宋雲長

承審將歸别墅，恨不一奉也。自上責邊籌之無可觀者，是泛言，而以爲失策者，欲不誅金璲，請遞李濟臣。兹二事也，此議則珥適不參矣。昨日循例待罪，則上曰：「非卿則國事去矣。今予與之謀議者，非卿而誰？卿可安心。」其慰安如此，感激罔極。因上圖治養兵之策凡六條，大目則曰任賢能、曰養軍民、曰足財用、曰固藩屏、曰備戰馬、曰明教化。若自上盡用此策，則東方萬世之幸也。治亂亦關天運，似非人力可爲。今日邊籌，别無長策，既送將帥，使之乘機進退矣，後則不過募兵戍守而已。募兵無他策，只有通庶孽、免賤隷一策，而兩司方攻擊不已，是欲棄六鎮也，可嘆可嘆。自上洞照弊法之可革，而羣臣不能將順，可謂有君無臣矣。奈何？鄭希玄取才，矢數若十三矢，則可收取，不然則難取也。私請如麻，皆以武才卓越爲言。若一開法外之例，則無以止羣謗矣，若果可用之人，則豈無收用路乎？

答宋雲長

久阻徽音，竊紏方切。忽承情緘，蘇慰可言。珥困悴方劇，而毁謗日深，至於兩司交章論劾，而猶不敢爲退計，有若包羞無恥者。此生良苦良苦。北報日急，兵單食少，無以支撑，未知今冬如何收殺也。量田、籍軍二事，今已啓罷，州縣何不周告民間耶？浩原辭爵不得，今將拜恩，猶以抵死辭銓任，斷定於心。此人固執，可悶。士習日非，朝政日亂，此憂甚於北報。而廟堂方眠，奈如之何？汝式書謹悉，焚蕩則事已過矣，言之無益，今冬可善處耳。賊魁授首，則珥亦歸田矣。第天災慘酷，百年來所未見也，民生何辜？可憫。

答宋雲長

歸來江閣，不聞跫音，忽承情翰，披閱不離手，感慰可言。道況珍勝，幸甚。珥得釋重負，庶幾寡過，以收桑榆。第君恩無報效之路，只以將此身心奉塵刹，是則名爲報佛恩者爲準而已。積勞生疾，今則稍閒，且水榭便於避暑，望後願兄早發來此，留五六箇日，相與講論，何如？別無他客，若過客則雖或有之，豈久坐者乎？深企。黄雀之惠，多謝多謝。以兄之寒，乃餽我乎？

牛溪了簡，即傳之矣，此友進退狼狽，可慮可慮。珥西行在秋仲，而欲乘舟而去，松京蕭寺之別，恐未諧也。

答宋雲長

積戀之際，謹承手翰，良用感慰。閒居有相，道況清勝，幸甚。珥積勞致傷，長卧呻吟，可歎。舉朝力攻，天鑑孔昭，雖免禍患，退計則決矣。只念國勢汲汲，天恩罔報，是用寢食不安耳。前後朝報，散亂不收，只一丈送上，此可見天心之所存矣。浩原去就尚未定，而遭此震薄，豈能爲留計乎？朝起眩作，書不能悉。

答宋雲長

近緣搬家，且緝理鄉舍，奴僕無閒，一未相候。而每承委問，感愧無以言喻。憑審尊外舅襄畢，清履少愆，深用仰慮不已，愼調幸甚。珥今晦閒向首陽耳，牛溪亦無恙。來簡當傳，近事則義士之呈疏者漸多，而厥論漸激，時輩勢似退縮。今方辭職，未知厥終之如何也。自上洞照兩閒情狀，而久無處分，天意誠難測也。習之久無消息，想歸洪州農墅也。舍弟近者來此還京耳，懶不相問，可笑。應瑞事，可怪者非一，不欲細究也。頃者對秋山偶成一絶曰：「風塵局束二毛生，一葦歸來萬事輕。江上秋山不相厭，世閒交道在無情。」幸一笑何如？軍裝，珥固有時得之，而親戚之業武者分持而去，今則無儲，可愧。觀朝報則非使家家悉備弓箭也，若不能射之人，則只備刀鎗等兵器云，無乃列邑失於奉行乎？如此備兵器，無乃爲大盜之資乎？可嘆。

答宋雲長

屢承手翰，良以爲慰。頃上鄙答，置于尊仲氏第，未知下照否？浩原誠是不世之際遇，更無逃義之路，猶懷退縮之計，可悶，然終必不得歸去矣。承審衰病之相已現，不勝嘆慮。珥亦世閒百味皆淡，此非學力，乃老相也。任運遷化，奈如之何哉？小學方有所校正，故不能送上，恨無副本也，别録答上。

鄙人引接後生之説，亦浮于實。而初入京時，多有來見者，到今漸罕矣。氣常不平，仕罷必卧痛，雖欲吐哺，筋力不逮，可悶。所謂欲引用者，指何人耶？雖欲用某人，豈敢先唱于街路中乎？僕之迂疏，涵之好酒，原之退縮，此誠可憂矣。應接務簡，敢不佩服？

校勘記

〔一〕而今者乃唱爲君子小人之論　「唱」，疑作「倡」。

〔二〕其時人君不明　「君」，一作「主」。

〔三〕典籍之科　「科」，疑作「窠」。

〔四〕與宋雲長　此四字後，一本有「己卯」二字。

〔五〕與宋雲長　此四字後，一本有「己卯」二字。

〔六〕今日箴石　「日」，疑作「曰」。

栗谷先生全書卷十二

書四

答鄭季涵澈○戊辰

示喻懇懇，深荷厚賜。僕退計已決，即日可引去。而一家人事，有不能撥置者，遷延度日，直至五月間，當向東耳。此計思之已熟，若進鋭退速，則無以爲人矣。侍從、臺諫皆不可居，而臺諫尤重，決不可一日處也。明日署經後，當以任便自恣，徑陞五品之事，引嫌而退。若以公論命出仕，則只出官之明日，即呈病爲計。館官只以進講爲事，比之臺諫似緩，勢若不可免，則未退之前，不必强辭也。退去之際，欲上疏極陳學問空疏，不可從仕，祖母無依，情當歸養之意，期於允俞爲計。珥若有誠，必回天聽矣。杜門求志，豈可以歲月期耶？若如此則欲速不達矣。學者，只據目前，爲其所當爲者而已。後日之事，不可逆料，亦不能預知也。珥之下人盡散，欲伻求回報而不可得矣，煩遣人更示何如。謹復。

答鄭季涵 辛未

正朝秋夕，是兼朔望，故曾以朔望例設饌矣。寒食、端午，則只設果餅諸湯，而不設飯羹無妨。蓋致隆於墓祭故也。朝夕上食儀，説者之云亦有理。但恐與家禮上食儀有異〔一〕，難於創制耳。前行之儀，則倣家禮，而只增其拜耳。朔望祭，不可倣虞祭。依朝夕上食儀，而加以降神等儀，故與參禮相似耳。此何妨？節祀者，四名日之外，又有俗節者乎？愚意如此之類，隨時薦以時物，不必設飯羹也。練服之説，前已面論矣。珥則守初見而不改，未審哀意何如。家禮此段不備，何必以此爲拘乎？哀説得之矣。

答鄭季涵

方欲伻人問安，未及之際，先承哀札，感感。但審哀證祭後益甚，仰慮曷喻，十分慎重，區區之望也。珥頃得寒疾，今雖差歇，尚畏風不出，氣弱如此，可歎。哀示丁亥事，鄙意恐無輕重，若不卜日，則常用先遇之日矣。祫祭事，此間無禮書可考，但以愚見窺測先賢之意，則祫祭三年，且有祧遷，安得不一舉盛祭乎？雖無祧遷之事，行之亦可。但若行于禫祭後翌日，則所重在於新主，非慎重乎尊祖考之意也。別用禫後丁日爲宜，其間日子，雖遠無妨。南君之論，不無所見。但人君之祫，悉合廢廟主而祭之，而此則只祭廟中之主，其實不同，寧有僭上之嫌乎？人子喪中不能祭祖考者三年，雖拘於禮，豈無追遠哀慕之情乎？喪畢，别卜日，遍祭廟中之主，求之情禮，必無所失。豈以其名偶同，而輒疑以僭禮乎？愚見如是，伏惟哀照。

别紙

吉祭之後，乃復平日之所爲者是古禮，朱子家禮已不能遵用矣。蓋二十七月之禫，已過聖人之中制，則安可延喪制，更俟禫後逾月吉祭乎？魯人有朝祥而暮歌者，子路非之，夫子曰：「逾月其善也。」夫逾月尚可歌，則況吉服乎？珥意禫後之參及他禮，自當如平日，不必更俟吉祭也。若以爲寧違朱子，必復古禮，則又非愚見之所及矣。

古之禫祭，在二十五月，故可俟逾月吉祭。今之禫祭，在二十七月，違古制，故不可俟吉祭。商量何如？

答鄭季涵

謹承哀伻，仰感仰感。哀詢之禮，珥於禮意無所見，只考古文而已。家禮祔廟，楊註固爲宛轉得禮之意，但此爲昭穆迭遷而發也。今者，尊先考已正位次，新主直祔而已，無迭遷之事，有何所据而權安東壁乎？鄙見不過如此，哀商量以處，何如？

副學之説，以權安東壁爲甚無据，所論終始如此，此亦不爲無見矣。

與鄭季涵 壬申

謹問哀候何如，仰慮仰慮。珥昪疾入城耳。珥證不過脾胃傷敗致然，若調養脾胃，必得速痊。昨者，因浩原謹悉哀證危重，尚以祥日爲期，無意從權云，不意哀侍太執至此也。從權只是服藥之例，病中服藥，寧可有所等待耶？若至於不可救，則雖欲從權，噬臍無及。可救與不救之幾，間不容髮，何不商量預處耶？揆之情禮，皆爲失中，深爲哀侍憾恨也。昔者，明道之女喪中致毁，臨没乃恨曰：「吾死無憾，但以不勝喪爲恨耳。」婦人之見亦甚明瑩，而猶不免不孝者，亦必有所等待，而終至於不可救也。可不懼且戒哉！伏望善處，幸甚幸甚。若哀侍已能從權，則珥言妄發也。并伏惟照示，病中氣困，不能一一。哀詢事，隨後録禀爲計。

與鄭季涵

謹問哀證即今何如，每見朋友，莫不以哀疾危重缺憂，尚無從權之意，不勝悶慮。珥病無他所傷，只是傷於素食，故從權之後，漸不如初，病根似不深遠也。蓋珥與哀侍，受氣不同：珥則禀得素弱，暫有所傷，輒至成疾，惟其易發，故亦得易瘳。哀侍禀氣之剛，倍蓰於珥，非至大傷，則必無形現之證。譬如反速禍小，反遲禍大也。今哀侍危證已發，而尚以祥日爲期，膠常而不知變，反復思之，未喻其旨，更爲示破何如。病不能趨進面議，尤可悶也。哀詢事，敢陳鄙見。病中不能精思，想多乖舛，更教伏望。銀帶紗帽，近當還上。

答鄭季涵別紙

卜禫之告，當依家禮。

祫祭，當於禫後預告。

婦人封爵，據國法則當從實職，但有古例，則或可從也。在哀量處。

改題時，當盡洗前面改粉，不然則斑駁不精。

用牲，若依禮用羊猪，則當於禫用一牲，又於祫別具一牲。若用家鹿，則只是從俗。雖分肩支，先藏亦無妨。

答鄭季涵[二]

別來歲換，思之杳然。日佇嗣音，忽承情札，蘇感可言。第審脤證未殄，仰慮罔喻。居閒善調，應必有喜。珥病既不歇，宦興又索，此生可笑。從前鄙見，不合雅旨，固難苟同。但兄我之間，當盡言相正，而略無誨語，不能無憾。及見兄遺他友書，備盡曲折，使珥得聞，此是不屑之教，承厚意深矣。不欲分疏，而終難緘默。試陳首末，幸垂察焉。某也之爲人，固是輕淺，但論議忼慨，遇事剛果，當初豈徒珥以爲可人哉？兄亦不相棄矣。自去春夏以來，兄之所見，頓異於前，深以爲可憂之人。珥初未之信，聞兄言既熟，漸有疑焉。及請推左相，出重晦之後，珥疑轉深，且見厥朋儕，翕翕相吹噓，因致有勢焰。珥意若不少摧其鋒，將有後弊。且沈、金之名，角立日久，若只出金也，則年少士類，必以首謀歸之於沈，將有朋黨之虞，故爲兩出之計。通于右台，厥後又恐顯白經席，反致紛紜。欲使兩人自處之，其計不過只摧其鋒，消融鎮定而已。此意未及更通右台，而適諫院啓遞吏曹，右台反疑沈勢偏重，遽達于經席。及金拜富寧之後，彼年少輩，固皆喪膽。公心中立者，亦憂其過重。而平日與金不相得者，羣起而稱快，議論囂然不息。珥意某也病重，若使僵死塞上，則反使士類不安，故啓移內地。事之終始，不過如此而已，非搖漾不定，乍捨乍取也。且此人，兄則以爲無狀小人，必至敗亂國家，斬伐士林。珥則以爲好名之人也，若公論相與，則因而得勢，能行其志矣。若公論不許，則必不求旁歧曲逕而强入也。若柄用則誤事，而爲他人所使，則其才亦可取也。今者，殺其勢則可也，若嫉之太深，治之太急，則必致士類之不安。鄙見如此，故終不能受高誨。珥之不能使兄爲我，亦猶兄之不能使珥爲兄也。且置此事，徐窮他理，亦未爲不可。方今某也失勢，不足深憂。兄每以後日之禍爲慮，此則不然。若使彼之爲人，一如兄言，毫髮不爽，後日復得要路，睚眥必報，斬刈士林，則兄以先見之明，含笑入地，無少愧怍，其死也榮矣。珥則護姦惡名，百世不滌，偷生爲辱矣。後患在珥，不在於兄，兄何戚戚焉？彼人全盛時，儕輩畏之，猶恐一言之泄，輒取大禍。而出外之後，又欲如縛虎，不揣輕重，只欲深攻，又將延及比伍，使人心洶洶，而皆借兄爲重。珥恐若此不已，則僨事之責，在兄而不在珥也。兄若未忘斯世，則當力疾上來，相時度宜，安定士林可也。若遯世無悶，則當相忘江湖，讀書窮理，存心養性，力於爲學可也。何必日積憤懟不平之氣，輕信道聽之説，致疑於不當疑之地耶？此由兄之朋友捃摭聽聞，不論虛實，悉相告報，使靜中心氣不和，可恨。春閒，無埽墳之計耶？珥若向首陽，則消息亦難相接。悠悠此懷，何時可洩？伏惟下照。

答鄭季涵丙子

南北杳然，消息稀闊，未審閒況即今何如。曾聞脹證，尚未快差，憫慮深切。前在海陽，得承垂札，詞旨諄複，感嘆迨極。珥既無當世之望，兄亦迄無還朝之意，同異之見，當置勿論。但兄我之間，有未相悉，非故人相親之道，玆復一談。兄之疑我，固是也。但珥初未知金某爲何如人，不過因兄言而有省。兄則指爲大姦，而珥則疑之而已。推兄言而觀察，則形迹多有可疑，而實未能的見也。方其氣焰之盛也，珥果施摧鋒之計，及乎一摧之後，平日不快者，坌起深攻，而士類之與金相厚者，相顧沮喪，皆有退縮之意。一金不足惜，而士林不可不慰。故珥欲調劑得中，以安士類，此所以前後有異也。使金勢盛，將至作弊，則珥當獨啓而斥之；使金得罪過重，使士林不平，則珥亦獨啓而救之。抑其勢而扶其危，事理當然也。兄則斷以小人，愛惜金某者，皆指爲彼輩，雖平日相許者，無不疑之，一切揮斥。殊不知惜金者未必皆邪，斥金者未必皆正，只在心之公私如何耳。且珥所謂只欲深攻，延及比伍云云者，時輩非金過重者，借兄爲主故云云也，非謂兄便如此也。更尋其語意何如。至如景進之事，珥非爲金某而毁故人也。自上斥朴以圖免明川，珥憫其冤，故啓曰朴某之拜明川也，朴非邊將才，自下論其不合固宜，但出於特命，自下達意而止則可也。兩司累日論執，此則未穩。但自上疑其圖免，此則臣意以爲不然。朴某稍解義理，豈至於圖免而來乎？若金之才，非不合於邊郡，而病則反甚於朴矣。無病則雖拜富寧，何傷？珥主意，實明不圖免，其他語只是措辭耳。史官記事失實，以至傳播，失珥之意，殊可怪也。若無上教，則珥何故舉朴事乎？病之輕重，珥意論其元氣，則金强而朴弱。若論一時之病，則金重而朴輕。珥與金去年作同官，見其流汗如漿，恒有浮氣。珥意置之沙塞，則必死無疑也。兄乃輕其病，無乃不知耶？抑出於惡之，欲其死耶？兄之朋友，固珥之朋友，但朋友之道，當相責以善，不見聽然後乃止也。今則在京之朋友，皆無規誨，而千里飛書，遠訴於兄，所訴亦未盡實，未知是何朋友乎？朋友相率而疑，珥固可怪懼，但亦有不相疑者尚多，則不可謂盡相疑也。含笑入地，護姦惡名云云者，珥說出於不得已也。觀近日士大夫平時談道說義，自謂有立，而及臨利害禍福，則駭目怵心，失其常度，兄亦不能無心於禍福。至以爲後日之禍，由珥而作，故珥亦云云也。爲士者，當辨是非而已，禍福何足道哉！珥說欲吾兄不動於禍福，此亦朋友切磋之道，非欲各守所見而已也。大抵金某好名而喜勢，一世善士，相交殆盡。觀其舉措，只欲保持善名，兼固勢位而已，非若無狀小人蕩然無防，只貪利禄也。珥於經席詳啓沈、金相失之由，且曰：「因見一事之失，輒欲永廢前程，則固過矣。若見人非己，而輒欲報復，則尤爲非矣。沈、金豈至於此乎？金也今則欲爲善，且欲爲國事云，只以人言不靖，大臣爲鎮定，故啓以兩出，臣意亦以爲然耳。」所啓如此，而流傳失真，以爲極陳其賢云，論沈、金相失。自是主論金過，何謂極陳其賢耶？果以爲賢，則當請留京，何故請補外乎？且兄既以金爲小人，而又不欲深治，何耶？果是無狀小人，則放流之未爲不可，何故不深治乎？前日左相之推，重晦之出，後日細聞，則未必是金手段也。珥亦未免竊鈇之疑，故前日爲兄云云也。近年以來，士論出一，庶幾無事，而一朝生自中之亂，此則金之咎也。金既出外，可以帖然無事，而又復紛紜造語，觸事相疑，終不寧靖，則斥金者之過也。斥金者，皆引兄爲證，可歎。人之所見，非過則不及，奈如之何？若無主東主西之説，則士論定矣。珥則欲破東西而一之，力未能也。使珥若主東或主西，則豈至於兩邊皆不快乎？呵呵。兄試以珥書徐察而究之，珥果私黨於金乎，抑公願士林無事乎？爲一身謀乎，爲國家計乎？如有餘疑，毋憚更咨也。兄欲不言而全舊義，此則未然。二十年相知，一朝相疑，而又復相緘，不盡所藴，則謂之全舊情尚不可，況可謂之全舊義乎？時氣方熱，伏惟保嗇萬安。珥守拙田園，凡百粗保矣。

答鄭季涵壬午

連承手字，感慰千萬。令履珍勝，幸甚。珥眩疾彌留，纔釋吏部，又忝刑官，悶不可喻。

示事權遇之獄，雖不快，何至以此輕爲去就乎？方講求救民之策，似難中止。若條陳民瘼，而自上泛然不肯嘉納，則方可去矣。竊觀天時人事，恐無進步之望。然父母之病雖革，豈有不用藥之理？第盡吾誠而已。

答鄭季涵

連二度謹承手札，感慰深仰。令胤之證，深可憂慮，謹當力救矣。守令事，深愧深愧。珥苦不知人，只資訪問，而雖賢者，亦多誤薦，奈如之何？安得如尊兄者同在銓曹，得免聾瞽之病耶？啓草覽後還上，訓導之任，曾爲人所賤，今則大改前轍。雖自重之士，亦須赴任，以承朝廷擇差之意可也。願兄敦勸也。

汝式昨昨喪小室，深可憐悼。李嶸今十八日，以痘瘡化去。失一奇才，慟悼罔喻。

與李景魯希參

久絶音信，無乃已折桂枝耶？戀想可言。珥保閒江閣，别無疾恙，良荷腆念。來月之初，欲向首陽，其前幸可枉話否？鵝溪聞已上來，必被引見。所啓之言幸細聞録示何如，流芳遺臭，決于一言，爲親舊者憂念，爲如何哉？

與李夢應濟臣○癸未

春寒，伏惟令履安穩否？戀仰戀仰。邊報甚急，而如珥腐儒主兵，未能出策，可歎。流聞道路之言，則令威太嚴，將士知畏而不知愛云，信然否？主將得士之歡心，然後可得其力，願令公威行而濟之以寬仁也。京兵調發，事勢極難，願令鈔道内褁色軍應敵也。

與李夢應

小醜匪茹，至勤宵旰，痛憤可言。徵兵不至，最是深憂，民散久矣，勢固然矣，可歎可歎。幸賴廟社默佑，諸將力戰，焚蕩巢穴，使之窮蹙，令功亦不淺矣。城中流言，耳不忍聞，自上亦不能不動，初雖命拿，旋即深悔，令公可安心上來矣。弓弦當考多少而處之，武庫所藏，甚不優云。珥以腐儒適主兵柄，值此孔棘，欲辭不得，只自包羞而已。餘奉晤之不遠，不多及。

答李夢應

連承令示，感慰深仰。近日捷音疊至，將士論功，而主將拿來，輕重不倫，深可歎惋。珥以臨戰易將爲不可，雖力爭，而人言沸騰，萬口一談，牢不可破，奈如之何？天心旋悟，終必無事，願安心上來也。前書所謂不可徒尚嚴威者，乃言待將士之道耳。若此叛胡，寧可緩討，廟算亦以令計爲得矣。季涵是書生，金節度太老於事，故其言如此，令人不快矣彼。若不捕首惡來降，則雖欲懷綏，其可得乎？伏惟好來，千萬至祝。

答崔彦明 滉○丁丑

臣民無福，王大妃上昇，遐邇同悲，罔極罔極。謹承下札，以審沖裕，感慰感慰。弟僅保，且下示事，珥意有不然者。珥是文憲外孫，豈不爲文憲地哉？第以士論皆以爲文憲之教誨，只是科業，而且製佛寺碑文，只讚功德，無少譏貶。如此之人，當祀以鄉賢，不可全享書院之奉。人意如此，故入院者多懷未滿之意，多不謁廟，至有就廟不拜而揖者。良由尊之太過，故侮慢反生焉。爲後裔者，心誠未安。今若別立孔廟爲正位，而移祠其側，祀以鄉賢，則非徒多士興起。而於文憲公大有榮幸，無異於配享矣。以弟所見，反覆思之，未見其未安也，更思之如何。

答崔彦明

前日哀遽之中上答書，未悉所懷，方欲更禀而無便。今者竊承來示，反覆丁寧，良感不鄙之惠。但兩閒之意終未融釋者，緣尊兄不知此閒舉事本意故也。移祠之計，非以文憲爲不可專享一院也。弟今衰病，於當世無所爲，欲於書院作山長，教誨士子，以送餘年。而書院專祀文憲，於表準多士，已爲不足。而鄉校則有孔廟，而訓導乃微官也。今弟階忝堂上，而乃爲文憲書院山長，則高下倒置，決不可行矣。別擇他處，建書院、立孔廟，則豈不尤好乎？但今院宇之制，廩士之具，莫備於文憲書院。今建孔廟，而院宇之制、廩士之具若下於文憲書院，則大妨事體；欲勝於文憲書院，則何所辦出乎？一州之力，有所不給，故於一書院尚有煩弊之議，況可容二書院乎？夫所謂奪之黜之云者，道不同而相抗之謂也。文憲雖於道德無聞，若其推尊孔子，則豈翅子之於父乎？父臨子室而謂之奪，可乎？子避父位而謂之黜，可乎？今以祀孔子，疑聖靈不安，則以蒯聵入衛之情窺聖意也。以移祠爲文憲之辱，則以輒拒蒯聵之情窺文憲也。天下安有如此粗俗之見乎？大凡學宫尊祀只觀義理如何，無嫌於改正。故古之文廟，祀周公爲正位，自唐以後，出周公而祀孔子爲正位，厥後萬世因之。先賢之論，未聞以唐爲失禮也。夫以周公避孔子，則君避臣也而不爲辱。以孔子代周公，則臣代君也而不爲僭，只是義理之當然，故不可以常情測度也。況以文憲而避孔子，有何絀辱矣？聖靈有何未安乎？尊兄又以爲文憲不可與孔子同享一院，此則未然。文憲之學，只是不堪爲多士標的耳，要其歸則聖人之徒也。若與孔子同享一殿，則果有所未安矣。別爲祠宇，祀以鄉賢，則十分無愧矣。何不可之有？且前所謂侮慢云云者，非出於無識之輩也。若其揖廟者，則固不足道矣。其餘有識者，皆懷未滿之意。至如弟者，乃文憲裔孫，而亦不敢庇護先靈，則況其他乎？其論亦不至皆悖義理，不可概視以無識揮斥之也。今若祀以鄉賢，則事得其宜，士心帖然矣，豈有他議哉？星州書院初祀李兆年，士子以兆年畫像手執數珠，疑其奉佛，稟于退溪先生，移兆年之祠，祀以鄉賢，而以程朱爲正位，未聞士論以兆年與程朱同院爲不可也。況文憲一生尊奉孔子，今得同院，有何不可乎？大抵此事，非弟欲爲山長教誨，則豈必如此致紛紜之議乎？一院之享，非其人者，固多矣。中國尚有祀蘇東坡者，文憲豈不勝於東坡乎？只緣欲聚多士，作些少功夫，不得不爾。今祀孔子爲正位，則多士得標的而興起；祀文憲以鄉賢，則先靈安薦享而無愧：兩得其宜矣。今若仍舊，則弟不能爲山長，而書院所聚者，只爲文字之學耳，於事何益乎？且聞尊兄欲與同姓子孫上疏爭辨，其果然乎？殊可驚歎。此事本不可自擅，當稟于朝廷，事之成否未可知也，尊兄何遽戚戚乎？此事當一任公論，不可以祖孫私情爭辨也。周公之出文廟也，未聞周公子孫上疏爭辨也。勿生此計，幸甚。恐被人言也。從愚弟之所見，則文憲於孔子同作一家之人，兩全無害。其意似抑而實揚，其事似貶而實尊。從尊兄之所見，則文憲與聖靈分邊作敵，拒戰於冥冥之中，非徒侵犯聖靈，亦爲不知文憲也。其爲未安，何可勝言？以此深思，則庶見義理之當然矣。人之所見，難以强同，當觀義理之如何，勿以先定之見爲主，然後忠言得入而理趣漸明矣。弟亦不敢必以爲自是也，若高見猶未合，則因便更示，幸甚。

答沈文叔禮謙○癸酉

戀想之劇，忽承下書，以審撫字清迪，感慰交至。示以學不進，可謂勉勉矣，殊可歎服。但爲學在於日用，居官盡職事，此亦學也，何有二歧之患乎？若必捨仕而求學，則恐其偏也。珥近日求卜築之所，冒熱行山水間，氣似不平，可笑。

代肅川府使上平安兵使金秀文府使即先生婦翁盧公慶麟○丙寅

頃者，官軍輕敵，以致挫威。憤不可釋，賊不可縱。廟堂密算，莫窺端倪。而關西一路，則選兵調糧，皆以爲出師之期，非朝則夕矣。某以書生，素無知識，但於此路，往來頗熟。耳聞心想，抑有一得，伏冀閤下俯採焉。

某聞：「雖有智慧，不如乘勢；雖有鎡基，不如待時。」今兹出師，恐非時勢。何以言之？戎狄如野獸，不恒厥居。既與我國有釁，則包裹扶攜，深入避兵，其理明矣。我軍雖入，不見影響，則徒勞動衆。此非時勢者一也。彼若自知生釁，合衆整兵，據險設伏，以待我軍。則我以不教之民，冒天設之險，主客之勢既異，勇怯之形自別，能保其必勝乎？此非時勢者二也。北土早寒，山路阻雪，人馬難通，而胡性耐寒，弓勁馬肥。我軍抱凍，不能奮勇。此非時勢者三也。某意以爲無已，則必待明年春夏之交，付種既畢，乃可出師。夫如是則彼虜既弱我國，而又無問罪之舉，必慢不設備，肆然耕種矣。我軍出其不意，蹂踐田疇，盪覆巢穴，此所謂疾雷不及掩耳者也。且時非苦寒，士馬舒氣，木葉未敷，探望亦易，揆之時勢，甚爲得宜。但議者必以經春乏糧爲辭，此固然矣。目今民間，有田不收，租税之外，已無儲粟，雖秋亦春也。若明春則方以常平救民之時矣，贏糧難易，與今何異哉？抑某聞先聲而後實，以威敵人者，兵家之正也。有先聲而不出兵，以怠敵人者，兵家之奇也。今者祕密之封纔出北闕，而出塞之聲已播西塞，欲密不得，而既有先聲矣。彼虜之衆，雖寡於我，而地險性狡，豈可以威聲恐喝，使爲之備哉？莫如將計就計，欲發未發，使彼弛備而始議征討也。彼諜者之言，雖不可盡信，而來寇之計，則或有之矣。我既示弱，潛爲之備，待彼來寇，乘機邀擊，亦兵家誘致之策也。與其冒險而以客待主，曷若憑城而以主待客乎？且選兵之術，務精不務多。兵多而不精，召敗之道也。今以弊邑觀之，調發疲殘，必欲充額，星火相催，逋逃繼踵，想今民間已似石壕村矣。裒聚試才，且閱軍器，則控弦甚鮮，鋤棘爲兵，似此軍卒，可以衝突朔方乎？念之寒心，與其驅市人而致敗，莫如精選壯者之爲愈也。曾聞西海坪有路緣江，騎不得周旋，人不得竝立云。雖有武夫千羣，豈可竝進乎？伏惟閤下老於韜略，被上委任，決勝帷幄，雖在廊廟而專制閫外，實在閤下。今日之舉，當出萬全。伏望深明時勢，簡鍊精卒，蓄鋭待機，以伸國威，不勝幸甚。竊思聾瞽之愚妄，越分言事，無任汗慴之至。

答安應休天瑞

精微之理，吾友發之太早，不切於日用，當勸吾友以下學，以待漸有所見。而今已開端，不得不説破也。理有體用，固也。一本之理，理之體也。萬殊之理，理之用也。理何以有萬殊乎？氣之不齊，故乘氣流行，乃有萬殊也。理何以流行乎？氣之流行也，理乘其機故也。故朱子曰：「太極者，本然之妙也。動静者，所乘之機也。」理本無爲，而乘氣流行，變化萬端。雖流行變化，而其無爲之體，則固自若也。此等處不可草草理會也。吾友見此理之乘氣流行，變化不一，而乃以理爲有動有爲，此所以不知理氣也。朱子所謂「天道流行」者，指理之乘氣者也，又何疑哉？故張子曰：「由氣化，有道之名。」氣化，非道也。理之乘氣化者，謂之道，故有道之名也。天命之性，理之在人者也，人非氣耶？率性之道，理之在事物者也，事物非氣耶？達道之道，理之在情者也，情非氣耶？是故情非和也，情之德乃和也。情之德，乃理之在情者也。若以情爲和，則將放情縱欲，無所不至矣，其可乎？人之喜怒哀樂，猶天之春夏秋冬也。春夏秋冬，乃氣之流行也。所以行是氣者，乃理也。喜怒哀樂，亦氣之發動也。所以乘是氣機者，乃理也。大抵有形有爲而有動有靜者，氣也；無形無爲而在動在靜者，理也。理雖無形無爲，而氣非理則無所本。故曰：無形無爲而爲有形有爲之主者，理也；有形有爲而爲無形無爲之器者，氣也。是故性理也，心氣也，情是心之動也。先賢於心性，有合而言之者，孟子曰：「仁，人心是也。」有分而言之者，朱子曰：「性者，心之理是也。」析之得其義，合之得其旨，然後知理氣矣。情字命名之意，從性從肉，是血氣行理之名也。今以先儒之説證之：朱子曰：「愛是情，愛之理是仁。」今君以情爲理，則是以愛爲理也。愛若是理，則又豈有理之理乎？其不可一也。朱子常以人情天理竝言者非一，今君以情爲理，則是朱子以兩理竝言也，其不可二也。程子曰：「情既熾而益蕩，其性鑿矣。」今君以情爲理，則理亦有熾而害性者乎？其不可三也。且君既云情有善惡矣，而猶以爲理，則理亦有善理惡理乎？其不可四也。先賢多就情上論天理，以情之善者，爲天理之流行。君有見乎此而偏執之，故不問是非，而惟先入爲主，殊不知此非以情爲天理也，謂天理流行於情上耳。夫理必寓氣，氣必載理，未發也；理在於心，而其名爲性，已發也。理在於情，而其名爲道，若夫情之不循理者，只是私欲而違道者也。如此立言，則可以顛撲不破矣。

答安應休

情是心之動也，氣機動而爲情，乘其機者乃理也。是故理在於情，非情便是理也。性發爲情，其初無有不善云者，是單舉善情一邊耳，非通論善惡之情也。四端，即明德之發，名目豈異哉？合心性而摠名曰明德，指其情之發處曰四端耳。善情，是循天理者也。於情上見天理之流行，非謂情是天理也。程子曰：「心如穀種。」其生之性，乃仁也。陽氣發處，乃情也。陽氣發處，是芽也。今高論以桃仁爲仁，以芽爲仁之發，而不知生理之妙在芽，而非芽爲生理，則是昧乎理氣之分也。朱子所謂「温和慈愛底道理」者，即所謂愛之理也。底字之字，同一語意，何有不同乎？大抵性即理也，理無不善，但理不能獨立，必寓於氣，然後爲性。氣有清濁粹駁之不齊。是故以其本然而言，則性善而情亦善；以其兼氣而言，則性且有善惡。情豈無善惡乎？若曰情無不善，則是指聖人而言也，非通論天下之情也。性雖有善惡，而當其未發之際，幾微不動，四德渾然，氣未用事，故中庸謂之中。中者，大本也。及其既動，其氣清明，惟理是從，則乃中節之情而是達道也，豈有纖毫之疵累乎？惟其氣質不齊，其動也，氣或不清，不能循理，則其發也不中。而馴至於惡，自其初動而已然，非厥初必善而厥流乃惡也。故周子曰：「誠無爲，幾善惡。」「誠無爲」者，未發也。「幾者」，動之微者也。動之微也，已有善惡幾，乃情也。意者，緣情計較者也，情則不得自由，驀地發動，意則緣是情而商量運用，故朱子曰：「意緣有是情而後用。」近世儒者多曰：「情無不善，而意有善惡。」此徒知有本然之性情，而不知有兼氣之性情也。徒知意之名，而不知意之實也。余故曰：心之初動者爲情，緣是情而商量者爲意。聖人復起，不易斯言矣。人心道心，通情意而言者也。人莫不有性，亦莫不有形。此心之知覺，旁由形之寒煖飢飽勞佚好惡而發，則謂之人心。初非不善，而易流於人欲，故曰危。直由性之仁義禮智而發，則謂之道心。此則既無不善，務在擴而大之也，只是精微難見，故曰微。所爲而發者有二名，而其知覺則一也。故曰人心道心，非二心也。人心道心，既非二心。則四端七情，亦非二情也。情之摠名曰七情，而揀擇其善情曰四端也。朱子發於理發於氣云者，只是指四端之主理，七情之兼言氣耳。傳録未必無誤。若必以七情四端分二邊，則人性之本然與氣質，亦分爲二性矣，安有是理矣？天理者，無爲也，必乘氣機而乃動。氣不動而理動者，萬無其理。性之乘氣而動者乃爲情，則離氣求情，豈不謬乎？然則以情爲理者，可見其非矣。若曰理在於情，則可也。温和慈愛者，情也。所以温和慈愛者，理也，是乃仁也。若便以温和慈愛爲理，則是不知道器之分也。理之未發也，渾然全具，則仁之體也。理之既發也，此心温和慈愛，而理亦寓焉。理之在温和慈愛者，乃理之用也，非温和慈愛便是理也。理之渾然而不可名狀者，則所以然者也。理之發用而在於温和慈愛者，則所當然者也。天之元亨利貞，是人之仁義禮智也。春夏秋冬之温暖涼冷者，猶人之慈愛恭敬斷制分别者也。今若以温暖涼冷爲元亨利貞，則非知道者也。豈可以慈愛恭敬斷制分别直謂之理乎？此處極精微，恐難草草思繹而便曉也。

與崔時中雲遇○丁卯

春寒甚嚴，雅履何如？戀想日切。頃者，因便上鄙復，未諳下照否。珥汩没世故，未遑窮格上功夫，將未免爲聖門之罪人。可愧，可愧！大抵吾東方學者之病，正坐於不窮其理，而務以禮法自守，繩趨尺步，但制其外，只守此爲持身之法，而不致力於窮理，則何以見其實理之本乎？此所以終不能有所見也。珥以是告于成君浩原，浩原便歎服，今又以聞於左右者，實所以告浩原之心也。蓋於事物之理，真知其實，如知飲食衣服之切於身而不可廢焉。則雖欲已，得乎？左右更加致力焉。珥受氣輕薄，持心淺露，與人居多露圭角，以是取笑於人。如兄之寬裕渾厚，窺其外而無甚異於人，人誰笑之？「處世之難，難於泰山。須衣錦尚褧，可以免矣。」退溪之言，諄諄於韜晦二字，伏惟左右識之。

答崔時中癸未

千里相思，忽承情翰三復，感慰無以言喩。珥濫荷天恩，復叨重任，將必僨事，其憫可言。造船運米鈔兵等事，出於不得已。且有不善區處之事，令民力大傷，恨歎不已，奈如之何？從今可爲善後之計耳。合并州縣事，恐尊見有未然者。若以大和合于平昌，則誠爲有弊矣。若平昌、旌善之合，則非移其民也，只去其邑宰而已，於民甚便。而乃有移民之説，傳者誤矣。但先改貢案，然後可以合縣，不然則無什倍之利矣。如珥孤立者，願得尊兄在京，有所挾助。而小宦孤冷，不能致尊駕，深嘆！大和，江陵屬縣。

與朴舜卿汝龍金子張振綱○辛巳

別後未聞消息，戀仰，戀仰，戀仰！新歲想惟學履神相，進德日就。珥謝恩之日，即承引見，天語温諄，竊覵天心，似異於前。或有萬一之望，故爲姑留之計。家屬不可置之遠處，故來月十三日欲率來，人馬出處罔由，其悶可言。乞須僉圖于諸友及鄉中諸相識有力處，限碧瀾渡借以人馬，俾得上來。切仰，切仰，切仰！珥之行止久速，不可預料，如此騷擾，甚非所安。而事勢適然，奈何？精舍立廟，則當待珥下去矣。其材須善藏，而租布則斂散生殖，爲他日之用，亦望石潭農莊諸事，迷奴獨守，願入思議看護。一別恐作隔年悵惘，但珥豈能久於立朝乎？未前惟冀勉修德業，以副鄙誠。

與精舍諸生辛巳

春暄海曲，僉學履安穩否？日用閒作何功夫？頻頻聚會講學否？隨俗應接，能無怠惰否？學問之功，只在存心不苟，應事以正而已。此心誠實在義理上，則終日應俗而能不失其正；此心不誠，若存若亡，則雖終日正坐讀書亦無所益。切冀僉賢竪立此心，恒在誠實之域，以爲講明事理之根本耳。勉旃，勉旃！後日相見，使鄙人刮目，則其幸可言。珥一番勞動，便得重疾，沈眩日甚，卧吟旅榻，家屬已來，不可決歸，可嘆！

答李潑庚辰

半歲相望，未聞消息，深用戀想，時復成勞。獲承六月十六日手札，感幸無比，三復之餘，繼以憮然失望也。鄙人曾不見棄於高明，相與講論時務者，要在和平鎮定。而今日時論日峻，更無和平之望。意謂此論必非君意，故鄙疏中所謂深慮遠識者，正指君輩二三人也。今者，君意亦過激之論〔三〕，相與滚合，則更何言哉？

大抵近日士夫之所爭，至於舉國騷動，而極其要歸，則不過金優沈劣而已。君試思之，自古及今，安有以一二人之優劣，舉士林而血戰者乎？此不可使聞於天下後世也。金優沈劣，珥固知之，一言而決矣，何待多費辭說乎？惟曰東是西非，故人心不平，而議論終未歸一也。何以言之？沈固不及於金矣。若以結釁一事言之，沈未必非，金未必是也。沈之當初遏金之進取者，非有私嫌也。只是見不明，此何尤哉？金之詆沈，雖不可謂有私心，而旁觀者因此交構兩閒，則此豈獨沈之過乎？珥之上疏，非採取道路之言也，只見憲府之疏而發耳。年前倚樓之被劾也，此真公論，而旁觀者尚疑其有妨於調劑。繼發三尹之劾，則人心始不服，而顯以傾軋目之。只是年少士類相從，自爲一論，而他人畏縮，不敢斥言，故士類不知人心之不服，而自恃以爲公論耳。意謂止於此，而今者又無故而顯斥沈爲小人，西人爲邪黨，則一節深於一節，真是捉人底手段也，安可諱也？沈雖不可惜，西人皆不可惜乎？此果君輩之本意乎？如其本意，則與珥相講論者皆面從也，無乃未安乎？如非本意，則君在玉堂，方主清論，當上劄明其不然，而劾遞憲府，則人心帖然信服矣，更有何事乎？今乃深讚其忠，而又略言其過當，則未知以憲府之論爲是耶，爲非耶？頃者，有人言玉堂疏，乃出於君之手，余甚疑之。以爲君之平昔所懷，斷不如此，恐是妄傳。今承來示，尤失所望矣。人臣告君，當不計禍福，而一以誠實可也。曾見疏中論沈、金結釁之事，以爲在於金作銓郎之後。又以乙亥摇動大臣之謗，爲出於沈、尹之造言。此果是君之所見乎？沈與金之相失，實以遏金銓薦故也，果在作銓郎之後乎？摇動之謗，則其時吾輩疑之耳。沈、尹何與焉？君不記憶乎？君與士强來珥寓舍，則對疑嘆恐是不吉之人，而厥後細聞其實，然後乃解其疑。此時君與我果聞沈、尹之言乎？又以爲是仁伯者，雖流俗，皆公心；是方叔者，雖士類，皆私心。此果是誠實無妄之言乎？仁伯，珥初不細知，而漸觀其所爲，漸聞於可信之人，今則始知其可用矣。沈則本與之相知，只是外戚之稍優者，雖無此人，無損於時。既與士類相失，雖不用可也，但不可謂之小人耳。珥意如此。珥非不右金也，但恨君告君上不以實也，無乃害於心術乎？

來示以鄙疏一半說話，發於忿懟云云，此恐不然。辨論之文，主於明確，反覆抑揚。故平心者觀之，則以爲明辨。一偏者觀之，則以爲忿懟耳。君曾見朱子章疏及劾唐仲友事否？朱子豈發於忿懟哉！水本無聲，遇巖石磽确處則有聲，此豈水之過哉？避鋒鋩云云者，今者不論心之公私，而一言不合則疵議横生，此非鋒鋩而何？君等不礪鋒，則何不仰制礪鋒者乎？强定是非及傾軋云云者，亦是真箇如此，更何分疏優劣與是非不同？今日之事當以優劣言，不當以是非辨也，以彼此是非不分明故也。醜詆云云者，只是形迹已著，君自目覩，珥果妄言乎？避嫌云云者，亦君察理未精也。避嫌固非君子之先務，而有時不可不避，故朱子亦以爲或有當避之時矣，非謂避嫌而誤國事也。仁伯之不避嫌，君則以爲是矣，無乃思之不審乎？沈也雖不可柄用，而別無顯著之罪過。若比於當今擢用之卿大夫，則有過焉，無不及者。他人之居要地而不及於沈者，肩相磨也。而仁伯不彼之詆，獨此之詆，以至起人疑而生厲階，至今爲梗。則未知仁伯之不避嫌，爲利於國乎，爲病於國乎？若使仁伯自守，而士類漸盛，無分歧之患，則清論大張，而沈也自不至於用事矣，豈非國家之福乎？聽言而未瑩，則何不以實事觀之乎？不避嫌而病國，不如避嫌之爲愈也。且裕後云云之說，只爲沈不可柄用而已，非謂錮其身而不叙也，無乃覽疏不詳乎？鄙意外戚必生禍階，故莫如不用之爲得也。鄙疏深欲兩全士類，以安朝廷，本非騷擾之計，而只是一偏者，恐其軋己，故自生騷擾，我亦安能如之何哉？

人雖至愚，責人則明。雖有聰明，恕己則昏。年前季涵偏執主西之見，反疑鄙人，珥與君緩頰苦口，極力挽回。此時君以季涵爲何如哉？今日君之主東，亦無異季涵之主西。何不以責季涵者，反而自責乎？乙亥西人之失，在於舉措失當。今日時輩之舉措，果勝於乙亥乎？盡斥西人以邪黨，何如乙亥之獨劾公著乎？西人之賢者，皆不擬於清望，何如乙亥之獨不以重叔薦銓郎乎？乙亥倚樓之受賞，誠不厭衆心。今日則趨時附勢，攘臂大言，自明得志者，又未知幾倚樓乎？人心之危懼，有識之憂歎，甚於乙亥，而方且嘵嘵然向人爭辨曰：「東是西非。」此言只是同類求進取者信之耳，他人誰則信之乎？若使今日處事得中，則孰不曰「東是西非」乎？今者既效其尤，而且自是如此。則名爲君子者，雖冥行倒施，亦不害其爲君子乎？大抵君子不以言取人，亦不以言廢人，然後乃缺人。今日之取士，不問人物本品之如何，而只以議論之同異定取捨，故新論百出，怪鬼馳騁。彼輩何知？曾見倚樓之受賞，亦欲做好官耳。君歷覽古今安有君子得志，清論方行，而壞弄國事如今日者乎？朝廷之上，識見爲先。識見不明，雖賢不濟事。

許魯齋有言曰：「仁慈禮讓，孝悌忠信，而亡國敗家者皆是也。」珥嘗以爲過言，今始驗之，古人之言不可輕也。今日之事，辨之亦不難。天下之事，莫不有當然之理。今日事理之當然者，若不在於和平，則必在於排斥。和平、排斥之不可竝行，猶笑與哭之不可竝發也。鄙論主於和平，憲府之疏，主於排斥。此是則彼非。今者君輩所見，則既以排斥爲公論，而又欲和平，進退無據，不成模樣。若使胸中明白瑩澈，則此等鶻突識見議論，何從而出乎？若欲和平，則金、沈區區是非之辨，有何大關乎？置而勿問，只觀者優劣而用捨可也。若欲排斥，則亦當明正其罪，何故口談和平，而心主排斥乎？此猶扼其亢、批其頰，而求與之相歡也，安得名正言順而事成乎？今日之事，百爾思之，終無善後之策。天實爲之，謂之何哉？竊念仁伯開明，今經變故，所見必進。若使主論，則必不至如今日之潰裂也。景涵平日讀書，欲做何等事業，而今日立朝，費盡機關，只得成就扶東抑西而已乎？儒者之行道，果止於此乎？今日若於死中求生，則當主論曰：沈也，雖無形現之過，既是外戚，又與士類相失，此當只保爵禄，而不可更居要地也。三尹自作不靖，大忤士類，此亦不可更參清選也。其餘西人，隨才授職，少無猜防。而東人之議論過峻者，裁而抑之；若其乘時附會者，斥而外之。如是秉心公明，日久月深，則或有好消息矣。但恐無人辨得此事。肅夫爲久住之計否？君與肅夫而見，同心協力，則或可匡救，但聞而見之意，則同於過激者云。若然則非所望也。未知果然否？但念肅夫欲全出處之義，則難於挽留，是可憂也。若君與而見，則處事失中，已不免虎兕出柙之責，須勉留收殺時事，不使吾輩至於過嶺，亦一道也。但恐時論更進一格，則君輩亦將爲祭後之芻狗，自不得立脚矣。嗚呼，苦哉！嗚呼，苦哉！

吾人所爭者，義理耳。珥實無一毫偏私忿懥之心，但鄙性弛緩，本於禍福無心。理若不屈，則假使鐵輪旋于頂上，珥不少摇。況舉世醜詆，何足以動吾一毫哉？如其理屈，則雖三尺童子，使之泥首負荆，亦甘心不辭。君須與肅夫將此書商量，指示謬誤，使珥曉然自知理屈，則珥當即改所見矣。如以鄙見爲不悖，則亦望反而思之也。習之雖不可參此議論，亦可共辨是非也。昔者，尹士深詆孟子，意若不回，及聞孟子之言，乃自服罪曰：「士誠小人也。」珥每愛此氣象。今之君子，若尹士者甚鮮，可歎！

珥更有一紙送于浩原處，可推見而參證也。若答鄙書，則可送于李別坐宜仲處，使之傳也。

答李潑

久絶金玉之音，倏焉歲阻，向戀方積，謹承情翰，詞旨懇切，累千百言，皆吐肝膈之要。珥誠感動披閲，不能離手。苟非相愛之至、相信之篤，何以至此？且審擔當國事，一意調劑，士林之協，當有期日，尤爲欣幸，無以言喻。若其是非之辨云云者，只是珥與賢兄看沈某有深淺，固難相合。珥亦不敢自以爲必是也，兄亦更思不置，何如？第兄之議，議其心也。鄙人之論，論其迹也。觀人當以其心，賞罰當以其迹。若不論其迹，只賞罰之以心，則人心不可服也。此堯所以不誅四凶者也。今者，沈某之心，兄看固深矣，珥亦不敢保其後患也。棄之何惜？只是迹無顯然罪過，而遽加攻擊，連累西邊善士。棄之不惜，而其推尊柄用者，皆流俗鄙夫，多出沈某之下。舉錯如是，則人心安得以帖服？國言安得以寧息乎？此珥之所深憂也。且有一説足以盡祛羣惑，兄幸虚心聽之何如？

沈也，是外戚之稍出頭角者耳，固不足道也。金也亦是輕量淺器，學術亦短，只可置之士類中耳，非可作儒林宗匠者也。此人是非，曷足爲時運盛衰哉？二人是非之辨，不係於治亂，而反以辨是非之故，壞人材傷國脈，舉世滔滔，莫覺其然，此真兒童之見也。若使具眼長者見之，則未滿一笑矣。乙亥年閒，西人攘臂，以爲是非不可不定。珥甚笑之，而不至於駭嘆者，以西人雖有善士，皆非學問之士，其識見之不明，不足深怪。而且如思菴、重晦輩，則皆同珥竊笑，故珥不至於駭嘆也。至於去年是非之辨，則雖如賢兄者亦明目張膽，必欲辨之，則珥望失矣，安得不深嗟永嘆乎？鄙意二人雖有是非，其辨不關，而以辨之之故，反致騷擾，莫如不辨而調劑士類，激濁揚清之爲得也。今者，分辨其淡墨者而去之，乃取其深墨者而用之，此是何等義理識見乎？昔者，齊景公欲用孔子，而晏平仲止之。平仲非嫉聖者，只是見不明耳。夫平仲不知聖人，而尚不失爲賢大夫。則今日之不知仁伯者，何必皆是可棄之人乎？且流俗老宰，前日不得於西人，而今日得志，方欲貢忠於東。則其以調劑爲非者，理勢然也。此等乃發蒙振落者，時移勢去，則又將斥東人矣，何足恃哉？且角立之說，兄疑珥可與沈、尹害士林也。兄之觀我，無乃太薄乎？

珥從前孤立，不得於西，不得於東者，良以欲調和兩閒，以靖朝廷耳。若使附西而攻東，則寧附東而攻西也。與其後日黨沈、尹失清名而得美仕，曷不於今日附賢兄而清名、美仕兩得之乎？且兄既以害士林疑珥，則死生亦不足恤，何必欲救於今日乎？語序甚不倫，故疑兄之作戲語也。今曰非出於戲，則慙悚至矣。是珥無狀，自取輕於賢兄，當自反而加省耳。且兄疑珥獨勖於兄，而不戒西人，此則不然。珥先告兄之語，西人不聞也。其戒西人之語，兄豈聞之乎？大抵止人之鬬，當止其勝者。若不勝者，則方願解鬬，寧有不聽之理乎？乙亥西人少勝，東人少敗，故其時珥只向西人爭辨，寧有勖厲東人之説乎？今則西人一敗塗地，而東人方勝，則安得不向東人爭辨乎？雖然，西人亦多錯料者，故有時相告戒，則莫不信聽。至於沈某，亦曰：「士類若只排吾與三尹，而其餘西邊善士皆通用無礙，則人心必服云。」沈言尚如此，則況他人之言乎？今日調劑之責，在東人矣。若其後日飜覆，則亦安能逆料乎？大抵君子之道，寧人負我，無我負人。逆料飜覆而先失擧錯，已不是矣，況事變無窮，安知季孫之憂，不在顓臾哉？明者加察，幸甚。

而見南歸，肅夫又決退，則時事誠可憂也。但而見之退，似於分義爲欠，兄不可勸留乎？兄既當事，雖衆賢皆退，當獨任其責，得罪而乃去，可也。如珥忍飢一壑，更無當世之念，只願兄輩得調劑之策，以救岌岌之勢耳。

下惠臘劑，深感深感！承晤無期，臨紙惘惘，伏惟爲時益珍。

答或人

仁是温和慈愛底道理，是一味慈愛，故屬於父子焉。義是斷制裁割底道理，便有分別取捨，有長短高低廣狹之不同，故謂之事之宜者，而屬於君臣長幼焉。敬長之本，始於敬兄。故義之實，從兄是也。君臣長幼之間有許多節目：君有可事可去之義，長有庸敬斯須敬之義，不可枚舉。而其實不過行吾敬，故義主於敬也。由仁而推，則親親、仁民、愛物，而博施濟衆矣。由義而推，則時行時止，賞善罰惡，而制度成萬事理矣。禮所以節文斯二者也，智所以知斯二者也。孟子之説，以智先於禮者，欲以禮與樂竝稱故也。樂是禮之用，而君子之德非樂不成，必以禮樂竝稱而著其效，然後乃可形容自得之樂，故舉樂以終焉。

與或人

今俗以合巹之牀送于壻家舅姑之前，出於常俗苟且之習，非禮之正也。在禮經則唯冢婦得行饋食于舅姑，皆設新饌，以申供養之義。而介婦以下不敢設焉，況乎徹壻婦既餕之餘，以進之舅姑，豈非悖理之甚乎？然時俗只得行乎壻之父母，其餘諸親何敢當其禮乎？姜生父母既没，惟此俗禮，行之無所，殊可悲感者也。

校勘記

〔一〕但恐與家禮上食儀有異　「與」，原作「如」，據文意改。

〔二〕答鄭季涵　此四字後，一本有「乙亥」二字。

〔三〕君意亦過激之論　「亦」字前後疑有誤。

栗谷先生全書卷十三

應製文

本國祭世宗皇帝文

維皇首出，誕膺河清。龍飛代邸，泰階以平。體元廣運，宣光緝熙。聿順帝則，穆穆垂衣。猗歟敦化，丕冒遐陲。雲行雨施，四紀于兹。夢齡未滿，荆鼎告成。悲纏萬姓，音遏四溟。十行遺誥，堯咨舜俞。燕翼有貽，欽此聖謨。微臣守藩，世受鴻恩。誠切攀髯，迹阻駿奔。瀝血緘辭，昊天罔極。於昭陟降，庶歆洞酌。

本國請改宗系奏本

朝鮮國王臣姓諱謹奏爲專差陪臣委承恩典，永雪先冤事：該萬曆九年正月内，進賀冬至令節，陪臣書狀官洪麟祥回自京師，説稱竊聞皇都專委館局纂修會典新書，完期在邇等因。得此，臣查照先該萬曆元年二月内，臣將臣國祖康獻王姓諱宗系弑逆等被誣情節，要載世宗皇帝實録及新纂會典等情具奏，差陪臣吏曹判書李後白等齎奏去後，蒙禮部題稱：「節該朝鮮國始封王姓舊諱代王氏開國，作我東藩，輸忠北闕，子孫相繼，垂二百年。據稱宗系，各有本源。既與李仁任不同〔一〕，又謂國祚由于推戴，亦與弑四王無與。在我皇祖之大訓，固得于一時之傳聞；在伊裔孫之辨辭，實出于一念之誠孝。合無依其所請，行文翰林院，請出内府續修會典新書朝鮮國一册，將姓諱并陪臣李後白等奏呈略節附録本條之末，及將節年議覆欽奉事理，備細開載于世宗皇帝實録，垂示永世等因具題，奉聖旨：是，仍寫勅諭王。欽此。」陪臣李後白等齎捧到勅諭：「爾祖姓諱，久蒙不韙，荷我列祖垂鑒，已爲昭雪改正。兹者纂修實録，欲將前後奏詞備行採録，以垂永久。朕念爾係守禮之邦，且事關君臣大義，特允所請。即命禮官鈔付史官，備書于肅祖實録内，俟後修新會典，竝爲詳載，以慰爾顧雪先世懇情。欽此。」

又該萬曆三年九月内，陪臣户曹參判洪聖民齎到禮部咨，該本部題：「節該朝鮮國王姓諱痛其祖之冤，而奏辨至於再三，其忠孝之情，誠爲迫切。但前既奉有明旨，王言一出，昭揭宇宙，信如四時，誰敢輕爲增損？合無除已將該國先後奏詞纂入皇祖實録外，仍抄付史館〔二一〕，俟修會典時爲之詳載等因具題，奉聖旨：是。欽此。」又該萬曆六年六月内，陪臣户曹判書黄琳賫到禮部咨，該本部題：「節該該國遞年奏請，蓋深避不韙之迹，亟伸先世之冤，其忠孝之情委爲迫切，故我先朝特準釐正，我皇上復許其增入。待書成頒到，不必更憂脱漏等因具題，奉聖旨：是。欽此。」節經備咨，前來準此。除已欽遵外，今該前因：臣竊照先臣康獻王諱宗系惡名受誣實狀，自永樂年來，節續陳奏，欽蒙列聖準改之命，降勅移咨，非止一再，而世宗皇帝特賜明斷，削去謬系。逮我皇上嗣位，深燭誣罔，俯諒危懇，明下勅諭，節奉聖旨，既承增入之命，又允詳載之請，成命申降，事例明備，如天之仁，覃被海隅。臣自欽承之後，感激馳誠，精爽飛越。非不知纂完頒布，自有其日，只合恭俟，無庸更瀆，第念先臣恭定王諱欽承成祖皇帝準他改正之旨，臣祖先臣恭僖王諱欽承武宗皇帝特允所請之命，及世宗皇帝再降勅諭準令附録，臣父先臣恭憲王諱欽承世宗皇帝滌瑕傳信、炳如日星之勅，臣祖、臣父感戴列聖鴻恩，誠切隕首横草〔二二〕，而猶未明睹改纂之文，賫恨而歿，地下之靈，目必不瞑。仰惟寶典之纂，是千載一時；祖冤之伸，是先臣至願。臣以譾劣，欽被聖澤，叨襲前緒，于今十有四年。而食或忘味，寢不帖席者，良爲誣罔之辨未蒙昭布，一國臣子陷於無父無君之域，此心耿耿，常懷隱痛。祖冤一日未伸，則臣心一日不安，理勢之所必然也。今值新典將刊，明降不遠，此係國命維新，神人胥悦，臣祖臣父，感泣於泉壤。微臣親承恩典，目睹二百年積枉之垢，盪滌無餘。在聖朝爲無前之錫，在小邦爲不世之慶。事係重大如此，儻因隨節往來陪臣，順便賫回，則事類尋常，委非重皇上之特恩也。且念頒降的期，實難遥度，或於其時，適無朝聘陪臣可順付者，久稽恩命，則不但無以慰一國翹跂飢渴之望，抑亦臣祖臣父憾恨於幽冥之中，必不曰我有後矣。念及于此，心焉如割。茲敢專差陪臣，復干天威，委承顯示之命：如或修完未訖，欲乞留待頒期，卒受恩典，緣爲先祖雪冤，爲臣父解悶。創鉅痛深，未遑他恤；奏擾之誅，誠不可逭。但小邦之事天朝，非如海外世見之比。從古不被中國之所鄙夷，恪慎侯度，自同内服。況值聖朝恩眷尤異，視同一家，則微臣罄竭丹悃，累瀆天聰者，勢非獲已，而情實可悲矣。伏望聖慈仰體列聖申命之旨，俯憐累世舍冤之痛，矜察微臣瀝血籲天之情，特依奏要事理，命以新典趁期給付原差陪臣，使下國得以速瞻九天日月之光，快睹百年制作之盛，則舊冤永雪於昭代，皇恩浹洽於存歿。臣於先祖先父，亦得繼遂其願，而死無遺憾矣！臣無任兢隕懇祈之至，爲此謹具奏聞。

本國謝宗系準許改正表

搖讒舌，亂譜系，夙銜恤於辱先；照覆盆，雪誣冤，方迓休於賓日。恩洽鰈域，感結龍墀。伏念荒服孤臣，海嶠小腆，謹箕邦之侯度，誠敢怠於朝宗；仰文子之仁聲，惠無閒於遐邇。何圖細人之飛語，久作太陽之浮雲？挾私憾而構虚，干天紀而罔聖。系以衆棄之權孽，欲致天倫之汩陳。加以必誅之逆名，擬激王師之赫怒。雖源派不翅燕越，貫籍可稽；奈情僞未達冕旒，會典遽載。矧兹羿浞之謗，亦出萋斐之謀。縱魑魅欺明於一時，豈貝錦衒怪於百代。伊先臣之訴悶，世切籲天；肆列聖之垂明，申命辨僞。然祖訓尚未修改，故穢名終難洗湔。欽仰繼述之初，屬兹纂録之會。抱危懇而瀝血，痛無異於巨創；回天鑒而燭幽，恩正深於洪造。爰下改正之成命，俾滌積久之傳訛。綸音纔下於禁中，慶聲已馳於遼外。豈徒三韓之裔，歡抃於區寰；抑亦五廟之魂，感泣於冥漠。允矣無前之錫，展也不世之休。

兹蓋伏遇皇帝陛下視遠惟明，爲政以德。往垂槖來囷載，庶邦懷仁；咨岳牧責柔能，普天霑化。兹擴思孝之念，立愛自親；俯遂奉先之誠，伸枉以直。王言涣發彰信，皇典式正有期，敢不制節恪勤，服事畏慎？守先人之緒業，縱縻迹於東隅；戴皇天之明威，倍懸情於北極。

禮曹答對馬島主書

頃承辱書，憑審雅度清裕，幸甚。孟冬漸寒，想今動止神相否？悠悠不已，來諭縷縷。詞旨勤懇，良荷良荷。但所論船隻事，似有不相體悉者，不敢緘默。

船之不齊，理勢必然。尺量之規，傳自久遠。己巳之歲，朝廷因貴國之請，信足下之誠，廢尺量之法，只從足下之文引，是朝廷不以祖宗舊規爲重，而以足下文引爲必可信也。朝廷之待足下，爲如何哉！足下當體朝廷倚信之意，亦以誠心相孚，大以稱大，小以稱小，一一從實，少無虛飾可也。邇來足下文引，只見其稱大，未見其稱小，此豈當初立約之本意乎？且上官都船主所謂雖小船，只從島主文引，可用大也者，殊不可曉。當初約條，斷不如此，以小爲大，虛張人數者，是相欺也。妄語相欺，匹夫之所恥，豈所望於足下者乎？且不問大小，皆準大船，其例一定，則文引亦可廢也，何必待足下之低昂乎？惟其有大有小，其例不一，故必以足下文引爲準也。今也，以小稱大，不復分等，則是文引爲空言也。我朝則信足下，廢祖宗之規；足下則誣我朝，徇格倭之情：於足下之心安乎？

前此不復辨明者，意足下照管，有所未到，今年不改，則明年必改，故遲遲以俟耳。今者四五年來，無有一船稱小者，則是足下之以小爲大、終不改轍者，較然矣！豈可以前日之未辨，反爲我朝之過乎？稱量卜馱，自是古法，只得申明於今日，足下以爲新法，亦未之思也。大抵事大字小，信義爲重，利害非所恤也。足下世爲我國藩屏，輸款不已者，豈爲區區糧料之多少哉？必有信義存乎其間也。我國之寵待足下，錫予連翩者，豈爲我國孤弱，必待足下之捍衛乎？亦有信義爲之主也。今若不顧信義，惟利是求，則孟子所謂「不奪不厭」

者近之矣。糧料多少，損益幾何，而乃欲以此虧千百年相孚之信義乎？嗚呼！人非堯舜，孰能無過？過而能改，復於無過矣。足下前日所爲，不可謂無過矣。今若惕然省悟，勇改昨非，大中小船，務從其實，一一分等，不混其稱，則彼此俱愜，誠信益著，不亦善乎？不然而膠守前見，不改謬迹，則我國亦當照舊尺量，使之相稱，豈可無故而自廢祖宗之規，以置足下於有過之地哉？勉思良圖，期垂永久，毋拘小利，以害大信，深所望也。

今與足下壤地雖殊，義同一國，言不敢不盡，惟足下諒察。

教京畿觀察使李澤書

王若曰：君臨區宇，豈特一人之聰明；眷命承宣，用替四岳之巡狩。二陝之布政誰繼？九牧之敦德難追。嗟予眇躬，恪承丕緒，憂民而澤不及乎赤子，理政而時不升乎大猷。誅求之暴，剥其肌膚；撫恤之令，歸於文具。雖切惠鮮之志，罔救煢獨之哀，良由守令之非人，抑亦按察之曠職。推原厥本，咎實在予。盍擇監司，以革弊習？矧邦畿惟民所止，而賦役視外有加。既竭筋力於山陵，又絶粒食於凶歉。空大東之杼柚，嘆中谷之暵脩。壯流遐荒，弱填溝壑。念玆民瘼，痛在予心。方責巡宣，俾蘇枯槁。疇咨熙載，僉議在卿。惟卿立朝克勤，歷位孔顯，既觀風於西海，旋佩鑰乎北門。應惕念乎生民，豈糊塗乎職分？玆以卿爲本道觀察使，兼兵馬水軍節度使，一方之事，悉以委卿。大辟之外，惟卿所斷。體予字民之意，恢卿奉公之誠。撫摩境内之瘡痍，使匹夫咸得其所；杜絶賦外之徵斂，俾列邑惟正之供。導率有方，而當振絃誦之風；黜陟惟明，而當屏碩鼠之迹。以致四牡之所經，皆如予身之親歷，則民受仁恩，予嘉懋績。嗚呼！民勞迄可小息，闕輔往哉汝諧。予言止此，想宜知悉。

教黄海道觀察使朴大立書

王若曰：惟后代天釐物，四方萬機是叢于厥身。聰明未周，岳牧是資，咨詢民隱，式補式助。唐虞以來，率由是道。德敷遐邇，政用是成。粤有先王，肇造鴻基，分疆正域，聿設八道，以宣休澤。逮予小子，叨守祖宗遺緒，懼不克厭萬姓之望，若涉巨川，未知攸屆，心巡四境，一日至再。尚賴先後奔奏之臣，分憂庇民，俾紹前烈。惟黄海一路，西濱斥鹵，東接關輔，海縣土淺，屢奏艱食，山氓氣躁，或蹈不靜，撫摩鋤剗，保釐惟艱。抑聞開墾之土，多歸豪右，川澤之利，未業貧民。矧惟前歲大侵，民天告罄，赤子或填溝壑，貪吏或未解印。圖政蠲烝，繫在得人。惟卿秉心克勤，制事求義，友于兄弟，施于有政，立朝率下，素負輿望，疇咨熙載，無以踰卿。茲以卿爲本道觀察使兼兵馬水軍節度使，西方之事，悉委之卿。

官自通訓，惟卿所斷。惟守與宰，慎司率常。字惠困窮，克固邦本者，叙功馳聞，俾予酬勞。或有受直怠事、徇私征利、作我邦蝨者，卿乃速由先王作罰，罔有容貸，惟罪所在，無憚大吏。修舉學政，迪以彝教。褒善旌淑，以樹風聲。明揚仄陋，令與計偕。凡民弗若弗化、暋不畏死者，卿乃勑典，蔽刑無赦，罪至大辟，執拘俟命。鰥寡孤獨、顛連無告者，卿敷乃心，肉其枯骨。又有朋權作威、闢荒防流、誕傷民力、廣占魚梁、漁奪民利者，卿其奉公按法，懋杜私門，使我生民，公共王土。古人有言「不畏强禦」，卿其勖哉！嗟乎！以厥君命，宣于下民，以厥民情，達于邦君者，惟監司。爾若有幽不黜，有明不陟，大放王命，大佛民心，則惟爾自探天威，惟予爾辜。嗚呼！民之勞矣，尚可少康，汝往敬哉，勿替予命。故兹教示，想宜知悉。

教慶尚道觀察使朴大立書庚午

王若曰：嗚呼！先王建邦啓土，分域開疆，藩衛王城，爰置方伯，以統羣牧，銜命宣化，以替親狩。先王惠鮮于上，方伯奔奏于下，民用寧嘉，四方砥平。逮予小子，叨守丕基，恐德不類，慄慄危懼，若蹈虎尾。尚賴不二心之臣，匡救于内，撫循于外，俾不墜先緒。嗚呼！嶺南一道，地鉅物衆，詞牒浩瀚，道路遼遠，苟非明足燭幽，幹足解棼，仁以澤之，威以制之，鮮克稱職。

咨，大立！惟卿受氣深厚，操心淳謹，孝友于家，施於有政，歷揚清顯，厥有聲績，莅事嚴斷，不畏强禦，予嘉乃勤，用懋乃官。今以卿爲嘉善大夫、本道觀察使兼兵馬水軍節度使。汝往敬哉，保釐南土，俾予少寬宵旰之懷。

嗚呼！一人無良，獲戾于天，天降疾威，秏斁下土。自春不雨，徂于仲夏，百川枯渴，千里滌滌。卒我圭璧，神不顧享，上下遑遑，大命斯近。哀我赤子，散之四方，剥樹啖草，餓莩相枕于道路。惟予斯惻，不遑暇食。予心行于幅員之内，一日兩遭。予懷之憂，惟乃知南中饑饉，視他境爲甚。賑救之策，悉委于卿。咨詢弊瘼，昭雪冤枉，除其暴斂，寬其苛政，苟利於民，無憚損上。府庫雖罄，發散無吝，有粟無民，吾得以食諸？

嗚呼！黜陟公明，民乃受惠。政荒紐解，爲日已久。親民之官，怠於撫字；按廉之使，習於恬嬉。簿書及期者爲奉公，饔飧豐腆者爲幹事。生民休戚，若秦視越瘠。予用疚懷，今以諭卿，卿其體予至意，簡以自奉，莊以莅下，澄清郡邑，使碩鼠屏迹。表厥循吏，上績于朝，予當奬拔，以勸後來。

嗚呼！教化不明，風俗日薄。新羅遺民，舊稱淳厚。今興胥漸，泯泯棼棼。滅棄天常，女失其貞。下犯其上，鴟義姦宄。奪攘成羣，發聞惟腥。蠻貊同歸，急之則起爲逆民，緩之則放而肆惡。卿其念此，教養竝舉，既安生業，漸革舊染。禁戢土豪，俾勿侵漁小民。謹庠序之教，申之以孝悌之義，如有不迪彝教、作姦犯科者，大辟之外，惟卿所斷。閒有大憝不待教者，卿其執拘，悉歸于京，予其殺。

嗚呼！國家雖安，忘戰必危，矧伊境鄰島夷，宜戒不虞。旱荒之餘，猝遇强敵，勢將不振。予念及此，中夜廢寢。卿其巡視列鎮，整飭器具，勖勵士卒，常若敵至。審觀鎮將，察其臧否，才略秀衆，可以戡亂者，勉以義勇，使之臨危獻忠。其或驁悍貪鄙及庸懦退怯者，率皆斥逐，無使貽患于平時，僨事于緩急。

嗚呼！眇余學力不足，非不悦古道，而不能施之於今，非不知好賢，而不能信用其言，以致忠賢播越于外，遺逸入山益深。予思厥咎，側席興嘆。卿其搜剔幽隱，敦諭令起，以揚于朝。重臣之愛閒求退者，卿其躬詣衡門，道予至衷，俾起幡然之思，使予無失股肱。

嗚呼！咨，大立！書不盡言，言不盡意，往哉汝諧，無替予命。故兹教示，想宜知悉。

賜領議政李鐸辭免不允批答 乙亥

王若曰：嗚呼！元首惟后，相惟股肱。疇予篤棐，惟老成是賴。眇眇寡躬，嗣大歷服。德涼時季，百虞是叢。志勤效遠，政用不理，若涉無涯之水。予心之憂，日月逾邁。若弗云來，惟幸先朝耆舊，左右小子，俾無墜前緒。惟卿蓄材不矜，秉德不形，是非內昭，而不以畦畛示人，夙夜匪懈，而不以一績取名。垂紳正笏，衆望攸歸，潛扶默持之功，重於九鼎。予念卿勞，終始仰成。卿思予衷，豈宜中替？卿雖衰白，受氣非薄，保養真元，二豎可殄。論道經邦，職非陳力，量氣詣朝，仕無卯酉。明醫可親，藥餌無闕，愛身所以愛君，調病豈妨於憂國乎？

嗚呼！可畏非天，可憫非民，天威孔赫，予與卿敢不敬迓？民勞可康，予與卿敢不惠鮮？卿今求退，予失腹心。衆論淆亂，眩乎取捨，予將疇咨以定。積弊沈痼，莫知端緒，予將疇質以革。百隸怠官，庶績咸隳，予將疇仗以振。號令壅滯，澤不下究，予將疇憑以宣。嗚呼！予不用多誥，予惟用畏憫于天越民。左台嬰疾，方動予懷。卿今繼辭，增予震驚。卿無困我，用欽乃職。所辭不允，故茲教示，想宜知悉。

賜左議政朴淳辭免不允批答

王若曰：閔予小子，遭天不弔，惸惸在疚。古今異制，雖未克不言，摠理機宜，俾予不困于庶務，緊賴股肱之良。我先王遺小子以大曆服，惟欲迪知真諶不二心之臣，畀以具瞻之位，責以篤棐之誠，匡救不逮，用紹緝熙之緒。予雖不肖，曷敢簡賢輕禮，自同于昔進而今不知亡？惟卿飭躬勵操，舊有令聞，文足以華國，學足以適用，清以激濁，直以斥邪，勤勞我邦家，厥有楙績。予用嘉焉，擢卿黄閣，俾卿作憲搢紳，弼予涼德，永世無斁。念卿受氣明粹，賦形清臞，調度或愆，疢疾輒乘。望卿將理適宜，庶保徇國之軀，無貽戚于寡躬。儻因膚革少恙，遠挹深辭，期於釋負荷之重，匪卿作馮作翼之本意，亦豈予素期於卿者哉？乃者人言不中，宜卿不安厥位。顧予思惟大臣，當曠厥度，當弘厥心，小故不宜芥蔕，以傷予飢渴之懷。

嗚呼！眇予獲罪于天，天怒孔赫，大禍之餘，衆災疊臻，亢陽焦土，淫霖浸稼。念彼小民，室如懸磬，野無青草，弱填溝壑，壯流四方，阻飢既苦，盜賊將熾。矧伊朝著之間，士習不正，廉恥道喪，後公先私，肆致是非靡定，紀綱解紐。今欲奮勵矯革，則人心不靖，反挑厲階；荏苒因循，則日就委靡，束手待亡。靡急靡緩，漸移世道，匪有經世之才，疇能克爾。卿雖謙退，不當此名，當今寡昧之倚毗，匪卿伊誰？昧昧予丕遠，惟今日之憂，若涉洪流，不見津梁。裒賢顧俊，聚精會神，庶克有濟。士在巖穴，尚克徵辟，豈放廟堂之賢，使遂遐志？以卿之忠亮，他人求退，尚克授止，寧可自堅遁思，以困寡昧？予匪多誥，用布予忱。卿須熟慮，毋執初心。所辭宜不允，故兹教示，想宜知悉。

祈雨祭文

渺西溟兮夫如何，物最鉅兮神所宅。涵乾端兮浸坤倪，日沈車兮歸昧谷。藏雷電兮釀雲霧，秉氣機兮護東國。維茲旱兮誰所致，念厥由兮在涼德。哀無辜兮失西成，神何爲兮閟天澤？倬雲漢兮嘒明星，苗不秀兮南畝坼。齎香幣兮展微誠，仰神佑兮救滌滌。亟揚靈兮興祁祁，霈四垠兮蘇百穀。右西海。

維靈宅兮石巖巖，鎮金維兮庇下民。眇予侗兮失體元，魃爲虐兮連三春。穀不播兮原野焦，哀元元兮涸中鱗。大厲降兮殫龥呼，民無天兮曷綏神？神之職兮在救焚，罄深悃兮薦明禋。冀默感兮垂陰騭，渰同雲兮甘霔均。右牛耳山。

浩巨浸兮紀西疆，導天澤兮神所司。當農月兮困亢陽，風伯怒兮雲不施。嗟來牟兮曷受明，瞻昊天兮赫炎曦。念否德兮欲自焚，痛赤子兮何所依？按日辰兮獲其良，酒既旨兮牲亦肥。神洋洋兮顧苾芬，酌天瓢兮雨公私。右長山串。

天垂澤兮川上氣，沕相資兮降霈滂。旱既甚兮否不交，神胡爲兮閉水鄉？百草腓兮泉脈枯，顧田疇兮哀卒痒。咎在予兮民何辜，神寧忍兮散四方。西求神兮薦馨香，目眷眷兮愁夕陽。庶靈應兮膏四野，回豐年兮致穰穰。右阿斯津松串。

雄鎮巨浸，綱紀火維。默運玄機，澤物是司。維兹亢陽，千里一赤。大命近止，顧天無及。民填溝壑，神豈無羞？眇予涼德，致災誰尤。吉蠲再控，冀神來格。願蘇羣槁，登我百穀。右南方山川。

有赫金神，功參闔闢。食土之氓，咸仰爾澤。今胡閟惠，俾填溝壑？民失所天，神亦何託？敢瀝危悰，不避其瀆。願霽嚴威，歆我泂酌。沛然興雨，庶救靡孑。右西方山川。

曰維水宫，撫臨邦國。寓物騁靈，于融于結。升氣澤民，是神之職。災迫焦土，蒼生血泣。淒風杲日，瘨我黍稷。靡神不宗，殫牲卒璧。靡不能止，捨神誰極？夙夜省愆，思答譴責。願哀下土，一施甘澤。右北方山川。

仰惟明神，職司民天。興我穡事，惠澤孔宣。夏秋之交，大雨宜行。胡爲旱魃，虐我生靈？田疇龜坼，山川滌滌。西成何望，不免溝壑。民則何辜，過在涼德。懷恫籲號，薦我圭璧。可敬非神，可依非人。遄降甘霔，庶活斯民。右雩祀后稷氏之神。

滔滔國紀，神焉是宅。配乾利物，寔神之職。長養之日，胡閟厥澤？火雲興炎，大地幾赤。三農釋耒，瞻仰昊天。方憂阻飢，敢冀有年。閔予否德，獲罪于神。煢煢在疚，誰極誰因？恭祈陰濟，式修明禋。神其格止，救我生民。右漢江。

節彼南山，鎮我邦家。虔祀明神，庇民靡他。民失所天，神失攸職。大雨之節，旱魃肆虐。如惔如焚，痒我百穀。民勞莫康，奈此塡壑。其雨其雨，杲日在東。耗斁下土，寧丁寡躬。非民曷依，非神曷宗？願宣大澤，霈我百同。右木覔山。

緬維溟渤，引晦東極。包括乾坤，陰功莫測。天澤久閟，咎在涼德。百泉枯渴，四野龜坼。耗斁民天，寧丁我躬。吉蠲馳誠，遥冀感通。願起潛珍，沛然一揮。焦苗勃興，赤子免飢。報祀無怠，神永有依。右東海。

節彼雄鎮，庇我東陲。閉陽縱陰，明神所司。眇予失職，旱魃肆虐。蒼生何罪，日塡溝壑？竭誠昭告，庶紓歆格。儻運玄機，亟施膏澤。右雉岳山，原州地。

維石巖巖，緊神之宅。有感斯應，靈異所蓄。憫玆亢陽，卒我圭璧。惔焚孔熾，萬姓顒天。敢走羣望，我心如煎。式佇興雨，惠我有年。右義館嶺，淮陽地。

積水成淵，靈神是依。功在澤物，實司陰機。旱既太甚，山川滌滌。孑遺斯民，誰因誰極？眇躬雖愆，神豈無羞？願興祁祁，貽我來牟。右德津溟所，淮陽地。

維峙作鎮，維流作紀。經緯造化，玄功廣被。一人涼德，庶徵愆度。自春徂夏，旱魃肆怒。四野龜坼，百泉枯渴。有滃纔集，杲日還出。東作既乖，西成望絶。靡神不宗，卒我圭璧。微誠未格，天意難回。上下遑遑，鞠哉疚哉。哀斯孑遺，向天叫呼。咎在予身，赤子何辜？耗斁民天，寧我自焚。敢效桑林，躬薦苾芬。明神日監，寧莫我聞。願垂冥應，亟賜滂霈。邦本有依，眇末是賴。報祀勿替，敢忘神惠。

祈雪祭文

維石巖巖，緊神之宅。作鎮邦家，庇民無斁。冬威不嚴，昏霧日泄。氣不順交，天乃閟澤。微霰不零，敢望盈尺。地有遺蝗，田枯宿麥。召災在予，民則何辜？神無作羞，念茲籲呼。亟麾滕六，貺我嘉瑞。圭璧孔時，敢忘神惠。右白岳。

節彼南山，有肅明宮。呈祥降瑞，民仰神功。值茲冬旱，氣不交通。泉將枯脈，麥將無秋。民失其生，亦神之憂。眇予在疚，遇災側身。庶賴神庥，活我生靈。亟役百靈，一霈同雲。臘前三白，載雰載雰。百穀登場，永享苾芬。右木覔山。

滔滔維漢，紀我邦畿。澤及生民，享祀有彝。今茲冬暖，地氣恒泄。昏霧晝晦，終閟瑞雪。麥秋可望，癘疫是憂。陰陽失和，涼德所由。民無仰庇，豈非神羞？爰用吉蠲，薦以虔誠。神其格思，指揮百靈。一霈六出，登我百穀。右漢江。

序

風樹契序

人生斯世，如露棲草。死而託體，其年惟永。生寄死歸，斯言匪誣。然則室屋爲逆旅，而山阿爲真宅。同居一里，尚相親睦，況同託一山者乎？吾等同生一國，同在一城，固幸矣。又爲先人託體一山，則幸中之幸也。如是而不相親睦，則惡乎相睦？此風樹之契所以作也。

嗚呼！樹欲靜而風不止，子欲養而親不待。雨露之濡，霜雪之降，草木向茂，丘壟就荒。春秋省祀，怵然而驚，悽然而感。想見吾先人杖屨相從於地下，則以子孫慕親之誠，豈無凝神注念，思欲一接者乎？地下之先人，一接無路，則移此永慕之懷。思與在世之子孫講信修睦，情有所不已者也。嗚呼！地下之相從，有知無知，今不可知也，及此在世之時，尤不可相忽忘也。吾等同契，其勖之哉！

別洪表叔浩序

物之最大者，天地也。天地果有主乎？最靈者，吾人也。吾人果有主乎？人不能自主，主之以天地，則一身非我之一身，而天地之委骸也。天地不能自主，主之以造化，則天地非天地之天地，而造化之委氣也。世之自有其身者，其分於道也遠矣。珥之生於世也，所得之形，所禀之性，與聖賢曷嘗異哉？此造化之所以無私者也。

生髪僅燥，而便知讀書。雖云早矣，但以懶怠，不專於業，十年書劍，卒無所成。遷延歲月，奄過成童，失恃之禍，慘及於身。加之以迷方之疾，内攻于心，狂走山林，顛倒失所，不趨孔鯉之庭，不執黄香之扇，歲已周矣。一朝自悟，返而思之，悔極生悲，自責自愧，不樂其生，不定其心者累日。於是喟曰：「吾與聖人，性一也，形一也。聖人修身於一時，垂法於萬世，而吾之所以謬妄至此者，是何故也？吾之所禀，別有謬妄之資耶？抑有客氣汩吾之真耶？抑爲造物之所使而然耶？皆不可知矣。」既而復喟曰：「衆人之同於聖者，性也；異於聖者，氣也。性同一理，修之則皆至於聖；氣分清濁，盪之則或陷於狂。吾之至此者，氣之所使也。夫且聞不可益者，亦不可損者；不可成者，亦不可毁者。聖極於善，而性不增毫末焉；狂極於惡，而性不減毫末焉。千變萬化而性固自如也。吾之所失雖大，而若夫不可損益不可成毁者，則必無增減也。前行之失，如鏡之塵，如水之泥，塵去而鏡體本明，泥盡而水性元清。吾之所恃在此而已。雖然，萋斐之文，能成貝錦者，善讒之過也；鈞鎰之金〔四〕，消爲銖兩者，衆口之鑠也。吾能悔過，雖復其性，奈世人之毁我何？」

言已，復喟曰：「天地，大鑪也；造化，大冶也；萬物，鑪中之金也。大冶之鑄器也，方圓長短，隨意所欲，雖良金，不逃乎大冶之手矣。金若自躍曰『我必作某器』，則此不祥之金也。是故毁此成彼，毁彼成此，而金無憂喜於其間者，不能自主故也。以此推之，主我者，造物也，成我而何喜於彼，毁我而何怨乎彼哉？世人之毁譽者，亦造化之所使耳。被人之所擊者，不怒飄瓦者，擊人者非瓦之罪也。爲人之所刺者，不怨鏌鋣者，刺人者非劍之罪也。是故冶者以鉗鎚毁器，亦以鉗鎚成器，而器不喜怒之者，非二物之所爲故也〔五〕。彼世人之一身，尚不能自主，奚暇毁譽人耶？天地之大，尚不免有主，則況乎人與物耶？彼之一動一静，皆有使之者，則毁譽我者，非其所爲也，無異於鉗鎚之成毁器矣。且也金之在鑪者，不知冶者之心；人之在世者，不知造化之心。其成也，未必非毁也；其毁也，未必非成也。禍倚於福，福倚於禍，吾將奈何？不怨天，不尤人，知其無可奈何，而自修以俟命而已。」

珥之藴此言而不發者久矣，適在臨瀛侍王母，而值表叔洪上舍之來覲焉，不面八九年矣。倒蹝出拜，不暇問無恙，而表叔先責以珥之所失，繼之以誨焉。珥之平昔所藴，皆出於其口。嗚呼！非知己之切，不能也。詩云：「他人有心，予忖度之。」此之謂也。夫以運斤之手，苟不遇郢人，則難試其才。珥不見表叔，則無以發乎狂言。於相别，歴叙所懷奉贈焉。

坡州鄉約序庚申

鄉之有約，古也。三五之世，極建民格，無事乎約。而射有法，飲有禮，以至出入相友，守望相助，疾病相扶持者，此鄉約之權輿也。於是乎賓以三物，糾以八刑，而治隆於上，俗美於下焉。世降道晦，淳澆樸散。鄉約美意，或行或泥。泥之甚，則同室之鬭，尚且閉户，況有鄉井相睦之望耶？

今我國家極非不建，而民不於變，户罕可封之俗，邑鮮忠信之士者，豈曰皇衷之不降，實是成俗之具，有所未至耳。坡山厠兩京之間，寔王化所先之地也。歲庚申，春官以聖旨布告郡邑，令修鄉約。是年冬，某郡邊公協來守是邦，好古樂善，心與事會，乃頒令于境内，且屬一鄉父老，使之教導禮義，咸歸于正。鄉有長者，議于衆而復于公曰：「鄉約之設，匪今伊始。作輟不恒，有具無實，良由里各爲約，不統于州，有慭罔懲，因人廢法。若使鄉統其里，里承于鄉，且以中正兼掌鄉議，則約行不泥，庶不中廢。」公以爲然。於是採一鄉之論，倣吕氏鄉約而立法焉。時有古今，節目雖殊，至於因人情節天理，循俗成教，而不悖於禮者，則未始不同也。約既成矣，鄉人有作而言者曰：「日用不知之民，非牖不啓；下必有甚之善，非振不作。今遇國家振起如斯，邦有賢宰，提誘至此。此邦之人，以德相勸，以禮成俗。君子愛人，小人易使。上可以裨聖化，下可以子四民。先生歿而可祭於社，小子興而可賓于王，則斯不負立約之初意矣。若始勤終怠，文與實歧，鄉風無丕變之美，約法爲告朔之羊，則豈非斯鄉之一大恥乎？今有不知言者，或訾以擾民，此誠何謂也？民無信不立，立約，所以立民也。鄉無善俗，則有粟不食矣。」非佛人之性者，則豈肯出此言哉？

嗚呼！此邦之得邊公，一幸也。鄉有二三長者，承公之命，經始立約者，二幸也。如是而坡人草偃于風，樂爲良民，上勤下順者，三幸也。有此三幸而無老於文辭、可揚其美者，惜乎！

栗亭亂稾序己巳

吾友權幼清，裒其先祖栗亭公平日手迹，裝而帖之，名之曰栗亭亂稾，求珥之文識于卷端。

珥謹取而覽之，則其開卷第一義，乃訓子孫格言也。珥肅然整襟曰：「盛矣哉，子之志也！」夫木生有根，而枝柯遠于根，則不知其根之爲我本也。水流有源，而支派遠乎源，則不知其源之爲我始也。是故由親而達于祖，由祖而達于高玄，漸而之遠，邈然鬼視者多矣。苟非窮源達本之士，孰能起敬起孝於人所鬼視之親乎？世之人於其父母，生不能善養，死不能遵教者滔滔矣，況能裒集先祖遺稾於蠹簡亂秩之中，以寓孝思於手澤，如吾幼清乎？幼清之於先祖，尚勉孝敬，則其於事親，寧有一毫之憾乎？既以訓子孫格言昭示後昆，則繼幼清而興起者，其必有人歟？雖然，收拾遺稾而帖之者，迹也；敬慕先祖而事之者，心也。世多迹有餘而心不足者，幼清何修而可以免此矣。嗚呼！「昊天曰明，及爾出王；昊天曰朝，及爾游衍」，幼清之心，昊天之所洞照也。惟知敬天而戒懼慎獨，則其無心迹不同之患乎？幼清勉之哉！

栗亭公諱節，幼有奇相，膂力絶人。光廟潛龍時，屢臨其第，密喻以大事，公佯聾不敢答，遂謀出處于其猶子隱君子權晏，乃爲韜晦之術，持身應事，不爲檢束，若病迷方者，以終其身云。幼清名潔，公之高孫也。

精言妙選序 癸酉

人聲之精者爲言，詩之於言，又其精者也。詩本性情，非矯僞而成。聲音高下，出於自然。三百篇曲盡人情，旁通物理，優柔忠厚，要歸於正，此詩之本源也。世代漸降，風氣漸淆，其發爲詩者，未能悉本於性情之正，或假文飾，務説人目者多矣。

余數年抱病，居閒處獨，殿屎之隙，時搜古詩，備得衆體。患詩源久塞，末流多歧，學者睢盱眩亂，莫尋其路，乃敢採其最精而可法者，集爲八篇，加以圈點，名曰精言妙選。以沖淡者爲首，使知源流之所自。以次漸降，至於美麗，則詩之絡脈，殆近於失真矣。乃以明道韻語終焉，俾不流於矯僞。去取之間，有意存焉。

詩雖非學者能事，亦所以吟詠性情，宣暢清和，以滌胸中之滓穢，則亦存省之一助，豈爲雕繪繡藻、移情蕩心而設哉？覽此集者，其念在玆。

聖學輯要序乙亥○見本編

擊蒙要訣序丁丑○見本編

跋

韓長興蘊**叙後跋**庚申

歲乙卯，島夷不恭，南陲失備，縱賊剼民，卒不得落其角距。于時死節表表可稱者，惟韓長興蘊一人而已。世俗不樂成人之美，或誣以苟生。浮議未息，使忠義之鬼，目不瞑於泉下，吁可惜哉！珥覽高而順所著文，載韓事甚悉，蓋處不遠地，深求其實，非想像可比。第恨曉譬猶有所未盡處，無以痛刮羣疑。珥恐立節之士，終不表白于世，復贅一言。

夫苟生與立節，只在怖死不怖死而已，二者素定于內，非一朝可取辦。苟生之念積于中，則當危急時，股必戰，聲必雌，雖欲强揚于外，有不可能者。立節之義激于中，則氣必盛，戰必勇，勢愈急而心愈壯，有不容掩者。以此觀人，足矣。

達梁之圍，内非墨守，外絶魏救，軍乏見糧，賊會如林，指日待死，愚夫所知。韓非病風喪心者，豈不知其必死哉？何故不求生路，而顧乃挺身賈勇，以示必死乎？既以大義厲士，自矢死國，而頃刻閒變爲獸息鳥視者，非人情也。且怖死之士，不得自拔者，有軍令爲之繩耳。達梁則不然，主將失措，士無鬭志，韓誠自愛者，及其未急時，抽身避鋒，亦莫誰何？何故詰責主將，勉以血戰耶？豎子爲將，以怯懦爲良謀，而城中戰士，猶不即潰者，徒有韓能振士氣耳。微韓，則人各自救，孰肯發一矢哉？雖不怖者，尚病乎一衆志，況以怖死者而能之耶？一軍倚韓爲重，而反目以怖死，無乃誤耶？且屠割之餘，泗海克生者，不過卒伍閒人耳，將帥則無生理。是役也，埽除羞惡，惟生是覬者，誰如元績？其卒不免者，徒以爲將故耳。逃匿而可避，則山麴藭非元所乏也；屈膝而可活，則舊山川非元所憶也。欲生之元，猶齒利劍，況乎欲死之韓，不變章飾，爲賊所目者乎？長興射手從韓死者甚衆，此屬豈盡磊落樹節者，不過視韓進退而規矩之者耳。韓獨避鋒而其屬死節，寧有是理？

議者咸以不得屍慊韓，此亦無謂。島夷惟慘酷是嗜，我軍戰稍力者，必加支解。彼身首未分可辨某屍者，必搖尾乞憐者耳。如韓飲血之將，冒殘賊之刃，魚之肉之，則其不得屍固宜。以此尤驗其快死，而反起疑耶？世人揜其功，覓其疵，不信必然之死，而必求無理之生，庸非惑乎？苟有雲遊之衲，其貌稍秀，其迹稍祕，則人必指爲韓，衆口譁然，易惑難解，雖素知韓者不能不疑耳。目之然後乃辨其僞，彼不知者，固不足道耳。目之而知其僞者，亦未深知者。未深知者，尚寡矣。誕妄之云，不亦宜乎？噫！知韓者，明其必死；不知韓者，摘其必生。明其死者固少，而且不信於人；摘其生者固夥，而且取信於衆。是知之者，不傳其真，而不知之者，深得其實也，吁亦異矣！

世上之知韓者莫如其妻子，欲韓之幸生者亦莫如其妻子。夫以妻子區區幸生之心，終不得求其生理，而路人則比比見韓。是至不知者，莫如至親；至知者，莫如路人。擧國之路人皆爲知己，而生平之親戚骨肉則皆燕越也。知之者，宜少而反衆；不知之者，宜夥而反鮮。此豈理耶？蓬于南者，人以爲韓；萍于北者，人亦以爲韓。其生也只有一韓，其死則何其多耶？民心不古，樂毁人而喜助誕。人有一善，非惟不揚，汲汲點其瑕，猶恐聞於世；人有一惡，非惟不隱，汲汲發其蒙，猶恐不聞於世。細人類如此，君子其信諸？

嗚呼！治平之世，士之奇偉者或泯不著，猶臨大變〔六〕，士可知焉。島夷充斥之際，死綏敵愾者無可屈指，臨機曲撓、狐進鼠退者項背相望。惟韓也迫于孤城，身當百死之衝，不爲不義屈，其節不下古人。如使此人終無褒録，俾與賣城覆軍者同歸一死，則將何以起後日慕義之士哉？世之秉春秋筆者，其致意於斯焉。

達梁垂陷時，奔竄不死者亦或有之，能説元、韓事。當初聞變，韓以廉使命，將距于加利浦，道遇兵使元績，俱入達梁城。元挽韓同守，韓曰：「公亦鎮主，惟命是從。」但廉使已有節制，中道而止，無乃不可，元執不許出。明日，遻賊蜂屯蟻聚，漫野無際，我軍既單，城不深溝，雉堞如兒戲，以故士無人色。元守北門，韓守南門。鋒既接，元潛詣韓曰：「賊盛氣趨北，吾不克支，將若何？」韓怒其眼睍元曰：「主將一摇，誰不解體？兵今破矣！公且在南，我當死北。」遂奮于北門。督戰甚急，矢不虚發，賊披靡。少選，大譟薄南門，元蝨伏行伍閒，不能出一聲，解衣送降文以博死。賊登城，麻芟草薙。韓聞南門多殺聲，不色懼，持滿以待，目其側小吏曰：「事急不遑食，汝其縻薏苢來。」小吏入廚捧盌將進，賊已逼，投其盌，走藏于溷厠，得不死。賊去後，匍匐以出，則一軍盡殪，血波界道矣。始韓見元輕且怯，知必敗事，欲斬以徇，褊裨勢孤，不克發云。又有戍卒家潭陽者在圍中，亦重傷不死，踰城僅免，望見韓横槊立城上，賊耀刃四圍，其勢不免云。珥見高録不及此，故叙以補闕焉。

洪恥齋仁祐遊楓嶽録跋丙子

天下之山水，莫奇於三韓，而關東爲最。關東之泉石尤清絶者，金剛洞壑是也。遊觀之士，文其勝者非一，惟南陽洪丈得其髓焉。其文詳而不繁，麗而不誇。山之根脈，水之源派，呑雲吐霧，攢林叢石，千態萬狀，一筆盡收，無復餘欠，使覽者不出户庭，而萬二千峯瞭然在目。文至此，可與山水并其奇矣。

余因此有所感焉。天壤之間，物各有理，上自日月星辰，下至草木山川，微至糟粕煨燼，皆道體所寓，無非至教。而人雖朝夕寓目，不知厥理，則與不見何異哉？士之遊金剛者，亦目見而已，不能深知山水之趣，則與百姓日用而不知者無别矣。若洪丈可謂深知山水之趣者乎？雖然，但知山水之趣而不知道體，則亦無貴乎知山水矣。洪丈之知，豈止於此乎？

洪丈諱仁祐，字應吉，於珥母黨爲尊屬。少而志學，長而篤行，其於道體，庶幾有見矣，不幸早世。余悲其不克大成，而有感於斯録，僭寄瞽説於卷末焉。

九容帖跋己卯

「天生蒸民，有物有則」，有物無則，物非其物。玉藻「九容」，一身之則也。足不重則非足，手不恭則非手，以至頭目口鼻聲色，莫不皆然。苟失其則，雖有其物，其實與耳目之盲聾、肢體之缺傷無異矣。必也各循其則，然後可臻踐形之域矣。今人愛惜寸膚，至於一指之不伸，亦必深憂隱痛，必伸而後已。乃於一身之則，不深理會，任其盲聾缺傷而莫之恤，吁可悲矣！

吾友鄭季涵，得聽松先生所寫九容帖，揭之屏上，朝夕玩焉，求跋語于珥，其亦有省乎循則之法歟？誠能從事乎「九容」，無毫髮爽，則馴致乎周旋中禮者，亦不難矣，可謂知所先務矣。其可尚也已，第念季涵有時不免爲酒困，則兀然悅爾之際，無乃「九容」或失其則歟？季涵之明，尚克知之。

擊蒙編跋〔七〕

洙泗之所謂「博文約禮」，即洛閩之所謂「居敬窮理」也。只此四字，撮則不盈一掬，放則彌滿六合。學者捨此四字，更無下手處。但不可只誦四字而已，必知所以用功，然後實能居敬，實能窮理矣。若不玩索程朱諸先生之説，則何由識其用功之術乎？

余讀龍巖先生擊蒙編，然後知龍巖於此學用功深而運意勤也。不然，何其擇之精而取之切乎？程朱諸先生今不可得見矣，其喫緊爲人之意，萃於此書。龍巖之嘉惠後學，其亦至矣！

龍巖姓朴，諱雲，少有俊才，早抛舉業，專心此學，從朴松堂遊，精思力踐，晚與退溪先生往來質疑，向學之篤，老而不懈云。

開城留守崔公應龍，將以擊蒙編壽諸梓，求跋于珥。珥不敢辭，略有所道，更詳之，則故觀察使金公就文已有跋語，發揮其義，無遺憾矣。第見金公引朴松堂之語，則曰：「爲學之道，有所得然後操存養之。若學而無所得，則何物操存養之乎？」鄙見於此，不能無疑。學者必操養之，然後乃有所得，若不操不養，則寧有所得乎？且所謂存養者，存其心養其性也，心性是我本有底，豈得於他乎？是故孟子之所謂「自得」者，在於深造之後，若使學者先求自得而後乃存養，則其不陷於異學者幾希。松堂之言論風旨，世不多傳。曾聞退溪評松堂之學帶得禪味云，無乃指此等處耶？或問：「朱子曰『若不能識得，涵養箇甚』，松堂之旨，無乃如此耶？」余曰：「不然。『識得』云者，只是理會操存之要，而識其下手處云爾，非若松堂所謂『有得』者也。」一字之義不明，而誤人知見者多矣，先正固當尊敬，而至於論道，則不可以不明辨也。

學蔀通辨跋〔八〕

氣不能獨陽而無陰，學不能獨正而無邪，理勢然也。唐、虞、三代，道固大明大行，而四凶、飛廉、惡來之徒代不乏人，亦足害正，此乃異端之首也。只賴聖君賢臣上下交修，正長而邪消，故雖有異端之人，而不受異端之害。周衰，始有老、莊、楊、墨騁其邪説，雖經孟子闢之，亦未能止。蓋上古異端，顯是邪惡，故賢者猶恐或浼也。中古異端，掉脱利欲，邪而似正，故賢者始惑焉。

自漢以下，又有佛學。自唐以下，佛變爲禪，其精微動人，非老、莊、楊、墨之比。於是高明之士，靡然從之，遂使中國爲禪佛世界，思之可爲於邑。幸賴程、朱作興，撑拄宇宙，昭洗日月，其摧陷廓清之功，比古尤盛，於是禪佛之學，衰微不振矣。程、朱既没，乃有外儒内禪之學，嘘灰起火，復熾于世。甚矣，異端之難息，有如是夫！

清瀾陳建氏慨然以闢邪扶正爲志，著學蔀通辨，博搜深究，明辨詳言，指出象山、陽明掩藏之心肝，使迷者不被誑惑，其志甚盛，而其論甚正矣。第未知陳氏平日學行德業，可以取信重於天下後世否也？其論性理肯綮之説，亦未能盡其妙，而無少出入也。但因其言深知陸王之邪術，則其功已偉矣。何必覓指疵累，以助黨邪之口乎？識者或以此書過於張皇而欠精約之義爲疑，此亦似矣。但中朝之士，靡靡入於陸學，傳聞王陽明得參從祀之列。然則邪説之禍，懷山襄陵，匹夫之力，難以救止。陳氏明目張膽，孤鳴獨抗，其言不得不引以自高，而排難解棼，務在雄辯，果不能主於精約也，亦何傷哉？但其排比日月，必以朱子爲四十二三歲前不能脱禪學窠臼，見象山之後，猶未免疑信相半，此則過矣。取其功而略其過，亦忠厚之道也。

或問：「中朝之士，多染陸學，而我國則未之聞也，豈我國人心之正，勝於中朝乎？」答曰：「不染陸學，而專用功於朱學，能知能踐，則固勝於中朝矣。若專攻利欲，而朱陸之學兩廢，則其優劣何如哉？」余嘗嘆中朝之士，猶有所事，不肯放心，故或朱或陸，終不虛老。邪正雖殊，猶愈於飽食終日，無所用心也。我國之士，不朱不陸，專務俗習者多矣，此與傭夫販奴何别？以此求勝於中朝，無乃左乎？異端之言，豈必佛老禪陸爲然乎？世之非先王之道，循一己之欲者，莫非異端也。若以俗習爲是，孜孜求利，而非笑陸學，則何異於尊尚四凶而譏刺楊墨乎？嗚呼！世之爲士者，其專務正學，而無至於傭夫販奴之歸，可乎哉？

記

熙川兩賢祠記丁丑

萬曆丙子夏，關西監司金公繼輝巡到熙川，郡儒訓導金欽等康色以應咨詢，若曰：「弊邑荒遠，文教未敷，明公宣化，庶有待興者。第念作人有術，必得先賢曾寓此地者，建立祠宇，新人耳目以動之，然後頑激懦奮，可風一邦。仰惟金文敬公以小學律身，以古禮治家，霽行潦止，正出處之規，銜鬚受刃，承結纓之緒，挺然爲我東鉅儒，而弘治戊午謫于本郡。爰有趙文正公，以金精玉潤之質，因家尊作驛官魚川，往來兹路，遂從文敬受業，講論正學。時人羣誚，耳若不聞。文正之學，克溉孤根，克浚涓流，本厚而華盛，源深而瀾遠，上動朝廷，下興士林。覿德者薰化，聞風者感發。有爲於一時，雖不克終，垂烈於後世，功莫與京，粹然爲我東儒宗。至今東人知崇性理之學、知尊濂洛關閩之説者，皆文正之澤。而文正發端，實自文敬。弊邑何幸得二先生寄迹焉！若廟而宗之，使知者增敬，不知者起慕，則弊邑釀斯文之風，未必不權輿于此也。惟明公圖之。」金公深韙其言，謀諸邑宰，訪諸鄉士，卜地于夫子廟側，築基鳩材，選吏授工，以勤以繕。越明年宇成，金公名之曰「兩賢祠」，緘書求記于德水李珥。珥辭不獲已，則乃言曰：

人之景慕聖賢，遠近有異。夫子作于洙泗之上，經周逮秦，乃焚乃坑。漢興既久，昧昧如舊，宜乎榛塞，無介然之路。而當時齊魯之郊，絃誦洋洋，髣髴于闕里授學之日者，以其時近故也。自唐以來，尊夫子益顯，廟宇遍天下，三尺童子，皆知爲聖人，迄于今無替，宜乎觀感興起者益衆。而師恬于倚席，弟子嬉于束閣，鄉射禮廢，校庭草没，睨視明宫，無異空屋者，以其時遠故也。大聖之澤，寖遠猶微，況其下者乎？周、程、張、朱四先生風之遠近，概此可占矣。若夫文敬、文正兩先生道學，方彼聖賢雖若有間，而去今時甚近，流風遺教，在人耳目，而熙川又其數年相從講學之地，則立祠寓敬，真得其所矣。觀感必易，而興起必速矣。其卜近孔廟者，將使士子因慕二先生之學，得達于夫子之道云爾。入兹廟瞻仰，而不起景賢向學之志者，其可謂有人心乎？西陲，古稱儒風未振，自今伊始，庸詎知不幾於濟濟之美乎？此在諸生自勉，而金公牖民之術，可謂得其要矣。珥因此竊有感焉。二先生在當時，無上下之交，不能考終，天道似若無知，而時移世變，公論終在，上自當宁，下至韋布，重其賢，尊其學，錫命既隆，敬慕亦極，祠宇非止一所，烈烈流芳，將窮天壤而不朽。若其讒夫佞人，罔聖欺明，殲賢蠹國，而天刑不加，老死牖下者，則禍淫之理，亦似茫昧。而公論竟發，神憤人怒，誅罰叢集，穢惡之罪，將亘萬世而無赦。古人所謂「天定勝人」者，於此益驗。

而世之重爵禄，惟利害是計，而不顧是非者鑒此，其亦知戒哉！金公重道愛士，其爲政以學校爲先務，而兹祠之建，本郡太守金君光一與有勞云。

道峯書院記己卯

書院之建，本爲藏修，而兼舉崇德報功之典，故必求鄉先生可爲後學矜式者，立祠致敬，以興起多士希賢之志焉。

靜菴先生趙文正公，寔漢山人。漢山，本楊州之域，而今作都城。楊州治南三十里，有山名曰道峯山，有洞曰寧國，舊有寧國寺，寺廢而洞仍其名。先生少日酷愛洞中泉石，往來棲息。其立朝也，亦乘公退，命駕遊焉，至今鄉老閒有能談者。萬曆癸酉之冬，牧使南侯彦經往觀其洞，慨想遺躅，咨詢鄉士，議作瞻慕之所。衆志克合，乃即寺址，營建祠宇，因設書院。鄉人聳身，百工勤力，越明年甲戌之夏，祠院告功。祠宇在北，輔以東西齋。書院在南中，設講堂，翼以兩夾室。前廊枕溪，廊側有門，因地形也。木役粗完，凡百未庀，而南侯以疾去官。繼牧是州者李公齊閔、李侯廷馣踵其緒不替。於是廩士之具，藏書之室，毖祀之廚，次第訖事。越六年己卯之春，始克斷手。其將落成也，院儒安昶以多士之請，求記于珥。珥竊念當今文衡大手，非止一二，而必欲借海濱枯槁病叟之筆以狀儒林盛舉者，其意安在？無乃誤以珥爲受先生之恩，粗聞此學之糟粕歟？忸怩不敢當。第寧國之洞，巖淨水清，爲一區勝境。而賢祠儒院，一時鼎新，章甫輻輳者有年數矣。惟珥未克一觀，自恨嬰疾，不能致身其側。顧以綴名其閒爲至榮，故忘其僭妄，贅以一說，曰：

我東素稱文獻之邦，而由王氏以前，所謂學問者，不過雕琢繡繪，以爭工鬪麗而已。性理之談，蔑蔑無聞。其季也，有鄭圃隱始號理學之祖，而言論風旨，未得其詳，後人但知以一身撑拄五百年頽壞之綱常而已。本國文風，可踵聚奎之運，而能以爲己之學名世者，亦未曾輩出。惟我靜菴先生，發端于寒暄文敬公，而篤行益力，自得益深。持身必欲作聖，立朝必欲行道，其所惓惓者，以格君心、陳王政、闢義路、塞利源爲先務，倡道未幾，士風丕變。天不祚宋，陰慝雖作於當時；澤未五世，陽光方發於今日。後之爲士者，能知親不可遺、君不可後、義不可捨、利不可征、祭當思敬、喪當致哀者，皆我先生之教也。苟論其功，欲報之德，寧有紀極乎？南侯灼見其然，首此美事，深可尚也已。

珥因此竊有感焉。先生平日誨人者，只孜孜於爲己而已，其於習時文干禄位，固浼浼也。後學之居是院者，誠能捐去俗習，一意以居敬、窮理、力行爲深造之功程，相觀而善，相責而改，日趨乎居安資深之域，則可謂能報先生之恩者矣，瞻拜廟庭，可無愧矣。若是則先生之道，雖否於前，實行於後，豈非斯文之大幸乎？如使立志不篤，舊習作祟，操觚弄墨，惟決科是希，飢食飽嬉，棄寸陰不惜，則其有負於先生大矣！何面目能入廟門乎？如此則先生之道既窮於昔，又廢於今矣，豈不痛哉！嗚呼，後生其亦克念哉！

院中規令，則諸生相與稟定于副提學草堂許公曄。是役也，斯文先後輩咸助其費，而許公實主張焉。其餘若右參贊白公仁傑、吏曹參判朴公素立之功，亦表表異衆云。

扶餘顯義祠記 丙子

洪興道名可臣出宰扶餘，是百濟故都也。濟之亡，非無烈士，而事遠迹昧，民無得而稱焉。興道慨然想古，思構廟表忠，乃相地於望月山敬龍寺之北。西望半月古城不滿數里，扶蘇白馬，山盤水回。東望鷄龍山四十許里，蒼翠際天。南距烏山二里餘，峭拔蓊蔚。北距石灘五里，是麗朝正言李公存吾舊墟也，有旌門在焉。境高界闊，位陽土燥，周咨稱卜，爰始經營，時萬曆乙亥仲春也。材良工繕，數月告訖。屋完垣周，妥靈攸宜。所祀之賢凡四焉，其三則濟人，其一乃李公也。考諸國乘，則有若佐平成忠，忘身批逆，橫被縲絏，審幾憂君，死猶盡言。有若佐平興首，獲譴昏朝，阨窮不怨，臨危陳策，惓惓無隱。有若將軍階伯，奮臂回山，激寡摧衆，運去鋒盡，決志喪元。若夫李正言，則鳳鳴濁世，廷挫妖髡，愛君嫉邪，之死弗諼。斯四人者，忠風義聲，百世如昨，廟以聚神，於古有光。乃於丙子四月，奉妥位版，分官田以贍祀，募居民以守護。且將築書齋于側，使鄉士作藏修之所，馳書求記于德水李珥。

珥聞興道爲邑，剗弊蘇民，既不怠于事，又能丕闡幽光，耀人耳目，使衰世之士，懦者立，偷者厚，此豈少補哉？請名其祠曰「顯義」。既而嘆曰：成仁取義，孔孟昭訓，而俗降風頹，志士鮮作，議者乃以捨生爲偏行，保身爲全德。殊不知捨生不害中道，保身未必明哲也。嗚呼！濟麗之末，程朱之説未布也，性理之學未明也。師無所講，弟子無所受，尚有砥厓躬之義，扶人紀之傾，而偉烈如此。今之述程朱、談性理者，平日正色危言，或不愧古人，而及乎臨利害、遇得失，輕重不至於死生，尚有駭目怵心、變其所守者，況於存亡之際能任綱常之責者，有幾人乎？此由實學未振，四維不張故也，此豈徒爲國者之憂，吾黨之所懼也？

輔仁堂記

洪丈允軾，來自尼山，叙寒暄外，不遑出一言，即道：邑宰柳侯夢説爲政，主於便民，尤致力於養士。修葺廢佛院，爲邑中俊秀藏修之所，扁其堂曰「輔仁」。買置書籍，分俸錢爲子母之資，以廪諸生，使胡神之廟，變爲章甫之室。邑人咸嘉厥績，願借公筆，俾後人知其所始。余應之曰：今之爲邑者，所務在於畏簡書赴期會而已。眼前瘡疣，或莫之動念，況事學校希闊之舉乎？柳侯既務安民，又務興學，可謂知所務矣。第士子之患，不在於居無厦屋，食無四簋，只在於不志于學耳。誠志于學，則居敬窮理，兩進其功，朋友麗澤，相觀而善，可愜輔仁之名矣。如使志不在學，餔啜是事，相聚而嬉游，則能無愧於堂扁乎？居柳侯之屋、食柳侯之食者，其勖之哉！

友松堂記己巳

曉窓沈公名逢源之第，依華山麓，頗有幽致。砌上有松，龍幹屈曲，鐵柯扶疏，其形甚奇，沈公寶玩之，名其堂曰「友松」，屬珥爲記。珥復於公曰：植物之衆，惟松最秀。其德之貞，其節之剛，古人頌之無遺語矣，珥將何辭以記？第見此松之異狀，資人矯揉之力，渾成之後，便奪天巧，非族松之所可比肩也。夫貫四時閱千歲而不變者，質之美也，衆松之所同也。抑其長而引其短，使枝柯整齊者，養之善也，玆松之所獨也。世間美質，不爲不多矣，率無善養之功，老於自棄者何限。見此松者，其亦有所感發歟？善養其松者，尚能變其氣質，同於造化，則況善養其心者乎？

沈公，珥祖母之從母弟也，性靜而樂於恬淡，勢利芬華，不能奪志。從政未幾，閒居養疾，門設雀羅，圖書自娛，其可謂質美而能養者歟？宜乎喚松爲友，以伴寂寥也。想見雪霽雲收，朗月流輝，清韻吟風，疏陰搖榻，公以深衣幅巾，焚香默坐，心境俱清，一塵不著，不知更有何友可以同樂耶？兹松能使人樂，而不知自樂，則公其可謂獨樂歟？

濯熱亭記庚辰

邑有溪山之勝者，於國爲鮮。溪山雖勝，而樓閣直其地者尤鮮。樓閣跨勝境，而近於公廨，可朝夕憑玩者，誠天下之絶無而幸有者也。海之爲州，於西路最鉅，溪山之秀，樓閣之壯，莫敢甲乙，而猶未見合爲一所者。牧使黄侯病之，下車未久，即選地於城北二里許首陽山下清風洞口，作亭而名之曰「濯熱」。役不勞民，不數月而告成，時萬曆己卯秋也。華不至奢，儉不至陋，俯挹巖川，平對石峯，流峙之好，堂構之盛，兩盡其美。而黄侯日來哦詩，課吏種樹，亦不廢邑務，此豈非所謂天下之絶無而幸有者乎？海爲劇邑，簿牒鬧熱，抽身出城，一憑軒窗，則境界清曠，耳目爽朗，此其所以得濯熱之扁歟？

越明年庚辰暮春，珥陪監司崔公興源及黄侯小酌其上，澗花發馨，山月向圓，清流澈玉，碧岫矗雲。回瞻邑居，則城郭樹林，館舍閭閻，朦朧隱見煙靄之間。珥執酌而嘆曰：「斯亭可得絶特之稱矣！邑於斯蓋久，而今始有作，兹非數歟？安知非昔有華構而中廢歟？興廢有時，又安知後日復失此基址歟？方樂而係以感慨者，其不以此歟？抑有一説焉。山水能使人移情，登斯亭者，見山之高，見水之清，植本洗垢，仁可益厚，知可益周，使君之築此，豈爲臨觀之樂哉，良有取於禆諶謀野之遺意歟？後之宰邑者，有得於此，使政平人和，而觴於斯，詠於斯，奏樂於斯，使邑人喜其無疾病而樂其有林泉花鳥，則斯亭可匹甘棠矣，不亦休哉？如或不恤民隱，而康娱是事，使邑人蹙頞疾視而不願聞鍾鼓管籥，則斯亭之作，無乃爲使君之羞乎？」黄侯曰：「善哉言也！非惟警余，可以爲永世之規。」遂使珥寫其言以爲記。黄侯名廷彧，字景文，博雅好古人也。

平遠堂記

邑居有堂榭之勝，似無與於爲政，而達士急焉，俗吏慢焉。蓋心之本體，洞徹虚靈，而不能不爲物所蔽。善養則通，不善養則窒。通則能物物而處當乎理，窒則物引物而處不當理。善養之法，固在操存省察，而居處清曠，亦助養之具也。昔者曾晳浴沂詠歸，而夫子深與焉。朱子遇一樹稍清陰處，必嘯詠徘徊而不能去。此徒外境之爲樂哉？將以外境助養吾心爾。政出於心，心得其養，然後政得其宜。達士急於堂榭之勝，其意可想矣。若夫俗吏，簿書期會爲先務，拘拘焉苟逭罪責，夫孰知養心而發政乎？

吾故人尹公子仰名斗壽，以喉舌近臣，分竹鹽州，延安别號四遠瞷其爲政。下車未久，即事土木，闢地客館之南，建堂而扁以平遠。瞷者笑其爲，吾獨意其超脱俗臼也。歲庚辰冬，余因省墓坡山，過是府，被子仰邀余觴于是堂，則平臨迥野，遠挹江海，大池波光，遥岑積翠，萃于几席之閒。庭心鑿方塘可三畝，緑萍無隙，遊魚戲鴨，出没得意。塘有小島占其中，可植奇花異卉。鹽州得此堂之勝，古未曾有也。余然後始知子仰有意乎助養也。退省民語，咸曰「吾侯政平，使民不擾，郵犬不夜吠云爾」。則斯堂之作，其無益於爲政歟？莊子曰：「室無空虚，婦姑勃谿，心無天遊，六鑿相攘。」子仰其欲處空虚而樂天游者乎？雖然，外境之勝，所以助養也；操存省察，乃養之之本法也。務其助而忽其本，則亦非真養也。子仰既有其助矣，其可不勉乎本哉？子仰求記，故放言至此，想擇蕘説。

遊青鶴山記

隆慶己巳，余休官省祖母于江陵。與鄉人語及泉石，余曰：「大嶺以東，遊觀者必稱寒松、鏡浦，此皆江海之勝耳。不聞有洞天溪壑可棲幽貞者，蓋有之矣，我未之見也。」朴宥大宥在旁曰：「吾聞之張上舍汝弼，連谷縣之西有山來自五臺，蟠根百餘里，中有洞壑，甚清勝，深處有青鶴棲于巖峯上，此真仙境也。只是遊人不到，故隱而不耀耳。」余聞之，不覺爽然，遂定尋幽之計。

權表丈有亭在海上，名曰「無盡」。表丈先往相待，余與舍弟瑋季獻踵焉，時夏四月望前一日也。亭下長川，迤邐入海。海口多嵒石，可爲釣磯。表丈指川曰：「川源出自五臺之北臺，沿流而入，可見鶴巢。」鄉人云黄昏泛小艇，張汝弼仲鄰亦與焉。白沙隔海，月色如晝，風止波恬，放棹中流，舉酒向月而相屬，夜深還亭。明日，表丈及余、季獻、仲鄰聯轡而行，過白雲遷，至兔谷之口，路旁巖流，挾以樹陰，下馬而憩，溪上有丘可構屋。余謂表丈曰：「若成茅齋數椽于此丘，則可作幽棲之所矣。」余等倚嵒數游魚，良久不發。朴大宥策馬追到，使童僕拾榾柮，炊飯于沙上。遇虞人問路，使之前導。行到曲淵，絶壁中拆，驚湍下注，環回作潭，水色蒼黑，旁巖俯窺，凛然神悸。復踰二嶺，凡行三十餘里。一嶺甚高峻，緣路水石，轉入轉奇，眼眩不可悉記。蓋兔谷以西，造化漸施巧手，以爲鶴巢巖張本矣。嶺下平郊，方可三四里，羣峯擁翠，一溪繞碧，寒巖秀異，喬木扶疏。有一草屋，籬落蕭條，若隱者之室，刳木受泉，以爲水碓。余等徘徊顧瞻，頗有遺世絶俗之思。復行五里餘，得僧舍而休焉，板屋甚温。老僧指林閒細逕，曰：「從此行數十步，有一佳境。」余等尾老僧而往，果見翠崖削瓜，飛泉噴雪，逍遥石上，手撫孤松，暝色蒼然。乃還僧舍，名其潭曰「漲雲」。有僧智正者，慣踏山路，招問其狀，正曰：「自此西行四里許有鳥道，名曰『觀音』。遷其西有石門，石門内有食堂巖，巖西有山城，雉堞宛然。復行五里許，乃有石峯突起，勢摩九霄者凡三，挾以雲壁，雪色嵯峨，清流瀉其間。峯上有青鶴巢，但石棧甚危，一跌便落千仞矣。」明朝，余等輕服芒鞋，策杖而出，智正與虞人啓行。山逕茅塞，加以落葉，殊不可辨，沿川履石，極其艱險。行未幾，已見奇峯疊石，氣象頓異。得一綫路，横繞高岡，攀木而登，望見雲岑縹緲，林壑窈冥，奔流戛玉，乍隱乍現，不知洞府之幽邃，又隔幾許也。虞人曰：「此是觀音遷第一巖也。」峯回路斷，碧崖當前，緣崖腹而過，下有深淵。余與季獻匍匐僅度，大宥先往顧笑。下岡乃至石門，圓巖架于崖角，巖下有竇，僅可低頭而入。既入石門，境色尤奇，慌然别一世界也。四顧皆峙石山，翠柏矮松，縫其罅隙，兩屏之間，川源甚遠，激而爲瀑，晴雷振壑，渟而作淵，寒鏡絶瑕，泓澄瑩緑，落葉不著，回流曲曲。石狀千變，山陰樹影，雜以嵐氣，翳翳然不見日光矣。散步白石，玩弄晴漪，欲選勝而未領其要，移席者屢。最後得一巖，平廣有階級，列坐其上，設小酌，仰見直西一峯，最高異狀，創名之曰「矗雲峯」。巖名舊曰「食堂」，改之曰「祕仙」，名其洞曰「天遊」，巖下之潭曰「鏡潭」，揔名其山曰「青鶴」。余等欲歷山城，以訪鶴巢，適有雨意，恐山蹊益惡，悵然中止。還尋歸路，十步九顧，余與大宥約繼清游。未至僧舍五十餘步，坐溪上盤陀石午飯。出山至兔谷，權愼謹仲攜酒相候于路畔層巖。巖側垂瀑可丈餘，觴于巖上，名之曰「醉仙巖」，乘夕還無盡亭。

噫！自有天地，便有此山，天地之闢，亦已久矣，尚未名于世。山城之築，未知何代？想其經始者，不過避亂之吏民而已，若有幽人逸士，一扣石門，則豈無一言留於後耶？抑雖有其人，而世失其傳耶？彼五臺、頭陀等山，譬之於此，風斯下矣，猶且揚休播美，觀者接武，兹山乃藏光匿輝於重巒複壑之中，無人闖其封域，況閫奥乎？世人之知不知，於山無所損益也，顧物理不當爾也。一朝遇吾輩，使後人知有此山，斯亦有數焉耳，又安知更有靈境祕於塵外，尤異於此山，而吾輩亦未之知耶？嗚呼，世有遇不遇者，獨山乎哉！

松崖記辛未

余素聞楓巖下流多佳處，游屬適未及焉〔九〕。辛未季夏之旬，與友生六七人，沿溪而上，見林巒，旁流逶迤，或起或伏，高處必有翠崖如屏，其下必渟水成潭。客有窮其源者，知其數有九，真所謂「九曲」也。余等行至第四潭，人以爲最勝，故設席沙上，面翠崖而坐。水廣可容舟，崖下亂石相錯，一巖狀如船，因以名，可坐四五人，邨老之釣磯也。仰視巖隙，有玄鳥巢，余等奇其知所止也。有客請名其地，余創名之曰「松崖」，崖上有松故也。崖之左旁有古寺基，樹陰甚濃，望之縹緲。余等褰衣而陟，寺之廢也久，無路可尋，使健奴伐草先導，攀緣巖角，備凌險峻。嶝側有一穴，不見其底。既登，危砌尚完，石泉寒洌，自下測其高，則蓋得六之四焉。眼界甚闊，適雲暝不能遠眺。客指雲外，曰牛耳、佛足等山羅列于彼云。寺舊名「葛公」，余曰：「『葛公』無謂，請構草菴，改其名曰『架空』。」余等徘徊顧瞻，抵暮乃還。

嗚呼！外物之可樂者，皆非真樂也。君子之所樂，在内而不在外。則彼之峙且流者，無與於我。而古之聖賢，尚有樂之者，其故何耶？蓋分内外而二之者，非知真樂者也，必也一内外無彼此者，其知真樂乎？天理本無内外之閒，彼有内有外〔一〇〕，必有人欲閒之也。苟無人欲之閒，則浩然自得，焉往而不樂哉？昔者曾晳有浴沂之談，夫子嘆息而深許之，以晳也見夫人欲盡處，天理流行之妙故也。不然則城南之浴，壇上之詠，魯人之所同也，烏可一一與之乎？雖然，天理之妙，非學者所可易言也。欲見天理之妙，當自慎獨始。慎乎獨，則吾心無閒。吾心無閒，則天理流行矣。不慎乎獨，則吾心有閒。吾心有閒，則天理阻閡矣。吾黨之士，其勉乎此。

校勘記

〔一〕既與李仁任不同　「任」，一本作「人」。

〔二〕仍抄付史館　「抄」，一本無此字。

〔三〕誠切隕首横草　「横」，疑作「結」。
〔四〕鈞鎰之金　「鈞」，原作「匀」，據文意改。
〔五〕非二物之所爲故也　「二」，一本作「一」。
〔六〕猶臨大變　「猶」，疑作「惟」。
〔七〕擊蒙編跋　此四字後，一本有「辛巳」二字。
〔八〕學蔀通辨跋　此五字後，一本有「辛巳」二字
〔九〕游屩適未及焉　「屩」，一本作「屐」。
〔一〇〕彼有内有外　「外」後，一本有「者」字。

栗谷先生全書卷十四

説

送趙汝式説 乙亥

趙汝式作通津，求贈言。余謂爲邑有二策：興利除害，足民設教者，其上也；量蠲舊弊，清淨無爲者，其次也。由前之説者，失於煩擾，則民怨作；由後之説者，失於疏脱，則吏情懈。有爲而不煩，無爲而不疏，然後可以宰千室之邑矣。汝式讀書窮理，存心愛物。今兹一邑，不翅一命，於人必有所濟。臨民之要，不過使輸其情。「御吏之法，不過正己格物。」程子之言盡矣，珥何更贅？第有一事，欲試而未能者，今爲言之。古之宰邑者，賦於民爲俸，俸有常制，足食而分其餘，以周親舊，視俸多少，以裁闊狹。今也不然，宰邑者無常俸，邑中斗米以上皆爲國物，雖伯夷爲宰，不私用國物，則無以糊口，此國法之未備者也。

於是君子既難於守法，而貪夫踰越太甚。國賦之外，無名科斂，使民不堪，勢使然也。惟幸邑有義倉，春散冬斂，恒剩十之一，以備鼠耗。耗穀乃爲邑宰之用，已成通例。愚意欲悉罷無名科斂，而以一歲耗穀三分之：一分以供衙屬，一分以奉使客及應親舊之需，恒留一分，以爲贏餘。未知此法可行乎？汝式到縣，試以此商度，如不可行，還以相諭可也。

人心道心圖説 壬午〇奉教製進

臣按：天理之賦於人者，謂之性。合性與氣而爲主宰於一身者，謂之心。心應事物而發於外者，謂之情。性是心之體，情是心之用，心是未發已發之摠名，故曰心統性情。性之目有五，曰仁義禮智信。情之目有七，曰喜怒哀懼愛惡欲。情之發也，有爲道義而發者，如欲孝其親，欲忠其君，見孺子入井而惻隱，見非義而羞惡，過宗廟而恭敬之類是也，此則謂之道心。有爲口體而發者，如飢欲食，寒欲衣，勞欲休，精盛思室之類是也，此則謂之人心。理氣渾融，元不相離，心動爲情也，發之者氣也，所以發者理也。非氣則不能發，非理則無所發，安有理發氣發之殊乎？但道心雖不離乎氣，而其發也爲道義，故屬之性命。人心雖亦本乎理，而其發也爲口體，故屬之形氣。方寸之中，初無二心，只於發處，有此二端。故發道心者，氣也，而非性命則道心不生。原人心者，理也，而非形氣則人心不生。此所以或原或生，公私之異者也。道心，純是天理，故有善而無惡。人心，也有天理，也有人欲，故有善有惡。如當食而食，當衣而衣，聖賢所不免，此則天理也。因食色之念而流而爲惡者，此則人欲也。道心，只可守之而已。人心，易流於人欲，故雖善亦危。治心者於一念之發，知其爲道心，則擴而充之，知其爲人心，則精而察之，必以道心節制，而人心常聽命於道心，則人心亦爲道心矣。何理之不存？何欲之不遏乎？真西山論天理人欲極分曉，於學者功夫甚有益，但以人心專歸之，人欲一意克治，則有未盡者。朱子既曰：「雖上智，不能無人心。」則聖人亦有人心矣，豈可盡謂之人欲乎？以此觀之，則七情即人心道心善惡之摠名也。孟子就七情中剔出善一邊，目之以四端。四端，即道心及人心之善者也。四端不言信者，程子曰：「既有誠心爲四端，則信在其中矣。」蓋五性之信，如五行之土，無定位，無專氣，而寄旺於四時。論者或以四端爲道心，七情爲人心。四端固可謂之道心矣，七情豈可只謂之人心乎？七情之外，無他情。若偏指人心，則是舉其半而遺其半矣。子思子以七情之未發者謂之中，已發者謂之和。論性情之全德而只舉七情，則寧有偏舉人心之理乎？此則較然無可疑者矣。性具於心而發爲情，性既本善，則情亦宜無不善。而情或有不善者，何耶？理本純善，而氣有清濁。氣者，盛理之器也。當其未發，氣未用事，故中體純善。及其發也，善惡始分。善者，清氣之發也。惡者，濁氣之發也。其本則只天理而已。情之善者，乘清明之氣，循天理而直出，不失其中。可見其爲仁義禮智之端，故目之以四端。情之不善者，雖亦本乎理，而既爲污濁之氣所掩，失其本體而橫生，或過或不及。本於仁而反害仁，本於義而反害義，本於禮而反害禮，本於智而反害智，故不可謂之四端耳。周子曰：「五性感動而善惡分。」程子曰：「善惡皆天理。」朱子曰：「因天理而有人欲。」皆此意也。今之學者，不知善惡由於氣之清濁，求其説而不得，故乃以理發者爲善，氣發者爲惡，使理氣有相離之失，此是未瑩之論也。臣不揆愚僭，謹作圖如左：

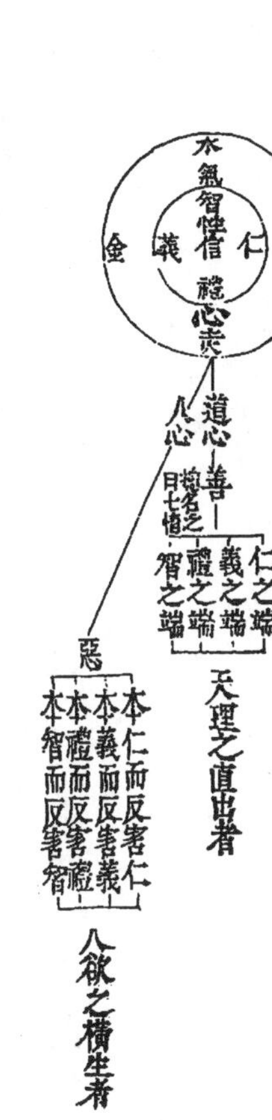

克己復禮説 壬午冬○爲詔使黃洪憲作

竊謂仁者，本心之全德。禮者，天理之節文。己者，一身之私欲也。人莫不具此本心，而其所以未仁者，由有私欲閒之也。欲去私欲，須是整理。身心一遵乎禮，然後己可克而禮可復矣。義禮智均是天理，而獨舉禮者，禮是檢束身心底物事。視聽言動，悉循天則。動容周旋，皆中節文。則心德斯全，而義智在其中矣。顔子一聞聖訓，擔當勇詣，便復天性〔一〕，此所以獨稱好學也。小邦之人，所見孤陋，只守程朱之説，更無他道理可以敷衍。雖欲不拘窠臼，不可得也。今因明問，庶可啓發憤悱，無任驚感之至。中朝，性理之窟，必有繼程朱而作者矣。今士論所推可紹道統者爲誰？願承高明之誨，以祛坐井之疑。

贈柳應瑞夢鶴治郡説

柳君應瑞作宰大興，臨别求贈言，余不敢也。厥後三年，聞柳君清以律己，寬以御下，慈以保民，士豪窮氓，靡不得所，一境如在春風中，余甚韙之。柳君復貽書申前請，余乃言曰：士生斯世，自幼而學，將以有行也。學在己，行不行在時。學不足而先求行，不可也。學已足而不求行，亦過也。士之官乎朝者，職各不同，而其行姑局〔二〕，必求大行，則非居卿相，不能也。卿相非人人所能爲，則惟邑宰親民，可以自行其道，施澤於民。故士不能爲卿相，則必當爲邑宰。雖然，今世之賢者爲少矣。某賢爲相，某賢爲卿，而聲績無聞，民不見德。必也某賢作邑，然後乃見政迹。則能治一邑，勝作卿相矣。柳君方務於學，未及求行，而朝廷舉用，非初心所樂，不得已而應命作縣，未幾，民已被澤，其不負所學也明矣。雖謂之學不足，吾不信也。第念今之爲邑，一出於正，則觸事拘礙。蓋縐無名之斂，則官儲一空；絶貨請之路，則貢獻必阻；止旅鄰之侵，則軍伍多闕。兹三者，俗吏之所恬視，而學者所蹙頞也。未知柳君於此三者，能出於正而亦無拘礙乎？將周旋應俗，取不中不遠者乎？昔者，明道先生爲邑，不枉道，不廢法，不駭俗，而爲之沛然。柳君有學於此，則何難之有？余見今世之士，欲不枉道，則長往而不出。欲不廢法，則深文而厲民。欲不駭俗，則摸棱而屈己。用於時而不失其身者，無幾焉。故愚於柳君，深有望焉。且先賢之言曰：「仕而優則學，學而優則仕。」柳君平昔於學詳且勤矣，爲政之暇，温繹舊得，而日有新知。毋滯前見，毋墮因循，精之以問辨，守之以涵養，擴之以踐履，以臻高明光大之域，則其學可成矣。其澤於民者，豈止於一縣哉？柳君其勉乎斯。

贈洪甥錫胤說壬午

吾甥洪錫胤將歸覲母氏，謂余曰：「錫胤非不欲學，志不豎立，悠悠度日，願得警語，貼于座右，朝夕省覽，以起懶怠。」余曰：「『玉不琢，不成器。人不學，不知道。』不知道，無以爲人。士而不學者，是皆不憚爲禽獸者也。既不憚爲禽獸，則座有警語。顧何益哉？」錫胤再請曰：「元不欲學者，無所用警語矣。欲學而未能者，則遇戒而發矣。」余曰：「然。人之病有二，一則血氣之病，一則志氣之病。血氣之病，問醫求藥，治之以外物。志氣之病自悟自修，治之以内心。治以外者，權在人。治以内者，權在我。在人者，人多以誠求治。而在我者，則略不加功。吁，亦怪矣哉！誠欲自修，則知懶爲病，則治以勤篤。知欲爲病，則治以循理。知檢束不嚴爲病，則治以矜莊。知念慮散亂爲病，則治以主一。病雖在己，藥不外求，無不可治者矣。何憂學之不成乎？」錫胤曰：「願聞持身要語。」余曰：「入則孝，出則悌。讀書以資窮理，行善以求復性。靜則敬直乎中，動則義方於外。策之以勇猛，持之以悠久。如斯而已。」遂書以贈。

護松説

金君說宅于鼎山下，環其宅樹以松，清陰周帀，可數百畝。金君指以語余曰：「吾先人手所種也。吾兄弟皆家于此，以此松爲藩籬。見物思親，有不能自已者，常恐裔遠傳泯，不免斧斤之加，欲得君數語，掛于家廟壁上，以示子孫。」余笑曰：「言何足尚哉？君之子知君之意，君之孫知君之子之意，雖至百世之遠，以意相傳，則終必不泯也。若使堂構不墜，興孝興悌，則於祖先之物，雖斷杖弊履，尚且寶藏而起敬，況手植之里樹耶？如或教育乖方，良心梏亡，則其視父母亦如秦越，況閒外之植物耶？教之以言，不若教之以身。傳之以文，不若傳之以意。言何足尚哉？」金君曰：「此則然矣。但秉彝，天得也。充之者固鮮，絶之者亦鮮。中人之性，有警則發，無戒則昧。吾欲警發中人，使之不昧耳。彼梏亡其心，秦越其父母，禽耳獸耳。吾雖不敢以孝悌期子孫，亦不可以中人待之耶？子孫亦有心，何至以禽獸自處耶？其亦有發乎斯言也夫。」余曰：「善哉斯言！以此垂訓，足矣。父歿而不忍讀其書者，以其手澤之存也。母歿而不敢飲其杯圈者，以其口澤之留也。況此偃蓋之松，出於栽培之手，潤之以雨露，實之以霜雪，閲眼而興懷。怵惕焉，悽愴焉。雖一枝一葉之微，懔懔然猶恐有傷，尚可犯其條榦耶？苟非禽獸其心者，必知警矣。君其免夫？」吾因此而有所感焉。夫祖先積累辛勤，期以必世，始成家業，而子孫不肖，則敗毁之亟，不俟終歲焉。斯松之封植，待數十年，始克成樹。而斤斧之伐，則一朝可盡矣。豈不類乎？家業之難成而易毁也哉！嗚呼，斯其所以有感也夫。

贊

夫子文章贊

天高地厚，日臨月照。經紀江漢，賁飾山林。察乎上下，孰闡幽深。規圓矩方，身度聲律。動爲世道，言爲世則。無隱乎爾，孰燭玄微？夫子之文，扆也天機。書不能傳，辭不能讚。卓爾在前，庶幾仰鑽。

銘

思菴琴銘

瑟瑟孤桐，泠泠古音。一鼓醒耳，再鼓清心。無絃太淡，繁曲太淫。我抱斯琴，誰賞沖襟？有懷師襄，滄海雲深。

祭文

祭聽松成先生文甲子

維嶽凝精，篤生德人。風儀秀偉，性氣真醇。孝感神明，信及豚魚。潛心墳典，游刃羣書。夢斷浮雲，浩然歸田。屋下牛溪，屋上坡山，於焉考槃，十畝閒閒。聲聞于天，鶴書翩翩。寤言永矢，確乎不拔。黃鐘未奏，豫章誰伐？迨乎季年，行安學成。外無圭角，内就高明。一味簞瓢，樂以忘憂。不出户庭，馨香四流。高山仰止，來自遠方。小子困蒙，晚窺末光。春風秋月，擊目無際。天胡不憖，鳳兮云逝。匍匐一慟，萬事已矣。恭將菲薄，以明誠意。不亡者存，庶幾鑑此。

祭退溪李先生文 壬申

嗚呼哀哉！蓍龜既失，父母既殁。龍虎云亡，景星沈光。歲序遷流，今已再周。衮衣皇皇，孰補其闕？赤子嗷嗷，孰援其溺？變怪百出，孰設嚴防？長夜漫漫，孰曝秋陽？嗚呼哀哉！緊公之生，閒氣所鍾。温然如玉，有睟其容。志貫皦日，行潔秋水。樂善好義，無閒人己。俛首下學，紗思精研。縷析毫分，洞見幽玄。衆説參差，洪纖異宜。折衷會一，紫陽是師。急流勇退，出類離羣。守道山樊，富貴浮雲。閒中日月，靜裏乾坤。在邦必達，休聲徹天。宸衷虚佇，寵命聯翩。公惟考槃，確乎不拔。幽居入圖，高掛紫闥。嗣聖繼明，側度如渴。祥鳳來儀，經幄生輝。十圖啓沃，探隱闡微。輿望日隆，謙退愈卑。三章辭闕，浩然而歸。調羹之手，卷而懷之。惟進與退，繫國安危。寂寞之濱，有來摳衣。惟公不倦，兩端斯竭。知德者鮮，統緒誰接？微言昭載，耿光長新。進不澤民，退啓後人。嗚呼哀哉！小子失學，貿貿迷方。悍馬横馳，荆棘路荒。回車改轍，公實啓發。有初鮮克，哀我滅裂。公辭端委，余謝簪笏。自擬負笈，庶幾卒業。天不慭遺，哲人遽萎。公之易簀，余在西陲。疾病纏綿，道路阻脩。承訃一慟，萬事謬悠。斂不飯含，葬不執紼。心期百違，竟未奔哭。嗚呼此生，辜負幽明。緘辭洞酌，遠寓微誠。嗚呼哀哉！

祭退溪李先生文代成浩原作

伏惟尊靈生鍾閒氣，玉潤金精。制行高潔，秉志清明。早馳藝苑，用照令名。晚尋墜緒，布聖鑽仰。黄卷爲師，深思熟講。弗得弗措，操戈入室。始若絲棼，終乃冰釋。奥旨微言，毫分縷析。上泝洙泗，下窮濂洛。考亭遺訓，符契允合。沈潛涵泳，白首彌篤。儒林瞻仰，泰山喬嶽。急流勇退，陶山是築。幽居入圖，達于楓宸。明廟傾心，寵命日新。公崇謙德，富貴如雲。民望愈隆，守義愈敦。我王繼明，疇咨熙載。仰成元老，虚己以待。公猶相時，不變素履。諄諄十幅，瀝血寫字。用補衮職，天恩斯荅。公身雖遠，豈弛憂國？庶幾還朝，贊升大猷。一朝鳳逝，顧天末由。緊我先人，養疾林丘。不事皎皎，安分履常。惟公化筆，可發幽光。冒威陳悃，終荷一諾。爰將往見，質疑往復。非辯之尚，務存厥實。公恢弘度，未嘗揮斥。追思唐突，不寒生粟。末後有禀，未蒙回諭。方深悚仄，豈期聞訃？一慟號絶，追至弗悟。嗚呼已矣，承教無路。俯擇狂言，嗣孫是聞。銜恩刻骨，永矢不諼。哲萎之創，百倍他人。精爽南飛，痼病在身。體魄在牀，未獲奔哭。馬鬣已封，未獲執紼。嗚呼此生，辜負盛德。緘辭致誠，敢冀降格。

祭李正之𦂆文

江山性氣，鸞鶴儀形。居塵之染，軒冕非情。孝感神明，友于弟兄。卜築仙丘，擬畢一生。皐音徹天，竟出户庭。聊試牛刀，惠留殘城。一病不瘳，沈綿五齡。薄雲高志，齎恨掩扃。蓋棺事了，千載流馨。嗟余小子，世契通家。情義俱深，痛怛如何？恭陳菲薄，庶紓歆格。

祭土亭李公之菡文戊寅

木列榛榛，閒挺大椿〔三〕。草生離離，或穎靈芝。先生之降，實鍾秀氣。水月情懷，大羹腸胃。忠信感物，孝友通神。外孩内明，游戲風塵。土木形骸，泥塗軒冕。遇事沛然，坂上丸轉。得失榮辱，沸湯沃雪。聲色臭味，竊脂啄粟。五車何用，手持寸鐵。知我雖希，積盛必發。王曰汝諧，出宰百里。兒民奴吏，咸戴樂只。云胡一夜，月犯少微。椿折芝凋〔四〕，天日無暉。嗚呼先生，而止於斯。盛大沖氣，悠散何之？余生雖後，早蒙不揮。通肝照膽，廓無屏障。先生戒余，毋缺人望。余獻先生，少收天放。相觀而善，冀獲晚功。今玆已矣，激余悲衷。殯不躬臨，葬不執紼。南天杳冥，風雨蕭瑟。緘辭寫哀，遥奠菲薄。有感必應，庶幾歆格。

祭休菴白公仁傑文己卯

生禀偉氣，養以直節。依歸哲師，早講正學。屢作道否，萬事瓦裂。藏鋒韜彩，内修不輟。和光濁世，人莫我測。簪笏儻來，擢居言責。爰有陰邪，入于左腹。將齕良善，密旨是託。公奮直辭，風霜滿筆。旁觀吐舌，公不變色。北謫南遷，何怨何尤？天運回亨，慶集桑榆。龍光是荷，位躋六卿。褒以氣節，天語丁寧。年踰八旬，憂國彌新。不避時忌，章奏孔勤。不容何病，在我無怍。小子登門，屢承誘掖。性理之辨，雖有異同。辭和氣平，所爭者公。公年雖耋，猶冀進德。我未衰暮，儻開茅塞。庶幾一日，瀾漫同歸。奄忽承訃，卒業無期。道路脩阻，哭不躬臨。緘辭寫哀，曷盡余心。間氣之聚，悠散何適？尚有不亡，願垂歆格。

祭黄岡金公繼輝文壬午

英資出羣，遠器夙成。早選青錢，平步雲程。逸足中滯，蠖屈俄伸。亨而復蹇，職不私身。毁譽通塞，在命在人。吾何容力，一任吾真。識通古今，神游自然。憂樂悲歡，相代乎前。隨緣順應，其保者天。惟貨惟利，竊脂於粟。位躋亞卿，家立四壁。常棣有華，大衾爲樂。謂公遐壽，胡止中年？等猥參末契，不辭執鞭。每承雅言，頭風便痊。襟懷洞徹，刮去毛皮。稽古質今，云是我師。菁莪同席，日月無幾。如今不淑，痛切云亡。衆疑誰決，士論誰匡？撫柩長慟，白日無光。恭將菲薄，以寫哀腸。庶幾來格，歆我椒觴。

祭韓士冏胤明文

惟靈生而洵美，玉潤金精。早轄正路，刮垢生明。泝流尋源，日有功程。有飭其儀，有静其聲。蔚然芝蘭，不焚自馨。簪組來迫，豈屑逃名。潔不可浼，任彼裸裎。輿望方隆，沈痾遽嬰。易簀之際，辭婉神清。嗚呼士冏，奄捐其生。士林減春，一片花零。吾儕薰善，不麾門庭。即之也温，肝膽斯傾。聖遠言湮，長夜晦暝。斯人不懈，庶幾有成。如何淇竹，未覩青青？天耶命耶，太空冥冥。招魂無路，永訣幽明。恭陳菲薄，庶格英靈。

祭外祖母李氏文庚午

伏惟尊靈生禀秀氣，性度淑真。擇配宜家，禮敬如賓。憂以救疹，至誠感神。義動鄉鄰，聲徹紫宸。表厥宅里，流芳汗青。中年晝哭，在疚煢煢。報善非祥，天道冥冥。勿謂冥冥，日監在玆。五福之首，實天所貽。鮐絞滿背，黄髮覆眉。我在孩提，鞠于外家。撫抱顧復，恩重山河。託以後事，視以寧馨。祖孫其名，母子其情。我徂京師，累于簪纓。嶺嶠阻隔，消息杳茫。我念倚閭，掛冠歸鄉。一室承顔，樂以忘憂。擬以終孝，萬事何求？天書再下，暫辭林丘。忽驚心痛，促駕回輈。訃音迓路，五内焚摧。我生不辰，風樹抱哀。惟一祖母，瘖寐在懷。今又棄我，昊天何酷？殁未飯含，增余罔極。皇皇纔息，禮服已闋。先王定制，不敢踰越。此生已矣，沈慟終天。敬設薄具，以薦几筵。嗚呼哀哉！

祭伯氏文 庚午

嗚呼哀哉！兄今捨我而奚適耶？豈所親不在此而在於冥漠耶？父兮母兮皆不在人世，無乃吾兄欲歸侍於地下耶？抑非吾兄厭世而脩短有數，天不少假耶？不然何其友于之情至薄，而棄之若遺耶？嗚呼哀哉！惟吾兄之禀氣，以和柔而爲資。動與物而無忤，靜淵潛而自持。早習藝而干禄，嗟少伸而大屈。晩通籍於一命，非榮利焉是黷。嗚呼哀哉！余生世之孔厄，夙抱慟於風樹。幸荆花之無故，期築室而恒聚。傷舊業之壁立，尚賫志而未就。奄吾兄之遘疾，日沈綿而消瘦。謂二豎之適然，竟澌盡而莫救。既失在天之富貴兮，又不克享乎中壽。嗚呼哀哉！彼蒼天兮何極，哀我家之禍酷。閔寡妻之抱稚，隔千里而攀號。魄有依於先塋兮，魂南指而忉忉。豈不欲安神於京洛，奉饋奠於几筵。伊余啓處之未定，且不忍嫂氏之顧天。兹薦酌而奉别，精慌惚而分飛。迨卜築之有所期，挈兄室而西歸。訓猶子而成立，矢不墜乎家聲。庶吾兄之瞑目，少弛念於孤惸。兄有言兮弟莫聞，弟陳辭兮兄豈知？噫嘻！百年兮會盡，惟不悲兮無窮期。嗚呼哀哉！

祭伯嫂郭氏文壬申

惟靈少痛晝哭，撫養孤兒。義重于情，攜幼北移。協奉祀事，同爨共財。荒涼海曲，荆棘初開。簞食布衣，甘與長終。豈不懷土，後私先公。珥承恩召，遽辭蓬篳。戀主縻爵，僑居引日。眷集于京，分資俸禄。南北東西，惟義是從。嗟余兄弟，夙遭愍凶。風樹既慟，雁行缺一。擬奉嫂氏，殘生是畢。同居未幾，胡遘厲疾？藥餌無效，輾轉牀席。竟至不救，天何慘酷？子女顧號，有耳不聞。凰隨鳳逝，永辭世紛。撫柩長慟，萬事何言？念及存歿，心焉如割。兹將誠意，寓此菲薄。爽靈不昧，庶歆洞酌。

祭甥女沈彦明妻趙氏文

嗚呼哀哉！秀者難厚，清者難堅。爾質既淑，爾命不延。臨訣何言，仰視蒼天。哭奠洞酌，爾其臨筵。嗚呼哀哉！

祭外舅肅川府使盧公文戊辰

惟靈氣肅而定，神精而明。亢乎其容，邈若無情。温乎其中，肺腑悉傾。出身太早，未揚厥聲。勉勉供職，確不求名。循資積勞，乃宰專城。莅民以莊，令信政成。政成何所？曰羅曰星。最後治肅，感彼遐氓。相率頌公，譽達王庭。錫命增秩，誕被恩榮。世降僞滋，珷玞混瓊。人疑其假，或斥其誠。公惟自信，徑情直行。玉上蒼蠅，玷我堅貞。鞶帶斯褫，衆謗雷轟。儻來之物，何足重輕？浩然歸田，庶踵耦耕。小子迷方，退迹滄溟。擧世背馳，枘鑿難并。公稱奇士，一言館甥。歡愛之篤，相對忘形。公還海鄉，我縻于京。宦興漸闌，欲謝簪纓。謂公尚强，綽有餘齡。迫陪杖履，擬畢吾生。何期不淑，沈痾轉嬰。就醫于洛，藥不通靈。善人遽殞，天道冥冥。我生不辰，百毒備經。孰爲司命，秉均不平。又殲我舅，使我伶俜。執手相訣，魂消魄驚。遺言在耳，刻骨以銘。勤斯稚子，不忍煢煢。庶幾撫誨，俾不零丁。適值靡盬，萬里啓程。幽宅未臨，慘戚倍縈。顯晦殊塗，永隔儀刑。哀腸欲斷，淚若建瓴。撫柩大慟，白日無晶。恭陳薄具，愧乏芬馨。公其來格，以慰惸惸。嗚呼哀哉！

祭外舅肅川府使盧公文

風霜雨露，載降載濡。宿草連雲，拱本夾途。三年一歸，觸境悲吁。我言不答，我拜不扶。爽靈孔照，盍降幽宅。鑑我微誠，歆我泂酌。

金沖菴祠宇祭文

生鍾閒氣，玉潤金精。學回狂瀾，文紹希聲。早揚王庭，辰告遠猷。梟鳴夜半，羣楚四咻。碎我拱璧，天胡罔極？天實有定，泰運斯復。鄉人起虔，建祠妥靈。恭陳明薦，庶鑑微誠。

成大谷祠宇祭文

天賦純粹，雪月方潔。不受世羈，考槃空谷。學務存心，琴追古音。孰伴林居，有鳥有魚。羽儀先朝，白駒遄歸。立懦廉頑，百世是師。高山景行，揭敬祠宇。吉蠲泂酌，庶幾享右。

雜著一

箕子實記

箕子，商宗室也，或曰名胥餘。學明九疇，身傳聖道，以畿内諸侯仕爲太師。帝乙嫡子受，資辨捷疾，拒諫飾非。其庶兄啓，恪慎克孝。箕子度受非元良，以啓長且賢，勸帝乙立之。帝乙難於廢嫡，卒立受爲太子，封啓爲微子。帝乙崩，受即位，號爲紂，始爲象箸。箕子歎曰：「彼爲象箸，必爲玉杯。爲玉杯，則必思遠方珍怪之物而御之矣。輿馬宫室之漸，自此始不可振也。」紂淫虐日甚，微子痛殷將亡，謀於箕子及少師比干曰：「今殷其淪喪，若涉大水，其無津涯。今爾無指告予顛隮，若之何其？」箕子曰：「商今其有災，我興受其敗。商其淪喪，我罔爲臣僕。詔王子出迪。我舊云刻子、王子弗出，我乃顛隮。自靖，人自獻于先王，我不顧行遯。」微子乃去之。箕子諫紂，紂不聽，囚箕子以爲奴。人或曰：「可以去矣。」箕子曰：「爲人臣，諫不聽而去，是彰君之惡而自説於民，吾不忍爲也。」乃被髮佯狂而受辱，鼓琴以自悲，故傳之曰「箕子操」。比干諫而不退，紂殺之。周武王克商，命召公奭釋箕子之囚。王就見之，虚己問殷所以亡曰：「吾殺紂，是歟非歟？」箕子不忍言。王乃問以天道曰：「嗚呼！箕子，惟天陰騭下民，相協厥居，我不知其彝倫攸叙。」箕子乃言曰：「我聞在昔鯀陻洪水，汩陳其五行。高乃震怒，不畀洪範九疇，彝倫攸斁。鯀則殛死，禹乃嗣興。天乃錫禹洪範九疇，彝倫攸叙。」乃陳洪範，其大目一曰五行，二曰敬用五事，三曰農用八政，四曰協用五紀，五曰建用皇極，六曰乂用三德，七曰明用稽疑，八曰念用庶徵，九曰嚮用五福，威用六極。其論皇極曰：「無偏無陂，遵王之義。無有作好，遵王之道。無有作惡，遵王之路。無偏無黨，王道蕩蕩。無黨無偏，王道平平。無反無側，王道正直。會其有極，歸其有極。」箕子既爲武王傳道，不肯仕，武王亦不敢强，箕子乃避中國，東入朝鮮。中國人隨之者五千，詩、書、禮、樂、醫、巫、陰陽卜筮之流，百工技藝皆從焉。武王聞之，因封以朝鮮，都平壤。初至言語不通，譯而知之。教其民以禮義、農蠶、織作，經畫井田之制。設禁八條，其略：相殺償以命，相傷以穀償，相盜者男没爲其家奴、女爲婢，欲自贖者，人五十萬，雖免爲民，俗猶羞之，嫁娶無所售。是以其民不盜，無門户之閉，婦人貞信不淫。辟其田野都邑，飲食以籩豆，崇信讓篤儒術，釀成中國之風教。以勿尚兵鬭，以德服强暴，鄰國皆慕其義歸附。衣冠制度，悉同乎中國。其後箕子朝周，過故殷墟，見宫室毁壞生禾黍，箕子傷之，作麥秀之歌曰：「麥秀漸漸兮，禾黍油油。彼狡童兮，不與我好兮。」殷民聞之皆流涕。朝鮮被仁賢之化，爲詩書禮樂之邦。朝野無事，人民懽悦，以大同江比黄河，作歌以頌其德。箕子薨，箕氏世君東土。周末，燕伯稱王，將東略地，朝鮮侯欲興兵伐燕以尊周，大夫禮諫之而止，使禮西説燕，燕亦止不侵。侯亦自稱王，後子孫稍驕虐，燕乃遣將攻其西，取地二千餘里，至滿潘汗爲界，朝鮮遂弱。及秦并天下，築長城抵遼東，朝鮮王否畏秦服屬。否薨，子準立十餘年而秦滅燕、齊、趙，民多亡入朝鮮。及盧綰王燕，朝鮮與燕以浿水爲界。及綰入凶奴，燕人衛滿亡命，聚黨千餘人，東渡浿水，求居西界爲藩屏，王準信之，拜爲博士，賜以圭，封之百里，令守西鄙。滿誘納逋逃，衆漸盛，乃遣人詐告王準，漢兵十道至，欲入宿衛，遂襲王準，戰不敵，浮海南奔，朝鮮遂爲滿有。自箕子傳四十一代，凡九百二十八年而失國。箕準被逐，率其左右宫人入居韓地金馬郡，號馬韓王，統小國五十餘，亦傳累世。厥後新羅、高句麗、百濟三國漸大，馬韓寖衰。百濟始祖温祚王二十六年，襲馬韓并其國，箕氏主馬韓又二百年而亡，傳祚前後凡一千一百二十餘年。

贊曰：猗歟大師，運遭明夷。内貞而晦，制義隨時。被髮操音，惟天我知。宗國既淪，嗚呼曷歸？法授蒼姬，身莅青壥。誕闢土宇，樂浪作京。鰈域長夜，肇照日星。禁設八條，文宣禮樂。江清大同，山重太白。子孫繩繩，千祀是卜。五世不斬，迄受遺澤。報祀仁辟，極天如昨。

謹按：天生蒸民，必降聖賢以主之。輔相化育，宣朗人文。以遂其生，以立其教。伏羲以下，迄于三王，代天開物，故命之以我東有民〔五〕。想不後中國未聞睿智有作，以盡君師之責。檀君首出，文獻罔稽。恭惟箕子，誕莅朝鮮，不鄙夷其民，養之厚而教之勤。變魋結之俗，成齊魯之邦，民到于今受其賜。禮變之習，濟濟不替，至於夫子有浮海欲居之志，則微禹之嘆，没世愈深矣。大哉箕子！既陳洪範於武王，道明于華夏。推其緒餘，化洽于三韓。子孫傳祚千有餘年，後辟景仰，若揭日月。崇德報功，世篤其典。苟非元聖，烏能致此？嗚呼，盛矣哉！齊人只知有管晏，此固不免坐井。至於洙泗之儒深繹夫子微言，洛閩之士偏傳程朱遺教，亦其理宜也。我東受箕子罔極之恩，其於實迹，宜家誦而人熟也。然今之士被人猝問，鮮能條答，蓋由羣書散漫，學之不博也。尹公斗壽曾奉使朝天，中朝士人，多問箕子之爲。尹公病不能專對，既還，乃廣考經史子書，裒集事實及聖賢之論，下至騷人之詠，摭而成書，名曰箕子志。其功良勤，而其嘉惠後學，亦云至矣。第念雜編徑傳統紀難尋，珥乃不揆僭濫，竊採志中所録，約成一篇，因略叙立國始終、世系歷年之數，名曰箕子實紀，庶便觀覽焉。萬曆八年庚辰仲夏，後學德水李珥謹志。

金時習傳奉教製進

金時習字悅卿，江陵人。新羅閼智王之裔，有王子周元，邑于江陵，子孫仍籍焉。厥後有淵，有台鉉，皆爲高麗侍中。台鉉之後久住，官止安州牧。生謙侃，終五衛部將。謙侃生日省，以蔭補忠順衛。日省娶仙槎張氏，於宣德十年生時習于漢師。生禀異質，離胞八月，自能知書，崔致雲見而奇之，命名曰時習。語遲而神警，臨文口不能讀，意則皆曉。三歲能綴詩，五歲通中庸、大學，人號神童，名公許稠輩多就訪焉。莊憲大王聞之，召致承政院，試以詩，果捷而佳，下教曰：「予欲親見，恐駭俗聽。宜勖其家，韜晦教養。待其學成，將大用。」賜帛還家。於是聲振一國，稱曰「五歲」而不名。時習既蒙睿獎，益懋遠業。景泰年間，英陵、顯陵相繼而薨，魯山以三年遜位。於是，時習年二十一，方讀書于三角山中。人有自京城來者，時習即閉户不出者三日，乃大哭，盡焚其書，發狂陷于溷厠而逃之。託迹緇門，僧名雪岑，累變其號曰清寒子，曰東峯，曰碧山清隱，曰贅世翁，曰梅月堂。爲人貌寢身短，豪邁英發，簡率無威儀，勁直不容人過。傷時憤俗，氣鬱不平，自度不能隨世低仰，遂放形骸遊方之外。域中山川，足迹殆遍，遇勝則棲焉。登覽故都，則必躑躅悲歌，累日不已。聰悟絶人，其於四書六經，則幼時受業于師，若諸子百家則不俟傳授，無不涉獵，一記而終不忘。故平日未嘗讀書，亦不以書笈自隨，而古今文籍，通貫無漏。人有舉問者，應口説無疑〔六〕。磊塊忼慨之胸，無以自宣，凡世閒風月、雲雨、山林、泉石、宫室、衣食、花果、鳥獸、人事之是非得失，富貴、貧賤、死生、疾病、喜怒、哀樂，至於性命理氣、陰陽幽顯、有形無形可指而言者，一寓於文章。故其爲辭也水涌風發，山藏海涵，神唱鬼酬，閒見層出，使人莫知端倪。聲律格調，不甚經意，而其警者則思致高遠，迥出常情，非雕篆者所可跂望。於道理雖少玩索，存養之功，以才智之卓，有所領解。横談竪論，多不失儒家宗旨。至如禪道二家，亦見大意。深究病源，而喜作禪語，發闡玄微，穎脱無滯礙。雖老釋名髠，深於其學者，莫敢抗其鋒。其天資拔萃，以此可驗。自以聲名早盛，而一朝逃世，心儒迹佛，取怪於時，乃故作狂易之態以掩其實。士子有欲受學者，則逆擊以木石，或彎弓將射，以試其誠，故處門者既罕。且喜開山田，雖綺紈家兒，必役以耘穫甚苦，終始傳業者尤鮮矣。山行好白樹題詩，諷詠良久，輒哭而削之，或題于紙，亦不示人，多投水火。或刻木爲農夫耕耘之形，列置案側，熟視終日，亦哭而焚之。有時所種禾甚盛，穎栗可玩，乘醉揮鎌，盡頃委地，因放聲而哭。行止叵測，大被流俗所嗤點。居山見客，問都下消息，聞人有肆駡者，則必色喜。若曰佯狂而有所蘊云，則輒攢眉不怡。見除目達官，或非人望，則必哭曰：「斯民何罪，此人當此任耶？」時名卿金守温、徐居正賞以國士。居正方趨朝行辟人，時習衣藍縷，帶藁索，戴蔽陽子賤夫所戴白竹笠稱蔽陽子也。遇諸市。犯前導，仰首呼曰：「剛中居正字。安穩？」居正笑應之，駐軒語，一市皆駭目相視。有朝士受侮者不能堪，見居正以啓治其罪，居正搖首曰：「止止。狂子何足與較？今罪此人，百代之下，必累公名。」金守溫知館事，以孟子見梁惠王論試太學諸儒，有上舍生見時習于三角山曰：「乖崖守溫別號。好劇，孟子見梁惠王豈合論題？」時習笑曰：「非此老不出此題。」乃走筆成篇，曰：「生員爲自製者，試瞞此老。」上舍生如其言。守溫讀未終，遽問曰：「悅卿住京山何寺？」上舍生不能隱，其見知如此。其論大略，以爲梁惠僭王，孟子不當見云，今逸不收。守溫既卒，人有言坐化者。時習曰：「乖崖多慾，寧有是？就令有之，坐化非禮。吾但聞曾子易簀、子路結纓而已，不知其他。」蓋守溫好佛故云。成化十七年，時習年四十七，忽長髮爲文，以祭祖若父。其文略曰：「帝敷五教，有親居先。罪列三千，不孝爲大。凡居覆載之内，孰負養育之恩？愚騃小子，似續本支。沈滯異端，末路方悔。乃考禮典，搜聖經，講定追遠之弘儀，參酌清貧之活計。務簡而潔，在腆以誠。漢武帝七十年，始悟田丞相之說。元德公一百歲，乃化許魯齋之風云云。」遂娶安氏女爲妻。人多勸之仕，時習終不能屈志，放曠如舊。值月夜，喜誦離騷經，誦罷必哭。或入訟庭，持曲作直，詭辯必勝。案成，大笑破棄之。多與挑達市童傲遊，醉倒街上。一日，見領議政鄭昌孫過市，大呼曰：「彼漢宜休。」昌孫若不聞者，人以此危之。相識者絶交，惟宗室秀川副正貞恩、南孝温、安應世、洪裕孫輩數人終始不渝。孝温問時習曰：「我所見如何？」時習曰：「穴窓窺天。」言所見小也。「東峯所見如何？」曰：「廣庭仰天。」言見高而行未到也。未幾妻歿，復還山，作頭陀形。僧家剪髮齊眉者謂之頭陀。喜遊江陵、襄陽之境，多住雪嶽、寒溪、清平等山。柳自漢宰襄陽，待以禮，勸復家業行于世。時習以書謝之，有曰：「將製長鑱，用斸苓朮。庶欲萬樹凝霜，修仲由之緼袍；千山積雪，整王恭之鶴氅。與其落魄而居世，孰若逍遥而送生？冀千載之下，知余之素志。」弘治六年，卧病于鴻山無量寺，終焉年五十九。遺戒無燒葬，權厝寺側。後三年將葬，啓其殯，顔色如生。緇徒驚嘆，或以爲佛，竟依異教茶毗僧家燒葬之名。取其骨作浮圖。小塔名。生時，手畫老少二象且自贊留于寺。贊之亂曰：「爾形至藐，爾言大侗。宜爾置之，溝壑之中。」所著詩文散失，十不能存一。李耔、朴祥、尹春年先後裒集，印行于世云。

臣謹按：人體天地之塞，以清濁厚薄之不齊，有生知、學知之别，此以義理言也。若如時習者，於文天得，則文字亦有生知矣。佯狂避世，微意可尚，而必抛棄名教、蕩然自恣者何歟？雖藏光匿影，使後世不知有金時習，抑何憫焉？想見其人才溢器外，不能自持，無乃受氣豐於輕清，嗇於厚重者歟？雖然，標節義扶倫紀，究其志，可與日月爭光，聞其風，懦夫亦立，則雖謂之百世之師，亦近之矣。惜乎以時習英鋭之資，礱磨以學問踐履之功，則其所成就豈可量乎？噫！危言峻議，犯忌觸諱，訶公詈卿，略無顧藉，而當時不聞有舉其非者，我先王之盛德，碩輔之宏量，其視季世使士言遜者，得失何如耶？嗚呼韙哉！

李氏感天記 癸丑

進士申公妻李氏，成均生員諱思温之女也。生長于外祖參判崔公諱應賢之第。天資純淑，舉度沈靜。訥於言而敏於行，慎於事而果於善。粗識學文，常誦三綱行實，不以辭章爲學。既長，父生員率歸臨瀛居焉。自適進士之後，進士之親在漢城，故歸侍舅姑。于時李氏母崔氏疾病，李氏遂告辭于姑洪氏，東還侍病。親調寒煖，嘗藥以進，愁容慼顔，夜不就寢，竭力致孝。有女數人，訓之有方，以故夙著鄉譽。進士之來也，輒欲同歸漢城，李氏涕泣曰：「女有三從之道，不可違命也。雖然，妾之父母，今已俱老，妾是獨女，一朝無妾，則父母奚託？況萱堂久病，不絶湯藥，何忍棄別乎？妾之長慟血泣，只爲此也。今欲一言以禀於君：君往京師，妾在鄉村，各侍老親，於意何如？」進士亦感涕，遂從其言。正德辛巳，李氏母崔氏卒。是時，進士自京將向臨瀛，行到驪州，聞崔氏捐世，感愴之極，食不知味，氣漸不平，冷發腦後。行至横城，腦後尤冷。至雲交驛遂疾病，耳不聞聲，熱氣方熾。

至珍富驛，蒼頭内隱山請留，進士曰：「留庫苦痛，不如速歸。」行至横溪驛，病勢尤重，吐血數匙。臨瀛人金舜孝適來見之，使通于北坪。李氏所居。仍到丘山驛，卧不能起，强行入助山齋舍。李氏之外弟崔壽嵃與李氏及諸女迎于路畔，進士不能言，僅頷而已。扶入室，面黑嘔血，幾至不諱。李氏初經哀毁，又遭奇厄，勞心竭誠，焚香祈禱，上下神祇，無所不至，連七晝夜，目不交睫。乃沐浴剪爪，潛持小刀，登外曾祖崔公致雲墓後山上設卓，燒香拜天，號泣曰：「天乎，天乎！福善禍淫，天之理也。積善累惡，人之事也。惟我良人，志操無邪，行業無凶。短喪之際，身丁父憂，疏食毁瘠，不離墓側，躬執奠饌，哀絰三年。天若有知，應察善惡。今何降禍如是其酷耶？妾與良人各奉其親，分在京鄉十六春秋，妾之一身，頃遭門殃，慈母既喪，良人又病，若不可諱，則惸惸獨立，四顧奚託？伏惟天人一理，顯微無間。皇天，皇天！鑑此下情。」仍拔小刀，斷左手中指二節，仰天撫膺曰：「我之誠敬不至，以至此極耶？身體髮膚，受之父母，不敢毁傷。雖然，吾之所天，良人也。所天若崩，則如何獨生？願以妾身代夫之命，皇天，皇天！鑑我微誠。」禱天既訖，又下拜于崔公墓曰：「生爲賢相，死必英靈。弼告上帝，以達我情。」告畢，還到卧内，略無難色，惟恐進士之知也。是時久旱，天氣甚朗，俄頃之際，黑雲倏起，大雷下雨。明朝，次女侍坐，假寐成夢，則自天下藥，大如棗實。神人取之，以服進士。其日，進士瞑目，忽微語曰：「明日病愈。」崔壽嵃從旁强問曰：「何以知之？」答曰：「神人來報耳。」及期果愈。鄉里驚嘆，以爲誠感所致也。時中廟朝也，事聞旌閭。

嗚呼！五倫之中，三綱最重，而鼎立其位，而不可輕重者。男子之於君親，婦人之於父夫，其事雖異，而理則一也。雖然，天理人心之最重者，無過父母而已。則是無輕重之閒，亦有輕重矣。世人之情，恒重於仕宦而輕定省，多重於婚媾而輕骨肉者，吁可悲也！然而内親而外君，内父而外夫，亦不可也。然則若何？在乎善處其閒而已。

李氏，珥之外王母也。其於父子之閒、夫婦之際，動以仁禮爲務，真所謂善處婦道，而宜作閨門懿範者也。伉儷之情，非不篤厚，而乃以侍親之故，異居十六餘載。進士之病也，終運至誠，以感天意，儻非秀人之行，超古之節，烏能爲乎？若使得列於士君子，而俾處君父之閒，則其所以具忠孝而正國家者，從可知也。嗚呼！珥之録此者，豈徒然哉？後之子孫，其可目覩而已乎。男而處朝廷者視此爲規，女而處庭闈者體此爲法，則不患不爲賢人哲婦矣。

張叔仁友孝行志

張侯諱仁友，豐德人。生五月失怙，後三歲失恃，爲祖母辛氏所鞠。及省人事，便呼爺孃，左右求之，辛氏悲且憫，抱慰之曰：「汝父母已歿，求于何所？汝慎自愛，成人克家，是乃孝也。」侯聞語不覺失聲，自後聞人呼父母聲，必痛於心。雖禽獸，苟有母子相呴哺者，則必指而羡之。年十八，白辛氏曰：「吾早喪嚴慈，不能執喪，願追服六年，少紓終天之慟。」辛氏知其意切，不甚止。乃服素纔一年，適家兄辭世，辛氏乃曰：「吾初不止汝者，汝兄在故也。今汝兄棄我而逝，非汝，吾將疇依。且張氏之祀，託汝一人，不可自輕。」遂親執肉强之，侯不得已從辛命。常曰：「父母不得同穴，尤可哀慟。若遷墓合葬，得行喪禮，則死無悔矣。」二十五歲，辛氏歿，侯哀毁以禮，廬墓三年。至五十四歲，謂其子倫曰：「我情事不伸者，爲汝年少不可託重故也。今汝已長，吾亦已老，雖死非夭，且免無後之罪矣。吾將追喪二親，以償宿願。人固有一死，使我死於喪，瞑目無憾。」倫知其志不可回，泣而從之。侯又曰：「事死當如事生。吾父母葬地，皆卑下水出，旁多巖石，神必不安其所矣。古人亦有遷墓者，殆爲此也。」乃擇地而今窆焉，廬於墓側，服斬衰、齊衰各三年。親執奠物，終日不解喪服。每於晨昏焚香拜省，以至胝膝。村有癘氣，行祭自若，一村皆病，侯獨無恙，人皆異之。年五十八，始脱衰，鬚髮無一二莖黑者，親戚故舊多流涕。嗚呼！天地覆載，而人不知其德；父母劬勞，而人不報其恩。長於膝下，親見啓手足，尚有喪不以誠者，孰有追既遠之喪，篤於慎終如張侯者乎？可謂孝矣。夫侯生於庚申八月丙午，追喪之歲則癸丑也。

豐德之張，出自中朝，有浙江人張伯昌，以宋朝貴臣，與其子舜皐避亂，而東接於貞洲，遂爲郡人。郡即豐德也。

論心性情

余謂季鷹曰：「大抵氣質之性，非別性也。氣質包性，與生俱生，故謂之性也。氣質如器，性如水。清淨器中儲水者，聖人也；器中有沙泥者，中人也；全然泥土中有水者，下等人也；至如禽獸雖塞，莫不有水，譬如和水泥塊子也，終不可澄清。蓋濕性已乾，無計可澄。且不見其有水，而亦不可謂之無水也。聖人情無不中；君子情或不中，而意無不中；常人或情中而意不中，或情不中而意中。若以情爲無不善，任情而行，則何嘗不敗事。朱子曰：『情者，性之用。性者，情之體。』心爲性情之主，斯言亦包氣質而言，不可不省。」

余在江陵，覽奇明彦與退溪論四端七情書。退溪則以爲四端發於理，七情發於氣。明彦則以爲四端七情元非二情，七情中之發於理者爲四端耳。往復萬餘言，終不相合。余曰：「明彦之論，正合我意。」蓋性中有仁義禮智信，情中有喜怒哀樂愛惡欲，如斯而已。五常之外無他性，七情之外無他情。七情中之不雜人欲，粹然出於天理者，是四端也。

乙丑春元日，余與江陵府使金文吉添慶。話及惻隱之情。金曰：「四端不可以中節目之。」余曰：「四端是已發，可指爲中節。大抵已發，則便有中節不中節之分。安有非中節非不中節之情耶？」金曰：「見盜賊之將死，生惻隱之心，是可謂中節耶？」余曰：「罪其可罪，而哀其將死，是天地生物之心，安可謂不中節耶？禹之下車泣辜是已。」

余曰：「鄭秋巒天命圖以『四端』圖于下，『意』字圖于上，此是錯。大抵學者近思力行爲急務，至於天命，則非猝然可談者也。」

雜記

子固歷見余談話，從容語及心、性、情。余曰：「公於此三字，將一一理會否？」子固曰：「未也。性發爲情，心發爲意云者，殊未曉得。」余曰：「公於此難曉，則庶幾有見於心性情矣。先儒此説，意有所在，非直論心性。而今之學者，爲此説所誤。分心性爲有二用，分情意爲有二歧。余甚苦之。今公自謂於此有疑，則庶幾有真知矣。性是心之理也，情是心之動也。情動後，緣情計較者爲意。若心性分二，則道器可相離也。情意分二，則人心有二本矣，豈不大差乎？須知性心情意只是一路，而各有境界，然後可謂不差矣。何謂一路？心之未發爲性，已發爲情，發後商量爲意，此一路也。何謂各有境界？心之寂然不動時，是性境界。感而遂通時，是情境界。因所感而紬繹商量，爲意境界。只是一心，各有境界。」

金長生、李培達問曰：「父慈子孝，常理也。何故慈者衆而孝者甚鮮乎？至於禽獸，皆愛其子而不愛其親，亦何故耶？」余曰：「以理言之，末以本爲重。以氣言之，舊以新爲貴。氣生生不息，而往者過，來者續。往者以謝，來者方新，而理明者重本而愛親。任氣之所爲者，則不愛親而只貴其子矣。大概如此，只在自窮得。」

余甲子冬向江陵，宿太和驛，遇崔雲遠望中同宿夜話。余曰：「今世之士，不患不能言，只患不能行耳。」望中曰：「退溪有言曰：『學者不省己過，先省人過。』此是通患。」此言甚好。〔七〕

記大學小註疑義

「在明明德」小註：北溪陳氏曰：「人生得天地之理，又得天地之氣，理與氣合，所以虛靈。」

理氣元不相離，非有合也。

小註：玉溪盧氏曰：「明德只是本心。虛者，心之寂。靈者，心之感。」

靈者，心之知處。雖未感物，靈固自若，不可曰「心之感」也。

小註：新安吴氏曰：「自散在事物者而言，則曰事理。是理之萬殊處，一物各具一太極也。自人心得於天者而言，則曰天理。是理之一本處，萬物統體一太極也。然一實萬分，故曰事理；衆理會萬爲一，則曰天理：一理而已。」

章句釋「至善」處，以事理言，是天理之在事者也。以人欲對舉，則言天理文字雖異，而義則一也。吴氏說乃分一本萬殊，其說鑿矣。

小註：雲峯胡氏曰：「中庸言誠身，是兼誠意、正心、修身而言，謂身之所爲者實。此但言誠意，是欲心之所發者實。章句「所發」二字，凡兩言之，因其所發而遂明之者，性發而爲情也。實其心之所發者，心發而爲意也。朱子嘗曰：「情是發出恁地，意是主張要恁地。情如舟車，意如人使那舟車一般。」然則性發爲情，其初無有不善。即當加夫明之之功，是統體說。心發而爲意，便有善有不善。不可不加夫誠之之功，是從念頭說。

雲峯說未瑩。蓋性發爲情，未必皆善，情之不中節者亦多矣。意是緣情計較，不但念頭而已。雲峯之說單指四端之情，非通論善惡之情，而學者多誤見此論，以爲情無不善。苟如是，則任其情勝，而無約其情、養其性之功矣，爲害不細也。

「顧諟天之明命」小註：雙峯饒氏曰：「靜存動察，皆是顧其靜也。聽於無聲，視於無形。戒謹不覩，恐懼不聞。」

聽於無聲，視於無形，非靜中氣象也。

「如保赤子」小註：朱子曰：「此且只說動化爲本，未說到推上，後方全是說推。」

此通論一章，非論此一段。

晦齋大學補遺後議

「聽訟」一節，別爲釋本末章，尋常未知其穩當，置之經文之末，恐爲得宜。但經一章，朱子則以爲孔子之言，晦齋則以爲曾子之言，未知何據？若是曾子之言，則以「子曰」結之宜矣。若是孔子之言，則不應更稱「子曰」。此不可知也。

「安」謂「所處而安」，雖似指身，而實是所知之安耳，未及於行也。若孟子所謂「居之安」，則乃深造自得之效，合知行而言，不止於知一邊也。然則大學「定靜安」之「安」，與孟子「居之安」之「安」，雖似相近，而輕重不同。晦齋合而一之，恐是未安。以慮爲思，雖不大悖，但思是格物之路，當初不思，則無以知止而有定矣。不應於物格知至之後，乃更有思底功夫也。先賢以慮處於知行之間，而謂之臨事更精詳云云，恐是不易之論也。知其所當然，與其所以然，乃是格物致知也。若不知所以然，則恐不可謂之知止也。「定」、「靜」以下，乃是知底功效，意味漸深耳，恐不如「不惑」、「知天」命之實有等級分明也。

經文二節，置之「格物」之章，文義似順，第未知必然否也。但窮理者，窮其所當然與其所以然，而表裏精粗無所不盡，則本末先後在其中矣。若只窮其本末，始終而已，則無乃窮理功夫有所遺漏乎。「知止」云云一節，只言其效而已。由是觀之，雖欲由經文而下格物致知功夫，實不得其下手處矣，不如程朱二先生之説爲詳盡而有功程可進也。「至善」與「中」，名雖異而實則同，晦齋之説當矣。但此是常談，非創立之説也。朱子或問中論理處，合聖賢之説而爲一，則「至善」與「中」之不異者，因此可見矣。

末段議論，以仁爲治國平天下之本，而反覆援引，累千百言，可謂詳盡矣。以朱子爲未盡，而虞一字不明之禍流於後世，可謂切矣。雖然，竊恐有不然者，凡聖經賢傳，立言雖不同，而所謂曰「仁」、曰「中」、曰「誠」、曰「敬」，四字之旨，則莫不貫乎其中，爲之骨子。如大學則大意在於「明明德」、「新民」、「止於至善」。而明明德則修己之仁也，新民則治人之仁也。一篇骨子，不出「仁」之一字矣。安有獨於「治國平天下」章，拈出「仁」之一字以爲之本乎？能絜矩是仁，不能絜矩是不仁。此言不待發明辨説而自見矣，何至節節證據，如此之勞乎？況堯舜桀紂云云，其意不在於分辨仁與不仁也，其意只言其有諸己而後求諸人，無諸己而後非諸人。故堯舜好仁而帥民以仁，則民從之；桀紂好暴而帥民以暴，則民亦從之。若己好暴而帥民以仁，則民不從云爾。此其主意，豈在於仁與不仁之辨乎？至於「仁者之發身」及「上好仁」之語，乃措辭泛及仁字耳，此豈主意歟？若如晦齋之論，則治國平天下以仁爲本，而修身齊家反在仁字之外矣。其可乎哉？且仁字之義不明而害流生民、禍及後世者尤不然，人君只患夫不能明明德，不能新民，不能止於至善耳。苟能明明德、新民、止於至善，則是乃仁人也。舉斯心，措之天下，如運之掌矣，何必更明一字之義乎？若不能明明德、新民、止於至善，則雖誦仁字萬遍，何救於生民之害、後世之禍哉？鄙意晦齋目覩慘禍，故作此論，以警一時，欲救萬一耳。不然則恐不當作支蔓之剩語，以輕先師也。後之君子，必有能辨之者。

瑣言

余讀漢史，怪四皓之出處不正，未敢顯言非之。及見退溪質之，正與鄙意相合，但未見先正之論。一日，覽性理大全，朱子曰：「四皓，恐非儒者，只是智謀之士。」余乃信吾見之不謬也。或以羽翼太子者爲僞四皓，舉朝皆墮張良術中。然則良之欺君，無狀甚矣，此言亦不可信。蓋戰國之末，士不知道，但以氣概相高。四皓只避高祖之嫚罵耳，豈若伊尹、太公之避世哉？若以不見高祖爲高，則安期、蒯徹之流亦可謂高士乎？嘗有詠四皓詩三首，并録之：

唐虞世遠更何求？一出商顏亦浪游。可惜龍顏空大度，得賢終讓建成侯。

溲溺儒冠亦一秦，如何更作漢家臣？那知四皓商山老，盡是東宮願死人。

聘幣慇懃出漢廷，商山應愧首陽青。可憐四皓成何事，贏得生平羽翼名。

退溪以病還鄉，卜築于禮安縣山谷間，若將終身。戊午春，珥自星山向臨瀛，因過禮安謁之。呈一律云：「溪分洙泗派，峯秀武夷山。活計經千卷，行藏屋數間。襟懷開霽月，談笑止狂瀾。小子求聞道，非偷半日閒。」退溪和云：「病我牢關不見春，公來披豁醒心神。始知名下無虛士，堪愧年前闕敬身。嘉穀莫容稊熟美，游塵不許鏡磨新。過情詩語須删去，努力功夫各日親。」余留二日而別。在臨瀛時，退溪寄書及詩，其簡云：「世間英才何限，只爲不肯存心於古學，滔滔盡然。其有自拔於流俗者，或才不逮，或年已晚。如君高才妙年，發軔正路，他日所就，何可量哉？惟千萬益以遠大自期，勿以小得自足。」其詩云：「從來此學世驚疑，射利窮經道益離。感子獨能尋墜緒，令人聞語發新知。」又曰：「歸來自歎久迷方，靜處才窺隙裏光。勸子及時追正軌，莫嗟行脚入窮鄉。」余和送云：「學道何人到不疑？病根嗟我未全離。想應捧飲寒溪水，冷澈心肝只自知。」「早歲舂糧走四方，馬飢人瘦始回光。斜陽本在西山上，旅客何愁遠故鄉？」

自警文

先須大其志，以聖人爲準則。一毫不及聖人，則吾事未了。

心定者言寡。定心，自寡言始。

時然後言，則言不得不簡。

久放之心，一朝收之，得力豈可容易？心是活物，定力未成，則摇動難安。若思慮紛擾時，作意厭惡，欲絶之則愈覺紛擾。倏起忽滅，似不由我。假使斷絶，只此斷絶之念，横在胸中，此亦妄念也。當於紛擾時，收斂精神，輕輕照管，勿與之俱往。用功之久，必有凝定之時。執事專一，此亦定心功夫。

常以戒懼謹獨意思存諸胸中，念念不怠，則一切邪念自然不起。

萬惡皆從不謹獨生。

謹獨然後，可知浴沂詠歸之意味。

曉起，思朝之所爲之事。食後，思晝之所爲之事。就寢時，思明日所爲之事。無事則放下，有事則必思。得處置合宜之道，然後讀書。讀書者，求辨是非施之行事也。若不省事，兀然讀書，則爲無用之學。

財利、榮利，雖得埽除其念，若處事時，有一毫擇便宜之念，則此亦利心也，尤可省察。

凡遇事至，若可爲之事，則盡誠爲之，不可有厭倦之心。不可爲之事，則一切截斷，不可使是非交戰於胸中。

常以「行一不義，殺一不辜，得天下不爲」底意思存諸胸中。橫逆之來，自反而深省，以感化爲期。一家之人不化，只是誠意未盡。非夜眠及疾病，則不可偃卧，不可跛倚。雖中夜，無睡思則不卧。但不可拘迫。晝有睡思，當唤醒此心，十分猛醒。眼皮若重，起而周步，使之惺惺。用功不緩不急，死而後已。若求速其效，則此亦利心。若不如此，戮辱遺體，便非人子。

六條方略與徐御史 益〇甲申絶筆

一　撫接藩胡，宣上仁德曰：爾輩中有不率者，至於舉兵犯順。將士奮厲，咸欲極其兵力，盡蕩巢穴。自上惻然曰：「彼輩作藩屏已數百年，無異我民。一朝因無知小醜，自作不恭，而不辨玉石。遽加誅討，則雖稱一時之快，實結百年之冤。今須撫摩鎮定，降者待之如初，不降者物色自異。如是分辨，然後可加征討云。」爾輩口食身衣，安保妻子，式至今日者，皆我聖上之仁德也。爾輩將何以報之？今者，藩胡幾盡納降，獨爲窮寇者，尼胡而已。以尼胡一人之故，爾輩納降，亦未分明，如此遷延。今年春夏戰爭猶不息，則爾輩必不得安心作農矣。奈何以一尼胡之故，困此數百里藩胡乎？尼胡前有降計，心疑不服，乍進乍退，此豈納降之道乎？爾輩不聞明看之事乎？單身率其妻子，投降于慶源，竟得不死，待之如舊。此真投降，此真納降也。尼胡若如明看之爲，則亦當待之如初。不然則戰守宜須速決，盡我兵力，殲彼部落。而爾輩亦當秣馬勵兵，同討逋寇，不宜坐觀成敗，以招後日罪責也。如是開諭，而若臨焚蕩時，則穩城、鍾城、會寧頭頭酋長妻子，皆當質于城中，待之極厚，且不必迫促。而只以向國忠義之誠動之，則彼亦必樂從矣。

一　窮兵黷武云者，爭地殺人。可以不已之謂也〔八〕。今者，尼胡以城底藩胡，世受國恩，職至資憲，遂爲巨酋，一身富貴，有土有民，秋毫皆國恩也。此胡一朝敢行侵亂，屢發數萬之衆，攻圍我邊城，屠戮我邊民。若不殄滅此胡之種，無以伸我王威，永撫藩胡矣。今之議者，皆以伐尼胡一舉，視若深入狼居胥山。將士所見碌碌，誠可慨嘆。雖然，終不可但已。彼尼胡若聞我兵威，膝行轅門，若明看之降，則彼此或可無事矣。不然，藩胡納降既畢，質其妻子之後，以藩胡爲嚮導，聯鑣齊進，掩擊不意。彼雖丁壯逃走，老弱則亦多留縶矣。不加殺伐，老弱妻子皆驅之以還，以爲後日之質。其部落則用大斧，箇箇破毁，使無餘痕。夫如是，則彼前無所投，退無所據，且聞老弱妻子不死，則亦必生投降之計矣。

一　近來使命絡繹，南北道不勝其苦，願別命簡其供饋。列邑如有不能之事，不須遽加威怒耳。别命之臣，多與元帥不相得。故天下之事，多敗而少成，此意須十分商量。待元帥極其禮讓，凡事皆温和商確，少無違拂之意。

一　列邑將帥某可爲大將，某可爲戰將，某可爲守將，某有才略而武藝不足，某有武藝而才略不足，孰有兼得者，一一詳察，後日可以隨才用之。

一　元帥與閫帥不合之説方盛，未知實然否耶？須留心詳察，或可消融，相與集事否？如不能消融，豈非可憂之甚？

一　邊將不必大概皆怯，其中豈無忼慨、欲埽犬羊者乎？邊將之情，一一詳察之際，其人才否，亦可見也。

策問 四

問：孟子曰：「五百年必有王者興，其閒必有名世者。」天地既生才德出衆之人，則必付與億兆之衆，使之治而教之者，此理之常也。自古及今，數千載之閒，王者凡幾作，而名世者凡幾人歟？其可歷數之歟？既生是人，則必付是任，而或有賦其才德，而不付其任者，何歟？堯、舜、湯、文、伊、傅、周、召，達而行其道於一時。孔、曾、思、孟、周、程、張、朱，窮而傳其道於後世。窮而不得行道於一時，則勢固然矣，達則何以不傳其道於後世歟？二者終不可兼？抑有兼之者歟？太公之遇文王，年已八十矣，而曾無所著之書。若使不遇文王而死，則何以異於衆人之泯滅歟？伯夷餓死首陽，其窮甚矣，而終不著書立言者，何歟？傳道之功，莫高於孔、孟、程、朱。若使孔、孟、程、朱得其時行其道，則終無所垂之教乎？程子有言曰：「天地生一世人，自足了一世事。」信斯言也。高帝、蕭何之於漢，太宗、魏徵之於唐，太祖、趙普之於宋，皆可謂能了一世之事乎？抑其時有其人，而彼三君者，不能收用歟？若有其人而不能收用，則其可指其人而言之歟？管仲之於齊，子産之於鄭，諸葛亮之於蜀，得君之專，行政之久略同，而皆不能行王道，其故何歟？抑有優劣之可言歟？吾東方雖居海外，實與中國相盛衰。檀君以來，有君有臣，而能治而教之者，皆可指言之歟？其治教之術，亦盡其天地付與之責歟？當今聖明龍興，羣賢拔茅，蔚然有太平之望，而治教之效，未有見焉。抑行之有漸，潛運默化，而人不見其形迹歟？此是王者雖興，而名世者未出之故歟？無乃世有其人，而時未收用歟？將三代之治，終不可復於今日。而儒者之道，只資於講説歟？於此數者，必有其一，願聞其説。

問：天運循環，無往不復。有亂則有治，有盛則有衰，理之常也。然而以已然之迹考之，則治日常少，亂日常多。盛時易衰，衰不能速盛，其故何歟？三代一往，不能復回。漢唐以下，非無令主賢相而終不能效三代者，抑何歟？自今以後，更不復見三代，則天運不可謂循環矣。其理亦可言其詳歟？人性本善，而惡者恒多，善者恒少。物理本正，而麟鳳不出，蛇蝎寔繁，其故何歟？何以則挽回三代，而復見至治使天下之人，善者夥而惡者鮮，使天下之物，祥者出而毒螫者不滋歟？願聞其説。

問：爲學莫先於明理，明理莫切於讀書。書契之前，理固有焉。將以何術明理耶？堯舜之世，此理大明，而古人有皐、夔、稷、契何書可讀之説。然則唐虞之際，無可讀之書耶？六籍皆經孔門之手始克釐正，未述未删之前，所讀者何書耶？先聖之教，皆載於書。昭如白日，坦如大路。讀此書者，宜若迷塗之得指南。而自周距宋千四百年之閒，非無豪傑之士，而不聞有一人明理者，其故何歟？周、程、張、朱奮乎絶學之後，獨得讀書之效，用何功而致然耶？程朱以後，書籍益多，言學必以格致爲先，言治必以王道爲尚，此理益明。讀書者議論高出管葛之上，宜乎人材輩出，世道日昇。而修己則重名而輕實，涉世則先利而後義，處無尚志之節，出無行道之望，滔滔昏濁，反不及前代貿貿無見之時，其故亦何歟？諸生傷今思古，必有感慨之志，何以則士得讀書之效，以成爲己之學歟？其無隱所藴。

問：歷代相承，有因有革。孔子曰：「所損益，雖百世可知也。」後世之事，何由可知歟？以治繼亂，則固有所革矣。其或以聖承聖，而亦有所革者，何歟？以舜繼堯而分九州爲十二，以禹繼舜而合十二爲九州，此亦出於不得已者歟？漢武陋秦之舊，改正朔易服色，以新一代之制度，而海内騷然，幾踵覆轍。唐宗平隋之亂，盡除苛政，創立新法，以租庸調，均其賦役，而昇平之業，垂于後昆。其革則同，而治亂不同者，何歟？至如祖宗之法，所當遵守，而閒有改紀者，何歟？商之武丁，監于成憲而商道中興。宋之哲徽，紹述先緒而宋室南遷。其法祖宗一也，而興亡不同，何歟？子産更張鄭國之政，而晉楚不敢加兵。安石變更宋家之法，而華夏入于腥羶。其改祖宗之法一也，而盛衰不同，何歟？設使孔、孟、程、朱得時行道，則其從改紀者歟，抑從因舊者歟？我國祖宗創業垂統，金科玉條，極其詳密，而法久弊生，民失其所。欲改則恐乖率由之典，欲因則恐失變通之道，二者得失，其可辨歟？識時務在俊傑，願聞適宜之策。

易數策

問：儒者恥一物之不格，而況天地之大，象數之變乎？厥初混沌未分，睢盱渺茫。二儀肇闢，萬象繫焉。其所以闔闢者，孰主張是歟？伏羲首出，仰觀俯察，河圖出而始畫八卦。若非圖出，則八卦終不能畫歟？聖前後一揆，道古今一致。洛書見而大禹則之，列洪範九疇之序。二聖所見何據？而有煩簡之不同，抑有微意歟？圖、書互位易置，生克奇耦之數，大相懸絶，抑天示人之意有前後之異歟？逮至文王、周公、孔子，推而策之，衍而翼之，易道大顯於世。如非三聖，則八卦五福之用，不能變轉。而六十四卦，終不可成歟？天地萬物之情無窮，六十四卦之變有限，而聖人以謂雖鬼神莫能遁其情狀。以有限之變，盡無窮之情者，何歟？蓍短龜長，明告吉凶。聖人之意，必欲使人人行止，一依龜蓍而然歟？秦漢以下，易道泯絶，揚雄、郭璞、淳風一行之徒，紛紜迭起，互爲爭長，其有補益於畫易之遺意歟？洛陽邵子，學究天人，發前聖之未發，作方圓之二圖，何所法而然歟？且於圓圖之中，必置姤於乾之後、置復於坤之後者，何意歟？天津鵑叫，知小人之用事；枯枝自落，識元夫之來伐。聖人作易之際，其能逆知千載之下，匠石之名，豎儒之禍而然歟？程朱兩賢，傳義于義經，而或有註語之不同，何得而何失歟？方今選玉堂之士，俾之專業學易，輪遞講論。若使有研覈潔淨精微之義者，則其有益於國家之治，而雖無格致誠正之學，可乎？願聞其説。

對：一理渾成，二氣流行。天地之大，事物之變，莫非理氣之玅用也。知此説者，可與論易也。今執事先生特舉易學之微意，下詢承學，欲聞研覈之説。愚也糟粕淺見，韋編未絶，枕書未破，安足以仰塞明問？既辱盛意，不敢囚舌，而爲之説曰：萬物，一五行也。五行，一陰陽也。陰陽，一太極也。太極，亦强名耳。其體則謂之易，其理則謂之道，其用則謂之神。是故有天地自然之易，有伏羲之易，有文王、周公之易，有孔子之易。自然之易，則不可以八卦求也。伏羲之易，則不可以文字求也。有文王、周公然後易道之用明於世。有孔子，然後易學之義昭於後。厥後道統不傳，人懷異見，雖窺易學，不本其初，文辭象數，或肆或拘。有宋眞儒，克紹遺緒，發前聖之餘蘊，而斯道復明矣。愚請因是而白之。夫形而上者，自然之理也。形而下者，自然之氣也。有是理則不得不有是氣，有是氣則不得不生萬物。是氣動則爲陽，靜則爲陰。一動一靜者，氣也。動之靜之者，理也。陰陽既分，二儀肇闢。二儀既闢，萬化乃生。其然者，氣也。其所以然者，理也。愚未知孰主張是，不過曰自然而然耳。混沌之氣，雖爲天地之始，而又未知混沌之前，天地萬物，幾聚幾散耶？往復無際，終始無端。眇而視之，其惟無極乎？若稽古昔，伏羲首出，道統攸始。天不愛道，地不愛寶。於是龍馬負圖，于以則之，乃畫八卦。蓋天地必待聖人，然後乃以是數示之人。聖人必待文瑞，然後乃以是理著於世。天不得不生聖人，亦不得不出文瑞也。此則自然之應，而天人交與之妙也。然而易有太極，是生兩儀。兩儀生四象，四象生八卦。聖人仰觀俯察，天地之間，萬物之衆，無非一陰一陽之理。有是理則有是象，有是象則有是數，豈獨河圖爲然哉？一草一木，亦可因之畫卦。則河圖未出之前，八卦之形，已具於伏羲方寸中矣。愚於程子賣兔之說，深有感焉。及乎大禹治水，地平天成，神龜貢書，于以則之，以叙九疇。人君爲治之心法，於是乎在焉。河圖之數主全，故極于十而天地自然之象也。洛書之數主變，故極于九而人事當然之道也。伏羲獨得乎圖，大禹獨得乎書。雖若煩簡之不同，其實則河圖、洛書，相爲經緯。八卦、九疇，互爲表裏。前後一揆，古今一致，又何疑哉？蓋一六居北，二七居南，三八居東，四九居西，五十居中，耦贏而奇乏，左旋而相生者，河圖之數也。戴九履一，左三右七，二四爲肩，六八爲足，五數居中，奇贏而耦乏，右旋而相克者，洛書之數也。微伏羲孰能揭其全，以示常數之體？微大禹孰能叙洪範，以示變數之用耶？然而洛書之數，亦可因之以畫八卦。河圖之數，亦可因之以叙九疇。圖未始不爲書，書未始不爲圖。奇耦生克，雖曰懸絶，而其理則一也。此理在天而爲八卦，在人而爲九疇愚未見前後之有異也。噫！伏羲之易，只有卦爻，初無文字。天地之理，陰陽之變，畢具於此。降及中古，民僞日滋，文王是憂，乃本卦義，以繫彖辭。爰及周公，因事設教，鉤深闡微，昭示天下。周德既衰，斯道復晦，惟我夫子乃作繫辭，發揮經義。三聖一心，以衍羲易，垂象千古，如日之中。箕子之陳洪範于武王者，亦述大禹之意也。夫聖人德合天地，明竝日月，與四時合其序，與鬼神合其吉凶。求之於心術之動，得之於精神之運，非聖人烏能知易之微意乎？大易之義，實理而已。真實之理，不容休息。則上天安得不生三聖，三聖安得不衍大易哉？若六十四卦，則伏羲已畫其象，不待三聖然後乃成也。大哉，易也！以之順性命之理，以之通幽明之故，以之盡事物之情。其體至大而無不包，其用至神而無不存。

人知六十四卦之變有限，而不知六十四卦之用無盡也。自一而二，則一者二之本也。其可謂二多而一少乎？自二而四，自四而八，自八而六十四卦，亦猶此也。自六十四而至於無窮，則六十四亦無窮之本也。其可以無窮爲多，而六十四爲少乎？其卦則六十四，而其理無窮，其用亦無窮也。是故時不一而卦無定象，事不一而爻無定位。先儒氏曰：「以一時而索卦，則拘於無變，非易也。以一事而明爻，則窒而不通，非易也。必也窮其理而盡其變，然後可謂知易矣。」聖人所謂鬼神莫能遁其情狀者，豈欺我哉？易者，所以定吉凶而生大業者也。吉凶之兆，必稽卜筮。蓋人謀，未免乎有心。有心，未免乎有私。是故古之聖王，皇極雖建，而不敢自是，國有大事，參諸鬼謀，以決其疑。必擇建立卜筮人，乃命卜筮，所以洗心齋戒，以聽天命也。武王以至仁伐至不仁，尚曰：「朕夢協朕卜。」則聖人之謀及卜筮，斯可知矣。但後世不擇其人，其龜蓍又出於私心，則與不卜何異哉？嗚呼！秦漢以下，聖學不傳，易道遂泯，知易之全體者，固不可得，知易之一端者，亦不世出。蓋易者，萬事之本也，善惡由是而生，邪正由是而出。是故學易而失其宗，則流於邪說者，亦有之矣。漢之揚雄、晉之郭璞、唐之李淳風一行之徒，或著太玄，或談性命，或推曆數，可謂知易之一端矣。然而惟求於易而不求於理，徒見其然，不見其所以然。卒失易學之宗，則安能有補於四聖之遺意歟？不知理而能知易者，愚未之聞也。若魏伯陽之參同契，亦學易而流於邪說者也，豈特揚雄輩爲然哉？若其生于千載之下，得契四聖之心，學究天人，通乎性理者，其惟邵子乎？邵子之學，出自陳希夷，而其獨知之玅，則青出於藍而青於藍者也。推伏羲之卦，作方圓之圖：圓於外者，爲陽動而爲天者也；方於中者，爲陰静而爲地者也。天地之理，皆在是矣。圓圖之中，乾盡午中，坤盡子中。姤卦則陰之始生者也，復卦則陽之始生者也。乾陽極而生陰，故置姤新乾後。坤陰極而生陽，故置復於坤後。皆可以理推也。冬至爲復，一陽初動。夏至爲姤，一陰初萌。豈不與此圖相應歟？邵子既明易理，又精易數，於伏羲先天之學，文王後天之數，剖析精微，遊刃無礙，盡天地之終始，盡物化之感應，能知未來，運智如神，夫豈易言哉？天氣自南而北，則便知小人之用事，此則以理觀時而逆見其未然也。枯枝無風而墜，則便知匠石之來伐，此則以數推物而預知其將然也。以理而推，則不待占而可見矣。何必天津鵑叫，然後乃知國步多艱耶？以數而推，則非占不可也。必待寓物成卦，然後乃知物數當盡也。聖人作易，寓無窮之用於一簡編耳，豈必爲某事而畫某卦哉？其理至微，其象至著。惟窮理者，可以盡其變耳。若元夫之名則偶然也，尤不可逆料也。易理無窮而必欲事事牽合，則無乃一曲乎？若夫程朱二賢，俱傳道統，洞明易學，悼斯道之湮晦，示學者以真源。程子之傳，則發聖人之遺旨焉；朱子之本義，則明吉凶之定數焉。其所獨見者，不可求之言語文字閒也。雖或註語之不同，愚安敢輕議其得失哉？

恭惟盛朝斯文大振，玉堂之士，專業學易，深明潔淨精微之義，闡揚開物成務之道，承我王文明之德，示我民當行之理。佇見治教休明，鳳至圖出，豈曰小補之哉？然而易之爲道，體用一源，顯微無間。苟非格物致知，則不得見其理。苟非誠意正心，則不得踐其實。格致誠正，易中之一事也。不格致而欲見聖人之道，則譬如航于斷港而求泛大洋也；不誠正而欲之聖人之道，則譬如不移寸步而求陟泰華也。欲學大易者，捨是何以哉？愚既對執事之問，而又有復於執事焉。夫上天之載無聲無臭者，易之至微者也。鳶飛戾天，魚躍于淵者，易之至顯者也。天之高，地之厚，日月之明，人物之繁，山川之流峙者，易之用也。天之所以高，地之所以厚，日月之所以明，人物之所以繁，山川之所以流峙者，易之體也。大而天地之外，小而秋毫之末，安有出於大易之外者哉？伏羲畫卦，則此易寓於卦爻。文王作彖，則此易寓於彖象。孔子繫辭，則此易寓於繫辭。卦、爻、彖辭，則易之已形已見者也。須知伏羲未畫八卦，此易未形未見之前，不可謂無易也。執事以爲何如？謹對。

天道策

問：天道難知，亦難言也。日月麗乎天，一晝一夜，有遲有速者，孰使之然歟？其或日月竝出，有時薄蝕者，何歟？五星爲緯，衆星爲經者，亦可得言其詳歟？景星見於何時，彗孛之生，亦在何代歟？或云萬物之精，上爲列星，此説亦何據歟？風之起也，始於何處而入於何所歟？或吹不鳴條，或折木拔屋，爲少女爲颶母者，何歟？雲者，何自而起？散爲五色者，何應歟？其或似煙非煙，郁郁紛紛者，何歟？霧者，何氣所發？而其爲赤爲青者，有何徵歟？或黄霧四塞，或大霧晝昏者，亦何歟？雷霆霹靂，孰主張是？而其光燁燁、其聲虢虢者，何歟？或震於人，或震於物者，亦何理歟？霜以殺草，露以潤物，其爲霜爲露之由，可得聞歟？南越地暖，六月降霜，爲變酷矣，當時之事，可得詳言之歟？雨者，從雲而下，或有密雲不雨者，何歟？神農之時，欲雨而雨，太平之世，三十六雨，天道亦有私厚歟？或師興而雨，或決獄而雨者，抑何歟？草木之花，五數居多。而雪花獨六者，何歟？卧雪立雪，迎賓訪友之事，亦可歷言之歟？雹者，非霜非雪，何氣之所鍾歟？或如馬頭，或如鷄卵，殺人鳥獸，亦在於何代歟？天地之於萬象，各有其氣而致之歟？抑一氣流行而散爲萬殊歟？如或反常，則天氣之乖歟，人事之失歟？何以則日月無薄蝕，星辰不失躔，雷不出震，霜不夏隕，雪不爲沴，雹不爲災，無烈風，無淫雨？各順其序，終至於「位天地、育萬物」，其道何由？諸生博通經史，必有能言是者，其各悉心以對。

對：上天之載，無聲無臭。其理至微，其象至顯。知此説者，可與論天道也。今執事先生以至微至顯之道發爲問目，欲聞窮格之説。苟非學究天人者，烏能與議於此歟？愚請以平日所聞於先覺者，以復明問之萬一。竊謂萬化之本，一陰陽而已。是氣動則爲陽，靜則爲陰。一動一靜者，氣也。動之靜之者，理也。凡有象於兩閒者，或鍾五行之正氣焉，或受天地之乖氣焉，或生於陰陽之相激，或生於二氣之發散。是故日月星辰之麗乎天，雨雪霜露之降于地，風雲之起，雷電之作，莫非是氣也。其所以麗乎天，其所以降于地，風雲所以起，雷電所以作，莫非是理也。二氣苟調，則彼麗乎天者，不失其度。降于地者，必順其時。風雲雷電，皆囿於和氣矣。此則理之常也。二氣不調，則其行也失其度，其發也失其時。風雲雷電，皆出於乖氣矣。此則理之變也。然而人者，天地之心也。人之心正，則天地之心亦正。人之氣順，則天地之氣亦順矣。然則理之常，理之變者，其可一委於天道乎？愚請因是而白之曰：自鴻濛初判而兩曜代明，日爲大陽之精，月爲大陰之精。陽精疾運，故一日而周天。陰精遲運，故一夜而不周。陽速陰遲者，氣也。陰之所以遲，陽之所以速者，則理也。愚未知其孰使之然也，不過曰自然而然爾。日，君象也。月，臣象也。其行也同道，其會也同度。故月掩日而日爲之蝕，日掩月而月爲之蝕。彼月而微則猶不爲變，此日而微則陰盛陽微。下陵上替，臣逆君之象也。而況兩日竝出，兩月俱見，則其爲非常之變，莫非乖氣之使然也。愚嘗求諸古昔，災異之作，不見於修德之治世。而薄蝕之變，咸出於叔季之衰政。則天人交與之際，斯可知矣。今夫天之蒼蒼，氣之積也，非正色也。苟非星辰之粲然，可紀天機之運，殆不可究矣。彼昭昭耿耿，各有躔次者，何莫非元氣之所運也。衆星隨天行而不能自運，故謂之經。五星隨時各現而不隨天行，故謂之緯。一則有常次，一則無常度。言其大概，則天爲之經而五星爲緯矣。欲言其詳，則非盈尺之紙所能盡矣。星之爲瑞者，既不常現。星之爲變者，亦不常出。故景星必現於昭代，妖彗必孛於衰世。虞舜文明，景星斯現。春秋昏亂，彗孛斯作。治若虞舜者非一代，亂若春秋者亦非一代，安可一一歷陳歟？若曰萬物之精，上爲列星，則愚竊惑焉。星辰之在天者，五行之精而自然之氣也。愚未知某物之精，乃爲某星也。八駿之爲房精，傅説之爲列星，若此之類與所謂山河大地，送影碧落之説何異哉？此非儒者之所信也。星之爲氣，虛而凝者也。其或陰氣未結，或隕而爲石，墜而爲丘阜者，愚聞之邵子焉，不聞物精之爲星也。且夫盈天地間者，莫非氣也。陰氣有所凝聚，而陽之在外者不得入，則周旋而爲風。萬物之氣，雖曰出於艮入於坤，而其陰之聚者無定所，則陽之散也，亦無方焉。大塊噓氣者，豈可拘於一方耶？起於東者爲長養之風，則其可以東方爲始耶。起於西者爲肅殺之風，則其可以西方爲始耶。枳句來巢，空穴來風，則其可以空穴爲始耶？程子之言曰：「今歲之雷，起處起。」愚亦以爲調調刁刁者，觸氣而起，氣息而止，初無出入也。盛治之世，陰陽之氣，舒而不結，故其散也必和，而吹不鳴條。世道既衰，陰陽之氣，鬱而不舒，故其散也必激，而折木拔屋。少女則和而散者也，颶母則激而散者也。成王一念之失，大風偃禾。周公數年之化，海不揚波。其氣之使然者，亦由於人事也。若山川之氣，上升爲雲，則休咎之徵，因此可見。先王設靈臺，候雲物，于以考吉凶之兆焉。蓋休咎之作，不作於作之日，必有所由兆。故雲之白則必有流散之民，雲之青則必有害穀之蟲。黑雲豈不爲水災之兆，赤雲豈不爲兵革之徵乎？黄雲則歲稔之祥也，此乃氣之先見者耳。若其非煙非霧，郁郁紛紛，蕭散漂靄〔九〕，獨得至和之氣而爲聖王之瑞者，則其惟慶雲乎？苟無阜財解愠之德，則難乎致此矣。豈爲水土輕清之氣，徒爲衣狗之比者哉？霧者，陰氣未洩而蒸鬱者耳。物之鍾陰者，亦能生霧，蓋山川之沴氣也。其赤而爲兵象，青而爲災孽者，莫非陰盛之徵也。莽賊僭位，黄霧四塞。天寶亂政，大霧晝昏，與夫高皇帝白登之圍、文山柴市之死，咸致陰霾。或以臣下叛君上，或以夷狄侵中國，則若此者，皆可類推也。至若陽氣發散之後，陰氣包陽而陽不得出，則奮擊而爲雷霆，故雷霆之作，必以春夏。此天地之怒氣也，光之爗爗，則陽氣發而爲電。聲之虩虩，則二氣相薄而爲雷。先儒氏曰：「雷霆，陰陽之正氣也。或以驚蟄，或以擊邪。」人固有邪氣之所鍾者，物亦有邪氣之所寓者。正氣之震乎邪氣，亦其理也。孔子迅雷必變者，良以此也。而況當震而震者，若商之武乙、魯之伯夷之廟，則不可謂無是理也。若曰必有一物，操其柄而主張之者，則近於鑿矣。且若陽舒之時，露以潤物者，雲之澤也。陰慘之際，霜以殺草者，露之結也。詩不云乎：「蒹葭蒼蒼，白露爲霜。」此之謂也。其或陰氣極盛，則霜之隕也。或不以時，僞周臨朝，陰陽易位，南越極暖之地而六月降霜，想必八荒都囿於陰沴之氣矣。武氏之事，所可道也，言之長也。雨露皆出於雲，而澤之盛者爲雨，澤之微者爲露。陰陽相交，斯乃下雨。或密雲不雨者，上下不交也。洪範傳曰「皇之不極，厥罰常陰」者，其斯之謂乎？且陽亢則旱，陰盛則水。必也陰陽和調，然後雨暘適時。夫以神農之聖，處淳熙之世，曰暘而暘，曰雨而雨，固其宜也。聖王臨民，天地交泰，五日一風，十日一雨，亦其常也。有如此之德，則必有如此之應矣。天道豈有私厚歟？夫冤氣者，招旱之由也。是故一女懷冤，尚致赤地。則武王之克殷，足以消天下之冤氣矣。真卿之決獄，足以消一隅之冤氣矣。甘雨之霔，不足怪矣。而況大平之世，本無匹夫匹婦之不被其澤乎？若夫隆寒之時，天地雖已閉塞，而二氣亦不得不交。故雨澤之凝爲雪花，蓋陰氣使然也。草木之花，受氣之陽，故多五出。五者，陽數也。雪花，受氣之陰，故獨六出。六者，陰數也。此亦莫之爲而然耳。若袁安之閉户，龜山之立庭，暖寒之會，山陰之興，則或有守靜之樂，或有訪道之誠，或出於豪奢，或出於放達，皆不關於天道，則何足爲今日道哉？且雹者，戾氣之所出也。陰氣[illegible]陽，故其發也害於物。稽於往古，則大如馬頭，小如鷄卵，傷人殺獸者，或出於黷武之世，或警于基禍之主，則其爲足戒於歷代者，不必縷陳，而推此可知矣。嗚呼！一氣運化，散爲萬殊。分而言之，則天地萬象，各一氣也。合而言之，則天地萬象，同一氣也。鍾五行之正氣者，爲日月星辰。受天地之戾氣者，爲陰霾霧雹。雷電霹靂，則出於二氣之相激。風雲雨露，則出於二氣之相合。其分雖殊，其理則一也。執事於篇終，又教之曰：「『位天地，育萬物』，其道何由？」愚於此言深有感焉。愚聞人君正其心以正朝廷，正朝廷以正四方，四方正則天地之氣亦正矣。又聞心和則形和，形和則氣和，氣和則天地之和應矣。天地之氣既正，則日月安有薄蝕，星辰安有失躔者哉？天地之氣既和，則雷電霹靂，豈洩其威？風雲霜雪，豈失其時？陰霾戾氣，豈有作孽者哉？天以雨暘燠寒風而生成庶物，人君以肅乂哲謀聖而上應天道。天之時雨，若乎肅也。天之時暘，若乎乂也。時燠者，哲之應也。時寒者，謀之應也。時風者，聖之應也。以此觀之，天地之位、萬物之育，豈不繫於一人之修德乎？子思子曰：「惟天下至誠爲能化。」又曰：「洋洋乎發育萬物，峻極于天。」程子曰：「天德王道，其要只在謹獨。」噫！今我東方動植之物，咸鼓舞於鳶魚之天者，豈不繫於聖主之謹獨乎？願執事以芻蕘之一得，上達天聰，則韋布書生，庶無遺恨於篳門圭竇之下矣。謹對。

孔孟言性道軍旅疑

問：子貢曰：「夫子之言性與天道，不可得而聞也。」孟子曰：「知其性則知天矣。」其於知性、知天，孟子反有詳於夫子歟？子曰：「必也臨事而懼，好謀而成者也。」孟子曰：「可使制梃，以撻秦楚之堅甲利兵矣。」其於軍旅之事，孔子有不及於孟子歟？諸生講之熟矣，願聞其說。

對：性道之藴，不可輕以語人，而非言則道不見。三軍之行，聖人之所戒懼，而仁者則必無敵。教有先後，不可躐等。而道以言見，則其可終閟而不語其詳乎？戰係存亡，所當致慎，而君子必勝，則其可勉仁而不語其效乎？愚請以斯説，辨明問之疑。可乎？原夫天道之賦於人者，謂之性。性之所從而出者，謂之天。具衆理於形氣之内，存至隱於至費之中。苟非智足以窮理而深造之者，將何以窺其至妙之閫奥乎？夫子之教，循循有序。先傳以小者近者，而後教以大者遠者。則宜夫子之罕言，而學者之有所不聞也。至於孟子，則承道微之餘，任明教之責，擴前聖之所未發，而垂訓於後世，故顯其微而闡其幽，以天之妙用、性之本原揭示學者，欲使因其言而造其理耳。夫子之設教多術，孟子之明教有方，則雖曰孟子之所知反有詳於夫子，愚未之信也。況門人之如子貢者，積學功至而終聞至論，則其興喟於卓爾、唯諾於一貫者，從可知矣。夫子於性與天道，寧有所未詳乎？若夫聖人之於臨事，無所不致其謹。而國之大事，在於行師。不底其懼，則信其事之必敗。不善其謀，則信其功之無成，此君子之尤所戰兢而不敢失於果敢者也。雖然，征者，正也，以己之正，正人之不正者也。若使發政施仁，省刑薄斂，保民如子，而民之愛戴若父母，則天下之民，將歸往之不暇，安有敢梗於雲霓之師者乎？夫如是則制梃之，可以撻堅甲利兵，非過言也。其所以施仁無敵者，非有戒慎之心爲之本，則徒有其政而已。其所以戒懼好謀者，非有施仁之政爲之用，則亦徒有其心而已。夫子指其心而明行師之要，孟子指其政而明行仁之效，則雖曰夫子於軍旋之事有所不及於孟子，愚不信也。況子路血氣之勇，在所當抑，而梁惠復讎之志，在所當戒，則聖賢之訓，豈不各有攸當哉？由是觀之，夫子之道，其本在於循性知天，而其末見乎文章事物。非上智之資，則固不可兼擧其本末而盡之也。夫子安可驟以語之乎中人以下之才耶？孟子傳夫子之道，非詳說而極言之，則聖道不明，而杞柳之喻二本之說，將至於恣行矣。安敢避其躐等之患，而不以造理之學，昭示乎後學耶？若使夫子概以高且遠者，每人而語之，則學者將騖於茫昧怳惚之境，而不察切己之病矣。若使孟子終閟而不言，則後之推極其知而精思妙契者，將無所據，而以玄妙之旨委諸虛無影像之域矣。若軍旅之事，則雖異於俎豆。而聖人之智，無所不通。聖人之才，無所不能。其好謀而懼者，乃所以濟仁者之勇也。孟子，學孔子者也。其言本於仁義，其戒在於善戰，則豈以軍旅爲事者哉？特以此言明仁政之效，欲使時君繼武於湯文之一怒焉耳。非夫子之訓，則後之徒搏徒涉而自底滅亡者，將何所懲？非孟子之說，則後之務於富强而不本仁政者，將何取法哉？嗚呼！聖人體道無隱，與天象昭然。其發於文章之顯，動作威儀之節，成性明德，知天命之訓者，莫非示以至理，而人自不察，至孟子而始著者微旨焉。其見於懼齊之威，征費之舉，我戰則克之訓者，可謂至於無敵，而至孟子而始明其功效焉。夫子之道合乎天，而孟子發揚以言語者也。此夫子之所以欲無言，而孟子之所以未免於好辯者歟？執事以爲何如？謹對。

校勘記

〔一〕便復天性　「性」，一本作「理」。

〔二〕而其行姑局　「姑」，疑有誤。

〔三〕閒挺大椿　「椿」，原作「春」，據文意改。

〔四〕椿折芝凋　「椿」，原作「春」，據文意改。

〔五〕故命之以我東有民　「以」後，疑有闕文。

〔六〕應口説無疑　「疑」，疑作「礙」。

〔七〕「余甲子冬」至「此言甚好」　此段文字，本在論心性情篇内，而意似不屬，故移附於此。

〔八〕可以不已之谓也　「以」，疑作「已」。

〔九〕蕭散漂靄　「靄」，一本作「蕩」。

栗谷先生全書卷十五

雜著二

東湖問答己巳〇月課

東湖之客問於主人曰：「無古今無治亂，若何而治？若何而亂？」主人曰：「所治二，所亂二。」客曰：「何謂也？」主人曰：「人君才智出類，駕馭豪傑則治；才雖不足，能任賢者則治：此其所治者二也。人君自恃聰明，不信羣下則亂；偏信姦諛，壅蔽耳目則亂：此其所亂者二也。所治二，而其所以治之之道有二：躬行仁義之道，以施不忍人之政，極夫天理之正者，王道也；假借仁義之名，以施權謀之政，濟夫功利之私者，霸道也。所亂二，而其所以亂之之事有三：多慾撓其中，衆感攻于外，竭民力以自奉，斥忠言以自聖，自底滅亡者，暴君也；有求治之志，無辨姦之明，所信非賢，所任非才，馴致敗亂者，昏君也；懦弱而志不立，優游而政不振，因循姑息，日就衰微者，庸君也。」客曰：「子言則然矣。古之人有行之者乎？」主人曰：「有昔者五帝三王，以聰明睿智之資，受天命而爲君師，治之而息齊爭奪，養之而致其富庶，教之而叙其彝倫，七曜順度，五徵時若，天地以位，人極以立，此所謂才智出類而行王道者也。商太甲、周成王，資質不及於三五，若非聖臣篤棐，則典刑誰救顛覆，讒人終必交亂。然而太甲能任伊尹，成王能任周公，進德修業，克紹丕緒，此所謂能任賢者而行王道者也。晉文公一戰而定霸，晉悼公三駕而服楚，漢高祖五年而成帝業，文帝玄默而致刑錯，唐太宗定大業而致太平，宋太祖承五季而平僭亂。斯數君者，才足以靖亂，智足以用人，獨恨夫不能躬行心得，以復先王之道，富庶則有之，教則無聞，此所謂才智出類而行霸道者也。齊桓公聲色不絶乎耳目，漢昭烈髀肉空銷於鞍馬，使無賢智之士爲之輔佐，則桓公不得爲令主，昭烈難有其尺地。然而桓公能用管仲，昭烈能用諸葛亮，或糾合諸侯，以成一匡之功，或跨有漢川，以綿赤帝之祚。獨恨夫管仲不知聖賢之道，孔明未免申韓之習，功烈止此而已，此所謂能任賢者而行霸道者也。」客曰：「致亂之君，亦可聞乎？」主人曰：「夏桀、商紂、周厲、隋煬之徒，非弱於才而用之於不善，非無其智而用之於拒諫，逞獨夫之威，窮四海之力，天怒民怨，卒爲大戮，此暴君之自恃聰明者也。秦二世信趙高之姦，動六國之兵；漢桓帝信宦寺之讒，錮天下之賢。斯二君者，非不欲用賢去邪，而明智不足，貪酷有餘，使逢惡之臣得售其術，此暴君之偏信姦諛者也。唐德宗猜疑多忌，不任仁賢，務欲自揔權綱，不悟聰明有限，危急則勉納忠言，平安則還疏正士，小人乘隙，輒中其欲，此昏君之自恃聰明者也。宋神宗大奮有爲之志，期復三代之治，傾心安石，言聽計用，以財利爲仁義，以法律爲詩書，衆邪得志，羣賢屏迹，流毒生民，以啓戎馬，此昏君之偏信姦諛者也。周赧王、漢元帝、唐僖宗、宋寧宗之徒，委靡偷惰，苟度歲月，不能革一弊政，行一善策，束手緘口，坐待其亡，此皆碌碌之庸君也。」客曰：「唐德宗、宋神宗，皆剛斷自立之君，而子以爲昏君，何耶？」主人曰：「人君之明，在於正見，不在於聰察。彼二君者，雖非闇弱，而昧於邪正，舉錯顛倒，則烏可謂之非昏耶？」

右論君道。

客曰：「士生斯世，莫不以經濟爲心，宜乎心迹皆同，而或進而兼善，或退而自守，何耶？」主人曰：「士之兼善，固其志也。退而自守，夫豈本心歟？時有遇不遇耳。進而兼善者，其品有三：道德在躬，推己及人，欲使吾君爲堯舜之君，吾民爲堯舜之民，事君行己，一以正道者，大臣也；惓惓憂國，不顧其身，苟可以尊主庇民，不擇夷險，盡誠行之，雖於正道少有出入，而終始以安社稷爲心者，忠臣也；居其位思守其職，受其任思效其能，器雖不足於經國，才可有爲於一官者，幹臣也。大臣得君，則可復三代之治；忠臣當國，則可無危亡之禍；若夫幹臣，則可用於有司，而不可使當大任也。退而自守者，其品有三：懷不世之寶，藴濟時之具，囂囂樂道，韞櫝待賈者，天民也；自度學不足而求進其學，自知材不優而求達其材，藏修待時，不輕自售者，學者也；高潔清介，不屑天下之事，卓然長往，與世相忘者，隱者也。天民遇時，則天下之民皆被其澤矣；學者雖遇明時，苟於斯道，有所未信，則不敢輕進焉；若隱者則偏於遯世，非時中之道也。」客曰：「子之所謂士者，求之於古，抑有其人乎？」主人曰：「有皐、夔、稷、契之佐唐虞，仲虺、周、召之輔商周，此所謂大臣也。甯武子之救主，諸葛亮之討賊，狄仁傑之反正，司馬光之革弊，此所謂忠臣也。趙過善於治田，劉晏善於理財，趙充國能禦戎狄，劉彝能興水利之類，此所謂幹臣也。伊尹耕於有莘，傅説築於傅巖，太公釣於渭水，三人者，若無意於斯世，而終遇聖君，共享天心，此天民之得行其道者也。天民之道，即大臣之道也。濂溪徜徉于南康，明道禄仕于河南，伊川編管涪陵，康節躬爨洛陽，横渠講禮于關内，晦菴奉祠于閩中，斯數人者，懷抱道德，不遇於時，此天民之不得行道者也。晨門之抱關，接輿之佯狂，沮、溺之耦耕，皆果於忘世？此所謂隱者也。夫子『鳥獸同羣』之嘆，端爲斯人也。若學者之不仕，則非爲時之不可也，非爲隱之可尚也，誠以學術不足，先施功業，則代大匠斲，鮮不傷手，故韜光自守，藏器待用，尺蠖之屈，以求伸也。古之儒者，多於是乎從事焉，子若必欲聞名，則如漆雕開之類是也。」客曰：「忠臣事君，非道則不可，子以爲於正道有出入者，何耶？」主人曰：「子烏知所謂道耶？斯道也者，非伊尹、太公之流，則不得與聞焉。豈忠臣之所敢當耶？彼諸葛亮、狄仁傑之徒，雖忠誠貫日，社稷是賴，而律之以聖賢之道，則枉尺而直尋，計功而謀利者多矣。烏可謂之無出入耶？」

右論臣道。

客曰：「三代之後，更無行王道者，其故何耶？」主人慨然嘆曰：「道學不明不行之故也。自漢以後，居大位者不知道學爲何事，只以智力把持天下，架漏過時，牽補度日，寥寥數千載，只是長夜而已。程子曰：『周公没而百世無善治。』信哉！」客曰：「自漢以後，非無讀書之人也。所謂道學者，何學耶？」主人曰：「陋哉！子言：『夫道學者，格致以明乎善，誠正以修其身，藴諸躬則爲天德，施之政則爲王道。』彼讀書者，格致中一事耳。讀書而無實踐者，何異於鸚鵡之能言耶？如梁元帝讀書萬卷，竟爲魏俘，此亦可謂道學乎？」客曰：「三代之後，道學之君則絶無矣。豈無道學之士乎？」主人曰：「豈無其人乎？特上之人疑其迂闊，不與共天職也。道學之士，謂之真儒。孟子之後，真儒不作。千載之下，始有濂溪周子，闡微發奥，繼之以程朱，然後斯道大明於世，如日中天。第恨有宋之君，不知道學，使大賢沈於下僚，斯民未蒙其澤耳。」客曰：「漢唐以後，非無英明有爲之主也，豈盡不知真儒乎？特不相遇耳。」主人曰：「後世之君，誰可用真儒者？我未之見也，子試言之。」客曰：「漢高祖何如？」主人曰：「君子，必待人君致敬盡禮而後至，彼高祖素慢無禮，其所駕馭者，皆志乎功名富貴者耳。真儒孰肯甘受踞洗之辱，區區厠身於信布之列哉？」客曰：「文帝何如？」主人曰：「文帝，自棄之君也。」客大驚曰：「文帝，天下之賢君也。子以爲自棄，何耶？」主人曰：「三代之後，天下之賢君，固莫如文帝者矣。但其志趣卑下，以爲古道必不可復，安於恬靜，僅取養民。古道之不復自文帝始。如文帝者，終不可入於堯舜之道矣，非自棄而何？雖遇真儒，必不能用也。」客曰：「然則武帝何如？」主人曰：「武帝内多欲而外施仁義，其所謂仁義者皆崇尚虚文，以爲美觀耳，非誠心信道者也。有董仲舒、汲黯尚不能用，況可用真儒乎？」客曰：「光武何如？」主人曰：「光武規模不及高祖，務自用而不任三公，其不能仰成於真儒，可知矣。」客曰：「明帝何如？」主人曰：「明帝察察，無人君之度，臨雍拜老，特示文具耳，豈知所謂真儒耶？況乎肇崇胡教，以啓萬世無窮之患，此豈有爲之君耶？」客曰：「唐太宗何如？」主人曰：「太宗劫父而發兵，殺兄而奪位，淫于母弟之妻，行若狗彘矣。太宗雖欲用真儒，真儒孰肯爲太宗之臣乎？」客曰：「宋太祖何如？」主人曰：「太祖以周世宗寵遇之臣，迫於陳橋之變，卒爲簒逆之臣，真儒必望望而去矣。」客愕然曰：「信子言也，真儒終不可容於世耶？」主人曰：「若使真儒得遇昭烈，則庶幾少行其志矣。昭烈之三顧孔明也，孔明身賤而年少，昭烈位高而年尊，其於孔明只聞其名，未必深知，而勤勤懇懇，至再至三，非誠於好賢，能若是乎？使孔明便是真儒，昭烈必能敬信矣。吾以爲後世之君，惟昭烈庶幾能用真儒。大抵有爲之主，必有所敬信之臣，相親如父子，相得如魚水，相調如宮商，相合如契符，然後言無不用，道無不行，事無不成焉。若堯之於舜，舜之於禹、皋陶，湯之於伊尹，武丁之於傅說，文王之於太公是也。抑可以爲次者，昭烈之於諸葛亮是也。後世君臣，皆不能及焉。」客曰：「苻堅之於王猛，唐太宗之於魏徵，亦可謂相得，而吾子不數，何歟？」主人曰：「吾所謂相得者，取其以正相信耳。彼苻堅，夷狄之酋庸中佼佼，王猛詐力之功，不終一世，何足置齒牙間耶？太宗，好名之君也。魏徵，好名之臣也。雖似相得，假治一世，而生不能止欲殺之心，死不能免踣碑之辱，此豈中心悦而誠信者耶？」

右論君臣相得之難。

客曰：「吾東方亦有以王道治世者乎？」主人曰：「文獻不足，無可攷者。但想箕子之君于吾東也，井田之制，八條之教，必粹然一出於王道矣。自是厥後，三國鼎峙，高麗統一。考其事業，則專以智力相勝，夫孰知道學之爲可尚耶？不特邦君爲然也，下焉者亦不聞真知實踐以紹先正之傳，詿誤于竺學，怵迫于禍福，滔滔千載，莫或拔萃。麗末，鄭夢周稍有儒者氣象，亦未能成就其學，迹其行事，不過爲忠臣而已。」客艴然曰：「子以爲吾東數千載之間無一真儒，何言之過高耶？」主人笑曰：「子問我，我不敢不以正對，豈其樂爲過高之論耶？夫所謂真儒者，進則行道於一時，使斯民有熙皞之樂，退則垂教於萬世，使學者得大寐之醒。進而無道可行，退而無教可垂，則雖謂之真儒，吾不信也。箕子變夷之後，更無善治之可法，則是進無行道者矣。東人所著之書，未見深明乎義理，則是退無垂教者矣。吾豈妄言以誣百代之人耶？」

右論東方道學不行。

客曰：「既往之芻狗，不必更陳，請論當代之事。」主人曰：「諾。」客曰：「當今聖上龍興，羣賢布列，百姓欣然想望太平者，今三年矣。而民生之困瘁，風俗之薄惡，紀綱之不振，士習之不正，秋毫無變。以之天心未豫，水旱不時，日月薄蝕，星宿騁怪，其故何耶？」主人蹙頞良久曰：「未易言也。」客曰：「試言之。」主人曰：「吾請爲子泝其源而極言之。我太祖承王氏之衰，以神武啓運。繼統之君，乃有世宗。世宗之聖，前朝所無有也：嘉靖邦家，雨暘時若，崇儒重道，養育人材，制禮作樂，垂裕後昆，吾東之治，於斯爲盛，克至今日，遺澤未泯，我國萬祀之祚，肇基於世宗矣。獨恨夫上有堯舜之君，下無稷契之臣。如許稠、黄喜，皆流俗中梢秀者耳，無一人明先王之道以輔聖主。斯民僅止於富庶，世道終愧於商周，志士興嘆，始於此矣。文宗早歲施惠未終，傳至于成宗，英睿之質，卓冠千古，真我東之聖主。而當國大臣，庸鄙無識，經幄論思之際，至發性情無心之説，尚復何望？當其時也，昇平日久，國富民給，大小臣僚不以國事爲念，蕩然恣意於遊戲，樂放肆而憚拘檢，惡特立而喜雷同，雖逢有爲之主，不見治化之隆，流風遺俗，至今爲弊，志士之嘆，更發於斯焉。中宗承燕山殘虐之餘，勵精圖治，側席求賢。己卯年間，有若趙光祖以性理之學被眷遇之重，愛君如父，忘身徇國，旁招俊乂，開廣聰明，慨然有挽回世道、追蹤三五之志。儒林聳動，黎庶顒望，以爲咸熙之績，比屋之封，指日可見。獨惜夫光祖之出也太早，致用之學尚未大成，共事之人固多忠賢而好名之士，未免雜進，論議太鋭，作事無漸，不以格君爲本，徒以文具爲先，不知姦邪切齒，設機伺隙，神武之門夜開，而羣賢皆落于一網矣。自是之後，士氣摧傷，國脈垂絶，志士之嘆，於斯轉甚。然而人心本善，公論難滅，南衮、沈貞氣焰纔息，士類清議復尊己卯。中宗末年，學問之士多聚于朝。當是時也，仁宗養德東宮，休聞夙播，億兆仰戴，望之如雲。一朝即阼，四方響應，啜粥面墨，不出號令，而躬行之化，已被於邦域矣。羣賢仰恃聖明，皆以爲三代之治，不久可復，豈期旻天不弔，奪我元后，姦兇乘勢，斬刈良善，設叛逆之名，以爲陷穽，士類之稍有知識者無能得脱。乙巳之禍，足以亡國，而寳曆綿遠者，良由祖宗積德之餘慶也。志士之嘆，於斯極矣。明宗英達夙成，少無失德，而李芑、尹元衡之徒壅蔽聰明，賊賢誤國，忠臣鉗口，道路以目者垂二十年。天誘聖衷，辨別是非，元衡得罪，士林興起，庶見春陽復回於蔑貞之後。社稷不幸，先王捐劍，元元喪考，百神無主，賴我今上恭承遺教，宅憂翼室，受付畀之重，協神人之望，聖德日章，袞職無[illegible]，[illegible]正志士有爲之秋也。當今國家之勢，譬如氣絶之人，僅得蘇醒，百脈未定，元氣未復，汲汲投藥，庶見生道，而或以爲不用藥餌，坐待自瘳，或以爲當投良藥，而不知某藥之可用，拱手環視，不施一計，則大病之餘，風邪易中，將必有不可救之危證，以至於必死而後已也。國家之勢，其危如此，肉食之臣，其可不惕然思有以救之乎？所貴乎去姦而進賢者，只爲除其舊弊，布其新惠，以救民生耳。今也不然，南袞、金安老、李芑、尹元衡誤國之遺弊未盡洗滌，虐民之苛法未見改革，而方且偷安厭事，無所建明，若曹參之代蕭何，則是舉一國而付之相忘之域矣。君子小人，其閒不能以寸。下民之困，上天之怒，尚何怪哉？」

右論我朝古道不復。

客曰：「三代之治，果可復於今日乎？」主人曰：「可復矣。」客呀然笑曰：「何言之過也？王道之不行，自漢已然，矧今之人，不及漢遠甚乎？東方則箕子之後，更無善政，度今之俗，必不及前朝矣。若求少康，則庶可矣。欲行己道，則徒爲處士之大言而已。」主人愀然曰：「惜乎吾子之言，駟不及舌。子説若行，將必率天下，歸於鬼魅之域矣。夫王道之不行者，只是君相非人耳，豈以時代漸下，欲復而未能歟？有其君有其相，則斯爲可復之時矣。程子曰：『自是無人，豈是無時？』苟爲其事，必有其功，爲其事而無其功者，自古及今未之見也。且子以爲今世之俗，不及前朝者，是大不然。前朝之俗，未免夷狄之習。我朝以禮導民，頗有美俗，若喪用家禮、女士從一之類是也。烏可謂之不及前朝耶？當今國家可爲之勢有二，不可爲之勢亦有二焉。何謂可爲之勢？上有聖明之君，一可爲也；下無擅權之姦，二可爲也。何謂不可爲之勢？一則人心陷溺之久也；二則士氣摧挫之甚也。」客曰：「請聞其詳。」主人曰：「主上龍顔秀異，聖質英毅，聰明好學，恭儉愛士，盡孝兩殿，存心萬機，此真不世出之聖君也。所患乎治道不立者，只是無君耳。有君如此，則何患不治？此其可爲之勢一也。自古人君，雖或有志於治道，而若有權臣擅制，威脅君上，則雖欲有爲，末由也已。今我國家自廢私兵之後，所謂權臣者莫非依寵而作威，不敢陵上而干紀。雖以南袞之姦慝，金安老之邪險，李芑之兇惡，鄭順朋之陰譎，尹元衡之憸毒，李樑之悖妄，呼來斥去，惟上所命。矧今羣姦皆不在朝，自上若欲有爲，則孰敢包藏禍心，熒惑聖聽耶？此其可爲之勢二也。所謂人心陷溺之久者，何謂也？今夫常人之情，朝夕所見之物則恬不爲怪，若夫遠方詭異非常之物，則必羣駭而指笑之。王道之不行於斯世，于今數千年矣。知其爲王道而尊尚之者，有幾人哉？彼貿貿無見之輩，習於流俗，安於故常，一朝見王道之復行於世，則將必駭且怪之，不翅若見遠方詭異之物也。舉世呶呶，不勝其擾，則上心之堅定不可必保，而賢士大夫之小明大暗、樂安靜憚紛更者，亦將起而爲流俗之唱矣〔一〕。任責之人得免罪戾，幸矣，安能有所爲耶？此其不可爲者一也。所謂士氣摧挫之甚者，何謂也？國初育才之盛，遠勝前朝。燕山之世，任士洪懷不測之心，始戕士林，餘氣猶盛，而殘傷于己卯，尚有綿綿之息，而斬絶于乙巳。自是厥後，爲善者相戒，爲惡者相勸。若有一士頭角稍異，論議稍正，則得責於父兄，見擯於鄉鄰。惟是含糊鶻突、只貪富貴者，乃能美食安坐，以享禄位。朝廷大小之臣，非無憂國愛君之心，而懔懔然以己卯、乙巳覆轍爲戒，莫敢出一聲以助正氣，但狐疑首鼠，反助流俗而已。此其不可爲者二也。」客曰：「不可爲之勢既如此，則欲復三代之治者，非其時矣。子以爲可復，何耶？」主人曰：「治亂在人，不係於時。時也者，在上位者之所爲也。若我聖上奮然振起，欲復古道，則人心可拯於陷溺之中，士氣可作於摧挫之餘。安可謂之非時耶？」

右論當今之時勢。

客曰：「主上欲復三代之治則當以何者爲先務？」主人曰：「莫先於立志。自古有爲之君，莫不先定其志。志乎王道，則堯舜之治化，皆吾分内事也。志乎霸道，則漢唐之少康，亦可馴致矣。然古人有言曰：『作法於涼，其弊猶貪。』今若以霸道爲志，則規模制作必居漢唐之下矣，豈不復使志士興嘆乎？夫以窮理盡性爲志，則苟且少成之論不能入矣；以作新斯民爲志，則流俗守常之説不能拘矣。以刑于寡妻爲志，則婦寺宴安之樂不能移矣。以茅茨土階爲志，則輿馬宮室之美不能動矣。以博施濟衆爲志，則一民之不被其澤者皆我之憂。以修明禮樂爲志，則一政之不合古道者皆我之病矣。主上誠立此志，則以聖人爲標準矣。以聖人爲標準而必欲學之，然後三代之治可復也。」客曰：「志既立矣，當何所事？」主人曰：「立志之後，莫如務實。」客曰：「何謂也？」主人曰：「終朝設食，不得一飽。空言無實，豈能濟事？今夫經席之上、章奏之間，非無嘉謀讜論足以治國，而未見一弊之革、一策之施者，只是不務實效故也。今我主上，必欲求治以復古道，則當務實效，不事文具。如欲格物致知，則或讀書而思其義理，或臨事而思其是非，或講論人物而辨其邪正，或歷覽古史而求其得失，至於一言一動皆當思其合理與否，必使方寸之地虚明洞澈，無物不格，以盡其格致之實。如欲誠意，則好善如好好色而必得之，惡惡如惡惡臭而決去之，幽獨隱微之中敬畏無怠，不覩不聞之時戒懼不忘，必使念慮之發莫不一出於至誠，以盡其誠意之實。如欲正心，則不偏不倚以立其體，無過不及以達其用，惺惺不昏以全其本明，凝定不亂以保其本靜，廓然而大公，物來而順應，以盡其正心之實。如欲修身，則正其衣冠，尊其瞻視，遠聲色之好，絶游觀之樂，怠慢之氣不設於體，鄙倍之言不發於口，循蹈規矩，非禮不動，以盡其修身之實。如欲孝親，則仰承兩殿，無事不誠，交歡無間，絶其讒慝，愉色婉容，洞洞屬屬，以致精神相孚，氣脈相通，而至於宗廟之禮，極其敬謹，不以煩數爲務惟以感格爲心，以盡其孝親之實。如欲治家，則以身爲教，勖帥以敬，莊以莅之，慈以撫之，以致后妃有純一之德，宫壼有肅清之美，交通之弊絶其萌芽，刀鋸之賤只供灑埽，以盡其治家之實。如欲用賢，則博採而精鑒，明試而灼見。其賢果不誣也，則信之勿疑，任之勿貳，外託君臣之義，内結父子之情，使之展布所蘊，悉誠竭才。讒言不行，庶政乃乂，國受其福，民獲其所，以盡其用賢之實。如欲去姦，則言不逆耳者，求諸非道；迹不明正者，觀其隱慝；無所建白者，知其無憂國之志；愛惜爵禄者，知其無死難之節；不喜道學者，知其將禍士林；論篤内荏者，知其訐以爲直。視其所以，觀其所由，察其所安，其姦果不虛也，則隨其輕重而罪之，輕則至於廢棄，重則投諸四裔，以盡其去姦之實。如欲保民，則以父母生民爲心，視之當如赤子。夫赤子之入井，雖仇怨之人苟不至於欲滅其家，則必驚起而救之，況其父母之心乎？當今赤子之入井久矣，寂寥數年不見如傷之政者，無他，主上父母生民之心猶有所未至故也。誠以父母生民爲心，則爲之存利而去害，將無所不用其極矣。民生豈有困瘁之理乎？所當憂勤惕念，不遑暇食，求其願欲而必遂之，咨其弊瘼而必除之，以盡其保民之實。如欲教化，則先躬行以興其仁讓，恢公道以振其紀綱，别淑慝以變其風俗，勵廉恥以作其士氣，崇道學以定其趨向，明祀典以改其煩瀆，以致神格于上，民應於下，三綱立而九疇叙，以盡其教化之實。主上務實之功苟至於此，則天心悦豫，和氣充塞，災沴消滅，慶祥疊至矣。嗚呼！東方億萬年無疆之休，其在主上之務實歟？」

右論務實爲修己之要。

客曰：「主上不能獨理，必資輔佐，以成治道矣。輔佐之責，將畀何人耶？」主人曰：「主上既立大志，務求實效，則廟堂老成之人、朝著夙夜之賢，豈無起而應之者乎？如有立志務實，欲修己而正國者，則乃其人焉。」客曰：「廷臣雖有修己而正國者，主上何以知其果可信耶？」主人曰：「雲從龍，風從虎，苟有其君，必有其臣矣。古之聖賢之君，欲遂其大有爲之志，則必遍觀羣臣，深察其賢否。見其賢也則與之，交接無間，肝膽相照，果信其必賢也，然後授之大任，責其成功焉。至如我朝祖宗，與羣臣親愛，如家人父子，故羣臣感恩懷德，竭其死力焉。如今主上，只於經筵接待賢士，禮嚴言簡，隨行而進，逐隊而退，羣下之情難以悉達，聖上之明豈能悉照乎？若此循途守轍，徒事文具，則羣臣之賢否，主上終有所未察矣，安能得人而爲政耶？當今之計莫若變其常規，略其煩儀，經筵之外亦接儒臣，從容論道，以及政務。自上不以沈默爲儀，與之酬酢如響，上下之情，交孚洞達。夫如是，則邪正難逃於天鑒，用捨默定于聖權，而其於成就聖德大有助焉。程子曰：『人主一日之間，接賢士大夫之時多，親宦官宮妾之時少，則可以涵養氣質，薰陶德性。』此言真萬古之藥石也。」

客曰：「正人指邪人爲邪，邪人指正人爲邪，何術而可辨耶？」主人曰：「是不難。君子之攻小人，辭順而理直；小人之攻君子，辭難而理迂。小人之惡，昭然可見，或黷于貨利，或悖于倫理，或循私滅公，或妨賢病國，羣疵衆慝，不可枚舉，而大要皆表表可指，非難見而難言者也。君子則不然，以言其心則正直無曲，以言其行則潔白無瑕，以言其節則耿介不屈。其閒苟非成德之士，則或未免有小玷，而亦出於氣質之偏耳，非若小人肆於爲惡而無所忌憚也。是故小人之攻君子也，必別立名目，以惑上聽焉。君子潛心性理之學，欲遵先正之訓，則目之以僞學焉。修身行義，欲明其彝倫，則目之以僞善焉。引君當道，欲踵三五之治，則目之以高談誤世焉。忼慨論事，欲矯流俗之弊，則目之以浮薄喜事焉。引進同志，欲與共治國事，則目之以朋黨締結焉。好善嫉惡，激濁揚清，則目之以排斥異己焉。守正不撓，欲扶公道，則目之以專制國柄焉。面折廷爭，欲補君德，則目之以不敬君上焉。進必以禮，不顧萬鍾，則目之以要君索價焉。道既不行，奉身而退則，目之以怨懟不遜焉。飾辭假說不可枚舉，而大要莫不詖淫邪遁，明者一燭如見其肺肝矣。」客曰：「小人之情狀，果可易見乎？」主人曰：「只恐人君有慾耳。苟使人君無慾，則小人何自而入于左腹耶？今夫主上訪落之日，方新庶政，君子、小人各有所望。若主上無累於物欲，惟治道是講，則君子之望得矣。如有私欲稍萌于聖心，小人之伺隙，亦多歧路矣：主上若萌尊崇所生之私，則小人必伺隙，而以嘉靖皇帝爲法之説進惑聖聽矣。若萌厭聞道學之私，則小人必伺隙，而以假儒空言無實之説進惑聖聽矣。若萌不悦直言之私，則小人必伺隙，而以臺諫不足盡信之説進惑聖聽矣。若萌因循苟安之私，則小人必伺隙，而以國家已治無虞之説進惑聖聽矣。若萌倚重外戚之私，則小人必伺隙，而以親臣最可信任之説進惑聖聽矣。若萌寵昵宦寺之私，則小人必伺隙，而以家奴雖貴易制之説進惑聖聽矣。若萌妄祭求福之私，則小人必伺隙，而以仙佛禍福不誣之説進惑聖聽矣。若萌聲色嗜欲之私，則小人必伺隙，而以高枕肆志寵樂之説進惑聖聽矣。旁歧曲逕，不可悉數，而大要皆欲蔽塞聖聰，自圖其利。若主上格物致知，以窮天理，則彼小人之情狀，無微不燭。好善惡惡，以公其心，則君子之謨猷，無言不合。是故辨姦莫善於窮理，見賢莫善於公心。窮理公心，以寡欲爲本。」

右論辨姦爲用賢之要。

客曰：「既辨邪正，得人而爲政，則政將何先？」主人曰：「先革弊法以救民生。欲革弊法，則當廣言路以集善策。上自公卿，下至輿儓，皆許各陳時弊，其言果可用也，則勿以其人爲取捨，勿使該曹爲循例防啓之計，惟以弊法之盡革爲期，然後國可爲也。」客曰：「子以爲救民在於革弊，當今之弊孰爲民患之大者？」主人曰：「一族切鄰之弊一也，進上煩重之弊二也，貢物防納之弊三也，役事不均之弊四也，吏胥誅求之弊五也。何謂一族切鄰之弊？今茲一有逃散之民，則必侵其一族及切鄰，一族切鄰不能支保亦至流散，則又侵其一族之一族，切鄰之切鄰，一人之逃患及千户，其勢必至於民無孑遺，然後乃已也。是故昔年百家之村，今無十室，前歲十家之村，今無一室。邑里蕭條，人煙夐絶，無處不然，若不更張此弊則邦本顛蹶，無以爲國矣。欲革此弊，則當下令四方之郡邑，按其簿籍，苟有流亡絶户，輒削其名，不侵一族切鄰，則國家所失只在於已逃者，而未散之民則庶幾安輯矣。休養生息，户口繁盛，則未充之軍額亦指日而可充矣。」客曰：「有是哉，子之迂也！今日軍額隸籍，絶户者居半，若用子言則無以應目前之百需，奈何？」主人曰：「嗚呼！流俗之見每每如是，此國勢之所以終不振起也。今者，民生之困甚於倒懸，若不急救勢將空國，空國之後，目前之需辦出何地耶？此必至之理也。所貴乎軍額之不減者，爲其實有是軍可以備用也。今者，絶户之軍只侵一族，徵其價布而已，脱有緩急發軍之舉，則一族終不足以荷戈，價布終不足以募人，安用吝惜虚簿以使民受實害哉？古今敗亂之事固非一二，而未嘗見以一族切鄰之弊亡其國者也。我國作俑，未知昉於何時，此誠千古所無之患也，不可使聞於後世也。書曰：『罰不及嗣，賞延于世。』斯民之流散出於困瘁，當惠鮮之不暇，而反以毒虐之政，散其未散之民，此豈仁人君子之所可忍爲耶？」客曰：「子言則是矣，但巧詐之民，一切避役，軍額終至於無一人則奈何？」主人曰：「此必無之理也。凡民之離鄉去族、轉徙不定者，皆出於憫迫不得已也。彼雖巧詐，若有産業可以資生，則孰肯自取流離之苦哉？若無一族切鄰之患，只應其一身之役，則民之安生樂業，如脱水火矣。豈有一切避役之理乎？此法既革，則當令郡邑漸刷閑丁以充闕額，悉破旅外，以補正軍。至於新設之衛，非大典所載者及寄名於閒役之籍、無益公家者，皆刷出充軍。使兵省之官摠掌其事，必得實數，則雖不別設軍籍之局而軍籍已了矣。夫然後更搜閑丁，隨得隨補。每於歲抄令郡邑上軍簿于兵曹，上隸籍于該司，只録實數，悉刊虚名。如有善得閑丁、增十户以上者，論賞。新有絶户，縮其額數，減五户以上者，論罪，或罷或降職，甚者重治。增減相當者，勿問。爲政三年户口不增者，亦論罪。又使御史微服周行郡邑咨民疾苦，以察守令之賢否，若有私侵一族切鄰如舊者，或僞增户口以圖褒賞者，輒按以姦贓之律。誠能行此，則守令畏法，盡心懷保，不出十年民生可給、軍額可充矣。昔者越王句踐以五千之卒棲于會稽，可謂至弱矣。及其十年生聚，十年教訓，則乃能富國强兵，以滅勍敵。況我堂堂萬乘之國，若盡其生聚教訓之道，則豈無國泰民富、丕變風俗之效哉？何謂進上煩重之弊？今之所謂進上者，非必盡合於上供也。細瑣之物莫不畢獻，水陸之産搜括無遺，而真擇其可進于御膳者則亦無幾焉。古之聖王以一人治天下，不以天下奉一人。雖使進獻之物，一一皆合上供，亦當減省以舒民力，況以不急之需殘傷百姓耶？欲革此弊，則當令大臣及該司悉取進上名目，講究其緊歇，只取其切於上供、不可不存者，而其餘不緊之物皆悉蠲除。雖合於上供，而數目太多者，亦量減其數。夫如是，則聖上愛民之惠可以下究，而文王惟正之供不得專美矣。」客曰：「若如子言，則徒知愛民而不知奉上，非臣子之誠也。」主人喟然嘆曰：「流俗之見每每如是，此所以不能仰補聖德者也。忠臣愛君以大道，不以小誠。若使國家治安，民生富庶，則吾君之所獲多矣，豈以區區小物之增減足爲損益於吾君耶？昔者舜作漆器，羣臣爭諫，是使天子之貴尚不得用漆器矣。以子言觀之，舜朝之臣可謂不愛其君矣。然而帝舜爲天下之聖主，虞臣爲天下之良弼。嗚呼！此豈可與流俗碌碌之輩商議其得失耶？何謂貢物防納之弊？祖宗朝防納之禁甚嚴，凡百貢物只使百姓直納于官，百司之官，亦奉上意，不爲胥吏所瞞，無刁蹬阻隔之患，故百姓不困於貢物焉。世道寖降，弊習日滋，姦猾之隸、桀黠之吏私備百物，愚弄官司，阻當百姓，雖持精美之物終抑不納，必納私備之物，然後索其百倍之價。而邦憲頹廢，不能禁戢，爲日已久，國用不加毫末而民間已空杼柚矣。近來雖欲革此，而未得其要，只令百姓自納而不設適用之策，百姓之不能自備者久矣。一朝聞防納之廢，無計辦出，不免還持高價私貿于曩日防納之徒，被他深藏固靳，價倍前日，防納之名雖廢而防納之實反甚矣。」客曰：「欲革此弊，當出何計？」主人曰：「達人臨事而善謀，隨時而適宜，豈拘於常故者之所能耶？余見海州貢物之法，每田一結，收米一斗，官自備物，以納于京，民間只知出米而已。刁蹬之弊，略不聞知，此誠今日救民之良法也。若以此法頒于四方，則防納之弊不日自革矣。」客笑曰：「子言誠闊於事情矣。我國郡邑之實者，莫海州若也，安能使八道郡邑皆效海州之爲耶？」主人曰：「若無變常規，則誠如子言矣。若使大臣及該司悉取八道圖籍，講究其人物之殘盛、田結之多寡、物産之豐嗇，更賦其貢物而式均其苦歇。至於貢物之不切於國用者，量宜蠲減，必使八道郡邑之所辦出，皆如海州之一結一斗，然後乃頒其令，則何不可行之有？何謂役事不均之弊？今之所謂正軍、保率、羅將、皂隸諸員，凡百應役之類，或立長番，或分二番，或分三番，至六七番，或不堪侵暴而逋竄，或稍得安業而自保，同是赤子，有何彼此而使憂樂不同耶？爲今之計，大臣與該司，量度裁制，絶長補短，務使一切之役皆得番休迭息，均齊方正，無有甚苦甚歇之弊，則流亡可以還集，而民無投屬厭避之計矣。何謂吏胥誅求之弊？自權姦濁亂之後，上下惟貨賄是事。官爵非賄不進，爭訟非賄不決，罪戾非賄不免，以致百僚師師非度，吏胥緣文舞術。百物納官之際，精麤不分，多寡不算，惟以貨賂等級而取捨之，以至一皂一隷，稍有所管，則輒事漁奪。不特此也，獄訟重事亦委猾吏之手，視其賄賂而曲直之，此誠亂政亡國之痼病也。目今權姦已去，公論稍行，朝廷之上少革舊習，而吏胥之姦比前尤甚。欲革此弊，則當嚴勅具僚，申明贓法，振起頹綱，使朝著肅然，人知警懼，然後一禁侵漁受賂之習，發隱摘伏以得其情，許民陳訴以察其冤。若有吏胥使令之徒，或受賂，或漁奪，事覺則布一疋以上，悉治以全家之律，以實六鎮空虛之地。則非徒一洗賄賂之習，亦將有助邊圉之固矣。雖然，吏胥之求賄，誠可痛絶，而其代耕之資，不可不給。古者府史胥徒皆有常禄，仰食於上。今之吏胥别無廪俸，若不漁奪難免飢寒，此我國之制有所未盡者也。」客曰：「經用不足，朝士之禄尚且裁減，況給吏胥之俸乎？」主人曰：「吾非謂減經費以給吏俸也，但收國家虛棄之物，可以足給矣。何謂虛棄之物？今夫各司贖布及作紙，皆散之無用之地，若該曹收納無遺，則一歲所得必不下數萬疋矣。以此爲吏胥之俸，而其餘足以有補經用，何不可之有？

此非賦外别科也，只是轉無用爲有用矣。經濟之士不可以其言之淺近而忽之也。」客曰：「當今之弊，止此而已乎？」主人曰：「奚止於此？田不改量，而陳荒之地未免於收税。釋教尚存，而游手之民未返於田畝。不時之需，悉辦於市人，而市人剥膚横侵之毒濫及於坊内，而坊内竭髓。無名之税濫觴於列邑，而徵斂反重於貢賦。從母之法，不用於良女，而良民盡變爲私賤。冗官尚多，而浮費尚廣。民户漸縮，而郡邑太多。今世之弊，若欲盡言，吾恐日力之不足也。由今之道，無變今之政，雖堯舜在上，皐夔在下，亦將無益於治亂，不過數年民必魚爛而土崩矣，抑有大可憂者焉？度今民力，如垂死之人，氣息奄奄，平日支持亦不可保，脱有外警起於南北，則將必若疾風之埽落葉矣。百姓已矣，宗社何依？言念及此，不覺慟哭也。」客曰：「子言誠是也。但忠臣輔君當以祖宗爲法，若用子言，無乃近於變亂祖宗之法度耶？」主人曰：「噫嘻！流俗之見，每每如是。此不措一策，坐而待亡之術也。程子有言曰：『生民之理有窮，聖王之法可改。』大抵法久則弊生，弊生則當改。易曰：『窮則變，變則通。』是故我太祖開國，世宗守成，始制經濟六典，而世祖承業，乃制經國大典。此皆因時而制宜，非故變亂祖宗之法度也。當今之弊假使悉出於祖宗之法，亦當以世祖爲法，稍變前規，以立常久之道。况乎非必祖宗之法，多出於權姦之手，而乃欲遵守若先王成憲者，何耶？此乃設淫辭而助之亂也，反以我爲變亂祖宗之法度耶？」

右論安民之術。

客曰：「既革弊法，以安斯民，則復何所事？」主人曰：「養民，然後可施教化。設教之術，莫先於學校。」客曰：「朝廷於學校之政，非不講究善策，而終不見效，何歟？」主人曰：「止聲而求響，潛形而覓影，自古及今未之有也。今之學校之政，付之無可奈何之域，不求善策，故未見其效耳，非有功而無效也。今者以訓導爲至賤之任，必得貧困無資者而授其位，使免其飢寒。爲訓導者亦徒知侵漁校生以自肥而已，夫孰知教誨之爲何事耶？如是而欲望作成人才，何異於緣木而求魚耶？爲今之計莫如使八道監司移文列邑，每三年一度，選其鄉人之能通經史、稍知向方、可爲人師者，録其名報于監司，監司合諸邑之選而移于吏曹，吏曹案其簿，博採公論，更加精擇。凡差訓導之際，必以其邑之人授之。其邑無人，則授鄰邑之人。鄰邑又無人，則授以其道之人。不限其箇滿，惟以成教爲期。使命之行，待之以禮，不入鄉校則不使祇迎，除儒生試講之外，凡公會竝不來參，使訓導持身自重，勉勵學者。然後每年監司親臨，考其成績，但試儒生，不試訓導。若使儒生能知道學之可尚，整其威儀，飭其行檢，其讀書務以窮理爲要，則績之上也。若使儒生讀書不倦，操行無疵，雖不免科舉之習，而不至奪志於榮進，則其次也。若使儒生曉解文義，能善製述，則又其次也。績之上者馳啓論賞，授以六品之職，以聳動士林。其次者亦啓其勞，加其資級，以示褒賞，使勉於教誨。又其次者，監司深加奬勸，使之勖勵進步。若其依舊碌碌、無績可考者，即課以殿，又若依舊貪鄙、誅求校生者，按律治罪。夫如是，則訓導之職甚重，而不屑就之士亦有肯爲者矣。」客曰：「今之泮宫，首善之地，而士習日偷，不知學問，徒慕榮利，亦何術而可救耶？」主人曰：「此非儒生之過也，朝廷之導率，未得其道也。今之取人，只以文藝爲重，不以德義爲貴，雖有通天之學、高世之行，若不因科第而進，無由少試其道。且於泮宫，以圓點會士，凡士之日用行事，無非求利之術。導率如此，則士習何由可正乎？爲今之計，當使八道及京師五部，每年一度選生員、進士，幼學之稍有學問之志、不爲非義之人，不必太高其選，只知道學之可尚者，皆當與焉。録其名，悉移于吏曹及禮曹，吏曹、禮曹會于一處，按其簿而更加商議，取上舍生二百人，居于太學，分五番，每番四十人，雖在鄉者必及期而至。又取幼學二百人，分處四學，每學五十人，亦分五番，每番十人，名之曰選士。别擇儒臣之學成行尊者，爲太學及四學之官，使誨諸生。惟以講明正學爲務，其學必本於人倫、明乎物理、擇善修身以成德爲期，曉達治道以經濟爲志。若有學行皆中於是者則即陞于朝，使居臺侍之列。雖不及此，而行無瑕玷，年過四十者，亦授以百執事之職。如有信道不篤、行己無檢者，刊除其籍，吏禮、曹更擇他人，隨闕隨補。且其廪養之具，極其豐潔，以盡朝廷待賢之道。若外方幼學與選之人，則隨其多少，居于鄉校或書院，量宜分番，官給供具，使受教于訓導。若於外方選士中別有學行卓異者，州縣報于監司，監司録其名，移于吏禮曹，俾居于太學下齋，接待與生員無異，觀其實德而陞補于朝。夫如是，則爲士者皆知德義之可尊，不徒文藝之爲尚，凡民興起而四方風動矣。」客曰：「生進幼學之不參選士者，當籍名于何所耶？」主人曰：「生進則籍名于太學，幼學則籍名于四學，皆依舊矣。但不爲圓點，不食官養，只於釋奠及主上視學及上疏章之時，則一齊聚會乃參食堂矣。」客曰：「外方校生，多有不識一字者，何以處之？」主人曰：「郡邑之儒，皆有定數。數内儒生汰去似難，但當更得年少者補之，而汰其年長無才者耳。若數外儒生之不可教者，則悉補軍額可也。」客曰：「外方所謂業儒者，置之何地耶？」主人曰：「此則擇其可教者，而悉歸之鄉校，汰其不可教者，而悉充于軍額，亦可也。」客曰：「若有不羈之士，無所寄名，遯迹山樊，杜門求志，安貧樂道，德義之聲，播于遠邇，則將何以待之耶？」主人曰：「如此之人，徵以處士，察其虚實，名不虚得也，則當待以不次之位，使任補袞之責矣。」客曰：「生員進士，不爲圓點，則其應舉與幼學無異耶？」主人曰：「然。」客曰：「選士與凡儒應舉之規，亦無異耶？」主人曰：「除式年及大舉别試之外，凡庭試則只選士得參，而凡儒不與焉。式年則生進之爲選士者赴館試，其餘生進赴鄉漢城試。夫如是，則諸生尤知選士之爲重矣。」客曰：「子言固善矣，庶幾三代取人之法矣。但世道已降，民僞日滋，選拔之時不徇公道，則奈何？」主人曰：「此亦流俗之見也。自古立法，固是待人而行，亦不爲無人而不立其法也。茲法既行，風俗漸變，士知廉恥，則徇私之弊亦當自止矣。若以徇私爲懼而徒守常規，則利欲之網無人得脱，尚可以明教而作人乎？」客曰：「世間賢者至鮮，不賢者至衆，子言若行則豈不至於舉一世而仇君子乎？」主人曰：「自古善爲政者，其初莫不有謗。子産相鄭，一年而謗興，輿人誦其欲殺；三年而謗止，輿人猶恐其死焉。孔子相魯，投之無戾之歌，雖發於初政，惠我無私之頌，旋作於化成。惟堅守古道，力行無變，不沮不怒，然後民心可定也。且茲法之行，惟許改過，不念舊惡，則君子豹變，小人革面，皆欲入於陶鑄之中矣。怨謗之作，何患其不止乎？」客曰：「王道之行，果止於此乎？」主人曰：「吾所云云者，皆救時之策也。非王道之至者也。夫既安養斯民，則禮樂教化行之有漸，不可一日而盡施也。必使風俗有於變之美，制産得井田之意，用人合周官之度，事神遵三代之禮，然後王道之至者可庶幾也。今者田無限制而貧富懸絶，民無檢束而鄉約廢壞，科舉之規尚有愧於賓興，三清之醮尚未絶其異教，宗廟之禮尚未合於古制，則王道之至者，烏可易言耶？當待明時更説耳。」

右論教人之術。

客曰：「當今急務，只在安民作人而已乎？」主人曰：「善哉問！安民作人，固今世之急務也。但國是未定，正名未盡，則雖欲安民作人，其道無由。我朝自開國以來，正邪消長，固多反復，而至於殄殲士林，斬絶國脈，則莫甚於乙巳之禍。鄭順朋、尹元衡、李芑、林百齡、許磁斯五姦者，罪通于天，必殺無赦者也。文定塞淵于深宫之裏，明宗宅憂于幼沖之日，外間是非，何由灼見乎？斯五姦者，乘時謀利，欲以殺戮之酷立其威，以籍没之財富其家，乃造飛語以罔聖聽，設嚴刑以取誣服，聚羣不逞之徒以張其勢，舉一世之忠賢悉陷于叛逆之深坑。又恐公議之不可終泯，則乃作羅織之法，若有街談巷議稍分是非者，則輒加以庇護逆臣之名，以參夷之典隨之。兇謀既遂，録以衛社之功。嗟呼！仁廟大漸，遺教丁寧，中宗嫡嗣，只餘一人，兄亡弟紹，允合天人。彼五姦者，有何寸功？當是之時，百僚戰懼，萬姓悲憤，宗社之不亡實是天幸也。近來五姦已死，公議復發，上自公卿，下至氓隷，莫不忼慨扼腕欲食五姦之肉，特主上獨未之知耳。」客曰：「何以明其主上不知耶？」主人曰：「昔者郭公善善而不能用，惡惡而不能去，卒以亡國。今我主上聰明睿智，卓冠百工，若知五姦之罪，則必赫然一怒，誅于既死，而至今寂寥，故以爲主上不知耳。嗚呼，羣臣之事主上，可謂非至誠矣！當今第一義，莫大於正名，而不告主上，何耶？孔子曰：『名不正則言不順，言不順則事不成，事不成則禮樂不興，禮樂不興則刑罰不中，刑罰不中則民無所措手足。』今者忠讜之臣斥爲叛逆，姦慝之魁録爲功臣，名之不正莫甚於此。爲今之計，莫若暴揚五姦之罪，奪其官爵，盡削衛社之勳，悉宥無罪之人，以此告于宗廟社稷，頒教中外，與一國更始。夫如是，則上以慰祖宗陟降之靈，下以安朝野憤惋之懷，維新之政次第可舉矣。」客曰：「子言固切於時務矣，但先王已定之事，後王安敢改革？」主人長吁數聲曰：「流俗之見一至於此，至治終不可復也。夫孝者，善繼人之志，善述人之事者也。好善嫉惡者，明宗之志也。勸善懲惡者，明宗之事也。彼憸邪之輩罔聖欺明，縱售姦術於一時，難逃鈇鉞於萬世。今我明宗，於昭于天，其於姦狀，已悉洞照亦必震怒于冥漠之中，欲假手于我主上矣。主上其將繼志述事，以副明宗在天之心耶？抑將承訛踵謬，以悦姦兇地中之鬼耶？嗚呼！國是未定，則人心易摇；正名未盡，則善政難成。若不埽蕩姦宄之囊橐，扶護國家之元氣，則君子無所恃而罔盡其忠，小人有所窺而欲紹其惡，國之爲國未可知也。若如子言，諉以已定之事，必以無改爲孝，則昔者文王事商，而武王誅紂，此亦可謂畔父之道乎？」客再拜曰：「善乎，吾子之説！子説若行，東方將見三五之至治矣。」主人退而記其説。

右論正名爲治道之本。

學校模範壬午製進○事目附

天生蒸民，有物有則，秉彝懿德，人孰不稟？只緣師道廢絶，教化不明，無以振起作成，故士習偷薄，良心梏亡，只尚浮名，不務實行，以致上之朝廷乏士，天職多曠，下之風俗日敗，倫紀斁喪。念及于此，誠可寒心，今將一洗舊染，丕變士風，既盡擇士教誨之道，而略倣聖賢謨訓，撰成學校模範，使多士以爲飭躬制事之規，凡十六條。爲弟子者固當遵行，而爲師者尤宜先以此正厥身，以盡表率之道。

一曰立志。謂學者先須立志，以道自任。道非高遠，人自不行。萬善備我，不待他求。莫更遲疑等待，莫更畏難趦趄。直以爲天地立心，爲生民立極，爲往聖繼絶學，爲萬世開太平爲標的。退託自畫之念，姑息自恕之習，不可毫髮萌於胸次。至於毁譽榮辱、利害禍福，一切不動其心，奮發策勵，必要作聖人而後已。

二曰檢身。謂學者既立作聖之志，則必須洗滌舊習，一意向學，檢束身行。平居夙興夜寐，衣冠必整，容貌必莊，視聽必端，居處必恭，步立必正，飲食必節，寫字必敬，几案必齊，堂室必淨。常以九容持身：足容重，不輕擧也，若趨于尊長之前，不可拘此。手容恭，手無慢弛，無事則當端拱，不妄動。目容端，定其眼睫，視瞻當正，不可流眄邪睇。口容止，非言語飲食之時，則口常不動。聲容靜，當整攝形氣，不可出噦咳等雜聲。頭容直，當正頭直身，不可傾回偏倚。氣容肅，當調和鼻息，不可使有聲氣。立容德，中立不倚，儼然有德之氣象。色容莊。顔色整齊，無怠慢之氣。非禮勿視，非禮勿聽，非禮勿言，非禮勿動。所謂非禮者，稍違天理，則便是非禮。如以粗處言之，則倡優不正之色，俗樂淫靡之聲，鄙褻傲慢之戲，流連荒亂之宴，尤宜禁絶。

三曰讀書。謂學者既以儒行檢身，則必須讀書講學，以明義理，然後進學功程，不迷所向矣。從師受業，學必博，問必審，思必慎，辨必明，沈潛涵泳，必期心得。每讀書時，必肅容危坐，專心致志，一書已熟，方讀一書，毋務汎覽，毋事彊記。其讀書之序，則先以小學，培其根本；次以大學及近思録，定其規模；次讀論、孟、中庸、五經，閒以史記及先賢性理之書，以廣意趣，以精識見。而非聖之書勿讀，無益之文勿觀。讀書之暇，時或游藝，如彈琴、習射、投壺等事，各有儀矩，非時勿弄。若博弈等雜戲，則不可寓目以妨實功。

四曰慎言。謂學者欲飭儒行，須慎樞機。人之過失，多由言語。言必忠信，發必以時，重然諾，肅聲氣，毋戲謔，毋諠譁，只作文字義理有益之話。若荒雜怪神及市井鄙俚之説，不可出諸其口。至如追逐儕輩，空談度日，妄論時政，方人長短，皆妨功害事，切宜戒之。

五曰存心。謂學者欲身之修，必須内正其心，不爲物誘，然後天君泰然，百邪退伏，方進實德。故學者先務，當靜坐存心。寂然之中，不散亂，不昏昧，以立大本。而若一念之發，則必審善惡之幾，善則窮其義理，惡則絶其萌芽。存養省察，勉勉之已，則動靜云爲，無不合乎義理當然之則矣。

六曰事親。謂士有百行，孝悌爲本。罪列三千，不孝爲大。事親者必須居則致敬，以盡承順之禮；養則致樂，以盡口體之奉；病則致憂，以盡醫藥之方；喪則致哀，以盡慎終之道；祭則致嚴，以盡追遠之誠。至於温凊定省，出告反面，莫不一遵聖賢之訓。如值有過，盡誠微諫，漸喻以道，而内顧吾身，無行不備，始終全德，無忝所生，然後可謂能事親矣。

七曰事師。謂學者誠心向道，則必須先隆事師之道。民生於三，事之如一，其可不盡心歟？同處則晨昏參謁，異處則於受業時參謁。朔望齊會，行禮見再拜。平居侍奉，極其尊敬，篤信教誨，服膺不失。如值言論行事有可疑者，則須從容講問以辨得失，不可直以己見便非議其師，亦不可不思義理而只信師説。至於奉養之宜，亦當隨力致誠，以盡弟子之職。

八曰擇友。謂傳道解惑雖在於師，而麗澤輔仁實賴朋友。學者必須擇忠信孝弟剛方敦篤之士，與之定交，相箴以失，相責以善，切磋琢磨，以盡朋友之倫。若立心不篤，檢束不嚴，浮浪嬉遊，尚言尚氣者，皆不可與之交也。

九曰居家。謂學者既修身心，則居家須盡倫理。兄友弟恭而視若一體，夫和妻順而毋失於禮，訓子以義方而不以愛惑聰。至於御家衆，主嚴而行恕，軫念其飢寒，上下整肅，内外有别，一家所處之事，宜無所不用其極。

十曰接人。謂學者既正其家，則推以接人。一遵禮義，事長以弟，如寢食行步〔二〕，皆後長者。十年以長，則以兄事之。年長以倍，則待之益恭。撫幼以慈。至於睦族交鄰，無不得其歡心，每以德業相勸，過失相規，禮俗相成，患難相恤，常懷濟人利物之心。若傷人害物底意思，則不可一毫留於心曲。

十一曰應舉。謂科第雖非志士所汲汲，亦近世入仕之通規。若專志道學，進退以禮義者，則不可尚已。如或觀國之光，不免應舉，則亦當以誠心做功，勿浪過時月，但不可以得失，喪其所守，且常懷立身行道、忠君報國之念，不可苟求温飽而已。苟能志道不怠，日用無非循理，則科業亦日用間一事也，何害於實功？今人每患奪志者，不免以得失動念故也。且近日士子通病，怠惰放弛，不務讀書，自謂志慕道學，不屑科業，而悠悠度日，學問科業，兩無所成者多矣，最可爲戒。

十二曰守義。謂學者莫急於辨義利之分。義者，無所爲而爲之者也。稍有所爲，皆是爲利蹠之徒也，可不戒哉？爲善而求名者，亦利心也，君子視之，甚於穿窬，況爲不善而征利者乎？學者不可以一毫利心存諸胸中，古人爲親服勞，雖行傭負米，亦所不辭，而其心介潔，不爲利汙。今之爲士者，終日讀聖賢書，而尚不免有利心，豈不可哀也哉？雖或家貧營養，不免有所經畫，但不可萌求利之念耳。至於辭受取與，審察當否，見得思義，不可一毫苟且放過。

十三曰尚忠。謂忠厚與氣節，相爲表裏。無自守之節，而以摸稜爲忠厚，不可也。無根本之德，而以矯激爲氣節，不可也。世俗淆薄，實德日喪，非詭隨阿人，則必矯亢尚氣，中行之士，誠難得見矣。詩曰：「温温恭人，維德之基。」又曰：「柔亦不茹，剛亦不吐。」必温恭和粹，根本深厚，然後乃能植立正義，臨大節而不可奪矣。彼卑諂鄙夫，固不足道矣。名爲學問之士，而挾才挾賢，輕人侮物者，其害不可勝言。得少爲足，悻悻自好者，豈能真有氣節哉？近日士子之病如此，良由禮學不明，虛驕成習故也。必須講明禮學，以盡尊上敬長之道，苟如是，則忠厚氣節兩得之矣。

十四曰篤敬。謂學者進德修業，惟在篤敬。不篤於敬，則只是空言。須是表裏如一，無少間斷。言有教，動有法，晝有爲，宵有得，瞬有存，息有養，用功雖久，莫求見效，惟日孜孜，死而後已，是乃實學。若不務此，而只以辨博説話，爲文身之具者，是儒之賊也，豈不可懼哉？

十五曰居學。謂學者居學宫時，凡舉止，一依學令。或讀書，或製述，食後暫爾游泳，舒暢精神，還習所業，夕食後亦然。羣居必講論相長，攝以威儀，整齊嚴肅。若先生是師長。在學宫，則行揖之後，講問靖益，虚心受教，佩服周旋。如無益之書，不可請問，枉用心力。

十六曰讀法。謂每月朔望，諸生齊會于學堂，謁廟行揖。禮畢後坐定，師長若在，則坐于北壁，諸生則坐于三面。掌議掌議有故，則有司或善讀書者代之。抗聲讀白鹿洞教條及學校模範一遍。因相與講論，相勉以實功，有師長則因以質疑。如有議事則因講定。諸生有議事，則師長先出。諸生有故不能參，則必具狀告于會處，衆所共知。有病及的知下鄉及忌日外，託故不參者，至再度，則黜座。一朔如是而猶不來，則告于師長論罰。黜座，即俗所謂損徒。還許座時，必滿座面責。

右十六條，師、弟子、朋友相與勸勉戒勖，拳拳服膺。諸生如有存心飭躬，一遵模範，學問將就，表表可稱者，則會議時詢于衆，得僉可則書于善籍。其中尤卓異者，具其實狀，呈單子于師長，以示勸獎。如或諸生不遵學規，向學不篤，荒嬉度日，持身不謹，放心不收，行止不莊，言語不實。事親不盡其誠，兄弟不能友愛，家法雜亂無章。不敬師長，侮慢齒德，輕蔑禮法，疏薄正妻，昵愛淫倡，妄喜干謁，不顧廉恥，妄交非人，屈身下流，嗜酒放蕩，沈酗爲樂，好尚爭訟，可已不已，經營財利，不恤人怨，忌賢嫉才，誣毁良善，宗族不睦，鄰里不和，祀事不嚴，怠忽神明。不特一家祭祀，如學官之祭，託故不參，是怠忽神明。禮俗不成，患難不救，如外方則不謹租賦，譏詆邑主。如此過失，朋友隨所聞見，各相規警。不悛則告掌議有司，於衆會顯責之。若猶不悛，强辨不服，則輕則黜座，重則告于師長黜齋，黜齋者，不得來學，改過後還來。書于惡籍。只黜齋者，書于惡籍。黜齋之後，革心改過，顯有向善之迹，則還許入齋而爻其籍。還入齋時，滿座面責。若終不悔過，長惡益甚，反怨責己者，則告于師長，削其名籍，因通文于中外學堂。削籍之人，若自怨自艾，顯有向善之迹，過三年而益篤，則還許入學。凡過失之籍，必自立法後始録。若法前之惡，皆勿追論，許其自新，仍舊不改，然後乃論罰。

教化之具，莫先於擇師。而近來訓導之任，不擇其人，徒循請囑，臯比之座，反爲寒生餬口之資。故訓導之名，爲人所賤，至相訾謷。師既非人，則士風日衰，理勢必然，無足怪者。今雖欲變舊規，别擇師長，而人多不信，不樂赴任，良法美意，終歸文具。而且學校付籍之士，亦皆無意於學問，以避役爲計，雖得其師，無可學之人。若不一變前轍，以新耳目，則作成無期，故擇師養士之規，謹録如左。以下係事目：

一　凡有學行，爲人所推重，可堪師表之任者，每年京則漢城府五部，外則監司守令，悉心聞見，得其實狀，鈔名啓下吏曹。館堂上亦會館學諸生，使之公薦可合者，鈔名報吏曹。每年歲末，京外例爲鈔名以啓。吏曹更加詳察，隨闕填差，例受所居近邑，觀其成效：其中功績卓異、丕變士風者，陞品授實職；其次稱職有效者，即通仕路；又其次則仕滿，更遷他邑，成效益著，然後乃入仕路。

一　前銜朝官，勿論罷職及出身與否，擇其中可作師表者，授以校官，六品以上則授教授，七品以下則授訓導，有成效者，待仕滿復職。

一　京外所鈔師表可當之人，若生員進士及名字表著者，則不拘才格有無，即授校官，不然則必須考其才格，使無僥倖之弊。

一　京外以學行可用被薦將入仕者，及生進可堪入仕者，先試之校官。觀其能否，雖不待仕滿，間間登仕，使校官朝士，混爲一途，使士類知訓導爲榮選，以洗前日卑賤之名。

一　學校之師，既已精擇其人，則亦須待之以禮，使自重之士，得安其職。監司守令，常加優禮，如未赴任者，敦勸令就。迎命時，只依大典，候于大門之外，勿立于馬頭。只考所教儒生之學問能否，持身敬肆，以爲褒貶。而訓導則勿試講，但與商論教誨之術，且定其廩料。牧以上則月給米太各二石、租四石，都護府則月給米二石太一石、租三石，郡則月給米一石五斗太一石、租二石，縣則月給米太租各一石，皆以耗穀計給。郡以上尤甚殘邑，則監司量宜減給。

一　除生進外，京中志學之士，皆入下齋及四學。外方則勿論士族寒門，凡學儒者皆入鄕校。初入時，諸生十人，薦其志學，然後試講許入。以學校模範使之飭行，若厭憚拘束，不籍名于學校者，不得赴科舉。

一　京外已赴學校之士，勢難一時汰去，只令以學校模範律身，不遵學規者，乃可汰去。四學則以一百人爲定額，試講以曾入學者，更試而取。取足其數，分作五番，每番二十人居學，以十日爲限輪回。額內儒生供兩時，若不參額者，亦分五番來學而自備糧，不得食公糧。外方列邑，亦試講取足額數，牧以上則九十，都護府以上則七十，郡則五十，縣則三十。若能文者不足，則雖不滿額數，只以能文者，隨其多少，稱額內饋以公糧，亦分五番。若未參額內者，分番則同，而不得食公糧。外方公糧，監司邑宰，必須經畫爲子母之資，使不乏絶。額內之儒有闕，則試講取額外之人填闕。臨番而不就學者一度則面責，二度則損徒，三度濁則黜齋，黜齋者，告于師不得就學，改過自新後許復入。凡損徒及黜齋者，復參座時，必滿座面責。四度則削學籍。削學籍者，定軍役〔三〕。必改過自新而必得參初試，然後乃得復入。若有疾病事故，不得就學者，具由呈單子于師長，免罰。託故者勿聽。

一　校生亦須待之以禮，邑宰不得以官事有所差任，只令專心學問，至如校官從馬，不可責辦，皆自官中辦出。除監司初巡迎命時外，凡使臣到來時，謁聖則祇迎于校門之外，不謁聖則不迎。雖監司，若再巡則不迎于官門。

一　每間一年，委送使臣于八道列邑，試諸生學業。且考持身之狀，第其校官之能否以啓。監司則每巡考試，以明其黜陟。守令不能遵行事目者，亦隨輕重論罰。

一　每大小科舉時，太學則先期。館堂上會館官及堂長、掌議、有司于明倫堂，盡取上下齋名録及善惡籍，參以平日所聞見，必擇行無玷污者，始許赴舉。四學則學官各會于本學，與堂長有司商議，鈔擇如右例。外方則邑宰與校官及鄉校、堂長、掌議、有司商議，鈔擇如右例。鄉居生進行有瑕疵、不合赴舉者，則邑宰採一鄉公論，報監司，移文于成均館。若有志學之士，名編軍伍，願赴科舉者，京則成均館官員，外則守令審察真僞，得其實狀，則亦許赴舉。

隱屏精舍學規戊寅

一　入齋之規：勿論士族庶類，但有志於學問者，皆可許入。齋中先入者，僉議以爲可入，然後乃許入。若前日悖戾之人願入，則使之先自改過修飭，熟觀所爲，決知其改行，然後許入。素昧平生者願入，則使之姑按近村，或養正齋。或山寺往來問學，觀其志趣操履，知其可取，然後許入。

一　推齋中年長有識者一人爲堂長，又推儕輩中學優者一人爲掌議，又擇二人爲有司，又輸選二人爲直月。堂長、掌議、有司，非有故則不遞，直月則一月相遞。凡齋中論議，掌議主之，禀于堂長而定之。堂長有故在他處，其時參會最長者攝之。凡齋中之物出納及齋直使喚什物有無，有司掌之。非有司，則不得擅自使喚齋直檢罰之事。凡物皆有籍，遞時案籍交付于代者，凡師弟朋友所講論之説，皆直月掌其記録，以爲後考之資。

一　每月朔望，師弟子皆以官服有官則紗帽、團領、品帶，儒生頭巾、團領、條帶。詣廟，開中門，出廟貌，再拜，焚香，師若不在，則齋中年長者焚香。又再拜。叙立位次，則師居前行，弟子爲後行西上。

一　每日五更起寢，整疊寢具，少者持箒埽室中，使齋直埽庭，皆盥櫛、正衣冠讀書。

一　平明時，皆以常服笠子、直領或冠巾、直領之類，但不用襦挾直領。詣廟庭。不開中門，只再拜。師若在齋，則亦以常服謁廟。師在講堂，則就師前行拜禮，師不起立，只於座上俯答其禮。分立東西相向，行揖禮。師不在，則拜廟後出廟門，分立庭東西，相向而揖。○凡讀書時，必端拱危坐，專心致志，務窮義趣，毋得相顧談話。

一　凡几案、書册、筆硯之具，皆整置其所，毋或亂置不整。

一　凡食時，長幼齒坐，於飲食不得揀擇，常以食毋求飽爲心。

一　凡居處，必以便好之地推讓長者，毋或自擇其便。年十歲以長者出入時，少者必起。

一　凡步履必安詳，徐行後長，秩然有序，毋或亂步不整。

一　凡言語必信重，非文字禮法則不言，以夫子不語怪力亂神爲法，且以范氏七戒存心寓目。七戒書于壁。

一　非聖賢之書、性理之説，則不得披讀于齋中。史學則許讀。若欲做科業者，必習于他處。

一　常時，恒整衣服冠帶，拱手危坐。如對尊長，毋得以褻服自便，且不得著華美近奢之服。

一　食後，或游泳于潭上，亦皆觀物窮理，相咨講義理，毋得遊戲雜談。

一　朋友務相和敬，相規以失，相責以善。毋得挾貴、挾賢、挾富、挾父兄、挾多聞見以驕于儕輩，且不得譏侮儕輩，以相戲謔。

一　作字必楷正，毋得亂書，且不得書于壁上及窗户。

一　常以「九容」持身，毋得跛倚失儀，喧笑失言，終始不懈。

一　昏後，明燈讀書，夜久乃寢。

一　自晨起至夜寢，一日之間必有所事，心不暫怠。或讀書，或静坐存心，或講論義理，或請業請益，無非學問之事。有違於此，即非學者。

一　有時歸家，切宜勿忘齋中之習。事親接人，持身處事存心，務循天理，務去人欲。如或入齋修飭，出齋放倒，則是懷二心也，不可容接。

一　直月掌記善惡之籍，審察諸生居齋處家所爲之事。如有言行合理者及違學規者，皆記之，月朔呈于師長。凡違學規者，直月遍告于堂長、掌議，共加規責。若不悛，則乃告于師；若悛改則爻其籍，勿告于師。善者奬勸之，惡者鐫誨之，終不受教則黜齋。

一　諸生雖非聚會之時，每月須一會于精舍，月朔必會，朔日有故則退定，不出一二四日，有司先期出回文周告。講論義理，且改定直月。

一　鄉中願學者，皆姑接養正齋。

隱屏精舍約束

入齋諸生，宜一心爲學。不論在齋在家，皆當勉勉，隨事加察，隨時著力，不可悠悠度日，以負初心。玆録警語，每於朔會通讀，使有省悟。有司抗聲讀之，座中相與講論。

道非高遠，人自不行。語其事則在於日用，語其時則即可下手，莫更遲疑等待，莫更畏難趦趄，存心涵養，窮理省察，兩進其功，無事靜坐，此心不昏不亂。應事接物，截然捨惡趨善。動静循環，顧諟明命，表裏如一，無少間斷。用功雖久，莫求見效，惟日孜孜，死而後已。夙興夜寐，衣冠必整，坐立必端，瞻視必尊，心意必正。自晨起至夜寢，一日之間必有所事，或讀書思索，或朋友講論、静坐存心，或因事爲善，不可須臾放心。言語必忠必信，必簡必時，只作文字義理有益之談，至於世俗鄙俚，淫褻怨懟，傷人毁物，怪神不經之説，則一毫不可出諸其口。

制行必高潔，追古聖賢爲則。見得思義，辭受有節，規利鄙瑣之事，一切不留於心曲，奢淫嚻雜之處，一切不投其足迹，常特立昭曠之境，以養吾心。

百行之中，孝悌爲首。事親當盡誠敬，兄弟當極友恭，朋友當責以善。推以睦族和鄰，接人温恕，俯仰四顧，當無一毫乖戾之氣。

每月朔，齊會精舍，相講所得。雖非朔會，須頻來請益，勿浪過時月，若寄名精舍而莫往莫來，行身無異鄉里常人，則是自欺其心而深負師友之望也。如是之人，勢難容接。若在齋謹飭，歸家懈怠者，朋友相察而規戒。若不悛則告于師譬勅，猶不改則乃黜齋。謂削籍也。凡在一鄉者，非有大故，則不可不參于朔會。雖在他邑，若不過一日程，則當同一鄉。有故未參則必具狀，告于齋中。若無故，或託故再不參，則黜座一朔。黜座，擯不使齒坐，俗所謂損徒。復座時，滿坐面責，以謝其過。

凡諸生有過失，堂長、掌議、有司僉議于齋中，隨其輕重，或黜座，或面責以警之。一年之内，再黜座而猶不悛改，則黜齋。

示精舍學徒

道不可離，學者日有功夫，心常在道則積久必有顯效，非但心志内定，至於容貌辭氣，亦異於平昔矣。今與諸賢相別數年，而今日相見，猶是昔時人物，無乃於此道實不下手耶？如是悠悠泛泛，只以不作大段罪過爲能事，則下梢頹靡，雖欲爲一鄉善人亦不可得也。入道基本，在立志遠大，存心篤實。此事非資師友之力，只在自勉。師友之力，只能警策講論而已。志不大心不篤，則雖日聞警策，日熟講論，只是説話，於身心性情上，有何交涉？大抵道非冥冥深遠底物事，只在日用之閒。入則孝，出則弟，居處恭，執事敬，與人忠，見得思義，如斯而已。只是義理不明，則是非難曉。故讀書講論者，欲明義理，而此心不定，則義理難見。故以主靜爲本，無事時靜坐澄心者，尊德性之事也；有事時講明是非者，道問學之事也；此二者，是終身事功，闕一則不可。誠能志大心篤，尋箇是處行之，則終日云爲皆是道理，雖做科業，亦與運水搬柴一般妙用；若無此實心，則終日云爲皆是俗事，久久安得不爲俗人乎？名爲學者而乃與俗人無異，則内被識者之譏，外招鄉里之謗，此非細事。

立志存心，雖不可仰成他人，亦可以麗澤之力，漸入佳境。精舍之設，非苟然也，欲見藏修補仁之實。願諸賢雖不得恒聚，每一月朔，必須齊會五六日，通讀某書，實講義理，毋忘此箇實學。如是積功習熟，爲仁手段，以臻爲善最樂之境，至禱至禱！古人多有師劣而弟子優者，更願諸賢勿以鄙人汩没塵埃、進少退多爲準，而便弛向學之誠，幸甚幸甚！

文憲書院學規

一　取士之法，勿論長少，取其有志學業，名行無汙者，院儒僉議許入。會者未滿十員，則不得定議。曾参初試者，備三員許入。生員進士，則直許入勿議。若有儒生或挾勢求入，或欲因而干謁道主州官者，皆勿許入。

一　擇諸生有識者爲掌議。二員。凡院中議論，斯二人者主之。無掌議，則不可定議。二年相遞，又定有司，以主書册。

一　擇鄉人謹幹者爲院監。二員。備三望，受差于牧使，掌供饋出納之事。三年相遞，一　必以所掌，作簿傳授，若斂散之穀有逋欠，則勿許遞。若不能察，則諸生僉議，告官論遞。

一　每月朔望，諸生具巾、頭巾。袍團領。詣廟，開中門，焚香，年最長者焚香。再拜。雖非朔望，諸生若自他處初到，或自院歸家時，必於廟庭再拜。不開中門，不焚香。

一　每日晨起，整疊寢具，少者持箒埽室中，使齋直埽庭。盥櫛、正衣冠，平明時，分立東西庭序齒，相向行相揖。禮畢，還就齋室。

一　常時，恒整衣服冠帶，拱手危坐，如對尊長。毋得以褻服自便，必著直領。且不得著華美近奢之服。凡几案、書册、筆硯之具，皆整置其所，毋或亂置不整。作字必楷正，毋得書于窓户壁上。

一　凡居處，必以便好之地推讓長者，毋或自擇其便。年十歲以長者出入時，少者必起。

一　凡食時，長幼齒坐，於飮食不得揀擇取舍，常以食無求飽爲心。

一　讀書時必端拱危坐，專心致志，務窮義趣，毋得相顧談話。

一　凡言語必愼重，非文字禮法則不言。毋談淫褻悖亂神怪之事，毋談他人過惡，毋談朝廷政事，毋説州縣官員得失。

一　朋友務相和敬，相規以失，相責以善，毋得挾貴、挾賢、挾才、挾父兄、挾多聞見以驕于儕輩。且不得譏侮儕輩，以相戲謔，違者黜座。即損徒也，解損時，必滿座面責。

一　自晨起至夜寢，一日之間必有所事，或讀書，或製述，或講論義理，或請業請益，無非學業。至於暇時或游泳川上，亦皆從容齊整，長幼有序。昏必明燈，夜久就寢。若不遵學規，威儀放曠，學業怠惰者黜座，不悛則黜院。黜院者，削其籍。

一　院中書册，毋得出于院門，違則罰其主者，重則黜院，輕則黜座。

一　春秋祭，無故不參者黜座。

一　寄名院籍，或有失身毁行、玷辱儒風者，則僉議削籍。

一　四孟之月，掌議會諸生于院，講議學規，檢察諸生得失，無故不參者黜座。有故則必具單子，告其由。凡初入院者，必使先讀學規。

校勘記

〔一〕亦將起而爲流俗之唱矣　「唱」，疑作「倡」。

〔二〕如寢食行步　「步」，一本作「坐」。

〔三〕定軍役　「役」，一本作「校」。

栗谷先生全書卷十六

雜著三

西原鄉約

立議

鄉約，古也。同井之人，守望相助，疾病相救，出入相扶，且使子弟受教於家塾、黨庠、州序，以惇孝悌之義，三代之治隆俗美，良由是焉。世衰道微，政荒民散，教替於上，俗敗於下，吁可悲哉！余以迂儒，叨守大邑，不閑政務，固多疵累，惟是化民成俗之志，惓惓不已。茲與鄉中父老商議導迪之方，鄉人皆以爲莫如申明鄉約。蓋此邑自李使君增榮始申鄉約，厥後李公遴因而損益之，規模可觀。第恨李公還朝，鄉人意沮，竟爲文具。余承二侯之躅，遂採前規，參以呂氏鄉約，煩者簡之，疏者密之，更爲條約。雖不敢自謂得中，而勸懲之術，庶幾無大滲漏矣。既而竊思邑主無躬行之實，則無以令契長，契長非正直之士，則無以糾鄉人。鄉人之趨善去惡繫於契長，契長之觀感激厲繫於邑主。余當敷求善言，自勵不懈，契長、有司，亦宜體我之意，先自修飭，以起鄉人。鄉人若無疾視之意，以致草偃，則西原之俗，其丕變乎？嗚呼，懋戒哉！隆慶五年季秋訒齋書。

凡善惡之事，皆自立約後行賞罰。約前雖有罪惡，皆勿論，許其自新。約後依前不改，然後乃論罰。

右示契長、有司等。

條目

置都契長四人。

每掌内各置契長一人。清州二十五掌内也。

童蒙訓誨一人。

色掌一人。色掌、别檢，勿論良賤，擇勤幹向善者爲之。

每里各置别檢。

一　置善惡籍，以昭勸戒。所謂善者，能孝父母，能友兄弟，能治家政，内外齊整。能睦親故，能和鄰里，能以儒行持身，能以義訓子弟，能守廉介，能廣施惠，能勤學問，能謹租賦，能遵約令，能與人有信，能導人爲善，能解人爭鬭，能救人患難，能伸人冤枉，能辨人曲直之類。所謂惡者，不孝不慈，不友不悌，不敬師傅，夫婦無別，疏薄正妻，朋友無信，臨喪不哀，不敬祀事，崇信異端，輕蔑禮法，好作淫祀，族類不睦，鄰里不和，少陵長賤陵貴，縱酒賭博，好訟喜鬭，恃强凌弱，造言誣毁，不謹租賦，不畏法令，營私太甚，挾妓宴飲，怠惰廢事之類。

有司、色掌、別檢掌其籍，隨所聞，從實記之。

一　四孟朔，擇無故之日，掌内同約者，皆會講信。

一　里中有喪，色掌、別檢奔告有司。同約之人，各出米一升，空石一葉賻之。或貧窮不能賻者，許以身役。永葬時，各出壯丁一名助之。士族役多則專軍給之，役少則折半給之。其餘不役人數，收米各一升給之。

一　凡干喪事聚會時，毋得設杯盤飲酒，犯者以輕蔑禮法論。

一　凡有家故，不得已遷葬者，具由告官。若惑於風水，得已不已，及過期不葬者，以崇信異端論。

一　年壯處女貧甚，過時未嫁者，報官給資裝，約中亦隨宜扶助。

一　有遇闔家病患、廢棄農事者，里中各出力耕耘以助。

一 年三十以下非文非武者，皆令讀小學、孝經、童子習等書，不讀者論罰。

一 民閒凡有爭訟者，皆就契長、有司，辨其曲直。契長、有司開諭曲者，以止其訟。契長、有司若不能獨斷，則通于約中士類會議。他員會者滿三員，則論議可也。分釋開諭，曲直明著，而曲者猶不止，則以非理好訟論。重則即治其罪，輕則書于惡籍。若自鄉中不能自斷，則聽其告官。

一 笞四十以下，則契長、有司自斷，過此則報官。

一 官吏、官奴等，周行閭里，求請作弊者及勸農色掌等，村民侵嘖者，一一摘發，報官治罪。

一 草竊穿窬者，摘發治罪。

一 無故屠牛者治罪。若有不得已之故宰殺，則具由告契長。

一 無罪之人橫被誣枉，將受刑戮，則同約連名，報官伸理。

一 憚於修飭，不欲參約，或違約作過，終不悛改者，報官治罪後黜鄉。

一 犯罪須即治者，不待四孟之會，隨宜論罰。

一 凡報官之事，若非四孟之會，則通于約中諸員。他員滿三員，然後商議報官。他員皆著署，契長特署，有司與他員列署。

一 都契長一年一度會各面契長、有司于一處，議約法。

一 契長、有司若有憑公營私、不明不正者，都契長報官駁改。色掌、別檢則各掌内契長、有司，糾察其失，甚者改之。

一 都契長若有報官之事，則不時相通聚會。四人内，二人參會則報官。

一 各掌内契長與鄉所相通時，用關子。通于都契長，則用牒呈。都契長則不與鄉所通文字。

鄉會讀約法

凡四孟朔，有司色掌出回文，使別檢傳告，同約者皆會。春冬則各持壺果，秋夏則只齎點心，務從簡略，毋或貽弊。

坐次則契長、有司東壁，餘員西壁。以齒序坐，一依常時坐次，毋得別立議論，以起忿爭之端。

庶人以下皆南行。庶人有職者居前行，士族之庶孽亦爲一行。庶人有職者居東西上，士族庶孽居西東上，爲兩頭坐。

約中有鄉吏，則爲次行東上。庶人之無職者及公私賤爲末行，庶人居東，西上，公私賤居西，東上，以齒閒坐。

色掌，於庶人有職之行，爲别坐居東。别檢，於鄉吏之行，爲别坐居東，西上。約中無鄉吏，則爲别坐東上。若庶類有老人堂上，則於西壁爲後行别坐。

參會，皆拱手整容，無或喧笑失儀。坐定，有司抗聲讀約，使在坐者咸聞。未解文者，亦開諭，使知其意。色掌以善惡籍遍示諸位，諸位中或所聞各異，則更與商議歸一。覽畢，有司起揖爲善者出。庶人以下則色掌揖出，設别座于前，衆皆推奬，且加勸勉。又招爲惡者，輕則切責使改，改行然後爻其籍，重則隨宜論罰。既畢，講論約條之意，以相規戒。一年一度，都契長出回文，會各掌内、契長、有司、色掌、别檢于一處。坐次則都契長東壁，諸契長以下西壁，以齒序坐。色掌、别檢爲南行，色掌居前，别檢居後，皆東上坐定。諸有司各以善惡籍呈于都契長，遍示諸位。覽畢，相與商議。善惡之表表顯著，可報官者及各面契長、有司。能守約條，能變風俗者與私相作弊者，詳悉報官。若報他人之事，則都契長與其面契長、有司著署。若報契長、有司之事，則只都契長僉署，且相規戒，以遵行約條之意。

海州鄉約

立約凡例

一　初立約時，以約文徧示同志。擇其願操心檢身、遷善改過以參約契者若干人，會于書院，議定約法，選定都、副約正及直月、司貨。

一　衆推一人有齒德學術者爲都約正，以有學行者二人副之，約中輪回爲直月、司貨。直月必以有奴僕可使令者爲之，司貨必以書院儒生爲之。都、副正非有故則不遞，直月每會輪遞，司貨一年輪遞。

一　置三籍：凡願入約者，書于一籍；德業可觀者，書于一籍；過失可規者，書于一籍。直月掌之，每會以告于約正而授其次。

一　初立約時，會于書院。行禮之儀見後。設先聖先師紙榜，焚香再拜。訖，直月持誓告之文，右文預撰，徧示同約。跪于都約正之左。都約正及在位者皆跪，直月讀告文，畢，約正都約正省文稱約正，後倣此。及在位者皆再拜。若隨後參約者，則亦於會時禮先聖先師，畢，初入者跪于兩階間少西，直月亦持告文，文亦預撰。跪于其左讀之。約正以下及在位者不跪。讀畢，初入者再拜。他在位者不拜。

一　凡隨後願入約者，必先示以約文，使之數月商量，自度必能終始力行，然後乃請入。請入者必具單子，陳其願參之意，於會集時，使人呈于約正。約正詢于衆，以爲可許，然後乃答書，使於後會得參。若相知未熟之人及先不操持者願入，則必使謄寫約文，熟讀解義，依約文治身一兩年，待衆人明知遷善改過，然後乃請入。

一　同約之人，每間一月朔日一會，謂正月、三月、五月、七月、九月、十一月之朔日也。朔日有故，則預定期日，不出初旬可也。若約員居于遠地，則一歲一再至。若其他慶弔之會，則臨時定日。

一　凡會集時，有病故不能參，則必具由成單子，其日早朝，使子弟無子弟，則使幹奴。呈于直月，傳示諸位。若明知託故，則直月告于約正，論以犯約。若居遠地者，則不必呈單子。

一　凡善惡之籍，皆自參約後書之。約前雖有過失，皆許令洗滌，不復論說。必仍舊不改，然後乃書于籍。惡籍則明知改過，然後於會集時，僉議爻周。善籍則雖有過，亦不爻。必有不孝父母、不友兄弟、淫姦犯禁、贓污辱身等大段悖理之行，然後乃爻善籍而黜約。

一　直月若聞同約善惡之行，則細詢得實，私作簿記，於會日衆中告之。若直月知而不告，則約正、副正詰其故，論以犯約。約員籍過未爻，至三而終不改，則僉議黜約。黜約者內訟悛改，則許令復入。如初入例。

一　初立約時，參約之人各出綿布麻布各一疋、米一斗，委司貨藏于書院，擇齋直謹幹者掌其出入，以爲後日慶弔救恤之資。又每年十一月會時，同約各出米一斗，委于司貨，司貨監收藏之，以續用度。若用之有餘，則糶米于民，取其息十分之二，如社倉之法。若用之不足，則同約僉議，量宜加出以補之。布則不斂散，用之將盡，則又各出一疋以足用。若米積漸多，則亦可貿布以儲。若年久儲蓄漸裕，則有可裒物時，不收合于同約，可以司貨所藏用之。隨後入約者，亦依初立約例出米布。

一　凡慶事有贈，以禮之大小，定幣之多少。多則綿布五疋、米十斗，次則綿布三疋、米五斗，少則綿布一疋、米三斗。如及第爲大禮，生進次之，其餘冠子、筮仕、加階之類爲小禮。若婚禮，則助以綿布三疋、米五斗。

一　凡喪事，有賻物，有助役。賻物者，若約員之喪，則初喪司貨告于約正，送麻布三疋，同約各出米五升，空石三葉，以助治喪。又於致奠時，以司貨所藏綿布五疋、米十斗，具賻狀同呈，臨葬，各出壯奴一名，齎三日糧往役。若同約父母之喪，則初喪，送麻布二疋，同約各出米三升、空石二葉，次賻以綿布三疋、米五斗，臨葬，各出壯奴一名，齎二日糧往役。若妻子之喪，則子年未滿十歲，則弔而不賻。初喪送麻布一疋，同約各出米一升、空石一葉，次賻以綿布一疋、米三斗，臨葬，各出壯奴一名，齎一日糧往役。

一　凡失火盡燒其家者，則同約僉議，裒蓋草各三編，材木各二條，且出壯奴一人，持三日糧，往助構屋之役。

一　同約員之喪，致奠時同約各出米三升，備酒饌餠果，須先期預裒。

一　同約之人，非居一鄉，則凡慶弔，不能親往，只送人具書同約連名。若及第則贈物綿布五疋，生進則綿布三疋，其餘小慶則只致書無贈。有送物，則專伻人，若無可送之人，則必雇可信者，給價以送，無送物則因便傳送。若死喪，亦不能親往，只送賻物，具弔狀同約連名。當身之喪，則送賻綿布五疋、麻布三疋。父母之喪，則送賻綿布三疋、麻布二疋。妻子之喪，則送綿布、麻布各一疋。當身之喪，則必遣約中幼少者齎奠資致奠，奠資則同約各出米三升備送。其餘救恤等事，皆力所不能接也。力所可接者，或可圖之。

一　同約居異鄉者，聞約中吉凶之報，則只具書慶弔，或專人，或因便，各隨其情勢。但於約員當身之喪，若不能隨衆同致奠，則必自具奠物致奠，已葬後，則奠于墓，必具祭文。其餘救恤等事，則力所不能接也。力所可接者，或可圖之。

一　同約居異鄉者，則不能於每年出米斗，只於三年出綿布一疋，又三年出麻布一疋，循環爲常。其餘不時裒物等事，則皆不能參也。

一　凡約中會集裒物助役等事，皆直月掌之。凡當會集，直月於約正及尊者之家，皆親進問故，此所謂尊者，則以直月之年計之，後倣此。然後通于副正，副正於直月爲尊者，則亦當親進，後倣此。會于一處，定其期日，出回文通諭，副正、直月同署名。約正則不署。若約員於副正爲尊者，則不書于回文，約正亦不書于回文。直月當親進告期，約員大概無故，則雖數三人有故，亦可會也。若慶弔贈賻有定數者，則直月通于司貨，依例具單子，直月、司貨先署名後，受署名于副正，訖，直月持進約正家受署名，以司貨所藏米布送之。若有可加送者，則直月、司貨須與副正進約正家議定，始具單子，自下次次署名。若回文裒物，而其數前定者，則直月依例書回文。若事急者，則書回文二度，分東西收合，直月先署名，後受署于副正，訖，乃持進約正家受署，此回文則雖尊者皆書。若當裒物而其數不定者，則直月必須與副正詣約正家，議定其數，然後乃出回文。約正亦難於自定者，則於會時，詢衆定議。若事急者，則使直月禀于約中尊者五員，參詳定議。若董役則直月不離役所，檢其怠慢未到者則籍之。凡助役時，亦出回文如上例，使之一時助役，不可先後。此等事，直月不能如法，則副正糾之，副正不能糾，則亦當論以犯約。

增損呂氏鄉約文

大概倣呂氏鄉約，而節目多不同。

凡鄉之約四：一曰德業相勸，二曰過失相規，三曰禮俗相交，四曰患難相恤。

德業相勸

「德」謂孝於父母，忠於國家，友于兄弟，弟于長上，治身以道，正家以禮，言必忠信，行必篤敬，懲忿窒慾，放聲遠色，見善必行，聞過必改，祭盡其誠，喪致其哀，睦族交鄰，擇友親仁，教子有方，御下有法，貧守廉介，富好禮讓之類。

「業」謂讀書窮理，習禮明數，能肅家政，能謹課程，營家不苟，濟物行仁，能踐約信，能受寄託，能救患難，能廣施惠，能導人爲善，能規人過失，能爲人謀事，能爲衆集事，能解鬪爭，能決是非，能興利除害，能居官舉職，能畏法令，能謹租賦之類。

右件德業，同約之人，各自進修，互相勸勉。會集之日，相與推舉其能者，書于籍，以警其不能者。

右德業可觀者，約中不能行者，則同約隨所聞，當告于都副正及直月。

過失相規

「過失」謂犯義之過六：

一曰嬉戲無度，謂縱酒喧競，昵近淫倡，圍棋局戲，凡放蕩廢學之事，皆是。

二曰忿爭鬭訟，謂爭恨小故，輒發忿怒，或罵詈毆打，或起訟于官，可已不已之類。

若有實抱冤悶而訴官者，非此類也。

三曰行多踰違，謂持身不謹，解其檢束，或侮慢齒德，或待人長短，或恃强陵人，或自高卑人，或治家無法，夫妻太昵，或太疏薄，知過不改，聞諫愈甚，凡踰禮違法衆惡皆是。

參鄉約者，輕視不參者，則是亦自高卑人也。

四曰言不忠信，謂發言無實，欺罔他人；或護短匿過，憎人糾正；或私囑直月，請勿記過；或戲言弄人，有所侵侮；或黨惡飾言，有所掩覆；或爲人謀事，反以敗事；或與人要約，退而食言；或妄傳虛報，熒惑衆聽；或誣人過惡，以無爲有，以小爲大，面是背非；或作嘲詠文字，及發揚人之私隱，無狀可求，及喜談人之舊過，凡言語之失，皆是。

五曰營私太甚，謂與人交易，損人利己；專務進取，不恤餘事；好干求人物，侵苦村民及山寺之僧；或受人寄託而有所欺隱，或受人賄賂而請囑官司，或居官守職而不能廉潔，凡營私自利之事，皆是。

六曰不斥異端，謂一家崇尚淫祀而不之禁，或惑於術家風水之説，妄移葬先墓，及過期不葬，及因瘡疹廢祀，凡不擯左道之事。

一家若有父母不斥左道，則子當諫止，若堅不聽從，則亦無奈何。如此之類，非子之過也。

犯約之過四：

一曰德業不相勸，二曰過失不相規，三曰禮俗不相成，四曰患難不相恤。

不修之過五：

一曰交非其人，謂所交不限士庶，凡凶邪及游惰無行，衆所不齒者，已與之游處親密，則爲交非其人。

若因不得已之事而暫往還者。非此類也。

二曰浪游惰業，謂無故出入及尋訪人家，止務閒適，及不好學問，不修事業，家事不治，門庭不潔之類。

三曰動作無儀，謂進退粗率不恭，行步不安詳，及放手掉臂，跛倚箕踞，衣冠或太華飾，或全不完整，或不束帶，而見人發言，輕雜喧笑無節，及當言而不言，或不當言而言，凡威儀辭令之不合禮者，皆是。

四曰臨事不恪，謂主事廢忘，期會後時，或託故不會，及租賦不謹，凡臨事怠慢者，皆是。

五曰用度不節，謂不量財力，過爲多費，或妄設酒饌而不能安貧，非道營求者。

右件過失，同約之人，各自省察，互相規戒，小則密規之，大則衆戒之，且告于都副正、直月使箴之。不聽，則會集之日，直月以告于約正，約正以義理誨諭之。謝過請改，則書于籍以俟。若其爭辨不服，與終不能改者，皆聽其出約。

凡聞同約之過失，當即規戒，且告于約正、直月，不可掩匿覆蓋，若不言則非責善之道也。

禮俗相交

禮俗之交有四：

一曰尊幼輩行。凡五等：

其一曰尊者，謂長於己二十歲以上，在父行者。

若是師弟子之閒，則年雖不高，當待以尊者。

其二曰長者，謂長於己十歲以上，在兄行者。

若長者或是父執，或是洞長，自少致敬者，或是有德位可尊之人，則當待以尊者。

其三曰敵者，謂年上下不滿十歲者，長者爲稍長，少者爲稍少。

其四曰少者，謂少於己十歲以下者。

其五曰幼者，謂少於己二十歲以下者。

年雖幼少，而若是有德位可尊之人，則尊長當使之抗禮，視以敵者。

二曰造請拜揖。凡三條：

其一曰幼者於尊者，歲首之拜。正月初一日，拜謁。若其日有故，則當拜于翌日或三日，不可過三日也。及辭、遠行下直。見、回還謁見。賀、有慶事則往賀。謝，若來訪及饋遺則躬謝，若遺微物，則只當具狀稱謝，不必躬往。皆爲禮見。

皆具名銜，著團領帶靴。若有疾，則具狀達意。雨雪，則行次翌日。

此外，候問起居，質疑白事，及被召而進，皆爲燕見。

單袷襦直領靴鞋，皆可通著。

尊者，受謁不報。

有慶則貽書賀之。

少者於長者，只行歲首之拜及賀謝。只來訪則躬謝，若饋遺則具狀謝之。此爲禮見。

具名銜，著團領，或紅直領及靴。

若燕見則惟所服，但不可以私服見。私服謂非直領也。長者於歲首，則具名銜，親往報之，如其服。若賀謝，則使子弟具己名銜，代報其禮。

少者之家有慶，則長者亦當躬賀，著紅直領。

凡敵者，於歲首之拜及賀謝，饋遺則謝以書。相往還。

歲首之拜具名銜。及賀，則著紅直領。謝，則惟所服。

凡尊者、長者，或往少者、幼者之家，若非報謝則惟所服。

其二曰幼者見尊者，門外下馬，俟於外次，乃通名。

凡往尊長之家，至門，必問主人食否，有他客否，有他幹否。有所營爲之事。度無所妨，雖有客，不妨相見，則亦通名。乃命展刺；有妨，則且退以俟。若至敵者以下家則否。

主人即尊者，後倣此。使將命者，先出迎客。客趨入，主人立俟于堂上，揖客，使升堂。

若禮見，則再拜而後坐；燕見，則一拜。

幼者拜，則主人跪而微俯首。若主人齒德殊絶，則客堅請納拜，主人許，則立而受之。主人命之坐，則更俯伏，興，然後就坐。

退，則主人起送于堂上，客拜而退，出大門上馬。

若主人於客齒德殊絶，平時納拜，則主人不必起動。凡客見主人別無稟白之事，而主人語終不更端，則告退。或主人有倦色，或方幹事而有所俟者，皆告退可也。若主人有所餉而請留，則辭謝而還坐。下至敵者以下皆倣此。

少者至長者之家，亦於門外下馬通名。主人使將命者出迎客，客趨入，主人降階，客趨進，主人揖之升堂。若禮見，則再拜；燕見，則只恭揖。

少者拜，則主人跪而半拜以答之。

退，則主人送于階下，客恭揖而退，亦出門上馬。

若於尊長之家，少者、幼者一時旅見，則少者先進爲一行旅拜，非禮見則旅揖。而後幼者亦爲一行旅拜。凡旅見，不可續續進拜，須俟諸人皆就位成列，一時旅拜。

凡見敵者，亦門外下馬，使人通名，俟于門內。主人出中門迎之，相揖，分路而進。每門讓於客，客固辭。主人先入至階，又讓登，客固辭。主人先升自東階，客升自西階。若是禮見，則主人與客相向再拜；燕見，則只揖而就坐。

客若旅見，則俟諸人皆升堂成列，然後乃與主人行禮。敵者、少者、幼者一時旅見，則先與敵者行禮，次進少者行禮，次進幼者行禮。

退，則主人出中門揖送。

客若徒行，則主人出大門揖送。

長者至少者之家，則先遣人通名。主人具衣冠若禮見，則著團領或紅直領。以俟。客至門，下馬，則主人趨出迎揖，引入升堂，來報禮則再拜謝。退，則出中門，揖請上馬。客固請入，主人揖而回身，行數步而立，客上馬，然後乃入。

客若徒行，則出迎于大門之外，送亦如之。

尊者至幼者之家，則先遣人預通。主人具衣冠，若因慶事或報謝，則爲禮見，當著團領。出中門以俟。客至門則少避，俟客下馬，乃出迎拜，引入升堂。雖燕見，請納再拜之禮。禮見則必須再拜。客止之，則止。退，則送至大門，客請入，則拜而回身，行數步而立，俟客上馬，然後出門，望見客行百餘步而後入。

客若徒行，則迎拜于大門之外，送亦如之。仍隨其行揖，止則止，望其行遠乃入。

凡見尊者必拜，見長者必恭揖。侍尊長坐，客至，尊長不起，則亦不起。

凡侍尊長坐，敵者以下若至，則主人侍尊長之主人也。不下堂，使人告以「有某客，不能出迎」。客入升堂，主人始起。客先與主人行禮，乃拜于尊長。若侍師長及達尊殊絶之人，則見敵者以下，師長、達尊不起，則在座者雖主人，亦不敢起。客入升堂，先拜于師長、達尊，然後就座俯伏爲禮而坐。在座者，亦只俯伏爲相見之禮。

其三曰凡遇尊長於道，皆徒行則趨進以拜。尊者與之言則對，否則拜而退，立於道下，俟尊者遠過乃行。若皆乘馬，則必回避，如不能回避，則下馬以俟。尊者固請乘馬，則乘馬俯伏，俟尊者過數十步乃行。

凡遇長者於道，皆徒行則趨進恭揖，不言則揖而退，立於道下，俟長者已過乃行。若皆乘馬，則立馬道下，俯伏致敬，俟過乃行。

凡遇尊者長者於道，若己徒行，而尊長乘馬，則望見回避。若不及避，則趨而進。長者下馬，則就前恭揖。尊者不下馬，則就馬前恭揖尊者於馬上爲禮。若尊者下馬，則拜。若己乘馬而尊長徒行，則望見下馬，趨進拜揖，拜尊者，揖長者。尊長雖回避，亦然。過既遠，乃上馬。

凡遇敵者於道，皆乘馬，則分道相揖而過。若一騎一徒，則徒者回避，不及避，則騎者下馬相揖，過則上馬。皆徒行，則相揖而過。

凡徒行，遇所識乘馬，則皆當回避。

三曰請召迎送。凡四條：

其一曰凡請尊者飲食，必具單子，親往以請。若禮薄則不具單子。

若專爲他客設筵，則不可兼請尊者。

若請長者，則不必親往，只具單子，禮薄則請以書。使人請之。尊長既來赴，則明日親往謝之。召敵者則以書，明日，交使相謝；召少者、幼者則以回文。若請者不多，則亦當以書。

明日，客親往謝。

其二曰凡聚會，坐以齒。若庶孽及非士族則別序；雖非士族而學行出人者，則亦序以齒；有親戚妨於位次者，則亦別序；若有異爵者，則別坐，不序以齒。

異爵，謂堂上官以上及侍從臺諫之類。

凡宴集，或迎勞出餞，皆以專請者爲上客。如婚禮，則姻家爲上客，皆不以齒爵爲序。

其三曰凡宴集，初坐，别設卓子於兩楹閒，若設宴於空處，則設卓子於筵前中央。置大杯於其上。主人降席，立於卓東，西向。上客即專請者。亦降席，立於卓西，東向。主人取杯親洗，上客辭主人，置杯卓子上。執事者進酒注，主人親執酒注，斟酒于杯，以注授執事者，遂執杯以獻上客，上客受之，復置卓子上。主人西向再拜，上客東向再拜。雖對幼少亦再拜。

興，取酒，東向跪祭，少傾酒於地。遂飲，以杯授執事者，遂拜，主人答拜。

若少者以下爲上客，則飲畢拜。時主人跪受如常儀。若主人是少者以下，則上客飲後，主人乃拜，上客跪而半拜。

上客酢主人如前儀，訖，主人乃獻衆賓。

若衆賓中有齒爵可尊者，則獻酒如上客之儀，再拜，但客不酢。若衆賓敵以下，則獻酒時不再拜，只於飲後相拜，亦無酢。

既畢，就坐，始以俗禮行酒而罷。

尊者行酒，則幼者詣樽所，執杯以進。長者行酒，則少者起而跪伏可也。

其四曰凡遠出及自遠而歸，則有送迎之禮，直月掌其事。期會一處，各持酒肴而往。既會，拜揖行禮如儀。

所謂遠出遠歸者，謂或因事別往遠地，或赴任他鄉之類。若常常往來之處，則不可一一迎送。

四曰慶弔贈遺。凡四條：

其一曰凡同約，有吉事則慶之。

所謂吉事者，謂及第、生進、入格，及新筮仕，及陞堂上以上陞資，及冠子之類，皆可賀。

同約期日俱進，行禮如常儀，有贈物。

衆議量其禮之大小，定幣帛之數。

婚禮，則雖不往賀，亦以物助其費。凡有慶事及婚禮，其家力有不足，則同約之人爲之借助器用及爲營幹。惟力所及，當不憚其勞也。

其二曰有凶聖則弔之。

謂死喪水火之類。

災之小者，則同約以書弔之；災之大者，則同約期日齊進弔之。

小者，謂水火不至太甚者也；大者，謂水火盡没家業者也。若幼者則雖小災，亦親弔。凡弔慶之會，雖先已與主人相見致慰賀者，亦可隨衆同進。

若喪事則聞喪即時，直月周告同約，往哭弔。

喪事，謂約員及父母妻子之喪也。死之日，喪家當訃告于直月。直月出回文，通于同約，即以玄冠、素服、黑帶，往哭且弔。同約若先聞訃，則不待直月之報，可以先往。不識生者則不弔，不識死者則不哭。凡初喪，未成服前，則非親戚及分密者不敢入見喪者，但在外助治喪具，主人成服乃弔。弔禮見下。

且議喪禮及助具，凡百經營之事，主人成服後乃退。若主人成服後，則客當以素服、素帶行弔。若妻子之喪，則同約行弔後皆退，只留其親切者，使治喪，成服後退。

其三曰同約之喪，有致奠。謂約員自己之喪也。直月預定期日，周告同約，備奠物，具祭文賻狀，且先使人通于喪家。

同約連名作長刺，先入刺于喪家，齊會于外次，皆素服、素帶。喪家具香火布席，皆哭以俟。護喪出迎賓，賓推最長者爲首，以次入至廳事。執事設奠物，訖，護喪引賓入至靈座前。賓作重行序立，訖，俯伏哭盡哀再拜。賓最長者。焚香，跪酹酒，連奠二酌。○若賓獨奠則只一酌。俯伏，興，少退立，護喪止哭者。祝跪讀祭文賻狀於賓之右，畢，興，賓復位。賓主皆哭盡哀，賓再拜而退。若死者於己爲幼者，則尊者只入靈座前坐哭，使長者以下行奠禮。

賓降階。喪家預布空石于庭。主人哭，出立于庭東邊，西向；賓以次序立于庭西邊，東向。主人西向稽顙再拜，賓東向答拜。主人謝曰：「伏蒙奠酹，不勝哀感。」又再拜，賓答拜而出。

若死者於己爲幼少，則奠畢，尊長先出，使人致弔意于主人。

若賓有未弔主人者，則不隨衆叙立，少避他處。衆賓退後，乃進于西庭，行弔禮。凡弔禮，賓自靈座退。若賓不拜靈座前，則只行弔禮。蓋内喪非親戚，則不拜靈座。主人自喪次，哭出庭東，西向；賓立于西庭，東向。主人稽顙再拜，賓答拜，賓主皆哭。賓進曰：「不意凶變，遭此罔極，何以堪處？」主人對曰：「某罪逆深重，禍延某親。伏蒙臨慰，不勝哀感。」若賓致奠，則曰：「伏蒙奠酹，并賜臨慰，不勝哀感。」又再拜，賓答拜。又相向哭盡哀，賓先止，寬譬主人曰：「脩短有命，痛毒奈何？願抑孝思，俯從禮制。」乃出，主人哭而入，護喪送賓至外次。賓既出，主人以下止哭。凡弔禮必具名銜。若旅弔則叙立行禮，而賓之最長者，進而致辭。若弔妻子之喪，則只一拜，弔辭隨宜稱道，非情重則不哭。弔畢，又拜而退。

及葬，齊進會葬。

父母之喪亦然。尊者則使子弟會葬。尊者以已死約員計年。若妻子之喪，則任情厚薄，不必親往會葬，但直月往監其助役。

小祥、大祥，皆往弔，禫後往慰。

父母之喪亦然。尊長此以喪者計其年。以書慰之，不親往。凡喪家不可具酒食以待弔客，弔客亦不可受，當自齎飲食以往。

其四曰若約員在他鄉身死，則同約會于一處，設位而哭。遣約中幼者一人，持奠資及祭文賻狀，往致奠。發行之日，同約齊會一處，衣弔服，再拜，哭而送之。

幼者之喪，則尊者哭而不拜。

若已葬而致奠，則哭奠于墓。過期年則不哭，情重則哭之。

右禮俗相交之事，直月主之。有期日則爲之期日，當糾集者，督其違慢。凡不如約者，以告于約正而詰之，書于籍。

患難相恤

患難之事七：

一曰水火。小則遣人救之，甚則親往，多率人救且弔之。若因此絶糧，則僉議以財濟之。

二曰盜賊。近者同力追捕，有力者，爲告之官司。其家貧，則爲之助出募賞。若因此失朝夕之供，且赤脱衣裳，則僉議以財濟之。

三曰疾病。輕則遣人問之，甚則爲訪醫藥。直月主之，使約中年少者輪往問醫。貧則僉議助其養疾之費。若闔家卧病，不能耕耘，則同約協力出奴及牛耕耘。可給并作處，則擇幹信之人給之。

四曰死喪。弔賻已見上。若貧乏太甚，不克襄事者，則僉議於常賻之外，加濟以財。

五曰孤弱。謂約中之人死，而有子孤弱無依者。若其家足以自贍，則擇其親族之忠信幹事者，使區處，考其出納。族中無其人，則以約中親切者掌之。若其家貧乏不能自給者，同約協力濟之，無令失所。若有侵欺之者，則衆人力爲之辨理。若其子稍長，則擇人教之，且爲求婚姻。若放逸不檢，則亦防察約束之，無令陷於不義，至於終不可教，然後乃止。

六曰誣枉。若約中之人，被人誣訴過惡，不能自伸者，勢可以聞於官府則爲言之，有方略可以救解則爲解之。或其家因而失所者，衆共以財濟之。

七曰貧乏。約中有安貧守分，而生計窘束，至於絶食則以財濟之。有處女過期，則同約連名呈狀，求濟于官司。

右患難相恤之事，凡當有救恤者，則其家告于約正或直月。隨其近處告之。若同約聞知，則不待自告而爲之，告約正或直月，直月徧告之，且爲之糾集而程督之。凡同約者，財物、器用、車馬、奴僕皆有無相假。若不急之用及有所妨者，則不必借。可借而不借，及踰期不還，及損毀借物者，約正、直月知之，則論以犯約之過，書于籍。鄰里或有緩急，雖非同約而先聞知者，亦當救助。或力不能救助，則爲之告于同約而謀之。有能如此者，則亦書善於籍，以告鄉人。

會集讀約法

凡預約者，閒一月講約于書院。

春秋孟月之會，則各持壺果，且持點心之米，委司貨，使齋直炊飯。只炊飯而已，凡器皿饌物，皆不資于書院，違者論以犯約。飲酒之時，只令齋直煖酒。只用書院杯酌而已，亦不用器皿，犯者亦論以犯約。餘月之會，則只設點心，不持壺果。點心則司貨掌之，壺果則直月掌之。

會日夙興，都約正、副約正、直月往俟于書院。

皆具團領、條帶、納靴。若是儒生，則皆具頭巾、團領、條帶、納鞋。司貨則雖先至，在外次，與他員同行禮。

先以長少之序，拜揖于東齋，如常儀。

副約正以下會于他齋，俟都約正入東齋改服，然後就東齋行禮。

乃於講堂，設大成至聖孔子之位於北壁。

孔子以下皆以紙榜標記。先具淨紙，副正、直月中善書者，盥手虔寫。皆設屏風，以紙榜粘于屏上。

設先師顔子之位、先師曾子之位、先師子思子之位、先師孟子之位於東壁，設先師周子之位、先師程伯子之位、先師程叔子之位、先師朱子之位於西壁，設香鑪、香合之卓於堂中。

文憲公廟亦開門灑掃，設香鑪香合。

同約者至，俟於外次。

同約之人，皆如約正、直月之服。長者以下爲一次，隨至，輒以齒拜揖序坐。異爵者亦與長者同次，異爵者别坐。尊者别爲一次。此長者、尊者，皆以約正計其年。尊者皆至，則異爵者、長者以次就尊者之次。揖畢，於東邊叙立。敵者以下俱詣尊者之次，重行爲位。拜畢，敵者、少者於西邊叙立。幼者及庶孽之類，於南行叙立，以次出就門外之位。凡會集，幼少當先至，不可後於尊長。凡同約之家，子弟雖未能入籍，亦許隨衆序拜。未能序拜，亦許觀禮。各齋點心，會食于他處。

既集，皆以齒爲序，立於門外，東向北上。約正以下出門，西向南上。約正之立，與最尊者正相向。約正揖迎最尊者入門，諸人隨之。入至庭中，約正以下立於東庭，尊者以下立於西庭，皆重行北面。東庭則西上，西庭則東上。約正獨爲一行，副正、直月爲一行。若副正於直月爲尊者，則直月别爲一行。尊者、異爵者爲一行，長者爲一行，敵者爲一行，少者爲一行，幼者、庶孽爲一行。立定，皆再拜。

使少者以下二人，先行再拜禮，後分東西立，唱拜興，上香節次。先呼「鞠躬，拜，興，拜，興，平身」，次呼「跪」，次呼「上香」，次呼「拜，興，拜，興，平身」，禮畢。都約正升自東階，上香，降，與在位者皆再拜。若有告文，則此時可讀。禮畢，直月與幼者升堂，收合先聖先師紙榜，焚于階上，以其灰納于香鑪。此執事當預定也。

凡升降，都、副正、直月自東階，尊者以下自西階。約正揖尊者陞，詣文憲公廟，諸人隨之，分東西立，行焚香。先後再拜，禮如上儀。亦有呼唱。畢，還就講堂之庭，分東西，相向立，如門外之位。約正三揖請升，客謂尊者。三讓。約正先升，客從之。既升，行禮見之儀。

約正以下升階西上而立，尊者以下升階東上而立，皆北面。尊者以下，人多則爲重行。直月引尊者升堂，於西邊東向，南上而立。約正以下升堂，於東邊西向，南上而立。副正、直月差退約正之後，約正以下再拜，此約正拜尊者也。尊者答拜。退詣北壁下少西南向，東上立。直月引異爵者、長者升堂，於西邊東面，南上立，約正以下再拜，此約正拜長者也。異爵者、長者答拜。異爵者、長者退詣西壁下，北上立。於是約正於堂中少東南向立，副正、直月西上，北面再拜，此副正、直月拜約正。約正答之如常儀。訖，副正、直月東壁下，北上，西向再拜，此副正、直月相拜。於是尊者於立所南向再拜。此尊者相拜。於是異爵者、長者就尊者前東上，北向再拜，此長者拜尊者。尊者答之。異爵者、長者退立於西壁北上，東向再拜。此長者相拜。訖，異爵者就北壁，叙立於尊者之西東上，長者叙立于西壁北上。於是，約正回身於東壁，西向而立。副正、直月少退其後。於是直月引敵者升堂，東面北上，與約正以下交再拜，訖。此敵者拜約正。敵者詣尊者、異爵者前〔一〕，東上，北面再拜。此敵者拜尊者。尊者、異爵者答之如儀。敵者退詣長者之前，北上，西向再拜，此敵者拜長者。長者答拜。敵者於西壁下北上，東向叙立於長者之南，東向再拜。此敵者相拜。於是直月引少者升堂北上，東向再拜，此少者拜約正。約正以下答之如儀。少者就尊者、異爵者前，東上，北向再拜，此少者拜尊者。尊者、異爵者答之如儀。少者就長者、敵者前，北上，西向再拜，此少者拜長者、敵者。長者、敵者答之如儀。少者於西壁，敵者之南北上，東向叙立再拜。此少者相拜。於是直月引幼者升堂北上，東向再拜，此幼者拜約正。約正以下答之如儀。幼者就尊者、異爵者前，東上，北向再拜，此幼者拜尊者。尊者、異爵者答之如儀。幼者就長者以下位前，北上，西向再拜，此幼者拜長者、敵者。少者，長者以下答之如儀。幼者退於南行，西上，北向再拜。此幼者相拜。於是直月引庶孽升堂，行禮如幼者之儀。畢，退於南行，西上，北向立再拜。幼者同再拜，此庶孽相拜兼拜幼者。直月凡引客，客是敵以上，此以直月計年。則下堂引升。若是少者以下，則立于堂邊，揖舉手也。之使升。

約正揖，就座。

約正坐于北壁之東，南向，副正、直月坐于東壁，北上，西向。有親戚妨于位次者，亦坐東壁直月之南，北上，西向。閒其位不屬。尊者、異爵者坐于北壁之西，東上，南向。長者、敵者、少者，坐于西壁，北上，東向。幼者坐於南行，西上，北向。庶孽亦坐於南行，西上，北向，與幼者閒其位不屬。

坐定，直月抗聲讀約文凡例及讀約法不讀。一過。副正推說其意，未達者，許其質問。於是約中有善者，衆推之；有過者，直月糾之。約正詢其實狀于衆，無異辭，乃命直月書于籍。直月遂讀記善籍一過，命執事幼者爲之。以記過籍。徧呈在座，各默觀一過。既畢，乃飲食，訖，少休于他處。

約正起立，在位者皆起立。一時作揖，以次退于各齋少休。復會時皆就位，一時作揖而坐。

復會堂上，或論行己之要，或議約中之事，或質經書疑義，講論從容。

講論須有益之事，不得輒道神怪、邪僻、悖亂之言，及私議朝廷州縣政事得失，及揚人過惡。諸位皆拱手端坐，莊色正視，不得傾倚回顧，放言恣笑。違者，直月糾之。不改，則告約正，書于籍。坐未罷前，如因事起出，則當出位俯伏。敵者以上則約正答之，少者以下則不答，其入也亦然。若尊者、異爵者及約正起出，則在座俯伏而起，在位者皆俯伏而起，其入也亦然。起而俯伏。

至夕乃散。

散時，在位者皆起立，因其位皆再拜。拜畢，一時作揖。尊者以下以次皆出，然後約正以下乃出。若都約正有故不參，則副正以下亦可會集行禮。尊者以下皆以副正之年計之。

社倉契約束

立約凡例

一　衆推一人爲約長，又得一人副之。輪擇可堪任事者，爲有司二員。約長、副約長則無大故不遞，有司則一年相遞。

一　庶賤中擇可任者，爲掌務一人、庫直二人、使令四人。掌務、使令行有司之令，庫直掌守倉穀。掌務、使令則一年相遞，庫直則三年相遞。凡一應出物，皆例減不出。

一　五家爲伍，有伍長，一年相遞。掌察五家内善惡之行及疾病患難。凡吉凶，一一告于有司。

一　士人定爲教訓。無定額，無遞限。教訓近鄰庶賤之不解文、不知法者，隨其比鄰之多少，無定數。每朔一會，解釋約法，使詳知之。

一　爲善惡籍，以記得失，有司掌之。每講信時，告于約長，僉議詢同，則更爲置簿，以俟後考。

一　凡善惡之記，皆自立約後爲始。約前雖有過失，皆許令洗滌，不復論説。必仍舊不改，然後乃書于籍。惡籍則明知改過，然後於會集時，僉議爻周。善籍則雖有過，亦不爻。必有不孝不友、淫姦贓污等大段悖理之行，然後乃爻善籍而黜約，具告官治罪。黜約而悛改願入者，則如初入例。

一　凡願參約者，必有二十里内居人許之，家在二十里外者則不許。以社倉所在爲限。

一　每年春秋，約中上下之人俱會，講約論賞罰。各持壺果隨所備。有司前期考忌案，禀于約長、副約長，出回文使使令傳之。遭服之人則期大功。葬後，小功過十五日，緦麻過十日。外祖父母及妻父母喪過一月後，以白團領得參。

一　凡公事，約長、副約長、有司主之。若非約長、有司而擅斷是非者，有罰。

一　推約中年齒最尊者爲尊位。或三員，或四員，毋過五員。凡非會集而有大事當議者，則約長使有司議于尊位而定之。

一　非講信時，若有可議公事，則副約長、有司詣約長議處。凡賞罰必須速施者，則皆無時會議處斷。

一　契中人每年十月内出回文，各出造米一斗。下人則五升。有司掌務收合，付庫直藏于社倉，以爲救急之資。倉穀耗數足用，則更不收合。

一　每年四月初一日爲始，伍長禁五家内放牛馬。

一　凡會集時，有大故不參，則具單子，呈于約長處。下人則呈所志狀。若託故不參及不告緣故者，論以犯約。

一　講信及致賀，著團領。凡弔慰，著白直領。

每於講信時，契員薦可入者，僉議可入否，爲可，然後許入。可否多少，隨時斟酌。

約　束

凡契中之約有四：一曰德業相勸，二曰過失相規，三曰禮俗相交，四曰患難相恤。

德業相勸

「德業」，謂孝於父母，

「孝」謂實心愛親，所得甘旨，皆以奉親，承順其志，不敢違逆，常時恭敬，應對必順，不惜己財，任親之用，父母有病，憂念不弛，必求其藥，盡心救療，臨喪盡哀，守制以禮，祭祀以誠之類。○庶賤，則父母忌日書紙榜以祭，四名日祭于墓，無墓則亦書紙榜以祭。餘孝親之事則同上。

忠於國家，

「忠」謂盡誠事君，守職奉公，忘身許國之類。○下人則事上典以誠，不敢少有欺隱，有所使令，奔走服役，不憚勤苦，凡有所得之物，必欲獻于上典之類。

友于兄弟，

「友」謂同生相愛，有無相通，所得飲食，必與分食，凡事相救助，無異一身之類。

弟于長上，

謂恭敬年長者，二十歲以長，則見之必拜，十歲以長，則不敢爾汝之類。○下人則敬長者如右。而又恭敬士族，見士族則知與不知間，必拜，言語恭遜。若騎牛馬，則必下跪于路側。凡事無慢，雖非同契，待之皆當如此。

男女有禮，

謂夫妻相敬，不相鬬詰，且不昵狎，亦不疏薄之類。○下人則不敢淫姦他人妻女，里中男女路次相遇，則相避而行，不相親狎之類。

言必忠信，行必篤敬。懲忿窒慾，見善必行。聞過必改，睦族交鄰，

謂愛族黨〔一一〕，和鄰里。有無相假貸，疾病患難，相救助之類。

教子有方，

謂教子必以善行，使之修身勤事，不敢嬉遊，若與人相詰，則勿論曲直，必撻詬其子之類。

御下有法，貧守廉介，富好禮讓，不貪他物，

謂見人之物，不生毫髮欲心。路中若有遺棄之物，則必推其主而給之。

能勤事功，

謂己事他事，皆盡心用力，毋敢怠忽之類。

能踐約信，

謂契中約令，一一遵行，無敢少緩之類。

能受寄託，能救患難，能廣施惠，能導人爲善，能規人過失，能爲人謀事，能爲衆集事，能解鬭爭，能決是非，能興利除害，能居官舉職，能畏法令，能謹租賦之類。

右件德業可觀者，同契之人，各自進修，互相勸勉。有能行者，則同契隨所聞，告于有司，有司私作置簿。講信時，告于約長，詢于衆，得其實然後表表特異者，報官請褒奬。其餘則書于善籍，以憑後考。

過失相規

「過失」，則謂持身不謹，事上無禮，接下無恩，不遵約令之類。凡有大過惡者，及累次論罰，終不自悛，壞敗約令者，皆告官治罪後黜契。契中人絶之，不相接話。悔過請改自新，則許復入，如初入例。

大過惡，謂不孝父母者，毆打及擠跌父母舅姑者，下人背逆上典者，兄弟不和者，毆打同生兄及三寸五寸叔父者，下人陵辱毆打士族者之類。

上罰。士類則立庭議事，罷後乃止。飲食時，使別坐末端以示罰。○長者則滿坐面責。○下人則笞四十。

次上罰。士類則滿坐面責，長者半減。○下人則笞三十。

中罰。士類則西壁以上面責，長者半減。○下人則笞二十。

次中罰。士類則尊位及有司以上面責。○長者出位，坐罰一觥。○下人則笞一十。

下罰。士類則出位，坐罰一觥。○長者則避席出坐，受規責。○下人則下人處面責。

凡尊者有過，則使子弟代受其罰。無子弟，則笞奴，其罰如右例。

凡稱尊者、長者，皆以約長年次計之。

下人年老及有病不堪受笞者，則贖以罰酒。每笞一十，贖酒一盆，以次加等。

與父母變色相詰者，叱辱三寸叔父及同生兄者，不從父母教令者，親貧子富而不養者，親死不哀、一月内飲酒者。

右五過，約長以下無時會集，召而責之，請改過則上罰後，書于籍以俟。若爭辨不服，無改過之意，則告官治罪。

居喪醉酒者，祭祀不敬者，下人不行忌祭墓祭者，叱辱五寸叔父及外三寸從兄者，右上罰。

父母所見處踞坐者，騎牛馬過父母所見處者，右次上罰。凡舅姑同於父母。妻父母同於外三寸。

下人於上典前言辭不恭者，外處罵上典者，右上罰。不順從上典之教令者，行上典之令而凡事不直、欺罔取利者，右次上罰。

上典所見處騎牛馬過者，中罰。

士族前，下人言辭不恭者，中罰。

下人見士族而不拜者，騎牛馬不下者，士族所見處踞者，右次中罰。

與三寸叔父及同生兄變色相詰者，次上罰。

與五寸叔父及外三寸從兄變色相詰者，中罰。

三寸叔父及兄所見處踞坐者，騎牛馬過者，言辭不恭者，右中罰。

外三寸及五寸叔父從兄所見處踞坐者，騎牛馬過者，言辭不恭者，右次中罰。

扶執長者下手者，上罰。

叱辱長者者，中罰。

長者所見處踞坐者，騎牛馬過者，言辭不恭者，右下罰。

兄以私嫌打弟，非出於教誨者，中罰。

下人妻打夫者，上罰。傷打則告官。

無罪而打妻者，中罰。傷打者，則上罰。

妻於衆中駡夫者，中罰。

不能教其妻子，使作惡者，重則中罰，輕則下罰。

疏薄正妻者，上罰。不悛者告官。

不能睦族，相與鬪詰者，中罰。

里中男女無禮，發昵狎淫戲之言者，次中罰。

與他人妻女扶執相狎者，中罰。

凡下人相鬪毆打者，察其年齒老少、情理曲直、被毆輕重論罰。

年長者理直而所毆無傷，則下罰。治擅打之罪。理直而傷打，則中罰。理曲而傷打，則上罰。理曲而所毆無傷，則次中罰。

年少者不論曲直，打傷則告官。理直而所毆無傷，則次上罰。理曲而所毆無傷，則上罰。

年次相敵，則理曲而傷打者，上罰。不傷打者，次上罰。理直而傷打，則次上罰。不傷打者，次中罰。大抵傷處重大，則皆告官。

士人敵者相詬罵，則次中罰。

士人敵者相扶執毆打，則次上罰。

士人私打下人者，中罰。重傷，則許其告官。

士人長者，毆打幼少者，中罰。

潛姦他人妻及女者，告官。若悔過，願受罪自新者，上罰。

誘納他人逃奴婢及止接荒唐人者，次上罰。

潛盜他人之物及草竊者，上罰，輕則次上罰。皆徵其物還本主，不悛者告官。

放牛馬于田禾者，初犯，中罰。再犯，次上罰。三犯，上罰。有司録其度數。伍長則遞減一等。若田穀已盛後，則量宜徵給其主。

好訟而可已不已者，中罰。非理好訟者，上罰。

盜人溝水者，侵耕他人田界者，右中罰。田則還陳。

醉酒酗駡者，次中罰。

言語不實者，中罰。

誣毁他人者，上罰。輕則次上罰。

構會人使相鬬者，次上罰。輕則中罰。

凡自占便利，營私太甚，不恤他人之利害者，中罰。斂散時，不限子母相當之法，徵督過分者，亦營私太甚也。

太慳吝，不以器具相假借，凡事太鄙俗者，次中罰。

懶惰不事，事浪遊度日者，下罰。

受賂而干請者，中罰。

崇信異端，好行淫祀者，次上罰。若有父母，不能自斷者，勿論。巫女則上罰。

侵奪他人及山僧之物者，上罰。

用度不節，自取貧乏者，下罰。

不謹納租賦，後時怠緩者，中罰。

衆會處，坐起不端，喧譁妄笑，戲言譏人，及發不美之言者，重則中罰，輕則下罰。

凡向人發惡言者，下罰。重則次中罰。

社倉穀納，不以實者，中罰。改備。

斗升減縮者，次中罰。加捧準納。

有司不能任事者，不能檢舉他人者，教訓不教下人者，伍長不告五家内善惡吉凶者，右次中罰。

凡論議不公平者，中罰。

凡憑公作弊者，上罰。

凡見人過失不直規戒而私自非議構成嫌隙者，次上罰。

惡聞規戒者，次上罰。

非約長有司，而擅論是非，有所譏議，使衆心不安者，上罰。

使令掌務庫直輩，不禀，畏有司不從教令者，中罰。

撻人時不用意者，次中罰。

下人有不平之事，而不告有司，私自怨言者，中罰。

凡會集時晚到者，下罰。

凡一切不應爲而爲之者，最重者次上罰，次則中罰。輕則次中罰。

凡不從契中約令者，約長、有司論議處置之事，皆爲約令。初犯，次中罰。再犯，中罰。受罰後，心不服而有怨言者，論以再犯。三犯，上罰。四犯，則告官治罪，黜契。有司記其犯約度數，每於講信時憑考。三度以下，已論罰而請改者，爻其記。

凡上罰，受罰後皆記于惡籍，不服而怨怒者則黜契。

右件過失，同契之人，互相規戒。不聽，則告于有司。有司私作置簿，會集之日，告于約長。約長以義理誨諭之，謝過請改，則隨輕重論罰，上罰則記其過以俟。若其爭辨不服，怨咎記過之人，終不悔悟者，黜契。

凡有過者，許其自明，辭順理直，則棄之勿論。若飾辭强辨者，添罰加一等。又不服，然後黜契。

禮俗相交

凡長於我二十歲以上，則爲尊者。十歲以上，則爲長者。路中遇同契尊者則下馬。尊者强請乘馬，則俯伏馬上。凡見尊者則必拜，長者則恭揖。洞内年長十五歲者，亦拜。

契中員，年雖不高，若有德位可尊者，則待以尊者。尊者亦抗禮。

歲時，同契人相往還致歲。謁尊長，則不必往幼少者之家。子女婚嫁時，率居孫子女同。給米三斗，下人則半減。臨時出回文，各出柴木一䭾給之。下人則不出柴，亦不給柴。男則行新婦禮時給之。男之醮也，各出炬軍一名，自備炬以往。士類，出於士人婚時。下人，出於下人婚時。若契員家在十里外，則只給米而不給柴木及炬軍，渠亦不出。同居同生婚嫁時，則依右例半減，而下人則給一斗。

契中人有年滿八十、七十以上者，及登科司馬得官者，則各持壺果，會于空處賀之。下人則否。下人年滿七十以上者，亦使下人持壺果賀之。

契員有過三年喪者，則亦如賀禮慰之。下人或能行三年喪，則喪畢，下人會慰，且記其善。

契中有喪，則契中人皆往弔之。下人喪則否。若當身及父母之喪，則成服、永葬、小祥、大祥，皆往弔慰。妻子喪，則弔於成服、永葬往慰，子未成人則否。各持米多少，多少隨力，多不過五升，少不下二升。往助之。有司掌收斗量，納于喪家。雖有故不往，亦送米。○下人則不出米。

契員當身喪，則有司出回文于同契。各出米一升，具奠物，有司掌具。撰祭文，齊進致奠。下人則否。

凡干喪事聚會時，毋得飲酒，喪家亦不可以酒食饋客。路遠，則客當自齎點心以往。違此者，客主皆論以犯約。若喪家略饋糜粥、餅果之類則無妨。下人葬時，亦不許醉酒，違者論以犯約。下人則三虞祭後許飲，而喪人則過一月後乃許飲。士人則喪中，非有病不可飲。

患難相恤

若大火盡燒其家及資産，則給米五斗。下人半減。契中人皆出壯丁一名，自齎一日糧，各持蓋草三編、材木一條、槀索十把往役。下人則給半軍。若盡燒其家而得出資産，則只持物往役，不給米。若不盡燒，則隨其輕重，各出空石二葉或一葉給之。只燒少許，而全家得免則否。凡失火時，同契之人，勿問上下，皆當奔往救之。

契中人遇盜賊則同往救之，同力追捕。若財物盡被偷，則僉議給米。多少臨時議定。

契中人有疾病重者，則有力人覓當藥以救之，有司使使令傳命。若闔家病患、廢棄農事者，則同契之人量宜出力耕耘，使免飢困。

契中之人有被誣枉得罪、不能自伸者，則同契連名，報官救解。

契中人有年壯處女，而家貧未嫁者，則報官請給資裝。契中亦隨宜扶助。下人則不出。

契中有貧乏絶食者，則僉議隨宜賑救。

契中當身之喪則給米六斗，父母喪則給四斗，妻子喪及同居妻父母喪則給二斗。下人皆半減。若當身及父母、妻子之喪，同居妻父母同妻喪。則葬時各出壯丁一名，持炬一柄、刺燭一柄，下人則不持刺燭。發引前夕往喪家，因護至喪所就役，夕始還。士人則給全軍，下人喪則給半軍。下人願受役價，則每一人出米一升給之。

契中父子兄弟皆參約，則賻米各以其名疊給。役使則不疊役。凡役軍，有司問于喪家定送。

凡契中急難之事，同契聞知則不待伍長之報，急往救之，且告諸人。能如此者，亦書于善籍。

講信時，連三無故不參，黜契。雖有頉狀，連三不參，上罰。

社倉法

一　社倉穀，副約長、有司掌其出納。每年分給，以周貧乏。收時取息，每一斗加二升。公其取與，明其件記，毋使有後議。有司春散秋收後乃遞。

一　社倉之穀，非同契人，則不得受食。若有切親及奴僕，未參契而有求食者，則契員自以其名受糴。秋後自督以納，未納則契員自備以納。

一　倉穀未殖前，則收息每一斗加三升。若豐年，則同契之人納穀租粟豆太隨所有。十斗，下人則五斗。以補倉穀。倉穀既足則否。

一　社倉分給，自正月十一日爲始。每月初一日、十一日、二十一日分給，以穀盡爲限。是日，副約長、有司當往社倉之所。契中人求糴者，當以是日往受。若受納則自九月爲始〔三〕，終于十一月，亦以初一日、十一日、二十一日收納。

一　收糴時，十家内定一人爲統主，使掌催促，不勤者論罰。若統主自己之家及統内五家畢納，則改差統主，以未納人定統主，代其催促之任。

一　若過十一月而未納者，則論以上罰，其統主論以中罰。若過十二月不納則黜契，而其統主論以上罰。若所納之穀不實，則隨其輕重論罰改備。過限未收者，隨其多少，斟酌論罰。

一　隨後願入契中者，則納社倉穀二石，下人則十斗。

一　契中人有赴外任者，則監司送木五疋，守令送木三疋，用作紙所納，勿以國穀資送。以助社倉之穀。未滿六朔而遞者則否。

一　社倉分給時，前期一日，伍長預知五家所欲受出之數及用于某處之事。翌日，早早詣于副約長、有司會處告禀。副約長、有司商議斟酌，定其多少之數分給。副約長若有不得已之故，則只有司亦可出納。

一　社倉分給之穀，不可徵以私債，違者論以犯約。

一　翠野亭蓋茅事，洞内士人家同力措置，各出蓋草三編、大稾索各十把以蓋覆。

講信儀

講信之日，早早食後，約長、副約長、有司率掌務使令輩先詣會所，俟契員皆集。契員爲別次而會，少者當先往。下人亦會他處，少者亦先往。有司一人居下者。引尊位而進。約長以下出迎于帳幕之外，其餘尊長者隨至，以齒序立。最長者與約長相對揖讓。約長先升，副約長、有司隨升。尊位次升。約長以下西向，尊位東向，相對再拜後。尊位於北壁南向而立，有司引其次尊者、長者，有司進前揖之。皆升東向，與約長以下相對再拜。後，尊者、長者以次回身，北向尊位再拜。尊位答拜後，尊長以下於西壁東向而立，北上。約長於北壁之東，南向而立。副約長、有司於東壁西向而立，北上。其餘契員皆升，以齒序立，北向東上，爲重行立定，北向再拜。尊位、約長、尊長者、副約長以下，皆一時答拜，訖，皆坐。坐次見後。坐定，下人列立。再拜訖，就坐皆定。副約長讀約法，訖，未解文者，開釋使知其意。又定解文一人，讀于下人所坐近處，諭于下人，皆使詳知。有司呈善惡置簿，僉議論賞罰，記于籍。畢，飲酒，座中皆拱手整容，無或喧笑失儀。行巡杯禮。凡進盤，果先進于尊位，然後乃進于約長。巡杯，則約長、副約長、有司先行後，尊位次行，以酒盡爲限。達于下人，必多具盞盤五六，一時竝進。於是有司起，揖爲善者出，設別座于前。下人則掌務揖出。約長别行巡杯以飲之，推奬而勸勉之。飲酒畢，座中各因其位起立。一時再拜後，尊位先出。尊長以下契員盡出後，約長以下則受下人拜辭，然後乃出。

會時坐次

尊位則坐於北壁之西，東上，約長坐於北壁之東。若有異爵者謂堂上官以上。及侍從臺諫之類，則坐于尊位之西。尊者、長者、敵者坐于西壁，北上。若西壁位窄，則雖敵者坐于南行。副約長、有司坐于東壁，北上。其餘契員皆於南行，以齒列坐。東上爲重行，庶孽及庶族有職者，謂非士族而稱兩班，如校生、忠贊、别侍之類。爲後行分班。庶族則東邊西上，庶孽則西邊東上，員多則亦爲重行。下人、良人坐于東邊，賤人坐于西邊，皆北上。年少者坐于南行，亦分東西如右，人多則重行。

凡契員子弟，雖未參契，若欲參會觀禮，則亦持壺果來參。座次如右。

海州一鄕約束

擇鄕中一人差鄕憲，又以二人爲副憲。凡一鄕公事，鄕憲、副憲主之。又以鄕所一員爲一鄕有司。鄕憲非有大故，勿遞，副憲、有司則周年相遞。凡出回文聚會事，有司掌之。稟于鄕憲。回文，使鄕所使令，分東西周示，勿令遲滯。鄕所闕望報時，鄕所，限二周年乃遞，非有實病，則勿許辭免。必一鄕齊會，每員各薦一人，若二員闕，則各薦二人；三員闕，則各薦三人。三十以上薦別監，五十以上薦座首。書其名于小單子，下書舉者之名著名，六品以上朝官、五十以上則只著不書名。皆呈于鄕憲，限四寸勿薦，若婚姻四寸勿避。若薦者，衆所共知不合之人則論罰。鄕憲受之。列書被薦者之名，以舉者多少爲次。若一人而薦多則書于首，其餘薦之多少爲次。既畢，置于座前，使一鄕會員從下就座前圈之。勿圈于隱處，圈時不計相避。以圈多者三人備三望。若圈同，則以薦者多少定其次。若二員闕而一時望報，則以圈多二人爲二首望，次者二人爲副望，末望準此。若三員闕而一時若出，則亦依此例，以圈多者三人爲三首望。餘皆倣此。會議時，雖有故不得往參，單子則不可不呈。

春秋講信慶賀外，凡公事會集時，皆著白衣。雖有服人，皆來參。

凡一鄉約束有四：一曰德業相勸，二曰過失相規，三曰禮俗相交，四曰患難相恤。凡善惡之表表著異者，書于善籍惡籍，改過則爻之。

所謂德業相勸者，一鄉之人相勉爲善，父慈子孝，兄友弟恭，夫妻相敬，長幼有序，朋友有信，睦族交鄰，温恭自持，愛人濟物，毋吝財利，毋好爭訟，租賦必謹，小民勿侵等事，謂之「德業」。若有能行此件事，表表卓異者，則既書于善籍，且報于官，以致轉達于朝。其次則書于籍，以俟進德。

所謂過失相規者，鄉人有過失，則同列隨所聞規戒之。不聽則告于鄉憲、副憲，共戒之。猶不悛，則施罰。罰有四等，損徒者書于惡籍。

上罰，損徒。若改過則許設謝筵，盤用五果以上，湯用三色以上。參會者滿十員以上，則許解損。

次上罰，齊馬首，亦依解損例，會客滿十員，然後乃受。

右解損謝筵，則主人自定期日。齊馬首，則鄉憲、有司定日。若鄉中先生有德位可尊之人及年七十以上員，則主人躬進以請，其餘則出回文普請。主人奴自持回文周告，無有所漏。

中罰，滿座面責。面責時，必諭以戒敕之言。

下罰，酒一盆，別味一色。春秋講信，或無時會集時進呈。若有小過，不至受罰者，則隨時論議，罰以巨觥。

父不愛子、使不得所者，兄弟不盡友悌之道者，溺愛姬妾、疏薄無罪正妻者，干求鄉任、潛行請託者，朋友族屬通姦淫女者，以少陵長至於詬辱者，非理好訟者，非毁一鄉公論者，營私圖利、侵小民山僧者，造作虛言、構陷同類者，鄰里親戚不睦者，留鄉所及監官憑公營私者，牧糴時私受賄賂、害及生民、污毁鄉風者，私用公儲之物者。

右用上罰。

會中縱酒失儀者，乘忿爭辨、不受規戒者，凡有鄉會不能趁、出回文後時者，持身不謹、被人笑侮者，凡會集時託故不參者，無故不參且不具由呈單者，以私忿擅自毆打官人者，貢賦、徭役、公債拒不備納者，不能謹藏公債之物、因致減縮者，以非義干請于吏輩者，非齋宮而私護山寺以占己利者，收糴時不能檢察、多受不實之穀、減縮斗數者。

右用次上罰。

會集時衣冠不如法者，凡鄉會及城主前，非朝官，不得著驄笠。非堂上，不得著貂皮耳掩。凡會集時、講信及致賀，則皆著紅團領。不出賻紙及收合米者，凡有任之人不能察其所任者，不行鄉中約束者，乘忿罵詈同列者。

右用中罰。

會集時晚到者，行禮坐定後追到者，皆爲晚到。威儀不整、喧笑自恣者，不告出入者，官門及上二衙前騎馬過者。

右用下罰。

右四罰之外，如有父母不孝、兄弟不和、淫穢亂倫、所行悖戾等事及謀害士主者，黜鄉，鄉人共棄絶之。若與黜鄉之人相通對語者，則損徒。鄉中之人，雖不參鄉案，若有作悖理之人，侵漁小民、山僧等，爲閭里之害，則先以理曉譬之，使之改過。不聽則僉議，使鄉所告官治罪。

凡有過失，行罰之後猶不悛改、依前自放者，損徒。損徒之後終不悔過，反生忿怨詬辱一鄉者，黜鄉。

凡有過失，未行罰而又作過，則從重行罰，罰同則加一等施罰。

凡年八十以上，雖有過失，無罰。七十以上有過失，則皆減一等。而若面責，則使子弟代受其責，無子弟，則臨時論議笞奴。

所謂禮俗相交者，條列如左：

春秋講信時，各持壺果，齊會公處，講約法。有服人則不得參焉。若鄉憲有故不參，則副憲只讀約法。中罰以下，告于尊長，僉議施罰。次上罰以上，皆不得僉議。須缺更爲會集，以白衣齊會，以決論議。

城主出官翌日，鄉員一齊聚會，具長刺，禮見再拜。遞去時，各持壺果，餞別于路上，亦具長刺。在官時，有慶則賀，有喪則弔，弔用白團領，皆具長刺齊會。歲時齊會，具長刺例，會于正月初三日。

右城主僉謁之禮，雖遭服之人，須以白團領或玉色白帶來參。賀禮則雖遭服人，參則權著吉服。惟期大功未葬前，緦小功未成服前，不參。喪在一家，則雖緦，必於葬後得參。

衙童看慰事，鄉所次知，行於三月之內。

鄉員有年滿七十歲者、八十、九十亦然。登科者、筮仕者、生員、進士、入格者，則各持壺果，齊會公處賀之。有服者不參。雖有故不參，亦備送壺果。

凡會集時，有故不參者，必使奴子具由呈狀。不得回文內託故，俱不得倩他人呈狀。衆所共知抱宿疾不能參會者，雖不呈單子，不論罰。

有子女婚事，則出回文，各收合米一升，送助其費。

凡年滿七十以上者、異爵者、篤志學業者，只春秋講信、城主延餞外，其他凡會集時，任意來參。雖不參，無罰。

鄉吏輩於歲時具長單子，列書吏名，差記官。周行歲謁于鄉員年七十以上，及鄉憲、副憲、異爵者與曾經鄉任之家。鄉所糾檢不出歲後五日，除前公狀。

所謂患難相恤者，條列如左：

鄉員四喪，父、母、己、妻。初喪時出回文，各收合米一升，送于其家，且送賻紙十卷。永葬時，若當身喪，則有司預先收合米一升，精備壺饌餅果。會葬所致奠後，祭饌饋役人。米則勿論東西，皆合，而會奠則分東西往會。每於春秋講信時，各收常紙一卷，有司藏之以爲賻紙。年滿七十以上者、異爵者、時任鄉憲、副憲、鄉所，勿出賻紙。若逢水火盜賊、盡蕩家産者，則各收合米一升，送于其家。

曾經鄉任者，依前例別賻其喪，別定有司掌之。

曾經鄉憲、副憲者，依曾經鄉任例，別賻其喪。

鄉員以非罪將受刑戮者，僉議立庭，呈單子救解之。如有民冤關重者，亦僉議立庭，有司掌出回文。鄉所專掌糾檢吏民風俗，若有鄉吏書員輩官屬汎濫用事、作弊民間及陵辱品官者，則告官治罪。可治罪而不治者，則鄉所有罪。若城主不信鄉所之言，而吏輩官屬之罪關重，則一鄉齊會，立庭請罪。

可參鄉員者，於會集時薦舉，通問可否，依前例，收合可否字。以爲可入，然後許入。若遇三不則不能入。若衆所共知可入，而非自己願入，以公議勒入者，則勿問可否。除後入禮。

凡收合米升、致賻周急等事既畢，有司須以回文及答狀，呈于衆會處。

凡春秋講信時及致賀時，雖用妓樂，勿對舞挾對〔四〕。

凡鄉吏書員官人等，若品官前，或無禮，或陵辱，則品官具書單子，送呈于鄉所，則所員僉議罪犯輕重，笞罰後告于鄉憲。若所員棄置不論罪，則鄉會時，所員致罰事。

凡留鄉所員辭狀及人吏等，有關罪狀報京在所及報牧官治罪。公事，所員不敢自斷，禀于鄉憲成公事，報狀事。

鄉吏中選擇清謹吏，置簿勸善。上户長吏房，必以清謹者，備望差定。若有他歧圖得者，勿許行公事。

凡鄉吏書員官人等，善惡籍置簿册，春秋講信時進呈事，鄉所申明撿舉事。

凡一鄉品官喪事時，收合賻米及賻紙等物，專人輸送後，同宅答狀這這送于鄉憲，覽後即還推，藏于鄉所，後日鄉會時進呈事。

鄉會讀約法

凡遮日鋪陳器皿等，皆鄉所掌之，有司尤宜早進排設。既會之後，鄉憲先就北壁南向立，座首以下及副憲就前北向，行再拜禮，鄉憲答拜。若座首年滿七十，則與滿七十者同時行禮。

畢，有司引七十以上尊者及異爵者，皆就筵東向立，鄉憲以下西向立，相對再拜。訖，皆就北壁，鄉憲居東，七十以上尊者、異爵者居西東上，鄉所以下姑避筵外。於是，鄉員以次俱進，皆北向立，員多則作重行。再拜，鄉憲、尊者、異爵者答拜。訖，鄉員皆就西壁，轉作南行立定。鄉所、副憲就東壁，以齒序立，與鄉員一時再拜，訖，依所立之位定坐。訖，副憲抗聲讀約束，坐中皆拱手整容以聽，或相咨講論。既訖，若有可議事，則僉議處置。副憲、隨所聞善惡之事，告于鄉憲論議，鄉憲亦告所聞，北壁員有可告之事，則招曹司傳語。以下員皆親自出位，以告議事。畢乃設酌，一座無敢喧譁失儀。酌罷，四座一時起立，相向再拜後，肅揖，以次皆出。鄉憲若不參會，則七十者、異爵者先就北壁，鄉所、副憲就前北向再拜，七十者異、爵者答拜。餘儀上同。

附同居戒辭本諺録系宋時烈翻文

兄弟初從父母一體而分，是無異於一體也，宜相親愛，少無彼此物我之心也。古人有九族同居者，況吾等早喪父母，伯兄又早没。惟吾輩生存者，務相友愛，同財而居，莫相分離可也。若或分離，則少無生存之樂矣。故爲此同居之計，雖離違鄉土而來，一家團聚和樂，以度歲月，此豈偶然之事哉？兹以略記存心修行之方，每月初朔，相會讀過，使皆聞知焉。

孝者，百行之源，而父母既没，則更無致孝處，只有祭祀一事而已。凡有所得，必先收藏，以爲祭祀之需，不得妄爲他用。且當祭祀之時，必極其誠心，齋潔身體，必期於先靈之歆饗也。

凡少輩事父母者，必以古聖人所訓爲心，以致其孝也。

吾丘嫂，是一家之長，祭祀之主。凡爲其下者，特致恭敬，待之如待母可也。

凡有所喜惡，不可有偏仄之心，常須和顔温言以接之。有所教責，切勿有愠意。外處切勿訾議，勿信讒言。或有造爲離閒之言者，奴僕則笞以戒之，妾則嚴戒之而後，不悛則出遣之。

凡同居者，不可有私儲。不得已而有所私用，亦主家之一人分與之。自家不可有求多之意，適於用而已，要爲久遠之圖可也。

妻妾之閒，妾則極其恭順，妻則慈愛無閒。各以誠心，無違家長之心，則寧有不善之事哉？

凡家衆坐而執事之時，長者過，則須即起立。大凡操心，常以恭順爲則可也。

一家之内，凡於叔父則如事父之禮，從兄弟則如親兄弟之禮，相與親愛如一身。凡相接之時，身必恭順，言必和悦，顔色必温平可也。

婢僕雖有不善，亦勿高聲詬詈，須温言教戒。不聽，然後告于家長而責罰之。少者，雖其私使奴僕，亦勿輕加捶撻，須告于家長。

凡一家之人，務相雍睦，其心和平，則家内吉善之事必集。若相偏側乖戾，則凶沴之氣生矣，豈不懼哉？吾輩苟能相聚，父則愛子，子則孝親，夫則刑妻，妻則敬夫，兄愛其弟，弟順其兄，妻慈其妾，妾恭其妻，少者以誠事長者，長者以誠愛少者，雖有不逮之事，亦須從容教戒，無相愠怒，其有善行，則爭相效法。有所不平者，相與忍之，以至於家主慈愛婢僕，婢僕敬愛家主，絶無不平之言、不平之色。一家之内常有和善之氣，則豈不樂乎？須各知此意而自勉可也。

校勘記

〔一〕敵者詣尊者異爵者前　末「者」字原無，據文意補。

〔二〕謂愛族黨　「謂」字原無，據文意補。

〔三〕若受納則自九月爲始　「受」，疑作「收」。

〔四〕勿對舞挾對　後「對」字疑有誤。

栗谷先生全書卷十七

神道碑銘

左議政貞愍安公神道碑銘

中廟戊寅之歲，三公缺一，博咨熙載。于時羣賢滿朝，清議張甚，奴視流俗士，僉曰吏曹判書安瑭其人，遂相安公。公字彦寶，系出順興。麗朝有文成公裕，學行名世，公八代孫也。高祖開城留後景質公諱瑗，曾祖海州牧使、贈吏曹判書諱從約，祖檢校漢城尹、贈議政府左贊成諱璟，考成均館司藝、贈議政府領議政諱敦厚，妣貞敬夫人密陽朴氏，司藝融之女也。公弱冠，陞上舍。明年登第，是成化辛丑歲也。越三年癸卯，薦補史官。年少貌弱，而氣度夙成，成廟嘗稱「兒長者」。及以父喪去位，上曰：「比久不見兒長者。」蓋眷顧也。由藝文館奉教，歷侍講院司書，全羅都事，刑、工二曹正郎，凡十一遷，守司贍寺僉正。

弘治丙辰，湖南歲侵民飢，公以成均司藝奉使往賑。巷存家撫，民賴以穌。丁巳，爲司憲府掌令。因隕石之變，直諫燕山。時燕山惑尚未深，雖忤，得不誅。戊午，遷司贍副正，移司成。己未，陞司䆃寺正。庚申，廷議以西鄙驛路凋弊，擇幹臣，以公察訪大同道。公櫛垢按痛，科條簡便。平壤府嘗侵驛卒，公控監司請止。累言不見聽，公翩然棄官歸。監司追謝至懇，乃還，卒遂公志。吏卒相傳歎美。癸亥，由軍器寺正，拜南陽府使。燕山屢興大役，不堪命〔一〕。公區畫有方，瘁己保民，闔境無擾。乙丑，陞通政。

正德丙寅，中廟拜公大司諫。時諫院既廢還設，公明練典故，悉復盛時規模。丁卯，以承政院右承旨陞嘉善，遷左承旨，出按忠清道。昏政之餘，詞訟倍常。公折以片言，案無留簿，風采所臨，州縣肅然。由己巳迄辛未，歷工、刑、禮三曹參判，而四長憲府。凡廢朝枉死之家，伸冤殆盡。再拜兵曹參判，皆以不曉邊務辭。壬申，觀察慶尚道，吏民稱神明。甲戌，陞資憲，判漢城府尹。據法必行，不以權勢撓，民莫敢犯。累遷户、刑、工三曹判書。乙亥，判吏曹。先是，銓官注擬，視託屬高下，如公薦及有功當禄者，沈而不舉。公慨然矯弊，一斷以公，關節不敢干。趙公光祖及金湜、金大有輩，皆公所薦擢。時議益推重。上之初立，迫於勳臣，廢正妃愼氏，輿情不快。及章敬王后之薨，潭陽府使朴祥、淳昌郡守金淨因求言抗疏，請復廢妃。大司憲權敏手、大司諫李荇等，詆以妄言請罪。上問廷臣，僉曰：

「議雖不中，言者不可罪。」臺諫猶執不回，遂抵二人罪。公因入對，極言二人無罪，斥臺諫之誤。臺諫因此攻公，然物論是公，臺諫竟被劾遞。公誠於用賢，政事不拘資格，士林屬望，而肉食多忌。上亦疑不守常憲，公乃辭職。戊寅，進爵崇政，拜左贊成，尋還長銓曹。未幾，登相位。己卯士禍之作，公與首相鄭公光弼協力申救，而公坐爲清流所宗免官，明年奪爵。

公之子處謙，憤南袞、沈貞芟刈搢紳，潛謀除君側之惡，時辛巳歲也。其弟處誠，與其庶姑子宋祀連告公。公大驚，欲執詣闕以聞，恐延傷士類，乃率歸陰城郵舍，以沮散其謀。宋祀連恐事覺被禍，乃詣政院，告以謀害大臣。袞、貞等治獄，極其鍛鍊，構成大逆。公竟坐被法，大臣救不能解。是年十月十七日也。聞者寃傷之，多流涕。公生于天順辛巳，至是甲子僅一周矣。

公身貌不踰中人，而莊重寡言笑，清儉自律，俸禄之外無他營。守正奉公，果於爲義，立朝多建明，如復昭陵，從祀鄭文忠，追贈金文敬、鄭文獻，設薦舉科等事。或主或贊，公力居多。故特慍于羣小，難乎其免矣。

貞敬夫人全義李氏，慶源府使永禧之女也。配公三十八年，婦道無違，上下和順。有三男，曰處謙、處誠、處謹。己卯歲，三子皆中薦舉科，公與夫人愀然不怡。夫人曰：「樂極生悲，此非慶也。」其年六月二十九日，夫人無疾暴逝。十月，葬于廣州退邨里。越三年，公歿。嘉靖癸未二月，始克葬于同里，與夫人封相望。明廟丙寅歲，追復官爵。萬曆乙亥，今上賜謚曰貞愍。

處謙，成均館學諭。處諴，官弘文館修撰。處謹，官弘文館博士。處謙、處謹皆受極刑，處諴獨免，廢于家。庚子歲，廷議雪冤。處謙、處謹妻子蒙宥。處謙娶宗室玉堂副守壽長之女，生三男一女。男曰璐、瑮、玡。女適士人許悌。處諴娶宗親府典籤尹秀倫之女，生一男二女。男曰玧。長女適忠義衛權銖，次適士人趙希孟。處謹娶司憲府監察安邦炯之女，生二女。長適敦寧府直長鄭震，次適士人禹弼成。孫璐，先娶宣務郎柳淑蕃女，生一男，曰應達。後娶宣傳官尹壽禧之女，生二男，曰應建、應進。瑮娶宗室昌原副守千壽之女，生一男二女。男曰應吉。玡娶宗室青原監賢孫女，生二男二女。男曰應福、應德。玧娶宗室熙川守女，生一男一女。男曰守基。內外孫合曾玄，見在者五十餘人。守基是大司憲白公仁傑之壻，而珥兄子景震娶守基女，故能知安氏一家事。長孫璐求銘於珥，珥重之不敢諾。請累年不懈，珥乃曰：「惟公事業，載國乘，炳炳可觀，不待珥筆。第墓必有碑，且孝孫之誠不可負。」玆敢爲銘曰：

粵天生材，若將有爲。載培載覆，厥機誰司。猗嘆中祖，旁顧若時。俊乂彙征，布列明廷。維時我公，爲國之楨。擢陞黄閣，允協輿情。主張清議，宗匠儒林。羣黎是瞻，衮職攸箴。孰謂狐蜮，潛包禍心。一夜慝作，百怪競侵。舟覆半渡，驥斃中路。五精收彩，三辰入霧。天固有定，太陽本明。伸冤錫恩，昭我令名。鑱堅灼德，永無緇磷。餘報未艾，貽厥後人。

大司憲成公神道碑銘

中廟之九年，司憲府大司憲成公卒，賜謚曰思肅。卒後六十八年，公孫徵君渾請銘於其友德水李珥，曰：「先君具石，求文之直而不華者，迄未就。子其筆以實，俾無負先志。」珥辭不獲已，謹按行狀以叙曰：

公諱世純，字太純，昌寧人。昌寧之成，載族姓書。國初領議政諱汝完，生禮曹判書諱石珚，判書生左贊成諱抑，贊成生漢城府尹諱得識，於公爲王考。自議政至府尹，世襲大官，惟公顯考諱忠達，卒金浦縣令。顯妣趙氏，白川大姓，復興君胖之後，僉知中樞府事元壽之女也。

公生于天順癸未，幼有遠志，自力於學。由甲科發身，再轉漢城府參軍，治劇舉職，大爲朴判尹楗所器，不敢待以郎屬。歷侍講院司書、刑曹佐郎，選入弘文館爲副校理，累陞至直提學。以内憂去位。服闋，還拜典翰。居經閣前後六年，善講説，多所啓沃，時論推重。陞承政院同副承旨，累遷右承旨，辭以疾。遷工曹參議，拜司諫院大司諫，俄陞嘉善。時燕山刻刑，濫及非辜，一日將戮沈順門，適賜羣臣宴闕庭，公顧四座曰：「諫官可無言乎？」兩司皆縮頸，獨獻納金克成、正言李世應奮辭應公。公笑曰：「事若不測，吾三人當之。」諸公色怍不敢違，遂抗章論救。雖不見省，士議偉之。未幾，觀察全羅道，入拜户曹參判。正德丙寅，如京師賀聖節。是年，中廟即阼，拜漢城府左尹。歷大司憲、刑曹參判，出按忠清道。弊政雖革，凋瘵未蘇，公抑痛爬痒，民獲寧愒。召拜守知中樞府事，秩視六卿。遂贈公考縣令，公資憲大夫、吏曹判書，蓋異數也。移參判吏曹，復拜大司憲。引大體持威重，識者多之。

甲戌正月，得疾，上命内醫診視。二十七日，疾革，移簀，卒于正寢，享年五十二。訃聞，輟朝一日，弔賻之禮有加。

公資敏而有局度，造次無遽色，遇事明果，直情而行，待人信，與兄弟友，律身居官，内外斬斬，峻潔少許可，且不肯隨俗俯仰。所與交，惟鄭公光弼、申公用溉輩數人而已。權政丞匀性倨，客至不時見。若聞公來，必倒蹤而出。其取敬於名流如此。又不喜聲色，家無妾媵。卜宅白岳峯下，公退，嘯詠泉石間，蕭然若無爵者。教諸子能以正，有致大名者，本於庭訓云。以其年四月，葬于坡州向陽里居愚之原。

配貞夫人光州金氏，司僕寺正克怩之女，左議政國光之孫也。和順莊重，公在，匹美無違禮，公歿，善持家，閨門肅穆。後公三十九年，以嘉靖壬子十月十二日卒于坡州牛溪郵舍，年八十七。明年閏三月，祔公墓。

男四人：長曰守瑾，昌陵參奉。次曰守琛，有高識，負抱不衒，德望蓋一世，卒贈司憲府執義。墓銘是退溪先生之作。次曰守琮，英特拔俗，遊趙靜庵之門。嘗及第，被黨累削名，歿後還給科牒。金慕齋表其墓。次曰守瑛，繕工監副正。女一人，適郡守李殷雨，先逝，無子。參奉有一男五女：男曰濯，直長。女長適判書愼喜復，次適進士姜瑞，次適士人洪胤藩，次適別坐李純臣，次適士人金澹。執義有一男一女：男曰渾，守先人業，養病林下，屢徵以憲官，固辭。今爲典設司守，亦不拜。女適直講閔忠道[二]。渾有男曰文濬。女二，皆幼。及第有一男曰耳，見爲縣監。有男曰文溉。副正有三女：長適士人趙純善，次適及第李彥忠，次適士人趙禧。男曰汲，庶出也。

銘曰：

剛不亢急，溫而樹立。技經肯綮，迎刃解體。遭時孔燬，批逆售忠。王明受知，袪銜有期。壽不視德，天奪何速？媲以女士，胏賢引祉。嗟躬之劬，惟後之燾。事遠或昧，鑱堅是告。

左參贊趙公神道碑銘

公諱彦秀，字伯高，漢山人。遠祖諱岑，仕麗朝，官至判中樞院事。判樞之曾孫曰文剛公，諱末生。大爲英廟所器重，官至崇祿大夫、領中樞院事，於公爲五代祖。文剛之孫諱選，是公曾王考也。官至府使，贈通政大夫、兵曹參議。王考諱壽堅，官至縣監，贈嘉善大夫、兵曹參判。考諱邦佐，初筮參奉，早歿，贈資憲大夫、兵曹判書。三代之贈，以公及弟士秀貴故也。妣高靈申氏，贈議政府右議政諱泂之女。

公生於弘治丁巳十月壬申。自幼聰警凝重，頭角嶄然異羣兒，見者期以遠器。早喪怙恃，繼丁王父母憂，連年居草土，幾不自保。晚習科業。嘉靖辛卯，始補上庠。乙未，釋褐，年已三十九矣。初授權知承文院副正字，俄選入藝文館爲檢閱，遷承政院注書、侍講院說書。戊戌，陞司書。己亥，遷兵曹佐郎，尋轉吏曹佐郎、天曹郎，實士林極選也。庚子，病遞。歷工、禮兵正郎，侍講院文學，還授吏曹正郎。時本曹堂上缺一，長官欲擬以非人。公陽不聞，强之猶不應。長官戲曰：「正郎聾耶？」竟未得擬，聞者服其有守。癸卯，遷議政府檢詳，陞舍人。甲辰，轉弘文館應教，陞典翰，至直提學。丙午，陞通政，尋爲同副承旨，遷至都承旨。丁未，以孝陵升祔，有事于太廟，推恩陞嘉善。戊申，移户曹參判，俄拜弘文館副提學、司憲府大司憲。是年夏，以聖節使如京師，賜宴罷。禮部尚書邀公私第曰：「人臣義無私交，愛君德容，越禮相見。」因贈以所著四書口訣。公之風儀動人如此。還國，授禮曹參判、漢城府右尹，出按咸鏡道。首訪孝子節婦及行誼者，馳啓褒賞，撫下以恩信，得其歡心。其還也，吏民多遮道號泣。壬子，復出按江原道。還入爲右尹，遷刑、禮曹參判。丁巳，順懷世子在東宮，廷議擇純慤老成之人任輔養之責。公自是常兼賓客。戊午，遷吏曹參判兼同知春秋館事。己未，明廟特加資憲階，拜漢城府判尹。公固辭，上批以御筆曰：「卿，純宰也。豈不合於判京兆乎？卿陞亦晚矣。」其恩眷世罕有也。庚申，親政，拜公刑曹判書。有獄涉權貴，久未決，公折以片言，大忤權貴，以公無瑕可指，故不得中。辛酉暨隆慶戊辰，五拜參贊，六知樞府。自己巳春，杜門養疾，罕接賓客。萬曆甲戌，疾甚，以十月辛亥卒于第，享年七十八。訃聞，今上輟朝二日，賜賻祭如儀。越三月，葬于楊州金邨里先塋之側。

公資質真醇，器度寬厚，平生無疾言遽色。不喜交遊，公退還家，門稀車馬，身若無官，且不爲崖異以取名於世，故有文有行，而人鮮克知。嘗曰：「爲文當本於經學。苟無其本，文雖工，何用？」其於四書三經，讀之精熟，故晚年誨兒孫，猶口誦不錯。花潭徐先生於公爲同年上舍，豔慕不置，每嘆曰：「吾榜有徐某，可謂榮矣！」愛士向善是素志，故自號信善堂。其於勢利，有所不屑，見人脅肩諂笑，若將浼焉。性喜飲酒，多而不亂，醉必哦詩。既老，多詠趙元鎮「白首何歸，丹心未泯」之句，喟然者良久。公有薄業在楊州，欲引退而牽於家累，未遂初心，嘗次陶靖節歸去來辭以寓懷。立朝四十年，官至六卿，而未嘗構一間屋，買一頃田。先人舊宅，亦未嘗修葺，曰：「止此足以終吾身矣。」自奉儉素，客至無氈。身歿之後，家無遺財可以治喪，賴賻布爲斂葬之資。清白一節，公不多讓於古人矣。

夫人驪興閔氏，忠義衛閔昌之女。有男一人，女四人：男曰擴，檢閱。女長適郡守金士元；次適監役黃廷秀；次適朴貴元，前尚瑞院直長；次適李山海，前司諫院大司諫。擴生四男二女：男曰存信、存善，餘幼。士元生三男二女：男曰汲，前縣監；曰浹，進士；曰洽。女長適生員宋言慎，次幼。廷秀生二男一女：男曰鷗，參奉；曰鵬。女適徐益，禮曹佐郎。貴元生二男三女：男曰姚賢、姒賢。女長適崔仁齡，生員；次適南檝，奉事；次適南復興。山海生三男三女：男曰慶伯。女適李尚弘。餘幼。内外諸孫五十三人。

珥與擴相從分厚，因其請，不敢以不文辭。謹依李大諫所撰壙誌，加檃栝，因爲之銘曰：

淳風既邈，樸散生巧。粉塗罅隙，張皇微眇。鋪飯門外，腹實不飽。維漢有人，厥姓曰趙。藏真蓄美，不事皎皎。積厚晚發，平步雲程。榮耀厥躬，淡追厥情。儉不太固，清不絶物。人欽儀表，未究心曲。不知何患，韜生醇質。官登六卿，壽臻八帙。螽斯揖羽，蘭玉競茁。死生無憾，天道不忒。卜宅先壟，膴原孔陽。爰矗螭頭，用昭幽光。

刑曹參判崔公神道碑銘

嘉靖甲子冬，珥省外王母。在臨瀛，崔公壽峼謂珥曰：「墓有碑，古也。叔父參判公曾爲祖考求銘于晉山姜渾，親刻于石，功未半而歿，文又失火。祖考卜兆迨六十年，神道有缺，吾死且不瞑。子亦裔孫，今以屬子，非文之尚，願志其實。」珥辭不獲免。謹按：崔氏寔江陵大姓。公諱應賢，字寶臣，高麗重大臣、慶興府院君必達之後也。元世祖以高麗征日本也，有諱漢柱從軍泛洋。值颶風，鐵碇拘於海底巖罅，風纜欲絶，舟人氣熄。漢柱焚香告天，願以一身贖衆命。禱畢，持鎚及釘，沈于不測，擘巖拔其碇，遂聳身以上，則舟已不知所之，有漂板得不死，或傳乘鰲背出陸云。鄉人立石紀事，今在蔚珍縣。崔氏之顯始此。

公其五代孫也。曾祖諱元亮，官至三司左尹，贈吏曹參議。祖諱安麟，贈兵曹參判。考諱致雲，以宰相材遇知於英陵，未及大用，以吏曹參判卒。妣貞夫人咸氏，三司左尹諱承祐之孫，縣令諱華之女。以宣德戊申四月三日生公，生而聰慧，早知讀書，不好戲嬉，嶄然異羣兒。正統庚申，公年十三，丁外憂，哀毁盡禮，親執奠饌，鄉黨稱孝。服闋，一意向學。戊辰，中司馬兩試。景泰甲戌，擢乙科一人，補承文院副正字。公以大夫人在鄉，不就京職，常補江陵訓導，例陞著作博士、成均館典籍，皆謝恩即還，求補教授，屢徵不赴。壬午，拜江原道都事。周年，乞郡養親，歷高城、寧越二郡守，多惠政。寧越民願借者一年，秩滿還鄉，拜成均司成，又不就。成化庚子，丁内憂，廬墓三年，一不到家，過哀柴毁，幾至滅性。服將闋，大臣咸薦其賢。癸卯，擢拜司憲府執義。公固辭，改司成。未幾，還拜執義，歷禮賓、奉常兩寺正。松都有疑獄，久不決，特遣公推問，剖析明決，成廟嘉之，賜鞍馬。丁未冬，湖南捕水賊九十餘人，又遣公治之，咸得其情，陞拜吏曹參議。戊申，拜同副承旨，遷禮曹參議，擢拜忠清道觀察使。教曰：「古語云：『求忠臣於孝子之門。』惟卿種學蓄材，不求榮進，惓惓愛日。回翔郡寄者垂二十年，既能盡孝，其不能盡忠乎？茲予眷卿，有加無替。卿宜體予，悉心圖報。」己酉，拜大司憲。辛亥，遷同知中樞府事，俄拜慶州府尹。甲寅，拜同知事，歷漢城府左尹。丁巳，復拜大司憲。戊午（燕山四年），以忤旨罷歸鄉里。庚申，還拜右尹，歷大司憲，工、兵二曹參判。乙丑，拜江原道觀察使。辭以老，改刑曹參判兼同知成均館事、五衛都摠府副摠管。丁卯（中宗二年）閏正月初五日，以疾卒于第，享年八十。四月，葬于江陵助山某坐某向之原，從先兆也。

公質美而文，居家孝友，莅事精明，清儉自律，家無長物。事母夫人，須臾不忍離側，甘旨必經於手，人以爲難。公娶成均生員南邁女，生五男六女：男長曰世忠，縣令；次曰世孝，生員；曰世節，擢魁科，户曹參判；曰世德，縣監；曰世道，生員。女長適崔孝良，次適生員李思温，次適僉知中樞府事慎敦義，次適參奉李溈，次適參軍申守禮，次適直長柳世卿。世忠娶銀溪道察訪金石堅女，生三男：曰壽嵣，副司直；曰壽崝，老職嘉善大夫；曰壽峪，副司直。世孝娶直講崔鐵關女，生四男二女：男長曰壽峸，曰壽崵，曰壽𡾪，曰壽𡿖。女適主簿申世熙，次適參奉元渾。世節娶判官申淑澮女，生二男一女：男曰壽嶒，郡守；曰壽巘，參奉。女適申渾。世德娶生員朴元温女，生一男二女：曰壽嶈。女適李孝貞，次適柳宗仁。世道娶金匡弼女，生三男：曰壽岷，曰壽嶶，曰壽崘。孝良生三男三女：男曰舜齡，曰春齡，曰松齡，皆忠順衛。女適生員朴有文，次適忠順衛慶績，次適生員朴彦忠。思温生一女，適進士申命和。敦義生三男二女：男曰希崇，萬户；曰希璟；曰希晟，萬户。女適金沃卿，次適申德應。溈生一男一女：男曰達亨，别坐。女適申誠美。守禮生四女：長適縣監成子閏，次適引儀蔡舜年，次適慶秀才，次適判官崔濬仁。世卿生四男一女：男曰安江，曰安淮，參奉；曰安河；曰安渭：皆忠順衛。女適李仁壽。公之内外曾玄孫，今見存者，無慮百餘人。珥則申進士外孫也。

銘曰：

維天畀人，曰孝與忠。孰念厥初，帝則是從。烝烝我公，奉以周旋。幹母之蠱，愛日知年。無人倚閭，委身官家。聲聞于天，寵光有加。孝既無憾，忠亦盡職。緜緜瓜瓞，景命有僕。瞻彼助山，是焉幽宅。孝孫有慶，螭頭是矗。本厚源深，未艾其福。

禮曹參判李公神道碑銘

公諱澤，字澤之，鐵城世族。麗季有門下侍中文貞公諱嵒，號杏邨，筆法妙絶，與趙松雪相埒。杏邨之孫諱原，歷事我太祖、太宗、世宗，官至左議政，爲太平宰相，號容軒，是公之高王考也。曾王考諱塀，官至承文院參校。王考諱陸，兵曹參判，善詩文，有青坡集行于世。考諱嶠，早殁，以公貴贈兵曹參判。妣昌寧成氏，節度使、夏城君秀才之女，以正德己巳九月二十五日甲寅生公。

公生而異凡。甫八歲，失怙，哭擗如成人。稍長，力學不倦。嘉靖辛卯，選補上庠。戊戌，中廟視學取士，公始釋褐，入承文院，由副正字陞至博士。辛丑，陞成均館典籍兼承文院校檢。公善寫事大文書，故常帶承文之職。歷工、禮、兵曹佐郎，司諫院正言，侍講院司書，又歷工、刑、兵、户曹正郎，侍講院文學，司憲府持平，弘文館修撰，司諫院獻納。乙巳、丙午之間，坐不傅時議，遷置冗局者數年。丁未夏，六鎮凶歉，朝廷方軫北憂。以公有撫禦才，由軍器寺副正授通政，拜穩城府使。己酉夏，以病遞，頗有去後思，歷義州牧使、僉知中樞、兵曹參知，轉承政院同副承旨，陞至左承旨。乙卯，特加嘉善，拜咸鏡南道節度使。厥後爲觀察使者七，曰清洪、全羅、黄海、慶尚、咸鏡，而再按京畿；爲都承旨者一；爲節度使者一，曰平安；爲漢城府左尹者一；爲參判者二：曰刑曹、禮曹。萬曆癸酉，以禮曹參判謝病免。是年九月二十九日丙午卒于第，享年六十五。訃聞，賻祭如儀。十二月辛酉，葬于廣州葛麻里先塋之側。

公賦性温平，制行和易，待人處事，不設畦畛，莅官尚廉謹，在家崇儉約，勢利芬華，非所汲汲。公退還家，不喜交游。官登亞卿，巷無車馬，如寒士家。人或戲嘲無客，公曰：「無客，真吾樂也。」杏邨之後，多以善書知名。公筆勢豪健，自成一家；詩亦典雅，而少與人酬唱，世無傳焉；射藝得妙，武夫莫敢爭：可謂才兼文武矣。常戒諸子曰：「勿爲惡德，以忝先祖。」晚年，築驪江小墅爲退計，以母老不敢決。臨終，語諸子曰：「有生必死，死何爲戚？但以老母爲念耳。」且憂國事曰：「吾則已矣，汝等當識之。」

公初娶密陽朴氏，主簿薰之女，生一女，適金可賓奉事。再娶李氏，宗室廣平副守諱存英之女，中義大夫、加恩君份之孫也。夫人生于正德乙亥四月十二日己亥，配公三十餘年，執婦道孔宜。事上撫下，咸得歡心，制産有方，雖值育鞠不色憂，以無撓公雅志。嘉靖乙丑，先逝。生四男二女：男長曰磬，早歿；次曰磤，武科判官；次曰磾，察訪；次曰砥，進士。女長適柳夢彪，次適尹希宏，皆士人也。金可賓生三女一男：女長適朴繼禧；次適崔五鳳；次適申光弼，進士。男幼。磬生二女：長適尚蓍孫，縣監；次適沈孝謙，進士。磤生一男：曰逑。磾生四男一女：男適、運、遲。餘幼。砥生二男，皆幼。柳夢彪生二男二女：長曰洁。餘幼。尹希宏生一男二女，皆幼。

葬公之翌年，其孤求碑銘于珥。珥生也後，未獲從公游。公之晚年，始被容接，賞其方物無忤而已，他無以窺淺深，恐不能發揚幽光。累辭而請益確，經歲不懈。竊思自珥省事以來，當國之宰非一二，吹噓之力，可奪造化，病于夏畦者，肩相接也，未嘗聞公游其門，以求捷徑。故雖無煥赫聲，不至蹈禍機。非恬澹自守，能如是乎？此可銘。銘曰：

皎皎如雪，厥或易涅。硜硜如石，厥或易缺。惟其近名，未能允迪。公無騖外，涉世從容。有熱炙手，公濯以風。有綱無隙，公不在中。委蛇委蛇，退食自公。巡宣六道，未見潤屋。我謂公清，人謂公拙。潔無皓色，柔無所屈。易簀何言，念母憂國。盍刻斯銘，用闡潛德。

知禮縣監贈參判金公神道碑銘

公諱鎬，字叔京，光州人。新羅末有王子避亂于光，仍籍焉，入麗朝，世爲大官，八代平章。公其後也。曾祖諱國光，左議政，策敵愾、佐理二勳，封光山府院君。祖諱克忸，大司諫，贈參判、光原君。考諱宗胤，贈參議。妣靈山辛氏，守禹鼎之女。以正德乙丑生公，幼而業文，長而數奇，晚而筮仕。拜瓦署別提，移參禮察訪，陞主繕工監簿，出監知禮縣。以嘉靖辛酉季冬卒于官，享年五十七。以子繼輝貴故，贈吏曹參判。配全義李氏，封貞夫人，是正郎光元之女。有男四人女二人：男長即繼輝，大司憲；次殷輝，縣令；次立輝，別提；次公輝，察訪。女長適李歆，次適蔡有根。大憲子長生，參奉；女鄭起溟〔三〕。縣令女姜燦、宋爾昌〔四〕。別提子吉生，善生。蔡有根子泓，女尹世貞〔五〕。長生子檃、集、槃。其餘孫皆幼。

公識達氣厚，內和外嚴，望之偉如也。善草隸，曉音律，至於陰陽算數、琴棋雜技，無不通悟，才多而能博如此。與秋巒鄭靜而同里，往還論易理，秋巒深歎服之。大憲少時，善善惡惡，名重士林間。公常戒韜晦，果被黨禍，躓而復起。夫人慈和有閨法，成就子女，賴其教也。後公九歲，以隆慶己巳歿，甲子一周矣。公卒之越明年壬戌二月，葬于連山牛頭里先塋之側，夫人祔葬于己巳三月。

銘曰：

學不必祿，餒在于耕。嗟公抱器，身否心亨。白首青衫，猶試牛刀。有子克家，維士之髦。鬱鬱佳城，繄公之藏。穆如有辭，用發幽光。

穩城府使贈判書瑞原君尹公神道碑銘

公諱士貞，字貞之，坡平人。始祖諱莘達，起家佐高麗太祖，爲壁上功臣。至玄孫瓘，遏戎立功，官至門下侍中、鈴平縣開國伯，謚文肅公。在我朝，諱就官至知密直司事、集賢殿大提學，是文肅九代孫，於公爲高王考。曾王考諱救，通訓大夫、原平府使。王考諱洪，通訓大夫、瑞興府使。考諱恭，通訓大夫、行咸悦縣監，以公功追贈純忠補祚功臣、資憲大夫、工曹判書兼知義禁府事。妣南陽洪氏，嘉靖大夫、知中樞府事諱任之女也。

公生於成化己亥正月十七日，登弘治甲子武科。正德丙寅，以軍器寺奉事參中廟靖國之勳，超拜内贍寺主簿。戊辰，移主司僕寺簿，陞平市署令。己巳，拜晉州判官。庚午，禦倭寇有功，超三資。壬申，丁外憂。甲戌，拜茂長縣監，二年罷歸。己卯，拜内贍寺判官，遷刑曹正郎，俄拜平安虞候。庚辰，拜端川郡守。嘉靖壬午，拜世子翊衛司右翊衛，遷訓鍊院僉正兼内乘。乙酉，拜文川郡守。丙戌，陞通政，授穩城府使。丁亥夏，遘疾，以五月二十五日卒官，享年四十九。以功例贈資憲大夫、兵曹判書、瑞原君，賜弔祭。以其年九月，禮葬于廣州治北拘遷里先塋之側〔六〕。

公天資軒輊異常，自守簡而莅衆嚴。倅晉州三年，吏與妓莫敢仰視。迄公去，無知公面者。雅好儒學，迎館一文士，衙罷，必講讀，夜分乃寢，未嘗以事劇少止。端川産銀，守郡者鮮脱污名。公在郡數年，不造一指環，累宰列城，所馱惟書籍而已。有屋於西湖，活計蕭然。其始築室也，公悠然嘯傲，不事檢督。木工至與役徒設博戲，而公亦不呵禁也。嘗與妻兄弟分財，終日醉睡，不發一言。券成，只押署而歸。其無意於生産如此。第以恬於勢利，拙於求名，故宦途多阻，位不稱才。

公前娶申氏，縣監永綏之女也，早世。後娶李氏，宗室茂豐都正揔之女也。夫人早遭門禍，茂豐被謫燕山朝，不得令終。夫人奉王母致孝，每得父母手簡，必謹藏于懷中。時有飛書之變，得罪之家，不敢留隻字，恐爲禍祟。王母知夫人懷書，迫令付爇。夫人掘坎將瘞，竟不忍捨，平居撫覽悲慟。子孫奉旨，既殁，納于棺中。其配公也，得婦道甚，訓子女有方。視前室子，無異己出。睦宗族，撫婢僕，交鄰里，恤貧乏，咸得其宜。勤身節用，以贍家業，至老不倦。俗尚淫祀，夫人深惡之，巫覡絶迹於門庭。惟盡誠追遠，雖遇癘疫，不廢祀事。既老，每令諸孫讀内訓，聽而取則焉。公曾以良家女爲妾，妾之父將死，有寄託之語。厥後，失公意，公將遣歸。夫人諫曰：「受人之託，棄之不祥。且夫婦之義，無間嫡妾。今必去之，妾亦不敢自安。」公感其言，不去。及公卒，同廬墓側，有終焉之志。數年歲飢，盜興，族黨恐被劫强，請還京。終于萬曆癸酉七月二十八日，享年八十七。其葬與公同塋異室。

前夫人生三男：曰軾、輻、轃。轃登武科。後夫人生二男一女：曰轍，武科縣監；曰轅，前縣監。女適前參奉朴世雄。軾無子。輻只有一女及妾子。轃生二男一女：男曰天壽，武科，今爲僉使；曰永壽。以永壽後軾，奉宗祀。輻之壻曰朴玉，妾子曰大生。轃之壻曰李羣玉。轍生三男：曰渭、溟、涉。有妾子曰微生。涉今爲僉使。轅生二男二女：男曰惟善，早死；曰明善，生員。壻曰李碑、申樎。有妾子曰枝生。朴世雄生一男三女：男曰益。壻曰元膂，文科直長；曰柳希津，察訪；曰朴滬。内外曾玄孫見在者五十餘人。

公歿後五十年，子轅求碑銘于李珥。公孫涉娶珥姊爲妻，通家。珥略知公及夫人行迹梗概，故敢爲銘。銘曰：

文昧韜略，武困面墻。藝用不全，短掩厥長。矯矯維公，靡安一曲。猿臂發身，挾策進學。簡以從政，清以律身。勳昭太常，愛遺齊民。令配善承，善積家庭。謂公遐到，乃止中齡。有種必穫，于後毓英。誕告雲仍，宜視刻銘。

正言贈都承旨金公神道碑銘

隆慶庚午春，金公啓出按黃海，以例贈厥顯祖考僉正府君、都承旨，祖妣尹氏淑夫人。爰樹神道之碑，以表恩命，求銘于德水李珥。其求也不以文，異乎人之求也，故辭不獲已。謹按行狀：

金氏爲扶寧著姓，高麗平章事、寶文閣大學士、文定公坵之四代孫。知古阜郡事諱光叙〔七〕，以麗朝世家，麗亡，大歸貫鄉，子孫仍家焉。郡守生大護軍諱瑠，護軍生司醞署直長諱懷允。直長娶延安望族縣監宋光善之女，生諱直孫，字子胤，是承旨公也。正統丁巳，爲初度之載。幼有局度，長通經史。中癸未司馬、己丑文科，由承文院選入藝文館。歷官弘文館博士、司憲府監察、司諫院正言、兵曹佐郎正郎，出外通判慶州，守韓山郡。爲養慈親也，還朝，拜司䆃寺僉正以卒，壽五十七。時弘治癸丑十一月六日也。葬于席洞山先塋之側。

公端愨方直，悃愊無華，持身清白，一毫不妄取與。治邑以簡，吏畏民懷，見義果決，人不可奪。慶州時，以罪笞府人，因病而斃，公曰：「古人有殺一不辜而得天下不爲者。吾安可一日苟居？」即自坐所，翩然棄歸。其無繫累如此。時去麗季未遠，喪紀紊廢，雖士大夫，鮮克由禮，鄉人尤甚。公前後居喪，考證典禮，一遵古儀，情文俱盡。鄉人多效之。

配尹氏，系海平府院君碩之後，吏曹參判思永之孫，司憲府監察登峻之女也。性嚴，治家循蹈規矩，教子女有方，養姑致孝，承君子以順，助成清德。嘉靖乙酉二月三日，以疾終，壽八十，合葬于席洞山。有二男一女：男長曰錫弘，以進士薦遺逸，官至郡守；次曰錫沃，癸酉生員。女適進士權士衡。錫弘有五男：曰瑞雲，縣監；曰瑞星，擢文科，階通政；曰瑞辰、瑞奎、瑞璧。錫沃之季子乃啓也，以貴榮厥先人。有兄三人：曰喜、善、岵。

銘曰：

賦才司命，不二其機。才豐命嗇，莫研厥幾。人衆雖勝，天定孔微。有種于初，必穫于終。扶安維金，累善積功。顯顯清譽，秩秩家法。祥發孝孫，恩自天錫。蓄厚施輕，未艾厥福。

墓碣銘

獻納李公墓碣銘

明廟沖年，羣兇罔聖，大殺士林。乙巳以來無寧歲，搢紳以知名死者肩相比，故獻納李公，其一也。

公諱致，字可遠。年十九，選入太學。嘉靖庚子，釋褐，由成均館學諭，遷至博士，陞户曹佐郎。時仁廟初陟，詔使臨境，調度絲棼難算，公照數無銖兩差，吏不敢售姦，大爲判書所服。歷兵曹佐郎、咸鏡道都事，拜司諫院獻納。時戊申歲也，公素憤憸人得志，抗言無顧忌，入對啓事，聞者悚然。已而兩司共劾李芑之罪，公持論尤力，又言外戚不當與政。芑與尹元衡聞之銜甚。未久遞禮、兵二曹正郎。己酉，忠州獄起，革州爲維新縣。銓曹希芑、元衡旨，託選良吏。左授公本縣，將瞯其爲。李洪男喪中既害同氣，欲占還籍官之財，曳衰麻日來爭辨，公嚴辭却之。邑人經變，尚告訐。有姦民造飛語，將擠所嗛于不測。公與觀察使李瀣恐蔓禍無辜，平反其獄。洪男訴于芑以故縱，芑等始得閒，嗾兩司誣啓公及李觀察罪，下禁府。公時持母服，守廬被收，色不動，無一言及家事。元衡治獄，必欲斃諸杖下。獄中有疏，拒不達，公久繫無變辭。明廟命減死照律，而公已氣盡不復甦。時庚戌八月十日也，春秋四十七。九月初旬，葬于長湍府弘陵洞，從先壟也。

公資俊貌偉，望之毅然，可想其有守。孝友直諒，家行無缺。才周不滯，自推步星曆，下至百工技藝，率皆通曉。善飲酒，能多而不亂。居官秉正無回撓，惟其剛嚴嫉惡，不能容人之過，故終罹非命。公懲於乙巳，欲棄官歸仁川别墅，以母老不決。此亦天也。

高祖諱邊，領中樞府事，久典文衡，名播中華。曾祖諱孝宗，黄州判官。祖諱璨，成均生員。考諱自夏，積城縣監。妣全義李氏，嘉靖大夫江原道觀察使繼福之女。公娶李僉正麟壽女，是星山府院君稷之後也。李氏性度端方，女則修備。公歿，持家業無少替。萬曆乙亥正月十五日以疾終，年七十一。是年三月，祔于公墓。有二男三女：男長曰師聖，登文科，卒官司饔院正；次曰景聖。壻曰權俶、李慎言、鄭錫禧，皆士人。孫男曰廉、序、度、廣、庠，是師聖五子。景聖之男女皆幼。公之嗣孫因公弟都事儆，求銘于李珥，辭固而請愈切。珥念與公同是德水人，同祖高麗三司使府君，且公死有餘烈，不可無銘。遂銘曰：

懿其質，秀其才，天何厚哉！富于正，隕于邪，天胡薄耶！厚薄在天，公何與焉？生未始非辱，死未始非榮。一片嵌石，千古留馨。

内資寺僉正申公墓碣銘

公諱汝樑，字士幹，姓申氏，高靈人。高祖文忠公諱叔舟，相光廟，勳業載國乘。曾祖諱㴻，以咸吉道觀察使死于李施愛之亂，朝廷褒其忠。祖文景公諱用漑，相中廟，以英才文藝名。考判決事諱瀚，吏才絶倫。娶豐川任氏，僉知孟瑛之女，以弘治乙丑二月六日生公于京第。判決公之兄參奉諱淙無子，以公爲後。參奉公娶安東權氏，奉事操之女也。公以權氏爲妣。

公業儒不第，嘉靖己丑，以蔭拜英陵參奉，累遷内資寺直長。丁酉，中進士試。是年，陞主宗簿寺簿，歷司評，出監陽城縣。庚子，丁權氏憂。癸卯，拜監察，陞軍器寺判官，遷司議，丁判決公憂。厥後，拜都摠府都事，陞經歷，歷漢城判官、中樞都事、長興、宗廟等令、順川、通川、麻田、德川、載寧五郡守。最後，拜内資僉正。萬曆庚辰七月壬辰，以疾卒于正寢，享年七十六。

公先娶東萊鄭氏主簿勞謙之女，文翼公光弼之孫也。生一男三女：男曰栻，義禁府都事。女長適李復慶，次適郡守鄭得，次適徵君成渾。再娶光州金氏，從仕郎純之女，文敬公禮蒙之曾孫也。生二男三女：男曰檣、樸，皆業文。女適學諭姜宗慶，次適別坐李轂，次適鄭之升。栻娶判官成子清女，生二女：長適檢閱俞大進，次適進士柳夢寅。側室男女各二：男曰應梧、應檟，皆幼。檣出後再從父司藝汝楫，娶縣監尹輹之女。樸娶縣令安士欽女。生男曰應桓。李復慶早卒，鄭得妻無子而夭。成渾有一男二女：男曰文濬。女長適南宮蓂，一幼。姜宗慶生三男三女：男長曰晉暉。餘幼。李轂生一男二女：男曰光後。女幼。鄭之升生二男：曰輢，曰竝。姜、鄭妻皆先公卒。其年九月乙未，葬公于楊州金邨里，與鄭令人同塋異室。鄭令人卒於甲午三月，享年二十九。金令人卒於壬午正月，享年六十六。祔葬如禮。

成徽君自誌公墓，求碣銘於其友德水李珥曰：「外舅少文多質，喜怒不遽，居家簡儉，只守世業，不營生産，家人亦恥規利。在官廉慎，務損上益下，節用裕財，民多有去後思。恬於勢利，不肯爲趨承之態，於廢興榮辱，非所汲汲。此可應銘法。」珥曾按海西，公宰載寧，見其儀朴而事勤，固賞其爲長者，徽君不我欺也。銘曰：

克濟其美，克守厥家。年踰於爵，實浮于華。徽士作賛，有言不阿。載鑱于堅，百世無訛。

宗簿寺正盧公墓碣銘

公姓盧，諱慶麟，字仁甫，系出谷山。曾祖諱重禮，嘉善大夫、同知中樞府事。祖諱種石，通訓大夫、行軍威縣監。考諱績，以軍職至司果。妣豊川任氏，内禁衛諱重之女。公生于正德丙子，擢嘉靖己亥别科，補太學官。由學諭陞至博士，歷工、刑、户、禮四曹郎，平安、黄海兩道都事，司憲府持平，掌樂、宗簿兩司僉正，出拜羅、星二州牧使，入爲宗簿寺正。晚莅肅川府，以治狀陞通政。越三年，以闇昧被人言，罷官奪階，時丙寅秋也。公歸海州田墅，有終焉之計。隆慶戊辰春，寢疾，入京尋醫，藥餌無效，以四月己亥，終于陽德坊第，享年五十有三。

公心慈而守固，任情直行，不避嫌疑。少與陳復昌相狎，復昌貴顯，往來遂疎。人或勸之見，公曰：「遂初所爲，不滿人意，因此積憾。」公拜持平，被劾左遷，陳之爲也。羅、星爲州，地廣民稠，詞訟浩繁。公莅事精明，語不出口，而衆務悉辦。黠吏豪民，莫不心服，迄今稱道不已。在星時，奬儒勸學，士多興起，乃構書院于雲谷、伊川之閒，以爲藏修之所，退溪先生名之曰川谷書院，文風賴以益振。六期之閒，屢蒙朝廷褒奬，有赫赫聲，治肅也。大修黌舍，具祭器，一依禮制。遐荒之士，亦知慕學。公少年登第，無同榻講磨之友，雖好善愛士，而量度峻隘，於人少許可，且不能隨時俯仰，坐此立朝無相推挽者，一躓竟不見引手相救者。嗚呼！此亦命也。

娶安東金氏，繕工監正諱漢老之女也。生三女：長則珥之室，次適宗室德原守鏡義，次適上舍生姜宗胤。側室具生二男：長曰孝蕃，次曰孝順。以其年十二月葬于牛耳山麓先塋之南。

銘曰：

緊公質美，器别盤錯。崑玉其貞，非以盡才。浼視勢利，受厚施薄。非以近名，嗚呼哀哉！

漢城府庶尹洪公墓碣銘

公諱以坤，字仲順，姓洪氏，系出南陽。南陽之洪，來自中朝，爲國大姓，在麗朝已盛。入我朝，有諱吉旼佐太祖策開國勳，封南陽君，門益昌大，卒謚文景，於公爲六代祖也。曾祖諱循性，内資判官。祖諱貴孫，石城縣監。考諱潤先，江陰縣監。妣崔氏，司憲府監察智成之女，以正德乙亥生公。

公有兄早逝，父母憐公無兄弟，不程課以文，用是應舉不中。嘉靖戊申，公年三十四，試武藝除部將，調主軍資簿，出監青陽縣。自此歷内職者曰司導宗簿主簿、造紙司紙、司憲監察、繕工濟用判官、忠勳都事、司饔僉正、掌隸司議、漢城庶尹，莅外邑者曰南原判官、載寧、遂安、高陽、旌善、安山、祥原六郡守。萬曆壬午三月六日，以疾卒，享年六十八。是年五月二日，葬于楊根、馬落巖亥坐巳向之原，在先塋側。

公天資寬厚，氣度夙成，不學而自能制行。十八，遭父憂，執喪毁瘠，見者傷之。二十七，丁母艱，哀敬遵禮。慮考墓有水氣，將移兆，窮無物力，自牽車牛，奔走營葬具，深墨羸瘁，僕隸感泣。鄉鄰憫其誠，出力相助，乃遷卜燥原，以妣祔，舊壙果有水。孺慕久而愈篤，至練，自斷季指，埋于墓前。喪畢，别造考妣位牌，安于淨室，朔望必參，出入必告。雖不酗禮，非真孝則不能也。嫂崔氏歿，移兄墓就祔，以避濕。自傾其財，設衛竪碣。兄子鳳祥主先祀，粢盛器皿多自公辦，經理不翅若己家，故公若失祿，人必先啗鳳祥與姊妹。及鳳祥分家財，推美占惡，同氣相友，人無間言。事姊無異於事母焉。居安勤於吏職，館廨必修，倉庫必盈。不喜媚民干譽，雖無赫赫聲，去後必見思。形貌魁偉，鬚長過腹，望之知其爲長者。常以司饔提舉進膳于華使，華使注目，其從者拱手起敬。所莅吏民，欽仰風儀，不敢弄以事。與物無忤，有犯不較，而亦未嘗怵於權勢。尹元衡是公從表兄也，州郡歲時，輦賂狼藉。公有禮遺，不過直百鈔，元衡駭其簡，示族黨以傳嗤焉。在載寧時，元衡奪其郡人家富奴，要没其財，奴籍其太半，不肯盡納，元衡囑公殺奴，公不從，又嗾方伯必殺，公牒以實，竟得免死。及元衡敗，奴訴法司伸冤，悉陳其狀，憲官咸歎異之。本郡水軍有防花梁鎮者，公已調遣，水使私放御史點闕，水使抵言初不就防。公若自明，水使罪叵測。公於水使無契而乃曰：「我罪只罷，何忍置人重律？」遂引咎落職，以恤其急。公於國恤行素，必限卒哭。遇國忌，不問遠近，不設肉。其性然也。不事畦畛，不爲皎皎之行，而不營産業。每罷官，則家食必窘，或至鬻馬，猶周親黨之急。性且好潔，居處鮮明，几屏齊楚。客至，必設酒食，人不覺其貧也。臨終，怡然歸順，無嗟羞之容。此又所難也。

公娶司圃金石璘女，克配厥良，先公二十六年而歿，祔公同兆。有二女二男：女長適金仁甲，今爲察訪；次適李硉，無後而夭。男曰龜祥、致祥。龜祥娶縣監趙廷幹女，生二男三女：男曰達海、進海。致祥，己卯進士，娶經歷趙琇女，生一男三女：男曰宗海。諸女皆幼。金仁甲生六男三女：男曰時訒、時誼、時訓、時説。女適趙承孝。餘幼。

龜祥兄弟摭公之遺，授狀于珥，求碣銘。公於珥先君爲内弟，珥自幼飽見先君外家最睦。公事姑甚勤，撫珥有恩愛。珥是一家人也，兹不忍辭，第鑱堅之文，不能詳而以概。銘曰：

物藴必發，水鍾必溢。在古不差，在今不忒。故以内資之真醇，石城之廉潔，江陰之純明，比三世不達。嗟公質懿，克紹家業。頎乎外恢其中，孰云止乎百里？是劬是壽，俾後人兮受祉。

奉教李君墓碣銘

李君名嶸，字仲高，系出國氏，太祖大王第三子益安大君諱芳毅七代孫也。曾王考，副護軍諱益蕃。王考，户曹佐郎諱璋。考，司僕寺正諱彦怡。妣德水李氏，承義副尉諱元禎之女，左議政諱荇之孫也。君生于嘉靖庚申九月某甲，殁于萬曆壬午五月某甲年二十三。越某月某甲，葬于某地。娶主簿尹世亨女，生一子，幼。

君生而穎悟，學不勤師。弱冠，已通經傳大義。十六歲，厥考疾革。君顲天悶絶，斫斷指骨爲藥，創重幾死，居喪盡禮。事母誠文俱至，事兄得弟道。孝友禀於天者如此。二十一歲，擢第。明年，選入藝文館，例陞至奉教。君識度夙成，發軔趨正，衆論膠擾，必主乎善。朋儕推重，咸嘆不如也。秉筆入侍，因事敷奏明辨，上材之。曾從珥及成徵君渾，有所質問，操戈入室。珥與成君樂其相長，且才堪壯行，期以遠器。嗚呼，短命死矣！士林固惜悼，而余二人之慟尤深矣。銘曰：

錫之以英才，畀之以彝行。若將栽培，胡一朝之不幸？我衣無華，我佩無光。九原有人，君孰與之翱翔？一丘幽宅，四尺其崇。有骨不朽，赤氣射乎秋穹。

贈參判朴公墓碣銘

公諱世貞，字國正，高靈人。遠祖諱之順，仕高麗，以征討有功，爵大將軍。七傳而至户曹佐郎諱持，是公高王考。曾王考諱秀林，交河縣監。王考諱始孫，贈通禮院左通禮。顯考諱諶，贈承政院左承旨。顯妣陳氏，山陰縣監猷之女。

公生于弘治壬子二月六日，殁于嘉靖壬子正月十九日，甲子一周。公性醇而行遜，與人無忤，隱德不耀。以子漸貴故，加恩三代，贈公吏曹參判。先夫人長原黄氏，縣監純之女，領議政、烈成公守身之玄孫。有二女：長適金廷秀，先公俱夭，有孫曰金詠。次適兵使金軼，無後。後夫人安東權氏，大護軍權澄之女，贊成事、文忠公權近之後也。甚得婦道，與公同月而歿。有二男：長則漸，今爲黄海道觀察使。次曰潛，今爲長興庫主簿。側室子曰清。漸有男，曰定生。女適士人尹汲。妾子男女各二：男曰繼生、應生。女幼。潛無嫡子，妾子四男二女：男長曰定壽。餘皆幼。公墓卜于楊州治東神穴里，以後夫人祔。

銘曰：

高靈之朴，胤胄蟬聯。逮于户曹，清白相傳。交河通禮，爰暨承宣。濟以廉潔，式爲世業。公趾厥美，終于家食。有煦斯熹，令子克發。餘慶未艾，孰種無穫。鬱鬱神穴，四尺有碣。載鑱厥迹，用焯潛德。

宣務郎朴公墓碣銘

珥友成徵君渾狀竹山朴君之行，求碣銘于珥。珥曾知朴君長者，軒豁無拘礙，好善慕義，出入聽松先生門下甚密，重然諾，喜周急，法宜得銘。

謹按：朴氏爲著姓，有諱奇悟始顯於高麗，有三韓功臣、三重大匡者，其十八代孫也。曾王考諱晏，行价川郡守。王考諱松秀，龍驤衛護軍，贈通政大夫、東萊縣令。考諱勣，武科，慶州判官。娶慶興府使王懋女，以正德壬申閏五月甲戌朔生君于京第。

君諱宗文，字奎甫。因父緒學武，天資孝友。十七，丁内憂，致哀過人。判官公晚歲休官，就坡江石壁别業老焉。君侍養不離跬步，遂廢舉業。嘉靖丙午，喪考，號絶水漿不入口三日，廬墓側，躬饌具，啜粥三年。以宅兆占高峻，憂其圮，運石成丘，手栽梓樹，鋤壟草，朔望必薦鮮肉。將練祭之夜，虎置獐廬後，人稱孝感。與二女弟分産，只取墓下田，餘悉與女弟。遂居墓下終身。堂内設考妣位，事之如生。祭不許女弟輪設，憫女弟之窮。每歲中秋，躬詣京迎歸。羣甥畢至，漁獵共飽，雍雍一堂。至冬，躬送還京，以爲常。經理女弟家務，不翅己事。得一美味，必走僮分遺。恩愛之篤，人嘆其不可及。與人無忤，雖對細民，色温言慈，强暴者亦服。居有江湖樹林之趣，君自娱其閒，無一點塵俗態。客至，不問有無，設酒食，談謔爲樂。而其中有守，視人乾没利途者，藐如也。同處者不敢以鄙事相示。君既不求聞於世，人亦鮮知者。不霑一命，只以考蔭階至宣務郎。乙丑正月丁巳，以疾終，享年五十四。越三月己未，葬于其居之東二里許坡平山麓乙坐辛向之原，先塋在西百餘步。君娶珍山副守倫之女，後君十四年而殁，就君塋合葬。

君無嫡子，有孽子男三女二：男曰信、佑、佶。信母賤，不得嗣家。佑、佶即良家徐氏出也。女適惠民署前銜趙夢男。一女未行。信與成君及珥同里情熟，殫力具石，將表墓道，故文出於吾二人之手。銘曰：

學由乎人，資出於天。人鮮琢磨，天不變遷。嗟君孝友，得之自然。峨峨章甫，莫追下風。人亦有言，學問無功。不耘求秋，咎豈在耕？儻以君資，鑽仰孔庭。天人匹休，孰敢與京？幽馨恐沈，礱石鑱銘。

淑人宋氏墓碣銘

故金堤郡守鄭侯諱承周妻淑人宋氏，籍恩津，高麗正順大夫、版圖判書諝之後也。曾王考諱有禮，王考訓鍊院參軍諱元商，考保功將軍司果諱文夏。家在公州。淑人纔笄，歸同鄉鄭家，承舅姑，事君子，有閨範。天質温美，不待學而暗踐迹焉。郡守之歿，卜兆丘宅，日瞻望號慟。制終，猶奉主如初喪，親具奠，朝夕上食，如是者三十年。衣素表哀，終身不變。姑崔氏從長子進士居周在水原，淑人躬備寒暑衣服、節物異味，以忠養無異在側。其孝烈如此。

生于弘治甲寅，殁于萬曆丙子，享年八十三。越三月十三日，克襄于鷄龍山大草洞，與郡守同丘異穴。有子男三女一：男曰長生、季生、晉生，皆事儒學，惟晉生得升上庠。長生生一男：曰雲。季生生五男一女：男曰霖、霫、霔、霦、霖。晉生生二男二女：男曰雱，一幼。壻士人李震，生一女。内外孫凡三十餘人。晉生與珥同年，具誌文，求小碣陰記。珥謝不敢，請累年，不懈益勤。庚辰季秋，珥在坡江，晉生徒步遠來，吐辭益悲，珥不忍拒，因其誌隱括，系以銘曰：

惟資之粹得諸天，惟行之懿格諸神。豐于積，嗇于施，以貽後人。

校勘記

〔一〕不堪命　「不」前，疑有「民」字。

〔二〕女適直講閔忠道　「忠」，一本作「思」。

〔三〕女鄭起溟　「鄭」前，疑有「適」字。

〔四〕縣令女姜爍、宋爾昌　「姜」前，疑有「長適」二字。「宋」前，疑有「次適」二字。

〔五〕女尹世貞　「尹」前，疑有「適」字。

〔六〕禮葬于廣州治北拘遷里先塋之側　「拘」，一本作「狗」。

〔七〕知古阜郡事諱光叙　「叙」，一本作「叔」。

栗谷先生全書卷十八

墓誌銘

靜菴趙先生墓誌銘

正德己卯冬十二月二十日，靜菴先生趙公卒于綾城謫所。明年，歸葬龍仁深谷里，從先兆。嘉靖丁巳十二月二十四日，改卜其西數百步許，以夫人李氏祔。萬曆庚辰，大學諸生一口颺言曰：「惟先生澤不斬，士于今受其賜，崇德報功，宜極盛典。今兹神道無碑，幽堂不誌，無以昭虔揭烈，以耀無窮。」乃相與哀財俶役，募工礱石。朝紳上自廟堂，下至一命，以及窮閻之士，苟聞先生之風者，舉競相助，不勞而事集。使求誌銘于德水李珥，珥謝非其人，不獲辭。仰惟先生道德事業，焯載國乘，退溪李先生狀其行，穌齋盧相公銘其碑，豈有餘辭可贅？顧既應撰，不可無言，乃略叙世系、踐歷、資質、學行、設施、嗣息，竝論善惡禍福、天命否泰，而足以銘。

其叙曰：嗚呼！先生諱光祖，字孝直，靜菴是自號也。趙氏爲漢陽著姓。高麗摠管良琪以軍功受元朝袍帶之賜，是先生七代祖也。摠管曾孫諱温，佐我太祖，録開國勳，封漢川府院君，謚良節，於先生爲高祖。良節生義盈庫使諱育，贈吏曹參判。參判生成均館司藝諱衷孫，贈吏曹判書。判書生諱元綱，官至司憲府監察，贈吏曹參判，是爲先生顯考。妣驪興閔氏，縣監誼之女，以成化壬寅八月十日生先生。

嗚呼！先生年十九而孤。正德庚午，試進士，冠其榜。辛未，丁内艱。乙亥，舉孝廉，拜造紙署司紙。是年秋，中廟拜先聖試士。先生應其科，擢乙科第一人，授成均館典籍，俄遷司憲府監察、司諫院正言。丙子，歷户、禮、工三曹佐郎，選入弘文館爲副修撰，陞修撰。丁丑，以副校理賜暇讀書，超資拜應教，陞典翰、直提學。戊寅，陞秩通政大夫，拜副提學，遷承政院同副承旨。以先生宜養君德，還長玉堂，未幾，進秩嘉善，兼同知成均館事，俄還司憲府大司憲，例兼成均。己卯春，拜副提學。夏，還拜大司憲。冬，用告密者言，下禁府，事叵測。領議政鄭公光弼力救，用次律被竄，竟賜自盡，年三十八。

嗚呼！先生禀受絶人，玉潤金精，相表清秀，蘭滋月朗，容止可觀，鳳儀鸞翔。孝友忠直，英睿剛果，幼不好弄，已具成人模範。忼慨有大志，興慕聖賢，必欲追踵絶軌。世俗所屑，雖千駟萬鍾，一不以介意。樂善疾惡，見人非違，若將浼焉。

嗚呼！先生少時，參判公作察訪魚川。寒暄先生金文敬公得譴燕山，謫比邑熙川。先生素聞文敬學有淵源，因趨庭得往受業。時師道廢久，人多指笑，先生不較不沮，始聞爲學之大方。自是益自刻厲，課程嚴苦，篤信小學及近思録、四子、六經。平居夙夜整飭，高拱危坐，齊明儼恪，威儀折中，進退翼如。嘗入天磨、龍門兩山，講習之暇，潛心對越，或竟晷兀然淵默，夜分乃寢，五更必起，山人習禪者皆嘆其不可及。其在家，事親色養，極其誠，愼終追遠，情文備至。家廟在別所，日必一往，雖公務鞅掌，大風雨雪，祁寒溽暑，不少廢。謹守法度，以閑有家，内外斬斬，正倫理，篤恩義，遠聲色，戒麴蘖。獎進後生，各因其材，黜俗論，排異端。凡持身處家，應事接人，一稽古訓，惟書禮爲則。若涉毫髮非禮，其心不安，若冠冕佩玉，坐于泥塗也。天分既異，充養有道，英華發外，聳服一世，望之者咸咨嗟嘆息。以至市里蚩氓，每值其出，羅拜馬前，仰首歆讚。噫！此先生柔嘉令儀所致，豈知反以此胎禍哉？

嗚呼！先生受命世之才，抱適用之學，格君安民。此固素心，恥於衒玉，潛居若無意者。聲譽藹鬱，朝臣爭薦其除司紙也，先生不樂曰：「用虛譽得官，不如應舉，以通行道之路。」既除之後，被知于中廟，月薦歲陞，不數年，長論思主風憲。上雅尚儒術，鋭意文治，倚先生甚重。先生感不世之遇，便以堯舜君民、興起斯文爲己任。每將入對，必宿齋戒，積誠敬。其進侍也，一心肅慮，如對神明，知無不言，言無不讜。其言若曰：「人之一心，天理本全，其大無外，其運不息。良由氣局欲蔽，大者或小，運者或閒。在常人，其害猶難救，況人君勢位高亢，驕溢易生，聲色媚悦之攻，非匹夫比。心一不正，氣一不順，則生於事、害於政，傷和召沴，彝倫斁而萬物不遂矣。主上所以存心事天，以致中和極功者，其可少忽乎？」至於義利王霸之辨、古今治亂之幾、君子小人進退消長之象，無不罄蘊極論，或至日昃，上必虚心傾聽。朝議將潛師襲野人速古乃，臨遣將，將相環侍，詢謀已同，先生自外進曰：「此事類狙譎，非王者禦戎之道。堂堂國家，行盜賊之術，臣竊恥之。」上乃却衆議，從先生言。將相羣爭，竟不入。先生之得君，其可謂不至乎？肆與竝時名流，協力贊襄，奮庸熙載，設薦舉科以顓俊乂，罷昭格署以正祀典，訓小學以育英才。宿弊漸革，古制漸興，百僚悚勵，四方風動。第士論或失於欲速，太露鋒穎，建白不度時宜。閒有喜事者，未免投合時好，先生以爲憂，而舊臣拂清議，因事見擠者，怨入骨髓，磨牙伺隙。先生喟然知王道不可遽行，大猷不可遽升，於是，稍調劑秉中，以鎮浮躁。而矯激之論，反詆先生爲色莊，至欲彈劾。先生料時事必敗，求退不得命。適廷論欲追削靖國勳籍之濫者，先生既不能退，則把綱紀、塞利原，職耳，不得不同其議。伏閤爭累月，得允。羣臣入侍榻前，將功券定與奪，時己卯十一月十五日也。俞㳌甫已，駭機發於其夜。南袞、沈貞、洪景舟等潛開闕門入便殿，語祕不傳。先生之下吏也，館學諸生坌哭闕庭，爭詣獄請囚。其謫也，上使近侍諭以非私罪，姑從廷論示譴之意，先生拜謝以辭。其受後命也，先生沐浴更衣，請聞罪名，使者無應。先生臨結纓，貽親舊書有曰：「愛君如愛父，天日照丹衷。」聞者慟之。

嗚呼！先生內子，僉使李允泂之女。生二男：曰定，娶縣監權恰女，無後早歿。曰容，以蔭補官至文川郡守。娶大護軍李鏡女，只生二女，無嗣。取堂弟希顏子舜男爲後，尚幼。女長適佐郎許鑒，生一男，曰昀。次適進士洪遠，生二女，皆幼。夫人後先生三十八年而卒。

嗚呼！上天陰騭，於善必栽培，於惡必傾覆。禍福之理，固昭昭也。今先生以蹇蹇之節，揚于王庭，啓赤心，批逆鱗，知有君父，不知有其身。律己清苦，闕節不通，騶直不納。公退，不問家事，早夜所思慮，惟在政疹民隱，惓惓無須臾寧。卒之身觸讒鋒，不能考終，福善之理安在？彼泄泄沓沓者，重人爵，輕天叙，偷時射利，屋潤身肥，國家安危，邈如胡視越病，不拔一毛，雍容顧眄，自擬聖於涉世，反笑先生，斥以少不解事，挑生厲階。甚者或至戕賢賊能，以植固其勢。此輩類得於君，安享祿位，老死牖下。所謂禍淫者，亦昧矣。是故，人之言曰：「謀身密者，其轂朱；謀國忠者，其族赤。」父戒其子，兄勗其弟，以摸稜爲明哲，以匪躬爲浮薄，士習以偷，世道以汙。悲夫！雖然，人心本公，天定靡忒，陰翳纔消，太陽回光。中廟晚年，德音每稱無罪，固有涣恩之漸。仁廟繼明，因廟堂申論，館學籲天，聿追先志，命復先生職秩。逮今上初服，清論益張，乾心洞契，命贈大匡輔國崇禄大夫、議政府領議政兼領經筵、弘文館、藝文館、春秋館、觀象監事。是隆慶戊辰也。越明年己巳，賜謚文正。於是，先生耿光，彰徹上下，多士若仰喬嶽北斗，立廟明禋非一所。式至今日，甲子已周，追慕如昨。達國儒林，齊心一力，竪外瘞中，以賁飾墓道。此誠古今所未聞覩。元祀之尊，將亘萬世矣。顧視富貴蔑聞者，一時寵樂，六驥過隙，骨肉與草卉同朽，無異蚊蝱起滅穢壤閒。若其開毒喙、芟良善，以斷國脈者，則罔之生。幸逋鈇鉞，而鬼誅人戮，愈久益嚴，三尺童子，亦知唾罵，九泉之刑，窮天地而罔赦矣。此固不足比論榮辱，惟後人其知所以勸戒哉？

嗚呼！天篤生賢，必使有爲。進則濟斯民，退則立其言。今先生進不克卒行其道，退未及垂訓于後，日彰之學，未就大成，微言之緒，罔由尋考，況我東箕子以後，未聞以仁義治世者，周經孔謨，只資空言。先生一倡，庶幾復古。先生旋敗，士林瓦裂，王道之説，爲世大諱，皆諉以非其時。夫如是，則古道終不可復歟？天生賢者而中折之，其命終不可諶歟？其然，豈其然乎？時者，在上者所造也，只是無人，豈云無時？思皇我王，奬美先生既崇極，而尊儒尚道，以明一統。學者仰恃，發舒無遜言。先生明天理、淑人心之功，於兹普發，使斯人擧曉王醇霸疵，敬爲主，禮爲防，安宅不可曠，正路不可舍。則先生之道，否短泰長，綽乎爲後王開太平，而天不虚生，命乃可諶矣。後先生而作者，其毋患莫己庸，思自盡乎所以致用哉！其銘曰：

青畿有學，肇殷父師。化遜言泯，墜緒罔追。猗嗟寒暄，孤倡濁時。刻羽絶和，始然就微。天不椓文，篤降先生。先生閒氣，漢嶽鍾精。一片崐璧，瑩絶纖瑕。夙抱高識，求道靡他。撥機尋師，入室操戈。爰啓正軔，任大道遐。既切既磋，亦琢亦磨。動容周旋，規圓矩方。吾斯未信，韞櫝而藏。猗蘭播芬，欲掩彌彰。觀國之光，乃賓于王。契乎魚水，委身徇國。志撑宇宙，忠貫日月。矢回淳風，以敦淆俗。禹鼎漏妖，河麋逞慝。參天豫章，一斫斯倒。三光失晶，四民齊悼。天啓聖衷，廓開氛祲。歷世加褒，伸枉起歆。士誦其語，人服其化。茅開蹊徑，燭揭昏夜。鬱鬱駒城，山紆水長。有斐令德，没世不忘。

潘城府院君朴公墓誌銘

公諱應順，字健仲。朴氏系羅州。曾王考諱林宗，尚州牧使，贈吏曹判書。王考諱兆年，吏曹正郎，贈議政府左贊成。考諱紹，司諫院司諫，贈議政府領議政。三代之贈，以公貴也。妣南陽洪氏，贈貞敬夫人，是司贍寺正諱士俯女也。公家世濟其美，先議政有名搢紳間，被權臣金安老所斥，退歿于陝川桑梓。公胚胎前光，誕膺餘慶，篤生我中殿，以表正三宮，朴門自此益大。

公生三歲，公姑郡守朴秀榮妻鞠爲己子。公九歲而孤，外翁洪正館柳斯文祖詢，誨公及諸孫。公善學不倦，稍長，與弟參判公應男遊成笑仙悌元之門，笑仙亟稱許。圭菴宋公麟壽至笑仙第，見公兄弟，歎曰：「司諫有子矣。」養父守安岳郡，公隨往。郡號繁華，不屑聲妓，蕭然與寒儒講讀，觀者異之。中廟末寧，城中急於婚嫁，多不備禮。門長有勸公循時習者，公固辭。異日追劾其時嫁娶者坐家長，洪正撫公曰：「微汝之賢，吾亦坐矣。」公年二十，服養父喪。廬墓，躬具奠資。嘉靖乙卯，中進士科。時議慼先議政愠于羣小，才不克展，求諸子之良者。丙辰，薦公爲義禁府都事。己未，遷主司僕寺簿，未幾坐法免。庚申，拜司憲府監察。辛酉，出監安陰縣，臨吏民以簡，且不畏强禦。癸亥春，遭養母喪，解官，期後猶心喪。乙丑，終制，拜敦寧府主簿，俄遷内贍寺。十二月，拜龍仁縣令。縣在三道要衝，賓客輻輳，公待人以真情，不事表幅。隆慶己巳，以定祥陞拜敦寧都正。十一月，中殿正位，超授領敦寧府事。庚午春，兼都摠府都摠管。萬曆戊寅，丁内艱，廬墓于楊州，因毁成疾。庚辰四月，上遣内侍勸開素，公勉從上教，不久復初，爲調息還京，舍于外。是冬，上體違豫，公驚憂病革。子弟請入正寢，公不肯，卒于外舍，時十一月某日也。生于嘉靖丙戌，至是，甲子五十五。訃聞，上驚悼，輟三日朝，官庀斂葬之具。明年辛巳某月某日，葬于先夫人墓側。

公容止端雅，言笑和緩，性愛儉素，不喜芬華。受賜貂裘，平居不敢著。嘉禮時，不受賂遺，無求於外。只以內賜資裝，從簡成禮。友兄弟，睦族黨，甥姪之孤者視如己出。事伯兄如嚴父，動靜必禀，有無必共。身爲國舅，衣服、飲食、居處與平昔無大異。門庭寂然，如寒士家。所與對者，微時親舊而已。每聞善士登庸，喜形于色。以國嗣遲暮，鬱結于心。其憂國如此。

公娶宗室文川正壽甲之女，生一女一男：女即中殿。男曰東彦，娶府使鄭淹女，生二女，皆幼。珥於公爲疎屬，先世則分密。公未顯時，曾與相識，雖以公貴，不能終始其交，而嘉公恬靜，不蹈近世外戚舊習，固藏之心矣。公弟應福與珥同年，求誌銘于珥，玆不敢固辭。銘曰：

温然有著于色，退然有蘊諸躬。豈弟伊人，美無愧於位崇。天胡不假，半途而終？鬱鬱先兆之側，卜玆幽宮。既固且寧，庇雲仍於無窮。

左贊成吴公墓誌銘

萬曆壬午三月九日丁卯，左贊成錦陽君吴公卒于羅州廣山之第。訃聞，輟朝，致弔祭賻。越三月仲夏十五日壬申，禮葬于涌珍山先塋之側，其原坐艮面坤。先葬，公之外甥禮曹參議慎公喜男以行狀示德水李珥，求幽堂之銘。珥重之不敢諾，則曰：「子典文衡，職不可辭。」卜得日，促曰：「誌不具，無以掩。」珥乃因狀以叙曰：

公諱謙，字敬夫，系出羅州。遠祖季真，是高麗中郎將、進士。贈純忠積德補祚功臣、嘉善大夫、吏曹參判兼同知義禁府事、錦城君諱慎中，是公曾王考。精忠出氣敵愾功臣、嘉善大夫、羅城君、贈資憲大夫、吏曹判書兼知義禁府事、襄平公諱自治，是公王考。富平都護府使、贈崇政大夫、議政府左贊成兼判義禁府事、羅原君諱世勳，是公考。平山申氏，黄海道觀察使諱自準之孫，宗親府典籤、贈議政府左參贊諱末平之女，贈貞敬夫人，是公妣。考妣之贈，以公貴也。羅原前娶金氏，亦贈貞敬夫人。

公於弘治丙辰九月甲辰生于京都好賢坊第，幼而穎悟，材氣夙成，受業於柳君藕。藕於斯文，推爲長者。公舅申判書鏛，才公之質，亟稱許焉。公年二十七，中嘉靖壬午進士，以胃疾不能居泮。申公懼不第，乃於乙酉薦，授瓦署别提。數年例陞主東部簿，即遷司憲府監察，出監南平縣。莅事明果，强畏弱懷。壬辰冬，擢文科第二名，仍治南平。越三年，辭疾解綬。明年，授宜寧縣監。邑甚弊，賴公經晝，得復穌，久之坐法罷。庚子，拜禮曹佐郎，旋陞刑曹正郎，俄拜司諫院獻納，始參從臣之列。自是歷侍講院文學弼善、司憲府持平掌令、弘文館校理、副應教，累揚清秩。壬寅，以内贍寺僉正挈眷歸養母夫人于羅州。明年，授南原府使。甲辰，監司宋公麟壽，上其治行之最，陞通政。丙午，入拜兵曹參知。丁未，尹全州府。是歲，參仲朔功臣宴，以恩例陞嘉善封君，以親老常乞補外，歷潭陽府使、光州牧使。甲寅，丁内憂。丙辰，服闋，以户曹參判被召，轉兵曹參判、大司憲，俄還兵亞兼同知春秋館事。戊午，出按嶺南。冬，引疾歸鄉。己未，特陞資憲，判禮曹，歷大司憲，户、刑、兵、吏四曹判書，兼世子賓客、知經筵事、都摠府都摠管。辛酉，加正憲，拜左參贊。甲子，陞崇政，判中樞府事。厥後，再判兵、吏曹，三拜贊成，兼判義禁府事。隆慶庚午秋，以左贊成謝病乞假，南歸舊業，遂不復還朝。

公天資温雅，處事詳慎，中外所歷多舉職，長於吏才，剖決如流。平生不喜發人過失，謇諤雖不外形，内有所守。大被尹元衡所忌，累欲中而不售，則其不阿權貴可見。第於丁巳作都憲也，同僚有誣擠士林者，公不克抑，以此清望少减，至於人相被劾。然知公者，謂公心事無他，必有能辨之者。家食頤神，閉户看書，客至，多不得見。自以多疾，博涉醫方，頓悟攝生之要。常以簡静自樂，飲食起處，皆中節宣。居鄉與物無忤，閭里斂衽無閒然者。主上累令本道監司賜以優老之資，亨清閒之福者十有三年。壽八十七，考終于正寢，官庀葬具。終始哀榮，死生無憾焉。

公娶竹山安氏。安氏之考愷，是牧使子誠之子，參判迢之孫也。夫人與公同年生，先公二十九年而歿，贈貞敬夫人。今公之墓，占夫人墓西。生一男五女：男彦厚，以蔭補官，歷典稷山、臨陂，今以南平縣監遭艱。壻長即慎參議；次鄭師尹，歸厚署別提；曰權大勳，振威縣令；曰尹霙；曰柳亨進，典獄署奉事。孽子曰彦寬。女適宗室鳳林令彦璘。縣監娶偰氏，只有一女，適士人李活。參議生四男一女：男長餘慶，今宰鎮安縣；次彦慶，文科，黄海都事；次重慶、介慶，俱業文。女適士人玄德亨。別提生一男一女：男暹，漢城府參軍。女適士人鄭瓚。縣令生一男四女：男曰鶡。女適金光彧、申應榘、閔恪，皆士人，而應榘是上舍生。一女幼。尹霙夫妻皆夭，無後。亨進生男女七人：男長瑛。餘幼。

銘曰：

士有登仕，式官爲家。白首執板，孰遐是嘉。公躋貳公，來去重輕。引年勇退，弊蹤簪纓。優游桑梓，抱澹肥貞。鄉推達尊，朝遠令儀。舍車趾賁，戀主心違。北方之人，議公是非。公豈愠悶，斷乎自諶。玄室有刻，用昭厥潛。

同知敦寧府事沈公墓誌銘

公諱逢源，字希容，青松沈氏，議政府舍人、贈領議政諱順門之子，内資寺判官、贈左贊成諱湲之孫，左議政、青松府院君、恭肅公諱澮之曾孫，左政丞、青松伯諱德符之五代孫也。公兄弟四人，長曰連源，是我仁順王后之皇祖考，相明廟，雅望著於儒紳。公居第三，幼異凡兒，重遲不好弄。

議政公以忠見戮於燕山，公早丁家禍，不能就外傅，母夫人授以小學等書，略通大義，闇然而章。年十四五，能治古文，爲詩章。弱冠選登上庠，三十而嬰疾，作廢人者近十年。嘉靖丁酉，始登上第。明年，又捷擢英科，初授成均館學諭，例陞至典籍，歷刑、禮、户三曹郎，司諫院正言、獻納、司諫，司憲府掌令，議政府舍人，通禮院右通禮，司㝡、軍器、宗簿、尚衣四寺正，弘文館副校理、典翰等職。癸丑，由直提學進爵通政大夫、承政院同副承旨。病未夙夜，謝恩則已。累遷户、禮二曹參議，皆以疾免，安於散班。癸亥，明廟念年資最久，特加嘉善大夫、同知敦寧府事。積十二年，至萬曆甲戌十月二十一日壬戌卒于家。訃聞，弔賻祭如儀。生於弘治丁巳，至是春秋七十有八矣。

公質慤無機關，倉卒不形驚遽之色。雖童僕，鮮遭詬詈。常慕卓子康、劉文饒之爲人，自以受氣不厚，省嗜欲，定心氣，務養真元。衣必稱兩，食必計匕，動息節宣，各有常度。死生憂患，不以傷和。執之固，能致勿藥有喜。季年神氣，勝於中年，其聰明，能記少日所讀書不差，恬於勢利芬華。築室華山之麓，寓興花卉，尤愛老松，扁其堂曰友松。日嘯傲其中，杜門謝客，人罕見其面。若親黨至，則一琴一歌，未嘗不娛。雖不能食酒，必飲一杯，取醺以爲適。有時杖屨苔階竹逕間，白鬚蒼顔，頎然其形，宛若山澤之臞焉。家貧，仰哺於禄，每甎無事而食，言及若無所容，嘗自號曉窓老人。著説深得埋趣，雖自謂廢學，其静養之效，亦不誣也。居家奉先以誠，與兄弟恭而友，與人交，雖不喜翕，翕亦能盡己之情。郭司諫珣，死直於乙巳，僚友畏累無顧者，公脱衣以襚，談者義之。

妻貞夫人金氏，雞林著姓。父曰刑曹正郎顯祖，祖曰侍講院輔德琠。先公二十一年而卒，葬在高陽大宛里，公卒之年十二月十六日，以治命就合其封。一男三女：男曰鍵，以文科官承文院正字，早歿。娶李校理延慶之女，生子曰喜壽、昌壽。喜壽亦文科，權知承文院副正字。公之長女未行而夭。次二壻，曰判官尹慶福、縣監曹胤申。二女亦先逝。

嗣孫喜壽血泣具書與狀，請墓記於德水李珥。珥曰：「公之顯妣平山申氏，是高麗忠臣壯節公崇謙之後，司憲府監察永錫之女，於珥先祖妣洪氏爲從母。監察夫人許氏，享年百有二歲，及見曾玄孫疎屬生於膝下。故監察内外諸孫，睦婣殊倫。珥祖妣與爲姨兄弟，而親若同氣。珥聞諸祖妣，則公妣申夫人於公慈愛尤篤。公病，夫人勤勞如護襁褓兒，微夫人，公幾不救。公未及痊，夫人即世，不能見公立朝顯親，公以此終身銜恤云。珥自少出入公家，不可謂不知公者。」是爲誌。

銘曰：

古人有言，入火不焦，入水不溺。非謂形不受傷，乃指神無所毒。研斯言以求公，庶幾焉。奇痾險釁，迭侵目前。公保沖和，事過晏然。儻來之物，人所汲汲。簪笏而隱，支離其德。我作此銘，光昭玄宅。

敦寧府判官鄭公墓誌銘

侯姓鄭，諱惟沈，字巨源，延日縣人。有諱均之，麗朝官至金紫光禄大夫、門下侍郎平章事，侯其後也。曾祖諱淵，兵曹判書，贈左議政，謚貞肅公。祖諱自淑，金堤郡守。考諱溮健，元陵參奉，世傳清白。妣孺人光山金氏，縣監諱賢賚之女，以弘治癸丑十月十日壬申生侯于京城。

幼不好戲狎，父母有所與，必讓于兄。郡守公愛以類己，孺人常稱令子。弘治甲子，侯年十二，丁外艱。既長，大諫安公彭壽見而說之，妻以子，侯因以受業。嘉靖癸巳，伯女被選，爲世子良娣。侯憂懼，卑遜特甚。初授軍職，轉四山監役。丁酉秋，陞主軍資監簿。冬，拜平康縣監，中廟賜弓矢以遣。在官得疾，命醫往問。居四年，以清謹自持。省母疾于光州，因辭職不還，專於侍藥。壬寅，還朝，歷司畜監察、司圃等職。中、仁兩聖，相繼陟遐，侯悲慟過人，禮臨之外，號哭無時。乙巳仲秋，朝議大變，禍機將發。柳公仁淑判銓曹，憐侯將敗，陞秩司醞署令以優之。蓋侯壻桂林君瑠，爲羣小構逆名，將陷不測故也。及金明胤告變，文定王后遣中使發卒圍侯家，搜瑠所在。瑠知幾先遁，不可得。侯以此被繫，隨逮子滋，日鞫于慶會南門外。于時大獄方興，桁楊滿庭，炮烙慘目，而侯不失舉措。及滋杖訊，侯以頭觸柱，仰天而呼曰：「吾兒無罪，天實鑑臨！」觀者皆酸鼻。獄成，徒役于定平府。未幾蒙宥，任便往來。丁未，因鄭彦慤上匿名書，獄事復發，付處延日。以母孺人年八十，晝夜涕泣祈天，願於生前相見。侯兄惟深倅南原，奉母之官。孺人遥送饌具，侯開封，必慟哭乃嘗，與坐者莫不揮淚。辛亥夏，以誕生元子，加恩區内，明廟特命放還田里，歸侍孺人于南原。閲數月，丁内憂。制終，尚在南中。數年後，朝議始許寓都城外。丙寅，伸雪罪籍。隆慶丁卯冬，還給職牒。戊辰春，拜軍資監判官，俄換敦寧府。己巳，患風痰。庚午春，病益甚。夏四月二十一日，終于藏義洞第，享年七十八。

侯性温謙，與物無忤，恬靜不趨勢利，尚廉恥，賤貪汙。不營家業，施與無靳，常夙興夜寐，非疾病，未嘗偃臥，儉約自牧，不喜侈靡。備經患難，屢遭貧困，人所不堪，而未嘗號戚於人。其在謫中，平日相知者，雖宰鄰邑，一不求惠，故舊自京來，則叙寒暄外，不問近事如何。事兄如嚴父，同居二十餘年，友愛無間。教育諸子，早令伯仲二子，受業於金慕齋、思齋之門，滋以才行，知名士林間。得禍甚酷，再經流竄，終於慶源配所。侯年至老，未嘗一日忘于懷，言及輒下淚。與人有誠，悉去毛皮，周急哀死，咸盡其情。若意合則雖少且賤者，相歡如敵已。親朋至，必設酒食，子弟供具。若品味稍勝於賓案，則輒不自安止之。接人之忠，病中亦不衰。聞人有善，欽賞讚揚，見人爲惡，容恕掩藏。門有孽屬，因出入親密，屢竊親身之物。子弟欲究切之，則輒曰：「豈余諾而忘之耶？」待其人如初。追遠之誠，老而不弛。先忌將近，絶不出入，前期三日行素。末年，諸子請止，不從。病甚乃不克如志，終夕銜恤。若遇中廟、仁廟忌辰，亦前一日食菜，悲感盡晷。季子瀓，今上朝以侍臣，退朝則輒問上讀何書，進德修業如何，瀓以實對，侯喜動顏色曰：「嗣王仁明，吾東之福。」因勖以勤學輔導。其臨屬纊也，親舊問疾者無少長，皆延入臥內，談笑自如。執瀓手曰：「汝兒性悟，宜勉教誨。」且曰：「吾家喪敗，專由婚嫁失當。汝宜知戒。」其歿也，恭懿、懿聖兩殿特賜優賻。以其年六月庚申，葬于高陽水洞某坐某向之原。

配恭人安氏，系出竹山，生於弘治乙卯十二月甲子。年十五，歸于侯。安公無他子，只有恭人，鍾愛特深。恭人天性孝順而貞肅，侍親居京也，安公值職務煩劇，或夜深不還，恭人常於曲欄假寐以俟，纔聞履聲，即下堂扶侍，日以爲式，隆寒盛暑，無敢少懈。安公嘉賞曰：「汝何耐苦如此！」母夫人東萊鄭氏患宿疾，恭人侍湯藥，衣不解紐，常膳必先嘗以進，許進則少舒愉色，不進則亦自廢食。母夫人竟不起早世，恭人孺慕倍人，奠必躬執。三年後，親舊勸安公改娶，安公曰：「吾有一女，可敵十男，再娶何爲？」恭人衣服飲食，極力供給，較母生時加謹。安公丁内憂時，喪具皆取辦于恭人，恭人至賣新婦時奩具，以營襄事，略無難色。安公每對人稱篤孝之狀，聞者擊節。安公既卒，恭人曰：「我天地閒罪人，但當奉所天育兒子，盡誠於祭祀而已。」每祭，親備庶羞，子女既長，猶不止。安公神位所安之室，朝夕手自灑埽。家有畫器彩氈，常自點檢，十襲珍藏，曰：「先考遺澤，惟此二物。」居處不敢中於堂室，曰：「父母所坐處，不忍當也。」每見盛饌及新物，則必薦于廟，未薦則不嘗。侯筮仕後，恭人亦於曲欄坐起，待仕退就寢，一如奉承安公之日，不避炎沍，年高無少替。事姑甚謹，曾自南鄉迎養于漢師，膳服適時，愈久愈敬。孺人還南，每稱：「與吾婦居，百年無斁，吾爲祭祀歸鄉，心未嘗忘其孝也。」侯與兄同居也，恭人待兄之妾，無異同氣，飲食必共，庭無閒言。有庶姊在海州，安公一無所遺。恭人分以産業，曰：「某也執喪盡情。」可嘉也。恭人氣度雖和，治家主嚴。二男先長，教養尤謹，警以楚撻，使無或怠。每晨，必令婢僕灑埽室庭，洗滌器皿，無不潔淨方列，昏則躬視扃鐍。女入東宮，資裝不貲，恭人拔貧營辦，終始如一，大内上下，無不嘆服。待姻黨鄰曲，甚有恩意，頻致饋遺，而未嘗往來。常曰：「喜出入交遊，在男子尚不可，況婦人乎？」自奉喜寒素，子女雖進美衣珍羞，未嘗服御，只進薄具而已。寢處不具衾枕，坐席僅取却塵，安於人所難堪。鷄鳴而起，夜分而寢，到老不變。子女憂其害於節宣，則曰：「某奉親時，習性如是，無傷也。」丁未之禍，滋自光陽移配慶源，路經東郭外。恭人往訣，解親膚小衣以衣滋曰：「古者，愛子征役，若服母衣而往則速還矣。」因撫膺號慟，行路聞之，皆流涕。于時禁府吏卒，日夜排門急叫，恣其凌虐，僕妾四散，恭人常獨登小樓，隨問以應。顛沛之際，不至怵迫。禍熄，侯或有鬱悒之容，則恭人必百方寬譬，以來和氣。平居不形喜慍，未嘗論人是非。子澈歷官清顯，少無歆動之色。或有疾病，非甚苦，不以語人。自壬申寢疾，雖在牀褥，不廢澡潔。萬曆癸酉夏四月十三日，疾革，精爽不亂。瞑目將盡，祝曰：「諸子各享百年。」聲絶而終，享年七十九。六月，祔葬于侯墓之左。子男四人：長滋，以文科官至正郎；次沼，進士，亦先歿；次滉，以蔭補，官前軍器寺僉正；次澈，擢壬戌文科狀頭，前弘文館直提學。女三人：長即仁廟貴人，先歿；次適東萊府使崔弘渡；次適桂林君瑠。丁丑削勳，復職故追書。孫男三人：一曰起溟，餘幼，皆澈之子也。外孫崔浚，進士。孫女六人：其一適長湍府使徐希呂，滋出也；其二適進士李夢慶，滉出也；其三適士人李基稷，澈出也；其四，今上昭儀，亦滉出也；餘在室。珥從澈遊久且厚，因其請，義不敢辭，謹按家狀，志于壙。銘曰：

靡辜而鍾禍，數之或然。累蹟而受祐，其定者天。小往大來，亨復乎季年。垂耋兮考終，琴瑟克全。有寧一丘，同域兮新阡。梓樹兮日長，毓慶兮綿綿。

嵩善副正墓誌銘

趙靜菴有畏友，曰嵩善副正諱瀿，字淙之，是光廟之孫，而德源君曙之子也。其曾孫培達從珥遊，珥得聞公行己之梗概。

公生于弘治戊申四月二十九日，天資粹美，器度夙成，潛心正學，敬以持身，雖當倉卒，辭色不遽。早失所怙，事母盡子職。平生大志，惟在忠孝。儀刑於家，內外肅穆。傾財周急，由親及疎。自奉儉素如寒士，絕意營產，只好靜坐。屋後構齋，扁之曰磨。磨之義，深矣。游心六藝，靡所不通，於樂於數尤妙。嘗述璿璣之制，著於世。正德己卯，靜菴被禍，公亦與焉，謫蔚山者十五年。篤信無悶，嘆服而從遊者益衆。嘉靖甲午，蒙宥。戊戌，復職。甲辰八月二十六日，以疾終，壽五十七。是年十月，葬于高陽食寺里。

公娶姜氏，寔班城尉姜子順繼室女也。沈靜寡言，動息有度。公之謫也，夫人欲往從而不能跨馬，習騎於家庭，卒能行遠，聞者酸鼻。生二男二女：男曰鶴壽，延昌副守，再中試藝，陞都正；曰眉壽，延城副守。女適參奉金德純。次適士人洪守紀。庶子男女各四人：男曰永壽，延光副守；曰億壽，延源副守；曰宜壽，延豐令；曰萬壽，槐山令。女長適朴龍壽，次適朴良柱，次適姜文周，次適李瓚。延昌有六男五女，長曰原城令綏。其子乃培達。公之内外諸孫八十餘人。

銘曰：

志士有守，居不能移。公生綺紈，迥脱俗羈。親賢篤學，敬義夾持。横罹黨禁，慨不遭時。雪誣返初，淵潛自頤。中身觀化，脩短疇司。有幽一丘，綏魄是宜。仁者有後，慶發螽斯。

敦寧府正鄭公墓誌銘

珥謝事荒野，疎於藻翰，不能作人墓道文字，有請輒辭。門黨有沈君禮謙，求厥外舅鄭侯潚誌銘。珥辭以不文，且昧平生。珥友成君渾曰：「鄭侯長者，與朋友信，白首不渝。少也與渾叔父爲深交，叔父妻孀居病篤，渾覩其門，日必躬問，劑藥餌不絶者，惟鄭侯也。此事不可失傳。」沈君曰：「此一事也。禮謙揚其隱德，豈敢阿所私？外舅生固有異質，姿容俊偉，器宇敦厚，事親甚孝，未冠喪恃，哀毁盡禮。考正郎公夙嬰羸疾，早夜侍藥，起居必隨，以此廢科業。己卯禍作，正郎公謫玄風，外舅奉養備至，頓無羈寓之苦。暨辛巳喪考，奉旅櫬還先壟，遑遑顛沛之際，喪禮一遵朱文公家禮。服闋閒居，無干祿意，以王母命應舉。戊子，中選補上庠。辛卯，廷議表用賢者之後，因此階宦路，非初心也。追遠以誠，如得美味，必手藏膳閣，以待薦享。國法禁宰牛，俗習未革，外舅未嘗以牛肉充庶羞，曰：『不可以非法奉先。』祀必躬行不攝，既耋尚然。出入必告祠堂，雖當倉卒，不少廢。其宰安山也，鄉人有效之者。其妻怪問其由，答曰：『吾化於土主也。』少年之交，多知名士，聽松成先生及其弟叔玉及李涵、元愷輩，皆同志也。猿亭崔壽峸，一世奇男子也，一見定爲莫逆友，相礪以刻苦，攜手徒步數百里，同棲山室讀書。成叔玉常曰：『鄭某氣象，夷險可一節也。』其見許如此。性喜儉素，屏去靡麗，慈子而能誨，泛愛而親親，事叔母如親孃，愛從兄弟如同胞。妹死子孤，收養無異己出。宗族雖疎遠，無不得其歡心。與人樂易，若無崖岸，而其中有守。倅于光州也，徵斂務薄，甚有惠政。適有乘時暴貴者爲牧，示侮色，議多矛盾，不失恭虔，而謝病休官，成聽松稱其善處。外舅行迹，大略如斯。」珥於沈君言，得見鄭侯面，因次其世系官職曰：

侯字某，延日縣人。遠祖諱均之，官至金紫光祿大夫、門下侍郎平章事。厥後，代襲貂蟬。曾祖諱自濟，嘉善大夫、全州府尹。祖諱溱，南部參奉。考諱完[一]，選賢良，賜特科，官至吏曹正郎。妣河東鄭氏，崇政大夫、行户曹判書、河南君諱崇祖之女也，以弘治四年辛亥生侯。正郎公以才學見於士林，與靜菴道義之契甚深。侯克承嚴訓，稱法家之子。自嘉靖辛卯通籍，歷官北部參奉、廣興倉副奉事、義禁府都事、司醞署直長、軍器寺主簿、司憲府監察，出監衿川縣，通判光州，守安山、博川二郡。入拜軍資監判官，四轉而陞敦寧府副正。隆慶丁卯，以歲凶省官見散，廟堂有相識者議擢賢士之胤，以爲士類勸，陞拜敦寧府正。萬曆癸酉，侯年八十三，以恩例優老，授通政階，親舊咸慶。其夏感疾，八月，病革。子弟進湯藥，即揮之曰：「吾享此壽，猶服藥求生，不亦苟乎？」遂怡然而逝。越三旬壬寅，葬于高陽某山先塋之後，從治命也。配淑人李氏，先侯十二年歿，其葬異壙而同域。侯先娶鄭氏，再娶盧氏，皆無子。淑人是第三室，乃益安大君之後，玉溪副正之孫，別提李孟元之女也。克秉婦道，合美毓慶。生五男一女：男長曰仁源，娶同知中樞府事尹倓之女，生二男一女：曰洁，曰浤。女幼。次曰義源，娶宗室荒壤正之女，生二男：曰淇，曰濆。次曰忠源，娶縣令柳均之女，生三男一女：曰浨，曰汲，一幼。女適士人李大年。次曰孝源，娶忠美衛盧子寵之女，生一女，幼。次曰大源，娶同知中樞府事李世麟之女，生一男二女，皆幼。女即沈君之室，今爲信川郡守。

銘曰：

木老華疎，流遠波淺。夷考世族，繼繼者鮮。彼美鄭侯，克家承考。厥考伊何，瑚璉是抱。堅志研學，輔以同好。乃揚王庭，矢挽世道。運否慝作，齎志以終。寧馨令子，詩禮夙通。明發不寐，佩訓周旋。簪笏儻來，匪我求旃。毖祀奉先，恪勤守職。惠周同宗，信著麗澤。爰享眉壽，子孫振振。源深瀾盛，根厚葉蓁。受祉未艾，貽厥後人。

檢閲趙公墓誌銘

珥友趙君公保歿三年，其孤存信求壙銘于珥。珥欲辭不可，銘又不忍，遲回逾歲，始克就。謹按：

趙氏爲漢山大姓。遠祖岑，在麗朝官至判中樞院事。入我朝，有諱末生，受知英廟，官至領中樞院事，於君爲六代祖。君之高王父諱選，利川府使，贈兵曹參議。曾王父諱壽堅，果川縣監，贈兵曹參判。王父諱邦佐，敦寧府參奉，贈兵曹判書。考諱彦秀，資憲大夫、議政府左參贊，貞簡。公母驪興閔氏，忠義衛諱昌之女。

君諱擴，公保其字也。嘉靖乙未九月二日，是君初度也。君少時，軒卓不羈，不屑章句，好弓馬。君於貞簡公只一子，酷愛君，任其爲。其季父文貞公士秀戒曰：「吾本儒家，不意汝捨先業也。」君大悟，遂折節讀書，取友多知名士。甲子，登上庠，數年不第。或勸蔭仕，君曰：「吾非禄仕者。」隆慶己巳，登乙科，分承文院，權知副正字。未幾陞實，俄選入藝文館爲檢閱，患濕病，不能仕。萬曆甲戌，遭外艱，病益力。翌年，竟至不起，時乙亥七月二十八日也，年四十一。母夫人尚在堂，可哀也已。以是年十月二十一日葬于楊州金邨里先塋之側。

君長身偉貌，其中寬坦，事父母孝，待姊妹友，務在悦親，至作嬰兒戲。貞簡公患石淋甚苦，君吮出石即愈。母病，取糞嘗之。傾財喜施，好賓客，事杯觴，興來哦詩，若無拘檢，而好善服義，亦出至情。聞人力學，必豔慕不置。嘗謁退溪先生，先生許以善人。嗚呼！天假之年，則君豈止於此？

君娶引儀韓翁女，生四男三女：存信其長也，娶縣監具思諶女；次曰存善，娶縣監具英俊女；次曰存義、存美，皆幼。女長適任奕，業儒。餘未歸。

銘曰：

嗚呼公保，誰與我好！頎乎其外，廓乎其内。若將有爲，而止於斯。漢山之東，有寧一宫。刻銘幽堂，用昭潛光。

忠義衛韓公墓誌銘

公諱世倫，字某，清州人。遠祖諱蘭，佐高麗太祖，三韓録功三重大臣，奕世冠冕，入我朝猶然。曾祖，左議政、西原府院君、襄節公諱確。祖，判敦寧府事、西城君、恭安公諱致仁。考，刑曹參判、西原君諱僴。妣貞夫人宋氏，嘉善大夫、礪山君益孫之女，以成化乙巳五月庚申生公。公生未閱月，而母夫人卒。參判公母弟敦寧府正諱倧無子，且憐公在襁褓失恃，取以爲後，妻以姨女。

弘治丙辰，公連喪二考，致哀如成人，弔者咸悦。公孝友真率，輕財樂施。朋友有食貧者，與共衣食，或分與臧獲，無難色。聞有喪，必先匍匐。人多長者之。尹氏姨患毒腫，進蚯蚓汁，公必先嘗，示若不穢者。申氏姨患瘟疫，一家多染，親戚莫敢顧，公躬負姨以出，用藥獲痊，公亦無恙，人以爲難。公有五兄三姊，晚年諸兄皆逝，只餘孽弟、世姪，篤愛無間，無日不相對。客至，未嘗不設酒食爲樂。人或勸之仕，公不經意。一日冬曉風雪，公卧聞路上喝道聲，語其子曰：「布被土牀，此亦足矣，彼人良苦。」其恬靜如此。

公先娶南陽洪氏，是石城縣監諱貴孫之女，内資寺判官諱循性之孫，崇政大夫、江寧君諱元用之曾孫，生于成化甲辰八月甲子。温惠而敏，主中克宜，上下咸得其情者凡二十八年。而嘉靖壬午四月丁亥先殁，享年三十九。其年七月，窆于楊根水餘里。後娶延安金氏，是禦侮將軍、行宣傳官諱石亨之女，副司猛諱孝仁之孫，通政大夫、行間延郡事諱敬之曾孫，生于弘治壬戌十月丁卯。柔順而慈，能紹内事。甲午十二月甲寅，公以疾終於家，享年五十。越明年乙未三月，將就窆洪氏之塋，而穿壙有水氣，不克葬。丙申三月，始得地于廣州治東早谷山斗尺里襄節公塋側，移洪氏墓而合葬焉。厥後十六年辛亥二月乙亥，金氏歿，享年五十。是年十月，窆于同原。

公凡有三男二女：長男曰脩，丁酉升上舍，補官不就。明廟朝，用特薦，拜掌苑。今上朝屢經憲官，今爲通禮院右通禮。長女適郡守崔汝舟，是洪氏生也。次男曰倜，以門蔭，今爲宗廟奉事。曰倓，中丙辰武科，官至昌城府使，早歿。季女適任克，是金氏生也。通禮初娶正郎閔瑄女，再娶提檢李公楫女，不克育子，只有妾子曰某。倜娶崔埴女，生二男二女：男曰希福、希禄；女適李晚生。次某。倓娶忠義衛朴芸女，生一男曰希吉。郡守有二男：長曰洁，夭而無子。季曰滉，中戊午進士、丙寅文科，今爲某官。任克生一男二女：男曰慶雲。

通禮於珥先君爲姨弟，珥生雖後，通家有所聞知，今被索誌銘，不敢固辭。銘曰：

惟帝畀衷，我所秉彝。求之匪遠，顧諟在斯。曰軒與冕，外物儻來。求非有益，得或成災。公厚天分，重内輕外。克孝克友，善端藹藹。没齒潛光，無怨無尤。廣陵之東，有寧一丘。刻銘何爲，聊以闡幽。

貞順翁主墓誌銘

貞順翁主，中宗大王之女，而仁宗大王之妹，明宗大王之姊，今上殿下之姑也。母淑媛李氏，系出大元，父白先，秉節校尉。主以正德丁丑十二月六日生，生四歲而淑媛歿，貞顯大妃與文定王后憐而撫育之。十歲，受封。十二歲，釐降于宋公寅，授以礪城尉。宋是礪山大姓，前朝忠臣中贊、貞烈公諱松禮之後。中廟朝靖國功臣領議政、礪原府院君、肅靖公諱軼，是王考。贈户曹判書諱之翰，是考也。宋公以祖勳襲封君。主性恭順，不有其貴，事舅姑無失道。萬曆九年八月二十五日，以疾卒，享年六十五。有一男曰惟毅，前敦寧府奉事。娶左贊成鄭大年女，生二男：曰圻，曰垓。圻今爲典艦司別提，娶大司憲金弘胤女，生一男四女。其年十月二十九日己未，禮葬于楊州沙川縣立石里宋氏先塋左岡。卜得日，宋公以珥從游久，欲徵一語掩諸幽，珥不敢辭，銘曰：

蘇羅山西，維楊之北，一丘卜吉。允矣，碩人之玄室。

外祖妣李氏墓誌銘

李氏，龍仁望族也。有諱有若，位三水郡守。生諱益達，位全羅道兵馬虞候。生諱思温，以生員不仕，娶崔參判諱應賢之女。參判賢有家法，崔氏閨範修整，以成化庚子正月二十四日生李氏。禀性和柔，操心純静，幼讀三綱行實，能曉大義。既笄，適于申氏，即進士府君諱命和也。申乃平山大姓：進士曾祖考，議政府左議政諱槩。祖考，成均館大司成諱自繩。考，寧越郡守諱叔權。妣，南陽洪氏。進士飭躬有守，不爲非義。燕山朝短喪之令甚嚴，進士執親喪，哀毁三年，不以法撓。己卯年間，有欲薦以賢良者，進士力辭竟已。進士是介士，李氏爲賢婦，兩美相合，禮敬備至。正德辛巳，進士遘癘疾濱死，李氏禱天斷指，誓以俱死。進士忽夢神人報以當瘳，次女侍側，亦夢天降靈藥。是日陰雲晦暝，雷雨大作，進士疾遂瘳，鄉人異其誠。事聞于朝，中宗大王命旌門復户。明年壬午，進士終于京城，初葬于砥平，後遷于江陵助山之原。李氏仍居于江陵，寔崔氏之鄉也。隆慶己巳冬十月二十二日，以疾終，享年九十。其年十二月八日，葬于助山。進士墓在前。

李氏無男，有五女：長適張仁友，次適李主簿諱元秀，次適生員洪浩，次適習讀權和，次適李胄男。諸孫二十餘人。主簿即珥先君也，俾珥主外祖考妣之祀。銘曰：

有美閨秀，窈窕柔儀。庭闈承訓，室家孔宜。謂天有報，晝哭無兒。謂天無報，壽到期頤。鬱鬱助山，合兆於斯。猗歟流芳，百歲無隳。

習讀官權公墓誌銘

君權氏，系出安東，家在江陵，諱和，字希惠，生于正德戊寅。以嘉靖己亥，作贅于同鄉申氏。申氏，平山望也。室人是珥外祖考進士諱命和女也。珥年四歲，猶記其時事。辛丑，珥隨親入漢中。戊申，歸覲外祖妣李氏，則君已克家，内外完美，喜賓客，設酒食無虚日。厥後，珥往來不輟，以君宏麗其舍，平臨迴野，可以盪煩，故夜宿所寓，晝必詣君舍。鄉人屢大會，君不惜其費以爲樂。隆慶己巳冬，珥喪外祖妣。庚午，服畢，與君別于大關嶺下。壬申，君以事來京，珥會君于陽德坊，胥嘆後期之難。萬曆癸酉春，君遊楓嶽山，道中疾作，徂夏竟不救，享年五十六。珥聞訃，陪仲氏哭于坡山花石亭。

君少業文，一中鄉舉，既壯去之，試補習讀官，又棄之。爲人嚴直，徑情而行，發言處事，無卑屈態。聞善士之名，則必起歆慕，是可取也。君曾祖考諱綸，觀察使。祖考諱悚，參奉。所後考諱璲，忠順衛。妣，某邑某氏。所生考諱璉，進士，以文名世。妣安城李氏，生員諱碩珍之女也。申氏先君逝，卜葬于助山，今十八年，就而同域焉。有一男五女：男曰處均，學儒。女長適沈添壽，次適朴爰，次適奉教崔雲溥，次適進士崔承安，季女未歸。内外孫皆幼。雲溥妻在京，聞君疾革，沐浴斷指禱天，尤使人悲也。

銘曰：

頎其形，勁其中。豈云無藝，不試以終。鬱鬱兮助山，是君之幽宫。

伯氏參奉公墓誌銘

伯氏諱璿，字伯獻，德水之李也。考諱元秀，司憲府監察，贈崇政大夫、議政府左贊成。妣平山申氏，贈貞敬夫人。祖考諱葳，贈資憲大夫、吏曹判書。妣南陽洪氏，贈貞夫人。曾祖考諱宜碩，慶州府判官，贈嘉善大夫、司憲府大司憲。妣海州崔氏，贈貞夫人。三代之贈，以珥爵也。

伯氏於嘉靖甲申九月己丑生于漢城，幼學于家庭，屢舉不售。甲子秋，始登上庠。隆慶庚午，筮仕，作南部參奉。其年八月丁巳，以疾終于漢城，享年四十七。十月，葬于先塋之後。平生不修邊幅，與物無忤，自少至長，人無嫌嫉者。娶善山郭氏，前習讀連城之女，家在懷德。結褵十五年而寡，有男女各二人。珥休官，卜築海州。郭氏自懷德攜孤奉先主，移于海州。萬曆庚辰冬，珥承召入京，不能歸鄉。明年春，盡眷復寓于京。郭氏或東或西，惟珥言不違，此婦人所難也。壬午七月，感疾。八月辛丑，竟不起，享年四十六。是歲十月，祔葬于伯氏，是坡州斗文里也。男曰景震、景恒。女適士人趙德容。一幼。景震娶安守基女，生女，幼。

銘曰：

貧而家食，位止一命。天胡偏塞，壽又不永。氣有屈伸，惟冀後慶。

申伯温墓誌銘

君諱煦，字伯温，申姓，平山人，高麗壯節公崇謙之後也。入我朝有曰渾，禮曹判書，乃君七世祖也。曾祖諱永錫，司憲府監察。祖諱援，社稷署令。考諱誠美，有高行不售。母李氏，參奉澝之女，以嘉靖戊子生君。

君爲人恬淡寡欲，蕭然如在塵外。嘗從履素李君深，以理義爲悦。事親孝，與弟友，待人必以誠。好善嫉惡，出於天性。平居體不勝衣，至於制事行義，勇不可奪。至十八，父以瘟疫終，君亦遘厲。力疾行喪，必問於禮。既葬，朝夕號哭於墓。幼育於姑家，姑無子，欲以家資委君奉祭，君引義固辭。姑涕泣敦諭，而君竟不從，乃以同姓爲嗣。爲親應舉，數奇不第。嘉靖辛酉四月戊申，以疾終，享年三十四。是年八月庚申，葬于驪州趨翼山下。娶内禁衛金鼐之女，生二男一女，皆幼。

銘曰：

氣之粹者鮮厚，捨司命兮將誰咎？有温其容兮，有確其守。蘊斯美而何施？栽不培兮耕不穫。驪興之阜，翼山之麓。有寧一宫，千秋是宅。

行狀

先妣行狀

慈堂諱某，進士申公第二女也。幼時，通經傳，能屬文，善弄翰。又工於針綫，乃至刺繡，無不得其精玅。加以天資温雅，志操貞潔，舉度閒靜，處事安詳，寡言慎行，又自謙遜。以此申公愛且重之。性又純孝，父母有疾，顏色必戚，疾已復初。

既適家君，進士語家君曰：「吾多女息，他女則雖辭家適人，吾不戀也。若子之妻則不使離我側矣。」新婚未久，進士卒。喪畢，以新婦之禮見姑洪氏于漢城，身不妄動，言不妄發。一日宗族會宴，女客皆談笑，慈堂默處其中，洪氏指之曰：「新婦盍言？」乃跪曰：「女子不出門外，一無所見，尚何言哉？」一座皆慙。後慈堂歸寧于臨瀛，還時，與慈親泣別。行至大嶺，半程望北坪不勝白雲之思，停驂良久，悽然下淚。有詩曰：「慈親鶴髮在臨瀛，身向長安獨去情。回首北邨時一望，白雲飛下暮山青。」到漢城，居于壽進坊。時洪氏年老，時辛丑歲。不能顧家事，慈堂乃執冢婦之道。家君性倜儻，不事治産，家頗不給。慈堂能以節用，供上養下。凡事無所自擅，必告于姑。於洪氏前未嘗叱姬妾，侍婢皆名姬妾。言必以温，色必以和。家君幸有所失，則必規諫。子女有過則戒之，左右有罪則責之。臧獲皆敬戴之，得其歡心。慈堂平日，常戀臨瀛，中夜人静時必涕泣，或達曙不眠。一日，有戚長沈公侍姬來彈琴，慈堂聞琴下淚曰：「琴聲感有懷之人。」舉座愀然，而莫曉其意。又嘗有思親詩，其句曰：「夜夜祈向月，願得見生前。」蓋其孝心出於天也。

慈堂以弘治甲子冬十月二十九日生于臨瀛。嘉靖壬午，適家君。甲申，至漢城。其後或歸臨瀛，或居蓬坪。地名。辛丑，還漢城。庚戌夏，家君拜水運判官。辛亥春，遷于三清洞寓舍。其夏，家君以漕運事向關西，子璿、珥陪行。是時，慈堂送簡于水店也，必涕泣而書，人皆罔知其意。五月，漕運既畢，家君乘船向京，未到而慈堂疾病。纔二三日，便語諸息曰：「吾不能起矣。」至夜半，安寢如常，諸息慮其差病。及十七日甲辰曉，奄然而卒，享年四十八。其日家君至西江，珥亦陪至。行裝中鍮器皆赤，人皆怪之，俄而聞喪。

慈堂平日墨迹異常。自七歲時，倣安堅所畫，遂作山水圖，極妙。又畫葡萄，皆世無能擬者。所模屏簇，盛傳于世。

外祖考進士申公行狀

進士申公諱命和，字季欽。天質淳愨，志操有定。自少讀書時，便以善惡爲己勸戒。及長，篤于學行，非禮不動。燕山朝丁父憂，時短喪法酷，進士竟不廢禮，衰絰廬墓，啜粥毁瘁，親爨以奠，盡哀三年，以此時論多之。中廟朝，尹相公殷輔、南公孝義等欲薦以賢良，進士固辭，遂不能强之也。

進士生于成化丙申，中進士于正德丙子。嘉靖壬午仲冬初七日乙巳卒，享年四十七。葬于砥平赤頭山麓，其後遷葬于臨瀛助山。進士娶李氏，生女五人：長適張侯仁友，次即師任堂，次適洪生員浩，次適權君和，次適李君胄男。

進士平日與子姪談笑時，皆不失度，動有規範。一日李氏如厠，還時，失足將仆，諸女趨扶之，既而皆莞爾，進士見而語之曰：「父母氣弱，所可憂懼，反更笑耶？」諸女慙謝。其觸事嚴誨類此。故諸女遵教，頗有賢行。進士之接人也，言必有信。一日丈岳李侯與友期會，而因事未往，將抵簡，令進士書之曰：「託以微恙可也。」進士正色曰：「過情之語，不可告人。」終不肯書。又於正德辛巳，將醮次女。于時朝京人還，誤以廣選處女之説惑衆，萬口洶洶。有女之家，不因媒約，狂趨迎壻，雖士大夫之家莫有具禮者。進士獨慨然傷俗，竟依婚制，從容納幣。其固執於善如此。

聽松成先生行狀

先生姓成，諱守琮，字仲玉，昌寧人。我朝初，有諱汝完，佐太祖，位領議政，先生其六代孫也。曾祖諱得識，位漢城府尹。祖諱忠達，位縣令，後贈吏曹判書。考，大司憲思肅公諱世純。妣貞夫人金氏，江華府使諱克忸之女，左議政諱國光之孫。思肅公立朝，謇謇有大臣節，金氏亦賢夫人。以弘治六年癸丑二月十九日甲寅生先生于京城，生而異凡，弱不好弄，儼若成人。天性至孝，族黨皆稱爲孝兒。既知讀書，便曉大義，恒加程規，日益將就。正德甲戌，先生年二十二，丁思肅公憂，守墓于坡州向陽里，哀毁過禮，三年啜粥。日三上食，必哭盡哀，躬執饌具，不委童僕。晨起埽塋域，焚香拜跪，暮亦如之，祁寒溽暑不廢。有客過其廬，感其孝誠，投詩而去。詩曰：「成門有二子，孝行繼家君。啜粥誠横日，焚香哭徹雲。」禮神朝與夕，謁墓曉兼曛。一法朱文制，當今此始聞。」服闋之後，每值忌日，先期一旬齋戒。祭時哀慟如初喪，素服終日，不接賓客，朝夕必展謁于祠堂，出入必告。與弟守琮遊於靜菴趙公之門，俱有重名。識者以英達許其弟，而至於敦厚華粹，則咸推先生也。太學諸儒欲疏其居喪孝行于朝。先生之友尚公震時居上庠，止之曰：「某兄弟，力學之士也，將期大成，不可使一善之名，早聞於世也。」事不果上。先生聞之，稱其識量。侍母夫人居，晨省昏定，必具甘旨。兄弟怡怡，養志無違。妻子貧窶，不以爲意。己卯之士，聲聞太盛，先生以爲憂。且自丁憂後，身抱羸疾，自度不能與世俯仰，遂閉門不出，不事科舉。家在白岳山麓，於園北松林中，築書室數間，扁曰聽松，獨處其中。日誦大學、論語，手寫太極圖，以玩索造化之原。自通書以下程朱之書，悉類會鈔録，常置座右。以學爲樂，不以外物累其心，邪淫之聲，未嘗經於耳，不正之色，未嘗接於目也。

嘉靖辛丑，朝廷方舉遺逸，慕齋金公將薦先生，問于洪公奉世。洪公曰：「朝廷欲求堪任百執事者耳。成某則年垂五十，不求聞達。徵辟之下，徒使斯人難於進退，而相公亦被近名之誚，不如且已。」金公曰：「朝廷薦賢，雖未大用，某待罪列卿，當薦一時第一流，使姓名達于楓宸，可也。他何足屑？」仍問曰：「子是成君執友，可論斯人地位？」洪公對曰：「成某資高學成，竊謂守死善道，斯人當之。」金公曰：「止此而已乎？」其見重如此。金公雖不果薦，而朝廷竟授厚陵參奉，謝恩而不就職。癸卯，母夫人隨季子守瑛之官德山，先生爲母寓于縣之伽倻寺。先生有聘家舊業，在坡平山下牛溪之側，卜居其中，扁其堂曰竹雨，時以爲終焉之計。以母夫人故，不敢歸也。其弟知先生意，求換積城縣，先生始居于牛溪，時甲辰秋九月也。自是母夫人或在積城，或就牛溪。先生覲省之外，不出谷口。其弟官滿，先生侍母歸牛溪。田少土瘠，庚釜或罄，而母夫人常極滋味。妻尹氏亦和柔寡欲，養姑承順，不憚勤苦。母夫人稱之曰：「吾婦能安余志。」壬子，復徵遺逸，特授六品階。先生到京城，或疑其老不當出，先生語人曰：「吾世臣也。豈可偃蹇以辱君命？病不能仕則業已定矣，但尋便一謝，以答聖恩，可也，謂之遺逸則非其人矣。」于時廷議欲試以臨民之官，同徵五人皆補外。先生初拜内資寺主簿，入京之日改禮山縣監，謝恩而不之官。吏曹欲授近邑，冀其一就，奏換兔山，又換積城。先生適疾作，未能謝恩。俄而母夫人得疾，歸而侍藥。是年十月，母夫人卒。哀毁致疾，發必氣絶，僅得支持，猶廬墓終三年。

先生以祠堂宗法自有禮制，惟墓祭則國俗子女輪其節祀，臨時賫送，或不誠潔，世代寖遠，廢祀者多。乃立墓祭之法，優置墓田及臧獲，構屋墓下，藏器有閣，收穀有庫，具饌有廳，致齋有房，凡百皆備。以至牀席器用之細，皆親加規畫，無不精固。爲之立籍，以爲經遠之圖。或曰：「如此過厚，後將至於廢弛。」先生曰：「爲之自我者，當如是。後之替引，在子孫賢否耳，豈可逆料廢弛而先自忽之乎？」節祀之時，令奴婢齋浴，掩口而具粢盛，甚豐且潔焉。先生又慮墓直奴婢，後爲本宗子孫所侵奪，乃益之以自家奴婢，且命其子曰：「汝當體我之心，遺書子孫，俾無侵奪，可也。」

先生自少多疾畏寒，晚年益苦，雖薄寒不敢出。每值春秋和暖，命駕之田間，田父野老與之談話，風詠而歸。一室圖書，塊然靜處，謝絶世故，若無意當時。四方風土，人情物宜，靡不周知。感時憂國，出於至情，嘗有所感，出孟子「好善優於天下」及「人不足與適也」兩章，而三復之曰：「嗟呼！有能以此説進於吾君者乎？」顧語其子曰：「余幾於流涕也。」每聞郡縣催科，輒嘆曰：「吾民飦粥且不繼，何以辦此？」不怡者竟日。四方之士，多造其廬而拜焉。搢紳之官于州縣，適是邦者，即其家存問。休譽益盛，而自謙益卑。每聞稱道，退縮不受。自號坡山清隱，後改牛溪閒民，曰：「吾可謂之清隱乎？」

庚申歲，復徵拜造紙署司紙。先生年已六十八矣，老且病，未能謝恩。尚公時爲首相，抵簡曰：「恩命出於聖衷，其亟來謝！」先生復書曰：「昔者，文立不薦程瓊，知其稟性謙退，年垂八十，無復當時之望故也。今公非知我者耶？」尚公又貽書責之，竟不起焉。辛酉冬，妻尹氏卒。壬戌夏，先生發濕證，臥不能起。癸亥春，病甚。自是沈綿，日就澌盡，而神更清茂。至甲子正月二十五日己亥卒。前一日，謂其子曰：「我死矣，汝以貧故，常欲殖穀而葬親。君子之於貧賤，素其位而已，何至作如此事乎？愼勿爲之。」其子曰：「謹受教！」因泣曰：「病將愈矣，何爲出此言乎？」先生曰：「死生常理，奚復云云？一遭歸盡，良是易事。」其子請益有所教。先生曰：「吾言在平日，至此復何言？」言語慮事，無異平日，授以斂襲治喪之禮，且曰：「銘旌書初授主簿，可也。」遂更衣就枕。將絶，左右扶其手，命止之，遂卒。享年七十二。

先生天分極高，重厚忠信，身長骨秀，儀刑甚偉，喜怒不遽，言笑有時，望之儼然，知其德器也。素志沖澹，迥出物表，視世之所屑者，不翅若草芥也。其學以反躬切己爲務，以誠爲主，未嘗輕以語人。嘗謂學者曰：「道若大路，而聖謨賢訓，昭如日星，知之不難，要在力行以實其知耳。言語之學，都不濟事。」又曰：「聖人之門，聰明英邁之才不爲不多，而卒得其傳者，乃魯鈍曾氏子耳。然則爲學，豈在多言？世有能言聖人之學，蓋思而反之身也。」每勸人讀小學曰：「修身大要，盡在於此。今人不讀是書，懵然不識人道。居家何以事親，立朝何以事君乎？」先生安居靜養，得力尤多，老益高明。或閉户獨卧，經旬不言；或擁衾儼思，夜分不寐。每有意會，輒欣然自樂，語人曰：「余老來讀書，方知其味無窮。使我讀書於今日，則庶幾有得。而七十之年，衰病俱極，深可嘆也。」教誨其子，使至於道，嘗謂曰：「汝當讀書實踐，謹守汝身。教育二兒，俾知向方，以傳其家，可也。此二者，吾所望也。」

先生兄弟四人，友愛甚篤。伯兄家貧，常以酒食，致養不絶。其居家，内外肅穆，衆事自理。凡有所爲，盡其規畫，必至於成就。其外舅無謫子，只有孽息，棄不省録，遺命以先生之次子奉其祀。先生曰：「外舅又有先考，非外孫所宜承祀。」請于妻母金氏，欲取同姓爲繼後，金氏不從，請取孽子爲後，不得已許之，先生乃命名而俾奉祀焉。輕財周急，不遑自恤。親戚有貧不能婚嫁者，皆賑助之。至以臧獲分與兄弟朋友，略無難意。平居日用，若無有異於人，而其收束檢制處，則浩然以淡泊自守，常情所不堪，而方且自以爲樂也。飲食無所嗜好，豆飯菜羹，未嘗不飽。晚年，盤有重肉，命去其一。衣服只取周身，常服狗皮裘，絹紬之屬，不以掛體。嘗自贊曰：「其容枯槁，其貌亦古。行年四十，猶一布衣。初心不駁，終始無違。」宅邊樹桑柘成林，而不事養蠶。或問其故，答曰：「使余扶杖徜徉于其下，緑葉成陰，清風徐來，如是足矣。」前溪魚蟹，亦不喜漁也。性雖高潔，而接人無貴賤大小，懽然如親。與鄉人處，飲食言笑，油油如也。奴僕之微，亦撫以誠，軫其衣食焉。及門之士，被其容接者，穆然如在春風中。觀其眉宇，鄙吝自消；聽其談論，放心自收。其言溫厚平易，無智愚皆獲其益。聞人一善，輒嘆其不可及；見人過失，未嘗面斥，惟示其微意，使之漸化。聽言處事，不露圭角，若無可否，而至於斷以義理，則有凜乎不可犯者。有一上舍請書其先祖墓碣，其文乃李季甸所撰，先生默閱良久，曰：「子識李季甸所爲乎？」對曰：「不知也。」先生曰：「南秋江許詡傳，載此人之事。」遂不復言。其生悟其意，不敢復請。其筆法不求姸媚，惟以奇古老蒼爲主，而墨氣高明，自成一家。其得意時，運筆神速，玅若化工。評書者推爲當代第一。此雖遊戲之末，而可想風標之出塵俗也。人藏遺墨，以爲家寶焉。其於文藻，略不用功，有時吟詠山家興味，得之自然，非世之篆刻者所能及也。

性不能飲，或飲一勺，輒微醺。醺輒高吟，音韻滿室。好看陶淵明詩，且悅其爲人，每有曠世相感之意也。其歿也，遠近識者聞之嗟悼曰：「山林空矣。」鄉人朴宗文、尹希慶等治喪，一依家禮。家無儲粟，其子將鬻田以葬。會司諫院啓曰：「伏覩坡州居前積城縣監成守琛，初以遺逸授本職，謝以身病，終不之官。安居田里，頤養精神，力行古道，杜門求志。行年七十有二，卒以窮約而死。斯可謂一國之善士、當代之逸民。其於喪葬，宜加恤典，請令禮官商確事宜，文移本道，俾助襄事，以示國家尊賢敬老之意。」主上嘉納，下其議于禮曹，賜槨一部，且命京畿監司優賜米菽。發引造墓時，皆出役軍。誠近代所曠之典也。先生故舊及常所往來，或聞風向慕者，皆賻其喪。以四月初二日癸酉，葬于向陽里先塋之側卯坐酉向之原。尹氏墳在其左焉。

尹氏系坡平，判官士元之女，參判垓之孫也。生一女一男。女適直講閔思道，生三男一女：男曰成已，早歿；曰成章，進士；曰成憲，業儒；女適生員尹勉。男渾，娶郡守申汝樑女，生二男二女：曰文澤，曰文濬，皆業儒；女幼。先生歿後三年丙寅，命贈中直大夫、司憲府執義。

嗚呼！先生本源甚厚，而充養完粹，介不絶俗，通不踰閑，晦迹草野，罕接人事，而不形之德，得人心服。賢者敬其實，不肖者慕其名，譬如鳳凰、芝草，咸以爲美瑞焉。同風傾仰者，亦但見其氣宇宏深，莫可涯涘而已。至於踐履所造之域，則鮮有深知之者。珥與渾爲友，而獲窺先生道德之光，今因聞知于一家者，而謹誌其一二如此。

領議政李公行狀

公姓李氏，諱鐸，字善鳴，全義世家也。始祖諱棹，謁高麗太祖于錦江，有護涉之功，麗祖賜名，遂佐麗祖，策開國勳，官至三重大匡、太師。自是世踵其美，十一世而至諱龜，始事我朝，官至漢城尹。生刑曹正郎諱直幹，是公高王考也。曾王考諱宏植，求禮縣監，贈資憲大夫、吏曹判書。王考諱孟禧，光陽縣監，贈崇政大夫、議政府左贊成。考諱昌亨，信川郡守，贈大匡輔國崇祿大夫、議政府領議政。妣密陽朴氏，贈貞敬夫人，濟用監僉正諱維之女。三代之贈，以公貴也。

公生于正德己巳四月丙戌，自幼氣度不凡，見者奇之。議政公常曰：「此兒終必大吾家。」年十七，陪叔母下南鄉，於逆旅，僮僕與鄰人鬪，鄰人稱被毆者將死，到寓舍作亂，一行喪氣。公出踞繩牀，招問其由，即縛其奴付鄰人曰：「殺人者，法當償命，恐其逃，故今付汝告官。但毆不至傷，而汝敢作亂，則汝亦有罪。」言已杜門，戒僮僕不言。夜半，鄰人潛還其奴。議政公聞之喜曰：「此非厥兄所能爲，吾所以必遣此兒也。」及長，力課學業，善於詞賦，取友必擇勝己。言動不苟，同儕推重不敢侮。嘉靖辛卯，中進士試。乙未春，李秫榜登第，分承文院，權知副正字，陞至著作，薦入藝文館爲檢閲，遷承政院注書。未及就職，丁父憂，是丙申歲也。戊戌，丁母憂。辛丑，服闋，授承文院博士，例陞成均館典籍。歷承文院校檢，工、禮、兵曹佐郎，司諫院正言兼春秋館記事官。甲辰，陞刑曹正郎，歷成均館直講、兵曹正郎、司憲府持平。杜門靜處，不事交遊，人或疑之。乙巳，由禮曹正郎，出拜大同道察訪。不以補外介懷，力於馬政，驛路用穌，無何病遞。拜兵曹正郎，俄遷吏曹。丁未，用薦拜議政府檢詳，陞舍人。時士林之禍甚慘，公適與陳復昌爲同僚。復昌方附權姦，搖時議，公竟日相對，無一語及世務，只事杯酌戲謔。復昌語人曰：「某也佯狂外我。」不欲開懷，聞者危之。戊申，陞司憲府執義。時大司憲具公壽聃欲劾李芑貪縱，議于私第，公韙其言從之。俄左遷司宰監僉正，拜弘文館校理，陞至應教。坐事罷，爲成均館學官。逾年，授宗簿寺僉正。辛亥，陞本寺正兼春秋館編修官，移弘文館典翰，轉直提學。壬子，陞承政院同副承旨，遷爲僉知中樞府事。癸丑，以進獻使赴京，清慎律己，行橐蕭然，從者畏戢，不敢犯法。到一驛館，館人曰：「此舍有妖。」使臣皆不寓宿，公强宿焉。其夜適患霍亂甚苦，從者疑恐，請移他舍，公執不聽，自後邪説始息。秋，遷弘文館副提學。時尹元衡以妾爲妻，倡起庶孽許通之路，大司憲尹春年助成之，人莫敢言者，公上劄論之。甲寅，復入銀臺。乙卯，轉左承旨。是年，倭寇陷達梁，都下震驚，調發繹騷。文簿叢委，公出納無少錯，俄陞都承旨，以病遞。歷掌隸院判決事，司諫院大司諫，工、禮、户、吏曹參議。戊午，以都承旨陞嘉善。己未，以黄海道盜起，特命公爲觀察使。入界，不事追捕，惟務安集。未及期，以病遞，付西班，遷同知中樞府事，歷工曹參判。壬戌，由刑曹參判出按忠清道。時李樑用事，公笑謂同志曰：「君與我不知權門。」或問曰：「樑門炙手可熱，公不一踵，無乃太露形迹乎？」公笑曰：「如我老病之腰，豈可屈於昔日郎屬乎？」未久病遞。癸亥，樑敗，歷禮曹參判，重歷大司諫、副提學，五拜司憲府大司憲，再拜吏曹參判，累帶摠管，且兼成均同知。乙丑，尹元衡罪盈惡稔，公論激發。公時爲憲長，與大司諫朴公淳率同僚伏閤請遠竄，三公繼發，至於舉朝立庭，乃命削爵放歸田里。元衡之奴有怙勢爲民害者，自府拿致杖殺之。權姦既去，出入其門者，多不自安。公曰：「一時相識，豈盡其黨乎？但當治其甚者而已。」持論甚平，要在鎮靖，人服其量。是年，以吏曹參判擢拜資憲大夫、工曹判書，以御札特命也。歷户曹判書、漢城府判尹，知中樞府事，復長憲府。隆慶丁卯，拜禮曹判書。時穆宗皇帝登極，翰林院檢討許國、給事中魏時亮以詔使入境。明廟昇遐，今上以權知國事，將迓詔使。兩使皆講禮者，乃謂禮官曰：「權知國事，未受命爲王，當與羣臣同服。」事出變禮，典故無據，往復未定。公乃以世子七章之服爲請，詔使許之。又謂迎詔時，不宜乘輦，舉朝憂悶，公善辭得請，相禮之際，容止可觀。領議政李公浚慶乃嘆曰：「某當大事，風力過人，不可及也。」歷議政府右參贊。戊辰，以兵曹判書陞崇政大夫、議政府右贊成兼知經筵事，俄判吏曹。時承權姦之後，仕路淆濁，公奮然欲矯積弊。銓選一主論，建白才行之士，不拘試才與否，皆得除官。識者是之，流俗不平，人或尤其創新。公曰：「不如是，無以疏滌痼習。」由此名士不沈於下，庶官得人，近世掌銓者無出公右，士望益重焉。明年，辭遞，歷判中樞，復拜兵判。公不欲連操政柄，辭遞爲知敦寧府事。是後，復拜吏判者一，判中樞者一，右贊成者再，兼判義禁府事者亦再。

辛未六月，卜相，拜大匡輔國崇祿大夫、議政府右議政兼領經筵事、監春秋館事。公聞命，杜門自訟曰：「如我者，亦至台鼎，未知國家事終何如也？」憂形於色。既謝恩，以無學術自歉，引張詠「蒼生無福」之語，懇辭再三。不獲免，乃就職。時朝廷設正供都監，欲矯貢物防納之弊。公爲提調，夙夜憂勞，思善規畫，而上志不欲更張。衆論不一。公謂人曰：「先王成憲，雖不可變，法久弊生，不可無損益。今拘仍舊，不能變通，則豈今日救焚拯溺之意乎？」都監竟無所成而罷。壬申春，以疾乞免。上命史官敦諭，遣醫賜藥。病彌留，辭章九上，乃允。聖批有曰：「卿輔國之心，不以進退有閒。」兹允所辭，既遞相，移樞府，或判或領。」萬曆癸酉九月，復拜領議政兼領經筵、弘文館、藝文館、春秋館、觀象監事。公上疏陳情曰：「臣身事三朝，歷忝清要。及遇聖明，濫蒙寵擢，而疾病沈痼，遽爲廢物。有時傷嘆，涕淚自零，恩同天地，效乏涓埃。陳乞之事，不過請骸。臣罪當誅。臣雖無狀，豈敢不思國恩，而求逸其身哉？雖欲扶曳就列，策礪駑鈍，勢不可得也。」聖批答曰：「卿德望素著，實合具瞻。宜閒居論道，勉輔寡昧。」公懇辭不已。上遣史官諭曰：「大臣職任甚重。卿以宏才碩德，累上辭章，若無意於世，予心缺然。卿宜調理出仕，以副予意。」公辭不獲，乃黽勉就職。時侍臣有建白，請依祖宗故事，以未出身有學行者，參補臺職。上問右議政盧守慎曰：「此言何如？」守慎對曰：「臣意則以爲可行，但此在聖斷耳。」乃命議于諸大臣。公獻議曰：「帝王之用人，惟在於得人，何關出身與否乎？苟有力學踐履、恬靜自守、無意衒玉者，則雖置之公輔可也，何獨臺職乎？近來專以科第用人，才德之士，多沈而不揚。至如曹植，乃一時遺逸，而除拜不過冗官，終不得吐一言而死。此賢者所以不至也。自今臺官，參用未出身人，一以復祖宗之規，一以恢用人之路，則豈不有光於聖治乎？」時西海坪胡人，梗我驅逐伐穀之師，我軍奔北。議者欲舉兵窮其巢穴，以刷其恥。公曰：「興師動衆，必稽天時人事，不可輕舉。今者天災疊現，兵力不完，只可固守待變，非舉兵深入之時也。」軍竟不發。甲戌春，以白虹貫日之變，上下手教，自責求言。一日上御丕顯閤，引見大臣侍從，以災異爲憂。公進曰：「君上所當克念者，敬天勤民，玆兩事耳。伏見求言手教，出於至誠。成湯六責，蔑以尚兹。古人曰：『非言之艱，行之惟艱。』又曰：『敬天以實不以文。』苟能終始至誠，無一毫私僞雜於其閒，則敬天勤民，克盡其實矣。張南軒曰：『人君不可以蒼蒼者爲天，當求之念慮之閒。一念纔不是，便是上帝震怒。』以此見災變由於人君之一念，可不畏哉？念兹在兹，無或少忽焉。」公去冬喪女，過慟傷神。至是，宿疾重發，乃辭職。上慰諭甚敦，至有「爲國柱石，安危所係，進退非輕」之語。章凡十一上，乃允，遞拜判樞。雖釋負就閒，而病不少愈，藥餌無效。丙子春正月甲辰，卒于正寢，享年六十八。

病革，精神不變，謝醫曰：「吾病無可爲者，多謝勞枉。」顧語子海壽以殯斂之宜，且命葬後依禮返魂。海壽問曰：「神色如常，何至於此？」公曰：「死生常理，聖賢所不免。我則人事已極，復有何憾？今夜鷄曉，吾死矣。」果如其言。訃聞，上震悼，進素膳，輟朝三日，常典外別遣近侍致祭，禮數優異。是年三月丙午，用一等禮，葬于京畿積城縣南閒山里亥坐巳向之原，從先塋也。

公資稟醇厚，體貌豐厚，孝於事親，務在色養。其侍病也，未嘗解衣而寢，累年不少怠。連喪怙恃，哀毁致傷，一生痼疾原於此。尤力於追遠，宗家奉先之儀，無所不用其誠。友愛兄弟，視從子如己出。當官處事，必思盡職，謹嚴自持，少無干進之意，而清望自歸。凡有君賜，必感激起敬，待使者盡其誠禮，雖病中不衰。平日謂諸子曰：「吾死後棺槨，自有君賜，勿論厚薄，必用之。」故一家送終之具，一依官庀，其敬君之賜如此。器量寬而有容，待人坦懷，無町畦，能受人之善。其判吏曹也，鄭澈爲郎，力主公道，公無言不從。一日笑謂曰：「銓衡之際，宜採衆論，故我從君言矣。然幸勿以必用吾言望於人，人必有不能容者矣。」厥後果然。有一武士潛私公所蓄妾，妾本倡也，公知之，即放出，終不言武士姓名。輕財喜施，撫孤恤寡，助婚資賻喪需，各盡其情。親戚故舊鄰里，皆得其歡心。常謂厚倫之道，莫先於明世系。乃與同志族人，立譜鋟梓，分于一門，徧及疎遠，曰：「此於睦族，不無少補。」居家尚儉約，服飾器用，無金玉綾段。教子弟每勉以清素，於物無所玩好。公退，只對客看棊而已。家業素貧，只資祿俸，絶無他營，或至乏絶，猶以盛滿爲戒。對子弟歎曰：「不德而致高位，無功而享厚祿，此招禍之道也。汝等勿喜。」常曰：「司馬溫公曰：『平生所爲，未嘗有不可對人言者。』此則地位甚高，人不能及。吾於一家事，亦未嘗有隱於人。此吾平生用力處也。」晚年好看書，或終日不輟，曰：「吾不幸早第，身且有病，不曾讀古人書。到今面墻，雖悔可追。」公雖以不學自謙，而愛人好士，其中毅然自守，故士林倚以爲重。而沈痾作祟，不享遐壽，識者咸悼惜之。

內子贈貞敬夫人李氏，貫龍仁，秉節校尉諱宗藩之女，司僕寺正諱績之孫，僉知中樞府事諱行儉之曾孫也。夫人生于正德己巳十月乙巳，性溫惠。歸公家，事上莅下，甚得婦道。

雖已貴顯，不敢自暇自逸。嘉靖乙卯閏十一月庚寅，以淑夫人終，享年四十七。丙辰三月庚午，卜葬，與公同原。有三男一女：男長即海壽，僉知中樞府事。娶縣監鄭惟義女，生三子：曰勸，曰勱，曰勸。次曰淮壽，軍器寺判官。娶禮賓寺別坐金天宙之女，生三子：曰勖，曰劼，曰勵。次曰溟壽，娶穆清殿參奉申纘之女，早夭無子女，以劭後。女適永同縣監金甲生，有二子一女。

海壽辱與珥爲僚友，珥亦登公之門，被國士之遇，不可謂不相知也。兹摭家譜所載及平日所聞知者如右。

宗簿寺正盧公行狀

公姓盧，諱慶麟，字仁甫，系出谷山。曾祖諱某，某官。祖諱某，某官。考諱某，某官。妣某郡某氏，某官某之女。

公生于正德丙子，擢嘉靖己亥別舉，補太學官，由學諭陞至博士，歷户、禮、刑、工四曹郎，平安、黄海兩道都事，司憲府持平，掌樂、宗簿兩司僉正。出拜羅、星二州牧使，入爲宗簿寺正。壬戌，拜肅川府使。越二年甲子，以治狀陞通政。公有臧獲在關北者，流入關西，請墾閒地奠居，公使處安州之野，遂成一邨，闢荒作田數頃，安鄰於肅。監司意其自占近邑之田，啓聞以罷。隨有臺論，奪堂上階，時丙寅秋也。公歸海州田墅，爲終焉之計。素有風濕疾，平生以藥餌自扶。在肅時，有人示以服鐵液之法，極稱神效。公苦於多疾，欲試其方。服之踰年，精神頓耗，乃止。隆慶戊辰春，病轉甚。鄉無善醫，恐不可救，舁入京城，百藥無效。朝命下，拜成均館典籍，竟不能謝恩。以四月己亥終，享年五十有三。

公心慈而氣剛，操守之堅，人不可撓。任情直行，不避嫌疑。少與陳復昌相狎，復昌既貴顯，往來遂疎。人或勸之見，公曰：「遂初所爲，殊不滿人意。」一日復昌自寫屏簇示人，座客交口稱譽，復昌問公曰：「何如？」公徐曰：「常品中好書法。」復昌勃然曰：「君何以常品觀耶？」積憾不已。公拜持平，被劾左遷[二]，陳之爲也。

羅、星之爲州，地廣民稠，詞訟浩繁。公莅事精明，語不出口，而衆務悉辦。黠吏豪民，莫不心服，迄今稱不容口。治星既久，政成事簡，獎儒勸學，士多興起，乃立書院于雲谷，以爲藏修之所，在伊川之上。厥後，退溪先生名之曰川谷書院，祀程朱兩先師，配以鄉賢李兆年，文風賴以益振。在星六年，屢蒙朝廷褒獎，聲聞赫赫。治肅也，大修黌舍，具祭器，一依禮制。遐荒之士，亦知慕學。公少登巍科，無同榻講磨之友，雖好善愛士，而量度峻隘，於人少許可，且不能隨時俯仰，坐此立朝無相推薦者。居官一蹟，竟不見引手相救者。嗚呼！此亦命也。

娶安東金氏，繕工監正諱漢老之女也。生三女：長則珥之室，次適宗室德原守鏡義，次適上舍生姜宗胤。側室具生二男：長曰孝蕃，次曰孝順，皆幼。某月某日，葬于某山先塋之側。謹録其官次行事，求誌于斯文作者，以圖不朽。

天休堂李公行狀

先生姓李，諱夢奎，字某，慶州人，新羅始祖赫居世佐命功臣李謁平之後也。六代祖知仁州事諱元普，生判官諱昇。判官生工曹參判諱延孫。參判生僉知中樞府事諱嵩壽，即先生之曾祖考也。祖諱成茂，官至判官，後贈吏曹參判。考諱仁臣，官至主簿，後贈吏曹判書。妣光州潘氏，節度使諱熙之女也，以正德庚午二月初六日生先生于京都白岳山下。

生而異凡，風骨秀爽。生未數歲，母之私姊妹之夫。宗室興寧副正無嫡子，取以撫養，將託後事。習語之時，即知讀書。年甫十歲，已通大義。搢紳先進來見者，皆奇之。十三歲，入學。訥齋朴先生時爲學官，深加嘆賞曰：「他日必爲國器。」金相公某寓于先生比舍，一見而異其爲，以其子妻之，時年十六。弱冠，丁外憂。喪制一遵朱文公家禮，廬墓三年。庚寅歲，養母卒。先生念保育之恩義，服齊衰三年，守墓于高陽，哀慕以誠。思齋金相公適家食于同里，聞而嘆服，就與之語，尤加敬重，因與往來不絕。每論當代學者，必稱先生曰：「氣宇之宏，天分之高，非人人所及云。」服闋，又丁內憂。連遭大喪，氣力柴盡，人恐其不能起。幸得支持，以至免喪。與兄弟分財時，必辭多取少。有一兄未有室家，先生分與以所占之田曰：「兄於昆弟中最窮，且無室家故，以此周急爾。」凡得玩好，昆弟有欲者，則不待發言而先與之，無一毫吝惜之意。其事養父，誠孝備至，耳目之娛，心志之樂，必爲之致，人以爲難焉。庚子歲，中生員試。其在泮宮，聲譽甚盛，爲儕輩所推重。館中之議，必待先生主張乃定。一時名士，輻輳于家，車馬盈門無虛日，非其所樂也。仁廟初，館中年少爭相高論，先生憂之，遂不居泮。高論之士，未幾皆敗。甲辰歲，興寧正卒，先生執喪如親子。士大夫弔者，塡溢街巷。初，興寧有庶子四人，皆頑嚚無狀，興寧不子之，使之足不及門。先生常從容規諫，諭以天性之親，興寧意稍解。至是，先生以爲養父母於吾恩同所生，喪葬祭祀，固當盡誠，以報萬一，但以異姓不合承重，當屬庶子。乃招庶子而勖之曰：「養父平日，不有汝輩，使我承重。今雖不可相負，但既有繼姓之子，而使異姓奉祀，於義未安。汝宜改行易慮，敬主其祀，毋使先人含恨於地下。若其粢盛器皿，則我當辦具，不煩於汝。」庶子皆感泣，同廬墓側。三年之後，田庄臧獲，不依國典分數，而優給庶子。至於財産，則任其自用，一毫不取，曰：「汝等飢寒，則吾誰與足？」一門咸嘆其不可及，庶子輩始則感其義，既而溪壑無厭，紛爭不已，糜費無節，或死於桎梏，或至於流離，先生亦無如之何。

先生聘家之業在保寧。先生素厭城市，遂棄科業，浩然歸田，時丁未年也。所居有園林水石之勝，闢一書室，極其蕭灑，扁曰天休，因以自號。堂前開小池，受山泉，多栽花草。嗒然獨坐，或至夜深，每有意會，輒發於歌詠，模寫桃源圖及以聽松所書歸去來辭掛之左右。翫賞之餘，悠然自怡。常慕巢、許之洗耳，夷、齊之採薇，元亮之三逕，有曠世相感之意。其作歌詞，格高意遠，時人多傳其曲。居家日用或窘，而恬不介意。妻金氏亦治內有法，克順其志，先生敬重焉。閨門之内，甚和且整。或勸殖貨爲子孫計，先生曰：「不求聞達，閒卧林泉者，只爲省慾頤神，安過一生而已。古之君子，終身貧窶，不免飢寒，尚有樂天知命者。如我則雖不優足，苟非凶年，不憂朝夕，豈可更以殖貨煩吾慮耶？吾子孫若非不肖，則如我足矣。如其不肖，多田何益？」癸亥春，伯兄卒于京城。先生適抱疾奔喪，傷慟之餘，氣力頓憊，葬後還鄉，至夏疾作，六月某日卒，享年五十四。一鄉之人，無尊卑，無少長，匍匐臨喪，如服期功，累日不去。只如牛童走卒〔三〕，亦不忍食肉。皆曰：「賢者逝矣。」春不相杵、野無農歌者踰月。

先生天資夷曠，風神高亢，富貴榮達，不動其心。其少也，外舅金公欲官之，先生拒不受，請官其兄，金公義而許之。其後，銓曹欲薦其賢。有執友爲郎者，言于同僚曰：「我知某之心，必不肯屈，而徒益其名。名者，彼之所惡也，何必益其所惡哉？」議遂沮。時人高先生之志操，而服其友之知心也。先生之子女既長，權貴多有求婚者，先生善爲之辭，終不應諾。常曰：「連姻巨室，非安分知命者也。」父兄早逝〔四〕，孀婦食貧，先生撫其子女，無異己出。取一女一子，辦其裝資，及時婚嫁，使得其所。其待客也，或以麴蘗聲色爲娛，若託興放意者。而至於獨處時，則止酒簡色，終日湛然。其歸保寧也，妻金氏以其母夫人老病，不忍別，故後先生歸。先生獨處十二年，不畜姬妾。有故舊李上舍巴男〔五〕，愛其庶女，欲託于先生，垂泣請之，先生固辭。或問其故，答曰：「如其善則固好，如其不善，棄之則爲負故人，不棄則傷我家道。吾不知賢否，故不敢許也。」

先生胸中涇渭甚明，少所許可，而不形於辭色。其接人，不擇貴賤賢愚，應酬不倦，言笑可親。賓客常滿座，各得其歡心。鄉人有爭鬬者，必開陳善誘，懇懇不已。人感其誠，多有化者，雖冥頑者，亦不敢肆其惡。或作傷風敗俗之行者，若念先生，則必惕然曰：「李生員無乃知吾所爲耶？」小民或陷於罪罟，或瀕於患難，必盡力營救，使之得所。以故善者好之，不善者不惡之。上自士夫，下至編氓，得一美食，必先來獻，爭具酒食，冀其一臨。其得人愛敬如此。其於異端之書，必深排之。常議風水之說曰：「人之死也，精神已散，血脈已竭。所遺形骸，若枯木死灰耳。安得以山川之吉凶，爲禍福於子孫哉？親死之後，所可致誠者，惟祭祀耳。若葬地，則但卜其家後山，可也。生於是乎居，死於是乎葬，不亦宜乎？」

識者以爲確論。最惡佛氏及巫覡事，里中亦絶淫祠，妖僧怪巫，不得接迹於其間。只有一子，未嘗嚴誨，而觀瞻之際，自不得放心。其子嘗曰：「生平侍側，不聞厲聲，而其威儀不敢仰視云。」仁廟之昇遐也，杜門謝客，仰天搥胸，悲痛者累月。作詩傷之，詩中有曰：「東方一千載，皇天生舜禹。朝野共傾歡，至化期朝暮。大訃一夕播，厥疾由哀慕。御極未踰年，天意終難曉〔六〕。歡心變惻慟，臣民如喪父。士生欲何爲？盛事無由覩。」以某月日，葬于某坐某向之原。

先生有一男一女：男曰希參，娶縣監申某女，生某某。女適士人趙擥，生某。

嗚呼！先生天品既高，早有遠識，氣度超俗，藐視大人。臨死從容，不動聲氣，而思慮出人意表。有好善嫉惡之心，而未嘗露其圭角。有輕世傷俗之意，而未嘗言及時事。不爲皎皎之行見知於世，而濁名自不加焉。其生也一鄉尊之，其死也一鄉哀之。因其外，亦可想其中矣。

先生之子希參與珥遊，故謹志其所聞如此。

貴人鄭氏行狀

貴人姓鄭氏，系出延日。延日之鄭，爲世大姓。有諱均之，在麗朝贈門下侍郎平章事，貴人其後也。高祖諱淵，歷事太宗、世宗，官至兵曹判書，卒贈議政府左議政，謚貞肅。曾祖諱自淑，金堤郡守。祖諱潙健，元陵參奉。皆以清德傳家。父惟沉，前司醞署令。娶安氏，安氏亦竹山望族，大司諫諱彭壽之女也。

以正德庚辰八月某甲，生貴人于海陽三谷里。幼有至性。自九歲，已知事親之道。每朝，先父母起，甘旨必嘗。或值有疾，廢食啜泣，須臾未嘗離側。十二三歲，壼儀成熟，温凉衣服，隨節獻親，和愛兄弟，厚睦宗族，休聞夙彰。

嘉靖癸巳，仁廟在東宮，以良娣選入，年甫十四。清麗秀發，瑩澈無瑕，一宮嘖嘖稱嘆。既侍東宮，事上接下，各極情禮。歲乙未，恭懿王大妃未寧，晝夜侍側，親執藥餌，久而彌勤。及大妃避寓私第，號泣拜別，陪仁廟于忠順堂，承順聖旨，日加敬慎。以至盤匜之細，莫不經意，在姬嬪中最被恩寵。同列亦服其賢，相與無纖芥之隙。中廟嘗曰：「鄭氏端潔，罕有其比。得此哲婦，世子之福也。」每見必贊。甲辰正月七日夜，東宮失火，闕内驚惑失措，諸姬各救私室。獨貴人奔入世子居内，盡出書册衣襨，奉扶仁廟，問安于大殿。中廟大加稱賞，問宮人曰：「一良娣室免火否？」宮人啓以盡燒。中廟益驚嘆，特賜資糧。是年，闕内有妖。一夜貴人侍仁廟燕坐，忽有黑氣過軒陛間，聲如雷震，宮人俯伏熄氣。仁廟欲閉窓，無人可使，貴人獨不動，徐起扃之，仁廟益敬重。未幾，中廟賓天，哀毁殊甚。仁廟即位，以例進位淑儀。明年，仁廟繼陟，貴人哭擗摧痛，倍過常禮。服闋之後，數年尚未開素。或以爲言，則答曰：「已失所天，生無所冀。不忍以悅口之味，適體之服，獨加于未亡之身也。」文定王后命居于仁壽宮，貴人分死不自惜，乃不敢違。別立一室，極其精麗，每爲靖、孝二陵朝夕奠饌，以寓誠敬。遇仁廟忌辰，則哀戚如初喪。辛亥，今上明宗。以誕元子，加恩區內，賜號昭儀。癸亥，陞貴人。是年，順懷世子卒，傷慟久而不解，言及必流涕。乙丑，文定王后疾革。貴人寢食俱廢，自昇遐之日，以至發引，常伏殯殿，罕進飦粥，只飲水漿而已。丙寅春，貴人疾作，出寓于仁達坊私第。彌留不差，上特遣諸名醫及內醫女命藥，往來絡繹，竟不能救。以三月甲辰卒，享年四十七。以是年五月丁酉，用一等禮葬于楊州牧西長興里寺洞之原。貴人無子，歿時，父母俱存，年皆七十。

貴人資稟粹美，容儀才智，俱絕等夷。色溫而正，辭婉而直。平生與人無忤，只是誠信而已。服飾不喜芬華，只取潔整。每淨埽居室，焚香靜坐，不少跛倚。夜分乃寢，四更必起盥濯，即遣人問寢于三殿，得平安報，然後辭色乃和。四時新物及上殿嗜御之物，悉力求進。常潛心默禱聖壽無疆、國祚靈長，終始不怠。讀小學、大學等書，略解大義。晚年，向學尤切，欲玩索中庸，未及卒業。居仁壽宮凡二十餘年，只以蔬菜成腸，積冷傷胃，且累經垂喪，心氣傷敗，常以悲戚度日，終成大病。病中檢身，無異平時。見至親亦飭衣冠，雖臨屬纊，精神不錯，所言只是感念先王及父母在堂，不克終孝而已。訃聞，王大妃輟膳傷悼，上亦進素饌，三殿皆致別賻。闕内諸侍御，莫不隕涕嗟惜。

貴人之弟鄭獻納澈，以平日行事言于其友李珥，使叙次其梗概，以求誌銘于作者。

校勘記

〔一〕考諱完　「完」，一本作「浣」。

〔二〕被劾左遷　「遷」，原作「薦」，據文意改。

〔三〕只如牛童走卒　「只」，疑作「至」。

〔四〕父兄早逝　「父」字疑有誤。

〔五〕有故舊李上舍巴男　「巴」，疑作「己」。

〔六〕天意終難曉　「曉」，疑作「喻」。

朱傑人 朱人求 崔英辰 主編

[韓國] 李珥 著

栗谷全書

中册

華東師範大學出版社

目録

中册

栗谷先生全書卷二十一……八五七

栗谷先生全書卷二十二

栗谷先生全書卷二十三……九三〇

栗谷先生全書卷二十四……九八四

栗谷先生全書卷二十五……一〇三〇

栗谷先生全書卷二十六……一〇九七

栗谷先生全書卷二十七……一一三四

栗谷先生全書卷三十……一三一二

栗谷先生全書卷三十一……一三九七

栗谷先生全書卷三十二……一四五六

栗谷先生全書卷十九

聖學輯要一

進劄

弘文館副提學臣李珥，伏以小臣將螻蟻之微生，荷天地之洪造。恩深河海，義重丘山。思欲竭智殫誠，仰報萬一；而顧惟受氣既駁，用功亦淺。以言其才，則疎闊而不適於實用；而言其學，則荒頽而不見其實效。内叨侍從，無以贊煥王猷；外忝岳牧，無以宣布德化。百爾忖度，歸田之外，更無他策。只緣愛君一念，根於秉彝，銷鑠不得，遲回惓戀。已退復進，必以芻蕘之愚，罄陳冕旒之下，少效涓埃之補，然後庶獲食息之安。竊念帝王之道，本之心術之微，載於文字之顯。聖賢代作，隨時立言，反覆推明。書籍漸多，經訓子史，千函萬軸。夫孰非載道之文乎？自今以後，聖賢復起，更無未盡之言，只可因其言而察夫理，明其理而措諸行，以盡成己成物之功而已。後世之道學，不明不行者，不患讀書之不博，而患察理之不精；不患知見之不廣，而患踐履之不篤。察之不精者，由乎不領其要；踐之不篤者，由乎不致其誠。領其要，然後能知其味；知其味，然後能致其誠。臣之誦此言，久矣。嘗欲裒次一書，以爲領要之具，上以達於吾君，下以訓於後生，而內省多愧，有志未就。歲癸酉，恭承特召，未敢固辭。拜命供職，逐隊隨行，無功於國，有害於學。自嘆辜負盛恩，無以塞責。始定輯書之計，探索經傳，搜剔史籍。功未半途，以病去國。畎畝之間，微誠未歇；居閒處獨，續其餘緒。猶未脫藁，又受海西之命，困于簿牒，不能專功。加以疾作，廢業累月。今秋之初，始克成編。其名曰聖學輯要，凡帝王爲學之本末，爲治之先後，明德之實效，新民之實迹，皆粗著其梗概。推微識大，因此明彼，則天下之道，實不出此。此非臣書，乃聖賢之書也。雖臣識見卑陋，撰次失序，而所輯之言，則一句一藥，無非切己之訓也。程子曰：「有學不至而言至者，循其言，可以入道。」假使此書出於臣手，亦不可以人廢言，況聖賢之言乎？兹昧萬死，謹將三册，裹以白袱，拜獻丹墀。倘垂乙覽，深味前訓，益加緝熙之功，以臻高明博厚之域，則小臣區區願忠之志，亦得以少伸矣。既而竊思，帝王之學，莫切於變化氣質；帝王之治，莫先於推誠用賢。變化氣質，當以察病加藥爲功；推誠用賢，當以上下無間爲實。

伏覩殿下聰明睿智，出類拔萃，孝友恭儉，發於天性，聲色利欲，絶乎本原。求之前史，罕有比倫。此臣所以注心皇極，結情紫闥，必欲見允德成就，追踵三五者也。第論病痛，則英氣太露而受善之量未弘，天怒易發而好勝之私未克。此病不除，實妨入道。是故温言巽辭者，多蒙採納，直言面折者，必至違忤，恐非聖帝明王虚己從人之道也。今以見諸事者言之：殿下待婦寺素嚴，無少係戀之念，而言者斥以偏護，則輒厲聲氣，反示偏護之意。見國事日頹，非無矯革之志，而言者詆以膠守，則輒加牢拒，反示膠守之旨。發言處事，大抵類此。雖緣羣下不知聖心，亦由殿下量未弘而私未克也。古之聖王，有不然者。慢遊傲虐，決非大舜所行，而伯益戒以無若丹朱；不矜細行，決非武王所爲，而召公戒以功虧一簣。莫大舜、武王，虚心敬受，寧有一毫不相知之憾乎？今殿下資質粹美，學問高明，爲舜爲武，莫之敢禦，奈之何立志不篤，取善不廣？羣臣繩愆糾謬，欲置無過之地，則必疑其不相知；陳善責難，引以堯舜之道，則必拒以不敢當。未知殿下燕閒之中，隱微之際，所玩味者何書，所用功者何事歟？質美而不能充養，病深而不能醫治，則豈但臣鄰隱痛於下哉？竊恐皇天祖宗，亦必憂惱於上也。伏望殿下先立大志，必以聖賢爲準，三代爲期，專精讀書，即物窮理。有言逆于心，必求諸道；有言遜于志，必求諸非道。樂聞讜直之論，不厭其觸犯，以恢受善之量；深察義理之歸，無恥於屈己，以去好勝之私。日用之閒，踐履誠確，無一事之或失；幽獨之中，持守純篤，無一念之或差。不怠於中道，不足於小成。悉去病根，克完美質，以成帝王之學。不勝幸甚！

臣又伏覩殿下深惟付託之重，慨嘆時運之衰，勵精圖治，禮賢下士，敬大臣如尊長，視臣僚如朋友，憂念黎元，猶恐有傷，三代以下誠所未見。此臣所以不揣己分，妄叫天閽，必欲見旋乾轉坤，一變世道者也。第於君臣之間，誠信或未相孚，下情有所不達，上意有所未曉，恐未足以委任責成，陶鑄至治也。自古君臣不相知心，而能濟事功者，未之前聞。三代以上，固不容議。至於光武軫念關中，而深信馮異，知其必不稱咸陽王；黄權路絶投魏，而深信昭烈，知其必不誅妻子。此皆忠信素結于内，讒間無自而入也。況聖主賢臣，志同道合，魚水相懽，一日三接，薰陶相益，言無不聽，諫無不從，何善不行？何事不成？此是後王所當取法者也。後世人君則不然。高居深拱，疎外臣鄰，知其善而不示嚮用之意，見其惡而不下屏黜之命。自以爲樞機之密，羣下莫敢窺測，真得人君之體，而終至於君子不敢盡其誠，小人有以伺其隙，邪正雜糅，是非模糊，國不可爲矣。此則可以爲戒者也。今殿下好善非不至，而又疑士類之未必真是；嫉惡非不深，而又疑鄙夫之未必真非。故直士與色厲者，同得矯激之名，而賢者不能盡其忠；諛佞與老成者，同得淳厚之稱，而愚者益以墮其節。加之以接見稀罕，情意阻隔，政令未見合乎天心，黜陟未見因乎國人。儒者之説不行，而徒取大言之譏；病民之法不除，而猶患更張之過。是以好善而無用賢之實，嫉惡而無去邪之益。議論多歧，是非靡定。忠賢無腹心之寄，姦細有窺覬之路。未知殿下所擬可託六尺之孤者，誰歟？可寄百里之命者，誰歟？聖心必有所屬，而羣下則未之知也。此豈上下無閒之實乎？伏望殿下必以大臣之忠亮可信者，擬諸股肱之重，言聽計從，終始勿貳。而又擇學明行潔者，置之經幄，使得出入無時，恒侍左右，盡心啓沃。俾一時士類，咸懷興起之志。至於巖穴之賢，亦以至誠徵辟，量才授官，必置有用之地。其終不可致者，亦加褒獎，以成其高。若夫度時宜揣力量，雖不能猝變世道，而朝廷之上，常使清議不屈，以盡好善之實。敢有異色之人，或唱爲邪論，顯排先王之道，或改頭換面，陰沮有爲之勢者，形迹已著，不可容掩，則亦宜流放竄殛，以盡嫉惡之實。必使賢者登庸，不肖者屏迹，上無所蔽，下無所疑，上下之閒，肝膽洞照，以至一國之人，亦得仰覩聖心，如青天白日，無絲毫未盡之蘊。君子有所恃而盡誠展才，小人有所畏而革面從善，正氣長而國脈壯，紀綱振而善政行，以成帝王之治。不勝幸甚！

嗚呼！明王之作，千載一時。而世道之降，如水益下。今不急救，後悔無及。古人有言曰：「不怨暗主，怨明君。」蓋暗主欲爲而不能，故民無所望；明君可爲而不勉，故民怨轉深。豈不大可懼哉？臣方投進所輯之書，不宜更贅他言，而猶且云云者，誠以殿下無變化氣質之功，無推誠用賢之實，則雖進是書，亦歸之空言。故僭論至此，伏惟殿下恕其愚妄，垂仁察納焉，取進止。

序

臣按：道妙無形，文以形道。四書六經，既明且備，因文求道，理無不現。第患全書浩渺，難以領要，先正表章大學，以立規模，聖賢千謨萬訓，皆不外此。此是領要之法。西山真氏推廣是書，以爲衍義，博引經傳，兼援史籍，爲學之本，爲治之序，粲然有條，而歸重於人主之身，誠帝王入道之指南也。但卷帙太多，文辭汗漫，似紀事之書，非實學之體，信美而未能盡善焉。學固當博，不可徑約，但學者趨向未定，立心未固，而先事乎博，則心慮不專，取捨不精，或有支離失真之患。必也先尋要路，的開門庭，然後博學無方，觸類而長矣。況人主一身，萬機所叢，治事之時多，讀書之時少，若不撮其綱維，定其宗旨，而惟博是務，則或拘於記誦之習，或淫於詞藻之華。其於窮理正心修己治人之道，未必真能有得也。

臣以腐儒，遭遇明時，仰覩殿下聰明睿智，出於天資，誠以學問之功，涵養成就，以充其量，則東方可見堯舜之治。千載一時，幾不可失。顧臣輕疎浮淺，才器既下，鹵莽滅裂，學術又荒，葵藿之誠雖切，效忠之路末由。竊念大學固入德之門，而真氏衍義猶欠簡要，誠能倣大學之指，以分次序，而精選聖賢之言，以填實之，使節目詳明，而辭約理盡，則領要之法，其在斯矣。以是進於吾君，則芹曝之獻，雖不免傍人之笑；螢燭之光，庶有裨日月之明矣。於是廢棄他功，專事摭要，四書六經，以及先儒之説，歷代之史，深探廣搜，採掇精英，彙分次第，删繁就要，沈潛玩味，反覆檃括，兩閲歲而編成。凡五篇：其一篇曰統説者，合修己治人而爲言，即大學所謂明明德、新民、止於至善也。其二篇曰修己者，即大學所謂明明德也。其目有十三：其一章則揔論也；其二章曰立志；三章曰收斂者，定趨向而求放心，以植大學之基本也；其四章曰窮理者，即大學所謂格物、致知也；其五章曰誠實；六章曰矯氣質；七章曰養氣；八章曰正心者，即大學所謂誠意、正心也；其九章曰檢身者，即大學所謂修身也；其十章曰恢德量；十一章曰輔德；十二章曰敦篤者，申論誠、正、修之餘蘊也；其十三章則論其功效，而修己之止於至善者也。其三篇曰正家、四篇曰爲政者，即大學所謂新民而正家者，齊家之謂也。爲政者，治國、平天下之謂也。正家之目有八：其一章則揔論也；其二章曰孝敬；三章曰刑内；四章曰教子；五章曰親親者，言孝於親，刑于妻子，友于兄弟之道也；其六章曰謹嚴；七章曰節儉者，推演未盡之意也；其八章乃説功效，則齊家之止於至善者也。爲政之目有十：其一章則揔論也；其二章曰用賢；三章曰取善者，即大學所謂仁人能愛能惡之意也；其四章曰識時務；五章曰法先王；六章曰謹天戒者，即大學所引「儀監于殷，峻命不易」之意也；其七章曰立紀綱者，即大學所謂「有國者，不可以不慎，辟則爲天下僇」之意也；其八章曰安民；九章曰明教者，即大學所謂「君子有絜矩之道，而興孝興弟不倍」之意也；其十章則終之以功效，而治國、平天下之止於至善者也。其五篇曰聖賢道統者，是大學之實跡也。合而名之曰聖學輯要。終以傳道之責，望於殿下者，亦非過言。

殿下當五百之期，居君師之位，有好善之智，寡欲之仁，斷事之勇。誠能終始典學，勉勉不已，則勝重致遠，何所不至乎？只緣愚臣見聞不博，識慮未透，其於詮次，固多失序，但所引聖賢之言，則無非建天地而不悖，質鬼神而無疑，俟後聖而不惑者也。不可以愚臣之誤分條理，輒輕前訓也。或有愚臣一得之説，厠乎其間，而亦皆謹稽謨訓，依倣成文，不敢肆發瞽言，以失宗旨。臣之精力，於斯盡矣。如賜睿覽，恒置几案，則於殿下天德王道之學，恐不無小補矣。

此書雖主於人君之學，而實通乎上下。學者之博覽而泛濫無歸者，宜收功於此，以得反約之術。失學而孤陋寡見者，宜致力於此，以定向學之方。學有早晚，皆獲其益。此書乃四書六經之階梯也。若厭勤勞安簡便，以學問之功，爲止於此，則是只求其門庭，而不尋其堂室也，非臣所以次緝是書之意也。

萬曆三年歲次乙亥秋七月既望，通政大夫、弘文館副提學、知製教兼經筵參贊官、春秋館修撰官臣李珥拜手稽首謹序。

凡例

一　先舉撮要之言爲章，即大文也。引諸説以爲註。其章則以四書五經爲主，而間以先賢之説，補其不足。註則以本註爲主，而雜引經傳諸書。

一　凡所引之書，不論世代高下，一以功程先後，文義語勢爲次序。雖因用功之序，分箇先後，不必行一件淨盡無餘，然後方做一件。間有一事而分屬二章者，如敬既屬「收斂」章，又屬「正心」章；室慾屬「矯氣質」，寡欲屬「養氣」之類。非章章各爲別項，工夫截然不相入也。

一　凡所引大文，只録本書之名于下，不必一一稱某人之言。若本文書「某曰」，如「子曰」、「孟子曰」之類。則亦從本文。或本文雖無名稱，而必以名稱著其意者，則或書「某曰」，或註于下，如「帝舜命禹」、「伊尹訓太甲」之類，他皆倣此。若易、詩，則必標本書之名于上，註其卦名、篇名于下，以其文字不倫他書故也。但易中孔子之言，則不拘此例。

一　凡註則只書「某曰」，而不録本書之名，以省其文字。

一　凡一章之内，雖一書之言，語意不聯，則圈而別之。雖他書之言，語意相接則不圈。若註則段段皆圈。連引一人之言，則書「又曰」以起端。

一　凡引古語，雖非聖賢之言，當理則取之，不以人廢言。

一　凡所引之説，或斷章取義，或去其閒語句，或非一時之言而合爲一段，使無欠闕。皆不拘本文，用活法，但有删節，而不敢添一字。

一　先儒姓鄉別號，或書或不書，皆因本文，非文義所關故也。周、程、張、邵、朱五先生，必稱子。程子依四書註例，不分伯叔。

一　凡章末及逐段有可議論處，則僭陳管見，必書「臣按」以別之，且低書。

一　小註大概是管見。若引先賢之説，則書「某曰」以別之。若字義音訓及些小語句，則不必一一録其所出。

目録圖

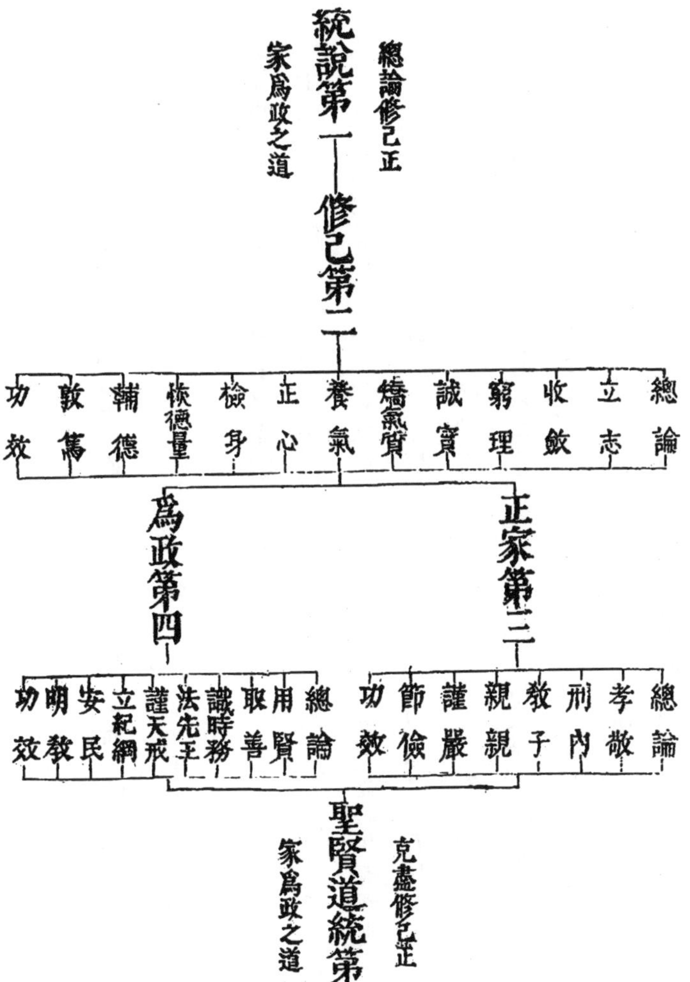
統說第一
總論修己正
家爲政之道
修己第二
總論
立志
收斂
窮理
誠實
矯氣質
養氣
正心
檢身
恢德量
輔德
敦篤
功效
正家第三
總論
孝敬
刑內
教子
親親
謹嚴
節儉
功效
爲政第四
總論
用賢
取善
識時務
法先王
謹天戒
立紀綱
安民
明教
功效
聖賢道統第五
克盡修己正
家爲政之道

統說第一 單一章

臣按：聖賢之說，或橫或竪，有一言而該盡體用者，有累言而只論一端者。今取體用摠擧之說，爲首篇。

天命之謂性，率性之謂道，修道之謂教。中庸。下同。

朱子曰：天以陰陽五行，化生萬物，氣以成形，理亦賦焉。理氣元不相離，即氣而理在其中。此承「陰陽化生」之言，故曰「氣以成形，理亦賦焉」，非謂有氣而後有理也。不以辭害意可也。猶命令也。於是，人物之生，因各得其所賦之理，以爲健順五常之德，所謂性也。健是陽之理，順是陰之理。五常之德，乃仁義禮智信，是五行之理。率，循也。道，猶路也。人物各循其性之自然，則其日用事物之閒，莫不各有當行之路，是則所謂道也。朱子曰：率性，非人率之也，只是循吾本然之性，便自有許多道理。或以率性爲順性命之理，則却是道因人方有也。修，品節之也。性道雖同，而氣稟或異，故不能無過不及之差。聖人因人物之所當行者而品節之，以爲法於天下，則謂之教，若禮樂刑政之屬是也。蓋人知己之有性，而不知其出於天；知事之有道，而不知其由於性；知聖人之有教，而不知其因吾之所固有者裁之也。故子思於此首發明之，而董子所謂「道之大原出於天」，亦此意也。

道也者，不可須臾離也。可離，非道也。是故，君子戒慎乎其所不睹，恐懼乎其所不聞。

朱子曰：道者，日用事物當行之理，皆性之德而具於心，無物不有，無時不然，所以不可須臾離也。若其可離，則豈率性之謂哉？是以君子之心，常存敬畏，雖不見聞，亦不敢忽。所以存天理之本然，而不使離於須臾之頃也。

莫見乎隱，莫顯乎微，故君子慎其獨也。

朱子曰：隱，暗處也。微，細事也。獨者，人所不知，而己所獨知之地也。言幽暗之中，細微之事，跡雖未形，而幾則已動。人雖不知，而己獨知之。則是天下之事，無有著見明顯而過於此者。是以君子既常戒懼，而於此尤加慎焉。所以遏人欲於將萌，而不使其潛滋暗長於隱微之中，以至離道之遠也。○道鄉鄒氏曰：慎獨，最爲入道之要。所謂獨者，非獨閒居靜處而已。萌於心之謂獨，能於此著力，無由有過舉，故中庸以此言爲篇首。○程子曰：有天德，便可語王道，其要只在慎獨。天德即修己之功效，王道即正家、爲政之規矩，慎獨是修己、正家、爲政三者之樞紐。

喜怒哀樂之未發，謂之中。發而皆中節，謂之和。中也者，天下之大本也。和也者，天下之達道也。

朱子曰：喜怒哀樂，情也。其未發，則性也，無所偏倚，故謂之中。發皆中節，情之正也，無所乖戾，故謂之和。大本者，天命之性，天下之理，皆由此出，道之體也。達道者，循性之謂，天下古今之所共由，道之用也。此言性情之德，中爲性之德，和爲情之德。以明道不可離之意。此言性情之德體段如是，非指工夫而言。上文戒懼愼獨，乃下文致中和之工夫也。○又曰：心主於身而無動靜之間。方其靜也，事物未至，思慮未萌，一性渾然，道義全具。其所謂中，是乃心之體，而寂然不動者也。及其動也，事物交至，思慮萌焉，七情迭用，各有攸主。其所謂和，是乃心之用，而感而遂通者也。○胡季隨曰：戒懼者，所以涵養於喜怒哀樂未發之前。愼獨者，所以省察於喜怒哀樂已發之後。涵養省察之説，始見於此，詳見下「正心」章。

致中和，天地位焉，萬物育焉。

朱子曰：致，推而極之也。位者，安其所也。育者，遂其生也。自戒懼而約之，以至於至靜之中，無所偏倚，而其守不失，則極其中而天地位矣。自愼獨而精之，以至於應物之處，無少差謬，而無適不然，則極其和而萬物育矣。蓋天地萬物，本吾一體，吾之心正，則天地之心亦正矣，吾之氣順，則天地之氣亦順矣。故其效驗至於如此。此學問之極功，聖人之能事，初非有待於外，而修道之教，亦在其中矣。是其一體一用，雖有動靜之殊，然必其體立，而後用有以行，則其實亦非有兩事也。故於此合而言之，以結上文之意。○西山真氏曰：致中和之所以用功，不過曰敬而已。戒懼，靜時敬也。慎獨，動時敬也。靜無不敬，所以致中。動無不敬，所以致和。自然天地位、萬物育。如董仲舒所謂人君正心以正朝廷、百官、萬民，而陰陽和，風雨時，諸福之物畢至，是此理。此書之言敬始此，實修己治人之綱領也。○朱子曰：右子思述所傳之意，孔子傳道於曾子，曾子傳之子思，故述所傳之意。以立言：首明道之本原出於天而不可易，其實體備於己而不可離；次言存養省察之要；終言聖神功化之極。蓋欲學者於此，反求諸身而自得之，以去夫外誘之私，而充其本然之善也。

○大學之道，在明明德，在親民，在止於至善。大學。下同。

程子曰：親，當作新。○朱子曰：大學者，大人之學也。明，明之也。明德者，人之所得乎天而虛靈不昧，以具衆理而應萬事者也。朱子曰：虛靈不昧，便是心。此理具足於中，無少欠闕，便是性。隨感而動，便是情。○玉溪盧氏曰：明德，只是本心。但爲氣稟所拘，人欲所蔽，則有時而昏。然其本體之明，則有未嘗息者，故學者當因其所發而遂明之，以復其初也。朱子曰：明德未嘗息，時時發見於日用之間，如見孺子入井而怵惕，見非義而羞惡，見賢人而恭敬，見善事而歎慕，皆明德之發見也。雖至惡之人，亦時有善念之發。但當因其所發之端，接續光明之。新者，革其舊之謂也。言既自明其明德，又當推以及人，使之亦有以去其舊染之污也。止者，必至於是而不遷之意。至善則事理當然之極也。朱子曰：至善，如言極好，道理十分盡頭，善在那裏。言明明德、新民，皆當止於至善之地而不遷。蓋必其有以盡夫天理之極，而無一毫人欲之私也。問至善不是明德外別有所謂善，只就明德中到極處便是否。朱子曰：是明德中也有至善，新民中也有至善，皆要到那極處，不特是理會到極處，亦要做到極處。此三者，大學之綱領也。

古之欲明明德於天下者，先治其國。欲治其國者，先齊其家。欲齊其家者，先修其身。欲修其身者，先正其心。欲正其心者，先誠其意。欲誠其意者，先致其知。致知在格物。

朱子曰：明明德於天下者，使天下之人，皆有以明其明德也。朱子曰：極其體用之全而一言以舉之。臣按：明己德者，體也。新民德者，用也。明明德於天下者，合體用而言之。心者，身之所主也。誠，實也。意者，心之所發也。實其心之所發，欲其必自慊而無自欺也。致，推極也。知，猶識也。推極吾之知識，欲其所知無不盡也。格，至也。物，猶事也。窮至事物之理，欲其極處無不到也。格字有窮、至兩意。格物之格，窮字意多；物格之格，只是至字之意。此八者，大學之條目也。右逆推工夫。〇又曰：格物是夢覺關，誠意是人鬼關。過得此二關上面工夫，一節易如一節了，至治國、平天下地步愈闊，但須照顧得到。〇又曰：致知、格物，是窮此理。誠意、正心、修身，是體此理。齊家、治國、平天下，是推此理。要做三節看。〇又曰：自格物至平天下，聖人亦是略分箇先後與人看，不成做一件淨盡無餘，方做一件。如此，何時做得成？

物格而后知至，知至而后意誠，意誠而后心正，心正而后身修，身修而后家齊，家齊而后國治，國治而后天下平。

朱子曰：物格者，物理之極處無不到也。此句與下句對説，故文勢如此。其意則物理無不到極處云爾。知至者，吾心之所知無不盡也。物格、知至，只是一事：以物理言之，則謂之物格，謂事物之理各詣其極也。以吾心言之，則謂之知至，謂吾心隨所詣而無不盡也。知既盡，則意可得而實矣。意既實，則心可得而正矣。修身以上，明明德之事也。齊家以下，新民之事也。右順推功效。〇程子曰：治身、齊家以至平天下者，治之道也。建立治綱，分正百職，順天時以制事，至於創制立度，盡天下之事者，治之法也。聖人治天下之道，唯此二端而已。建安葉氏曰：道者，治之本；法者，治之具：不可偏廢。然亦必本之立而後，其具可舉也。

臣按：聖賢之學，不過修己治人而已。今輯中庸大學首章之說，實相表裏，而修己治人之道無不該盡。蓋天命之性，明德之所具也；率性之道，明德之所行也；修道之教，新民之法度也。戒懼者，靜存而正心之屬也；慎獨者，動察而誠意之屬也；致中和而位育者，明德新民，止於至善，而明明德於天下之謂也。但所及有衆寡，而功效有廣狹。致中和之功，止於一家，則一家之天地位萬物育，而明德明於一家；一家豈别有天地萬物乎？只是父子、夫婦、兄弟，各正其分，是天地位氣象。慈孝、友恭、唱隨，各盡其情，是萬物育氣象。止於一國，則一國之天地位萬物育，而明德明於一國；及於天下，則天下之天地位萬物育，而明德明於天下矣。三代之後，一家之位育者，世或間出；而一國天下之位育者，寂寥無聞。以是深有望於殿下焉。

栗谷先生全書卷二十

聖學輯要二

修己第二上上篇四章，中篇五章，下篇四章，凡十三章

臣按：大學曰：「自天子以至於庶人，一是皆以修身爲本，其本亂而末治者否矣。」是故，帝王之學，莫先於修己。

摠論修己章第一

臣按：修己工夫，有知有行，知以明善，行以誠身。今取合知行而言者，著于首。

君子，尊德性而道問學，致廣大而盡精微，極高明而道中庸，温故而知新，敦厚以崇禮。中庸。

朱子曰：尊者，恭敬奉持之意。德性者，吾所受於天之正理。道，由也。温，猶燖温之温。火熟物曰燖。謂故學之矣，復時習之也。敦，加厚也。尊德性，所以存心而極乎道體之大也。道問學，所以致知而盡乎道體之細也。不以一毫私意自蔽，致廣大。不以一毫私欲自累，極高明。涵泳乎其所已知，温故。敦篤乎其所已能，敦厚。此皆存心之屬也。析理則不使有毫釐之差，盡精微。處事則不使有過不及之謬，道中庸。理義則日知其所未知，知新。節文則日謹其所未謹，崇禮。此皆致知之屬也。蓋非存心，無以致知，而存心者，又不可以不致知。故此五句，大小相資，首尾相應。東陽許氏曰：大，言上五節。小，言下五節。首，言尊德性道問學一句。尾，言下四句。聖賢所示入德之方，莫詳於此，學者宜盡心焉。

子曰：「君子博學於文，約之以禮，亦可以弗畔矣夫。」論語。

朱子曰：約，要也。畔，背音佩。也。君子學欲其博，故於文無不考；守欲其要，故其動必以禮。如此則可以不背於道矣。勉齋黄氏曰：博，謂泛而取之，以極其廣。約，謂反而束之，以極其要。○程子曰：博學於文，而不約之以禮，必至於汗漫。博學矣，又能守禮而由於規矩，則可以不畔道矣。

臣按：修己之功，不出於居敬、窮理、力行三者。於此章，略發其端，其詳在下。

立志章第二

臣按：學莫先於立志，未有志不立而能成功者。故修己條目，以立志爲先。

子曰：「志於道。」論語。

朱子曰：志者，心之所之之謂。道則人倫日用之間，所當行者是也。知此而心必之焉，則所適者正，而無他歧之惑矣。○真氏曰：志者，進德之基。聖賢發軔乎此，無遠不達，無堅不入。善惡二途，惟道與利而已。志乎道則理義爲之主，而物欲不能移；志乎利則物欲爲之主，而理義不能入。堯、桀、舜、蹠之所由以異，可不謹乎？○北溪陳氏曰：志於道，是心全向於道。若有作輟退轉底意思，便不得謂之志。

孟子道性善，言必稱堯舜。孟子。下同。

朱子曰：道，言也。性者，人所稟於天以生之理也，渾然至善，未嘗有惡。人與堯舜，初無少異，但衆人汨於私欲而失之，堯舜則無私欲之蔽，而能充其性爾。故孟子道性善而必稱堯舜以實之，欲其知仁義不假外求，聖人可學而至，而不懈於用力也。○又曰：凡人須以聖賢爲己任。世人多以聖賢爲高，而自視爲卑，故不肯進。抑不知稟性與常人一同，安得不以聖賢爲己任？

顔淵曰：「舜何人也？予何人也？有爲者亦若是。」

朱子曰：言人能有爲，則皆如舜也。○又曰：此教人發憤，勇猛向前，日用之間，不得存留一毫人欲之私。若於此有箇奮迅興起處，方有田地可下工夫。不然，即是畫脂鏤冰，無真實得力處也。○又曰：必自有的實平穩下工夫處，非是徒然晝思夜度，以己所爲，較舜所爲，而切切然惟恐不如舜也。譬如病人正當循序服藥，積漸將理，使氣體浸充，可及平人而後已。豈可責效於一丸一散一朝一夕之間，而遽怪其不及平人哉？○又諭學者曰：書不記，熟讀可記；義不精，細思可精。唯有志不立，直是無著力處。只如而今，貪利禄，而不貪道義，要作貴人，不要作好人，皆是志不立之病。直須反復思量，究見病痛，勇猛奮躍，見得聖賢所説千言萬語，都無一事不是實語，方始立得此志。就此積累工夫，迤邐向上去，大有事在。諸君勉旃，不是小事。

右泛言立志。

○爲天地立心，爲生民立道，爲去聖繼絶學，爲萬世開大平。橫渠文集。

葉氏曰：天地以生生爲心，聖人參贊化育，使萬物各正其性命，此爲天地立心也。

建明義理，扶植綱常，此爲生民立道也。繼絶學，謂纘述道統。開太平，如有王者起，必來取法，利澤垂於萬世。學者以此立志，則所任至大，所存至公。○程子曰：君道之大，在乎稽古正學，明善惡之歸，辨忠邪之分，曉然趣道之正。故在乎君志先定，君志定而天下之治成矣。所謂定志者，一心誠意，擇善而固執之也。夫義理不先盡，則多聽而易惑；志意不先定，則守善而或移。惟在以聖賢之訓，爲必當從；先王之治，爲必可法。不爲後世駁雜之政所牽制，不爲流俗因循之論所遷惑，自知極於明，信道極於篤，任賢勿貳，去邪勿疑，必期致世如三代之隆而後已也。此言人君之立志，而亦切於學者。

右言立志之目。

○子曰："仁遠乎哉？我欲仁，斯仁至矣。"論語。下同。

朱子曰：仁者，心之德，非在外也。放而不求，故有以爲遠者；反而求之，則即此而在矣。夫豈遠哉？○程子曰：爲仁由己，欲之則至，何遠之有？

"苟志於仁矣，無惡也。"

朱子曰：苟。誠也。其心誠在於仁，則必無爲惡之事矣。

陽氣發處，金石亦透。精神一到，何事不成？朱子語。

朱子曰：世俗之學，所以與聖賢不同者，亦不難見。聖賢，直是真箇去做：說正心，直要心正，說誠意，直要意誠，修身齊家，皆非空言。今之學者，說正心，但將正心吟詠一餉，說誠意，又將誠意吟詠一餉，說修身，又將聖賢許多說修身處諷誦而已。或掇拾言語，綴緝時文。如此爲學，却於自家身上，有何交涉？這裏須用著意理會。今之朋友，固有樂聞聖賢之學，而終不能去世俗之陋者，無他，只是志不立耳。學者大要立志，纔學便要做聖人是也。○程子曰：世間有三件事，可以奪造化之力：爲國而至於祈天永命，養形而至於長生，學而至於聖人。此三事，分明人力可以勝造化，自是人不爲耳。

右言立志之效。

○孟子曰：「自暴者，不可與有言也。自棄者，不可與有爲也。言非禮義，謂之自暴也。吾身不能居仁由義，謂之自棄也。」孟子。下同。

朱子曰：暴，猶害也。非，猶毁也。自害其身者，不知禮義之爲美而非毁之，雖與之言，必不見信也。自棄其身者，猶知仁義之爲美，但溺於怠惰，自謂必不能行，與之有爲，必不能勉也。○程子曰：人苟以善自治，則無不可移者，雖昏愚之至，皆可漸磨而進也。惟自暴者，拒之以不信，自棄者，絶之以不爲，雖聖人與居，不能化而入也。此所謂下愚之不移也。○又曰：莫説道將第一等，讓與别人，且做第二等。才如此説，便是自棄。言學，便以道爲志；言人，便以聖爲志。○又曰：懈意一生，便是自暴自棄。○明道對神宗，極陳治道。神宗曰：「此堯舜之事。朕何敢當？」明道愀然曰：「陛下此言，非宗社生民之福也。」

「仁，人之安宅也。義，人之正路也。曠安宅而弗居，舍正路而不由，哀哉！」

朱子曰：仁者，本心全體之德，有天理自然之安，無人欲陷溺之危。人當常在其中，而不可須臾離者也，故曰安宅。義者，宜也。乃天理之當行，無人欲之邪曲，故曰正路。曠，空也。由，行也。此言道本固有，而人自絶之，是可哀也。此聖賢之深戒，學者所當猛省也。

右言立志之反。

臣按：志者，氣之帥也。志一則氣無不動。學者終身讀書，不能有成，只是志不立耳。志之不立，其病有三：一曰不信，二曰不智，三曰不勇。所謂不信者，聖賢開示後學，明白諄切，苟因其言，循序漸進，則爲聖爲賢，理所必至。爲其事而無其功者，未之有也。彼不信者，以聖賢之言，爲誘人而設，只玩其文，不以身踐。是故，所誦者聖賢之書，而所蹈者世俗之行也。所謂不智者，人生氣禀，有萬不齊，而勉知勉行，則成功一也。踊躍築埋，孟子所嬉，而卒爲亞聖。暮歸喜獵，程子所習，而卒爲大賢。何必生知，然後乃可成德乎？彼不智者，自分資質之不美，安於退託，不進一步。殊不知進則爲聖爲賢，退則爲愚爲不肖，皆所自爲也。是故，所讀者，聖賢之書，而所守者，氣禀之拘也。所謂不勇者，人或稍知聖賢之不我欺，氣質之可變化，而只是恬常滯故，不能奮勵振發。昨日所爲，今日難革，今日所好，明日憚改。如是因循，進寸退尺，此不勇之所致。是故，所讀者，聖賢之書，而所安者，舊日之習也。人有此三病，故君子不世出，六籍爲空言。嗚呼，可勝歎哉！苟能深信聖賢之言，矯治不美之質，實下百千之功，終無退轉之時，則大路在前，直指聖域，何患不至乎？夫人以眇然一身，參天地而竝立，學問之功，至以位育爲能事，故匹夫而得其君，尚以一夫之不被澤爲己憂，況人主都君師之位，負教養之責，爲四方之表準，其任之重，爲如何哉？一念之差，至於害政；一言之失，至於僨事。志乎道，遵乎道，由是而使一世爲唐爲虞，由我也；志於慾，趨於慾，由是而使一世爲叔爲季，亦由我也。志之所向，人主尤不可不慎也。薛文清曰：「吾心誠有志於學，天其遂吾願乎？」又曰：「學不進，率由於因循。」伏惟殿下留念焉。

收斂章第三

臣按：敬者，聖學之始終也，故朱子曰：「持敬是窮理之本。」未知者，非敬無以知。程子曰：「入道莫如敬，未有能致知而不在敬者。」此言敬爲學之始也。朱子曰：「已知者，非敬無以守。」程子曰：「敬義立而德不孤，至于聖人，亦止如是。」此言敬爲學之終也。今取敬之爲學之始者，置于窮理之前，目之以收斂，以當小學之功。

子曰：「君子不重則不威，學則不固。」論語。

朱子曰：重，厚重。威，威嚴。固，堅固也。輕乎外者，必不能堅乎内，故不厚重則無威嚴，而所學亦不堅固也。○張子曰：義理之學，須深沈方有造，非淺易輕浮之可得也。

君子之容，舒遲，見所尊者，齊齋遬。禮記。下同。

陳氏曰：舒遲，閒雅之貌。齊，如夔夔齊慄之齊。遬者，謹而不放之謂。

足容重，手容恭，目容端，口容止，聲容靜，頭容直，氣容肅，立容德，色容莊。

陳氏曰：重，不輕舉移也。恭，無慢弛也。端，無睇視也。止，不妄動也。靜，無或噦咳也。直，無或傾顧也。肅，似不息也。德，謂中立不倚，儼然有德之氣象。莊，矜持之貌也。○問：「人之燕居，形體怠惰，心不慢可否？」程子曰：「安有箕踞而心不慢者？昔呂與叔六月中來緱氏，閒居中，某嘗窺之，必見其儼然危坐，可謂敦篤矣。學者須恭敬，但不可拘迫，拘迫則難久。」○廖晉卿請讀何書。朱子曰：「公心放已久，可且收斂精神。玉藻九容處仔細體認，待有意思，却好讀書。」○又曰：言敬者，只說能存此心，自然中理。至於容貌辭氣，往往全不加功。設使真能如此存得，亦與釋、老何異？又況心慮荒忽，未必真能存得邪。○節孝徐公初從安定胡先生學。自言初見先生，頭容少偏。安定忽厲聲云：「頭容直。」某因自思：不獨頭容直，心亦要直也。自此不敢有邪心。○朱子曰：李先生終日危坐，而神彩精明，略無隤墮之氣。古人云：「終日無疾言遽色。」他真箇是如此。尋常人去近處，必徐行，出遠處，行必稍急。先生出近處也如此，出遠處亦只如此。尋常人叫人不至，則聲必厲。先生叫之不至，聲不加於前也。又如坐處壁閒有字，須起頭一看。若先生則不然。方其坐時，固不看也，若是欲看，則必起就壁下視之。其不爲事物所勝，大率若此。延平先生固是涵養純熟致然，初學亦當以此爲法。

右言收斂其容止。

〇詩曰：「愼爾出話，敬爾威儀，無不柔嘉。白圭之玷，尚可磨也。斯言之玷，不可爲也。無易由言，無曰苟矣。莫捫朕舌，言不可逝矣。」大雅抑之篇。

朱子曰：柔，安。嘉，善。玷，缺。易，輕。捫，持。逝，去也。言當謹其言語，蓋玉之玷缺，尚可磨鑢使平，言語一失，莫能救之。無人爲我執持其舌者，故言語由己，易致差失，常當執持，不可放去也。其戒深切矣。

子曰：「王言如絲，其出如綸。王言如綸，其出如綍弗。」禮記。

陳氏曰：綸，綬也。綍，引棺大索也。

臣按：此言王言雖微，其利害之效則甚大，不可不愼也。

「君子居其室，出其言善，則千里之外應之，況其邇者乎？居其室，出其言不善，則千里之外違之，況其邇者乎？言出乎身，加乎民。行發乎邇，見乎遠。言行，君子之樞機。樞機之發，榮辱之主也。言行，君子之所以動天地也，可不愼乎？」易繫辭。

〇亦孔子語。

節齋蔡氏曰：言者，心之聲。行者，心之跡。言行乃感應之樞機也。善者，理也，不善則悖理矣。君子言行善，則和氣應之，不善則乖氣應之。和之至則天地位、萬物育，乖之至則天地閉、賢人隱。故曰動天地也。

右言收斂其言語。

○敖不可長，欲不可從縱。志不可滿，樂不可極。禮記。

應氏曰：敬之反爲敖，情之動爲欲。志滿則溢，樂極則反。

臣按：志滿，謂得少爲足，侈然自大也。

孟子曰：「人有鷄犬放則知求之，有放心而不知求。學問之道無他，求其放心而已矣。」孟子。

程子曰：心至重，鷄犬至輕。鷄犬放則知求之，心放則不知求，豈愛其至輕而忘其至重哉？弗思而已矣。○朱子曰：學問之事，固非一端，然其道則在於求其放心而已。蓋能如是則志氣清明，義理昭著，而可以上達，不然則昏昧放逸，雖曰從事於學，而終不能有所發明矣。故程子曰：「聖賢千言萬語，只是欲人將已放之心約之，使反復入身來，自能尋向上去，下學而上達也。」此乃孟子開示切要之言，程子又發明之，曲盡其旨，學者宜服膺而勿失也。○又曰：學問之道，孟子斷然說在求放心。學者須先收拾這放心，不然，此心放了，博學也是閒，審問也是閒，如何而明辨？如何而篤行？蓋身如一屋子，心如一家主。有此家主，然後能灑埽門户，整頓事務。若是無主，則此屋不過一荒屋爾。○又曰：所謂放心者，不是走作向別處去，瞬目間便不見，纔覺得便又在面前；不是苦難收拾，且去提撕，便見得。若收斂，都在義理上安頓，無許多胡思亂想，則久久自於物欲上輕，於義理上重。

右言收斂其心。

○涵養須用敬，進學則在致知。程氏遺書。○伊川先生語。

程子曰：根本須是先培壅，然後可立趨向。趨向既正，所造淺深，則由勉與不勉也。葉氏曰：涵養心德，根本深厚，然後立趨向而不差，又勉而不已，乃能深造。○又曰：學者須敬守此心，不可急迫。當栽培深厚，涵泳於其間，然後可以自得。但急迫求之，只是私己，終不足以達道。○朱子曰：涵養一節，疑古人直自小學中涵養成就，所以大學之道，只從格物做起。今人從前無此工夫，但見大學以格物爲先，便欲只以思慮知識求之，更不於操存處用力。縱使窺測得十分，亦無實地可據。大抵敬字，徹上徹下，格物致知，乃其間節次進步處。○又曰：今人皆不肯於根本上理會，如敬字，只是將來説，更不做將去。根本不立，故其他零碎工夫，無湊泊處。明道、延平皆教人靜坐，看來須是靜坐。○又曰：心之爲物，至虛至靈，神妙不測，常爲一身之主，以提萬事之綱，而不可有頃刻之不存者也。一不自覺，而馳騖飛揚，以徇物欲於軀殼之外，則一身無主，萬事無綱。雖其俯仰顧眄之間，蓋已不自覺其身之所在，而況能反復聖言，參考事物，以求義理至當之歸乎？誠能嚴恭寅畏，常存此心，使其終日儼然，不爲物欲之所侵亂，則以之讀書，以之觀理，將無所往而不通，以之應事，以之接物，將無所處而不當矣。此居敬持志所以爲讀書之本也。○薛氏曰：靜中，無限妙理皆見。

右言居敬爲窮理之本，以起下章。○臣按：南塘陳柏所作夙興夜寐箴，甚切於學者受用，故謹録于左，於收斂最有力。

箴曰：鷄鳴而寤，思慮漸馳。蓋於其閒，澹以整之。或省舊愆，或紬新得。次第條理，瞭然默識。右言夙寤。本既立矣，昧爽乃興。盥櫛衣冠，端坐斂形。提掇此心，皦如出日。嚴肅整齊，虛明靜一。右言晨興。乃啓方册，對越聖賢。夫子在坐，顔曾後先。聖師所言，親切敬聽。弟子問辨，反復參訂。右言讀書。事至斯應，則驗于爲。明命赫然，常目在之。事應既已，我則如故。方寸湛然，凝神息慮。右言應事。動靜循環，惟心是監。靜存動察，勿貳勿參。讀書之餘，閒以游泳。發舒精神，休養情性。

右言日乾。日暮人倦，昏氣易乘。齋莊整齊，振拔精明。夜久斯寢，齊手斂足。不作思惟，心神歸宿。右言夕惕。養以夜氣，貞則復元。念茲在茲，日夕乾乾。右兼夙夜而言。

臣按：收放心爲學問之基址。蓋古人自能食能言便有教，動罔或悖，思罔或逾。其所以養其良心，尊其德性者，無時無事而不然，故格物致知工夫，據此有所湊泊。今者，自少無此工夫，徑欲從事於窮理修身，則方寸昏擾，舉止踰違。其所用功，若存若亡，決無有成之理。故先正教人靜坐，且以九容持身，此是學者最初用力處也。然所謂靜坐者，亦指無事時也。若應事接物，不可膠於靜坐也。況人主一身，萬機叢集，若待無事靜坐，然後爲學，則恐無其時。但不問動靜，此心未忘，持守不解，如許魯齋所謂雖在千萬人中，常知有己，則無事而虛寂，可養其體，有事而照察，可正其用。聖學根本，於斯立矣，聖賢之訓，昭然不誣，願留睿念焉。

窮理章第四

臣按：收斂之後，須窮理以致知，故窮理次之。程子曰：凡一物上有一理，須是窮致其理。

窮理亦多端，或讀書，講明義理；或論古今人物，而別其是非；或應接事物，而處其當否：皆窮理也。窮理工夫，大要如此，其詳如左。

子夏曰：「博學而篤志，切問而近思，仁在其中矣。」論語。下同。

朱子曰：四者皆學問思辨之事耳，未及乎力行而爲仁也。然從事於此，則心不外馳，而所存自熟，故曰「仁在其中矣」。○程子曰：近思者，以類而推。○蘇氏曰：博學而志不篤，則大而無成，泛問遠思，則勞而無功。

子曰：「學而不思則罔，思而不學則殆。」

朱子曰：不求諸心，故昏而無得；不習其事，故危而不安。凡學字便兼行字意思，如講明義理，學也。纔效其所爲，便有行意。○朱子答程允夫書曰：每與吾弟講論，覺得吾弟明敏，看文字不費力，見得道理容易分明，但少却玩味踐履工夫。故此道理，雖似分明，却與自家身心無干涉，所以滋味不長久，纔過了便休，反不如遲鈍之人，多費工夫，方看得出者，意思却久遠。此是本源上一大病，非一詞一義之失也。向在高沙，因吾弟說，如此講論，都無箇歸宿處，曾奉答云：「講了便將來踐履，即有歸宿。」此語似有味，更告思之。

「不明乎善，不誠乎身矣。」中庸。○亦孔子語。

朱子曰：不明乎善，不能即事窮理，無以真知善之所在也。○游氏曰：欲誠其意，先致其知。不明乎善，不誠其身矣。

臣按：格物致知之説，經文不詳，先賢多所發明，而程子、李氏、朱子三先生之説最爲明切。謹録其略如左。

問：「人有志於學，然知識蔽固，力量不至，則如之何？」程子曰：「只是致知。若智識明，則力量自進。」○或問：忠信則可勉矣，而致知爲難，奈何？程子曰：「誠敬固不可以不勉，然天下之理，不先知之，亦未有能勉以行之者也，故大學之序，先致知而後誠意。其等有不可躐者，苟無聖人之聰明睿知，而徒欲勉焉以踐其行事之跡，則亦安能如彼之動容周旋無不中禮也哉？惟其燭理之明，乃能不待勉强，而自樂循理爾。夫人之性，本無不善，循理而行，宜無難者。惟其知之不至，而但欲以力爲之，是以苦其難，而不知其樂耳。知之而至，則循理爲樂，不循理爲不樂。何苦而不循理，以害吾樂耶？若曰知不善之不可爲，而猶或爲之，則亦未嘗真知而已矣。」○曰：「格物者，必物物而格之耶？將止格一物，而萬理皆通耶？」曰：「一物格而萬理通，雖顔子亦未至此。惟今日而格一物焉，明日又格一物焉，積習既多，然後脱然有貫通處耳。」○又曰：自一身之中，以至萬物之理，理會得多，自然豁然有箇覺處。○又曰：窮理者，非謂必盡窮天下之理，又非謂止窮得一理便到。但積累多後，自當脱然有悟處。○又曰：於一事上窮盡，其他可以類推。若一事上窮不得，且別窮一事，或先其易者，或先其難者，各隨人淺深。譬如千蹊萬徑，皆可以適國，但得一道而入，則可以推類而通其餘矣。蓋萬物各具一理，而萬理同出一原，此所以可推而無不通也。○又曰：物必有理，皆所當窮，若天地之所以高深，鬼神之所以幽顯是也。若曰天，吾知其高而已矣；地，吾知其深而已矣；鬼神，吾知其幽且顯而已矣。則是已然之詞，又何理之可窮哉？○又曰：如欲爲孝，則當知所以爲孝之道，如何而爲奉養之宜，如何而爲温凊之節，莫不窮究，然後能之。非獨守夫孝之一字而可得也。○或問：「觀物察己者，豈因見物而反求諸己乎？」曰：「不必然也。物我一理，纔明彼即曉此，此合内外之道也。」曰：「然則先求之四端，可乎？」曰：「求之情性，固切於身。然一草一木，亦皆有理，不可不察。」○又曰：致知之要，當知至善之所在，如父止於慈，子止於孝之類。若不務此，而徒欲汎然以觀萬物之理，則吾恐如大軍之遊騎出太遠而無所歸也。○又曰：格物莫若察之於身，其得之尤切。程子既言「非必盡窮天下之理」，又曰「物必有理，皆所當窮」；既言「一草一木不可不察」，又曰「莫若察之於身，其得之尤切」：此皆互相發明，各盡其旨，須融會貫通可也。○延平李氏曰：爲學之初，且當常存此心，勿爲他事所勝。凡遇一事，即當且就此事，反復推尋，以究其理。待此一事融釋脱落，然後循序少進，而别窮一事。如此既久，積累之多，胸中自當有灑然處，非文字言語之所及也。○朱子曰：天道流行，造化發育。凡有聲色貌象，而盈於天地之閒者，皆物也。既有是物，則其所以爲是物者，莫不各有當然之則，而自不容已。是皆得於天之所賦，而非人之所能爲也。今且以其至切而近者言之，則心之爲物，實主於身。其體則有仁義禮智之性，其用則有惻隱羞惡恭敬是非之情，渾然在中，隨感而應，各有攸主，而不可亂也。次而及於身之所具，則有口鼻耳目四肢之用。又次而及於身之所接，則有君臣父子夫婦長幼朋友之常。是皆必有當然之則，而自不容已。所謂理也，外而至於人，則人之理，不異於己也；遠而至於物，則物之理，不異於人也。極其大，則天地之運，古今之變，不能外也；盡於小，則一塵之微，一息之頃，不能遺也。是乃上帝所降之衷，烝民所秉之彝，劉子所謂天地之中，夫子所謂性與天道，子思所謂天命之性，孟子所謂仁義之心，程子所謂天然自有之中，張子所謂萬物之一原，邵子所謂道之形體者。但其氣質有清濁偏正之殊，物欲有淺深厚薄之異，是以人之與物、賢之與愚，相與懸絶而不能同耳。以其理之同，故以一人之心而於天下萬物之理，無不能知；以其稟之異，故於其理，或有所不能窮也。理有未窮，故其知有不盡；知有不盡，則其心之所發，必不能純於義理，而無雜乎物欲之私。此其所以意有不誠，心有不正，身有不修，而天下國家不可得而治也。昔者，聖人蓋有憂之，是以於其始教，爲之小學而使之習於誠敬，則所以收其放心，養其德性者，已無所不用其至矣。及其進乎大學，則又使之即夫事物之中，因其所知之理，推而究之，以各到乎其極，則吾之知識，亦得以周遍精切而無不盡也。若其用力之方，則或考之事爲之著，或察之念慮之微，或求之文字之中，或索之講論之際，使於身心性情之德，人倫日用之常，以至天地鬼神之變，鳥獸草木之宜。自其一物之中，莫不有以見其所當然而不容已，與其所以然而不可易者，必其表裏精粗，無所不盡，而又益推其類以通之。至於一日脫然而貫通焉，則於天下之物，皆有以究其義理精微之所極，而吾之聰明睿智，亦皆有以極其心之本體而無不盡矣。○又曰：道理無形影，唯因事物言語，乃可見得是非。理會極仔細，即道理極精微。○又曰：今人有知不善之不當爲，及臨事，又爲之，只是知之未至。人知烏喙之殺人不可食，斷然終於不食，是真知之也。知不善不可爲，而猶或爲之，是特未能真知也。○問：「無事時，見得是如此，臨事又做錯了，如何？」曰：「只是斷置不分明，所以格物，便要閒時理會，不是要臨時理會。閒時看得道理分曉，則事來時斷置自易。」

○孔子曰：「君子有九思：視思明，聽思聰，色思温，貌思恭，言思忠，事思敬，疑思問，忿思難，見得思義。」論語。

朱子曰：視無所蔽，則明無不見。聽無所壅，則聰無不聞。色，見於面者。貌，舉身而言。思問則疑不蓄，思難則忿必懲，思義則得不苟。○問：「人當隨事而思，若無事而思，則是妄想。」朱子曰：「若閒時不思，臨事而思，則已無及。事事須先理會。」萬事萬物，固皆理會，而察之於身尤切，故引夫子之言表出之。

○義理有疑，則濯去舊見，以來新意。横渠文集。

葉氏曰：心有所疑，而滯於舊見，則偏執固吝，新意何從而生？○張子曰：不知疑者，只是不便實作。實用功也。既實作，則須有疑，必有不行處，是疑也。○朱子曰：思索義理，到紛亂窒塞處，須是一切埽去，放教胸中空蕩蕩地了，却舉起一看，便自覺得有下落處。向見李先生曾説來，今日方驗得非虚語也。○又曰：延平先生嘗言道理，須是日中理會，夜裏却去静處坐地思量，方始有得。某依此説去做，真箇是不同。心静則理明。

○致知在所養，養知，莫過於寡欲。程氏外書。○伊川先生語。

葉氏曰：外無物欲之撓，則心境清。内有涵養之素，則明睿生。○朱子曰：學者工夫，唯在居敬、窮理。此二事互相發，能窮理則居敬工夫日益進，能居敬則窮理工夫日益密。○又曰：務講學者，多闕於踐履。專踐履者，又遂以講學爲無益。殊不知因踐履之實，以致講學之功，使所知益明，則所守日固，與彼區區口耳之間者，不可同日而語矣。

右言窮理用功之方。窮格踐履，雖是兩項工夫，要須一時並進。故已上主論窮格，而亦兼踐履之意。

○**易曰：「天在山中，大畜，君子以多識前言往行，以畜其德。」**大畜卦之象辭。程子曰：天爲至大，而在山之中，所畜至大之象。君子觀象，以大其蘊畜。人之蘊畜，由學而大，在多聞前古聖賢之言與行，考跡以觀其用，察言以求其心，識而得之，以畜成其德，乃大畜之義也。

本心陷溺之久，義理浸灌未透。讀書窮理，常不間斷，則物欲不能勝，而本心之義理安且固矣。朱子大全。

朱子曰：天下之理，要妙精微，各有攸當，亘古亘今，不可私易，惟古之聖人爲能盡之。而其所行所言，無不可爲天下後世不易之大法。其餘則順之者，爲君子而吉；

背之者，爲小人而凶。吉之大者，則能保四海，而可以爲法；凶之甚者，則不能保其身，而可以爲戒。是其粲然之跡，必然之效，莫不具於經訓史册之中。欲窮天下之理而不即是而求之，則是正墻面而立爾。此窮理所以必在乎讀書也。○又曰：人之所以爲學者，以吾之心未若聖人之心故也。心未能若聖人之心，是以燭理未明，無所準則，隨其所好，高者過，卑者不及，而不自知其爲過且不及也。必因先達之言，以求聖人之意，因聖人之意，以達天地之理。求之自淺以及深，至之自近以及遠，循循有序，而不可以欲速迫切之心求也。○又曰：讀書，其不好之者，固怠忽間斷而無所成矣。其好之者，又不免乎貪多而務廣，往往未啓其端，而遽已欲探其終。未究乎此，而忽已志在乎彼，是以雖復終日勤勞，不得休息，而意緒悤悤，常若有所奔趨迫逐，而無從容涵泳之樂。安能深信自得，常久不厭，以異於彼之怠忽間斷者哉？孔子所謂「欲速則不達」，孟子所謂「進鋭者退速」，正謂此也。誠能鑒此而有以反之，則心潛於一，久而不移，而所讀之書，文意接連，血脈貫通，自然漸漬浹洽，心與理會，而善之爲勸者深，惡之爲戒者切矣。此循序致精，所以爲讀書之法也。○又曰：讀書未能有疑，此初學之通患。蓋緣平日貪多務得，不暇仔細慣得，忙迫涉獵。今當深以此事爲戒，洗滌淨盡，別立規模，將合看文字，擇其尤精而最急者，且看一書。一日隨力，且看一兩段，一段已曉，方換一段，一書皆畢，方換一書。先要虛心平氣，熟讀精思，令一字一句，皆有下落，諸家註解，一一通貫，然後可以較其是非，以求聖賢立言之本意。雖已得之，亦更反復玩味，令其義理淪肌浹髓，然後乃可言學耳。尹和靖門人贊其師曰：「丕哉聖謨，六經之編。耳順心得，如誦己言。」至此地位，始是讀書人耳。○又曰：讀書，始讀未知有疑，其次則漸漸有疑，中則節節是疑。過了這一番後，疑漸漸釋，以至融會貫通，都無可疑，方始是學。○程子曰：凡看文字，先須曉其文義，然後可求其意。未有文義不曉而見意者也。已上言讀書要須致精。○龜山楊氏曰：讀書之法，以身體之，以心驗之，從容默會於幽閒靜一之中，超然自得於書言象意之表。蓋某所自爲者如此。○朱子曰：讀書，須要斂身正坐，緩視微吟，虛心涵泳，涵泳，是熟讀深玩之謂。切己省察。讀一句書，須體察這一句我將來甚處用得。○問：「平日讀書時，似亦有所見。既釋書，則別是一般，不知病根安在？」朱子曰：「此乃不求之於身，而專求之於書，固應如此。凡吾身日用之閒，無非道，書則所以接湊此心耳。故必先求之於身，而後求之於書，則讀書方有味。」○程子曰：凡看文字，如七年、一世、百年之類，皆見論語。皆思其如何作爲，乃有益。○東萊呂氏曰：今人讀書，全不作有用看。且如人二三十年讀聖人書，及一朝遇事，便與閭巷人無異，只緣讀書不作有用看故也。已上言讀書要作實用。

右通言讀書之法。

○朱子小學書，綱領甚好，最切於日用。雖至大學之成，亦不外是。小學集說。○陳淳氏語。

果齋李氏曰：先生年五十八，編次小學。書成，以訓蒙士，使培其根，以達其支。雖內篇曰立教，曰明倫，曰敬身，曰稽古。外篇二，取古今嘉言以廣之，善行以實之。雖已進乎大學者，亦得以兼補之於後。修身大法，此略備焉。○朱子曰：古人於小學，存養已熟，根基已自深厚。到大學，只就上點化，出些精采。○或問：「某自幼，既失小學之序矣，請授大學，何如？」朱子曰：「授大學，也須先看小學書，只消旬月工夫。」○魯齋許氏曰：小學之書，吾信之如神明，敬之如父母。

右言讀小學法。

○初學入德之門，無如大學。程氏遺書。○伊川先生語。

朱子曰：語、孟隨事問答，難見要領。惟大學，是曾子述孔子說古人爲學之大方，而門人又傳述，以明其旨，前後相因，體統都具。玩味此書，知得古人爲學所向，却讀語、孟，便易入。後面工夫雖多，而大體已立矣。○又曰：讀大學，豈在看他言語？正欲驗之於心如何。如好好色、惡惡臭，試驗之吾心，果能好善惡惡如此乎？閒居爲不善，是果有此乎？一有不至，則勇猛奮躍不已，必有長進。今不知如此，則書自書，我自我，何益之有？陳氏曰：凡讀書之法，皆當如此，非但大學也。○又曰：大學一書，有正經，有章句，有或問。看來看去，不用或問，只看章句便了。久之，又只看正經便了。又久之，自有一部大學在我胸中，而正經亦不用矣。然不用某許多工夫，亦看某底不出；不用聖賢許多工夫，亦看聖賢底不出。

○論語之書，其辭近，其指遠。辭有盡，指無窮。有盡者可索於訓詁，無窮者當會之以神。論語集註程子語。

延平李氏曰：人之持身，當以孔子爲法。孔子相去千餘載，既不可得而親之，所可見者，獨論語耳。論語所記，孔子言行也。每讀而味之，玩而繹之，推而行之，雖未至升堂入室，亦不失爲士君子矣。○程子曰：讀論語者，但將諸弟子問處，便作己問，將聖人答處，便作今日耳聞，自然有得。若能於論、孟中深求玩味，將來涵養，成甚生氣質。甚生，猶非常也。○又曰：如論語未讀時，是此等人，讀了後，又只是此等人，便是不曾讀。

求觀聖人之道者，必自孟子始。昌黎文集。

程子曰：顏子没後，終得聖人之道者，曾子也；所傳者，子思、孟子，皆其學也。○又曰：孟子有功於聖門，不可勝言。仲尼只說一箇仁字，孟子開口便說仁義。仲尼只説一箇志字，孟子便説許多養氣出來。只此二字，其功甚多。○伊川先生語。

讀論語、孟子而不知道，所謂「雖多，亦奚以爲？」程氏遺書。

朱子曰：論語之言，無所不包，而其所以示人者，莫非操存涵養之要。七篇之指，無所不究，而其所以示人者，類多體驗充擴之端。○程子曰：學者當以論語、孟子爲本。論語、孟子既治，則六經可不治而明矣。讀書者，當觀聖人所以作經之意與聖人所以用心與聖人所以至聖人。而吾之所以未至者，所以未得者，句句而求之，晝誦而味之，中夜而思之，平其心，易其氣，闕其疑，則聖人之意見矣。○又曰：人只看得此二書，切己終身，儘多也。

○中庸工夫密，規模大。朱子大全。

朱子曰：中者，不偏不倚、未發之中。無過不及已發之中。之名。庸，平常也。

○程子曰：不偏之謂中，不易之謂庸。中者，天下之正道。庸者，天下之定理。此篇乃孔門傳授心法，子思恐其久而差也，故筆之於書，以授孟子。其書始言一理，中散爲萬事，末復合爲一理，放之則彌六合，卷之則退藏於密。其味無窮，皆實學也。善讀者，玩索而有得焉，則終身用之，有不能盡者矣。○朱子曰：讀中庸者，毋跂於高，毋駭於奇，必沈潛乎句讀文義之閒，以會其歸；必戒慎恐懼乎不覩不聞之中，以踐其實。庶乎優遊厭飫，眞積力久，而於博厚高明悠久之域，忽不自知其至焉。

右言讀四書法。○朱子曰：先讀大學，以定其規模。次讀論語，以立其根本。次讀孟子，以觀其發越。次讀中庸，以求古人之微妙。大學首尾通貫，都無所疑，然後可讀語、孟。又無所疑，然後可讀中庸。

○子曰：「小子何莫學夫詩？詩可以興，可以觀，可以羣，可以怨。」論語。下同。

朱子曰：小子，弟子也。興，感發志意。觀，考見得失。羣，和而不流。怨，怨而不怒。○又曰：詩本性情，有邪有正。其爲言既易知，而吟詠之閒，抑揚反復。其感人又易入，故學者所以興起其好善惡惡之心，而不能自已者，必於此而得之。

「邇之事父，遠之事君。」

朱子曰：人倫之道，詩無不備。二者，舉重而言。

「**多識於鳥獸草木之名。**」

朱子曰：其緒餘又足以資多識。學詩之法，此章盡之。讀是經者，所宜盡心也。

「**不學詩，無以言。**」

朱子曰：詩本人情，該物理，可以驗風俗之盛衰，見政治之得失，事理通達，而心氣和平，故能言。○程子曰：今人不會讀書，如「誦詩三百，授之以政，不達，使於四方，不能專對。雖多，亦奚以爲？」孔子語。須是未讀詩時，不達於政，不能專對，既讀詩後，便達於政，能專對四方，始是讀詩。「人而不爲周南召南，其猶正墻面。」亦孔子語。須是未讀詩時，如面墻，到讀了後，便不面墻，方是有驗。大抵讀書，只此便是法。

○子曰：「不學禮，無以立。」論語。

朱子曰：禮以恭敬辭遜爲本，而有節文度數之詳，可以固人肌膚之會，筋骸之束，故學者所以能卓然自立，而不爲事物之所摇奪者，必於此而得之。○又曰：品節詳明，而德性堅定，故能立。○永嘉周氏曰：「經禮三百，威儀三千」，皆出於性，非僞貌飾情也。天尊地卑，禮固立矣；類聚羣分，禮固行矣。人者位乎天地之閒，立乎萬物之上，尊卑分類，不設而彰。聖人循此，制爲冠、婚、喪、祭、朝聘、鄉射之禮，以行君臣、父子、兄弟、夫婦、朋友之義。其形而下者，見於飲食器服之用；其形而上者，極於無聲無臭之微。衆人勉之，賢人行之，聖人由之，故所以行其身與其家與其國與其天下者，禮治則治，禮亂則亂，禮存則存，禮亡則亡。秦氏焚滅典籍，三代禮文大壞。漢興購書，禮記四十九篇雜出諸儒傳記，不能悉得聖人之旨。考其文義，時有牴牾，然而其文繁，其義博，學者博而約之，亦可弗畔。蓋其說也，粗在應對進退之閒，而精在道德性命之要，始於童幼之習，而卒於聖人之歸。惟達古道者，然後能知其言；能知其言，然後能得於禮。然則禮之所以爲禮，其則不遠矣。

○德者，性之端也。樂者，德之華也。金石絲竹，樂之器也。詩，言其志也。歌，詠其聲也。舞，動其容也。三者本於心，然後樂器從之。是故情深而文明，氣盛而化神，和順積中，而英華發外，惟樂不可以爲僞。禮記。

劉氏曰：志則端之初發者，德在心，而性是德之本，故曰「德者，性之端」。志是心之所之，故曰端之初發。聲容則華之既見者。志動而形於詩，詩成而永歌其聲，永歌之不足，則不知手舞足蹈而動其容焉。三者皆本於心之感物而動，然後被之八音之器，以及干戚羽旄也。情之感於中者深，則文之著於外者明，如天地之氣盛於內，則化之及於物者，神妙不測也，故曰「和順積中，而英華發外」也。由是觀之，則樂之爲樂，可以矯僞爲之乎？○朱子曰：樂有五聲十二律，更唱迭和，以爲歌舞八音之節，可以養人之性情，而蕩滌其邪穢，消融其查滓。學者所以至於義精仁熟，而自和順於道德者，必於此而得之。○又曰：古樂既亡，不可復學，但講學踐履閒，可見其遺意耳。○臨川吴氏曰：禮經之僅存者，猶有今儀禮十七篇，樂經則亡矣。其經，疑多是聲音樂舞之節，少有辭句可讀誦記識，故秦火之後無傳，諸儒不過能言樂之義而已。○真氏曰：自周衰，禮樂崩壞。然禮書猶有存者，制度文爲，尚可考尋，樂書則盡缺不存。後之爲禮者，既不合先王之制，而樂尤甚焉。今世所用，大抵鄭衛之音，雜以夷狄之聲而已，適足以蕩人心、壞風俗，何能有補乎？然禮樂之制雖亡，而禮樂之理則在。莊敬者，禮之本也；和樂者，樂之本也。學者誠能以莊敬治其身，和樂養其心，則於禮樂之本得之矣，亦足以立身而成德也。

○看書，須要見二帝三王之道。程氏遺書。○明道先生語。

朱子曰：讀尚書，歷代世變難看，不若求聖人之心，如堯則考其所以治民，舜則考其所以事君。且如湯誓曰：「予畏上帝，不敢不正。」熟讀，豈不見湯之心？○又曰：尚書，初讀甚難，似見與己不相干。後來熟讀，見堯、舜、禹、湯、文、武之事皆是切己。○武夷蔡氏曰：二帝三王治天下之大經大法，皆載此書。生於數千載之下，而欲講明於數千載之前，亦已難矣。然二帝三王之治，本於道；二帝三王之道，本於心。得其心則道與治，固可得而言矣。何者？精一執中，堯舜禹相授之心法也；建中建極，商湯周武相傳之心法也。曰德，曰仁，曰敬，曰誠，言雖殊，而理則一，無非所以明此心之妙也。後世人主有志於二帝三王之治，不可不求其道；有志於二帝三王之道，不可不求其心。求心之要，舍是書，何以哉？

○子曰：「夫易，何爲者也？夫易，開物成務，冒天下之道，如斯而已者也。是故聖人以通天下之志，以定天下之業，以斷天下之疑。」易繫辭。

朱子曰：開物成務，謂使人卜筮，以知吉凶而成事業。冒天下之道，謂卦爻既設，而天下之道皆在其中。○程子曰：易，變易也。隨時變易，以從道也。其爲書也，廣大悉備，將以順性命之理，通幽明之故，盡事物之情，而示開物成務之道也。聖人之憂患後世，可謂至矣。至微者，理也。至著者，象也。體用一源，顯微無閒，觀會通，以行其典禮，朱子曰：會，以理之所聚而言。通，以事之所宜而言。衆理會處，便有許多難易窒礙，必於其中得其通處，乃可行耳。典禮者，典常之理。則辭無所不備，故善學者，求言必自近。易於近者，非知言者也。予所傳者，辭也，由辭以得意，則在乎人焉。

知時識勢，學易之大方也。程子易傳。

葉氏曰：方，猶術也。時有盛衰，勢有强弱。學易者，當隨其時勢，惟變所適，惟道之從也。

○**孟子曰：「王者之迹熄而詩亡，詩亡，然後春秋作。」**孟子。下同。

朱子曰：王者之迹熄，謂平王東遷，而政教號令不及於天下也。詩亡，謂黍離降爲國風，而雅亡也。春秋，魯史記之名。孔子因而筆削之，始於魯隱公之元年，實平王之四十九年也。

「其事則齊桓、晉文，其文則史。孔子曰：『其義則丘竊取之矣。』」

朱子曰：春秋之時，五霸迭興，而桓、文爲盛。史，史官也。竊取者，謙辭也。公羊傳作「其辭則丘有罪焉爾」，意亦如此。蓋言斷之在己，所謂「筆則筆，削則削，游、夏不能贊一辭」者也。○尹氏曰：言孔子作春秋，亦以史之文載當時之事也，而其義則定天下之邪正，爲百王之大法。○程子曰：天之生民，必有出類之才，起而君長之，治之而爭奪息，導之而生養遂，教之而倫理明，然後人道立，天道成，地道平。二帝而上，聖賢世出，隨時有作，順乎風氣之宜，不先天以開人，各因時而立政。暨乎三王迭興，三重既備，子丑寅之建正，忠質文之更尚，人道備矣，天運周矣。聖王既不復作，有天下者，雖欲倣古之迹，亦私意妄爲而已。事之謬，秦至以建亥爲正；道之悖，漢專以智力持世。豈復知先王之道也？夫子當周之末，以聖王不復作也，順天應時之治，不復有也，於是作春秋，爲百王不易之大法，所謂「考諸三王而不謬，建諸天地而不悖，質諸鬼神而無疑，百世以俟聖人而不惑」者也。春秋大義數十，葉氏曰：春秋大義，如尊君而卑臣，貴仁義而賤詐方，內中國而外夷狄之類。其義雖大，炳如日星，乃易見也。惟其微辭隱義，時措從宜者，爲難知也。或抑或縱，或與或奪，或進或退，或微或顯，而得乎義理之安，文質之中，寬猛之宜，是非之公，乃制事之權衡，揆道之模範也。後王知春秋之義，則雖德非禹湯，尚可以法三代之治，得其意而法其用，則三代可復也。

右言讀六經法。○張子曰：六經須循環理會，義理儘無窮，待自家長得一格，則又見得別。

○讀史，須見治亂之機，賢人君子出處進退，便是格物。程氏遺書。○伊川先生語。

程子曰：凡讀史，不徒要記事迹，須要識其治亂安危興廢存亡之理。且如讀高帝紀，便須識得漢家四百年終始治亂當如何，是亦學也。○又曰：某每讀史，到一半，便掩卷思量，料其成敗。然後却看有不合處，又更精思。其間多有幸而成，不幸而敗。今人只見成者便以爲是，敗者便以爲非，不知成者煞有不是，敗者煞有是底。○東萊呂氏曰：大抵看史，見治則以爲治，見亂則以爲亂，見一事則止知一事，何取觀史？須如身在其中，見事之利害，時之禍亂，必掩卷自思，使我遇此等事，當如何處之。如此觀史，學問亦可以進，智識亦可以高，方爲有益。○許氏曰：看史書，當先看其人之大節，然後看其細行。善則效之，惡則以爲戒焉，所以爲吾躬行之益。徒記其事而誦其書，非所謂學也。

右言讀史之法。

臣按：讀書是窮理之一事，而讀書亦有次序，故謹採聖賢之説，編之如右。第於四書六經之外，亦有宋世真儒周程張朱等書。性理之説，皆切於聖學，不可不細玩而深繹之也。竊思自有經傳以來，士子孰不讀書，然而真儒罕作；人君孰不讀書，然而善治鮮興。其故何哉？讀書，只爲入耳出口之資，不能爲有用之具故也。廬陵羅大經有言曰：「于今之士，非堯舜周孔不談，非語孟庸學不觀，言必稱周程張朱，學必曰致知格物。此自三代而後所未有也，可謂盛矣。然豪傑之士不出，禮義之俗不成，士風日陋於一日，人才歲衰於一歲，是可歎也。」此言正是今日之病也。嗚呼！士子之讀書，將以求富貴利達，故其病固如此矣。若人君則崇高已極，富貴已至，所勉者窮理正心，所求者祈天永命，捨此他無所望。猶有多搜博考，務以華外，不作切己之用者，豈非不思之甚乎？伏願殿下深懲此弊，務精性理，實之以躬行，不使經傳爲空言。國家幸甚！

○易有太極，是生兩儀，兩儀生四象，四象生八卦。易繫辭。下同。朱子曰：一每生二，自然之理也。易者，陰陽之變。太極者，其理也。兩儀者，始爲一畫，以分陰陽。四象者，次爲二畫，以分太少。八卦者，次爲三畫，而三才之象始備。此數言者，實聖人作易自然之次第，有不假絲毫智力而成者。

一陰一陽之謂道。朱子曰：陰陽迭運者，氣也。其理則所謂道，陰陽是氣，不是道，所以爲陰陽者乃道也。

繼之者，善也。成之者，性也。程子曰：生生之謂易，是天之所以爲道也。天只是以生爲道，繼此生理者，即是善也。善，便有一箇元底意思。元者，善之長。萬物皆有春意，便是繼之者善也。成，却待萬物自成其性，須得。○朱子曰：道具於陰而行乎陽。繼，言其發也。善，謂化育之功，陽之事也。成，言其具也。性，謂物之所受。言物生則有性，而各具是道也，陰之事也。

仁者見之，謂之仁。知者見之，謂之知。百姓日用而不知，故君子之道鮮矣。

建安丘氏曰：此言性成之後，人稟陽之動者爲仁，稟陰之靜者爲知。惟其所稟之各異，是以所見之各偏。仁者見仁而不見知，故謂其道止於仁。知者見知而不見仁，故謂其道止於知。至於百姓，日用飲食，囿於斯道之中，而不知有斯道焉。此君子之道所以鮮也。○孟子曰：行之而不著焉，習矣而不察焉，終身由之而不知其道者衆也。朱子曰：著者，明其所當然。察者，識其所以然也。

是故，形而上者，謂之道。形而下者，謂之器。化而裁之，謂之變。推而行之，謂之通。舉而措之天下之民，謂之事業。

朱子曰：陰陽，皆形而下者，其理則道也。因其自然之化而裁制之，變之義也。

○北溪陳氏曰：道非是外事物有箇虛空底，其實道不離乎物，離物則無所謂道。且如君臣有義，義底是道。君臣是器；父子有親，親底是道，父子是器。即夫婦而夫婦在所別，即長幼而長幼在所序，即朋友而朋友在所信。

臣按：物必有理，皆須窮格。今所引夫子繫辭之説，爲理學之源本，次引經傳諸説，略明在物在身之理，以爲求端之資。若因其所已言，推廣其所未言，則致知之功，其庶幾乎？

○**無極而太極。**周子太極圖。下同。

朱子曰：上天之載，無聲無臭，而實造化之樞紐，品彙之根柢也。故曰「無極而太極」，非太極之外復有無極也。○又曰：太極者，只是在陰陽裏。今人說陰陽上面，別有一箇無形無影底是太極，非也。○勉齋黃氏曰：無極而太極，若曰無形而至形，無方而大方云爾。

太極動而生陽，動極而靜，靜而生陰，靜極復動。一動一靜，互爲其根。分陰分陽，兩儀立焉。

朱子曰：太極之有動靜，是天命之流行也。太極者，本然之妙也。動靜者，所乘之機也。太極，形而上之道也。陰陽，形而下之器也。是以自其著者而觀之，則動靜不同時，陰陽不同位，而太極無不在焉。自其微者而觀之，則沖漠無朕，而動靜陰陽之理已悉具於其中矣。雖然，推之於前，而不見其始之合；引之於後，而不見其終之離也。故程子曰：「動靜無端，陰陽無始，非知道者，孰能識之？」

臣按：動靜之機，非有以使之也，理氣亦非有先後之可言也。第以氣之動靜也，須是理爲根柢，故曰太極動而生陽，靜而生陰。若執此言，以爲太極獨立於陰陽之前，陰陽自無而有，則非所謂陰陽無始也，最宜活看而深玩也。

陽變陰合，而生水火木金土，五氣順布，四時行焉。

朱子曰：「有太極，則一動一靜而兩儀分。有陰陽，則一變一合而五行具。然五行者，質具於地，而氣行於天者也。以質而語其生之序，則曰水火木金土。而水木，陽也；火金，陰也。以氣而語其行之序，則曰木火土金水。而木火，陽也；金水，陰也。」或問：「陽何以言變，陰何以言合？」曰：「陽動而陰隨之，故云變合。」

五行，一陰陽也。陰陽，一太極也。太極，本無極也。

朱子曰：五行具，則造化發育之具，無不備矣。故又即此而推本之，以明其渾然一體，莫非無極之妙。而無極之妙，亦未嘗不各具於一物之中也。

五行之生也，各一其性。

張南軒曰：五行生質，雖有不同，然太極之理未嘗不存也。五行各一其性，則爲仁義禮智信之理，而五行各專其一。

無極之真，二五之精，妙合而凝。乾道成男，坤道成女。二氣交感，化生萬物，萬物生生而變化無窮焉。

朱子曰：真，以理言，無妄之謂也。精，以氣言，不二之名也。妙合者，太極二五本混融而無閒也。理氣元不相離，豈有合哉？只是混融無閒，故曰妙合，亦可活看。凝者，聚也，氣聚而成形也。蓋性爲之主，而陰陽五行，爲之經緯錯綜，又各以類凝聚而成形。

陽而健者成男，則父之道也；陰而順者成女，則母之道也。是人物之始，以氣化者也。氣聚成形，則形交氣感，遂以形化，而人物生生，變化無窮矣。自男女而觀之，則男女各一其性，而男女一太極也；自萬物而觀之，則萬物各一其性，而萬物一太極也。蓋合而言之，萬物統體一太極也；分而言之，一物各具一太極也。

惟人也得其秀而最靈，形既生矣，神發知矣，五性感動，而善惡分，萬事出矣。

朱子曰：此言衆人具動靜之理，而常失之於動也。蓋人物之生，莫不有太極之道焉。然陰陽五行，氣質交運，而人之所稟，獨得其秀。故其心爲最靈，而有以不失其性之全，所謂天地之心，而人之極也。然形生於陰，神發於陽，五常之性，感物而動，而陽善陰惡，又以類分，五性之殊，散爲萬事。蓋二氣五行，化生萬物，其在人者，又如此也。

聖人定之以中正仁義而主靜，立人極焉。故聖人與天地合其德，日月合其明，四時合其序，鬼神合其吉凶。

朱子曰：此言聖人全動靜之德，而常本之於靜也。蓋人稟陰陽五行之秀氣以生，而聖人之生，又得其秀之秀者，是以其行之也中，其處之也正，其發之也仁，其裁之也義。蓋一動一靜，莫不有以全夫太極之道，而無所虧焉。則欲動情勝，利害相攻者，於此乎定矣。然靜者，誠之復，而性之貞也。動者，誠之通，天道之元亨也。靜者，誠之復，天道之利貞也。苟非此心寂然無欲而靜，則亦何以酬酢事物之變，而一天下之動哉？故聖人中正仁義，動靜周流，而其動也必主乎靜。此其所以成位乎中，而天地日月，四時鬼神，有所不能違也。蓋必體立，而後用有以行。若程子論乾坤動靜而曰不專一，則不能直遂，不翕聚則不能發散，亦此意爾。

君子修之，吉；小人悖之，凶。

朱子曰：聖人，太極之全體。一動一靜，無適而非中正仁義之極，蓋不假修爲而自然也。未至此而修之，君子之所以吉也；不知此而悖之，小人之所以凶也。修之悖之，亦在乎敬肆之閒而已矣。敬則欲寡而理明，寡之又寡，以至於無，則靜虛動直，而聖可學矣。

故曰：「立天之道，曰陰與陽。立地之道，曰柔與剛。立人之道，曰仁與義。」又曰：「原始反終，故知死生之説。」大哉易也！斯其至矣！

朱子曰：陰陽成象，天道之所以立也。剛柔成質，地道之所以立也。仁義成德，人道之所以立也。道一而已，隨事著見，故有三才之别，而於其中又各有體用之分焉。其實則一太極也。陽也、剛也、仁也，物之始也；陰也、柔也、義也，物之終也。能原其始而知所以生，則反其終而知所以死矣。此天地之閒，綱紀造化，流行古今，不言之妙。聖人作易，其大意蓋不出此，故引之以證其說。○張子曰：氣坱然太虛，升降飛揚，未嘗止息。此虛實動靜之機，陰陽剛柔之始。浮而上者，陽之清；降而下者，陰之濁。其感遇聚結，爲風雨，爲霜雪。萬品之流形，山川之融結，糟粕煨燼，無非教也。葉氏曰：萬變不窮，皆道體之流行，故曰無非至教。○又曰：游氣紛擾，合而成質者，生人物之萬殊。其陰陽兩端，循環不已者，立天地之大義。

○元亨利貞，天道之常；仁義禮智，人性之綱。朱子小學題辭。

程子曰：元者，萬物之始。亨者，萬物之長。利者，萬物之遂。貞者，萬物之成。乾坤有此四德。乾坤，天地之性情也。○朱子曰：仁者，心之德，愛之理。義者，心之制，事之宜。義是宜之理。禮者，天理之節文，人事之儀則。禮是節文之理。○又曰：性是理之在我者。仁則是箇溫和慈愛底道理，義則是箇斷制裁割底道理，禮則是箇恭敬撙節底道理，智則是箇分別是非底道理。四者具於人心，乃性之本體。○吳氏曰：亘萬世而不易，故曰常。統萬善而不遺，故曰綱。

臣按：太極在天曰道，此道字，以天命流行之道言；率性之道，以人物當行之道言。在人曰性。元亨利貞，道之流行者也。仁義禮智，性之所具者也。元於時爲春，在人爲仁；亨於時爲夏，在人爲禮；利於時爲秋，在人爲義；貞於時爲冬，在人爲智。元亨利貞，以流行之用爲序；仁義禮智，以對待之體立名。

觀萬物之一原，則理同而氣異；觀萬物之異體，則氣猶相近，而理絕不同。氣之異者，粹駁之不齊；理之異者，偏全之或異。朱子大全。

朱子曰：方賦與萬物之初，天命流行，只是一般，故理同；二五之氣，有清濁粹駁，故氣異。萬物已得之後，雖有清濁純駁之不同，而同此二五之氣，故氣相近；以其昏明開塞之甚遠，故理絕不同。氣相近，如知寒煖，識飢飽，好生惡死，趨利避害，人與物都一般。理不同，如蜂蟻之君臣，只是他義上，有一點子明；虎狼之父子，只是他仁上，有一點子明；其他更推不去。○程子曰：天地陰陽之變，便如兩扇磨，升降盈虛剛柔，初未嘗停息。陽常盈，陰常虧，故便不齊，譬如磨既行，齒都不齊。既不齊，便生出萬變，故物之不齊，物之情也。

○鬼神者，二氣之良能也。張子正蒙。

朱子曰：以二氣言，則鬼者，陰之靈也；神者，陽之靈也。以一氣言，則至而伸者爲神，反而歸者爲鬼。其實一物而已。良能，是説往來屈伸，乃理之自然，非有安排措置。二氣則陰陽，良能是其靈處。○程子曰：鬼神，天地之功用，而造化之迹也。朱子曰：功用，只是論發見者，如寒來暑往，日往月來，春生夏長，皆是造化之妙，不可得而見，於其氣之往來屈伸者，足以見之。微鬼神，則造化無迹矣。○張子曰：物之初生，氣日至而滋息；物生既盈，氣日反而遊散。至之謂神，以其伸也；反之謂鬼，以其歸也。○朱子曰：天地間，如消底是鬼，息底是神；生底是神，死底是鬼。四時，春夏爲神，秋冬爲鬼。人之魂，即神也；魄，即鬼也。語爲神，默爲鬼；動爲神，靜爲鬼；呼爲神，吸爲鬼。

右通言天地人物之理。此以下，專言在人之理。

○人者，其天地之德，陰陽之交，鬼神之會，五行之秀氣也。故人者，天地之心也。禮記。張子曰：天地之德，謂人之德性如天地之性，人爲貴，是也。禀五行之氣以生，最靈於萬物，是其秀也。凡生即伸也，要終即歸也，一體兼此終始，此鬼神之會也。陰陽之交，鬼神之會，五行之氣，物生皆然，而人爲備焉。○朱子曰：教化皆是人做。此所謂人者，天地之心也。○龍泉葉氏曰：天地之情性，非人則不能體而參之。天地之功用，非人則不能察而法之。天地之所以不息者，由人道而後見之，此人所以爲天地之心。

右言人貴於萬物。

○惟皇上帝，降衷于下民，若有恒性。商書湯誥。

蔡氏曰：皇，大。衷，中。若，順也。天之降命，而具仁義禮智信之理，無所偏倚，所謂衷也。人之稟命而得仁義禮智信之理，與心俱生，所謂性也。○劉康公曰：民受天地之中以生，所謂命也。

臣按：以天言之，則謂之命；以人言之，則謂之性；其實一也。

孟子曰：「人皆有不忍人之心。」孟子。下同。

朱子曰：天地以生物爲心，而所生之物，因各得夫天地生物之心以爲心，所以人皆有不忍人之心也。

「所以謂人皆有不忍人之心者，今人乍見孺子將入於井，皆有怵惕惻隱之心，非所以內交於孺子之父母也，非所以要譽於鄉黨朋友也，非惡其聲而然也。」

朱子曰：乍，猶忽也。怵惕，驚動貌。惻，傷之切也。隱，痛之深也。此即所謂不忍人之心也。內，結。要，求。聲，名也。名，謂以不救人得惡名也。言乍見之時，便有此心，隨見而發，非由此三者而然也。○程子曰：滿腔子是惻隱之心。朱子曰：腔子，猶言軀殼。

「由是觀之，無惻隱之心，非人也；無羞惡之心，非人也；無辭讓之心，非人也；無是非之心，非人也。」

朱子曰：羞，恥己之不善也。惡，憎人之不善也。辭，解使去己也。讓，推以與人也。是，知其善而以爲是也。非，知其惡而以爲非也。人之所以爲心，不外乎是四者，故因論惻隱而悉數之。言人若無此，則不得謂之人，所以明其必有也。

「惻隱之心，仁之端也；羞惡之心，義之端也；辭讓之心，禮之端也；是非之心，智之端也。」

朱子曰：惻隱、羞惡、辭讓、是非，情也。仁、義、禮、智，性也。端。緒也。因其情之發，而性之本然可得而見，猶有物在中而緒見於外也。

「人之有是四端也，猶其有四體也。有是四端，而自謂不能者，自賊者也。謂其君不能者，賊其君者也。」

朱子曰：四體，四肢，人之所必有者也。自謂不能者，物欲蔽之耳。

「凡有四端於我者，知皆擴而充之矣，若火之始然，泉之始達。苟能充之，足以保四海；苟不充之，不足以事父母。」

朱子曰：擴，推廣之意。充，滿也。四端在我，隨處發見，知皆即此推廣而充滿其本然之量，則其日新又新，將有不能自已者矣。能由此而遂充之，則四海雖遠，亦吾度內，無難保者。不能充之，則雖事之至近，而不能矣。此章所論，人之性情，心之體用，本然全具，而各有條理如此。學者於此反求默識而擴充之，則天之所以與我者，可以無不盡矣。○程子曰：四端不言信者，既有誠心爲四端，則信在其中矣。朱子曰：四端之信，猶五行之土，無定位，無成名，無專氣，而水火金木無不待是以生者。故土於四行無不在，於四時則寄王焉。其理亦猶是也。○又曰：心，生道也。人有是心，斯具是形以生。惻隱之心，人之生道也，雖桀蹠不能無是以生，但戕賊之以滅天耳。始則不知愛物，俄而至於忍，安之以至於殺，充之以至於好殺，豈人理也哉？

「詩曰：『天生烝民，有物有則。民之秉彝，好是懿德。』孔子曰：『爲此詩者，其知道乎？故有物必有則，民之秉彝也，故好是懿德。』」

朱子曰：詩，大雅烝民之篇。烝，衆也。物，事也。則，法也。彝，常也。懿，美也。有物必有法，如有耳目則有聰明之德。有父子則有慈孝之心，是民所秉執之常性也。故人之情，無不好此懿德者，人性之善可見。

「萬物皆備於我矣。」

朱子曰：大則君臣父子，小則事物細微，其當然之理，無一不具於性分之内也。○又曰：性是太極渾然之體，本不可以名字言，但其中含具萬理，而綱理之大者有四，故命之曰仁義禮智。孔子時，性善之理素明，雖不詳著其條，而説自具。至孟子時，異端蜂起，往往以性爲不善。孟子懼是理之不明，而思有以明之。苟但曰渾然全體，則恐其如無星之秤，無寸之尺，終不足以曉天下。於是，别而言之，界爲四破，而四端之説於是而立。蓋四端之未發也，雖寂然不動，而其中自有條理，自有間架，不是儱侗都無一物。所以外邊纔感，中間便應。四端之發，各有面貌之不同，渾然全體之中，粲然有條。若此則性之善可知矣。○真氏曰：人之爲人，所以與天地竝立而爲三者，蓋形有大小之殊，而理無大小之間故也。理者何？仁義禮智是也。自天道而言，則曰元亨利貞。其實一而已。人與天地，本一無二，而其所以異者，天地無心，而人有欲。天地於穆之命，終古常新，元而亨，亨而利，利而貞，貞而又元，一通一復，循環而無間。人之生也，皆全具此理。惟其有形體之累，不能無物欲之私，故當其惻隱之發，而有以撓之，則仁不能充矣。當其羞惡之發，而有以奪之，則義不能充矣。恭敬辭讓，一作「恭敬」。是非之發亦然。此孟子所以惓惓於充之一言也，蓋善端之發，其始甚微。亦猶陰陽之氣，兆於二至，初皆眇然而未著也。迨陽浸而長，至于正月，則天地之氣和，而物皆發達矣。陰浸而長，至于七月，則天地之氣肅，而物皆收斂矣。天地生成萬物之理，皆自微至著，無一歲不然者。人能體天地之心以爲心，因其善端之發，保養扶持，去其所以害之者，若火之然，因而噓之，若泉之達。因而導之，則一念之惻隱，而以澤百世，一念之羞惡，可以正萬民。堯舜之仁，湯武之義，所以與天地同其大者，以其能充之也。

右論本然之性。○臣按：人之一心，萬理全具。堯舜之仁，湯武之義，孔孟之道，皆性分之所固有也。惟是氣禀拘於前，物欲汩於後，明者昏，正者邪，迷而爲衆人之蚩蚩，實與禽獸無異。而本具之理，則其明自如，其正自如，但爲所掩蔽，而終無息滅之理。誠能去其昏，絶其邪，則堯舜湯武孔孟之聖，非外假而成。譬如有人自家無限寶藏，埋諸幽暗之地而不自知焉。貧寒匃乞，流轉四方，若遇先覺，指示藏寶之處，篤信不疑，發其所埋，則無限寶藏皆所自有者也。此理甚明，人自不覺，可哀也哉！若徒知此心之具理而已，不復力去其掩蔽，則是實不知藏寶之處，而謾説我有寶藏云爾，亦何益之有？願留睿念焉。

○形而後，有氣質之性，善反之，則天地之性存焉。故氣質之性，君子有弗性者焉。張子正蒙。

朱子曰：天地之性，專指理而言。氣質之性，則以理雜氣而言。只是此性本然之性。在氣質之中，故隨氣質而自爲一性。氣質之性。性譬之水，本皆清也，以淨器盛之則清，以污器盛之則濁。澄治之，則本然之清未嘗不在。○葉氏曰：氣聚成形，性爲氣質所拘，有純駁偏正之異，所謂氣質之性也。人能以善道自反，則天地之性復全矣。故氣質之性，君子不以爲性，蓋不徇乎氣質之偏，必欲復其本然之善。○程子曰：性出於天，才出於氣，氣清則才清，氣濁則才濁。才則有善有不善，性則無不善。○又曰：論性不論氣，不備；論氣不論性，不明。二之則不是。葉氏曰：論性之善，而不推其氣禀之不同，則何以有智愚？故曰不備。論氣禀之異，而不原其性之皆善，則是不達其本，故曰不明。性者，氣之理；氣者，性之質。元不相離，判而二之則亦非矣。

右論氣質之性。○臣按：本然之性，氣質之性，非二性也。就氣質上，單指其理曰本然之性，合理與氣質而命之曰氣質之性。

○人生而靜，天之性也。感於物而動，性之欲也。物至知知，然後好惡形焉。禮記。下同。

劉氏曰：人生而靜者，喜怒哀樂未發之中，天命之性也。感於物而動，則性發而爲情也。○朱子曰：上知字是體，下知字是用。

何謂人情？喜怒哀懼愛惡欲，七者弗學而能。

程子曰：天地儲精，得五行之秀者爲人，其本也真而靜。其未發也，五性具焉，曰仁義禮智信。形既生矣，外物觸其形而動其中矣。其中動而七情出焉，曰喜怒哀懼愛惡欲。情既熾而益蕩，其性鑿矣。是故，覺者約其情，使合於中，正其心，養其性；愚者則不知制之，縱其情而至於邪僻，梏其性而亡之。○問：「愛與欲何別？」朱子曰：「愛是汎愛那物，欲則有意於必得。」

帝曰：「人心惟危，道心惟微，惟精惟一，允執厥中。」虞書大禹謨。○舜命禹之辭。

朱子曰：心之虚靈知覺，一而已矣。而以爲有人心、道心之異者，以其或生於形氣之私，或原於性命之正，而所以爲知覺者不同。是以或危殆而不安，或微妙而難見爾。然人莫不有是形，故雖上智不能無人心；亦莫不有是性，故雖下愚不能無道心。二者雜於方寸之閒，而不知所以治之，則危者愈危，微者愈微，而天理之公，卒無以勝夫人欲之私矣。精則察夫二者之閒而不雜也，一則守其本心之正而不離也。從事於斯，無少閒斷，必使道心常爲一身之主，而人心每聽命焉，則危者安，微者著，而動静云爲，自無過不及之差矣。○五峯胡氏曰：天理人欲，同行異情。朱子曰：只是一人之心，合道理底是天理，徇情欲底是人欲。正當於其分界處理會。○潛室陳氏曰：此語儘當玩味，如飲食男女之欲，堯舜與桀紂同，但中理中節，即爲天理；無理無節，即爲人欲。○問：「飲食之閒，孰爲天理？孰爲人欲？」朱子曰：「飲食者，天理也；要求美味，人欲也。」○勉齋黄氏曰：以堯舜之聖，處帝王之尊，而所以自治其心者如此。世之學者，不知此心之爲重，任情縱欲，驕逸放肆，念慮之頃，或升而天飛，或降而淵淪，或熱而焦火，或寒而凝冰，豈不深可憫哉？聖賢垂訓，炳然明白，學者盍深思而熟玩之哉？○西山真氏曰：「人心惟危」以下十六字，乃堯舜禹傳授心法，萬世聖學之淵源。先儒訓釋雖衆，獨朱子之説最爲精確。夫聲色臭味之欲，所謂人心也；仁義禮智之理，所謂道心也。人心之發，如銛鋒，如悍馬，有未易制馭者，故曰危；道心之發，如火始然，如泉始達，有未易充廣者，故曰微。義理精微難見，故謂之微，非以未易充廣而名也。但西山之説亦通，可別爲一説，故取之。惟平居，莊敬自持，察一念之所從起，知其爲聲色臭味而發，則用力克治，不使之滋長；知其爲仁義禮智而發，則一意持守，不使之變遷。夫如是則理義常存，而物欲退聽。以之酬酢萬變，無往而非中矣。朱子晚年定論不以人心爲人欲，蓋人心，只是生於形氣者，雖聖人亦有焉。人心爲主，不聽命於道心，然後乃爲人欲。真氏之説，雖非正釋人心，而論天理人欲分曉，有益於學者，故竝取焉。

心，統性情者也。 橫渠語録。

朱子曰：統，是主宰。性者，心之理。情者，心之用。心者，性情之主，即所以具此理而行此情者也。以智言之，所以知是非之理，則性也；所以知是非而是非之者，情也；具此理而覺其爲是非者，心也。此處分別，只在毫釐之間，精以察之，乃可見耳。○又曰：心之全體，湛然虛明，萬理具足。其流行該貫乎動靜，以其未發而全體者言之，則性也；以其已發而妙用者言之，則情也。然只就渾淪一物之中，指其已發、未發而爲言耳，非是性是一箇地頭，心是一箇地頭，情又是一箇地頭，如此懸隔也。○邵子曰：性者，道之形體也。心者，性之郛郭也。身者，心之區宇也。物者，身之舟車也。

孟子曰：「人之所以異於禽獸者幾希。庶民去之，君子存之。」孟子。下同。

朱子曰：幾希，少也。人物之生，同得天地之理以爲性，同得天地之氣以爲形。其不同者，獨人於其間，得形氣之正，而能有以全其性，爲少異耳。雖曰少異，然人物之所以分，實在於此。衆人不知此而去之，則名雖爲人，而實無以異於禽獸。君子知此而存之，是以戰兢惕慮，而卒能有以全其所受之正也。○又曰：人物之所同者，理也；天地之性，人物一也。所不同者，心也。氣有偏正通塞，故心不同也。人心虛靈，無所不明，禽獸便昏了，只有一兩路子明，如父子相愛，雌雄有別之類。人之虛靈，皆推得去，禽獸便更推不去。人若以私欲蔽了這箇虛靈，便是禽獸。人與禽獸，只爭這些子，所以謂幾希。○范氏浚心箴曰：茫茫堪輿，俯仰無垠。人於其間，眇然有身。是身之微，太倉稊米。參爲三才，曰惟心爾。往古來今，孰無此心。心爲形役，乃獸乃禽。惟口耳目，手足動靜。投閒抵隙，爲厥心病。一心之微，衆欲攻之。其與存者，嗚呼幾希！君子存誠，克念克敬。天君泰然，百體從令。

「盡其心者，知其性也，知其性則知天矣。」

朱子曰：心者，人之神明，所以具衆理而應萬事者也。性則心之所具之理，而天又理之所從以出者也。天即理也。此理，指性而言。天大無外，而性稟其全，故人之本心，其體廓然，亦無限量。惟其梏於形氣之私，滯於聞見之小，有所蔽而不盡。人能即事即物，窮究其理，至於一日，會通貫徹而無所遺焉，則有以全其本然之體，故能極其心之全體而無不盡者，必其能窮夫理而無不知者也。既知其理，則其所從出，亦不外是矣。以大學之序言之，知性則物格之謂，盡心則知至之謂也。

右通論心性情。○臣按：理之在物在身者，皆所當窮。但在物者，博而泛，故略言之；在身者，要而切，故其論稍詳。非謂在身者可詳，而在物者可略也。近思而類推，無所不盡，則一物之細，一事之微，莫不洞明其理。況天地之大，鬼神之妙，有所不詳者乎？

臣竊謂：先儒心性情之說詳備矣，然各有所主，而言或不一，故後人執言而迷旨者多矣。性發爲情，心發爲意云者，意各有在，非分心性爲二用，而後人遂以情意爲二歧。性發爲情，非無心也；心發爲意，非無性也。只是心能盡性，性不能檢心；意能運情，情不能運意。故主情而言則屬乎性，主意而言則屬乎心。其實則性是心之未發者也，情意是心之已發者也。四端專言理，七情合理氣，非有二情，而後人遂以理氣爲互發。四端，猶性之言本然之性也。七情，猶性之合理氣而言也。氣質之性，實是本性之在氣質者，非二性，故七情實包四端，非二情也。須是有二性，方能有二情。情意二歧、理氣互發之説，不可以不辨。夫心之體是性，心之用是情。性情之外，更無他心。故朱子曰：「心之動爲情。」朱子語止此。情是感物初發底，意是緣情計較底，非情則意無所緣，故朱子曰：「意緣有情而後用，故心之寂然不動者，謂之性。心之感而遂通者，謂之情。心之因所感而紬繹思量者，謂之意。心性果有二用，而情意果有二歧乎？」或問：「意固是緣情計較矣，但人未與物接，而無所感時，亦有念慮之發，豈必緣情乎？」答曰：「此亦紬繹舊日所發之情也。當其時，雖未接物，實是思念舊日所感之物，則豈非所謂緣情者乎？」五性之外無他性，七情之外無他情。孟子於七情之中，剔出其善情，目爲四端，非七情之外別有四端也。情之善惡，夫孰非發於性乎？其惡者，本非惡，只是掩於形氣，有過有不及而爲惡。故程子曰：「善惡皆天理。」朱子曰：「因天理而有人欲。」然則四端、七情，果爲二情，而理氣果可互發乎?程朱之説,乍看若甚可駭,然深思之,則可以無疑。人之喜怒哀樂,聖狂同有焉。其所以喜怒哀樂之理,則性也;知其可喜怒哀樂者,心也;遇事而喜怒哀樂之者,情也。當喜而喜,當怒而怒者,情之善者也。不當喜而喜,不當怒而怒者,情之不善者也。情之善者,乘清明之氣,循天理而直出,可見其爲仁義禮智之端,故目之以四端。情之不善者,雖亦本乎理,而已爲汚濁之氣所揜,反害夫理,不可見其爲仁義禮智之端,故不可謂之四端耳。非不本乎性而别有二本也。此所謂善惡皆天理,因天理而有人欲者也。雖然,遂以人欲爲天理,則是認賊爲子矣。譬如夏月之醯,變生蟲蛆。蟲蛆固因醯而生也,然遂以蟲蛆爲醯,則不可也。蟲蛆生於醯,而反害醯,人欲因乎天理,而反害天理,其理一也。夫以心性爲二用,四端、七情爲二情者,皆於理氣有所未透故也。凡情之發也,發之者,氣也;所以發者,理也。非氣則不能發,非理則無所發。理氣混融,元不相離,若有離合,則動静有端,陰陽有始矣。理者,太極也;氣者,陰陽也。今曰太極與陰陽互動,則不成説話,太極陰陽不能互動,則謂理氣互發者,豈不謬哉?昔有問未發之前心性之别者,朱子曰:「心有體用,未發是心之體,已發是心之用。如何指定説得?」以此觀之,則心性之無二用可知。心性無二用,則四端、七情,豈二情乎?或問曰:「朱子曰:『情有善惡,性則全善。』然則氣質之性,亦無有不善者乎?」臣答曰:「氣質之性,固有善惡之不同矣。但此所謂性,專指未發而言。人雖至惡者，未發之時，固無不善，纔發便有善惡。其惡者由於氣禀物欲之拘蔽，而非其性之本體也，故曰性則全善。」或又問：「人心、道心，既是二心，則四端、七情，豈可不謂二情乎？」臣答曰：「此亦執言迷旨之類也。心，一也，豈有二乎？特以所主而發者，有二名耳。故朱子曰：『危者，人欲之萌也；微者，天理之奥也。心則一也，以正不正而異其名耳，非以道爲一心，人爲一心也。』觀此言，則心之非二，可知矣。」〇或以因天理有人欲之説爲可疑。臣解之曰：「天理人欲，初非二本。性中只有仁義禮智四者而已，人欲何嘗有所根脈於性中哉？惟其氣有清濁，而修治汨亂之不同，故性發爲情也，有過有不及。仁之差也，則愛流而爲貪；義之差也，則斷流而爲忍；禮之差也，則恭流而爲諂；智之差也，則慧流而爲詐。推此可見其餘。本皆天理，而流爲人欲，故推原其本，則可知天性之善；檢察其末，則可遏人欲之流。朱子昭示學者，其亦切矣。」〇或問：「心，一也，而或曰情，或曰志，或曰意，曰念，曰慮，曰思。何其名目紛紜不一耶？」臣答：「情者，心有所感而動者也，纔動便是情。有不得自由者，平居，涵養省察之功至，則情之發，自然中理中節。若無治心之力，則多有不中者矣。志者，心有所之之謂，情既發而定其趨向也。之善之惡，皆志也。意者，心有計較之謂也，情既發而商量運用者也。故朱子曰：『情如舟車，意如人使那舟車一般。』念、慮、思三者，皆意之別名，而思較重，念、慮較輕。意可以僞爲，情不可以僞爲，故有曰誠意，而無曰誠情。」問曰：「志與意，孰先孰後？」答曰：「志者，意之定者也。意者，志之未定者也。似乎志在意後，然或有志先立而意隨而思者，或有意先經營而志隨而定者，不可以一概論也。情、志、意，皆是一心之用也，隨其所主而各立其名，非有許多別樣心也。」問：「人心道心，是情是意？」答曰：「通情意而言也，發出底是情，商量底是意。四端，偏指道心。七情，人心、道心之總稱者也。」有問於臣者曰：「理氣是一物，是二物？」臣答曰：「考諸前訓，則一而二、二而一者也。理氣渾然無閒，元不相離，不可指爲二物，故程子曰『器亦道，道亦器』。雖不相離，而渾然之中實不相雜，不可指爲一物，故朱子曰『理自理，氣自氣』，不相挾雜。合二說而玩索，則理氣之妙庶乎見之矣。論其大概，則理無形而氣有形，故理通而氣局。理通者，天地萬物同一理也。氣局者，天地萬物各一氣也。所謂理一分殊者，理本一矣，而由氣之不齊，故隨所寓而各爲一理。此所以分殊也，非理本不一也。理無爲而氣有爲，故氣發而理乘。陰陽動靜，而太極乘之。發者，氣也。乘其機者，理也。故人心有覺，道體無爲。孔子曰：「人能弘道。非道弘人。」無形無爲，而爲有形有爲之主者，理也。有形有爲，而爲無形無爲之器者，氣也。此是窮理氣之大端也。○又問：「理有體有用，當何分辨？」臣答曰：

「中庸曰：『君子之道費而隱。』朱子釋之曰：『費，用之廣也。隱，體之微也。』理之散在事物。其所當然者，在父爲慈，在子爲孝，在君爲義，在臣爲忠之類。所謂費也，用也。其所以然者，則至隱存焉。是其體也。理以在物而言，道以流行而言，其實一而已矣。」

〇孟子曰：「以力假仁者霸，霸必有大國。以德行仁者王，王不待大。湯以七十里，文王以百里。」孟子。下同。

朱子曰：力，謂土地甲兵之力。假仁者，本無是心，而借其事以爲功者也。霸，若齊桓、晉文是也。以德行仁，則自吾之得於心者推之，無適而非仁也。〇程子曰：雖公天下事，若用私意爲之，便是私。

「以力服人者，非心服也，力不贍也。以德服人者，中心悦而誠服也，如七十子之服孔子也。詩云：『自西自東，自南自北，無思不服。』此之謂也。」

朱子曰：贍，足也。詩，大雅文王有聲之篇。王霸之心，誠僞不同，故人所以應之者。其不同亦如此。〇真氏曰：孔子以匹夫不得位，而七十子終身從之，是孰使之然哉？所謂心悦而誠服也。王者之服人，亦猶是也。〇鄒氏曰：以力服人者，有意於服人，而人不敢不服。以德服人者，無意於服人，而人不能不服。從古以來，論王霸者多矣，未有若此章之深切而著明者也。

仁人者，正其誼，不謀其利；明其道，不計其功。是以仲尼之門，五尺童子，羞稱五伯。爲其先詐力，而後仁義也。前漢書董仲舒傳。

真氏曰：孟子之後，能深闢五霸者，惟仲舒爲然。蓋仁人者，知正義而已，利之有無，不論也；知明道而已，功之成否，不計也。義，謂合宜之理；道，謂通行之路：其實一也。霸者則惟利是謀，而於義有不暇顧，惟功是計，而於道有不暇恤。此所以見黜於孔氏之門也。○程子言於神宗曰：得天理之正，極人倫之至者，堯舜之道也。用其私心，依仁義之偏者，霸者之理也。王道如砥，本乎人情，出乎禮義，若履大路而行，無復回曲。霸者，崎嶇反側於曲逕之中，而卒不可與入堯舜之道，故誠心而王則王矣，假之而霸則霸矣。二者其道不同，在審其初而已。易所謂「差若毫釐，繆以千里」者，其初不可不審也。惟陛下稽先聖之言，察人事之理，知堯舜之道備於己，反身而誠之，推之以及四海，則萬世幸甚！

右辨王霸之略。

○子曰：「攻乎異端，斯害也已。」論語。

范氏曰：攻，專治也，故治木石金玉之工曰攻。異端，非聖人之道，而別爲一端，如楊、墨是也。其率天下，至於無父無君，專治而欲精之，爲害甚矣。○朱子曰：不惟說不可專治，便略去理會他，也不得。若是自家學有定止，去看他病痛，却得。

○孟子曰：「楊氏爲我，是無君也。墨氏兼愛，是無父也。無父無君，是禽獸也。」孟子。下同。

朱子曰：楊朱但知愛身，而不復知有致身之義，故無君。墨翟愛無差等，而視其至親，無異衆人，故無父。無父無君，則人道滅絶，是亦禽獸而已。

「能言距楊、墨者，聖人之徒也。」

朱子曰：言苟有能爲此距楊、墨之說者，則其所趨正矣。雖未必知道，是亦聖人之徒也。蓋邪說害正，人人得而攻之，不必聖賢。如春秋之法，亂臣賊子，人人得而誅之，不必士師也。

○學老子者則絀儒學，儒學亦絀老子。道不同，不相爲謀。史記。

真氏曰：老氏所該者衆，無爲無欲，近理之言，雖君子有取焉；養生之言，爲方士者尚焉；「將欲奪之，必固與之」，此陰謀之言也，言兵者尚焉。其以事物爲粗迹，以空虛爲妙用，清談者傚之。自其近理者言之，固在所可取，然皆吾聖人之所有也。下乎此，則一偏一曲之學，其弊有不勝言者：養生之說，則神仙方藥之所自出也；陰謀之術，則申、商、韓非之所本也；清談之禍，至王弼、何晏而極。皆以惑亂世主，斲喪生民。雖老莊之學，初未至此，然本原一差，其流必有甚焉。以是言之，曷若由堯舜周孔之道爲無弊哉？○人有語導氣者，問程子曰：「君亦有術乎？」曰：「吾嘗夏葛而冬裘，飢食而渴飮，節嗜欲，定心氣，如斯而已矣。」○問：「神仙之說有諸？」曰：「若說白日飛升之類則無；若言居山林閒，保形鍊氣，以延年益壽則有之。譬如一鑪火，置之風中則易過，置之密室則難過。有此理也。」又問：「聖人能爲此等事否？」曰：「此是天地閒一賊。若非竊造化之機，安能延年？使聖人肯爲，周孔爲之矣。」

○佛者，夷狄之一法。昌黎文集。

勿軒熊氏曰：自後漢時入中國，其初，不過論緣業以誘愚民而已，後來，却說心說性，雖聰明之士，亦爲之惑。學者不可不力察而明辨也。

佛氏之言，比之楊、墨，尤爲近理，其害尤甚。學者當如淫聲美色以遠之，不爾則駸駸然入於其中矣。程氏遺書。○明道先生語。

朱子曰：楊、墨做得來淺，不能惑人。佛氏最有精微動人處，從他說，愈深愈害人。○程子曰：釋氏之說，若欲窮其說而去取之，則其說未能窮，固已化而爲佛矣。

只且於迹上考之，其設教如是，則其心果如何？固難爲取其心，不取其迹，有是心則有是迹。王通言心迹之判，便是亂説，故不若且於迹上斷定，不與聖人合。其言有合處，則吾道固已有；有不合者，固所不取。如是立定，却省易。葉氏曰：此言雖爲初學立心未定者設，然孟子闢楊、墨，亦不過考其迹而推其心，極之於無父、無君。此實辨異端之要領也。○汪氏曰：程朱之時，儒學亦有流於禪者，今學者絶口於此。程朱之功爲多。

臣按：佛氏之説，有精有粗。粗者，不過以輪迴報應之説，廣張罪福，誘脅愚迷，使之奔走供奉而已。其精者則極論心性，而認理爲心，以心爲萬法之本，認心爲性，以性爲見聞作用，以寂滅爲宗，以天地萬物爲幻妄，以出世爲道，以秉彝人倫爲桎梏。其用功之要，則不立文字，直指人心。見性成佛，頓悟之後，方加漸修。若上根之人，則或有頓悟頓修者。達磨於梁武帝時入中國，始傳其道，所謂禪學者是也。至唐而大盛，其徒遍天下，揚眉瞬目，棒喝大笑，以相印證。大概以無意爲得道，不論善惡。若以意思而得，則皆以爲妄見。必也任情直行，不用意思，然後乃以爲真見。其未及乎此者，則必以一二句無意味話頭，若「狗子無佛性」、「庭前柏樹子」之類。作無限妙理看，遂生大疑，專心窮究，積功不已。靜定之極，略見心性影子於髣髴想象之際，則遂擬之以豁然大悟，猖狂自恣，謂之了事。宋初，其徒猶熾。自程朱廓清之後，其勢始衰。

于今所謂禪學者，殆至於絶矣。又有陸象山，與朱子竝世而生，揮斥致知之功，以爲支繁失真，專用功於本心。此於涵養，不爲無助，但學者知行必須竝進，若不知道理，不辨是非，則所謂存心者，亦將何據？若只静坐而萬理自明，則孔子何必曰「博學於文」，子思何必曰「道問學」乎？此不幾於禪學詖淫邪遁之説乎？象山既没，其學不絶，至今與朱子正學竝立而相抗。一種厭勤勞、樂簡便之徒，相與作爲幽深慌惚之説以附之。嗚呼！其亦斯道之不幸也歟？禪學雖足以惑人，其言非儒，其行滅倫，世間稍知有秉彝者，固已疑阻，又經程朱之闢，宜乎其迹若埽矣。陸學則不然：言必稱孔孟，行必本孝弟，而其用心精微處，乃是禪學也。闢之之難，豈不十倍於佛氏乎？佛氏之害，如外寇之侵突；陸氏之害，如奸臣之誤國。此不可不知，故竝著焉。

右辨異端之害。〇臣按：事物之可窮者，不可殫録。惟是王霸之略，異端之害，最不可不辨，故略述焉。他可類推矣。

臣竊謂：聖賢窮理之説，大要不出乎此章所引。苟因其言，實下工夫，循序漸進，則貫通之效不期自臻矣。蓋萬事萬物，莫不有理，而人之一心，管攝萬理，是以無不可窮之理也。但開蔽不一，明暗有時，於窮格之際，或有一思而便得者，或有精思而方悟者，或有苦思而未徹者。思慮有得，涣然自信，沛然説豫，灑然有不可以言語形容者，則是真有得也。若雖似有得，而信中有疑，危而不安，不至於冰消凍釋，則是强揣度耳，非真得也。今遇事理會，及看聖賢之語，若心慮澄然，略綽一見，便會於心，無少可疑，則此一思便得者也。若更生疑慮，則反晦真見，如明道嘗在倉中，見長廊柱默數之，疑以爲未定。屢數愈差，遂至令人敲柱數之，乃與初默數者合，正謂此也。如或思而未得，則專心致志，抵死血戰，至忘寢食，方有所悟。如延平先生云：「一故神，兩故化。理會不得，終夜椅上坐思量，以身去裹面體認，方見得平穩。」管仲曰：「思之又思，鬼神將通。非鬼神之力，精神之極也。」正謂此也。又或苦思之久，終未融釋，心慮窒塞紛亂，則須是一切埽去，使胸中空無一物，然後却舉起精思，猶未透得，則且置此事，別窮他事。窮來窮去，漸致心明，則前日之未透者，忽有自悟之時矣。朱子曰：「此處既理會不得，若專一守在這裏，却轉昏了。須著別窮一事，或可因此而明彼也。」正謂此也。此三條互相發明，是窮理要法。後事於斯，無少懈怠，澄以靜養，以培其本，資以問辨，以暢其趣。積功之久，一朝豁然貫通，至於物無不格，心無不盡，則我之知見，脗合聖賢。嗜欲之誘，功利之説，異端之害，舉不足以累吾靈臺，而大路坦然，行遠無疑，以至誠意正心。處大事，定大業，若決江河，莫之能禦矣。學而不造此域，則安用學爲？抑又惟念人君之職與匹夫不同，匹夫則必修己而待時，得君而行道。故學苟不足，則不敢徑出焉。人君則不然。已爲臣民之主，已荷教養之責，若曰我今修己，不暇治人云，則天工廢矣。故修己治人之道，不可不一齊理會也。一日之間，所接萬機，每遇一事，必求至當之理，去其非而行其是。親近儒臣，講明義理，容受諫諍，惟善是主，此皆人君窮理之事也。如或尋章摘句，採英擷華，付諸空言而已。不施修己治人之實功，則眼目雖高，議論雖精，終不見典學誠身之效，亦何益哉？慈溪黃氏曰：「酌水者必浚其源。浚其源，爲酌水計也，反舍其水而不酌，何義也？食實者必溉其根。溉其根，爲食實地也，反棄其實而不食，何見也？正躬行者必精性理。精性理，爲正躬行設也，反置躬行於不問，何爲耶？」此言深切，伏惟殿下留念焉。

栗谷先生全書卷二十一

聖學輯要三

修己第二中

誠實章第五

臣按：窮理既明，可以躬行，而必有實心，然後乃下實功。故誠實爲躬行之本。

子曰：「主忠信。」論語。下同。

朱子曰：「盡己之謂忠，以實之謂信。」「忠爲實心，信爲實事。」「人不忠信，則事皆無實，爲惡則易，爲善則難。故學者必以是爲主焉。」

子張問行。子曰：「言忠信，行篤敬，雖蠻貊之邦行矣。言不忠信，行不篤敬，雖州里行乎哉？」

朱子曰：「子張意在得行於外，故夫子反於身而言之。篤，厚也。」○南軒張氏曰：「篤敬者，敦篤於敬也。」

「立則見其參於前也，在輿則見其倚於衡也。夫然後行。」子張書諸紳。

朱子曰：「其者，指忠信篤敬而言。參，讀如毋往參焉之參，見曲禮，謂兩人並坐並立，我毋往參之爲三也。言與我相參也。衡，軛也。言其於忠信篤敬念念不忘，隨其所在，常若有見，朱子曰：「言必欲其忠信，行必欲其篤敬，念念不忘而有以形於心目之間耳。」雖欲頃刻離之而不可得。然後一言一行，自然不離於忠信篤敬，而蠻貊可行也。紳，大帶之垂者。書之，欲其不忘也。」○程子曰：「欲當大任，須是篤實。」

○子曰：「古之學者爲己，今之學者爲人。」論語。

程子曰：「爲己，欲得之於己也。爲人，欲見知於人也。」「古之學者爲己，其終至於成物。今之學者爲人，其終至於喪己。」○又曰：「有意近名，大本已失，更學何事？好名與好利，清濁雖不同，其利心則一也。」○慶源輔氏曰：「爲己爲人之學，其差只在毫釐之間。惟欲得之於己，則不必見知於人。纔欲見知於人，則不必得之於己。欲得於己者，收斂篤實。欲見知於人者，輕浮淺露。」○朱子曰：「聖賢論學者用心得失之際，其説多矣，然未有如此言之切而要者。於此明辨而日省之，則庶乎其不昧於所從矣。」

〇誠其意者，毋自欺也，如惡惡臭，如好好色，此之謂自謙慊**。故君子必慎其獨也。**大學。

朱子曰：「誠其意者，自修之首也。毋者，禁止之辭。自欺云者，知爲善以去惡，而心之所發有未實也。謙，快也，足也。獨者，人所不知而己所獨知之地也。言欲自修者知爲善以去其惡，則當實用其力，而禁止其自欺。使其惡惡則如惡惡臭，好善則如好好色，皆務決去，而求必得之，以自快足於己，不可徒苟且以徇外而爲人也。然其實與不實，蓋有他人所不及知而己獨知之者，故必慎之於此以審其幾焉。」〇又曰：「如知烏喙不可食，水火不可蹈，則自不食不蹈。如寒欲衣，飢欲食，則自是不能已。人果見善如飢欲食，寒欲衣，見惡如烏喙不可食，水火不可蹈，則此意自是實矣。」〇又曰：「自欺，是半知半不知底人。知道善我所當爲，却又不十分去爲善。知道惡不可爲，却又自家舍他不得。這便是自欺。」〇又曰：「如有九分義理，雜了一分私意，便是自欺。」〇又曰：「十分爲善，有一分不好底意潛發於其間，便由邪徑以長，這箇却是實。前面善意，却是虚矣。」〇程子曰：「學始於不欺暗室。」〇劉忠定公見温公，問盡心行己之要，可以終身行之者，公曰：「其誠乎？」又問行之何先，公曰：「自不妄語始。」劉初甚易之，及退而自檃括日之所行與凡所言，自相掣肘矛盾者多矣，力行七年而後成。自此言行一致，表裏相應，遇事坦然，常有餘裕。○司馬温公嘗言：「吾無過人者，但平生所爲，未嘗有不可對人言者耳。」○朱子曰：「經曰：『欲誠其意，先致其知。』又曰：『知至而后意誠。』蓋心體之明有所未盡，則其所發必有不能實用其力，而苟焉以自欺者。然或已明而不慎乎此，則其所明又非己有，而無以爲進德之基。其序不可亂而功不可闕如此。」

誠者物之終始，不誠無物。是故君子誠之爲貴。中庸。

朱子曰：「『不誠無物』，以在人者言之。謂無是誠，則無是物。如視不明，則不能見是物；聽不聰，則不能聞是物。」「孝而不誠則無孝，弟而不誠則無弟，推此類求之可見。」○程子曰：「學者不可以不誠，不誠無以爲善，不誠無以爲君子。修學不以誠則學雜，爲事不以誠則事敗，自謀不以誠則是欺其心而自棄其忠，與人不以誠則是喪其德而增人之怨。今小道異端，亦必誠而後得，而況欲爲君子者乎？故曰學者不可以不誠。雖然，誠者在知道本而誠之耳。」

孟子曰：「誠者，天之道也。思誠者，人之道也。」孟子。

朱子曰：「誠者，理之在我者皆實而無僞，天道之本然也。思誠者，欲此理之在我者皆實而無僞，人道之當然也。」○問：「在天固有真實之理，在人當有真實之功。聖人不思不勉而從容中道，無非實理之流行，則聖人與天爲一，即天之道也。未至於聖人，必擇善，而後能明是善；必固執，然後能實是善。此人事當然，即人之道也。」朱子曰：「善。」

臣按：天有實理，故氣化流行而不息；人有實心，故工夫緝熙而無閒。人無實心，則悖乎天理矣。有親者莫不知當孝，而孝者鮮。有兄者莫不知當弟，而弟者寡。口談夫婦相敬，而齊家之效蔑聞。長幼朋友亦莫不然。至於見賢知其當好，而心移於好色。見邪知其當惡，而私愛其納媚。居官者説廉説義，而做事不廉不義。莅民者曰養曰教，而爲政不養不教。又或强仁勉義，外似可觀，而中心所樂不在仁義，矯僞難久，始鋭終怠。如是之類，皆無實心故也。一心不實，萬事皆假，何往而可行？一心苟實，萬事皆真，何爲而不成？故周子曰：「誠者，聖人之本。」願留睿念焉。○臣又按：誠意爲修己治人之根本。今雖别爲一章，陳其大概，而誠之之意實貫上下諸章。如志無誠則不立，理無誠則不格，氣質無誠則不能變化，他可推見也。

矯氣質章第六

臣按：既誠於爲學，則必須矯治氣質之偏，以復本然之性。故張子曰：「爲學大益，在變化氣質。」此所以矯氣質次於誠實也。

剛善，爲義，爲直，爲斷，爲嚴毅，爲幹固；惡，爲猛，爲隘，爲强梁。柔善，爲慈，爲順，爲巽；惡，爲懦弱，爲無斷，爲邪佞。周子通書。下同。

朱子曰：「氣稟剛柔，固陰陽之大分，而其中又各有善惡之分焉。惡者固爲非正，而善者亦未必皆得乎中也。」○又曰：「稟得木氣多則少剛强，稟得金氣多則少慈祥。推之皆然。」

惟中也者，聖人之事也。

朱子曰：「此以得性之正而言也。」

故聖人立教，俾人自易其惡、自至其中而止矣。

朱子曰：「易其惡，則剛柔皆善，有嚴毅慈順之德而無强梁懦弱之病矣。至其中，則其或爲嚴毅、或爲慈順也，又皆中節而無太過不及之偏矣。」○程子曰：「强猛者當抑之，畏縮者當充養之。古人佩韋弦之戒，正爲此耳。然剛者易抑，如子路，初雖聖人亦被他陵，後來既知學，便却移其剛來克己，甚易。畏縮者氣本柔，須索勉强也。」

三德：一曰正直，二曰剛克，三曰柔克。平康正直，沈潛剛克，高明柔克。周書洪範。

蔡氏曰：「沈潛者，沈深潛退，不及中者也。高明者，高亢明爽，過乎中者也。」「平康正直，無所事乎矯拂也。沈潛剛克，以剛克柔也。高明柔克，以柔克剛也。」〇朱子曰：「克，治也。資質沈潛者，當以剛治之。資質高明者，當以柔治之。」〇黄氏曰：「爲學須隨其氣質，察其所偏與其所未至，擇其最切者而用吾力焉。譬如用藥，古人方書亦言其大法耳，病證多端，則亦須對證而謹擇之也。」

子曰：「性相近也，習相遠也。」論語。

朱子曰：「氣質之性，固有美惡之不同矣。然以其初而言，則皆不甚相遠也。但習於善則善，習於惡則惡，於是始相遠耳。」

右言氣質不同而矯之各有法。

〇顔淵問仁。子曰：「克己復禮爲仁。一日克己復禮，天下歸仁焉。爲仁由己，而由人乎哉？」論語。下同。

朱子曰：「仁者，本心之全德。慶源輔氏曰：「仁義禮智皆心之德，而仁包義禮智，故曰本心之全德。」克，勝也。己，謂身之私欲也。復，反也。禮者，天理之節文也。爲仁者，所以全其心之德也。蓋心之全德，莫非天理，而亦不能不壞於人欲。故爲仁者必有以勝私欲而復於禮，則事皆天理，而本心之德復全於我矣。歸，猶與也。又言一日克己復禮，則天下之人皆與其仁，極言其效之甚速而至大也。又言爲仁由己而非他人所能與，又見其機之在我而無難也。日日克之，不以爲難，則私欲淨盡，天理流行，而仁不可勝用矣。」○程子曰：「非禮處便是私意。既是私意，如何得仁？須是克盡己私，皆歸於禮，方始是仁。」○謝氏曰：「克己須從性偏難克處克將去。」此言如人色欲重則先節其色，利欲重則先絶其利之類。此是勇猛克己之要法。○朱子曰：「己之私有三：性質之偏一也，耳目鼻口之欲二也，人我忌克之私三也。」「仔細體認，覺得才有私意，便與克去。」薛氏曰：「私無大小，覺則克去。」○又曰：「禮是自家本有底，所以説箇『復』，不是克了己，方去復禮。克得那一分人欲去，便復得這一分天理來。」○問：「尋常遇事時，也知此爲天理，彼爲人欲。及到做時，乃爲人欲引去，事已却悔。如何？」曰：「此便是無克己工夫。這樣處極要與他打疊方得。如一條大路，又有一條小路。明知合行大路，然小路面前有箇物引著，自家不知不覺行從小路去，及至前面荆棘蕪穢，又却生悔。此便是天理人欲交戰之機，須是遇事之時便與克下，不得苟且放過。」

顏淵曰：「請問其目。」子曰：「非禮勿視，非禮勿聽，非禮勿言，非禮勿動。」顏淵曰：「回雖不敏，請事斯語矣。」

朱子曰：「目，條件也。顏淵聞夫子之言，則於天理人欲之際已判然矣，故不復有所疑問，而直請其條目也。非禮者，己之私也。勿者，禁止之辭。是人心之所以爲主，而勝私復禮之機也。私勝，則動容周旋無不中禮，而日用之閒莫非天理之流行矣。顏淵默識其理，又自知其力有以勝之，故直以爲己任而不疑也。」○又曰：「非禮而勿視聽者，防其自外入而動於內者也。非禮而勿言動者，謹其自內出而接於外者也。內外交進，爲仁之功不遺餘力矣。熟味聖言，以求顏子之所用力，其機特在勿與不勿之閒而已。自是而反則爲天理，自是而流則爲人欲，自是而克念則爲聖，自是而罔念則爲狂。特毫忽之閒耳，學者可不謹其所操哉？」○或問：「明知其不當視，而自接乎目；明知其不當聽，而自接乎耳，則將如何？」朱子曰：「非禮之色，雖過乎目，在我不可有視之之心；非禮之聲，雖過乎耳，在我不可有聽之之心。」○程子曰：「視、聽、言、動四者，身之用也。由乎中而應乎外，制於外所以養其中也。顏淵事斯語，所以進於聖人。後之學聖人者，宜服膺而勿失也，因箴以自警。視箴曰：『心兮本虛，應物無迹。操之有要，視爲之則。蔽交於前，其中則遷。制之於外，以安其内。克己復禮，久而誠矣。』葉氏曰：「目者，一身之昭鑒，五行精華之所聚，於心尤切。目動則心必隨，心動則目必注。心之虛靈，千變萬化，欲加檢防，先以視爲準則。」聽箴曰：『人有秉彝，本乎天性。知誘物化，遂亡其正。卓彼先覺，知止有定。閑邪存誠，非禮勿聽。』知誘物化者，心爲物所誘而化也。心體本正，由化於物，遂亡其正。言箴曰：『人心之動，因言以宣。發禁躁妄，内斯靜專。矧是樞機，興戎出好，吉凶榮辱，惟其所召。傷易則誕，傷煩則支，己肆物忤，出悖來違。非法不道，欽哉訓辭！』陳氏曰：「支，猶木之枝，從身之旁而迸出者，乃煩中之失也。」動箴曰：『哲人知幾，誠之於思。志士勵行，守之於爲。順理則裕，從欲惟危。造次克念，戰兢自持。習與性成，聖賢同歸。』朱子曰：「思是動之微，爲是動之著。思是動於内，爲是動於外。」○臣按：「習與性成」，謂積習成功，則若出於天性也，所謂「少成若天性，習慣如自然」者也。「天性」，謂當初稟受氣質之性，非謂本然之性也。」○朱子曰：「此章問答，乃傳授心法切要之言。非至明不能察其幾，非至健不能致其決。程子之箴，發明親切，學者尤宜深玩。」克己，爲切己工夫，而變化氣質之要法。故程朱之言如此。

易曰：「山下有澤，損，君子以懲忿窒慾。」損之象。程子曰：「修己之道，所當損者惟忿與慾。故懲戒其忿怒，窒塞其意欲也。」○又曰：「人之情，易發而難制者惟怒爲甚。第能於怒時遽忘其怒，而觀理之是非，亦可見外誘之不足惡，而於道亦思過半矣。」○又曰：「治怒爲難，治懼亦難。克己可以治怒，明理可以治懼。」○又曰：「語云：『棖也慾，焉得剛？』甚哉慾之害人也！人之爲不善，欲誘之也。誘之而弗知，則至於滅天理而不反。故目欲色，耳欲聲，以至鼻之於香、口之於味、四支之於安佚皆然，此皆有以使之也。然則何以窒其慾？曰思而已矣。惟思而能窒慾。曾子三省，窒慾之道也。」○朱子曰：「觀山之象以懲忿，觀澤之象以窒慾。故窒慾如填壑，懲忿如摧山。」

右言矯氣質之法在克己。己之難克者，惟忿與慾。故表而出之。

○博學之，審問之，慎思之，明辨之，篤行之。中庸。下同。

程子曰：「五者廢其一，非學也。」○朱子曰：「學乃能變化氣質，若不讀書窮理，主敬存心，而徒切切計較於昨非今是之閒，恐亦勞而無補。」

有弗學，學之弗能弗措也。有弗問，問之弗知弗措也。有弗思，思之弗得弗措也。有弗辨，辨之弗明弗措也。有弗行，行之弗篤弗措也。人一能之，己百之。人十能之，己千之。

朱子曰：「君子之學，不爲則已，爲則必要其成，故常百倍其功。」○董氏曰：「强勉學問，則聞見博而知益明；强勉行道，則德日起而大有功。」曾子曰：『尊其所聞則高明矣，行其所知則光大矣。高明光大，不在乎他，在乎加之意而已。』」

果能此道矣，雖愚必明，雖柔必强。

呂氏曰：「君子所以學者，爲能變化氣質而已。德勝氣質，則愚者可進於明，柔者可進於强。不能勝之，則雖有志於學，亦愚不能明、柔不能立而已矣。蓋均善而無惡者，性也，人所同也；昏明强弱之稟不齊者，才也，人所異也。誠之者，所以反其同而變其異也。夫以不美之質，求變而美，非百倍其功，不足以致之。今以鹵莽滅裂之學，鹵莽，不用心也。滅裂，輕薄也。或作或輟，以變其不美之質，及不能變，則曰天質不美，非學所能變。是果於自棄，其爲不仁甚矣！」○吳氏曰：「學不足以變化氣質，何以學爲？世固有率意而建功立業者矣，亦有肆情而敗國殄民者矣[1]。彼其或剛或柔，或善或惡，任其氣質之何如，而無復矯揉克治以成人。學者則不如是，昏可變而明也，弱可變而强也，貪可變而廉也，忍可變而慈也。學之爲用大矣哉！凡氣質之不美者，皆可變而美矣，況其生而美者乎？」○朱子曰：「向見呂伯恭，說少時性氣粗暴，嫌飲食不如意，便打破家事。家事，器皿也。後日久病，只將一冊論語早晚閒看，至『躬自厚而薄責於人』，忽然覺得意思一時平了，遂終身無暴怒。此可爲變化氣質法。」

右言矯氣質之功在勉强。

臣按：一氣之源，湛然清虛，惟其陽動陰静，或升或降，飛揚紛擾，合而爲質，遂成不齊。物之偏塞，則更無變化之術。惟人則雖有清濁粹駁之不同，而方寸虛明，可以變化。故孟子曰：「人皆可以爲堯舜。」豈虛語哉？氣清而質粹者，知行不勉而能，無以尚矣。氣清而質駁者，能知而不能行，若勉於躬行，必誠必篤，則行可立而柔者强矣。質粹而氣濁者，能行而不能知，若勉於問學，必誠必精，則知可達而愚者明矣。且世間衆技，孰有生知者哉？試以習樂一事言之：人家童男穉女，初業琴瑟，運指發聲，令人欲掩耳不聽。用功不已，漸至成音。及其至也，或有清和圓轉、妙不可言者。彼童男穉女豈性於樂者乎？惟其實用其功，積習純熟而已。凡百伎藝莫不皆然，學問之能變化氣質者何異於此哉！嗚呼，百工伎藝世或有妙絶者，而學問之人未見其變化者，只資其知識之博，言論之篤而已。剛者終不足於柔善，柔者終不足於剛善，貪者未見其爲廉，忍者未見其爲慈，輕者未見其爲沈重。然則人之實功，只在百工伎藝而已，不在於學問也，可勝歎哉！願留睿念焉。

養氣章第七

臣按：矯治固當克盡，而保養不可不密。蓋保養正氣，乃所以矯治客氣也，實非二事。而言各有主，故分爲二章。

孟子曰：「養心莫善於寡欲。其爲人也寡欲，雖有不存焉者，寡矣；其爲人也多欲，雖有存焉者，寡矣。」孟子。下同。

朱子曰：「欲，如口鼻耳目四肢之欲，雖人之所不能無，然多而不節，未有不失其本心者，學者所當深戒也。」○程子曰：「所欲不必沈溺，只有所向便是欲。」○樂記曰：「君子樂得其道，小人樂得其欲。以道制欲，則樂而不亂；以欲忘道，則惑而不樂。」○程子曰：「人於天理昏者，只爲嗜欲亂著他。莊子言其嗜欲深者，其天機淺，此言却最是。」○五子之歌曰：「内作色荒，外作禽荒，甘酒嗜音，峻宇雕墻，有一於此，未或不亡。」○程子曰：「凡百玩好皆奪志。至於書札，於儒者事最近，然一向好著，亦自喪志。如王、虞、顔、柳輩，誠爲好人則有之。曾見有善書者知道否？平生精力一用於此，非惟徒廢時日，於道便有妨處，足知喪志也。」

臣按：上章以克己言，故曰窒慾。此章以養心言，故曰寡欲。窒慾之慾，專指私欲言。寡欲之欲，泛指心所欲而言。故曰人之所不能無，但多而不節，則便是私欲。

「牛山之木嘗美矣，以其郊於大國也，斧斤伐之，可以爲美乎？是其日夜之所息，雨露之所潤，非無萌蘖之生焉，牛羊又從而牧之，是以若彼濯濯也。人見其濯濯也，以爲未嘗有材焉，此豈山之性也哉？」

朱子曰：「日夜之所息，謂氣化流行未嘗閒斷，故日夜之閒，凡物皆有所生長也。」

「雖存乎人者，豈無仁義之心哉？其所以放其良心者，亦猶斧斤之於木也，旦旦而伐之，可以爲美乎？其日夜之所息，平旦之氣，其好惡與人相近也者幾希，則其旦晝之所爲，有梏亡之矣。梏之反覆，則其夜氣不足以存；夜氣不足以存，則其違禽獸不遠矣。人見其禽獸也，而以爲未嘗有才焉者，是豈人之情也哉？故苟得其養，無物不長；苟失其養，無物不消。」

朱子曰：「良心者，本然之善心，即所謂仁義之心也。平旦之氣，謂未與物接之時清明之氣也。好惡與人相近，言得人心之所同然也。梏，械也。反覆，展轉也。言人之良心雖已放失，然其日夜之閒，猶必有所生長〔二〕。故平旦未與物接，其氣清明之際，良心猶必有發見者。但其發見至微，而旦晝所爲之不善，又已隨而梏亡之，如山木既伐，猶有萌蘖，而牛羊又牧之也。晝之所爲，既有以害其夜之所息；夜之所息，又不能勝其晝之所爲，是以展轉相害。至於夜氣之生日以寖薄，而不足以存其仁義之良心，則平旦之氣亦不能清，而所好惡遂與人遠矣。」「山木人心，其理一也。」

「我善養吾浩然之氣。」「其爲氣也，至大至剛，以直養而無害，則塞于天地之間。」

朱子曰：「浩然，盛大流行之貌。」「至大初無限量，至剛不可屈撓。蓋天地之正氣，而人得以生者，其體段本如是也。惟其自反而縮，則得其所養；而又無所作爲以害之，則其本體不虧而充塞無閒矣。」

「其爲氣也，配義與道；無是，餒也。」

朱子曰：「配者，合而有助之意。義者，人心之裁制。道者，天理之自然。餒，飢乏而氣不充體也。言人能養成此氣，則其氣合乎道義而爲之助，使其行之勇決，無所疑憚；若無此氣，則其一時所爲雖未必不出於道義，然其體有所不充，則亦不免於疑懼，而不足以有爲矣。」

「是集義所生者，非義襲而取之也。行有不慊於心，則餒矣。」

朱子曰：「集義，猶言積善，蓋欲事事皆合於義也。襲，掩取也。言氣雖可以配乎道義，而其養之之始，乃由事皆合義，自反常直，是以無所愧怍，而此氣自然發生於中。

非由只行一事偶合於義，便可掩襲於外而得之也。所行一有不合於義，而自反不直，則不足於心而其體有所不充矣。」○程子曰：「『持其志，無暴其氣』，內外交相養也。」葉氏曰：「『持其志』者，有所守于中；『無暴其氣』者，無所縱於外。然中有所守，則氣自完；外無所縱，則志愈固，故曰『交相養』也。」

右專言養志氣。

○子曰：「君子有三戒：少之時，血氣未定，戒之在色；及其壯也，血氣方剛，戒之在鬭；及其老也，血氣既衰，戒之在得。」論語。

朱子曰：「血氣，形之所待以生者，血陰而氣陽也。得，貪得也。隨時知戒，以理勝之，則不爲血氣所使也。」○范氏曰：「君子養其志氣，故不爲血氣所動，是以年彌高而德彌邵也。」

易曰：「慎言語，節飲食。」頤卦象辭。

程子曰：「慎言語以養其德，節飲食以養其體。事之至近而所繫至大者，莫過於言語飲食也。」○又曰：「真元之氣，不與外氣相雜，但以外氣涵養而已。若魚在水，魚之性命非是水爲之，但必以水涵養，魚乃得生爾。人居天地氣中，與魚在水無異。至於飲食之養，皆是外氣涵養之道。」○又曰：「動息節宣，以養生也；飲食衣服，以養形也；威儀行義，以養德也；推己及物，以養人也。」○邢恕曰：「吾曹常須愛養精力。精力稍不足則倦，所臨事皆勉强而無誠意。接賓客語言尚可見，況臨大事乎？」

子之所慎：齋、戰、疾。論語。

朱子曰：「齋之爲言齊也，將祭而齊其思慮之不齊者，以交於神明也。誠之至與不至，神之享與不享，皆決於此。戰則衆之死生、國之存亡繫焉，疾又吾身之所以死生存亡者，皆不可以不慎也。」○又曰：「病中不宜思慮，凡百一切放下，專以存心養氣爲務。」○程子謂張思叔曰：「吾受氣甚薄，三十而浸盛，四十五十而後完。今生七十二年，校其筋骨，於盛年無損也。」思叔請曰：「先生豈以受氣之薄而厚爲保生耶[三]？」程子默然曰：「吾以忘生徇欲爲深恥。」張南軒曰：「若他人養生要康强，只是利。伊川說出來，純是天理。」又歸自涪州，氣貌容色髭髮皆勝平昔。門人問何以得此，曰：「學之力也。」

右兼言養血氣。

臣按：仁義之心，人所同受，而資禀有開蔽。真元之氣，人所同有，而血氣有虛實。善養仁義之心，則蔽可開而全其天矣；善養真元之氣，則虛可實而保其命矣。

其養之之術亦非外假他物，只是無所撓損而已。天地氣化，生生不窮，無一息之停。人之氣與天地相通，故良心真氣，亦與之俱長；惟其戕害多端，所長不能勝其所消，展轉梏亡。故心爲禽獸，氣至夭札，可不懼哉？害良心者，耳目口鼻四肢之欲。而害真氣者，亦不出是欲焉。蓋耳目之好聲色固害於心，而淫聲美色爲敗骨之斧鉅。口體之有嗜好，固害於心，而快口之味，必傷五臟；宴安之便，能解筋脈。遂使動息乖方，喜怒失中，心日益放，氣日益蕩，終至於一氣絶貫，百骸解紐矣，將何以立命而長世乎？然則養心養氣實是一事，良心日長而無所戕害，終至於盡去其蔽，則浩然之氣盛大流行，將與天地同其體矣。死生脩夭雖有定數，在我之道則有以盡之矣，豈不自慊乎？願留睿念焉。

正心章第八

臣按：上二章工夫莫非正心，而各有所主。故别輯前訓之主於正心者，詳論涵養省察之意。

朱子曰：「敬乃聖門第一義，徹頭徹尾，不可間斷。」故此章大要以敬爲主焉。第三章「收斂」，敬之始也。此章，敬之終也。

孟子曰：「存其心，養其性，所以事天也。」孟子。

朱子曰：「存，謂操而不舍。養，謂順而不害。事，則奉承而不違也。」「心性皆天之所以與我者，不能存養而梏亡之，則非所以事天也。」○程子曰：「人只有一箇天理，却不能存得，更做甚人也？」○又曰：「若不能存養，只是説話。」

臣按：孟子所謂存養，通貫動靜而言，即誠意正心之謂。但先賢論靜時工夫，多以存養涵養爲言，故採其切要之語，録之如左。

程子曰：「涵養，便到清明高遠。」○或問：「喜怒哀樂之前下動字，下靜字？」曰：「謂之靜則可，然靜中須有物始得，這裏便是難處。學者莫若且先理會得敬，能敬則自知此矣。」○或曰：「當靜坐時，物之過乎前者，還見不見？」曰：「看事如何。若是大事，如祭祀，前旒蔽明，黈纊充耳，凡物之過乎前者，不見不聞也。若無事時，目須見，耳須聞。」○蘇昞問：「於喜怒哀樂之前求中可否？」曰：「不可。既於喜怒哀樂未發之前求之，又却是思也。既思即是已發，才發謂之和，不可謂之中也。」「言存養於喜怒哀樂未發之時則可，若言求中於喜怒哀樂未發之前則不可。」朱子曰：「程子『才思即是已發』一句，能發明子思言外之意。蓋言不待喜怒哀樂之發，但有所思即是已發。此意精微，到未發界，至十分盡頭，不可以有加矣。」○朱子曰：「不睹不聞之時，便是喜怒哀樂未發處，常要提起此心在這裏，防於未然。」○又曰：「戒慎恐懼，不須説得太重，只是收拾來，便在這裏。伊川所謂『敬』字也。」○西山真氏曰：「戒慎恐懼，只是事物未形之時，常常持敬，令不昏昧而已。」「思慮未形而知覺不昧，性之體段自有不可揜者。程子所謂『靜中有物』者，學者深味而實驗之，自當有見，未可專以言語求也。」

臣按：未發之時，此心寂然，固無一毫思慮。但寂然之中，知覺不昧，有如沖漠無眹，萬象森然已具也。此處極難理會。但敬守此心，涵養積久，則自當得力。所謂『敬以涵養』者，亦非他術，只是寂寂不起念慮，惺惺無少昏昧而已。○或問：「未發時亦有見聞乎？」臣答曰：「若見物聞聲，念慮隨發，則固屬已發矣。若物之過乎目者，見之而已，不起見之之心；過乎耳者，聞之而已，不起聞之之心。雖有見聞，不作思惟，則不害其爲未發也。故程子曰：『目須見，耳須聞。』朱子曰：『若必以未有見聞爲未發處，則只是一種神識昏昧底人。睡未足時被人驚覺，頃刻之間不識四到時節，有此氣象。聖賢之心湛然淵靜、聰明洞徹，決不如此。』以此觀之，未發時亦有見聞矣。」○又問曰：「常人之心固有未發時矣，其中體亦與聖賢之未發無別耶？」臣答曰：「常人無涵養省察工夫，故其心不昏則亂，中體不立。幸於須臾之頃不昏不亂，則其未發之中亦與聖賢無別。但未久而或頹放，或膠擾，旋失其本體，則霎時之中安能救終日之昏亂，以立大本乎？」○又問：「延平先生於靜中，看喜怒哀樂未發之謂中。未發作何氣象？朱子曰：『李先生靜中體認大本。』此說何如？」臣答曰：「纔有所思，便是已發。既云體認，則是省察工夫，非未發時氣象也。故朱子晚年定論以『體認』字爲下得重，此不可不察。但學者靜坐時作此工夫，輕輕照顧未發時氣象，則於進學養心必有益，是亦一道也。」

朱子曰：「未發之前，不可尋覓；已覺之後，不容安排。但平日莊敬涵養之功至，而無人欲之私以亂之，則其未發也鏡明水止，而其發也無不中節矣。此是日用本領工夫。至於隨事省察，即物推明，亦必以是爲本。向來講論思索，直以心爲已發，而日用工夫，亦止以察識端倪爲最初下手處。以故闕却平日涵養一段工夫，使人胸中擾擾，無深潛純一之味，而發之言語事爲之閒，亦常急迫浮露，無復雍容深厚之風。蓋所見一差，其害至此，不可不審也。」

右言涵養。

○**誠，無爲；幾，善惡。**周子通書。

朱子曰：「實理自然，何爲之有？未發時也。『幾者，動之微』，善惡之所由分也。」

○趙致道曰：「此明人心未發之體而指已發之端，蓋欲學者致察於萌動之微，知所決擇而去取之，以不失乎本心之體而已〔四〕。善惡雖相對，當分賓主；天理人欲雖分派，必省宗孽。自誠之動而之善，則如木之自本而榦、自榦而末，上下相達者，天理之流行，此心之本主而誠之正宗也。其或旁榮側秀，若寄生疣贅者，此雖亦誠之動，私欲之流行，所謂惡也。非心之固有，蓋客寓也；非誠之正宗，蓋庶孽也。苟辨之不早、擇之不精，則客或乘主、孽或代宗矣。學者能於萌動幾微之閒察其所發向背，凡直出者爲天理，旁出者爲人欲。於直出者利道之，旁出者遏絶之，功力既至，則此心之發自然出於一途而保有天命矣。」○范陽張氏曰：「一念之善，則天神地祇、祥風和氣皆在于此；一念之惡，則妖星厲鬼、凶荒札瘥皆在于此。是以君子慎其獨。」

惟聖罔念作狂，惟狂克念作聖。周書多方。

蔡氏曰：「聖固未易爲也。狂而克念，則作聖之功，知所向方。」「聖固無所謂罔念也。」「一念之差，雖未至於狂，而狂之理亦在是矣。」

孔子曰：「操則存，舍則亡；出入無時，莫知其鄉。」惟心之謂與？孟子。

朱子曰：「言心操之則在此，捨之則失去，其出入無定時，亦無定處。」危動難安如此。○又曰：「『出入』兩字有善有惡，不可皆謂舍亡所致也。」「是直指心之體用而言其周流變化、神明不測之妙也。」○問：「佛者有觀心之說，然乎？」曰：「心者，主於身者也，一而不二者也。今復有物反觀乎心，則是此心之外復有一心而能管乎此心也，其言謬矣。」問：「未發之前，惟當敬以持養；既發之後，又當敬以察之。然既發之情是心之用。審察於此，未免以心觀心之病。如何？」曰：「已發之處，以心之本體權度，審其心之所發，恐有輕重長短之差耳。若欲以所發之心别求心之本體，則無此理矣。」「夫謂『操而存』者，非以彼操此而存之也；『舍而亡』者，非以彼舍此而亡之也。心而自操，則亡者存；舍而不操，則存者亡耳。」○程子曰：「人於夢寐閒，亦可以卜自家所學之淺深。如夢寐顛倒，即是心志不定，操存不固。」問：「人心所繫著之事果善，夜夢見之，莫不害否？」曰：「雖是善事，心亦是動。凡事有兆眹入夢者却無害，捨此皆是妄動。」○張子曰：「心清時少，亂時多。其清時，視明聽聰四體不待羈束而自然恭謹。其亂時反是。如此何也？蓋用心未熟，客慮多而常心少也，習俗之心未去，而實心未完也。」○朱子奏劄曰：「士大夫之進説者不本於陛下之身，營營於事爲之末。臣恐其未足以端出治之本，清應物之源，以賛陛下正大宏遠之圖，而使天下之事悉如聖志之所欲也。臣願陛下一念之萌，則必謹而察之，此爲天理耶，爲人欲耶？果天理也，則敬以擴之，而不使其少有壅閼；果人欲也，則敬以克之，而不使其少有凝滯。推而至於言語動作之閒、用人處事之際，無不以是裁之。知其爲是則行之，惟恐其不力；知其爲非則去之，惟恐其不果。如此則聖心洞然，中外融徹，無一毫之私欲得以介乎其閒，而天下之事將惟陛下之所欲爲，無不如志矣。」

身有所忿懥，則不得其正；有所恐懼，則不得其正；有所好樂，則不得其正；有所憂患，則不得其正。大學。下同。

程子曰：「『身有』之『身』當作『心』。」○朱子曰：「忿懥，怒也。蓋是四者皆心之用，而人所不能無者。然一有之而不能察，則欲動情勝，而其用之所行，不能不失其正矣。」○又曰：「四者只要從無處發出，不可先有在心下。」「如有所忿怒，因人有罪而撻之，纔了，其心便平，是不有；若此心常常不平，便是有。」○又曰：「心纔繫於物，便爲所動，所以繫於物者有三：事未來，先有箇期待之心；或事已應過，又留在心下不能忘；或正應事時，意有偏重。都是爲物所繫縛。便是有這箇物事，到別事來到面前，應之便差了，如何心得其正？聖人之心瑩然虛明，看事物來，若大若小，四方八面，莫不隨物隨應，此心元不曾有這物事。」○程子在澶州，修橋少一長梁，曾博求之民閒。後因出入，見林木之佳者，必起計度之心。因戒學者曰：「心不可有一事。」○又曰：「罪己責躬不可無，然亦不當長留在心胸爲悔。」

心不在焉，視而不見，聽而不聞，食而不知其味。

朱子曰：「心若不存，便無主宰，無以檢其身。」○又曰：「此心之靈，一身之主，苟得其正，而無不在是，則耳目鼻口、四肢百骸莫不有所聽命以供其事，而其動靜語默、出入起居唯吾所使，而無不合於理。如其不然，則身在於此，而心馳於彼，血肉之軀無所管攝，其不爲『仰面貪看鳥，回頭錯應人』者幾希矣。」○又曰：「今日學者不長進，只是『心不在焉』。嘗記少年時在同安，夜聞鐘聲，一聲未絶，此心已自走作，因是警省，乃知爲學須是致志。」○程子曰：「心要在腔子裏。腔子猶言軀殼。」○南軒張氏曰：「心在焉，謂之敬。」蛟峯方氏曰：「上説有心者之病，此説無心者之病。」臣按：此雖有有心無心之別，其實心有偏繫，故不能立主宰，而有所不在矣。然則有心無心，非二病也。

右言省察。

○伊尹曰：「顧諟天之明命。」商書太甲。

朱子曰：「顧，謂常目在之也。諟，猶此也。天之明命，即天之所以與我，而我之所以爲德者也。常目在之，則無時不明矣。」○又曰：「只是見得道理長在目前，不被事物遮障了，不成是有一物可見其形象。」○雙峯饒氏曰：「靜存動察皆是顧。其靜也，戒慎不睹，恐懼不聞；其動也，即物觀理，隨事度宜：此之謂常目在之。」○胡季隨曰：「未發之前只須涵養，纔發處便須用省察工夫。涵養愈熟，則省察愈精矣。」

毋不敬，儼若思，安定辭，安民哉！禮記。

陳氏曰：「毋，禁止辭。」○范氏曰：「經禮三百，曲禮三千，可以一言蔽之，曰『毋不敬』。」○程子曰：「『毋不敬』，可以對越上帝。」○又曰：「心定者，其言安以舒；不定者，其辭輕以疾。」已上四條釋經意。○又曰：「主一之謂敬，無適之謂一。」問「主一無適」。朱子曰：「只是莫走作。」「如今人一事未了，又要做一事，心下千頭萬緒。」「學問只要專一。」○薛氏曰：「行第一步，心在第一步上，行第二步，心在第二步上，所謂敬也；如行第一步而心在二三步之外，行第二步而心在五六步之外，即非敬矣。至若寫字、處事，無不皆然。寫第一字，心在第一字上，爲第一事，心在第一事上，件件專一便是敬。」○覺軒蔡氏曰：「主一該動靜。無事時此心湛然常存，此靜而主一也；有事時心應此事，更不雜以他事，此動而主一也。」○朱子曰：「無事時敬在裏面，謂心中也。有事時敬在事上。有事無事，吾之敬未嘗間斷也。故程子說『學到專一時方好』，蓋專一則有事無事皆是如此。」○程子曰：「整齊嚴肅，則心自一，一則無非僻之干矣。」「『嚴威儼恪』，非敬之道，但致敬須從此入。」朱子曰：「伊川『整齊嚴肅』一段，是切至工夫說與人。」○上蔡謝氏曰：「敬是常惺惺法。」朱子曰：「『惺惺』，乃心不昏昧之謂。敬以『整齊嚴肅』言之固是，然心若昏昧，燭理不明，雖强把捉，豈得爲敬？」○和靖尹氏曰：「敬者，其心收斂、不容一物之謂。」尹氏曰：「敬有甚形影？只收斂身心，便是主一。且如人到神祠中致敬時，其心收斂，更著不得毫髮事，非主一而何？」○或問三先生程子、謝氏、尹氏。言敬之異。朱子曰：「譬如此室，四方皆入得，若從一方入至此，則三方入處皆在其中矣。」○廖子晦曰：「程子曰：『有主則實。』程子曰：「有主則實，外患不能入。」又曰：『有主則虛。』程子曰：「有主則虛，謂邪不能入。」虛實二説雖不同，皆謂以敬爲主也。」朱子曰：「子晦之説甚善。敬則内欲不萌，外誘不入。自其内欲不萌而言則曰虛，自其外誘不入而言則曰實，只是一時事。」已上八條論敬字之義。○程子甚愛表記「君子莊敬日强，安肆日偷」之語，蓋常人之情，纔放肆則日就曠蕩，自檢束則日就規矩。○程子曰：「敬勝百邪。」○朱子曰：「敬是箇扶策人底道理。人當放肆怠惰時，纔敬，便扶策得此心起。常常恁地，雖有些放僻邪侈意思，也自退聽。」○又曰：「敬所以抵敵人欲，人常敬則天理自明，人欲上來不得。」已上四條論敬勝人欲。朱子曰：「靜中私意横生，此學者之通患。當以敬爲主，而深察私意之萌多爲何事，就其重處痛加懲窒，久之純熟，自當見效。」○又曰：「人有一正念，自是分曉。又從旁別生一小念，漸漸放闊去，不可不察。」○問：「居常持敬，於靜時最好，及臨事則厭倦。或於臨事時著力，則覺紛擾。不然則於正存敬時，忽忽爲思慮引去。是三者將何以勝之？」曰：「今人將敬來别做一事，所以有厭倦，爲思慮引去。敬只是自家一箇心常惺惺，不可將來别做一事。」〇先生問伯羽如何用功，曰：「且學靜坐，痛抑思慮。」曰：「痛抑也不得，只是放退可也。」放退，只是勿爲念慮所牽而俱往也。「也不可全無思慮，無邪思耳。」〇問：「一向把捉，待放下便覺恁衰颯，不知當如何？」曰：「這箇也不須只管恁地把捉。若要去把捉，又添一箇心。公若知得放下不好，提掇起來，便是敬。」曰：「靜坐久之，一念不免發動，如何？」曰：「也須看一念是要做甚麼事。若是好事，當做，須去幹了。或此事思量未透，須著思量教了。若是不好底事，便不要做。自家纔覺得如此，這敬便在這裏。」〇又曰：「心無不敬，則四體自然收斂，不待著意安排而四體亦自舒適矣。著意安排，則難久而病生矣。」〇又曰：「整頓收斂，則入於著力，從容游泳，又墮於悠悠，此正學者之通患。然程子嘗論之曰：『亦須且自此去，到德盛後自然左右逢其原。』今亦當且就整頓收斂處著力，但不可安排等候，即成病耳。」已上七條言察治病痛。〇張子曰：「正心之始，當以己心爲嚴師，凡有動作則知所懼。如此一二年間守得牢固，則自然心正矣。」〇朱子曰：「敬是竦然如有所畏之意。常若有畏，則不敢自欺而進於誠矣。」〇勉齋黄氏曰：「『敬者，主一無適之謂。』程子語也。

然師說又以敬字惟畏爲近之。蓋敬者，此心肅然有所畏之名；畏則心主於一，如入宗廟、見君父之時自無雜念，閒居放肆之際則念慮紛擾，而不主於一矣。二說蓋相表裏，學者體之則可見矣。」○覺軒蔡氏曰：「人之一心，虛靈知覺，常肅然而不亂，炯然而不昏，則寂而理之，體無不存，感而理之，用無不行。惟夫虛靈知覺，不能不動於欲，則此心之體用，將隨之而昏且亂矣。此所以不可不敬也。苟能惕然悚然，常若鬼神父師之臨其上，深淵薄冰之處其下，則虛靈知覺者自不容於昏且亂矣。此敬字之義所以惟畏爲近之。」已上四條以畏釋敬字之義。○南軒張氏曰：「李季修問：所謂敬之說，當用力，誠不可怠惰，而嚮晦宴息亦當隨時。某以爲嚮晦入宴息乃敬也，知嚮晦宴息之爲非怠惰，乃可論敬之理矣。」此言敬無時不在。蓋晝夜動靜，當無閒斷，若以入夜宴息爲非敬，則非知敬者也。○薛氏曰：「古語云：『敬，德之聚也。』此語最宜潛體。蓋道妙莫測，靡有攸定，惟敬則能凝聚得此理常在。如心敬，則能凝聚得德在心上；貌敬，則能凝聚得德在貌上；以至耳目口鼻之類無不皆然。或有不敬，則心君放逸而百體解弛，雖曰有人之形，而其實塊然血氣之軀，與物無以異矣。此敬之一字，乃聚德之本，而爲踐形盡性之要也。」此言敬以聚德。

君子敬以直內，義以方外，敬義立而德不孤。 易坤卦文言。

程子曰：「君子主敬以直其內，守義以方其外。敬立而內直，義形而外方。義形於外，非在外也。敬義既立，其德盛矣，德不孤也。」○朱子曰：「本領則當以敬爲主，更得集義之功以祛利欲之蔽，則於敬益有助。」「只是一介提撕警策，通貫動靜。但無事時一直持養，有事處便有是非取舍，所以有直內方外之別，非以動靜爲判然二物也。」○程子曰：「存養熟後，泰然行將去，便有進。」○問：「人有專務敬以直內，不務方外，何如？」程子曰：「有諸中者，必形諸外。惟恐不直內，內直則外必方。」○五峯胡氏曰：「居敬，所以精義也。」○問「敬以直內，義以方外」。朱子曰：「說只恁地說，須自去下工夫，方見得是如此。『敬以直內』是無纖毫私意，胸中洞然，徹上徹下，表裏如一；『義以方外』是見得是處決定恁地，不是處決定不恁地，截然方方正正。須是自將去做工夫。聖門學者問一句，聖人答他一句，便領略將去，實是要行。如今說得儘多，只是不曾將身己做。若實把做工夫，只是『敬以直內，義以方外』八箇字，一生用之不窮。」

敬勝怠者吉，怠勝敬者滅。義勝欲者從，欲勝義者凶。大戴禮。

朱子曰：「敬便豎立，怠便放倒。以理從事是義，不以理從事是欲。敬、義是體、用。」○真氏曰：「敬則萬善俱立，怠則萬善俱廢。義則理爲之主，欲則物爲之主。吉凶存亡之所由分，上古聖人已致謹於此矣。」此段語出於丹書。丹書載黃帝、顓帝之道，故稱上古聖人。○程子曰：「敬、義夾持，直上達天德自此。」朱子曰：「最下得『夾持』兩字好。敬主乎中，義防於外，二者相夾持。要放下霎然不得，莫教一箇有些走失，如此則下不染於物欲，只得上達天德也。」

臣按：敬體、義用，雖分內外，其實敬該夫義。直內之敬，敬以存心也；方外之義，敬以應事也。朱子敬齋箴發明親切，故謹錄于左。

箴曰：「正其衣冠，尊其瞻視。潛心以居，對越上帝。此言靜無違。足容必重，手容必恭。擇地而蹈，折旋蟻封。蟻封，蟻垤也，言能折旋於狹小之地也。此言動無違。出門如賓，承事如祭。戰戰兢兢，罔敢或易。此言表之正。守口如瓶，防意如城。洞洞屬屬，罔敢或輕。此言裏之正。不東以西，不南以北。當事而存，靡他其適。此言心之正而達於事。弗貳以二，弗參以三。惟心惟一〔五〕，萬變是監。此言事之主一而本於心。從事於斯，是曰持敬。動靜弗違，表裏交正。此摠結上文。須臾有間，私欲萬端。不火而熱，不冰而寒。須臾，以時言。此言心不能無適之病。毫釐有差，天壤易處。三綱既淪，九法亦斁。毫釐，以事言。此言事不能主一之病。於乎小子，念哉敬哉！墨卿司戒，敢告靈臺。」此摠結一篇。○西山真氏曰：「敬之爲義，至是無復餘蘊，有志於聖學者宜熟復之。」○朱子堂房兩夾室，暇日默坐，讀書其間。名其左曰「敬齋」，右曰「義齋」，記之曰：「嘗讀易而得其兩言，曰『敬以直内，義以方外』，以爲爲學之要無以易此，而未知所以用力之方也。及讀中庸，見所論修道之教而必以戒慎恐懼爲始，然後得所以持敬之本。又讀大學，見所論明德之序而必以格物致知爲先，然後得所以明義之端。既而觀夫二者之功，一動一静，交相爲用，又有合乎周子太極之論，然後知天下之理幽明鉅細、遠近淺深無不貫乎一者。玩而樂之，足以終吾身而不厭，又何暇夫外慕哉？」

右通論涵養省察。

〇子曰：「閑邪存其誠。」易乾卦文言。

程子曰：「閑邪則誠自存。如人有室，垣墻不修，不能防寇；寇從東來，逐之則復有自西入；逐得一人，一人復至。不如修其垣墻，則寇自不至。故欲閑邪也。」〇又曰：「敬是閑邪之道。閑邪存誠，只是一事。去善即是惡，去惡即是善。譬如門，不出便入。」〇「思慮雖多，果出於正，亦無害否？」曰：「且如在宗廟則主敬，朝廷主莊，軍旅主嚴，此是也。如發不以時，紛然無度，雖正亦邪。」〇朱子曰：「李先生説：『人心中大段惡念却易制伏，最是那不大段計利害、乍往乍來底念慮，此是浮念。相續不斷，難爲驅除。』今看得來是如此。」○臨川吴氏曰：「凡人頗知此之爲理爲善，彼之爲欲爲惡，而志不勝氣，閒居獨處之際，邪思興焉。一有邪思，即遏制之，乃不自欺之誠也。夫既無邪思，則所思皆理皆善矣。然一念纔起而一念復萌，一念未息而諸念相續，是二也，是雜也。匪欲匪惡亦謂之邪。蓋必先能屏絶私欲惡念之邪，而後可與治療二而且雜之邪。誠意而正心，其等豈可躐哉！」

「詩三百，一言以蔽之，曰『思無邪』。」論語。○亦孔子語。

朱子曰：「詩之言，善者可以感發人之善心，惡者可以懲創人之逸志，其用歸於使人得其情性之正而已。然其言微婉，且或各因一事而發，求其直指全體，則未有若此之明且盡者。故夫子言詩三百篇，而惟此一言足以盡蓋其義，其示人之意亦深切矣。」

臣按：夫子此言爲論詩而發，第以「思無邪」是誠，故載乎正心之章。

程子曰：「『思無邪』，『毋不敬』，只此二句循而行之，安得有差？有差者，皆由不敬不正也。」○邵子曰：「言之於口，不若行之于身；行之于身，不若盡之于心。言之于口，人得而聞之；行之于身，人得而見之；盡之于心，神得而知之。人之聰明猶不可欺，況神之聰明乎？是知無愧于口，不若無愧于身；無愧于身，不若無愧于心。無口過易，無身過難；無身過易，無心過難。」○程子曰：「『思無邪』者，誠也。」○朱子曰：「思在言與行之先。思無邪，則所言所行皆無邪矣。」「行無邪未是誠，思無邪乃可爲誠，是表裏皆無邪，徹底無毫髮之不正。」

臣按：誠者，天之實理，心之本體。人不能復其本心者，由有私邪爲之蔽也。以敬爲主，盡去私邪，則本體乃全。敬是用功之要，誠是收功之地，由敬而至於誠矣。

右言存誠反復，以盡正心之義，亦兼涵養省察而言。

臣按：心之本體湛然虛明，如鑒之空，如衡之平，而感物而動，七情應焉者，此是心之用也。惟其氣拘而欲蔽，本體不能立。故其用或失其正，其病在於昏與亂而已。昏之病有二：一曰智昏，謂不能窮理，昧乎是非也。二曰氣昏，謂怠惰放倒，每有睡思也。亂之病有二：一曰惡念，謂誘於外物，計較私欲也。二曰浮念，謂掉舉散亂，掉舉，念起之貌。相續不斷也。此念非善非惡，故謂之浮念。常人困於二病，未感物時，非昏則亂，既失未發之中矣；其感物也，非過則不及，豈得其已發之和乎？君子以是爲憂，故窮理以明善，篤志以帥氣，涵養以存誠，省察以去僞，以治其昏亂。然後未感之時，至虛至靜，所謂『鑒空』『衡平』之體，雖鬼神有不得窺其際者。及其感也，無不中節，『鑒空』『衡平』之用流行不滯，正大光明，與天地同其舒慘矣。學者之用力，最難得效者在於浮念。蓋惡念雖實，苟能誠志於爲善，則治之亦易。惟浮念則無事之時，倏起忽滅，有不得自由者。夫以温公之誠意，尚患紛亂，況初學乎？程子曰：「君實嘗患思慮紛亂，有時中夜而作，達旦不寐，可謂良自苦。」他日又曰：「君實近年病漸較煞放得下也。」

〇臣按：不知學者放心而任其所思，故不自知其爲浮念。學者靜坐收心，然後乃知浮念之爲擾。學者須是恒主於敬，頃刻不忘，遇事主一，各止於當止。無事靜坐時，若有念頭之發，則必即省覺所念何事。若是惡念，則即勇猛斷絶，不留毫末苗脈；若是善念而事當思惟者，此善念之適乎時者。則窮究其理，了其未了者，使此理豫明。若不管利害之念，或雖善念而非其時者，則此是浮念也。浮念之發，有意厭惡，則尤見擾亂，且此厭惡之心亦是浮念。覺得是浮念後，只可輕輕放退，提掇此心，勿與之俱往，則纔發復息矣。念慮紛亂時，此心省悟，知其爲浮念，勿爲所牽而俱往，則漸當自息。如是用功，日夕乾乾，不求速成，不生懈意。如未得力，或有悶鬱無聊之時，則亦須抖擻精神，洗濯心地，使無一念，以來清和氣象。久久純熟，至於凝定，則常覺此心卓然有立，不爲事物所牽累，由我所使，無不如志；而本體之明，無所掩蔽，睿智所照，權度不差矣。張子曰：「定然後有光明。若常移易不定，何由光明？」最不可遽冀朝夕之效，而不效則輒生退墮之念也。正心是終身事業，其要，則方氏所謂「中虛而有主宰」者是也。願留睿念焉。

檢身章第九

臣按：正心所以治内，檢身所以治外，實是一時事，非今日正心、明日檢身也。第其工夫有内外之别，故分爲二章。

子曰：「君子無不敬也。敬，身爲大。身也者，親之枝也，敢不敬與？不能敬其身，是傷其親。傷其親，是傷其本；傷其本，枝從而亡。」禮記。下同。○孔子語止此。

長樂劉氏曰：「身雖在我，其氣則受于親，傳之於祖，非己得以輕而辱之也。」

君子姦聲亂色不留聰明，淫樂慝禮不接心術，惰慢邪僻之氣不設於身體，使耳目鼻口、心知百體皆由順正，以行其義。

西山真氏曰：「君子之所以自養者無他，内外交致其功而已。」

禮樂不可斯須去身。中心斯須不和不樂，而鄙詐之心入之矣；外貌斯須不莊不敬，而易慢之心入之矣。

朱子曰：「『入』之一字，正見得外誘使然，非本心實有此惡。雖非本有，然既爲所奪而得以爲主於内，則非心而何？」

人有禮則安，無禮則危。

孔子曰：「無禮則手足無所錯，耳目無所加，進退揖讓無所制。是故以之居處，長幼失其別，閨門三族失其和，朝廷官爵失其序，田獵戎事失其策，軍旅武功失其制，宮室失其度，量鼎失其象，味失其時，樂失其節，車失其式，鬼神失其饗，喪紀失其哀，辨說失其黨，黨，類也。官失其體，政事失其施。加於身而錯於前，凡衆之動失其宜。」○冠義曰：「凡人之所以爲人者，禮義也。禮義之始，在於正容體，齊顔色，順辭令。容體正，顔色齊，辭令順，而後禮義備，以正君臣，親父子，和長幼。君臣正，父子親，長幼和，而後禮義立。」○張子曰：「學者捨禮義，則飽食終日，無所猷爲，與下民一致，所事不踰衣食之閒、燕遊之樂爾。」○有人勞正叔先生曰：「先生謹於禮四五十年，應甚勞苦。」先生曰：「吾日履安地，何勞何苦？他人日踐危地，此乃勞若也。」

右言敬身謹禮之功。

○詩曰：「**抑抑威儀，維德之隅。**」「**敬慎威儀，維民之則。**」大雅抑之篇。

朱子曰：「抑抑，密也。隅，廉角也。」○鄭氏曰：「人密審於威儀者，是其德必嚴正也。故古之賢者道行心平，可外占而知内，如宮室之制，内有繩直，則外有廉隅也。」

曾子曰：「君子所貴乎道者三：動容貌，斯遠暴慢矣；正顏色，斯近信矣；出辭氣，斯遠鄙倍矣。籩豆之事，則有司存。」論語。

朱子曰：「貴，猶重也。容貌，舉一身而言。暴，粗厲也。慢，放肆也。信，實也。正顏色而近信，則非色莊也。辭，言語。氣，聲氣也。鄙，凡陋也。倍，與背同，謂背理也。籩，竹豆。豆，木豆。言道雖無所不在，然君子所重者在此三事而已。是皆修身之要、爲政之本，學者所當操存省察，而不可有造次顛沛之違者也。若夫籩豆之事、器數之末，道之全體固無不該，然其分則有司之守，而非君子之所重矣。」〇又曰：「容貌辭氣，乃德之符。」〇呂滎公常言：「後學須理會氣象，氣象好時，百事是當。氣象者，辭令容止輕重疾徐足以見之矣。不惟君子小人於此焉分，亦貴賤壽夭之所由定也。」

坐如尸，立如齋。禮記。下同。

鄭氏曰：「尸居神位，坐必矜莊。坐法必當如尸之坐。人之倚立多慢不恭，雖不齋，亦當如祭前之齋。」〇謝氏曰：「明道先生終日端坐，如泥塑人；及至接人，則渾是一團和氣。」「所謂『望之儼然，即之也溫』。」程子謂學者曰：「賢看顥如此，顥煞用工夫。」

凡視，上於面則敖，下於帶則憂，傾則姦。

呂氏曰：「上於面者，其氣驕，知其不能以下人矣；下於帶者，其神奪，知其憂在乎心矣；視流則容側，必有不正之心存乎胸中矣。此君子之所以慎也。」

割不正，不食。席不正，不坐。論語。○記孔子之事。

朱子曰：「造次不離於正也。」○謝氏曰：「聖人心安於正，故於位之不正者，雖小不處。」

古之君子必佩玉，右徵、角，左宮、羽。禮記。下同。

陳氏曰：「徵、角、宮、羽，以玉聲所中言也。徵爲事，角爲民，故在右，右爲動作之方也。宮爲君，羽爲物，君道宜靜，物道宜積，故在左，左乃無事之方也。不言商者，或以西方肅殺之音，故遺之歟？」

趨以采齊，行以肆夏。周還旋**中規，折旋中矩，進則揖之，退則揚之，然後玉鏘鳴也。故君子在車則聞鸞和之聲，行則鳴佩玉，是以非辟之心無自入也。**

陳氏曰：「趨時歌采齊之詩以爲節，行時歌肆夏之詩以爲節。中規，圓也。中矩，方也。進而前，則其身略俯如揖然。退而後，則其身微仰，故曰揚之。進退俯仰皆得其節，故佩玉之鳴鏘然可聽也。」○孟子曰：「動容周旋中禮者，盛德之至也。」

詩曰：「淑人君子，其儀不忒。其儀不忒，正是四國。」曹風鳲鳩篇。

朱子曰：「忒，差也。有常度而其心一，故儀不忒。儀不忒，則足以正四國矣。」

○北宮文子曰：「有威而可畏謂之威，有儀而可象謂之儀。君有君之威儀，其臣畏而愛之，則而象之，故能有其國家，令聞長世。臣有臣之威儀，其下畏而愛之，故能守其官職，保族宜家。順是以下皆如是，是以上下能相固也。衛詩曰『威儀棣棣，不可選也』，言君臣、上下、父子、兄弟、内外、大小皆有威儀也。周詩曰『朋友攸攝，攝以威儀』，言朋友之道必相教訓以威儀也。故君子在位可畏，施舍可愛，進退可度，周旋可則，容止可觀，作事可法，德行可象，聲氣可樂；動作有文，言語有章，以臨其下，謂之有威儀也。」真氏曰：「自古之論威儀者，未有若文子之備也。蓋威非事嚴猛，正衣冠，尊瞻視，儼然人望而畏之，夫是之謂威也。儀非事容飾，動容周旋，無不中禮，夫是之謂儀也。」

右言威儀容止之則。

○召公告武王曰：「嗚呼！明王慎德。」「德盛不狎侮。狎侮君子，罔以盡人心。狎侮小人，罔以盡其力。」周書旅獒。下同。蔡氏曰：「德盛，則動容周旋皆中禮，然後能無狎侮之心。言慎德不可不極其至也。德而未至，則未免有狎侮之心。狎侮君子，則色斯舉矣，彼必高蹈遠引，望望然而去，安能盡其心？狎侮小人，雖其微賤畏威易役，然至愚而神，亦安能盡其力哉？」

「不役耳目，百度惟貞。」

蔡氏曰：「貞，正也。不役於耳目之所好，百爲之度，惟其正而已。」

「夙夜罔或不勤。不矜細行，終累大德。爲山九仞，功虧一簣。」

蔡氏曰：「或，猶言萬一也。矜，矜持之矜。」○吕氏曰：「此即慎德工夫。或之『一』字，最有意味。一暫止息，則非慎德矣。」○蔡氏曰：「人主一身，萬化之原，苟於理有毫髮之不盡，即遺生民無窮之害，而非創業垂統可繼之道矣。以武王之聖，召公所以警戒之者如此，後之人君可不深思而加念之哉！」

右言戒飭無怠之意。

臣按：心爲身主，身爲心器，主正則器當正，但不可任其自正，不爲之檢攝。故大學之序，修身在正心之後，其用功之方，不過容貌視聽、言語威儀一循天則而已。形色，天性也。一身之中，一動一静，孰無天則者乎？格物、致知，所以明此則也；誠意、正心、修身，所以蹈此則也。二者備矣，然後可臻踐形之域矣。世之人或有修飾容儀甚是可觀而内無操存之功者，此固穿窬之比，不足議爲。若其天資寡慾，不被物誘，而坦率自樂，以爲但當内正其心，不必拘拘於外貌者，亦不可入道，終爲俗中好人而已。況外貌不莊，中心亦懈，未可保其不流於放蕩也哉！此所以既正其心，又不可不檢其身也，然彼身無檢束者，心必不得其正故也。苟能正心，則事事無不求正矣，豈有以己身安於不正之理乎？然則身之不修，乃心不正之故也。願留睿思焉。

校勘記

〔一〕亦有肆情而敗國殄民者矣　「殄」，吴澄送方元質學正序作「殄」。

〔二〕猶必有所生長　「猶」，孟子集注卷十一作「亦」。

〔三〕先生豈以受氣之薄而厚爲保生耶　「厚」，程氏遺書卷二十一上作「後」。

〔四〕以不失乎本心之體而已　「心」，晦庵先生朱文公文集卷五十九作「然」。

〔五〕惟心惟一　「心」，晦庵先生朱文公文集卷八十五作「精」。

栗谷先生全書卷二十二

聖學輯要四

修己第二下

恢德量章第十

臣按：上篇九章已論修己之序詳矣，復以恢德量、輔德、敦篤三章申論其餘蘊。蓋德量未弘，則得少爲足，偏於一曲，未可進於高明博厚之境，故恢德量次於檢身。

子曰：「善則稱人，過則稱己，則民不爭。」「是故君子不以其所能者病人，不以人之所不能者愧人。」禮記。

嚴陵方氏曰：「書曰：『汝惟不矜，天下莫與汝爭能；汝惟不伐，天下莫與汝爭功。』『善則稱人，過則稱己』，可謂不矜伐矣，故『民不爭』也。」臨川吴氏曰：「民化之，亦以善讓人，而不與人爭也。」○愧人，使人愧也。

有其善，喪厥善。矜其能，喪厥功。商書說命。

蔡氏曰：「自有其善，則己不加勉而德虧矣。自矜其能，則人不效力而功隳矣。」○東萊吕氏曰：「道理無窮，學者先要不得有自足心。」

易曰：「地勢坤，君子以厚德載物。」坤卦象辭。

程子曰：「君子觀坤厚之象，以深厚之德容載庶物。」

含弘光大，品物咸亨。坤卦彖辭。

程子曰：「以含、弘、光、大四者形容坤道。含，包容也。弘，寬裕也。光，昭明也。大，博厚也。有此四者，故能成承天之功，品物咸得亨遂也。」○問：人於議論，多欲直己，無含容之氣，是氣不平否？曰：固是氣不平，亦是量狹。人量隨識長，亦有人識高而量不長者，是識實未至也。大凡別事，人都强得，惟識量不可强。今人有斗筲之量，有釜斛之量，有鐘鼎之量，有江河之量。江河之量亦大矣，然有涯，亦有時而滿，惟天地之量則無滿。故聖人者，天地之量也。聖人之量，道也；常人之有量者，天資也。天資有量須有限，大抵六尺之軀，力量只如此，雖欲不滿，不可得也。如鄧艾位三公，年七十，處得甚好，及因下蜀有功，便動了。謝安聞謝玄破苻堅，對客圍棊，報至不喜，及歸折屐齒，强終不得也。更如人大醉後益恭謹者，只益恭謹便是動了。雖與放肆者不同，其爲酒所動一也。又如貴公子位益高，益卑謙，只卑謙便是動了。雖與驕傲者不同，其爲位所動一也。惟知道者，量自然宏大，不勉强而成。今人有所見卑下者，無他，亦是識量不足也。○張子曰：「心大則百物皆通，心小則百物皆病。」○朱子曰：「學者須養教氣宇，使開闊。」○薛氏曰：「第一要有渾厚包涵、從容廣大之氣象。」量狹者不能容物，從狹隘上生萬般病痛。

右言恢進德之量。

○**易曰：「君子莅衆，用晦而明。」**明夷之象辭。

程子曰：「用明之過，則傷於察，太察則盡事而無含弘之度。故君子不極其明察而用晦，然後能容物和衆，衆親而安，是用晦乃所以爲明也。若自任其明，無所不察，則無寬厚含容之德，人情睽疑而不安，失莅衆之道，適所以爲不明也。」

無忿疾于頑，無求備于一夫。周書君陳。下同。

蔡氏曰：「無忿疾，人之所未化；無求備，人之所不能。」○衛玠曰：「人有不及，可以情恕；非意相干，可以理遣。」故終身不見喜愠之容。

必有忍，其乃有濟。有容，德乃大。

蔡氏曰：「孔子曰：『小不忍，亂大謀。』必有所忍，而後能有所濟。然此猶有堅制力蓄之意。若洪裕寬綽、恢恢乎有餘地者，斯乃德之大也。忍言事，容言德，各以深淺言也。」

右言恢容衆之量。

○**無偏無陂，遵王之義；無有作好，遵王之道；無有作惡，遵王之路。無偏無黨，王道蕩蕩；無黨無偏，王道平平；無反無側，王道正直。**周書洪範。

蔡氏曰：「偏，不中也。陂，不平也。作好作惡，好惡加之意也。張氏曰：「天下有公，好惡不可作也，作則非矣。」黨，不公也。反，倍常也。側，不正也。偏陂好惡，己私之生於心也。偏黨反側，己私之見於事也。蕩蕩，廣遠也。平平，平易也。正直，不偏邪也。」○孫氏曰：「『大道甚夷，而民好徑。』王之道，王之路，所謂甚夷者也。」○程子曰：「公則一，私則萬殊。人心不同如面，只是私心。」○張子曰：「合内外，平物我，此見道之大端。」○朱子曰：此心曠然無一毫私意，直與天地同量，便有天下爲一家、中國爲一人底意思。

右言恢公平之量。

臣按：量之不弘出於氣質之病，恢德量無他工夫，只是矯氣質之一事。而别爲一章者，人君之德尤在於大其量，故表而出之。人固有得千乘之國而欿然自謙者，亦有得一命之官而肆然自多者，量有大小故也。量之小者，其病有三：一曰偏曲，二曰自矜，三曰好勝。偏曲者，滯而不周，不能公心以觀理；自矜者，足於少得，不能遜志以進德；好勝者，安於飾非，不能虚己以從善。三者都是一箇私而已。嗚呼！天人一也，更無分别。惟其天地無私而人有私，故人不得與天地同其大焉。聖人無私，故德合乎天地焉。君子去私，故行合乎聖人焉。學者當務克其私，以恢其量，以企及乎君子、聖人焉。治私之術惟學而已，學進則量進，天資之美惡非所論也。勉勉不已，至於此心曠然無一毫私意干其間，則雖舜禹之有天下而不與，文王之望道而未之見，不是過也。伏惟殿下留意焉。

輔德章第十一

臣按：自天子至於匹夫，莫不須友以成其德，曾子所謂「以友輔仁」是也。自治之目已備於前，故次之以輔德，以論親正士、從諫改過之意。

子曰：「益者三友，損者三友。友直，友諒，友多聞，益矣。友便辟，友善柔，友便佞，損矣。」論語。

朱子曰：「友直則聞其過，友諒則進於誠，諒，信也。友多聞則進於明。便，習熟也。便辟，謂習於威儀而不直。善柔，謂工於媚説而不諒。便佞，謂習於口語而無聞見之實。三者損益，正相反也。」

「僕臣正，厥后克正；僕臣諛，厥后自聖。后德惟臣，不德惟臣。」周書冏命。○穆王命伯冏爲太僕正之辭。

蔡氏曰：「自聖，自以爲聖也。」○呂氏曰：「自古小人之敗君德，爲昏爲虐，爲侈爲縱，曷其有極？至於自聖，猶若淺之爲害。穆王獨以是蔽之者，蓋小人之蠱其君，必使之虛美熏心，傲然自聖，則謂人莫己若，而欲予言莫之違，然後法家拂士日遠，而快意肆情之事亦莫或齟齬其間。自聖之證既見，而百疾從之。昏虐侈縱，皆其枝葉而不足論也。」

「宗、祝在廟，三公在朝，三老在學，王前巫而後史，卜、筮、瞽、侑皆在左右。王中心無

爲也，以守至正。」禮記。

陳氏曰：「廟有宗、祝，朝有三公，學有三老、五更，無非明禮教以淑天下。王居其中，此心何所爲哉？不過守君道之至正而已。」〇西山真氏曰：「巫掌祀，以鬼神之事告王。巫掌祀，本非不正，後來傳訛，以邪説惑人，遂至不正。史掌書，以三皇五帝之事告王。掌卜、筮者以吉凶諫王。瞽矇之叟即瞽、侑，以樂侑食之官。以歌詩諫王。一人之身，而左右前後挾而維之，雖欲斯須自放，得乎？」〇楚語曰：「昔衛武公年數九十五矣，猶箴儆於國曰：『自卿以下，至于師長士，苟在朝者，無謂我老耄而舍我，必恭恪於朝夕以交戒我。』在輿有旅賁之規，周禮：旅賁氏掌執戈盾，夾車而趨，車止則持輪。位宁有官師之典，倚几有誦訓之諫，官師，中、下士也。誦訓，主誦書之官。居寢有暬御之箴，暬御，近習也。臨事有瞽史之道，宴居有師工之誦。瞽史，知天道者。師工，樂官。史不失書，矇不失誦，以訓御之。於是作懿戒以自儆。及其没也，謂之睿聖武公。」

詩曰：「有馮憑**有翼，有孝有德，以引以翼。豈弟君子，四方爲則。」**大雅卷阿之篇。

朱子曰：「馮，謂可爲依者。翼，謂可爲輔者。孝，謂能事親者。德，謂得於己者。引，導其前也。翼，相其左右也。豈弟君子，指王也。言得賢以自輔如此，則其德日修，而四方以爲則矣。」〇東萊呂氏曰：「賢者之行非一端，必曰有孝有德，何也？蓋人主常與慈祥篤實之人處，其所以興起善端，涵養德性，鎮其躁而消其邪，日改月化，有不在言語之間者矣。」

孟子曰：「人不足與適也，政不足閒也。惟大人爲能格君心之非。君仁莫不仁，君義莫不義，君正莫不正，一正君而國定矣。」孟子。下同。

趙氏曰：「適，過也。閒，非也。格，正也。」○朱子曰：「言人君用人之非，不足過謫；行政之失，不足非閒。惟有大人之德，則能格君心之不正以歸于正，而國無不治矣。大人者，大德之人，正己而物正者也。」○程子曰：「天下之治亂，繫乎人君之仁與不仁耳。心之非，即害於政，不待乎發之於外也。昔者孟子三見齊王而不言事，門人疑之。孟子曰：『我先攻其邪心，心既正，而後天下之事可從而理也。』夫政事之失，用人之非，知者能更之，直者能諫之。然非心存焉，則事事而更之，後復有其事，將不勝其更矣；人人而去之，後復用其人，將不勝其去矣。是以輔相之職，必在乎格君心之非，然後無所不正；而欲格君心之非者，非有大人之德，則亦莫之能也。」

「無或乎王之不智也。雖有天下易生之物也，一日暴之，十日寒之，未有能生者也。吾見亦罕矣，吾退而寒之者至矣，吾如有萌焉何哉？」

朱子曰：「或，與惑同。王，疑指齊王。暴，温之也。我見王之時少，猶一日暴之也；我退則諂諛雜進之日多，是十日寒之也。雖有萌蘖之生，我亦安能如之何哉？」

「今夫奕之爲數，小數也；不專心致志，則不得也。奕秋，通國之善奕者也。使奕秋誨二人奕，其一人專心致志，惟奕秋之爲聽。一人雖聽之，一心以爲有鴻鵠將至，思援弓繳而射之，雖與之俱學，弗若之矣。爲是其智弗若與？曰：非然也。」

朱子曰：「奕，圍碁也。數，技也。致，極也。奕秋，善奕者名秋也。繳，以繩繫矢而射也。」○范氏曰：「人君之心，惟在所養。君子養之以善則智，小人養之以惡則愚。然賢人易疏，小人易親，是以寡不能勝衆，正不能勝邪。自古國家治日常少，而亂日常多，蓋以此也。」○程子告於神宗曰：「天下之事，患常生於忽微，而志亦戒乎漸習。是故古之人君，雖出入從容閒燕，必有誦訓箴諫之臣，左右前後無非正人，所以成其德業。伏願陛下：禮命老成賢儒，不必勞以職事，俾日親便座，講論道義，以輔聖德。又擇天下賢俊，使得陪侍法從，朝夕延見，開陳善道，講磨治體，以廣聞聽。如是則聖智益明，王猷允塞矣。」○程子論經筵劄子曰：「昔者周公輔成王，幼而習之，所見必正事，所聞必正言，左右前後皆正人，故習與智長，化與心成。今士大夫家善教子弟者，亦必延名德端方之士，與之居處，使之薰染成性。故曰：『少成若天性，習慣如自然。』伏以陛下春秋之富，雖睿聖之資得於天禀，而輔養之道不可不至，在涵養薰陶而已。

大率一日之中，親賢士大夫之時多，親寺人宮女之時少，則自然氣質變化，德器成就。欲乞朝廷慎選賢德之士，以侍勸講，常留二人直日，夜則一人直宿，以備訪問；時於內殿召見，從容宴語。不獨漸磨道義，至於人情物態、稼穡艱難，積久自然通達。比之常在深宮之中，爲益豈不甚大？竊聞閒日一開經筵，講讀數行，羣官列侍，儼然而退，情意略不相接。如此而責輔養之功，不亦難乎？」

右言親正士。

○**易曰：「山上有澤，咸，君子以虛受人。」**咸卦象辭。

程子曰：「君子觀山澤通氣之象，而虛其中以受於人。虛中者，無我也。中無私主，則無感不通也。」

「夬履，貞厲。」履卦九五爻辭。

程子曰：「夬，剛決也。五以陽剛居至尊之位，九五是君位。任其剛決而行者也。如此，則雖得正，猶危厲也。古之聖人居天下之尊，明足以照，剛足以決，勢足以專，然而未嘗不盡天下之議，雖芻蕘之微必取，乃其所以爲聖也。若自任剛明，決行不顧，雖使得正，猶爲危道，况剛明不足者乎？」

伊尹訓于太甲曰：「嗚呼！先王從諫弗咈，先民時若。」商書伊訓。

蔡氏曰：「咈，逆也。先民，猶前輩舊德也。從諫弗逆，先民是順，非誠於樂善者不能也。」

「有言逆于汝心，必求諸道；有言遜于汝志，必求諸非道。」商書太甲。亦伊尹語。

蔡氏曰：「鯁直之言，人所難受；巽順之言，人所易從。於其所難受者，必求諸道，不可遽以逆于心而拒之；於其所易從者，必求諸非道，不可遽以遜于志而聽之。蓋欲太甲矯乎情之偏也。」○朱子曰：「治道別無説，若使人主恭儉好善，『有言逆于心，必求諸道；有言遜于志，必求諸非道』，如何會不治？從古來都有見成樣子，直是如此。」

高宗命傅説曰：「啓乃心，沃朕心。」商書説命。下同。

蔡氏曰：「啓，開也。沃，灌溉也。啓乃心者，開其心而無隱。沃朕心者，溉我心而厭飫也。」

「若藥弗瞑眩，厥疾弗瘳；若跣弗視地，厥足用傷。」

蔡氏曰：「方言曰：『飲藥而毒，海岱之閒謂之瞑眩。』瘳，愈也。弗瞑眩，喻臣之言不苦口也。弗視地，喻我之行無所見也。」

説復于王曰：「惟木從繩則正，后從諫則聖。后克聖，臣不命其承，疇敢不祗若王之休命。」

蔡氏曰：「木從繩，喻后從諫，明諫之決不可不受也。然高宗當求受言於己，不必責進言於臣。君果從諫，臣雖不命，猶且承之，況命之如此，誰敢不敬順其美命乎？」

子曰：「法語之言，能無從乎？改之爲貴。巽與之言，能無説乎？繹之爲貴。説而不繹，從而不改，吾末如之何也已矣。」論語。

朱子曰：「法語者，正言之也。巽言者，婉而導之也。繹，尋其緒也。法言人所敬憚，故必從；然不改，則面從而已。巽言無所乖忤，故必説；然不繹，則又不足以知其微意之所在也。」○又曰：「如漢武帝見汲黯之直，深所敬憚，至帳中可其奏，可謂從矣。然武帝『内多欲而外施仁義』，豈非面從？如孟子論好色、好貨，齊王豈不悦？若不知繹，則徒知古人所謂好色，不知其能使『内無怨女，外無曠夫』；徒知古人所謂好貨，不知其能使『居者有積倉，行者有裹糧』也。」○楊氏曰：「語之而不達，拒之而不受，猶之可也。其或喻焉，則尚庶幾其能改繹矣。從且説矣，而不改繹焉，則是終不改繹也已，雖聖人其如之何哉？」○左傳：隱公五年春，公如棠觀魚，臧僖伯諫曰：「凡物不足以講大事，其材不足以備器用，則君不舉焉。若夫山林川澤之實，皁隸之事，官司之守，非君所及也。」公曰：「吾將略地焉。」遂往。僖伯稱疾不從。僖伯卒，公曰：「叔父有憾於寡人，寡人弗敢忘。」葬之加一等。胡氏曰：「僖伯諫而不聽，則稱疾不從，可謂忠臣矣。『葬之加一等』，夫是之謂稱。然隱公不敢忘其忠，而不能聽其言，與郭公善善而不能用，至於亡國，一也，其及宜矣。」及於鍾巫之弒也。隱公弟桓公弒公于鍾巫。○林氏曰：「郭公善善而不能用，至於亡國；隱公善忠而不能用，至于亡身。自古設虛名而無實行，以至于敗者多矣，可不省哉！」

右言從諫。

○易曰：「風雷，益，君子以見善則遷，有過則改。」益卦象辭。

程子曰：「風烈則雷迅，雷激則風怒，二物相益者也。君子觀風雷相益之象，而求益於己。見善能遷，則可以盡天下之善；有過能改，則無過矣。益於人者，莫大於是。」○朱子曰：「遷善當如風之速，改過當如雷之猛。」

子曰：「過而不改，是謂過矣。」論語。

朱子曰：「過而能改，則復於無過。惟不改則其過遂成，而將不及改矣。」

「無恥過作非。」商書說命。

下同。

蔡氏曰：「過誤出於偶然，作非出於有意。」

子貢曰：「君子之過也，如日月之食焉：過也，人皆見之；更也，人皆仰之。」論語。

勉齋黄氏曰：「過也，明白而無掩覆，故人皆見；更也，瑩徹而無瑕疵，故人皆仰。」

子夏曰：「小人之過也必文。」

朱子曰：「文，飾之也。小人憚於改過，而不憚於自欺，故必文以重其過。」〇新安陳氏曰：「君子不諱過，故方過而人見，速改過，故無過而人仰。如日月雖或不免於食，而明還，何損於明？若小人則諱過而掩匿，不改過而固吝，益重其過而愈暗愈甚矣，豈有日月明白瑩徹之氣象哉？」

「子路，人告之以有過則喜。」孟子。

朱子曰：「喜其得聞而改之，其勇於自修如此。」〇周子曰：「仲由喜聞過，令名無窮焉。今人有過，不喜人規，如諱疾而忌醫，寧滅其身而無悟也。噫！」〇程子曰：「子路，亦可謂百世之師矣。」〇朱子曰：「苟欲聞過，但當一一容受，不當復計其虛實，則事無大小，人皆樂告而無隱情矣。若切切計較，必與辨爭，恐非告以有過則喜之意也。」

易曰：「不遠復，無祇抵**悔，元吉。」**復卦初九爻辭。

程子曰：「失而後有復，不失則何復之有？惟失之不遠而復，則不至於悔，大善而吉也。」「學問之道無他，惟知其不善則速改以從善而已。」○雙峯饒氏曰：「人之一心，善端綿綿，本自相續。念慮之間雖或小有所差，而其慊然不自安之意已萌於中，是即天地生物之心之所呈露，而孟子所謂『怵惕惻隱之心』者也。人惟省察克治之功不加，雖有爲善之幾而無反善之實，是以縱欲妄行，而其悔至於不可追也。善用力者誠能因是心之萌而速反之，使不底於悔焉，則人欲去而天理還矣。」

子曰：「顏氏之子，其殆庶幾乎？有不善，未嘗不知；知之，未嘗復行也。」易繫辭。

程子曰：「如顏子地位，豈有不善？所謂不善者，只是微有差失。纔差失，便能知之；纔知之，便更不萌作。」○張子曰：「『知不善，未嘗復行』，不貳過也。」○朱子曰：「今人只知顏子『知之未嘗復行』爲難，殊不知『有不善未嘗不知』是難處。今人亦有說道知得這道理，及事到面前，却只隨私欲做去，前所知者都自忘了，只爲是不曾知。」「直是顏子天資好，如至清之水，纖介必現。」○程子曰：「予年十六七時好田獵，既而自謂已無此好。周茂叔曰：『何言之易也？但此心潛隱未發，一日萌動，復如初矣。』後十二年暮歸，在田野間見田獵者，不覺有喜心，方知果未也。」葉氏曰：「周子用功之深，故知不可易言。程子治心之密，故能隨寓加察。在學者警省克治之力，尤不可以不勉也。」○南軒張氏曰：「夫習之有斷絕，心過有以害之也。心過尤難防，一萌于中，雖非視聽所及，而吾時習之功已間斷矣，察之緩則滋長矣。惟人安於故常，以爲微而忽焉，此豈可使之熟也哉！今日一念之差而不痛以求改，則明日兹念重生矣。積而熟，時習之功銷矣，不兩立也，是以君子懼焉。萌于中必覺，覺則痛懲而絶之，如分桐葉然，不可復續。如此則過境自疏，時習之功專，以至於德以凝道，顔子之不貳，一絶不復生也。故名吾室曰『不貳』。」

易曰：「迷復之凶，反君道也。」復卦上六象辭。

程子曰：「復則合道，既迷於復，與道相反也，其凶可知。人君居上而治衆，當從天下之善，乃迷於復，反君之道也。」

右言改過。

臣按：輔成德業，莫切於親近正士，而又必以從諫改過。合爲一章者，人君之好賢，不徒近其人而已，將取其善以補其不逮，故諫則必從，過則必改，乃所以資於進德修業者也。如或徒慕其名，而謾置左右，有諫不從，有過不改，則賢者豈肯拘於虚禮，以失其所守乎？將必見幾而退，樂於考槃。而在君左右者，不過佞倖之徒而已。如是而國不至於危亡者，未之有也。若名爲賢者，而坐受榮寵，無忠讜匡救之益，則亦安用賢者爲哉？是故明王愼擇正士，日與之處，涵養薰陶，克己從善，而德日以崇，業日以廣矣。程子曰：「君德成就責經筵。」伏惟殿下留念焉。

敦篤章第十二

臣按：修己之功畢陳於前，猶慮其中道而廢，故次之以敦篤。詩曰：「靡不有初，鮮克有終。」所謂敦篤者，敦篤於終也。

曾子曰：「士不可以不弘毅，任重而道遠。」論語。下同。朱子曰：「弘，寬廣也。毅，强忍也。」新安陳氏曰：「寬則容受之多，廣則承載之闊，强則執守之堅，忍則負荷之久。」非弘不能勝其重，非毅無以致其遠。」**「仁以爲己任，不亦重乎？死而後已，不亦遠乎？」**朱子曰：「仁者，人心之全德，而必欲以身體而力行之，可謂重矣。一息尚存，此志不容少懈，可謂遠矣。」

易曰：「天行健，君子以自强不息。」乾卦象辭。

廣平游氏曰：「至誠無息，天行健也。未能無息而不息者，君子之自强也。」○朱子曰：「常存得此心，則天理常行而周流不息矣。」

「君子終日乾乾，夕惕若，厲，無咎。」乾卦九三爻辭。

程子曰：「日夕不懈而兢惕，則雖處危地而無咎。」

伊尹曰：「先王昧爽丕顯，坐以待旦。」商書太甲。下同〔一〕。○伊尹告太甲之辭。

蔡氏曰：「昧，晦。爽，明也。昧爽云者，欲明未明之時也。丕，大也。顯，亦明也。先王先王，湯也。於昧爽之時，洗濯澡雪，大明其德，坐以待旦而行之也。」

「今嗣王新服厥命，惟新厥德。終始惟一，時乃日新。」〔二〕

蔡氏曰：「新德之要，在於有常而已。終始有常而無閒斷，是乃所以日新也。」○程子曰：「君子之學必『日新』。日新者日進也，不日新者必日退，未有不進而不退者。惟聖人之道無所進退，以其所造者極也。」永嘉鄭氏曰：「覽鏡而面目有污，則必滌之；振衣而領袖有垢，則必濯之；居室而几案窓壁有塵，則必拂之。不如是，不能安焉。至於方寸之中、神明之舍污穢垢塵日積焉，而不知滌濯振拂之。察小而遺大，察外而遺内，其爲不能充其類，不亦甚乎？」

子曰：「君子無終食之間違仁，造次必於是，顛沛必於是。」論語。

朱子曰：「終食者，一飯之頃。造次，急遽苟且之時。顛沛，傾覆流離之際。蓋君子之不去乎仁如此，無時無處而不仁也。」○又曰：「仁道至大，非全體而不息者，不足以當之。」陳氏曰：「全體云者，非指仁之全體而言，乃所以全體之也。」蔡氏曰：「全體，是天理渾然，無一毫之雜；不息，是天理流行，無一息之間。」○程子曰：「知之必好之，好之必求之，求之必得之。古人此箇學是終身事。果能顛沛造次必於是，豈有不得道理？」○葉氏曰：「不求速成，不容半塗而廢。勉焉孳孳，死而後已可也。」○孟子曰：「五穀者，種之美者也；苟爲不熟，不如荑稗。夫仁亦在乎熟之而已矣。」尹氏曰：「日新而不已則熟。」

言有教，動有法。晝有爲，宵有得。息有養，瞬有存。張子正蒙。

葉氏曰：「非先王之法言不敢言，言有教也；非先王之德行不敢行，動有法也。終日乾乾，晝有爲也；夜氣所養，宵有得也。氣之出入爲息，一息而必有所養也。目之開闔爲瞬，一瞬而必有所存也。此言君子無往無時而非學也。」

右正言敦篤之功。

○子曰：「苗而不秀者有矣夫！秀而不實者有矣夫！」論語。下同。

朱子曰：「穀之始生曰苗，吐華曰秀，成穀曰實。蓋學而不至於成，有如此者，是以君子貴自勉也。」○南軒張氏曰：「養苗者不失其耘耔，無逆其生理，雨露之滋，日夜之養，有始有卒，而後可以臻厥成。或舍而弗耘，或揠而助長，以至於一暴十寒，則苗而不秀，秀而不實矣。學何以異於是？有質而不學，『苗而不秀者』也；學而不能有諸己，『秀而不實者』也。」

宰予晝寢。子曰：「朽木不可雕也，糞土之墻不可杇也，於予與何誅？」

朱子曰：「晝寢，謂當晝而寐。杇，鏝也。言其志氣昏惰，教無所施也。與，語辭。誅，責也。言不足責，乃所以深責之。」○胡氏曰：「宰予不能以志帥氣，居然而倦，是宴安之氣勝，儆戒之志惰也。古之聖賢未嘗不以懈惰荒寧爲懼，勤厲不息自强，此孔子所以深責宰予也。」

右反言怠惰之病。

臣按：君子之學，誠篤而已。任重道遠，不進則退，若非誠篤，何能有成？孔子曰「先難後獲」，功至則效必臻，何可預期乎？今人患在先獲，惟其預期而功不至，故行之未幾，厭倦之心生焉。此學者之通病也。行遠者非一步而可到，必自邇而漸往；升高者非一超而可詣，必自卑而漸登。苟能不失其路，而勉勉循循，日有功程，有進無退，則無遠不屆，無高不及矣。人情各有所樂，其不能以學爲樂者，必有所蔽故也。知其所蔽，而用力以祛之：蔽於聲色者務放聲而遠色，蔽於貨利者務賤貨而貴德，蔽於偏私者務捨己而從人。凡有所蔽，莫不務絶其根本，實用其功，不計難易。勇趨力進，喫緊辛苦，斷然不退。用功之狀，初甚險塞而後漸條暢，初甚棼亂而後漸整理，初甚艱澀而後漸通利，初甚澹泊而後漸有味。必使情之所發，以學爲樂，則舉天下之物無以加於此學矣，何暇有慕於外而怠緩於此乎？此顔子所以「欲罷不能」也。願留睿念焉。

修己功效章第十三

臣按：用功之至，必有效驗，故次之以功效，以盡知行兼備、表裏如一、入乎聖域之狀。

易曰：「惟君子爲能通天下之志。」同人卦彖辭。

程子曰：「天下之志萬殊，理則一也。君子明理，故能通天下之志。聖人視億兆之心猶一心者，通於理而已。」

知止而后有定，定而后能靜，靜而后能安，安而后能慮，慮而后能得。大學。

朱子曰：「止者，所當止之地，即至善之所在也。知之，則志有定向。是非明白，必向善而背惡。靜，謂心不妄動。是非既定，不爲他歧所動，心常寧靜也。安，謂所處而安。正我權度，有以應事，隨時隨處，無不泰然。慮，謂處事精詳。事物到來，更須研幾審處。得，謂得其所止。行之而得止於至善。」○又曰：「『定』、『靜』、『安』三字雖分節次，相去不遠，但有淺深：其實『知止』後皆容易進，『安而后能慮，慮而后能得』，此最是難進處，多是至『安』處住了。」○雙峯饒氏曰：「譬之秤：『知止』是識得秤上星兩，『慮』是將來秤物時又仔細看，『能得』是方秤得輕重的當。『定』、『靜』、『安』在事未至之前，『慮』是事方至之際，四者乃『知止』所以至『能得』之脈絡。」

右言由知而達於行之效。

○**孟子曰：「反身而誠，樂莫大焉。」**孟子。

朱子曰：「如君臣之義、父子之親，這道理本備於吾身。」「誠是實有此理。檢點自家身上果無欠缺，事君真箇忠，事父真箇孝。」「莫不各盡其當然，而無一毫之不盡，則仰不愧天，俯不怍人，自然是快活。然反之於身有些子不實，則中心愧怍，不能以自安，如何會樂？」○又曰：「反諸身，而所備之理皆如惡惡臭、好好色之實，然則其行之不待勉强而無不利矣，其爲樂孰大於是？」

子曰：「參乎！吾道一以貫之。」曾子曰：「唯。」論語。

朱子曰：「參乎者，呼曾子之名而告之。貫，通也。唯者，應之速而無疑者也。聖人之心渾然一理，而泛應曲當，用各不同，譬則天地之至誠無息，而萬物各得其所也。曾子於其用處，蓋已隨事精察而力行之，但未知其體之一爾。夫子知其真積力久，將有所得，是以呼而告之，曾子果能默契其指，即應之速而無疑也。」○又曰：「一是一心，貫是萬事。」「只此一心之理，盡貫衆理。」○又曰：「貫如散錢，一如索子。曾子盡數得許多散錢，只無一索子，夫子便把這索子與之。今若没一錢，只用一條索子，亦將何以貫？」「今不愁不理會得一，只愁不理會得貫。理會貫未得便言一，天資高者流爲佛老，低底只成一箇鶻突物事。」○延平先生曰：「學者須常令胸中通透灑落。」朱子曰：「此説甚善。大抵此箇地位乃是見識分明、涵養純熟之效，從真實積累功用中來，不是一旦牽强著力做得。」

右言由行而達於知之效。○臣按：知行雖分先後，其實一時竝進，故或由知而達於行，或由行而達於知。

○君子内省不疚，無惡於志。君子之所不可及者，其惟人之所不見乎？中庸。

朱子曰：「疚，病也。無惡於志，猶言無愧於心。」○西山真氏曰：「人心至靈，毫髮之微，少有自欺，必有不能慊於中者，此所謂疚也，此所謂惡也。惟夫處幽如顯，視獨如衆，反之於己，無所疚惡焉。此君子之所以大過人而人之所不能及也。」

富潤屋，德潤身，心廣體胖，故君子必誠其意。大學。

朱子曰：「胖，安舒也。心無愧怍，則廣大寬平，而體常舒泰，德之潤身者然也。蓋善之實於中而形於外者如此。」○程子曰：「不愧屋漏，則心安而體舒。」

孟子曰：「仁義禮智根於心。其生色也，睟然見於面，盎於背，施於四體，四體不言而喻。」孟子。

朱子曰：「生，發見也。睟然，清和潤澤之貌。盎，豐厚盈溢之意。施於四體，謂見於動作威儀之閒也。喻，曉也。四體不言而喻，言四體不待吾言，而自能曉吾意也。蓋無物欲之累，則性之四德根本於心，其積之盛，則發而著見於外者，不待言而無不順也。」

樂也者，動於内者也；禮也者，動於外者也。樂極和，禮極順，内和而外順，則民瞻其顔色而弗與爭也，望其容貌而民不生易慢焉。故德輝動於内，而民莫不承聽；理發諸外，

而民莫不承順。故曰：致禮樂之道，舉而錯之天下，無難矣。禮記。

陳氏曰：「動於内則能治心矣，動於外則能治躬矣，極和極順則無斯須之不和不順矣。所以感人動物，其效如此。」

右言由裏達表之效。

○**孟子曰：「可欲之謂善，」**孟子。下同。

朱子曰：「天下之理，其善者必可欲，其惡者必可惡。」「其爲人也，處心造事，行己接物，一皆可欲而不可惡，則可謂之善人矣。」

「有諸己之謂信，」

朱子曰：「凡所謂善，皆實有之，如惡惡臭，如好好色，是則可謂信人矣。」「善人者，或其天資之美〔三〕，或其知及之而勉慕焉，未必其真以爲然，而果能不失也。必其用力之久，真實有此善於己，而無一毫虚僞意，然後可以謂之信人矣。」

「充實之謂美，」

朱子曰：「既信之，則其行必力，其守必固，如是而不已焉，則其所有之善充足飽滿於其身，雖其隱微曲折之閒，亦皆清和純懿而無不善之雜，是則所謂美人也。」

「充實而有光輝之謂大，」

朱子曰：「和順積中，而英華發外；美在其中，而暢於四肢，發於事業，則德業至盛而不可加矣。」〇又曰：「美能充於内而已，未必其能發見於外也。又如是而不已焉，則其善之充於内者，彌滿洋溢而不可禦；其在躬也，則睟面盎背而施於四體；其在事也，則德盛仁熟而天下文明：是則所謂大人者也。」

「大而化之之謂聖，聖而不可知之之謂神。」

朱子曰：「大而能化，使其大者泯然無復可見之迹，則不思不勉，從容中道，而非人力之所能爲矣。」〇又曰：「大而不化，則其大者未能離乎方體形迹之間。必其德之盛者日益盛，仁之熟者日益熟，則向之所謂大者方且春融凍解，混然無迹，而與天地合德，日月合明，四時合序，鬼神合吉凶矣，是則所謂聖人者也。」〇程子曰：「『大而化之』，只是理與己一。其未化者，如人操尺度量物；至於化，則己便是尺度。」〇張子曰：「大可爲也，化不可爲也，在熟之而已矣。」〇朱子曰：「至於聖，則造道入德之功至矣盡矣，不可以有加矣。是其盛德至善之極，無聲無臭之妙，必有非耳目所能盡[四]、心思所能測者，是則所謂神者，而非聖人之上復有神人也。夫自可欲而至於大，則思勉之所及也，至於聖且神焉，則非思勉之所及矣。然非思勉之而不已焉，則亦未有至焉者也。」

右合知行表裏而言，由淺至深，極之於聖神。

○子絶四：毋意，毋必，毋固，毋我。論語。下同。

朱子曰：「絶，無之盡者。毋，史記作『無』是也。意，私意也。必，期必也。固，執滯也。我，私己也。四者相爲終始，起於意，遂於必，留於固，而成於我也。蓋意必常在事前，固我常在事後。」○程子曰：「此毋字，非禁止之辭。聖人絶此四者，何用禁止？」「聖人之心。與天爲一。」○又曰：「聖人之心，明鏡止水。」○張子曰：「四者有一焉，則與天地不相似。」此一節言聖人之心。

子溫而厲，威而不猛，恭而安。

朱子曰：「厲，嚴肅也。人之德性本無不備，而氣質所賦，鮮有不偏，惟聖人全體渾然，陰陽合德，故其中和之氣見於容貌之閒者如此。」此一節言聖人之容。

君子動而世爲天下道，行而世爲天下法，言而世爲天下則。遠之則有望，近之則不厭。中庸。下同。

朱子曰：「動，兼言行而言。道，兼法則而言。法，法度也。則，準則也。」○陳氏曰：「遠者悦其德之被，故有企慕之意；近者習其行之常，故無厭斁之意。」此一節言聖人之言行。

惟天下至誠，爲能盡其性；能盡其性，則能盡人之性；能盡人之性，則能盡物之性；能盡物之性，則可以贊天地之化育；可以贊天地之化育，則可以與天地參矣。

朱子曰：「天下至誠，謂聖人之德之實，天下莫能加也。盡其性者德無不實，故無人欲之私，而天命之在我者，察之由之，巨細精粗，無毫髮之不盡也。人物之性，亦我之性，但以所賦形氣不同而有異耳。能盡之者，謂知之無不明而處之無不當也。贊，猶助也。與天地參，謂與天地竝立而爲三也。」此一節言聖人之德業。

右承上聖神之説而極論聖人之道。

臣按：聖人之德與天爲一，神妙不測，雖似不可企及，誠能積累工夫，則未有不至者也。人患不爲，不患不能。若堯舜周孔，則生知安行，固無漸進之功；自湯武以下，莫不學知利行，已有反之之功；下於此者，雖困知勉行，及其成功則一也。人見明道，樂其渾然天成，而不知從事於煞用工夫；見晦菴，樂其海闊天高，而不知從事於銖累寸積。故不能遵其路，躡其步，歷其藩籬，入其閫奥，而徒取前訓，以資口耳。此所以規矩在目前，而善學者不世出也。夫子曰：「聖人，吾不得而見之矣；得見君子者，斯可矣。」夫聖人，天資之美，固有非常人所可企及者矣；若君子，則不論天資之美惡，皆可學而及之矣。亦不可得見者，何哉？君子而進進不已，則豈不至於聖域乎？始自可欲之善，終至於參天地、贊化育者，只在積知累行，以熟其仁而已。聖賢指示大道，明白平坦，而人鮮克由之，可勝歎哉！嗟乎！匹夫之爲學，尚以參天地、贊化育爲準的，況於帝王乎？古之帝王不必生而自善也，如太甲顛覆典刑而至於克終允德，成王不察流言而至於畢協賞罰。後之帝王皆知以二王之初爲可戒，而考其所行皆不及於二王者，何哉？不能遜志勉學之故也。大抵帝王之質必與庸人不同，加之以聚精多而用物弘，故雖亡國之君才器多有過人者。惟其用才於不當用，反爲才所累，而崇高自尊，不畏拂士，宴安自娛，不思倚伏，頹墮自畫，不能振起，日卑月污，小則身危國削，大則身死國亡，豈不大可懼哉？嗚呼！萬善備於性而不假外求，積功由於己而不資他力，濟世仁民亦在於我而莫之敢禦。如是而不事乎學，以臻昭曠，乃事乎欲，以究污下，噫，亦不思之甚也！伏願殿下反求乎己心，企慕乎先聖，上念皇天祖宗付畀之責，下從臣鄰衆庶顒若之望，篤信聖學，誠實下手，循序而進，罔晝夜孜孜，必臻高明博厚之境，以盡修己之功，使斯世得見堯舜之君，使斯民得被堯舜之澤，萬世幸甚！

校勘記

〔一〕下同　此二字疑誤。

〔二〕今嗣王新服厥命惟新厥德終始惟一時乃日新　此句後疑當注「商書咸有一德」。

〔三〕或其天資之美　「資」，孟子或問卷十四作「質」。

〔四〕必有非耳目所能盡　「盡」，孟子或問卷十四作「制」。

栗谷先生全書卷二十三

聖學輯要五

正家第三凡八章

臣按：孟子曰：「身不行道，不行於妻子；使人不以道，不能行於妻子。」朱子曰：「『身不行道』，以行言之，『不行』者，道不行也；『使人不以道』，以事言之，『不能行』者，令不行也。」蓋修己，然後可以正家，故正家次於修己。此以下治人之道也。

摠論正家章第一

臣按：正家煞有節目，今以論其大概者著于首。

治天下有本，身之謂也；治天下有則，家之謂也。本必端，端本，誠心而已矣；則必善，善則，和親而已矣。周子通書。

朱子曰：「則謂物之可視以爲法者，猶俗言則例、則様是也。心不誠則身不可正，親不和則家不可齊。」

其家不可教而能教人者，無之。故君子不出家而成教於國：孝者，所以事君也；弟者，所以事長也；慈者，所以使衆也。大學。

朱子曰：「孝、弟、慈，所以修身而教於家者也；然而國之所以事君、事長、使衆之道不外乎此。此所以家齊於上，而教成於下也。」

易曰：「父父、子子、兄兄、弟弟、夫夫、婦婦而家道正，正家而天下定矣。」家人卦彖辭。

程子曰：「父子、兄弟、夫婦各得其道，則家道正矣。推一家之道，可以及天下。」「自古聖王未有不以恭己正家爲本。故有家之道既至，則不憂勞而天下治矣。」

正倫理，篤恩義，家人之道也。程子易傳。

葉氏曰：「正倫理則尊卑之分明，篤恩義則上下之情合。二者竝行，而後處家之道篤矣。然必以正倫理爲先，未有倫理不正而恩義可篤者也。」○朱子曰：「人主之家齊，則天下無不治；人主之家不齊，則未有能治其天下者也。是以聖賢之君能修其政者，莫不本於齊家。蓋男正位乎外，女正位乎內，而夫婦之別嚴者，家之齊也；妻齊體於上，妾接承於下，而嫡庶之分定者，家之齊也；采有德，戒聲色，近嚴敬，遠技能者，家之齊也；內言不出，外言不入，苞苴不達，請謁不行者，家之齊也。然閨門之內，恩常掩義，是以雖以英雄之才，尚有困於酒色、溺於情愛而不能自克者。苟非正心修身，動由禮義，使之有以服吾之德而畏吾之威，則亦何以正其宮壼，杜其請託，檢其姻戚，而防禍亂之萌哉？」

臣按：正家之道，不出於正倫理、篤恩義二者，下文推此而爲說。

孝敬章第二

臣按：孝爲百行之首，故正家之道以孝敬爲先。

子曰：「身體髮膚，受之父母，不敢毀傷，孝之始也。立身行道，揚名於後世，以顯父母，孝之終也。夫孝，始於事親，中於事君，終於立身。」孝經。下同。

吳氏曰：「人子之身，父母之所遺，自愛而不敢虧，所以爲孝之始也。能立身行道，則己之名揚於後世，而父母之名亦顯矣，所以爲孝之終也。」

「愛親者，不敢惡於人；敬親者，不敢慢於人。愛敬盡於事親，而德教加於百姓，刑于四海。此天子之孝也。」

真氏曰：「孝者，不出乎愛敬而已。推愛親之心以愛人，而無所疾惡，推敬親之心以敬人，而無所慢易，則躬行於上而德教自刑於下，天下之人無不皆愛敬其親矣。」

「在上不驕，高而不危，制節謹度，滿而不溢，然後能保其社稷而和其民人。此諸侯之孝也。」

陳氏曰：「制節，自制禮節也。謹度，謹守法度也。」

「非先王之法服不敢服，非先王之法言不敢道，非先王之德行不敢行，然後能保其宗廟。此卿、大夫之孝也。」

陳氏曰：「法，法度也。道，言也。宗，言人宗於此而祭祀也。卿、大夫有廟，故言保宗廟。」

「以孝事君則忠，以敬事長則順。忠順不失，以事其上，然後能守其祭祀。此士之孝也。」

陳氏曰：「移事親之孝以事君，則忠矣。移事親之敬以事長，則順矣。上，即君長也。士有田禄，以奉祭祀，故言守祭祀。」

「用天之道，因地之利，謹身節用，以養父母。此庶人之孝也。」

吴氏曰：「用天之道，謂順天之生長收藏，而耕耘斂穫各依其時也。因地之利，謂因地之沃衍皐隰，而稻粱黍稷各隨其宜也。謹身，謂守身而不妄爲。節用，謂儉用而不妄費。人能如此，則身安力足，有以奉養其父母矣。」

「故自天子至於庶人，孝無終始，而患不及者未之有也。」

陳氏曰：「事親而不能有終有始，災及其身必矣。」

「孝子之事親，居則致其敬，養則致其樂，病則致其憂，喪則致其哀，祭則致其嚴。五者備矣，然後能事親。」

陳氏曰：「致，極也。樂，謂愉色婉容。人子事親之心，自始至終無一毫之不盡，可謂孝矣。」

孟懿子問孝。子曰：「無違。」論語。下同。

朱子曰：「無違，謂不背於理。」

樊遲御，子告之曰：「孟孫問孝於我，我對曰『無違』。」

朱子曰：「夫子以懿子未達而不能問，恐其失指，而以從親之令爲孝，故語樊遲以發之。」

樊遲曰：「何謂也？」子曰：「生，事之以禮；死，葬之以禮，祭之以禮。」

朱子曰：「生事葬祭，事親之始終具矣。禮，即理之節文也。人之事親，自始至終一於禮而不苟，其尊親也至矣。」○胡氏曰：「人之欲孝其親，心雖無窮，而分則有限。得爲而不爲，謂苟簡儉陋者。與不得爲而爲之，謂奢僭者。均於不孝。所謂以禮者，爲其所得爲者而已矣。」

右摠論事親之道。

○凡爲人子之禮，冬温而夏凊，昏定而晨省，出必告，反必面，所游必有常，所習必有業，恒言不稱老。禮記。下同。

陳氏曰：「温以禦其寒，凊以致其涼。定其衽席，省其安否。出則告違，反則告歸。游有常，身不他往也。習有業，心不他用也。」

曾子曰：「孝子之養老也，樂其心，不違其志，樂其耳目，安其寢處，以其飲食忠養之。」

方氏曰：「養之以物，止足以養其口體。養之以忠，則足以養其志矣。」

「是故父母之所愛亦愛之，所敬亦敬之。至於犬馬盡然，而況於人乎？」曾子語止此。

吴氏曰：「孝子愛敬之心無所不至，故父母之所愛敬亦愛敬之也。」

孝子之有深愛者必有和氣，有和氣者必有愉色，有愉色者必有婉容。孝子如執玉，如奉盈，洞洞屬屬然，如弗勝，如將失之。嚴威、儼恪，非所以事親也。

陳氏曰：「洞洞，敬之表裏無間也。屬屬，誠實無僞也。勝，當也。」○陳氏曰：「和氣、愉色、婉容，皆愛心之所發。如執玉，如奉盈，如弗勝，如將失之，皆敬心之所存。愛敬兼至，乃孝子之道。」

聽於無聲，視於無形。

陳氏曰：「『先意承志』也。」○孔氏曰：「常於心想像，似見形聞聲，謂父母將有教使己然。」

父母有疾，冠者不櫛，行不翔，言不惰，琴瑟不御，食肉不至變味，飲酒不至變貌，笑不至矧，怒不至詈。疾止復故。

陳氏曰：「此言養父母疾之禮。不櫛，不爲飾也。不翔，不爲容也。不惰，不及他事也。食肉不至厭飫而口味變，飲酒不至醺酣而顔色變耳。齒本曰矧，笑而見矧，是大笑也。怒罵曰詈，怒而至詈，是甚怒也。皆爲忘憂，故戒之。」

子曰：「事父母幾諫。見志不從，又敬不違，勞而不怨。」論語。

朱子曰：「此章與内則之言相表裏。幾，微也。微諫，所謂『父母有過，下氣怡色，柔聲以諫』也。「所謂」以下皆内則文，下倣此。見志不從，志謂父母之志。又敬不違，所謂『諫若不入，起敬起孝，悦則復諫』也。勞而不怨，所謂『與其得罪於鄉、黨、州、閭，寧孰與孰同。諫。父母怒不悦，而撻之流血，不敢疾怨，起敬起孝』也。」

公明儀問於曾子曰：「夫子可以爲孝乎？」曾子曰：「是何言與！是何言與！君子之所謂孝者，先意承志，諭父母於道。參直養者也，安能爲孝乎？」禮記。下同。

真氏曰：「諭者，開説曉譬之謂。爲人子者平時能以理開曉其親，置之無過之地，猶臣之事君，格其非心而引之當道也，其視有過而後諫者功相百矣。故君子猶難之。」

臣按：人子之孝，有精有粗。温凊定省，孝之粗也。忠養愛敬，孝之精也。至於愉色婉容，聽於無聲，視於無形，則精而又精矣。然此則道其平時奉養而已。若遇疾病，則當致其憂。若遇過惡，則當熟其諫。至於先意承志，諭父母於道，然後乃爲孝之至也。由粗入精，其序如此。精粗固有難易，但能極其粗，然後能致其精，不可以其易而忽之，亦不可以其難而自沮。下引文、武、虞舜之事，以著實迹。願留孝思焉。

文王之爲世子，朝於王季日三。雞初鳴而衣服，至於寢門外，問内豎之御者曰：「今日安否？何如？」内豎曰：「安。」文王乃喜。及日中又至，亦如之。及莫暮又至，亦如之。

陳氏曰：「内豎，内庭之小臣。御，是直日者。世子朝父母惟朝夕二禮，今文王日三，過人之行也。」

其有不安節，則内豎以告文王，文王色憂，行不能正履。王季復膳，然後亦復初。食上，必在視寒煖之節。食下，問所膳，命膳宰曰：「末有原。」應曰：「諾。」然後退。

陳氏曰：「在，察也。問所膳，問所食之多寡也。末，猶勿也，原，再也，謂所食之餘不可再進也。」

武王帥而行之，不敢有加焉。文王有疾，武王不説脱冠帶而養。文王一飯，亦一飯；文王再飯，亦再飯。

莊氏曰：「天下之理極其至，則不可以復加。文王之事親，豈一毫之不至哉？人之飲食，或疏或數，時其飢飽。今以親疾，志不在於飲食，一飯再飯惟親之視，不敢如平時私適其欲。」

虞舜，父頑，母嚚，象傲，克諧。以孝烝烝，乂不格姦。虞書堯典。

蔡氏曰：「舜父號瞽叟，心不則德義之經爲頑。母，舜後母也，口不道忠信之言爲嚚。象，舜異母弟名。傲，驕慢也。諧，和。烝，進也。言舜不幸遭此而能和以孝，使之進進以善自治，而不至於大爲姦惡也。」

孟子曰：「舜盡事親之道而瞽瞍厎豫，瞽瞍厎豫而天下化，瞽瞍厎豫而天下之爲父子者定，此之謂大孝。」孟子。

朱子曰：「厎，致也。豫，悦樂也。瞽瞍至頑，嘗欲殺舜，至是而厎豫焉。書所謂『不格姦』、『亦允若』是也。允若，信而順之也。蓋舜至此而有以順乎親矣。是以天下之爲子者，知天下無不可事之親，顧吾所以事之者未若舜耳。於是莫不勉而爲孝，至於其親亦厎豫焉，則天下之爲父者亦莫不慈，所謂化也。子孝父慈，各止其所而無不安其位之意，所謂定也。爲法於天下，可傳於後世，非止一身一家之孝而已，此所以爲大孝也。」○李氏曰：「舜之所以能使瞽瞍厎豫者，盡事親之道，共恭爲子職，不見父母之非而已。昔羅仲素語此云：『只爲天下無不是底父母。』了翁聞而善之曰：『唯如此而後天下之爲父子者定。彼臣弒其君、子弒其父者，常始於見其有不是處耳。』」

臣按：文、武處其常，虞舜處其變。處常易，處變難。處變而盡其道，然後尤見其大孝，故以虞舜之事終之。

右言生事之道。

○子曰：「子生三年，然後免於父母之懷。夫三年之喪，天下之通喪也。」論語。

朱子曰："懷，抱也。"

孟子曰："三年之喪，齊疏之服，飦饘**粥之食，自天子達於庶人。"**孟子。

朱子曰："齊，衣下縫也。不緝曰斬衰，緝之曰齊衰。疏，麤也，麤布也。飦，糜也。喪禮：三日始食粥，既葬乃疏食。此古今貴賤通行之禮也。"○禮記曰："創鉅者其日久，痛甚者其愈遲。三年者，稱情而立文也。哀痛未盡，思慕未忘，然而服以是斷之者，豈不送死有已、復生有節也哉？凡生天地之間者，有血氣之屬必有知，有知之屬莫不知愛其類。今是大鳥獸失喪其羣匹，越月踰時焉，則必反巡，過其故鄉，翔回焉，鳴號焉，蹢躅焉，踟躕焉，然後乃能去之。小者至於燕雀，猶有啁噍之頃焉，然後乃能去之。故有血氣之屬者莫知於人，故人於其親也，至死不窮。邪淫之人則彼朝死而夕忘之，然而從之，則是曾鳥獸之不若也，夫焉能相與羣居而不亂乎？修飾之君子則三年之喪，二十五月而畢，若駟之過隙，然而遂之，則是無窮也。故先王爲之立中制節，一使足以成文理，則釋之矣。"

子思曰："喪三日而殯，凡附於身者，必誠必信，勿之有悔焉耳矣。三月而葬，凡附於棺者，必誠必信，勿之有悔焉耳矣。"禮記。下同。○子思語止此。

陳氏曰："附於身者，襲斂衣衾之具。附於棺者，明器用器之屬也。"○金華應氏曰：「附於棺者，若卜其宅兆、丘封壤樹之事，不獨明器之屬也。」

臣按：天子七日而殯，七月而葬。諸侯五日而殯，五月而葬。此則言大夫之禮，天子、諸侯之禮推此可知。

程子曰：「卜其宅兆，卜其地之美惡也。地美則神靈安，其子孫盛。然則曷謂地之美者？土色之光潤，草木之茂盛，乃其驗也。而拘忌者惑以擇地之方位，決日之吉凶，甚者不以奉先爲計，而專以利後爲慮，尤非孝子安措之用心也。惟五患者不得不慎：須使異日不爲道路，不爲城郭，不爲溝池，不爲貴勢所奪，不爲耕犂所及。」

臣按：地之爲美，惟在藏風向陽、土厚水深而已，不係於方位水破之説。今之卜兆者偏信相地之書，有廣搜未定、久不葬親者，惑之甚矣。至如國家玄宮，必卜新域，曆數綿遠，畿甸將盡爲山林鳥獸之窟，殊非可繼之道。中朝列聖衣冠之藏，卜于一山，傳之無窮，此可爲法。

始死，充充如有窮。既殯，瞿瞿如有求而弗得。既葬，皇皇如有望而弗至。練而慨然，祥而廓然。

疏曰：「事盡理屈爲窮。親始死，孝子匍匐而哭之，心形充屈，如急行道極，無所復去，窮急之容也。瞿瞿，眼目速瞻之貌，如有所失而求覓之不得然也。皇皇，猶棲棲也。親歸草土，孝子心無所依託，如有望彼來而彼不至也。至小祥，但慨嘆日月若馳之速也。至大祥，則情意寥廓，不樂而已。」

子路曰：「吾聞諸夫子：喪禮，與其哀不足而禮有餘也，不若禮不足而哀有餘也；祭禮，與其敬不足而禮有餘也，不若禮不足而敬有餘也。」

陳氏曰：「有其禮而無其財，則禮或有所不足，哀、敬則可自盡也。」

右言死葬之道。

○祭不欲數，數則煩，煩則不敬。祭不欲疏，疏則怠，怠則忘。是故君子合諸天道，春禘當作禴。**秋嘗。霜露既降，君子履之，必有悽愴之心，非其寒之謂也。春雨露既濡，君子履之，必有怵惕之心，如將見之。**禮記。下同。

輔氏曰：「君子於親，終身不忘。故氣序遷改，目有所見，則心有所感焉。」

致齊於內，散齊於外。齊之日，思其居處，思其笑語，思其志意，思其所樂，思其所嗜。齊三日，乃見其所爲齊者。

陳氏曰：「致齊於內，若心不苟慮之類；散齊於外，若不飲酒、不茹葷之類。」○疏曰：「先思其粗，漸思其精，故居處在前，樂嗜居後。」○陳氏曰：「五『其』字及下文所爲皆指親而言。」○毗陵慕容氏曰：「心之官曰思，思有所至，則無所不達。夫不二其心，而致一於其所祭。故無形之中，視有所見，無聲之中，聽有所聞，皆其思之所能達。親之居處、笑語、志意、樂嗜往而不反，非有實也，夫豈形體之所能交哉？思之所至，足以通之矣。『齊三日，乃見其所爲齊者』，言思之至則如見其存。微之顯，誠之不可揜也如此。」

祭之日，入室僾然，必有見乎其位；周還旋出户肅然，必有聞乎其容聲；出户而聽愾然，必有聞乎其歎息之聲。

陳氏曰：「入室，入廟室也。僾然，髣髴之貌。肅然，儆惕之貌。容聲，舉動容止之聲也。」

是故先王之孝也，色不忘乎目，聲不絶乎耳，心志嗜欲不忘乎心。致愛則存，致愨則著，著存不忘乎心，夫安得不敬乎？

嚴陵方氏曰：「色不忘乎目，常若承顔之際也；聲不絶乎耳，常若聽命之際也。」○陳氏曰：「致愨，極其誠也。存，以上文三者不忘而言。著，以上文見乎其位以下三者而言。」

詩曰：「念兹皇祖，陟降庭止。維予小子，夙夜敬止。」周頌閔予小子之篇。

朱子曰：「皇祖，文王也。此是成王時詩。言武王之孝，思念文王，常若見其陟降於庭。猶所謂見堯於墻、見堯於羹也。」

又曰：「湯孫奏假格**，綏我思成。」**商頌那之篇。

朱子曰：「綏，安也。思成，鄭氏曰：『安我以所思而成之人，謂神明來格也。』蓋齊而思之，祭而如有見聞，則成此人矣。」

右言祭之之道。

臣按：祭先以誠敬爲主，不以煩數爲禮。故周制宗廟止於月祭，一月一祭。傅說以黷祭弗欽戒高宗。後世設原廟已乖禮意，而享祀之煩，至於日祭，有司疲倦，誠敬俱乏，可謂禮煩而亂矣。必有聖王深達孝道，力復古禮，然後祀典可正矣。

○子曰：「父母唯其疾之憂。」論語。

朱子曰：「父母愛子之心無所不至，唯恐其有疾病，常以爲憂也。人子體此，而以父母之心爲心，則凡所以守其身者，自不容於不謹矣，豈不可以爲孝乎？」

「事親者，居上不驕，爲下不亂，在醜不爭。居上而驕則亡，爲下而亂則刑，在醜而爭則兵。三者不除，雖日用三牲之養，猶爲不孝也。」孝經。

陳氏曰：「醜，同類。兵，謂以兵刃相加。三牲，牛、羊、豕也。三者不除，災將及親，其爲不孝大矣，口體之奉豈足贖哉？」

曾子曰：「身也者，父母之遺體也，行父母之遺體敢不敬乎？居處不莊，非孝也；事君不忠，非孝也；涖官不敬，非孝也；朋友不信，非孝也；戰陳無勇，非孝也。五者不遂，災及於親，敢不敬乎？」禮記。下同。

吳氏曰：「行，猶奉也。或疑奉遺體而曰戰陳無勇，何哉？蓋殺身成仁，而孝在其中矣。」

「樹木以時伐焉，禽獸以時殺焉。夫子曰：『斷一樹，殺一獸，不以其時，非孝也。』」

孟子曰：「君子親親而仁民，仁民而愛物。」

曾子有疾，召門弟子曰：「啓予足！啓予手。！詩云：『戰戰兢兢，如臨深淵，如履薄冰。』而今而後，吾知免夫！小子！」論語。

朱子曰：「啓，開也。曾子平日以爲身體受於父母，不敢毀傷，故於此使弟子開其衾而視之，以其所保之全示門人，而言其所以保之之難；至於將死，而後知其得免於毀傷也。」○范氏曰：「身體猶不可虧也，況虧其行以辱其親乎？」○樂正子春曰：「『天之所生，地之所養，惟人爲大。父母全而生之，子全而歸之，可謂孝矣。不虧其體，不辱其身，可謂全矣。故君子頃跬步而弗敢忘孝也。』一舉足而不敢忘父母，是故道而不徑，舟而不游，不敢以先父母之遺體行殆。一出言而不敢忘父母，是故惡言不出於口，忿言不反於身，不辱其身，不羞其親，可謂孝矣。」

右言以孝守身。

○**伊尹曰：「立愛惟親，立敬惟長。始于家邦，終于四海。」**商書伊訓。○伊尹訓太甲之辭。

蔡氏曰：「立，植也。立愛敬於此，而形愛敬於彼。親吾親以及人之親，長吾長以及人之長，始于家，達于國，終而措之天下矣。」○孔子曰：「立愛自親始，教民睦也；立敬自長始，教民順也。教以慈睦，而民貴有親；教以敬長，而民貴用命。孝以事親，順以聽命，錯措諸天下，無所不行。」

曾子曰：「慎終追遠，民德歸厚矣。」論語。

朱子曰：「慎終者，喪盡其禮；追遠者，祭盡其誠。終者，人之所易忽也而能慎之；遠者，人之所易忘也而能追之：厚之道也。故以此自爲，則己之德厚，下民化之，則其德亦歸於厚也。」

子曰：「治國者不敢侮於鰥寡，而況於士民乎？故得百姓之懽心，以事其先君。治家者不敢失於臣妾，而況於妻子乎？故得人之懽心，以事其親。夫然，故生則親安之，祭則鬼享之，災害不生，禍亂不作。」孝經。下同。

真氏曰：「人和，則天地之和亦應。其始推愛親之心以及人，其終享愛人之福以及親，所謂以孝治天下者也。後世人君，蓋有暴虐其民、結怨稔禍至於危其親以及宗廟者，然後知聖人之言真百世之蓍龜也。」

「昔者明王事父孝，故事天明；事母孝，故事地察；長幼順，故上下治。天地明察，神明彰矣。宗廟致敬，不忘親也。修身慎行，恐辱先也。宗廟致敬，鬼神著矣。孝弟之至，通於神明，光于四海，無所不通。」

真氏曰：「天地者，人之父母。故事父孝，則事天之理明；事母孝，則事地之理察。明察云者，謂昭然顯著，洞悟於心也。事父母、事天地豈有二道乎？故孟子曰：『存其心，養其性，所以事天也。』孝弟一心，孝既至，則弟亦至矣。天人一理，通乎神明，則亦光乎四海矣。此推言孝弟之極功，爲人君者所當深體也。」

右言以孝推於天下。

臣按：人子之身，父母生之，血肉性命，皆親所遺，生成之恩，昊天罔極。是故孩提之童莫不知愛其親，天性然也。惟其物欲交蔽，失其本心，故父母遺體認爲己有，父子之間便分物我，罔念生育之劬勞，只怨一時之少恩。故孝愛之根不植，自私之萌易長，多有先己而後親者。殊不知此身生於父母，非父母則無此身矣，身非己有，乃父母之所有也。遺之以物，人亦知感，況遺之以身者乎？竭力盡命，未足酬恩。爲人子者能知此理，則於愛敬之道思過半矣。世人之所謂孝者，或能愛而不能敬，或能愛敬而不能盡其道，必也愛至於全其仁，敬至於全其義，然後可謂無忝所生矣。嗚呼！人之性命受於父母，而性命之中萬理具備。一理未明，一理未踐，則吾之所受於父母之本體有所欠缺，直至踐其形而無歉，然後本體全矣。然則非聖人之盡人道，不足以盡孝矣。人惟無愛敬父母之心，故持身不謹，往往流於污穢之境。若於此心，恒念父母，一有所失，悚然驚懼，若有傷於父母，則父母之遺體恒立於清明正大之域，仰法行健而足以事天，俯則厚德而足以事地，推而達之四海，而無不準也。準，人以是爲準也。於人子之心，豈不恔乎？且帝王之孝與匹夫有間，繼述先業，尤當盡誠。匹夫以十金之産貽厥子孫，子孫猶思善守，況百年社稷、千里封疆舉以相遺者乎？若有一毫自暇自逸之念，則孝思有缺，而先業有虧矣。尚敢肆然自放，以危宗祊，以辱先君乎？至如國君，多事母后，而宮壼之中禮嚴情阻，非若家人母子之愉婉于朝夕。故宦寺婦人、詐忠之徒易售讒間，使明王損其孝，哲母滅其慈。若非孝敬素孚感于神明，則萋斐之説亦可虞也。此是古今宫中之通患。伏惟殿下深省焉。

刑内章第三

臣按：治家必先正内。詩曰：「刑于寡妻，至于兄弟，以御于家邦。」故孝敬之後，以刑内爲先。

易曰：「家人：利女貞。」家人卦彖辭。

程子曰：「家人之道，利在女正，女正則家道正矣。獨云『利女貞』者，女正則男正可知矣。」○朱子曰：「欲先正乎内也，内正則外無不正矣。」

「女正位乎内，男正位乎外，男女正，天地之大義也。」家人卦彖傳。

程子曰：「尊卑内外之道，正合天地陰陽之大義也。」

詩曰：「關關雎鳩，在河之州。窈窕淑女，君子好逑。」周南關雎之篇。

朱子曰：「關關，雌雄相應之和聲也。雎鳩，水鳥，狀類鳧鷖，今江淮間有之。生有定偶而不相亂，偶常竝遊而不相狎，蓋其性然也。窈窕，幽閒之意。君子，指文王也。逑，匹也。文王生有聖德，又得聖女姒氏以爲之配，宮中之人於其始至，見其有幽閒貞靜之德，故作是詩。」○匡衡曰：「『妃配匹之際，生民之始，萬福之原。』婚姻之禮正，然後品物遂而天命全。孔子論詩以關雎爲始，言太上者謂人君也。民之父母，后夫人之行不侔乎天地，則無以奉神靈之統而理萬物之宜。故詩曰『窈窕淑女，君子好逑』，言能致其貞淑，不貳其操。情欲之感，無介於容儀；宴私之意，不形於動靜。夫然後可以配至尊而爲宗廟主。此綱紀之首，王教之端也。自上世以來，三代興廢，未有不由此者也。」○宋范祖禹言於宣仁皇后曰：「皇帝納后，國家大事，萬世之本，福祚所繫，風化所先。今宜先知者有四：一曰族姓，二曰女德，三曰隆禮，四曰博議。所謂族姓者，古之帝王，所與爲婚姻者必先聖之後、勳賢之裔，不以微賤上敵至尊，故其福祚盛大，子孫繁昌。故族姓不可不貴。所謂女德者，三代之興皆有賢妃，其亡也皆有嬖女：夏之興也以塗山，其亡也以妹喜；商之興也以有娀，其亡也以妲己；周之興也以姜嫄，其亡也以褒姒。此皆聖賢所記，詩書所載，垂之後世，以爲永鑒者。選卜窈窕，母儀萬國，表正六宮，非有德孰可以當之？然閨門之德不可著見，必視其世族，觀其祖考，察其家風，參以庶事，亦可知也。所謂隆禮者，天子之與后，猶天之與地、日之與月、陽之與陰，相須而後成者也。哀公曰：『冕而親迎，不已重乎？』孔子愀然作色而對曰：『合二姓之好，以繼先聖之後，以爲天地宗廟社稷之主，君何謂已重乎？』蓋深非之也。按禮冠、昏惟有士禮，而無天子、諸侯之禮。故三代以來，惟以士禮推而上之，爲天子、諸侯之禮。蓋以人之夫婦，自天子至於士一也。天下豈有獨尊而無配偶者哉？故禮不可不隆。所謂博議者，古者天子聘后，上公逆之，諸侯主之，國有大事，大臣不容不預聞也。進言者必曰：『此陛下家事，非外人所預。』自古誤人主者多由此言也。天子以四海爲家，中外之事孰非家事？大臣無不可預之理。且陛下用一執政，進一近臣，必欲協天下之望，況立皇后以母天下乎？今陛下之所選擇，莫若出其姓氏，宣問大臣。若聖志既定，而衆議僉同，則卜筮協從，鬼神其依，天人之意無不同矣。」

又曰：「鷄既鳴矣，朝既盈矣。匪鷄則鳴，蒼蠅之聲。」齊風鷄鳴之篇。

朱子曰：「古之賢妃御於君所，至於將旦之時必告君曰：鷄既鳴矣，會朝之臣既已盈矣。欲令君早起而視朝也。然其實非鷄之鳴也，乃蒼蠅之聲也。蓋賢妃當夙興之時，心常恐晚，故聞其似者而以爲真。非其心存警畏而不留於逸欲，何以能此？故詩人叙其事而美之也。」○周宣姜后賢而有德，事非禮不言，行非禮不動。宣王嘗早臥晏起，姜后乃脱簪珥，待罪於永巷，使其傅母通言於王曰：「妾不才。妾之淫心見矣，至使君王失禮而晏朝，以見君王之樂色而忘德也。夫苟樂色，必好奢，好奢必窮樂。窮樂者，亂之所興也。原亂之興，從婢子起，敢請罪。」王曰：「寡人不德，寔自生過，非夫人罪也。」遂復姜后而勤於政事，早朝晏退，繼文武之迹，興周室之業。○唐太宗文德長孫后喜圖傳，視古今善惡以自鑒，矜尚禮法，孝事高祖，性約素，服御取給則止。與帝言或及天下事，辭曰：「牝鷄司晨，家之窮也，可乎？」帝固要之，訖不對。後廷有被罪者，帝怒詔繩治，俟意解，徐爲開理，終不令有寃。兄無忌，於帝本布衣交，以佐命爲元功。帝將引以輔政，后固謂不可，密令牢讓，帝不獲已，乃聽，后喜見顔閒。疾亟，太子欲請大赦，汎廣也。度道人，祓塞災會。后曰：「死生有命，非人力所支。若修福可延，吾不爲惡；使爲善無效，我尚何求？且赦令國大事，佛、老異方教耳，皆上所不爲，豈宜以吾亂天下法？」請帝納忠容諫，勿受讒，省游畋作役，死無恨。后嘗采古婦人事著女則十篇，及崩，宮司以聞，帝覽之悲慟。

又曰：「嘒彼小星，三五在東。肅肅宵征，夙夜在公。寔命不同。」召南小星之篇。

朱子曰：「嘒，微貌。三五，言其稀，蓋初昏或將旦時也。肅肅，齊遫貌。南國夫人承后妃之化，文王之妃大姒之化。能不妒忌以惠其下，故其衆妾美之如此。蓋衆妾進御於君，不敢當夕，見星而往，見星而還。遂言由其所賦之分不同於貴者，是以深以得御於君爲夫人之惠，而不敢致怨於往來之勤也。」○漢顯宗明德馬皇后，年十三入太子宮。奉承陰后，光武后。傍接同列，禮則修備，上下安之。顯宗即位，以爲貴人。時后前母姊女賈氏亦以選入，生肅宗。帝以后無子，令養之，謂曰：「人未必當自生子，但患愛養不至耳。」后於是盡心撫育，勞悴過於所生。肅宗孝性淳篤，恩性天至，母子慈愛，終始無纖芥之間。后常以皇嗣未廣，每懷憂歎，薦達左右，若恐不及。後宮有進見者，每加慰納。若數所寵引，輒增隆遇。有司奏立長秋宮，皇后宮名。帝未有所言，皇太后曰：「馬貴人德冠後宮，即其人也。」遂立爲皇后。正位宮闈，愈自謙肅。

右言善可爲法。

○詩曰：「哲夫成城，哲婦傾城。懿厥哲婦，爲梟爲鴟。婦有長舌，維厲之階。亂匪降自天，生自婦人。」大雅瞻卬之篇。

朱子曰：「哲，知也。懿，美也。言男子正位乎外，爲國家之主，故有知則能立國。婦人以無非無儀爲善，無所事哲，哲則適以覆國而已。故此懿美之哲婦，反爲梟鴟，以其多言而能爲禍亂之梯也。若是則亂豈真自天降哉？特由此婦人而已。」「此刺幽王嬖褒姒以致亂也。」○褒姒者，童妾之女也。幽王嬖之，出入同乘，不恤國事，驅馳弋獵不時，以適褒姒之意。飲酒沈湎，倡優在前，以夜續晝。褒姒不笑，幽王欲其笑，萬端，故不笑。幽王與諸侯約：有寇至則舉烽火，召其兵來援。乃無故舉火，諸侯悉至而無寇，褒姒大笑。乃廢申后，以褒姒爲后，欲悅之，數爲舉燧。忠諫者誅，惟褒姒言是從，上下相諛，百姓乖離。申侯與犬戎寇宗周，幽王舉烽燧徵兵，莫至，遂弑幽王於驪山下，虜褒姒而去。○繆姜者，魯宣公之夫人，成公母也。聰慧而行亂，通于叔孫喬如。喬如與繆姜謀去季、孟而擅魯國。魯人不順喬如，盟而逐之，擯繆姜于東宮。始往，繆姜使筮之，遇艮之六。史曰：「是謂艮之隨。隨，其出也。君必速出！」姜曰：「亡是！於周易曰：『隨，元亨利貞，無咎。』元，善之長也；亨，嘉之會也；利，義之和也；貞，事之幹也。是以雖隨無咎。今我婦人而與於亂，在下位而有不仁，不可謂元；不靖國家，不可謂亨；作而害身，不可謂利；棄位而姣，不可謂貞。有四德者，隨而無咎。我皆無之，豈隨也哉？我則取惡，能無咎乎？必死於此，不得出矣。」卒薨於東宮。○南子者，宋女，衛靈公之夫人。靈公與夫人夜坐，聞車聲轔轔，至闕而止，過闕復有聲。公問夫人曰：「知此謂誰？」夫人曰：「此蘧伯玉也。」公曰：「何以知之？」夫人曰：「妾聞：禮：下公門，式路馬，所以廣敬也。夫忠臣與孝子，不爲昭昭信節，不爲冥冥惰行。蘧伯玉，衛之賢大夫也，仁而有智，敬於事上。此其人必不以闇昧廢禮，是以知之。」公使視之，果伯玉也。公反之，以戲夫人曰：「非也。」夫人酌觴，再拜賀公。公曰：「子何以賀寡人？」夫人曰：「始妾獨以衛爲有蘧伯玉爾，今衛復有與之齊者，是君有二臣也。國多賢臣，國之福也。妾是以賀。」公驚曰：「善哉！」遂語其實焉。公與夫人同車，使孔子爲次乘，招摇市過之。孔子醜之曰：「吾未見好德如好色者也。」去適宋。南子有淫行，通於宋子朝，太子蒯聵知而惡之。南子讒太子於靈公曰：「太子欲殺我！」公大怒，蒯聵奔宋。靈公薨，蒯聵之子輒立，是爲出公。蒯聵入，出公奔魯。蒯聵立，殺夫人南子。

臣按：此詩本刺褒姒，而女戎之亂同一覆轍，故竝載繆姜、南子之事焉。自古艷妻非一，而獨引二女者何哉？夫冶容誨淫，無才可悦者只足以蠱惑昏庸而已，英主不必沈溺也，惟聰明才智足以服人者最可畏也。彼繆姜、南子二女者，智足以曉善惡，辯足以明義理，聽其言可追任、姒，而迹其行無異褒、妲，雖明睿之主或未免愛其色，悦其才，駸駸然蠱心喪德。故表出以爲戒。

程子曰：「李覯謂若教管仲身長在宫内，何妨更六人？此語不然。管仲時，桓公之心特未蠱也；若已蠱，雖管仲可奈何？未有心蠱而尚能用管仲之理。」

臣按：内悦美色，外用賢臣，若不相妨，而忠臣良弼汲汲以女寵爲戒者，何哉？

人君好德之誠不如好色，則枕席之閒，嬌媚之毒，日浸月漬，深入骨髓。守法之士，怫欲之言，日忤月乖，聽之邁邁。必有順旨逢惡之臣伺隙入于左腹，以孽嬖爲根柢，內外膠結，以致政令顛倒，危亡隨至。故飛廉、惡來根柢妲己而商以亡，林甫、國忠根柢太真而唐以亂。程子之言豈不信哉？

右言惡可爲戒。

臣按：此以「刑內」名章，而只論后妃之善惡，不言刑妻之道者，何哉？蓋刑妻之道無他，只是修己而已。修己既至，而心志一乎內，容貌莊乎外，言語動作一循乎禮。夫婦之閒相敬如賓，衽席之上無昵狎之失，幽暗之中持整肅之容，則后妃亦且觀感變化，雖不知學，尚能自飭而蹈禮，況天資純美、素知學問者乎？若不先修己，自反多愧，而惟責后妃之正切切於禮貌之閒，而於隱微之際未免縱情而失儀，則已失正家之本矣，烏能儀表於一家乎？況下於此者，荒于艷色，失其正理，后妃雖賢，棄而不顧，溺於私嬖，惟言是從，貽害政事，釀禍國家，尚何足道哉？傳曰：「飲食男女之閒大欲存焉。」孔子曰：「吾未見好德如好色者也。」雖英雄之才氣蓋一世者，尚且盡心於一婦人，誤其平生者多矣。惟導道願治之君志在爲善，不爲他物所移者，乃能以正自律，而又能以正刑家也。伏惟殿下留意焉。

教子章第四

臣按：夫婦之禮既正，教訓之法可舉，故教子次之。

古者婦人妊子，寢不側，坐不邊，立不蹕，不食邪味，割不正不食，席不正不坐。《列女傳》。下同。

吴氏曰：「側，側其身也。邊，偏其身也。蹕，當作跛，謂偏任一足也。邪味，不正之味。」

目不視邪色，耳不聽淫聲，夜則令瞽誦詩，道正事。

陳氏曰：「道，言也。正事，事之合禮者。令瞽誦詩，以其精於聲也。」

如此則生子形容端正，才過人矣。

陳氏曰：「婦人妊子之時，寢食坐立、視聽言動一出於正，然後生子形容端正，而才能過人矣。」

右言胎教。

○凡生子，擇於諸母與可者，必求其寬裕、慈惠、温良、恭敬、愼而寡言者，使爲子師。禮記。下同。

陳氏曰：「諸母，衆妾也。可者，謂雖非衆妾，而可爲子師者。」司馬温公曰：「乳母不良，非惟敗亂家法，兼令所飼之子類之。」

子能食食，音似。**教以右手。能言，男「唯」女「俞」。男鞶革，女鞶絲。**

吴氏曰：「食，下食字。飯也。男女皆以右手，取其强也。唯，應之速，俞，應之緩，剛柔之義也。鞶，小囊，盛帨巾者。男用韋，女用繒帛，亦剛柔之義也。一説：鞶，大帶也。」

六年，教之數與方名。七年，男女不同席，不共食。八年，出入門户及即席飲食，必後長者，始教之讓。九年，教之數日。

陳氏曰：「數，謂一十百千萬。方名，東西南北也。數日，知朔望與六甲也。」

十年，出就外傅，居宿於外，學書計，衣不帛襦袴，禮帥初，朝夕學幼儀，請肄簡諒。

陳氏曰：「書，謂六書。計，謂九數。不以帛爲襦袴，爲太温也。禮帥初，謂動作皆循習初教之方也。肄，習也。簡者，簡要。諒，信也。謂習其簡而易知、諒而易信之事也。」

十有三年，學樂，誦詩，舞勺。成童，舞象，學射御。

吴氏曰：「勺，周頌酌詩，歌酌爲節，而舞文舞也。象，周頌武詩，歌象爲節，而舞武舞也。」

二十而冠，始學禮，可以衣裘帛，舞大夏，惇行孝弟，博學不教，内而不出。

陳氏曰：「始學禮，以成人之道，當兼習吉、凶、軍、賓、嘉之五禮也。大夏，禹樂，樂之文武兼備者也。不教，恐所學未精，不可爲師也。内而不出，言藴畜其德美於中，而不自表見其能也。」○程子曰：「古人生子，能食能言而教之小學之法，以豫爲先。人之幼也，知思未有所主，便當以格言至論日陳於前，雖未曉知，且當薰聒，使盈耳充腹，久自安習，若固有之，雖以他言惑之，不能入也。若爲之不豫，及乎稍長，私意偏好生於内，衆口辯言鑠於外，欲其純完，不可得也。」○又曰：「憂子弟之輕俊者，只教以經學念書，誦書也。不得令作文字。」

三十而有室，始理男事，博學無方，孫友視志。

陳氏曰：「男事，受田給政役也。方，猶常也。孫友，順交朋友也。視志，視其志意所尚也。」

四十始仕，方物出謀發慮，道合則服從，不可則去。

朱子曰：「方，猶對也。」「物，猶事也。」「隨事謀慮。」

五十命爲大夫，服官政。七十致事。

陳氏曰：「服，猶任也。服官政，與聞邦國之大事也。」「致事，謂致還其職事於君也。」

右言立教之序。

○凡三王教世子，必以禮樂。樂所以修内也，禮所以修外也，禮樂交錯於中，發形於外，是故其成也懌，恭敬而温文。禮記。下同。

陳氏曰：「修内者，消融其邪慝之蘊。修外者，陶成其恭肅之儀。」○真氏曰：「樂由内以達外，禮由外以入中，二者醺醲涵暢，相與無閒。故其成也，但見其悦懌而已，恭敬温文而已。」○陳氏曰：「既有恭敬之實德，又有温潤文雅之氣象，禮樂之教大矣。」

立太傅、少傅以養之，欲其知父子君臣之道也。太傅審父子君臣之道以示之，少傅奉世子以觀太傅之德行而審喻之。太傅在前，少傅在後，入則有保，出則有師，是以教喻而德成也。師也者，教之以事而喻諸德者也。保也者，慎其身以輔翼之而歸諸道者也。

真氏曰：「養者，從容啓迪，以養其本然之善，使之自然開悟也。審示，謂修於身以示之也。審喻，謂開説其義以曉之也。太傅以身教，少傅以言教，蓋互相發也。師者教以事而喻諸德，謂教之以事親之事，則知孝之德，教之以事長之事，則知弟之德。天下無事外之德也。保則安護世子之身，輔之翼之，使歸諸道，耳目口體不以欲而動，即所謂道。天下無身外之道也。一世子之身，而四人者扶持而左右之，教安得不達，德安得不成哉？」

知爲人子，然後可以爲人父；知爲人臣，然後可以爲人君；知事人，然後能使人。是故養世子不可不慎也。

嚴陵方氏曰：「居君父之位，操使令之權，其可以不知臣子事人之道哉？」

行一物而三善皆得者，惟世子齒於學之謂也。故世子齒於學，國人觀之曰：「將君我而與我齒讓，何也？」曰：「有父在則禮然。」衆知父子之道矣。其二曰：「將君我而與我齒讓，何也？」曰：「有君在則禮然。」衆著於君臣之義也。其三曰：「將君我而與我齒讓，何也？」曰：「長長也。」衆知長幼之節矣。故父在斯爲子，君在斯謂之臣，居子與臣之節，所以尊君、親親也。父子、君臣、長幼之道得而國治。語曰：「樂正司業，父師司成，一有元良，萬國以貞。」世子之謂也。

陳氏曰：「一物，一事也。語，古語也。樂正，主世子詩書之業。父師，太師也。主於成就其德。『一有』，書作『一人』，謂世子也。世子有大善，則萬邦皆正矣。」○真氏曰：「身爲世子而以尊君、親親、敬長之道，爲天下倡，人其有不翕然視效者哉？秦漢以來，禮樂既廢，而又無師保之教、齒胄之禮，世子生而狃於貴驕之習，此治之所以不古若與？」○保傅篇曰：人性不甚相遠也，何三代之君有道之長，而秦無道之暴？其故可知也。古之王者，太子生，固舉以禮，使士負之，有司齊肅端冕，見之南郊，見于天也。過闕則下，過廟則趨，孝子之道也。故自爲赤子而教固已行矣。孩提有識，三公、太師、太傅、太保。三少少師、少傅、少保。固明孝仁禮義以導習之，逐去邪人，不使見惡行。皆選天下之端士孝悌、博聞有道術者以衛翊之，使與太子居處出入。故太子生而見正事，聞正言，行正道，左右前後皆正人也。夫習與正人居，不能毋正，猶生長於齊不能不齊言也；習與不正人居，不能毋不正，猶生長於楚不能不楚言也。孔子曰：「少成若天性，習貫慣如自然。」及太子少長，入于學，承師問道，退習而考於太傅，太傅罰其不則，匡其不及，則德智長而理道得矣。及太子既冠成人，免於保傅之嚴，則有記過之史、徹膳之宰、進善之旌、誹謗之木、敢諫之鼓。瞽史誦詩，工誦箴諫，大夫進謀，士傳民語。習與智長，故切而不愧；諫之雖切，能受之而不愧恨也。化與心成，故中道若性。所爲合道，如性自然也。夫三代之所以長久者，以其輔翼太子有此具也。及秦而不然。其俗固非貴辭讓也，所上者告訐也；固非貴禮義也，所上者刑罰也。使趙高傅胡亥而教之獄，所習者非斬劓人，則夷人之三族也。故胡亥今日即位而明日射人，忠諫者謂之誹謗，深計者謂之妖言，其視殺人若艾刈草菅。豈惟胡亥之性惡哉？彼其所以道之者非其理故也。諺曰：「前車覆，後車誡。」秦世所以亟絶者，其轍迹可見也；然而不避，是後車又將覆也。天下之命，懸於太子；太子之善，在於早諭教與選左右。夫教得而左右正，則太子正矣，太子正而天下定矣。慎氏曰：「保傅之篇雖漢賈誼所作，大抵古之遺言也。」○朱子曰：「近世帝王教子之法疏略矣。蓋其所以教者不過記誦書札之工，而未嘗開以仁孝禮義之習。至於容貌詞氣、衣服器用，則雖極於邪侈而未嘗有以裁之也。寮屬具員而無保傅之嚴，講讀備禮而無箴規之益，至於朝夕所與出入居處而親密無間者，則不過宦官近習、埽除趨走之流而已。夫以帝王之世，當傳付之統，上有宗廟社稷之重，下有四海烝民之生，前有祖宗垂創之艱，後有子孫長久之計，而所以輔養之具疏略如此，是猶家有明月之珠、夜光之璧而委之衢路之側、盜賊之衝也，豈不危哉？」

右言教世子之道。

臣按：三代教世子之法，禮記及保傅篇備載，而近世之失，朱子亦言之詳矣。蓋人有所敬而不肆，有所畏而不放，然後能動心忍性，進學修德焉。後世之教固甚疏略，而六七歲後便有寮屬，已習爲人上而無所敬畏。進講之官極其尊奉，師道廢絶，接見有時而規諫罕聞。惟是宦官宫妾日與親昵，導之以宴安之樂，慣之以奢侈之具，故事舊習，無非不正。如是而望世子之學成德立，堪爲萬世臣民之所仰賴者，豈不難哉？必擇道德之士爲之傅，使世子致敬，以嚴師道，觀感取法。寮屬皆選端方志道之士，晝夜與處，左右挾輔，薰習成性，而有過則記，有怠則警，使世子心常謹慎，不暇自逸，然後學可日就，德可日躋矣。雖然，君者，世子之則也。君而自無所敬畏，放肆於上，則世子固無所取則，而彼師傅、寮屬之賢者亦將不安於朝廷，望望然去矣，雖欲教養以道，豈可得乎？詩曰：「貽厥孫謀，以燕翼子。」書曰：「啓佑我後人，咸以正罔缺。」伏惟殿下深念焉。

親親章第五

臣按：孝慈之推，莫先於親親，故親親次之。

詩曰：「常棣之華，鄂不韡韡。韋鬼反。**凡今之人，莫如兄弟。」**小雅常棣之篇。下同。

朱子曰：「鄂，鄂然外見之貌。不，猶豈不也。韡韡，光明貌。此燕兄弟之樂歌。」

「脊令在原，兄弟急難。每有良朋，況也永歎。」

朱子曰：「脊令，水鳥也，飛則鳴，行則搖，有急難之意，故以起興。」○東萊吕氏曰：「疏其所親，而親其所疏，此失其本心者也。故此詩言朋友之不如兄弟，蓋示之以親疏之分，使之反循其本也。本心既得，則由親及疏，秩然有序，兄弟之親既篤，朋友之義亦敦矣。初非薄於朋友也，苟雜施而不孫，順也。雖曰厚於朋友，如無源之水。朝滿夕除，胡可保哉？」

「妻子好合，如鼓瑟琴。兄弟既翕，和樂且湛。」

朱子曰：「翕，合也。」「湛，樂之久也。」○疊山謝氏曰：「兄弟不和，則家庭之閒無非乖氣，雖有妻子之樂，亦不安其樂矣。惟兄弟和樂，則一家之情無不相宜，妻子之樂亦可長久。蓋天合者微有乖睽，人合者亦不得康寧也。」

○帝堯克明俊德，以親九族。九族既睦，平章百姓，百姓昭明。虞書堯典。

蔡氏曰：「明，明之也。俊，大也。九族，高祖至玄孫之親。舉近以該遠，五服異姓之親亦在其中也。睦，親而和也。平，均。章，明也。昭明，皆能自明其德也。」○王氏曰：「親者，親之也。睦者，交相親也。」

○公族有罪，三宥致刑。禮記。

禮記曰：「公族其有死罪，則磬于甸人。磬，懸縊殺之也。甸人，掌郊野之官。爲之隱，故不於市朝。其刑罪，亦告讀爲鞠。于甸人。公族無宮刑。獄成，有司讞于公曰：『某之罪在辟。』公曰：『宥之。』有司又曰：『在辟。』公又曰：『宥之。』有司又曰：『在辟。』及三宥，不對走出，致刑于甸人。公又使人追之曰：『雖然，必赦之。』有司對曰：『無及也。』反命于公。公素服不舉，殺牲盛饌曰舉。親哭之。」○長樂陳氏曰：「不以公盡法，不以義掩恩，故三宥而又追之。至於無及，然後素服不舉，爲之變。」

臣按：親親，有家之急務。而親親亦非一道，宗族之中賢愚不同，敦睦之恩宜均，用舍之義宜別：養之厚而教之勤，擇其才德表著者而親任之，其無才德不可用者使之食祿而已，則宗族可全，而政事無闕矣。後世不得其中，若偏信而委任，則至於擅命而莫之制；若矯弊而抑之過，則雖賢能願忠而莫之用：此皆非先王親親之義也。贈遺有節，接見有時，開以温款，試其所習，使之各展其蘊，能者勸而不能者戒，則情禮竝行而興起爲善矣。後世不得其中，若偏私過厚，則有求必從；有罪不治，而貽害於時政；若泛而不切，則一不相接，疏外如路人：此皆非先王親親之恩也。必也不以私恩害公義，不以公義絕私恩，恩義兩盡，然後親親之道得矣。伏惟殿下留意焉。

謹嚴章第六

臣按：正倫理、篤恩義之説，上四章陳其大概矣。二者以謹嚴爲主，故次之以謹嚴。

禮始於謹夫婦。爲宮室，辨外内，男子居外，女子居内。深宮固門，閽寺守之，男不入，女不出。禮記。下同。

陳氏曰：「夫婦爲人倫之始，不謹則亂其倫類，故禮始於謹夫婦也。」

男不言内，女不言外。非祭非喪，不相授器。其相授，則女受以篚。其無篚，則皆坐奠之，而后取之。

陳氏曰：「祭爲嚴肅之地，喪當急遽之時，無他嫌也。非此二者，則女必執篚，使授者置之篚中也。皆坐，男女皆跪也。授者跪而置諸地，則受者亦跪而就地以取之也。」

外内不共井，不共湢音逼。**浴，不通寢席，不通乞假，男女不通衣裳。内言不出，外言**

不入。男子入内，不嘯不指，夜行以燭，無燭則止。女子出門，必擁蔽其面，夜行以燭，無燭則止。道路，男子由右，女子由左。

陳氏曰：「湢，浴室也。」

易曰：「閑有家，悔亡。」家人卦初九爻辭。

程子曰：「閑謂防閑，法度也。治家者苟不閑之以法度，則人情流放，必至於有悔，失長幼之序，亂男女之别，傷恩義，害倫理，無所不至；能以法度閑之，則無是矣，故悔亡也。」

「婦子嘻嘻，終吝。」家人九三爻辭。

程子曰：「嘻嘻，笑樂無節也。」「人之處家，在骨肉父子之閒，大率以情勝禮，以恩奪義，惟剛立之人則能不以私愛失其正理，故以剛爲善。」「嚴謹之過，雖於人情不能無傷，然苟法度立，倫理正，乃恩義之所存也。若嘻嘻無度，乃法度之所由廢，倫理之所由亂，安能保其家乎？終至敗家，可羞吝也。」

右言謹嚴於内外之别。

○人之其所親愛而辟焉，之其所賤惡而辟焉，之其所畏敬而辟焉，之其所哀矜而辟

焉，之其所敖惰而辟焉。故好而知其惡，惡而知其美者，天下鮮矣。大學。下同。

朱子曰：「之，猶於也。辟，猶偏也。五者，在人本有當然之則；然常人之情惟其所向而不加察焉，則必陷於一偏而身不修矣。」○北溪陳氏曰：「敖，只是簡於爲禮。惰，只是懶於爲禮。有一等人，上非可愛，次非可敬，只是平平人，接之自令人簡慢。」

故諺有之曰：「人莫知其子之惡，莫知其苗之碩。」

朱子曰：「諺，俗語也。溺愛者不明，貪得者無厭，是則偏之爲害，而家之所以不齊也。」

子曰：「惟女子與小人爲難養也，近之則不孫遜，遠之則怨。」論語。

朱子曰：「此小人，亦謂僕隸下人也。君子之於臣妾，莊以莅之，慈以畜許六反。之，則無二者之患矣。」

右言謹嚴於接莅之公。

○妻不在，妾御莫敢當夕。禮記。

吴氏曰：「古者妻妾之御各有夕。當夕者，當妻之夕也。」○嚴陵方氏曰：「避上僭之嫌也。」

詩曰：「緑兮衣兮，緑衣黄裏。心之憂矣，曷維其已。」邶風緑衣之篇。

朱子曰：「緑，蒼勝黃之閒色。黃，中央土之正色。閒色賤而以爲衣，正色貴而以爲裏，言皆失其所也。已，止也。莊公惑於嬖妾，夫人莊姜賢而失位，故作此詩。言緑衣黃裏，以比賤妾尊顯而正嫡幽微，使我憂之不能自已也。」

辛有曰：「竝后匹嫡，兩政耦國，亂之本也。」春秋左氏傳。

真氏曰：「天無二日，土無二王，尊無二上，故妾不可以竝后，竝后，謂妾如后。庶不可以加嫡，匹嫡，謂庶如嫡。臣不可以擬君。兩政，謂臣擅命。耦國，謂大夫之邑如國都也。此天地之常經，古今之大義也。辛有周大夫。以四者併言，而竝后爲之首，故叙于此。」

○漢文帝所幸慎夫人，在禁中常與皇后同席坐。及幸上林，布席，袁盎引郤慎夫人坐。坐，席也。夫人怒，上亦怒。盎因前曰：「臣聞尊卑有序，則上下和。今已立后，夫人乃妾也，妾、主豈可與同坐哉？且陛下獨不見『人彘』乎？」上説，語夫人，賜盎金五十斤。

真氏曰：「文帝不惟赦之，又有以賞賚之。盎之直固可尚，文帝亦賢矣哉？」

右言謹嚴於嫡妾之分。

○桓公六年九月丁卯，子同生。春秋經。下同。

胡氏曰：「經書『子同生』，所以正國家之本，防後世配嫡奪正之事，垂訓之義大矣。此世子也，其不曰世子何也？天下無生而貴者，誓於天子然後爲世子。」○真氏曰：「賈誼之書有曰：『勢明則民定，而出於一道。故人爭爲宰相，而不姦爲世子，非宰相尊而世子卑也，不可以智求，不可以力爭也。』已上賈說。古者之生世子，則已表而揚之，使國人皆知之，所以繫衆望也。是則國本之定，不在於建儲之日，而已定於始生之初。此春秋於子同之生，必謹而書之也。」

僖公五年夏，公及齊侯、宋公、陳侯、衛侯、鄭伯、許男、曹伯會王世子于首止。秋八月，諸侯盟于首止。

林氏曰：「惠王將廢太子鄭而立王子帶，故齊桓公會王太子，以定其位，所以謀安周室也。」○胡氏曰：「王將以愛易世子，桓公有憂之，控大國，扶小國，會于首止以定其位。太子踐祚，是爲襄王。一舉而父子君臣之道皆得焉。故夫子稱之曰：『管仲相桓公，一匡天下，民到于今受其賜。微管仲，吾其被髮左衽矣！』中國之爲中國，以有父子君臣之大倫也，一失則爲夷狄矣。故曰首止之盟，美之大者也。」○漢文帝元年正月，有司言曰：「蚤建太子，所以尊宗廟也。請立太子。」上曰：「朕既不德，上帝神明未歆享，天下人民未有嗛慊志。今縱不能博求天下賢聖有德之人而禪天下焉，而曰豫建太子，是重吾不德也。謂天下何？其安之。安，徐也。」有司曰：「豫建太子，所以重宗廟社稷，不忘天下也。立嗣必子，所從來遠矣。子啓景帝名。最長，純厚慈仁，請建以爲太子。」上乃許之。○齊景公適子死。寵妾芮姬生子荼，荼少，其母賤無行，諸大夫恐其爲嗣，乃言願擇諸子長賢者爲太子。景公老，惡言嗣事，又愛荼母，欲立之，憚發之口，乃謂諸大夫曰：「爲樂耳，國何患無君乎？」景公病，命國惠子、高昭子立少子荼爲太子，逐羣公子。景公卒，太子荼立，是爲晏孺子，羣公子畏誅，皆出亡。田乞齊大夫。攻高昭子，殺之，乃使人之魯，召公子陽生，景公子。請諸大夫盟立陽生，是爲悼公。遷晏孺子，殺之，逐芮子。芮子賤而孺子少，故無權，國人輕之。文帝蚤建而立長，漢以興；景公不豫而立少，齊以亂：一可爲法，一可爲戒。

右言謹嚴於國本之定。

○惟治亂在庶官。官不及私昵，惟其能，爵罔及惡德，惟其賢。商書說命。

蔡氏曰：「六卿、百執事，所謂官也。公、卿、大夫、士，所謂爵也。官以任事，故曰能。爵以命德，故曰賢。惟賢惟能，所以治也。私昵惡德，所以亂也。」○吳氏曰：「官爵及私惡，是蔽於私意，非憲天聰明矣。」○漢文帝竇后兄長君、弟少君，聞后立，上書自陳。后言帝，召見問之，具言其故，於是竇后持之而泣，厚賜之，家於長安。絳侯、周勑。灌將軍嬰。等曰：「此兩人所出微，不可不爲擇師傅，又復放做吕氏大事也。」於是乃選長者之有節行者與居。長君、少君由此爲退讓君子，不敢以富貴驕人。後帝以廣國即少君之名。少君，其字也。賢，欲爲相，恐天下以爲有私，久念不可，乃以申屠嘉爲相。○成帝建始元年，封諸舅爲侯。夏四月，黄霧四塞。上委政元舅、大司馬王鳳，劉向以王氏權位大盛，而上方嚮詩、書、古文，乃因尚書洪範，集合上古以來、歷春秋六國至秦漢符瑞災異之記，推迹行事，連傅福禍〔一〕，著其占驗，比類相從，各有條目，凡十一篇，號曰洪範五行傳論，奏之。天子心知向忠精，故爲鳳兄弟起此論也，然終不能奪王氏權。王章言鳳專權蔽主之過，上感悟納之。鳳憂懼，上疏乞骸骨，辭旨甚哀，太后聞之，垂涕不食。上少而親倚鳳，弗忍廢，乃使尚書劾章，下章吏，竟死獄中。自是公卿見鳳，側目而視。真氏曰：「成帝本導章使言，既不忍退鳳，乃使尚書劾章，是誘而陷之於罪也。何其不忍於弄權之臣，而忍於爲國忠言之士也！忠言之士爲誰計？而略無愛惜之心耶！」○臣按：成帝感悟而不能決退王氏，是知國之危而不爲之恤也。君心如此，更無可救之路矣。噫！鳳疾，薦王音自代。鳳卒，音爲大司馬。音卒，王商爲大司馬。商卒，王根爲大司馬。根病免，薦王莽自代，終至於篡漢。東漢之興，伏誅。

臣按：外戚之禍，史不絶書。今取二人著于此：竇氏之賢可以爲法，王氏之姦可以爲戒。或者以文帝不相廣國，爲内不足而避嫌，此不知文帝者也。文帝爲子孫慮深矣：賢如廣國尚不可柄用，況不賢者乎？以此爲坊，子孫昧於家法，尚且以外家亡國，況素無貽謀者乎？夫外戚之亂政，皆由人君不能好賢故也。惟其不能好賢，故忠邪臧否茫不辨識，疏遠之臣舉歸之不信，而只以戚畹爲可親信。殊不知小人見利忘義，雖父子之間尚不能無隙，況於外族乎？惟喻義之君子，然後乃能愛君如父，伏節死義矣，尚何親疏遠近之有間乎？以此言之，戚畹之人，非有才德兼備、忠誠表著、爲一時清論所宗主者，則終不可任以國政也。夫撫之以恩，用適其才，使之不失其禄，是固教戚屬之善策。而謙退自守，不居要地，保族全家，此亦戚屬自處之良謀也。善乎樊宏漢光武之舅。之言曰：「富貴盈溢，未有能終者。吾非不喜榮勢者，天道惡盈而好謙，前世貴戚皆明戒也。保身全己，豈不樂哉？」宏以謙柔畏慎自處，宗族染其化，未嘗犯法，榮寵終身，子孫受慶。後世之人主欲保外家者，宜以此爲教；外戚之貪權樂勢、進不知止、危國敗家者，其亦法此而自悛可也。

右言謹嚴於教戚屬。

○**詩曰：「匪教匪誨，時維婦寺。」**大雅瞻卬之篇。

朱子曰：「寺，奄人也。其言雖多，而非有教誨之益者，是惟婦人與奄人耳，豈可近哉？蓋二者常相倚而爲奸，不可不并以爲戒也。歐陽公嘗言，宦者之禍甚於女寵。其言深切，有國家者可不戒哉？」○孔氏曰：「奄人親近人主，庸君以其少小慣習，朝夕給使，顧訪無猜憚之心，恩狎有可悦之色。且其人久處宫掖，頗曉舊章，探知主意，或乃色和貌厚，挾術懷奸，或乃捷對敏才，飾巧亂實，遂能迷罔視聽，愚主信而任之。國家滅亡，多由此作。」孔氏之言，深明宦寺情態。○張子韶曰：「閹寺聞名，國之不祥也。堯舜閹寺，不聞於典謨。三王閹寺，不聞於誓誥。豎刁聞於齊而齊亂，伊戾聞於宋而宋危。」○唐宦者仇士良致仕，其黨送歸私第，士良教以固權寵之術曰：「天子不可令閒，常宜以奢靡娱其耳目，使日新月盛，無暇更及他事，然後可以得志。慎勿使之讀書，親近儒臣，彼見前代興亡，心知憂懼，則吾輩疏斥矣。」其黨拜謝而去。真氏曰：「士良所謂可以得志者，未然也。夫人主修德講學，則天下安，昆蟲草木亦皆得所，況左右之臣其有不得所乎？人主德不修，學不講，則天下亂，昆蟲草木亦皆失所，況左右之臣其有得其所乎？故秦室危而斯、高僇，漢業壞而張、趙誅。士良小人，但知以竊權固寵爲榮，而不知國敗家亡則權寵亦無自保之理。故士良用事五朝，身雖幸免，而破家之禍卒貽於身後，曷若馬存亮輩不貪權而溢寵，爲能保其身哉？然士良之言，自古姦臣之所未道，爲人主者宜寫此一通，置之坐側：必近儒生，必親經史，則奢靡不能惑，姦佞不能蔽矣；否則未有不爲士良輩所愚者。」

臣按：宦官之禍，古今宜有。蓋其親近人主，情狎迹祕，浸潤日久，有以潛消默鑠人主好善之心故也。漢假威權，唐授兵柄，欲制不得，史册昭然，可爲鑒戒者〔一〕。我國先王家法嚴肅，二百年來未嘗有宦官預政者，此誠近代之所罕聞也。然未可恃此而不慮於所忽，日新檢飭，宮府一體，使貂璫之輩嚴畏士大夫，然後可以永守先王家法矣。

右言謹嚴於待宦寺。

臣按：謹嚴一章，治家之道悉備。蓋辨别内外，閑以禮法，則男女得其正；克去偏私，莅以公明，則好惡當乎理。嚴嫡妾之分，則上和而下敬；謹國本之定，則統一而民安。教戚屬以謙德，則義正而恩隆；律宦寺以常憲，則陽長而陰消。宦寺，陰類也。其綱在於閑以禮、莅以公耳。禮不嚴而心不公，則嘉言善政皆苟爲文具而已。所謂禮之嚴者，宮壼整肅，尊卑長幼秩然有序，莫敢踰分，戚屬謹飭，不敢私通請謁之謂也。所謂心之公者，一視内外，少無偏繫，内庭之作善爲惡者、戚黨之輸忠犯科者，皆付有司論其刑賞，一裁以正之謂也。夫如是而倫理正，恩義篤，則推之而治國、治天下，無所往而不得其當矣。伏惟殿下致意焉。

節儉章第七

臣按：正家之法已備於前，而節儉最爲人君之美德，故表而出之。

子曰：「禹，吾無間然矣。菲飲食，而致孝乎鬼神；惡衣服，而致美乎黻冕；卑宮室，而盡力乎溝洫。禹，吾無間然矣。」論語。

朱子曰：「間，罅隙也，謂指其罅隙而非議之也。菲，薄也。致孝鬼神，謂享祀豐潔。衣服，常服。黻，蔽膝也，以韋爲之。冕，冠也，皆祭服也。溝洫，田間水道，以正疆界、備旱潦者也。或豐或儉，各適其宜，所以無罅隙之可議也，故再言以深美之。」○楊氏曰：「薄於自奉，而所勤者民之事，所致飾者宗廟、朝廷之禮，所謂有天下而不與也，夫何間然之有？」

周公曰：「文王卑服，即康功田功。」周書無逸。

蔡氏曰：「卑服，猶所謂惡衣服也。康功，安民之功。田功，養民之功。言文王於衣服之奉，所性不存，而專意於安養斯民也。卑服，蓋舉一端而言，宮室飲食自奉之薄皆可類推。」○漢文帝即位二十三年，宮室苑囿、車騎服御無所增益，有不便，輒弛以利民。嘗欲作露臺，召匠計之，直百金，上曰：「百金，中人十家之産。吾奉先帝宮室，常恐羞之，何以臺爲？」身衣弋綈，所幸慎夫人衣不曳地，帷帳無文繡，示敦朴爲天下先。

真氏曰：「文帝斯言有二善焉：曰『百金，中人十家之産』，念細民爲生之艱也；曰『吾奉先帝宮室，常恐羞之』，念祖宗創業之艱也。人主常存此心，雖勸之奢侈，亦不爲矣。凡繼世之君，多恣耳目之娛者，正以不知錙銖財用莫非生民膏血，而己之所處皆先世積累之餘功故也。故曰文帝斯言有二善焉，可以爲後世法矣。」○武帝時，天下侈靡趨末，上問：「吾欲化民，豈有道乎？」東方朔對曰：「堯、舜、禹、湯、文、武、成、康，上古之事，經歷數千載，難言也。臣願近述孝文皇帝之時，當世耆老皆聞見之：貴爲天子，富有四海，身衣弋綈，足履革舄，以韋帶劍，莞蒲爲席，兵木無刃，衣緼無文，集上書囊以爲殿帷，以道德爲麗，以仁義爲準，於是天下望風成俗，昭然化之。今陛下土木衣綺繡，廄馬被繢罽，宮人垂珠璣，飾文采，叢珍怪。上爲淫侈如此，而欲使民獨不奢侈失農，事之難者也。陛下誠能用臣朔之計，推甲乙之帳燔之於四通之衢，却走馬示不復用，則堯、舜之隆宜可與比治矣。」

真氏曰：「東方朔可謂知化民之本矣。文帝之儉如彼，風俗安得而不厚？武帝之侈如此，風俗安得而不薄？朔近述孝文時事，愛君之至情，言治之確論，而武帝不之聽，卒以奢靡敝其國。惜哉！」

伊尹曰：「慎乃儉德，惟懷永圖。」商書太甲。○伊尹戒太甲之辭。

真氏曰：「太甲不惠于阿衡之時，故伊尹訓之者如此。夫儉則心小，而爲慮者遠；侈則心大，而爲謀者疏。方是時，太甲方以欲敗度，縱敗禮，心爲二者所蔽，若浮雲之翳日月，未知斯言之爲忠也。一旦處仁遷義，而本心復明，然後知受病之源端在於此，克終之美，光昭簡册。伊尹訓戒之功，夫豈小哉？」

臣按：儉，德之恭也；侈，惡之大也。蓋儉則心常不放，而隨遇自適；侈則心常外馳，而日肆無厭。今以人家子孫言之：先世勤勞，立其産業，子孫以儉約自守者，傳累代而家業不替。一有侈縱者出焉，則肆意爲樂，積年所聚，一朝蕩盡。一家成敗則所係者小矣，若邦國則祖宗積累之功，非起家之比。而府庫所藏，秋毫莫非生民之膏血，豈敢妄事奢靡，以費天財，以困民力，以敗先業乎？至如我國，先王累代以節儉繩家，量入爲出，綽有餘財，故府庫之蓄陳陳積億。自燕山以後，宫中用度日漸侈大，不遵先王之舊，厥後因循，未見改紀，故國用日縮。目今宫中別無新創華靡之習，國内別無非時土木之功，而一歲之入不能支一歲之出，累朝宿儲將至罄竭。脱有飢饉之災、兵革之虞，則無以措手足，豈不大可寒心哉！宮中服用已變於國初，無以示儉約，故閭巷之間奢靡成俗，以美麗之衣、珍盛之饌爭能鬬巧，倡優下賤寢處錦綺，上下無章，糜費不貲，人心日放，民力日困，若不自上有以變化之，則馴至於國非其國矣。變化之術不可處以常規，必也自上以帝堯茅茨土階爲心，内殿以馬后躬服大練爲法，節損宮中用度。儉約之制始于掖庭，使士大夫家觀感取則，達于庶民，然後錮習可革，天財不流，民力漸舒矣。伍舉之言曰：「私欲弘侈，則德義鮮少；德義不行，則邇者騷離而遠者距違。」伏惟殿下致思焉。

正家功效章第八

臣按：人君正家之效，積累於衽席之間，洋溢於邦域之中，不待發號出令，自能移風易俗。故以化成於民者終焉。

一家仁，一國興仁；一家讓，一國興讓。 大學。下同。

朱子曰：「此言教成於國之效。」

詩云：「其儀不忒，正是四國。」「其爲父子兄弟足法，而后民法之也。」

朱子曰：「詩，曹風鳲鳩篇。」○問：「『父子兄弟足法，而後民法之。』然堯、舜不能化其子，周公不能和兄弟，是如何？」朱子曰：「聖賢是論其常，堯、舜、周公是處其變。如不將天下與其子而傳賢，便是能處變得好。若周公不辟管叔，周如何不亂？是不得已著恁地。而今且理會常底，今未解有父如瞽叟，兄弟如管、蔡，未論到變處。」

詩曰：「桃之夭夭，灼灼其華。之子于歸，宜其室家。」周南桃夭之篇。

朱子曰：「夭夭，少好之貌。灼灼，華之盛也。之子，是子也，此指嫁者而言也。婦人謂嫁曰歸。宜者，和順之意。室，謂夫婦所居。家，謂一門之内。文王之化，自家而國，男女以正，婚姻以時。故詩人因所見以起興，而歎其女子之賢，知其必有以宜其室家也。」

又曰：「南有喬木，不可休息。韓詩作思。漢有游女，不可求思。漢之廣矣，不可泳思。江之永矣，不可方思。」周南漢廣之篇。

朱子曰：「思，語辭也。方，桴也。文王之化，自近而遠，先及於江漢之閒，而有以變其淫亂之俗。故其出游之女，人望見之而知其端莊靜一，非復前日之可求矣。因以喬木起興，江漢爲比，而反復詠歎之也。」

又曰：「肅肅兔罝，椓之丁丁。赳赳武夫，公侯干城。」周南兔罝之篇。

朱子曰：「肅肅，整飭貌。罝，罟也。丁丁，椓杙聲也。赳赳，武貌。干，盾脣上聲。也。干、城，皆所以扞外而衛内者。化行俗美，賢才衆多。雖罝兔之野人，而其才之可用猶如此，故詩人因其所事以起興而美之。而文王德化之盛，因可見矣。」

臣按：周南爲正家之詩，故引三詩以著正家之效。蓋男女以正，而江漢變淫亂之俗；賢才衆多，而野人抱干城之器：則其化之入人者深矣。推原其本，則是文王意誠、心正之功。故朱子曰：「意誠、心正之功，不息而久，則其熏蒸透徹，融液周徧，自有不能已者，非智力之私所能及也。」惟其意不誠、心不正，故不能推以正家；家不正，故不能推以治國。苟能意誠而心正，則家國在舉而加之耳。古之人君，固有家不正而粗能爲國者矣。若齊桓公内嬖六人，而任管仲，霸諸侯；唐太宗宫闈多醜，而用魏徵，治天下。雖假仁義以獲一時之安，譬如無源之水，雖溢而易涸；無根之木，雖茂而易枯。桓公身殁不葬，尸蟲出户，齊國之亂，數世靡定；太宗付託非人，墓木未拱，麀聚瀆倫，子孫誅夷。豈若三代聖王，自身而家，自家而國，自國而天下，有源有本，流遠而瀾盛，華美而實繁者哉？不特人君爲然，人臣之欲致君澤民者，或以言語之學求感悟於頰舌之閒，而不曾反省厥躬，考其行未免愧怍，觀其家未底和肅，男牽欲而失其剛，婦狃説而忘其順者多矣。其何能誠動君父、惠及蒼生乎？是故人君不正宮壼而欲化民，人臣不正妻子而欲格君者，是猶不耘而求穫也。縱使善於假仁，姑濟一世，豈可恃以長久乎？伏望殿下先正國家之本，力行善則之道，以關雎、麟趾之意，行周官禮樂之制，萬世幸甚！

校勘記

〔一〕連傳福禍　「福禍」，一本作「禍福」。

〔二〕可爲鑒戒者　「者」，一本作「矣」。

栗谷先生全書卷二十四

聖學輯要六

爲政第四上上篇二章，下篇八章，凡十章

臣按：國者，家之推也，正家然後可以正國，故爲政次於正家。

摠論爲政章第一

臣按：爲政有根本，有規模，有節目。今合爲一章，著于首。

惟天地，萬物父母；惟人，萬物之靈。亶聰明作元后，元后作民父母。周書泰誓。

蔡氏曰：亶，誠實無妄之謂，言聰明出於天性然也。大哉乾元，萬物資始；至哉

坤元，萬物資生。天地者，萬物之父母也。萬物之生，惟人得其秀而靈，具四端，備萬善，知覺獨異於物。而聖人又得其最秀而最靈者，天性聰明，無待勉强，其知先知，其覺先覺，首出庶物，故能爲大君於天下。而天下之疲癃殘疾得其生，鰥寡孤獨得其養，舉萬民之衆，無一而不得其所焉。則元后者，又所以爲民之父母也。夫天地生物而厚於人，天地生人而厚於聖人。其所以厚於聖人者，亦惟欲其君長乎民，而推天地父母斯民之心而已。天之爲民如此，則任元后之責者，可不知所以作民父母之義乎？○大學曰：「詩曰：『樂只君子，民之父母。』民之所好好之，民之所惡惡之，此之謂民之父母。」

臣按：天地爲萬物之父母，元后爲斯民之父母，此言甚切矣。張子西銘則以天地爲父母，大君爲宗子，而其説尤爲詳備，故謹録于左。

西銘曰：「乾稱父，坤稱母，予兹藐焉，乃混然中處。朱子曰：以藐然之身，混合無間，而位乎中。故天地之塞，吾其體；天地之帥，吾其性。朱子曰：乾陽坤陰，此天地之氣塞乎兩間，而人物之所資以爲體者也。乾健坤順，此天地之志爲氣之帥，而人物之所得以爲性者也深察乎此。則父乾母坤，混然中處之實可見矣。民吾同胞，物吾與也。大君者，吾父母宗子；其大臣，宗子之家相也。尊高年，所以長其長；慈孤弱，所以幼吾幼。聖其合德，賢其秀也。凡天下疲癃殘疾、惸獨鰥寡，皆吾兄弟之顛連而無告者也。于時保之，子之翼也；樂且不憂，純乎孝者也。違曰悖德，害仁曰賊，濟惡者不才，其踐形惟肖者也。知化則善述其事，窮神則善繼其志。朱子曰：化底是氣，有跡可見，故爲事。神底是理，無形可窺，故爲志。不愧屋漏爲無忝，存心養性爲匪懈。惡旨酒，崇伯子之顧養。育英才，潁封人之錫類。不弛勞而底豫，舜其功也；無所逃而待烹，申生其恭也。體其受而歸全者，參乎！勇於從而順令者，伯奇也。富貴福澤，將厚吾之生也；貧賤憂戚，庸玉汝於成也。存，吾順事；沒，吾寧也。」程子曰：訂頑一篇，意極完備，乃仁之體也。

臣按：西銘是學者爲仁功夫，非專指人君之事，而載于此章者。人君，父事天，母事地，以斯民爲兄弟，以萬物爲儕輩，以充仁心，然後可盡其職，故此篇於人君爲尤切。夫天地生物，而無所作爲；民物受命，而不能自立。上代天工，下理萬物，使天地得其位，萬物得其所者，其不在元后乎？

大禹曰：「后克艱厥后，臣克艱厥臣。政乃乂，黎民敏德。」虞書大禹謨。下同。

蔡氏曰：艱，難也。乃者，難辭也。敏，速也。禹言君而不敢易其爲君之道，臣而不敢易其爲臣之職，夙夜祇懼，各務盡其所當爲者，則其政事乃能修治而無邪慝，下民自然觀感，速化於善，而有不容己者矣。

帝曰：「俞！允若茲，嘉言罔攸伏，野無遺賢，萬邦咸寧。稽于衆，舍己從人，不虐無告，不廢困窮，惟帝時克。」

蔡氏曰：嘉，善。攸，所也。舜然禹之言，以爲信能如此，則必有以廣延衆論，悉致羣賢，而天下之民咸被其澤。非忘私順理，愛民好士之至，無以及此，而惟堯能之。蓋爲謙辭，不敢自謂其必能。舜之克艱，於此亦可見矣。○程子曰：舍己從人，最爲難事。己者，我之所有，雖痛舍之，冗懼守己者固，而從人者輕也。

臣按：人情，責之以所不能，則猶能勉從，若責之以所已能，則必澽然尤其不相知也。夫克艱之道，要在嘉言罔伏，舍己從人，而舜之所以爲聖爲治者，實出於斯。今禹非不知舜之已能，猶不敢以爲有餘，而申儆之。舜亦不以已能爲自足，而不敢當焉。此虞朝君臣所以交盡其道，而聖人之所以益聖也歟？

定公問：「一言而可以興邦，有諸？」孔子對曰：「言不可以若是其幾也。人之言曰：『爲君難，爲臣不易。』如知爲君之難也，不幾乎一言而興邦乎？」論語。下同。

朱子曰：幾，期也。

曰：「一言而喪邦，有諸？」孔子對曰：「言不可以若是其幾也。人之言曰：「予無樂乎爲君，惟其言而莫予違也。」如其善而莫之違也，不亦善乎？如不善而莫之違也，不幾

乎一言而喪邦乎？」

謝氏曰：知爲君之難，則必敬謹以持之。惟其言而莫予違，則讒諂面諛之人至矣。邦未必遽興喪也，而興喪之源分於此。然非識微之君子，何足以知之？

仲虺作誥曰：「德日新，萬邦惟懷。志自滿，九族乃離。王懋昭大德，建中于民，以義制事，以禮制心，垂裕後昆。予聞曰：能自得師者王。謂人莫己若者亡。好問則裕，自用則小。」商書仲虺之誥。○此段，仲虺告成湯之辭。

蔡氏曰：中者，天下之所同有也，然非君建之，則民不能以自中。而禮義者，所以建中者也。義者，心之裁制。禮者，理之節文。以義制事，則事得其宜。以禮制心，則心得其正。内外合德，而中道立矣。如此，非特有以建中於民，而垂諸後世者，亦綽乎有餘裕矣。然是道也，必學焉而後至，故又舉古人之言，以爲隆師好問，則德尊而業廣。自賢自用者反是。謂之自得師者，真知己之不足。人之有餘，委心聽順，而無拂逆之謂也。孟子曰：「湯之於伊尹，學焉而後臣之，故不勞而王，其湯之所以自得者歟？」後世之不如古，非特世道之降，抑亦師道之不明也。仲虺之論，要其極，而歸諸能自得師之一語，其可爲帝王之大法也歟？

箕子曰：「皇建其有極。」周書洪範。

蔡氏曰：皇，君。建，立也。極，猶北極之極，至極之義，標準之名，中立而四方之所取正焉者也。言人君當盡人倫之至。語父子，則極其親，而天下之爲父子者於此取則焉。語夫婦，則極其别，而天下之爲夫婦者於此取則焉。以至一事一物之接，一言一動之發，無不極其義理之當然，而無一毫過不及之差，則極建矣。

子曰：「爲政以德，譬如北辰，居其所而衆星共之。「共」亦作「拱」。」論語。

朱子曰：政之爲言正也，所以正人之不正也。德之爲言得也，行道而有得於心也。北辰，北極，天之樞也。居其所，不動也。共，向也。言衆星四面旋繞，而歸向之也。爲政以德，則無爲而天下歸之，其象如此。○問：「是以德爲政否？」曰：「不是欲以德去爲政，不必泥以字，只是爲政有德相似。」○范氏曰：爲政以德，則不動而化，不言而信，無爲而成。所守者至簡，而能御煩。所處者至静，而能制動。所務者至寡，而能服衆。○季康子問政於孔子，孔子對曰：「政者，正也。子帥以正，孰敢不正？」康子患盜，問於孔子，孔子對曰：「苟子之不欲，貪欲也。雖賞之，不竊。」○荀子荀况所著。曰：「聞修身矣，而未聞修國也。君者，槃也，槃圓而水圓。君者，盂也，盂方而水方。君者，源也，源清則流清，源濁則流濁。」○董氏曰：爲人君者，正心以正朝廷，正朝廷以正百官，正百官以正萬民，正萬民以正四方。四方正，遠近莫敢不一於正，而亡有邪氣奸犯也。其間者，是以陰陽和而風雨時，羣生和而萬民殖。○朱子曰：天下之事，千變萬化，其端無窮，而無一不本於人主之心者，此自然之理也。故人主之心正，則天下之事，無一不出於正；人主之心不正，則天下之事，無一得由於正。是以人主以眇然之身，居深宮之中，其心之邪正，若不可得而窺者，而其符驗之著於外者，常若十目所視，十手所指，而不可掩。此大舜所以有「惟精惟一」之戒，孔子所以有「克己復禮」之云，皆所以正吾此心，而爲天下萬事之本也。此心既正，則視明聽聰，周旋中禮，而身無不正，是以所行無過不及，而能執其中，雖以天下之大，而無一人不歸吾之仁者。然邪正之驗，著於外者，莫先於家人，而次及於左右，然後有以達於朝廷，而及於天下焉。若宮闈之內，端莊齊肅，后妃有關雎之德，後宮無盛色之譏，貫魚順序，而無一人敢恃恩私以亂典常，納賄賂而行請謁，此則家之正也。退朝之後，從容燕息，貴戚近臣，攜僕奄尹，陪侍左右，各恭其職，而無一人敢通內外，竊威福，招權市寵，以紊朝政，此則左右之正也。內自禁省，外徹朝廷，二者之間洞然無有毫髮私邪之間，然後發號施令，羣聽不疑，進賢退姦，衆志咸服。紀綱得以振，而無侵撓之患。政事得以修，而無阿私之失。此所以朝廷百官、六軍萬民無敢不出於正，而治道畢也。心一不正，則是數者固無從而得其正，數者一有不正，而曰心正，則亦安有是理哉？

臣按：人君修德，是爲政之根本，而先知君職在於父母斯民，然後建中建極，以爲表準，則其效若衆星拱之矣。舜、禹、孔子、仲虺之説，是建中建極之要領，故具載焉。嗚呼！父母之於子，慈愛者衆，而人君之於民，行仁者寡，其不念天地付畀之責甚矣。

右言爲政之根本。

○子曰：「道千乘之國，敬事而信，節用而愛人，使民以時。」論語。下同。

朱子曰：道，治也。敬事而信者，敬其事而信於民也。時，謂農隙之時。○程子曰：此言至淺，然當時諸侯果能此，亦足以治其國矣。聖人言雖至近，上下皆通。此三言者，若推其極，堯舜之治亦不過此。若常人之言，近則淺近而已矣。○楊氏曰：上不敬則下慢，不信則下疑，下慢而疑，事不立矣。敬事而信，以身先之也。侈用則傷財，傷財必至於害民。故愛民必先於節用，然使之不以其時，則力本者不獲自盡，雖有愛人之心，而人不被其澤矣。然此特論其所存而已，未及爲政也。苟無是心，則雖有政不行焉。○胡氏曰：凡此數者，又皆以敬爲主。

子適衛，冉有僕。子曰：「庶矣哉！」

朱子曰：僕，御車也。庶，衆也。

冉有曰：「既庶矣，又何加焉？」曰：「富之。」

朱子曰：庶而不富，則民生不遂，故制田里，薄賦斂以富之。

曰：「既富矣，又何加焉？」曰：「教之。」

朱子曰：富而不教，則近於禽獸，故必立學校，明禮義以教之。○胡氏曰：天生斯民，立之司牧，而寄以三事。然自三代之後，能舉此職者，百無一二。漢之文明，唐之太宗，亦云庶且富矣。西京之教無聞焉，明帝尊師重傅，臨雍拜老，宗戚子弟莫不受學。唐太宗大召名儒，增廣生員，教亦至矣，然而未知所以教也。三代之教，天子公卿躬行於上，言行政事皆可師法，彼二君其能然乎？

子貢問政。子曰：「足食足兵，民信之矣。」

朱子曰：言倉廩實而武備修，然後教化行，而民信於我，不離叛也。

子貢曰：「必不得已而去，於斯三者，何先？」曰：「去兵。」

朱子曰：言食足而信孚，則無兵而守固矣。

子貢曰：「必不得已而去，於斯二者，何先？」曰：「去食。自古皆有死，民無信不立。」

朱子曰：民無食必死。然死者，人之所必不免，無信則雖生而無以自立，不若死之爲安。故寧死而不失信於民，使民亦寧死而不失信於我也。○程子曰：孔門弟子善問，直窮到底。如此章者，非子貢不能問，非聖人不能答也。○朱子曰：以人情而言，則兵食足，而後吾之信可以孚於民。以民德而言，則信本人之所固有，非兵食所得而先也。是以爲政者，當身率其民，而以死守之，不以危急而可棄也。守，守信也。棄，棄信也。

右言爲政之規模。

○子曰：「凡爲天下國家有九經，曰修身也，尊賢也，親親也，敬大臣也，體羣臣也，子庶民也，來百工也，柔遠人也，懷諸侯也。」中庸。下同。

朱子曰：經，常也。體，謂以身處其地，而察其心也。子，如父母之愛其子也。柔遠人，所謂無忘賓旅者也。賓旅，若使臣或商賈自遠至者也。此列九經之目也。○呂氏曰：天下國家之本在身，故修身爲九經之本。然必親師取友，然後修身之道進，故尊賢次之。道之所進，莫先其家，故親親次之。由家以及朝廷，故敬大臣、體羣臣次之。由朝廷以及其國，故子庶民、來百工次之。由其國以及天下，故柔遠人、懷諸侯次之。此九經之序也。視羣臣猶吾四體，視百姓猶吾子，此視臣視民之別也。

「修身則道立，尊賢則不惑，親親則諸父昆弟不怨，敬大臣則不眩，體羣臣則士之報禮重，子庶民則百姓勸，來百工則財用足，柔遠人則四方歸之，懷諸侯則天下畏之。」

朱子曰：此言九經之效也。道立，謂道成於己，而可爲民表，所謂「皇建其有極」是也。不惑，謂不疑於理。不眩，謂不迷於事。敬大臣則信任專，而小臣不得以閒之，故臨事而不眩也。來百工則通功易事，農末相資，故財用足。柔遠人則天下之旅皆悅，而願出於其塗，故四方歸。懷諸侯，則德之所施者博，而威之所制者廣矣，故曰天下畏之。

「齊明盛服，非禮不動，所以修身也；去讒遠色，賤貨而貴德，所以勸賢也；尊其位，重其祿，同其好惡，所以勸親親也；官盛任使，所以勸大臣也；忠信重祿，所以勸士也；時使薄斂，所以勸百姓也；日省月試，既許氣反。**稟**音廩。**稱事，所以勸百工也；送往迎來，嘉善而矜不能，所以柔遠人也；繼絶世，舉廢國，治亂持危，朝聘以時，厚往而薄來，所以懷諸侯也。」**

朱子曰：此言九經之事也。官盛任使，謂官屬衆盛，足任使令也。蓋大臣不當親細事，故所以優之者如此。忠信重祿，謂待之誠而養之厚。蓋以身體之，而知其所賴乎上者如此也。既，讀曰餼。餼稟，稍食也。稍者，出物有漸之謂。稱事，如周禮「稾人」

職曰「考其弓弩，以上下其食」是也。往則爲之授節以送之，來則豐其委積子賜反。以迎之。朝，謂諸侯見於天子。聘，謂諸侯使大夫來獻。王制：比年一小聘，三年一大聘，五年一朝。厚往薄來，謂燕賜厚而納貢薄。

「凡爲天下國家有九經，所以行之者一也。」

朱子曰：一者，誠也，一有不誠，則是九者皆爲虛文矣。此九經之實也。○孟子曰：「尊賢使能，俊傑在位，則天下之士皆說，而願立於其朝矣；市廛而不征，廛，市宅也。賦其市地之廛，而不征其貨。法而不廛，治以市官之法，而不賦其廛。則天下之商皆說，而願藏於其市矣；關譏而不征，譏察非常，不征其稅。則天下之旅皆說，而願出於其路矣；耕者助而不稅，但使出力，以助耕公田，不稅其私田。則天下之農皆說，而願耕於其野矣；廛無夫里之布，周禮：宅不毛者，有里布。民無職事者，出夫家之征。戰國時，雖平民，一切取之。則天下之民皆說，而願爲之氓矣。信能行此五者，則鄰國之民仰之若父母矣。率其子弟，攻其父母，自生民以來未有能濟者也。如此則無敵於天下。無敵於天下者，天吏也。然而不王者，未之有也。」○又曰：「不信仁賢則國空虛，雖有百官有司，不得其職，何異無人？如金人渡河曰：「南朝可謂無人。若以一二千人守河，吾豈能渡哉？」此是空虛之驗。無禮義則上下亂，無政事則財用不足。」

右言爲政之節目而推本爲説。

臣按：爲政大概不出此章。而下文推演爲説：建中建極，爲政之根本也；富庶而教，爲政之規模也；九經之事，爲政之節目也。但九經通本末而言，所謂「修身」者，即建中建極之謂也。所謂「一」者，又建中建極之本也。殿下其致思焉。

用賢章第二

臣按：孔子曰：「爲政在於得人。」不用賢而能致治者，未之有也。君臣相得，乃可有爲。人君之職，惟以知賢善任爲先務。故此章居先，而章内議論特盡其詳。

子曰：「惟仁者能好人，能惡人。」論語。下同。

朱子曰：惟之爲言，獨也。蓋無私心，然後好惡當於理，程子所謂「得其公正」是也。○游氏曰：好善而惡惡，天下之同情。然人每失其正者，心有所繫，而不能自克也，惟仁者無私心，所以能好惡也。

「不知言，無以知人也。」

慶源輔氏曰：言，心聲也。因言之得失，可以知人之邪正，惟格物窮理之君子能之。此二節，言修己而心公理明，然後可以知人。

「視其所以，」

朱子曰：以，爲也。爲善者爲君子，爲惡者爲小人。

「觀其所由，」

朱子曰：觀，比視爲詳矣。由，從也。事雖爲善，而意之所從來者有未善焉，則亦不得爲君子矣。

臣按：所行雖善，若有好名好爵之念在心，則所由不善矣。

「察其所安，」

朱子曰：察則又加詳矣。安，所樂也。所由雖善，而心之所樂者，不在於是則亦僞耳，豈能久而不變哉？所爲則易見矣。若所由所樂，則非窮理知言者不能辨識。

「人焉廋哉？人焉廋哉？」

朱子曰：焉，何也。廋，匿也。重言以深明之。○程子曰：在己者，能知言窮理，則能以此察人如聖人也。

「不逆詐，不億不信，抑亦先覺者，是賢乎？」

朱子曰：逆，未至而迎之也。億，未見而意之也。詐，謂人欺己。不信，謂人疑己。抑，反語辭。言雖不逆不億，而於人之情僞自然先覺，乃爲賢也。○楊氏曰：君子一於誠而已，然未有誠而不明者。故雖不逆詐，不億不信，而常先覺也。若夫不逆不億，而卒爲小人所罔焉，斯亦不足觀也已。○新安陳氏曰：逆億者，私見之紛擾。先覺者，真見之昭徹。固不先事而預料小人之爲姦，亦不臨事而墮於小人之姦，斯爲誠明之君子乎？

「衆惡之，必察焉；衆好之，必察焉。」

孟子曰：左右皆曰賢，未可也；諸大夫皆曰賢，未可也；國人皆曰賢，然後察之。見賢焉，然後用之。左右皆曰不可，勿聽；諸大夫皆曰不可，勿聽；國人皆曰不可，然後察之。見不可焉，然後去之。」○朱子曰：人有同俗而爲衆所悦者，亦有特立而爲俗所憎者，故必自察之，而親見其賢否之實，然後從而用舍之。則於賢者，知之深，任之重，而不才者不得以幸進矣。

右言觀人之術。

○孟子曰：「人有不爲也，而後可以有爲。」孟子。

程子曰：有不爲，知所擇也。惟能有不爲，是以可以有爲。無所不爲者，安能有所爲耶？○張子曰：不爲不仁，則可以爲仁；不爲不義，則可以爲義。○程子曰：大凡儒者，未敢望深造於道，且只得所存正分，别善惡，識廉恥，如此等人多，亦須漸好。

易曰：「君子同而異。」睽卦象辭。

程子曰：聖賢之處世，在人理之常，莫不大同。於世俗所同者，則有時而獨異。不能大同者，亂常拂理之人也；不能獨異者，隨俗習非之人也：要在同而能異耳。

臣按：君子於彝倫之行，與俗大同，而其中有異焉：愛親則同，而喻父母於道，不以從令爲孝者，異於俗；敬君則同，而引君當道，不合則去者，異於俗；宜妻則同，而相敬如賓，不溺於情慾，則異於俗；順兄則同，而怡怡相勉，磨以學行，則異於俗；交游則同，而久而敬之，相觀而善，則異於俗。彼不愛其親，不敬其君，夫妻反目，兄弟傷和，朋友相賊者，此固亂常敗俗之人，不足言也。世俗之有行者，類不知君子之道，故徒養口體，陷親有過，而反疑君子之不從父令，以爲不孝；不得於君則熱中，進不知止，而反疑君子之難進易退，以爲不敬；以情壞禮，過於昵狎，而反疑君子之晝不居内，以爲非情；兄弟相聚所娱者，酒食宴樂，而反疑君子之切磋勉學，以爲傷於友愛；朋友善柔，拍肩執袂，以相戲侮，而反疑君子之攝以威儀，以爲友契不密。俗見之痼久矣。若非在上之人，先識道理，爲具眼者，則其不以異俗爲非者鮮矣。雖然，君子之所以異於俗者，以風俗不回古道故也。若化行俗美，斯道大明而大行，則世俗皆君子也，雖欲獨異，其可得乎？

子曰：「大臣以道事君，不可則止。」論語。

朱子曰：不可則止，謂不合則去。以道事君者，不從君之欲；不可則止者，必行己之志。已上本註。○孔子曰：「君子事君，進思盡忠，退思補過，將順其美，匡救其惡，故上下能相親也。」真氏曰：進，謂入見其君也。退，謂出適私室也。○孟子曰：「責難於君，謂之恭。陳善閉邪，謂之敬。吾君不能，謂之賊。我非堯舜之道，不敢陳於王前，齊人莫如我敬王也。」范氏曰：人臣以難事責於君，使其君爲堯舜之君者，尊君之大也。開陳善道，以禁閉君之邪心，唯恐其君或陷於有過之地者，敬君之至也。謂其君不能行善道，而不以告者，賊害其君之甚也。○已上二條，言以道事君。○又曰：「有官守者，不得其職則去。有言責者，不得其言則去。」○宋神宗欲用司馬光，召知許州，令過闕上殿，方下詔。謂程顥曰：「朕召司馬光，卿度光來否？」顥對曰：「陛下能用其言，光必來；不能用其言，光必不來。」帝曰：「未論用其言，如光者常在左右，人主自可無過。」光果辭召命。神宗知光之賢，而不能用其言，徒欲以召命致之，其可謂好賢乎？○已上二條，言不可則止。○孔子曰：「事君，難進而易退，則位有序。賢者進用，不肖者就役，則位有序。易進而難退，則亂也。亂者，賢不肖倒置之謂也。故君子三揖而進，一辭而退，以遠亂也。」呂氏曰：三揖，三讓也。若主人之敬未至而强進，主人之意已懈而不辭，則賓主之分亂矣。可仕可已、可見可辭，進退之義一也。○呂氏曰：君信我可以爲師，非學焉而後臣之，則不進也。信我可以執國政，雖待以季孟之間，亦不進也。膰肉不至而即行，靈公問陳而即行。君子之道，正君而已。枉己者，未有能直人者也。已上二條，通論進退之義。

孟子曰：「士窮不失義，達不離道，窮不失義，故士得己焉。達不離道，故民不失望焉。」孟子。

朱子曰：得己，言不失己也。如云不失其身也。民不失望，言人素望其興道致治，而今果如所望也。○孟子曰：「古之人得志，澤加於民；不得志，修身見於世。窮則獨善其身，達則兼善天下。」

易曰：「不事王侯，高尚其事。」蠱卦上九爻辭。

程子曰：士之自高尚，亦非一道。有懷抱道德，不偶於時，而高潔自守者，伊尹、太公未出之時。有知止足之道，退而自保者，張良、疏廣之類。有量能度分，安於不求知者，徐穉、申屠蟠之類。有清介自守，不屑天下之事，獨潔其身者，接輿、荷蕢之徒。所處雖有得失小大之殊，皆自高尚其事者也。

臣按：士之不仕，固非一端，而大概不出於程子所論四者：所謂得者，上三條也；所謂失者，下一條也。所謂大者，上一條也；所謂小者，下三條也。夫道德之士，非致敬盡禮，則不可得見；非諫行言聽，則不可得臣。人君所當推誠委任，終始勿貳者也。若知止度分之士，亦有二焉：若見危亂之幾而先退，則人君當感悟改過，消絶禍萌，而盡誠收用可也；若不見禍幾，而只求恬退，則人君當不奪其志，嘉賞其節，以爲勵廉恥之具可也。至如獨潔其身者，雖過中失正，而超出利欲之外，比諸決性命之情以饕富貴者，則清濁迥隔矣。人君亦當示以褒奬，以成隱逸之名可也。後之人君，略知賢者之可好，而不知所以好之之道。或有縻以爵禄，不用其言，使之難於進退者，如詩所謂「執我仇仇，亦不我力」之類。或有徒好其名，不求其實，强委以所不能，使之僨事失己者，如晉用殷浩之類。皆非真好賢者也。必也知之極其明，用之適其才，信之盡其誠，然後可謂真好賢矣。

右辨君子之行。

○子曰：「鄙夫可與事君也與哉？與平聲。」論語。下同。

朱子曰：鄙夫，庸惡陋劣之稱。

「其未得之也，患得之，；既得之，患失之。」

何氏曰：患得之，謂患不能得之。○新安陳氏曰：得，謂得富貴權利。

「苟患失之，無所不至矣。」

朱子曰：小則吮癰舐痔，大則弒父與君，皆生於患失而已。○胡氏曰：許昌靳裁之有言曰：「士之品大概有三：志於道德者，功名不足以累其心；志於功名者，富貴不足以累其心；志於富貴而已者，則亦無所不至矣。」志於富貴，即孔子所謂鄙夫也。

「巧言令色，鮮矣仁。」

朱子曰：巧，好。令，善也。好者言，善其色，致飾於外，務以説人，則人欲肆而本心之德亡矣。聖人辭不迫切，專言鮮，則絶無可知，學者所當深戒也。○又曰：容貌辭氣之間，正學者持養用力之地。然有意於巧令，以説人之觀聽，則心馳於外而鮮仁矣。若是就此持養，發禁躁妄，動必温恭，只要體當自家直内方外之實事，乃是爲己之功，求仁之要，復何病乎？至於小人，訐以爲直，色厲而内荏，則雖與巧言令色者不同，然考其矯情飾僞之心，則實巧言令色之尤者，聖人惡之。

「惡紫之奪朱也，惡鄭聲之亂雅樂也，惡利口之覆邦家者。」

朱子曰：朱，正色。紫，閒色。雅，正也。利口，捷給。覆，傾敗也。○范氏曰：天下之理，正而勝者常少，不正而勝者常多，聖人所以惡之也。利口之人，以是爲非，以非爲是，以賢爲不肖，以不肖爲賢。人君苟説而信之，則國家之覆也不難矣。

「鄉原，德之賊也。」

朱子曰：原，與愿同，謂謹愿之人也。孔子以其似德而非德，故以爲德之賊。○萬章曰：「一鄉皆稱原人焉，無所往而不爲原人，孔子以爲德之賊，何哉？」孟子曰：「非之無舉也，刺之無刺也；同乎流俗，合乎汚世；居之似忠信，行之似廉潔；衆皆説之，自以爲是，而不可與入堯舜之道，故曰德之賊也。」

臣按：貪汚諂佞是小人之常態，苟非庸闇之君，則辨之不難，惟似是而非者，雖明主或不能辨焉。蓋君子正色諤諤，而小人之色厲訐直者似之；君子行全無瑕，而小人之謹愿無刺者似之：宜乎聖賢深以爲戒也。夫鄉原闇然媚世，自以爲是，使流俗雷同，安於姑息卑汚之境，沮抑行道之士，杜絶爲學之路，其爲害殆甚於異端之惑世矣。後世之士，若指爲鄉原，則孰不慙且怒哉？然夷攷其所爲，則瞻前顧後，謹身持禄，一聞復古之説，一見志道之士，則輒嗤以迂闊難成，惟以因循牽補爲務，此皆學鄉原者也。孟子曰：「君子反經而已矣，經正則庶民興。」「反經」之責，深有望於殿下焉。

右辨小人之奸。

○子曰：「論篤是與，君子者乎，色莊者乎？」論語。下同。

朱子曰：言但以其言論篤實而與之，則未知爲君子者乎，爲色莊者乎？言不可以言貌取人也。

「有德者必有言，有言者不必有德。仁者必有勇，勇者不必有仁。」

朱子曰：有德者，和順積也，英華發外。能言者，或便佞口給而已。仁者，心無私累，見義必爲。勇者，或血氣之强而已。

「君子不可小知，而可大受也。小人不可大受，而可小知也。」

朱子曰：知，我知之也。受，彼所受也。蓋君子於細事，未必可觀，而材德足以任重。小人雖器量淺狹，而未必無一長可取。

「君子喻於義，小人喻於利。」

朱子曰：喻，猶曉也。義者，天理之所宜。利者，人情之所欲。○程子曰：君子之於義，猶小人之於利也。惟其深喻，是以篤好。○楊氏曰：君子有舍生而取義者。

以利言之，則人之所欲無甚於生，所惡無甚於死，孰肯舍生而取義哉？其所喻者，義而已，不知利之爲利故也。小人反是。○象山陸氏曰：此章以義利判君子小人。學者於此，當辨其志。人之所喻，由其所習，所習由其所志。志乎義，則所習者必在於義，斯喻於義矣；志乎利，則所習者必在於利，斯喻於利矣。○南軒張氏曰：學者莫先於義利之辨。義者，無所爲而然也。凡有所爲而然，皆人欲之私，而非天理之公，此義利之分也。朱子曰：「義者，無所爲而然」，此言可謂擴前聖之所未發。蓋聖人之學，無所爲而然者，命之所以不已，性之所以不偏，而教之所以無窮也。自非卓然先審夫義利胥壤之判，勵思力行，不舍晝夜，其能真有得乎？其事雖善，而納交要譽與惡其聲之念或萌于中，是亦利而已矣。

「君子和而不同，小人同而不和。」

朱子曰：和者，無乖戾之心。同者，有阿比之意。○尹氏曰：君子尚義，故有不同。小人尚利，安得而和？○春秋傳曰：齊景公至自田，晏子侍。子猶梁丘據字也。馳至焉，公曰：「惟據與我和夫？」晏子對曰：「據亦同也，焉得爲和？」公曰：「和與同異乎？」對曰：「異。和如羹焉，水火醯醢鹽梅以烹魚肉，燀之以薪，燀音戰，猶燃也。宰夫和之，以洩其過，言洩去其味之過者。君子食之，以平其心。君臣亦然。君所謂可而有否焉，臣獻其否，以成其可。君所謂否而有可焉，臣獻其可，以去其否。故詩曰：「亦有和羹，既戒既平。」今據不然，君所曰可，據亦曰可；君所曰否，據亦曰否。若以水濟水，誰能食之？若琴瑟之專一，誰能聽之？同之不可也如是。」

「君子周而不比，小人比而不周。」

朱子曰：周，普偏也。比，偏黨也。皆與人親厚之意，但周公而比私爾。○朱子與丞相留正書曰：朋黨之禍，止於縉紳，而古之惡朋黨而欲去之者，往往至於亡人之國。蓋不察其賢否忠邪，而惟黨之務去，則彼小人之巧於自謀者，必將有以自蓋其迹，而君子恃其公心直道，無所回互，往往反爲所擠，而目以爲黨。漢、黨錮之禍。唐、清流之禍。紹聖元祐黨禍。之事，今未遠也，丞相未能不以朋黨爲慮。熹恐丞相或未深以天下之賢否忠邪，爲己任也。夫杜門自守，孤立無朋者，此一介之行也。延納賢能，黜退姦險，合天下之人，以濟天下之事者，宰相之職也，奚必以無黨者爲是，而有黨者爲非哉？夫以丞相今日之所處，無黨則無黨矣，而使小人之道日長，君子之道日消，天下之慮，將有不可勝言者，則丞相安得辭其責哉？熹不勝愚者之慮，願丞相先以分别賢否忠邪爲己任：其果賢且忠耶？則顯然進之，惟恐其黨之不衆，而無與共圖天下之事也；其果姦且邪耶？則顯然黜之，惟恐其去之不盡，而有以害吾用賢之功也。不惟不疾君子之爲黨，而不憚以身爲之黨；不惟不憚以身爲之黨，又將引其君以爲黨而不憚也。如此，則天下之事其庶幾乎？

臣按：人臣之惡，莫甚於私黨。人君所痛嫉者，亦莫甚於朋黨。故小人之陷君子，必以是爲嚆矢，第患人君不之察耳。苟或察之，則公私忠佞，辨之何難？所謂察者，只是察其心耳：其心在於正君治國乎？在於榮身固權乎？正君治國之士，以同道爲朋者，一心愛君，一心徇國，黨益盛而君益聖，國益安矣，人君猶恐其少黨，豈患其彙征乎？榮身固權之士，以同利爲朋者，營私蔑公，後君遺親，其黨雖少，亦足以罔上而亡國矣，人君當如撲火於始然，豈待其寔繁乎？然小人之心，惟利是求，不顧君親，故一時締結者，或利盡而交疏，或勢逼而相圖，其所謂朋黨者，亦假合而已，非若君子道義之朋，終始如一。故歐陽脩曰：「小人無朋，惟君子則有之。」此言是也。嗚呼！商臣億萬，惟億萬心，可謂無黨，而紂以亡。周臣三千，惟一爲一大黨，而武王以王，只在厥心之如何耳？雖然，人君不先明理，而徒以逆億爲察，則其不以公爲私、以佞爲忠者鮮矣，此所以學莫先於明理也。

「人之過也，各於其黨。觀過，斯知仁矣。」

朱子曰：黨，類也。○程子曰：人之過也，各於其類。君子常失於厚，小人常失於薄；君子過於愛，小人過於忍。○朱子曰：君子過於廉，小人過於貪，君子過於介，小人過於通之類皆是。然亦不止此，但就此等處看，則人之仁不仁可見，而仁之氣象亦可識，故但言斯知仁矣。此亦但言人雖有過，猶可即此。而知其厚薄，非謂必俟其有過，而後賢否可知也。○真氏曰：爲人君者，尤當因臣下之過而察其心：如愛君而極諫，不無狂訐之過，要其用心非仁乎？取其仁而略其過可也。愛君而違命，不無矯拂之過，要其用心非仁乎？取其仁而略其過可也。若姦邪之臣，巧於掊覆，未必有過之可指，其心何如哉？凡此皆觀人之一端，以類求之，莫不然也。

孟子曰：「有事君人者，事是君則爲容悦者也。」孟子。下同。

朱子曰：阿徇以爲容，逢迎以爲悦，此鄙夫之事、妾婦之道也。

「有安社稷臣者，以安社稷爲悦者也。」

朱子曰：言大臣之計安社稷，如小人之務悦其君，眷眷於此而不忘也。

「有天民者，達可行於天下而後行之者也。」

朱子曰：民者，無位之稱。以其全盡天理，乃天之民，故謂之「天民」。必其道可行於天下，然後行之；不然，則寧没世不見知而不悔，不肯小用其道以徇於人也。

○張子曰：必功覆斯民然後出。如伊吕之徒。

「有大人者，正己而物正者也。」

朱子曰：大人，德盛而上下化之，所謂「見龍在田，天下文明」者。言人品不同，略有四等。容悦佞臣不足言。安社稷則忠矣，然猶一國之士也，天民則非一國之士矣，然猶有意也。無意無必，惟其所在而物無不化，惟聖者能之。

臣按：朱子有言曰：「知人之難，堯舜以爲病，孔子亦有聽言觀行之戒。然嘗思之，此特爲小人設耳。若皆君子，則何難之有哉？蓋天地之閒有自然之理：凡陽必剛，剛必明，明則易知；凡陰必柔，柔必闇，闇則難測。故聖人作易，遂以陽爲君子，陰爲小人，其所以通幽明之故、類萬物之情者，雖百世不能易也。嘗竊推易説，以觀天下之人，凡其光明正大，疏暢洞達，如青天白日，如高山大川，如雷霆之爲威，而雨露之爲澤，如龍虎之爲猛，而麟鳳之爲祥，磊磊落落、無纖芥可疑者，必君子也。而其依阿淟涊，回互隱伏，糾結如蛇蚓，瑣細如蟣蝨，如鬼蜮狐蠱，如盜賊詛祝，閃倏狡獪、不可方物者，必小人也。君子小人之極，既定於内，則其形於外者，雖言談舉止之微，無不發見，而況於事業文章之際，尤所謂粲然者。彼小人者，雖曰難知，亦豈得而逃哉？」臣謂朱子此言，備盡君子小人之情狀，人主以是觀人，思過半矣。君子小人如陰陽晝夜，每每相反，大要愛君者爲君子，愛爵禄者爲小人。蓋小人不計其君之明闇，惟以爵禄爲心，苟可以利身，則他不遑恤，雖至於迷罔君父，殘傷國脈，亦不顧也。是故爵禄之權，在君上則媚君上，在權倖則附權倖，在外戚則結外戚，甚至於潛通敵國，吠噬其主，亦無所不至矣。所愛者爵禄，何暇愛君乎？君子則不然。社稷爲心，生民爲念，苟可以正君，則他無所戀。義在守職，則君命有所不從。義在盡言，則天威有所不避。明義理，杜蔽惑，務引君當道，立於無過之地。如其不得官守，不得言責，食禄而無所裨益，則奉身而退，亦出於不得已也。畎畝之中，一飯不忘。冀君之感悟，不以進退有間焉。所愛者君，何暇愛爵禄哉？末俗滔滔，道學不明，人臣既無正君之志，而人君亦説人順己，以愛爵禄者爲愛君，以愛君者爲怨君。嗚呼，可勝歎哉！

右通論君子小人。

○哀公問曰："何爲則民服？"孔子對曰："舉直錯諸枉則民服，舉枉錯諸直則民不服。"論語。

朱子曰：錯，捨置也。諸，衆也。○程子曰：舉錯得義，則人心服。○謝氏曰：好直而惡枉，天下之至情也。順之則服，逆之則去，必然之理也。然或無道以照之，則以直爲枉，以枉爲直者多矣。是以君子大居敬而貴窮理也。

見賢而不能舉，舉而不能先，命也；見不善而不能退，退而不能遠，過也。 大學。

朱子曰：命，鄭氏云當作慢。若此者，知所愛惡矣，而未能盡愛惡之道，蓋君子而未仁者也。○胡氏曰：齊桓公之郭，問父老曰：「郭何故亡？」曰：「以其善善而惡惡也。」公曰：「若子之言，乃賢君也，何至於亡？」曰：「郭君善善不能用，惡惡不能去，所以亡也。」夫善善而不能用，則無貴於知其善；惡惡而不能去，則無貴於知其惡。未之或知者，猶有所覬也，夫既或知之矣，不能行其所知，君子所以高舉遠引，小人所以肆行而無忌憚也。然則非有能亡郭者，郭自亡爾。

臣按：人君雖知君子之可好，小人之可惡，而用捨之際不能行其好惡之實，則無益於治亂之數，故以舉錯得宜爲貴。雖然，彼舉錯未能盡義者，實未得好惡之正故也。誠能好善如好好色，惡惡如惡惡臭，則寧有舉之而不先，退之而不遠者哉？惟其名爲好賢而實不好，名爲惡惡而實不惡，故賢不肖倒置，以歸於亂且亡爾。朱子所論「伏節死義」之説，言頗激切，人主不可不知，故謹録于左。

朱子封事曰：有誦言於衆，以爲陛下嘗謂今日天下，幸無變故，雖有伏節死義之士，亦何所用？此言一播，大爲識者之憂，臣有以知其必非陛下之言也。夫伏節死義之士，當平居無事之時，誠若無所用者，然古之人君所以必汲汲以求之者，蓋以如此之人，臨患難而能外死生，則其在平世必能輕爵禄，臨患難而能盡忠節，則其在平世必能不詭隨。平日無事之時得以用之，則君心正於上，風俗美於下，足以逆折姦萌，潛消禍本，自然不至真有伏節死義之事，非謂必知後日當有變故，而預蓄此人以擬之也。惟其平日，自恃安寧，便謂此等人材，必無所用，而專取一種無道理、無學識、重爵禄、輕名義之人，以爲不務矯激，而尊寵之。是以綱紀日壞，風俗日偷，非常之禍，伏於冥冥之中。而一朝發於意慮之所不及，平日所用之人交臂降叛，而無一人可同患難，然後前日擯棄流落之人始復，不幸而著其忠義之節。以天寶之亂觀之，其將相貴戚、近幸之臣皆已頓顙賊庭，而起兵討賊，卒至於殺身湛沉族而不悔，如巡、遠、杲卿之流則遠方下邑，人主不識其面目之人也。使明皇早得巡等而用之，豈不能銷患於未萌？巡等早見用於明皇，又何至真爲伏節死義之舉哉？商鑑不遠，在夏后之世，此識者所以深憂於或者之言也。雖以臣知陛下聖學高明，識慮深遠，決然不至有此議論，然每念小人敢託聖訓以蓋其姦，而其爲害至於足以深沮天下忠臣義士之氣，則亦未嘗不痛心疾首，而不敢以識者之慮，爲過計之憂也。

臣按：朱子之説明白痛快，可以一洗邪論矣。昔宋孝宗歎伏節死義之士難得，張南軒以爲伏節死義之士當於犯顔敢諫中求之。此言約而切矣，人主亦不可不知也。

右言用捨之宜。

○**易曰：「飛龍在天，利見大人。」**乾卦九五爻辭。

程子曰：聖人既得天位，則利見在下大德之人，與共成天下之事也。○孔子曰：「同聲相應，同氣相求。水流濕，火就燥。雲從龍，風從虎。」

又曰：「以杞包瓜，含章，有隕自天。」姤卦九五爻辭。

程子曰：杞，高木而葉大。處高而可以包物者，杞也。美實之在下者，瓜也。美而居下，側微之賢之象也。尊居君位，而下求賢才，以至高而求至下，猶以杞葉而包瓜。人君雖屈己求賢，若其德不正，賢者不屑也。故必含蓄章美，内積至誠，則有隕自天矣。猶云自天而降，言必得之也。自古人君至誠降屈，以中正之道，求天下之賢，未有不遇者也。高宗感於夢寐，文王遇於漁釣，皆由是道也。○又曰：天地不相遇，則萬物不生。君臣不相遇，則政治不興。聖賢不相遇，則道德不亨。事物不相遇，則功用不成。

仲弓問舉賢才曰："焉知賢才而舉之？"子曰："舉爾所知。爾所不知，人其舍諸？"論語。

程子曰：人各親其親，然後不獨親其親。仲弓曰："焉知賢才而舉之？"子曰："舉爾所知。爾所不知，人其舍諸？"便見仲弓與聖人用心之大小。推此義則一心可以興邦，一心可以喪邦，只在公私之間爾。○明道見神宗論人材，上曰："朕未之見也。"明道曰："陛下奈何輕天下士？"上聳然曰："朕不敢，朕不敢。"○程子曰："天地生一世人，自足了一世事，但恨人不能盡用天下之才，此其不能大治。"

孟子曰："堯以不得舜爲己憂，舜以不得禹、皋陶爲己憂。分人以財，謂之惠。教人以善，謂之忠。爲天下得人者，謂之仁。是故以天下與人易，爲天下得人難。"孟子。下同。

朱子曰：堯舜之憂民，非事事而憂之也，急先務而已。分人以財，小惠而已。教人以善，雖有愛民之實，然其所及，亦有限而難久。惟若堯之得舜，舜之得禹、皋陶，乃所謂爲天下得人者。而其恩惠廣大，教化無窮矣，此所以爲仁也。

"古之賢王，好善而忘勢。古之賢士，何獨不然？樂其道而忘人之勢，故王公不致敬盡禮，則不得亟見之。見且猶不得亟，而況得而臣之乎？"

朱子曰：言君當屈己以下賢，士不枉道而求利。二者勢若相反而實則相成，蓋亦各盡其道而已。○又曰：古之君子有志於天下者，莫不以致天下之賢爲急。而其所以急於求賢者，非欲使之綴緝言語，譽道功德，以爲一時觀聽之美而已。蓋將以廣其見聞之所不及，思慮之所不至，且慮夫處己接物之間或有未盡善者，而將使之有以正之也。是以其求之不得不博，其禮之不得不厚，其待之不得不誠，必使天下之賢，識與不識，莫不樂自致於吾前，以輔吾過，然後吾之德業，得以無愧乎隱微，而浸極乎光大耳。然彼賢者其明既足以燭事理之微，其守既足以遵聖賢之轍，則其自處必高，而不能同流合污以求譽，自待必厚，而不能陳詞飾說以自媒，自信必篤，而不能趨走唯諾以苟容也。是以王公大人雖有好賢樂善之誠，而未必得聞其姓名、識其面目、盡其心志之底蘊，又況初無此意，而其所取特在乎文字言語之間乎？

「故將大有爲之君，必有所不召之臣。欲有謀焉則就之，其尊德樂道不如是，不足與有爲也。」

朱子曰：大有爲之君，大有作爲、非常之君也。○程子曰：古之人所以必待人君致敬盡禮而後往者。非欲自爲尊大也，爲是故耳。

「好善優於天下。夫苟好善，則四海之內，皆將輕千里而來告之以善；夫苟不好善，則人將曰：『訑訑，予既已知之矣。』訑訑之聲音顏色，距人於千里之外。士止於千里之外，則讒諂面諛之人至矣。與讒諂面諛之人居，國欲治，可得乎？」

也。朱子曰：優，有餘裕也。言雖治天下，尚有餘力也。輕，易也。言不以千里爲難也。訑訑，自足其智、不嗜善言之貌。君子小人，迭爲消長。直諒多聞之士遠，則讒諂面諛之人至，理勢然也。此言爲政不在於用一己之長，而貴於有以來天下之善。

右言求賢之道。

○易曰：「聖人養賢，以及萬民。」頤卦彖辭。

程子曰：聖人養賢才，與之共天位，使之食天禄，俾施澤於天下，養賢以及萬民也。○程子論養賢劄子曰：臣竊以議當代者，皆知得賢則天下治，而未知所以致賢之道也。是雖衆論紛然，未極其要，朝廷亦以行之爲艱而不爲也。三代養賢，必本於學，而德化行焉，治道出焉。本朝踵循唐舊，而館閣清選止爲文字之職，名實未正，欲招賢養材以輔時贊化，將何從而致之也？古先哲王所以虛己求治，何嘗不盡天下之才，以成己之德也。臣今欲乞朝廷設延英院，以待四方之賢。凡公論推薦及巖穴之賢，必招致優禮，視品給俸，而不可遽進以官，止以應詔命名。凡有政治，則委之詳定，凡有典禮，則使之討論，經畫得以奏陳，而治亂得以講究。俾羣居切磨，日盡其材。使政府及近侍之臣互與相接，時賜召對。詔以治道，可觀其材識器能也。察以累歲，人品益分。

然後使賢者就位，能者任職，或委付郡縣，或師表士儒。其德業尤異，漸進以帥臣職司之任，爲輔弼，爲公卿，無施之不稱也。若是，則引彙竝進，野無遺賢，陛下尊賢待士之心可謂無負於天下矣。

高宗命說曰：「股肱惟人，良臣惟聖。」商書說命。下同。

蔡氏曰：手足備而成人，良臣輔而君聖。

「昔先正保衡，作我先王，乃曰：『予弗克俾厥后惟堯舜。』其心愧恥，若撻于市。一夫不獲，則曰：『時予之辜。』佑我烈祖，格于皇天。爾尚明保義如輔。**予，罔俾阿衡專美有商。」**

蔡氏曰：先正，先世長官之臣。保，安也。保衡，猶阿衡。作，興起也。撻于市，恥之甚也。不獲，不得其所也。高宗舉伊尹之言，以伊尹望傅說。

「惟后非賢不乂，惟賢非后不食。其爾克紹乃辟于先王，永綏民。」說拜稽首曰：「敢對揚天子之休命。」

蔡氏曰：言君臣相遇之難如此。高宗以成湯自期，傅說以伊尹自任，君臣相勉勵也。○朱子曰：人主以論相爲職，宰相以正君爲職。二者各得其職，然後體統正而朝廷尊，天下之政必出於一，而無多門之弊。苟當論相者，求其適己而不求其正己，取其可愛而不取其可畏，則人主失其職矣。當正君者，不以獻可替否爲事，而以趨和承意爲能，不以經世宰物爲心，而以容身固寵爲術，則宰相失其職矣。二者交失其職，是以體統不正，綱紀不立，而左右近習皆得以竊弄威權，使政體日亂，國勢日卑。雖有非常之禍，伏於冥冥之中，而上恬下嬉，亦莫知以爲慮者。是可不察其所以然者而反之，以汰其所已用，而審其所將用者乎？選之以其能正己而可畏，則必得自重之士，而吾所以任之不得不重。任之既重，則彼得以盡其獻可替否之志，行其經世宰物之心。而又公選天下直諒敢言之士，使爲臺諫給舍，以參其議論，使吾腹心耳目之寄，常在於賢士大夫，而不在於羣小，陟罰臧否之柄，常在於廊廟，而不出於私門。如此而主威不立，國勢不强，綱維不舉，刑政不清，民力不裕，軍政不修者，臣不信也。朱子封事中語，故稱臣。

孟子見齊宣王曰：「爲巨室，則必使工師求大木。工師得大木，則王喜，以爲能勝其任也；匠人斲而小之，則王怒，以爲不勝其任矣。夫人幼而學之，壯而欲行之，王曰『姑舍女汝**所學而從我』，則何如？」**孟子。下同。

朱子曰：巨室，大宮也。工師，匠人之長。匠人，衆工人也。姑，且也。言賢人所學者大，而王欲小之也。

「今有璞玉於此，雖萬鎰，必使玉人彫琢之。至於治國家，則曰『姑舍女汝**所學而從我』，則何以異於教玉人彫琢玉哉？」**

朱子曰：璞，玉之在石中者。鎰，二十兩也。玉之價，直金萬鎰也。玉人，玉工也。不敢自治，而付之能者，愛之甚也。治國家，則徇私欲而不任賢，是愛國家，不如愛玉也。○范氏曰：古之賢者，常患人君不能行其所學。而世之庸君，亦常患賢者不能從其所好。是以君臣相遇，自古以爲難。孔孟終身而不遇，蓋以此耳。

用人之知，去其詐。用人之勇，去其怒。用人之仁，去其貪。禮記。

陳氏曰：人君用人，當取其所長，舍其所短。蓋中人之才，有所長，必有所短也。

臣按：此言庶官不可盡得全材，當用其所長也。蓋慎擇賢，相委任責成，則百官有司不必求備於一人。宰相不用極選，則政柄授諸非人，而朝廷亂矣。有司必求備才，則取人未免窄狹，而庶職曠矣。

有人言：「今日士大夫未見賢者。」程子曰：「不可謂士大夫有不賢者，便爲朝廷官人不用賢也。」○又曰：「天下之士，亦有志在朝廷而才不足，才可有爲而誠不足。今日正須才與至誠合一，方能有濟。」

右言任用之道。

○定公問：「君使臣，臣事君，如之何？」孔子對曰：「君使臣以禮，臣事君以忠。」論語。

朱子曰：二者皆理之當然，各欲自盡而已。○呂氏曰：使臣，不患其不忠，患禮之不至。事君，不患其無禮，患忠之不足。

子曰：「爲上可望而知也，爲下可述而志也，則君不疑於其臣，而臣不惑於其君矣。」尹曰：『惟尹躬及湯，咸有一德。』」禮記。

陳氏曰：君之待臣，表裏如一，故曰可望而知。臣之事君一由忠誠，其職業皆可稱述而記志，此所以上下之間不疑不惑也。

二人同心，其利斷金。同心之言，其臭如蘭。易繫辭。

朱子曰：言物莫能間，而其言有味也。○誠齋楊氏曰：金石，至堅也，然不堅於人心。故二人一心，則石可裂，金可折。常人一心，尚可以貫金石，況君臣一心，何事之不可成？薰蕕同器，一童子能辨之，臭味不同故也。取南山之蘭，雜北山之蘭，十黄帝不能分，臭味同故也。

詩曰：「呦呦鹿鳴，食野之苹。我有嘉賓，鼓瑟吹笙。吹笙鼓簧，承筐是將。人之好我，示我周行。」小雅鹿鳴之篇。

朱子曰：呦呦，聲之和也。承，奉也。筐，所以盛幣帛者也。將，行也。奉筐而行幣帛，飲則以酬賓送酒，食則以侑賓勸飽也。周行，大道也。此燕饗賓客之詩也。賓客，或本國之臣，或諸侯之使也。蓋君臣之分，以嚴爲主。朝廷之禮，以敬爲主。然一於嚴敬，則情或不通，而無以盡其忠告之益。故先王因其飲食聚會，而制爲燕饗之禮，以通上下之情。而其樂歌，以鹿鳴起興，而言其禮意之厚如此。庶乎人之好我，而示我以大道也。記曰：「私惠，不歸德，君子不自留焉。」蓋其所望於羣臣嘉賓者，惟在於示我以大道，則必不以私惠爲德矣。嗚呼！此其所以和樂而不淫也與。

子曰：「大臣不親，百姓不寧，則忠敬不足，而富貴已過也。大臣不治，而邇臣比矣。故大臣不可不敬也，是民之表也；邇臣不可不慎也，是民之道也。」禮記。

陳氏曰：大臣不見親信，則民不服從其令，故不寧也。此蓋由臣之忠不足於君，君之敬不足於臣，徒富貴之大過而然耳。由是，邇臣之黨相比，以奪大臣之柄，而使之不得治其事。故大臣不可不敬，以其爲民所瞻望之儀表也；邇臣不可不慎，以君之所好惡係焉，乃民之所從以爲道者也。○或曰：「信任大臣，而無以閒之，故臨事而不眩。使大臣而賢也則可，其或不幸而有趙高、朱异、虞世基、李林甫之徒焉，則鄒陽所謂『偏聽生姦，獨任成亂』，范睢所謂『妒賢疾能，御下蔽上，以成其私，而主不覺悟』者，亦安得而不慮耶？」朱子曰：「不然也。修身則視明聽聰，而不可欺以賢否矣。尊賢則所置以爲大臣者，必不雜以如是之人矣。不幸而或失之，則亦亟求其人，以易之而已。豈有知其能爲姦以敗國，顧猶置之大臣之位，使之姑以奉行文書爲職業，而又恃小臣之察以防之哉？夫勞於求賢，而逸於得人。任則不疑，而疑則不任。此古之聖君賢相所以誠意交孚，兩盡其道，而有以共成正大光明之業也。如其不然，將恐上之所以猜防畏備者愈密，而其爲眩愈甚，下之所以欺罔蒙蔽者愈巧，而其爲害愈深。不幸而臣之姦遂，則其禍固有不可勝言者。幸而主之威勝，則夫所謂偏聽獨任、御下蔽上之姦，將不在於大臣，而在於左右，其爲國家之禍，尤有不可勝言者矣。嗚呼危哉！

右言禮敬親信之道。

○**易曰：「履霜，堅冰至。」**坤卦初六爻辭。

程子曰：陰之始凝而爲霜，履霜則當知陰漸盛而至堅冰矣。猶小人始雖甚微，不可使長，長則至於盛也。○孔子曰：「積善之家，必有餘慶；積不善之家，必有餘殃。臣弑其君，子弑其父，非一朝一夕之故，其所由來者漸矣，由辨之不早辨也。」

子曰：「放鄭聲，遠佞人。鄭聲淫，佞人殆。」論語。

朱子曰：放，謂禁絶之。佞人，卑諂便給之人。殆，危也。○張子曰：鄭聲佞人，能使人喪其所守，故放遠之。○范氏曰：佞人者，止於諛説順從而已，近之必至於殆，何也？彼佞人者，不知義之所在，而惟利之從。其始莫不巧言令色，未必有悖逆之心。及其患失，則無所不至，終至於弑君亡國者，皆始之諛悦順從者也。○張氏曰：「小人之禍國家，柔惡尤可畏。剛惡、桀黠、强暴，中才之主猶畏而遠之，爲害猶淺。惟柔佞者，諂諛側媚，使人喜愛親暱，聰明之君猶爲所惑，有覆亡而終不悟者。夫子舉佞人，亦以小人之尤者言也。○唐太宗嘗玩禁中樹曰：「此嘉木也。」右衛大將軍宇文士及從傍美歎不已。帝正色曰：「魏徵嘗勸我遠佞人，不識佞人爲誰，乃今信然。」士及謝曰：「南衙羣臣，面折廷爭，陛下不得一舉手。今臣幸在左右，不少有將順，雖貴爲天子，亦何聊？」帝意解。史臣曰：「太宗知士及之佞，亦不能斥。彼中材之主求不惑於佞，難哉！」真氏曰：「士及之言，有深爲人君之鴆毒者。夫盛明之世，忠讜盈朝，言動少差，箴儆隨至，貴爲天子，宜若無聊矣，而每措身於至安至榮之地；昏亂之世，諂諛塞耳，窮侈縱欲，下無敢言，貴爲天子，宜若適意矣，而每措身於至危至難之中。然則人主將何擇焉？如士及者，亡隋之餘孽，何足多責？所可惜者，太宗知其佞而不知去之爾。」

臣按：以箴儆之多爲無聊者，此特内多慾，而外施仁義者耳。若人君正心修身，所好者學，所樂者善，則箴儆之悦耳，猶芻豢之悦口，尚何無聊之有？若内無修己之實，而假借集事者，於箴儆之來，勉强從之，中心實不樂也，豈能久而不變哉？此唐玄宗所以瘠於用韓休，而卒致天寶之亂者也。

穆王命伯冏曰："爾無昵于憸人，充耳目之官，迪上以非先王之典。"周書冏命。

蔡氏曰：蓋穆王自量其執德未固，恐左右以異端進而蕩其心也。此心不繼，造父爲御，周遊天下。豫知所戒，憂思深長，猶不免躬自蹈之。人心操捨之無常，可懼哉！

子張問明，子曰："浸潤之譖，膚受之訴不行焉，可謂明也已矣。浸潤之譖，膚受之訴不行焉，可謂遠也已矣。"論語。

朱子曰：浸潤，如水之浸灌，漸漬而不驟也。譖，毁人之行也。膚受，謂肌膚所受，利害切身也。訴，訴己之寃也。毁人者漸漬而不驟，則聽者不覺其入，而信之深矣；訴寃者急迫而切身，則聽者不及致詳，而發之暴矣。二者難察，而能察之，則可見其心之明而不蔽於近矣。

詩曰："亂之初生，僭始既涵。亂之又生，君子信讒。君子如怒，亂庶遄沮。君子如祉，亂庶遄已。"小雅巧言之篇。

朱子曰：僭始，不信之端也。涵，容受也。君子，指王也。遄，疾。沮，止也。祉，猶喜也，言亂之所以生者。由讒人以不信之言始入，而王涵容，不察其真僞也。亂之又生者，則既信其讒言而用之矣。君子見讒人之言，若怒而責之，則亂庶幾遄沮矣；見賢者之言，若喜而納之，則亂庶幾遄已矣。今涵容不斷，讒信不分，是以讒者益勝，而君子益病也。○蘇氏曰：小人爲讒於其君，必以漸入之：其始也，進而嘗之，君容之而不拒，知言之無忌，於是復進，既而君信之，然後亂成。

臣按：人君誠欲用賢，則必遠小人，然後君臣可以終始無閒，以成治道矣。若惡惡不嚴，使小人得摇讒舌，則君子豈安於立朝乎？夫讒人者，善於伺候，變態百端，或陽助而陰抑，或始譽而終毁，粉飾羅織，巧立名目。指篤行者爲僞善，指守道者爲僞學，隱居尚志者謂之傲世，難進易退者謂之要君，廷争謇諤者謂之賣直，盡心國事者謂之專擅，舉賢協力者以爲朋黨，矯革宿弊者以爲亂政。誣陷良善之術，不可枚舉。人君若不深惡而痛絶之，乃爲俱收竝蓄之計，則駸駸然漸入于術中，終至於羣陰彙進，君子遠屏矣。嗚呼，可不懼哉！

右言遠小人之道。

伊尹耕於有莘之野，而樂堯舜之道焉。非其義也，非其道也，禄之以天下，弗顧也，繫馬千駟，弗視也。非其義也，非其道也，一介不以與人，一介不以取諸人。湯使人以幣聘之，囂囂然曰：囂囂，無欲自得之貌。「我何以湯之聘幣爲哉？我豈若處畎畝之中，由是以樂堯舜之道哉？」湯三使往聘之，既而幡然改曰：「與我處畎畝之中，由是以樂堯舜之道，吾豈若使是君爲堯舜之君哉？吾豈若使是民爲堯舜之民哉？吾豈若於吾身親見之哉？天之生此民也，使先知覺後知，先覺覺後覺也。予，天民之先覺者也；予將以斯道覺斯民也。非予覺之而誰也？」思天下之民匹夫匹婦有不被堯舜之澤者，若己推而内之溝中。其自任以天下之重如此。相湯，以王於天下。湯崩，太丁未立，湯之太子，未立而死。外丙二年，仲壬四年，外丙、仲壬，皆太丁弟。太甲太丁之子，嗣爲王。顛覆湯之典刑，伊尹放之於桐三年。太甲悔過，自怨自艾，治也。處仁遷義，以聽伊尹之訓己也，復歸于亳。伊尹既復政厥辟，將致仕而去，恐太甲德不純一，及任用非人，作咸有一德書篇名。以陳戒。○琅邪諸葛亮，寓居襄陽隆中，每自比管仲、樂毅，時人莫之許也。昭烈在荆州，訪士於襄陽司馬徽，徽曰：「儒生俗士，豈識時務？識時務在乎俊傑。此間自有伏龍、鳳雛。」昭烈問爲誰，曰：「諸葛孔明、亮字。龐士元統字。也。」徐庶謂昭烈曰：「諸葛孔明，卧龍也。將軍豈願見之乎？」昭烈曰：「君與俱來。」庶曰：「此人可就見，不可屈致也，將軍宜枉駕顧之。」昭烈由是詣亮，凡三往乃得見，問討賊興復之策，善之。於是，與亮情好日密，佐昭烈，取益州治之。昭烈即位，以亮爲丞相。臨崩，謂亮曰：「君才十倍曹丕，必能安國家，終定大事。嗣子可輔，輔之。如其不可，君可自取。」亮涕泣曰：「臣敢不竭股肱之力，效忠貞之節，繼之以死。」亮上表於後帝曰：「臣本布衣，躬耕南陽，苟全性命於亂世，不求聞達於諸侯。先帝不以臣卑鄙，猥自枉屈，三顧臣於草廬之中，諮臣以當世之事，由是感激，許先帝以驅馳。先帝知臣謹慎，臨崩，寄以大事。受命以來，夙夜憂懼，恐付託不效，以傷先帝之明。今當獎率三軍，北定中原，興復漢室，還于舊都，此臣所以報先帝而忠陛下之職分也。」「臣鞠躬盡瘁，死而後已。至於成敗利鈍，非臣所能逆睹也。」出師伐魏，卒于軍。

臣按：賢人者，有國之器用也。求治而不求賢，猶捨舟楫而求濟川也。今取伊尹、諸葛亮出處之迹著于右，舉此可見其餘。伊尹之在莘也，躬耕樂道，若無意於當世，而成湯再聘，志猶確然。及乎請之愈勤，其誠益著，然後幡然應召。志同德合，格于皇天。歷相數世，至於放君而不以爲嫌。允德既終，乃得致仕，猶丁寧陳戒，愈老彌篤。諸葛亮之在隆中也，抱膝長嘯，高視宇宙，若將終身。昭烈再顧，猶堅遁思，及乎中心好之，三枉不懈，然後回心委質，謨猷允符，竭才輸誠，期以恢復，逮輔幼主，政自己出，人無間言，强魏震慴，庶幾禮樂。斯二人者，雖道有精粗，德有大小，其得君盡忠則一也，非後世所能及也。此豈特二人之賢爲然哉？實由人主有以致之。竊觀湯之稱尹曰：「聿求元聖，與之戮力，其服之也至矣。」昭烈之稱亮曰：「孤之有孔明，猶魚之有水。」其樂之也深矣！君臣相契如此。則二人之篤棐，豈得已哉？後世之君好賢無如成湯、昭烈者故聖賢之學、豪傑之才多老於家食，而偷時識勢、茍合取容者滔滔得志，欲世之治，其可得乎？雖然，人君必先窮理知言，權度不差，然後可以識賢矣。知之甚明，肺肝洞照，然後可以相信矣。信之甚篤，如合左契，然後可以相悦矣。悦之甚親，恩如父子，然後可以委任矣。任之甚專，不貳不參，然後可以行道致治。惟意所欲，而陶甄一時，垂裕萬世矣。君臣相遇，豈偶然哉？五帝三王，率由是道，後王所當取則也。後世雖少康之主，亦未有不用人而自用者。但君不及先王之聖，臣不若古人之賢，故功烈未免乎卑耳。若其反是者，則既無修己之功，又昧知人之鑑，或取以虚名，或悦以順從，好之而不克終，任之而不免疑，議論乖時而猶拘以爵禄，逢迎誤君而猶許以忠良，國事日非而上下皆莫之憂。懲乎此者，則又多疑多忌，自用而不任人，聰明不廣，叢脞失職，其廢天工，隳庶績，而歸于亂亡則一也。人主所當深戒也。伏惟殿下垂鑑焉。

栗谷先生全書卷二十五

聖學輯要七

爲政第四下

取善章第三

臣按：君臣既相得矣，而必須取人之善，羣策畢擧，然後可以致治，故取善次之。

伊尹曰：「后非民罔使，民非后罔事。無自廣以狹人，匹夫匹婦，不獲自盡，民主罔與成厥功。」商書咸有一德。下同。○伊尹陳戒太甲之辭。

蔡氏曰：言君民之相須者如此，欲太甲不敢忽也。無，毋同。伊尹又言君民之使事，雖貴賤不同，至於取人爲善，則初無貴賤之間。蓋天以一理賦之於人，散爲萬善，人君合天下之萬善，而後理之一者可全也。苟自大而狹人，匹夫匹婦有一不得自盡於上，則一善不備，而民主亦無與成厥功矣。

「德無常師，主善爲師。善無常主，協于克一。」

蔡氏曰：無常者，不可執一之謂。師，法。協，合也。德者，善之總稱。善者，德之實行。一者，其本原統會者也。德兼衆善，不主於善，則無以得一本萬殊之理。善原於一，不協于一，則無以達萬殊一本之妙。博而求之於不一之善，約而會之於至一之理。此聖學始終條理之序，與夫子所謂一貫者幾矣。

箕子告武王曰：「凡厥庶民，有猷有爲有守，汝則念之。不協于極，不罹于咎，皇則受之。而康而色，曰：『予攸好德。』汝則錫之福。」周書洪範。

蔡氏曰：有猷，有謀慮者。有爲，有施設者。有守，有操守者。是三者，君之所當念也。不協于極，未合於善也，不罹于咎，不陷於惡也，所謂中人也。受者，不拒之也。見於外而有安和之色，發於中而有好德之言，則錫之以福。福者，爵禄之謂。

子曰：「君子不以言舉人，不以人廢言。」論語。

南軒張氏曰：以言舉人，則行不踐者進矣，此固不可也。然而雖使小人言之而善，亦不害其爲善言也。以人廢之，則善言棄矣。

「舜其大知也與？舜好問而好察邇言，隱惡而揚善，執其兩端，用其中於民，其斯以爲舜乎！」中庸。○亦孔子語。

朱子曰：舜之所以爲大知者，以其不自用而取諸人也。邇言者，淺近之言，猶必察焉，其無遺善可知。然於其言之未善者則隱而不宣，其善者則播而不匿，其廣大光明又如此，則人孰不樂告以善哉？兩端，謂衆論不同之極致。蓋凡物皆有兩端，如小大、厚薄之類。於善之中，又執其兩端而量度以取中，然後用之，則其擇之審而行之至矣。然非在我之權度精切不差，何以與此？

孟子曰：「大舜，善與人同。舍己從人，樂取於人以爲善。自耕、稼、陶、漁以至爲帝，無非取於人者。」孟子。下同。

朱子曰：善與人同，公天下之善而不爲私也。舜之側微，耕于歷山，陶于河濱，漁于雷澤。

「取諸人以爲善，是與人爲善者也。故君子莫大乎與人爲善。」

朱子曰：與，猶許也，助也。取彼之善，而爲之於我，則彼益勸於爲善矣，是我助其爲善也。能使天下之人皆勸於爲善，君子之善，孰大於此？此言樂善之誠，初無彼此之間。故其在人者有以裕於己，在己者有以及於人。

詩曰：「先民有言。詢于芻蕘。」大雅板之篇。

朱子曰：先民，古之賢人也。芻蕘，采薪者。○豐城朱氏曰：淺近之言，至理存焉，不可以其人之賤而忽之也。

易曰：「知臨，大君之宜，吉。」臨卦六五爻辭。

程子曰：五居尊位，而下應於二剛中之臣。五是君位，二是臣位，五二爲相應之爻。是能倚任於二，不勞而治，以知臨下者也。夫以一人之身，臨乎天下之廣，若區區自任，豈能周於萬事？故自任其知者，適足爲不知。惟能取天下之善，任天下之聰明，則無所不周，其知大矣。大君之所宜也，其吉可知。

臣按：天下至廣也，事機至煩也。人主以眇然之身，處靜居簡，而應之有裕者，不過集天下之智，以決天下之事爾。人各有智，故愚者亦有一得。苟能悉取衆智，合爲一智，而在我衡鑑，精明得中，則天下雖廣，運之掌上，事機雖煩，決之建瓴矣。蓋以天下之目爲目，則明無不見；以天下之耳爲耳，則聰無不聞；以天下之心爲心，則睿無不思。此聖帝明王所以鼓舞天下，而不勞心力者也。反是者則蔽於自聖，痼於自用，衒其聰明，陵駕一世，視天下之人，舉歸於莫己若，而帷薄之間、蕭墻之內見聞尚有所不及，況於天下之廣乎？嗚呼！不自聖智，務取於人，似乎卑下，而實是大舜之所服行也。以舜之聰明，豈有所不及於人，而必曰取人爲善何哉？誠以道理無窮，而聖人之心，廣大公明，聞一善言，沛然由之，無閒於人己，故集天下之善，爲一己之用，此舜之所以極其聖也。何必自聖自用，務高於舜，而反趨暗塞之徑乎？或問：「人君雖欲集合羣策，而賢士無應命者，則奈何？」曰：「只患人君無好善之誠耳。夫苟好善以誠，則士將輕千里而來，賢者欲行其道，智者欲盡其術，直者思獻其忠，勇者思效其力矣，何憂士之不應命乎？」若有好善之名，而無其實。羣策既集，權度失當，指蘭爲臭，指炭爲白，鏌鋣爲鈍，鉛刀爲銛，又或是非邪正，茫無取捨，發言盈庭，一不見施，杳然若墜深井之中，則士將望望而去矣。後雖有求言聘士之時，孰敢有應命者乎？此皆人主所自取也。得失如斯，伏惟殿下垂察焉。

識時務章第四

臣按：智者，無不知也。當務之爲急，羣策雖集，必先取其切於時務者，故識時務次之。

論學，便要明理；論治，便須識體。 程氏遺書。○明道先生語。

葉氏曰：論學而不明理，則徒事乎詞章記誦之末，未爲知學也；論治而不識其體，則徒講乎制度文爲之末，未爲知治也。

慮善以動，動惟厥時。商書説命。

蔡氏曰：善，當乎理也。時，時措之宜也。慮固欲其當乎理，然動非其時，猶無益也。聖人酬酢斯世，亦其時而已。○易曰：「天地以順動，故日月不過而四時不忒。聖人以順動，則刑罰清而民服。」○薛氏曰：處大事，識爲先，斷次之。

右泛言時務之當識。

○**易曰：「雲雷屯，君子以經綸。」**屯卦象辭。

程子曰：雲，爲雨而未成者也。未能成雨，所以爲屯。君子觀屯之象，經綸天下之事，以濟於屯難。經綸，謂營爲也。○朱子曰：屯難之世，君子有爲之時也。

子曰：「黄帝、堯、舜氏作，通其變，使民不倦，神而化之，使民宜之。易，窮則變，變則通，通則久，是以『自天祐之，吉无不利』。」易繫辭。

程子曰：識變知化爲難，古今風氣不同，故器用亦異。是以聖人通變，使民不倦，各隨其時而已矣。

孟子曰：「君子創業垂統，爲可繼也。」孟子。下同。

朱子曰：君子造基業於前而垂統緒於後，不失其正，令後世可繼續而行耳。

「行一不義，殺一不辜，而得天下，不爲也。」

朱子曰：行一不義，殺一不辜，而得天下，有所不爲，心之正也。

右言創業之道。

〇**說曰：「監于先王成憲，其永無愆。」**商書說命。〇傅說戒高宗之辭。

蔡氏曰：憲，法。愆，過也。言法必監于先王，先王成法者，子孫之所當守也。

詩曰：「不愆不忘，率由舊章。」大雅假樂之篇。

朱子曰：愆，過也。率，循也。章，典法也。所行不過差，不遺忘者，以其循用舊典故也。〇漢酇侯蕭何薨，曹參代何爲相，壹遵何約束。擇郡國吏訥於文辭、重厚長者，即召除爲丞相史，吏之言文刻深、欲務聲名者，輒斥去之。見人有細過，專掩匿覆蓋之。府中無事，帝怪相國不治事，參曰：「高帝與蕭何定天下，法令既明，陛下垂拱，參等守職，遵而勿失，不亦可乎？」帝曰：「善。」參爲相國三年，百姓歌之曰：「蕭何爲法，較若畫一。曹參代之，守而勿失。載其清淨，民以寧壹。」

右言守成之道。

○**易曰：「恒：亨，利有攸往。」**恒卦彖辭。

程子曰：恒者，常久也。恒之道，可以亨通，非守一隅而不知變也，故利於有往。惟其有往，故能恒也，一定則不能常矣。惟隨時變易，乃常道也。天地常久之道，天下常久之理，非知道者孰能識之？

又曰：「革言三就，有孚。」革卦九三爻辭。

程子曰：革言，猶當革之論。就，成也，合也。審察當革之言，至於三而皆合，則可信也。事之當革，若畏懼而不爲，則失時爲害。惟當慎重之至，不自任其剛明。審稽公論，至於三就而後革之，則無過矣。

又曰：「包荒，用馮憑**河，不遐遺，朋亡，得尚于中行。」**泰卦九二爻辭。

程子曰：「包荒」、「用馮河」、「不遐遺」、「朋亡」四者，處泰之道也。人情安肆，則政舒緩，而法度廢弛，庶事無節。治之之道，必有包含荒穢之量，則其施爲寬裕詳密，弊革事理，而人安之。若無含弘之度，有忿疾之心，則無深遠之慮，有暴擾之患，深弊未去，而近患已生矣，故在包荒也。「用馮河」，泰寧之世，人情習於久安，安於守常，惰於因循，憚於更變，非有馮河之勇，不能有爲於斯時也。「馮河」謂其剛果足以濟深越險也。自古泰治之世，必漸至於衰替，蓋由狃習安逸，因循而然。自非剛斷之君、英烈之輔不能挺特奮發，以革其弊也，故曰「用馮河」。或疑上云「包荒」則是包含寬容，此云「用馮河」則是奮發改革，似相反也。不知以含容之量，施剛果之用，乃聖賢之爲也。「不遐遺」，泰寧之時，人心狃於泰，則苟安逸而已，惡能復深思遠慮，及於遐遠之事哉？治夫泰者，當周及庶事，雖遐遠，不可遺。若事之微隱，賢才之在僻陋，皆遐遠者也，時泰則固遺之矣。「朋亡」，夫時之既泰，則人習於安，其情肆而失節，將約而正之，非絶去其朋與之私，則不能也，故云「朋亡」。自古立法制事，牽於人情，卒不能行者多矣。若夫禁奢侈，則害於近戚，限田産，則妨於貴家，如此之類，不能斷以大公而必行，則是牽於朋比也。治泰，不能朋亡，則爲之難矣。治泰之道有此四者，則能配合中行之義也。尚，配也。○又曰：治道，亦有從本而言，亦有從事而言。從本而言，惟從格君心之非，正心以正朝廷，正朝廷以正百官。若從事而言，不救則已，若須救之，則須變，大變則大益，小變則小益。○董氏曰：琴瑟不調甚者，必解而更張之，乃可鼓也。爲政而不行甚者，必變而更化之，乃可理也。古人有言曰：「臨淵羡魚，不如退而結網。」臨政願治，不如退而更化。更化則可善治，善治則災害日去，福禄日來。○朱子曰：古者禪授之懿，莫如堯舜之盛。而舜承堯禪，二十有八年之間，其於禮樂刑政更張多矣。其大者，舉十六相皆堯之所未舉；去四凶皆堯之所未去。然而舜不以爲嫌，堯不以爲罪，天下之人不以爲非，因革損益，顧義理如何耳。

右言更張之道。

臣按：時務不一，各有攸宜，撮其大要，則創業、守成與夫更張三者而已。創業之道，非以堯舜湯武之德，值時世改革之際，應乎天而順乎人則不可也，此無以議爲。若所謂守成者，聖君賢相，創制立法，治具畢張，禮樂濟濟，則後王後賢，只得按其成規，垂拱遵守而已。所謂更張者，盛極中微，法久弊生，狃安因陋，百度廢弛，日謬月誤，將無以爲國，則必有明君哲輔，慨然興作，扶舉綱維，唤醒昏惰，洗滌舊習，矯革宿弊，善繼先王之遺志，焕新一代之規模，然後功光前烈，業垂後裔矣。守成者，雖中主具臣亦可勿失，守成易。更張者，非有高見英才則不能也，更張難。當守成而務更化，則是無病而服藥，反致成疾矣；當更張而務遵守，則是嬰疾而却藥，卧而待死矣。或問：「守成非大無道之世，則皆能仍舊矣。若更張，則必待其人。雖欲更張而無其人，則奈何？」曰：「不然，人君無意於斯世則已矣。如使誠心願治，則明明揚仄陋，豈無其人乎？自古人君曷嘗有學道好賢，志濟蒼生，而求賢不遇，竟不能有爲者乎？

惟其所學非道，所好非賢，故志雖勤，而道益離，賢益遠耳。譬如子孫守先人之舊宅，年深材故，腐朽將頹，而非遇工師，不能修改，主厥家者將不遠千里，急求工師乎？抑諉以不得工師，坐而視其傾圮乎？更張弊政，何以異此？嗚呼！人情安於故俗，世習溺於前規，膠柱鼓瑟，守株待兔，苟幸目前之無事，釀成意外之奇禍者多矣。伏惟殿下深戒焉。

法先王章第五

臣按：時務之宜，雖能曉達，先王之政，不能追復。則譬如不遵規矩，手造方圓，終不能挽回世道，以成至治。故法先王次之。

孟子曰：「離婁之明，公輸子之巧，不以規矩，不能成方圓。師曠之聰，不以六律，不能正五音。堯舜之道，不以仁政，不能平治天下。」孟子。下同。

范氏曰：此言治天下不可無法度。仁政者，治天下之法度也。

「今有仁心仁聞而民不被其澤，不可法於後世者，不行先王之道也。」

朱子曰：仁心，愛人之心也。仁聞者，有愛人之聲聞於人也。先王之道，仁政是也。○范氏曰：齊宣王不忍一牛之死，以羊易之，可謂有仁心。梁武帝終日一食蔬素，宗廟以麪爲犧牲，斷死刑必爲之涕泣，天下知其慈仁，可謂有仁聞。然而宣王之時，齊國不治；武帝之末，江南大亂。其故何哉？有仁心仁聞而不行先王之道故也。

「故曰：徒善不足以爲政，徒法不能以自行。」

朱子曰：徒，猶空也。有其心，無其政，是謂徒善；有其政，無其心，是謂徒法。程子嘗言：「爲政須要有綱紀文章，謹權、審量、讀法、平價皆不可闕。」而又曰：「必有關雎、麟趾之意，然後可以行周官之法度。」正謂此也。

「爲高必因丘陵，爲下必因川澤。爲政不因先王之道，可謂智乎？」

朱子曰：丘陵本高，川澤本下。爲高下者因之，則用力少而成功多矣。

「規矩，方圓之至也。聖人，人倫之至也。欲爲君，盡君道；欲爲臣，盡臣道：二者皆法堯舜而已矣。不以舜之所以事堯事君，不敬其君者也；不以堯之所以治民治民，賊其民者也。」

朱子曰：法堯舜以盡君臣之道，猶用規矩以盡方圓之極。

說曰：「人求多聞，時惟建事。學于古訓，乃有獲。事不師古，以克永世，匪說攸聞。」

商書說命。

蔡氏曰：古訓者，古先聖王之訓，載修身治天下之道，二典、三謨之類是也。不師古訓，而能長治久安者，非說所聞，甚言無此理也。○程子曰：先王之世，以道治天下，後世只是以法把持天下。○又曰：三代之治，後世決可復。不以三代爲治者，終苟道也。

臣按：後世之君，非不慕三代之盛，而只以古今異宜，莫之敢行。明道先生劄子極論三代之可復，而言皆摭實，可據而行，故謹錄于左。

程子上劄於神宗曰：臣竊謂聖人創法，皆本諸人情，極乎物理。雖二帝三王不無隨時因革，踵事增損之制。然至乎爲治之大原、牧民之要道，則前聖後聖豈不同條而共貫哉？蓋無古今無治亂，如生民之理有窮，則聖王之法可改。言不論古今治亂，若生民之理有窮，則惟以聖王之法，可改其弊。後世能盡其道則大治，或用其偏則小康，此歷代彰灼著明之效也。苟或徒知泥古而不能施之於今，姑欲循名而遂廢其實，此則陋儒之見，何足以論治道哉？然儻謂今人之情皆已異於古，先王之迹不可復於今，趣便目前，不務高遠，則亦恐非大有爲之論，而未足以濟當今之極弊也。謂如衣服飲食、宮室器用之類，苟便於今，而有法度者，豈亦遽當改革哉？惟其天理之不可易。人所賴以生，非有古今之異，聖人之所必爲者，固可概舉。然行之有先後，用之有緩速。若夫裁成運動，周旋曲當，則在朝廷講求設施如何耳。古者自天子達於庶人，必須師友，以成就其德業，故舜禹文武之聖，亦皆有所從學。今師傅之職不修，友臣之義未著，所以尊德樂善之風未盛於天下，此非有古今之異者也。天生烝民，立之君，使司牧之，必制其恒産，使之厚生，則經界不可不正，井地不可不均，此爲治之大本也。唐尚能有口分授田之制，今則蕩然無法，富者跨州縣而莫之止，貧者流離餓殍而莫之恤。幸民雖多，而衣食不足者，蓋無紀極。生齒日益繁，而不爲之制，則衣食日蹙，轉死日多，此乃治亂之機也，豈可不漸圖其制之之道哉？此亦非有古今之異者也。古者政教始乎鄉里，其法起於比閭族黨、州鄉酇遂，以相聯屬統治，民相安而親睦，刑法鮮犯，廉恥易格，此亦人情之所自然，行之則效，亦非有古今之異者也。庠序之教，先王所以明人倫，化成天下。今師學廢而道德不一，鄉射亡而禮義不興，貢士不本於鄉里而行實不修，秀士不養於學校而人材多廢，此較然之事，亦非有古今之異者也。古者民必有九年之食，無三年之食者，以爲國非其國。臣觀天下耕之者少，食之者衆，地力不盡，人功不勤，雖富室强宗鮮有餘積，況其貧弱者乎？或一州一縣有年歲之凶，即盜賊縱横，飢羸滿路。如不幸有千里之災，連年之歉，則未知朝廷以何道處之，其患不可勝言矣。豈可曰昔不至是，因以幸爲可恃也哉？固宜漸從古制，均田務農，公私交爲儲粟之法，以爲之備，此亦無古今之異者也。聖人奉天理物之道，在乎六府，六府之任，治於五官，山虞澤衡，各有常禁，故萬物阜豐，而財用不乏。今五官不修，六府不治，用之無節，取之不時，豈惟物失其性，材木所資，天下皆已童赭，斧斤焚蕩。尚且侵尋不禁，而川澤漁獵之繁，暴殄天物，亦已耗竭，則將若之何？此乃窮弊之極矣。惟修虞衡之職，使將養之，則有變通長久之勢，此亦非有古今之異者也。古者冠昏喪祭，車服器用等差分別，莫敢踰僭，故財用易給，而民有常心。今禮制未修，奢靡相尚，卿大夫之家莫能中禮，而商販之類或踰三公，禮制不足以檢飭人情，名數不足以旌別貴賤，既無定分，則奸詐攘奪，人人求厭其欲而後已，豈有止息者哉？此爭亂之道也。則先王之法，豈得不講求而損益哉？此亦非有古今之異者也。此特其端緒耳，臣特論其大端，以爲三代之法有必可施行之驗。如其綱條度數、施爲注措之道，則審行之，必也稽之經訓而合，施之人情而宜。此曉然之定理，豈徒若迂疏無用之説哉？惟聖明裁擇。

臣按：三代之道，決可行於今日，程子之論詳矣。只是蔽於流俗，終不克行，文武之政，付之空言。上下數千年間，長夜寥寥，可爲於邑。夫仁政必可行者，聖賢之説也；古道不可復者，俚俗之談也。時君世主，不信聖賢之説，深契俚俗之談，其故何哉？自無嚮道之志，又乏好賢之誠，宜乎樂因循而憚振作也。幸而人君欲行古道，親近儒臣，稍有所爲，則流俗之謗，羹沸蜩喧，必使沮敗而後已。人君信道不篤，知賢不深，安得守初心而不變哉？蓋流俗之痼，難於猝變。一朝施以古道，則羣情不安。初間轉見橫逆，乃事勢之必然也。以此爲拘，竟不能有爲，則世道之降，何時可回乎？譬如患冷疾者，客熱寄于胸膈之上，稍用治冷之劑，則煩痞尤甚。若患客熱，恒飲冷藥，則腹中積冷，無時可醫，終亦必死而已矣。嗚呼！後世之所謂士者，所讀者典謨誥訓，所慕者孔孟程朱，孰敢以非聖之言出諸其口乎？至於行身爲政，則大有不然者：一欲以聖賢之教施於邦國，則輒羣驚族駭，左排右抑，以爲不測之禍將起於朝夕；若聞安常守故之論，則同辭唱和，比於布帛菽粟。果若是，則聖賢設虛言以欺後世，讚烏喙爲美饌，指水火爲可蹈，而鄉里麤鄙之語乃能平正的實，傳萬世而無弊也。六籍何必讀，五教何必設乎？噫！人臣非毁古道者，是鄙夫之真情也。所可恨者，人主莫之悟耳。何則彼鄙夫者，所好者爵禄，所貪者權勢，所求者賄賂，所樂者奢淫，所便者安逸，偷時得路，志滿氣盈，苟幸目前，不見禍敗而已，異日宗社之憂，豈其所憂乎？誠使人主有志於復三代之治而求賢委任，則其爵禄不可保也；摠攬綱紀，則其權勢不可固也；朝廷清明，則賄賂不可受也；禮義成俗，則奢淫不可獨也；考績黜陟，則安逸不可恒也。如是則人君之行古道，乃鄙夫之鴆毒也，安得不同心盡力以撓之乎？間有賢士大夫識見淺短、只好安靖者，亦從而助之，尤足以取信於人主。而士之懷才抱道、可以經濟者，又皆韞櫝待賈，不敢輕進，無以自達於人主焉。若在廷之能談古道者，不過狂簡疏脫之流耳。豈足以明治體，止羣咻，以得人主之傾向乎？此古道之所以終不能復也。必也人主穆爾深思，沛然夬決，必得學明行高、才誠兼備之士爲之輔佐〔一〕，一年有一年功夫，而不使俗論厠乎其間，然後疑難者漸信，非笑者漸服，忌嫉者漸伏，而古道之行可庶幾也。伏惟殿下省念焉。

謹天戒章第六

臣按：人君事天，如子事父，念念對越，不可少忽。人事既已愼修，而天戒尤當祗畏，故以謹天戒次之。

伊尹曰：「嗚呼！惟天無親，克敬惟親。民罔常懷，懷于有仁。鬼神無常享，享于克誠。天位艱哉！」商書太甲。

蔡氏曰：敬、仁、誠，各因所主而言。天謂之敬者，天者，理之所在，動靜語默，不可有一毫之慢。民謂之仁者，民非元后何戴，鰥寡孤獨，皆人君所當恤。鬼神謂之誠者，不誠無物，誠立於此，而後神格於彼。三者所當盡如此，人君居天之位，其可易而爲之哉？分而言之則三，合而言之，一德而已。

「德惟一，動罔不吉。德二三，動罔不凶。惟吉凶不僭在人，惟天降災祥在德。」商書咸有一德。○亦伊尹語。

蔡氏曰：二三，則雜矣。僭，差也。

禹曰：「惠迪吉，從逆凶，惟影響。」虞書大禹謨。

蔡氏曰：惠，順。迪，道也。逆，反道者也。惠迪從逆，猶言順善從惡也。言天道可畏，吉凶之應於善惡，猶影響之出於形聲也。

詩曰：「維此文王，小心翼翼。昭事上帝，聿懷多福。厥德不回，以受方國。」大雅大明之篇。

朱子曰：小心翼翼，恭慎之貌，即所謂「敬」也。文王之德，於此爲盛。昭，明。懷，來。回，邪也。方國，四方來附之國也。此言善以受福。

成湯作誥曰：「夏王滅德作威，以敷虐于爾萬方百姓。天道福善禍淫，降災于夏，以

彰厥罪。」商書湯誥。

蔡氏曰：桀既淫虐，故天降災以明其罪。意當時必有災異之事，如周語所謂「伊洛竭而夏亡」之類。此言淫以受禍。

右言福善禍淫之理。

○胤侯曰：「先王克謹天戒，臣人克有常憲。百官修輔，厥后惟明明。」夏書胤征。

蔡氏曰：謹者，恐懼修省，以消變異也。常憲者，奉法修職，以供乃事也。君能謹天戒於上，臣能有常憲於下，百官之衆各修其職，以輔其君，故君内無失德，外無失政，此其所以爲明明后也。

詩曰：「敬天之怒，無敢戲豫。敬天之渝，無敢馳驅。昊天曰明，及爾出王。昊天曰旦，及爾游衍。」大雅板之篇。

朱子曰：渝，變也。王，往通，言出而有所往也。旦亦明也，衍亦寬縱之意。言天之聰明，無所不及，不可以不敬也。○董氏曰：人之所爲，其美惡乃與天地流通，而往來相應。天人相與之際甚可畏也。國家將有失道之敗，天乃先出災害以譴告之，不知自省，又出怪異以警懼之，尚不知變，而傷敗乃至，以此見天心之仁愛人君而欲止其亂也。自非大無道之世，天盡欲扶持而全安之，事在强勉而已。○匡衡曰：「天人之際，精祲有以相盪，善惡有以相推。事作於下者，象動於上。陰陽之理，各應其感。陰變則靜者動，地震之類。陽蔽則明者晻。日食之類。水旱之災，隨類而至。」

帝曰：「降亦作洚。**水儆予。」**虞書大禹謨[二]。

真氏曰：按：孟子曰：「水逆行，謂之洚水。」其災雖起堯時，至舜攝位，害猶未息，故舜自謂此天之所以儆我也。聖帝明王之畏天省己類如此。其後，成湯憂旱，亦以六事自責曰：「政不節與？使人疾與？宮室崇與？女謁盛與？苞苴行與？讒夫昌與？」夫以成湯之聖，安得有此？而反躬自責若是其至，湯之心即舜之心也。至漢武帝時，公孫弘乃曰：「堯遭洪水，使禹治之，未聞舜之有水也。若湯之旱，則桀之餘烈也。」夫舜以水自儆，而弘歸之於堯。湯以旱自責，而弘歸之於桀。姦諛之情所以惑誤其君，使傲忽天戒者，凡皆若此，不可以不察。

周公曰：「殷王中宗，嚴恭寅畏，天命自度。」周書無逸。

真氏曰：謂其能盡敬畏之誠，而以天命律己也。○史記曰：太戊立，伊陟爲相。桑穀生于朝，一暮大拱，太戊懼，問伊陟，伊陟曰：「臣聞妖不勝德，帝之政其有闕與？帝其修德。」太戊從之，祥桑枯死，殷道復興，號稱中宗。

漢宣帝詔曰：「朕不明六藝，鬱于大道，是以陰陽風雨未時，其博舉吏民厥身修正、通文學、明於先王之術者。」前漢書。

真氏曰：人君不明經，不知道，則無以正心而修身。一念之不純，一動之失中，皆足以奸陰陽之和。後世人主鮮或知者，而帝獨知之，可謂卓然有見矣。然其所舉明先王之術者，寂無聞焉。夫正身明道之士，誠世之所鮮有，使帝果以誠求之，豈無一二近似者出爲帝用？夷攷當時，惟王吉粗欲建萬世之長策，舉明主於三代之隆，帝已視爲迂闊矣。使子思、孟子生乎其時，皇皇於仁義而不汲汲於功利，其與帝枘鑿將有甚焉者。然則正身明道之士，窺見此指，其肯輕爲帝出哉？

右言遇災修省之道。

○**成王曰：「若昔大猷，制治于未亂，保邦于未危。」**周書周官。

孔子曰：危者，安其位者也；亡者，保其存者也；亂者，有其治者也。是故君子安而不忘危，存而不忘亡，治而不忘亂，是以身安而國家可保也。○程子曰：聖人爲戒，必於方盛之時。方其盛而不知戒，故狃安富則驕侈生，樂舒肆則紀綱壞，忘禍亂則釁孽萌，是以浸淫，不知亂之至也。

詩曰：「迨天之未陰雨，徹彼桑土，音杜。**綢繆**莫侯反。**牖户。今女**汝**下民，或敢侮予。」**豳風鴟鴞之篇。

朱子曰：迨，及。徹，取也。桑土，桑根也。綢繆，纏綿也。牖，巢之通氣處。户，其出入處也。爲鳥言：我及天未陰雨之時，而往取桑根，以纏綿巢之隙穴，使之堅固，以備陰雨之患。則此下土之民，誰敢有侮予者？以比深愛王室，而預防其患難之意。故孔子贊之曰：「爲此詩者，其知道乎？能治其國家，誰敢侮之？」

右言預防患難之意。

臣按：人者，天地之心也。人君能行善政，和氣感乎上，則休祥至焉；多行非道，乖氣感乎上，則災異作焉。天何心哉？皆人所召耳。第於其間，有常有變：善之致祥，惡之致災，理之常也；善不見祥，惡不見災者，數之變也。聖賢之君，因災修省，則災變爲祥；庸暗之主，狃於無災，則反招殃禍：此必然之勢也。大抵應天以實，不以文。誠以實心修實德，則危可使安，亂可使治，亡可使存，何災之不可弭乎？惟其外示恐懼之容，内無修省之實，故天怒不可回，國勢不可救耳。人君當國家閒暇之時，當預修德政，深防患難，以爲長治久安之計，況有災變以警發者乎？常人之情：憂現目前，則稍能謹慎；患在慮外，則類不知戒。是故當災異之初作也，雖凡主亦知驚動，及乎災異屢作，不見朝夕之應，則玩而不懼。殊不知妖孽之應，或緩或速，速則禍小，緩則禍大，患難既作，亡象已著，然後雖欲革心修德，已無及矣。千古以來，覆轍相接，吁可悲哉！嗚呼！成湯自責而大雨千里，太戊從善而祥桑枯死，此以實心修實德之效也。伏惟殿下取法焉。

立紀綱章第七

臣按：上六章備論爲政之本及爲政之具。而此章以下，乃論爲政之事。爲政之事，以立紀綱爲先。

善醫者，不視人之瘠肥，察其脈之病否。善計天下者，不視天下之安危，察其紀綱之理亂。昌黎文集。

韓氏曰：天下者，人也。安危者，肥瘠也。紀綱者，脈也。脈不病，雖瘠不害。脈病而肥者，死矣。通於此説者，其知所以爲天下乎？是故四支雖無故，不足恃也，脈而已矣。四海雖無事，不足矜也，紀綱而已矣。○朱子曰：所謂綱者，猶網之有綱也；

所謂紀者，猶絲之有紀也。綱無綱，則不能以自張；絲無紀，則不能以自理。故一家則有一家之綱紀，一國則有一國之綱紀。若乃鄉總於縣，縣總於州，州總於路，諸路總於臺省，臺省總於宰相，而宰相兼統衆職，以與天子相可否而出政令，此則天下之綱紀也。

右泛言紀綱之當立。

○子曰：「天無私覆，地無私載，日月無私照。奉斯三者，以勞天下，此之謂『三無私』。」禮記。

朱子曰：綱紀不能以自立，必人主之心術。公平正大，無偏黨反側之私，然後綱紀有所繫而立。君心不能以自正，必親賢臣，遠小人，講明義理之歸，閉塞私邪之路，然後乃可得而正也。○又封事曰：自匹夫而言，則以一家爲私，而不得以通乎其鄉。自鄉人而言，則以一鄉爲私，而不得以通乎其國。自諸侯而言，則以一國爲私，而不得以通乎天下。至於天子，則際天之所覆，極地之所載，莫非己分之所有。而無外之不通矣，又何以私爲哉？今以不能勝其一念之邪，而至於有私心。以不能正其家人近習之故，而至於有私人。以私心用私人，則不能無私費。於是内損經費之入，外納羡餘之獻，而至於有私財，萬事之弊由此而出，豈不可惜也哉？夫以陛下之心，憂勤願治，不爲不至，豈不欲綱維之振，風俗之美哉？但以一念之間，未能去其私邪之蔽。是以朝廷之上忠邪雜進，刑賞不分，士夫之間志趣卑污，廉恥廢壞，顧猶以爲事理之當然，而不思有以振厲矯革之也。蓋明於内，然後有以齊乎外。無諸己而後，可以非諸人。今宫省之間，禁密之地，而不公之道、不正之人，顧乃得以窟穴盤據於其間，而陛下目見耳聞，無非不公不正之事，則其所以熏烝銷鑠，使陛下好善之心不著，疾惡之意不深，其害有不可勝言者矣。是以紀綱撓敗，中外聞之腹非，巷議皆有輕侮朝廷之心，陛下視此綱紀爲如何？可不反求諸身，而亟有以振肅之耶？綱紀不振於上，是以風俗頹弊於下，習爲軟美之態，經營計較，惟得之求，無復廉恥。父詔其子，兄勉其弟，一用此術，而不復知有忠義名節之可貴。一有剛毅正直、守道循理之士出乎其間，則羣譏衆排，加以矯激之罪，尚復忍言之哉？

右言無私心是立紀綱之本。

○皋陶曰："天命有德，五服五章哉！天討有罪，五刑五用哉！政事，懋哉懋哉！"《虞書・皋陶謨》。○皋陶告帝舜之辭。

蔡氏曰：章，顯也。五服，五等之服。自九章以至一章是也。言天命有德之人，則五等之服以彰顯之。天討有罪之人，則五等之刑以懲戒之。蓋爵賞刑罰，乃人君之政事，君主之，臣用之，當勉勉而不可怠者也。○程子曰：萬物皆是一箇天理，己何與焉？如言「天討有罪，五刑五用哉」、「天命有德，五服五章哉」，只是天理自然當如此，曷嘗容心喜怒於其間哉？舜舉十六相，堯豈不知？只以他善未著，故不自舉。舜誅四凶，堯豈不察？只爲他惡未著，那誅得他？舉與誅，只有一箇義理，義之與比。

子曰：「必也正名乎？名不正，則言不順。言不順，則事不成。事不成，則禮樂不興。禮樂不興，則刑罰不中。刑罰不中，則民無所措手足。」論語。

楊氏曰：名不當其實，則言不順。言不順，則無以考實而事不成。○范氏曰：事得其序之謂禮，物得其和之謂樂。事不成，則無序而不和，故禮樂不興。禮樂不興，則施之政事皆失其道，故刑罰不中。○程子曰：名實相須。一事苟，則其餘皆苟矣。

「政之不行也，教之不成也，爵禄不足勸也，刑罰不足恥也，故上不可以褻刑而輕爵。」禮記。○亦孔子語。

呂氏曰：政不行，教不成，由上之人爵禄刑罰之失當也。爵禄非其人，則善人不足勸；刑罰非其罪，則小人不足恥：此之謂褻刑輕爵。○朱子封事曰：臣聞：四海至廣，兆民至衆，人各有意，欲行其私。而善爲治者，乃能總攝而整齊之，使之各循其理，而莫敢不如吾志之所欲者，則以先有綱紀以持之於上，而後有風俗以驅之於下也。何謂綱紀？辨賢否以定上下之分，核功罪以公賞罰之施也。何謂風俗？使人皆知善之可慕而必爲，皆知不善之可羞而必去也。然綱紀之所以振，則以宰執秉持而不敢失，臺諫補察而無所私，人主又以其大公至正之心，恭己於上而照臨之，是以賢者必上，不肖者必下，有功者必賞，有罪者必刑，而萬事之統無所缺也。綱紀既振，則天下之人將各自矜奮，更相勸勉，以去惡而從善。蓋不待黜陟刑賞一一加於其身，而禮義之風、廉恥之俗已丕變矣。惟至公之道不行於上，是以宰執、臺諫有不得人，黜陟刑賞多出私意，而天下之俗遂至於靡然，不知名節行檢之可貴，而惟阿諛輭熟，奔競交結之爲務，一有端言正色於其間，則羣譏衆排，必使無所容於斯世而後已。此其形勢，如將傾之屋，輪奐丹雘，雖未覺其有變於外，而材木之心已皆蠹朽腐爛，而不可復支持矣。苟非斷自聖志，灑洗濯其心，而有以大警敕之，使小大之臣各舉其職，以明黜陟，以信賞罰，則何以振已頹之綱紀，而厲已壞之風俗乎？管子曰：「禮義廉恥，是謂四維。四維不張，國乃滅亡。」賈誼嘗爲漢文誦之而曰：「使管子而愚人也則可，使管子而少知治體，是豈可不爲寒心也哉？」二子之言，明白深切，非虚語者。惟聖明之留意，則天下幸甚。朱子前後封事，陳當時之弊而切中今日之病，故詳録焉。

右言公賞罰是立紀綱之法。

臣按：紀綱者，國家之元氣也。紀綱不立，則萬事頽墮。元氣未固，則百骸解弛。今之議者，開口便説紀綱之當立，而未聞有領其要者也。夫爲政而能立紀綱，如學者集義以生浩然之氣也。豈由一令之得正，一事之合宜，而遽見其效哉？夫上無必治之志，下懷持禄之心，見善而不能擧，見惡而不能退，有功者不必賞，有罪者不必刑，道學廢絶，教化陵夷，風俗靡然，惟勢利是趨，而徒以口舌，切切然稱道紀綱之當立，則是何異痼病之人口説良藥而實不下咽者哉？必也君志先定，典學誠身，發號擧事莫不粹然一出於大公至正之道，使羣下咸得仰睹君心，如青天白日，觀感興起，然後尊賢使能，黜憸去邪，考績核實，信賞必罰，施爲注措，無不順天理合人心，大服一世，則紀綱振肅，令行禁止，天下之事將無往而不如意矣。此二帝三王所以悦服人心，維持世道，傳數百年而鞏固不解者也。今日之法不行、治不成者，皆由紀綱之不立也，伏望殿下振起焉。

安民章第八

臣按：紀綱既立，百僚奉職，然後治具乃張，澤被生民，故次之以安民。

説曰：「明王奉若天道，建邦設都，樹后王君公，承以大夫師長。不惟逸豫，惟以亂民。」商書説命。

蔡氏曰：后王，天子也。君公，諸侯也。治亂曰亂。

帝命禹曰：「可愛非君，可畏非民。衆非元后何戴？后非衆罔與守邦？欽哉！慎乃有位，敬修其可願。四海困窮，天禄永終。」虞書大禹謨。

蔡氏曰：可願，猶孟子所謂「可欲」。凡可願欲者，皆善也。人君當謹其所居之位，敬修其所可願欲者。苟有一毫之不善，生於心，害於政，則民不得其所者多矣。四海之民至於困窮，則君之天禄一絶而不復續，豈不深可畏哉？此極言安危存亡之戒，以深警之。雖知其功德之盛，必不至此，然猶欲其戰戰兢兢，無敢逸豫，而謹之於毫釐之間，此其所以爲聖人之心也。

五子之歌曰：「皇祖有訓：民可近，不可下。民惟邦本，本固邦寧。」夏書。

蔡氏曰：此禹之訓也。君之與民，以勢而言，則尊卑之分，如霄壤之不侔。以情而言，則相須以安，猶身體之相資以生也。故勢疏則離，情親則合。以其親故謂之近，以其疏故謂之下，言其可親而不可疏之也。民者國之本，本固而後國安。本既不固，則雖强如秦，富如隋，終亦滅亡而已矣。

右言君民相須之道。

○**穆王曰：「夏暑雨，小民惟曰怨咨。冬祁寒，小民亦惟曰怨咨。厥惟艱哉！思其艱以圖其易，民乃寧。」**周書君牙。○穆王命君牙爲大司徒之辭。

蔡氏曰：祁，大也。暑雨祁寒，小民怨咨，自傷其生之艱難也。厥惟艱哉者，嘆小民之誠爲艱難也。思念其艱，以圖其易，民乃安也。

康誥曰：「如保赤子。」康誥語止此。**心誠求之，雖不中，不遠矣。未有學養子而后嫁者也。**大學。

三山陳氏曰：赤子有欲，不能自言，慈母獨得其所欲。「雖不中，亦不遠」者，愛出於誠，彼己不隔，以心求之，不待學而後能也。○張子曰：大都君相以父母天下爲王道，不能推父母之心於百姓，謂之王道可乎？所謂父母之心，非徒見於言，必須視四海之民如己之子。設使四海之内，皆爲己之子，則講治之術，必不爲秦漢之少恩，必不爲五伯之假名。

孟子曰：「老而無妻曰鰥，老而無夫曰寡，老而無子曰獨，幼而無父曰孤，此四者，天下之窮民而無告者。文王發政施仁，必先斯四者。詩云：『哿矣富人，哀此煢獨。』」孟子。

朱子曰：先王養民之政，導其妻子，使之養其老而恤其幼。不幸而有鰥寡孤獨之人，無父母妻子之養，則尤宜憐恤，故必以爲先也。詩，小雅正月之篇。哿，可也。煢，困悴貌。○程子曰：至仁則天地爲一身，而天地之間，品物萬形，爲四肢百體。夫人豈有視四肢百體而不愛者哉？醫書有以手足風頑謂之四體不仁，爲其疾痛不以累其心故也。夫手足在我，而疾痛不與知焉，非不仁而何？世之忍心無恩者，其自棄亦若是而已。

右言愛民之道。

○召公告成王曰：「王其疾敬德。」「其丕能諴于小民，今休。王不敢後，用顧畏于民碞。」周書召誥。

蔡氏曰：諴，和。碞，險也。王其大能諴和小民，爲今之休美乎！小民雖至微，而至爲可畏，王當不敢緩於敬德，用顧畏于民之嵒險可也。

五子之歌曰：「愚夫愚婦，一能勝予。予臨兆民，凜乎若朽索之馭六馬。爲人上者，奈何不敬？」夏書。

蔡氏曰：君失人心，則爲獨夫。獨夫，則愚夫愚婦，一能勝我矣。朽索易絶，非可以馭馬也，以喻其危懼可畏之甚也。○麥丘邑人祝齊桓公曰：「願主君無得罪於羣臣百姓。」公怫然作色曰：「吾聞子得罪於父，臣得罪於君，未聞君得罪於臣也。」麥丘邑人拜而起曰：「子得罪於父，可以因姑姊妹叔父而解之，父能赦之。臣得罪於君，可以因便嬖左右而謝之，君能赦之。昔桀得罪於湯，紂得罪於武王，此則君之得罪於臣者也，莫爲謝，至今得罪。」公曰：「善。」封之以麥丘。

右言畏民之道。

○忠恕違道不遠，施諸己而不願，亦勿施於人。中庸。

朱子曰：盡己之心爲忠，推己及人爲恕。違，去也。言自此至彼，相去不遠也。以己之心度人之心，未嘗不同，故己之所不欲，則勿以施於人，張子所謂「以愛己之心愛人，則盡仁」是也。

上老老而民興孝，上長長而民興弟，上恤孤而民不倍，是以君子有絜矩之道也。大學。下同。

朱子曰：老老，所謂「老吾老」也。興，謂有所感發而興起也。絜，度也。矩，所以爲方也。矩者，制方之器，俗呼曲尺。言此三者上行下效，捷於影響，可以見人心之所同，而不可使有一夫之不獲矣。是以君子必當因其所同，所同者心，心乃矩也。推以度物，使彼我之間各得分願，則上下四旁，均齊方正，而天下平矣。

所惡於上，毋以使下。所惡於下，毋以事上。所惡於前，毋以先後。所惡於後，毋以從前。所惡於右，毋以交於左。所惡於左，毋以交於右。此之謂絜矩之道。

朱子曰：此覆解上文「絜矩」二字之義。如不欲上之無禮於我，則必以此度下之心，而亦不敢以此無禮使之。不欲下之不忠於我，則必以此度上之心，而亦不敢以此不忠事之。至於前後左右，無不皆然。則身之所處，上下四旁，長短廣狹，彼此如一，而無不方矣。彼同有是心而興起焉者，又豈有一夫之不獲哉？所操者約，而所及者廣，此平天下之要道也。○孟子曰：「樂民之樂者，民亦樂其樂；憂民之憂者，民亦憂其憂。樂以天下，憂以天下，然而不王者，未之有也。」

孟子曰：「桀紂之失天下也，失其民也。失其民者，失其心也。得天下有道，得其民，

斯得天下矣。得其民有道，得其心，斯得民矣。得其心有道，所欲與之聚之，所惡勿施爾也。」孟子。下同。

朱子曰：民之所欲，皆爲致之如聚斂然。民之所惡，則勿施於民也。○鼂錯曰：三王臣主俱賢，故合謀相輔，計安天下，莫不本於人情。人情莫不欲壽，三王生而不傷也。人情莫不欲富，三王厚而不困也。人情莫不欲安，三王扶而不危也。人情莫不欲逸，三王節其力而不盡也。其爲法令也，合於人情，而後行之。其動衆使民也，本於人事，然後爲之。是以天下樂其政，歸其德，望之若父母，從之如流水。

「以佚道使民，雖勞不怨；以生道殺民，雖死不怨殺者。」

程子曰：以佚道使民，謂本欲佚之也，播穀乘屋之類是也；以生道殺民，謂本欲生之也，除害去惡之類是也。蓋不得已而爲其所當爲，則雖咈民之欲而民不怨，其不然者反是。

右言絜矩之道。

○周公曰：「嗚呼！君子所其無逸。先知稼穡之艱難，乃逸，則知小人之依。」周書無逸。下同。

蔡氏曰：所，猶處所也。君子以無逸爲所，動靜食息，無不在是焉。作輟，則非所謂所矣。「先知稼穡之艱難，乃逸」者，以勤居逸也。依者，指稼穡而言，小民所恃以爲生者也。四民之事，莫勞於稼穡。生民之功，莫盛於稼穡。周公發無逸之訓，而首及乎此，有以哉！

「文王不敢盤于遊田，以庶邦惟正之供。」

蔡氏曰：遊田，國有常制。文王不敢盤遊無度，上不濫費，故下無過取，而能以庶邦惟正之供，於常貢正數之外，無橫斂也。

哀公問於有若曰：「年饑，用不足，如之何？」論語。下同。

朱子曰：用，謂國用，公意蓋欲加賦以足用也。

有若對曰：「盍徹乎？」

朱子曰：徹，通也，均也。周制：一夫受田百畝，而與同溝共井之人，通力合作，計畝均收，大率民得其九，公取其一，故謂之「徹」。魯自宣公稅畝，又逐畝什取其一，則爲什而取二矣，故有若請但專行徹法，欲公節用以厚民也。

曰：「二吾猶不足，如之何其徹也？」

朱子曰：二，即所謂什二也。公以有若不喻其旨，故言此以示加賦之意。

對曰：「百姓足，君孰與不足？百姓不足，君孰與足？」

朱子曰：民富則君不至獨貧，民貧則君不能獨富。有若深言君民一體之意，以止公之厚斂。爲人上者，所宜深念也。○慶源輔氏曰：哀公欲加賦，惟末是圖也。有若欲徹，反本之論也。以私意而觀目前，則反本之論爲迂，而圖末者有一朝之效。以理而觀於長久，則一朝之效適重後日之憂，而反本之論實經久之利也。末流之弊，愈求諸末，不至於覆亡不止，古今一律耳。○鄭氏曰：民之財即上之財，民之力即上之力。車乘民所出，芻粟民所供，力役民所爲，能寬其稅斂，則民得遂其生，而出力以供公上者必衆，何患其不足也？不然，室家離散，田野荒蕪，上何所取以足用乎？

戴盈之曰：「什一，去關市之征，今茲未能。請輕之，以待來年，然後已，何如？」孟子。下同。

朱子曰：盈之，宋大夫也。什一，井田之法也。關市之征，商賈之稅也。已，止也。

孟子曰：「今有人日攘其鄰之鷄者，或告之曰：『是非君子之道。』曰：『請損之，月攘一鷄，以待來年，然後已。』如知其非義，斯速已矣，何待來年？」

朱子曰：攘，物自來而取之也。損，減也。知義理之不可而不能速改，與月攘一鷄，何以異哉？○南軒張氏曰：君子之遠不義也，如惡惡臭；其不敢近也，如探湯；其不敢須臾寧也，如坐塗炭；而其徙義也，如饑渴之於飲食。蓋見之之明而決之之勇，以爲不如是，則不足以自拔而自新也。士之持身於改過遷善之際，而爲盈之之說，則將終身汨沒於過失之中。人臣之謀國於革弊復古之事，而爲盈之之說，則終陷於因循苟且之域。故自修身至于治國，知、仁、勇之三德缺一不可也：知以知之，仁以行之，勇以決之，可不務哉？

右言薄稅斂之道。

○**王制：「用民之力，歲不過三日。」**禮記。

陳氏曰：用民力，如治城郭、塗巷、溝渠、宮廟之類。周禮：豐年三日，中年二日，無年則一日而已。若師旅之事，則不拘此制。

凶札則無力政，無財賦。周禮。

鄭氏曰：無力政，恤其勞也。無財賦，恤其乏困也。力政，力役之征也。

財盡則怨，力盡則懟。春秋穀梁傳。

真氏曰：此民之常情。故聖賢之君輕賦斂，而不盡其財；省徭役，而不盡其力。

莊公九年冬，浚洙。春秋經。

胡氏曰：固國以保民爲本。輕用民力，妄興大作，邦本一摇，雖有長江巨川限帶封域，洞庭、彭蠡、河、漢之險猶不足憑，而況洙水名。乎？書「浚洙」，見勞民於守國之末務而不知本，爲後戒也。

右言輕徭役之道。

○**易曰：「澤上有風，中孚，君子以議獄緩死。」**中孚卦象辭。

程子曰：澤上有風。水體虛，故風能入之；人心虛，故物能感之。風之動乎澤，猶物之感于中，故爲中孚之象。君子之於議獄，盡其忠而已；於決死，極於惻而已。天下之事，無所不盡其忠，而議獄緩死，最其大者也。

帝曰：「皋陶，惟兹臣庶，罔或干予正。汝作士，明于五刑，以弼五教，期于予治。刑期于無刑，民協于中，時乃功，懋哉！」虞書大禹謨。下同。

蔡氏曰：干，犯。正，政。弼，輔也。聖人之治，以德爲化民之本，而刑特以輔其所不及而已。期者，先事取必之謂。民皆能協於中道，則刑果無所施矣。懋，勉也。舜稱皋陶之美，以勸勉之也。

皐陶曰：「帝德罔愆。臨下以簡，御衆以寬。罰不及嗣，賞延于世。宥過無大，刑故無小。罪疑惟輕，功疑惟重。與其殺不辜，寧失不經。好生之德，洽于民心，玆用不犯于有司。」

蔡氏曰：嗣親而世疏。父子罪不相及，而賞則遠延于世，其善善長而惡惡短如此。過者，不識而誤犯也。故者，知之而故犯也。過誤，雖大必宥；故犯，雖小必刑。罪疑其可重可輕者，則從輕以罰之；功疑其可輕可重者，則從重以賞之。經，常也。謂法可以殺，可以無殺，則與其殺之而害彼之生，寧姑全之而自受失刑之責。此其仁愛忠厚之至，皆所謂好生之德也。蓋聖人之法有盡，而心則無窮。故其用刑行賞，或有所疑，則常屈法以申恩，而不使執法之意，有以勝其好生之德。此其本心所以無所壅遏，而得行於常法之外。及其流衍洋溢，漸涵浸漬，有以入于民心，則天下之人無不愛慕感悅，興起於善，而自不犯于有司也。皐陶以舜美其功，故言此以歸功於上也。

季康子問政於孔子曰：「如殺無道，以就有道，何如？」子曰：「子爲政，焉用殺？子欲善，而民善矣。君子之德風，小人之德草，草上之風必偃。」論語。下同。

朱子曰：爲政者，民所視效，何以殺爲？欲善則民善矣。上，一作尚，加也。偃，仆也。○尹氏曰：殺之爲言，豈爲人上之語哉？以身教者從，以言教者訟，而況於殺乎？

孟氏使陽膚爲士師，問於曾子。曾子曰：「上失其道，民散久矣。如得其情，則哀矜而勿喜。」

朱子曰：民散，謂情義乖離，不相維繫。○謝氏曰：民之散也，以使之無道，教之無素。故其犯法也，非迫於不得已，則陷於不知也。故得其情，則哀務而勿喜。○勉齋黄氏曰：得情而喜，則太刻之意，或溢於法之外。得情而矜，則不忍之意，常行於法之中。仁人之言蓋如此。

右言慎刑罰之道。○臣按：薄稅斂、輕徭役、慎刑罰三者，安民之大要也。必待辨别義利，節用生財，制民恒産，修明軍政，然後備盡安民之道。故下文以此爲序。

○義勝利者爲治世，利克義者爲亂世。上重義則義克利，上重利則利克義。故天子不言多少，諸侯不言利害，大夫不言得喪，士不通財貨，皆羞利而不與民爭業，樂分施而恥積藏。荀子。

漢文學郡國所舉文學也。曰：抑末利而開仁義，毋示以利，然後教化可興，而風俗可移也。傳曰：「諸侯好利則大夫鄙，大夫鄙則庶人盜。」是開利孔，爲民罪梯也。且利非從天來，不由地出，一取之民。李梅多實者，來年爲之衰。新穀熟者，舊穀爲之虧。自天地不能以兩贏，而況於人事乎？故利於此，必耗於彼。今狗馬之養，蟲獸之食，無用之官，不急之作，無功而衣食縣官者衆，是以上不足而下困乏也。

財聚則民散，財散則民聚。仁者以財發身，不仁者以身發財。大學。下同。

朱子曰：發，猶起也。仁者，散財以得民。不仁者，亡身以殖貨。

未有上好仁而下不好義者也，未有好義其事不終者也，未有府庫財非其財者也。

朱子曰：上好仁以愛其下，則下好義以忠其上，所以事必有終。而府庫之財，無悖出之患也。○陸贄諫德宗曰：聖人之立教也，賤貨而尊讓，遠利而尚廉。天子不問有無，諸侯不言多少，懼賄之生人心而開禍端，傷風教而亂邦家耳。是以務鳩斂，而厚𥁞櫝之積者，匹夫之富也。務散發而收兆庶之心者，天子之富也。何必降至尊而代有司之守，辱萬乘以效匹夫之藏？夫國家作事，以公共爲心者，人必樂而從之；以私奉爲心者，人必咈而叛之。爲人上者，當灑濯其心，奉「三無私」以壹有衆，人或不率，於是用刑。然則宣其利而禁其私，天子所恃以理天下之具也。捨此不務，而壅利行私，欲人無貪，不可得已。今兹二庫，珍幣所歸，不領度支，是行私也，不給經費，非宣利也，物情離怨，不亦宜乎？陛下追戒平居之專欲，器用取給，不在過豐，衣食所安，必以分下。凡在二庫貨賂，盡令出賜有功，坦然布懷，與衆同欲，是後納貢，必歸有司，如此則亂必靖，賊必平。是乃散小儲而成大儲，損小寶而固大寶也。○朱子封事曰：內帑歲入，不知幾何，而認爲私貯，典以私人。宰相不得以式貢均節其出入，版曹不得以簿書句考其在亡。日銷月耗，以奉燕私之費者，不知其幾何，徒使版曹經費，闕乏日甚，督趣日峻，以至廢去祖宗良法，競爲苛急。此民力之所以重困也。

臣按：天子之富，藏於四海。諸侯之富，藏於百姓。有倉廩府庫，爲公共之物，不可有私貯也。國君有私貯，則是謂征利。利源一開，羣下爭趨，何所不至乎？臣愚以爲殿下誠欲有爲，則必先以內帑及內需司付之户曹，爲國家公費，不以爲私財，使臣民曉然仰睹殿下無一毫征利之心，然後可以洗滌污習，扶舉四維，陶成天治矣。殿下所當深念也。

右言辨別義利。

○生財有大道：生之者衆，食之者寡，爲之者疾，用之者舒，則財恒足矣。大學。

呂氏曰：國無遊民，則生者衆矣。朝無幸位，則食者寡矣。不奪農時，則爲之疾矣。量入爲出，則用之舒矣。○朱子曰：足國之道，在乎務本而節用。

國無九年之蓄，曰不足。無六年之蓄，曰急。無三年之蓄，曰國非其國也。三年耕，必

有一年之食。九年耕，必有三年之食。雖有凶旱水溢，民無菜色，然後天子食日舉以樂。禮記。

陳氏曰：人力備，則可以應天變。王者與民同患，故雖有凶旱水溢，而民無菜色，然後天子食日舉庶羞，以樂侑之也。

易曰：「天地節而四時成，節以制度，不傷財，不害民。」節卦彖辭。

程子曰：推言節之道。天地有節，故能成四時，无節則失序也。聖人立制度以爲節，故能不傷財害民。人欲之无窮也，苟非節以制度，則侈肆，至於傷財害民矣。○又損卦傳曰：損者，損過而就中，損浮末而就本實也。天下之害，無不由末之勝也。峻宇雕牆，本於宮室；酒池肉林，本於飲食；淫酷殘忍，本於刑罰；窮兵黷武，本於征討。凡人欲之過者，皆本於奉養，其流之遠，則爲害矣。先王制其本者，天理也；後人流於末者，人欲也。損之義，損人欲以復天理而已。○朱子曰：國家財用，皆出於民。如有不節，而用度有闕，則橫賦暴斂，必將有及於民者。雖有愛人之心，而民不被其澤矣。是以將愛人者，必先節用，此不易之理也。

右言節用生財。

○孟子曰：「無恒産而有恒心者，惟士爲能。若民則無恒産，因無恒心。苟無恒心，

放辟邪侈，無不爲已。及陷於罪，然後從而刑之，是罔民也。焉有仁人在位，罔民而可爲也？」孟子。下同。

朱子曰：恒，常也。産，生業也。恒産，可常生之業也。恒心，人所常有之善心也。士嘗學問，知義理，故雖無恒産，而有常心，民則不能然矣。罔，猶羅罔，欺其不見而取之也。

「是故明君制民之産，必使仰足以事父母，俯足以畜妻子，樂歲終身飽，凶年免於死亡，然後驅而之善，故民之從之也輕。畜，許六反。」

朱子曰：輕，猶易也。此言民有恒産而有恒心也。

「今也制民之産，仰不足以事父母，俯不足以畜妻子，樂歲終身苦，凶年不免於死亡，此惟救死而恐不贍，奚暇治禮義哉？」

朱子曰：贍，足也。此所謂無恒産而無恒心者也。

「不違農時，穀不可勝食也。數音促。罟不入洿音烏。池，魚鼈不可勝食也。斧斤以時入山林，材木不可勝用也。穀與魚鼈，不可勝食，材木不可勝用，是使民養生喪死無憾也。養生喪死無憾，王道之始也。」

朱子曰：農時，謂春耕夏耘秋收之時。凡有興作，不違此時，至冬乃役之也。數，密也。罟，網也。洿，窊烏瓜反。下之地，水所聚也。古者網罟必用四寸之目，魚不滿尺，市不得鬻，人不得食。山林川澤，與民共之，而有厲禁。厲，遮守之也，禁民之不以時取也。草木零落，然後斧斤入焉。此皆爲治之初，法制未備，且因天地自然之利，而撙節愛養之事也。然飲食宫室所以養生，祭祀棺槨所以送死，皆民所急而不可無者。今皆有以資之，則人無所恨矣。王道以得民心爲本，故以此爲王道之始。

「五畝之宅，樹之以桑，五十者可以衣帛矣；雞豚狗彘之畜，無失其時，七十者可以食肉矣；百畝之田，勿奪其時，數口之家可以無飢矣；謹庠序之教，申之以孝悌之義，頒白者不負戴於道路矣。七十者衣帛食肉，黎民不飢不寒，然而不王者，未之有也。」

朱子曰：時，謂孕字之時，如孟春犧牲毋用牝之類也。庠、序，皆學名也。申，重直用反也，丁寧反覆之意。頒，與斑同，老人頭半白黑者也。此言盡法制品節之詳，極財成輔相之道，以左右民，是王道之成也。

易曰：「天地交泰，后以財成天地之道，輔相天地之宜，以左右民。」泰卦象辭。

程子曰：天地交而陰陽和，則萬物茂遂，所以泰也。人君當體天地通泰之象，而以財成天地之道，輔相天地之宜，以左右生民也。財成，謂財制成其施爲之方也。輔相，使民用天時，因地利，輔助化育之功，成其豐美之利也。

右言制民恒産。

○易曰：「地中有水，師，君子以容民畜衆。」師卦象辭。

程子曰：君子觀地中有水之象，以容保其民，畜聚其衆也。○朱子曰：水不外於地，兵不外於民，故能養民，則可以得衆矣。

「師：貞，丈人吉，无咎。」師卦彖辭。

程子曰：師之道，以正爲本。興師動衆以毒天下，而不以正，民弗從也，强驅之耳。故師以貞爲主。其動雖正也，帥之者必丈人，則吉而無咎也。丈人者，尊嚴之稱。帥師總衆，非衆所尊信畏服，則安能得人心之從？所謂丈人，不必素居崇貴，但其才謀德業，衆所畏服，則是也。

詩曰：「修爾車馬，弓矢戎兵，用戒戎作，用逷他歷反。蠻方。」大雅抑之篇。

朱子曰：戒，備。戎，兵。作，起。逷，遠也。

臣按：古者，兵農不分，平日厚民之生，浹以恩澤，時試武技，簡以蒐狩。無事則爲比閭族黨，受教於司徒，篤尊君愛親之行；有事則爲伍兩軍師，聽命於司馬，奮親上死長之志。故王者之兵，有征無戰，莫之敢敵。後世養民之政不舉，點兵之法徒嚴，驅市人而赴敵，竭國用而給餉，此唐宋兵政之弊也。我國先王，選民爲卒，寄兵於農，贏糧就軍，番休迭息。國無餽糧之費，士無獨勞之嘆，其法甚美。而只緣民生漸困，植根不固，鎮將侵剥，流散相繼，臨戍填闕，替以族鄰，逋亡日衆，流毒日廣，刷丁充額，逃不旋踵，務完兵籍，實擁虚簿，其勢必至於民無孑遺，然後乃已也。究厥弊源，則實是民無恒産，將不得人之所致。此所以容民畜衆，爲軍政之本；丈人帥師，爲軍政之綱。殿下所宜深念也。

右言修明軍政。

臣按：君依於國，國依於民。王者以民爲天，民以食爲至。民失所天，則國失所依，此不易之理也。王者之政，不過以父母斯民爲心，紓民之力，厚民之産，使所天有裕，得以保其本然之善心而已。人君不能行此政者，類錮於多慾，而莫之自度。蓋欲利於己，必害於人，安有充其多慾，而害不及民者乎？間有人君，雖無多慾之累，而因循怠緩，不能振救斯民者，此與多慾有間而其不解倒懸，剥喪邦本，同歸于亂亡則一也。嗚呼！父母之於子，中心愛之，遂其所樂，去其所惡，無所不用其極。人君誠以父母斯民爲心，則一民之失所，皆我赤子之入井也，將狂奔盡氣而救之。孰有坐視赤子之入井，而晏然談笑，以爲當然者乎？古之聖王，深知厥職在於父母斯民，故憂勤惕慮，不遑暇食，心心念念，惟在斯民。其惜民力，若肌肉之難割。其業民産，若調飢之求哺。其革弊瘼，若急病之服藥。必躋斯民於至足至樂之域，然後乃慊於心。故恩浹骨髓，愛結肺腑，爲君赴死，易於含飴，國家之勢，安得不長治久安乎？人君惟無父母之心，故小民亦無愛戴之念，飢寒切身，禮義都喪，其視君上如豺虎寇讐。而爲君者，方且易而侮之，以爲莫敢誰何，禍胎伏於冥冥之中，而不知爲戒。一朝變起慮外，患生所忽，匹夫匹婦皆爲勍敵，然後雖欲悔之，已無及矣。夫民力不休，民産不殖，則雖兵强如秦，財富如隋，無異於撥本之樹，枝葉雖茂，其枯可立而待也，況富强不及隋、秦者乎？是故愛民所以自愛也，安民所以自安也。夫所謂「安民」者，爲之興利除害，使樂其生之謂也。若因陋守訛，荏苒姑息，一弊未革，一政不舉，而徒諄諄然朝號暮令曰「我欲安民」云爾，則是非誠心愛民也。斯民也至愚而神，豈得以口舌相欺乎？今者斯民之失寧，殿下之所知，知而不救，則民怨益甚。伏惟殿下惠鮮焉。

明教章第九

臣按：禮記曰：「無曠土，無游民，食節事時，民咸安其居，樂事勸功，尊君親上，然後興學。」

先富後教，理勢之當然，故安民之後，終之以明教。

子曰：「道之以政，齊之以刑，民免而無恥。」論語。下同。

朱子曰：道，猶引導，謂先之也。政，謂法制禁令也。齊，所以一之也。道之而不從者，有刑以一之也。免而無恥，謂苟免刑罰，而無所羞愧。蓋雖不敢爲惡，而爲惡之心，未嘗亡也。

「道之以德，齊之以禮，有恥且格。」

朱子曰：禮，謂制度品節也。格，至也。言躬行以率之，則民固有所觀感而興起矣。而其淺深厚薄之不一者，又有禮以一之，則民恥於不善，而又有以至於善也。一說：格，正也。書曰：「格其非心。」○又曰：政者，爲治之具。刑者，輔治之法。德禮則所以出治之本，而德又禮之本也。此其相爲終始，雖不可以偏廢，然政、刑能使民遠罪而已，德、禮之效，則有以使民日遷善而不自知。故治民者，不可徒恃其末，又當深探其本也。○程子曰：教人者，養其善心而惡自消。治民者，導之敬讓而爭自息。○賈誼上疏曰：凡人之智，能見已然，不能見將然。夫禮者禁於將然之前，而法者禁於已然之後，是故法之所爲用易見，而禮之所爲生難知也。若夫慶賞以勸善，刑罰以懲惡，先王執此之政，堅如金石，行此之令，信如四時，據此之公，無私如天地，豈顧不用哉？然而曰「禮云禮云」者，貴絶惡於未萌，而起教於微眇，使民日遷善遠罪而不自知也。孔子曰：「聽訟，吾猶人也，必也使無訟乎？」爲人主者，莫如先審取舍。取舍之極定於内，而安危之萌應於外矣。安者非一日而安也，危者非一日而危也，皆以積漸然，不可不察也。人主之所積，在於取舍〔三〕：以禮義治之者，積禮義；以刑罰治之者，積刑罰。刑罰積而民怨背，禮義積而民和親。故世主欲民之善同，而所以使民善者或異，或道之以德教，或毆之以法令。道之以德教者，德教洽而民氣樂；毆之以法令者，法令極而民風哀。哀樂之感，禍福之應也。秦王之欲尊宗廟而安子孫，與湯武同。然而湯武廣大其德，行六七百歲而弗失，秦王治天下十餘歲則大敗，此亡他故矣。湯武之定取舍審，而秦王之定取舍不審矣。夫天下，大器也。今人之置器，置諸安處則安，置諸危處則危。湯武置天下於仁義禮樂，而德澤洽被蠻貊四夷，累子孫數十世，此天下所共聞也。秦王天下於法令刑罰，德澤亡，怨毒盈於世，禍幾及身，子孫誅絶，此天下之所共見也。是非其明效大驗耶？人之言曰：「聽言之道，必以其事觀之，則言者莫敢妄言。」今或言禮誼之不如法令，教化之不如刑罰，人主胡不引殷、周、秦事以觀之也？

右言興教之本。

○帝曰："契，百姓不親，五品不遜，汝作司徒，敬敷五教，在寬。"虞書舜典。蔡氏曰：五品，父子、君臣、夫婦、長幼、朋友五者之名位等級也。遜，順也。司徒，掌教之官。敷，布也。五教，以五者當然之理而爲教令也。寬，裕以待之也，使之優柔浸漬，以漸而入也。○孟子曰："人之有道也，飽食、暖衣、逸居而無教，則近於禽獸。聖人有憂之，使契爲司徒，教以人倫：父子有親，君臣有義，夫婦有別，長幼有序，朋友有信。"

司徒修六禮以節民性，明七教以興民德，齊八政以防淫。一道德以同俗，養耆老以致孝，恤孤獨以逮不足。上賢以崇德，簡不肖以絀惡。禮記。禮記曰："六禮：冠、昏、喪、祭、鄉、相見。鄉、相見，則今只有鄉飲酒、士相見禮可考。七教：父子、兄弟、夫婦、君臣、長幼、朋友、賓客。八政：飲食、衣服、事爲、百工伎藝。異別、五方之械器有同有異。度、量、數、制。度、量，不使有長短小大之殊。數、制，不使有多寡廣狹之異。"

右言立教之目。

○玉不琢，不成器。人不學，不知道。君子如欲化民成俗，其必由學乎？禮記。下同。

陳氏曰：化民成俗，必如唐虞之於變時雍，乃爲至耳。此學，乃大學之道、明德新民之事也。

古之教者，家有塾，黨有庠，術州**有序，國有學。**

陳氏曰：古者二十五家爲閭，同在一巷，巷首有門，門側有塾。民在家者，朝夕受教於塾也。五百家爲黨，黨之學曰庠，教閭塾所升之人也。術當爲州，二千五百家爲州，州之學曰序，教黨學所升之人也。天子所都及諸侯國中之學，謂之國學，以教元子衆子及卿大夫士之子與所升俊選之士焉。

樂正崇四術，立四教，順先王詩、書、禮、樂以造士。春、秋教以禮、樂，冬、夏教以詩、書。

吳氏曰：樂正，掌教之官。術者，道路之名。言詩、書、禮、樂四者之教，乃入德之路也。造，成也。○陳氏曰：古人之教，雖曰四時各有所習，其實未必截然棄彼而習此，恐亦互言耳。非春、秋不可教詩、書，冬、夏不可教禮、樂也。○董氏對策曰：春秋大一統者，天地之常經，古今之通誼也。春秋公羊傳隱元年春王正月何言乎「王正月」？大一統也。仲舒蓋借此而言，以明天下道術當統于一。今師異道，人異論，百家殊方。指意不同，是以上亡以持一統；法制數變，下不知所守。臣愚以爲諸不在六藝之科、孔子之術者，皆絶其道，勿使復進。邪辟之説滅息，然後統紀可一，而法度可明，民知所從矣。

臣按：中古以來，道術分裂。老、莊、楊、墨、申、韓、蘇、張之説，惑亂斯民。降及漢、唐，重之以竺學，天下貿貿，莫適所從，豪傑之士，類多沈溺。然而當是之時，人材輩出，往往適於實用。自宋以後，程朱之功，撑拄宇宙，道術一統，更無他歧，宜若易於成材，而惟其不學，故世道日下，人心污穢，不顧義理，惟利是求，人物之眇然，反不及於異端横騖之時。足知利欲之害甚於異端也，深可慨嘆。殿下所宜汲汲復古，以教誨成就之也。

大司徒，以鄉三物，教萬民而賓興之。 周禮。下同。

朱氏曰：物，猶事也。興，猶舉也。三事告成，鄉大夫舉其賢能，而以禮賓之。

一曰六德：知、仁、聖、義、忠、和。

朱氏曰：知，別是非。仁，無私欲。聖，無不通。義，有斷制。盡己之心曰忠，無所乖戾曰和。

二曰六行：孝、友、睦、婣、任、恤。

朱氏曰：孝於父母，友於兄弟。睦，謂親於九族。婣，謂親於外親。任，信於朋友。恤，賑於貧窮。

三曰六藝：禮、樂、射、御、書、數。

朱氏曰：禮，五禮。樂，六樂。射，五射。御，五御。書，六書。數，九數。○陳氏曰：禮以制中，樂以導和，射以觀德行，御以正馳驅，書以見心畫，數以盡物變。皆至理所寓，而日用不可缺者也。○程子曰：善言治天下者，不患法度之不立，而患人材之不成。善修身者，不患氣質之不美，而患師學之不明。人材不成，雖有良法美意，孰與行之？師學不明，雖有受道之質，孰與成之？○又曰：古人自幼學，耳目游處，所見皆善，至長而不見異物，故易以成就。今人自少所見皆不善，才能言，便習穢惡，日日銷鑠，更有甚天理？須人理皆盡，然尚以些秉彞，銷鑠盡不得。故且恁過，一日之中起多少巧僞，萌多少機穽。據此箇熏烝，以氣動氣，宜乎聖賢之不生，和氣之不兆也。尋常閒或有些時和歲豐，亦出於幸也。不然，何以古者或同時或同家竝生聖人，及至後世，乃數千歲寂寥。

易曰：「上天下澤，履，君子以辨上下，定民志。」履卦象辭。

程子曰：上下之分明，然後民志有定。民志定，然後可以言治。民志不定，天下不可得而治也。古之時，公卿大夫而下，位各稱其德，終身居之，得其分也。位未稱德，則君舉而進之。士修其學，學至而君求之，皆非有預於己也。農工商賈勤其事，而所享有限，故皆有定志而天下之心可一。後世自庶士至于公卿，日志於尊榮，農工商賈日志於富侈，億兆之心，交騖於利，天下紛然，如之何其可一也？欲其不亂，難矣。此由上下無定志也。君子觀履之象，而分辨上下，使各當其分，以定民之心志也。

○孔子曰：「貴賤有等，衣服有別，朝廷有位，則民有所讓。」

詩曰：「鳶飛戾天，魚躍于淵。豈弟君子，遐何**不作人？」**大雅旱麓之篇。

上蔡謝氏曰：鳶飛戾天，魚躍于淵，上下各得其所也。詩人言如此氣象，周家作人似之。○朱子曰：此詠歌文王之德。

「思皇多士，生此王國。王國克生，維周之楨。濟濟多士，文王以寧。」大雅文王之篇。

朱子曰：言文王之國，能生此衆多之士，則足以爲國之幹，而文王亦賴以爲安矣。

○程子告神宗曰：今四海靡靡，日入偷薄，末俗嘵嘵，無復廉恥。蓋亦朝廷尊德樂道之風未孚，而篤誠忠厚之教尚鬱也。惟陛下稽聖人之訓，法先王之治，一心誠意，體乾剛健而力行之，則天下幸甚。此言教人本於自修也。○又曰：漢策賢良猶是人舉之，如公孫弘者，猶强起之，乃就對。至如後世，賢良乃自求舉爾。若果有曰我心只望廷對，欲直言天下事，則亦可尚已。若志在富貴，則得志便驕縱，失志則便放曠與悲愁而已。

○又言於朝曰：治天下，以正風俗、得賢才爲本。宜先禮命近侍賢儒及百執事，悉心推訪有德業充備、足爲師表者，其次有篤志好學、材良行修者，延聘敦遣，萃於京師，俾朝夕相與講明正學。其道必本於人倫，明乎物理；其教自小學灑埽應對以往，修其孝悌忠信，周旋禮樂；其所以誘掖激厲、漸摩成就之道，皆有節序。其要在於擇善修身，至於化成天下，自鄉人而可至於聖人之道。其學行皆中於是者，爲成德。取材識明達、可進於善者，使日受其業。擇其學明德尊者，爲太學之師，次以分教天下之學。擇士入學，縣升之州，州賓興於太學，太學聚而教之，歲論其賢者能者於朝。凡選士之法，皆以性行端潔，居家孝悌，有廉耻禮遜，通明學業，曉達治道者。

右言興學校，以正士習。

○**易曰：「山上有木，漸，君子以居賢德善俗。」**漸卦象辭。

程子曰：山上有木，其高有因，漸之義也。君子觀漸之象，以居賢善之德，化美於風俗。移風易俗，非一朝一夕所能成，故善俗必以漸也。

成王命君陳曰：「惟民生厚，因物有遷。違上所命，從厥攸好。爾克敬典在德，時乃罔不變，允升于大猷。」周書君陳。

蔡氏曰：言斯民之生，其性本厚，而所以澆薄者，以誘於習俗，而爲物所遷耳。然厚者既可遷而薄，則薄者豈不可反而厚乎？反而歸厚，特非聲音笑貌之所能爲爾。民之於上，固不從其令而從其好。大學言「其所令反其所好，則民不從」，亦此意也。敬典者，敬其君臣、父子、兄弟、夫婦、朋友之常道也。在德者，得其典常之道，而著之於身也。蓋知敬典而不知在德，則典與我猶二也。惟敬典而在德焉，則所敬之典，無非實有諸己。實之感人，捷於桴鼓。所以時乃罔不變，而信升于大猷也。

大司徒，以鄉八刑糾萬民：一曰不孝之刑，二曰不睦之刑，三曰不婣之刑，四曰不弟之刑，五曰不任之刑，六曰不恤之刑，七曰造言之刑，八曰亂民之刑。周禮。

朱氏曰：不從三物之教，則設刑以糾之。

道有升降，政由俗革，不臧厥臧，民罔攸勸。周書畢命。下同。

蔡氏曰：有升有降，猶言有隆有污也。爲政者，因俗變革也。

旌別淑慝，表厥宅里，彰善癉惡，樹之風聲。弗率訓典，殊厥井疆，俾克畏慕。

蔡氏曰：淑，善。慝，惡。癉，病也。表異善人之居里，如旌表門閭之類。顯其爲善者，而病其爲不善者，以樹立爲善者風聲，使顯於當時，而傳於後世，所謂「旌」「淑」也。其不率訓典者，則殊異其井里疆界，使不得與善者雜處。禮記曰：「不變移之郊，不變移之遂。」即其法也。使能畏爲惡之禍，而慕爲善之福，所謂「别」「慝」也。

易曰：「觀我生，君子无咎。」觀卦九五爻辭。

程子曰：九五居人君之位，時之治亂，俗之美惡，係乎己而已。若天下之俗皆君子矣，則是己之所爲政化善也，乃无咎也；若天下之俗未合君子之道，則是己之所爲政治未善，不能免於咎也。

右言分淑慝，以糾風俗。

〇天子祭天地，諸侯祭社稷，大夫祭五祀。天子祭天下名山大川，諸侯祭山川在其地者。禮記。

朱子曰：天子祭天地，諸侯祭國内山川。只緣是他屬我，故我祭得他。若不屬我，則氣便不與之相感，如何祭得他？

子曰：「非其鬼而祭之，諂也。」論語。

朱子曰：非其鬼，謂非其所當祭之鬼。諂，求媚也。

詩曰：「豈弟君子，求福不回。」大雅旱麓之篇。

朱子曰：回，邪也。○鄭氏曰：言文王之求福，修德以俟之，不爲回邪之行以要之也。○朱子封事曰：臣聞天有顯道，厥類惟彰。作善者，降之百祥；作不善者，降之百殃。是以人之禍福，皆其自取。未有不爲善，而以諂禱得福者也；未有不爲惡，而以守正得禍者也。而況帝王之生，實受天命，以爲郊廟社稷神人之主。苟能修德行政，康濟兆民，則災害之去，何待於禳？福禄之來，何待於禱？如其反此，則獲罪於天，人怨神怒，雖欲辟惡鬼，以來真人，亦無所益。又況先王制禮，自天子以至於庶人，報本享親，皆有常典，牲器時日，皆有常度。明有禮樂，幽有鬼神，一理貫通，初無間隔。苟禮之所不載，即神之所不享，是以祭非其鬼，即爲淫祀。淫祀無福，經有明文，非固設此以禁之，乃其理之自然，不可得而易也。其或慌惚之間，如有影響，乃是心無所主，妄有憂疑，遂爲巫祝妖人乘間投隙，以逞其姦欺。誑惑之術既行，則其爲禍又將無所不至。古今以此坐致亂亡者，何可勝數？其監蓋亦非遠，苟非致精學問，以明性命之理，使此心洞然無所疑惑，當有即有，當無即無，則亦何据以秉禮執法，而絶妖妄之原乎？先王之政，執左道以亂政，假鬼神以疑衆者，皆必誅而不以聽，其慮深矣。然傳有之：「明於天地之性者，不可惑以神怪；明於萬物之情者，不可罔以非類。」則其爲妄，蓋亦不甚難察。惟聖明之留意焉，則天下幸甚。

右言正祀典以絶神姦。

臣按：天生斯民，立之司牧。司牧實兼君、師：牧以養之，君以治之，師以教之，然後斯民得以安其生，革其惡，興其善焉。三代以前，三者各盡其道，故政成化行，治隆俗美。降及後世，道學不行，人君自無躬行之實，無以表正四方，只以法令把持一世。間有慈仁之主，或致斯民之富庶，而教則蔑聞，何怪乎彝倫失叙，風俗頽敗乎？古道之不行，厥惟久矣。常人耳恬目習，皆以爲當然，反以古道爲可駭可愕之事，志士所以憤惋不已者也。夫所謂古道者，非若挾山超海、陵空駕虚之謂也，只是父子盡其仁，君臣盡其義，夫婦盡其别，長幼盡其禮，朋友盡其信之謂也。此皆根於天性，發爲懿德，本非難行者也。惟其氣禀拘於前，物欲汩於後，加之以産業無恒，展轉失所，救死不贍，喪其良心，徒知刑辟之可畏，不恤名節之可守，增邪長僞，巧避法網。於是，上之人不思教化之有道，但憂刑法之不密，添科益條，以防其欺，法愈密而姦益滋，風俗日壞，世道日卑，而不可救矣。或有慨然思矯世習者，又不知設教有因，化民有漸，徒慕其名，未得其實，後本先末，有教無效，於是世人之樂縱恣憚繩檢者，乘隙而力攻之，以爲古道真不可復。此何異於以一杯水救一車薪之火，而以爲水不勝火也哉？必也人君先務躬行，得賢共治，朝廷命令，悅服人心，使顚連無告之民，咸懷興起之念。然後袪其弊瘼以解其苦，制其田里以遂其生，設學而教之以指其路，制禮而束之以檢其節，爲鄕射鄕飮酒之儀以導其和，旌善以勸而使決所趨，癉惡以懲而使決所背，則將使學校致教育之盛，鄕黨興敬讓之風，時升大猷，刑錯不用，禮樂濟濟矣。古道豈真不可行於今日乎？或問：「此則然矣，若必待人君躬行，先致富庶，然後乃可設教。則躬行無日，富庶無期，無乃終無設教之日乎？」答曰：「人君苟不知躬行，不務養民，則是坐而待亡，無策可救矣。尚何古教之可設乎？若又必待人君成德，斯民富庶，然後乃欲設教，則此亦執一之論也。惟是人君，方立躬行之志，方發施仁之政，而漸次設教，則養與教，可以竝行而相成矣。」化民之道，其要如此，伏惟殿下勉勵焉。

爲政功效章第十

臣按：人君既盡教養之道，則必有風動之化，貽厥萬世，故著其功效。

大道之行也，天下爲公，選賢與能，講信修睦。故人不獨親其親，不獨子其子，使老有所終，壯有所用，幼有所長，鰥寡孤獨廢疾者皆有所養。是故謀閉不興，盜賊不作，外户不閉，是謂「大同」。禮記。

陳氏曰：謀閉，姦邪之謀閉塞而不興也。大同，公道大同之世也。

孟子曰：「霸者之民，驩虞如也；王者之民，皥皥如也。」孟子。下同。

朱子曰：驩虞，與歡娛同。皥皥，廣大自得之貌。○程子曰：驩虞，有所造爲而然，豈能久也？耕田鑿井，帝力何有於我？如天之自然，乃王者之政。

「殺之而不怨，利之而不庸，民日遷善而不知爲之者。」

朱子曰：此所謂皥皥如也。庸，功也。○豐氏曰：因民之所惡而去之，非有心於殺之也，何怨之有？因民之所利而利之，非有心於利之也，何庸之有？輔其性之自然，使自得之，故民日遷善而不知誰之所爲也。

「夫君子所過者化，所存者神，上下與天地同流，豈曰小補之哉？」

朱子曰：君子，聖人之通稱也。所過者化，身所經歷之處，即人無不化，如舜之耕歷山而田者遜畔，陶河濱而器不苦窳音愈。也。所存者神，心所存主處，便神妙不測，如孔子之立斯立、道斯行、綏斯來、動斯和，莫知其所以然而然也。是其德業之盛，乃與天地之化同運竝行，舉一世而甄陶之，非如霸者但小小補塞其罅漏而已。此則王道之所以爲大，而學者所當盡心也。

是以聲名洋溢乎中國，施及蠻貊。舟車所至，人力所通，天之所覆，地之所載，日月所照，霜露所隊音墜，**凡有血氣者，莫不尊親，故曰配天。**中庸。

朱子曰：配天，言其德之所及，廣大如天也。

右言仁被天下之效。

○**詩曰：「假**當作嘉。**樂君子，顯顯令德。宜民宜人，受祿于天。保右命之，自天申之。」**大雅假樂之篇。

朱子曰：君子，指王也。民，庶民也。人，在位者也。申，重也。言王之德，既宜民人，而受天祿矣；而天之於王，猶反覆眷顧之不厭，既保之右之命之，而又申重之也。

又曰：「文王在上，於音烏**昭于天。周雖舊邦，其命維新。」**大雅文王之篇。

朱子曰：言文王既殁，而其神在上，昭明于天。是以周邦雖自后稷始封，千有餘年，而其受天命，則自今始也。○東陽許氏曰：文王明明德而及於民，政教日新，初受天命。○孟子謂滕文公曰：詩云「周雖舊邦，其命維新」，文王之謂也。子力行之，亦以新子之國。

右言德合天心之效。

○詩曰："無競維人，四方其訓之。不顯維德，百辟其刑之。於音烏乎！前王不忘。"周頌烈文之篇。

朱子曰：言莫强於人，莫顯於德。先王之德所以人不能忘者，用此道也。前王，謂文、武也。

君子賢其賢而親其親，小人樂其樂而利其利，此以没世不忘也。大學。

朱子曰：君子，謂其後賢後王。小人，謂後民也。此言前王所以新民者，止於至善，能使天下後世無一物不得其所，所以既没世，而人思慕之，愈久而不忘也。○又曰：賢其賢者，聞而知之，仰其德業之盛也；親其親者，子孫保之，思其覆育之恩也；樂其樂者，含哺鼓腹，而安其樂也；利其利者，耕田鑿井，而享其利也：此皆先王盛德至善之餘澤也。

右言澤流後世之效。

臣按：爲政之效，至於仁被天下，澤流後世，聖人之能事蔑以加矣，可謂高遠而難於幾及矣。雖然，本之躬行，循序漸進，則如行者不退，必至於赴家，食者不輟，必至於飽腹。初非捕風捉影，不可求效之比也，第患人主真以爲高遠而莫之爲耳。聖王之政，布在方册，如規矩在手，可制方圓。初雖齟齬，後漸純熟矣，何患王政之不能行乎？人主之病，凡有二焉：一則牽於多慾，以爲王政不可行；一則溺於流俗，以爲王政不能行。牽於多慾者，是非之公，常蔽於利害之私；溺於流俗者，聖賢之言，常屈於鄙俚之談。後世之治日常少，職此之由。夫躬行仁義者，天德也。教養生民者，王道也。後世人君常曰：「予小子，何敢望古道乎？」天德、王道之説，認爲古人之事，而不涉於己，人臣有進言者，則輒指笑，以爲高談無實，殊不知吾心之正大無私即天德也，處事之合宜而順於人心即王道也。時無古今，道非高遠，即在於日用之常，特患未之思耳。多慾之主，安於暴棄，固不足道矣。間有爲善之君，亦多不免爲流俗所移，尤可痛惜。流俗之言，必曰古道決不可復，今若革舊更新，則人心不安，將至於危亂，人主深入其説。故儒者之談，邁邁落落，終無相合之理。何不深思曰：今者紀綱振乎，廢乎？士習正乎，偷乎？宰相經邦乎，尸位乎？百僚任職乎，怠事乎？斯民休養乎，困瘁乎？如使紀綱振而士習正，宰相經邦，百僚任職，斯民休養，則此幾於王政矣，一變可以至道，古道何爲而不可復乎？如使紀綱廢而士習偷，宰相尸位，百僚怠事，斯民困瘁，則是將亡之象也，所當汲汲矯革。而安於姑息，反以有爲爲非者，何歟？無乃常人智慮淺短，不思異日之大憂，只求目前之無事歟？抑賢者在野，不肖者在朝，同辭罔上，而實非國人之情歟？抑當路者才智不足，既不能自做，又不知薦賢，只欲苟逭罪責歟？如是思之，得其所以然，則流俗之羣咻，可以一揮而定矣。自古無道之邦，不容善人，故人臣爲善而陷戮者固有之矣，未聞人君行道而受禍者也。蓋君上造命，回亂爲治，只在一心。一心向道，力行不已，則施於有政，世道一變矣。安有立紀綱、矯士習、任宰相、熙百工、安庶民，以追先王之道，而反見禍敗之理哉？嗚呼！不思而已矣。或問：「爲政必追先王，而人主躬行，尚未成德，則奈何？」曰：「修身先於治國，只言其序當然耳。若必待修身極其至，然後乃可爲政，則允德未終之前，將置國家於何地歟？程子曰：『後王知春秋之義，則雖德非禹湯，尚可以法三代之治。』程子豈妄語欺人者乎？但得人主識取捨，誠好惡，奮必治之志，而求賢信任，則德雖未成，治道可始也。自此以往，漸至於學日就，德日進，政日理，化日廣，則修身治國，可以竝臻其極矣。」伏望殿下畏上天之命，思父母之責，念百年社稷之重，憫赤子塗炭之苦，充不忍人之心，行不忍人之政，弘濟黎元，煥興禮樂，一新世道，比隆三五，以光祖宗之前烈，以垂範于文子文孫。萬世幸甚。

校勘記

〔一〕必得學明行高才誠兼備之士爲之輔佐 「誠」，疑作「識」。

〔二〕虞書大禹謨 「大禹謨」，原作「舜典」，據書集傳卷一改。

〔三〕在於取舍 「於」，一本作「其」。

栗谷先生全書卷二十六

聖學輯要八

聖賢道統第五單一章

臣按：上古聖神繼天立極，道統攸始。書契以前，茫乎罔稽。八卦肇畫，人文始宣。故謹依謨訓，兼考史籍，略述于此。始于伏羲，終于朱子，以著修己治人之實迹。先觀功效，後稽實迹，則可以不昧於所從矣。

古者包庖犧氏之王天下也，仰則觀象於天，俯則觀法於地，觀鳥獸之文與地之宜，近取諸身，遠取諸物，於是始作八卦，以通神明之德，以類萬物之情。易繫辭。下同。

王昭素曰：「與」「地」之間，諸本多有「天」字。○朱子曰：俯仰遠近，所取不一，然不過以驗陰陽消息兩端而已。神明之德，如健、順、動、止之性；乾健，坤順，震動，艮止。萬物之情，如雷、風、山、澤之象。震爲雷，巽爲風，艮爲山，兌爲澤。○史略曰：太昊伏羲氏，風姓，始畫八卦，造書契，以代結繩之政。制嫁娶，以儷皮爲禮。結網罟，教佃漁，養犧牲，以充庖廚，故曰庖犧。

包犧氏沒，神農氏作，斲木爲耜，揉木爲耒，耒耨之利以教天下。

節齋蔡氏曰：耜，耒首也。耒，耜柄也。○漢上朱氏曰：炎帝時，民厭鮮食，於是始爲耒耜，以教天下，故曰神農。耨，除草也。○史略曰：炎帝神農氏，姜姓，始教耕，嘗百草，始有醫藥，教人日中爲市，交易而退。

神農氏沒，黃帝、堯、舜氏作，通其變，使民不倦，神而化之，使民宜之，垂衣裳而天下治。

建安丘氏曰：犧農之時，人害雖消，而人文未著，衣食雖足，而禮義未興。於是，三聖人者黃帝、堯、舜。仰觀俯察，體乾坤之象，正衣裳之儀，使君臣分義，截然於天高地下之間，天下其有不治乎？斯時也，其世道一新之會，而黎民於變之機歟？○史略曰：黃帝軒轅氏，公孫姓，又曰姬姓，見日月星辰之象，始有星官之書。命大撓占斗建，作甲子，容成造曆，隸首作算數，伶倫造律呂。○易繫辭傳曰：「刳木爲舟，剡木爲楫，以濟不通。服牛乘馬，引重致遠，以利天下。重門擊柝，以待暴客。斷木爲杵，掘地爲臼，臼杵之利，萬民以濟。弦木爲弧，剡木爲矢，弧矢之利，以威天下。上古穴居而野處，後世聖人易之以宫室，上棟下宇，以待風雨。古之葬者厚衣之以薪，葬之中野，不封不樹，後世聖人易之以棺槨。上古結繩而治，後世聖人易之以書契，百官以治，萬民以察。」

臣按：黄帝之後，有少昊、顓頊、帝嚳三帝，皆聖賢之君，而繫辭只以黄帝、堯、舜爲言。故今以帝堯接乎黄帝焉。先賢論道統也，亦未嘗及於三帝焉。

子曰：「大哉堯之爲君也！巍巍乎！惟天爲大，惟堯則之。蕩蕩乎！民無能名焉。」論語。下同。

朱子曰：惟，猶獨也。則，猶準也。蕩蕩，廣遠之稱也。言物之高大，莫有過於天者，而獨堯之德能與之準。準，言與天等也。故其德之廣遠，亦如天之不可以言語形容也。○史略曰：帝堯陶唐氏，伊祁姓，帝嚳子，黄帝玄孫。其仁如天，其知如神，就之如日，望之如雲。

「巍巍乎其有成功也，焕乎其有文章！」

朱子曰：成功，事業也。焕，光明之貌。文章，禮樂法度也。○尹氏曰：天道之大，無爲而成，惟堯則之，此「則」字，是「法則」之「則」。以治天下，故民無得而名焉。所可名者，其功業文章巍然焕然而已。

堯曰：「咨爾舜，天之曆數在爾躬。允執其中，四海困窮，天禄永終。」

朱子曰：此堯命舜，而禪以帝位之辭。咨，嗟歎聲。曆數，帝王相繼之次第，猶歲時氣節之先後也。允，信也。中者，無過不及之名也。○史略曰：帝舜有虞氏，姚姓，耕歷山，民皆讓畔，漁雷澤，人皆讓居，陶河濱，器不苦窳音愈。所居成聚，二年成邑，三年成都。相堯攝政，放驩兜，流共工，殛鯀，竄三苗，舉才子八元、八凱。

子曰：「無爲而治者，其舜也與？夫何爲哉？恭己正南面而已矣。」

朱子曰：無爲而治者，聖人德盛而民化，不待其有所作爲也。獨稱舜者，紹堯之後，而又得人以任衆職，故尤不見其有爲之迹也。恭己者，聖人敬德之容。既無所爲，則人之所見如此而已。

舜命禹曰：「地平天成，六府三事允治，萬世永賴，時乃功。」虞書大禹謨。下同。

蔡氏曰：水土治曰平。言水土既平，而萬物得以成遂也。六府，即水、火、金、木、土、穀也。六者財用之所自出，故曰府。三事，正德、利用、厚生也。三者人事之所當爲，故曰事。舜推其功以美之也。○史略曰：夏后氏禹，姒姓，鯀之子也。鯀湮洪水，舜舉禹代之，勞身焦思，居外八年，過家門不入，開九州，通九道，陂九澤，度九山，告厥成功。舜嘉之，使率百官，行天子事。聲爲律，身爲度，左準繩，右規矩。

「人心惟危，道心惟微。惟精惟一，允執厥中。」

註已見上。○蔡氏曰：古之聖人，將以天下與人，未嘗不以其治之之法并而傳之，其見於經者如此。後之人君，其可不深思而敬守之哉？

子曰：「巍巍乎！舜、禹之有天下也而不與焉。」論語。

朱子曰：巍巍，高大之貌。不與，猶言不相關。言其不以位爲樂也。○新安陳氏曰：舜、禹不以天下動其心，於不與上，見其巍巍。

成湯誕告萬方曰：「爾有善，朕弗敢蔽；罪當朕躬，弗敢自赦，惟簡在上帝之心。其爾萬方有罪，在予一人；予一人有罪，無以爾萬方。」商書湯誥。

蔡氏曰：簡，閱也。簡閱一聽於天。然天以天下付之我，則民之有罪，實君所爲。君之有罪，非民所致。非特聖人厚於責己而薄於責人，是乃理之所在，君道當然也。○史略曰：殷王成湯，子姓，名履，其先曰契，帝嚳子也。湯始都亳。使人以幣聘伊尹于莘，進之夏桀，不用，復歸湯，如是者五。桀貪虐，國人大崩，伊尹相湯伐桀，放之南巢，諸侯尊湯爲天子。

詩云：「穆穆文王，於緝熙敬止。」爲人君，止於仁；爲人臣，止於敬；爲人子，止於

孝；爲人父，止於慈；與國人交，止於信。大學。

朱子曰：詩大雅文王之篇。穆穆，深遠之意。以德容言。於，歎美辭。緝，繼續也。熙，光明也。敬止，言其無不敬，而安所止也。引此而言聖人之止無非至善，五者乃其目之大者也。○史略曰：周古公后稷之後。少子季歷，娶太任，生昌，有聖德，立爲西伯，諸侯歸之，三分天下有其二。武王既爲天子，追尊西伯爲文王。

子曰：「三分天下有其二，以服事殷。周之德，其可謂至德也已矣。」論語。

春秋傳曰：文王率商之畔國，以事紂。○范氏曰：文王之德，足以代商。天與之，人歸之，乃不取而服事焉，所以爲至德也。○朱子曰：文王之事紂，惟知以臣事君而已，都不見其他，玆其所以爲至德也。

「武王纘文王之緒，壹戎衣而有天下，身不失天下之顯名。」中庸。○亦孔子語。

朱子曰：纘，繼也。緒，業也。戎衣，甲冑之屬。壹戎衣，言一著戎衣以伐紂也。○史略曰：紂寵妲己，其言皆從。厚賦稅，廣苑臺，爲酒池肉林，爲長夜之飲。重刑辟，爲炮烙之刑，諸侯多叛。西伯卒，子發立，是爲武王，率修西伯緒業十三年，諸侯不期而會者八百，皆曰紂可伐矣，王不可，引歸。紂不悛，王乃伐之。紂敗于牧野，衣寶玉自焚死，王滅殷爲天子。

孟子曰：「堯、舜，性者也；湯、武，反之也。」孟子。下同。

朱子曰：性者，得全於天，無所污壞，不假修爲，聖之至也。反之者，修爲以復其性，而至於聖人也。○程子曰：堯與舜，更無優劣。及至湯、武便别，孟子言性之反之。自古無人如此説，只孟子分别出來。便知得堯舜是生而知之，湯武是學而能之。文王之德，則似堯舜。禹之德，則似湯武。要之，皆是聖人。

「禹，惡旨酒而好善言。」

戰國策曰：儀狄作酒，禹飲而甘之曰：「後世必有以酒亡其國者。」遂疏儀狄，而絶旨酒。○書曰：「禹拜昌言。」

「湯執中，立賢無方。」

朱子曰：執，謂守而不失。中者，無過不及之名。方，猶類也。立賢無方，惟賢則立之於位，不問其類也。○又曰：這「執中」，與「子莫執中」不同。湯只是事事恰好，無過不及而已。

「文王視民如傷，道而未之見。」而，讀爲如，古字通用。

朱子曰：民已安矣，而視之猶若有傷；道已至矣，而望之猶若未見。聖人之愛民深而求道切如此。不自滿足，終日乾乾之心也。

之至也。

「**武王不泄邇，不忘遠。**」

朱子曰：泄，狎也。邇者，人所易狎而不泄。遠者，人所易忘而不忘。德之盛，仁之至也。

「**周公思兼三王，以施四事。其有不合者，仰而思之，夜以繼日；幸而得之，坐以待旦。**」

朱子曰：三王，禹也，湯也，文武也。四事，上四條之事也。時異勢殊，故其事或有所不合。思而得之，則其理初不異矣。坐以待旦，急於行也。此歷叙羣聖，而各舉其一事，以見其憂勤惕厲之意。蓋天理之所以常存，而人心之所以不死也。○程子曰：孟子所稱，各因其一事而言，非謂武王不能執中立賢，湯却泄邇忘遠也。人謂各舉其盛，亦非也，聖人亦無不盛。

子曰：「武王、周公，其達孝矣乎！」中庸。下同。

朱子曰：達，通也。天下之人通謂之孝，猶孟子之言「達尊」也。

「**夫孝者，善繼人之志、善述人之事者也。**」

新安陳氏曰：祖父有欲爲之志而未爲，子孫善繼其志而成就之；祖父有已爲之事而可法，子孫善因其事而遵述之。○西山真氏曰：當持守而持守，固繼述也；當變通而變通，亦繼述也。

「踐其位，行其禮，奏其樂，敬其所尊，愛其所親，事死如事生，事亡如事存，孝之至也。」

朱子曰：踐，猶履也。其，指先王也。所尊所親，先王之祖考、子孫、臣庶也。始死謂之死，既葬則曰反而亡焉，皆指先王也。此繼志、述事之意也。

「周監於二代，郁郁乎文哉！吾從周。」論語。○亦孔子語。

朱子曰：監，視也。二代，夏、商也。言其視二代之禮而損益之。郁郁，文盛貌。○尹氏曰：三代之禮，至周大備，夫子美其文而從之。

右道統自伏羲至於周公，以聖人之德，居君師之位，修己治人，各極其至。周公雖不居君位，亦盡治天下之道。

○子曰：「吾十有五而志于學，」論語。下同。

朱子曰：古者十五而入大學。此所謂學，即大學之道也。志乎此，則念念在此，而爲之不厭矣。

「三十而立，」

朱子曰：有以自立，則守之固而無所事志矣。

「四十而不惑，」

朱子曰：於事物之所當然，皆無所疑，則知之明而無所事守矣。

「五十而知天命，」

朱子曰：天命，即天道之流行而賦於物者，乃事物當然之故也。知此則知極其精，而不惑又不足言矣。

「六十而耳順，」

朱子曰：聲入心通，無所違逆，知之之至，不思而得也。

「七十而從心所欲，不踰矩。」

朱子曰：從，隨也。矩，法度之器，所以爲方者也。隨其心之所欲，而自不過於法度，安而行之，不勉而中也。○又曰：聖人生知安行，固無積累之漸，然其心未嘗自謂已至此也。是其日用之間，必有獨覺其進而人不及知者。故因其近似以自名，欲學者以是爲則而自勉，非心實自聖而姑爲是退託也。○胡氏曰：聖人之教亦多術，然其要使人不失其本心而已。欲得此心者，惟志乎聖人所示之學，循其序而進焉。至於一疵不存、萬理明盡之後，則其日用之間，本心瑩然，隨所意欲，莫非至理。蓋心即體，欲即用，體即道，用即義，聲爲律而身爲度矣。又曰：聖人言此，一以示學者當優游涵泳，不可躐等而進；二以示學者當日就月將，不可半途而廢也。○史記世家曰：孔子名丘，字仲尼，其先宋人，父叔梁紇，母顔氏。爲兒嬉戲，常陳俎豆，設禮容。及長，適周，問禮於老子，既反而弟子益進。適齊，反魯，定公以爲中都宰，一年四方則之，遂爲司空。又爲大司寇，攝行相事，與聞國政，三月魯國大治。齊人歸女樂以沮之，季桓子受之，郊又不致膰俎於大夫，孔子行。適衛，適陳，如蔡及葉。楚昭王將封孔子，令尹子西不可，乃止，反乎衛。歸魯，年六十八矣。魯終不能用孔子，孔子亦不求仕，乃叙書傳、禮記，删詩，正樂，序易彖、繫、象、説卦、文言，作春秋。弟子蓋三千焉，身通六藝者七十二人。

「鳳鳥不至，河不出圖，吾已矣夫。」

朱子曰：鳳，靈鳥，舜時來儀，文王時鳴於岐山。河圖，河中龍馬負圖，伏羲時出。皆聖王之瑞也。已，止也。○張子曰：鳳至圖出，文明之祥。伏羲、舜、文之瑞不至，則夫子之文章，知其已矣。

仲尼祖述堯舜，憲章文武，上律天時，下襲水土。中庸。下同。

朱子曰：祖述者，遠宗其道。憲章者，近守其法。律天時者，法其自然之運。襲水土者，因其一定之理。皆兼内外，該本末而言也。陳氏曰：細底道理，爲本爲内；麤底道理，爲末爲外。

譬如天地之無不持載，無不覆幬。譬如四時之錯行，如日月之代明。

朱子曰：錯，猶迭也。此言聖人之德。

萬物竝育而不相害，道竝行而不相悖。小德川流，大德敦化，此天地之所以爲大也。

朱子曰：悖，猶背也。天覆地載，萬物竝育於其間而不相悖。所以不害不悖者，小德之川流；所以竝育竝行者，大德之敦化。小德者，全體之分；大德者，萬殊之本。川流者，如川之流，脈絡分明而往不息也；敦化者，敦厚其化，根本盛大而出無窮也。此言天地之道。以見上文取譬之意也。○黄氏曰：天命之性，即大德之敦化；率性之道，即小德之川流。大德敦化是體，小德川流是用。

子貢曰：「夫子之得邦家者，所謂立之斯立，道之斯行，綏之斯來，動之斯和。其生也榮，其死也哀。」論語。

朱子曰：立之，謂植其生也。道，引也，謂教之也。行，從也。綏，安也。來，歸附也。動，謂鼓舞之也。和，所謂於變時雍。言其感應之妙，神速如此。榮謂莫不尊親，哀則如喪考妣。○程子曰：此聖人之神化，上下與天地同流者也。

「見其禮而知其政，聞其樂而知其德。由百世之後，等百世之王，莫之能違也。自生民以來，未有夫子也。」孟子。下同。○亦子貢語。

朱子曰：言大凡見人之禮，則可以知其政；聞人之樂，則可以知其德。是以我從百世之後，差等百世之王，無有能遁其情者，而見其皆莫若夫子之盛也。

宰我曰：「以予觀於夫子，賢於堯舜遠矣。」

程子曰：語聖則不異，事功則有異。夫子賢於堯舜，語事功也。蓋堯舜治天下，夫子又推其道以垂教萬世。堯舜之道，非得孔子，則後世亦何所據哉？

孟子曰：「孔子之謂集大成。集大成也者，金聲而玉振之也。金聲也者，始條理也；玉振之也者，終條理也。始條理者，智之事也；終條理者，聖之事也。」

朱子曰：成者，樂之一終，書所謂「簫韶九成」是也。樂有八音，若獨奏一音，則其一音自爲始終，而爲一小成。八音之中金、石爲重，故竝奏八音則先擊鎛鐘以宣其聲，後擊特磬以收其韻。宣以始之，收以終之。二者之間，脈絡通貫，無所不備，則合衆小成而爲一大成，猶孔子之知無不盡而德無不全也。

右道統至於孔子而集大成，爲萬世之師。由孔子以下，道成於己，不能行於一時。

○顔淵喟然歎曰：「仰之彌高，鑽之彌堅，瞻之在前，忽焉在後。」論語。下同。

朱子曰：喟，歎聲。仰彌高，不可及。鑽彌堅，不可入。在前在後，恍惚不可爲象，此顔淵深知夫子之道無窮盡、無方體而歎之也。聖人只是一箇中底道理，高、堅、前、後只是中庸不可能。

「夫子循循然善誘人，博我以文，約我以禮。」

朱子曰：循循，有次序貌。誘，引進也。博文約禮，教之序也。言夫子道雖高妙，而教人有序也。○侯氏曰：博我以文，致知格物也；約我以禮，克己復禮也。○程子曰：此顔子稱聖人最切當處。聖人教人，惟此二事而已。

「欲罷不能，既竭吾才，如有所立卓爾。雖欲從之，末由也已。」

朱子曰：卓，立貌。末，無也。此顔子自言其學之所至也。蓋悦之深而力之盡，所見益親，而又無所用其力也。○吴氏曰：所謂「卓爾」，亦在乎日用行事之間，非所謂窈冥昏默者。○楊氏曰：自可欲之謂善，充而至於大，力行之積也。大而化之，則非力行所及矣。此顔子所以未達一間也。○胡氏曰：顔子學既有得，故述其先難之故、後得之由，而歸功於聖人也。高、堅、前、後，語道體也。仰、鑽、瞻、忽，未領其要也。惟夫子循循善誘，先博我以文，使我知古今，達事變；然後約我以禮，使我尊所聞，行所知。如行者之赴家，食者之求飽。是以欲罷不能，盡心盡力，不少休廢，然後見夫子所立之卓然。雖欲從之，末由也已。是蓋不怠所從，必求至乎卓立之地也。抑斯歎也，其在請斯語克己復禮。之後，三月不違之時乎？子曰：「回也，其心三月不違仁。」

顏淵問爲邦。

朱子曰：顏子，王佐之才，故問治天下之道。曰爲邦者，謙辭。

子曰：「行夏之時，」

朱子曰：夏時，謂以斗柄初昏建寅之月爲歲首也。天開於子，地闢於丑，人生於寅，故斗柄建此三辰之月，皆可以爲歲首。然時以作事，則歲月自當以人爲紀。蓋取其時之正與其令之善，而告顏子也。

「乘殷之輅，」

朱子曰：商輅，木輅也。輅者，大車之名。古者以木爲車而已，至商而有輅之名，蓋始異其制也。周人飾以金玉，則過侈而易敗，不若商輅之朴素渾堅而等威已辨，爲質而得其中也。

「服周之冕。」

朱子曰：周冕有五，祭服之冠也。黄帝以來，蓋已有之，而制度儀等至周始備。

夫子取之，蓋亦以爲文而得其中也。

「樂則韶、舞。」

朱子曰：「取其盡善盡美。」○問：「顔子問爲邦，孔子止告之以四代之禮樂，却不及治國平天下之道，莫是此事顔子平日講究有素，不待夫子再言否？」朱子曰：「是如此。」

「放鄭聲，遠佞人。鄭聲淫，佞人殆。」

註已見上。○程子曰：問政多矣，惟顔淵告之以此。蓋三代之制，皆因時損益。及其久也，不能無弊。周衰，聖人不作。故孔子斟酌先王之禮，立萬世常行之道，發此以爲之兆耳。由是求之，則餘皆可考也。

顔淵死。子曰：「噫！天喪予，天喪予。」

朱子曰：噫，傷痛聲。悼道無傳，若天喪己也。○雲峯胡氏曰：夫子上接文王之傳，則曰「天未喪斯文」；下失顔淵之傳，則曰「天喪予」。然則道統之絶續，皆天也。○哀公問弟子孰爲好學，孔子對曰：「有顔回者回，顔淵名。好學，不遷怒，不貳過，不幸短命死矣。今也則亡，未聞好學者也。」○曾子曰：以能問於不能，以多問於寡，有若無，實若虛，犯而不校，昔者吾友嘗從事於斯矣。友，馬氏以爲顔淵。

「參也魯。」孔子語。

朱子曰：魯，鈍也。○程子曰：參也竟以魯得之。又曰：曾子之學，誠篤而已。聖門學者，聰明才辨不爲不多，而卒傳其道乃質魯之人爾，故學以誠實爲貴也。○尹氏曰：曾子之才魯，故其學也確，所以能深造乎道也。

曾子曰：「吾日三省吾身：爲人謀而不忠乎？與朋友交而不信乎？傳不習乎？」

朱子曰：盡己之謂忠，以實之謂信，傳謂受之於師，習謂熟之於己。曾子以此三者如省其身，有則改之，無則加勉，其自治誠切如此，可謂得爲學之本矣。而三者之序，則又以忠信爲傳習之本也。○尹氏曰：曾子守約，故動必求諸身。○謝氏曰：諸子之學皆出於聖人，其後愈遠而愈失其真。猶曾子之學，專用心於內，故傳之無弊，觀於子思、孟子可見矣。惜乎其嘉言善行，不盡傳於世也。其幸存而未泯者，學者其可不盡心乎？

子曰：「參乎，吾道一以貫之。」曾子曰：「唯。」

註已見上。

子出，門人問曰：「何謂也？」曾子曰：「夫子之道，忠恕而已矣。」

朱子曰：盡己之謂忠，推己之謂恕。而已矣者，竭盡而無餘之辭也。夫子之一理渾然而泛應曲當，譬則天地之至誠無息，而萬物各得其所也。自此之外，固無餘法，而亦無待於推矣。曾子有見於此而難言之，故借學者盡己推己之目以著明之，欲人之易曉也。蓋至誠無息者，道之體也，萬殊之所以一本也；萬物各得其所者，道之用也，一本之所以萬殊也。以此觀之，一以貫之之實可見矣。○程子曰：聖人教人，各因其才。「吾道一以貫之」，惟曾子爲能達，此孔子所以告之也。曾子告門人曰：「夫子之道，忠恕而已矣。」亦猶夫子之告曾子也。

子思學於曾子，作中庸。史記。

史記曰：孔子生鯉，字伯魚，先卒。伯魚生伋，字子思。○朱子曰：中庸何爲而作也？子思子憂道學之失其傳而作也。蓋自上古，聖神繼天立極，而道統之傳有自來矣。其見於經，則「允執厥中」者，堯之所以授舜也。「人心惟危，道心惟微。惟精惟一，允執厥中」者，舜之所以授禹也。堯之一言，至矣盡矣，而舜復益之以三言者，則所以明夫堯之一言，必如是而後可庶幾也。堯、舜、禹，天下之大聖也。以天下相傳，天下之大事也。以天下之大聖行天下之大事，而其授受之際，丁寧告戒，不過如此，則天下之理，豈有以加於此哉？自是以來，聖聖相承，若成湯、文、武之爲君，皋陶、伊、傅、周、召之爲臣，既皆以此而接夫道統之傳。若吾夫子，則雖不得其位，而所以繼往聖開來學，其功反有賢於堯舜者。然當是時，見而知之者，惟顔氏、曾氏之傳得其宗。及曾氏之再傳，而復得夫子之孫子思，則去聖遠而異端起矣。子思懼夫愈久而愈失其真也，於是推本堯舜以來相傳之意，質以平日所聞父師之言，更互演繹，作爲此書，以詔後之學者。

孟子曰：「由堯、舜至於湯，五百有餘歲，若禹、皋陶則見而知之，若湯則聞而知之。」孟子。下同。

趙氏曰：五百歲而聖人出。天道之常，然亦有遲速，不能正五百年，故言有餘也。

「由湯至於文王，五百有餘歲，若伊尹、萊朱則見而知之，若文王則聞而知之。」

○尹氏曰：知，謂知其道也。

趙氏曰：萊朱，或曰仲虺，爲湯左相。

「由文王至於孔子，五百有餘歲，若太公望、散宜生則見而知之，若孔子則聞而知之。」

朱子曰：子貢曰：「文武之道，未墜於地，在人。賢者識其大者，不賢者識其小者，莫不有文武之道焉。夫子焉不學？」此所謂聞而知之也。

「由孔子而來至於今，百有餘歲，去聖人之世，若此其未遠也，近聖人之居，若此其甚也，然而無有乎爾，則亦無有乎爾。」

林氏曰：孟子言孔子至今時未遠，鄒魯相去又近，然而已無有見而知之者矣。則五百餘歲之後，又豈復有聞而知之者乎？○朱子曰：此言雖若不敢自謂已得其傳，而憂後世遂失其傳，然乃所以自見其有不得辭者，而又以見夫天理民彝不可泯滅，百世之下，必將有神會而心得之者耳。故歷叙羣聖之統，而終之以此，所以明其傳之有在，而又以俟後聖於無窮也，其旨深哉！

「予未得爲孔子徒也，予私淑諸人也。」

朱子曰：私，猶竊也。淑，善也，李氏以爲方言是也。人，謂子思之徒也。孟子言予雖未得親受業於孔子之門，然猶有能傳其學者，故我得聞孔子之道於人，而私竊以善其身，蓋推尊孔子而自謙之辭也。○史記曰：孟軻，字子車，一說子輿。鄒人也，受業子思之門人。道既通，遊事齊宣王、梁惠王，則見以爲迂遠而闊於事情。當是之時，天下方務於合從連衡，以攻伐爲賢，而孟軻乃述唐、虞、三代之德，是以所如者不合。退而與萬章之徒序詩、書，述仲尼之意，作孟子七篇。

「昔者禹抑洪水而天下平，周公兼夷狄、驅猛獸而百姓寧，孔子成春秋而亂臣賊子懼。」

朱子曰：抑，止也。兼，并之也。○孟子曰：「周公相武王，誅紂伐奄，三年討其君，驅飛廉於海隅而戮之。滅國者五十，驅虎、豹、犀、象而遠之，天下大悦。」

「我亦欲正人心，息邪説，距詖行，放淫辭，以承三聖者。」

韓氏曰：堯以是傳之舜，舜以是傳之禹，禹以是傳之湯，湯以是傳之文、武、周公，文、武、周公傳之孔子，孔子傳之孟軻。軻之死，不得其傳焉。○程子曰：仲尼，元氣也。顔子，春生也。孟子，并秋殺盡見。仲尼無所不包。顔子示不違如愚之學於後世，有自然之和氣，不言而化者也。孟子則露其材，蓋亦時然而已。仲尼，天地也。顔子，和風慶雲也。孟子，泰山巖巖之氣象也。觀其言，皆可見之矣。仲尼無迹，顔子微有迹，孟子其迹著。孔子儘是明快人，顔子儘豈弟，孟子儘雄辨。葉氏曰：夫子清明在躬，猶青天白日，故極其明快。顔子有若無，實若虛，犯而不校，故極其豈弟。孟子息邪説，距詖行，放淫辭，故極其雄辨。此段反覆形容大聖大賢氣象，各臻其妙。古今之言聖賢未有若斯者也，學者其潛心焉。

右道統之傳止於孟子而中絶。

臣按：道統傳自伏羲，止於孟子，遂無傳焉。荀卿、毛萇、董仲舒、揚雄、諸葛亮、王通、韓愈之徒，立言立事，有補於世教。而荀、揚皆偏駁，毛萇無顯功，王通見小而欲速，皆少可觀，惟仲舒有正誼明道之論，諸葛亮有儒者氣象，韓愈排斥佛老，視諸子爲優。但仲舒流於災異之説，亮近於申、韓之習，愈疏於踐履之學，此所以不能接孟氏之統也。

○周茂叔人品甚高，胸中灑落，如光風霽月。 黄庭堅濂溪詩序。

延平李氏曰：此言善形容有道者氣象。○濂溪先生事狀曰：先生世家道州營道縣，姓周氏，名惇實，後避英宗舊名，改惇頤。博學力行，聞道甚早，遇事剛果，有古人風，爲政精密嚴恕，務盡道理，嘗作太極圖、易説、易通數十篇。

道喪千載，聖遠言堙。不有先覺，孰開我人？書不盡言，圖不盡意。風月無邊，庭草交翠。 朱子所製濂溪先生畫像贊。

朱子曰：先生不由師傳，默契道體，建圖屬書，根極頒要。當時見而知之，有程氏者，遂擴大而推明之，使夫天理之微、人倫之著、事物之衆、鬼神之幽莫不洞然畢貫于一，而周公、孔子、孟氏之傳焕然復明于當世。有志之士，得以探討服行而不失其正，如出于三代之前者。嗚呼盛哉！○又曰：先生之言，其高極乎太極無極之妙，而其實不離乎日用之間。其幽探乎陰陽五行造化之賾，而其實不離乎仁義禮智剛柔善惡之際。其體用之一源，顯微之無間，秦、漢以下未有臻斯理者，而其實則不外乎六經、論語、中庸、大學、七篇之所傳也。○又曰：先生上接洙泗千載之統，下啓河洛百世之傳者，脈絡分明，而規模宏遠矣。歷選諸儒傳授之次，以論其興復開創，汎埽平一之功，未有高焉者也。

河南程兩氏夫子，接乎孟氏之傳。朱子大學序。

朱子曰：汪端明嘗言：「二程之學，非全資於周先生者。蓋通書，人多忽略，不曾考究。今觀通書，皆是發明太極圖，書雖不多，而統紀已盡。二程蓋得其傳，但二程之業廣耳。

揚休山立，玉色金聲。元氣之會，渾然天成。瑞日祥雲，和風甘雨。龍德正中，厥施斯普。朱子所製明道先生畫像贊。

明道先生行狀伊川先生撰。曰：先生名顥，字伯淳，河南人。資禀既異，而充養有道。純粹如精金，温潤如良玉。寬而有制，和而不流。忠誠貫於金石，孝悌通於神明。視其色，其接物也如春陽之温；聽其言，其入人也如時雨之潤。胸懷洞然，徹視無間。測其蘊，則浩乎若滄溟之無際。極其德美，言蓋不足以形容。先生行己，内主於敬，而行之以恕，見善若出諸己，不欲勿施於人。居廣居而行大道，言有物而行有恒。先生爲學自十五六時，聞汝南周茂叔論道，遂厭科舉之業，慨然有求道之志。未知其要，泛濫於諸家，出入於老釋者幾十年，返求諸六經而後得之。朱子曰：「返求之六經然後得之」者，特語夫功用之大全耳。至其入處，則自濂溪不可誣也。明於庶物，察於人倫。知盡性至命，必本於孝悌。窮神知化，由通於禮樂。辨異端似是之非，開百代未明之惑，秦漢而下未有臻斯理者也。謂孟子没而聖學不傳，以興起斯文爲己任，進將覺斯人，退將明之書。不幸早世，皆未及也。其辨析精微稍見於世者，學者之所傳耳。先生之門，學者多矣。先生之言，平易易知，賢愚皆獲其益，如羣飲於河，各充其量。先生教人，自致知至於知止，誠意至於平天下，灑埽應對至於窮理盡性，循循有序。病世之學者捨近而趨遠，處下而闚高，所以輕自大而卒無得也。先生接物，辨而不閒，感而能通。教人而人易從，怒人而人不怨，賢愚善惡，咸得其心。狡僞者獻其誠，暴慢者致其恭，聞風者誠服，覿德者心醉，雖小人以趨向之異，顧於利害，時見排斥，退而省其私，未有不以先生爲君子也。先生爲政，治惡以寬，處煩而裕，當法令繁密之際，未嘗從衆爲應文逃責之事。人皆病於拘礙，而先生處之綽然。衆憂以爲甚難，而先生爲之沛然。雖當倉卒，不動聲色。先生所爲綱條法度，人可效而爲也。至其道之而從，動之而和，不求物而物應，未施信而民信，則人不可及也。○墓表曰：潞國太師文彦博。題其墓曰「明道先生」。弟頤序之曰：「周公没，聖人之道不行；孟軻死，聖人之學不傳。道不行，百世無善治；學不傳，千載無真儒。無善治，士猶得以明夫善治之道，以淑諸人，以傳諸後；無真儒，天下貿貿焉莫知所之，人欲肆而天理滅矣。先生生千四百年之後，得不傳之學於遺經，志將以斯道覺斯民。辨異端，闢邪説，使聖人之道焕然復明於世，蓋自孟子之後一人而已。然學者於道，不知所向，則孰知斯人之爲功？不知所至，則孰知斯名之稱情也哉？」

規圓矩方，繩直準平。允矣君子，展也大成。布帛之文，菽粟之味。知德者希，孰識其貴？朱子所製伊川先生畫像贊。

伊川先生年譜曰：先生名頤，字正叔，明道先生之弟也。幼有高識，非禮不動。年十四五，與明道同受學於周茂叔。先生年十八，上書闕下，勸仁宗以王道爲心，生靈爲念，黜世俗之論，期非常之功，不報。哲宗初，司馬光、吕公著同薦劄子曰：「河南處士程頤，力學好古，安貧守節，言必忠信，動遵禮義，年踰五十，不求仕進，真儒者之高蹈，聖世之逸民。」諫官朱光庭言：「頤道德純備，學問淵博，材資勁正，有中立不倚之風，識慮明徹，至知幾其神之妙，言行相顧而無擇，仁義在躬而不矜。」又曰：「究先王之藴，達當世之務，乃天民之先覺，聖代之真儒。」又曰：「有經天緯地之才，有制禮作樂之具。」「以言乎道，則貫徹三才而無一毫之爲間；以言乎德，則并包衆美而無一善之或遺；以言乎學，則博通古今而無一物之不知；以言乎才，則開物成務而無一理之不總。是以聖人之道，至此而傳。況當天子進學之初，若俾真儒得專經席，豈不盛哉？」○宋史曰：頤於書無所不讀，其學本於誠，以大學、論語、孟子、中庸爲標指而達于六經。動止語默，一以聖人爲師，其不至於聖人不止也。嘗言：今農夫，祁寒暑雨，深耕易耨，播種五穀，吾得而食之；百工技藝，作爲器物，吾得而用之；介冑之士，被堅執鋭，以守土宇，吾得而安之。無功澤及人，而浪度歲月，晏然爲天地間一蠹，惟綴緝聖人遺書，庶幾有補爾，於是著易春秋傳。平生誨人不倦，故學者出其門最多，淵源所漸，皆爲名士，而劉絢、李籲、謝良佐、游酢、張繹、蘇昞、吕大臨、吕大鈞、尹焞、楊時成德尤著。

橫渠之學，苦心得之，乃是致曲。朱子語録。

朱子曰：橫渠之於程子，猶伯夷、伊尹之於孔子。

早說孫吴，晚逃佛老。勇撤臯比，一變至道。精思力踐，妙契疾書。訂頑之訓，示我廣居。朱子所製橫渠先生畫像贊。

宋史曰：張載舉進士，調雲巖令，以敦本善俗爲先。帝神宗。初即位，一新百度，思得才哲之士謀之。吕公著薦載有古學，召見問治道，載對曰：「爲政不法三代者，終苟道也。」帝悅，以爲崇文校書。與王安石議新法不合，移疾屏居南山下。其學尊禮貴德，樂天安命，以易爲宗，以中庸爲體，以孔孟爲法。黜怪妄，辨鬼神，其家昏喪葬祭，率用先王之意。而傳以今禮，著正蒙、西東銘行于世。問西銘如何？程子曰：「此横渠文之粹者也。」曰：「充得盡時如何？」曰：「聖人也。横渠能充盡否？」曰：「言有多端，有有德之言，有造道之言。有德之言，説自己事，如聖人言聖人事也；造道之言，則智足以知此，如賢人説聖人事也。」○行狀呂與叔撰。曰：先生諱載，字子厚，世大梁人。康定用兵之時，先生年十八，慨然以功名自許，上書謁范文正公仲淹，公知其遠器，欲成就之，乃責之曰：「儒者自有名教，何事於兵？」因勸讀中庸。先生讀其書，雖愛之，猶以爲未足，於是又訪諸釋老之書累年，盡究其説，知無所得，反而求之六經。嘉祐初，見程伯淳、正叔于京師，共語道學之要。先生涣然自信曰：「吾道自足，何事旁求？」於是盡棄異學，淳如也。宋史曰：載嘗坐虎皮講易，聽從者甚衆。一夕，程顥、程頤至，與論易，次日，載語人曰：「比見二程，深明易道，吾所弗及，汝輩可師之。」即撤座輟講。晚自崇文移疾西歸横渠，終日危坐一室，左右簡編，俯而讀，仰而思，有得則識之，或中夜起坐，取燭以書。其志道精思，未始須臾息，亦未嘗須臾忘也。學者有問，多告以知禮成性、變化氣質之道，學必如聖人而後已，聞者莫不動心有進。嘗謂門人曰：「吾學既得於心，則修其辭命，辭無差，然後斷事，斷事無失，吾乃沛然。精義入神者，豫而已矣。」先生氣質剛毅，德盛貌嚴，然與人居，久而日親。其治家接物，大要正己以感人，人未之信，反躬自治，不以語人，雖有未諭，安行而無悔，故識與不識，聞風而畏，非其義也，不敢以一毫及之。

臣按：康節邵氏，内聖外王之學，安且成矣，而先賢未嘗以道統正脈許之，故不敢載于此。程門弟子羽翼斯道者亦多，而能荷傳道之任者，亦不可見。故程張之後，繼之以朱子焉。但龜山受學於程子，豫章受學於龜山，延平受學於豫章，斯三先生業雖不廣，是朱子源流之所自，故略著行迹如左。

龜山先生楊時，字中立，天資仁厚，寬大能容物，不爲崖異絶俗之行，以求世俗名譽。與人交，終始如一。性至孝，幼喪母，哀毁如成人。聞河南兩程先生之道，即往從之學。是時從兩先生學者甚衆，而先生獨閉居累年，沈浸經書，推廣師説，窮探力索，務極其趣，涵蓄廣大，而不敢輕自肆也。○豫章先生羅從彦，字仲素，自幼穎悟，不爲言語文字之學。及長，堅苦刻厲，篤志求道。初從吴國華游，已而聞龜山先生得伊洛之學，遂往學焉，乃知舊日之學非也。三日，驚汗浹背曰：「幾枉過了一生。」龜山倡道東南，從游者千餘人，然語其潛思力行、任重詣極，如先生一人而已。○延平先生李侗，字愿中，生有異稟，幼而穎悟。少長，孝友謹篤，聞郡人羅仲素先生得伊洛之學，遂往學焉。羅公清介絶俗，里人鮮克知之，見先生從游受業，或頗非笑，先生若不聞，從之累年，受春秋、中庸、語、孟之説，從容潛玩，有會於心，盡得其所傳之奥。羅公少然可，亟稱許焉。退而屏居山田，結茅水竹之間，謝絶世故餘四十年，簞瓢屢空，怡然自適。先生資禀勁特，氣節豪邁，而充養完粹，無復圭角。如冰壺秋月，瑩徹無瑕，而精純之氣，達於面目。色温言厲，神定氣和，語默動静，端詳閒泰。早歲聞道，超然遠引，若無意於當世，然憂時論事，感激動人。其語治道，必以明天理、正人心、崇節義、厲廉恥爲先，本末備具，可舉而行，非特空言而已。

李方子稱朱子曰：「洙泗以還，博文約禮，兩極其至者，先生一人而已。」伊洛淵源續録。

朱子行狀勉齋黄氏撰。曰：先生姓朱氏，諱熹，字仲晦父。朱氏爲婺源著姓，以儒名家，世有偉人。吏部公朱子父松。文章行義，爲學者師，號韋齋先生。先生幼穎悟莊重，就傅，授以孝經，一閲封之，題其上曰：「不若是，非人也。」嘗從羣兒戲，沙上獨端坐，以指畫沙，視之八卦也。少長，厲志聖賢之學，博求之經傳，偏交當世有識之士。延平李先生於韋齋爲同門友，先生不遠數百里徒步往從之，自是從遊累年，精思實體，而學之所造者益深矣。先生爲學也，窮理以致其知，反躬以踐其實，居敬者，所以成始成終也。謂致知不以敬，則昏惑紛擾，無以察義理之歸；躬行不以敬，則怠惰放肆，無以致義理之實。存此心於齊莊靜一之中，窮此理於學問思辨之際，皆有以見其所當然而不容已，與其所以然而不可易者。不睹不聞之前，所以戒懼者愈嚴愈敬；隱微幽獨之際，所以省察者愈精愈密。思慮未萌，而知覺不昧；事物既接，而品節不差。無所容乎人欲之私，而有以全乎天理之正。不安於偏見，不急於小成，而道之正統在是矣。其爲道也，有太極而陰陽分，有陰陽而五行具。天所賦爲命，人所受爲性，感於物爲情，統性情爲心。求諸人，則人之理不異於己；參諸物，則物之理不異於人。析之極其精而不亂，合之盡其大而無餘。先生之於道，可謂建諸天地而不悖，質諸聖賢而無疑矣。故其得於己而爲德也，以一心而窮造化之原、盡性情之妙、達聖賢之蘊，以一身而體天地之運、備事物之理、任綱常之責。明足以察其微，剛足以任其重，弘足以致其廣，毅足以極其常。其存之也虛而靜，其發之也果而確，其用之也應事接物而不窮，其守之也歷變履險而不易。本末精粗，不見其或遺；表裏初終，不見其或異。至其養深積厚，矜持者純熟，嚴厲者和平，心不待操而存，義不待索而精，猶以爲義理無窮，歲月有限，常慊然有不足之意。蓋有日新又新、不能自已者，而非後學之所可擬議也。其可見之行，則修諸身者，其色莊，其言厲，其行舒而恭，其坐端而直。其閒居也，未明而起，深衣、幅巾、方履拜於家廟以及先聖。退坐書室，几案必正，書籍器用必整。其飲食也，羹食行列有定位，匙箸舉措有定所。倦而休也，瞑目端坐；休而起也，整步徐行。中夜而寢，既寢而寤，則擁衾而坐，或至達朝。威儀容止之則，自少至老，祁寒盛暑，造次顛沛，未嘗有須臾之離也。行於家者，奉親極其孝，撫下極其慈，閨庭之間，内外斬斬，恩義之篤，怡怡如也。其祭祀也，事無纖鉅，必誠必敬，小不如儀，則終日不樂，已祭無違禮，則油然而喜。死喪之威，哀戚備至，飲食衰絰，各盡其情。賓客往來，無不延遇，稱家有無，常盡其歡。於親故雖疏遠必致其愛，於鄉閭雖微賤必致其恭。吉凶慶弔，禮無所遺；賙卹問遺，恩無所闕。其自奉則衣取蔽體，食取充腹，居止取足以障風雨，人不能堪而處之裕如也。若其措諸事業，則州縣之設施，立朝之言論，經綸規畫，正大宏偉，亦可概見。雖達而行道，不克施之一時；然退而明道，足以傳之萬代。謂聖賢道統之傳，散在方册，聖經之旨不明，則道統之傳始晦。於是竭其精力，以窮聖賢之經訓，極深研幾，探賾索隱，發其旨趣，而無所遺矣。先生教人，以大學、語、孟、中庸爲入道之序，而後及諸經。其於讀書也，必使之辨其音釋，正其章句，玩其辭，求其義，研精覃思以究其所難知，平心易氣以聽其所自得。然爲己務實，辨别義利，毋自欺、慎其獨之戒，未嘗不三致意焉。

臣按：孔子集羣聖之大成，朱子集諸賢之大成。聖人生知安行，渾然無迹，難可猝學。惟朱子積累功夫，可取以爲模範。先學朱子，然後可學孔子，故詳録行狀焉。觀明道行狀，可想見資禀之高；觀朱子行狀，宜深體功夫之密。

由孔子而後，曾子、子思繼其微，至孟子而始著。由孟子而後，周、程、張子繼其絶，至先生而始著。行狀中語。

勉齋黄氏曰：千有餘年之間，孔孟之徒所以推明是道者，既煨燼殘闕，離析穿鑿，而微言幾絶矣。周、程、張子崛起於斯文湮塞之餘、人心蠧壞之後，扶持植立，厥功偉然。未及百年，晦駁尤甚。先生出而自周以來聖賢相傳之道，一朝豁然，如大明中天，昭晰呈露。先生既没，學者傳其書，信其道者益衆，亦足以見理義之感於人者深矣。繼往聖將微之緒，啓前賢未發之機，辨諸儒之得失，闢異端之訛謬。明天理，正人心，事業之大，孰有加於此者乎？○北溪陳氏曰：先生道巍而德尊，義精而仁熟。立言平正温潤，徹人心，洞天理，達羣哲，會百聖，粹乎洙泗伊洛之緒。凡曩時有發端而未竟者，今悉該且備；凡曩時有疑辨而未瑩者，今益信且白。宏綱大義，如指諸掌。埽千百年之謬誤，爲後學一定不易之準則。辭約而理盡，旨明而味深。其心度澄朗，瑩無查滓，功夫縝密，渾無隙漏，尤可想見於辭氣間。故孔、孟、周、程之道至先生而益明，所謂主盟斯世，獨惟先生一人而已。○草廬吴氏贊曰：義理玄微，蠶絲牛毛。心胸恢廓，海闊天高。豪傑之才，聖賢之學。景星慶雲，泰山喬嶽。

右道統之傳，自周子繼絶，至朱子而大著。

臣按：朱子之後，得道統正脈者，無可的指之人。張南軒與朱子爲道義之交，有講論之功，蔡西山以下諸公皆有得於朱子之學，故略著行迹如左。

宋史曰：張栻，字敬夫，南軒先生。丞相浚子也。穎悟夙成，浚愛之，自幼學，所教莫非仁義忠孝之實。長師胡宏，五峯先生。宏一見，即以孔門論仁親切之旨告之，栻退而思之，若有得焉。宏稱之曰：「聖門有人矣。」栻益自奮厲，以古聖賢自期，作希顔録。朱子曰：「公自幼壯，不出家庭，而固已得夫忠孝之傳。既又講學于五峯之門，以會其歸，則其所以默契於心者，人有所不得而知也。獨其見於論説，則義利之間，毫釐之辨，蓋有出於前哲之所欲言而未及究者。措諸事業，則凡宏綱大用、巨細顯微，莫不洞然于胸中，而無一毫功利之雜。是以論道于家，而四方學者，爭嚮往之。入侍經帷，出臨藩屏，則天子亦味其言，嘉其績，且將倚以大用，而敬夫不幸死矣。」○蔡元定，字季通，以下皆出宋史。生而穎悟。父發，博覽羣書，號牧堂老人，以程氏語録、邵氏經世、張氏正蒙授元定曰：「此孔孟正脈也。」元定深涵其義，既長，辨析益精。登西山絶頂，忍飢啖薺讀書。聞朱熹名，往師之，熹扣其學，大驚曰：「此吾老友也，不當在弟子列。」遂與對榻，講論諸經奥義，每至夜分。四方來學者，熹必俾先從元定質正焉。元定卒，熹以文誄之曰：「精詣之識、卓絶之材、不可屈之志、不可窮之辯不復可得見矣。」學者尊之曰西山先生。○黄榦，字直卿，見劉清之，清之奇之曰：「子乃遠器。」因命受業朱熹。榦自見熹，夜不設榻，不解帶，少倦則微坐一椅，或至達曙。熹語人曰：「直卿志堅思苦，與之處，甚有益。」熹病革，以深衣及所著書授榦，手書與訣曰：「吾道之託在此，吾無憾矣。」榦弟子日盛，巴蜀江湖之士皆來質疑請益，如熹時。○李燔，字敬子，從朱熹學，熹告以曾子弘毅之語，燔退，以「弘」名其齋而自儆焉。熹謂人曰：「燔交友有益而進學可畏，且直諒樸實，處事不苟，他日任斯道者，必燔也。」史彌遠廢皇子竑，燔以三綱所關，自是不復出矣。居家講道，學者宗之，與黄榦竝稱曰「黄李」。

臣按：朱子之後，有真德秀、許衡以儒名世，而考其出處大節，似有可議，故不敢收載。至於皇朝名臣，亦多潛心理學者，第未見可接道統正脈者，故亦不敢録。

臣竊謂厥初生民，風氣肇開，巢居血食，生理未具，被髮裸身，人文未備，羣居無主，齒鬭爪攫。大朴既散，將生大亂。於是，有聖人者首出庶物，聰明睿智，克全厥性。億兆之衆，自然歸向，有爭則求決，有疑則求教，奉以爲主，民心所向，即天命所眷也。是聖人者，自知爲億兆所歸，不得不以君師之責爲己任，故順天時，因地理，制爲生養之具，於是宫室衣服、飲食器用以次漸備。民得所需，樂生安業，而又慮逸居無教，近於禽獸，故因人心，本天理，制爲教化之具，於是父子、君臣、夫婦、長幼、朋友各得其道，天叙天秩，既明且行。而又慮時世不同，制度有宜，賢愚不一，矯治有方，故節人情、度時務，制爲損益之規，於是文質政令、爵賞刑罰各得其當，抑其過，引其不及，善者興起，惡者懲治，終歸於大同。聖人之繼天立極、陶甄一世不過如此，而道統之名於是乎立。聖人之能爲大君者，以其道德能服一世故也，非有勢力之可借。故聖人既没，則必有聖人者代莅天下，隨時變通，使民不窮。而其所謂「因人心」、「本天理」者，則未嘗少變。不變者，天地之常經也；變通者，古今之通誼也。時世漸降，風氣不古，聖人罕作，不能以聖傳聖，則大統未定，反起姦雄之窺覬。故聖人有憂之，乃立傳子之法。傳子之後，道統不必在於大君，而必得在下之賢聖，贊裁成輔相之道，以不失斯道之傳焉。此三代以上所以人君不必盡聖而天下治平者也。時世益下，風氣淆漓，民僞日滋，教化難成。而人君既無自修之德，又乏好賢之誠，以天下自娱，不以天下爲憂，用人不以德，治世不以道。於是，在下之賢聖不能自立於朝，深藏不售，藴寶終身，而棄義趨利者，相排競進，上下交征，道統之傳，始歸於閭巷之匹夫。道統之不在君相，誠天下之不幸也。自此以降，教化陵夷，風俗頹敗，加之以異端横騖，權詐熾興，日晦月盲，展轉沈痼，三綱淪而九法斁，以至於道統之傳亦絶於閭巷，則乾坤長夜於此極矣。間有人君，或以才智能致少康，而類陷於功利之説，不能尋道德之緒。譬如長夜之暗、爝火之明爾，安能撑拄宇宙，昭洗日月，以任傳道之責乎？嗚呼！道非高遠，只在日用之間。日用之間，動静之際，精察事理，允得其中，斯乃不離之法也。以此成德，謂之修己；以此設教，謂之治人；盡修己治人之實者，謂之傳道。是故道統在於君相，則道行於一時，澤流於後世；道統在於匹夫，則道不能行於一世，而只傳於後學；若道統失傳，竝與匹夫而不作，則天下貿貿，不知所從矣。周公殁，百世無善治；孟軻死，千載無真儒。此之謂也。今臣謹因先儒之説，歷叙道統之傳，始自伏羲，終於朱子。朱子之後，又無的傳，此臣所以長吁永歎，深有望於殿下者也。今人既以道學爲高遠難行，而且以古今異宜爲不易之定論。夫自開闢以來至于今日，不知其幾千歲，而天地混淪磅礴之形猶舊也，山川流峙之形猶舊也，草木鳥獸之形猶舊也。以至於斯人之宫室、衣服、飲食、器用，皆因聖人之制作，以養其生，不能闕廢。而獨於天叙天秩，因人心，本天理，亘萬古而不可變者，則乃安於斁敗，以爲終不可復古者，抑何見歟？嗚呼！其亦不思而已矣。伏望殿下志道不懈，追法堯舜，學以明善，德以誠身，盡修己之功，設治人之教，毋爲退怯之念所撓，毋爲利害之説所動，毋爲因循之論所拘，必使斯道大明而大行，以接道統之傳，萬世幸甚！

栗谷先生全書卷二十七

擊蒙要訣

序

人生斯世，非學問無以爲人。所謂學問者，亦非異常別件物事也，只是爲父當慈，爲子當孝，爲臣當忠，爲夫婦當別，爲兄弟當友，爲少者當敬長，爲朋友當有信，皆於日用動靜之間，隨事各得其當而已，非馳心玄妙，希覬奇效者也。但不學之人，心地茅塞，識見茫昧，故必須讀書窮理，以明當行之路，然後造詣得正，而踐履得中矣。今人不知學問在於日用，而妄意高遠難行，故推與別人，自安暴棄，豈不可哀也哉？余定居海山之陽，有一二學徒，相從問學。余慙無以爲師，而且恐初學不知向方，且無堅固之志，而泛泛請益，則彼此無補，反貽人譏，故略書一册子，粗叙立心、飭躬、奉親、接物之方，名曰擊蒙要訣。欲使學徒觀此，洗心立脚，當日下功，而余亦久患因循，欲以自警省焉。丁丑季冬，德水李珥書。

立志章第一

初學先須立志，必以聖人自期，不可有一毫自小退託之念。蓋衆人與聖人，其本性則一也，雖氣質不能無清濁粹駁之異，而苟能真知實踐，去其舊染，而復其性初，則不增毫末，而萬善具足矣。衆人豈可不以聖人自期乎？故孟子道性善，而必稱堯舜以實之曰：「人皆可以爲堯舜。」豈欺我哉？

當常自奮發曰：人性本善，無古今智愚之殊，聖人何故獨爲聖人，我則何故獨爲衆人耶？良由志不立，知不明，行不篤耳。志之立，知之明，行之篤，皆在我耳，豈可他求哉？顔淵曰：「舜何人也？予何人也？有爲者亦若是。」我亦當以顔之希舜爲法。

人之容貌不可變醜爲妍，膂力不可變弱爲强，身體不可變短爲長，此則已定之分，不可改也。惟有心志，則可以變愚爲智，變不肖爲賢，此則心之虚靈，不拘於稟受故也。莫美於智，莫貴於賢，何苦而不爲賢智，以虧損天所賦之本性乎？人存此志，堅固不退，則庶幾乎道矣。

凡人自謂立志，而不即用功，遲回等待者，名爲立志，而實無向學之誠故也。苟使吾志誠在於學，則爲仁由己，欲之則至，何求於人？何待於後哉？所貴乎立志者，即下工夫，猶恐不及，念念不退故也。如或志不誠篤，因循度日，則窮年没世，豈有所成就哉？

革舊習章第二

人雖有志於學，而不能勇往直前，以有所成就者，舊習有以沮敗之也。舊習之目，條列如左，若非勵志痛絶，則終無爲學之地矣：

其一，惰其心志，放其儀形。只思暇逸，深厭拘束。其二，常思動作，不能守靜。紛紜出入，打話度日。其三，喜同惡異，汩於流俗。稍欲修飭，恐乖於衆。其四，好以文辭，取譽於時。剽竊經傳，以飾浮藻。其五，工於筆札，業於琴酒。優游卒歲，自謂清致。其六，好聚閒人，圍棋局戲。飽食終日，只資爭競。其七，歆羨富貴，厭薄貧賤。惡衣惡食，深以爲恥。其八，嗜慾無節，不能斷制。貨利聲色，其味如蔗。習之害心者大概如斯，其餘難以悉舉。此習使人志不堅固，行不篤實，今日所爲，明日難改，朝悔其行，暮已復然。必須大奮勇猛之志，如將一刀快斷根株，淨洗心地，無毫髮餘脈，而時時每加猛省之功，使此心無一點舊染之污，然後可以論進學之工夫矣。

持身章第三

學者必誠心向道，不以世俗雜事亂其志，然後爲學有基址。故夫子曰：「主忠信。」朱子釋之曰：「人不忠信，事皆無實，爲惡則易，爲善則難，故必以是爲主焉。」必以忠信爲主，而勇下工夫，然後能有所成就。黄勉齋所謂「真實心地，刻苦工夫」，兩言盡之矣。

常須夙興夜寐，衣冠必正，容色必肅，拱手危坐，行步安詳，言語慎重，一動一靜，不可輕忽苟且放過。

收斂身心，莫切於「九容」。進學益智，莫切於「九思」。所謂「九容」者，足容重，不輕舉也，若趨于尊長之前，則不可拘此。手容恭，手無慢弛，無事則當端拱，不妄動。目容端，定其眼睫，視瞻當正，不可流眄邪睇。口容止，非言語飲食之時，則口常不動。聲容靜，當整攝形氣，不可出噦咳等雜聲。頭容直，當正頭直身，不可傾回偏倚。氣容肅，當調和鼻息，不可使有聲氣。立容德，中立不倚，儼然有德之氣像。色容莊。顔色整齊，無怠慢之氣。所謂「九思」者，視思明，視無所蔽，則明無不見。聽思聰，聽無所壅，則聰無不聞。色思温，容色和舒，無忿厲之氣。貌思恭，一身儀形，無不端莊。言思忠，一言之發，無不忠信。事思敬，一事之作，無不敬慎。疑思問，有疑于心，必就先覺審問，不知不措。忿思難，有忿必懲，以理自勝。見得思義。臨財必明義利之辨，合義然後取之。常以九容、九思存於心而檢其身，不可頃刻放捨，且書諸座隅，時時寓目。

非禮勿視、非禮勿聽、非禮勿言、非禮勿動四者，修身之要也。禮與非禮，初學難辨，必須窮理而明之，但於已知處力行之，則思過半矣。

爲學在於日用行事之間，若於平居，居處恭，執事敬，與人忠，則是名爲學。讀書者欲明此理而已。

衣服不可華侈，禦寒而已；飲食不可甘美，救飢而已；居處不可安泰，不病而已。惟是學問之功、心術之正、威儀之則，則日勉勉而不可自足也。

克己工夫，最切於日用。所謂「己」者，吾心所好，不合天理之謂也，必須檢察吾心：好色乎？好利乎？好名譽乎？好仕宦乎？好安逸乎？好宴樂乎？好珍玩乎？凡百所好，若不合理，則一切痛斷，不留苗脈，然後吾心所好，始在於義理，而無己可克矣。

多言多慮，最害心術。無事則當靜坐存心，接人則當擇言簡重。時然後言，則言不得不簡，言簡者近道。

非先王之法服不敢服，非先王之法言不敢道，非先王之德行不敢行，此當終身服膺者也。

爲學者一味向道，不可爲外物所勝。外物之不正者，當一切不留於心。鄉人會處，若設博奕、樗蒲等戲，則當不寓目，逡巡引退。若遇倡妓作歌舞，則必須避去。如值鄉中大會，或尊長强留，不能避退，則雖在座，而整容清心，不可使奸聲亂色有干於我。當宴飲酒，不可沈醉，浹洽而止可也。凡飲食當適中，不可快意有傷乎氣。言笑當簡重，不可喧譁以過其節。動止當安詳，不可粗率以失其儀。

有事則以理應事，讀書則以誠窮理。除二者外，靜坐收斂此心，使寂寂無紛起之念，惺惺無昏昧之失可也，所謂「敬以直内」者如此。

當正身心，表裏如一，處幽如顯，處獨如衆，使此心如青天白日，人得而見之。

常以行一不義、殺一不辜而得天下不爲底意思，存諸胸中。

居敬以立其本、窮理以明乎善、力行以踐其實三者，終身事業也。

思無邪，毋不敬。只此二句，一生受用不盡，當揭諸壁上，須臾不可忘也。

每日頻自點檢：心不存乎？學不進乎？行不力乎？有則改之，無則加勉。孜孜毋怠，斃而後已。

讀書章第四

學者常存此心，不被事物所勝，而必須窮理明善，然後當行之道曉然在前，可以進步。

故入道莫先於窮理，窮理莫先乎讀書，以聖賢用心之迹及善惡之可效、可戒者，皆在於書故也。

凡讀書者，必端拱危坐，敬對方册，專心致志，精思涵泳。涵泳者，熟讀深思之謂。深解義趣，而每句必求踐履之方，若口讀而心不體、身不行，則書自書我自我，何益之有？

先讀小學，於事親、敬兄、忠君、弟長、隆師、親友之道，一一詳玩而力行之。

次讀大學及或問，於窮理、正心、修己、治人之道，一一真知而實踐之。

次讀論語，於求仁爲己、涵養本原之功，一一精思而深體之。

次讀孟子，於明辨義利、遏人慾、存天理之説，一一明察而擴充之。

次讀中庸，於性情之德、推致之功、位育之妙，一一玩索而有得焉。

次讀詩經，於性情之邪正、善惡之褒戒，一一潛繹感發而懲創之。

次讀禮經，於天理之節文、儀則之度數，一一講究而有立焉。

次讀書經，於二帝、三王治天下之大經大法，一一領要而溯本焉。

次讀易經，於吉凶存亡、進退消長之幾，一一觀玩而窮研焉。

次讀春秋，於聖人賞善罰惡、抑揚操縱之微辭奥義，一一精研而契悟焉。

五書、五經，循環熟讀，理會不已，使義理日明。而宋之先正所著之書，如近思録、家禮、心經、二程全書、朱子大全、語類及他性理之説，宜閒閒精讀，使義理常常浸灌吾心，無時間斷。而餘力亦讀史書，通古今，達事變，以長識見。若異端雜類、不正之書，則不可頃刻披閱也。

凡讀書，必熟讀一册，盡曉義趣，貫通無疑，然後乃改讀他書，不可貪多務得，忙迫涉獵也。

事親章第五

凡人莫不知親之當孝，而孝者甚鮮，由不深知父母之恩故也。詩不云乎：「父兮生我，母兮鞠我。欲報之德，昊天罔極。」人子之受生，性命血肉，皆親所遺，喘息呼吸，氣脈相通，此身非我私物，乃父母之遺氣也。故曰：「哀哀父母，生我劬勞。」〔一〕父母之恩，爲如何哉？豈敢自有其身，以不盡孝於父母乎？人能恒存此心，則自有向親之誠矣。

凡事父母者，一事一行，毋敢自專，必禀命而後行。若事之可爲者，父母不許，則必委曲陳達，頷可而後行。若終不許，則亦不可直遂其情也。

每日未明而起，盥櫛衣帶，就父母寢所，下氣怡聲，問燠寒安否。昏則詣寢所，定其褥席，察其溫涼。日間侍奉，常愉色婉容，應對恭敬，左右就養，極盡其誠。出入，必拜辭拜謁。

今人多是被養於父母，不能以己力養其父母。若此奄過日月，則終無忠養之時也。必須躬幹家事，自備甘旨，然後子職乃修。若父母堅不聽從，則雖不能幹家，亦當周旋補助，而盡力得甘旨之具，以適親口可也。若心心念念，在於養親，則珍味亦必可得矣。每念王延隆冬盛寒，體無全衣，而親極滋味，令人感歎流涕也。

人家父子間多是愛逾於敬，必須痛洗舊習，極其尊敬。父母所坐卧處，子不敢坐卧。所接客處，子不敢接私客。上下馬處，子不敢上下馬可也。

父母之志，若非害於義理，則當先意承順，毫忽不可違。若其害理者，則和氣、怡色、柔聲以諫，反覆開陳，必期於聽從。

父母有疾，心憂色沮，捨置他事，只以問醫劑藥爲務。疾止，復初。

日用之間，一毫之頃，不忘父母，然後乃名爲孝。彼持身不謹，出言無章，嬉戲度日者，皆是忘父母者也。日月如流，事親不可久也。故爲子者須盡誠竭力，如恐不及可也。古人詩曰：「古人一日養，不以三公換。」所謂愛日者如此。

喪制章第六

喪制當一依朱文公家禮。若有疑晦處，則質問于先生長者識禮處，必盡其禮可也。

復時，俗例必呼小字，非禮也。少者則猶可呼名，長者則不可呼名[二]，隨生時所稱可也。婦女尤不宜呼名。

母喪，父在則父爲喪主。凡祝辭，皆當用夫告妻之例也。

父母初沒，妻妾婦及女子，皆被髮，男子則被髮，扱上衽，徒跣。小斂後，男子則袒括髮，婦人則髽。若子爲他人後者及女子已嫁者，皆不被髮徒跣。男子則免冠。

尸在牀而未殯，男女位于尸傍，則其位南上，以尸頭所在爲上也。既殯之後，女子則依前位于堂上，南上，男子則位于階下，其位當北上，以殯所在爲上也。發引時，男女之位復南上，以靈柩所在爲上也。隨時變位，而各有禮意。

今人多不解禮。每弔客致慰，專不起動，只俯伏而已，此非禮也。弔客拜靈座而出，則喪者當出自喪次，向弔客再拜而哭可也。弔客當答拜。

衰絰，非疾病服役，則不可脫也。

家禮：父母之喪，成服之日，始食粥。卒哭之日，始疏食、糲飯也。水飲，不食羹也。不食菜果。小祥之後，始食菜果。羹亦可食。禮文如此。非有疾病，則當從禮文。人或有過禮而啜粥三年者，若是誠孝出人，無一毫勉强之意，則雖過禮，猶或可也。若誠孝未至，而勉强踰禮，則是自欺而欺親也，切宜戒之。

今之識禮之家，多於葬後返魂，此固正禮，但時人效顰，遂廢廬墓之俗。返魂之後，各還其家，與妻子同處，禮坊大壞，甚可寒心。凡喪親者，自度一一從禮，無毫分虧欠，則當依禮返魂。如或未然，則當依舊俗廬墓可也。

親喪成服之前，哭泣不絶於口。氣盡則令婢僕代哭。葬前哭無定時，哀至則哭，卒哭後則朝夕哭二時而已。禮文大概如此。若孝子情至，則哭泣豈有定數哉？凡喪，與其哀不足而禮有餘也，不若禮不足而哀有餘也。喪事，不過盡其哀敬而已。

曾子曰：「人未有自致者也，必也親喪乎？」送死者，事親之大節也，於此不用其誠，惡乎用其誠？昔者少連、大連善居喪，三日不怠，三月不懈，期悲哀，三年憂，此是居喪之則也。孝誠之至者，則不勉而能矣。如有不及者，則勉而從之可也〔三〕。

人之居喪，誠孝不至、不能從禮者，固不足道矣。間有質美而未學者，徒知執禮之爲孝，而不知傷生之失正，過於哀毁，羸疾已作，而不忍從權，以至滅性者或有之，深可惜也。是故毁瘠傷生，君子謂之不孝。

凡有服親戚之喪，若他處聞訃，則設位而哭。若奔喪，則至家而成服〔四〕。若不奔喪，則四日成服。若齊衰之服，則未成服前三日中，朝夕爲位會哭。齊衰降大功者，亦同。

師友之義重者及親戚之無服而情厚者與凡相知之分密者，皆於聞喪之日，若道遠不能往臨其喪，則設位而哭。師則隨其情義深淺，或心喪三年，或期年，或九月，或五月，或三月。友則雖最重，不過三月。若師喪欲行三年期年者，不能奔喪，則當朝夕設位而哭，四日而止。止於四日之朝。○若情重者，則不止此限。

凡遭服者，每月朔日設位，服其服而會哭。師友雖無服，亦同。月數既滿，則於次月朔日，設位服其服，會哭而除之，其間哀至則哭可也。

凡大功以上喪，則未葬前，非有故，不可出入，亦不可弔人，常以治喪講禮爲事。

祭禮章第七

祭祀當依家禮，必立祠堂，以奉先主，置祭田，具祭器，宗子主之。

主祠堂者，每晨謁于大門之內，再拜。雖非主人，隨主人同謁無妨。出入必告。

或有水火盜賊，則先救祠堂，遷神主、遺書，次及祭器，然後及家財。

正、正朝。至、冬至。朔、一日。望十五日。則參，俗節則薦以時食。

時祭則散齊四日，致齊三日。忌祭則散齊二日，致齊一日。參禮則齊宿一日。所謂「散齊」者，不弔喪，不問疾，不茹葷，飲酒不得至亂。凡凶穢之事，皆不得預。若路中猝遇凶穢，則掩目而避，不可視也。所謂「致齊」者，不聽樂，不出入，專心想念所祭之人，思其居處，思其笑語，思其所樂，思其所嗜之謂也。夫然後當祭之時，如見其形，如聞其聲，誠至而神享也。

凡祭，主於盡愛敬之誠而已。貧則稱家之有無，疾則量筋力而行之。財力可及者，自當如儀。

墓祭、忌祭，世俗輪行，非禮也。墓祭則雖輪行，皆祭于墓上，猶之可也。忌祭不祭于神主，而乃祭于紙榜，此甚未安。雖不免輪行，須具祭饌，行于家廟，庶乎可矣。喪祭二禮，最是人子致誠處也。已没之親，不可追養，若非喪盡其禮，祭盡其誠，則終天之痛，無事可寓，無時可洩也。於人子之情，當如何哉？曾子曰：「愼終追遠，民德歸厚矣。」爲人子者所當深念也。

今俗多不識禮，其行祭之儀，家家不同，甚可笑也。若不一裁之以禮，則終不免紊亂無序，歸於夷虜之風矣。兹鈔祭禮附録于後，且爲之圖，須詳審倣行。而若父兄不欲，則當委曲陳達，期於歸正。

居家章第八

凡居家，當謹守禮法，以率妻子及家衆，分之以職，授之以事，而責其成功。制財用之節，量入而爲出〔五〕。稱家之有無，以給上下之衣食及吉凶之費，皆有品節，而莫不均一。裁省冗費，禁止奢華。常須稍存贏餘，以備不虞。

冠、婚之制，當依家禮，不可苟且從俗。

兄弟同受父母遺體，與我如一身，視之當無彼我之間，飲食衣服有無，皆當共之。設使兄飢而弟飽，弟寒而兄温，則是一身之中，肢體或病或健也，身心豈得偏安乎？今人兄弟不相愛者，皆緣不愛父母故也。若有愛父母之心，則豈可不愛父母之子乎？兄弟若有不善之行，則當積誠忠諫，漸喻以理，期於感悟，不可遽加厲色拂言，以失其和也。

今之學者，外雖矜持，而内鮮篤實，夫婦之間，衽席之上，多縱情慾，失其威儀。故夫婦不相昵狎，而能相敬者甚少。如是而欲修身正家，不亦難乎？必須夫和而制以義，妻順而承以正，夫婦之間，不失禮敬，然後家事可治也。若從前相狎，而一朝遽欲相敬，其勢難行。須是與妻相戒，必去前習，漸入於禮可也。妻若見我發言持身一出於正，則必漸相信而順從矣。

生子，自稍有知識時，當導之以善。若幼而不教，至於既長，則習非放心，教之甚難。教之之序，當依小學。大抵一家之內，禮法興行，簡編筆墨之外，無他雜技，則子弟亦無外馳畔學之患矣。兄弟之子，猶我子也，其愛之，其教之，當均一，不可有輕重厚薄也。

婢僕代我之勞，當先恩而後威，乃得其心。君之於民，主之於僕，其理一也。君不恤民則民散，民散則國亡，主不恤僕則僕散，僕散則家敗，勢所必至。其於婢僕，必須軫念飢寒，資給衣食，使得其所。而有過惡，則先須勤勤教誨，使之改革，教之不改，然後乃施楚撻。使其心知厥主之楚撻出於教誨，而非所以憎嫉，然後可使改心革面矣。

治家當以禮法，辨別內外。雖婢僕，男女不可混處。男僕非有所使令，則不可輒入內。女僕皆當使有定夫，不可使淫亂。若淫亂不止者，則當黜使別居，毋令污穢家風。婢僕當令和睦，若有鬬鬨喧噪者，則當痛加禁制。

君子憂道，不當憂貧。但家貧無以資生，則雖當思救窮之策，亦只可免飢寒而已，不可存居積豐足之念，且不可以世間鄙事，留滯于心胸之間。古之隱者，有織屨而食者，樵漁而活者，植杖而耘者。此等人，富貴不能動其心，故能安於此。若有較利害、計豐約之念，則豈不爲心術之害哉？學者要須以輕富貴、守貧賤爲心。

居家貧窶，則必爲貧窶所困，失其所守者多矣，學者正當於此處用功。古人曰：「窮視其所不爲，貧視其所不取。」孔子曰：「小人，窮斯濫矣。」若動於貧窶，而不能行義，則焉用學問爲哉？凡辭受取與之際，必精思義與非義，義則取之，不義則不取，不可毫髮放過。若朋友則有通財之義，所遺皆當受。但我非乏，而遺以米布則不可受也。其他相識者，則只受其有名之饋，而無名則不可受也。所謂有名者，賻喪、贐行、助昏禮、周飢乏之類是也。若是大段惡人，心所鄙惡者，則者饋雖有名，受之心必不安，心不安則不可抑而受之也。孟子曰：「無爲其所不爲，無欲其所不欲。」此是行義之法也。

中朝則列邑之宰有私俸，故推其餘，可以周人之急矣。我國則守令別無私俸，只以公穀，應日用之需。而若私與他人，則不論多少，皆有罪譴，甚則至於犯贓，受者亦然。爲士而受守令之饋，則是乃犯禁也。古者入國而問禁，則居其國者，豈可犯禁乎？守令之饋，大抵難受。若私與官庫之穀，則不論人之親疏，名之有無，物之多寡，皆不可受也。若分厚邑宰，以衙中私財周急，則或可受也。

接人章第九

凡接人，當務和敬。年長以倍則父事之，十年以長則兄事之五年以長，亦稍加敬。最不可恃學自高，尚氣陵人也。

擇友，必取好學好善、方嚴直諒之人，與之同處，虛受規戒，以攻吾闕。若其怠惰好嬉、柔佞不直者，則不可交也。

鄉人之善者，則必須親近通情。而鄉人之不善者，亦不可惡言揚其陋行，但待之泛然，不相往來。若前日相知者，則相見只叙寒暄，不交他語，則自當漸疏，亦不至於怨怒矣。

同聲相應，同氣相求。若我志於學問，則我必求學問之士，學問之士亦必求我矣。彼名爲學問，而門庭多雜客、喧囂度日者，必其所樂，不在學問故也。

凡拜揖之禮，不可預定。大抵父之執友則當拜，洞内年長十五歲以上者當拜，爵階堂上而長於我十年以上者當拜，鄉人年長二十歲以上者當拜。而其間高下曲折，在隨時節中，亦不必拘於此例，但常以自卑尊人底意思，存諸胸中可也。《詩》曰：「温温恭人，惟德之基。」

人有毁謗我者，則必反而自省。若我實有可毁之行，則自責内訟，不憚改過。若我過甚微，而增衍附益，則彼言雖過，而我實有受謗之苗脈，亦當剗鋤前愆，不留毫末。若我本無過，而捏造虛言，則此不過妄人而已，與妄人何足計較虛實哉？且彼之虛謗，如風之過耳，雲之過空，於我何與哉？夫如是則毁謗之來，有則改之，無則加勉，莫非有益於我也。

若聞過自辨，嘵嘵然不置，必欲置身於無過之地，則其過愈深，而取謗益重矣。昔者或問止謗之道，文中子曰：「莫如自修。」請益。曰：「無辨。」此言可爲學者之法。

凡侍先生長者，當質問義理難曉處，以明其學。侍鄉黨長老，當小心恭謹，不放言語，有問則敬對以實。與朋友處，當以道義講磨，只談文字義理而已，世俗鄙俚之説及時政得失，守令賢否，他人過惡，一切不可掛口。與鄉人處，雖隨問應答，而終不可發鄙褻之言，雖莊栗自持，而切不可存矜高之色，惟當以善言誘掖，必欲引而向學。與幼者處，當諄諄言孝悌忠信，使發善心。若此不已，則鄉俗漸可變也。

常以温恭慈愛、惠人濟物爲心，若其侵人害物之事，則一毫不可留於心曲。凡人欲利於己，必至侵害人物。故學者先絶利心，然後可以學仁矣。

居鄉之士，非公事禮見及不得已之故，則不可出入官府。邑宰雖至親，亦不可數數往見，況非親舊乎？若非義干請，則當一切勿爲也。

處世章第十

古之學者，未嘗求仕，學成則爲上者舉而用之，蓋仕者，爲人非爲己也。今世則不然，以科舉取人，雖有通天之學，絶人之行，非科舉無由進於行道之位。故父教其子，兄勉其弟，科舉之外，更無他術。士習之偷，職此之由。第今爲士者，多爲父母之望，門户之計，不免做科業，亦當利其器俟其時，得失付之天命，不可貪躁熱中，以喪其志也。

人言科業爲累，不能學問，此亦推託之言，非出於誠心也。古人養親，有躬耕者，有行傭者，有負米者，夫躬耕、行傭、負米之時，勤苦甚矣，何暇讀書乎？惟其爲親任勞，既修子職，而餘力學文，亦可進德。今日之爲士者，不見爲親任勞如古人者，只是科業一事，是親情之所欲，今既不免做功，則科業雖與理學不同，亦是坐而讀書作文，其便於躬耕、行傭、負米不翅百倍，況有餘力，可讀性理之書哉？只是做科業者，例爲得失所動，心常躁競，反不若勞力之不害心術。故先賢曰：「不患妨功，惟患奪志。」若能爲其事而不喪其守，則科業、理學可以并行不悖矣。今人名爲做舉業而實不著功，名爲做理學而實不下手。若責以科業則曰「我志於理學」，不能屑屑於此；若責以理學則曰「我爲科業所累」，不能用功於實地。如是兩占便宜，悠悠度日，卒至於科業、理學兩無所成，老大之後，雖悔何追？嗚呼！可不戒哉？

人於未仕時，惟仕是急，既仕後，又恐失之，如是汩没、喪其本心者多矣，豈不可懼哉？位高者主於行道，道不可行，則可以退矣。若家貧未免禄仕，則須辭内就外，辭尊居卑，以免飢寒而已。雖曰禄仕，亦當廉勤奉公，盡其職務，不可曠官而餔啜也。

祭儀鈔

祠堂之圖〔六〕

曾祖考　曾祖妣
祖考　祖妣
考　妣
香案
中門　中門　中門
祝版卓
爐
酒注
盞盤
酒卓
香案
西階
阼階
巾
盥盆
巾架
盥盆臺
諸父
諸兄
諸弟
主人
長子
諸子
長孫
諸孫
外執事
主婦
長婦
長孫婦
諸母
諸兄妻
諸弟妻
諸姑
諸姊
諸妹
以次間立下同
諸子婦
諸女
諸孫婦
諸孫女
內執事

正寢時祭之圖

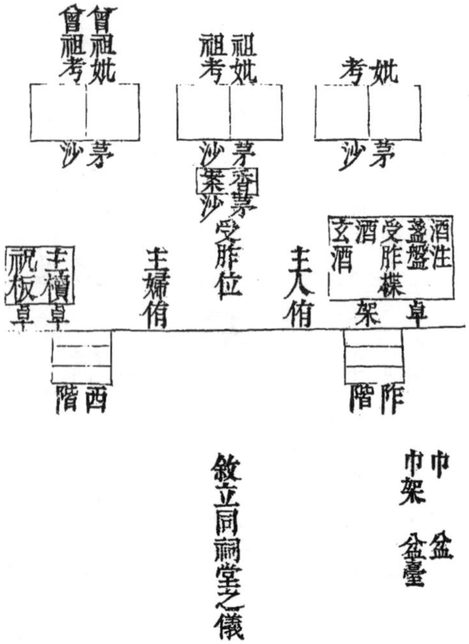

妣 考 茅沙
祖妣 祖考 茅沙 香案 茅沙
曾祖妣 曾祖考 茅沙
酒注 盞盤 受胙楪 酒 玄酒 卓 架
受胙位
主人位
主婦位
主櫝卓 祝板卓
阼階 西階
盥盆 盆臺
巾 巾架

叙立祠堂之儀

每位設饌之圖〔七〕

考					妣				
匙楪	飯	盞盤	羹	醋楪	匙楪	飯	盞盤	羹	醋楪
麪	肉	炙	魚	餅	麪	肉	炙	魚	餅
湯	湯	湯	湯	湯	湯	湯	湯	湯	湯
脯	熟菜	清醬	醢	沈菜	脯	熟菜	清醬	醢	沈菜
果	果	果	果	果	果	果	果	果	果

忌祭墓祭則具果三色湯三色

出入儀

凡出入，必告祠堂。若近出則入大門，瞻禮而行，歸亦如之。若經宿處，則焚香再拜，歸亦如之。若遠出經旬處，則開中門再拜，升堂焚香告云「某將適某所，敢告」，又再拜而行；歸亦如之，但告云「某今日歸自某所，敢見」。諸子異居者，近出則不必拜辭；若遠出則須就祠堂拜辭如上儀，但不開中門。主人外餘人拜辭時，皆不開中門。祠堂東階，謂之阼階。惟主人主祭者。升降由阼階，主婦主人之妻。及餘人，雖尊長，必由西階。

參禮儀

正、至、朔、望則參。前一日，灑埽齋宿。厥明夙興，開祠堂門，設茅沙於香案前，每位設饌。脯果隨宜，或設餅亦可。若正朝、冬至，則別設饌數品，冬至則加以豆粥。若冬至行時祭，則不行參禮。主人以下盛服，團領，或紅直領亦可。入門就位，主人盥帨，升啓櫝，將啓櫝時，必先俯伏興。奉諸考神主置於櫝前。主婦盥帨升，奉諸妣神主置于考東。若有祔主，則分出如前。若祔主之卑者，則命長子、長婦或長女分出。既畢，主婦先降。主人詣香卓前焚香再拜，小退立。執事者一人奉酒注詣主人之右，一人執盞盤詣主人之左。主人跪，執事者皆跪。主人受注，斟酒于盞。反注，取盞盤奉之。左執盤，右執盞，酹于茅上，傾酒于茅上也。以盞盤授執事者，執事者皆退。俛伏興，少退。再拜以降神，降復位，與在位者皆再拜以參神。主人升，執酒注斟于各位前盞，先於各位前設空盞。既畢，立於香卓前再拜。降復位，與在位者皆再拜，辭神而退。按：家禮望日則不出主，不設酒，只設茶。今國俗無用茶之禮，當於望日，不出主，只啓櫝，不酹酒，只焚香，使有差等。

薦獻儀

俗節，謂正月十五日、三月三日、五月五日、六月十五日、七月七日、八月十五日、九月九日及臘日。獻以時食，時食如藥飯、艾餅、水團之類，若無俗尚之食，則當具餅果數品。如朔參之儀。

有新物則薦。須於朔、望、俗節并設。若五穀可作飯者，則當具饌數品同設，禮如朔參之儀。雖望日亦出主酹酒。若魚果之類及菽、小麥等不可作飯者，則於晨謁之時，啓櫝而單獻，焚香再拜。單獻之物，隨得即薦，不必待朔、望、俗節。凡新物，未薦前不可先食。若在他鄉，則不必然。

告事儀

有事則告，如朔參之儀。獻酒再拜訖，主人立於香卓之南，祝執版立於主人之左。跪讀之畢，興，主人再拜，降復位，辭神。

告事之祝，三代共爲一版，自稱以其最尊者爲主。如告授官則祝詞曰：「維某年歲次某甲某月某朔某日某甲，孝曾孫某官某敢昭告于顯曾祖考某官府君，顯曾祖妣某封某氏，顯祖考某官府君，顯祖妣某封某氏，顯考某官府君，顯妣某封某氏：某以某月某日，蒙恩授某官，奉承先訓，獲霑禄位，餘慶所及，不勝感慕，謹以酒果，用伸虔告。謹告。」若告貶降則言：「貶某官，荒墜先訓，惶恐無地云云。」告及第則曰：「蒙恩授某科某第及第，奉承先訓，獲參出身云云。」告生進入格則曰：「蒙恩授生員，或進士。某等入格，奉承先訓，獲升國庠云云。」若介子孫之事，則主人亦告，而其詞曰：「介子某，或介子某之子某，臨時隨宜變稱云云。」告畢，當身進于兩階間再拜，當身拜時，主人西向立。降復位，與在位者辭神。

凡神主移安還安，或奉遷他處等事，則告祭用朔參之儀。若廟中改排器物鋪陳，或暫修雨漏處，而不動神主之事，則告祭用望參之儀。告詞則臨時製述。

主人生嫡長子，則滿月而見，如上儀，但不用祝。主人立於香卓之前，告曰：「某之婦某氏，以某月某日，生子名某，敢見。」告畢，立於香卓東南西向。主婦抱子進立於兩階之間，再拜。主人乃降復位，辭神。

時祭儀

時祭，用春分、夏至、秋分、冬至。前期三日告廟。若其日有故則退定，不出三日，以退定之故告廟。或依家禮，前期一朔，以仲月卜日。若事故無常，未可預定，不能卜日，則只以仲月或丁或亥之日擇定，前期三日告廟。未告廟前，亦須前期四日散齋。告廟之禮，則主人以下詣祠堂，北向敘立，如朔、望之儀。皆再拜。主人升，焚香再拜。祝執詞，跪于主人之左，讀曰：「孝曾孫某，將以某月某日，祗薦歲事于曾祖考妣、祖考妣、考妣，敢告。」主人再拜，降復位，與在位者皆再拜而退。自此日，沐浴更衣致齋，主人帥衆丈夫齋于外，主婦帥衆婦女齋于內。

前一日，主人帥衆丈夫及執事灑埽正寢，洗拭倚卓，務令蠲潔。設曾祖考妣位於堂西北壁下南向，考西妣東，各用一倚一卓而合之。卓子若小，則雖合二三，無妨。祖考妣、考妣以次而東，皆如曾祖之位，世各爲位不屬。祔位皆於東序，西向北上，或兩序相向，其尊者居西，妻以下則位於階下。設香案於堂中，置香鑪、香盒於其上，鑪西盒東，束茅聚沙於香案前及逐位前，設酒架於東階上。別置卓子於其東，設酒注一、酹酒盞盤一、受胙楪一、匕一、巾一。置卓子於西階上，設祝版于其上。設盥器帨巾各二於阼階下之東，其西者有臺架。有臺架者，主人親屬所盥。無者執事所盥。

主婦帥衆婦女滌濯祭器，潔釜鼎，具祭饌。每位果五品、貧不能辦則三品亦可。脯一楪、俗稱佐飯。熟菜一楪、醢一楪、沈菜一楪、清醬一器、醋菜一楪、魚肉各一楪、魚肉，當用新鮮生物。餅一楪、麪一盌、羹一盌、飯一鉢、湯五色、或魚或肉或菜，隨所備。若貧不能辦，則只三色亦可。炙三色，肝肉及魚、雉等物。務令精潔。未祭之前，勿令人先食及爲猫、犬、蟲、鼠所污。所謂每位者，考妣各一位也。今人或以考妣同卓，未安。

厥明，行祭之日。鷄鳴而起，主人以下著淨衣，新澣直領也。俱詣祭所，盥手。設果楪於逐位卓子南端，次設脯、熟菜、清醬、醢、沈菜等楪于其北。設盞盤、匕楪、醋菜于卓子北端，盞盤居中，匕楪居西，醋菜居東。設玄酒瓶玄酒，井花水也。及酒瓶各一於架上。玄酒居西，酒瓶居東。既畢，主人以下盛服有官者，紗帽團領品帶。無官者，團領條帶。婦人上衣下裳，皆極其鮮盛之服。詣祠堂前，叙立既定，主人升自阼階，焚香跪告曰：「孝曾孫某，今以仲春之月，夏秋冬隨時。有事于曾祖考某官府君，曾祖妣某封某氏，祖考某官府君，祖妣某封某氏，考某官府君，妣某封某氏，有祔位則曰：「以某親某官府君，某親某封某氏祔食。」敢請神主出就正寢，恭伸奠獻。」告訖，奉櫝授執事者奉之，主人前導，主婦從後，諸子弟以次隨之。至正寢，置于西階卓子上，主人啓櫝，凡啓櫝奉主時，俯伏興，然後奉主。奉諸考神主出就位。主婦盥帨升，奉諸妣神主亦如之。有祔位，則子弟奉出就位。既畢，皆降復位，若時祭行于祠堂，則無奉主就位節次，只就祠堂各位前，陳器設饌如上儀，先降神而後參神。主人與在位者再拜參神。若尊長、老疾不堪行禮者，則參神後休于他所。

於是降神，主人升，焚香再拜，少退立。執事者一人開酒瓶，取巾拭口，實酒于注，一人取東階上盤盞，立于主人之左，一人執注立于主人之右。主人跪，執事者亦跪，進盤盞，主人受之。執注者亦跪，斟酒于盞，主人奉之。左手執盤，右手執盞，灌于茅上。灌，盡傾也。以盞授執事者，俛伏興，再拜，降復位。

於是，執事者進饌，主人升，主婦從之。執事者一人以盤奉魚肉，一人以盤奉餅麪，一人以盤奉羹飯，從升至曾祖位前。主人奉肉尊于盞盤之西南，主婦奉麪奠于肉西。主人奉魚奠于盞盤之東南，主婦奉餅奠于魚東。主人奉羹奠于盞盤之東，主婦奉飯奠于盞盤之西。諸位皆倣此。若有祔位，則使諸子弟、婦女分設。諸子弟設湯于各位，皆畢，主人以下皆降復位。

於是，行初獻禮。主人升，詣曾祖位前，執事者一人執酒注立于其右。冬則預先煖酒。主人奉曾祖考盞盤，位前東向立，執事者西向斟酒于盞，主人奉之，奠于故處。次奉曾祖妣盞盤，亦如之。位前北向立，執事者二人各奉曾祖考妣盞盤，立于主人之左右。主人跪，執事者亦跪。主人受曾祖考盞盤，右手執盞，祭之茅上，少傾酒也。以盞盤授執事者，奠于故處。次受曾祖妣盞盤，亦如之。俛伏興，少退立。執事者進炙肝，臨時預炙于火鑪。兄弟之長一人奉之，奠于曾祖考妣前盞盤之南。祝執版立於主人之左，跪讀曰：「維某年歲次某甲某月某朔某日某甲，孝曾孫某官某敢昭告于顯曾祖考某官府君，顯曾祖妣某封某氏：氣序流易，時維仲春，夏、秋、冬隨時。追感歲時，不勝永慕，敢以清酌庶羞，祗薦歲事。有祔位則曰：「以某親某官府君，某親某封某氏祔食。」尚饗。」讀畢，興。主人再拜退，詣諸位獻祝如初。有祔位，則每位讀祝畢，兄弟衆男之不爲亞終獻者，以次詣本位所祔之位，酌獻如儀，但不讀祝。祖前祝稱：「孝孫某敢昭告于顯祖考云云」。考前稱「孝子某敢昭告于顯考云云」，考前改「不勝永慕」爲「昊天罔極」。既畢，皆降復位。執事者以他器徹酒及肝，置盞故處。

於是，行亞獻禮，主婦爲之。諸婦女執事奉炙肉，如初獻儀。但不祭酒，不讀祝。主婦有故則諸父若兄弟中最尊者爲之，衆子弟執事。獻畢，徹酒及炙肉，置盞故處。

於是，行終獻禮，兄弟之長或長男或親賓爲之。衆子弟奉炙肉，如亞獻儀。

於是侑食，主人升。執注就斟諸位之酒皆滿，立於香案之東南。主婦升，扱匕飯中，西柄正筯，立于香案之西南，皆北向再拜，降復位。

於是，祝闔門。主人立於門東，西向，衆丈夫在其後。主婦立於門西，東向，衆婦女在其後。有尊長則少休於他所。食頃，祝聲三噫歆，乃啓門，主人以下皆復其位，其尊長休于他所者皆復就位。主人主婦奉茶，或代以熟水。分進于考妣之前，徹羹而退。有祔位，則使諸子弟、衆婦女分進。

於是受胙，執事者設席于香案前，主人就席，北面立。祝詣曾祖考前，舉酒盞盤詣主人之右。主人跪，祝亦跪。主人受盞盤，祭酒，少傾於地。啐酒。少飲也。祝取匙及楪，前所設受胙楪。鈔取諸位之飯各少許，奉以詣主人之左，嘏于主人曰：「祖考命工祝，承致多福于汝孝孫，來汝孝孫，使汝受祿于天，宜稼于田，眉壽永年，勿替引之。」主人置酒于席前，俛伏興，再拜，跪受飯嘗之，實于左袂，掛袂于季指，取酒卒飲，執事者受盞自右，置注旁，受飯自左，亦如之。主人俛伏興，立於東階上，西向。祝立於西階上，東向。告利成，降復立，與在位者皆再拜，主人不拜，降復位。執事者升，詣諸位合飯蓋，降復位。

於是辭神，主人以下皆再拜。老疾不堪、行禮前休于他處者，亦於受胙後入就位，辭神。

於是，主人、主婦升，各奉主納于櫝，奉主納櫝時，各位前皆俛伏興。奉歸祠堂，如來儀。

於是，撤祭饌傳于燕器，滌祭器而藏之。

於是餕。分祭物送于親友家，會親賓子弟叙坐，以酒饌酬酢而罷。

凡拜，男子再拜則婦人四拜，謂之俠拜，前後皆倣此。

謹按：朱子居家，有土神之祭，四時及歲末皆祭土神。今雖不能備舉四時之祭，例於春冬時祀。別具一分之饌，不設匕筯，家廟禮畢，乃祭土神，似爲得宜。降神、參神、進饌、初獻皆如家廟之儀。其祝詞曰：「維年歲某月某朔某日某甲，某官某敢昭告于土地之神：維此仲春，歲功云始。若時昭事，敢有不欽？酒肴雖薄，庶將誠意。惟神監顧，永奠厥居。尚饗。」冬祭則改曰：「維此仲冬，歲功告畢，若時報事云云。」餘并同。亞獻，終獻，無侑食進茶之儀。辭神，乃徹。祭土神之所，宜於家北園内淨處除地築壇。

忌祭儀

忌祭則散齋二日，致齋一日，設所祭一位。家禮則只祭或考或妣一位，程子則并祭考妣云。陳器具饌如時祭之儀，但果及湯皆不過三色，略有等殺。但具一分。若并祭考妣，則具二分。厥明夙興，設蔬果酒饌。如時祭之儀。質明，主人以下變服父母忌，則有官者服縞色帽垂脚，或黲布帽垂脚，玉色團領，白布裹角帶；無官者服縞色笠，或黲色笠，玉色團領，白帶。通著白靴。婦人則縞色帔，白衣白裳。祖以上忌，則有官者烏紗帽，玉色團領，白布裹角帶；無官者黑笠，玉色團領，白帶。婦人則玄帔，白衣，玉色裳。旁親之忌，則有官者烏紗帽，玉色團領，烏角帶；無官者黑笠，玉色團領，黑帶。婦人只去華盛之服。○縞，白黑雜色也。黲，淺青黑色，即今之玉色也。詣祠堂叙立，再拜訖。主人升，焚香跪告于所祭之主曰：「今以某親某官府君妣則曰某親某封某氏。遠諱之辰，敢請神主，出就正寢，恭伸追慕。」俛伏興，乃啓櫝，奉神主蓋座，若并祭考妣，則奉櫝授執事者。授執事者。主人先導，主婦從之，諸子弟、婦女以次隨後。至正寢，奉主就位。參神、降神、進饌、初獻如時祭之儀，但祝詞曰：「歲序遷易，諱日復臨，若并祭考妣，考忌則曰「某考諱日復臨」，妣忌則曰「某妣諱日復臨云云」。追遠感時，不勝永慕云云。」若父母忌，則改「不勝永慕」爲「昊天罔極」。旁親忌則曰：「諱日復臨，不勝感愴云云。」若父母忌，則讀祝畢，祝興，主人兄弟哭盡哀。

亞獻、終獻、侑食、闔門、啓門、進茶、辭神、納主、奉歸祠堂、徹，竝如時祭之儀，但不受胙，不餕。

是日不飲酒，不食肉，不聽樂，變服以居，父母忌則縞色笠，白衣白帶。祖以上則黑笠，白衣白帶。旁親則去華盛之服。夕寢于外。

墓祭儀

墓祭依俗制，行于四名日。正朝、寒食、端午、秋夕。散齋二日，致齋一日。具饌每墓依分數如忌祭之儀，更設一分之饌，以祭土神。厥明，主人以下玄冠，素服，黑帶，帥執事者詣墓所，再拜奉行。塋域内外環繞，哀省三周。其有草棘，即用刀斧鋤斬芟夷。灑埽訖，復位再拜。又除地於墓左，以爲祭土神之所。

陳饌、降神、參神、初獻，初獻時，即扱匙飯中，正筯。如家祭之儀，但祝詞曰：「氣序流易，青陽載回，此正朝祝也。寒食則曰「雨露既濡」，端午則曰「草水既長」，秋夕則曰「白露既降」。瞻埽封塋，不勝感慕云云。」亞獻，終獻，終獻後，徹羹進熟水。辭神，乃徹。

遂祭土神，陳饌、降神、參神、初獻如上儀，但祝詞曰：「某官姓名，敢昭告于土地之神：某恭修歲事于某親某官府君之墓，惟時保佑，實賴神休，敢以酒饌，敬伸奠獻。尚饗。」亞獻，終獻，辭神，乃徹而退。

謹按：家禮墓祭只於三月擇日行之，一年一祭而已。今俗於四名日皆行墓祭，從俗從厚亦無妨，但墓祭行于四時，與家廟無等殺，亦似未安。若講求得中之禮，則當於寒食、秋夕二節具盛饌，讀祝文，祭土神，一依家禮墓祭之儀。正朝、端午二節則略備饌物，只一獻無祝，且不祭土神。夫如是，則酌古通今，似爲得宜。

喪服中行祭儀

凡三年之喪，古禮則廢祠堂之祭，而朱子曰：「古人居喪，衰麻之衣，不釋於身，哭泣之聲，不絕於口，其出入居處，言語飲食，皆與平日絕異。故宗廟之祭雖廢，而幽明之間，兩無憾焉。今人居喪，與古人異，而廢此一事，恐有所未安。」朱子之言如此，故未葬前則準禮廢祭，而卒哭後則於四時節祀及忌祭，墓祭亦同。使服輕者朱子喪中以墨衰薦于廟，今人以俗制喪服，當墨衰，著而出入。若無服輕者，則亦恐可以俗制喪服行祀〔八〕。行薦，而饌品減於常時，只一獻，不讀祝，不受胙可也。期、大功，則葬後當祭如平時，但不受胙。未葬前時祭可廢。忌祭、墓祭略行如上儀。緦、小功，則成服前廢祭，五服未成服前，雖忌祭，亦不可行也。成服後則當祭如平時，但不受胙。服中時祀，當以玄冠、素服、黑帶行之。

校勘記

〔一〕「詩不」至「劬勞」　此段一本作「天下之物，莫貴於吾身，而吾身乃父母之所遺也。今有遺人以財物者，則隨其物之多少輕重而感恩之意，爲之深淺焉。父母遺我以身，而舉天下之物，無以易此身矣」。

〔二〕長者則不可呼名　「可」，一本作「必」。

〔三〕則勉而從之可也　「從」，一本作「及」。

〔四〕則至家而成服　「而」，一本作「即」。

〔五〕量入而爲出　「而」，一本作「以」。

〔六〕祠堂之圖　圖中「諸姑」，原本作「姑」。

〔七〕每位設饌之圖　圖中考位「脯」，原本作「佐飯」。

〔八〕則亦恐可以俗制喪服行祀　「則」後，一本無「亦」字，有「喪人」二字。

栗谷先生全書卷二十八

經筵日記一

起明宗二十年乙丑七月，至今上四年辛未，凡七年。

明宗大王二十年七月十三日，大雨。文定王后之喪將發引，禮曹判書尹春年議請百官乘馬隨梓宫，大臣或有主其議者，有旨曰：「都門内乘馬隨大轝，非古喪禮。」議乃止。五日，下玄宫，上以疾不獲隨轝。我朝禮文：若自上不會葬，則立主之時，必以三公爲獻官，代上行禮。是時左議政沈通源、右議政李蓂在山陵，不復攷禮，使吏曹差參贊宋麒壽爲獻官，識者尤其變禮。二十八日，卒哭，自上及百官皆著黑笠，識者恨其從吉之速。蓋我朝喪禮雖不盡合三代之制，若比中國則頗詳密，漢唐以來所未有也：卒哭前上下皆著衰服；卒哭後視事時，權著白衣、烏紗帽、黑角帶；燕居時著白衣、笠帶。凡干喪事，著衰服，此祖宗朝法制也。成廟朝，議者以爲既著烏紗帽則笠亦當黑，于時無有據禮爭之者，遂於卒哭後著黑笠。中廟賓天，柳灌爲摠護使，建議曰：「衰服尚未脱而遽著黑笠，既乖禮意，且非祖宗之制。」遂定白笠之制。明宗初，柳灌等被禍，議者曰：「白笠非古制，乃柳灌所定。」遂定黑笠之制。文定王后初喪，禮官依五禮儀，定白笠之制，尹元衡見儀注曰：「白笠乃柳灌所建之議，今不可遵用。」大臣皆從元衡之言，遂改儀注。朝臣知其非，莫敢發言。

八月〔一〕，削尹元衡官爵，放歸田里。元衡，文定王后之弟也，爲人陰毒嗜利。中廟末年，仁廟在東宫，長而無子，明宗幼爲大君。仁廟之舅尹任與元衡及其兄元老有隙，金安老用事，以保護東宫爲名，欲以傾中宫以張其勢，乃奏放元老兄弟于外。大小尹之説，自此始起。安老既敗，元老等還朝，流言日播，仁廟甚不自安；文定亦以明宗爲危，欲託外臣以自固。於是，李芑陰進安固之計，以結于元老兄弟。仁廟將大漸，語大臣曰：「中宗嫡子，只有吾與大君而已。吾歿，大君可以紹統。」仁廟賓天，大臣迎明宗即位。元衡等欲乘時構禍，乃與李芑、鄭順朋、林百齡、許磁、金光凖等潛謀造語曰：「柳灌、柳仁淑、尹任等欲謀反逆，廢主上，將立桂林君瑠。」且憚鳳城君岏之賢，亦指以爲奸臣所推戴，遂告于文定，下密旨起大獄，一時士類，鮮有脱其禍者。遂録衛社功，又恐公議之不泯，街巷之議稍有異己者，輒指爲逆黨。由是，道路以目，元衡之勢大振。又恐元老爭權，嗾有司論罪，竟至賜死。

弄權射利，無所不至。京師有大家十餘，貨財充溢其中，服御之僭，擬於大內。又黜其妻，以妾蘭貞爲妻，甚嬖之，所言皆從，納賂攘奪亦多其妾所贊也。秉生殺之柄者二十年，士林含憤莫敢發。至是，大司諫朴淳議于兩司，合啓請遠貶，伏閤累日，上自三公，下至抱關，莫不一口請罪，乃命削奪官爵，放歸田里。禮曹判書尹春年亦論罷。春年，元衡族弟也，附元衡，上疏請元老罪，因此發身。驟歷清顯，輕肆自信，浮薄之徒多從之講學，春年妄自尊大，以師道自處，自謂得道，而其所論説，皆收拾佛老緒餘，實無所見，識者笑其妄作。但居官稍廉，故聚怨亦輕，只罷其職。〔二〕

九月，上不豫。時順懷世子已卒，國本未定，人心危懼。領議政李浚慶等請預定國本，尚未蒙允。及上疾篤，中殿下一封書于大臣處，只使大臣見之。其中書河城君之名，蓋中殿承上意，欲於不諱之後立河城君也。中殿下教疏放，欲移李樑等于近道，且釋尹元衡，大臣以爲不可，乃止。李樑，中殿之舅也，有寵於上，驟陞二品。貪權喜事，專以諂媚，求合上意，一花一禽，稍可玩賞，則莫不求致以進。内結上心，外合黨與，李戡、權信、尹百源、李翎、高孟英、金百匀等爲其腹心爪牙，勢焰翕赫，人莫敢正視。樑之子廷賓，愚騃不曉事，倩人作表，遂占魁科，數月之内，歷揚清顯，欲做吏曹郎。蓋時人以吏曹郎爲極選，必待薦乃補。時吏曹佐郎尹斗壽不肯薦，樑聞之大怒，吏曹郎官懼其威，竟薦之。及樑爲吏曹判書，憚士林清議不泯，嗾大司憲李戡等欲禍士林，啓請黜奇大升、尹斗壽、朴素立、尹根壽等，皆奪官爵，李文馨、許曄等皆得罪。蓋奇大升有名士林間，李文馨、許曄爲士林所許，尹斗壽、朴素立爲吏郎時見忤，根壽亦議論明白，故皆爲所忌。兩司入啓時，李戡等欲以此數人爲乙巳餘黨，正言李彦怡不可曰：「當以其罪罪之，何必作浮論乎？」議遂止。彦怡附樑而其言如此，人莫不異之。於是，士林惴惴，莫保朝夕。府院君沈鋼甚不平，招副提學奇大恒，語樑之失。大恒初附樑，及聞鋼言乃寤，與同僚上劄論樑等之罪。中殿素不韙樑，及樑益悖，頗諫上請不用樑，及玉堂上劄，上大悟，竄樑等于門外，盡遞言官，以奇大恒爲大司憲。於是，兩司伏閤，請遠竄，遂流于四裔，奇大升等皆復職。時人指奇大恒爲徐霖，蓋霖本以强盜林巨正之黨自首于官，免罪，導官軍獲巨正故也。

十月，上疾瘳，大赦，加百官資，建儲之議復寢。

十一月，尹元衡死。元衡既失職，百姓聚于街路罵詈、投瓦石，至有欲射殺者。元衡潛往交河，又恐怨家尋逐，遂潛徙于江陰，與其妾蘭貞日日含憤對泣。時元衡前妻金氏之繼母姜氏呈狀于刑曹，告蘭貞毒殺金氏，刑曹以爲綱常大變，非該曹所能決，啓移于義禁府，追捕辭連者。於是，兩司、玉堂請下蘭貞于禁府，上不忍寘法，久未允俞。蘭貞聞之甚懼，人或誤傳禁府都事來矣，蘭貞大驚，飲藥自盡。元衡大慟，不久亦死，聞者相賀。

十二月，左議政沈通源請免三公之職，三日十啓，乃命遞職。通源素無名望，以外戚發身，位至左相，惟以貨賄爲事，實與元衡聲勢相依。乃元衡敗，通源不自安，懇乞辭職。○以李滉爲同知中樞府事，有旨曰：「予以不敏，似乏好賢之誠。自前累召，每辭以老病，予心不寧。卿其體予至懷，斯速上來。」滉自少志道，晚境尤勉礪，學問甚精密，不樂仕宦，退居于禮安，難進易退，時人仰之若泰山北斗。至是，元衡既死，士林想望治化，乃召滉之命一下，人皆欣抃。

二十一年正月，開城府儒生焚松嶽淫祠，王大妃使中人往止之，儒生不聽，上命禁府拿儒生來，欲治其罪。廷臣多諫之，以至學館之生上疏爭之，乃命釋之。初，民俗好神道，作祠于松嶽，名曰大王祠，舉國奔波，事之甚謹，糜費不貲，以至男女混處，多有醜聲。儒生輩發憤，焚祠毀像，識者快之。

三月，以李滉爲大提學。時重望屬於滉，大提學洪暹辭其職，讓于滉。○鈴平府院君尹溉卒。溉爲人精於細故，不識大體，人或以知禮稱之，附元衡以致相位，其餘不足觀也。

四月，李滉辭病不來。于時上眷甚重，雖牛童走卒莫不慕其名，皆欲一見其面，滉終不起，識者以爲憂。○罷兩宗禪科，去內需司印信。初，僧普雨以設無遮大會，爲僧俗所推敬，聲聞于闕内，上罔文定王后，因之得勢，誑惑世人，大張佛事，設兩宗禪科。普雨自稱得道，居處僭擬大内。文定賓天之後，朝廷及儒生連疏請罪，流于濟州，爲牧使邊協所殺，兩宗禪科尚未革罷。至是，兩司啓請罷之。内需司本不設提調用印，及用印之後，宦者憑公濟私，頗有作威之弊。至是，以兩司之啓去其印。凡革二事，中外大悦。

二十二年四月，王孫師傅韓胤明歿。初，上念無嗣，別擇儒士教誨諸王孫，欲觀其學問之成就以擇可者，胤明爲師傅。胤明少而志學，重遵規矩，甚有令譽，晚而從仕，雖不克成德，天資粹美，作事敬謹，近世所罕人物也，士林惜其早死。

五月，領議政李浚慶辭職，凡三啓，上許之。玉堂上劄請留，乃命仍任。是時，羣小雖退，流言未息，人心疑危，恐有乘時釀禍者，若浚慶罷相，相非其人，則無以鎮物，故玉堂之論如此。浚慶雖浮沈取容，而中心常存扶護善類之念，故爲時議所重。古阜郡守鄭復始上疏，請雪乙巳黨人之罪。自上甚怒，人心尤懼，以復始爲不知時務。

六月二十七日，上疾猝重，不省人事。醫官問于藥房提調沈通源曰：「欲用野乾水，不敢自擅。」通源使問于領議政李浚慶，浚慶曰：「疾病用藥，豈有上下？當隨證用之。」問于左議政李蓂，則蓂曰：「豈無他藥？用此陋物。」議不一。時右議政權轍奉使往京師，大臣只有二相及通源而已。中殿命禱于上下神祇，且疏放罪人。日午，上疾尤篤。雖覓野乾入內，未及進御。夜三更，中殿急召大臣浚慶等與承旨史官入寢殿，上已不能言，且不能視，內人以冠帶置于卧內而已。浚慶等進前大聲曰：「臣等來。」終不應。浚慶等使史官大書其名，舉于上前，亦不視，無如之何。浚慶等乃啓中殿曰：「事已無可奈何，當定社稷之計。主上不能顧命，中殿當有指揮。」中殿答曰：「乙丑年危急時，曾以王命下一封書，當以其人爲嗣。」浚慶等拜伏地曰：「社稷之計定矣。」浚慶等出會賓廳，俄聞哭聲，已昇遐矣。浚慶等使都承旨李陽元、同副承旨朴素立、注書黃大受及侍衛將士，迎嗣子于德興邸。陽元將出，黃大受曰：「當迎某君耶？何以不問大臣？」陽元曰：「已定之事，不須問也。」大受曰：「雖已定，必聞大臣之言可也。」乃問大臣曰：「當迎德興君第幾子乎？」大臣曰：「第三子河城君也。」陽元等至邸，衛士未集，雜人闌入，不可禁抑。陽元等呼鄭昌瑞通謁而已，不明言迎某君，大受曰：「當請三王孫皆出，親見嗣子，然後乃可扈衛。」陽元問昌瑞曰：「何君裝束？」昌瑞曰：「宮中亦知是河城君也。」陽元等乃請見。時浮薄者妄言扈從者有功，爭録其名，宮奴以其録授陽元等，陽元等受之。日高，嗣子入景福宮，恤宅宗。厥後，臺諫啓請焚其名録，陽元等皆罷。

隆慶元年丁卯[三]

明宗大王二十二年六月辛亥子夜，上大漸，王妃急召大臣。領議政李浚慶、沈通源入見于寢殿，上已不省事。浚慶等進前大聲曰：「臣等來。」上不應。使史官書二人名舉于上前，亦不視，無如之何。浚慶等乃啓于王妃曰：「事已至此，當定社稷之計。主上不能顧命，中殿須有指揮。」王妃答曰：「乙丑年曾得上旨，當以此人爲嗣。」二人拜曰：「社稷之計定矣。」俄而二人出，左議政李蓂亦至，會于賓廳。是曉，明宗大王昇遐。大臣使承政院都承旨李陽元、同副承旨朴素立、注書黃大受及侍衛將士，迎今上于德興邸。陽元只受往迎之命，不問迎某君而徑出。黃大受執陽元帶問曰：「何以不問當迎某君耶？」陽元曰：「已定之事，不須問也。」大受曰：「雖已定，不可草草。」乃問大臣曰：「當迎德興君第幾子乎？」大臣曰：「河城君也。」大受遂書于紙，舉示大臣而袖出。陽元等至闕門，無馬從。德興邸在社稷洞，去闕西門不遠，陽元等欲步進，大受曰：「事雖倉猝，不可失儀以駭瞻視。」陽元曰：「何處得馬？」時百官多入闕散哭，馬從在門外，大受乃得馬從，與二承旨俱騎至邸，則侍衛未集，雜人闌入。天曙，衛士始至，陽元不明言迎某君，只呼上舅鄭昌瑞通謁而已，大受曰：「當通謁于誰耶？如此大事，不可糊塗。古人有褰簾然後乃拜者，宮中有王孫三人，豈可不明言乎？當請三王孫皆出，親見然後乃可扈衛。」陽元不從，問昌瑞曰：「何君裝束？」昌瑞曰：「前日所定河城君也。」大受復力言當先見天顔，陽元等乃請見。時雜人妄言扈從者當録功，於是坌集記名，以授宫奴，朝士亦有求録者。宫奴以録名之簿授大受曰：「嗣子命藏之矣。」大受不受曰：「嗣子今日豈有命令耶？」宫奴乃授朴素立，素立受之。日高，陽元等皆服黑衣，侍衛之士皆服吉，上著白衣、烏紗帽入景福宫，恤宅宗，羣情大安。素立以録名紙到政院，人多譏誚，素立謬曰：「吾以爲扇封耳。」厥後臺諫啓焚其録，劾罷陽元等。

謹按：李陽元終不明言迎某君者，其意安在？此不過欲防不測之虞耳。乙巳仁廟之昇遐也，明廟以介弟受遺命，入承大統，而羣奸猶煽擇賢之説，以芟士林。況今人心危疑，顧命未顯，倘有奸人陰主他王孫，變生意外，則往迎今上者豈能免誅乎？陽元之計，可謂密矣。鄙夫謀身，至於此極，可哀也哉！朴素立惑於宫奴之説，袖藏無賴之簿，其亦可羞也哉！聖主初薨，四境喪考，至於嗣子已著白衣，而侍衛之臣乃著吉服，何耶？彼其之子，平日行呼唱於道路，自謂不後於人，及其倉卒之際，顛倒失措，魂不守形，脱有禍變，驅迫以死，則其能抗節不撓乎？噫！彼發蒙振落之輩，尚奚足云？此時嗣位纔定、人情大安者，是李浚慶鎮物之功也。若使尹元衡輩當國，則安能若今日之帖然乎？易曰：「小人勿用。」於此尤驗矣。

上是德興君第三子也，幼有美質，相表清秀。大行王無嗣，默眷已定，每召見，必嘆曰：「福哉德興！」乙丑秋，大行王疾甚篤，大臣以建儲爲請，王妃以王命下一封書于大臣，密定儲嗣，乃上也。俄而大行王疾瘳，建儲之議中止。然眷注不已，頻召試學業，恩賜聯翩，但未有名號而已，別擇師傅以教誨之，韓胤明、鄭芝衍與其選。上讀書甚精，有時疑難，出人意表，師傅不能答。至是入承大統。○壬子，設修撰廳，撰大行王行狀，將以請謚于天朝也。大臣請開史庫以考實迹，史官不肯開，上劄請勿觀史，兩司亦啓請勿開，乃止。

謹按：秉筆直書，史官之職也。不罪良史，朝廷之責也。史官之祕藏，非其任也，但人君平日自覽史册，則史官畏誅，不敢直書，故前世史官，或有祕而不進者矣。近來史禍甚慘，史官尤以深祕爲其職，此亦出於不得已也。但修撰行狀，非平時之比，於此不攷實迹，則無所用其史矣，可謂懲熱羹而吹虀者矣。

七月丙辰，今上即位于勤政門。是日成服，上當即位，牢讓不出喪次，大臣懇請，王妃亦堅請，乃出次。御勤政門，猶不敢上御座，大臣及政院啓以宗社大計，不容私意，良久乃坐，受百官賀。尊王妃爲王大妃，大赦，王大妃垂簾同聽政。上既即位，動遵禮法：前王時，內班長番宦官甚多，上命減其半；常閉户默坐，不與宦寺接言。朝野想望聖德之成就焉。上之乳母乘有屋轎入闕，見上有所干白，上不悦，聞其乘轎，乃叱曰：「汝豈可遽乘有屋轎耶？」命黜之，乳母步還其家。○庚午，詔使翰林院檢討許國、兵科給事中魏時亮入城。國等以頒新皇帝登極詔事東來，至安州，聞大行王之訃，疑國中有變，問譯官曰：「前王有嗣子否？」曰：「無矣。」又問：「首相爲誰？」曰：「李浚慶也。」曰：「國人以爲賢而信之乎？」曰：「賢相也，國人信之。」兩使曰：「然則無虞矣。」上以權知國事，衣衮冕七章之服，迎詔于郊外，接待無違度，兩使注目不暫輟，嘆曰：「這等妙年，動中禮節。得此賢君，東國之福。」時上春秋十六矣。明日，兩使以素服弔喪。又明日，謁文廟，因坐明倫堂，儒生二千餘人拜于庭，兩使起立，答揖甚肅，謂館官曰：「益見東方禮義之盛。」癸酉，詔使發程。出京城，百官祇送，列立道左，兩使下車，肅揖乘轎，貌甚恭恪不寧也。兩使皆有清德，許能文章矣。○上大行王廟號曰明宗。明宗平日常曰：「得謚爲『明』足矣。」至是適用「明字」，王大妃泣諭羣臣以平日之言。○以白仁傑爲弘文館副校理。仁傑尚氣概，喜敢言。乙巳秋，羣奸將託密旨以害士林，仁傑時爲獻納，獨啓言密旨之非，正言柳希春見其爲，吐舌曰：「壯哉！」於是下獄，罪將不測，適有救之者，免死被謫。明宗末年，復其職，累遷楊州牧使，至是入玉堂。○以李滉爲禮曹判書。滉守道山樊，人望日重，明宗累召不至。末年，召滉使接待華使，滉乃至。未及拜命，明宗昇遐，滉因在朝，撰明宗行狀。及拜宗伯，乃辭以疾，上曰：「聞卿賢德久矣！如此新政之時，卿若不仕，豈安於心乎？宜勿辭。」滉終無供職之意。李珥謁滉曰：「幼主初立，時事多艱。揆之分義，先生不可退去。」滉曰：「道理雖不可退，以吾身觀之，不可不退。身既多病，才亦無能爲也。」時成渾拜參奉而不來，座客有言成渾何以不來，珥曰：「成渾多病，不堪從宦。若强之仕，則是苦之也。」滉笑曰：「叔獻珥字。何其待成渾厚，而待我薄耶？」珥曰：「不然。成渾之仕若如先生，則一身私計不足恤也。使渾趨蹌末官，何補於國？若先生在經席之上，則爲益甚大。仕者爲人，豈爲己乎？」滉曰：「仕者固是爲人，若利不及人而患切於身，則不可爲也。」珥曰：「先生在朝，假使無所猷爲，而上心倚重，人情悦賴，此亦利及於人也。」滉不肯。

謹按：大臣以道事君，不可則止。李滉以先朝遺老，既復立朝，則當輔佐新王，知其不可，然後乃退。而懇辭不已，其易傳所謂「量能度分，安於不求知者」歟[四]？

八月，明宗之喪當以十月葬，而日官以爲不吉，大臣與日官定議以九月卜葬，乃第四月也。生員李愈上疏，譏其渴葬，王大妃下教曰：「凡吉凶在於天命。日官之言，何足取信？定于十月可也。」大臣以爲難。大妃乃命於十月十五日下玄宮，曰：「雖不吉，亦可用也。」領議政李浚慶、左議政李蓂啓曰：「葬日不擇吉凶，雖是盛意，但安厝先靈而用凶日，則恐在天之靈，亦未安也。」大妃乃從其請。

謹按：諸侯五月而葬，先王之定制也。古者未聞擇月也，慈殿明燭正理，而大臣不能將順其美，反以左說爲重。大臣之無見如此，時事可知已。

禮曹判書李滉解官歸鄉。滉累辭以病，乃許遞職。明日，滉不辭朝而歸。議者或以山陵日迫，不會葬而徑歸爲非矣。蓋滉學問精詳，人以大儒目之，望其輔幼主致太平，而滉自謂無經濟才，故難進易退如此。○吏曹佐郎李珥患銓曹政事不用公道，乃謁判書朴永俊曰：「方今之弊，守令侵漁，邦本憔悴。欲擇守令，莫如擇初入仕者。初入仕者皆以干請而得，故仕路無由得清，邦本無由得寧。今值新政之日，正是機會。請自今務張公道，以革宿弊。」永俊面諾之，及爲政，乃因循舊習，不用公道。珥嘆曰：「痼疾，誠不可醫也。」○以白仁傑爲弘文館直提學。仁傑久廢復用，猶忼慨論議，不以老自沮，人倚爲重。

九月，沈通源有罪，削奪官爵，放歸田里。通源，沈連源之弟也，於王大妃爲從祖季父。少時累舉不中，甚不得意。金安老當國，通源對策于大庭，指安老爲忠讜，遂擢魁科，中廟甚不韙之，故未得顯官。及明宗即位，以姻戚發身，驟歷清要，遂陞台府。爲人庸懦無廉隅，處事含糊，而貪黷無厭，賄賂輻輳，門如市肆。其長子鐳及季子鏵，爭以射利爲事，奪人臧獲財産，無異盜賊，僮僕效之，亦爲民害。李樑縱恣，實與通源聲勢相倚。樑既敗，公論欲發，畏其盤根，未敢也。尹元衡之敗，通源自知不爲士類所容，遂辭相位，鬱鬱不得志。

通源雖非可畏之人，而士林恐有姦人陰主通源，而得肆其術，故甚以爲憂。至是公論乃發，三司同舉，以至三公率百官立庭請竄。逾月，乃命削爵放歸。○癸酉，葬明宗恭憲大王于康陵。大臣以上幼沖，請勿會葬。故事：自上未得會葬，則立主奠時，例以三公爲獻官。是時，大臣不考古例，不肯爲獻官，以秩高宗親代之，其忽於禮如此。

謹按：立主，大事也。自上不會葬，則三公爲獻官者，重其事也。是何難行之禮而三公莫之行耶？嗚呼！山陵石物儀仗必侈於前，禮文喪制必殺於古，如水益下，不知終何如也。

十月丙戌，明宗大王卒哭，上下著白笠，始復五禮儀之制。五禮儀：卒哭後，以烏紗帽、角帶、白衣視事，而燕居則著白笠。蓋以烏紗帽爲權制視事之服也。成廟朝，議者以爲紗帽既用烏，則笠亦當黑，當時廷臣皆不識禮意，遂用黑笠，厥後因循未改。中廟之喪，左相柳灌以爲燕居若著黑笠，是卒哭後脱喪也，乃用白笠之制。仁廟之喪，灌等既死，大臣以灌議爲非，還著黑笠。文定王后之喪，禮官有言卒哭後當著白笠者，尹元衡爲首相，厲色曰：「此柳灌之議也。」衆懼不敢更議。至是，始復五禮儀之制。○大臣以冬雷辭職，大妃下教曰：「大臣何辜？過在君上。若有賢士沈滯者、無辜被罪者，則悉皆疏解叙用。」於是，大臣以乙巳以來被羅織者列録以上，或請放還，或請復職，宋麟壽等還給職牒，人心大悦。

時領議政李浚慶主論甚力，僚議有言作事無漸，恐有後患者，浚慶亦不顧，識者多之。○宋麟壽爲人，忠孝俱至。幼年喪母，時未學禮，任情過哀，所伏苫席，因淚必腐，燕棲廬幕，其雛皆白色，人以爲孝誠所感。及立朝，名重一時。仁廟初年，士林倚麟壽爲重，而麟壽只是善士，無經濟大才，虛心待人，多被人欺，不量時勢，欲做三代事業，羣姦側目，竟得重罪。壁書之變，權臣李芑等會賓廳録罪人名，點其當死者，至麟壽名，芑大點之。鄭順朋曰：「惜哉！此子愿慤人也。」芑顧曰：「鼓擇賢之説者，不死而何？」順朋無語，麟壽遂死。臨死，捧毒藥，自思良久曰：「我不知何故至於死也。」其後，芑語人曰：「宋麟壽豈不是善人？但行大事，不可拘小仁。譬如作室，欲修基址，則雖有好花好果，不得不芟治也。」○盧守慎、柳希春、金鸞祥等皆復官爵，乙巳得罪之人也，被謫二十餘年，始蒙恩命。盧守慎，以文行少有重名，擢魁科，歷清要，乙巳姦黨忌其名遠竄之。守慎謫中問學益精，有時吟詠，多發於忠君愛親之至情。著夙興夜寐箴註，旨意精明，士林傳誦，清名益播。至是，拜弘文館修撰。柳希春，博覽强記，亦有時譽。○大臣請遵舊制，復常膳，上不聽，三公率百官堅請，乃允我朝祖宗之制。卒哭後，自上用肉膳，乃命羣臣開素故也。是時，上頻御經筵，辨問甚詳，講官學未博者，多憚於入侍矣。朴淳入侍後出語人曰：「瞻上玉容，真英明之主。」卒哭前御經筵，只臨文讀之，無質問之語，羣臣頗疑闕略。卒哭後則反覆辨論，出人意表，是行倚廬不言之禮也，羣下不解上意耳。○尹春年卒。春年爲人，輕浮自信，其學甚駁，掇拾佛老緒餘，以自張大。自稱得道，且自謂深曉音律，又曰：「見人數句短篇，亦可知其人賢否、壽夭、貴賤云。」初附尹元衡，擊去尹元老，以此驟至大官。聚徒講學，妄以師道自處，浮薄求名者多從之遊。論議風生，動引聖賢，其言曰：「聖人無他，只是合天心者耳。不論是非義利，而只以成事，謂之合天心。」又曰：「金時習，東方孔子也。不見孔子，則得見悦卿可矣。」其所取乎時習者，皆諺傳怪詭之迹，實非時習所爲也。僧普雨自稱悟道，見春年，呈所見，春年大賞之，謂人曰：「普雨因禪學悟心知止，而功未至於定。」其誕妄多類此。春年不喜酒色，故其門徒雖沈湎淫泆者，每見春年，必自謂止酒屏色以相欺誑，人皆指笑之。但春年稍廉，不受賄賂，以此或有取者。位至六卿，多所改革，自謂行道。及元衡敗，春年貶歸鄉里，熱中飲冷，發病而死。○沈銓有罪，削奪官爵。銓，通源之從子也，貪鄙無倫，以椒親之勢，驟踐華要，出牧大州，專以浚剥網利爲事。公語人曰：「我有男女十人，不貪何以資生？但我終不害士林。」安自裕謂人曰：「沈叔平銓字。直士也。」人問何故，自裕曰：「不隱其貪。」聞者冷齒。至是，兩司論削其官，民多攘臂罵詈者。○以閔箕爲議政府右議政。左議政李蓂以年老懇辭相位，乃以權轍陞左相，以箕爲右相，蓂遷領中樞府事。箕少有儒名，及立朝，浮沈取容，別無建明，但以好善見重於時。是時，洪暹、吴謙居亞相之位，皆非人望，故筭越次拜相。○金明胤有罪，削奪官爵。明胤少有善名，以賢良之薦擢科。及薦舉科罷後，明胤還著儒巾入場屋，復登第。不顧是非，惟以發身爲急。乙巳之難，希權姦旨，誣啓鳳城君岏爲尹任所欲推戴，桂林君瑠亦窺大位，於是巨禍彌天，士林網盡。及明宗末，清議復發，羣姦勢衰，明胤乃於經席啓曰：「乙巳餘黨，多有冤枉。請稍伸雪，以慰人心。」及曹植、李恒等之被召也，明胤欲阿善類，白明宗曰：「此輩當授以臺侍之任。」其龍斷之術，老而益功，士林憤疾之。至是削爵，猶以得保首領，爲未快矣。仁廟之初立也，士林興起，臺官欲啓雪己卯之冤，其啓辭有曰：「己卯之士，無非正直之人。」白仁傑時爲持平，請抹其辭。同僚或有怒變色者曰：「此言何以可抹？」仁傑曰：「君上不可以一毫欺也。己卯固多賢士，豈盡正直之人乎？薦舉科革罷後，復負册袱入科場者，亦正直之人乎？」此指明胤也。後仁傑見明胤曰：「公是千百億化身。」人以爲的論。○贈趙光祖、李彦迪、權橃皆爲議政，謚光祖曰文正，彦迪曰文元。光祖字孝直，少從金宏弼學，天質甚美，志操堅確，見世衰道微，慨然以行道爲己任。動遵繩墨，高拱危坐，言必以時，流俗指笑，終不少撓。以卓行薦爲司紙，光祖嘆曰：「我不求爵禄而乃有是除，寧赴科出身，以事聖主。」遂應舉登第，選入玉堂。經席之上，每以崇道學、正人心、法聖賢、興至治之説，反覆啓達，辭旨勤懇，中廟傾聽。一歲中，超拜副提學，光祖遂以致君經濟爲志，知無不言，多引清流，布列朝廷，欲革近代拘常之習，以遵古先哲王之軌。于時，流俗大臣多不悦而莫敢言，士林興起，而間有好名者雜進，論議太鋭，作事無漸，光祖曰：「做事不可卒迫，當以漸進。」每抑儕輩之喜事者。於是，浮薄之徒反以光祖爲色莊，至有欲論劾者，光祖自知事必敗，白中宗曰：「臣學術不足而爵位過高，欲得一閒僻之郡，讀書進學，然後乃復立朝。」而聖明不許，故眷戀遲回，臣罪大矣。」是時，南衮、沈貞以傾險得罪於士林，欲革面以託清流，而士類終不與，故懷憤未發。及光祖爲大司憲，執法平允，人皆感服，每出市，人羅伏馬前曰：「吾上典至矣。」俗語呼其主曰上典。衮等潛以得人心爲飛語，因洪景舟之女洪嬪，使聞於中廟，上心不能無疑。初，中廟之反正也，朴元宗等多以干請録功，物論囂然稱濫。光祖等以爲士習不正，知利而不知義，當汰昌濫之勳，以塞利源，遂率臺諫伏閤請汰靖國功臣濫僞者，累月而不允，爭之甚力，至於辭職，竟得請，上心益厭之。南衮、沈貞、洪景舟等潛因洪嬪告密，夜啓延秋門入侍，不使史官參聽，莫知所言云何。上乃夜召領議政鄭光弼等議光祖等罪，光弼營救甚力，上使南衮草傳旨，下光祖及金淨、金湜、金絿、奇遵、朴薰等于義禁府。是時，清流一網打盡，朝著殆空。上命光弼爲政事，光弼等退至賓廳，光弼熟視衮而不言。衮退語人曰：「鄭光弼之目也。」光弼以柳雲爲大司憲，李思鈞爲副提學〔五〕。斯兩人内有志概，外無拘檢，見輕於光祖等者也。衮等以兩人忤光祖不疑也，時人服光弼之識鑑。禁府推官請加刑訊，上命照律。推官金銓等當以姦黨之律當斬，籍其家，孥其妻子，〔六〕上曰：「朝廷以此成罪矣。」乃下教曰：「光祖、金淨、金湜、金絿四人賜死，其餘竄于遠方。」時日已昏矣，光弼等大臣聚于賓廳，光弼聞賜死之教驚懼，捫燭嗟惋，乃復力請減死，上乃命杖而流之。光祖路遇李思鈞承召上京，思鈞執手款語曰：「子於中庸尚未熟讀，況可做唐虞事業乎？中庸不言乎：『愚而好自用，賤而好自專，生乎今之世，反古之道，未有不災及其身也。』宜乎子之不免也。子今年少，正好讀書，努力自愛。」時柳雲率臺諫請曰：「殿下復用光祖，君臣如舊，則臣等當就職。不然則請殺臣等，以快姦人之心。」廷爭累日，卒被劾遞。思鈞至京，亦救光祖等，與雲等皆罷。上亦免光弼相，朝臣更無言者。光祖竟不免死，臨死仰天吟詩曰：「愛君如愛父，天日照丹衷。」國人悲之。初，光弼務守舊規，光祖欲復古道，兩人持議不合，而光弼出死力相救，人推其德量。我國理學無傳，前朝鄭夢周始發其端而規矩不精，我朝金宏弼接其緒而猶未大著，及光祖倡道，學者翕然推尊之。今之知有性理之學者，光祖之力也。

謹按：古之人必待學成，乃求行道。行道之要，莫先於格君。惜乎！趙文正以賢哲之質、經濟之才，學未大成，遽升當路，上不能格君心之非，下不能止巨室之謗，忠懇方輸，讒口已開，身死國亂，反使後人懲此不敢有爲。豈天未欲斯道之行歟？何其生此人而不使之成就歟？文正雖於進退之幾有所未瑩，學者抵此，知理學之可宗、王可貴而霸可賤，其有功于斯道，不可泯也！宜乎後人仰之若泰山北斗，而寵命之錫久而愈隆也。

李彦迪，博學能文，事親至孝。好玩性理之書，手不釋卷，持身莊重，口無擇言，多所著述，深造精微，學者亦以道學推之。但無經濟大才及立朝大節。乙巳之難，彦迪欲周旋陰救士類，故不能直言匡救，而迫于權姦，作推官以栲訊善類，至於録功。郭珣被刑訊，仰見彦迪作推官，乃嘆曰：「安知吾輩死於復古彦迪字。之手乎？」彦迪後悔，稍與權姦立異，竟得罪削功，遠竄而卒。

謹按：道學之名，非古也。古之爲士者，入則孝，出則弟，仕則以道事君，不合則奉身而退。如此者謂之善，不如此者謂之惡，不以道學別立名目。及其世降道衰，聖賢之統不傳，惡者固不足道矣，雖所謂善者，亦徒知孝友忠信而不知進退之義性情之蘊，往往行不著、習不察，於是擇其窮理正心以道出處者，目之以道學。道學之立名，衰世之所不得已也。此名既立，姦人或指而斥之，反使不容於世，吁，可悲矣！嗚呼！道學之名既出於衰世，而世尤降，俗又下，則又以能讀經著書者目爲道學，其於心性工夫、出處大節有不暇恤者，尤見世道之變也。趙文正之學，雖有所未盡，觀其立朝，惟以行道爲務，非三代之道不敢陳於王前，此其得道學之名固宜矣。若李文元則只是忠孝之人，多讀古書，善於著述耳。觀其居家，不能遠不正之色，立朝不能任行道之責，乙巳之難不能直言抗節，乃至累作推官，參録僞勳，雖竟得罪，顙亦泚矣，烏可以道學推之耶？噫！文元雖不可當道學之名，而其賢則世不可多得，斯人之不容於世，豈不可痛惜哉！

權橃於乙巳之變爲兵曹判書，柳灌、仁淑等初被竄謫，橃抗言竄逐大臣而非其罪，辭甚切直。彦迪以院相在政院，見橃啓草，驚曰：「若如此則尤挑禍階。」乃抹去其言辭之尤直者。橃抱膝而歎曰：「如此抹去，則寧可不啓。」彦迪曰：「直言挑禍，無益於國。」卒改稾以啓，猶被文定之怒，橃被謫而卒。

謹按：觀人先取其大節，然後可議其細行也。權、李二公平日行檢，權固不及於李；而臨難抗節，則李讓於權。或者以爲李優於權，吾不信也。

追削南袞官爵。袞少以文名世，急於進取。誣告朴耕謀反抵死，由是不容於清議。竟與沈貞陷趙光祖，盡逐善類，士林以爲罪不容誅。公論今日始發，輿情快之，猶以生時不能正刑爲恨矣。

謹按：我國家積德累仁，世躋治道，而未嘗聞有以道學告君上者。惟趙文正以性理之學，輔我中宗。世道幾變，而袞之讒喙，慘於銛鋒，芟刈良善，殄瘁邦國，原情定罪，五刑猶輕。而竟保腰領，老死牖下，身後削爵之罰，不足以當萬分之一，可勝歎哉！

隆慶二年戊辰

今上元年正月〔七〕，吏曹參議姜士弼以罪免。士弼素無才德，謬爲時輩所推，備歷臺閣，出身未十年，已陞承旨。爲人暗昧無志操，只好飲酒。安希當路，及拜忠清道觀察使，乃大失望，怏怏出怨言，不治職事，縱酒失儀，物議非之。還朝，拜吏曹參議。領相李浚慶語人曰：「姜士弼不被劾，是朝無公論也。」諫官乃論遞。〇右議政閔箕卒。箕雖爲時論所許，而貪財好色，無行可觀。既登相位，外若扶植善類，内實瞻前顧後，不知者皆以賢相稱之。許曄謁李浚慶，浚慶曰：「今人皆以道學推趙公光祖，而朴英、鄭鵬世無識者，何歟？」曄曰：「不特朴英、鄭鵬也，近日閔公箕學行俱備，人無知者。」浚慶曰：「子欲比閔箕於朴英、鄭鵬乎？」曄曰：「閔公居卿相之位，故人不推仰。若以閔公學行，居于清涼山或智異山，則一代尊敬，豈止此而已乎？」浚慶不以爲然。

謹按：學者所以明道，行者所以守禮也。今許曄以學行推閔箕，未知所謂學行者何事歟？箕身無檢束，遍淫婢妾，門納關節，贈遺接武。權姦熾肆則容默免罪，清議激發則觀望沮撓。學果可以明道，行果可以守禮乎？異哉！許曄之觀人也。若使箕有學有行，隱于清凉、智異之山抱道而終，則是他人也，豈可謂之閔箕乎？若如曄言，則一得善名之後，雖冥行亂走，亦不害其爲善士也。以此觀人，焉往而不見欺乎？

閔箕之判銓曹也，李珥爲郎。每欲銓選以公，防請託之路，箕輒戒以勿過越生事。珥語人曰：「閔公固賢相，但畏小人，而不畏君子。」人問其故，珥曰：「使閔公得罪於君子，不過不置顯班而已。小人性刻，若相忤則或有滅族之禍，故閔公畏之。」識者以箕工於涉世，不取重焉。

二月，帝使太監張朝、行人歐希稷賜祭及謚恭憲于先王。張朝入王京，求五名馬曰：「皇帝使我求之。」從者曰：「稱聖旨，無乃未安乎？」朝曰：「我聞聖旨，安可不説？」蓋皇帝好馳馬云。歐希稷性躁無威儀，事畢即發，倍程而馳，沿路州郡多以未及設供帳得罪。○日有青赤暈，白氣如虹貫輪。王大妃還政于上，撤簾，謂侍臣曰：「女主爲政，雖使庶事咸熙，大本不正，他無足觀，況未必盡善乎？日變之作，良由未亡人之聽政也。」○以盧守慎爲弘文館直提學。先是，承旨奇大升於經席啓曰：「學行出衆之人曾被竄謫，年今已老，當汲汲收用，擢以不次之位。」蓋指白仁傑、盧守慎、柳希春、金鸞祥等也，大臣亦以爲言。於是，皆蒙擢拔：仁傑已陞堂上，守愼拜直提學，希春拜應教，鸞祥拜執義。未幾，皆陞堂上。

三月，命薦遺逸，京畿觀察使尹鉉以成渾應命曰：「遺逸之士，今世難得。有成渾者，於學問深有自得之妙，可謂遺逸之次云。」李珥聞之笑曰：「學問深有自得之妙者，遺逸之士所不敢當也，反以爲亞於遺逸耶？」成渾是守琛之子也，早承家庭之訓，行純而不雜，學進而不退，鄉稱善士，故坡州牧以其名薦于監司。李珥是其執友也，因人止監司曰：「成渾是學者也，暴得善名，豈不可恥乎？此人當使之安靜，以期成就。」監司尹鉉不聽曰：「州牧已報，不可中格。」

四月，以洪暹爲右議政。暹有文名，無操守，容身保祿而已。是時輿望屬于李滉，召命重疊，滉不至，乃以暹卜相，士林失望。

五月，平安道節度使金秀文襲胡于西海坪，焚其聚落。西海坪本我地，絶遠不能守，恐胡人來居滋蔓，故有時領兵驅逐，不從則擊之。土地肥饒，宜菜穀，胡人冒死來居，驅而復還，終不能絶。自江界入驅之路甚狹，僅容一足，上有絶壁，下有深川，名曰虛空橋。乙丑年，金德龍爲節度使，遣虞候奉昕等入覘胡人有無，使之乘機逐捕。胡人預覺之，要於虛空橋，下石鼓噪，我軍驚散，頗損國威，德龍坐罷。朝廷欲報其恥，以秀文爲節度使。秀文宿將，有威望，鋭意滅賊，部分諸將，潛師夜行，掩胡不意，未曉至西海坪，將四面合攻，期以盡殲。會衛將江界府使張弼武性躁，未及合圍，而遽吹角進軍，胡人覺之，大呼曰：「高麗賊至矣！」壯者乘暗多遁去，我軍盡燒其村，老稚女子皆死。秀文大喜奏捷，上嘉其功，加秀文階正憲。厥後，秀文聞壯胡皆逃，乃愧懼，疽發背卒。洪仁慶以父喪去位。仁慶與李文馨，皆有名字。仁慶頗張氣焰，且有不廉之名，文馨言其疵。仁慶銜之，亦掇文馨之過，遂成嫌隙。朝紳多兩人之友，各與其所親，頗有朋黨之漸，識者憂之。大臣右文馨，故仁慶不得意，以大司諫謝病解職。至是遭父喪，朋黨之説乃息。

秋，李滉承召命入京，拜崇政大夫、判中樞府事。上必欲致滉，屢下恩召，詞旨甚懇，滉不得已詣闕謝恩，然無久住之計，姑以仰答恩命而已。○白仁傑謝病歸坡州。仁傑志氣不羣，而學術麤疏，喜於敢言，亦不適用。時奇大升、沈義謙方有時望，仁傑語人曰：「奇大升果於自信，必誤國事。義謙以外戚，安可預政？今之士類，大抵皆義謙門客。外戚之權，不可太盛。」聞其言者疑仁傑有攻擊之意，或誤傳仁傑將去奇、沈，於是士類譁然，以仁傑爲嫉善，仁傑乃棄官歸鄉。

十一月，拜白仁傑爲大司諫，下書召之，仁傑不至。成渾問李珥曰：「白公去就當何如？」珥曰：「白公立朝陳大計，而主上不用，則可以退矣。今者君臣之間無可去之幾，只是有人言而已，似當上來。」渾曰：「白公自言學術不足，雖進不能有爲云。」珥曰：「若自量如是，則非他人所可勸沮也。」

隆慶三年己巳

今上二年正月，以白仁傑爲大司憲。仁傑既退，上思其風節，屢下教召之，仁傑固辭以疾。至是，上特命陞品爲憲長，仁傑上章三辭，恩召不置，乃拜命。

二月，判中樞府事李滉請於文昭殿，正太祖東向及昭穆之位，不從。上之初即位也，英明穎悟，一國顒望聖德之成就。未幾，流俗之説日聒于前，上意已染俗，見李滉承召入京，雖加寵敬，而無虛懷典學之志。滉或啓于經席，或上疏章，每以聖賢之學勉上，上優容而已，終無反躬之實。滉本執謙退，又見言不採用，歸意益決。乃集先賢所作之圖，補以己意，爲聖學十圖以進，議論精詳。滉曰：「吾之報國，止此而已。」至是，仁明兩廟將祔文昭殿。殿之祫享位次，太祖居北南向，昭穆東西向，而殿宇南北短，東西長，仁明祔而祫享，則殿窄不容，故大臣欲拆開殿宇，補其南，以容加設之位。滉以爲古者祫享之位，太祖東向，昭穆南北向。我朝宗廟無祫享之儀，只於原廟即文昭殿。有祫享，而位次非古，若因此會，正太祖東向之位，昭穆南北相對，則無拆開殿宇之弊，有因俗反古之美，遂作圖爲説而進之。上下其議于大臣，大臣不好古，固執以爲原廟不可施古禮，且此位之設，已過百四十年，今若遷變，則祖宗之靈亦必駭異，議遂不行。李珥聞之歎曰：「今之望有爲者，其計左矣。如欲有爲，當有變革。今者百四十年已設之位，尚不可遷，則況百四十年已行之法乎？『窮則變，變則通。』今者窮而不變，吾不知之矣。」

謹按：人君之奉先，當崇重於宗廟，而原廟非所當設也。我國文昭殿之設已久，非聖學高明以禮事亡，則不能革罷矣。李文純自度不能廢原廟，故欲就原廟中行古禮，是亦處變而得正也。大臣非有定見，只欲苟循流俗，以沮儒者之議而已。主上既不好古，而大臣又無識量，宜乎賢者之不能立朝也。

以李滉爲議政府右贊成，固辭不拜。

三月，李滉謝病歸鄉。滉自陳老病，懇乞還鄉。章累上，上許之，引見于便殿。上問曰：「卿欲何言？」滉曰：「伏願聖明愛護士林。」上曰：「當爲卿勉之。」又問曰：「朝士何人可倚信？何人爲道學乎？」滉對曰：「李浚慶，可託大事，願信任勿疑。奇大升，學問之士也，但未造精微耳。」

謹按：知人則哲，惟帝其難之，豈不信哉？李文純以碩德儒宗，當主上求賢之際，所薦只二人。而李浚慶則居首相之位，不能引君當道，旁招俊乂，而矮亢自高，無容人之量，只欲遵守近規而沮格儒者之議，殆不及於具臣矣。奇大升則才豪氣麤，學問不精，自許太高，輕視士類，異己者惡之，同己者悅之，若使得君，則其執拗之病將以誤國矣。以文純之賢，所薦如此，知人豈不難矣哉？

滉既辭闕，朝士儒生出餞傾城，牽挽遲留，三宿江上而南歸。○李浚慶請以仁廟不入文昭殿，三司駁正之。初，仁廟禫後，權姦當國，以仁廟爲未踰年之君，不安于文昭殿，祀于延恩殿，德宗位版所安，德宗未即位，故別祀于延恩殿。國人悲憤。至是，輿議欲於明廟禫後，與仁廟同祔文昭殿，浚慶以爲仁廟既祀于延恩殿，不必祔文昭，於是衆議蜂起，三司交章，至比浚慶於乙巳權姦，浚慶亦自服過，遂寢其議。

六月，太白累日經天。○金鎧有罪，削奪官爵，黜于都門外。鎧以舊臣，持身居官，稍稱府簡。而爲人剛愎自信，不喜道學之士，見人異於流俗，則必深嫉之。李滉既退，鎧心不平，語人曰：「景浩滉字。此行，所得不少。暫詣京城，手握一品告身，歸以爲鄉里榮，豈不充然乎？」曾乞假歸鄉，還過全州，遇觀察使宋贇，劇談儒者之弊，傍若無人。府尹盧禛聞其言，退而脱紗帽投地曰：「著此紗帽，終不免禍矣。」蓋畏鎧將害士林也。鎧素與洪曇志同而相善，及曇爲吏曹判書，鎧之族子金繼輝聞之曰：「金判書殆哉！」蓋曇意與鎧合，必引鎧持憲，若不能害士林，則必爲士林所不容，故繼輝之言如此。曇果引鎧爲大司憲，鎧大言曰：「當今士類妄欲有爲，不可不抑制也。」蓋指奇大升、沈義謙、李後白等也。乃於經席，白上曰：「爲士者當自飭其躬，而口不言人過失。今之所謂士者，自顧缺然，而妄談是非，詆毁大臣，此風不可長也。己卯之時，朝多浮薄之士，推引同類，排斥異己，趙光祖之得罪，皆浮薄之徒釀成其禍也。願聖明抑制此習。」於是，士林疑鎧欲逐之。或問于李浚慶，浚慶曰：「且止一金鎧，安能害士林？此非獨鎧意也，不可輕發，爲患滋大矣。」鎧聞士類疑忌，他日又啓曰：「臣前日之啓，非嫉善也，惡似善而非善者也。」其言欲自明，而其意陰險。上曰：「卿意非嫉善，何必自明？」持平鄭澈進曰：「金鎧熒惑聖聽，嫁禍士林，聖明不可不察。」上厲聲曰：「鄭澈過矣，金鎧何至於此？」澈曰：「雷霆雖嚴，臣言不可不盡。」因言鎧失，切中其病，鎧面色如土，先拜而出。於是，士類合辭攻鎧。承旨奇大升等請面對極言，而不勝憤激，語無倫序，識者笑之。於是，三司交章請削爵放黜，累日乃允。鎧被劾出都外，有人以臺諫啓辭示之，鎧驚曰：「觀此啓辭，乃以我爲小人也。」憂懣成疾，數月而卒。

○坤方有聲，如風水相激。

閏月，吏曹判書洪曇免。曇立朝，以清簡稱，但嫉學問之士，謂人曰：「真儒豈出於今世乎？今之自謂學問者乃僞也。若有真儒，則吾當敬慕，豈敢瑕疵乎？」自中廟朝，權姦例執國柄，賄賂成風，仕路淆濁。元衡、通源相繼得罪，朝野拭目，佇見清明之政，而居銓衡者，未能盡革舊習。如閔箕雖有時望，亦不免以干請除官。及李鐸爲吏曹判書，務張公道，以爲初入仕者若非上舍生，例試蔭才，賢者豈屑於就試乎，乃使郞僚薦知名之士啓請，被郞薦者雖不試才，亦得補官。於是，仕路稍清。流俗羣非，以爲輕毁舊規，創開新例。鐸與正郞具鳳齡，被謗而不撓。及曇爲判書，欲反鐸之所爲，以循流俗，郞官不從，曇甚恨之，尤與佐郞鄭澈相忤。一日當補官，澈欲擬被郞薦者，曇曰：「此人未試才。」澈曰：「若被郞薦，雖不試才亦得補官，已成近規矣。」曇曰：「開此新例，物論崢嶸，不可用也。」澈爭之固，曇甚怒，尤忌士類，思所以逐之。時舊臣如曇從兄右相暹、判書宋純及金鎧，皆與曇合，先用純爲大司憲，將攻士類，適坐事遞，乃用金鎧。鎧得罪，曇不自安，辭疾免。

謹按：人君之知人，厥惟艱哉？如洪曇者，居家有孝友之行，立朝著廉潔之名，處事多幹能之才，流俗孰不以爲賢者乎？顧其中剛褊自信，無好善之量，見人有以學問名者，輒疑其僞，非徒疑之，又從而嫉之。其言曰：「若有真儒，吾當敬慕。」此甚不然。假使真儒出於今世，曇若見持身異於流俗，則已疑其僞矣，何敬慕之有？其爲銓長也，自謂至公無私，而其所謂至公者，不分賢愚工拙，惟以來歷久近爲次而陞之，曰：「一般朝士，安可取捨？」其意欲使朝士無揀黑白，輪擬清要，徒以均一爲至公。吁，亦異矣！若如曇言，則爛羊都尉、竈下郞將未爲猥濫，而舜之放四凶，舉十六相，非至公也。若使人君信用如曇者，則妨賢病國，終歸於大亂而已。

右議政洪暹辭疾請免，上不允，暹亦不自安故也。

七月，吏曹判書朴忠元免。忠元素無才行，浮沈取容，馴致六卿。及拜銓長，物議殊不快，鄭澈、辛應時、吴健會話，見朝報相語曰：「此人豈合銓長？」客有聞者，告大司憲白仁傑，仁傑語其從子惟温曰：「鄭澈、辛應時使我駁忠元，吾姑忍之。」惟温洩其語於忠元，忠元自知不爲清議所容，乃謝病免。○以朴淳爲吏曹判書。淳清介有志操，少事徐敬德，深尊仰之。立朝常以憂國爲心，至是爲善類宗主，惓惓以接引名士爲務。其於流俗，視之蔑如也，大臣頗不悦。及拜銓長，物情甚協，而淳嫌其以新間舊，累辭疾不拜命。李珥見淳曰：「當今時勢，當裒集清流，静以鎮物，務積誠意，以感聖心。銓衡之任，不可委之流俗。公若固辭，使小人操柄，則是誤國也。」會上不許淳辭，淳乃供職。先是，金繼輝謂李珥曰：「今之時事，紀綱不立，百度廢弛，無可下手處。」珥曰：「譬如千年巨屋，支傾補漏，僅僅度日，若遇風雨驟至，必不能保。當鳩羣材會衆工，易而新之。」繼輝曰：「非徒不新，又有兒童掘其柱根，則尤不可支持。雖欲改作，必待善手。若非善手而遽撤舊屋，終不能新，則只成廢基而已。當今朝臣可當大事者爲誰？」珥曰：「朴和叔淳字。爲人，表裏潔白，憂國以誠，朝臣無比，只恨精神氣魄禀得弱，恐不能當大事。白老仁傑心事不凡，志切愛君，只恨氣麤學荒，無以有爲。若退溪先生則學精德尊，上得主上之眷注，下負士林之重望，可以有爲，而終無擔當大事意思，恐是自度才不足耳。」繼輝曰：「奇明彦大升何如人？」珥曰：「明彦氣蓋一世，亦奇士也。但自許太過，無温謙受善底意思，必不爲士林所歸，安能當大事乎？」繼輝曰：「畢竟時望焉歸。」珥曰：「無已則歸於和叔。」至是，淳果被大用。時洪曇等深忌士類，士類以爲憂。鄭澈謂李珥曰：「士類恐當先發，惟坐而待亡，孰與伐之？」珥曰：「不可，先發必危。彼非貪鄙小人也，嫉善之心未現於事，上下皆不知其罪惡。今遽攻擊，則不能見信，而反挑禍階。爲士類者，莫如自守飭躬，務積誠意，以得上心而已；彼亦不能先發。今日事勢，先發者必凶矣。」

八月，太白經天，熒惑入於輿鬼。○弘文館校理李珥上疏辭職，優答不許。珥自以爲學未進，不可從政，前此累辭要職。至是，自陳外祖母有養育之恩，居江陵，老病無子，請解官歸養，且俟學進還朝，上答曰：「身雖在朝，亦可以往來省覲，何必解職哉？」因命吏曹曰：「往見祖母，雖非法例，校理李珥特令往來覲省可也。」珥感特恩，乃出供職。○丁未，行明宗禫祭。舊例禫後陳賀，前一日，李珥始就職，謂同僚曰：「自上喪制甫畢，遽即受賀，揆之情禮，實爲未安。百官哭泣之餘，旋即陳賀，是歌哭同時也。」同僚然之，乃上劄請行慰禮而停賀。上問于大臣，大臣亦以爲然，遂停賀。○領議政李浚慶等以災變辭職，不許。

是時，日月薄蝕，淫霖害稼，妖星累見，弘文館上劄子請因恐懼之時，大奮有爲之志，自上循例答之而已。○丁巳，祔明宗大王于太廟。上親祭後還宮，大赦，受百官賀，以李彦迪、沈連源配享明宗廟庭。連源，王大妃祖父也，雖無學術，頗知愛士。乙巳之難，尹元衡等欲授連源以固僞勳之勢，强録連源于三等，連源雖不能辭，而心傷善類之死，且慙録勳，至於涕泣。至是配享。○李珥於經席進講孟子，臨文啓曰：「世代各有所尚。戰國之時，所尚在於富國强兵、戰勝攻取而已。至於西漢之淳厚，東漢之節義，西晉之清談，皆一代所尚也。人君當觀一代所尚之如何，所尚不正，則當矯其弊。今者承權姦鉗制之後，士習委靡偷惰，徒知食禄以自肥而已，無忠君憂國之心，縱有一二有志者，皆爲流俗所拘，莫敢出氣力以振國勢。俗尚如此，聖上當奮大有爲之志，以作士氣，夫然後世道庶可變也。昔者孟子以匹夫之力，只以言語教人，尚能熄邪焰廓正路，以成如禹之功。況人君任治世之責，能以斯道教民，則非徒垂教於後世，亦可興化於當時，其功豈特孟子而已？當今人心之陷溺，甚於洪水之災、楊墨之害，只望殿下躬行心得，施教於世，盡其君師之責而已。」講畢，珥進啓曰：「人君不欲治則已，如欲爲治，必先下工於學問。所謂學問者，非特勤御經筵，多讀古書而已，必也格物致知、誠意正心工夫不懈，實有功效，然後乃可謂之學問也。匹夫在家，雖有學問之工，其效不見於世。人君則不然，蘊之心意者，發爲政事，故其效立見也。當今民生困瘁，風俗薄惡，紀綱陵夷，士習不正，而殿下臨御數年，未見治效，竊恐殿下格致誠正之工有未至也。若此因循，日益頹敗，則國之爲國，未可知也。伏願殿下奮發大有爲之志，存心道學，講求善政，使臣民曉然知聖主將興三代之道。然後熟察羣臣之臧否，擇其忠國憂君者與之共事，而不使碌碌無志、只求餔啜者冒居大位。擧錯得宜，人器相稱，則經濟之士必有出爲世用者，而國事庶可爲也。殿下誠志於治，則雖常人之言可補聖德；若殿下悠悠泛泛，只事文具，則雖孔孟恒在左右，日談道理，亦何益哉？」領議政李浚慶進曰：「朝廷之上，當守體統。頃日承旨請面對之事，非近規也，恐壞體統也。假使有可畏之機，自有臺諫及論思之臣，何必承旨請對耶？」珥曰：「此言不然，只在所言之如何耳。若所言是，則何妨於體統？承旨亦經筵參贊之官也，請對言事，亦其職也。浚慶之言，太執也。今者善政不擧，百度廢弛，若不奮然振作，以新一代之規矩，而徒欲拘常守舊，則安能袪積弊而大有爲哉？大臣不能引君當道，而惟遵守近規是務，殊非羣下所望也。」上於羣臣之言皆不答。○李珥白上曰：「爲治先須識時。人君雖欲有爲，若權臣專國，或兵革擾亂，則雖有其志，治務難成矣。今者幸無權姦及戎馬，此正殿下汲汲有爲之秋也。」上曰：「此言則然矣。但戰國擾攘之時，孟子勸齊、梁行王道，則雖有戎馬，亦可行王道矣。」珥拜謝曰：「殿下所見，誠卓冠千古矣。但王道之行

○王大妃命會經筵官及實録廳諸臣于闕庭，賜酒及色紬表裏。

在於實功，不在於言語，伏願殿下實下工夫也。孟子之言曰：『一正君而國定。』此最要語也。夫君心既正，則政事之間雖有小失，自當改革矣；若君心不正，則雖使政事偶合於理，漸變爲非矣。今者殿下先正聖心，日用言行粹然一出於正，以表率臣民，則君子有所恃而盡忠輔佐，小人亦知上心之不可干以私，將必革面向善矣，此所謂『一正君而國定』者也。」

九月，李珥每因進講陳達爲學爲治之説，可上默無一言，珥乃啓曰：「自古有爲之主欲興至治，則必推誠待賢，酬酢如響，開懷虚納，故上下交孚，而政治成焉。堯舜之時，不言而信，無爲而化，若無待於言語，而考之古書，則堯舜與廷臣都俞吁咈，無言不答，況後世乎？至如我朝世宗世祖，與羣臣相親如家人父子，故羣臣感恩懷德，竭其死力焉。今臣累得入侍，每見殿下於羣臣之言，略不酬答。夫一家父子夫婦雖至親，若使父不答子，夫不答妻，情尚阻隔，況君臣名位懸絶者乎？羣臣得見上面，只在經筵，故入侍之臣預思所奏，晝思夜度，及至上前，怯於天威，言不盡意，十達二三。自上雖虚心酬酢，尚患下情不達，況沈默不言以阻之乎？目今天災時變，近古所無，臣民惴惴，不知更有何事爲殿下計。當敷求善策，汲汲救時，不宜深拱無所猷爲也。明宗大王以二百年宗社付之殿下，殿下受其憂也，非受其樂也。二百年宗社日阽危地，而殿下不思振起之乎？」上曰：「蘊之爲德行，然後乃可發之爲事業，豈可無德行而有事業乎？且三代之治，亦當行之有漸，不可猝然遽復也。」珥曰：「殿下此言，固是循本之論。但德行非一朝可辦，而政事不可一日廢也。允德未成之前，將置政事於不問，而任其紊亂乎？是故德行事業，當一時交修竝進也。且三代之治，固不可猝復矣。至於革弊救民，則此豈難行之事乎？堯舜之德，雖不可猝成，但求堯舜之用心，法堯舜之善政，則庶幾堯舜之治矣。」上曰：「古亦有無堯舜之德，而有堯舜之治者乎？」珥曰：「古人無法堯舜者，故不見其治。誠能法堯舜而行之，則豈無其治乎？程子有言曰：『後王若明春秋之義，則雖無舜禹之德，亦復三代之治。』此其明驗也。且孟子勸齊宣、梁惠行王道，以二君可行王道故也，豈好爲空言哉？以德言之，舜禹之德非二君所可猝辦也。德雖不及於舜禹，而奮發大志，力於躬行，信任賢臣，每事取法舜禹，則舜禹之治可庶幾也。臣民得遇聖君，乃不見治化，于何時得遇太平之日乎？」時李珥因書堂月製，乃設作問答之辭，以陳人君爲學爲治之道，名曰東湖問答。上問珥曰：「東湖問答何以漢文常爲自棄乎？其論似過矣。」珥對曰：「文帝固是天下之賢君也。臣所謂『自棄』者，抑有意焉。先儒謂若道將第一等讓與別人，且做第二等，便是自棄。文帝以質美之君，當漢道全盛之時，可以復古而志趣不高，終於雜霸，故臣以爲自棄耳。」上曰：「文帝之不能復古，以經籍遇火、真儒不作故耳。豈是文帝之過乎？」珥曰：「文帝無大志，每好卑論。雖有文獻，亦將如之何哉？人君立志不高者，大抵皆自棄也。」時中宮未建，獻納吴健啓曰：「擇妃，當先觀家法。且外戚之患，不可不預防。」上曰：「人君自不賢，故外戚爲患。人君苟賢，外戚豈能作威福乎？」珥曰：「殿下之見誠卓然矣。但人君雖賢，不可自恃其賢而不爲之檢防也。擇妃，須見家法之如何，不然則聖女未可必得，而後日外戚豈無恣横之憂乎？」上曰：「王莽之女孝平皇后亦賢明，則何必繫於父母乎？」珥曰：「若泛論事理，盡其常變，則上教亦當矣。今擇聖配而不問父母之如何，以冀萬一之幸，則無乃不可乎？必須咨訪大臣，博採羣議，必得家法純正、父母仁賢者，然後乃爲國家之福矣。」○李浚慶侍上，語及乙巳之事曰：「衛社之時，善士或有坐死者，其瘡痍未合矣。」李珥曰：「大臣之言，何可含糊不明乎？衛社是僞勳也，其得罪者皆善士也。仁廟禮陟，中宗嫡子只有明宗一人而已，天命人心豈歸他人哉？姦兇乃敢貪天之功，斬伐士林，以録僞功，神人之憤久矣。今當聖上新政之初，當削勳正名，以定國是，不可緩也。」浚慶曰：「此言則然矣。但先朝之事，不可猝改。」珥曰：「不然。明宗幼沖即阼，雖不免姦兇之欺蔽。今則在天之靈，洞照其姦矣。雖曰先朝之事，豈可不改乎？」先是，白仁傑每見浚慶，稱李珥賢且才可薦用。及珥於經席，再折浚慶之言，浚慶不悦，謂仁傑曰：「爾之李珥，何其言輕乎？」○上王大妃尊號曰懿聖，百官陳賀。○命革四館侵虐新進之習，李珥白上曰：「作人之效，雖非一朝可見，但弊習傷教者，則不可不革。今者士之初登第者，四館目爲新來，污辱侵虐，無所不至，夫豪傑之士尚不以科舉爲念，況使之毁冠裂服，宛轉泥水中，盡喪威儀，以棄廉恥，然後乃登仕版，則豪傑之士孰肯爲世用乎？中朝接待新恩，頗加禮貌，若聞此事，則必以爲胡風矣。」上曰：「侵虐何意？昉於何代耶？」珥曰：「於傳無徵。但聞麗末，科舉不公，登第者多貴家子弟、口尚乳臭者，故時人目之曰『粉紅榜』〔八〕，人情憤激，遂肇侵辱云。」上曰：「此可革也。」遂傳教痛革。〇弘文館上疏，請定聖志以求實效，崇道學以正人心，審幾微以護士林，謹大禮以重配匹，振紀綱以肅朝廷，尚節儉以舒國用，廣言路以集羣策，收賢才以共天職，革弊法以救民生。疏入，上斥以過越不納。於是，上臨御三年，無圖治之誠，臣鄰皆習於因循，道學墜地，人心趨利，憸細伺隙，朝乏直言，紀綱陵夷，奢侈踰度，國用虛竭，賢士退縮，民瘼日深，定配之所又未知必出於仁賢之家，故玉堂之疏如此。〇上別祭于文廟，試儒生，賜盧稙等及第。

冬十月，以災異避正殿，減膳撤樂，求言于四方。時日變異常，延訪公卿，領議政李浚慶對以嘉禮在邇，而變異如此，恐有後日宮闈干政、外戚恣横之弊，願恐懼修省。〇李珥於經席，因講孟子，至「王顧左右而言他」，啓曰：「當今民生憔悴，紀綱紊亂，四境之内，不治甚矣。設使孟子問上以如何，則自上將何以答之耶？」上不答，珥知上無求治之志，遂有去志，適聞外祖母病重，乞解官歸省，上賜假使歸。

十一月，尊德興君爲大院君，加嗣子河原君爵一品，且給土田臧獲。上欲以一品爵世襲，俾奉其祀，朝臣皆以爲不可，且曰：「宗室之禄，例限四代，舊規不可變也。」乃以爵禄限四代，只以土田臧獲世祀。

謹按：專心正統，固理之正；崇奉私親，亦情之至也。名分一節之外，極其隆重，無所不可。朝臣不揆情禮，惟舊規是守。夫舊規雖不可變，事理萬變，亦安能膠守乎？今上以旁支入繼大統，此亦舊規乎？大院君誕育聖躬，而四代之後嗣孫絶禄，其與嗣濮王世祀之例異矣，豈不有慊於聖心乎？

十二月，册朴氏爲王妃。王妃父應順，以例拜領敦寧府事。應順之弟應男有時名，處要地，與沈義謙甚密，朴氏之册封，義謙之力爲多。

隆慶四年庚午

今上三年春正月，吏曹判書朴淳辭疾免，以李鐸爲吏曹判書。鐸時望雖不及淳，而愛士有局量，及居銓部，務張公道，政事比淳爲優矣。

三月，左議政權轍稱病不出，上敦諭乃出。初，轍於經席，聞白仁傑進言曰：「君相相和如父子兄弟，然後乃成事功。今日可謂相和如父子兄弟乎？」轍誤聞其語，以爲仁傑斥轍與李浚慶不和，退而語人曰：「吾被白君重駁，不可復出。」時浚慶以病辭職，轍又引疾，時論囂然。洪暹聞之，啓曰：「仁傑之言，未知何意。權轍與李浚慶素無纖芥之嫌，不可因人言而動大臣。」上答曰：「仁傑性本朴直，有古人風，雖有過言，不可介意。」遂諭轍出視事。仁傑聞暹言驚怪，到政院請考日記，則別無斥轍之言，乃上疏自解，然後轍覺其誤，乃出。

謹按：大臣受國重任，當盡其職，自反而縮，則不可以人言自沮也。自度不能稱職，則當懇辭以授賢才可也。今權轍備員三公，無所建明，瞻前顧後，惟人言是畏，豈無愧於大臣之名位乎？

親臨試武士于慕華館，夕還宮，未入闕門，昏鐘已動，扈衛羣臣家在三門外者，聞鐘馳散，人馬辟易，識者驚駭。○旱甚，上問弭災之策于李浚慶等，三公所陳累數十言，皆陳言，別無適用之策。是時凶荒大甚，民生失所，國勢岌岌，而大臣因循無所建白，士類之稍欲有爲者，則輒斥以喜事，士氣甚挫。○雨雹，白虹貫日。天變疊現，人心危懼。大臣臺諫及政院請避正殿求言，上答以更覩日候，不聽。○藏胎于林川。初，上即位，朝議欲依祖宗例，擇地藏聖胎。求于潛邸，得之園北松林間，乃擇地，將藏于江原之春川。功役垂畢，審其正穴，是古藏也，乃移于黄海之江陰。開基之際，去正穴數十步外，有埋小罌者，或亦疑其古藏。觀察使具思孟曰：「此非正穴，且只有小礐，無他物，不可以此輕廢大役。」衆疑乃定，功役亦垂畢。朝廷聞其事，憲府論思孟不啓禀之罪，罷之。大臣以爲不當藏于污穢之處，乃移于忠清之林川。于時，百姓飢饉，勞於運石。一藏聖胎，害遍三道，識者歎之。

謹按：人君崇高已極，故人臣不以承奉爲敬，而以責難爲恭。當此凶荒生民塗炭之際，大臣臺諫不汲汲於匡主救民，而惑於胎經之説，屢移聖胎，竭三道民力而莫之恤，謂之何哉？山陵卜兆，重於藏胎，而猶不避古藏，至於掘人墳墓，而藏胎獨避古藏，何歟？且國内峯巒，只有此數。歷世無窮藏胎，不可再用，則抑求之境外乎？其非可繼之道明矣。

四月，近臣復以災異請避正殿，上曰：「避殿乃人君貶己之道，人臣豈可輕言乎？」上將親行夏享祭于宗廟，大臣、諫臣、近臣皆以災異請勿親享，上乃止。

謹按：親享宗廟，禮所當然，於謹災之道有何妨礙乎？若減損儀仗從衛，而躬詣宗廟，則於奉先謹災，兩得焉矣。朝臣不知此義，乃以親享比之於遊觀，以沮盛心，是與修齋誦經以求却敵何以異哉？嗚呼！大臣侍從皆無識見如此，雖欲格王正事，其可得乎？

旱勢益熾，上乃避正殿，減膳撤樂，求言于四方。○己未，親祭南郊山壇祈雨。○館學儒生上疏，請以金宏弼、鄭汝昌、趙光祖、李彦迪四人從祀于文廟，上曰：「如此重大之事，不可輕舉。」疏三上，終不允。○兵曹參判白仁傑上疏，大意其一則請革弊政，二則請昭雪乙巳、己酉之冤，三則請以趙光祖從祀文廟，四則請招李滉，五則請致仕還鄉。上優奬以答，下其疏于大臣，使之議啓。○大饑，京畿、慶尚、忠清三道尤甚。上於經筵，問洪暹曰：「欲遣御史于三道，問弊賑饑，誰可者？」暹曰：「小臣茫昧，不識其人。自上簡命宜當，無已則當與諸大臣同議以啓。」暹出，與權轍議啓曰：「御史之命，當簡在聖心，非臣等所預。」上固問之，三公乃同議以啓曰：「三公之薦御史無前例，恐有後弊。」上乃止不問。

謹按：大臣秉鈞調元，一國之事無不預知，況薦人授職乃其責任乎？三公坐食中書，徒然充位，於國事不知得失，於人才不辨賢否，猝然承問，錯愕罔措，乃以無前例爲辭，其自爲計則得矣，奈天下後世嗤笑何？嗚呼！國事日非，弊習已痼，而徒務遵守前例坐而待亡，大臣非其人，禍可既乎？

五月，領議政李浚慶等以白仁傑疏議啓曰：「疏中聖學做功、招賢委任之事，惟在聖明省察而篤行之。其餘陳弊，則皆方今商確講究之事，乃有司之務，不敢更煩聖聽也。觀其大意，則欲昭雪乙巳、己酉之冤枉，從祀先賢於文廟而已。乙巳之缺，實多有可議之端，然在今日似不敢輕議也。己酉之獄，最爲冤枉，誠可於悒從祀事。仁傑之意雖指趙光祖，而吾東方義理之學實自金宏弼啓之，兩人從祀文廟，誠無所愧。聖教以爲乙巳、己酉非今日所當議，而從祀廟庭不宜輕舉，臣等不敢容喙。然其事有如此者，敢陳首末。」自上答曰：「知道。」

謹按：大臣輔佐人主，雖平居無事，猶當竭誠匡救，必使國事歸正而後已可也，況變異非常，上下遑遑之際乎？浚慶等以前朝遺老，爲主上所倚重，齒爵俱尊，更無所希。因此聖上求言老臣陳疏之時，盡言不諱，振起頹綱，則人望洽矣。顧乃含糊未白，至以不敢容喙爲辭，是何言哉？大臣不敢容喙，則孰敢有發言者乎？乙巳之事，三尺童子皆知其誣枉，神人之憤久矣。今乃言及之而不言，諉以不敢輕議，其荒甚矣！大臣之啓，模稜未辨，故自上亦答之以知道，無所可否。嗚呼！國是之歸正，終不可望也已。

己卯，親祭于社稷祈雨，是日雨作。○是時，李浚慶、權轍、洪暹爲三公。轍、暹本以庸才，循資以致相位，惟浚慶稍有時望，但才識不足，性又高亢，無下士受言之量。當災害切迫人心恟懼之際，別無建白，士論非之，浚慶亦不自安，由是與新進士類不協。奇大升才氣有餘，論事果鋭，尤與浚慶積忤。大升發忿棄官歸，士類多惜之。白仁傑語人曰：「方今朝廷，新舊不和。大臣務欲安靖，其弊也偷；士類務欲建白，其弊也激：當使調劑得中。吾欲見上盡言之。」聞者恐仁傑言繁失旨，反致主上疑有朋黨，乃力止之。洪暹謂仁傑曰：「我作相何如？若有可相者在朝，則君不劾我乎？」仁傑依違答之，退謂人曰：「退溪若上來，則洪暹之位論遞何難？特退溪不來耳。」仁傑以忠直自許，而學力不足，精神已衰，自上雖示恩寵，實不用其言，士類亦不信向。所親多勸仁傑引退，仁傑曰：「吾感聖恩，未忍決去爾。」仁傑之疏既發乙巳之端，衆情憤鬱，咸以爲冤枉未伸，致此旱災。浚慶等見物議難抑，乃率東西壁詣闕，請雪丁未、己酉罪人之冤，削李芑、鄭彦慤官爵，猶未舉乙巳。明日，三司同發，請雪乙巳以下冤枉，猶未舉僞勳。

謹按：人臣事君，有犯無隱。乙巳之禍，冤通天地，憤結神人，僞勳不削，無以正名。今者大臣不敢舉乙巳，三司不敢舉削勳。使其不知則非智也，知而不言則非忠也。舉大事、動人主者，雖至誠貫石，猶懼不格，況以穿鑿之智、瑣屑之誠欲以感悟君上，安能濟事乎？宜乎僞勳之不能削也。

以朴漸爲正言，謝病免。漸居家，以孝友著名，沈義謙與之深交。李樑用事之時，漸見士林將被禍，力勸義謙白其父領敦寧府事鋼逐樑。樑既竄，漸不能韜晦，自言其功，名譽頓盛，所交皆名士，門庭不靜。漸才智不足，又無學術，而每發憂國之言，若聞善士不得清顯之路，則必欲薦于當路。識者閔其騃，不知者樂其勢，媢嫉者忌其名，於是毁譽交至。薦以孝行，與成渾等拜參奉，未幾登第。白仁傑素不知漸，只聞其名，及成渾擢拜六品也，仁傑乃白上曰：「朴漸學行俱備，當超拜六品而柄用之。」上嘉之，命授六品。物情未快，忌者益衆，人或尤仁傑誤薦，仁傑曰：「我不知漸，但聞與成渾竝稱，運陞六品，故妄意漸當超拜。今衆情未協，吾欲還白主上收其命。」仁傑之志慮無定如此。李浚慶素不快於漸。一日，有人求通關節于浚慶，浚慶不許，其人曰：「朴漸以白衣，尚有權勢，一紙之簡，使州郡振動。何物宰相，反冷落如是？」浚慶曰：「朴漸之無行如此，乃盜重名乎？」尤惡之。及漸拜正言，浚慶謂大司諫金鸞祥曰：「朴漸不可居清要。」鸞祥亦聞漸多過失，欲與同僚論劾，同僚驚拒之，鸞祥曰：「我爲長官，不能取信於人，當自劾。」乃詣闕啓曰：「朴漸浮淺好議論，爲儒生時非議政事，交結朝士，此人不合居清要。故欲與同僚劾奏，而同僚不聽，是臣無狀，不見信於僚屬也，請遞臣職。」上不允。而臺官以鸞祥爲非，劾遞之。漸不自安，辭疾不拜。浚慶入侍經筵，極言漸之罪過，上曰：「朴漸無狀，我幾爲所誤。」顧白仁傑曰：「何以薦之？」仁傑曰：「小臣只信傳聞之説，妄達于冕旒。」浚慶之言是也。」

謹按：朴漸學術不足，善名太盛，譽固過實，毁亦非真。鸞祥既不悦漸，則當以名過其實劾之可也；朝士之居清要者未必皆優於朴漸，則置而勿論亦可也。今乃以非議朝政爲罪目，則是啓君上厭言之心，防朝士直言之路也，其害豈淺淺乎？夫以儒生非議朝政，雖於一身有出位之責，朝廷不可以此罪人也。子曰：「邦無道，危行言孫。」言之不孫，非國之害也。豈可使士言孫，而爲無道之邦乎？鸞祥既遞，士類多尤其謬啓，鸞祥曰：「我二十年竄謫，今蒙聖恩，一身尚不自惜，況恤其他？只恐朴漸以虛名誤事，故奮不顧身而劾之耳。且非獨我意，有識者亦言漸不可用。我之此舉，只爲國家耳。」鸞祥未久以疾卒。或以爲見忤於士林，鬱鬱增疾云。○甲午，弘文館始舉削勳之議。臺諫避嫌，後還就職，自是三司及舉朝皆請削勳。

六月戊戌，丁未、己酉罪人竝命伸雪，惟李弘胤不赦，削奪李芑、鄭彦慤官爵。是時，臺諫逐日伏閤，玉堂日再上劄，大臣頻來啓達，舉朝及宗親、儒生、忠義衛之屬皆爭上疏，而俞音止此，物情愈激。

自五月大雨，至于七月。雷震之處，不可勝紀，人畜多死。

八月壬戌，命招三公、東西壁、六卿、三司長官，引見于思政殿，咨議乙巳之事。始削奪鄭順朋、林百齡官爵。明日，三公率百官立廷，請削僞勳，伸雪二柳之冤。灌、仁淑。自是之後，兩司日五啓，玉堂日三上劄。

九月丙寅，臺諫始辭職。

十月丁巳，臺諫以聖節拜表事就職，復論啓，乃命柳灌、柳仁淑伸雪叛逆之名。

十一月，停啓。自舉事之後，百司廢職叫閤者凡七朔，而竟不得削勳。大臣初迫於衆情，不出於己誠，故終未回天，浚慶等猶曰：「舉事當以漸進，削勳之議太遽，故未能得請耳。」

謹按：舉朝叫閤，竟未蒙允，其故有四：嗣服之初，雖未能遽革前謬，大臣當以姦兇之罪、良善之冤日陳於經席，浸漸於聖聰，使主上預定好惡之權衡。而顧乃含糊未吐，及其端既發，猶以不可輕議爲言，以致主上難於猝改先朝之事，一也。大臣皆以爲尹任之事不可論也，似若以尹任爲實謀叛逆者。夫尹任實是叛逆，則豈無黨與，而誅任者豈無勳勞乎？主上不能無疑，二也。當初陳啓之時，不直請削勳，而辭旨迂回不明，亦乏誠懇，主上知大臣迫於下情，而非其本心，故終不取信，三也。原從之録，太半是內人之族，根盤宮掖，百計交亂，而闕中之人習聞叛逆之名，泣訴于慈殿，反以公論爲負先王。慈殿不能辨誣，主上難於擅斷，四也。

方上牢拒公論、朝野洶洶之際，人或勸沈義謙使達于慈殿，期於成事，義謙辭不敢。白仁傑曰：「李樑之竄，義謙實通于慈殿。今獨不敢，何也？是義謙不欲削勳也。」先是，朝士有以削勳事問于義謙者，義謙曰：「原從功臣千有餘人，多有締結掖庭者，此人等必冒死圖沮公論。若舉事而未成，反有害焉，不如且止。」識者以是短義謙。○設正供都監。浚慶等欲救民弊，別設都監，以三公領之，選朝士之有才識者充其郎，將以利民。而上意只在循例，大臣亦憚於更張，徒以文簿筆削而已，別無革弊之事，識者笑之。客有語於權轍曰：「正供都監，將以均列邑之貢進也。州郡或昔饒而今乏，物産或昔有而今無，民户或昔衆而今寡，田野或昔闢而今荒。爲今之計，當觀州郡物産之有無，民户之多寡，田野之荒闢，錢穀之豐嗇，改定貢進之數，各得其當，則貢進均平，而八路猶一家，民受實惠矣。今也不然，小縣不當大州十分之一，而其所定貢物，略有差等而已，無大分別，小縣之民，尤苦役重，此不可不改者也。」轍曰：「如此之事，必待命世之才，非人人所能也。但州郡之凡百所需爲官用者，一切不賦於民，皆以倉穀自備，則民可休息。」客曰：「州郡貧富不同，大邑則或可支持，小邑倉穀無幾，守令必不免憑公營私，巧立名目，以取於民矣。假使不取於民，若倉穀已盡而經用不可支，則將何以處之？」轍不以爲然。

十二月辛丑，崇政大夫、判中樞府事李滉卒。滉字景浩，性度温醇，粹然如玉，少以科第發身，晚乃志乎性理之學，不樂仕宦。乙巳之難，李芑忌其名，奏削官爵，人多稱枉，芑還奏復爵。滉見權姦執柄，尤無立朝之意，拜官多辭不就。明廟嘉其恬退，累加其階，以至資憲。滉卜居于禮安之退溪，因以自號，衣食僅足，味於淡泊，勢利芬華視之若浮雲然。季年築室于陶山，頗有林泉之趣。明廟末，屢下召命，滉固辭不至。明廟以招賢不至歎爲題，命近臣賦之，又命畫工模滉所居陶山，爲圖而進之，其敬慕如此。滉之學，因文入道，義理精密，一遵朱子之訓，諸説之異同，亦得曲暢旁通，而莫不折衷於朱子。居閒處獨，典墳之外，他不掛懷，有時逍遥水石閒，吟詠性情，以寓蕭散之興。學者有問，輒罄所得，亦不聚徒以師道自處也。平居不務矜持，若無甚異於人，而其於出處進退、辭受取與之節，不敢分毫蹉過，人有所遺，非其義終不取。其僑居漢城也，鄰家有栗樹數枝過墻，子熟落于庭，滉恐兒童取食，拾而投之墻外，其介潔不可尚已。今上初即位，朝野顒望至治，士論皆以爲非滉不能成就聖德，上意亦屬於滉，滉自席才智不堪當大事，又見世衰俗末，儒者難以有爲，上心求治不誠，大臣又無學識，無一可恃，故懇辭爵禄，期於必退。既反陶山，言不及時政，輿情猶望其復起，而滉遽卒，年七十，朝野痛之。訃聞，上震悼，命贈領議政，葬以一等之禮。滉子儁以遺言辭禮葬，朝廷不許。太學諸生共具奠爲文往祭之。滉雖無別著之書，而議論之發揮聖謨、闡揚賢訓者多行於世。中廟末，有花潭處士徐敬德，亦以道學名世，其論多認氣爲理，滉病之，爲説以辨之，辭旨明達，學者信服焉。滉爲世儒宗，趙光祖之後無與爲比。滉之才調器局雖不及光祖，至於深究義理，以盡精微，則又非光祖之所及矣。

隆慶五年辛未

今上四年三月，以盧守慎爲大司憲。守慎自復職之後，每欲退休，上章乞歸養父母，言甚切至，命授近鄉州牧，以便養親，拜清州牧使。俄陞忠清道觀察使，未及赴任，遭父喪。喪中得疾，上遣醫診視，至是免喪。上素聞其賢，特命陞品，拜憲長，守慎懇辭不獲，將南歸尚州省母，上親教曰：「卿不可一日不在予左右，將母上京，以全忠孝可也。」因命慶尚道列邑發轎軍，護其母上京，守慎感恩流涕。其母本居漢城，以上來爲喜，故守慎不能辭退。是時李滉已卒，重望在守慎。而上只加恩寵，無共理國事之志，守慎所言多不用，守慎亦創於前禍，不復以行道自任。士林猶以賢人在朝，倚而爲勢矣。

五月，領議政李浚慶以疾遞爲領中樞府事。浚慶爲相，務欲鎮物，不能有爲，士林多短之，然有清德，門無賄賂，或稱賢相云。○以吴謙爲右議政，權轍、洪暹以次陞職，謙尋免。謙立朝，外雖謹幹，内乏淳實，久爲贊成，不得拜相，知士類不與，乃乞骸骨歸羅州。至是拜右相，司憲府以非人望劾之，乃免。○以李鐸爲右議政。鐸雖短於學術，淳厚有器度，且有好善之量，故時望歸之，但無矯矯風節，臨難不能無屈撓。居相位，謹飭無他而已。

六月，以朴忠元爲右贊成，尋免。忠元以庸陋之資，模稜取爵位，備歷清顯，人多嗤笑。少時爲正言，許沆爲大司諫，方附金安老，勢焰翕赫，殘害士類無餘力。忠元素交具壽聃一日往見之，壽聃曰：「近日臺諫駁擊太過，豈不感傷和氣？」忠元然之。他日謂同僚曰：「近日彈章過激，識者以爲不可。」沆怒曰：「識者謂誰？」忠元不以實告，沆曰：「正言不吐實，亦是黨惡。」忠元懼罪，以壽耼言告，沆曰：「壽耼罪人也，正言往見之，非也。若不詣闕自首，不能免劾。」忠元尤懼，乃以見壽耼事詣闕自劾，壽耼由是遠竄。士林喧傳以忠元爲賣友，不容於清議。及拜贊成，兩司交章劾之累日，乃命落職。

七月，白仁傑解官歸坡州。是時，士類雖據清要，而大臣皆是流俗，大小官議論矛盾，朝廷乏清和之氣，姦人之不得志者頗伺間隙。及吴謙、朴忠元相繼被論，大官之庸碌者咸懷不平之心。仁傑素服李浚慶之爲人，每以士類之不附浚慶爲恨，有時發於言語，且不取奇大升、沈義謙，每對人揚其過失，士類頗疑之。李元慶者，浚慶再從弟也，失職怏怏，甚欲朝廷生事，上舅鄭昌瑞亦欲攬權勢，相與潛謀，欲攻朴淳、李後白、吴健等凡十餘人。名不能悉記。元慶欲藉仁傑及浚慶爲聲勢，每謁仁傑，暴揚淳等過失，仁傑衰老，不能辨是非；元慶每託浚慶之言以動仁傑，仁傑尤惑之。元慶一日謂仁傑曰：「上甚厭朴淳、李後白，去之易也。」仁傑問于閔起文，起文不能止，乃往見盧守慎，元慶亦在座。起文謂守慎曰：「白士偉欲妄作，公須止之。」元慶曰：「此人決死生而舉事，豈以他人之言中止乎？」起文既出，元慶謂守慎曰：「叔度起文字。非可信者。今日與我同聽白公之言，而乃告公止之，此豈可信者乎？」頃之，仁傑亦見守慎曰：「士林之年少者氣頗盛，欲仰制之。」守慎止之。有李睿者得元慶遺昌瑞書，示沈義謙之兄仁謙，其書略曰：「先見領樞李浚慶，次見士偉，此事今明當發内通，不可不速圖也。」於是物議囂然，皆以爲仁傑將害士林，浚慶主之云。李鐸聞之，使朴受往問其故，因止之。受見仁傑，具以物議告，仁傑驚曰：「我豈害士林乎？但以方叔沈義謙。爲未便耳。」受曰：「南袞輩神武門遺迹，公豈踵之乎？」仁傑大駭曰：「士林疑我至此乎？」受出，遇吴健于仁傑之門外，未及交語而歸。健入見仁傑，亦以所聞告，仁傑陽驚曰：「寧有是耶？」辭色若不聞其言者，健尤疑之。權轍亦使人止仁傑，仁傑慙不知所爲，歷見轍及朴淳自明，言辭多遁，首尾徑庭，莫辨端倪，士林駭異之。或謂仁傑曰：「不退，事叵測。」仁傑乃狼狽而歸。士林之疑不定，或以仁傑爲受闇昧之謗。〔九〕

謹按：仁傑學力雖不足，亦將自惜名節，何至於謀害士林乎？必是老衰之際，爲羣小所賣，或昧是非耳。撐天直名，一舉而摧之，吁，可惜哉！仁傑之衰固可惜，而朝廷之事尤可寒心。賢否雜糅，黜陟不明，廟堂無柱石之重臣，臺閣乏謇諤之直言，千里之國委之空虚之域，至使李元慶、鄭昌瑞蟣蝨狐鼠之輩亦欲奮臂於其間，嗚呼殆哉！

贊成闕位，上特命以朴淳爲右贊成，士林乃安。于時朴淳爲士林領袖，李後白能執法，而狹隘不能容物，吴健爲吏曹郎，欲清仕路以矯積弊，甄别黑白，不避怨謗，故羣小尤忌嫉之。仁傑既退，士林惡李元慶，欲罪之，又恐不靖，皆以爲大臣於經席詳陳其故，因以斥逐，則深得事宜。朴受以告權轍，轍若將陳啓者。鄭澈聞之曰：「權轍必不辦。此若能辦，此非權轍也。」轍果以連累浚慶爲辭，竟不啓。

八月，康陵閣火〔一〇〕，素服五日。

冬，畿甸多虎患，命將起軍圍捕，軍士侵掠閭閻，民間苦之甚於虎。

校勘記

〔一〕八月　原本月數、季節前有號。今以別行處理，删去圈號，後俱同。

〔二〕只罷其職　此段後，一本有成悌元一段，原本以墨圈之。

〔三〕隆慶元年丁卯　此段前，原本有「今上實録卷之一」七字。

〔四〕其易傳所謂量能度分安於不求知者歟　「傳」，原本無，據程頤易傳蠱卦上九補。

〔五〕李思鈞爲副提學　「鈞」，原作「匀」，據文意改。下同。

〔六〕孥其妻子　此段前後疑有闕誤。

〔七〕今上元年正月　原本「今」字或連書於干支下，而書「上」字於次行，或無此二字，今用一例。

〔八〕故時人目之曰粉紅榜　「粉紅」，一本作「紅粉」。

〔九〕「七月」至「闇昧之謗」　此段原本多墨漆處，今皆還録，惟「闇昧之謗」下割去八行，終無所考。

〔一〇〕康陵閣火　「陵」後，一本有「丁字」二字。

栗谷先生全書卷二十九

經筵日記二

起今上五年壬申，至九年丙子，凡五年。

隆慶六年壬申

今上五年正月，處士曹植卒。植字建仲，性耿介，少業科舉，而非其所樂。一日，於漢都訪成守琛，守琛構屋白嶽峯下，謝絕世故，植樂之，遂歸鄉不仕，居智異山下，自號南溟。取與不苟，少許可，常危坐一室，遇睡思則按劍不寐。劍首有銘曰：「內明者敬，外斷者義。」閒居既久，澄汰欲念，有壁立氣像。聞人之善，好之；聞人之惡，嫉之。鄉人之不善者，視若浼然，故鄉人不敢干謁，只有學徒從遊，皆心服焉。明廟朝，與成守琛同徵，拜丹城縣監。時權姦當國，詿誤文定王后，使士林喪氣，雖託公論薦用遺逸，只是虛文而無實，故植無意於仕宦，因上疏辭職，兼陳時弊，有曰：「慈殿塞淵，只是深宮之一寡婦；殿下幼沖，不過先王之一孤嗣。」又曰：「音哀服素，亡象已著。」明廟不悦，以爲辱及慈殿，猶待以逸士，不加罪。明廟末，命薦經明行修之士，植與李恒、成運、韓脩等同被徵，拜六品官。引見問以治道，植竟辭官而歸。恒拜林川郡守，赴官，植戲之曰：「李措大一朝做郡守，焉知不爲禍階乎？」植歸鄉，清名益播。今上朝屢拜官，皆不就，只上疏陳時政得失而已。臨終，謂其學徒曰：「後人以我爲處士則可矣，若目以儒者則非其實也。」門人有請益者，植曰：「敬義二字如日月，不可廢一。」其妾泣請入訣，竟不許而卒。訃聞，臺諫朝臣請易名以示褒奬，上以無舊例不許，只命賜賻物。門人多介士，而金宇顒、鄭仁弘、鄭逑最著。

謹按：曹植遯世獨立，志行峻潔，真是一代之逸民也。第見其所論著，則於學問無實見，所上疏章亦非經濟之策，雖使行乎世，有所施設，未必其能成治道也〔一〕。門人推重，至謂植道學君子，則誠過其實矣。雖然，近代所謂處士者，終始完節，壁立千仞，如植比無幾。星官南師古會語人曰：「今歲處士星無光。」不久而植歿。植可謂應時非常之士哉！

二月辛亥，親耕籍田，還宮大赦，受百官賀。

閏二月，吏曹正郎吳健棄官歸鄉。健少好學，從曹植遊，晚以科第發身，非門閥，故仕不顯。名士多知其賢，薦以史官。史官例試才，健不就試，人問其故，健曰：「我何苦自入千古是非叢中乎？」既陞六品，乃踐清要，作銓郎。務恢公道，爲人淳實果敢，遇事直前，無所回撓，人多怨者。盧禛與健有舊，訶之曰：「汝從草第發迹，致身清顯，於汝過分。當韜晦小心，以副人心，何故妄執所見，自取怨怒乎〔一〕？」健猶不改，衆怨益甚。且上意厭士類，而流俗之勢日盛，健度不能有爲，乃棄官而歸。

三月乙未，中殿親蠶。

四月，朴淳謝病遞贊成，以鄭大年拜右贊成。○奇大升以大司諫，承召入京。大升與大臣不協退歸，至是歸朝。○旱凡三月而始雨。

五月，副提學柳希春進六書附録，上嘉奬之。希春多讀古書成誦，而實無真知，且於世務茫然無識見。所上附録，亦非切要之言，只可資於考閲而已。○有蟲食禾苗。○以特旨拜朴淳爲左贊成。淳自春辭大提學，至夏不止，章累上，上終不許。時淳以清望爲士林之首，而被上眷顧如此，士林恃以爲安。

六月，右議政李鐸以病免官。鐸居相位，別無建白，而常懷扶護士林之志，故人望重之。○時以旱災及太白晝見，避正殿。大臣以暑月，請復正殿，上答曰：「太白未伏，方懷危懼，安可遽復正殿乎？」大臣復啓曰：「自上危懼，未復正殿，修德弭災之方可謂無所不至矣。但應天以實，不以文，畏日如爍，露坐簷楹，恐傷聖體，願亟復正殿。」上乃許之。是時，東風大吹，傷禾苗。

謹按：因災避殿，固是文具末節。大臣既知其爲文具，何故面謾，以爲盡修德弭災之方乎？如以避殿爲盡弭災之方，則災異未息，而遽請復殿，何哉？且曰：「應天以實，不以文。」此言則是矣。今者既廢其文矣，其所謂實者，何不啓沃而應天乎？雖曰暑月，御座豈恒處於畏日之中乎？苟爲媚上之語，而進退無據如此，大臣將焉用哉？嗚呼！其時大臣，乃權轍、洪暹也。自上既無求治敬天之志，則雖蕭、曹、姚、宋尚不能救時，況庸碌如轍、暹者乎？於轍、暹也何誅？

以鄭大年爲議政府右議政，兩司駁改之。大年雖粗有清儉之行，而不學無識，所存凡俗，且不喜儒者，故人望不歸。

七月，領中樞府事李浚慶卒。浚慶字元吉，自少磊磈不羣，儀貌雄偉，有名多士間。立朝清嚴自持，與兄潤慶同有時望。但潤慶外和而内立，浚慶外毅而内怯。仁廟末，潤慶之子中悦與李煇有私，語犯時忌。及乙巳難作，中悦欲以煇言告變自明，稟于潤慶，潤慶曰：「身死雖可惜，朋友豈可背乎？」中悦問于浚慶，浚慶曰：「不可爲朋友而自就死地也。」中悦乃自告于朝，而亦不免死。乙卯倭變，潤慶尹全州。浚慶以都元帥鎮于羅州，貽書于潤慶曰：「賊鋒甚鋭，願兄勿進前少避。」潤慶答曰：「吾受國厚恩，當以死報。」遂以兵赴靈巖，助戰得捷。浚慶則頗有逗撓之狀，顯被人譏，於是人知弟劣於兄矣。方權姦用事也，浚慶不敢崖異，而心護士類，故時望不衰。元衡既敗，乃得當國。今上之初，士林顒望有爲，而浚慶無經濟之才，性又高亢，不能下士，且以膠守舊轍，導上因循架漏，無相業可觀，於是士林短之。奇大升尤發侵語，浚慶聞而銜之，遂與士類不協。疾病，上劄論朝臣有朋黨之私，請破之，上驚問大臣曰：「若有朋黨則朝廷亂矣。」大臣和解之，而語甚糢糊，上亦不窮問，得無事。由是士林指浚慶爲醜正之人，不能全其名望。

謹按：浚慶以四朝老臣，清以律身，毅以治事，屏黜權姦，翊戴聖君，孰不曰賢相乎？惟其矯亢自高，不能下士，積成釁隙，卒之誤君上以喪邦之言，遂失令名。嗚呼惜哉！

以盧守慎爲吏曹判書。守慎起自謫中，不久秉銓，朝野皆賀得人。但守慎懲於禍患，氣節消縮，其爲政事，一遵流俗模樣，無舉錯得宜之實，士林失望。○以朴淳爲議政府右議政。守慎秉銓，而淳居相位，誠協物望。淳持身清約，雖在台司，門庭冷淡，如無位者。壬辰。皇帝訃音至，以五月二十六日庚戌帝崩矣。自上率百官，服斬衰三日而除，蓋以日易年也。

八月，奇大升棄官而歸。大升氣高一世，眼無强禦，意謂可以聳動一世，皆從指嗾。而在朝言多不合，自上無眷重之意，大臣亦不推重，乃決意歸鄉。○王子鎭國生，淑儀金氏出也。○遣右議政朴淳如京師，賀登極。○撤毁宫城底民家。上欲一遵用大典，而大典載宫城底限百尺勿許人構屋，法典雖如此，而實不行，故自祖宗朝亦不禁。宫城咫尺之地，民居櫛比，多有百年舊屋。上一日見有壓宫城造屋者，甚怒，乃命考法典，撤毁百尺内民家。都人驚懼洶洶，羣臣多以爲言，且以爲詔使臨境，不可擾民，請姑待他年。上怒其方命，亟令撤毁，猶減尺數，限以三十尺。臺諫交章請止，上尤怒，嚴督益甚，民多號泣者。○平安道節度使李大伸，使虞候李鵬伐穀于西海坪，還時軍亂，大伸及鵬皆抵罪。鵬領五衛軍往西海坪，伐穀焚廬，還時我軍有中胡箭者驚叫，一軍驚動，莫測胡兵多少，皆棄兵亂走。鵬已前路，聞亂還檢後軍，而後衛將江界府使李善源馳馬，馬倒而墮，我軍尤驚，幾大敗，審視胡兵實單弱，不過十餘人，衆心稍定。有我軍射胡，胡中箭走匿，鵬乃收軍。馳到本衛，日已曛矣，鵬令軍中結陣露宿，待朝回軍。李善源固執必欲夜行，二人相爭，一軍莫適所從，或去或留，擾亂罔制。有一人大呼曰：「李善源可斬也。」鵬乃執善源將斬之，善源乃聽命駐軍。明日還師，京城傳聞兵敗，拿大伸、鵬、善源等鞫之，以不能成軍，皆奪爵爲卒伍。

謹按：是時軍令解弛，上下不能相管，以全師侵小醜，而衆心尚懷危懼。一胡發矢而三軍驚北，一人大呼而軍令始行。若以此軍遇胡騎百餘，則必敗無疑，況遇勍敵乎？嗚呼殆哉！

九月，承政院都承旨朴應男卒。應男戇直敢言，外若不曉是非，而内有權衡。累主風憲，駁擊無顧忌，人多怨者，第以好善，故善類推許。而且以中殿叔父，被上眷重，士林恃賴。及卒，士類惜之。

十月，大司諫許曄請設鄉約，上以爲迂闊駭俗，不聽。○客星現於策星之側，大於金星。○前司諫院大司諫奇大升卒。大升字明彦，少以文學名世，博覽强記，氣概豪俊，談論能伏一座人。既登第，清名大著。李樑用事，忌之落其職，樑敗，仕益顯，士類推重，以爲領袖，大升亦以經綸一時自負。而其學只務辯博宏肆而已，實無操存踐履之功，且有好勝之病，悦人順己，故介士不合而阿諂者多趨焉。其持論亦務循常，而不喜矯革，識者尤不取之。少時，曹植見之曰：「此人得志，必誤時事。」大升亦以植爲非儒者，兩不相許。大升言植過失，故植之學徒惡之。其爲大司成也，命薄諸生之供，且以「食無求飽」爲題，使作箴以諷諸生，諸生不悦，多不就館者。庚午年，方論僞勳，大升聞之，獨曰：「乙巳之勳非僞，且先王已定，今不可削。」邪黨以大升言爲主，識者頗不韙。大升既與流俗不合，又爲識者所不取，自上亦待以尋常，鬱鬱不得志，棄官而去。路得臀腫，行至古阜村舍，竟不起，人多惜其才調。蓋大升雖非實才，而英特過人。其與李滉爭辨「四端」「七情」之同異，累數千言，論議發越，學者是之。

謹按：士有幸不幸，孰不以遇爲幸，以不遇爲不幸也哉？雖然，或有遇而不幸，不遇而幸者，何可一概論之哉？柳子厚貶死荒裔，而文學辭章炳炳傳後，是不遇之幸也；王介甫當國設施，而羣小附會，卒僨其國，是遇之不幸也。大升以英才博學，氣蓋一世，而自信太過，不喜爭友。若使得志而行其所學，則未知其遇爲幸耶，爲不幸耶？嘗聞客於崔永慶之座，弔大升所親曰：「斯文不幸，斯人遽歿。」永慶怫然變色曰：「奇明彥小有才學，大有病痛。以乙巳羣姦爲有功，以南冥爲擾亂朝廷。以此偏見，若得施設，必害於政。此人之死，豈足爲斯文之不幸乎？」永慶之言雖過，而識者或不深非云。

十一月癸未，詔使翰林院檢討韓世能、給事中陳三謨入王京。今皇帝即位頒詔也，大行皇帝謚曰莊，廟號曰穆宗云。世能等多求物貨，文士之有求請，近代所無也。辛卯，詔使發自王京，向京師路中，華人多攘取鋪陳器皿，而詔使不禁，或疑自取云。○鏡城有羆，害人甚衆。我國無羆而忽有之，人多驚怪。

十二月，朝京使臣還，言皇帝年十一歲，而母后不臨朝，政自己出，英明拔萃矣。金繼輝曰：「三代以後，寧有十一歲聖天子乎？此不近理，必虛傳也。」○以鄭惟一爲同副承旨。

萬曆元年癸酉

今上六年正月，白虹貫日，下教求言，且召成運、李恒，使乘傳上來，將問弭災之策。運、恒辭以疾不至，恒云云。○以災避正殿，減膳撤樂。○洛同江絶流者一日。

二月，旱而風，且雨土。○領議政權轍辭以病，左議政洪暹辭以親老，免相，以盧守慎爲議政府右議政，朴淳陞爲左議政。守慎判吏曹，政事無可觀，或循私請，及拜相，亦無建明，識者短之。

三月，司憲府大司憲吳祥卒。祥於流俗中稍有所守，只是識見庸瑣，位至六卿，循常保位而已。

五月，命薦卓行之士，吏曹以李之菡、崔永慶、鄭仁弘、趙穆、金千鎰應命，皆拜六品官。李之菡，氣度異常，孝友出人。少時葬親海曲，潮水漸近，度於千百年後水必齧墓，欲築防以禦水，殖穀鳩財，用力甚勤，人多譏其不自量，之菡曰：「人力之至不至，我當勉之。事之成不成，在天焉。爲人子者，豈可安於力不足，而不防後患乎？」海口廣闊，功竟不就，而之菡之誠則未止也。天資寡慾，於名利聲色，澹然也。有時戲語不莊，人不能測其蘊也。崔永慶曾從曹植遊，清介絶世，非其義也，一毫不取。事親甚孝，親歿，傾家以葬，遂致貧窶。家在城中，不事交遊，人無知者，里中人皆稱固執之士而已。安敏學相訪〔三〕，聽其言覺其異，言於成渾曰：「吾里中有異人而不知也，今乃相識，盍往見之？」渾入城委造焉，扣門良久，有赤脚小婢出應，入門則芳草滿庭，俄而永慶出，布衣破履，寒色蕭然，而其容嚴重有不可犯者。坐而語，無一點塵態，渾甚悦。既退，語于白仁傑曰：「吾見某人，還時忽覺清風滿袖矣。」仁傑大驚異之，自此名播士林間。鄭仁弘，是曹植高弟也，剛嚴，篤於孝悌。趙穆是李滉高弟也，醇方温謹，滉甚重之。金千鎰是李恒高弟也，精詳雅飭。是五人皆人望也。

六月，右議政盧守慎白上曰：「户曹判書，必以有心計、年未老者委任可也。正二品之列無此等人，願簡自聖心，擢而用之。」上曰：「年少之人，有欲爲户判者乎？」守慎慙而退。副提學許曄進曰：「内帑之財當使有司掌其出入，周禮如此。」上曰：「今日朝廷，欲行周禮乎？」曄不敢復言。上厭聞儒者之説，凡有建白，皆不納。左議政朴淳對客歎曰：「上心牢不可回，吾等食禄而已，夫復何爲？李叔獻有何憂乎？其高誠不可及也。」李珥謝病退居，故淳言如此。

七月，以李珥爲弘文館直提學，珥退居坡州，辭疾不來。自上不聽其辭，珥乃詣闕謝恩，因上疏辭職，疏三上，上乃許其退。三司交章請留之，不能得。柳夢鶴謂珥曰：「求退得退，可謂快適矣。但人人皆有求退之志，則孰有扶持國家者乎？」珥笑曰：「若使上自三公，下至參奉，皆是求退之人。則國家之勢，自升大猷，勿患其不能扶持也。」大司諫金繼輝見珥，有「死馬頭」之説。○吏曹判書朴永俊辭疾而遞，將拜吏判，無人可備望者，大臣欲擬以嘉善官，上不許，只以金貴榮、姜士尚備望。是時，六卿之列皆非人望：永俊孱弱，貴榮貪鄙，士尚循默，皆不合銓長，而猶以彼善於此，故迭居其位，識者嗤之。

八月，成運、李恒、林薰、韓脩、南彦經皆拜三品職，不次擢用也。○館學儒生上疏，請以金宏弼、鄭汝昌、趙光祖、李彦迪、李滉五賢從祀文廟，上答曰：「公論久，然後乃定，不可輕舉。」

謹按：館學儒生累請以五賢從祀，而自上不敢輕舉，固是難慎之道。但我國受命以來，諸儒非無可從祀者，而今尚闕焉，豈非盛典有虧乎？前朝從祀者，鄭文忠一人外，其餘薛聰、崔致遠、安裕則無與於斯道。如欲裁之以義，則斯三人者可以祀於他所，而不可配於文廟也。第以諸生汎請五賢，則其間豈無優劣乎？金文敬、鄭文獻則言論風旨，微而不顯，李文元則出處頗有可議者，惟趙文正唱明道學，啓牖後人，李文純沈潛義理，模範一時。斯二人者表出從祀，則夫誰曰不可哉？以特旨，拜沈義謙爲大司憲。正言鄭熙績於經席白上曰：「特旨不當用於外戚。」上厲聲曰：「只在其人之賢否耳，外戚何尤焉？」熙績大沮跼蹐。執義辛應時進曰：「熙績之言是公論也，殿下不可摧折太過也。」經筵既罷，熙績退詣賓廳，見應時，頗有感悦之色。因往義謙家謝曰：「非敢毁令公也，只言用人事體耳。」熙績雖發直言，而旋作諂諛之態，識者鄙之。

九月，玉堂兩司交章，請令八道郡邑士民皆行鄉約，累啓不止〔四〕，上許之。○領議政權轍辭疾免，以李鐸爲領議政。○復以李珥拜直提學，不許其辭，三召不置，珥乃就職。○癸卯，上謁文廟獻爵，因試士，取李潑等，皆賜及第。

十月，上謂李珥曰：「爾何以退而不來乎？」珥對曰：「臣病深才疏，自度不能有爲，徒食廪禄，實負國恩，不如退免罪戾，故不敢進耳。」上曰：「爾才予所知也，勿爲過謙之辭，從今不更退可也。爾雖退居，累上疏章，其不忘國事可知。」珥曰：「臣跧伏田里，未知聖學成就如何〔五〕。但人君雖深居九重，若有實德，則百姓觀感，四方風動矣。今日民生憔悴，風俗頽敗，莫此爲甚。臣佇見聖學之日章，而終不見效，臣竊怪焉。聖質英明，真是有爲之資，而即位之初，大臣輔導失宜，每引以近規，排抑儒者之論，故至于今日，不能善治耳。」上曰：「予性不敏，不敢有爲耳。」珥曰：「若聖質不至英明，則臣亦絕望矣。今者聖質英明，而不能奮發求治之大志，此臣所未曉也。匹夫讀書躬行，尚且志在濟世安民，況殿下主一國之民，操可爲之勢，稟可爲之資，寧無慨然自奮之志乎？鄉約是三代之法，而殿下命行之，誠近代所無之慶也。但凡事有本有末。人君當正心以正朝廷，正朝廷以正百官，正百官以正萬民。鄉約，乃正萬民之法也。朝廷百官未底於正，而先正萬民，則捨本而治末，事必無成。今者已舉盛典，不可中止。殿下必須躬行心得，而施及朝廷，政令皆出於正，然後民有所感發而興起矣。」○弘文館正字金宇顒曰：「有關雎、麟趾之意，然後可以行周官之制度。今殿下躬行未至，則雖行鄉約，必不能化民成俗矣。殿下須念此意，勉於進德修業也。」上曰：「此言是也。予自顧省，度不能行，不欲輕舉，而言者不止，故從之耳。」珥曰：「非謂是也。若必待德如堯舜，然後可興唐虞事業，則何時可做？非必德行一如文王，然後始有關雎、麟趾之意也。今殿下奮發有爲之志，誠心願治，則只此一念，便是關雎、麟趾之意也；即此一念不退，則可行周官之法度矣。」○雷。三公來辭職，別無建白之策。○上謂侍臣曰：「人心道心不是二心，只於發後見其爲道義則謂之道心，爲食色則謂之人心。食色之中節者，亦是道心也。」李珥對曰：「誠如上教。殿下於義理，所見精矣，何不移此見於治國乎？近觀天時人事日漸乖舛，天變疊現，狃而不懼，紀綱解弛，人心渙散，將無以爲國。

自上若不奮發大志，整頓頹廢，則土崩瓦解之勢，指日可待矣。」○弘文館上劄，請立志以救時，上答曰：「省所上劄，辭意直切，論議痛快。覽之令人竦然，可見才學之秀，深用嘉悅。有君第以予誠不敏，不能策勵心神，凡所施爲，動輒乖舛，上以天心不豫，下以人事多虞。如此，何事可成？以予之身，較今之時，不敵甚遠。是以自知甚明，非敢故爲退託也。」○李珥白上曰：「昔者聖人亦有師，師不必賢於己，亦有以一言之善爲師者。故芻蕘之言，聖人擇焉。孔子曰：『三人行，必有我師。』非必若湯之於伊尹，然後乃可謂之師也。人君處崇高之位，自以爲滿足，則善言何由而入乎？必也兼聽博聞，擇善虚受，然後羣臣皆爲我師，而衆善合於君身，德業以之崇廣矣。今殿下謙沖退讓，形於下教，臣不勝感激。但謙讓有二焉：不自滿足，捨己從人，則爲善之本也；退託不進，無振起之意，則説讓反爲病矣。殿下之言則謙矣，至於不從公論，自是非人，則反有謂人莫己若之病，臣竊悶焉。今日三公皆是人望，豈是專無意思，甘於尸素者乎？雖欲建白，恐拂聖旨，不聽大臣之言，反爲君德之累，故悶默度日。若聖志在於求治，則大臣亦必盡言，而廷臣各陳所懷矣。」上曰：「我國之事，誠難爲也。欲改一弊，又生一弊，弊未能革，反添其害，可謂不能措手足矣。」珥曰：「有由然矣。紀綱不立，人心解弛，官不擇人，苟充者多，徒知餔啜，不念國事。革弊之令一下，先懷厭憚之心，非徒不能奉承，又從而故令生弊，此所以績用不成也。譬如無病之人，元氣健實，脾胃調和，則飲食不擇精粗，皆可補氣。若元氣極弱，脾胃傷敗，則雖食粱肉，反傷臟腑。今日之事，何以異此？紀綱不立，則治道無由可成；紀綱之立，亦不可以威令制也。自上先定聖志，必欲致治，好惡是非，一循天則，整然不紊，則紀綱立矣。」領事李鐸進曰：「李珥所謂三公有懷不吐者，只欲感動天聽，爲激切之辭耳。臣等於天威咫尺之下，若有懷抱，則何敢不達乎？但近日自上牢拒公論，使臺諫抱悶而退，是臣所憂也。」鐸語聲低微，僅可聞，上亦不垂聽也。○以盧禛爲司憲府大司憲。禛有時望，退居養母，人皆目以賢者，但無經濟之志。盧守愼以清名居台司，浮沈取容，而禛猶戒以勿爲崖異，識者短之。○時軍籍方修，而有司務完其籍，不究虛實，雖傭匃之人，皆定實役，民甚苦之。郡邑或有上疏請覈實定役，而有司一切報罷。承政院乃啓曰：「當今民生卒荒，無處不然。軍籍本意，不特爲軍額多闕，亦念虛簿無實，族鄰之苦，塗炭赤子，故删虛填實，欲救民生一分之弊耳。癸丑之籍，任事之官，不體國家愛民本意，只以幹辦爲賢，嚴急爲能。州縣承風，虛張其數，匃乞之人無不搜括，雞犬之名亦填其額，成籍未幾，太半逋欠，侵鄰剥族，四境嗷嗷。今若復踵前習，則名爲軍籍，實爲民害。請令八道監司，察郡邑民物殘盛，軍額多少，那移充定，而或不能充，則姑虛其額，徐刷閑丁，隨得隨補，不限年月，庶可軍無虛簿，民免塗炭矣。」議下兵曹，竟不得施。軍籍既畢，闕額依舊，毒及族鄰矣。○金宇顒白上曰：「學問雖多端，請論古人之言，收拾向裏，以爲身心上切己功夫耳。不然則雖讀古書何益？近日伏覩聖學高明，所知極廣矣。然政事閒未見其效，無乃有『書自書，我自我』之病乎？正心誠意之説，古人言之已盡，今還以爲不切焉。天下之事，皆在人主心上。若不於誠正上得力，則雖欲致治，終不成矣。古人千言萬語，皆甚切實，而其中最要者，敬之一字也。敬字，萬善所在處也。論敬之説甚多，而其中所謂『整齊嚴肅則心便一，一則自無非僻之干，存此則天理明』云者，縝密親切，自上自下，皆於此有下手處耳。」上曰：「此言然矣。『整齊嚴肅』，何以謂之有下手處？以外言之，故人易於用功。『主一無適』，以内言之，難於下手耳。」同副承旨李珥曰：「『整齊嚴肅』，不特外貌爲然也。若徒整容儀，而政事不出於天理，則不得爲『整齊嚴肅』矣。如漢成帝臨朝穆穆，尊嚴若神，而政事顛錯，豈可謂之敬乎？」上曰：「如成帝非『整齊嚴肅』也，史官但言『善修容儀』耳。」珥因進曰：「今日國無紀綱，無可爲者。若今因循，則更無所望。必須自上奮發大志，深悔既往之誤，因以警勅大臣百僚，一時振發，以立紀綱，然後可以爲國。紀綱不可以法令刑罰强立之也。朝廷善善惡惡，得其公正，私情不行，然後紀綱立矣。今者公不能勝私，正不能勝邪，紀綱何由而立乎？昔者楚莊王、齊威王非至賢之君也，尚能振起垂亡之國，終成富强之業。今者殿下雖自託不敏，豈居二君之下乎？」宇顒曰：「今日之弊，果如此言。公道不行，私意横流。欲立法改之，則法纔立而弊又生。必須自上奮發，用功於學問上，使方寸之地，天理流行，人欲遏絶。所行只大公至正之道，則人皆感發，令出必行矣。若殿下立志，用力於正心誠意，則事業當期堯舜湯武矣，楚莊、齊威不足言矣。」珥曰：「臣意非取於楚莊、齊威也，以爲楚莊、齊威尚能奮發而有爲，聖明何以不爲乎云爾？自古人之所見不同，迂儒則以爲堯舜之治朝夕可做，流俗則以爲古道決不可行於今日，此皆非也。爲治須以唐虞爲期，而事功則須以漸進也。臣昔者忝冒玉堂，每以唐虞三代之事啓達，則自上答曰：『何以猝然爲之乎？』此教是也，臣意亦非欲遽見其效也，只欲今日行一事，明日行一事，漸入佳境耳。我國之不治久矣。惟世宗大王之政，誠可爲法。其時用人不拘常例，任賢使能，各當其才，故賢不肖分定。今日必須擇人授官，委任責成，然後庶績可熙矣。己卯年間，趙光祖見遇於中廟，有大有爲之望，第以年少士類，作事無漸，未免騷擾，小人乘閒，起害士林。至今任事者，以己卯爲戒。己卯之作事無漸雖過矣，豈不愈於今日之全不做事乎？自上若欲有爲，則必先躬行。本原澄澈，然後爲治之具，次第舉行，而羣下聳動矣。既先修己，必須尊賢。所謂尊賢者，非爵之而已也，必用其言，施之事爲，然後方是尊賢也。今殿下固是好賢矣，但見召而命之爵而已，未聞用其言也。彼誠守道之士，則豈爲虛禮而來仕乎？且未出身人，若有才德，則用爲憲官，此國家恒規也。自己卯敗後，遂杜其路，此不遵祖宗之法也。」上曰：「此事固然，予亦知之。前日曾以爲言：『用賢固好矣，但不經事之人，恐其作事過中也。』」珥曰：「殿下每憂其過，而不憂今日之全不做事，何耶？若有過中之擧，則自上當裁制矣，豈不愈於不爲乎？」上曰：「不然。固執之人不聽其裁制，必行己志，則奈何？」珥曰：「豈至於作事太過乎？世衰道微，紛紛士子只知科擧爲發身之路。彼第一等人物，必不屑屑於此。科擧用人，乃叔季之習也，豈盛世之事乎？或疑未出身者爲臺官，則不好者混進，此則不然。若公論大行，則此等必選其人矣；若公論不行，則文士亦多有不善者居要地矣。何獨於未出身者，憂其混進乎？」上曰：「此言是也。」珥曰：「近觀士大夫之習，不欲久居一職，紛紜辭疾，朝拜暮遷，其故有三：官不擇人，故每除目之出，人不稱器，被人指笑，遂以辭病得免，爲廉恥焉；或有有志之士，事與心違，自愧尸素，不得已謝病焉；或是真有疾病者，亦不得不乞解焉：此所以居官不能久也。自上誠志於爲治，勵精率下，則羣臣莫敢自便，而勉力供職矣〔六〕。今日之務，莫急於恢張公道，而必須自上無一毫私意，然後使人感發矣。近日臺諫所啓，若涉宮禁内需等事，則上必牢拒，羣下疑殿下之有私矣，安所取則乎？廷臣多以容默爲得體，必慮其言之不見信也，孰有如臣愚者乎？愚者或有一得，其言亦可聽也。」珥退，謂金宇顒曰：「今日之事，非徒回天爲難，回大臣之心亦難矣。上心稍異於昔日，此正大小協力、積誠啓沃之時，而肉食者方眠，無可奈何。以國事爲憂者，只有思菴左相朴淳一人，而力量亦不足。今日最患，無人可共國事也。」宇顒曰：「然。公於經席啓辭固好，但事業上言語多，心學上言語少。吾意則不然。自上若知學問入頭處，則事爲自中於理矣。」珥曰：「君言甚好。但吾所啓，皆是立志之事。必上志願治，然後亦於學問得力；苟無其志，則學問無安頓處。故以誠心求治之説反覆焉，非先事爲而後學問也。」

十一月，李珥更請以未出身人通臺憲之路，上問盧守愼曰：「此言何如？」守愼曰：「臣意亦以爲然矣。但當出自聖斷，不可牽制於人言。」上乃下其議于大臣，大臣皆是其計，李鐸言之尤力，上乃允之。○辛巳夜，上御丕顯閤召侍臣，進講書傳太甲篇。李珥曰：「太甲賴伊尹匡救之力，克終其德。若無伊尹，則成德未可期也。人君之得賢，非但爲一時之益，亦可以託六尺之孤矣。雖聖智之君，天下之大，不能獨理，故必以得賢爲先務。故孟子曰：『堯以不得舜爲己憂，舜以不得禹、臯陶爲己憂。』人君之職，在於得賢耳。」講訖，侍講官宋應漑進曰：「夜對之時，萬籟俱寂，心氣清明。如此之際，非但讀書而已，若以治道及民瘼，下問臣僚，則豈無可達之言乎？人人皆達所懷，則豈無一言之幾於道者乎？今夜入侍之臣，其數不多，皆當各陳其志，史官亦可進言也。」珥進曰：「前者自上所論人心道心之説至爲精切，雖自謂學問之士，其所見豈皆如此乎？自上雖退託不敏，而聖學則已臻高明。以此精明之學，益加踐履之功，則可以匡濟一時矣。雖精於文義，若不切己用功，則亦何益乎？且自上言語甚簡，羣臣之言略不俯答，聖意以爲不足答歟？古人曰：『勿輕天下士。』羣臣之言，豈可不答乎？近以未出身人擇差臺官事下命矣。以祖宗之法觀之，則此不爲異。但今舉久廢之規，故羣下咸意殿下有向治之志，莫不喜悅。但凡事必待自下建白，無有出自聖衷者，故羣下不知上意所在。若殿下躬行之實，昭著於外，則下有甚焉者，聞風興起矣。臣見近來紀綱板蕩，命令不行，民生之苦，如在水火。自古朝廷無紀綱，民生墜塗炭，而國家無事者，未之有也。今須急聚賢士，使之各陳所懷，切於救民者，採而用之，則猶可及救也。苟或因循舊轍，日益向下，則雖有大賢，亦無如之何矣。如臣之愚，固無可問者，然入侍累日，一不咨問治國之道，臣不敢知殿下有爲治之志否也，臣竊以此爲悶矣。」檢討官金誠一曰：「陳蕃曰：『國有三空：朝廷空，倉廩空，田野空，是謂三空。』方今雖不可謂之無人，然無有一人擔當國事者。國計民生，自上所已知也。如此則不出十年，危亡之禍至矣。朝廷之命，壅而不行，上下之勢，散而不統。經席之上雖有一二建白之事，節目纔舉，他弊隨生，如此而能治其國者鮮矣。孟子以格君心之非爲先，朱子以正心誠意爲言。若殿下不能正心以修本源，則一國人心，豈能服從乎？」珥曰：「命令不行之由，亦可以今夜卜之。君臣之間，當如父子，上下交孚，然後事功成矣。今者入侍咫尺之地，而自上尚不開懷。情意阻隔如此，況於千里之外，命令豈通乎？」應溉曰：「陰陽和而後雨澤降，萬物遂。若殿下徒爲淵默，則上下阻隔矣。」上乃言曰：「以予爲不言者是也，然別有何言乎？今者所言，皆歸重於予之一身。自顧無似，固不能興治道也，是以不言耳。」僉曰：「豈其然乎？」珥曰：「此乃謙讓之語，豈其信然乎？」上曰：「非所以謙讓也。古人曰：『人豈不自知？』予亦豈不自知乎？」珥曰：「信如上教，則須得賢人，倚仗而任之，則亦可治國。但自上雖曰不能，臣不信焉。今者殿下沈溺女色乎？好聽音樂乎？耽嗜飲酒乎？好馳騁弋獵乎？宮中隱微之事臣雖不知，然前所陳者，自古人君失德之事，而似非聖躬所爲也，乃曰不能，何耶？但殿下所欠，惟不立志圖治耳。此正由學問上欠踐履之功故也。苟能立志有爲，則何患不治？」上曰：「今之所言，予不敢當。但雖涼德，果無此失也。自古人君有才有德，故能治其國。予無才德，而時世適遇難治之日，所以難於有爲也。」珥曰：「人君之德，必如堯舜湯武，然後可以爲治，則果難矣。今殿下既無失德，則因此可以進德，德進則才亦生矣。若自度才不足以治國，則必得賢於己者而任之可也。」上曰：「自古新立國之君，考其行則不能無失德，而尚致小康。立國寖久，漸至衰微，則雖有賢君，不能爲治矣。」珥曰：「此亦不然。周宣王、漢光武皆中興之主也，二君豈賢於武王、高祖乎？至如晉悼公，年纔十四即位，六卿强，公室弱，而悼公能自振奮，卒成霸業，顧其立志如何耳。今者殿下立志求治，矯革宿弊，則何治之不可成乎？臣雖至愚，自少讀書，粗識義理。今日來朝，不爲温飽，如使臣言有益於國，則雖摩頂放踵，亦所不辭；若只隨行食禄，則臣雖無恥，決不能堪也。」上曰：「今日革弊極難矣。」珥曰：「若得人則革弊不難，不得其人則事必無成。」上曰：「是也。雖曰得人，若如宋神宗之志大才疏，則亦何益乎？」誠一曰：「神宗以王安石爲賢而用之，故致禍亂。若與韓琦、富弼、司馬光同事，則何事不成乎？」珥曰：「神宗之立志亦誤矣。爲國以愛民爲先，而神宗欲事富强，故小人乘時進興利之説。若以保民爲務，則小人何由售其姦乎？爲人君者，須以保民爲志可也。」○吏曹判書金貴榮三上疏辭職，又詣闕三啓請免官，皆不允。貴榮以庸鄙之資，致位六卿，得居冢宰，多受賄賂，清論不與，恐被物議。辭職累度，而上終不許，蓋上意不欲分辨清濁故也。○大司憲盧禛承召入京，辭職，上不允。○羣臣請賜李滉謚，上以無行狀不許曰：「何以不製行狀乎？」李珥曰：「昔者黄榦以朱子高弟，其製行狀猶在於二十年之後，況李滉門人安能容易製之乎？如滉行迹，昭在耳目，行狀有無，有何增減？吾東方以儒名世者雖或有人，夷攷其言行，則多不合儒者軌則。若滉，精神氣魄雖禀得不强，才調器局誠有不及古人者，但一生沈潛義理之學，言論風旨，筆之於書者，雖古昔名儒之言，亦不是過。殿下於已死之賢，行迹已著者，猶且靳於褒崇，況於一時之士，寧有好善之誠乎？李滉之謚雖遲一二年猶無大害，四方之士疑殿下無好賢之誠，則其害豈淺乎？且近日經席上，非無好議論，而上不至於格君心，下不及於醫民瘼，故擿爲口耳之資而已。竊願殿下潛心性理之書，如有所疑，不時召儒臣，反覆講論。既明其義，實以踐履，夫如是則功效必見於政事之間矣。若民瘼則固非一端，接見羣臣之際，使人人盡言，採施可用之策，不付之空言，則民生庶可蘇息矣。」是時，李珥欲積誠以回天心，黽勉從仕。其友成渾語之曰：「儒者當以格君爲務，若上心不可回，則當速引退。不能得上心，而先務事功，則是枉尺直尋，非儒者之事也。」珥曰：「此言固然，但上心豈可遽回？當遲遲積誠，以冀感悟。若以淺薄之誠，責效於旬月，而不如意則輒欲引退，亦非人臣之義也。」

十二月，上謂侍臣曰：「曹植，李滉弟子，有立朝者乎？」副提學柳希春曰：「李滉弟子立朝者：鄭惟一、鄭琢、金就礪其人也。」金宇顒曰：「曹植不以師道自處，其往來者，吴健、崔永慶、鄭仁弘輩也。小臣亦遊其門矣。」上曰：「曹植教爾者何事？爾之所做何功？」宇顒曰：「臣誠不能做功。若植之所教，則以求放心爲務，又以主敬爲求放心之功矣。」上曰：「求放心、主敬，皆切己功夫也。」

謹按：鄭惟一、鄭琢、金就礪雖曰遊李滉之門，而實非道學弟子也。惟一粗雜無檢制，琢昏弱無執守，況就礪諂佞，只趨走服勞而已。以此三人，名之曰弟子，則其爲李滉之辱，不亦甚乎？柳希春只讀古書，而實無識見，昧於是非如此，良可歎也。

大司憲盧禛上疏，自陳母老，請解官歸養，上答曰：「省卿疏辭，固知情切。但卿來不久，予豈遽許以退乎？卿宜加留，悉陳輔國之策，以俟予取舍，則予不缺然矣。」禛固辭遞職，終無一言而去。

謹按：君臣之義，無所逃於天地之間。臣不能事君者，人倫之變也，非其本心也。今者盧禛之退，只爲養老乎，抑有他意乎？其退雖在不得已，而自上眷顧咨問如此，則一陳胸中之蘊，以觀主上之用舍，寧有不可乎？位至亞卿，受恩非不厚，而官居風憲，無一言及於時政，則雖曰不負國恩，吾不信也。第聞禛也雖有善名，實無救時之才。夫如是則雖欲發言，亦不可得也，其何責之有？

白虹貫日，上適親見之，驚懼，招領相李鐸、左相朴淳，右相盧守慎，以病在告。下教曰：「朝廷賢人，多聚經席之上，大言競進，喜行新例，宜乎風淳政舉。而紀綱板蕩，邦本兀盡，人心不美，無一毫之效，反甚於曩日權姦用事之時。此予所未曉也。」李鐸、朴淳只陳惶恐之意，別無匡救之策。是時，李珥、金宇顒等在近侍之列，動引以三代，冀回上心，因此經席上多陳古道，上不能採用，而反以災變爲大言之效，人心甚懼。鄭仁弘謂李珥曰：「士在退休之地，雖決知時勢之不可有爲，若被召命，則不得不來乎？」珥曰：「決知不能有爲，則豈可往來屑屑乎？所以或來者，以其有萬一之望也。」仁弘曰：「君心堅定，不欲做事，則亦有可望乎？」珥曰：「主上在位七年，無人輔導，故馴致不可爲。若賢者在朝，盡誠輔導，則恐有萬一之望也。」仁弘退謂人曰：「叔獻若做事，則今日或可少康矣。不然則除是叔獻，變爲凡宰相也。」○以成運爲司憲府持平。渾早受家庭之訓，守道不仕，人望甚重，至是始拜憲官。

萬曆二年甲戌

今上七年正月，以災變避正殿，減膳撤樂。○右議政盧守愼辭以疾，遽命遞職，羣情疑惑。李珥語人曰：「災變甚酷，上心恐懼而不知弭災之策，徒長疑惑，無人不疑，無事不惑。吾欲上疏極陳時弊。」因進救弊之策。朴淳聞而止之曰：「恐犯天威，益致不靖。」珥歎曰：「大臣，人望所屬，而自不能盡言，又欲止他人之言乎？」○李鐸、朴淳詣闕，請仍盧守愼之位，上許之。○下手教求言。○京城地震。○成渾辭疾，不就徵。○右副承旨李珥上萬言疏，極陳時弊，且言弭災之策及進德之功，上答曰：「省觀疏辭，可見堯舜君民之志，善哉論也！古之人無以加焉。有臣如此，何憂不治？深嘉乃忠，敢不書紳？第緣事多更張，不可猝然盡變。此疏示諸大臣議處。」且命謄疏以進。是時，人心危疑，及見此批答，衆情大安。上以感冒〔七〕，久不視事，羣臣問疾，則必答以平安。李珥謂政院同僚曰：「羣臣久不瞻天顔，上下阻隔，雖不敢稟以視事，而當以不時接見之意稟旨可也。」乃啓曰：「祖宗朝雖有未寧之時，不廢接見臣鄰，至令入于卧內，故上下交孚，情意罔閒。君臣猶父子也，安有父母有疾，子不能瞻承顔色者乎？請頻接臣鄰于便座，兼令醫官入診，非但商量對證之劑，亦詢修心養氣之術，則於調保玉體，大有所益。而下人聞上接見臣鄰，則亦知玉候不至大愆，羣情胥悦矣。此是祖宗舊例〔八〕，故敢啓。」上答曰：「近日所無之例，似難輕行，當調理視事矣。」○丁酉，上以避殿故，將御朝講于思政殿簷下。日氣極寒，政院啓請勿爲朝講，只接見大臣、臺諫于丕顯閤，再啓，乃命只大臣、臺諫、講官入見于丕顯閤。時入侍官皆詣思政門外，知事、特進官以丕顯閤窄狹，故不得入。李鐸顧李珥曰：「名爲朝講，而知事、特進官不入，其體貌何如？」珥曰：「此非常規，乃無時接見也，何妨於體貌？」鐸曰：「試思之，無乃未安乎？」珥曰：「昔者中廟接見大臣、臺諫，無時無數，豈有恒式乎？」鐸默然。

　　謹按：君臣相接，固有體貌，亦豈可拘拘於守例乎？丕顯閤既以窄狹，經筵官未能俱入侍，而簷下風日甚寒，不可御坐，則將廢接見之禮乎？鐸識見庸常，只欲遵守近規，不亦固哉？

上於丕顯閤謂李鐸曰：「近來上則天變非常，下則民生困苦。顧予之德，進寸退尺，國事多誤。今雖幸免，必有子孫之憂。今問領議政：將何以弭上天之怒而蘇民安國乎？」鐸對曰：「臣意以爲自上所當留念者，敬天、勤民茲兩事也。上之所爲，寧有不合天意者乎？變異之興，實由於如臣無狀，冒忝重地故也。斥罷微臣，改卜賢相，則治道可成，天心可豫矣。近日之政不甚亂，外方關節亦稀，且求言傳教，謙損自責，出於至誠。成湯六責，蔑以尚玆。古人曰：『非知之艱，行之惟艱。』又曰：『敬天以實，不以文。』苟能以實應天，則天譴可弭矣[九]。白虹之變，古人以爲兵象，邊備可預措也。」副提學柳希春進啓脾胃所忌食物，李珥曰：「治病非但藥餌食物，必須治心養氣，然後可以養病。古人詩曰：『萬般補養皆虛僞，只有操心是要規。』是故治心，本也；食物，末也。苟不治心，亦何能養生乎？」希春曰：「識時務在俊傑。頃日李珥上疏，上命大臣議處，羣下舉爲欣悦矣。」珥起而謝曰：「臣別無所見，但懷憂國之心，悉吐愚衷。過蒙褒奬，不勝感激，且不敢當也。但古人曰：『死馬且買之，況生者乎？』今者如臣之言，尚蒙嘉納，則四方之人，其必有以善言來獻者矣。聖明在上，無一人以言獲罪者，人人進言，言不爲不多，但空言而已，無分寸之惠及於民生。傍觀者乃以無實效，歸咎於言事者，如此則士氣必沮喪矣。願上務求實效，無尚空言。遇災之日，上心儘是驚動，然久則懼心漸弛矣，恐無應天之實也。所謂敬天、勤民者，只是題目耳，必實行敬天、勤民之事，然後可以弭災耳。今者殿下所當爲者，學問是根本也。實下功夫，而頻接儒臣，講論義理，且使上下交孚可也。然非大其志，則不能有爲。願懷遠圖，勿拘近規，使下人觀感興起也。」金宇顒曰：「自上遇災警懼之念，可謂至矣。今者上教曰：

『顧予之德，進寸退尺。』此乃進益之言也。常懷此心，益勉進學，親近儒臣，講論治道，每以國事爲念，則災變何患乎不可消也？今李珥之疏，命示諸大臣矣。當使李珥與大臣共議，而且於上前親問，使之盡達其意可也。至誠進言與浮躁大言不同。若以憂國之忠言，疑其浮躁；以喜事之大言，以爲貢忠：皆不可也。」李珥退語人曰：「自上問大臣，可謂切至，而大臣所答，無救時之策，至嘆。柳副提所啓食忌，乃楊禮壽之任也。禮壽，御醫也。柳公之輔導君德，乃止於此乎？」金宇顒曰：「近日之事，空言而已，惠澤何由及民乎？」○上謂金宇顒曰：「每於經席，聽爾説話，知爾質美，且有學術。爾退而以平日所聞於師友及所自得者，作箴以進。」宇顒退而作六箴以進，一曰定志，二曰講學，三曰敬身，四曰克己，五曰親君子，六曰遠小人。○李珥雖被上眷，而言不見用。其友宋翼弼問曰：「叔獻留朝數月，有何功業？」珥曰：「雖當國之人，不可責效於數月之内，況能言而不能施者乎？」翼弼曰：「識者疑叔獻久留，與退居之志有異矣。」珥曰：「欲退則恐天心或可回，欲留則言不見用，以是不決去就耳。」翼弼曰：「識者以爲天心決不可回云。」珥曰：「吾聞聖賢不如是期必云。」柳夢鶴見珥曰：「志在扶顛持危，則雖涉苟且，不可退去。」珥曰：「苟且則是枉己也。枉己而能扶顛持危者，吾未之聞也。」夢鶴曰：「雖不能大有所爲，隨時隨事有所補益，使不至危亡者，是或一道也。」珥曰：「此當國大臣之事也。大臣已受重任，當見危授命，不可退去矣。

苟非大臣，則見幾而作，不可失其身也。」珥語人曰：「吾留數月，或疑其久留，或恐其速退。識見之得中，豈不難哉？」○復以司憲府持平徵成渾，渾復辭不至。

二月，上謂李珥曰：「漢文帝何以不用賈誼乎？」珥對曰：「文帝雖賢，志趣不高，見賈誼言大，疑而不用耳。凡人有大志，然後可以做大事。譬如主人欲構數間小屋，而工師乃欲構大廈，則豈肯聽其言乎？」珥因曰：「今者災變屢作，若以爲無道之世，則聖明在上，常存圖治之心，若以爲有道之世，則民生困瘁，日以益甚，此真將治將亂之幾，不可徒曰恐懼修省而無其實也。近來傳教儘善，而實效則未之見也。」上曰：「何以則有實效耶？」珥曰：「自上每以變通爲難，故終無實效。若不更張，無以爲國。」上曰：「若非祖宗法，則更張何難？」珥曰：「非欲盡變祖宗之法也。至如貢案，是燕山所加定，非祖宗法也。臣非好更張，欲救民瘼也。若欲改紀今日之政，則必求有爲之才。若不改紀，則求賢何用？近日自上眷注於盧守慎，而守慎謝病不出，此亦有意云。守慎少有善名，前此未相時，人皆曰：『此人作相，則太平可致。』而及居相位，別無建明，人皆笑其不職。守慎欲有所建白，則上意不欲變通，進退極難，故不得已乞退也。」上曰：「此可笑也。此人建白，予別無不聽之事也。」珥曰：「此人有經濟之才，則臣未之知也，至於坐鎮雅俗，則優爲之矣。願上勿許退休也。」上曰：「非但坐鎮雅俗，亦是學問之人也，但不得其君耳。」珥曰：「豈其然乎？但願勿許其退，而聽其言也。」上曰：「予見其意，亦欲改紀者也。」珥曰：「自古聖賢，隨時變通。以天渾言之：歲久則曆數必差，代各有人，出而改正，若不隨改，則天象差謬，四時易序矣。」珥問上曰：「前日經席，趙廷機以臣言啓曰：『成渾一動一靜，必以規矩云。』有之乎？」上曰：「有，欲問之而未及也〔一〇〕。成渾何如人耶？」珥對曰：「此人臣所熟知，是成守琛之子也，早承家庭之訓，不聞駁雜之説，資質醇厚，可以爲善。謂之勉於學問則可也，不可謂之學成德立也，奚至於『一動一靜，必以規矩』乎？但其人多病，持平之職決不能堪也。」上曰：「予聞治心則無病。學問之人亦有病乎？」珥曰：「雖學問之人，受氣甚薄，則未免有病。昔者伯牛有疾，孔子以爲命，明其非所自致也。渾以受氣之薄，嬰疾甚重，其能不死者，亦治心之功也。若放心者有渾之疾，則豈不遄死乎？若殿下必欲見此人，則遞其職而使之上來可也。大抵待士之道，可用則用之，不能用則許其恬退，褒其節操，使之守高山林，亦養士氣之一道也。」金宇顒曰：「如成渾者，不可不召也。」珥曰：「未出身兼帶經筵，是祖宗朝所爲也。如成渾者，若以閒官兼帶經筵官，時時入侍則可也。」宇顒曰：「未出身人除官，必從大典者，此指門蔭也。若山林賢者，則當以格外殊待也，豈可視以門蔭乎？招之以賢者而待之以門蔭，非用賢之道也。兼帶經筵，雖是法外，亦可爲也。爲治當立根本，必廣聚賢士，以輔君德。上有聖明之質而下無交修輔養之人，此臣之所憂也。」上曰：

「試言之：予資質何如？可以有爲耶？」宇顒曰：「氣質之用少，學問之功多。苟能學問，則天下之事無不可爲。聖質英明，超出百王之上，加之以學問，則何患不能？只患不爲耳。」上曰：「此言過矣。」珥曰：「若謂之超出百王，則其言果過矣。但殿下英明寡欲，決是有爲之資。其不能善治者，不爲也，非資質之過也。爲治有本有末，必須自上勉於學問，明理而知人，然後可以任賢使能，惠及生民矣。近日羣臣急請行鄉約，故自上命行之。臣意以爲行鄉約大早也。養民爲先，教民爲後。民生憔悴，莫甚於今日，汲汲救弊，先解倒懸，然後可行鄉約也。德教是粱肉，若脾胃極傷，糜粥不下，則粱肉雖好，其能食乎？」柳希春曰：「李珥之言是也。」上曰：「當初予亦知其難矣。今已命行而中止，何如哉？」珥曰：「養民然後乃行鄉約，此非中止也。凡事自上當躬率之，不然則民必不從。」上曰：「予資質鹵莽，何能有爲？」珥曰：「每於講論之際，自上所言超出人意，豈非可爲之資乎？」上曰：「鄉約今命中止，則雖欲退行，安知百姓不之信耶？」珥曰：「既停鄉約，而不舉養民之政，則民必不信。若舉養民之政，則民必信之矣。」是時，李珥務導主上以治道，每於入侍之時諄諄陳達，流俗多笑之。朴淳謂珥曰：「當今最患無人，大官無可任事者。不須急迫求效，徐徐待時，賢才漸漸登庸，則可以夾輔爲政矣。」珥曰：「上心求治，則雖徐徐待時可也。若上心全不求治，則雖賢人多聚，末如之何。」淳曰：「賢人多聚，則或可以格君心矣。」〇命再召成渾，又辭不至，乃命遞職，而使待日温上來。○以鄉約事議于大臣，大臣或以爲可停，或以爲不可停，上命停之。許曄見李珥曰：「何以勸停鄉約乎？」珥曰：「衣食足，然後知禮義。飢寒之民，不可强之行禮也。」曄嘆曰：「世道升降，有命存焉，奈何？」珥曰：「公意以爲民生雖極困瘁，若行鄉約，則果能化民成俗，治升大猷耶？」曄曰：「然。」珥曰：「公能以鄉約治家乎？」曄曰：「無上命，故不能也。」珥曰：「公之治家，豈待上命？且道自古民墜塗炭，而有能成禮俗者乎？今者父子雖至親，若不念飢寒，日撻而勸學，必至相離，況百姓乎？」曄曰：「今世之人，善者多，不善者少，故可行鄉約。」珥笑曰：「公心善，故但見人之善。若珥則見不善人多，必是余心不善而然也。但傳曰：『以身教者從，以言教者訟。』今之鄉約，無乃訟耶？」曄曰：「君毋堅執，須待罪，使兩司更論可也。」珥曰：「余不自知其非，故不敢待罪。」曄慨恨不已。

謹按：藍田吕氏鄉約綱正目備，是同志士子相約而講禮者也，不可泛施于小民也。朱子欲率同志講行，而竟未果焉。況今季世，民陷塗炭，失其恒心，父子不相保，兄弟妻孥離散，而遽欲束縛馳驟以儒者之行，真所謂「結繩之政可以代亂秦之緒，干戚之舞可以解平城之圍」者也。況約正、直月難得其人，閭里豪强旁緣鄉約，必貽小民之患，誰得而檢制乎？若行鄉約，則民必益困矣。如曄迂妄之士，徒知慕古，不度時宜，不知治道有本末緩急，而乃欲以鄉約挽回末俗，以升大猷，不亦謬哉？

李珥白上曰〔一二〕：「鄉約，自上本不欲行，故小臣一言，自上夬斷如此。以此推之，小人之逢迎君意者，宜乎言必見聽也。」上曰：「予非不欲行鄉約也，欲待民生蘇息而行之耳。今人不度時勢，紛紛議論，不可也。」珥曰：「議論之定，亦有二焉：君子得君，施設當理，國人帖然心服，則此以善定者也；小人當國，張其威勢，一言有異，必被奇禍，人莫敢違，則此以不善定者也。今日願殿下以善定一時也。大抵爲治必資學問，而學問在於審問、慎思、明辨。今上高明，固無所不曉。雖然，豈無可問而質疑者乎？一無下問之時，何耶？」上曰：「必也知其味，然後乃能有疑。如予不知其味，故無疑可質。」珥曰：「上教每如此，臣不敢信也。如臣多病，失博學之功，若下問古事，則多有不能答者矣。雖然，於義理上，不無些少功夫，若下問義理，則或能仰答矣。今之國事，無一毫不受病痛，治之似難，然苟能至誠求治，則豈有終不治之理乎？今日君臣多不以國事爲念，固可憤嘆，此亦理勢然也。古來不事公而事私者，雖得罪，不過罷免而已。勉於國事者，往往被赤族之禍。不顧赤族之禍，而惟國事是念者，世不常有，宜乎營私者衆而奉公者少也。今欲使人勉於國事，則必須自上奮發，使人人曉然知上意在於必治可也。殿下若欲做唐虞三代之治，則雖祖宗法，亦有不得不改者矣。若欲少康而止，則可遵祖宗良法美意也。今之所謂法祖宗者，只守近規之傳襲者，而祖宗良法美意，實廢不行，此甚不可也。」○持平韓脩三度引疾不出，上不允其辭，脩乃出仕。入侍之時，上問以學問之要，脩不能明辨以答，人多笑之。李珥白上曰：「善人有多般，有學行兼備者，有行潔而學不足者。若韓脩，則是行潔而學不足者也。不可以一言不稱旨，輕視善士也。」上曰：「予安敢以此輕視賢者乎？」○上問李珥曰：「雖有學問，無才則不能爲國。成渾之才何如？可以致治平乎？」珥對曰：「自上特召成渾，人皆感激。抑未知上意欲一見而已乎，將欲任之以事乎？才非一般，有才智出衆、可以獨當大事者，有才雖不足而能用羣策者。成渾之才智出衆，則臣所未知，若其容量，則可以能用羣策矣，豈不可以治國乎？但成渾雖來，若不改弊政，則亦末如之何矣。」○政院以日寒，請於丕顯閤御晝夕講，上以非前例不許。李珥白上曰：「殿下若只循尋常塗轍，則決無振作之理。丕顯閤進講，是何重難之事，而殿下不從乎？今日殿下必須奮發大志，一新政治，作聳動一時之舉，然後庶可挽回世道矣。」上以紀綱未振爲歎。珥曰：「紀綱之在國家，若浩然之氣在一身也。浩然之氣，是集義所生，非一事偶合於義而可襲取之也。須是今日行一義，明日行一義，義積于身，仰不愧，俯不怍，然後浩然之氣充滿流行矣。紀綱亦然，非一朝發憤而可立也。須以公平正大之心施之政事，今日行一善政，明日行一善政，直必舉，枉必錯，功必賞，罪必刑，則紀綱立矣。」上曰：「每於經席，惓惓陳説治道，入則無時不然，可嘉矣。今行何事，可以爲治乎？」珥曰：「爲治之道，何能盡達乎？大概先定大志，得賢委任可也。但知人實難，必先用功於學問，於窮理、居敬、力行三者，勉勉加功，至於理明德成，則人物之賢愚邪正可以洞照，毫髮不差矣。然學問必資啓沃之助，須親近儒臣，使之盡誠輔導。此等事是爲治之根本，此外別無他巧術矣。」沈義謙進曰：「祖宗朝待羣臣親密，無異家人父子，故啓沃盡其誠云。」珥曰：「若於羣臣親密無閒，則可以細知情狀，得其取舍之正矣。世宗大王知人善任，亦由知其情狀故也。世宗朝用人，不問久近高卑，惟其人器相稱，故有守一職而終身者，有超擢不日而至卿相者，六卿百司莫不久任，故庶績以成；其於儒臣，眷遇殊絶，故臣鄰咸懷效死之心矣。夫君子愛君以道，固不係接待之厚薄矣；若中人，則視君上待之如何耳。今日自上別無親信委任之臣，庶官數易，故百事不理。譬之家事，則分家衆以職，耕者耕，樵者樵，織者織，然後家業以成。若朝耕而午樵，午樵而暮織，則無一事可成矣。今之士大夫，盡職者無賞，瘝官者無罰，其於得食則甚便矣，國事終至於不可救矣。殿下何不擇人授職，而使久於其任乎？且臣因人聞御製詩，甚有愁鬱之意。殿下何以不樂如許乎？」上曰：「是何詩？試誦之。」珥誦詩曰：『孤抱難攄獨倚樓，由中百感不勝愁。月明古殿香煙盡，風冷疏林夜雪留。身似相如多舊病，心如宋玉苦悲秋。凄涼庭院無人語，雲外鐘聲只自悠。』夫人君有南面之樂，得人而任職，則可以泰然和悅矣。殿下若有腹心之臣二三人，則何至於含愁怫鬱如此乎？臣聞此詩，數日之間心氣不平矣。且近日經筵官，每以勿觀雜書進戒，吟詠性情，固是聖賢所不免。但於詞章著意，則豈不有害於學問乎？」上有愧色，垂頭良久。修撰尹晛進曰：「自上下問李珥以爲治之道，泛咨而不詳，故珥亦不詳悉仰答矣。何不細問之乎？」上曰：「予不知其要，故問之亦難。經筵官問之，李珥答之，予當細聽也。」珥曰：「問者蓄疑，答者啓發可也。强作而問，强作而答，有何滋味乎？」晛曰：「李珥論學，以窮理置於居敬之先，臣意居敬當在窮理之先。」珥曰：「程子曰：『未有致知而不在敬者。』尹晛之言是也。但敬是貫始終之功，無先後可論。且窮理，知也；居敬力行，是行也。臣以知行之序言之耳。殿下欲用功於爲學，則先須立志，堅定不移，而敬以窮理，敬以力行。夫如是則初雖不易，有似辛苦，用功之至，至於義理有味，以學爲樂，則處善循理，快然自足，心廣體胖，泰然悦豫矣。古之人君，有能治其國而不知學問之樂，徒勉力於事功，故多有始終參差者。昔者唐明皇以身瘦國肥爲言，此是强作者也，其能久乎？若學問有效，則身與國俱肥矣。今之世俗，不悦古道，見人行古道，則必指笑斥罵，故立志不固者，多不能植脚焉。殿下則不然，若行古道，則羣下必觀感興起矣，有何畏憚而不爲乎？」上曰：「承旨答爲治之問，只言學問之功，此固根本。但顔子學問已至，而亦問爲邦，則今日豈無可爲之事乎？」珥起而伏地曰：「殿下誠欲有爲，則須痛革因循之弊可也。人情莫不恬於守舊，憚於改新，以爲今日既行矣，明日何可猝變，如是姑息，馴至於不可救矣。雖欲革弊，必在得人。不得其人，則弊不能革矣。」○是時，上頻有微恙，羣臣每進戒色之言，上厭聞之。修撰成洛盛言修心養氣，可以醫病之術，上戲問曰：「如此則長生乎？」洛對曰：「然。」後日，李珥白上曰：「上下皆失言矣。長生，是無理之事也。」洛曰：「其時臣誤聞天語以爲長壽耳。」上曰：「大德必得其壽者，舉理而言之耳。若修心養氣，以求長壽，則非王道也。壽夭在天，但當須受而已。」珥曰：「上教是矣。但順受甚不易，若毫髮自戕害，則非順受也。程子曰：『吾以忘生循欲爲深恥。』此言當留念也。」○右副承旨李珥以多病不堪政院劇仕，啓請移付閒局調疾，上答曰：「爾當在予左右，輔予不德，未可辭退，調理行之可也。」○是時，成均館儒生作年齒坐，流俗多非之。李海壽謂李珥曰：「齒坐非館中所宜也。榜中尊敬壯元，此亦禮俗也，豈可坐於壯頭之上乎？」珥曰：「壯元之尊，施于榜會可也。若館中乃明倫之地，長幼之序不可亂也。且壯元之尊，何如王世子乎？古者王世子入學，尚以齒坐，則壯元非所論也。」海壽默然。○右議政盧守慎始出仕，上引見于思政殿月廊，慰問甚勤，且曰：「何以無所建白而輒辭退乎？」盧守慎自陳病不供職之狀。上問曰：「近來天災疊出，民生困苦，何以爲治乎？」守慎對曰：「得賢才則可治。」上曰：「何以則得賢才乎？」對曰：「至誠求之則可得矣。」上曰：「予當盡誠求之。

此是爲政在於得人之意也，固爲要切，但今日豈無可爲之事乎？」守愼辭謝不對。

謹按：大臣以道事君，不可則止。使守愼無救時之才，則當量能度分，不可冒居相位也。如其有才，則當盡誠啓沃，不用然後乃退可也。今者尸居台鼎，無所建白，但以引疾爲能事，至於上教丁寧咨問，而終不陳一策，惜乎！以守愼之清名重望，不達時務，終不免素食也。

咸鏡道有蟲交雪而下。

三月，徵成渾不已，渾難於出。李珥謂渾曰：「君今七承召命矣。上命如此，何不一赴謝恩而乞退以還乎？」渾曰：「吾之一瞻天顔，榮幸固大矣，奈辱朝廷何？自古安有招如我病蹇無能者乎？」珥笑曰：「人才各隨其時。昭烈之時，諸葛亮爲人物之最。若使孔明與孔孟同時，則安得爲第一人物乎？今世適人物眇然，召命安得不下于君乎？」渾曰：「自顧歉歉，而明主則不可忘矣。」〇以朴永俊爲吏曹判書。先是，金貴榮引疾而遞，以鄭惟吉代之。惟吉曾附李樑，被清議指玷，故不敢就職，謝病免。永俊復爲銓長，累居是職，每以瞻人顔色、承候風旨爲務，而無所樹立。安自裕語人曰：「朴吏判乃他奴也。」或問其故，自裕曰：「不能自用其心，而惟以他人心爲心，非奴而何？」〇以李珥爲司諫院大司諫。珥曾以疾遞承旨，未久拜諫長，珥辭職曰：「今日紀綱之頽，民生之困，天鑑已悉。尤可憂者，自上既少推心委任之意，廷臣又乏擔當致身之志。大官恬於流俗，縮手傍觀，任其成敗；小官雖有建白，或激或迂，不切實用。議論多歧，無所統一，國勢日卑，如水益下。當此之時，上以繩愆糾謬，下以矯輕警惰，惟諫官是賴，苟非才誠兼備、識慮明達者，無以當此任也。如臣疎謬病劣，豈可玷辱名器？請亟命遞。」答曰：「可合勿辭。」再辭曰：「臣今控辭，非出應文，實是衷情所不堪也。臣今欲不顧前後，畢陳所懷，則疏愚之策決不合於聖衷；若效時習，毛舉細故，摘人舊惡，以塞其責，則又非諍臣之大體；若欲含默苟位，行呼唱於街路而已，則實非素心。反覆思之，終不得其供職之宜。用是憂懼，寢食不安，請命遞差。」答曰：「勿辭。」三啓曰：「臣之無狀，天鑑已燭，而猶不廢棄，乃委重任，此是唐堯試可之意也。臣今供職之後，言不適時，策無實效，則請賜伏退，或加貶斥，毋令久辱清朝。」答曰：「足堪本任，但當盡職而已。」○命義盈庫納黃蠟五百斤于內，外間莫知所用，或云將用于佛事，憲府、諫院請勿納，而諫院之啓曰：「黃蠟，殿下欲用于何處耶？所需若正，則不可不用；如出於旁蹊曲逕，可已不已，則不可妄用。請加三思。如其正也，則亟示聖意，以解羣惑；如不可宣示，則請收入內之命。」上怒答曰：「內用之物，非下人所敢仰問也。敢煩多言，是何意哉？」○鄭以周以軍籍敬差官往慶尚道，輕躁刻薄，惟務搜舍，不恤民隱，又用匿名書，掩捕品官，責出閑丁，箠楚甚酷。且使庶弟無賴者主搜括之權，受賕狼籍，民間騷動，怨謗盈路。憲府欲論罷以周，更遣他人。執義鄭芝衍以爲奉使之臣，若以流言論罷，則使命不重，必有後弊，況籍兵重事垂畢，不可輕動任事之臣。大司憲沈義謙等固爭，以爲此非流言，若不罷以周，則民怨益甚。芝衍以議不合辭避，義謙等亦辭避。蓋近例臺諫啓辭，必待同僚之議皆合，然後乃啓，不然則不能相容。大司諫李珥謂同僚曰：「臺諫以不關之事，例不相容，爲弊久矣。今當矯革此弊。」乃啓曰：「沈義謙、鄭芝衍等以近日常規言之，似不可相容矣。但人之所見不同，邪正黑白判然，則斷不可相容矣。若一議一論之不合，無甚大關，則奚至於不相容乎？其在祖宗朝，臺諫各以其意來啓，視義理之所在，不憚僚議之牴牾。雷同苟合，必是衰世之習。鄭以周躁動刻薄之失，其孽弟受賕狼藉之狀，非出於流言，慶尚一道，騷然如遭兵難。若不罷以周，則無以慰服嶺南千里之人心。義謙等之欲論劾者，斷無所失；芝衍所見，雖亦有理，終不若啓罷之明正也。但此不過一議論之不合而已，非如邪正黑白不相容之比也。請并命出仕。」答曰：「沈義謙等議各不同，勢不相容，强爲相容，則必有後弊。臺諫之體，不當如是。」不允。李珥曰：「只此微細近規，自上尚欲膠守，況可望圖乎？」不得已乃請遞芝衍，上乃依啓。○諫院聞義盈庫黃蠟已入內，乃啓曰：「殿下之所用，有司莫不供進。宮中別無許多用蠟之處，此必出於邪歧曲徑，不可使聞於人，故臣等憂聖志之不能無惑，欲防微杜漸耳。今者黃蠟已入內，論之無及。昔者司馬光曰：『吾平生所爲，未嘗有不可對人言者。』今臣等方以正心誠意望於殿下，而只此一事不敢宣示，則未知幽獨得肆之地，其能不愧屋漏乎？請自今以後，勿進非正之供，而洞示聖懷若青天白日，使羣下得以仰見也。」上答曰：「該司之物，在予量用而已，非羣下所敢容言者也。昔者梁武口苦，索蜜不得，不料再見於今日也。時事至此，寧不痛心？」上忽下不倫之教如此，羣情甚駭。李珥率同僚詣闕辭職曰：「昨承聖教辭氣太厲，至以侯景比臣等，臣等不勝驚愕戰慄之至。傳曰：『未有府庫財非其財者也。』該司之物，固是殿下之所有。殿下用之以正，則羣臣當奉承之不暇，尚敢有一言乎？若用之以不正，而君舉將歸不法，則雖該司亦當覆逆，況言官安敢默默乎？近者外間喧播之説，或以爲將造佛像，或以爲將興佛事，聽者疑信未定之際，水銀、黃蠟入内之命適下於此日，人心愈疑。臣等聞此言，豈無憂懼之念乎？第以聖學高明，似不惑於異教，故不敢信其必然。慈敢仰問，將以昭聖明之無惑，以絶羣疑耳。殿下但當内省于心，有則改之，無則加勉而已。祕諱之密，峻拒之嚴，一至於此，何歟？昔者舜造漆器，諫者十人；武王嗜鮑魚，太公不進曰：『禮：鮑魚不登於俎。』此豈愛敬不足而然哉？誠以忠臣愛君以德，敬君以禮，逢迎承順，反害於愛敬故也。殿下以一言之不敢承順，輒加震怒，至於痛心，何不以虞臣、太公之事，反觀而自省乎？嗚呼！逢迎承順之態不足，而不至於惟其言而莫予違者，殿下之所痛心也。上無虚受之量，下乏忠鯁之益，國事日非，委靡頹惰，不可收拾者，臣等之所痛心也。吁，亦異矣！臣等輕淺陋劣，誠未上孚，請斥逐臣等以警人臣之愛敬不足者。」上尤怒，答曰：「今見啓辭，尤不足以備一笑。假使崇奉異教，自古流來胡像亦多矣，新造何爲焉？未知聞於何人乎？予欲拿鞫而辨之也。因此而尤可見人心澆薄，此予所以無心於斯世，絶意於有爲者也。兹以既諭，不須煩辭。」諫院再啓曰：「今承聖批，尤不勝惶惑之至。傳播之説，非出於一人之口。若必一一拿鞫，則何異於衛巫之監謗乎？殿下若用之以正，則何不洞示以解羣下之惑乎？殿下既絶意於有爲，則臣等亦何心抗顔清朝，有所建白乎？請命斥罷臣等。」答曰：「予豈答所問以取輕於下，而肇後弊哉？諫官必有所聞之人矣，其直啓勿辭。」諫院三啓曰：「傳播之言，行於道路，出於里巷，則道路、里巷之人，其可盡鞫乎？古者立誹謗之木，且使行旅謗於道，商賈議於市，未聞明王以謗議之無實而輒加拿鞫也。臣等無狀，縱未能格宸心而出於正，豈忍畏怯逢迎，指引無辜，納君於不韙乎？殿下只治臣等妄言之罪足矣，何必立威而箝口，以駭四方之觀聽乎？嗚呼！今者君德日就於高亢，士習日趨於萎弱，宿弊無矯革之期，新憂出意慮之表。假使朱、汲在位，讜言日進，時事之正，亦不可望，況以臣等輕淺蹇劣，其能有補於萬一乎？臣等不能取信於明主，以被震怒迫問，大失言官之體，終不可靦然在職，請賜斥罷。」答曰：「敢諱所聞之人，惟多言以塞之，此果無隱之道乎？其速直啓，亦不須來辭。」

諫院四啓曰：「傳播之言，殿下非不知難詰言根所自，而敢此窘問者〔一二〕，此不過輕視臣等，折之以雷霆之威，將以杜塞直言之路也。有聞必達，此是無隱之道。若必指摘言根，則此乃畏怯逢迎，非無隱之道也。殿下何不速罷臣等，而使之冒處重地，加以迫問，以傷待言官之體貌乎？請賜斥罷。」答曰：「朦朧輕啓，問則敢諱，此果忠直之道乎？周禮有浩言之刑，今則姑恕，勿辭可也。」諫院五啓曰：「臺諫凡有所聞，雖出於傳播，不敢不達者，固是事君無隱之道。而人君聽言，有則改之，無則加勉，不詰言根者，所以待言官以禮而廣開忠諫之路也。若必窮詰傳播之言根，而輒以造言之罪加諸諫臣，則羣下莫敢發言而聰明日蔽矣，不幾於『一言喪邦』者乎？殿下既以造言疑臣等，則臣等雖有所言，豈能見信乎？決不可在職，請亟命罷。」答曰：「勿辭。」是時，弘文館、憲府上劄論批答之未安，政院亦累啓爭之矣。蓋是時，貴人金氏寵冠後宮，爲子祈福，以作佛事，上心則不信異教，故峻辭如此。李珥因此覘上意輕士，故有歸志矣。○左議政朴淳呈病五度，命遞相，政院啓請勿遞，三啓而不從。時領議政李鐸亦謝病不出，盧守愼獨爲相。○上將親閱，而以夏享大祭日迫，多差祭官，將士不足故停，乃御經筵。盧守愼及入侍之臣進啓朴淳遞相爲未安，上皆不答。大司諫李珥進曰：「親閱久廢，在所不已。但臣意先拜陵，而後親閱可也。康陵寢閣失火後，尚未親祭，豈不未安乎？」上曰：「曾欲拜陵，而自下止之，故不爲耳。」珥曰：「行幸時大修道路，盛造橋梁，貽弊於民，故羣臣請停。臣意道路橋梁略略修治，不傷民力可也。」羣臣啓辭畢，珥自陳多病不能從仕之狀，請退而調攝，上曰：「病若如此，則亦無可奈何矣。隱居最好，古詩曰：『洗耳人間事不聞，青松爲友鹿爲羣。』隱居豈不樂乎？」珥曰：「殿下以隱居之樂爲教，臣則有不然者。古之隱士，與人主不相接，無君臣之契，故可以相忘；而又身健無疾，自適於佳山好水，故爲樂也。臣則受恩深重，故雖在畎畝，心懸冕旒，又有疾病，每患呻吟，隱居何樂焉？只是難於尸素，故不得不退耳。」大司憲沈義謙、承旨洪聖民、修撰許篈等進啓以上教爲未安，且曰：「『洗耳』之句無君臣之義，詩意不好。」上曰：「若以予之不勉留爲非則可矣，其詩何疵之有？」○右議政盧守慎啓請仍朴淳之任，三啓而不允。○諫院上劄請勉學問、親賢臣，答曰：「當臣留念。」

四月，成渾承召向京，中路遇疾而返，京畿觀察使啓其由，自上別無更召之命。蓋上意已厭士類，而渾又聞諫院以黃蠟之啓忤旨，故竟不至。○中國設堡于長甸子，距義州二十餘里，居民將抵鴨緑江。大司諫李珥謂同僚曰：「華人與我民相雜，則必多後患。」乃啓曰：「中朝設鎮，蔓延開墾，則將至於與我國人煙相接，雞犬相聞，物貨相通，姦細之虞，紛爭之弊，必惹起事端。況饑饉荐臻，必流移投入；㺚虜侵寇，必求救嫁禍。後日之憂，庸有紀極？宜別遣使臣，以誠懇奏聞于天朝，請止之。」上答曰：「奏聞事，予意以爲難矣。然大臣承文院議處。」時廷議皆以爲中朝設鎮非我所能止，況於我國甚便，何可止之乎？皆笑諫院之誤啓。厥後侵耕漸近，遂爲平安道之憂。○礪城君宋寅見李珥曰：「左相有闕，自上命卜相云，誰負物望？」珥曰：「必是前相爲之。」前相指洪暹、朴淳也。寅曰：「若前相又遞，則誰可代者？」珥曰：「未聞有負時望者，必以職次爲之。」寅曰：「如季真曾聞有卜相之望，今何寂寥？」珥曰：「季真、李後白。子膺盧禛。稍有士望，第未知合於相位也。重晦金繼輝。雖無相望，吾意以爲勝於季真。」寅曰：「三人作相，有相業否？」珥曰：「季真窄狹，子膺遲鈍，重晦滑稽，皆不能有爲，但不害士林耳。」沈義謙問曰：「姜尚之無乃先作相耶？」珥笑曰：「尚之姜士尚。循默無是非，真是當今政丞也。」厥後李後白、盧禛相繼而卒，金繼輝見忤士類，姜士尚果作相。○洪暹爲領議政，李鐸遷左議政。士林望朴淳復相，而暹乃相，皆失望。○大司諫李珥謝病免，旋拜右副承旨，復以疾免，遂歸鄉里。李山海謂珥曰：「君欲退則只辭病而已可也，何必於經席啓達乎？」珥曰：「只呈病狀，似是模糊。」山海曰：「君既出處以義，勢不可在朝。如我者既以世俗模樣自處，只得保位而已。」崔永慶謂珥曰：「君之決退，無乃不從容乎？」珥曰：「半繼遲回，豈不從容乎？」永慶曰：「自處當如此，奈時事何？」珥曰：「自處未盡而能救時事者，未之有也。」珥每於入侍之時，懇懇多所陳達，盧守慎謂人曰：「李珥於經席多言，上所厭聞，恐其生事。我欲止之而不相知，故不能耳。」珥聞之笑曰：「我退則無言，穌齋守慎齋號。可無憂矣。既不能自言，又止他人之言，平日讀書，何所見而如此乎？」珥問韓脩曰：「穌齋何如人？」脩曰：「非但能文，亦有技藝，而相才則極拙，可怪。」珥曰：「相才不可以技藝觀也。古人則歷變履險，氣節彌厲。穌齋則不然，二十年遷謫之餘，氣節消盡矣。」鄭澈聞珥解官曰：「自上若誦『洗耳』之句，則明日便可引去。」珥聞之曰：「季涵澈字。過矣。我以在朝無裨益故退耳，豈以此詩之故決退乎？以此決退，明日即去，則此小丈夫悻悻之事也，非我心事也。」朴淳聞珥之退，以書勉留，珥於簡尾書杜詩曰：「安危大臣在，何必淚長流？」○金宇顒別李珥，謂曰：「我亦有歸志。」珥曰：「玉堂異於諫官，願君黽勉少留也。」宇顒於經席自陳多病，請退調于故山，上曰：「爾有何病？予當劑藥以給。思念故山，情所必至，一向不許歸，則有所不堪，予當給由，爾可往還。」宇顒經席之説懇懇可聽，而無觸拂之語，故上眷尚重。

五月，慈壽宫尼以内命往金剛山作佛事，爲有司所糾，囚于淮陽獄。於是館學諸生上疏請廢淨業院，且言黄蠟所用不正，上優容答之，且曰：「黄蠟非用於佛事。」遂以前日入内黄蠟，還下于該司。上頗悔前日摧折諫官之非，故優答諸生而還下黄蠟。

六月，大旱，命疏放，右議政盧守慎建白以爲寃氣召災，金汝孚、金鎮、李銘、林復等禁錮歲久，寃氣必積，可復叙用，以消寃氣，上從之。於是三司竝發，請勿收叙，累日乃允。金安乎、金鎮、李銘則於丙辰、丁巳年間依附尹元衡，攻擊金弘度、金虯等，將嫁禍士林者也。林復則乙巳以後黨附權姦，將以害人爲發身之路者也。

謹按：旱、蝗固是冤氣所致，但所謂冤者，無罪見枉之謂也。若有罪被斥者，皆可謂之冤氣，則四凶之流放竄殛，亦當爲冤氣，而招堯代之災矣。盧守慎位居台司，被上眷遇，而當此被災之時，無一策可觀，顧以收用罪人爲應天之道，其可謂至無能者矣。

七月，以李潑爲吏曹佐郎。潑少志於學，立心不苟，頗有清名。及擢第，李珥力薦于當路，出身未幾即居要地，人望甚重。○左議政李鐸以疾免，復以朴淳爲左議政。○右副承旨鄭芝衍、同副承旨辛應時以言事罷。時青松府使朴慎元，是吏曹參判朴謹元之弟也。朴家族盛，頗有勢力。慎元曾爲遂安郡守，藉其勢貪饕無厭，狼藉之聲徹於都下，及拜青松，厭其邑殘，欲不往，而又恐被罪，陰囑諫官啓曰：「慎元病重，不可赴邑，請遞。」芝衍等曾見慎元無疾，明知諫官被嗾，不勝其憤，乃啓曰：「諫官雖啓以有病，而慎元則實無病矣。」於是兩司譁然攻芝衍等曰：「承旨豈可沮抑臺諫之言乎？」獨大司諫李後白曰：「雖是諫官之言，若有失誤，則豈可不矯乎？」兩司以議不同，引嫌而退。弘文館將處置，而副提學許曄等以爲臺諫之言，是非間不可沮抑，遂啓遞後白職。俄而新授持平閔純、正言崔滉啓曰：「朴慎元之貪縱，衆所共知，無病亦人無不知。今者不論其貪縱，而託稱有病，是誣上悦人也，諫官可罷。」亦以僚議不一，引嫌而退。弘文館啓請遞純、滉職，上答曰：「諫官非人，以致紛紜。今觀閔純、崔滉啓辭，則其意正，其辭直。世未嘗無人，玉堂議論，何如是其乖當耶？」許曄等竟執前説遞純、滉職，兩司竟請罷芝衍、應時職。鄭澈聞之嘆曰：「三司執國家公論，而三司盡行欺詐，尚何言哉？」

謹按：臺諫者，人君之耳目也。人君所以重臺諫者，以所言必公論故也。若臺諫徇私任情，誣上悦人，則其罪大矣。政院喉舌之臣，雖斥其非，何害於義哉？大抵公論所在，則雖負薪夏畦之賤，亦不可忽也；私意所發，則雖萬乘帝王之尊，亦不可不矯也。今者言出於諫官之口，則不論是非，皆莫敢誰何，而乃欲矯正君父之失，則勢豈有可望者乎？惜乎三司之官皆無識見，自陷於欺君之罪。主國家公論者，所言顛錯乃如此，則時事寧有可正之理乎？

閔純居高陽，守道不仕，安貧寡慾，學者多尊仰之。至是拜持平，始供職，即遞。○前弘文館典翰吴健卒。健既退後，士林多惜之，必欲復用，連拜侍從之職，皆辭不就。居鄉三歲，竟卒。

八月，抱川縣監李之菡棄官歸。之菡憂抱川穀少，無以活民，請折受魚梁，捉魚貿穀，以助邑用，朝廷不從。之菡初無久於作邑之計，只游戲耳，故旋棄去。

九月，吏曹判書鄭惟吉被論而遞。惟吉是故相鄭光弼之孫也，以名家子弟，少有文名，且風度帶長者氣象，比之朴永俊、金貴榮輩則迥然不同。而以壬戌年間李樑憑勢跳梁，惟吉時典文衡，性柔不能自立，頗徇樑意，欲引樑居文衡，故士類至今賤之，兩司駁遞吏判。

十月，吏曹判書朴永俊辭以疾，金貴榮代之。貴榮貪鄙日甚，而累居銓長，清議甚怪之。

閏十二月，懿聖王大妃玉候愆和，還復膳，擬令百官陳賀，未幾還未寧，乃停賀。

萬曆三年乙亥

今上八年正月壬寅，是初二日。懿聖王大妃薨。上哀毁盡禮，未過旬月，憊不能支。

二月，三公乃率百官，請姑從權用肉膳，累日不允。恭懿王大妃欲親往勸肉，上乃外若勉從，而實用素膳。

三月，大行大妃發引，以四月十七日擇定。上將隨轝，三公率百官啓以自上毁瘠已甚，不可隨轝，累日未允。恭懿殿懇請，上不得已從之。

四月，弘文館副提學李珥拜恩辭職，不許。珥既歸鄉里，自上頗有眷念之意，徵以承旨、諫長，皆不就，乃拜黄海道觀察使，未及期，以疾遞。即拜副提學，珥舁疾就醫京城，引疾呈辭至三，上猶賜暇。珥疾尋愈，謝恩後辭職曰：「無狀小臣，遭遇明時，内忝侍從，外叨方伯，涓埃未效，只辱名器。加以孱弱之質，血氣向衰，分當屏伏，畢命溝壑。適值國有巨創，皇皇罔極，臣子之義，不敢退歸，扶曳上京。聖恩天覆，不加譴責，乃授以論思長官，屢賜休告，期以就職，感激惶恐，措躬無所。經筵之官，上以輔養君德，下以維持公論，非一官守一言責之比也。況今殿下盡誠大事，哀禮兼至，孝思之實，聳動四境。朝野延頸拭目曰：『吾王之孝，卓冠百王。將必推是心，典學誠身，以興政治，東方萬世之治，肇基於今日矣。』悲喜交極，風草方偃，此正殿下充廣善端、進德修業之一大幾也。將順啓沃，助成允德，責在玉堂。當擇第一人物、能任陳善格非之責者，俾爲長官，以冀薰陶之益，豈是如臣淺薄輕粗者所可一日冒處乎？請改臣職，擇授其人。」上答曰：「屢賜休告，豈無其意？爾今出仕，予心良慰。陳善格非，是予所期。可勿辭也。」○乙酉，仁順王后發引。○上教禮官曰：「下玄宫臨時，欲率百官望陵而哭，此禮何如？」禮官議大臣以啓，且教于政院曰：「望陵之禮，當爲後法。而前此不爲之事，不可不慎於始也。」其令玉堂議啓，副提學李珥等啓曰：「禮有常有變：躬詣山陵，禮之常也；有疾攝行，禮之變也。五禮儀注只道其常，故無攝行之儀。祇送祇迎等儀，皆處變之禮也。至於下玄宫時，全然無事，似爲欠闕，竊恐議禮之臣有所未及建白也。今者自上孝思無窮，當此大事，無所不用其極，下教之辭，允合禮意。此實處變而得禮之正，傳之後世，永爲成法，決無可疑。」上答曰：「知道，依啓。」○丙申，葬仁順王后。上於闕庭，率留都百官，望陵而哭。禮已告畢，上猶號哭不已。政院進啓而不止，大臣入啓，移時乃止。侍衛之臣，無不悲慟。是日返虞，上祇迎于光政門外〔一三〕。虞主入敬慕殿後，上還齋殿。

五月，上下教曰：「仁順王后曾臨朝聽政，羣臣似可行三年喪，令大臣禮官議啓。」於是，大司諫金繼輝謂大司憲柳希春曰：「此事若誤定，則爭之甚難，不如固爭於初也。」乃率兩司全數伏閤，啓以爲大王、王后之喪自有定禮，今不可更議，且以政院不逆啓爲非，請推。上答曰：「當勿更議。但子貢非不知三年有定制，而獨行六年之喪，人之所見，容或不同。此事何至於合司伏閤，而又何必請推政院乎？無乃過乎？」兩司乃退。李珥聞兩司合啓，曰：「合司伏閤，事體重大，此等事何至合司爭之乎？文定王后之喪，亦有此議。其時尹元衡當國，而尚無有以行三年獻議者，況今日乎？大臣賢也，則必謹於禮；不賢也，則自憚行三年矣。如此之議，十分無可虞。而重晦輕率，遽合兩司，上教可謂允當矣。」○司憲府持平閔純上疏，請於卒哭後依宋孝宗例，以白衣冠視事，上命議于大臣禮官。領議政權轍、領府事洪暹則以爲卒哭後視事用玄冠、素衣、烏帶，載於五禮儀，不可輕變。左議政朴淳、右議政盧守愼則以爲白衣冠視事，正合禮意，而事涉更變，自下擅斷爲難，請斷自宸衷。

傳曰：「欲從左右相之議，禮官與二公更議以啓。」於是弘文館上劄請從白衣冠之議，上令博考古禮以啓。蓋上欲居喪盡禮，故深納閔純之疏，流俗大臣多不悦。淳、守慎請會二品以上及三司長官廷議，上從之。弘文館考引古禮議啓，其略曰：「必欲盡合先王之禮，則當初上下當具衰絰如儀禮之制，别造布帽、布團領、布帶以爲視事之服。今既蹉過，不能追復，寧依宋孝宗之制，上下以白衣冠帶視事，爲近於古禮也。若玄冠、烏帶之制，揆之情禮，至爲未安。宋高宗朝羅點建白此制，此時喪紀廢壞，易月之後，純用吉服，故羅點此論，猶愈於已也。朱子君臣服議辨論甚詳矣，豈可不從朱子之論而泥於羅點之議乎？五禮儀撰定時，參贊許稠引羅點之説，遂爲定論。當時無識禮之儒臣，不能導先王於正禮，至今志士慨嘆不已，豈可再誤於今日乎？」是時，廷議二品以上皆以爲五禮儀祖宗時撰定，行之已久，非後嗣王所當輕變。三司長官則大司諫金繼輝、副提學李珥力言喪禮不古久矣，因此幾會，當變通從近古之禮。大司憲柳希春則以爲當守祖宗之典，且曰：「人君居喪，與士大夫不同。」繼輝謂希春曰：「父母之喪，無貴賤一也。人君居喪，何以異於士大夫乎？且所謂不同者，出何傳記？」希春曰：「權德輿之言云然。」繼輝曰：「公讀書萬卷，乃無所見，而欲從權德輿之言乎？」希春無語。上見羣臣之議，不快於意，乃傳于左右相曰：「羣議皆以後嗣不可更變爲言，予難於獨斷，卿等其善處之。」淳、守慎乃啓曰：「五禮儀大概皆從素色，獨玄冠、烏帶而已。今非大段更變，只改冠帶玄色從素而已。臣等之意，從白色冠帶，允得其當。」上曰：「卿等之議，甚合予心。」乃從之。于時卿大夫皆是流俗，正論甚弱，而上心堅欲從禮，且有左右相將順，故俗論不能奪。禮曹判書洪曇尤大言五禮儀不可變，既而上從白衣冠之議，曇甚有愠色，多發違理之言曰：「人君居喪，斷不與士大夫同也。」洪暹聞變五禮儀，嘆息至於泣下曰：「不圖今日見更變祖宗之典也。」於是贊成闕員，或問今日誰可作二相，洪曇曰：「李珥、閔純必拜二相矣。」以純上疏而珥力贊其議，故曇懷忿嫉而言也。

謹按：五禮儀所定喪禮，比於漢唐則可謂遠過，此亦東方之盛典也。但參以古禮，則豈無未盡者乎？今欲變通從古，而廷臣不從乃如此。流俗之不好古道，理勢然也，無足怪者。但今之喪禮，非一從五禮儀也。卒哭後視事服用玄冠、烏帶，而常服則白笠、白帶，載在五禮儀。而仁廟之喪，李芑輩變白笠爲黑笠，未聞當時有以變祖宗法發嘆者，其時洪暹亦曾下淚耶？不然，則變祖宗法而從世俗悖禮則無害，而必也變祖宗法從古禮，然後乃有害也。俗士之心，吁亦異矣！

李珥既於去年，以大諫言不合退去，而今乃供職，其友多疑其出處不得其正。成渾語人曰：「如叔獻出處，古未之有也。」珥聞而笑曰：「出處固非一端。如伊尹之五就，亦豈出處之常耶？我當初固無供職之志，欲於山陵事畢後退去，而適值上累賜休告〔一四〕，不改其職，且主上哀疚之中，善端開發，異於昔日，故欲姑留積誠，以冀萬一之幸耳。君子果於忘世則已矣，如或有意於斯世，則當此錮陰生陽之際，豈無可乘之機乎？」惟崔永慶、金宇顒以珥言爲然。○戊申，上親行卒哭祭，祭後以白袍、白冠、白帶、白靴還宮，羣臣之服皆同。一洗千古謬規，識者韙之。○仁順王后違豫時，有侍女引妖巫入禁中，專以祈禳幻惑爲事，停廢藥餌，馴至大故，人心痛憤。所謂「妖巫」者，是士人之女，而宗室堯卿妻也。三司同發，請治女侍妖巫之罪，上不從曰：「究其實，不至如人言也。」臺諫累啓，乃詔獄鞫治妖巫。○李後白以特旨拜刑曹判書。後白清謹奉公，大臣薦之，故有是除。先是，上問朴淳曰：「刑曹長官，每患不得其人，請卿勿論職次高下，薦其可堪者。雖在郎僚，亦可擢用。」淳對曰：「上教如此，不勝感激。臣請出與同僚議薦。」既出，乃薦後白，故以特旨拜官。或謂李珥曰：「左相真可謂無才。」珥曰：「何故？」或曰：「大臣平日當定權衡，知某人可用可也，豈可被上問而不能答乎？」珥曰：「子言是也。但銓薦人物，各適其才，是古之大臣所爲也。今之大臣，不能辦此。」或曰：「今之大臣，將焉用？」珥曰：「拱手無爲，雖不能做相業，猶勝於毀瓦畫墁者。」或曰：「然則不毀瓦、不畫墁，是今之相業乎？」珥曰：「然。」或曰：「使有才德者居今之相位，亦止此而已乎？」珥曰：「子見工匠之有妙才者乎？若使縮坐一隅，無所作爲，而享美食，則心必不安，必欲售其能，不然則寧去而之他矣。曾見有才德者居位，而安於素食者乎？設使有才德者處今之相位，則必以言不用、計不合，不久而去矣，於國家何益哉？如思菴、穌齋居位不能有爲，雖無所益，亦無虧損，勝於毁畫者，而亦勝於去就必以道者也。蓋去就以道者，必不在朝故也。」問者大笑。○上於卒哭後，猶未復常膳，三公率六曹及二品以上，連日啓請從權。上引見大臣、侍從、臺諫于便殿，左議政朴淳、右議政盧守愼、大司憲尹毅中、大司諫金繼輝進啓，請從權制，上曰：「此事且置，只論政令得失、生民利害可也。」僉啓曰：「必也聖躬安寧，然後可以有爲。自上中氣虚弱，久不開素，將生大病。廷臣遑遑悶迫，罔知所爲，何暇議及他事乎？」反覆陳啓不已，上不答。副提學李珥進曰：「近日，自上執喪盡禮，孝思之實，感動中外。臣民一則悦服，一則憂懼：悦服者，以爲自古人君不能爲治者，以無根本之德故也，今上孝德如此，推此而修身治國，將無往而不用其極，此是東方萬世太平之基址也。憂懼者，以爲自上元氣未完，脾胃虚弱，卒哭已過，尚廢常膳，將致生疾。聖躬無虞，然後百事可做；聖躬失和，則何事可爲？今者公卿百僚廢其職務，奔集闕廷，籲天不已，若不得請，必無退而察任之理。此不可以威令止之，必須自上斟酌允俞，不然則朝廷百事廢矣。」上終不答。羣臣將退，上呼李珥曰：「副提學來。」珥乃進前伏地，上曰：「前日歸鄉里，仍爲監司，久未相見矣。」因温諭問以黄海民瘼，賜語良久而罷。後日因講書傳，至「肯構肯堂」處，珥啓曰：「今人多不解『肯堂肯構』之意，只以膠守前規爲肯堂，此甚不可以經文觀之。其父定其基址，其子因其制而構屋，然後乃爲善承父業也。其志則同，而其事則異。今若只守其基，而無所營建，則乃是不肯堂構也。以國家言之，祖宗創業多有未備者，或時移世變多有可矯革者，則隨宜經紀，當乎義理，乃是繼志述事也。若只守其法，不知變通，因循頹墮，則豈是繼志述事乎？」珥問上曰：「曾聞殿下謂侍臣曰：『予欲學問，只緣多事未遑也。』此語誠有之乎？」上曰：「果有此言矣。」珥曰：「臣聞此言，一以爲喜，一以爲憂：喜者，喜上有學問之志也；憂者，憂上不察學問之理也。學問非謂兀然端坐，終日讀書也，學問只是日用間處事一一合理之謂也。惟其合理與否，不能自知，故讀書以求其理。今若以讀書爲學問，而日用處事不求當理，則豈所謂學問者哉？今上日用之間，事事深求合理，至於一政一令皆欲得正，而無少不善，則此乃學問也。自上質美寡慾，其於學問，不爲也，非不能也。即位數年，非有失德，而別無振起之勢，故國事委靡，臣民失望久矣。今者孝思之實著于遠近，臣民復有太平之望，此正所謂『苟日新』者，必須日新不已，擴充孝思，然後臣民更不失望矣。學問要以立志爲先，立志不極高大，則所就必卑須。奮發大志，以堯舜爲準可也。」○贈故處士徐敬德爲議政府右議政。敬德，開城人，天質聰穎特出，少業科舉，參司馬榜，旋棄所業，卜築于花潭，專以窮格爲事，或默坐累日。其窮理也，如欲窮天之理，則書天字于壁，既窮之後，更書他字。其精思力究，非人所及。如是累年，於道理上慌然心明。其學不事讀書，專用探索，既得之後，讀書以證之。常曰：「我不得師，故用功至深。後人依吾言，則用功不至如我之勞矣。」其論理多主横渠之説，微與程朱不同。而自得之樂，非人所可測也，常充然悦豫，世間得失、是非榮辱皆不以入其胸次焉。專不事治産，屢空忍飢，人所不堪，而處之晏如也。其門生姜文佑齎米謁，敬德坐于花潭上，日已亭午，敬德論議動人，略無困悴之色，文佑入廚問其家人，則自昨糧絶不炊云。其所著文集行于世，議論時與聖賢有差異，故李滉以爲非儒者正脈云。中廟朝薦以孝行，拜參奉，不就。明廟朝命贈户曹佐郎，至是廷議請加贈，而朴淳、許曄是其門人，故主論甚力。上謂侍臣曰：「敬德所著書，予取而觀之，則多論氣數，而不及於修身之事，無乃是數學耶？且其功夫多有可疑處。」朴淳曰：「敬德常曰：『學者用功之方，已經四先生，無所不言。只理氣之説有所未盡，故不得不明辨云。』」淳因言敬德窮理用功之狀，上曰：「此功夫終是可疑。今人譽之則極其盛，毁之則極其惡，皆爲失中。」李珥曰：「此功夫固非學者所當法。敬德之學出於横渠，其所著書若謂之脗合聖賢之旨，則臣不知也。但世之所謂學者，只依倣聖賢之説以爲言，中心多無所得。敬德則深思遠詣，多有自得之妙，非文字言語之學也。」上許贈以議政。許曄每尊敬德，以爲可繼箕子之統，聞珥論敬德之學出於横渠，責珥曰：「君言如此，僕所深憂。若曰花潭之學，兼邵張程朱則可矣。君精專讀書十餘年後，可論花潭地位。」珥曰：「恐珥讀書愈久，而愈與公見背馳也。」先是，曄謂李滉曰：「花潭可比横渠。」滉曰：「花潭所著何書可比正蒙，何書可比西東銘？」曄無語。至是其誇張益甚，至以爲兼邵張程朱之學，可謂不知而妄言矣。

六月，上問安于恭懿殿。懿殿下教曰：「欲勸肉于主上，後饋扈從諸臣，而主上堅執不從，望三公啓請也。」於是三公及政院、弘文館皆啓上以當從懿殿之請。懿殿請益切，上乃勉從。懿殿賜扈從羣臣酒肉。○弘文館上劄子論立志進德、推行保躬之義，上答曰：「毋甚高論，寡人不敏，不足以當之。所論之意，當加省念。」○上雖於懿殿之前暫進肉膳，而還宫復御素膳，大臣以爲悶，乃率百官立庭，啓請從權。上引見左相朴淳、右相盧守慎曰：「此事何至率百官乎？如此相迫，無乃未安乎？」大臣及侍臣皆反覆陳達補養玉體之意，上皆不答。李珥白上曰：「昨日自上答館劄曰：『毋甚高論。』若只是殿下謙辭則可矣，若實以臣等之言爲高論，則恐非宗社生民之福也。漢文帝以三代之説爲高論，故功烈未免乎卑，此豈可法乎？」盧守慎曰：「此只是自謙之辭，當不以辭害意。若殿下實以漢文爲法，則功烈必出漢文之下，豈其可乎？」○弘文館修撰金宇顒，曾於褒貶以不習吏文考居中，未幾拜修撰。國法：居中未滿一考，則不授顯職。宇顒再上疏，援法請免官。上問大臣曰：

「金宇顒辭受進退自前不苟，非俗儒也。今者援法請免，當何以處之？」盧守愼曰：「有司則當守法，但人君用賢，不必拘法。臣意不須遞也。」朴淳曰：「雖暫遞而還拜，不過旬望間耳〔一五〕，當遞之以成其志。」上曰：「予意欲遞以遂其志，雖不除修撰，豈不得見之乎？」顧都承旨柳坱曰：「召金宇顒來。」羣臣既退，乃引見宇顒，從容咨以治道。時上心稍異於前日，李珥、宇顒甚欲引以當道。珥見朴淳論時事，淳曰：「忝居政府，目見民瘼，一無所救，誠所愧赧，寧避位而已。」珥曰：「公若不居是位，則時事尤不可爲。雖不能稱職，只以不僨事爲職亦可矣。上心開發稍異前日，協心納約，庶有可望之理。國事當出於大臣，小臣只可論議而已。國事非更張則不可爲，而上意甚以變通爲難，大臣當積誠陳達，期以回天可也。」○李珥白上曰：「今日上有聖君，大臣皆人望，朝廷無邪議，可謂千載一時。而民生之困，日以益甚，朝廷政令，皆爲文具。其勢必更張，然後可以救民，而反以更張爲喜事，若此不已，雖使朝廷之上嘉謨讜論洋洋盈耳，終無補於民窮財盡，竟歸於亂亡矣。殿下所宜惕念也。」○上謂侍臣曰：「四書輯註多有未穩處，欲稍删削，以便觀覽，玉堂可任此也。」副提學李珥曰：「此非臣學力所能獨當也。學問之士不論出身與否，使參玉堂，同議删削，恐得其宜。」上曰：「前日大臣使予招見成渾，予亦欲見之。但我國規式，未出身人無入參經席之例。雖招賢者，只一見而已，有何益乎？」珥曰：「自上誠欲有爲，則雖舊例所無，亦可變通。恢拓其規模，然後庶可爲治，膠守前規，豈能有爲乎？學問之士，處以閒職，使之輪日入侍經筵，則於助成允德大有所益。」上謂盧守慎曰：「此言何如？卿意以爲是耶？」守慎對曰：「臣意則以爲是矣。但自上以爲未安，則難於强爲。」上曰：「賢者一見而止，固爲無益。但無前規，難於猝變。」珥曰：「誠欲有爲，前規不可不變也。」羣臣將退，上呼曰：「右相來。」守慎進前伏地。上曰：「右議政何無所言乎？予欲頻見，有意存焉。若空進空退，則非予所望也。今日豈無可議者乎？」守慎曰：「可啓之事，羣臣言之已盡，臣更何言？但願自上速從權制，保養玉體耳。」上曰：「此言非所願聞也。」○朴永俊爲議政府右贊成，盧禛以特旨爲禮曹判書。○前持平閔純棄官歸鄉。純頗有靜養之功，立朝論議不苟。至是以抗疏行白衣冠之禮，流俗多嫉之，純乃棄歸。○時廷臣啓請從權不已，上謂侍臣曰：「有疾則飲酒食肉，固禮文也。無病之時，預防後患、飲酒食肉者，出何禮典？」李珥對曰：「羣臣皆意殿下已生疾，故力爭耳。」上曰：「予氣予豈不知乎？予身尚安，不可煩請。」珥曰：「無病不可預防者，上教至當。但外人恐殿下誠孝無窮，守禮太固，雖有疾病，不思從權耳。」上曰：「予雖愚，豈忘宗社大計而只欲行素乎？實是可堪故也。玉堂當倡議，使百僚退去可也。」珥曰：「百僚之退非臣等所能爲，但臣等以聖教丁寧，故欲姑退，而更觀玉候。伏望頻使醫官入診，使朝廷之臣洞知聖躬安否可也。」珥因啓曰：「今日急務，莫如勉聖學，以爲出治之本，而必得賢士，與之居處，以爲啓沃之資。人才不可不汲汲聚會也。曾以未出身人出入經筵事進啓，而自上以爲難，此事當更問大臣而處之。且承旨親入啓事，此非遠規，中廟朝所行也。成廟朝無時招玉堂入直之人，對于便殿，名曰『獨對』，此例亦可復也。」上曰：「承旨親啓，行之似難。若玉堂之官，則當無時召見，不必持册進講，只可商論義理也。近規朝講外無接見大臣之時，予意欲頻頻召見矣。」珥曰：「此事甚美。」上曰：「予欲親政，大臣以爲不可，予不敢爲。」珥曰：「親政是美事，大臣亦必將順。想是恐上觸冒暑熱，而辭不達意耳。若更下問，則可知大臣之意矣。殿下若親政，則當用超遷久任之法。大明羅欽順請用此法，而中朝不克從。誠欲爲治，當用此法。世宗用人以此法，故其時庶績咸諧〔一六〕。今之官爵，朝更夕變，有同兒戲，百事不可做矣。」珥又啓曰：「閔純，學問之士也，今聞退歸，令人缺望。人物眇然之時，如此人豈不可惜？」上曰：「厥家安在？以何事退歸乎？」珥曰：「家在高陽。在憲府議多矛盾，蓋志在復古，人皆毁謗，故不得已退歸耳。」上曰：「曾聞其賢，深欲一見而未及也。頃見呈辭，意謂調病，何遽退歸乎？予聞白帽之事人多非議者，雖欲有爲，人心如此不順，何能爲乎？」珥曰：「末世人心，習於爲非。若欲復古，必紛紛不安，豈可因此不能有爲乎？若堅定聖志，力行不已，則人心自然定矣。」時上方眷注於珥，珥亦以陳善格非爲己任，知無不言，朝紳注目焉。珥退謂金宇顒曰：「上教丁寧，以無疾爲教。强聒請從權，亦爲未安，當更觀玉候而處之。」乃停從權之啓。許曄聞之嘆曰：「年少不經事之人，乃欲置君父於危病之域耶！」○拜成渾爲持平，趙穆爲工曹佐郎。渾以持平被徵，且聞上心向善，而李珥被眷遇，恐有可爲之勢，而屢被徵召，一向辭退爲未安，故承召入京。路中得暑疾，乃呈辭。上聞其入京，乃使内醫診視，劑藥以送。○上問盧守愼曰：「卿其薦賢。」守愼曰：「臣無知人之鑑，何敢輕薦？但以臣所見言之，李珥、許曄可用之人也。」上曰：「李珥則予知其可大用，但其人言論多過於激，此由年少而然耶？若許曄則最是迂闊者，豈可用之人乎？」上意頗欲用李珥矣。

七月，先是司憲府吏路遇宫奴僭服，將執詣憲府，宫奴擊憲吏，憲吏訴于憲府，憲府使人捉來，則宫奴跳入王子寓舍不出，憲府人踵門呼出，終不出。明日，憲府別定他吏，期於必捉，宫中首奴，捉其奴付憲吏。時金貴人亦在王子寓舍，聞門外喧聲，問其故，下人以憲吏捉宫奴告，貴人乃啓曰：「憲吏託以禁亂，作亂于王子寓舍。」上大怒，問其由於持平金鑽，鑽對曰：「下吏不到王子寓舍，只捉宫奴于首奴處而已。」上疑憲府私庇下吏，愈怒，乃下憲吏于義禁府，御書傳旨而下，且曰：「憲府不當發吏捉人于王子寓舍也。」憲府以此避嫌。諫院啓請出仕之後，憲府辭職不就，曰：「殿下不信臣等，移鞫下吏于禁府。臣等不見信於君上，何以靦然就職乎？」於是諫院合司伏閤，請還憲吏于憲府，玉堂亦上劄請從言官之諫，上怒甚，不從。憲府辭職者累日。副提學李珥遭服在家，出仕後乃獨啓曰：「此事上下胥失之矣：憲吏之事非臺官所目睹也，安知直捉宮奴于王子寓舍而執言不往耶？此則憲府之失也。殿下亦非目睹，只聽婦寺之言。婦寺之言不可盡信，殿下待執法之官豈可出於婦寺之下乎？此則殿下之失也。且王子寓舍下人素稱縱恣，不可不嚴加檢飭，而王子阿保當擇醇謹慈良之人。且侯氏一婦人也，尚知教子之方，常曰：『患其不能屈，不患其不能伸。』今殿下有子，何患其不能伸乎？請回聖意，快從公論。」珥實不知金貴人啓達，故斥言婦寺。上大怒答曰：「爾何輕肆多言一至此極乎？此亦予寡昧之所致。下人之事，常恐人心薄惡有如爾説，故日新檢飭。爾豈能詳知乎？」珥乃退而與同僚上劄爭之。是時，大臣請上移御景福宮以侍恭懿殿，上從之。將行，別祭于魂殿，以告移御之由，羣臣皆幸移御後有從權之路。至是，上怒憲府辭職，乃曰：「憲府辭職將不能移御，固予所願也。別祭可停也。」政院請勿停。上問于大臣，大臣請勿停，四啓乃允。上諭于大臣曰：「予不敏，爲羣下所輕。」大臣曰：「士得盡言乃盛世事也，唯唯諾諾乃衰世之風也。」上曰：「予之欲有爲者妄也。予待大臣以至誠，視羣臣如朋友。今羣臣以昏君庸主待予，予何敢擧顔以見卿等乎？」大臣朴淳、盧守慎懼，不敢言而退。時上怒猝發，號令急迫，人情甚駭懼。大司諫崔顒稱病不出，人譏其避事。

謹按：是時上心向善，如泉始達，如火始然。而一朝遇憲吏之事，天怒過峻，善端忽喪，泉壅火熄，莫可匡救。嗚呼！豈非命耶？治身治國，非羣臣之利也，何故嫉羣臣之觸忤，而自沮爲治之志乎？時人或有尤李珥啓辭過直者，苟上心向善則直且不厭，如不向善則婉辭無益，只取訕名而已。天實爲之，謂之何哉？

領議政權轍以病免，以洪暹拜領議政，盧禛拜吏曹判書，驪州牧使黃琳以特旨拜大司憲。是時，上問吏曹曰：「當今治郡第一人誰耶？」吏曹以驪州牧使黃琳、海州牧使李遴、黃澗縣監鄭仁弘、龍安縣監金千鎰對，以故特拜琳大憲。琳雖有治郡小才，只是庸碌之人，無人望，猝居風憲之長，物情未愜，竟被劾論而遞。〇移御于景福宮，從兩司之請，還憲吏于憲府。是時災異疊見，夏旱異當，八道皆失稔，且有雌鷄化雄之變，而奴殺主、子殺父者相繼而起。弘文館上劄請勤聖學、畏天災、正風俗、廣言路，上答曰：「得聞讜論，豈不嘉納？天災時事，固多寒心。如予寡昧無識之君，徒忝厥位而已，尚何治效之可望乎？徒增兢惕耳，當加省念。」〇先是李鐸爲吏曹判書時，郎官議薦賢士之不就試才者直通仕路，啓下承傳，名曰郎薦，由此仕路稍清。至是，上問吏曹曰：「學生公薦是大典法乎？」吏曹對曰：「非大典法也。有志之士不就蔭才之試，故公薦事有承傳矣。」上曰：「此恐有後弊。自今以後，勿用其承傳可也。」蓋上意厭士類所爲，故下教如此，人心益解弛。〇時於載寧郡有奴殺主之變，而檢屍差誤，不能得其致命之由，鞫于禁府，三省交按，左議政朴淳爲委官，獄久不成。知義禁府事洪曇力辨其獄之冤，亦無明驗。淳曰：「綱常大獄，豈可輕釋？」曇語侵淳，必欲釋之，淳不能折，乃請改檢其屍。於是檢屍守令承望禁府風旨，或不録致死之由，或録以病患致死，紛紜不一。淳乃請廣收廷議，廷議不一，右相盧守愼力言不可輕釋。上曰：「屍帳相違，斷獄無據。」乃命釋之。憲府啓請還囚更鞫，諫院之議則不一，獨正言金應南欲啓更鞫，而他人皆不從。大司諫柳希春率同僚啓曰：「再起王獄，妨事體，有後弊，不可爲也。」憲府亦以所見不同，引嫌不出。弘文館上劄曰：「奴殺其主，綱常大變，以此起獄，則必十分窮推，明知無罪之實，然後乃可釋也。今此獄事屍帳，雖不符合，獄事時未究竟，遽命放送，物論未息。爲耳目者當力爭之，而諫院徒以更鞫爲有後弊。如其無罪也，則不可更鞫矣；如其有罪也，則雖十起王獄，烏可已乎？縱綱常之賊，助爲惡之人，獨不無後弊乎？」諫院金應南外可遞，憲府不可遞。」上從之，於是許曄拜大諫。曄與被殺之主爲族黨，常憤獄事不成，及拜大諫，乃以按獄失體啓請推委官朴淳罷禁府堂上，上不從。時洪曇力言此獄必冤，曄力言此獄必可成，人以爲正對。○大臣、侍從、臺諫於經席懇請從權。領議政洪暹曰：「仁廟行素太固，出接天使時，天使勸膳，仁廟出御手，瘦黑太甚，臣意以爲消瘠如此，勢難支保，仁廟果以此成疾不起。故今日羣臣，尤爲悶迫。」副提學李珥曰：「昔成廟亦有志於執喪盡禮，行素既久，自覺漸憊不能支，乃曰：『素食果難，予當以不近女色爲盡心之地。』乃進肉膳，而三年不近色。此非誠孝不足也，勢難故也。諒陰之禮既廢，人君摠攬機務，若以行素成疾，則機務委之何人耶？今者舉朝籲天，至於閭巷之人相聚憂嘆，似此愁慘之氣亦足以傷天地之和也。帝王之孝，在於進學修德、繼志述事，不在於一節之行也。」羣臣反覆陳啓，上皆不答。珥因曰：「近日上下相爭，所傷多矣，無乃殿下心氣亦有所傷乎？人不能皆賢，亦不能皆不肖。賢者欲君上是非分明，愛好儒士；不肖者亦欲君上是非不明，不喜儒士：此其理勢之自然也。近者自上頻接大臣，傾向儒士，且有不時召見之教，人皆欣然以冀至治。而頃者事勢忽變，非徒不喜接見，經筵亦罕。且學生公薦，雖非大典所載，而實是取人之良法，士之不屑試才者因此登仕，仕路漸清。而忽廢其法，上意未知所在，而閭閻閒不善者皆喜悦增氣，賢者憂而不肖者悦，此豈盛世之事乎？未知何故至此。」上曰：「學生公薦非大典法，故予恐有後弊耳。」珥曰：「近日以憲吏一事，守法忤旨之臣上必厭之。但殿下歷觀前史，豈無所見？自古阿諛附託者後必背叛，守正不阿者後必盡忠。以周昌之事觀之：漢高祖欲以趙王如意爲太子，周昌廷爭甚强。以人情言之，昌可謂不愛趙王矣。厥後，高祖深以趙王爲憂，欲得保全之策，趙堯薦周昌爲趙相，昌盡誠保護，吕后不能召致趙王，先召周昌，然後乃致趙王。昌惟其平日有守正之節，故後日能保護也。

此意非獨自上知之，妃嬪亦當知之。」○左議政朴淳辭以疾，大臣被劾故也。先是沈義謙爲舍人時，以白事到領相尹元衡家，元衡之壻李肇敏與義謙相知，引入書室。書室多有寢具，義謙歷問是何人所寢，肇敏隨問以對，其一則金孝元臥具也。孝元時未第，有文名，義謙心鄙之曰：「安有文學之士乃從權門無識子弟同棲乎？決非介士也。」厥後，孝元登魁科，才名日盛，律身清苦，當官盡職，朝士爭推獎，而吳健薦之尤力。義謙前日有扶護士林之力，故前輩士類多許之，由此有當路之勢。吳健欲薦孝元爲銓郎，義謙嗛前事輒沮遏，故孝元居郎僚六七年乃爲銓郎。喜引進清流，臨事直行，無所回撓，後輩士類皆推重之。孝元心短義謙，常語人曰：「沈也心戇而氣粗，不可柄用。」於是義謙儕輩皆疑孝元銜怨有報復之志，或有指爲小人者。而孝元儕輩亦皆嫉義謙，以爲害正之人。由是士林前後輩不相協，有分黨之漸。及孝元爲司諫，許曄爲大司諫，曄雖前輩而推許孝元，故年少士類尊之爲主。朴淳有清名重望，而是前輩，故人或指爲義謙之黨。曄欲以淳按獄失體啓請推考，孝元亦不違其議，請推之，後淳乃謝病，士林益疑孝元欲攻淳，以孤義謙之勢，物情甚不韙之。辛應時謂李珥曰：「諫院請推大臣，大失事體，玉堂何不劾遞乎？」珥曰：「玉堂非主論劾之任也，必待兩司避嫌，然後處置，乃其常規。隨事論劾，恐是侵官。」鄭澈謂珥曰：「請推大臣者，必是挾邪意動摇賢相，使不安其位也。玉堂烏可無言？」珥曰：「此非金孝元所爲，乃許大諫之議過中也。」澈曰：「公以此爲止於過中乎？太輝許曄字。與仁伯孝元字。同心，近日爲邪論之主，此欲攻去賢相，非無意也。」時吏曹判書盧禛辭疾不來，以鄭宗榮爲吏曹判書。宗榮素非人望，且有附託孝元之誚。澈又謂珥曰：「鄭銓長豈可存乎？」珥曰：「論駁非玉堂之職。」澈慨嘆作詩曰：「君子指朴淳。辭黃閣，小人秉東銓。賢邪進退際，副學心恬然。」珥見詩，但微笑而已。○憲府劾吏曹判書鄭宗榮名望未洽，不合銓長，上不允。宗榮鄙俗狹中，且惡士類，故金繼輝爲大憲劾之。上雖不允，不久宗榮謝病免。

八月，正言趙瑗啓曰：「推考者照以笞杖之律，乃所以治庶官也，不可以是施之大臣。諫院請推大臣，非也。同僚有失而臣與之相容，亦非矣。請遞臣職。」於是兩司皆避嫌請遞曰：「請推大臣，未見其不可。臣等與趙瑗所見不同，不可在職云。」獨大司憲金繼輝所見與趙瑗同，而因論：「大司諫許曄以屍親切族，信聽屍親之言，持論過重。至於請推大臣，臣知其非而不劾，臣不可在職云。」弘文館將處置臺諫，而于時朴淳以賢相被劾謝病，公論甚不平。而年少士類皆是孝元儕輩，故論議相符，不顧公論，而只欲自伸己見以右孝元。鄭澈憤甚，知趙瑗與孝元不相悅，諭以公論，瑗乃舉事。副提學李珥將會同僚，適見柳夢鶴曰：「此事將何以處之？」夢鶴曰：「今日失一賢相，豈不可惜？」珥曰：「今者若劾趙瑗，則是鎖左相于重門也，雖欲出，其可得乎？」珥會同僚問曰：「此事何如？」同僚皆曰：「若遞兩司，是防言路。」珥曰：「不然，當觀其事之是非耳。諫官有失而玉堂糾正，則何妨言路乎？大臣有罪則遞之可也，罷之可也，雖流放竄殛亦可也。言官隨事論斥，有何回避？但不可請推也。所謂推考者，有司詰問照律乃督察庶官之法，非所以待大臣也。昔者漢臣有請使司隸校尉督察三公，而議者非之，以爲不可，使有司督察三公事竟不行。今之請推大臣，乃有司督察三公之法也。諫院之啓既非，而憲府雷同，皆可遞，惟金大憲、趙正言可出仕。」僚議不同，珥力辨良久乃歸一。修撰洪進曰：「許大諫一時所宗，而乃被論劾，此可慨嘆。」著作洪迪、李敬中等曰：「許大諫豈至於私於所親，爲過重之論乎？大憲之論過矣，亦不可不遞。」珥乃曰：「此言亦是也。」於是上劄盡遞兩司，而只使趙瑗出仕。於是公論皆以爲得中，而惟孝元儕輩不快於心，許曄尤不平。李誠中見許曄曰：「令公請推左相，非也。」曄厲聲曰：「吾初欲請罷，而同僚力止，止於請推，緣吾殘弱也。且玉堂處置臺諫甚誤，何以遞兩司而存趙瑗乎？如叔獻年少不知事者，乃爲玉堂長官，國事何以不誤乎？」左右默然。韓脩聞之曰：「許太輝必失性，殆將死乎？」曄負士望，而久居堂上之列，不能陞品，頗懷憾意。少與盧守慎相友，故恨守慎不薦引。一日守慎問曄曰：「誰可作相？」曄歷數朝紳曰：「誰不可相？如洪曇、鄭宗榮輩皆可相也。」守慎默然，知其爲慍語也。○以金繼輝爲平安道觀察使。繼暉在憲府，指許曄爲徇私偏主己見。曄子篈爲吏曹佐郎，輕薄無識慮，怒繼輝揚其父之失，欲出之。吏曹參判朴謹元締結金孝元，時人目爲少年之黨。謹元希名流之旨，乃出繼輝于外，尤不厭衆望。○乙酉，上拜康陵而還，時政院以橋樑未成請停。副提學李珥謂同僚曰：「拜陵之舉，禮之至，情之盡也。宜及未寒時，若至冬月則難舉也。」遂啓請勿停，上答曰：「啓辭至當，正合予意，勿停可也。」遂拜奠而還。是時，左相朴淳四度呈辭，上敦諭甚勤。而且上體少愆，淳爲藥房提調，故不得已出視事。○丁亥，上始親政。聞咸鏡道民生失所，以監司不得其人，乃命遞觀察使朴大立。時李後白因事免官家居，特拜後白爲咸鏡道觀察使。

九月，柳希春棄官南歸。李珥謂人曰：「柳公雖無才，讀書之人也。李季真、金重晦練達時務，明習典故，不可去朝也。」乃議于同僚上劄請留三人，上不從。于時沈、金既有分黨之迹，而金繼輝、李後白皆人望，而人目爲沈黨者也。二人既出，金孝元受謗益深。○上於親政之日，下教吏曹曰：「勿用矯激者，務用淳厚之人可也。」金繼輝聞之曰：「自上欲用淳厚而斥矯激，此固是也。但人君偏主此意，則柔佞者得淳厚之名，剛直者受矯激之謗，爲害不淺矣。」○諫院啓以吏曹徇私失政，請遞參判以下，即依允，且教曰：「曾於親政時見郎官專擅，而未及言也。」時沈義謙、金孝元角立之説日益盛，朝論紛紜。大司諫鄭芝衍問于李珥曰：「議論横潰，將何處置？」珥曰：「此由銓曹不得其人故也。但當靜以鎮之，終不可駁擊。惟朴一初謹元字。所爲，不厭衆心，此可啓遞，而銓郎有闕矣。若得公平之人補之，政事得體，而仁伯自求補外，則庶可無事。」芝衍深然之，欲只駁朴謹元。而僚議欲悉駁銓官，其論甚盛，芝衍不能抑。蓋吏曹佐郎李誠中、許篈皆孝元深友，故欲擊之以殺其勢。於是悉遞參判以下，年少士類多疑懼。○上御朝講于思政殿。時上尚未從權，領相洪暹以下皆請從權，反覆陳達，上皆不答。執義申點啓：「北兵使朴民獻年老無才略，不可不遞。」且曰：「北方空虛，虜騎若來，無備禦之策，請預擇將帥以養望。」上曰：「朝廷多有大言者，若虜騎來侵，則可使大言者禦之。」李珥進曰：「上所謂『大言者』指何等人乎？若指大言無實者，則用必僨事，何可使之禦敵乎？若以好古慕聖者謂之大言，則上教至爲未安矣。昔者孟子遇梁惠、齊宣，而尚以堯舜爲期，此豈好爲大言乎？今者儒者之説，毫髮不見用，而徒指目以大言使之禦胡，則無乃非宜歟？王言一出，四方傳播，不善則千里之外違之。今殿下目儒者以大言，欲置之有北，則賢者喪氣，不肖者彈冠矣。人君發言，使爲善者沮，爲惡者喜，則豈非過言乎？」上默然。珥因曰：「向者自上樂聞善言，傾意儒臣，一國歡悅。而近日天心忽變，疏外儒臣，殿下何故如此乎？請回睿志，親賢好善，使士類興起，不勝幸甚。」○李珥進聖學輯要，因上劄子極論爲學、爲政之道，上答曰：「省所進聖學輯要，有補治道，深用爲嘉。」珥鋭意於格君，乃鈔集經傳及史册之要語切于學問、政事者，彙分次第，以修己治人爲序，凡五篇，書成獻于上。上翌日御經筵，謂珥曰：「其書甚切要，此非副提學之言也，乃聖賢之言也，甚有補於治道。但如我不敏之君，恐不能行耳。」珥起而伏地曰：「自上每有此教，臣鄰極以爲悶。殿下資質卓越，其於聖學，不爲也，非不能也。願勿退託，篤志自奮，以成允德焉。昔者宋神宗曰：『此堯舜之事，朕何敢當？』明道愀然曰：『陛下此言，非宗社臣民之福。』殿下之言，無乃近此乎？」○是時三公率百官請上從權，露坐闕庭，日三四啓，而不蒙允俞。壬戌，恭懿王大妃親詣上所，終日懇請，上不得已從權。是夜，大妃下教于政院曰：「主上近日寢睡不安，且有嘔證，不能進膳。予終日懇請，主上勉强從權，不勝感極。」於是羣臣皆喜而退。

十月，以金孝元爲富寧府使，沈義謙爲開城留守。時義謙、孝元角立之議，紛紜不已。李珥見右議政盧守慎曰：「兩人皆士類，非若黑白邪正之可辨。且非真成嫌隙，必欲相害也。只是末俗囂囂，因此少隙。浮言交亂，朝廷不靖，當兩出于外，以鎮定浮議。大臣當於經席，啓達其由。」守慎疑之曰：「若啓于經席，則安知益致擾亂乎？」及諫院啓劾吏曹，守慎疑義謙之勢偏盛，乃於經席白上曰：「近日沈義謙、金孝元互言疵累，因此人言囂囂，恐有士林不靖之漸，此兩人皆補外爲當。」上曰：「兩人互言者何事耶？」守慎曰：「互言平日過失耳。」上曰：「同朝之士當同寅協恭，而乃相詆毁，甚爲不可。二人皆可補外。」珥曰：

「此二人未必深成嫌隙，只是我國人心輕躁，末世囂囂益甚，二人之親戚故舊，各傳所聞相告語，遂致紛紜。大臣當鎮靜，故欲出二人于外，以絶言根耳。且自上須知此事，今日朝廷雖無姦人顯著者，亦豈可謂必無小人乎？若小人目以朋黨，爲兩治之計，則士林之禍必起矣，此不可不知也。」上曰：「大臣當以鎮定爲心。」弘文正字金睟曰：「自上既知其然矣。二人之才皆可用，不必補外，當自消融協和耳。」珥曰：「此亦然矣。但二人非實有仇嫌欲相圖也，只是薄俗不靖，造作浮言，必至生事。若二人在朝，則浮言必不息。必須補外，以絶浮言之根本也。」同副承旨李憲國曰：「當今聖君在上，賢相在下，故士林無虞。若使權姦在朝，則此事亦可釀士林之禍。往在丁巳年，金汝孚、金弘度互相詆毁，而弘度常忿尹元衡之以妾爲妻，多發於言，汝孚以告元衡，元衡銜之。若以弘度此言請罪，則明廟必不罪，故構飾他罪，以至竄謫，士類多貶斥，此由元衡在朝故也。今者雖有紛紜之説，豈至生事乎？二人皆不可棄之才也。自上招二人，使之盡消胸中芥滯，則可以相容立朝矣。」上不答。未幾親政，以特旨授孝元慶興府使，曰：「此人在朝，使朝廷不靖，當補遠邑。」吏曹判書鄭大年、兵曹判書金貴榮皆啓曰：「慶興極邊，接近深處胡人，非書生所宜鎮撫。」累啓，乃命換富寧，沈義謙則拜開城留守，於是年少士類危疑益甚。李珥居中，將以撫安彼此，士林倚賴焉。守慎既出孝元之後，許曄尤其輕發，守慎恐士類疑之，乃對曄自明無偏黨之心，矣誓重複，識者笑之。○上御夕講，李珥進講大學衍義，至顔子「克己復禮」處，珥曰：「人性本善，純是天理。只是己私爲蔽，故天理未復。若克去己私，則全其性矣。顔子窮理素明，天理人欲如見黑白，故直從事於克己復禮，無毫髮未瑩之疑。今人從前無窮理功夫，直欲克己，則不知何者爲己，何者爲禮，或有反以己私爲天理者矣。此所以格物致知爲大學之始功也。且古者做功夫不多説，克己復禮便去實做，故只此四字可以作聖。今者言語儘多，而元無實功，故亦無實效矣。」上曰：「顔子云『博我以文』，此時有何等文乎？」珥曰：「此時已有六經，且楚左史倚相讀三墳、五典、八索、九丘。倚相之生，先於孔子。則此時有文可讀，但不若後世之多耳。」上曰：「顔子非徒明智，儘是有勇，故能向進不已。如曰『舜何人也，予何人也』，此是顔子勇處。」珥曰：「上教甚當。後世之人不能成就其學者，皆是志不篤故也。自上既知其如此矣，篤志勇詣，則何所不至乎？近日自上每發愛民之教，羣下孰不感激乎？但有其心無其政，則民無蒙澤之效矣。」上曰：「今日民生，比曩時何如？」珥曰：「比於權姦當國時，則浚剥似減矣。但貢賦徭役之規，甚乖事宜，日漸謬誤，民受其害。若不改轍，則雖日下愛民之教，無益也。」上默然。○金孝元既拜富寧，士類危懼不定。且孝元病重，不堪赴塞北。李珥受暇，將省親墳，乃於拜辭之日獨啓曰：「臣有所懷，不得面對。今因拜辭，不敢不達：金孝元補外之説，非但大臣之意與臣合，實是士林閒公論。

自上憂六鎮委於武夫之手，欲以文士有名望者厠坐彈壓，聖意所在，實非偶然。若使孝元無疾，則因此報恩，誠得其時。第孝元身氣偏虛，疾病深重，將此筋力受任塞北，顛頓霜雪之中，則緩死爲幸，安能有所籌畫以爲固邊之計乎？且大臣之意，以人言不靖故，欲以兩人補外以爲鎮定之策而已，非以孝元爲有罪而放逐之也。請以内地僻邑授孝元，内全君臣之義，外固邊圉之備。」上疑珥黨比孝元，怒答之辭，極詆徇私，後乃知其不然。○湖南櫻桃成實，漢中亦有杏花爛開者。○瑞山有姦民，欲害其宰，打破明廟胎峯石欄。○己丑，召對于思政殿。李珥自坡州已還入侍，因論學問，珥曰：「古者無學問之名，日用彝倫之道皆人所當爲，别無標的之名目，君子只行其所當爲者而已。後世道學不明，彝倫之行廢而不舉，於是以行其所當爲者名之以學問。學問之名既立，反爲世人所指目，吹毛覓疵，或指爲僞善，使爲善者諱祕遷就，以避學問之名，此後世之大患。人君須主張學問，使俗流不得謗議可也。學問豈有他異哉？只是日用間求其是處行之而已矣。」是日寒甚，上謂侍臣曰：「今日寒矣，予則在廣廈細氈之上，豈有不堪者乎？念彼塞上戍卒，徹夜擊柝，何以堪居乎？」珥曰：「上教如此，生靈之福也。不但戍卒，閭里之民亦多有凍死者，願垂軫念焉。」上謂珥曰：「埽墳時見成渾乎？其病何如？終不能仕乎？」承旨李憲國曰：「成渾非不欲仕者，病不能仕耳。」上曰：「不能爲邑宰乎？」珥曰：「邑宰之勞甚於京官，非病人所堪也。」上曰：

「頗能教授學徒乎?」珥曰:「亦以病未能也。」上曰:「閒居教授則好矣。」珥曰:「固是好事，而病未能焉，可恨。」珥因啓曰：「臣前啓金孝元之事，辭不達意，以致上批多有未安者，故有至今惶恐不已。」上曰：「予未知金孝元有病，而授以邊邑。副提學啓辭，似未曉予意，故有所云云，非以副提學爲有私也。」天語甚溫，似若慰解者。珥曰：「臣非不知聖旨，而聖鑑如此，必是辭不達意也。」上曰：「當改孝元之邑，其知之。」珥曰：「然則公私兩便矣。前日上批有未安者，謂人臣食祿則當效死云。是人臣自言則可矣，在上則不當發此言也。人君則當量臣子才力，擇授可堪之職；人臣則當死生以之，夷險一節矣。且重祿深恩，固所以結臣子之情也，然人臣當以分義爲重，若只慕恩祿而效忠，則他人亦必誘以恩祿矣。是故以分義爲重者，不計人君待我之厚薄，皆能伏節死義矣；以恩祿爲重者，其心不可信也。」李憲國曰：「人君豈可不以恩祿待臣下乎？九經之義亦曰忠信重祿。」珥曰：「九經之義固曰忠信重祿，以忠信先於祿，則忠信爲重而祿爲輕也。」上曰：「予所見淺，故言多有失耳。」著作洪迪曰：「恩祿之教，則臣未見其有失也。」上曰：「不然。予言失矣，副提學之言是也。」因謂珥曰：「予觀往史，時代漸變，夏不及唐虞，商不及夏，周不及商矣。今代固難復三代之治也。」珥曰：「世道固漸降矣。雖然若行古道，則豈無復古之理乎？程子有言曰：『虞帝不可及已，三代則決可復也。』蓋唐虞之時，無爲而化，後世所不能及也。若三代之治，則苟行其道，必可復也，只是不爲耳。三千年來爲之而不成者，不可見矣，何由知其不可復乎？」後數日，改授金孝元三陟府使。

十一月，唐津姦民欲害訓導，打破鄉校位版。○李珥因夜對白上曰：「天理人欲，間不容髮。二者初非二本，人心未發時，只是渾然天理而已。每於動處，善惡分焉，心動然後乃有人欲。」上曰：「動者因氣，氣有清濁，故善惡分焉。天理人欲初非竝立於心中也。」珥曰：「上教當矣。天理人欲初非二本，而既分之後，界限明甚。非天理則是人欲，非人欲則是天理，未有非天理非人欲者也。」上曰：「所行雖善，而有求名之心，則亦不可謂之天理也。」珥曰：「心欲求名，而矯情爲善，則是亦人欲而已。」承旨鄭彥智曰：「此言然矣。但『求士於三代之下，惟恐其不好名』，好名之士，未可深非，安知非作之不止乃成君子乎？」珥曰：「初雖好名，而後日改心務實，則可成君子矣。若終始好名，則無其基本矣，安得成君子乎？彥智之言有爲而發也。今世之人，以放心爲惡者，爲務實而不深斥，若見爲善者，則必疑其僞，惡好名而不惡好利，故彥智之言矯時俗之弊也。由學者心術論之，則好名之恥甚於穿窬；由人君用人論之，則好利者不可用，好名者不可棄也，但不可柄用耳。」上曰：「好名之士能讓千乘之國，而簞食豆羹見於色，其無根本如此。且好利者不能欺人，好名者善於欺人，其弊大矣。古人所謂『求士於三代之下，惟恐其不好名』者，此言有爲而發，未見其穩當也。」珥曰：「上教當矣。但爲善者與好名者，辨之甚難。若見爲善者，而輒疑其好名，則無好善之實矣，此不可不知。」珥因進曰：「近日民生日困，風俗日敗，至於一月之内，頑民打破胎峯石欄、鄉校位版，如此大變，殊可驚愕。而天災之作，亦無月不現。人皆耳恬目習，置之相忘之域，此豈可坐而視之乎？必須求其所以致此之由，講究所以救弊之策可也。」上觀書不答。珥曰：「古人以夜對爲勝於晝講者，羣動既息，君臣於靜中相對，思慮精專，啓沃有效故也。今夜自上亦當以學問可疑處及時政得失，下問臣等也。」上曰：「學問必須稍有所得，然後乃可會疑。予不能會疑，故不能問也。自下若講論，則予當答之。」珥曰：「昔者孟子問齊宣王曰：『四境之内不治，則如之何？』王顧左右而言他。朱子譏其不能有爲。今者四境之内不治矣，殿下當如之何？」上不答。侍臣將退，上乃講論古今事變，反覆良久。至論唐太宗殺兄處，上曰：「太宗不知天下是外物〔一七〕，故至於殺兄，可哀也已。」珥曰：「上教至矣。聖人固以天下爲外物也。雖以天下爲外物，而憂天下之憂不翅如己之憂，未嘗以爲外物而不之省也。」珥因啓曰：「臣有欲達之事未得從容，不敢達也，臣今有復焉。徐敬德、成守琛一時竝出，學問之功，敬德固深，而德器之厚，守琛爲優，故論者互分優劣。先王朝贈守琛爲執義，贈敬德爲佐郎，近日加贈敬德爲右相，而守琛之贈則不加焉，士類以爲歉。臣意加贈爲當，守琛頑廉懦立之功，真可尚也已。」上曰：「既以爲賢者，則褒贈爲重矣，爵之高下何關之有？敬德之贈亦似過矣。」珥退謂人曰：「上聞今世之弊，則略不講論，好論前代之事。假使論議精詳，何補於時事？時事無可爲之望矣。」遂決退意。

十二月，副提學李珥謝病解職，授以西班。

萬曆四年丙子

今上九年正月丙申，仁順王后練祭，百官脱衰，自上改練服，仍服白帽、白帶以視事。自上白帽視事之後，流俗舊臣咸以改五禮儀懷不平，上亦厭士類所爲，頗悔輕變。禮官徇流俗之論，講更議大臣，上命大臣獻議。領府事權轍、領議政洪暹以爲當於練後從舊制，以玄冠視事。左議政朴淳、右議政盧守慎則以爲當依卒哭之例，而守慎之論尤詳，其言曰：「白帽視事之制，斷自聖衷，既洗千古之陋，今不可中變。且羣臣既以白帽終期年之服，而自上遽以玄帽終三年之喪，則是詳於期年而略於三年也。輕重顛倒，不成模樣矣。」上以大臣之議不一，乃命二品以上廷議。於是羣臣爭言五禮儀不可不從，蓋位高者皆流俗故也，願仍白帽者不過一二人。上更命禮官商確以啓。時禮曹缺長官，參判朴啓賢亦俗士也，乃啓以當從五禮儀，上乃從禮官之議。諫院、玉堂爭之不得，憲府亦爭，三司交章，累日不止。

上更問大臣，則淳、守愼力言以爲卒哭後毋改五禮儀則猶之可也，今既變白而練日變黑，則既非古禮又非祖宗之制，進退無據矣。上乃曰：「予寧失之厚。」命仍白帽。

謹按：孟子曰：「一薛居州，獨如宋王何哉？」蓋陽盛陰衰則君子用，而小人斥；陰盛陽衰則小人用，而君子退。此固常理也。雖然，天下之事正而勝者常少，不正而勝者常多，是故君子雖盛，一小人潛入左腹亦足以易治爲亂，況小人衆而君子寡者乎？乙亥、丙子之間，流俗充滿朝廷。每有廷議，邪論羣咻，正議之弱如一髮引千鈞〔一八〕。而加之以上心深厭士類，假使孔、孟、管、葛處朝，亦無如之何矣。李珥、金宇顒輩乃棲棲於其間，欲以格君致治爲己任。嗚呼！其情可悲而亦可謂不自量也已。

前議政府右贊成朴永俊卒。永俊自少歷敭清顯，一以隨時觀勢爲事，故不忤權貴，不咈公論，得以富貴終焉。○大匡輔國、崇祿大夫、行判中樞府事李鐸卒。鐸雖乏矯矯風節，而寬厚有德量，愛士，能容其直。其長銓曹，力恢公道，士望甚重。佐郎鄭澈每於銓除之時，必欲以公論注擬，多有所違覆，鐸無言不從，既而笑謂澈曰：「惟我能容君，後人必有所不堪者矣。」厥後洪曇判吏曹，澈執論如前，曇果大怒。澈語人曰：「李公之量，人不可及。」鐸位居台司，只資俸祿，不別治産，僅繼朝夕而已。郡邑或遺食物，則必分諸鄰里親舊，廚無餘積。臨死謂其子海壽曰：「我死，棺槨必用君賜，無易也。」鐸卒，士林惜之，以爲近日銓曹政事無最於鐸云。

二月，善山有雌鷄化爲雄。○李珥棄官歸鄉。珥既遞副提學，朴淳每於經席薦其賢且才可用，上曰：「此人矯激。且渠不欲事予，予何爲强留乎？自古許退而俾遂其志者亦多矣。且賈誼讀書能言而已，實非可用之才，漢文之不用誼，真有所見也。」副提學尹根壽見珥曰：「自上方以君之欲退爲矯激，不欲留之云，君不可遲留乎？」珥曰：「自上不欲留，則雖欲遲留，其可得乎？固將退也。聞許其退而乃不退，則是以去就爲市道也。」先是，金孝元喜薦引名流，年少士類歸重焉，勢焰甚盛，前輩士類惡之而畏其勢，莫敢下手。李珥在朝恐其駸駸爲朝廷不和之漸，欲殺其勢，乃唱補外之説，公論倚之爲重。珥意只欲鎮定而已，非欲深治也。既出孝元，朝論便激，欲深治之，珥極力止之，且引李潑復爲銓郎〔一九〕。時輩欲以尹晛薦銓郎，珥心知晛不合於銓曹〔二〇〕，而爲調劑，故不敢止。且以爲李潑在銓，必能制晛之行私。及晛爲吏郎，潑適以都承旨，知吏曹朴好元同壻，有相避之規。故事只以都承旨改知他曹，而吏郎則不遞，政院請改好元知他曹，上曰：「李潑非不可遞之人也。」乃遞潑。晛始得用事，欲薦趙瑗爲吏郎。瑗輕躁非人才，只是與孝元相失，而爲正言時唱遞兩司，以殺孝元之勢，故晛欲酬其功。珥止之曰：「伯玉非可用之才。若不論人物之如何，而只欲用嫉仁伯者，則君輩必敗矣。」晛不從珥言，竟薦爲吏郎。珥欲力主調劑，而時議反以珥爲含糊不明。李海壽謂珥曰：「金仁伯必是誤事小人。君不知其用心，故於經席不分是非，朦朧啓達，至爲未安矣。」珥曰：「吾則以仁伯爲好名之士而已，不至如君等作小人看也。」鄭澈、具鳳齡、辛應時等皆以孝元爲小人，欲深斥之。澈將南歸，勸珥斥孝元，珥曰：「彼人罪狀無形而爲士類所重，若欲深斥，則必連累士類。大致紛紜，朝廷傷矣。」終不聽。澈乃作詩示之曰：「君意似山終不動，我行如水幾時回？」慨嘆而歸。前輩則惡孝元如此，而後輩士類頗惜孝元，以珥爲誤出孝元。或有謂珥者曰：「天下無兩是兩非，公於近日處事不分是非，務欲兩全，人心不滿矣。」珥應之曰：「天下固有兩是兩非矣。伯夷、叔齊之相讓及武王、夷、齊之不相合，是兩是也；春秋、戰國之無義戰，是兩非也。近日沈、金之事，非關國家，而乃相傾軋，至於朝廷不靖，真是兩非也。雖是兩非，而俱是士類，但當和解消融可也。必欲是此而非彼，則方生之説、相軋之勢何時可了乎？」於是，前輩尤珥之不攻孝元，漸不用珥言，後輩尤珥之不用孝元，朝論甚相乖。大司諫洪聖民謂珥曰：「李誠中爲持平，物論欲劾遞，何如？」珥曰：「是何言也？誠中别無過惡，亦非異衆作畦畛者也，但與仁伯爲深交耳。仁伯尚不可攻，況可攻其黨友乎？若然則尤至紛紜，決不可劾也。」聖民初是珥言，後被時輩力勸，乃劾誠中，士類益驚駭，國言囂囂。珥上既不得於君父，下被僚友不用其言，尤決退志。與韓脩、南彦經論時事曰：「近日時論，欲汲汲硬定是非。是非豈可以一時氣勢强定之乎？當初裁抑仁伯，實是公論。而及今議論過激，尚未安定。士類之公心中立者，反生疑心。若此不已，必失人心，反使右仁伯者爲公論矣。」彦經曰：「只抑仁伯一人補外矣，其餘人皆依舊在清班，則士林帖然無事矣。」珥曰：「此吾志也。」彦經曰：「公不可退，如此紛紜之時，豈可不念乎？」珥曰：「不見信於上下，奈何？」彦經曰：「豈無一分之益？」珥曰：「爲一分之益而誤我平生，何如哉？」彦經良久曰：「此亦然矣。」金宇顒見珥，頗有愛惜孝元之意，珥笑曰：「觀仁伯有四等：一等議論則以爲無狀小人，此則季涵輩也；又一等議論以爲好名之士，此則我也；又一等議論以爲雖帶好名意思，也是善人，此則君輩也；又一等議論以爲無瑕之君子，此則渠之儕輩也。一人而具四等議論，人各自是己見，莫可相通，以此做出許多紛爭。國綱民瘼置之度外，而汲汲務定是非，朝政自然日就紊亂，此亦天也。」宇顒曰：「此則然矣，何以致此紛紜乎？」珥曰：「金仁伯之過在先矣。仁伯不自量力欲爲國事，而又不避嫌，排抑先輩士類。年長者莫不含怒，而畏其勢，莫敢下手。余見仁伯所爲，不無後弊，故唱爲裁抑之論。當初先輩借珥爲重，惟言是從，及下手裁抑之後，乃不用珥言，有如得魚忘筌矣，可笑。大抵此事裁抑則是矣，過攻則非矣，以無形現之罪故也。余言不見重者，由季涵所見過中故也。季涵以清名爲世所重，故儕輩恃涵而輕珥矣。」宇顒曰：「將何以救之？」珥曰：「而見、柳成龍字。肅夫、宇顒字。景涵李潑字。聚于要地則可救矣。」宇顒曰：「公亦去矣，吾等雖留，何益？」珥曰：「吾之進退，不係此事。」宇顒曰：「何不於經席痛陳乎？」珥曰：「此事言之極難，必待君臣相信乃可盡言。今者自上不知羣下之心，若從實陳啓，則必疑朝廷分朋結黨，而使漁人獲利矣。」宇顒曰：「公不可勉留乎？」珥曰：「若數月之内當生禍敗，則珥可勉留相救矣。今則別無形現之禍，而朝論相乖，和氣日消，加之以俗論得行，清議漸微，數年之外始見其證矣。吾今上説下聒，皆不相信，安能坐待數年後患而踽踽强留乎？」許曄見珥曰：「近日之事，良可寒心。」珥曰：「何謂也？」曄曰：「百年以來，外戚常執國柄，時人耳恬目習，以爲當然。一朝有年少之士指孝元。排抑外戚，指義謙。故時人驚怪耳。」珥曰：「公言似正而實誤。今日之非仁伯者，豈爲方叔義謙字。地哉？公言誤矣。」曄曰：「和叔、朴淳字。季真、李後白字。重晦金繼輝字。雖有時望，識者論之，則必以爲方叔門客矣。」珥曰：「公言大誤。斯三人皆士林之望，豈是依方叔而發身者乎？」曄之意蓋以義謙爲外戚權姦，而朴淳輩皆依外戚致大位，孝元排抑外戚，故時論裁制云矣。珥謂韓脩、南彦經曰：「許太輝曄字。所見甚謬，他日誤時事者必此人也。」珥見盧守慎曰：「時論紛亂，相公何不鎮靜？」守慎曰：「如我者何能鎮靜？」珥曰：「公不任此，則更責何人？」守慎曰：「如公不可退去。」珥曰：「今日之非金孝元者，欲汲汲顯其非，反起人疑。當初裁抑自是得中，人皆以爲公論。及乎攻之太甚，則士類反疑挾私釋憾。欲彰其非，而反招是之之論，非之尤力，則必有是之益重者矣。」守慎曰：「此言正是。須向諸公明言之可也。」珥見具鳳齡曰：「士林乖張，人心洶洶，而人謂公主論云，果然乎？」鳳齡曰：「吾病伏一隅，亦安能主論？若今日更有所處分，則時事誤矣，當靜而鎮之。」珥曰：「此吾意也。」珥見朴淳曰：「時事無可進步處，苟免禍敗足矣。朝廷不和是可深憂，年少士類疑懼太甚，須使安定可也。」淳曰：「計將安出？」珥曰：「柳成龍、金誠一輩歸鄉不來，想必爲閒言所動也，此人須白上特召。而金宇顒近被主上疏待，亦白上引入經幄，與李潑輩持時論。而季涵亦不來，亦請特召。如此裒合人材，而用人之際權衡平正，使人不得橫議，務在調和鎮定。如此一二年，則朝廷靖矣。不然則俗論勝而清議衰，將至朝廷昏濁，而清名悉歸於孝元輩，則前輩則失人心，而終不見調劑之日矣。」淳曰：「此語誠然，恨無任此者。」因勸珥留甚切，珥嘆曰：「在京一年，不能讀一卷書，如此乾没恐誤一生。」淳曰：「君所讀書亦已多矣，猶欲退而讀書，則如我元不讀書者，將何以自處？」珥曰：「公爲大臣，已受命擔當國事，不可有退志，非珥比也。」魚雲海見珥曰：「柳應瑞夢鶴字。使我勸公留矣。」珥曰：「留我將何爲？」雲海曰：「上心頻有出入時，若後日更值善端開發，而朝無儒者則豈不可惜？」珥曰：「坐待天心開發，而未發之前尸素不慙，則先枉己矣，何以正君乎？果有坐待好時道理，則聖賢亦宜坐待，而自古未嘗有坐待之聖賢，何哉？」雲海曰：「公言是也。」士類知珥已決退，李潑、宋大立、魚雲海、許錯、安敏學等就與之相別。珥曰：「吾今欲爲定論，諸公試聽之。」皆曰：「諾。」珥曰：「權姦濁亂久矣。摧陷廓清，使士論得伸，豈非方叔諸公之功乎？仁伯欲爲國事，則宜無失巨室之心，而乃排抑前輩，使前輩懷憤，士林自相角立，此則仁伯之罪也。既如此，故公論裁抑，出補外官，已得中矣。而猶嫉之太深，攻之太劇，則此前輩之罪也。如此論斷，得其事情矣。自今以後，不相疑阻，坦懷處之，則更有何事？不然則朝廷之憂未艾也。疇昔則士類、俗類只兩邊而已，今則士類之中自分兩邊，致此者非仁伯而誰？」魚雲海曰：「此言真是公論。今日在座之人皆從此論，則時論定矣。」座中皆曰：「然。」礪城君宋寅别珥，嘆曰：「今上英明拔萃，衆賢集于王庭。如我無能之人，只欲坐見升平，而事終不成，可惜。」珥既歸鄉，時論益潰，不可救矣。

自春至夏大旱，六月乃雨。○朴啓賢於經席，因論成三問之忠，啓賢曰：「六臣傳是南孝温所著，願上取覽，則可知其詳。」上乃取六臣傳觀之，驚憤下教曰：「言多謬妄，誣辱先祖。予將搜探而悉焚之，且治偶語其傳者之罪。」賴領議政洪暹因入侍，極言六臣之忠，辭甚懇切，侍臣多有墮淚者，上乃感悟而止。

謹按：六臣固是忠節之士矣，非當今之所宜言也。春秋爲國諱惡，此亦古今之通義也。朴啓賢輕發非時之言，幾致主上有過擧，可謂懵不解事矣。昔者金宗直啓于成廟曰：「成三問是忠臣。」成廟驚變色。宗直徐曰：「幸有變故，則臣當爲成三問矣。」成廟色乃定。惜乎侍臣無以此語啓于上前者也。

七月，義州牧使郭越上疏陳時弊，而疏中論李浚慶之非，且論白仁傑欲嫁禍士林，而祕謀不掩，羞愧自退云云。上命召三公教曰：「李浚慶是柱石元老，而越乃敢追詆；白仁傑精忠貫日，而乃指爲圖禍士林。其情叵測，予欲拿來窮問其情，於卿等意何如？」領議政洪暹等啓曰：「不根之説，乃敢上達，可謂疏脱。然不可窮問，當優容以廣言路。」上乃不拿鞫。○林芑有罪，兩司請治罪，不允。芑是庶孽，能文，初授漢吏學官，性陰險喜事，隨金澍奏請改宗系事，以功授堂上職，每僥倖朝廷有事，得以發身。至是窺上意厭士類，又欲追崇德興君，故乃呈疏于政院。其意大概以爲人後者爲之子之論，爲非聖人之法，主上當爲德興之子，極其尊崇。且論仁廟之主不當在文昭殿，且詆士習讀心經、近思録釣名，以長虚僞之風，且多建書院，貽弊民間，至以程子爲得僞學之名，乃自取也云云。都承旨鄭琢與芑有舊，知芑疏若上必得罪，故還送芑家，使之改製。芑雖改製，去其太甚之説，而猶多悖語，政院不敢啓，留其疏。疏語多傳播，諫院聞之，乃啓曰：「林芑陰懷悖逆之心，鼓動兇邪之説，眩亂是非，誑惑視聽。至於陳疏，期以上聞，其貽患朝廷、嫁禍士林之計慘矣。請亟命拿鞫得情，依律定罪。政院既見疏辭如此，而不即具陳兇悖之狀，請治其罪，視若尋常，其不職大矣。請承旨竝命推考。」上時未見其疏，問于政院曰：「林芑之疏在何處乎？不見其疏，無以答諫院，斯速入啓。」政院納其疏，上覽後問諫院曰：「林芑之疏，何所道乎？」諫院啓曰：「芑疏中可駭可愕之語，傳播中外。臣等只將風聞，啓請拿治，實未見其疏矣。」上答曰：「芑言誠如啓辭，則固當拿鞫矣。今見其疏，別無兇悖之言，非徒不當加罪，所宜嘉賞其誠。雖有失言，不足深責，諫院必誤聞矣。」於是兩司全數伏閤，請拿鞫林芑曰：「芑欲移仁廟之主出文昭殿，此罪同於廢置君父矣；且欲追尊大院君，而以爲人後爲之子之論爲非，是欲絶父子之倫也；且以讀心經、近思録爲釣名，是欲禍士林也。」上答曰：「文昭殿當廢之説，倆於趙光祖之口。若罪以廢置，則光祖當先伏其罪。不罪彼而罪此，無乃林芑不服乎？且芑言欲爲所生之親世祀也，非欲追尊也。且釣名之云，無乃士類自取乎？以幺麽一芑之疏，至於兩司伏閤，無乃躁乎？此是東方之習也，言之從不從，豈係於此乎？」不允。兩司伏閤經月，竟不蒙俞。

謹按：林芑之疏固兇悖矣，然人微言淺，豈可遽至於兩司伏閤乎？當初政院宜即啓其疏而請罪可也，諫院宜先覽其疏，而後請罪可也。政院既失於前，諫院又失於後，啓上輕侮之心，故兩司伏閤請罪至微之人，經月不蒙允俞。其傷國體、沮士氣，豈不甚乎？嗚呼！天意方厭士類，故非徒不加罪於芑，而反欲嘉賞。宸心如此，寧有望治之理乎？

以朴忠元爲吏曹判書。忠元素無人望，大臣以乏人故授銓長。兩司未劾，而弘文館上劄劾之，上怒詰曰：「誰可代者？若舉其代，予當遞差。」兩司因此避嫌，自劾不論忠元之失，請遞，退待物論。玉堂請出仕曰：「見有遲速，不可輕遞言官。」兩司再避嫌曰：「臣等亦非以忠元爲合於銓衡也。大臣以乏人，故薦用矣。既失不劾，不可就職。」玉堂乃請遞差，且論忠元碌碌昏庸，老而無識，見棄於清議。上答曰：「爾等雖論思之臣，乃予小臣也；銓判雖被劾，乃予重宰也。何必深詆至此，無渾厚之風乎？且初請兩司出仕，繼請遞差，其中無所主可知也。」不允。玉堂更請遞差，乃遞兩司。而新臺諫劾忠元，上竟不允。忠元自知不容於公論，乃謝病免。以鄭宗榮爲吏曹判書。

八月，領議政洪暹以疾免，以權轍爲領議政。○洪曇卒。曇立朝有清儉之操，且有家行，事繼母孝，居喪執禮甚固。而只是不喜學問之士，持論鄙俗，故士論不與，久處六卿之列，不被柄用，鬱鬱不得志。朴淳謂李珥曰：「洪太虚曇字。懷憤日久，欲授銓長以慰之，何如？」珥曰：「數日之内必喜矣。過數日後，欲肆己如？渠量淺，若得好官，則必喜而解憾矣。」珥曰：「數日之内必喜矣。過數日後，欲肆己志，而被士類相持，則必還怒矣。安能以數日之喜，解其平生之怒乎？且自古未聞畏人之怒而授以大柄者。」未久曇卒。○洪渾棄官退歸于楊根。于時，清名之士如具鳳齡、金宇顒輩皆解官歸鄉，蓋知上意厭士類故也。渾亦棄官，人或止之曰：「今者名士多退，君何不强留乎？」渾曰：「邪正未定，去就何關？」渾意以金孝元爲君子，而孝元見抑，故忿而棄官矣。

謹按：士之出處，非苟然也。致君澤民，君子所願，而言不用，道不行，故不得已而退焉，退非素志也。異哉！洪渾之出處也。不論言之用否，道之行止，而惟視金孝元之進退爲己之出處，何其不自重乎？噫！如渾者不足道也，只是一時士類皆靡然趨於孝元以爲國是，嗚呼怪哉！

上欲遵用前代典故，閱覽大典，則有載郡邑皆積薪芻，州府則積芻十萬束，路邊則加萬束，乃下教使於郡邑皆依大典積薪芻。廷臣有啓以今歲不登，民間甚困，若使積芻，民必不堪，上皆不從。於是民間束芻亦貴，民甚苦之，守令多有因緣病民自利者。

謹按：大典雖有積芻之令，自祖宗朝廢而不行，疑是軍行一時之令也，非平日之規也。今上於祖宗良法美意則不肯復舊，而只鋭意欲行病民之法，使赤子益困，豈非命耶？且逐年積芻，腐朽無用，徒爲民患。若使興師之時，臨時收辨，寧有不及之患哉？況海邊郡邑只是防倭，而亦命積芻。倭寇之來，必以夏月，則夏月之馬，能食乾芻乎？無益於國，有害於民，莫此爲甚也。

十一月，以李純仁爲吏曹佐郎。時士類分兩邊，終不和協，純仁曾論金孝元爲貪權之士，故尹晛等引爲銓郎。純仁及居要津，知公論不與尹晛，故乃反其爲，附於孝元儕輩，鄭澈等深嫉之。○左議政朴淳謝病免。淳少時與許曄爲同門友，相善甚篤。至是，曄爲年少士類宗主，論議頗僻，淳甚不韙之，交道遂疏。曄翕翕張議，其勢甚盛，淳見士類乖張，力不能定，遂解相位。

十二月，以鄭仁弘爲司憲府持平。仁弘清名居成渾之亞，及拜是職，士林望其來。仁弘中路辭以疾，不至。○以洪暹爲左議政。

校勘記

〔一〕未必其能成治道也　「未」後原有「可」字，據文意删。

〔二〕自取怨怒乎　「怨」，一本作「衆」。

〔三〕安敏學相訪　「相」，一本作「往」，一本作「初」。

〔四〕累啓不止　「止」，一本作「已」。

〔五〕未知聖學成就如何　「如」，一本作「幾」。

〔六〕而勉力供職矣　「勉」，一本作「盡」。
〔七〕衆情大安　此段前，一本有圈。
〔八〕此是祖宗舊例　「宗」後，一本有「朝」字。
〔九〕則天譴可弭矣　「弭」，一本作「答」。
〔一〇〕有欲問之而未及也　「有」，一本作「方」。
〔一一〕李珥白上曰　此段前，原本有圈。
〔一二〕而敢此脅問者　「敢」，疑作「致」。
〔一三〕上祗迎于光政門外　「政」，疑作「化」。
〔一四〕而適值上累賜休告　「值」，一本作「自」。
〔一五〕不過旬望閒耳　「望」，一本作「日」，一本作「月」。
〔一六〕故其時庶績咸諧　「諧」，一本作「熙」。
〔一七〕太宗不知天下是外物　「太宗」，一本作「由」，一本作「彼」。
〔一八〕正議之弱如一髮引千鈞　「鈞」，原作「匀」，據文意改。
〔一九〕且引李潑復爲銓郎　「復」，一本無此字。
〔二〇〕珥心知晛不合於銓曹　「曹」，一本作「郎」。

栗谷先生全書卷三十

經筵日記三

起今上十年丁丑至十四年辛巳，凡五年。

萬曆五年丁丑

今上十年春，八道癘疫大熾。民間訛言毒疫神下來，當食五穀雜飯以禳之，都下喧傳，儲雜穀者甚獲其利；又云當食牛肉，灑牛血于門以禳之，處處殺牛無算。前年饑饉，今春又遭癘疫，死者不知其數。○嶺南有火自生石中，石皆燒裂。○命近臣行癘祭于平安、黃海兩道，八道皆疫而兩道尤甚故也。

三月，上將行仁順王后禫祭，而適王子患瘡疹，時俗以行祭爲忌，故乃託於癘疫曰：「天災如此，不可親祭。」於是大臣、近侍、兩司皆爭曰：「謹災追遠，兩不相妨，天災何害於親祭乎？」累日論執，終不允。

四月，始定大院君嗣孫世襲之制，以堂上位世奉其祀。

五月，上將親祭于大院君廟，弘文館上劄以爲禮不可祭于私廟，上大怒曰：「誰作此議？」將詔獄鞫問，大臣救解乃止。時金宇顒適在玉堂，人或尤之曰：「他人不解事，不足道也。子是讀書之人也，何以作無稽之論乎？」宇顒曰：「僚議甚鋭，而吾窮格未至，不敢止耳。」

謹按：所後之義固重矣，所生之恩亦不可輕也。雖得一意於正統，豈可絶情於私親乎？主上於大院君之廟親行祀事，於禮無違，於情所不免，玉堂何所見而請止乎？或疑主上祭大院君，若用君臨臣廟之禮，則子不可臣父；若用子入父廟之禮，則有妨於尊正統。故不可祭云，此皆非稽古之説也。禮有公朝禮、家人禮、學宮禮焉：公朝禮則以君爲尊，故雖諸父恭行臣禮焉，但親父則不可臣也；家人禮則以尊屬爲重，故人君可居父兄之下，若孝惠於宮中坐齊王之下是也；學宮禮則以師爲尊，故雖天子亦有拜老之儀，若孝明拜於桓榮是也。況大院君誕生聖躬，假使尚存，主上必不敢臣而相見於宮中，必拜矣。今入其廟，用姪子祭叔父之禮，有何不可乎？俗儒無觀理之功，徒知尊君抑臣之爲禮，而不知私親之不可絶，乃進無稽之論，以致主上過於暴怒，幾有過舉，誠可歎也。

前弘文館副提學柳希春卒。希春博覽强記，舉書史輒成誦，性且温和，上甚重之。但乏經濟之才〔一〕謇諤之節，每於經席，文談而已，無一言及時弊，識者短之。雖退家居，上眷不衰，命加資憲階，至是卒。○恭嬪金氏卒。是金希哲之女也。有專房之寵，生二子而卒，上哀慟殊甚。

六月，恭懿王大妃不豫，上命八道疏放。大妃請于上，欲還給柳灌、柳仁淑、尹任、瑠職牒，上重之，問于大臣權轍等。大臣依違啓達，不盡言，上只命給灌、仁淑職牒。於是三司交章請削勳，而未允。或謂右議政盧守慎曰：「公少時居泮宮，儒生方喧笑，若見公來，四座咸肅然斂容；館中凡有所議，惟公言是從；若有好議論，則雖不出於公，士必曰此是盧寡悔所論也。公少時名望何如耶？今者作相，別無相業可觀。而頃日恭懿殿未寧，請主上復任、瑠之職，主上問于三公，三公當於此幾會盡忠正事，而乃依違啓達，使國是不定。他相已矣，士林皆不快於公，公何爲若此？我爲明公不取也。」守慎不能答。

秋，大水傷禾稼，遂爲凶年。八道癘疫未息，而牛馬之疫兼發，牛死尤甚，至於農夫代牛自耕，九人之力當一牛云。○以李俊民爲平安道觀察使。時平安道疫死之民尤多，而西胡頗有窺覘之漸，方擇重臣鎮之，乃加俊民階資憲出按。權轍問俊民曰：「子何以鎮邊？」

俊民曰：「若朝廷移民實邊，則當盡安集之策；若募兵增戍，則當盡撫馭之策。今則不移民，不增戍，只因舊而已，有何良策乎？」轍曰：「聞兵使以軍保皆陞爲正軍云，此是良策。」俊民曰：「凡三人爲一户，然後可以應役。今者分三人各爲一户，則民不堪役。此何異於破袷衣爲二單衣，而自誇多衣者乎？軍名雖多，而調發之際，必將使二人助一人之力，然後可以戰守。有加兵之名，而無其實矣。」轍曰：「然。」轍又曰：「移配之民，凡七十户，欲分配于咸鏡、平安二道，何如？」俊民曰：「自俊民觀之，今爲平安監司，當只以平安道爲憂；自朝廷觀之，則平安、咸鏡無彼此之殊。譬如二子俱病，恩愛雖均，當先救其病深者。今者咸鏡則病之急者也，平安則病之緩者也。七十户於平安則有無不關，而於咸鏡則有少補矣，可盡送于咸鏡道也。」俊民退謂人曰：「我有何策可以鎮邊？寧效王欽若修齋誦經而已。」

謹按：是時西北二邊俱可虞，幸而胡中無豪酋，不能作邊患耳。若稍有才勇者乘隙而動，則孰敢禦之乎？邊虞如此，而大臣無一策可救，只以破保添兵爲良策。且欲以七十户流配之民，爲實邊之資，嗚呼嘆哉！平安之民死於癘疫者，不翅數萬，七十户之增減有何輕重乎？李俊民之言固是矣。但局外傍觀者發此言則可矣，今俊民身任其責，若有計畫則當告于君相，不聽則可以辭職矣。何故不言不辭，徒受重寄，而欲遵王欽若之迹乎？如俊民之滑稽浮浪、徒能大言者，何足多責？時事之可傷，卜此可知。其可寒心哉！

命量田，旋命罷之。是時量田年久，田籍頗失其真，乃命量田。而其法多定敬差官，殆至百餘，而須以閒散朝士爲之，該曹乃集前朝官將選之，朝官不會，三令五申而至者只五六人，雖嚴勑將加罪而終不至，乃以忠贊衛録事輩差定，而命郡邑必以生員、進士有識人爲量田監官〔一〕。於是，鄉中士人相語曰：「量田監官當統屬于敬差官，監官有過，則敬差官論罰，至於箠楚。我輩士族，乃屈於録事輩而受其箠楚乎〔二〕？寧死不能！」皆移家以避其事。且守令因量田之舉，多斂民間之米，或欲自利，民間騷擾，或言年凶，不可量田以撓民，乃止。

謹按：國無紀綱，則百事不可做。量田敬差官非就死地也，朝士作散者非無識頑民也，今使有識之士就不死之地，而尚不可得，則況可使不教之民禦寇敵乎？以當時之紀綱，何事可做？若遇敵國外患，則必如入無人之境矣。嗚呼危哉！或以爲量田不可止，此甚不然。國無紀綱如此，雖使量田，必以賄賂爲能事，富者以肥田爲瘠，貧者以瘠田爲肥，國失正田，民受患害矣。與其不善量，莫如不爲之爲愈也。

十月，有妖星見於西方，光芒數十丈，似彗非彗，見者驚悸，故老皆曰：「有生之後，不見這等星云。」上以星變延訪羣臣，則或啓以當收用不求聞達之士。上命吏曹鈔録以啓，厥後別無擢用之士矣。○恭懿王大妃疾甚，上分遣廷臣行祈禱于名山大川，復命疏放罪人。時廷臣方請削乙巳之勳，累月不止，三公率百官廷爭，亦未允。大妃歉此，心熱益重，羣臣多有悲憤者。蓋乙巳姦黨曾誣大妃陰主尹任、瑠逆謀，故大妃以爲寃痛。○以李後白爲吏曹判書。後白在咸鏡，民懷善政，至是拜銓長。○京畿大水崩山，漂没人家。江原道地震。上以災變層出，乃下教自責，且令政府、六曹湔滌舊習，各盡職任，亦空言而已。

十一月庚辰，命削乙巳僞勳，復尹任、瑠官爵。時大妃疾病彌留大漸，而宮人多有乙巳原從功臣族黨，怨大妃欲削其勳，每於上前白以大妃病不至劇云。一日，上問安後，因進見曰：「削勳，先朝至重之事，不敢擅改，故不能從外廷之請，心甚未安。」大妃連呼不敢曰：「國家大事，何可爲未亡人輕改乎？」上退未及階，大妃發聲痛哭。上聞之，取席坐于階下，抑首良久，召老宮人謂曰：「吾在家食祿，足以安過一生，不幸至此遭難處之事也。」幾隕淚。居數日，大妃疾革，嘆息曰：「吾地下不能免罪名也。」言已，手足皆冷。宮人走報上所，上即進見，則疾不可救矣。中殿亦至，相對涕泣。上白大妃曰：「當削勳矣，願安心調病。」大妃色喜，而目隨而瞑。上請開目，則大妃不能視，言未了了。上退後脈復生，遣人謝上曰：「上恩罔極，不知所報。」

謹按：自古勳績之不正者固有之矣，亦未有虛僞如乙巳者也。仁廟大漸之時，尹任終始侍疾，別無邪議。而仁廟招領議政尹仁鏡，命傳位于明廟。兄亡弟紹，名正言順，更有何虞乎？只是姦臣嫉善貪功，網打士類，乃籍僞勳。小人之行詐欺天，未有若此者也。懿殿坐受誣辱三十餘年，豈能一日忘於心哉？及其疾病彌留，廷議甚盛而自上不能快從，懿殿之疾已不可救，然後始惻然承順，而翌日薨逝，嗚呼哀哉！

辛巳，恭懿王大妃薨。禮官稟服制于大臣，領議政權轍不議于他相，自以其意，援引宋高宗服元祐皇后孟氏之例，定主上之服爲齊衰杖期。於是兩司、玉堂及廷臣參判以上，皆爭之以爲明廟承仁廟之統，主上承明廟之統，承統爲重，當服三年之喪。轍猶執迷不回。十二月，以削僞勳事下教，播告中外。大提學金貴榮製教辭以進，文拙而意不備，上曰：「此是國家莫大之事，當詞明義備，以曉諭中外可也，豈可草草如此乎？」乃使李後白改製。人皆嗤貴榮之少意思也。○廷議爭服制不止，上乃從公論，定爲三年之喪。兩司攻權轍，以爲不議于他相，獨以其意定爲期年之服，回譎詭祕云云。轍慙怒，稱病不出。李珥聞之曰：「此出於無識見耳。若攻之以回譎詭祕，則權相必不服矣。」○海州三灘之水絕流數日而復流。

萬曆六年戊寅

今上十一年正月，白虹貫日。三公辭職，不許。

二月，先是京中游手之輩聞中朝通報皆印行，欲效中朝印通報賣以資生，呈狀于議政府，請印朝報，受各司之價以資生，政府許之。又稟于憲府，憲府亦許之。其人等乃刻活字、印朝報，賣于各司及外方邸吏、士大夫，見者皆便之。行之數月，一日自上偶見之，震怒曰：「刊行朝報與私設史局何異？若流傳他國，則是暴揚國惡也。」問于大臣曰：「誰主張此事乎？」大臣惶恐，語不明白，乃下其人等于禁府刑訊，必推究其主議之人。其人等不過欲以此資生耳，實無主議者，受刑累次將斃。臺諫請停刑，不允。大臣啓請，然後乃命照律曰：「當擬以不道之律。」禁府啓以過重，初不肯從，後乃照以次律，皆流于遠方。

謹按：印行朝報，初非姦謀愚妄之人，只欲取些少之利以資生耳。當初稟于政府、憲府，皆許印，則過在二府，豈可獨罪愚民乎？假使天威振動，若二府自首許印之罪而救其人，則雖被譴責，豈至於不測乎？今乃囁嚅不言，使愚民受刑，致上有罔民之舉，可謂怯懦無義矣。

乙未，葬仁聖王后。發引之時，於路祭所，大風吹倒帳幕覆于大轝上，傍無侍衛朝士，只有皀卒喧噪而已，聞者憤痛。

三月，司諫院大司諫李珥承召入京，拜恩後辭職曰：「上方在哀疚之中，臣子之情不忍安居，茲用扶曳登途，區區犬馬之誠，只欲一得瞻望天光耳。本無供職之念，請遞臣職。」上答曰：「勿辭。」時鄭澈亦以執義在京，其意以爲珥久處畎畝，今始上來，主上當有接慰之辭，及見批答無異辭，嘆曰：「『勿辭』二字，何其簡耶？」珥既退，屢辭召命，今始赴召，其友多疑之，珥曰：「我非山林之士也，雖不食祿，職名常係於朝廷。平時則可辭召命矣，今則主上方在哀疚，退處私室爲未安，故欲一出謝恩耳。」時士類尚未協和，互相猜疑，咸願珥勉留，調劑時論。鄭澈初被士類疑阻，今則漸回所見，頗作持平之論，勸珥留甚懇，珥曰：「珥今來此，非出也，只是暫來謝恩耳。無端供職，於義無據。尺既枉矣，尋亦恐不能直也。如君則前日退去，意有所在，非決一生去就也。今則所見稍改，欲調和士林，當今持平之責萃於君身，君則不可退去也。」澈終以孤單爲慮矣。金繼輝謂珥曰：「君雖不居要職，只付散官在京，調和儕輩閒議論可也。方今士類不相協，故清論不行，朝著昏濁。如君受國厚恩，儻後日有不測之變，則其可坐視不赴難乎？與其難作而赴救，曷若預救於難未作之前乎？」珥曰：「凡人立然後能行。若我仍留，則真無名義。我身既失而欲救時，則如人不能立而欲行矣，不仆者幾人乎？」李之菡見珥，名士多會，之菡顧左右大言曰：「聖賢所爲，頗作後弊。」珥笑曰：「有何奇談，乃至於此？我常願尊丈作一書以配莊子。」之菡笑曰：「孔子稱疾不見孺悲，孟子稱疾不就齊王之召，故後世之士多以無疾稱有疾。夫稱疾欺人，乃人家怠奴懶婢之所爲〔四〕，而爲士者忍爲之，乃託於孔孟之迹，豈非聖賢所爲，作後日之弊乎？我豈作莊周之説乎？」一座皆笑。時珥辭疾將免大諫，故之菡云然。之菡又曰：「去年妖星，吾則以爲瑞星。」珥曰：「何謂也？」之菡曰：「人心世道，極其潰敗，將生大變。而自星現之後，上下恐懼，人心稍變，僅得不生大變，豈非瑞星乎？」之菡又語諸名士曰：「當今世事，如人元氣已敗，無下手救藥之路，只有一奇策可救危亡之勢。」座客請問奇策，之菡曰：「今世必不用此策，何以言爲？」固靳不言。座客請問甚切，良久之菡乃曰：「今日叔獻珥字。留朝，則雖不能大有所爲，必不至於危亡，此乃奇策也。此外更有何策乎？楚漢相距，以得韓信爲奇策；關中初定，以任蕭何爲奇策。豈於得蕭何、韓信之後更設他策乎？」一座皆笑。之菡之言雖似詼諧，而識者以爲的論。○左議政洪暹、右議政盧守慎皆辭疾免相。政院啓曰：「二相一時竝遞，人心不安。」上答曰：「大臣進退，非政院所當預也。」副提學李山海問李珥曰：「穌齋遞相，有關於時事否？」珥曰：「穌齋不能建明，人多少之。但今世雖使經世之才居相位，亦安能有所爲乎？譬之工匠，則穌齋乃拱手坐食者也，雖無益亦無害。穌齋遞後，若毁瓦畫墁者代之，則其害豈淺淺乎？」山海曰：「然。」於是弘文館上劄請仍守愼之職，不允。

四月，司憲府持平金千鎰謝病免。千鎰以清名被擢，歷江原、慶尚兩道都事，至是拜持平。千鎰拜命後上疏辭職，不許。爲人精詳勤懇，一日因入侍極陳時弊，且請收用賢才以救世道，辭甚懇切，累千百言，自卯至巳，而上不答一語，千鎰意沮，遂謝病而遞。○復以洪暹爲左議政。上方厭士類，向意流俗之人，故暹復相。辭疾不許，乃出視事。時鄭彦智拜忠清監司，上命特加嘉善。兩司啓請改正，上答曰：「彦智非不合於嘉善也。必靜言庸違之人然後乃可陞階乎？」蓋上以士類之尤者喜建白，而不用則求退，故指此等爲靜言庸違也。彦智屢居政院，謹默無能，故顯加擢用，欲矯士習，使不言時政得失也。上之所尚如此，士林失望。○復以盧守愼拜右議政。士林望朴淳復相，而淳於經席喜論時事，故上厭之，還用守愼，守愼不言時事故也。○李珥還歸鄉里。時珥每懷憂國之念，以削僞勳爲向治之幾，且念主上在疚，故上來欲得入侍，極論時政，因請骸骨。而自上視之邁邁，無接見之意，故辭疾免大諫。士類多勸珥留，金千鎰謂珥曰：「我國士大夫受國厚恩，異於他國。蓋士族則世傳家業，有封建之義，當與國同其休戚。當今時勢岌岌甚危，決非可去之時也。公今欲去者，只是不見極危之勢故也。如知其極危，則何忍棄去？今者欲望進步有爲，則非其時也，只當默默居位，收拾人才，同心合力，以盡扶持之策耳。吾常欲今世之君子，皆學寗武子之愚也。」珥曰：「君言甚切，我心戚戚也，願以此言書一通以示朋友也。但我已退，今不可無端復進，非我今日始去也。」李之菡責珥曰：「君何忍退去乎？」珥曰：「我果非耶？」之菡曰：「譬如親病極重，死在朝夕，而爲子者奉藥以進，則病親極怒，不服其藥，或以藥盌擲于地，有時擲于子面，傷其鼻目，則爲子者其可退去乎，其可涕泣懇勸，愈怒愈進乎？以此可知君之是非矣。」珥曰：「譬喻則甚切矣。但君臣父子無乃有間乎？若如吾丈之言，則人臣寧有可去之義乎？」珥臨行，謂鄭澈曰：「當今時事，無可下手處。惟士林協和，論議得中，使清論行於朝著，則可救一半。今君被年少士類所疑，而浮薄之輩憑藉君言，交亂兩間，使人眩於是非。君若留朝，持議平和，則士類釋疑，而造言生事者失志而不得肆，其益豈淺淺乎？且君進退未定，非若我已退欲進不得者也，君可勉留。我以調和士林之責付君而去矣。」澈然之。○慶尚虞候孫翌使軍士修鍊軍器，而督促過嚴，軍士怨怒，半夜開門結陣，將作亂。翌懼，躬自謝過，然後乃解。節度使郭嶸密捕囚首謀者，然後啓聞其狀。上大驚，命斬其首謀者，梟首以威衆，翌亦抵罪。武夫輩皆曰：「鎮軍不悅鎮將之令，則成外陣，近來常事也。只是鎮將畏罪不敢言，故得無事。今適發覺，故首謀者死，此亦命也。」時軍政之亂至於如此。

五月，復以大司諫召李珥。珥上疏辭職，且言：「殿下若欲知臣可用與否，則當問以時事；其言不可用，則願勿更召。」上答曰：「觀爾疏辭，諫長久闕，故茲遞本職。且爾如有所懷，可實封以聞。」珥乃上疏極陳時弊，且陳救時之策過萬餘言，言甚剴切。上答以省觀疏辭，深嘉忠讜而已，別無採用招致之意。政院請更召，乃有召命，珥辭不至。未幾，復拜大司諫。數日，珥辭召命之疏乃上，時不知拜大諫，故未辭新除也。上曰：「珥病不能來，可遞大諫也。」政院啓曰：「李珥只辭前日召命而已，時未辭諫官。臺諫必待自處，然後乃可遞也，徑遞未安。」上不允。於是諫院、弘文館皆上劄以不待自辭，徑遞諫長，既非古例，亦非待士之道，上答曰：「豈爲一李珥而久曠諫職乎？」蓋上意欲珥奔走應命，而珥易退難進，故頗怒其矯激，每欲以常調屈縶之，而珥終不承命。居數日，復拜珥吏曹參議，珥竟辭不至。成渾讀珥封事曰：「真所謂直言極諫經世之策也。此疏蒙允與否，乃關時運，非人力可及。」○以鄭澈爲同副承旨。澈以直提學拜命勉留，欲和士林。及拜承旨，再上疏辭職，不許，乃出仕。在政院，復逆以正，甚張士氣。時沈義謙、金孝元分邊之説益盛，以義謙儕輩目之謂西，以孝元儕輩目之謂東，朝臣苟非特立獨行及碌碌無名者，則皆入東西指目之中。澈則人目爲西者也，故李珥勸澈與年少士類通情，以破東西之說。○以洪可臣爲司憲府持平。可臣頗有風力，與趙瑗爲少年友，而瑗爲吏曹佐郎，有徇私之失，且瑗輕躁非人望，故可臣先謂瑗曰：「事公則不顧私。君多所失，我不可徇情不劾。」乃駁瑗遞職，公論稱快。而可臣則人目爲東人，瑗則人目爲西人，故造言者多謂東人與西不協，故攻擊，而至如鄭澈亦不能平矣。

六月，司憲府劾平安道觀察使李俊民之子殺人，俊民不能檢其子，請罷。上只命遞職，而問于大臣曰：「文武兼全、智略具備、可爲平安監司者，其薦數三人。」大臣權轍等乃以李陽元、黄琳應命。陽元浮浪無氣節，黄琳只是硜硜俗人，皆無才略，物議以大臣爲罔上矣。不數日，加陽元資憲，拜平安道觀察使。兩司論劾，終不允，只改正資憲加。○戊申，雷震文昭殿庭樹。上驚懼，下教求言，且命理冤獄。○吏曹判書李後白辭疾免。後白爲銓長，務崇公論，不受請託，政事可觀，雖親舊若頻往候之，則深以爲不韙。一日，有族人往見，語次示求官之意，後白變色，示以一小册子，多記人姓名，將以除官者也，其族人姓名亦在録中。後白曰：「吾録子名，將以擬望。今子有求官之語，若求者得之，則非公道也。惜乎！子若不言，可以得官矣。」其人大慙而退。後白每除一官，必遍問其人可仕與否，若誤除不合之人，則輒終夜不眠，曰：「我誤國事。」時論以後白之公心，近世無比。至是以疾遞，鄭大年代之。

七月，前户曹判書尹鉉卒。鉉才長於治財，性且吝嗇，居家，一毫不妄費以致富，而不肯周人之急。其判户曹也，鉤校錢穀，錙銖不遺，人服其能。但不恤民隱，而只憂國計，多取民怨，故識者目之以聚斂之臣矣。○牙山縣監李之菡卒。之菡自少寡慾，於物無吝滯，禀氣異常，能忍寒暑飢渴，或冬日赤身坐烈風中，或十日絶飲食不病。天性孝友，與兄弟通有無，不私其有。輕財好施，能救人之急。其於世上芬華聲色，澹然無所好。性喜乘舟泛海，涉危而不驚。一日，飄然入濟州，州牧聞其名，迎致客館，擇美妓薦枕，指倉穀謂妓曰：「爾若得幸於李君〔五〕，當賞一庫。」妓異其爲人，必欲亂之，乘夜納媚，無所不至，而之菡竟不被污，州牧益敬重焉。少不學，既長，其兄之蕃勸之讀書，乃發憤勤學，至忘寢食，不久能通文義，不事科舉，喜無羈自放也。與李珥相知甚熟，珥勸從事性理之學，之菡曰：「我多欲未能也。」珥曰：「勢利芬華、聲色財利皆非吾丈所屑也，有何欲可妨學問乎？」之菡曰：「豈必名利聲色爲欲乎？心之所向，非天理則皆人欲也。吾喜自放而不能束以繩墨，豈非物欲乎？」其兄之蕃歿，之菡哀慟如喪考，期年服盡後，又心喪期年。或以過禮爲疑，之菡曰：「兄是我師，我爲師心喪三年耳。」是歲，拜牙山縣監，所親勸赴任，之菡忽然赴邑，問民疾苦。有以魚池爲苦，蓋邑有養魚池，使民輪回捉魚以納，民甚苦之，之菡乃塞其池，永絶後患。凡出令，皆以愛民爲主，民方愛慕，而遽嬰痢疾，不久而卒，年六十二，邑民悲悼如親戚。金繼輝問李珥曰：「馨仲何如人？或比於諸葛亮何如？」珥曰：「土亭之菡軒號。非適用之才，豈可比於諸葛亮乎？比之於物，則是奇花異草、珍禽怪石，非布帛、菽粟也。」之菡聞之笑曰：「我雖非菽粟，亦是橡栗之類，豈是專無用處乎？」蓋之菡性不耐久，作事多有始無終，非可久之才，且好奇非循常成事者，故珥語云然。○吏曹判書鄭大年辭病免，以盧禛爲吏曹判書。禛於乙亥年以特旨拜禮曹判書，辭以母老身病，不來。至是喪畢，上京謝恩，有是命，病未供職，未幾還遞，大年復代之。

八月，以白仁傑爲議政府右參贊。仁傑雖在畎畝，不能忘懷於時事，每歎時人不相知。至是老耄，欲請趙光祖從祀文廟上京。上不知已歸，特命拜右參贊，聞其已去，下書召之。大臣憫其老且窮，白上請使奉朝賀以給祿。未幾，仁傑還歸坡州。遂上京謝恩，因得入侍。耳聾氣急，不能聞天語，上有所問，多不能答。仁傑上疏辭職，不允，頗示溫慰之旨。識者以仁傑之進，爲晚節之疵云。○資憲大夫、前吏曹判書盧禛卒。禛遲鈍訥言，而其中好善愛士，故甚有時望。居家事母甚孝，鄉人皆服其善。但乏經濟之才，不能建明時事，只能自守而已。且不能擇辭受之節，州縣賂遺無所不受，至於山積，崔永慶不韙之。時士論方以尹斗壽爲貪縱，永慶謂禛之鄉人曰：「汝鄉亦有尹斗壽，其知之乎？」鄉人曰：「誰也？」永慶曰：「盧禛豈非尹斗壽乎？」聞者皆笑，蓋介潔是禛所短也。○領議政權轍卒。轍稍有才氣而性鄙俗，自少歷敭清顯，位極人臣，而惟以保全爵祿爲務，爲世所輕。○上出幸時，見一小童在干下，初以爲觀光之童，更視之，則乃軍士也。上惻然下教曰：「如此兒童，心欲不離慈母之懷，干戈之役豈其所堪乎？予見此兒，心懷不寧，夜不能寐。予以不敏，叨居君位，致有此事，尤可恨也。兵曹其點閱軍士，如有年未滿者，則皆可還送，待年立役也。予寧失數千之兵，不忍使兒童立役也。」兵曹乃募軍卒，自言其年，使之下歸。軍卒雖有幼稚者，恐還鄉之後被守令更定苦役，願歸者無幾矣。

謹按：不忍人之心，孰不有之？況主上英明出人，豈無愛民之心乎？今讀教辭，使人感動流涕。誠推此心以行仁政，則赤子之苦何所不解乎？惜乎藹然善端，雖發於一時，而終不見施之政事，以革弊瘼，豈天不欲斯民蒙至治之澤乎？何其有仁心而不能行仁政耶？嗚呼！可勝嘆哉！

九月，大雷電以雹。是年，水旱不調，降霜又早，遂爲凶年。海邊薔薇、海棠於秋末盛開。

十月，吏曹判書鄭大年卒。大年居家清儉，且有才氣，善治劇邑。及居銓曹，政事亦不至淆亂，只是無好善之量，而議論粗俗，故識者不取焉。〇資憲大夫、户曹判書李後白卒。後白字季真，居官盡職，律身清苦，位至六卿，寒素如儒生，賂遺一切不受。客至，杯盤冷淡，人服其潔。只是局量狹隘，非廟堂之器。金孝元常曰：「季真只是六卿之才，若至作相，我當論劾。」人以後白與沈義謙相知，故孝元嗛義謙而發此言云，李珥獨曰：「季真果非相器，孝元不爲無見。但無人勝於季真，則安能劾其爲相乎？」時東西士類方角立，後白雖被目以西人，而口不發適莫之言，故年少士類亦不忌之，方有入相之望。後白與盧禛爲深交，禛之卒，哀慟殊甚。至是受假省親墳，與禛同鄉，故哭奠禛柩，還家感疾，一夜而卒，士林甚惜之。是時，盧禛、後白相繼而卒，物議以爲正二品無人云。○以兩司之劾，罷尹斗壽、尹根壽、尹晛職。時士類中分，所謂東者多清名後進，所謂西者只是前輩數人而已，其附從者皆無時望，於是士類知東盛西衰。而且西人於出孝元之後舉錯乖當，公論不與，故一時進取者咸趨入於東，皆扼腕以爲東是西非。金繼輝雖號西人，而亦爲年少士類所重，故年少者或稟命於繼輝。尹晛與金誠一同作銓曹郎，議論矛盾，遂成嫌隙。晛之叔父斗壽、季父根壽皆在要津，每作扶西抑東之論，東人深嫉之。而斗壽居家不清謹，頗有受賄聲。或謂繼輝曰：「斗壽可劾出之也。」繼輝止之曰：「方今士論橫潰，務在鎮靜，不可攻擊。」年少輩以此不快於繼輝矣。弘文館修撰姜緒於經席啓曰：「士類分作東西二邊，皆可用之人也，不可捨一取一云云。」於是，上已知東西之説矣。李潑偏主於東，鄭澈偏主於西。二人所見不同，而皆有人望，且憂國奉公，爲一時之最，故李珥每謂澈、潑二人曰：「君等二人，議論和協，同心調劑，則士林庶可無事。」言之甚切，澈稍回所見，與潑定交，相與作持平之論。而東人喜事者，終欲攻擊西人之不善者，以防後患，皆以斗壽三父子爲西魁，決意去之，惟柳成龍與潑不從矣。時務安縣監全應禎以賂權貴事覺，下獄鞫問，朝議方以貪贓爲戒，金誠一聞珍島郡守李銖運米賂斗壽兄弟及晛家，甚怒。一日於經席，因論貪污，誠一啓曰：「全應禎雖受罪，而厥後亦有載米行賂者，貪風未戢矣。」上遽問曰：「是何人？」誠一猝然對曰：「珍島郡守李銖也。」誠一既啓之後，臺諫請治李銖之罪。上命下銖詔獄鞫問而教曰：「只治與者，不治受者可乎？」時許曄爲副提學，方爲年少輩倡導，與同僚共議臺諫不劾受者，非直截之義，無臺諫風采。臺諫始舉尹家三父子之名以爲受者，而自劾不盡言之罪。弘文館乃上劄遞臺諫，而新臺諫遂啓請罷三尹，以懲貪風，而上不允。大司諫金繼輝受暇在鄉，聞兩司攻三尹，大疑東西接戰，甚不韙曰：「年少士類處心不公，不可與同事，我寧得罪而退也。」乃入京，於復命之日啓曰：「三尹皆以良士，特被擢用，別無大段過惡。今其受賂虛實未可知，安知非陰中者所造言乎？徐待獄事之成，治罪未晚。而先拈出三人之名，泛請治罪，非待士之道。士類進退，所係非輕云云。」而言多過激不中。於是士類羣怒，皆指繼輝啓辭爲亡國之語。臺諫避嫌而退。弘文館劾遞繼輝，李山海拜大司諫。於是兩司憤激，大司憲朴大立持論尤勁。掌令李潑袖出彈文，毛舉三尹一家隱慝，不復推究虛實，一一上達，醜詆無所不至。自上既以東人攻西爲不公，而又以繼輝黨西爲不是，於是士類出繼輝爲全羅道觀察使，皆指爲不吉之人。朝廷騷擾，而傍觀者皆目爲東西之戰，不以爲公論，惟東人自恃爲清流，而忼慨日甚。鄭澈與李潑議論大乖，東人顯斥澈爲小人，東西更無相合之望矣。時前瓮津縣令李信老亦以行賂，同下詔獄，其受者則無的知之人，泛指朝貴，漫及右相盧守愼。臺諫欲竝劾受者，而以論及大臣爲難，不敢發。談者皆曰：「士類名爲糾摘貪污，而實欲罪三尹也。李銖可謂蝦死於鯨戰也。不然則何故李銖之獄期於必成，而李信老之獄則鞫之不詳耶？」又有言者曰：「李銖之獄出於構陷，非實事也。」於是士類病之，恐獄事不成，則反爲西人所中，深文鉤距，無所不至。憲府聞李銖之米接置于市人張世良家，乃託他事，捕繫世良，因移禁府，必欲成獄。又不可獨窮銖獄，故窮逮信老干證之人。訊及當初發言者，則儒生鄭汝忠偶言其事，故竝繫汝忠。時禁府堂上朴啓賢亦有受賂聲，深銜汝忠之發言，刑訊甚酷，汝忠幾死。物情尤不平，或曰：「今日士類之嚴法刻刑，無異金安老云。」街談巷議，嚚嚚不止。憲府啓請放汝忠，而信老之獄終不成，上命放之。珍島邸吏有與銖結怨者，乃曰：「我若入獄，則獄事必成。」憲府聞其語，即啓囚其吏。於是繫獄者皆一樣納供曰：「李銖載米百石，接置于張世良家，因分送于三尹家云。」而獨張世良不服矣。上以郡吏已服，故乃從兩司之啓罷三尹。金繼輝既大忤士類，人皆尤之。繼輝曰：「我既失士類之心，必不容我。而後日若有攻士類者，則必小人也。雖用我，我不可爲其用，我銘旌不過書『司憲府大司憲』而已。」

謹按：朝廷之上，見識爲大，無識見則雖賢亦敗事。今者士類之鬬，皆出於不解事：一不解事，而金誠一發其端。二不解事，而金繼輝激成士類之怒。三不解事，而李潑列數三尹一家之慝，不究虛實而醜詆之。四不解事，而鄭澈與李潑乖隔，永絶東西相協之望。自是之後，附東者日起，争出新論，而流俗舊臣曾棄於西人者，乃居要地，招權釋憾，峻其議論，自明貢忠於東。而西人則雖善士皆不見用，清名之士反與流俗爲一，而清濁混淆，無以辨別矣。嗚呼！金誠一固是怪鬼輩也，不足多責。以繼輝之疏通，李潑之重望，鄭澈之剛正，猶未免同歸於誤事，豈非命耶？

南中月魄墮地，天中無月，人甚驚駭。

十一月，以姜士尚爲議政府右議政，洪暹陞領相，盧守愼陞左相。士尚立朝三十年，不肯一出語論時事，每曰：「國家治亂在天，非人力也。」居官不張公論，不徇私請，任其自然而已。喜飲酒，醉後尤不言，每對人只以手捫鼻而已。士尚拜相之日，鄭澈之族姪鄭仁源，持酒飲澈曰：「人生幾許，何用自苦？願叔父愼勿開口，只事捫鼻取相位，以活我窮族。」聞者冷齒。○有飛雉蔽天，自北而南。京城中多雉，人或拱執，有一士人戲語曰：「國運將治矣。曾聞邵子曰：『天下將治，則天氣自北而南。』今飛雉自北而南，豈非將治之候耶？」聞者笑之。○以鄭澈爲大司諫。澈憤士類誤事，將退歸而有此命，以書問去就於李珥，珥答曰：「士類之疑君，雖是士類之過，亦是君不慎言，有以自取，不可專咎士類也。今不供職，則疑阻益深，浮言益鬨，而士類與君終不得合，後日攻士類者藉君爲重矣。士類雖有所失，而攻士類者必小人也。若小人藉君爲重，則倒河無以洗其羞辱。必須今日供職，持議平和，以釋士類之疑可也。」澈乃就職。珥雖退而惓惓國事，每以士類不和爲憂，欲在朝任調劑之責。成渾語之曰：「既以道不行而去，則無端還進，於義無據。自古行道之士，未聞不計道之行否，而只以止鬬爲能事者也。」珥乃止。時沈義謙遞全羅監司，退歸坡州，珥謂之曰：「退居雖好，恐非其時，無乃益助人言乎？」義謙曰：「吾之退計已定，豈必避人言而自沮乎？士類既排三尹矣，若止於此，更無疑阻，則國家之幸也。若疑阻不已，名爲西者雖賢才亦不用，則舉錯必誤矣。且如今日金顯卿（貴榮字）。作吏判，而三尹以貪污得罪，雖曰激濁揚清，人孰信之乎？」貴榮最貪鄙，故云。珥曰：「固然矣，士類果誤矣。但士類之失不過爲縉紳之羞，而惡士類而欲治之者，其禍必重，往往亡人之國。今之時事，緩急無可恃，士類誠可憂也。」義謙曰：「公言是也。今之士類雖不我容，我得優遊桑梓，有何憂乎？後日若士類失勢，則是可憂也。」義謙退居未久，還朝供職，識者笑之。

十二月，歲鈔恩例之下，尹斗壽三父子皆承叙用之命。諫官皆以爲李銖獄事時未究竟，與者方受鞫問，而受者復職，非政事之體。大司諫鄭澈獨以銖獄爲冤，不肯論啓，被劾而遞，於是東人益詆澈爲邪黨矣。

萬曆七年己卯

今上十二年二月，領議政洪暹謝病免，以朴淳爲領議政。士林望淳復相久矣，今始入相。○兵曹判書李希儉卒。希儉拙直無機變，遇事不避，以仁順王后守陵官致位六卿。許曄勸希儉讀書，希儉曰：「我以飲酒爲事，何暇讀書？」希儉不求時譽，不事權豪，雖非人望，或有取者焉。○以柳坱爲禮曹判書，朴大立爲刑曹判書，李拭爲司憲府大司憲，皆庸流非人望，而特命加階。○白虹貫日者至再，上下教求言。

三月，司憲府應求言之教，上疏論時弊，分辨東西是非，而顯斥沈義謙爲小人，金繼輝、鄭澈皆爲邪黨，於是是非之論蜂起矣。時東人甚盛，求名者趨之，慕爵者附之，至於流俗宰樞前日見斥於西人者，皆乘時爭諂于東，多得柄用。大司憲李拭既居要職，方欲固位，而執義洪渾曾恨斥東，故退居，及東人得志，乃攘臂而起曰：「此正君子有爲之時也。」立論甚偏。掌令鄭熙績曾言義謙之事，自以爲見忤，而乙亥西人出熙績于外，故熙績銜之，至是爲掌令，製疏乃極詆義謙及其儕輩，將以定爲國是，以防西人再入之路。由是朝廷不靖矣。

四月，以司憲府持平徵成渾，辭疾不至，乃特下教召之，使之調病而來。○李銖之獄久不成，張世良受刑二十餘次，殆死而終不服，或譬之曰：「汝罪不重，若告以接置則可以免死，何苦而忍杖乎？」世良曰：「我豈不知不服則死，服則生乎？但實無是事，安可自貪其生而陷人於死地乎？」時士類必欲銖獄之成，銖及世良獄中訴冤之書皆不許上。判義禁府事鄭惟吉語人曰：「張世良，罪輕之人，乃刑二十餘次，期以輸情，此非法例。我欲啓達，而畏人言不敢耳。且世良若非義士，決是愚人也，何苦爲李銖而殺身乎？」上以世良久不服，疑銖獄不實，問于三公，將釋之。三公畏士論，不敢對，上乃命釋之。政院啓以贓污罪重，不可輕釋爭之，至四啓，上乃怒，命罷入直承旨金宇宏、宋應溉，而盡遞都承旨李山海以下。天威大震，闕中驚動。明日，兩司、玉堂爭之不能得，三公亦請勿罷遞承旨，而上不從，銖、世良乃得釋。

謹按：李銖行賂之事，虛實未可的知，而張世良接米之罪甚輕。若以世良爲干證，必欲其直招，則爲干證者受刑，例不過三次，何可濫加二十餘次乎？若以世良爲正犯而推鞫，則國法元非死罪，則不限輸情，必也死罪然後乃以輸情爲限。世良之罪，不過杖之而已，安可以輸情爲限乎？士類識見不明，用意不弘，只恐獄不成而反中其禍，不念殺不辜之爲害義，不顧前後是非而惟獄之務成。他人則不足道也，曾謂柳成龍、李潑之徒乃作此舉乎？嗚呼！不可使聞於他人也。

五月，以都承旨睦詹特拜户曹參判。詹亦庸碌無能，故被上擢用。○以許曄陞嘉善，拜慶尚監司。時慶尚監司鄭芝衍以疾遞，上以嶺南巨道，兼有島夷之虞，命大臣舉資兼文武可鎮嶺南者，大臣以具鳳齡、李珥、金添慶、李山海、許曄應命，上以曄年高舊臣，故先用之〔六〕。曄實無撫馭之才，文簿山積，不能聽理，民有所訴，不能辨答，惟吏輩是信任，於是政事淆亂，民甚怨之。○知中樞府事白仁傑上疏陳時弊，且陳東西分黨之狀，請使調和鎮定。自上褒答，而士類見其疏，怒其不扶東抑西，於是三司、政院皆上章論其辭之失，以老耄顛錯目之。時東人益盛，詆毁西人不遺餘力，欲强定是非，識者憂之。○以司諫院大司諫召李珥，珥辭疾不至，而上疏論東西分黨，而東人攻西太甚，欲强定是非，請打破東西，保合士類，使之一心徇國，言甚激切。上以疏辭不中，命遞珥職，於是兩司、玉堂紛紜駁論矣。○處士成運卒。運守靜山林，謝絶世紛餘四十年。距家數里，有溪壑可玩，築小室其間，每閒日騎牛而往，蕭然獨坐，有時彈琴數曲，自適而已，人有願聽者，皆不爲彈。樂善好學，與物無競，居家不問有無，簞瓢或空，晏如也。明廟朝薦以遺逸，拜六品，徵至京城，病不能進見，辭職而歸。今上朝屢加爵命，皆不至，時賜穀帛以優其老。至是卒，上命致别賻。學者推之爲大谷先生。

六月，黄琳以特旨拜漢城府判尹。流俗之被擢，至於如此。○以李文馨爲吏曹判書。

文馨曾失勢以附東人，故發迹被柄用。

是夏，下三道大水，崩山襄陵。咸鏡道大旱，田野盡枯。平安道大風拔木，雨雹大如匙楪，小如手掌，變異甚慘。而上方興土木之役，改熙政堂而增廣之，三司諫止，不允。

七月，兩司將請治李珥之罪，不果。去年冬，李珥在坡州。白仁傑在京欲上疏極論時事，兼進保合東西之策，而恐其辭不達意，通于珥，使修潤之，珥雖知仁傑衰耄，而憐其憂國之誠臨死不渝，乃依其言，略爲一段文字以送之。至是年夏，仁傑始上疏，其論東西一款，頗用珥文字。而仁傑疏脱，向人不諱，許曄與李文馨往見仁傑曰：「論東西一款，何以與李珥之疏意思相合耶？」仁傑曰：「此議論出於珥手矣。」於是，士類喧傳不已。珥負時望，東人意珥必扶東人之勢，而及上疏譏誚東人，東人甚怒，至如柳成龍、李潑輩亦不能平。正言宋應洞輕躁陰險，窺見珥忤於士類，意謂若唱説劾珥，則可以深結東人而得做好官，乃議于同僚曰：「李珥代白老製疏，不可不劾其罪。」大司諫權德輿等皆曰：「此事虚實未可知。就令有之，豈是罪過乎？且休官退居之人，其可劾罷乎？」應洞固爭之，德輿等終不從。應洞乃獨啓避嫌曰：「頃日白仁傑上疏論時事一款，李珥代述之事，朝著之間莫不聞知，至有親見其代稾者。仁傑老耄，不足責也。珥以經幄舊臣，少負儒名，退處山野，凡有所懷，直達無隱，有何顧忌？而乃敢匿迹回互，隱然代述，冀惑天聽，實非直道事君之義。故臣不勝駭怪，直據所聞，欲論其非，以正人臣詭祕不直之失，而爲同僚所沮抑。臣之所見謬矣，不可靦然在職，請命遞臣職。」答曰：「勿辭。」大司諫權德輿亦率同僚避嫌啓曰：「臣等聞白仁傑疏中論時事一款，乃出於李珥之手云。果若此言，珥固不得辭其責，但近來朝廷方以和平爲主，若因此事必至於論劾，則恐致囂囂益甚，故與宋應洞論議不合，且以匿迹詭祕斥之。臣等之意則不以爲然，所見各異，不可在職，請遞臣等之職。」答曰：「勿辭。」諫院皆退待物論。於是，司憲府大司憲李拭亦率同僚避嫌啓曰：「白仁傑疏中一款出於李珥之手，至發於經席之上。臣等忝在言地，默無一言。不言之責，臣等亦不得免，請命遞臣等之職。」答曰：「勿辭。」憲府亦退待物論。前此弘文館修撰金瞻啓於經席曰：「李珥疏脱，白仁傑疏中論東西一款乃珥代述也。李文馨親聞白仁傑之語云。」上已聞代述之事矣。弘文館將處置之際，金宇顒時爲校理，大言曰：「宋應洞必是小人也，欲乘此幾會陷害君子也。當劾遞憲府及應洞，而獨存大諫以下可也。」同僚不從，爭辨自午至昏，宇顒極言竭論曰：「處置失宜，則吾等亦將得小人之名，豈可爲一宋應洞而皆陷於小人之域乎？」同僚多右宋應洞，議久不決。副提學李山海、應教李潑依違兩間，乃爲兩全之計。山海製劄子曰：「權德輿等之辭不爲無見。常時傳播之言，容或失實，李珥代述之説，都下喧傳，臣等亦聞之矣。但念珥平日以儒者自許，豈爲如是無理之舉乎？雖或有簡札相通之事，而流傳之言恐至於過實也。宋應洞之所聞明白與否，臣等未能的知，此不過自信其所聞而已。德興等之不從，實出於公心。應洞之欲劾，雖有後弊，而亦非有他意也。李拭等之不言，不過難信傳播之言而然也，有何所失？請竝命出仕。」上乃召李文馨問曰：「聞卿往白仁傑家，仁傑自言頃日上疏乃李珥之手云云，此言是乎？」文馨回啓曰：「臣頃日往見白仁傑，偶問曰：『前日疏中一款，與李珥之疏有相同處〔七〕，何歟？』仁傑答曰：『李珥通之矣。』此外他無所言。」上乃答玉堂曰：「教人上疏，此實驚駭。意雖貴於和平，理難掩其罪過。出仕事依啓。」權德興等再避嫌曰：「李珥代疏之言雖有云云，其間曲折未得盡悉。臣等之意妄以和平爲主，且應洞所斥實似過中，故不敢從之，而反被沮抑之誚。今不可苟合，請命遞臣職。」宋應洞亦啓曰：「李珥之事，實所駭怪。區區之意，非是自信所聞，必欲深治以抵於罪也，不過論其所失，以戒妄作而已。第以小臣輕妄，辭氣之間多有過激之病。既與同僚相異，又被玉堂之譏議，臣之所失大矣。請遞臣職。」答曰：「竝勿辭，皆退待物論。」憲府出仕後啓曰：「李珥代疏之辭非出於傳播，應洞之欲論未爲不可，而德興等不從，勢難相容。請應洞出仕，德興以下竝命遞差。」於是憲府將劾珥，議論甚盛，持平奇大鼎尤攘臂詬珥。大鼎曾以善士得名，而至是趨附東人，滃滃訿訿，識者鄙之。白仁傑聞兩司之論如此，驚愧，乃上疏自明，其略曰：「李珥果修潤臣疏矣。竊聞宋之程頤代彭思永作論濮王典禮疏，代富弼作論永昭陵疏，代呂公著作應詔疏。此等事先儒亦嘗爲之，故臣用珥文而不以爲嫌，向人無隱，故傳者皆以爲李珥誘臣上疏。臣雖無狀，豈敢以非臣之本意，聽人所教爲此疏乎？老臣臨死不敢飾詐以欺罔殿下。」上於是始得其實，答曰：「省卿上疏，始知首末，卿宜安焉。」於是玉堂以憲府失於處置爲言，李拭等乃避嫌曰：「應洞啓辭雖曰過激，不可輕遞言官，故敢請出仕。而玉堂以臣等處置失當，譁然不已，是欲主和平，而適足以啓循默之漸，杜言者之路也。臣等待罪言地，顯被譏議，不可冒據，請命遞臣等之職。」答曰：「勿辭，退待物論。」玉堂乃上劄曰：「臣等固意傳播之言容或失實，及見白仁傑上疏，則果如臣等之所料矣。宋應洞輕信所聞，欲啓不靖之患，李拭等處置乖當，大非和平之意，請竝命遞差。」答曰：「依啓。」於是兩司皆遞，而鄭芝衍拜大司憲，具鳳齡拜大司諫。芝衍病未供職，乃特拜李山海爲大司憲。兩司雖遞，而新臺諫亦疵珥不已，執義洪渾尤忿曰：「豈可遞應洞以防言路乎？」至欲上疏爭辨。李山海懦弱不能止，柳成龍、李潑等力止之。金宇顒聞之曰：「憲府之疏若上，則我亦獨疏斥其害賢之罪，而我亦將退去矣。」憲府重其事不敢發，而横議不止。左相盧守愼倡言曰：「憲官果攻李僉知，則吾等大臣不可無言，當啓憲官之失。安可託於公論，以害君子乎？」守愼問童蒙訓導朴洞曰：「宋應洞攻李僉知，外議如何？」洞曰：「時論雖詆李公，李公不可毁也。學徒游吾門者三四百人，吾欲試其意，問曰：『李公何如人？』則無一人不以爲君子者。此輩是後日士林也，一時雖或妄毁，後日公議其可泯絶乎？」守慎深然之。後於經席，朴淳及守慎皆極陳珥之爲人，決是君子也，雖或有疏脱之失，出於憂國之誠，不可疵議也，上曰：「人言教仁傑上疏，故予亦非之。今聞其實，則只是相通而已，此有何過乎？」是時東人之浮薄者，必欲害珥，怪論百出，而賴淳、守慎、宇顒正色折之，故竟不能害。自是之後，公論咎東人，至於韋布之議多目以小人。鄭澈謂人曰：「時論至於攻叔獻，則尚何言哉？自今東人安得爲士類乎？」於是東人愧屈，不能肆意攻西。而金宇顒、李潑因發調劑之論，稍抑東人浮薄之論，庶有和平之望。識者以爲李珥之疏，雖見沮抑而不爲無助云。

謹按：沈義謙是外戚之稍出頭角者耳，雖得參於士類，曷足爲有無哉？金孝元雖少有才，而未聞道，輕量淺器，非可作士林領袖者也。斯二人是非之辨，豈係於治亂安危哉？西人之必曰沈是金非者，固惑矣；東人之必曰金是沈非者，亦是彼是方生之説也，亦豈非惑乎？沈之不度德、不量力、欲爲國事者，既非矣；金之輕詆先輩以致疑阻，使士類分爲二邊者，亦豈是乎？論其事則兩人皆非也，語其才則兩人皆勝於流俗，不可棄也。若曰金優沈劣則得矣，若曰金是沈非則非事理之當然也。假使二人明有是非，此非關於國家，而反以辨之之故，士論横潰，壞人才，傷國脈，爲世大崇，而舉世滔滔，莫覺其然。嗚呼！豈非命耶？今者抑制西人，使不得出氣，而流俗鄙夫乘時竊柄，乃與東人合而爲一。而東人方且受命於流俗，而疾視西人，猶恐其復入，可謂惑之甚矣。由今之道，無變今之議論，雖聖君賢相，欲致治平，終不可得也。嗚呼，可勝嘆哉！

同副承旨許晉謝病免。晉爲執義時，揣士類歉李珥，可因以擠之，以結士類之心，乃於經席啓曰：「李珥之疏出於私心，疏中營救沈義謙、韓脩、鄭澈。義謙、脩是珥族黨，澈是珥執友，其言豈是公心乎？且渠不上來，而偃然陳疏，亦非臣子之禮也。」上方以珥之不來甚不平，聞晉言，頗是之。未幾晉拜承旨，物議皆曰：「許晉害故舊以發身云。」蓋晉與珥有相友之契，故云云。於是人多唾鄙，憲府劾晉之阿世害正。上雖不允，晉慙不能居位，以疾免，不敢見人。士林皆曰：「若使叔獻在朝，則晉將執鞭之不暇，而乘其入井，乃敢下石，其無狀甚矣。」○具鳳齡辭疾不至。鳳齡聞士類議論不靖，將上京匡救，而所親力止之，乃辭以疾。

八月，成渾上疏，自陳病不能仕，且陳君德之要以虛心受善爲第一義。自上褒以至論，但無更召之命。時士類既失李珥，欲援渾入其黨，多勸上特召，渾終無應命之意。有一士人見渾，毀珥之短，渾徐曰：「吾與叔獻，生當同罪，死當同傳。」其人失色而去。

九月，以尹斗壽爲延安府使。斗壽拜辭，上引見問曰：「卿何以治郡？」斗壽對曰：「延安之民好訟，簿牒甚煩，如臣望輕才劣，罔知所爲。」上默然良久曰：「予之待卿，不以内外爲閒，卿亦勿以内外爲貳。暫煩出守，後當復召。」斗壽退語人曰：「初意當久别天顔，欲一仰視。而及聞天語丁寧，感淚如泉，竟不敢仰視矣。」因掩泣不能止，同坐者皆下淚。○資憲大夫、知中樞府事白仁傑卒。仁傑少從趙光祖學，深服其爲人。及己卯禍作之後，雖韜晦不事檢束，而其中好善不衰也。乙巳之難，言密旨之非，得罪竄謫者累年，朝論漸解，還居鄉里。今上朝被擢用，不久陞亞卿。上每重其氣節，眷顧甚優。辛未歲，被人言歸鄉窮乏，京畿觀察使尹根壽啓其狀，上命給食物。仁傑上疏謝恩，因請以趙光祖從祀文廟，上不允。仁傑雖不能下學問之功，而每與成渾、李珥論學，雖耄而不廢。珥每曰：「白公之識見雖差，八十之年矻矻論學、不談他事者只此人也。」仁傑與珥論光祖、李滉優劣，珥曰：「論其資禀則静菴絶勝矣，語其造詣則退溪爲優。」仁傑掉頭摇手曰：「大不是。退溪安敢望静菴乎？」厥後，仁傑薦成渾、李珥可大用，而珥有輕率之病云。人或尤之，仁傑曰：「渠短静菴，擬以退溪之下，故吾言云然。」仁傑憂國之誠至死不變，而才非適用，只喜忼慨立論而已。成渾常語人曰：「白公之才比於圍棋，則有時高著，可敵國手，而有時亂著，非可倚恃之才也。」末年，上京陞資憲。至是卒，年八十三。

十月，連日沈霧，冬暖如春，山花盛開。

十一月，姜暹爲咸鏡道觀察使。兩司論其不合北門鎖鑰，累啓不允。朴民獻曾爲監司，貪贓狼藉，而暹繼其後。暹亦有貪聲，識者憂北方難保矣。暹拜辭時，上引見，慰諭而送之。○咸鏡南道節度使蘇瀉以私怒殺北道官奴二人，拿鞫于禁府，既服，議于大臣，照以濫刑之律。臺諫爭之，以爲因公事殺其管下軍民，則可照以濫刑矣，今則以私怒殺他道之人，當論以殺人。上命收廷議，則二品以上皆曰：「不可論以殺人。」兩司復爭之累月，終不允。

謹按：殺人者死，在法罔赦。瞽叟殺人，皐陶執之，而帝舜之力不可沮止。則蘇瀉何人，敢肆意殺人而得免刑辟乎？若舉八議之法，則有司當照以大辟，而或可以特恩貸死矣。今乃照以濫刑之律，則大紊國法矣。二品以上無一人正議者，朝廷空虛久矣，安得而正事乎？

十二月，禮官於仁聖王后禫祭日，定爲受賀之儀。兩司啓曰：「哭泣行祭而遽受賀禮，吉凶相襲，非禮也，請勿受賀。」上曰：「舊例不可改。」兩司爭之累日，上曰：「異議之習，不可長也。吾非欲受賀也，只惡異議耳。」竟不允。○左參贊成世章白上曰：「今之年少士類名爲慕古學問，而無其實，爲一時之弊。」上曰：「此言直切，正中時病。」三司交章駁論，而上意終不快。

謹按：道無古今，而古有聖賢，今無聖賢，則爲士者安得不慕古乎？民有秉彝，而非學問，則無以明其理，爲士者安得不學問乎？名爲慕古學問而無其實者，固可疵也。彼不慕古、不學問，而放心爲惡者，獨不爲一時之弊乎？世衰俗末，爲士者既少向學之誠，而時君世主又從而惡學問之名，故儒者沮喪而流俗得志，此叔季之通患也。彼世章鄙夫，其言不足爲輕重，而獨恨上心深合流俗，終不可保好善之萌矣，可勝於邑耶？

萬曆八年庚辰

今上十三年正月己未，仁聖王后神主祔大廟。上親祭大赦，受百官賀，行飲福宴宴。時舊例或用女樂，而不載於五禮儀。禮官循例將用女樂，兩司、玉堂、政院以飲福之宴承神之休，當肅敬將事，不宜聽女樂淫褻之聲，上以爲矯激，不聽。兩司連章爭者累日，至宴時兩司固爭，至於七啓，竟不允。

謹按：五禮儀乃祖宗成憲，雖或有所未備，而規模則近正矣。今上欲法祖宗，則當用五禮儀，而每循近例之不正者何哉？正殿之用女樂，決非禮儀，兩司豈至於矯激乎？上意非必欲聽女樂也，只是深厭儒者之言，欲折之以俗例耳。嗚呼，可勝嘆哉！

二月，同知中樞府事許曄卒。曄自少以學問自許，而議論顛錯，至於文義亦不通曉。嘗與李滉論學，所見差誤，滉笑曰：「太輝若不學問，則真是善人也。」蓋譏學識之差也。雖自以爲好善，而是非不明，取人多錯。平時與人爭論，辭氣不失其常，人皆稱有所養。而及末年，喜怒暴發，人甚怪之。按慶尚時，榮川郡守鄭仁弘治郡政清，而以供頓不盛，曄發怒，招仁弘入，講以大典侮辱之，仁弘即棄官而去。又以晉州儒生柳宗智等好議論守令得失，發卒掩捕，囚治其罪，宗智等是善士也，一道駭異之，罔測其意。曾與李珥相厚，而及東西立異之後，曄爲東人宗主，議論乖僻，至於嗾士類使攻珥。人以曄爲卯地，以卯地正東，故譏其爲東人之主也。平昔自謂不近女色，而在嶺南曬愛淫倡，所言皆從，列邑賄賂輻輳倡家，路上至與妓同轎，人皆指笑。以色成疾，既遞之後，未及上京而卒于尚州。○副提學金添慶以特旨陞拜司憲府大司憲。添慶爲人不言時事，故被上擢用。

謹按：國家設官分職，將以整理時事也。欲理其事，則安得無言？今者主上惡人有言，見人建白，則輒斥其矯激，必循默無言，然後乃蒙擢用。遵是道也，則雖以曹參繼蕭何之後，尚有不治之患，況承權姦濁亂之後，國事多穿弊者乎？夫是之故，庸碌者登用，有識者決退，坐而待亡而終不悟。嗚呼！豈非天耶？

以鄭澈爲江原道觀察使。澈自遞大諫之後，休官不出，屢辭召命。及拜是職，以追榮先人爲重，乃拜命赴任。澈忠清剛介，而喜飲酒，醉必失儀，職者短之。○親行別祭于文廟，因試士取人。○河原君薦譯官女，有美色，命納宮中。自是，日色無光者累日。○以鄭宗榮爲議政府右贊成。時西人不得列于顯班，故流俗充斥于公卿之位。贊成有闕，上命以正二品擬望。吏曹議于大臣，則正二品無可陞者，乃以宗榮及金貴榮應命。宗榮不喜士，貴榮無行檢，爲世所賤，而六卿之列無有勝於二人者，識者嘆國之空虛矣。宗榮謝恩後辭職，不許。

三月戊申，九日。上親祭于禧、孝陵，駕回時白虹貫日。上還宮，傳于政院曰：「近來白虹之變，無歲不有，已極驚愕。而至於今日拜陵之時，又有此變，不勝兢惕。予意知悉。」政院啓曰：「伏承上教，不勝感激。凡弭災之道，不在於文爲末節，而側身兢畏，乃應天之實也。災變之出，雖不可指爲某事之應，而近日罕御經筵，朝廷疵政、閭巷弊瘼未得聞于左右。請延訪求言，以盡修省之實。」上答曰：「知道。求言則可爲也。」○領議政朴淳、右議政姜士尚以白虹之變辭職，答曰：「此豈卿等之失乎？有臣無君，召災致異，古今之常患也。」左議政盧守慎辭病已久，上遣醫診視，劑藥以送。○弘文館上劄子，請避殿減膳，延訪求言，且頻御經筵，答曰：「劄意是矣。但避殿之事非不知，而斟酌人君體貌，故姑不爲也。

是豈在下者所得而輕言者哉？劄意當留念。」○憲府劾新贊成鄭宗榮才器短淺，素無物望，前在騎曹已被人譏，不可拔擢，請命改正，答曰：「新贊成非不合，豈宜輕論？」諫院啓曰：「宗榮器量狹隘，才智淺薄。曾判政曹，不恤人言，惟妾婦子弟之請是徇，以致賄賂輻輳，至有『債帥』之刺。此人豈合陞於二公之列乎？請命改正。」上不聽。兩司論之累日，上曰：「宗榮可合二公。曾在先朝不媚於寵，逮事寡躬，裨益弘多，但不若今人之矯激。」竟不允。

○下教求言，且命察理冤獄。

謹按：遇災求言者，將以聞直切之諫，以醫急時之病也。近年以來，無歲無災而亦無不求言之時，終未聞用一善，策除一弊政也。求言而不用，與不求何異哉？譬如抱痾之人，日問良醫，而不服一丸之藥也。可勝嘆哉！

全羅道癘疫熾發，死者甚衆。○成川府訓導被儒生之怨，怨者取大聖位版，置之土穴中。事聞，命京官下去推鞫，改造位版。人心之悖亂如此。○壬戌，二十三日。白虹又貫日。上下教曰：「白虹之變疊現，極爲駭愕。自今日避正殿矣，減膳撤樂可也。」○領相朴淳、右相姜士尚以日變辭職，上答曰：「此由於辟不辟，忝厥位也，卿等何咎？宜勿辭。」左相盧守愼則自二月累度呈病不出。○副提學具鳳齡上劄子辭職，答曰：「勿辭。」鳳齡於丙子年退歸鄉里，屢辭召命，今始上來。

四月，守門將趙瓊禁出入闕門者，而憲府書吏直入不止，瓊縛欲治罪，憲府聞之怒，乃推瓊，啓請治罪。上曰：「雖曰誤縛，豈可以此敢罪王宫守門將乎？大失事體矣。」大司憲李山海等避嫌請免官，退待物論。諫院啓請出仕。

謹按：守門之職，只禁人濫入而已。憲府書吏自恃厥司威風，輕視守門之將，其罪可治。而憲府反欲罪守門將，何其顛耶？昔者漢文時，六百石公車令尚能止太子之車，而今者守門將不能禁憲吏之出入，何哉？憲府之官不知其非，而諫院又從而是之，皆不學之過也。

知中樞府事朴啓賢卒。啓賢無行檢，只飲酒放浪而已。上聞其死，曰：「予用驚悼云云。」

○弘文館上劄子，論不當以旁歧納女侍，當依舊例擇良家女，且後苑私有營造，非事之宜，上答曰：「爾等入後苑看審營繕處〔八〕，然後當有批答。」蓋營繕之説虛傳也。政院請勿令入審，上不聽，而促召玉堂之官。政院再啓曰：「君臣之間，情意貴於相通。只教以虛傳，則下情自釋然矣，安有入審禁苑之理乎？」上曰：「予命入審，此事非難。政院職在出納，論思非其任，其欲從中阻遏乎？其速命入審。」兩司亦啓不當迫臣子以所不敢爲之事，以阻下情，再啓而不允。玉堂官皆待罪，請賜罷斥，上曰：「誰倡爲此？其速直啓。」玉堂啓曰：「進劄之時，同以區區之心陳其所聞，豈有獨倡者乎？請亟命罷斥。」上乃曰：「勿爲入審。」

仍教曰：「宫闕，予家之事，非外臣所預知。此習一開，後必有姦臣爲口實，將有不可忍言之弊矣。欲窮詰倡者，而今姑不問。大抵人臣之進言也，一言以爲智，一言以爲躁，言不可不慎也。」

謹按：玉堂所論者，潛納女侍、私營禁苑兩事也。營造則固是虚傳矣，女侍之納豈虚傳乎？自上既拂意，而不以直告；自下亦畏威，而不窮其事，含糊而止。玉堂之臣，可謂有愧於王素歟？

以柳成龍爲尚州牧使。成龍以母老，乞得近邑歸養，上曰：「爾出，則我失一臣，固可惜矣。但母子情切，亦不可不聽。」乃命拜尚州牧使，士類皆惜其出矣。成龍有才識，善敷奏，經席啓辭人皆稱美，但不能一心奉公，時有顧瞻利害之意，君子以爲短焉。○以鄭逑爲昌寧縣監。逑謹於禮學，律身甚嚴，議論英發，清名日著，屢拜官不就。至是上京拜命，上引見，扣其所學，天語温諄，聞者感激，逑乃赴任。○慶尚道癘疫亦熾，民多死。○右贊成鄭宗榮謝病免，避物議也。○大臣請復正殿，再啓乃允。

閏四月，左議政盧守慎自春辭疾請免，章十三上，上終不允，乃出仕，上引見賜酒。時領左相雖人望，而不能有爲，只隨波而已。變異疊現，自上别無消弭之策，而遽請復正殿，識者不韙之。成渾聞大臣請復正殿，嘆曰：「朴思菴淳軒號。亦隨衆爲諛悦之態耶！」○以金貴榮爲議政府右贊成，特拜朴好元爲户曹判書。闒茸之得志如此，識者憂之。○試文臣通政以下，製述于慶會樓下。承旨尹卓然詩居首，命授嘉善。卓然非人望，而以藻繪陞品，人多不厭。諫院論請改正，不允。○陰竹居進士全旭上疏陳時弊，疏中論朝廷不和之狀，上答曰：「身在草野，陳弊之誠，良用可嘉。」仍傳曰：「全旭疏中論及朝廷不和之習，曰『挾私嫌彈劾無咎，動浮言放逐田里』，『上欺宸聰，下貽幽憂』云云。草野之人，必有所見，第未知指何事也。」政院啓曰：「臣等伏見下教，不勝惶惑之至。今此疏辭，大概荒雜顛錯，實無所據，而上教則似若疑有是事者，無乃未安乎？朝廷之上雖或有議論之不同，豈至於角立朋比，欺罔宸聰之理乎？朝廷閒事，聖鑑既已洞照，而乃有此教，非但人心疑怪，其於日月之明恐有未瑩，故敢達。」傳曰：「知道。」

謹按：全旭之疏實無所據，雖不足信，但朝廷之上，東西之説未盡消釋。西之名士沈抑不揚，而闒茸尊顯，流俗得志，上心未知所在。則旭之言，無乃亦有可反求者歟？

以孫軾爲全羅道觀察使。上下教曰：「孫軾累經近侍，處事明敏，勤勞效著，特加一資。」軾素無學識，又有心疾，臨事茫然，動多顛錯，而乃下明敏之教，人皆怪之。憲府劾以非卓爾之才，請改正，不允。

五月，旱甚，祈雨。江原道降霜殺草。

六月，大雨，江漲海溢，山崩屋漂，陵谷遷變，近年水災未有甚於此時者也。是時下三道癘疫猶熾，生民之厄未艾也。○洪聖民以製吏文居首，陞嘉善。憲府論以微事陞階，非命德之政，請改正，不允。○政院啓曰：「今年水災，比古尤甚，外方啓聞，極爲可怪。至於都城之內，一夜之間，大雨暴漲，平地水深丈餘，橋梁圮壞，道路衝破，屋宇壞漂，壓傷溺死之人不知厥數；郊外衆塚崩頹，白骨暴露，持虆掩埋者相續，田穀盡没，蔬場罔餘，民失生業，蒼黃涕泣，聞見慘惻。變不虛生，應之有道，伏願聖上益自修省。」答曰：「啓辭是矣。今年水災，極爲驚駭。予用兢惕，當更加省念。」○大司諫金添慶啓曰：「近者士類，其在家學問與否，臣所未知，但富然後爲善之説盛行於時，士友間多以防海澤、營土田爲能事，此弊當自上禁之。」上曰：「爲富不仁，安有富然後爲善者乎？此事諫官當舉劾。」添慶曰：「非不欲劾，而其中多有名字可惜者，故不敢耳。」時名士或有不仕而耕野者，故添慶惡之，唱爲此説，士類疑其爲不吉之人矣。

謹按：士生斯世，進則揚于王庭，以食禄而行道，退則耕於田野，以糊口而守義，不可素食而瘝官，亦不至束手而飢餓矣。添慶惡士之退，唱作無理之説以誣善類，是欲使一世之士皆惷惷食禄而已也。富然後爲善之説，偭于何人耶？苟如是，則先爲盜蹠，然後乃可學孔顔也，天下寧有是理耶？嗚呼！添慶其可謂嫉善者歟？

七月，吏曹判書李文馨謝病免，以朴大立爲吏曹判書。文馨、大立皆附年少士類，得居銓衡重地，而流俗與二人合而爲一，識者憂之。○江原道觀察使鄭澈上疏陳一道弊瘼，上嘉奬答之，下該司議行。澈盡心民隱，詢訪無遺，且尚教化，以旌淑癉惡，東民聳動。

八月，以司憲府持平徵鄭仁弘，仁弘辭疾不至。

九月，彗星現，且有雷電之變，下教求言。一歲再求言，而别無獻可用之策者。是歲，京畿、黄海、江原、平安四道大饑。

十月，以李山海爲刑曹判書，上疏辭職，不允。拜恩後辭免至三，皆不允。山海少有文名，出宦途後踐歷清要，驟至六卿。爲人清慎而少氣節，巽懦避人言，故無忤於上，下不失物望。自東西分黨之後，議論一從東人，不能樹立。如李珥、鄭澈皆是執友，而不恤相負，識者笑之。李珥語人曰：「吾友汝受不久必作政丞矣。」人問其故，珥曰：「我國政丞必淳謹無才氣、無所猷爲而挾以清名者居之，汝受其人也。」○雷電無異夏月，日常沈霾不開，大霧昏塞，淫雨頻注，地融如春，識者憂之。

十一月，淑儀鄭氏卒。己巳，上不豫，聞鄭氏卒，驚動故也。庚午，上疾猝急，命召大臣〔九〕。朴淳、盧守慎先入侍，上執二人手曰：「須念小兒輩。」蓋上意恐至大故，其言如此。闕中驚惶，中殿命遣官，祈禱社稷、宗廟及山川。明日，上病稍歇，自此漸向康復。上多內寵，元氣頗傷，心熱上攻，喜飲冷，故痰盛氣上，以至成疾，羣臣多以爲憂。○前領敦寧府事、潘城府院君朴應順卒〔一〇〕。應順以王妃之父，少無干政之習，時人不知有國舅，人多其恬靜。中殿因上體未寧，累日却膳，因得眩證，數日而愈，又遭重喪，國人憂之。○癸巳，以上體復常，藥房提調及御醫等或加資，或賞賜。

十二月丙申，百官陳賀。○拜李珥爲大司諫，成渾、鄭仁弘爲掌令。召命之下，朝野欣然，以爲上心向善矣。○吏曹判書朴大立稱病不出，良久乃出。初侍臣於經席啓曰：「各司之官廉勤奉公者，可加褒賞。」上命吏曹鈔其可賞者。佐郎李洁等欲因此幾會，鈔啓士類之沈于下僚者，請陞六品，被鈔者許篈、安敏學輩凡十餘人。大立曰：「賢才在古尚鮮，今日安得有許多賢才乎？」堅不肯從，由是與士類相忤。蓋大立無愛士之誠，性且固執，於是士類悔其相與也。○成渾承召，以病不至。上三召不置，且曰：「此人有病，不可冒寒登途，命給馬轎上來。」士林感動。○李珥承命入京，拜恩後辭免曰：「無狀愚臣，受國厚恩，才疏病痼，仰報無路，跧伏田里，潛心默禱者，只在聖壽無彊而已。乃者伏聞玉候違豫，至行祈禱，朝野遑遑，罔知攸措。臣在遐陬，不獲駿奔，東望馳誠，夙夜焦煎。賴祖宗陟降，上天垂祐，黃道陽輝，不久復常，舉國慶抃，而臣未能得參賀班，罪戾斯重，精爽飛越。豈期聖量天涵，含垢藏疾，譴責不加，恩命反下，感激戰慄，不覺流涕。言責重地，固知不堪，而情懸紫極，力疾登途，所望一瞻天光，死亦無憾。既而竊思，近日聖心惕悟，火然泉達，號令之下，悅服輿情，臣民拭目，佇見治化。此正轉移世道、俾升大猷之一大幾會也。將順匡救，對揚維新之休命，責在諫官，決非如臣淺薄空疏者所敢承當。請命遞臣職，擇授其人。」答曰：「勿辭。」引見于丕顯閣，問以黃海凶歉之狀。珥請移粟賑飢，仍啓曰：「殿下春秋鼎盛，雖有微恙，意謂不久復常，而去月違豫，舉國驚動，臣在海曲，焦心破膽，安有如此驚愕之事乎？無乃調攝或失其宜乎？竊瞷殿下受氣明粹，完實或有不足，伏願清修省慾，以保真元之氣。」上曰：「久不相見，無乃有所欲言者乎？」珥拜而對曰：「殿下歷見古史，人君可以有爲者不世出。殿下英明，實今古所罕。嗣服之初，臣民有大平之望，厥後因循，未見振起。臣雖退伏山野，每引領希望，今年雖不奮興，明年必有振作，如是者有年矣。今殿下大病之餘，善端開發，號令之下，悅服人心，臣民之望無異於初服矣。目見民生之困，日甚一日，世道人心如水益下，若因舊守轍，則決無有爲之望，必大段振起，盡去宿弊，然後庶可爲治。朝廷之上紀綱大壞，大小之官，不事其職，已成風習。此不可以一時威力治之，必須自上堅定求治之志，收召俊乂，集于朝廷，各觀其才，擇授可合之職，委任責成，持之悠久，則國事可整，而治道可興也。人君欲用賢才，則必先修己。何則？賢才者不求富貴，只求行道。人君不先自治，則賢士必不爲之用，而求富貴利達者充斥朝廷矣。是故修己爲用賢之本也。古者爲官擇人，久任以考其績。今則爲人擇官，不論才之當否，而惟以多歷清要爲榮。故朝遷暮移，一人盡經各司，如是而求其不瘝厥官者，未之有也。若不改此近日謬規，則治道無由可成矣。」上曰：「臺諫例以避嫌數易，爲充臺諫，故他官亦數遞。避嫌之規，古所未聞，古史亦未之見也。」珥曰：「此是近日弊習，豈見於古史乎？」珥曰：「人君如欲有爲，則必採衆論。衆論盈庭，而擇用則必出于一。若使衆人各行其議，則反致騷擾，政出多門矣。今者雖衆論畢陳，而自上必倚仗一二人可任經濟者，擇其中而用之，使議論出于一，然後可以漸升治道矣。」上曰：「今之三公，豈易得乎？予每事必咨而行之，非不擇用。而近日政事終無所成，殊可怪恨。」珥問上曰：「自上加恩禮于成渾，近古所罕，未知上意欲用其人乎，抑欲一見而止乎？」上曰：「成渾之賢，予已聞知矣，第未知其才何如？」珥曰：「才亦非一般，有可獨任經綸之責者，有好善而能用羣才者。成渾之才，若謂之能經綸天下則過矣。其爲人也好善，好善優於天下，此豈非可用之才乎？但痼疾在身，必不能任憲官之職。此人必須付之閒局，而時使入侍于經席，則必有啓沃之益矣。」珥無從政之志，適上體新經大病而有召命，故爲慰問而上來造朝，見士論潰裂，欲留調劑。其朋友多以爲

憂，朴淳獨曰：「叔獻赴朝，吾喜而不寐矣。」○江原道海波騰躍，海底震鳴如雷，巖石飛走，
變異非常。

萬曆九年辛巳

今上十四年正月，成渾累承恩召，不得已入京，以病不能拜命辭職。上聞之，使内醫看病，給以藥餌。渾見李珥曰：「我是何人，過蒙恩禮至此乎？」珥笑曰：「君豈不及於死馬頭乎？」○白虹貫日，三公以災異辭職。時朴淳、盧守慎以清名居相位，姜士尚則本非人望，獨朴淳憂國愛士。守慎則日飲無何而賄賂狼藉，反不如士尚之以清儉自守，士林鄙之。○成渾以疾請解官，上命遞職曰：「有病故遞職，病差後予欲見之，不可以遞官之故下歸也。」上意欲見渾，故下教如此。○鄭仁弘以掌令上京。仁弘以清名重於世，及拜是職，人皆想望風采。○司諫院上劄子請修政以弭天災，上優答之。

二月，上御經筵，講春秋，李珥白上曰：「程子曰：『後王若知春秋之義，則雖無禹湯之德，亦可以法三代之治。』此語必非架虚欺人也，必是實事。願殿下每讀此經，必思如何作爲可回三代之治，則必有益矣。當今國事，内則紀綱頽廢，百司不職；外則民窮財盡，兵力殘弱。若無事架漏，過了日子，則或可支撐；若有兵革，則必土崩瓦解，更無可救之策矣。

大小之官，耳恬目習，不知其可憂。必須殿下深知可憂，不視以尋常，勉勵振起。先於本原上做功夫，使學問精明，本原澄澈，而警勑大臣，收召賢俊，布列要地，日有所爲，奮起事功，革除民瘼。持守此心，更勿退轉，則國家之事庶有望矣。才不借於異代，自古豈有欲治而無才者乎？且人君不可不明好惡以定人心也。前者有命于吏曹論用人之法，詞旨公明懇切，人多墮淚，國人皆知殿下必欲有爲。雖有此心，必於政事上舉錯得宜，然後不爲徒善矣。昔者堯舜帥天下以仁，而民從之。堯舜明示好善惡惡之意，故天下靡然從之，去惡從善矣。後之人君猶恐羣下知其意向，涉於輕淺，故不明示好惡，反使賢者無所倚恃，爲惡者不知畏戢，此非人君之度也。今殿下若明示好善惡惡之旨，則多士興起，至於閭閻氓俗亦發向善之心矣，此是今日急務也。」是時經席侍臣皆俯伏不言，獨應教金宇顒有所陳説，請上修己圖治矣。○憲府劾罷水原縣監禹性傳。性傳少時遊李滉之門，稍得善名。而負才氣持詭辯，陵駕士類，自以爲才堪經濟，而行己多有玷污，善類不取。但其友洪渾、成洛之輩妄相推重，至以爲性傳得志，萬物咸遂其生，瀜瀜稱譽，寔繁有徒，氣勢甚盛，識者憂之。李珥初自鄉入來，士類皆問珥以當務之宜，珥曰：「當今患在君臣不相知，上下不通情，士類不協和。須通融士類爲一，不相疑阻，而相與積誠以回天意。此是第一策也。」李潑、金宇顒問珥曰：「如禹景善性傳字。將何以處之？」珥曰：「若君子秉政，紀綱齊整，則渠安能騁其私哉〔一一〕？若朝廷無君子，無紀綱，則雖欲排擯此類，亦不可得也。此等人不必攻擊也，若天心未回而仇敵先起，則士類不能容足矣。」潑等以爲然。安敏學聞之，譏珥苟且迂闊，欲使薰蕕同器，以爲調停之計，甚不悅。掌令鄭仁弘剛直，風力絶人，聞性傳將遞，恐復居侍從之列，乃欲劾罷，斥其爲邑不事事，託以覲親，長在京師，且多輸錢穀于京家，辦具酒肉，以恣宴飲，而張皇氣勢，妄自矜高之狀。大司憲李陽元憚與年少輩作嫌，不肯從仁弘之議。仁弘爭甚力，至欲獨啓，陽元勉從而稍改論劾之辭，只斥不職在京之失，罷之，於是其儕輩咸懷不平矣。○特拜大司憲李陽元爲刑曹判書。陽元弛緩不事事，素不以國事爲心，只營家産，致甚富，築亭銅雀江邊，熟絲魚網横江者有數件，皆求諸郡邑而得之。上悦其容默，故超陞資憲。既長秋官，一徇請託，人皆鄙之。○成渾以宗廟令拜恩。上引見于思政殿，語之曰：「聞名久矣。大道之要，可得聞乎？」渾對以古今帝王爲學之功。上復問以古今治亂、時政得失及拯濟生民之術，渾隨問仰答。上曰：「欲見顔色，其勿俯伏。」渾起坐，上曰：「毋以予爲寡昧，勉留言予過失可也。」是日，渾上疏求退，上於座中取覽其疏，曰：「何以求退乎？」再三慰諭，使之勉留。○賜成渾米菽。侍臣有以渾在京絶糧爲言，請給禄俸，上問左相盧守慎曰：「此言何如？」守慎對曰：「給禄恐無不可。」上乃命給禄。李珥聞之曰：「周之則受，賜之則不受。浩原受禄爲未安矣。」金宇顒聞珥言，白上請勿給禄，而特以周急之義賜米菽，上可之，令户曹輸送米菽。渾上疏請辭，上答曰：「周之之義，亦古人之道也，可勿辭。」渾不得已受之。時户曹請給米菽各五石，李珥見户曹佐郎宋大立曰：「周急之粟，何其太略耶？」大立曰：「若多，則恐成君尤未安，故如是耳。」珥曰：「此舉近代所無，當爲垂後之盛典。以萬乘之國賜賢者以五石之米，無乃涉於吝耶？」大立無以應。○柳成龍以副提學入京謝恩，士類多聚于朝，人皆想望有爲矣。○前判書朴忠元卒。忠元庸劣，只得容身保位，季年精神昏迷，不辨黑白。至是卒。○三公六卿往審靖陵而還。先是，明廟朝妖僧普雨久作報恩寺住，欲移中廟陵寢于寺側，以固厥寺之勢，乃誑惑文定王后，謂宣陵近處有吉兆，請遷中廟山陵于其地，文定頗信之。權臣尹元衡逢迎慈旨，脅持諸大臣，大臣安玹等皆依阿不敢違，竟成遷陵之計，將於文定萬歲後，使得同兆。而地勢卑下，補土之功費累巨萬，每年江水漲入陵前，齋室半沈于水，輿情悲憤，文定之薨，不得已改卜他處。故物議皆欲遷陵，而廷議以再遷爲尤未安，故更審形勢，還啓曰：「江水雖漲，去穴道甚遠，無滲潤之患，且無擊齧之勢，只當以土石填築地勢卑下處，以退水勢，而移造齋室于高燥之地爲宜。」上允之。

三月，下朴民獻于義禁府，已而赦之，只罷其職。先是民獻爲江原監司時，横城民存伊者弑其母，被人告其罪，獄既具，方受刑訊。民獻所幸妓受存伊重賂，潛請民獻勿治，民獻託以親鞫，致存伊于監司處，遽放之，民情甚憤。至是事發，更鞫存伊于禁府，三省交坐，詞證皆歸一，只存伊不服，而斃于杖下。兩司啓請拿鞫民獻，爭之累日，乃命拿鞫，治以受賕故縱之罪，民獻不服。將刑訊，上命停刑照律，禁府啓曰：「受賕之罪，不可於取服前照律也。」乃命除受賕之律，只以故縱，照律罪當死，減用次律，以宥旨前事勿論，只罷其職。

○憲府請罷吏曹佐郎李敬中，從之。敬中素無學識，性又執滯，短於從善，爲銓郎甚久，頗有自擅之習。掌令鄭仁弘惡其爲，將劾之，大司憲鄭琢固執不從，遂各啓所見，避嫌而退。諫院啓請遞琢，而使仁弘出仕，遂劾敬中罷之。於是厥儕輩皆懷疑懼，浮議囂囂矣，柳成龍亦頗不樂，李珥曉譬曰：「鄭德遠仁弘字。以草野孤蹤，盡忠奉公，所論雖似過中，實是公論，豈可非之乎？」成龍乃不敢言。○諫院劾遞大司憲李拭。拭雖居清顯之職，貪鄙無檢束，爲人所賤。且其孽屬之女有入宫中爲淑媛者，方受寵幸，拭頗交通納賂，情迹甚醜，聞者莫不憤嫉。至是爲大司憲，拭誤聞李珥言其任黃海監司時過失者，拭乃避嫌曰：「臣爲黃海監司時，有不謹之失。十年後物議方激，臣不可苟在憲長之職，請命遞差。」憲府以事在十年之前，且別無現著之事，故啓請出仕。既而鄭仁弘聞拭有交通宫掖之狀，悔其請出，乃與持平朴光玉引嫌曰：「宫妾知名，古人所羞，而拭以清班之士乃有此失。而臣等未及聞知，啓請出仕，失風憲之職，請命遞差。」上怒曰：「李拭焉有此事？不過欲擊去，而故爲此辭也。朝廷不和，人心不淳，則非但有害於國，抑亦不利於身，宜勿辭。」仁弘等退待物論。諫院啓曰：「仁弘等以草野孤蹤，遭遇聖明，職居風憲，只知奉公盡職而已，更無顧藉之念，且與李拭無一毫私嫌，此豈有心於擊去乎？今此引嫌，想是爲物議所迫耳。國家設耳目之官者，將使激濁揚清，以振紀綱耳。若劾一人，輒疑其不和不淳，則公論不伸，士氣摧沮，將無以爲國。仁弘等請命出仕；李拭果有交通內人之謗，且有不廉之誚，虛實未可知，而人言則有之，不可仍在其職，請命遞差。」於是遞拭，而出仁弘等。流俗皆憚清議，以李珥爲清議之主，故嫉之尤深矣。○軍器寺內有池水涌起，高可半丈許，人皆驚怪。○以都承旨李友直特拜大司憲。友直非人望，而有清白之操、質直之行，故物論不作。○大司諫李珥以疾乞解，章三上而賜休告不已。適上候微愆，乃出謝恩，且請辭諫官，處庶司隨分盡職，答曰：「調理行之，勿辭。」○上將接見日本使臣于勤政殿，而故事當用女樂，三司交章請勿用女樂，以禮示遠人。爭之累日不能得，諫院先止，人或尤之。李珥曰：「爲國有漸，必先解斯民之倒懸，然後乃可正禮樂。豈可先事禮樂乎？」及於宴日用女樂，備呈妖邪之態。鄭澈以侍衛兵官見之，謂李珥曰：「兄爲諫長，不能救止，乃於正殿作妖鬼之戲，可愧於古人矣。」

四月，特拜李憲國爲漢城府右尹。憲國以都承旨，被憲府劾以不合銀臺之長，雖不蒙允，憲國自知不爲士論所與，乃引疾不出。上以士類分別甄品爲矯激，故特陞憲國，以抑士論。諫院爭以不當賞拔無人望者，以沮公論，上不聽。

謹按：爵以命德，官以任能，聖王之治國，不過任賢使能而已。今上則不然，士類有人望者，心疑矯激，裁抑過中；而若其無人望、無學識、泄泄沓沓者，則優崇褒重，超授大官。故每有特命，有識憂嘆，而朝廷日卑，至於牛童走卒皆有輕侮搢紳之心。舉錯如此，人心世道宜乎如水益下而莫之救也。

内贍僉正成渾上疏〔一二〕，極言時政得失，不避忌諱，上答曰：「得聞至論，深用嘉焉。予雖寡昧，敢不佩服？」政院請以其疏示大臣，有所施行，上答曰：「疏中論學問時弊，則予當自察。但譏議朝廷，以爲公卿大臣皆無其人，且欲盡取一國之制而紛更之，此則未穩而誠過，亦難施行也。」政院更啓以未安之意，上怒曰：「纔召一士而來，是何若是其多言耶？」於是憲府、玉堂皆上劄論列，上曰：「示大臣非難事，其疏示大臣。」是時諫院以饑饉荐臻、公私匱竭，請會三公、六卿、三司長官于闕庭，預講救民之策。以此三公會賓聽，上乃命以渾疏示大臣，注書持疏而至，三公使注書展讀，注書大聲讀之，六卿環聽，或有假睡不聽者矣。三公啓曰：「草野之士，遭遇聖明，盡誠貢忠，疏辭無非肝肺之懇，請嘉納施行。且祖宗朝以外官兼帶經筵官，如崔自濱、金湜、金安國皆是近例。請以成渾依此例，以備顧問。」上答曰：「啓意知道。兼經筵事，不可創新規，後日予當更見矣。」初，渾既受周急之粟，拜官而不能供職，謂李珥曰：「吾欲上疏極諫而去，未知如何？」珥曰：「兄以山野之士，受恩眷非常，當盡言不諱，以格天衷。幸而採納則社稷之福，不幸而邁邁則納履還山，可以無愧矣。」渾乃閉户草疏，只與珥商確可言之策。因引見時所問之目，首陳大道之要及爲學之功；次陳古今治亂，而以用君子、用小人爲治亂之機；次陳時政得失，以賢才不用、闒茸尊顯爲今日之病根，請得人才，任賢使能；次陳生民憔悴之狀，請革弊法，以救焚拯溺；末因上教言予過失之語，極論衮職之闕，切中病根，言甚明直。渾與珥所見脗合，而且措辭或有出於珥者。珥意自上重渾之名，故欲藉渾手，冀得感悟天衷，而上意不喜直言，故竟無所益，士林摧沮。渾曰：「無乃不上封事爲得耶？」珥曰：「不然。人間不可無這等議論，只一讀之，亦使人心爽快也。」大學生有欲以渾疏不被採用事，上疏陳列者。珥聞之驚曰：「何等喜事者敢作此論？大學生非係國家危亡之事，則不可上疏。若遇此等事輒爭，則是諫官之職也。」亟令人諭止之。時上見渾疏譏詆朝貴，意頗不平，而欲不失待士之道，故優容答之。及政院啓稟，然後乃示天衷，且曰：「渾疏有如李珥語法矣。」珥聞之曰：「所見同，故言語亦同。假使求士於遐方絶域，若意思脗合，則其言事必不異矣，況於朋友之間乎？」是時憲府、玉堂皆上劄，而諫院獨無言，人或疑其避嫌，珥曰：「吾非避嫌也。此事只一言明辨而足矣，何必三司竝舉，反以激惱宸心乎？」識者是之。○三公、六卿、三司之長同議，獻救民之策。大司諫李珥曾語同僚曰：「去歲西道既歉，今春霖雨過度，兩麥傷損，若又失稔，則將坐視餓莩，而莫之救矣。救民之策，必須預講。」乃啓請會三公、六卿、三司長官于闕庭，預講救民之策，上許之。是日皆會賓廳，大臣以上意不欲有所更張，故不敢設救弊之策，只請移粟救西道之飢，設常平倉納粟，補影職凶荒之處，量宜限年蠲減貢膳，下三道量減水軍之役，罷別瓦署以省浮費而已。○大司憲李友直謝病免。友直自愧非人望，且聞成渾疏中有譏特命例加關茸之語，乃謝病免。○是時，江原道御史權克智、黄海道御史金應南、京畿御史洪迪、平安道御史李山甫皆入京，有所書啓。平安、黄海最多餓莩，京畿次之，江原爲最歇矣。上軫念飢民，故於二月別遣御史暗行民間，察民生疾苦及守令賢否，至是相繼復命。○軍器寺池水既涌，而且江界有夜明之變，夜色如月，人影落地，人皆驚怪。○吏曹判書朴大立謝病免，以李山海爲吏曹判書。○掌令鄭仁弘以覲親歸鄉。仁弘在憲府，以風裁整物，百僚振肅，至於市中商賈皆不敢以禁物見於外。有一武夫自鄉入京，謂人曰：「鄭仁弘掌令，其狀如何？其威稜遠播外方，如兵水使、守令輩莫不恐懼戒慎，真丈夫也。」李珥聞之笑曰：「德遠仁弘字。作憲官，人多忌嫉，而此武夫乃敢稱譽，渠是丈夫也。」至是以覲親歸鄉，城中放縱者皆喜，乃敢息肩云。但仁弘氣輕而量狹，處事或不免躁擾，珥每貽書勸戒曰：「大事當振奮，小事或可略也。衆怨朋興，則時事尤不可爲矣。」仁弘疑珥過柔，謂安敏學曰：「叔獻非剛毅做事底人。」敏學告珥，珥笑曰：「我當爲德遠之韋，德遠當爲我之弦。我與德遠合一，則豈不做事乎？」是時清名之士成渾、李珥、柳成龍、李潑、金宇顒、鄭仁弘聚城中，而上意不信向士類，故時事無進步之勢。柳成龍問珥曰：「頃日闕庭之議，公以爲非根本長策云，如何是根本長策？」珥曰：「上格君心，下清朝廷，是根本長策。宸心輕士類而喜流俗，時事豈有可治之望乎？」○李山海謝病不出，李珥往問之曰：「公受國厚恩，當此國勢危急之時，當盡職以報君恩，何爲引疾以孤士望乎？」山海曰：「冢宰是一國重任，我何以當之？」珥曰：「然則誰可當者？二品以上皆是闒茸充斥，如公幸拜此職，甚慊士望，公何强辭？且公既在六卿之列，必不能休官，則惟吏曹合於公才，他職則恐不能盡職：如户部、刑曹非公才可辦，吏曹則公必不循私請，大張公道矣，此豈小補乎？近來政事溷濁，願公勉出，一洗舊染之習。」山海笑曰：「公何以細知吾才乎？公言甚切，我當更思。」不久而山海出視事，爲政不用請託，門庭冷落如寒士家。珥聞之曰：「汝受爲政，甚强人意，可以救得世道矣。」

五月，兩司駁刑曹判書尹毅中，不允。尹毅中久在清班，致位亞卿，而頗以貪鄙見棄於清議。至是，秋卿有闕，上命大臣薦嘉善可陞者，吏曹郎以上命問于三公，領相朴淳則薦金繼輝、鄭芝衍，左相盧守愼、右相姜士尙則薦尹毅中、朴謹元。吏曹判書李山海病不參政，參判鄭琢曰：「當以領相之薦首擬。」正郎李純仁固爭之曰：「兩相俱薦爲重。」乃以尹毅中首擬，朴謹元次之，繼輝、芝衍又次之，爲四望。毅中既有貪名，而謹元亦輕巧，甚爲士類所賤，且於仁聖王后之喪，謹元爲守陵官，懷戀妻妾，至發心疾，以至於遞，人皆以爲託病。二人參陞擢之望，而毅中受點，於是物議譁然，貪夫受奬拔，無以激濁揚清云。毅中是李潑之舅也，李珥將劾之，成渾曰：「兄與李潑甚密，當告以將劾之意。」珥曰：「豈可對其甥，言舅之失乎？」大司憲鄭芝衍聞珥將劾毅中，乃曰：「叔獻獨憂時事，爲國任怨，吾輩豈可不助之乎？」於是兩司俱發。院啓曰：「善惡無別，舉錯失宜，則雖堯舜在上，不能爲治矣。尹毅中以不廉致富，素爲清議所鄙，若陞此人，則導一世以征利也。大臣當此疇咨之時，不能薦賢，而只觀資歷久近而薦之，物情皆憤，請命改正。且朴謹元曾託疾規避守陵官，用心無狀。而銓曹近日連擬清要之望，至欲陞擢，至爲非矣。請命推考。」上只命推吏曹，而不允改正之啓，憲府之啓則僅成平平言語而已。以此時人，皆以珥爲主張攻毅中矣。先是，銓曹有問珥以朴謹元可用與否者，珥曰：「謹元雖欲自附士類，而其爲人卑賤譎詐，不可用也。」屢問而屢對如此。一日吏參有闕，無可擬望者，佐郎金瞻貽書于金宇顒曰：「吏參備望無人，朴也雖非士望，亦無大段過惡，備諸末望何如？願質于李大諫。」時柳夢鶴在宇顒座，力勸宇顒以書問珥，而多陳謹元可用之狀，蓋夢鶴心取謹元故也。珥以自非銓官，而遏人前程爲嫌，乃答曰：「若如來示，則備望無妨。」瞻得其説，乃連擬清要之望，不知者多以珥爲薦謹元矣。謹元既參顯望，輿情甚怒，或有尤珥者矣。至是珥因衆怒駁正，而金瞻甚不平，語人曰：「大諫自薦，而乃自駁乎？」時李潑負重望，故時輩多欲附潑，言官論毅中不力，珥笑曰：「憚景涵潑字。而不能力攻尹者，非知景涵者也。」正言宋言慎尤欲庇護毅中矣。珥於經席啓曰：「今日急務，在於激濁揚清，以正士習。以毅中之不廉而超擢之，則是勸士以貪也，士習何由可正乎？士習不正則上下征利，國非其國矣。一人之進退，雖似不重，而終至於一世征利，則非細故也。願從公論，速下俞音。」上曰：「毅中不廉之實狀，其能目睹乎？大臣薦之，何敢不用？」珥曰：「他人一家之事，寧有目睹者乎？只是毅中以不廉見鄙於清論已久，有口者皆言之，豈一一虛傳乎？大臣非有心於薦賢也，只觀資歷之久而汎然薦之，殊非公論矣。近來弊習，在廷之臣多營己私，不念國事。此習不革，則世道日敗。殿下當奬拔清白，抑退貪污，而乃擢陞毅中，則舉錯失宜，人心豈服乎？」上曰：「恐不廉之説，出於虛傳也。若實不廉，則何可超授乎？」上顧領相朴淳曰：「毅中果是不廉乎？」淳默然良久曰：「虛實未可知，但公論如此，不可不從。」淳意毅中非所自薦〔一三〕，故措辭不明。珥退謂淳曰：「相公之言，何以不明快乎？」淳曰：「上若問曰『何故知其不廉而薦之乎』云爾，則我無仰答之言，故不能明言耳。」宋言慎被李洁薦用，故欲附於洁，一日啓曰：「毅中立朝三十餘年，長在清班，別無點污，此非齷齪求富者。而年衰志怠，昧於在得之戒，則或有之，請命改正。」珥見其啓辭，笑曰：「此乃薦章，非論劾也。如此陳説而望回天聽乎？」時憲府已停啓，故珥亦停啓，而貽書于言慎曰：「君論尹之章有稱美之辭，士論頗非笑之。臺諫體貌，必須自處。」言慎聞而怒之，乃詣闕避嫌。而其言多悖亂不倫，專欲營救毅中而抑沮兩司，至陰斥以構成不根，排擯異己，做出人不德等語，聞者驚愕。諫院啓遞言慎，而憲府請罷言慎，上不允。是時流俗位高者自附東人，多指珥爲陰助西人，故言慎欲附東人，乃作此舉得罪於士類矣。○命賜成渾米菽。時渾寓都下乏食，上問于政院曰：「成渾受禄否？」政院對曰：「未肅拜，故不能受禄耳。」上曰：「聞成渾窘乏，更欲周急，何如？」政院對曰：「如此則誠得待賢之道矣，臣等不勝感激。」上乃命户曹給米菽。渾再疏請辭，上不許辭，乃封置米菽不敢用。李珥見渾曰：「此事不待人言，特發於天衷，是好善之心，藹然開端處也。理當承順將養，不可固辭，激惱上心，以杜塞善端也。此豈爲浩原一身計哉？」渾終以爲未安矣。渾病卧城中，上欲引見而不能進，欲歸而亦不得，進退俱難。一日，李珥白上曰：「我國人心素輕，每有一事，必朋興進言，故自上以爲騷擾而莫之肯從，此固然矣。但事之可否須當審處，不可以衆言爲是而必從，亦不可以衆言爲擾而必不從也。若可爲之事，以衆言之故不從，則國事何由可正乎？頃者成渾之疏，自上不示大臣，而政院、憲府、玉堂紛起爭之，此亦牽於時習也。且近日入侍之人，每稱成渾不已。成渾雖善人，人皆稱之，則厥心亦不安矣。臣見其疏別無大過之言，但草野之人只知直截而不回互，故無有隱諱。自上亦必知其貢忠，而稍加裁抑者，欲以安朝著之心耳。」上曰：「成渾之疏，與大司諫之疏同矣。」珥對曰：「平日意思同，故議論亦同矣。」上曰：「渾尚病耶？」珥曰：「真是痼疾。若自上特用而處分異常，則下人難測淵衷矣；若循常授職，則決無可堪之任。不如褒美而遣歸，以全待士之義也。」上曰：「雖欲用之，豈可一見便決乎？予將更見矣。」○吏曹以金孝元擬司諫望，上曰：「致朝廷不靖者皆非也。金孝元只可備庶官郎僚足矣，何可擬於司諫望乎？」於是士類多不安。李潑問李珥曰：「玉堂欲上劄子論此事，未知何如？」珥曰：「此事只可大臣陳啓，年少士類不可輕有所言，益致上疑。」珥見朴淳曰：「當今士類不能協和者，以東西之説尚未消釋故也。今當洗滌東西，但觀才器之如何而用之可也。金孝元才氣可用，而上意不欲擬於清職之望。苟如是，則東西尚有形迹，非計之得也。大臣當有所言。」後數日經席，淳進啓曰：「東西之説乃閭巷雜談，朝廷當不置齒牙間也，豈可以此廢棄可用之人乎？金孝元才氣可用，棄之可惜。近日東西之説尚未盡消，故被駁者及置散者皆以東西爲口實。今若不用孝元，則藉口者尤衆矣。」上曰：

「雖不用孝元，豈無可用之人乎？」珥曰：「一人之用舍雖非大關，而但東西之說未消，則士類相顧疑忌，無有妥帖時也。自上必須洗盡東西，使無毫髮痕迹可也。孝元若無才氣，則棄之何惜？今者孝元之才可用，而乃牽於東西之說不用，則甚爲士類不安之根本矣。」副提學柳成龍、修撰韓孝純亦及覆陳達孝元可用之狀，玉堂至於劄論，而上終不釋然也。○黄海道旱災無異去年，民又阻飢，新監司安容將赴任，上問大臣曰：「黄海又歉，安容非蘇殘撫民之才，予欲遞之而擇遣可堪者，何如？」大臣曰：「上教當矣。」乃命遞容，命吏曹勿論近侍擬望，崔滉以左副承旨拜黄海監司。滉稍有才氣，故上欲委以荒政。滉見李珥問曰：「上不知滉不才，委以重任。西道列邑無粟可賑，問于户曹，則京倉之米菽亦垂罄，計將安出？滉欲請京倉米菽數萬石移于黄海，未知如何？」珥曰：「監司未聞出憂民之言，而兄獨憂之，此上所以委寄也。京倉米菽不優，户曹必不給數萬石。雖得一萬石，可活若干飢民，猶愈於不請也。」滉啓請移京倉米。上引見，問以救民之策，以其言下于户曹，户曹只給米一萬石矣。○左議政盧守慎辭以疾，上遣醫問疾，賜當藥，不允其辭。守慎遇災害，別無建白之策，日與雜客飲酒，不念國事，士類多非笑者，守慎乃謝病不出。是時旱勢甚熾，歲又將凶歉，而平安、黄海二道尤甚。上御經席，謂侍臣曰：「凶歉如此，西道尤甚。因之以饑饉，加之以師旅，則計將安出？」朴淳曰：「須預畜財力以救之。」李珥曰：「若不變通弊法，以濟艱難，而只欲移粟活民，則粟亦已乏，無可移者矣。國勢如此岌岌，自上須思變通之策，凡經費之需亦當裁減。」上曰：「用度別無增加，只遵舊規而猶不足，奈何？」珥曰：「祖宗朝稅入甚多，今則連歲不登，稅入甚少，而經費猶遵舊規，安得不乏？稅入似當酌宜加定，以裕國用，而民生甚困，勢不可加，必須先解積苦以悅民心，然後收稅始可得中矣。我國貢案不度民户殘盛、田結多少而胡亂分定，且非土産，故防納之徒得以牟利，而齊民困苦。今須改定貢案，量其民户田結，均敷平定，而使之必貢土産，則民解積苦矣。」柳成龍曰：「此事汲汲可爲也。」珥曰：「必須得人，然後乃可救弊；不得其人，則勢必無成矣。且生民休戚，係於守令。守令勤怠，係於監司。監司數易，故皆苟經歲月，莫肯留心於政事，循例往來。間有盡職者，亦未及施爲。須以大邑爲營，使監司兼宰其邑，率眷往釐，委任責成，使之久居其職，而別擇廷臣有制治之才，可堪公輔者授之，則必有其效矣。」上曰：「無乃久任有專擅招權之失乎？」珥曰：「此則在人〔一四〕。如此之人豈合擇遣乎？」上曰：「我國州縣甚多，守令不能精擇，予欲併省之，未知何如？」羣臣皆對曰：「上教甚當矣。若併省極殘之邑附于他邑，則民役甚寬矣。」上曰：「沿革之事，勢難輕舉。予欲不去其名，而只以一邑之宰兼治數三邑，未知如何？」淳曰：「祖宗朝頻有沿革，此非重難之事也。」是時國儲已罄，明年則無救荒之策，其憂莫大，而上下無所猷爲，李珥深悶之，乃與同僚商議，上劄請變通弊法，改定貢案，併省州縣，久任監司，且請用賢以作人才，修己以清治本，去私朋以和朝廷。上答曰：「省劄良用嘉焉，舊法之變似難輕爲，然當議大臣處之。」乃下于大臣，而以盧守慎不出，故不能會議。

謹按：大臣受國厚恩，義當忘身循國。盧守慎身居台鼎，恩眷異常，倚仗甚重，而無一救時之策，日飲無何，及被識者譏誚，則飄然引疾。見國事危急，災害竝至，而無毫髮憂念，真可謂負乘者矣。

以金繼輝爲奏請使。時宗系之改，雖被聖旨添入會典，而至今未蒙頒降。時會典纂修垂畢，李珥忼慨語人曰：「匹夫受誣，尚能伸雪，安有國君受誣二百年而不伸者乎？此由使价不得其人故也。」乃與同僚議啓曰：「主辱臣死，宗系受誣，列聖之辱大矣。奏請之使當以至誠感動天庭，事成則還國，不成則爲埋骨燕山之計，然後庶可成事矣。請別擇專對之才。」上允之。朝議多以爲李珥可遣，朴淳、李山海皆曰：「叔獻不可一日去朝，宜思其次。」乃以繼輝爲使。繼輝自請以高敬命爲書狀官，崔岦爲質正官，上許之。○大提學金貴榮懇辭文衡之任，上問于大臣，大臣以爲可遞，乃命遞。貴榮文學不足，而久典文衡，時人竊笑。至是乃遞，後以上旨更仍任。

六月，盧守慎辭疾不已，上累賜不允批答。一日鄭澈製進，其略曰：「大臣無可去之義，而有必退之志，則不過苟焉謀身以負國也。自卿爰立之日，衆喜得人，皆以爲至治朝夕可見。而式至于今，蔑乎無聞，此何獨寡人之恥也？正宜君臣相誓、飭躬補過之不暇，尚安忍懷私計，而忽大義乎？」於是議者皆曰：「此批答近於論劾。」澈時爲年少士類所忌，乘此排擊者蜂起，憲府請推治澈罪曰：「有迫促輕蔑之意，不類王言之體。而且優待大臣之禮，自此墜落矣。」澈因此尤不樂居朝矣。獨安敏學曰：「彼雖不合批答之製，實是公論也。」未幾，上手教諭守慎，其略曰：「自古國家興衰治亂，其道非一，而惟在乎用人而已。用人之中，相臣爲尤重。苟相臣其人也，雖有闕德之主，而能成一代之治；如其非人也，雖有願治之君，而或削弱滋甚焉。甚矣相臣之重也！惟卿山川閒氣，星斗文章，學傳伊洛之脈，道爲儒林之宗，黄閣十年，隱然有喬嶽之功、九鼎之勢。以予之不穀，致今日得免於顛沛者，是誰之使然也？昔在瘴海，沈淪于外，天其或者動心增益，出爲大用。逮予叨承，爰立台輔，是天以卿授予也。方切仰成之際，遽見求退之章，以予涼薄，過舉日彰，是以賢相棄我而去也。忸怩不安，若無所容，卿以予爲不足爲乎？如以爲有過也，明以誨之，予將安意以承，卿不可退有後言也。略諭予意，是皆出自肺腑，卿豈不有動於中也？方夏溽暑，善爲攝理，出而就仕，是予之望。」守慎承教感涕，未幾出而視事。○吏曹判書李山海以母喪去位。山海門不受私謁，除拜一循公道，士論翕然稱善。不意喪母去位，以金貴榮代之。請謁之輩彈冠而起，貴榮之門坌集如市，時人嘆恨之。○特拜大司諫李珥爲司憲府大司憲。

七月，咸鏡道智陵被人燒以火〔一五〕。事聞，上問于大臣，大臣以爲上下當變素服三日，百官則變服于本司。李珥語人曰：「智陵是君王之祖，於百官無服，變素服似過矣。」朴淳亦以爲然，而事已往，不及改正矣。○大司憲李珥因入侍經席白上曰：「凡人各有所能。如李山海平時任職居官，無以踰人，及爲銓判，盡心厥職，除授一從公論，請託一切不行，門庭冷落如寒士家，只以聞見善士，以清仕路爲心。若如此數年，則人心世道，庶幾可變矣。」上曰：「山海有才氣，而無矜能底意思〔一六〕，予嘗以爲有德之人也。」上問曰：「成渾尚病乎？」珥對以尚不離疾。上曰：「予安知至今有病乎？」遂遣醫問疾，命賜以當藥。珥白上曰：「自古爲國若至中葉，則必狃安而漸衰。其時有賢主作焉，振起興奮，迓續天命，然後歷年綿遠。我國家傳至二百餘年，今已中衰，此正迓續天命之秋也。殿下歷觀前古人君，如殿下者甚鮮。殿下寡欲清修，愛民好士，此正有爲之主也。今日不能奮興，則更無可望之日矣。世降俗末，人心解弛。頃者有旱災時，稍知憂懼，而今則得雨之後，遽爾恬嬉，有如太平之時，此小臣所深憂也。流俗之論皆以施設爲喜事，因循爲安靖。小臣非欲騷擾也，只是積弊痼疾，不可不救正故也。若如俗論，則不改一弊，坐而待亡而已，畢竟何能保存乎？願殿下恒存有爲之志，漸興善政，以無失士望，以濟赤子也。」上曰：「自古人君豈欲坐而待亡乎？只是不能爲耳。」○大臣會議，以弘文館上疏、司諫院劄子所建白改貢案、併州縣、久任監司三事，入啓請施行，上答曰：「祖宗之法，不可輕改，姑置勿舉。」時人方望此舉，而竟不蒙允，皆大失望。翌日，朴淳更以此事啓達請行。上命户曹納前朝貢案，時人猶有庶幾之望矣。○兩司請罷青陽君沈義謙，上不允。時李珥立朝，與一二士類欲扶持國勢，以回世道。而鄭仁弘剛直而量狹，計慮不能周徧，嫉惡如讐，既論劾禹性傳、李敬中之後，時輩疑珥主論而抑東扶西，多有不平者。李潑素嫉沈義謙，必欲聲罪擊去之。時輩多不知珥，而獨李潑、金宇顒尊信之。時有流言，稱義謙於今上宅宗之時，潛緣宫禁，希起復之望，欲以專擅權勢。其言不近情理，而士類皆憤激，鄭仁弘尤憤曰：「義不可與此賊同朝。」成渾、李珥曰：「此事不近情理，非可信之説。而義謙於今日無異孤雛腐鼠，置之一邊亦可爲國事。今若論劾，則人情疑惑，惹起不靖之端矣。何必無事生事乎？」潑意不快，乃見仁弘贊其決。仁弘議于宇顒，宇顒亦止之曰：「恐惹起爭端，沮敗好意思也。」仁弘不聽，而欲并論鄭澈，宇顒、潑力止曰：「若論季涵，則大憲必不從而角立矣。季涵決不可論也。」仁弘見珥，力勸論義謙，珥不從，仁弘忼慨不已，欲棄官而歸。潑見珥曰：「時輩不能深信令公者，恐公牽情不捨義謙故也。公今棄絶此人，則一時士類皆信服公心，而西邊善士漸可收用，有保合之勢矣。且不論此人，則德遠將棄官而去矣，豈不可惜乎？」珥曰：「吾將思之。」珥謂成渾曰：「今日無端欲論義謙，甚非事宜。但時輩本疑珥黨西，而今者鄭德遠以論此事不合棄去，則時輩必以此爲赤幟，顯然攻珥矣。珥去而士類盡散，則國事尤敗矣。今日之勢，須從衆議。」渾嘆曰：「不有景涵，誰主此論？不有德遠，誰決此論？可謂平地起風波矣。」金宇顒謂珥曰：「論劾非宜，若以一劄論其爲人，則何如？」珥曰：「劄子須多言句。今此事有何説，而能陳列成劄乎？」宇顒曰：「劄子勝於論啓矣。」珥意亦然之。一日，憲府齊坐，鄭仁弘發義謙事，欲論罷，珥曰：「上劄子論其爲人何如？」仁弘曰：「不如論罷之爲明正也。」珥曰：「此事必須啓辭得中，若稍過激則必有蔓延之患。且起復事當置之疑信之間，不可入於啓辭中也。」僚議皆從之。珥乃口占啓辭曰：「青陽君沈義謙曾以外戚久執國論，貪權樂勢，積失士類之心。近年以來，朝論渙散，不能保合者，實此人所致。公議不平，久而益甚，而迄未蒙顯斥，故好惡不明，人心疑惑。請命罷職，以明好惡，鎮靖人心。」且謂仁弘曰：「後日啓辭，必依此説，不可追增語句，以起人惑。」仁弘口諾，而心不然之。憲府既發，而明日諫院亦發，弘文館亦上劄，請從公論，上不允。

八月，大司憲李珥、執義南彦經、持平柳夢井以言事見忤時輩，被劾而遞。珥之論義謙也，約同僚，使無延及之患，而翌日仁弘啓辭稍過激，而且有「援附士類，以助聲勢」等語。上問曰：「士類何人也？」仁弘請議于同僚以啓，上曰：「既爲啓辭，則自當知之，其速爲回啓。」仁弘遽對曰：「所謂士類者，義謙與尹斗壽、尹根壽、鄭澈等諸人相爲締結，以爲聲勢，窺覘形勢云云」。珥見此啓，謂仁弘曰：「鄭季涵非義謙黨也。年前士類議論過激，故季涵以士論爲過，果有不平之言，此非爲義謙也。季涵是介士也，若以爲締結義謙，以助聲勢，則冤枉極矣。且珥年前上疏，贊澈之爲人矣。今在憲府，斥澈爲義謙之黨，則珥乃反覆無狀之人也。君須避嫌，爲澈分疏，然後珥可供職，不然則珥當辭避矣。」仁弘甚難之，相爭移晷，仁弘乃屈意從珥，詣闕避嫌曰：「鄭澈雖與義謙情分甚厚，不至如尹斗壽等私相締結。而臣乃以爲義謙之私黨，其失實甚矣，請命遞臣職。」答曰：「勿辭。」仁弘退待物論。珥與同僚當處置仁弘，而適南彥經以他事引嫌不出，獨掌令權克智、持平洪汝諄、柳夢井參論。珥曰：「鄭澈與義謙雖曰情厚，其氣味心事則迥然不同。仁弘只是倉卒間回啓失實，非有私意，當以此請出仕矣。」克智、汝諄曰：「澈與義謙情既厚矣，且義謙失志之後，澈常懷憤懟，多發不平之言，安得謂之氣味心事迥然不同乎？」夢井曰：「我不知澈，只聞人言。他人可信，孰如令公者乎？我則當從令公矣。」於是克智、汝諄先避嫌曰：「臣等與鄭澈未曾相識，其心術隱微處則有不可知者。但澈平日與義謙交厚，而自義謙失志之後，常懷不平之意，辭氣多發於憤激，則其與義謙相密，據此可知。掌令鄭仁弘直據所聞，仰答下問之辭，初無大段所失，故臣等欲以此意啓請出仕。而同僚或以爲澈之心事與義謙迥然不同，以仁弘所啓爲失實，而反請出仕云。其請出仕雖同，而其意則異，勢難苟同，請命遞臣等之職。」答曰：「勿辭。」退待物論。珥與夢井亦避嫌曰：「鄭澈與沈義謙雖曰情厚，而澈是剛直介潔之士也，其氣味心事與義謙迥然不同，本非私黨也。但澈之爲人，容量狹隘，與人寡合，不肯苟從衆議。士類之攻義謙也，澈疑士論過激，故屢發不平之語，實非爲義謙也。士類不能知澈之心，則見其形迹而疑之者，亦人情之所不免也。鄭仁弘既不知澈，又不能深察曲折，倉卒回啓，以澈爲締結義謙，有若私黨者然。言雖過乎實，而其情則只是直據所聞而已，非有一毫私意於其間也。欲以此啓請出仕。而權克智、洪汝諄固執以爲澈之心事有不可知者，不從臣等之議，各守所見，終未歸一。不能處置同僚，勢難在職，請命遞臣等之職。」答曰：「澈若交結，則其心可知矣。人臣何敢乃爾？可勿辭。」退待物論。是日，諫院將處置憲府，而論議不一，大司諫李墍、司諫鄭士偉、正言姜應聖、鄭淑男則欲并請出仕，而獻納成泳則欲并請遞差。姜應聖詣闕，不待僚議歸一，而先請南彦經出仕。明日，各以所見皆避嫌，而泳捃摭憲府過失，辭意甚不好。諫院皆退待，而玉堂處置兩司，皆請出仕，而以姜應聖之處置違格，成泳之掇拾過失，期於必遞爲不可，請遞兩人之職。明日之政，李準爲獻納，尹承勳爲正言。時輩深惡鄭澈，恐李珥引入要路，方欲擊去，承勳承望時輩風旨，欲因事趨附，議于同僚曰：「李珥、南彦經、柳夢井皆救解鄭澈，不可在職，當論遞也。」同僚不從，遂各避嫌，而承勳之啓曰：「凡論事之際，是非不可不明，公論不可不伸也。大司憲李珥等，以鄭澈爲雖與沈義謙情厚，而其氣味心事迥然不同。夫人之取友，必志同氣合，然後最相親密。既曰情厚，則其氣味心事豈有迥然不同之理乎？此則救解鄭澈，不得不爲此不成說話也〔一七〕。南彥經不辨是非，含糊兩可。玉堂處置，只慮騷擾之患，亦無直截之論，反貽言官苟且之習，其可乎哉？論澈一事，雖與主論之人輕重差殊，而是非相混，公論之激有不可遏。此而不正，則誠恐臺諫風采，自此掃地，而人心解體，士氣未伸。故臣欲論遞李珥等，而同僚不從，決不可苟同，請命遞臣職。」答曰：「爾言妄矣。澈若交結，則是人臣失節處也。頃日憲府之來避也，教之云云者，良以此也，第未詳其虛實耳。論人本心，亦各有見。昔賢之於知人也，其所見亦各不同，惟在時君所見如何而已。李珥等之見又一道也，以此角立，必欲擊去之，汝何人哉？其勿辭。」承勳退待。而諫院亦全數避嫌，以承勳之議不同，勢難相容，請命遞職，答曰：「勿辭。」皆退待。而憲府亦全數避嫌。而李珥等之啓辭曰：「臣等以論鄭澈一事，大被尹承勳所詆斥。知人甚難，論人固不易矣。但承勳所謂『情厚則心事必同』者，此則大不然。昔者韓愈之於柳宗元，司馬光之於王安石，蘇軾之於章惇，語其情厚則無異兄弟，論其心事則有若燕越，豈可以爲情厚則心事必同乎？況今鄭澈是狷介寡合之士也，與沈義謙情密不至如上數子，而其心事則迥別。方義謙之得志也，素無黨比之迹；及義謙失勢之後，其所不平者，以士論過激、竝疑朋儕故耳，豈區區爲一義謙者乎？臣等雖無狀，乃殿下之臣子也，天日照臨，安敢曲護一澈，而仰欺君父乎？近來論劾人物者，例必波及朋儕，故每劾一人，舉朝騷擾，殊乏忠厚安靖氣像，此非盛代之所宜有也。臣等所劾，止於義謙而已。其論澈心事，雖或不同，無甚大關，少無角立之理，而議論紛紜，迄未寧息。此由臣等平日言行不能見信於人，被人輕侮故也。勢難鎮定，不可在職，請命遞臣等之職。」答曰：「昨見承勳啓辭，是必輕薄者，故予責之。卿等可速就職，但當盡心供職，惟公而已。且略諭予意，夫正也邪也，黜罪數三臣，在人君一號令之間耳。然自前上章論之，或近臣進言於榻下者，予皆不答，此必予有其意矣。至於近日卿等之請罷也，則曰『待之以其道而已』；於玉堂之劄論也，則曰『爾等自察身事而已』；有以鄭澈交結爲言，則曰『若交結則是失節處，何敢乃爾』；或又深攻澈心而竝及論者，則責之曰『爾言妄矣』。此皆予有其意矣，夫青陽一人，何必罷也？遵予速退之教，不亦可乎？宜知悉。」於是兩司皆引嫌退待矣。時公論皆以承勳趨合時論爲不韙，雖兒童走卒莫不以承勳爲當遞。而惟時輩深嫉鄭澈，若遞承勳，則恐澈歸於無過之地。玉堂之論，至欲獨存承勳而盡遞兩司，典翰李潑、應教金宇顒亦依違不辨是非，如柳夢鶴、魚雲海輩皆不知承勳之當遞。玉堂上劄，只慮騷擾之弊而不分是非，請竝出兩司，上怪之，答曰：「劄論誤矣。『含糊』二字可用於此劄矣。承勳當遞不當出，然姑從之。」識者見玉堂之劄，莫不駭異之。李珥語人曰：「時論之偏，我力不能匡救。而時輩視我與尹承勳一般，則我何以能爲國事乎？且三司皆無公論，我不可無言。寧得罪於時輩，不可使君上終不聞直言也。」乃詣闕將避嫌。而承勳先啓曰：「論澈一事非尋常論議之比，曰是曰非，賢否判焉。所爭雖小，所關甚大。李珥等之言是，則鄭仁弘之言非也，豈可不辨是非？置諸疑信之間，使國論未定，衆心不服哉！臣愚妄見，已陳於前，而今見李珥等啓辭，則至舉古昔賢者而比之，臣之惑滋甚。而聖明未燭微衷，臣何敢冒昧而出，以玷名器乎？請命遞臣職。」上答曰：「衆心之服與不服，豈在於論澈之淺深？李珥等之引古人者，舉此以明彼，非比之於韓、馬等輩也。人君之警責，亦發其病而藥之，其意在於陶甄也。爾可就職，毋爲輕浮，惟公惟慎，盡心供職。勿辭。」李珥等避嫌啓曰：「臣等伏見玉堂劄論，不辨是非，而只慮騷擾，故其言糊塗，主意難見，不成模樣。如是而能底鎮定者，未之聞也。大抵鄭澈剛褊狹隘，不能容物，不度事理之中，而疑士論之過激，屢形於辭色；士類亦不深究澈之心事，而詆斥過實。如使澈也虛心反己而無所怨尤，士類無泥於迹而徐察其心，則和平之福可冀，而保合之計可行也。今乃不然，士類之疑澈愈甚，而澈之不平愈深。加以造言生事者，交構兩間，使之輾轉阻隔，乃至於此。澈固不是，而指澈爲黨於義謙者，亦不得爲公論矣。彼尹承勳有何識見？不過承望士類之風旨，爲趨附之計耳。今雖命遞承勳，士論既如此，則將必有繼起者矣，兩司豈有寧靖之時乎？不如命遞臣等，以一士論之爲愈也。以不關之事，紛紜辭避，累日不定，有同兒戲，大傷國體。此豈臣所欲哉？勢有所不免耳。臣等惶慄羞愧，誠無以舉顔於聖朝矣，請速命遞臣等之職。」答曰：「承勳之論固不是，卿等不足與之相較，可速就職，勿辭。」於是兩司皆避嫌，退待物論，而諫院則指斥珥等救解鄭澈太過矣。玉堂上劄請竝出兩司，而只遞尹承勳及李珥等三人，上答曰：「李珥等別無所失，決不可遞。」蓋時輩以珥語觸忌不避，故請遞矣。兩司出仕，而玉堂更劄請遞珥等，上不從。諫院啓曰：「尹承勳前後啓辭直達所懷，言甚剴切，深得言事之體。李珥等既被其論，則所當引咎，退待物議之如何，而敢於辭避之際反加詆斥，至曰『承望趨附』，其輕侮言官甚矣。請亟命竝遞。」上答曰：「承勳之心術，自呈露於初避之啓，予不加威怒者，固出於寬弘之度。身爲臺憲之臣，顧不可斥而論之耶？玉堂竝出之劄，含糊叵測，不成文理。儒生羣聚，其論敢如此，是國家之所羞也。昨又至欲遞忠直之臣，予用駭愕。予豈可不辨是非，一出一遞，徒爲點頭，爲書生所弄也哉？人君之爲國，惟理而已。今請遞憲長等，是何理耶？雖越月論啓，豈有可遞之理乎？」憲府亦請遞珥等，上不允。弘文館專數待罪，啓曰：「伏見答諫院之教，臣等慙惶悚慄，若無所容。竊念近日朝論，只欲請罪義謙，以靖人心；至於鄭澈，則偶發於清問之下，初非有攻擊之意也。而臺閣議論紛紜，迄未寧靜，氣象不好，誠可嘆息。夫承勳之欲遞李珥等，固有喜事輕銳之病，而至於心術則有不可以逆臆者；李珥等之論雖出於公心，而物情或不能平。若遞彼出此，則恐不足以鎮服物議，臣等之啓請兩出者，誠迫於不得已也。至於紛挐角立，勢不兩全，而李珥之指斥承勳亦有逆探過疑之失，愈不足以服人心，故不得不竝請遞之，欲以鎮定羣情而已。是豈臣等之所欲哉？臣等待罪帷幄，當事懵昧，旨意不白，取疑於君父，爲清朝羞恥。此實臣等之罪，誠無顔面可居論思之地，乞賜罷斥。」上答曰：「觀此啓辭，曰『初非有攻擊之意』，曰『氣象不好，誠可嘆息』，曰『喜事輕銳』，此言是矣。然則只遞承勳，以爲鎮定之計，則彼承勳亦當囿於人君度量之中，警惕其心，他日未必不爲忠信宏厚之人矣。未知何故竝遞李珥等，使不得爲國事耶？李珥等之遞，予未知更有何益耶？雖欲不起予疑，其可得乎？此予所以教之云云者也。然此必出於偶然，可勿辭，盡職惟公。」憲府又啓曰：「殿下於李珥等，不以人言有所撓貳之意則至矣。其於玉堂諫院，則嚴加峻責，多未安之教，大有所損於優容納言之道，非但難以鎮服人心，反使珥等進退維谷，而無以爲地也。臺諫少有人言，則不得仍在其職，已成格例，請亟命遞差。」上答曰：「鄭澈之淺深，姑舍是可也。而敢爲自是己見，擊去李珥等，是誠何心哉？忠直之臣，爲輕躁者所擊去，而予若不發其肺肝，明諭而責之，惟頷之而已，則是所謂昏君，亦非爾等之所願也。『臺諫少有人言，則不得仍在其職』云，是亦有不然者。所謂『人言』，惟觀於理如何耳。言苟非理也，雖百人攻之，豈不可仍在其職乎？且引格例爲言，格例有何理耶？爾等爲今之計，莫如速請出李珥等，與之同寅協力，盡心國事，此實良策也。不然必起予疑，將有不好事，其慎之。」憲府又啓曰：「保合士類，共濟國事，是臣等本意，故與李珥等竝出相容，而自尹承勳論辨是非之後，互相辭避，輾轉至此。珥等指斥承勳太過，以激物情，則臣等之請遞，固出於不得已也。此豈自是己見，强欲擊去之意乎？臺官被論，勢難在職。請加三思，亟命竝遞。」上乃命遞李珥等，而鄭芝衍拜大憲矣。時新昌縣監闕，上特命尹承勳爲新昌縣監。時上見超卓，一時士類皆不及矣。珥既遞大憲，公論甚以時輩爲過，安敏學大言曰：「尹承勳是何等幺麽人，乃敢攻士類乎？」珥見儕輩皆無識見，殊鬱鬱不樂，金宇顒、李潑等皆愧謝珥。珥謂成渾曰：「以直截之義言之，則時輩視珥與尹承勳等可以退去矣。」渾曰：「時輩皆愧謝，而且實無攻兄之心，何可輕退乎？」珥曰：「東西之爭至今未息，我意則欲打破東西，保合士類。而時輩則自是己見，寧誤國事，必欲東勝。肅夫、景涵輩則依違兩間，欲不拂於時輩，而又不負珥，可謂勞矣。我若退去，則時事尤潰裂，故隱忍不去耳。」尹承勳既補外，諫院欲請留，適鄭仁弘於經席斥承勳之非，故諫院不敢發。後日，珥因入侍白上曰：「頃日以小臣不能慎言之故，自上答三司之語多有未安者，似若輕視三司。小臣之受譴責，乃安於心耳。

臣性愚直，不能審察人情物態，惟任情發言。承勳之言有如迎合時論，故率爾指斥而言之，到今物議不平，想是臣言不中耳。承勳之言固失矣，但是非閒言事之臣不可折之太過，而自上特命補外，人君之威不特雷霆，此事傳之四方，則聞者不知曲折，但以爲因言事獲譴，則恐直言之士有所囁嚅也。」上曰：「前日之教，非爲卿也，只據事理而言耳。如承勳年少者，暫出治民，有何所傷？若以予爲不能得事理之當則是也，但以出承勳爲非，則亦非的論也。雖言事者，若所言不是，則豈可不斥乎？」正言鄭淑男進曰：「李珥之言，眞出於公心。承勳之出，物情果以爲未安耳。」上曰：「言及之故，予乃明言矣。承勳不必出外，而由諫院啓辭崇長太過，以爲言甚剴切云云，予若不加抑制，則恐異論又起，故命補外以鎭物情耳。」時柳夢鶴、金宇顒、李嶸見珥論近事，夢鶴曰：「尹承勳趨附之情不可逆探，公言過也。且彼方攻公，而公亦指斥不避嫌矣。」李嶸曰：「承勳趨附之狀，若灰心滅智，則不能見矣。若稍思量，則寧有不見之理乎？如此趨附之人，士類不以爲非，而反助其勢以攻君子，是何道理？」珥曰：「承勳決是趨附時論。若三司有言其非者，則我可不言。今三司皆加奬拔，則一國無公論矣。我亦言官，何敢不言？且爲國事，避嫌亦難。昔尹穡方攻張浚，而浚指穡爲姦邪，浚亦非耶？」夢鶴分辨多言，宇顒則有慙色不言。珥曰：「是何預於國事，紛紜至此乎？」宇顒曰：「時輩則以此爲國事耳。」方三司攻珥也，朴淳嘆曰：「年少輩識見不高。

如叔獻可作儒林宗匠，時輩當聽命，而乃以不關之事爭辨至此，置國事於度外，可謂逐鹿而不見泰山也。」淳欲勸安敏學，使止鄭仁弘不更論啓，而敏學曰：「吾以德遠爲山林學者，以今觀之，乃怪鬼輩也。」遂不往見矣。李墍爲大司諫，人有問者曰：「何以必遞李大憲乎？」墍曰：「我則不知矣。僚議甚激，我則不知矣。」聞者笑之。○僉知中樞府事鄭澈棄官歸鄉。澈自時輩起張世良之獄，心常不平，屢形於辭氣，且喜飲酒，醉後之談多短時輩，時輩尤疑之。一日，與李潑乘醉相詬詈，交道遂絶。至是，時論詆斥，故乃歸鄉。李珥出別于江上，勉以操存止酒，澈極言李潑之心不可信，珥曰：「君見偏矣。景涵識見不明，而其心良善矣。」澈搖首曰：「未也，未也。如鄭德遠則其心公矣，雖論我遠竄，若遇諸路，則我當酌一杯同飲矣。」澈又曰：「時輩全不識我。若時輩皆敗，則我豈不盡力相救乎？時輩全不識我矣。」澈大歸，而朋友無追別者，逹官中獨珥與李海壽坐餞席，海壽寡言，珥戲曰：「季涵之剛介，文之以大仲海壽字。言語，則無往不逹矣。」珥每謂人曰：「季涵剛潔忠義之士也，其病只在狹隘而已，其人終不可棄也。」時輩多不然之。一日，上謂侍臣曰：「鄭澈，予不知其爲人，但曾爲承旨時，略觀其所爲，乃介潔之人，而盡心國事者也。」且顧朴淳曰：「予以澈有才氣，領相知之耶？」淳曰：「澈果有才氣矣。」上曰：「予觀其狹隘，以爲必與人多不合，果然矣。若以澈爲小人，則渠必不服矣。」淳曰：「殿下知澈深矣。知人每如此，則一時士類孰不心服乎？」○命成渾入侍經筵，渾三上疏固辭，不允。○掌令鄭仁弘受暇歸鄉。仁弘有直氣而無容量，處事失於不周詳，士論或不推許，仁弘不自安，遂歸。安敏學語人曰：「當今東人主國論，不問人物邪正賢愚，而只以非斥沈義謙者爲君子，以稍救沈義謙者爲小人，故乘時附託者有如蝟起。當此之時，鄭德遠以山林之士，儀于王庭，負一時清望，而乃不務遠大經國之猷，而汲汲出力以助東人之勢，其有功於東人大矣，名望必益盛矣，其爲隱逸之羞則大矣。德遠真可惜哉！」李珥曰：「德遠剛直，而計慮不周，學識不明。譬之用兵，可用以爲突擊將矣。」○以李珥爲大司諫。

九月，左議政盧守慎以母喪去位。○大司諫李珥上疏辭職，其意略曰：「當今急務在於打破東西，保合士類。而臣不能鎮定，請爲庶官，以盡葵藿之誠。」上答曰：「具悉卿意，可勿辭盡職。」珥竟辭以疾，遞職。○以鄭惟吉爲右議政。時姜士尚以病遞爲領中樞府事，守慎丁憂，左右相闕，以惟吉卜相。惟吉於李樑用事時，不能特立，頗有流徇之失，士論甚輕之，及拜相，物情不快。而年少士類則以李文馨自附東人，故欲相文馨，朴素立亦有時望，而文馨姦邪，素立愚愞。珥謂朴淳曰：「李之邪，朴之愚，若得卜相，則相公豈免後世之譏議乎？如鄭林塘惟吉之號。雖有疵累，有才華風度，勝於時輩所推者矣，不如保全林塘之爲愈也。次補者金公貴榮貪鄙，人品不及林塘矣。」淳以爲然。珥欲保全惟吉者，以難其代故也。時輩不知國家大計，且欲引進文馨，故必欲劾去之。時大司憲鄭芝衍受暇掃墳，掌令鄭仁弘歸鄉，持平崔永慶、鄭逑未上來，獨執義鄭士偉、掌令李輅在朝，二人皆庸碌不自樹立，聽命於時輩者也。時輩使劾惟吉，於是憲府先發論，詆惟吉爲諂附權門，極其醜，以請遞職。諫院亦欲隨發，大司諫李珥曰：「今若擇缺明明揚側陋，欲得其人，則鄭公固不合作相矣。今者只求於崇班，則他人皆不及鄭公。若劾遞而以才未及者代之，則以劣易優，非爲政之體，不如勿論。」同僚固執，珥不能遏，乃草啓辭曰：「鄭惟吉於往日實有難濯之疵類，其不合於具瞻之地者，人孰不知？第以四朝舊臣，有才華風度，臣等惜之而不敢輕論。若此事不發則已矣，今者公論已發，物情方激。三公非具僚之比，既被人言則不可冒處，强率百僚，使朝廷益卑，紀綱益解。請從公論，亟命改正。」上不允。此啓既上，時輩譁然以爲啓辭回護不直截，言之不已，諫院以此避嫌退待。時李珥則以病呈三告已遞，而玉堂請遞諫院，上答曰：「如此乏人之時，如新右相者豈可易得？人惟求舊，其右相之謂乎？諫院之啓，是忠厚長者之言，而反目之以回護，其可乎哉？」然既已被論，勢難不遞，故允之。于時，憲府亦以誤請遞避嫌。蓋三公之初授時論之則當請改正，若只遞則大臣重加尚存，故物情未快，而憲府聞之避嫌，其失甚於諫院矣。玉堂請出仕，識者譏其偏。○持平崔永慶上疏辭職，不上來，其疏略曰：「當今國是靡定，公論不行，朋比成風，綱紀日墜。明以燭幾，威以鎮之，使偏黨之徒不得肆其胸臆，責在臺臣。雖使古人處之，尚或其難，況如臣鈍愚無識，其可以當之乎？」永慶之意指誰爲朋比，人皆不知所向。時永慶之友奇大鼎，無學識，尚客氣，議論頗偏，而永慶信其說。成渾謂李珥曰：「崔孝元之疏何如？其人上來，則能補益時事乎？」珥笑曰：「不過添一行高之奇大鼎耳。」永慶學識不足，而只尚氣節，故珥言如此。○以具鳳齡特陞拜司憲府大司憲。鳳齡以才氣有士望，而久滯於下大夫之列，至是特加，物情愜焉。○持平鄭逑上疏辭職，不允，無何因事遞職。逑治邑政聲赫然，以治行高第陞品，入拜憲官，而未及有所施爲，人想望風采。○大司諫金宇宏因事避嫌，駁罷刑曹正郎魚雲海，宇宏尋被劾遞。宇宏曾與郭嗣元訟潮田有年，與宇宏同力者多士大夫，而竟不克訟，深懷忿恨。及爲刑曹參議，欲罪嗣元，而正郎魚雲海不從，宇宏銜之。未幾拜大諫，雲海語人曰：「金公爲刑官，欲罪人以報私怨。」宇宏聞之大怒，詣闕自訟曰：「正郎魚雲海淩蔑上官，使不得措手足。是臣爲人所輕，自取者也，請遞臣職。」上曰：「以下凌上，是無紀綱也。」命罷雲海。雲海爲人，恭遜忠信，非犯上者，而宇宏以私怨駁擊，敢欺君上，士論唾鄙，俄而諫院劾遞宇宏。

十月，户曹判書朴大立以病解職，上問于大臣曰：「度支未得其人，如有盡職如尹鉉者，則勿問爵秩薦擬可也。」大臣以李珥爲首薦，乃拜户曹判書。李憲國語人曰：「叔獻陞秩，此則可賀。但自上欲得如尹鉉者，而大臣乃以叔獻應薦，後世必疑人品之卑矣。」聞者笑之。尹鉉是斗筲小器，故憲國之言如此。○兩司論鄭惟吉不已，上問領相朴淳曰：「左右相俱闕，何以處之？」淳答曰：「大臣被論，勢難供職。」上乃命遞改而改卜他相，以金貴榮爲右議政，鄭芝衍爲吏曹判書。○辛丑，風雨晝晦，大雷震電甚於夏日。丙午，上以天災延訪公卿，入侍者領相朴淳、兵曹判書柳塤、刑曹判書姜暹、漢城府判尹任説、左參贊沈守慶、右參贊李文馨、工曹判書黄琳、禮曹判書李陽元、吏曹判書鄭芝衍、户曹判書李珥、都承旨李友直、大司憲具鳳齡、副提學柳成龍。羣臣坐定，上顧左右曰：「天變非常，何以應之？」左右以次各陳所懷，皆庸瑣無可取，惟李珥、柳成龍所白能説爲治大體矣。珥之言曰：「天道玄遠，誠難窺測。第以古史觀之，治亂之形已定，則别無災異，災異必作於將治將亂之際，雖賢君亦不免災。若因災惕念，恐懼修省，則災反爲祥。蓋天心仁愛，欲使人君儆省興治也；若應之不以其實，則國因而亂且亡焉，史册班班可見矣。自古立國既久，則法制漸弊，人心解弛，必有賢主作焉。修舉廢墜，改紀其政，然後國勢復振，其命維新矣；不然則因循頽墮，以至於不可匡救，其狀不難見矣。我朝立國幾二百年，此是中衰之日，而多有權姦濁亂之禍，至於今日，如老人元氣垂盡，不可復振。而幸有聖上出焉，此是將治將亂之幾也。若於此時，奮興振作，則爲東方億萬年無疆之休，不然則將至於潰敗澌盡，而莫之救矣。臣念往時權姦用事之日尚能支持，今則内而殿下無失德，外而儒臣布列，自古罕有如今日者也。而天變之作乃至於此，臣恐殿下於爲治，有所未盡也。夫人君將大有爲者，必立心遠大，不拘於俗論，以三代爲期，而必務實學，躬行心得，以一身爲一世表準可也。然若不施諸政事，則是亦徒善也。既能如是，而又必旁求賢才列于庶位，使之各盡其職而聽從其言，然後任專而功就矣。且人君必知一世之弊，然後可興一代之治，如醫者必知病根之所在，然後可用對證之藥矣。今者大小臣僚皆自私其身，悠悠泛泛，無一留意於奉公者。自上雖獨憂勤，小民不被其澤，世道之卑，如水益下。士類或有仰恃聖明能盡其言者，而其間亦有無平坦之心，自相疑阻者矣。今日之弊，誠難枚舉，大概病根在於不能委任賢才之故也。必也商量一時人才，擇賢委任，使之盡誠可也。今不能做實治，而徒望無災，得乎？殿下遇災，必須振拔志慮，不拘循常之念，思所以功光祖宗、業垂後裔，則幸甚矣。至於革弊一事，凡經筵官所啓，初非熟計深思而建白也。偶然陳達，雖或採施，終無實效。故自上益知無人可與爲治者，此固然矣。臣有妄計，請令大臣商議：設一經濟司使大臣領之，而擇士類曉達時務，留心國事者與其選，凡有建白之言，皆下其司商議定奪，以革弊政，則天心庶可回矣。今設使孔孟在於左右，若無所施設，則何益之有？經濟司之設，於聞見似若生疏，但不如是，則國事無可爲，而漸至於卑下矣。」上曰：「經濟司之設，後必生大事矣。我國凡公事，六部分掌，意有在矣。」大司憲具鳳齡進啓儒生不讀書、崇尚空言之弊。珥曰：「儒生之弊，當責於儒生，非可上達之事也。但自上既知此弊，須思教化之術，擇其可合師表之人，而委任之可也。今欲明教化，則必須尊獎先賢，使後學有所矜式，而自上每以爲重難焉。近日賢者，雖不可悉入祀典，如趙光祖倡明道學，李滉沈潛理窟，此二人誠可從祀，以起多士向善之心。」上曰：「此事不可爲也。」羣臣啓訖，上謂朴淳曰：「羣臣啓辭，何事可行耶？」淳以次辨白而曰：「經濟司事，不爲具由以啓〔一八〕。故自上以爲難行，當更招李珥而問之。」珥進啓曰：「小臣倉卒不能詳盡其説，故辭不達意。今者積弊多端，王澤不流，必得留心時務者會于一處，相與講究，以革時弊可也。弊苟盡革，亦可還罷，非欲設局久存也。」上曰：「於予意則以爲迂闊，且未知可委之何等人耶。前日正供都監亦有弊，此亦安保其無弊耶？」淳曰：「各司之官，各使其司供饋，則無弊矣。」珥曰：「程明道請設尊賢堂，古人亦有如此之議矣。」言及朋比事，上曰：「近日多有言朝廷不和者。朝廷不和，則豈不召天災乎？」顧朴淳曰：「此則大臣之責也。人臣敢爲朋比，則雖流放竄殛可也。誰某敢爲朋結耶？」珥曰：「士子不免以類相從，而或以識見之異，未免疑阻者則有之，奚至於私相朋比乎？不可遽加威怒也。」上曰：「李樑之黨久謫塞外，雖使生還，豈至害政乎？」朴淳曰：「上教是矣。」珥曰：「似當觀其罪之輕重而處之。」上曰：「年久之事，何必分輕重乎？」命放李戩、尹百源〔一九〕。兩司論執，竟未蒙允。戩於明廟癸亥年間，附李樑害士林，戩實爲謀主，故得罪比他人尤甚矣〔二〇〕。○李珥白上曰：「日者延訪求言矣，未聞用某策救某弊，如此則徒爲文具，何以應天變乎？」上曰：「何以則可應天變乎？」珥曰：「若殿下不先立適莫之心，與大臣及識時務者商確救時之策，不以更張爲主，亦不以膠守爲主，祖宗良法廢而不舉者則修舉之，近規之貽患於生民者則革除之，新策之可以利國活民者則講行之。如是勤求匡救之術，日有所爲，則人心漸可變，世道漸可回，而天怒可弭矣。不然只以恐懼修省爲名而無其實，則將何以上答天心，下慰民望乎？」上不肯從。○領中樞府事姜士尚卒。士尚居家在官無所猷爲，但喜飲酒，終日無言，公私之事皆不入於心，清儉自守，門庭無囂雜之聲，只是不悦儒者，故識者不取焉。

十一月，成渾上疏請歸家調病，上命議于大臣，大臣獻議成渾不可許退，當陞堂上，俾兼經筵之職，且量給薪炭使之過冬。上曰：「官爵有序，當以次陞。」乃命授禦侮準職，且命給薪炭。渾尤以爲未安，去意益決。○三司始啓神德王后事。○領相朴淳將歸掃墳，上曰：「豈可使右相獨在朝乎？其速卜相。」淳與金貴榮僉卜，而以鄭芝衍、李珥及鄭惟吉三人欲應命。而貴榮固執，以爲惟吉新被重駁，不可卜，其意欲卜朴大立、李文馨，相爭良久不決。淳曰：「大立、文馨不可卜。」乃以朴素立、鄭芝衍二人卜相。士論頗以素立爲不愜矣，於是以鄭芝衍爲右議政。芝衍别無才德踐歷，而緣承乏驟登台司，近世所未有也。

校勘記

〔一〕但乏經濟之才　「但」，一本作「然」。

〔二〕必以生員進士有識人爲量田監官　「識」，原作「職」，據文意改。

〔三〕乃屈於録事輩而受其箠楚乎　「屈」後，一本有「伏」字。

〔四〕乃人家怠奴懶婢之所爲　「婢」，一本作「傭」。

〔五〕爾若得幸於李君　「李君」，一本作「此人」。

〔六〕故先用之　「故」，一本作「爲」。

〔七〕與李珥之疏有相同處　「之疏」，一本作「疏辭」。

〔八〕爾等入後苑看審營繕處　「入」，原作「人」，據文意改。

〔九〕命召大臣　「命」後，一本有「坐」字。

〔一〇〕前領敦寧府事潘城府院君朴應順卒　「前」，疑衍。

〔一一〕則渠安能騁其私哉　「私哉」，一本作「術」。

〔一二〕内贍僉正成渾上疏　「贍」，一本作「資」。

〔一三〕淳意毅中非所自薦　「非」，疑作「己」。

〔一四〕此則在人　「在」後，一本有「其」字。

〔一五〕咸鏡道智陵被人燒以火　「以火」，一本作「災」。

〔一六〕山海有才氣而無矜能底意思　「氣」，一本作「華」。

〔一七〕不得不爲此不成説話也　中「不」，原無，據文意補。

〔一八〕不爲具由以啓　「不爲」，一本無此二字。

〔一九〕命放李戡尹百源　此段前，一本有圈。

〔二〇〕故得罪比他人尤甚矣　「比他人」，一本作「於士類」。

栗谷先生全書卷三十一

語録上

以金振綱、朴汝龍録爲此編。○宋尤菴嘗謂朴録雖是親聞於先生者，而記録之際多失本旨，或不分明，爲害不細，又有拈出數段訂其訛謬者。故略行删正，覽者詳之。

問：「男女構精之際，游氣合於其間，然後人得而生焉。舜之生也，瞽叟之氣雖濁，而禀游氣之至清，故爲聖人耶？」曰：「然，大抵父母之氣分數少，天地之氣分數多，故瞽叟之濁氣不能當天地之清氣，此舜之所以爲聖人也。譬如一勺辛水，投於一瓮蜜水，則辛味渾化爲甘味也。」以下門人金振綱子張所録。○初名理氣心性情問答，蓋經先生手閱，牛溪先生題其尾。

問：「浩然之氣，心上氣也；真元之氣，身上氣也。雖禀心氣之剛者，身上之氣或有不剛，何也？」曰：「天地間許多游氣，或有清而輭者，或有清而堅者。得氣之清而輭者，雖有浩氣，而身上之氣則或不得剛也。如顏回稟清氣之輭者，故短命死矣。」

問：「人之生也，稟木氣多者柔，稟金氣多者剛。真元之剛柔，亦由於是耶？」曰：「所謂稟金氣多者心氣剛，此則過乎中者也；稟木氣多者心氣柔，此則不及乎中者也。真元之氣專指身上氣也，非論心之剛柔也。」

問：「人之稟氣有萬不同，或一邊清，或一邊濁。則如此者，爲何如人耶？」曰：「人或有孝於親，而不和於兄弟者。孝於親，原於一邊之清也；不和於兄弟，原於一邊之濁也。」

問：「禽獸之生，莫不稟五行之氣。然而其爲氣也，蔽之深，塞之厚，故在己之運動知覺，或有明處而不能推於物耶？」曰：「然。」

問：「人之男女形交氣感之際，必是爲人底游氣感而後成人。若是爲物底游氣，則不能感耶？」曰：「其理則然也。但昔者有人或生虎，或生蛇，其爲乖理不可知也。」

問：「凡人之氣雖濁而通，故可開也；禽獸之氣塡而塞，故不可開。願聞通塞之辨。」曰：「凡人之氣如濁水，可以澄治之也；禽獸之氣如泥土中水，不可以澄治之也。」

問：「陰陽循環不已之中，游氣出焉。陰陽之氣本清，而及其游氣之生焉，然後始分清濁乎？」曰：「陰陽游氣，非是兩氣。以生生言之，則謂之游氣；以循環言之，則謂之陰陽也。」

問：「五行中木、金生數發用，而水、火則成數發用耶？」曰：「木、金陰陽定位而不變，水、火則互爲陰陽也。」曰：「如冬至一陽生，夏至一陰生，此亦謂陰陽互爲其根耶？」曰：「然。」

問：「木氣，陽也，不曰剛而曰柔；金氣，陰也，不曰柔而曰剛。何也？」曰：「陰體剛而用柔，陽體柔而用剛故也。」

問：「天地間游氣合而成質之際，或以木氣，或以金氣，而人則每以水氣合而生生耶？」曰：「天與人皆以水氣合而成質也。」曰：「然則水之生數感而生男，成數感而生女耶？」曰：「不然，大抵水氣有陰有陽，陽氣先感則生男，陰氣先感則生女也。」

問：「氣清而質駁者，能知而不能行，如何而或氣清，或質駁耶？」曰：「禀陽氣之清，故氣清；禀陰氣之濁〔一〕，故質駁也。」

問：「水、木體柔而用剛，火、金體剛而用柔耶？」曰：「然，但水、火則互爲剛柔也。」曰：「禀水氣多者聰明耶？」曰：「禀火氣多者聰明，而禀水氣多者深沈而有智慧也。」

問：「金内陰外陽，不如水之内明耶？」曰：「金得陰氣之清而爲質，故金水同謂之内明，然終不如水之内陽而明也。」

問：「人之生也，禀游氣之平平者，則父母之氣爲之主耶？」曰：「游氣之至清至濁者，父母之氣不能與。而中人以下之人，受氣不清不濁，故父母之氣終得爲主也。」

問：「陰陽動靜，無物不有。則其於心之動靜，亦可分屬乎？」曰：「未發之性，陰也；已發之情，陽也。」

問：「心之本體，雖不免爲氣拘欲蔽，然其拘蔽未必盡然也。其感物而動也，從蔽處而發，則情之不善者也；從不蔽處而發，則情之善者耶？」曰：「然。大抵人之心蔽處分數多，不蔽處分數小，則善情之出常少，而惡者常多也。」

問：「本然之性，譬則水也。氣質之性，譬則器也。至於物欲，則器中之查滓耶？」曰：「物欲乃動盪器中之水也，動盪才止，則其水漸清如初也。」

問：「物之感於心也，先感於氣，而理隨之乘耶？」曰：「理氣何以分先後？」曰：「譬之於水器，則器先動而水隨而動也。」曰：「器動水動皆一時之事，不可分先後也。」

問：「太極圖註曰：『動靜者，所乘之機。』愚意以爲氣發而理乘之云者，於氣之動底，固當下乘字。而於其靜底，恐不可謂之乘也。」曰：「理氣元不相離，故如是云云。譬之於人馬，則騎馬而行者謂之乘，騎馬而不行者亦謂之乘也。」

問：「本然之理，純善無惡。而及其乘氣，然後有善有惡。譬之於水，則本清之水投之於污穢之地，則水亦爲之污穢；盛之於清淨之器，則水終不失本清之性耶？」曰：「理一分殊是也，故朱子曰：『觀萬物之異體，則理絶不同也。』」

問：「先儒每言復其性，而不言復其氣，何也？」曰：「本然之性，雖物蔽氣拘，而推其本則純善無惡，故曰復其性也。至於氣，則或濁或駁，已判於有生之初，故不曰復其氣而曰矯氣質也。」

問：「元亨利貞，天之性也；仁義禮智，人之性也：天人之性一也。而其發也，人有人心道心之分，天則無人心，何也？」曰：「天無血肉之氣，故只有道心而已；人則有血肉之形，故有人心之發也。」

問：「四端專言理，愚意四端之情亦非氣則不發，何以舍氣而專指理耶？」曰：「四端之情乘清氣而發，不掩於形氣之私，直遂本然之性，故主於理而言也。」

問：「本然之性，使之蔽者氣也，使之復者亦氣也耶？」曰：「理無爲，氣有爲，君言亦然也。」

問：「浩然之氣，初閒則道義成之也。既成之後，氣還配道義而爲之助耶？」曰：「浩然之氣，非道義成之，由道義而生也。」

問：「善情才發，惡念傍生。此惡念因善情而生，何也？」曰：「意緣是情而商量者，商量循理則善情直遂。惡念無自而生，商量失宜則惡念傍生矣。」

問：「子弟今日見父兄，則孝悌之心十分切至；明日見之，則孝悌之心却微。何也？」曰：「怠心蔽焉，故孝悌之心前後不一也。」曰：「愚意以爲心之本體，不得其全，或有蔽處，或有不蔽處。故從蔽處而發則所感淺，故孝悌之心微；從不蔽處而發則所感深，故孝悌之心切至也。」曰：「亦是。」

問：「七情中喜與樂，雖曰各一其情，或有由喜而至於樂者，如何分別耶？」曰：「以常情論之：人或贈物，則喜情雖出而不至於樂也；聞鐘鼓之聲，則樂情直出也。」

問：「『戒慎恐懼』四字，雖曰涵養，而似有著力底意思也。」曰：「只當作静時敬看，而勿令有壓重底意思可也。」

問：「初學於涵養上，雖不下手，而於省察上可以用功耶？」曰：「譬之主從，必以涵養爲主，以省察爲從者，然後學者之功始進，如或以涵養爲輕則謬矣。」

問：「天理人欲之情，不可一時竝出，而曰交戰，何也？」曰：「惡念初發，以意商量。而去惡從善之際，不能實用其力，故善與惡交戰也。」

問：「心之未發時，已發之理具焉，此亦謂之無極而太極乎？」曰：「以未發爲太極之體，以已發爲太極之用可也。」

問：「敬該涵養省察，而義則專指省察耶？」曰：「然。」

問：「所以然者，理之體也；所當然者，理之用也。至於氣之體用，亦可得聞耶？」曰：「氣之體用，陰與陽是也。」曰：「陰靜爲體，而陽動爲用耶？」曰：「是。」

問：「四端之中，惻隱、羞惡兩情最多發用耶？」曰：「然。」

問：「人心生於形氣之私，道心原於性命之正。」曰：「忠於君、孝於親之類，道心也；飢欲食、寒欲衣之類，人心也。大抵人心不可滋長而節約爲貴，道心宜保養而推廣爲美也。」

問：「曾子知分殊而不知理一，何也？」曰：「曾子但知在父爲慈，在子爲孝，爲兄而有友，爲弟而有恭而已，不知慈也、孝也、友也、恭也同出於一理。而及其真積力久，聞夫子一貫之訓，然後渙然冰釋矣。」

問：「人之死也，形氣已盡。而子孫祭之則享之，何也？」曰：「子孫之氣，父母之遺體也。故以至誠祭之，則祖考之靈感而享之也。」曰：「然則祖考之靈，在於冥冥之中耶？」曰：「以至誠祭之，則霎時聚享也，何以常在於冥冥中哉？譬之花則三冬之月，人作土室，四面無風穴，做出氤氲之氣，則花自然而發。以至誠聚祖考之靈，何以異於以土室開冬月之花哉？」先生因問曰：「讀輯要而有體認處乎？」對曰：「至於論心性情處，似有驗得底意思也。」

問：「一性渾然云者，指性之本體完具無欠而言耶？」曰：「未發之時，喜怒哀樂無迹可見，而五性渾然一體也。」

問：「行篤敬者，動時敬也。事君而篤於敬，事親而篤於敬之謂耶？」曰：「然。」

問：「輯要曰：『愼獨，誠意之屬；戒懼，正心之屬。』愚意以爲正心兼涵養、省察，以戒懼謂之正心，如何？」曰：「然，是以戒懼不專指正心，而曰正心之屬也。」

問：「五性各有間架，如或物欲蔽於義之間架，則羞惡之情似不能發，而時時發見，何也？」曰：「浮雲蔽月，而光輝或闖發於雲間。義之間架雖有物欲之蔽，而羞惡之情時或發見，亦猶是也。」

問：「氣稟拘之於前，物欲蔽之於後，學者之用功難於拘處，易於蔽處耶？」曰：「克去物欲之蔽，則氣稟之拘一時消釋矣。用功豈有二致乎？」

問：「『誠無爲』之『誠』，指其性之本體。而『不誠無物』之『誠』，有著力底意思耶？」曰：「誠者，實理也。無實理則無是物，所謂誠，豈有異哉？」曰：「『不誠無物』之『誠』，朱子釋之曰：『視不明則不能見是物，聽不聰則不能聞是物云。』則似與『無爲』之『誠』不同矣。」曰：「此以在人者言之，故有勉强底意思也。大概論之，則『無爲』之『誠』，『無物』之『誠』，一而無二也。」

問：「人之心於色欲上所發能正，則於此一事可謂無心過耶？」曰：「心之所發，皆無不善，然後謂之無心過矣。」

問：「『幾善惡』註：『天理固當發見，而人欲亦已萌乎其閒。』『閒』字之意未詳。」曰：「時人於此有或誤見，以爲情之初發無不善，而流而爲惡也，此惑之甚者也。此『閒』字乃天理固當發見[二]，而人欲亦萌動於其閒之謂也。」

問：「朱子曰：『私欲淨盡，天理流行，而仁不可勝用。』仁是生理，故曰不可勝用耶？」曰：「仁不特生理，乃天下之正理也。克去私欲，而心之所發皆天理，則正理不可勝用也。」

問：「私欲之念，雖有防之，而或復生，或不復生，何耶？」曰：「譬之除草：絶其根柢，則無復生矣；以土覆之而已，則其根復生矣。是以周子答程子田獵之言曰：『此心潛隱未發，一日萌動，復如初矣。』」

問：「五行之火，即五性之禮也。火之光明，禮之粲然相似。而但火炎上發動底物，禮退讓撙節底道理，其爲氣象不同，何耶？」曰：「禮之用大矣哉！如用之於宗廟朝廷，其爲嚴肅整齊，又當何如耶？惟其退讓而嚴肅，故有粲然明盛之象。」

問鐘城令理氣之論。曰：「鐘城云：『凡物未成之時，謂之理；既成之後，謂之氣。』此理上無氣，氣上無理，先儒所謂『理氣元不相離』之論爲架虛之空言矣，豈不大錯乎？」

許晟甫問：「人心有善有惡，道心純善無惡。人心之善，亦道心也。」振綱答曰：「人心之善，亦可謂之道心也。雖然，忠於君、孝於親，道心之屬，而原於性命之正；飢欲食、寒欲衣，人心之屬，而生於形氣之私。人心道心，各有所主而言也。若以人心之善，專謂之道心，則聖人只有道心而已。朱子何以曰『雖上智不能無人心也』哉？」先生曰：「是。」

朴舜卿問：「耳目口鼻之欲，發之於何性耶？」金敬一曰：「發之於智。」振綱答曰：「知聲色臭味之欲者，智之理也；生聲色臭味之欲者，仁之理也。」舜卿曰：「生之於仁，是汎說也。」曰：「七情中欲字屬之於仁，以此觀之，耳目口鼻之欲亦必在於仁之間架矣。」先生曰：「此說似近之。」

朴舜卿問：「天地有定性而無變，何謂耶？」振綱不能答，追思以質於先生曰：「夫人者氣稟或清或濁，必加修爲之功，然後復其本善之性矣。至於天地之氣，則至清至通，不加修爲而理本純一，故曰天地有定性而無變也。」曰：「是。」

金敬一問：「一故神，兩故化，何耶？」答曰：「陰陽之氣，非一則不能循環，而有所間斷；非兩則不能獨運，而無主成之功矣。兩故陽變陰合，而萬物化生；一故體物不遺，而妙用無方也。大抵神字之意無迹可見，化字之意有迹可見也。」先生曰：「然。」

問：「元包四德，仁包五常，而木則不包五行。愚意以爲元亨利貞在天之理，仁義禮智在人之理。夫理者，渾然一體而已。故元包四德，仁包五常。而至於五行生質各一其氣，故木不能包五行耶？」曰：「然。」

問：「以功用謂之鬼神，以妙用謂之神。鬼神之神，伸也來也；妙用之神，專指神妙之意耶？」曰：「然。」

問：「仁與性之有異？」曰：「性者，五常之摠稱；仁者，一性之偏言也。」曰：「專言則仁者，天下之正理，是乃本然之性耶？」曰：「全體之仁即是性，非有異也。」

問：「心之所存者性，故爲虛靈也。若無性則心爲空器，而生理絶矣。」曰：「心之虛靈，不特有性而然也。至通至正之氣，凝而爲心，故虛靈也。」

問：「天亦有未發者乎？」曰：「以四時言之則秋、冬爲未發，春、夏爲已發也。」曰：「陰陽之氣，盈則必虧，虧則必盈。盈虧之際，非二氣各立而相代也，皆以一氣而或盈或虧。至於理，則乘循環之氣而已，無一盈一虧之變耶？」曰：「氣雖消長，而理則無消長也。」

問：「木之生氣盡則枯矣，先生答牛溪書所謂『枯木有枯木之氣』者，何也？」曰：「枯木雖無生氣，而所枯之氣則有之也。」曰：「人之生也，生氣游散則死矣。既死之後，有何氣焉？」曰：「尸身投之於火則有臭，若曰無氣則豈有臭哉？」曰：「火之炎氣消盡則灰矣，既灰之後有何氣焉？」曰：〔三〕「灰末投之眼則刺痛，若曰無氣則何以刺痛？」因指册牀曰：

「此牀無氣，則亦消解矣。」以上己卯。

或問：「顏子好學論曰：『正其心，養其性。』心與性一也，而何以分言之耶？」振綱答曰：「性者，心之理；心者，性之器也。情動于中而不免撓奪，則在中之性不能保養，而終至於梏亡，故曰『正其心，養其性』也。」曰：「情發於性，而反害其性，何耶？」曰：「情之不善者，雖亦本於性，而既爲形氣所掩，故反害其性矣。」曰：「性發之情，何以掩於形氣也？」曰：「本然之性雖無不善，而氣禀拘之，物欲蔽之，性不能全其體。故情之發也，或掩於形氣而爲惡也。」先生曰：「此說是。」

齋中諸友相與講論曰：「天地之氣至通至清，而至於游氣則或濁或清，或駁或粹，何耶？」答曰：「天地之氣雖曰本清，而循環不已之中萬變生焉，故亦或清或濁也。」曰：「本體之氣既清，則其中所出之氣清濁不齊，未知其故也。」曰：「譬如本清之水，動盪不已則些少查滓，自然以生矣。」曰：「人之生也，禀游氣之清者其理亦清，禀游氣之濁者其理亦濁耶？」曰：「推其本體之理，則清氣、濁氣之理無非善者。而以乘氣之理論之，則清氣之理則清，濁氣之理則濁也。譬如本清之水，盛之於清器則水亦清，盛之於濁器則水亦濁也；雖然，濁水之中清者猶存。故人苟澄治之，則復其本清之性矣。」先生曰：「此段議論是。」

問：「禀游氣之至濁者爲禽爲獸，而禽則禀濁氣中輕清之陽氣，獸則禀濁氣中厚重之陰氣耶？」曰：「然，鳳凰禀飛禽中秀氣而生，魚則禀陰氣中至陰者而生也。」

許克諶問：「涵養可以兼動靜看乎？」曰：「涵養省察，對舉則涵養專指靜處而言，單舉涵養則兼動靜也。」

問：「聖人之道入乎耳，何謂也？」曰：「學者耳聞聖人之道，然後乃可存乎心故也。」

問：「合内外，平物我，所謂合内外者何意耶？」曰：「合内外者，亦猶平物我底意思也。」曰：「註云『合内外者，表裏一致』，就己而言也，似爲未穩。」曰：「如此釋之，亦無妨。」

問：「理氣之説，未能的知。及聞『空瓶』之善喻，然後似可想像矣：夫天地間一大空中，在瓶則爲瓶中之空，在瓮則爲瓮中之空，隨其器之大小各爲空矣。然而器中之空雖多，而不損其大空也；器中之空雖破，而亦不補其大空也。譬如本體之理，在於人則爲人底道理，在於物則爲物底道理矣。人物之性雖殊，而初不害其本體之理也；人物之性雖亡，而亦不添補其本體之理也。大抵瓶與瓮破，則空無依著之器，故器雖無，而其所以爲空者常自若也；人與物亡，則理無禀受之形。故形雖無，而其所以爲理者亦常自若也〔四〕。推此論之，則氣雖消長，而其本體之理亘古亘今，固常自若〔五〕，而少無欠缺之時也。」曰：「此議論是。」

問：「性之欲動也，猶水之欲流也。故器中之水雖被污穢，而傾瀉則莫不出焉；本然之性雖被昏蔽，而感觸則無不動焉。然水失本清之性，故雖出而其流也濁；性汩本善之體，故雖發而其情也惡。」曰：「來説是。」

問：「漆雕開已見大意，所謂『大意』者何也？」曰：「言見聖道之大綱也，大抵道之浩浩乍來難盡曉，學者見道之大意，則不自爲知；見道之一偏者，則自以爲知。譬如人見中原者，不以小國之見爲大，只見小國者則必自以爲大也。」

問：「志小氣輕，雖曰二病，而相爲根柢也。」曰：「或有志小而氣不輕者，或有氣輕而志不小者也。」曰：「志小者易以自足，以小成爲大成，以小知爲大知。則氣隨而輕，豈不相爲根柢耶？」曰：「亦然。」

問：「義理上所見通透，然後於死生壽夭之際，心不妄動耶？」曰：「然。但昔者劉元城聞轉運之來欲殺己，而少無動心，鼻息如雷。此人雖非深見道體者，而其量弘大，其心堅定，故臨死不妄動也。」

或問曰：「知禮成性而道義出，何謂也？」振綱答曰：「人之初生，受天地之理而爲性，則何必以知禮而成性乎？但氣拘物蔽，梏亡其性，則必也以知而明之，以禮而守之，然後性斯成矣。有是性，然後即父子而爲父子底道義出，即君臣而爲君臣底道義出也。大抵天地成位而陰陽變易之道行乎兩間，知禮成性而許多道義從此而出也。」先生曰：「來説是。」

問：「伊川先生曰讀書須見『聖賢所存治亂之機』八字，未曉文義也。」曰：「此八字，反覆思之莫知其義，姑闕之可也，退溪亦曰未詳。」

或問仁恕，振綱答曰：「仁是自然底，恕是勉强底。」曰：「可分先後乎？」曰：「譬之於水，則仁者水之源也，恕者水之流也。」先生曰：「恕非勉强也，是惟仁之推也。」

問：「顔子好學論註云：『人則得其精且秀者，其氣精而不秀。』則不得爲人耶？」曰：「玉之禀氣，豈不精哉？但爲不秀，故爲頑物而已。人則五行之中得其精且秀者，故其心虚靈，可以爲聖爲賢也。」

問：「古人云：『貴賤壽夭，莫非命也。』愚意以爲人之生也，禀氣之强者壽，禀氣之弱者夭，此則所謂命也。至於貴者、賤者之禀氣，未知其何如也。」曰：「爲貴、爲賤不在於氣之清濁强弱，而亦有所以貴、所以賤之氣也。昔者漢高隱於芒碭，有人望其氣而知當爲天子也。」曰：「然則孔子之禀氣至通至清，無以加矣，而窮而在下，則至通至清之外又有可貴之氣乎？」曰：「或有禀氣之清而貴者，或有禀氣之濁而貴者〔六〕，則孔子雖禀天地至清之氣，而富貴之氣猶未之禀也。」曰：「堯舜則兼禀富貴之氣乎？」曰：「然。」

問：「天地之生，本禀元氣中之一氣。天地之氣，則有限有時而可窮也；元氣，則無限無時而不可窮耶？」曰：「然。天地雖大，不過爲元氣中之一物，則天地中之物，亦不過大物中之一小物也。學者知得此理，則天下之物何足以累吾心哉？」曰：「元氣分數雖無加減，而常生生底乃新氣也。譬如潭水雖無盈縮，而往者過來者續，日常新而非舊也。人但見其無盈縮，而謂之一定不易，則是理也非氣也。大抵元氣生生不息，故此天地雖終，而後天地亦從而出也。」曰：「此言是。」曰：「後天地度數，與此天地脗合而無異耶？」曰：「氣之不齊，物之情也。此天地度數，固爲三百六十五度四分度之一。至於後天地之度數，則安知其與此一一脗合而不差也？」

齋中諸友相與講論曰：「人之生也，雖禀游氣之濁而其心則虚靈，何耶？」振綱答曰：「人禀五行之秀氣而生，則其濁氣之中，清氣猶存焉，故凝而爲心也。」曰：「氣禀之所拘，物欲之所蔽，抑有淺深之可言耶？」曰：「拘處分數少，蔽處分數必多矣。」曰：「何以知之？」曰：「姑以己事言之，年少時無思無慮，别無大段之欲。及其長也，或留心於貨利，或注意於聲色，則物欲之蔽處，不既多乎？」曰：「氣拘物蔽，性失本體，則善情似不能發而時時發見，何也？」曰：「心之本體，不可全蔽，故情之動也。從蔽處而發則惡情也，從不蔽處而發則善情也。」曰：「先儒皆以心譬鏡，鏡面或有明處，或有暗處。物照於明處，則姸媸生焉；照於暗處，則姸媸不生。而心則不然，雖是蔽處，而感於物則無不動焉，何也？」曰：「心之譬鏡，只取明處而已。大抵性之欲動也，故雖爲蔽拘，而感於物則無不發焉。」曰：「性之本體，亭亭當當，只有一箇正理而已。所謂『有欲』者何也？」曰：「性是生理，安得不生？若無生理，則同於木石，見孺子入井而無惻隱之情，見非義而無羞惡之情矣。」先生曰：「是。」

問：「左右逢其原者，成德君子。左之右之，莫不逢其道之原耶？」曰：「原者，如大學所謂『至善』也。尋常日用之閒，道無所不在。事君便遇忠，事親便遇孝，無往而不見，則此謂左右逢其原也。」

問：「伊川先生曰：『以心使心則可。』愚意以爲敬而存心，常爲一身之主宰，而事物之來，以是心應之，則心不自由而無妄動也，此乃以心使心耶？」曰：「以本體之心檢其已發之情，則是以心使心也。」

問：「邢和叔曰：『常須愛養精力，精力稍不足則倦。』所謂『精力』者何也？」曰：「『精力』者，精神氣力之謂也。人若困於酒、傷於色，則精力勞耗，而所臨事必倦矣。他事之可以費傷精力者，皆倣此。」

問：「横渠先生曰：『恭而無禮則勞。恭者，私爲恭之恭；禮者，非體之禮。』所謂『非體』者何也？」曰：「此專指自然之理，而非指容貌威儀之禮也。」

問：「『湛一，氣之本；攻取，氣之欲。』愚意以爲至通至清之氣，凝而爲心，則心之本體，可謂如是其湛一也。然而有是心，則必有食色之性，故有攻取之欲也。」曰：「此指心氣而言，非指天地之氣也。」

或問：「天地之氣，與元氣有二耶？」振綱答曰：「推其本則一氣而已。但以所生之氣論之，則天地者，元氣中所出之氣也；元氣者，天地氣之所根柢也。是以天地之稟氣消盡，則天地雖終而元氣則固常自若也。」曰：「天地終窮，則元氣何所寓而自若也？」曰：「天地中之人物雖死，而天地則自若也。以此推之，則元氣中之天地雖終，而元氣則亦未嘗息也。若曰天地終窮之際，元氣亦從而游散，則後天地之氣根於何氣而出也？」曰：「然則天地有時可窮，而元氣則未嘗消息而一定不易耶？」曰：「一定不易理也，非氣也。夫元氣之分數雖無盈縮，而實乃常生生底新氣。故天地之爲天地，相繼而無窮。」曰〔七〕：「此段議論近是。」

問：「『德不勝氣』註：『義理與氣質相爲消長。』愚意以爲理在氣質之中而爲性，則義理與氣質固相須而不可離也。若曰『義理與物欲相爲消長』，則立言恐無病痛。」曰：「此『氣』字，專指氣質而言也。」

問：「東銘註：『主智而禮在其中。』愚意以爲戲言出於思，而歸咎爲己戲，過動非誠也，而自誣爲己誠，便是不智也。學者因是省悟『非禮勿言，非禮勿動』，則此謂主智而禮在其中耶？」曰：「如此看無妨。」

問：「大學小註曰：『具衆理是性。』愚意以爲衆理具於心之謂也，何以謂之性也？」曰：「『具衆理』指言心，而乃指性未穩矣。」

問：「『人與物受之者謂之性，主於一身者謂之心，此是明德也』，而又曰『有得於天而光明正大者，謂之明德』，則是心、性、明德三分而立説，似爲未穩。」曰：「如是云者，合心性而總言之也。」

問：「『向父母則那孝出來，向君則那忠出來，便是性。』此乃情也，而何以謂之性也？」曰：「立文似誤。」

問：「『至善，以理之見於事言。』所謂『見』者何意也？」曰：「謂至善於事事物物上，皆『見』在也。」

或問：「『明德中也有至善，新民中也有至善。』何謂也？」余答曰：「明德而到十分盡處，新民而到十分盡處，則明德、新民皆止於至善也。」曰：「章句釋『至善』曰：『事理當然之極。』此專指在物之理，而不指在我之理也。」曰：「自天命而觀之，則我與物都在事理中也。」先生曰：「是。」

問：「情之發也，雖非中節，而若爲善而發，則亦可謂之善情乎？」曰：「不然，善惡只在中與過不及而已，才出於中，則皆謂之不善之情也。」曰：「善情有淺深，淺底雖未及於中，而乃善邊底情也。并謂之不善之情，似乎未安。」曰：「情之發也，當淺而淺，當深而深，此乃中節之情也。於所厚者，合出十分之情，而若出五六分，則此謂不及之情也；於所薄者，合出五六分之情，而若出十分，則此亦過中之情也：是皆不善之情也。如見孺子之將入井，狂奔手援則便是中節之情，而只爲立視而但曰可憐云，則雖愈於恬然者，而亦可謂之不善之情也。」以上庚辰。

問「震驚百里，不喪匕鬯」，曰：「方祭之時，敬主于中，故雖震而不驚動也。昔者夏侯玄倚柱讀書，雷震擊柱，神色不變，苟無定力則不能如是也。」

問：「『動容貌，整思慮』註：『外肅其容貌，內齊其思慮。』『動』字似無外肅之意，而何以如是釋之也？」曰：「『動容貌』三字，論語本文既兼斯遠暴慢而言，則亦有外肅之意，文義不錯也。」

問：「『人心多則無由光明』，所謂『人心』者指言思慮耶？」曰：「然。」

問「子弟皆不可止使」，曰：「謂『子弟之意不可止』，子弟之身不可使底意思也。」

問「和者和之爲」，曰：「上『和』字，樂之和也；下『和』字，氣之和也。樂之和由於氣和之所爲也。」

問「生則一時生」，曰：「理與氣一時生也。」曰：「以文勢觀之，則人與物一時生也。」

曰：「人物豈有一時生乎？學者所見或有如是者，皆非也。」

問：「『天地初判，水氣充滿宇宙，日漸凝而爲木，堅而爲金。』則金木之成，皆由於水，而所謂『天三生木，地四生金』者何也？」曰：「金、木成形雖由於水，而其氣之根柢生於天地也。」

問：「太極動而生陽，靜而生陰，則陽先而陰後也。但太極未動時是陰，則陰先而陽後也。」曰：「陰陽循環無端，豈可分先後乎？」

問：「太極動而生陽，乃天一生水之時；則靜而生陰，乃地二生火之時耶？」曰：「不可如此局定。」

問：「『陽而生陽，陰而生陰。』理固然矣，而『天一生水陰，地二生火陽』，何也？」曰：「陰陽之互生，其理本亦如此，故陽生陰，陰生陽也。」

問：「『人生於寅』，此時人與物俱生耶？當初氣化之時，只生兩箇男女，而漸至於生生不窮耶？」曰：「人物俱生矣，男女亦豈止兩箇乎？」

問：「或曰：『前天地消盡之後，此天地未生之前，只有無極之理而已。』愚意以爲此時豈獨有理而全無氣乎？先天地才盡，後天地已根於元氣之中。至子之半，其氣滋息發動。而及子之末，充滿盛大，爲天之形體也。若以天地未立之前，爲全無氣，則所謂『太極之理』

寓於何氣乎？」先生曰：「天地消盡之後，則全陰之氣也，若曰無氣，則不成義理矣。」

問：「昔者先生謂振綱曰：『舜之生也，瞽叟之濁氣分數小，天地之清氣分數多，故爲聖人也。夫瞽叟之濁氣，不能當天地之清氣。譬如一勺辛水，入一瓮蜜水而渾化也。』有一後生聞此論曰：「父母天地一氣而已，分之於辛水、蜜水極爲未穩。以瞽叟之不肖，生舜之大聖，何以異於薄田禾黍或爲之豐也？」」曰：推其本則父母之氣，天地之氣一而已；以其賦於物而論之，則天地父母各一其氣也。無父母之氣，則天地之氣無所寓，而形化之理絶矣。彼薄田之有豐，或資雨露之氣，或賴人力之糞壤而然也。只有薄田而不資他氣，則固無或豐之理矣。是以論天地之氣，而不論父母則不備矣。」

問：「『幾者動之微。』而先儒曰：『幾在動静之間者。』何也？愚意以爲『幾』者，纔動於内而未形於外。專謂之動，則無形顯之迹；專謂之静，則屬已動之後。故曰『幾在動静之間』也。」曰：「謂之『間』者，言其動至微，如未動然也。」

問：「輯要『尊德性道問學』章下通論曰：『居敬、窮理、力行三者，於此章略發其端。』愚意以爲尊德性兼居敬、力行，而道問學只是窮理也。」曰：「然。力行兼於尊德性中矣，窮理則專屬於道問學。」

或問：「『天理無形象，人性無形影。』如何見得？」振綱答曰：「欲見天理，則先見天命流行處；欲觀性善，則先觀四端發見處。」曰：「命者，理之用也。惟用之流行處，可見其氣中之理也。」曰：「性之所發也。惟四端發見處，知其性之本善。如見水之流清，知源頭之必清也。」曰：「於其不善之情，亦可知性乎？」曰：「不善之情，雖發於性而已失本然之善，故於此不得見其性之善也。」先生曰：「是。」

或問：「『元者四德之長』，非元則四德不能成序耶？」振綱答曰：「然，但天地之化不翕聚，則不能發散。元不生於元，而生於貞也。」曰：「然則元非長而貞反居首耶？」曰：「以四時之序言之，則元爲首；而以成始成終言之，則元始於貞而終於貞，循環不窮矣。」先生曰：「是。」

友生曰：「水氣凝而爲金、木，則所謂『天三生木，地四生金』者，愚未詳知也。」振綱答曰：「金、木之氣生於天地，而其爲成形則皆由於水氣。且如五穀之成，雖資於雨露之氣，而五穀各一其氣，故粟自粟，稷自稷矣。」曰〔八〕：「大概近之矣，不瑩。」

或問：「言仁義而不言禮智，何也？」振綱答曰：「仁包禮，義包智。」曰：「言春秋而不言夏冬，何也？」曰：「此亦然也。以寒暑言之，則夏之暑始於春温，冬之寒始於秋凉；以生成言之，則物生於春而夏以之長，物成於秋而冬以之實。則春包夏，秋包冬，蓋可想矣。」

曰：「然則春秋，萬物生成之始；夏冬，萬物生成之終耶？」曰：「先儒曰：『仁與義是柔輭底，禮與智是堅實底。』其意蓋亦如此。」先生曰：「是也。」

或問魂魄之動靜，振綱答曰：「魂陽而主動，魄陰而主靜。目而視，耳而聽，能思慮者，魂之所爲也；視而能明，聽而能聰，能記憶者，魄之所爲也。大抵魂者陽之神，知覺之明發於外；魄者陰之神，知覺之靈涵於中。譬之於水火，則魄如水之内明，魂如火之外明也。」先生曰：「大概是也。但視聽是魄也，思慮是魂也，以目視耳聽爲魂，恐非。」

或問：「陽氣輕清，升而不降；陰氣重濁，降而不升耶？」振綱答曰：「五行，質具於地，而氣行於天也。大抵陰氣升而遇陽氣騰而爲雲，陽氣升而遇陰氣壓而爲雨。則陰陽之互爲升降，於此可想矣。」曰：「『陽變陰合，而萬物生焉』，何也？」曰：「人物之生也，陽爲氣而陰爲質，故陰陽相須而萬物生焉。」曰：「何以知其然也？」曰：「氣者無形可想，故陽明爲人物之血氣；質者有形可想，故陰濁爲人物之形體也。大抵陽氣之輕清，以陰氣之重濁爲基，然後可以成有形之物也。譬之於水，必合於查滓之穀末，然後做是餠也。」先生曰：「血陰氣陽，而以血氣爲陽非也。此說近之，亦未瑩。」

或問：「人物之生，皆由於水氣。而所謂『禀木氣多者柔，禀金氣多者剛』何也？」振綱答曰：「金、木之氣由水氣而成爾，非水氣自爲金、木之氣也。」曰：「然則金、木之剛柔，無賴於水氣耶？」曰：「剛柔雖曰金、木之本氣，而隨其氣而使之剛、使之柔者，水氣之所爲也。」先生曰：「非水氣使之爲剛柔也，金氣自剛，木氣自柔。」

或問：「『常人受氣甚濁，而其心虛靈。』何也？」振綱答曰：「人稟五行之秀氣以生，故其氣雖甚濁，而其中或有清底分數，故凝而爲心之虛靈也。」先生曰：「是也，但虛靈底亦有優劣。」

或問：「『天人一理也，然天無血氣，而人則有之。』何也？」振綱答曰：「天地絪緼之中，萬物化生，而各成其形也。大抵血肉之物，各一其氣，故牛生牛，馬生馬而已。天地若但爲血肉之一物，則萬物不得做出，而造化之功用息矣。」曰：「然則天無知覺之心耶？」曰：「有血氣之身，然後有知覺之心也。」先生曰：「天地是一大器，包得許多萬物。以其無血氣知覺，故能覆載公平；不然則是亦一物，安得包得許多？」

或問：「『才出於氣』，才與氣一而無異耶？」振綱答曰：「氣清則才清，氣濁則才濁，故才爲氣之用，氣爲才之體也。」曰：「然則才氣不可分也。」曰：「分之則可分矣。氣是敢做底，才是能做底。」曰：「人之稟氣雖濁，而或有政事之才，或有文藝之才者，何也？」曰：「濁氣之中或有清底分數，故人各有一能也。此是一偏之才，而非所謂『不器』之才也。」曰：「以五行言之，則稟何氣而有此文藝政事之才也？」曰：「稟火氣多者，聰明而有文藝之才；禀金氣多者，斷制而有政事之才也。」先生曰：「此是大綱説，恐難執定。」

或問：「理雖無形無爲，而或有有形而可睹處乎？」振綱答曰：「理無氣外之理，故因有形之物，而可見其理之費處也。」曰：「氣雖有形有爲，而或有無形而不睹處乎？」曰：「以復卦言之，則一陽未生之前，積分之氣雖在於地中，而便是難看處也。」先生曰：「是也。」

或問：「『天地雖終，而元氣則未嘗息。』何也？」振綱答曰：「天地終窮之時，元氣亦從而消盡，則後天地之氣根於何氣而出也？譬如木葉雖爲枯落，而根本之氣猶存，故能生來春之葉矣。」曰：「然則天地之氣與元氣不相合耶？」曰：「天地之氣，寓於元氣中矣。木之枝葉，有離其根本而獨生者乎？」先生曰：「是也。」

或問：「人之爲仁也，或得其一偏，或得其全體，仁之地位差等如是者，何耶？」振綱答曰：「仁者，心之全德也，固無大小之别。而人之所造有淺深，故仁有偏全之不同也。且爲仁如登泰山，或止於上面，或止於下面。夫立於下面者，謂泰山之卑，則是不知仁者也。」曰：「程子云：『偏言則一事，專言則包四者。』是則不得不異也？」曰：「分而言之，則五常之一事；合而言之，則五常之統體也。如欲離其一事之仁，而别求包四者之仁，則不成義理矣。」曰：「伯夷求仁而得仁，顔回三月不違仁，何也？」曰：「全體之仁，得之也難；一偏之仁，得之也易。故顔子求全體之仁，而未至於熟；伯夷求一偏之仁，而得之於己。」先生曰：「是也。」

或問：「『水陰根陽，火陽根陰』者，陽前是陰，陽雖始動，而陰專用事，故水陰於是乎生焉；陰前是陽，陰雖始生，而陽專用事，故火陽於是乎生焉。」振綱答曰：「若如此則水之生專在陰，而無與於陽；火之生專在陽，而無與於陰也。此乃以陰而生陰，以陽而生陽也。愚意以爲一陰根於盛陽之中而生火，一陽動於盛陰之中而生水，故陰生陽，陽生陰也。大抵水則陽以陰爲質也，火則陰以陽爲質也。」先生曰：「是也。」

或問「本體之氣」，振綱答曰：「自人物而觀天地，則天地之氣爲本體也；自天地而觀元氣，則元氣爲本體也。」曰：「本體之氣則然矣，願聞本體之理。」曰：「理氣元不相離，言其本體之氣，則本體之理亦在其中矣。」曰：「人物各有元氣乎？」曰：「天地以所禀之氣爲元氣，而陰陽屈伸，根柢於其中；人以所禀之氣爲元氣，而呼吸往來，生生於其中也。雖然，天地之禀氣消盡，則天地之壽窮且滅矣。而至於統體之元氣，則分數不增不減，亘古亘今而未嘗消息也。」先生曰：「大概近之。但氣有本末，理無本末，只有寓氣，故有不同者耳。」

或問：「朱子所謂『水之性情寒，火之性情熱』者，何以其然也？」振綱答曰：「水者，陽在内而以陰爲質，故性情寒；火者，陰在内而以陽爲質，故性情熱也。」先生曰：「是也。」

或問：「朱子以功用謂之氣，以妙用謂之理。夫妙用者，雖無可見之迹，而當屬於發用底，非所謂『無形無爲』之理也。」振綱答曰：「此則指乘氣流行之理也。」先生曰：「是也。」

或問：「言四德曰元亨利貞，言五常曰仁義禮智，何也？」振綱答曰：「四德以其流行之序而言，五常以其對待之體而言也。」先生曰：「是也。」

或問：「復卦下面一爻未生之前，純是坤卦，其間似有端始也。」振綱答曰：「復之一陽未生之前，其氣則密移而無間斷也。蓋卦爻不能無漸而生，積三十分而成陽之一爻，消三十分而成陰之一爻。故卦爻未滿三十分之前，爻雖未成，而積分之氣無間容息也。」先生曰：「是也。且所謂無端始者，以陰陽二氣循環而無端始也，非謂陽無初陰無始也。」

或問：「人心應物之時，心在事物上耶？」振綱答曰：「心之體常主乎中，而其用達於外也。」曰：「接物之時，體在内而用在外，則心爲二心也。」曰：「虛靈本體之心主宰乎内，而事物之來隨感照應而已。譬如鏡之照物也，物來而照之也，非鏡逐物而照管也。」曰：「然則虛靈之體在於内，故照應之用發於外也？」曰：「然。」先生曰：「是也。」

或問：「程子所謂『實理中，自有緩急』，理亦有緩急耶？」振綱答曰：「所謂『緩急』者，實理中自有工夫之緩急也。」先生曰：「可緩可急，此亦理當如此。」

或問：「程子云：『學者識得仁體實有諸己，只要義理栽培。』愚意則先以義理栽培，然後仁之全體有諸己也。」振綱答曰：「仁者，心之全體也。先知在我之仁，然後栽培之功可據而施之也。」先生曰：「是也。」

或問：「董子所謂『正其義，明其道』，有輕重之可言耶？」振綱答曰：「道包『義』字，而義不得包『道』字，則恐有分也。」先生曰：「是。」

或問：「内積忠信，與言忠信無異耶？」振綱答曰：「内積忠信，謂無一念之虚僞；言忠信，謂無一辭之欺誕也。」先生曰：「是。」

或問：「『觀物察己』註，葉氏云『理散於萬物，而實會於吾心』，何也？」振綱答曰：「以在我之知，明在物之理，故吾心爲萬物之統體也。」先生曰：「萬物之理即一心之理，故謂之會於吾心。」

或問：「『心要在腔子裏，只外面有些罅隙便走了。』此『罅隙』者何謂也？」振綱答曰：「物欲鑠於外，而心便逸出，則此所謂外面有些罅隙也。」先生曰：「罅隙是外物牽欲處。」

或問通書「誠立」、「明通」，振綱答曰：「誠立，謂心之實體安固；明通，謂心之實用流行也。大抵物欲淨盡，則心之本體自然完固，明睿所照，能通天下之理。」先生曰：「是也。」

問：「居敬窮理兩事，皆有所礙。專務窮理，則强索力求，而此心放下不得；專務存養，則浮念倏起，而心境不淨矣。」曰：「用功不知其要，則誠有此患。」

問：「『發微不可見』，此『微』字非指心之初動之微，乃指聖人之心所發者微妙而不可見耶？」曰：「此即『道心惟微』之『微』。義理之發，微妙而難見，極言之則是聖人之妙用也。」

問：「萬物之發生每於春夏，而吾人則無有定時，何也？」曰：「凡物之生，無情者有定時，而有情者多無定時，不特吾人爲然也。」

問：「程子曰：『敬義夾持，直上達天德自此。』此所謂『達德』專指知上説耶？」曰：「皆兼知行而言也。」

問：「知崇天也，學者格物致知，知識既高，則其知之崇便如天之高明云耶？」曰：「是也。」

問：「謝顯道曰：『伯淳談詩，有時只轉却一兩字點掇地念過。』此意未詳。」曰：「『點掇』猶撮其要之謂也，以一兩字著意處，撮之而吟諷也。」

問：「横渠先生曰：『徒善未必盡義，徒是未必盡仁；好仁而惡不仁，然後盡仁義之道。』惡不仁，未知其『徒』是底意思耶？」曰：「惡不仁，非徒是也。好仁而不惡不仁，是乃徒善徒是也。」

問：「明道先生曰：『只恭而不爲自然底道理，故不自在。』所謂『不自在』者何意耶？」曰：「『不自在』者謂不快活也。」

問：「『看易，若念得不熟，與就上添一德，亦不覺多。』此『德』字何謂也？」曰：「德者，謂卦德爻德，如元亨利貞之類。」

問：「『生之謂性，人生而静以上，不容説。』此『静』字指其何時也？」曰：「静者，未發時也。」

問：「以『繼之者善，成之者性』觀之，陰陽之循環固無先後，而至於人物之生，則恐陽先而陰後也。」曰：「大概近之。但陽前又是陰，以一物之生言之則陽先陰後矣。」

問：「太極圖註曰：『陰陽成象，天道之所以立；剛柔成質，地道之所以立。』推此以觀，則天陽也而陽中又有陰陽，地陰也而陰中又有陰陽也。蓋陰陽氣行於天，而質具於地，故天有陰陽之象，地有剛柔之質也。大抵陽中之陰陽，可見於日月寒暑之氣，而陰中之陰陽未能詳知也。」曰：「如冬月亦豈無陽乎？」

問：「子曰：『仁者見之，謂之仁；知者見之，謂之知。』愚意以爲稟陽之動者爲仁，故仁者見得發動底，便以爲仁；稟陰之静者爲知，故知者見得貞静底，便以爲知耶？」曰：「大概如此。」

齋中諸友相與講論曰：「當初氣化之時，萬物做出於二氣之氤氳；而及其形化之後，萬物各一其氣。牛生牛，馬生馬，而天地之氣無與焉？」振綱答曰：「陰陽二氣充塞兩間，人之動靜云爲，皆囿於是氣之中。故構精之際，游氣合而生人物也。是以先儒曰：『人居天地之氣中，如魚之在水中也。』」曰：「然則天地之氣，父母之氣，一而無異耶？」曰：「推其本則一氣而已；以其局於氣而論之，則父母天地各一其氣也。大抵無父母之氣，則天地之氣無所寓，而形化之理絶矣。」曰：「稟受之初，天地之氣、父母之氣無分數之多寡耶？」曰：「天地之氣分數多，父母之氣分數少也。」曰：「天地之氣極清，父母之氣極濁，則何氣爲主也？」曰：「少不勝多，故天地之氣爲主也。」曰：「天地之氣爲主，則以父母之氣不能矯其天地之氣耶？」曰：「然。」曰：「小學所謂『胎教』者何也？」曰：「受氣平平者，則可以胎教而矯之也。至於極濁者，則非胎教之力所可爲也。」曰：「人稟不同，或有剛而爲善者，或有柔而爲善者，何也？」曰：「稟金氣之清者爲剛善，稟木氣之清者爲柔善也。不剛不柔，而處心行事皆爲熹微者，何也？」曰：「稟氣之不清不濁者然也。」曰：「人或清介而其量小者，何也？」曰：「稟清氣之小者，其心雖清，而其量則淺淺矣。」曰：「陰陽或謂之一氣，或謂之二氣者，何也？」曰：「以循環言之，則謂之一氣；以對待言之，則謂之二氣也。」曰：「陰陽、五行對舉，則有異耶？」曰：「陰陽，氣也；五行，質也。」曰：「木爲仁，金爲義者，何也？」曰：「木氣主於發達，其神爲仁；金氣主於剛强，其神爲義。」曰：「秋冬皆陰也，而水陰不生於秋而生於冬。春夏皆陽也，而火陽不生於春而生於夏。何也？」曰：「水火不生於寒暑之始，而生於寒暑之極也。故極陰之中，一陽動而生水；極陽之中，一陰根而生火也。然而推其本，則冬之寒始於秋涼，夏之暑始於春温。故曰『金生水，木生火』也。」曰：「陰中陽動則水生，陽中陰生則火出，何義也？」曰：「一陽動於衆陰之中，則陰氣融而生水；一陰根於衆陽之中，則陽氣激而生火也。」曰：「太極初動時水氣生，亦此義耶？」曰：「太極未動之前，全是純陰。純陰之中，一陽始動，陰不獨成，而陽必助之而後發出，則水非全陰全陽也。是以水於不寒不熱之時，流行盛大，而至於極寒凝而爲冰，極熱焦而爲渴也。」

曰：「陰陽五行之論姑舍是，而請以心性情論之，可乎？心之知覺，氣耶理耶？」曰：「能知能覺者氣也，所以知所以覺者理也。」曰：「知覺屬於智之間架耶？」曰：「知覺即心也，該載仁義禮智之性，故四端之情隨所寓而發見，此其心之知覺也。若以知覺，只屬於智之間架，則仁義無所用矣。」曰：「人之生也，只稟一種游氣，而分而爲心氣身氣者，何也？」曰：「人之形體，氣以成之，而其中通且清者，凝而爲心也。」曰：「以凡人之氣論之，則濁氣之中清且通者，猶爲人心之虚靈；而至於聖人之氣，則純是清氣，何者爲心氣，何者爲身氣乎？」曰：「聖人，亦清氣中精爽之氣，凝而爲心也。」曰：「心氣、身氣相爲表裏耶？」曰：「其氣一而二，二而一也。心氣包於身氣之中，身氣根於心氣之中矣。內無心氣之虛靈，則身之疾痛痾痒無所知，而同於砂石之頑物也。」曰：「人物之生，陽爲氣而陰爲質者，何也？」曰：「陽氣輕清，陰氣重濁。陽必以陰爲基，然後可以成有形之物也。」曰：「在天之理，在人之性，一而無異耶？」曰：「譬之於水，則天理源頭之水也，人性在器之水也。源頭之水無有不清，而盛之於白盌中，則同是一般色；盛之於青盌中，又是一般色也。」先生曰：「此段議論，大概亦是。但以陰陽爲氣、五行爲質則恐非也。摠言之則陰陽，而分言之則五行也，五行也有氣質。」以上辛巳。

或曰：「動而生陽，靜而生陰時，天地之名與形都無，而其曰『天一生水，地二生火』者，何也？」振綱答曰：「此所謂『天地』，指陰陽象數而言。」先生曰：「然。」

或問：「天地之初，人物之生，孰先孰後？易云：『有萬物，然後有男女。』以此觀之，則男女之生後於萬物也。太極圖云：『乾道成男，坤道成女。二氣交感，化生萬物。』以此觀之，則萬物之生，後於男女也。」振綱答曰：「易所謂『有萬物，然後有男女』者，人物生然後有男有女，故其說如是，非謂萬物之生必先於人也。太極圖所謂『乾道成男，坤道成女，化生萬物』者，此言陽健陰順，所以成男女之道也，非謂人必生於萬物之先也。大抵人與物對舉，則人自人，物自物也；總舉萬物，則人在其中矣。易所謂『有萬物』，太極圖所云『化生萬物』者，皆兼人物而言也。今以萬物專指草木禽獸，以男女專指吾人，故於此二説，不能無彼先此後之疑也。」又問：「天地之初，草木先生，禽獸次生，然後人生焉乎？」曰：「信斯言也，則當初天地之氣，先做出濁氣爲草木禽獸，然後始出清氣而爲人也，可謂不思之甚也。草木則屬五行之木，恐或謂之先人。至於血肉之類，當與吾人而竝生也。」先生曰：「來説是。」

或問：「水之勝火常多，而火之勝水常少，何也？」振綱答曰：「水火，近之則水必常勝，遠之則火必常勝。如火之勝水，固非一端，姑舉其一事而言之。水在鼎中，火炎其下，則水焦而自盡矣。又於大旱之日，陽氣所觸，川脈亦渴，則此亦火之勝水也。」先生曰：「月食亦是火勝水也。」

問：「横渠先生曰：『窮神知化，德之盛也。』此『窮』字非窮究之窮，而乃通明至到底意思耶？」曰：「然。」

問：「伊川三辭而後就徵，牛溪何以終不就乎？」曰：「伊川當時以其有嚮用之意而徵，故就之。如牛溪則别無其意而徒爾招徠，故不就矣。況頃入都城未至而以病還，則亦非終不就者也。」以下門人朴汝龍舜卿所録。

問：「崔學源傳李德弘之言曰：『四端，理發而氣隨之；七情，氣發而理乘之。』退溪自以爲善下此語，蓋各從其所重一邊而言也。」曰：「然則四端固可謂理之發，七情之正者獨非理之發乎？大抵以吾所見，則七情外又無別情，四端亦在七情中。孟子但拈出七情之善者，謂之四端。四端、七情若對舉而言，則似是二物，恐未安。」

大功以下〔九〕，可以講學；小功以下，則往弔他人喪可矣。以上喪則未葬之前，不可弔他人，以其重戚在我故也。

先生遭國恤，在衰服中，故不挽李丈之大歸，且不會葬。

問「義擇所安」，曰：「謂擇義之所安也。」以上戊寅。

問：「衛輒據國拒父之事，朱子以爲若輒賢而國人不聽其去，則君臣父子間必有所處，苟不能然則逃而已。未詳此意。」曰：「輒若有理賢之德而國人不聽其去，則尊蒯聵如後世太上皇可矣。」曰：「尊之如太上皇，於國人無嫌乎？」曰：「子無拒父之理，而國人必君其子，則不得已聽其子之尊其父矣。然輒必有聖賢之德，然後乃能如是。故爲輒之道，不過逃而已。」

問：「王近思問于朱子曰：『顏子在陋巷而顏路甘旨有闕，則人子不能無憂。』朱子曰：『此重則彼輕。』此言何謂？」曰：「顏子以道義養之，則甘旨雖闕，顏子不以爲憂，顏路亦不以爲嫌。」

問：「李延平曰：『張良從容過於武侯。』何處是從容？」曰：「不先事作爲，而必待事至，然後應之，此乃從容也。」曰：「武侯之爲漢報仇，正；張良之爲韓報仇，似譎。」曰：「爲韓報仇而終身不言，此譎處。」曰：「然則何以有儒者氣象？」曰：「如韓信輩，或請假王，或求割地。良只以報仇爲意而無所求，及其封功之日，辭三萬户而請留，是寡欲而然也。寡欲乃儒者氣象也。」問：「欲如武侯之正大，當何以爲之？」曰：「如韓成者不可輔以滅秦，及成爲羽所殺，則羽亦仇也。而非漢祖則無與報仇，然事漢祖而言其爲韓報仇，其勢亦難也。」

問：「伊尹、太公達可行於天下而後出者也，若生於漢、唐則亦赴舉乎？」曰：「若其年少道德未成之時，則安知其不或赴舉？而及乎道明德立，則必不爲此矣。程朱之就舉亦在少時，若在晚年則其不就審矣。」

問：「程子曰：『涵養須用敬，進學則在致知。』又曰：『未有致知而不在敬。』此言何謂？」曰：「敬者通貫知行之間，故涵養致知皆用敬焉。」

問：「朱子曰：『顔淵死，孔子若有財，必與爲槨。』夫貧而厚葬，不順理也。若與財使之爲槨，豈順理耶？」曰：「所謂『厚葬』者，事事皆盡美之謂。顔淵貧而事事盡美，則是不順理也。若但有槨而已，則不可謂厚葬。如或致賻者多，自有餘於爲槨則亦可矣。況顔淵之於孔子，猶父子也。孔子之有財，即顔淵之有財也。其許爲槨，何不順理之有哉？」

問：「朱子曰：『支子自主之祭，不必隨宗子而徙。』其意未詳。」曰：「以今觀之則别無支子自主之祭者，但古人多與宗族同居，而支子各立祠以祭其父母。所謂『不必隨宗子而徙』者，疑指此也。」

問：「慎獨是已發而未接物乎，是已接物乎？」曰：「已發而有所慎，則雖非身與物接，可謂心與物接矣。」

問：「曾子易簀，初來何以受之？」曰：「古者必有大夫賜士之禮，故受之耳。然此實大夫之簀，而非士之簀，則已知其不可而用之，病中因循未能決去，及聞童子之言，則始乃斷然命易矣。」曰：「童子亦知其不可而言乎？」曰：「童子見曾子常以禮自處，故知其以士而卧大夫之簀不可也。」

問：「大全有『天命不囿於物，不囿於善』等語，未知此意。」曰：「天命謂理也，蓋曰理囿於物而不出，則是天命雜矣。如此立説固可也，至於其理本無不善，豈有不囿於善之理也云爾？」

諸生聚會聽溪堂，方議入精舍事，坐定，先生即曰：「學者皆有學問之名，而顧無學問之實，何故？以其所欲有在，未能自克故也。自今以後，吾倍做檢飭之工，諸君亦十分做著實功夫。」無有退轉之意，無貰外人之譏，其警之也深矣。

問：「頃聞涵養是靜時功夫，然朱子以小學爲涵養功夫，則踐履之事皆是涵養底事，不特靜時功夫？」曰：「凡收斂身心，皆可謂之涵養。故勿論動靜皆謂涵養，在踐履則踐履中有涵養矣。」

因講舍生取義，先生問曰：「有人十日飢餓，朝夕且死，有强盜給米救死，受之則生，不受則死，其可受乎？」皆囁嚅未對。曰：「飢餓十日，無人顧救，則是天致我於死也。天既致我於死，而强生苟活之計，終受殺越之物，是逆天也。寧死，不可逆天而生。」

問「誠敬寡欲」，先生曰：「誠，實理之謂；敬，主一之謂。從事於敬，則可以寡欲，至於誠矣。」

問「毋不敬，可以對越上帝」，曰：「對，猶相對也。上帝無一毫私僞，毋不敬，則亦無一毫私僞，故可以與上帝相對而無愧也。」

問「私吝心在」，曰：「飢食渴飲，冬裘夏葛，天職也。有一毫踰分之求，則是私吝心也。」

問：「『情與意志，皆心之所發，而獨曰統性情』云者，豈以意志皆用事於情出之後，而言情則二者亦在其中故耶？」曰：「然，洛中之儒多以爲性發爲情，心發爲意，歧而論之，可歎。徒有見聞，而全無心上功夫，故如此云爾。」

汝龍因問：「劉忠定公能前知來事，而且不動心，何也？」曰：「元城在謫所時，章惇募能殺者一人差轉運使，一家洶洶。及到境，家人皆涕泣，元城猶自若，臥宿鼻息如雷。夜半，城中鼓聲出，家人皆疑以爲將殺公而然，已而聞轉運使暴死，通諭諸人故也。因言我朝鄭光弼，非學問之人，亦有可取。在謫時，京奴忽到，僵于門外，氣急不能言，家人洶懼，以爲自上賜死，其奴氣定，然後問之則曰：『金安老已貶黜矣。』一家轉懼爲喜。時光弼方寢，伺其覺以告，答而還宿，別無喜色。其在廢朝時，將戮于京，繫械至驛，亭人以反正告，輒泣曰：『下無導之以正者，乃至於此。悲夫！』如此人，亦不易得。」

因季獻彈琴，論古樂曰：「古人以樂治心，故學樂與爲學無異矣。」又問：「宋時諸先生亦有好樂者否？」曰：「宋時古樂已絶矣。程子不見其自爲處，晦菴則有詩云：『獨抱瑶琴過玉溪。』豈不爲而如是哉？」因語在座者曰：「雖同聽琴，亦有天理人欲之分，諸君聽此而心能澄清耶，抑不免有些邪穢耶？」皆對曰：「心一於此，別無邪思。」曰：「然則可矣。」因詠古詩云：「『人心盡如此，天下自和平。』豈不美哉？」臨罷，吴孝元盛言人有傷於虎事。曰：「凡言語除可戒可法外，當一切不談矣。如此説話又至於延蔓支離，則豈非有害邪？」

金退夫、金公直帶酒來精舍，先生亦往坐定。汝龍問：「朱子云：『人未有耳無聞目無見時。』夫人自有未發時，豈無無聞見時乎？」曰：「心雖未發，耳目則自有聞見。若以無聞見爲未發，則人無有無聞見之時，雖聖人亦未有未發時矣。朱子不云乎『費盡功夫，養得成癡、獃罔兩漢矣』。」

問「聖人不思而得，却似無意」，先生曰：「聖人之心，雖與常人異，豈曰全無意乎？」季獻曰：「聖賢若無意，則豈欲往弗擾之召乎？」先生曰：「弗擾之召，欲往而止矣。然知諸侯無處可合，而至於轍環天下，則是豈無意者耶？」

是日，在坐者二十人與歌，而先生和之，因警諸生曰：「初學功夫，爲善去惡而已。今日在坐諸君，他日皆爲善而無惡，則吾之望也。」諸君勉旃。

問：「『使民如承大祭』，何以云『敬以持己』也？」曰：「如見如承，皆行吾之敬故也。」質大全疑處，曰：「擔閣，擔而閣之。閣，謂閣筆之閣。撒手，行步時弄臂也。霎時，暫時也。」

問：「何以則學整齊嚴肅？」曰：「從事於『九容』，則可以整齊嚴肅矣。」安丈問曰：「從事於『九容』者，地位高下，可得聞歟？」曰：「不作爲而自然皆中規矩，則可謂動容周旋中禮矣。能如是者，可謂聖人。」

問：「端坐、靜坐、危坐，不知其分辨。伊川端坐終日，呂與叔六月中靜坐，李先生教人靜坐。汝龍疑先賢必危坐，而曰端坐、靜坐，則端、靜亦指其危坐也。」曰：「危坐則直指其跪坐，端坐、靜坐則雖非危坐，坐以端、靜，故曰端坐、靜坐。伊川到寺，椅當佛面，伊川令轉椅，雖椅坐，身不搖動，則亦可曰端坐矣。蓋危坐則可以通稱端坐、靜坐，而端坐、靜坐則未必盡爲危坐也。」

趙季珍問四端七、情之辨。先生曰：「四端亦在七情中，而只指其善端言，則曰四端；兼指善惡言，則曰七情。退溪四端、七情分言之，故與奇大升辨論幾至一卷矣。然誰能非退溪而是奇公哉？是以其游於門下者，所見皆如此。至於聖學十圖云『四端理發而氣隨之，七情氣發而理乘之』，其分爲二物明甚。蓋理氣元非二物，各在一處，先儒說無有如此者矣。」

安丈問：「情有善惡乎？」曰：「洛中如朴洞者，皆云情無善惡，如此者必是不知審幾而專不提省者也。若果提省其情，則其所發之情，豈能皆善乎？雖顏子意則已善，而情則有不善之動。故曰纔差失，便更不萌作。」

問：「陸棠何如人？」曰：「嘗學於龜山之門，肩背竦直，容貌端嚴，龜山奇之，妻以其女。後爲建賊范汝爲所得，因爲謀首，卒死於賊，朱子謂『敬之賊』。」

至誠惻怛〔一〇〕，以人言；精微恍惚，以神言。

先生將向臨津，出宿于野頭。汝龍進謁，因請埋神主祝文，先生曰：「頃有求者，製給矣。」因口誦曰：「『先王制禮，追遠有限。今將永遷，不勝愴感。』此將遷告詞。『今就潔地，奉妥先主。永訣終天，不勝悲感，敢以清酌，用伸虔告。』此臨埋告詞。」

問：「聞頃者先生云：『顏子意誠不及於聖人。』然乎？」曰：「然。」曰：「愚意以爲於意既無過，而心有差失，意誠與聖人無異，而心正未及聖人也。」曰：「知極其至，則行亦極其至；格致既極其至，則意誠、心正亦極其至矣。蓋顏子格物致知，容有一毫未及於聖人者，故意誠、心正亦皆如此耳。」

汝龍問：「去秋先生在西湖時，朝士中有以爲時事方急，出處進退有不暇顧云者，然乎？」曰：「或有爲此議者。」曰：「時急而進，則此亦可進之時，豈其所謂『不暇顧』而進者耶？」曰：「此非儒者之論矣。然彼云云者，猶云雖非行道之時，既來都下則可進而救其一分矣。然此乃第二義，非第一義也。」

問：「祖父同入一麓，拜祖時，父墓在後，心似未安。」曰：「勢然也，視之以異室可也。」曰：「傍親同在一山，則墓祭時雖不參祭，時或虛拜可乎？」曰：「雖四時不必皆拜，一年一度不可廢也。」曰：「傍親如伯叔父等忌日，雖不參祭，亦不食肉飲酒乎？」曰：「然。」曰：

「伯叔父兄弟之祭，亦可參乎？」曰：「參可也。」

問：「有服者雖無管絃，齊會飲酒，則不參可乎？」曰：「偶然相値飲酒可也。若相約聚會，齊坐酬酢之宴，則不可參也。」

質大全疑處問：「『宅百揆、總元戎之任，與高卧草廬者，其理則一。』未詳其意。」曰：「窮達榮辱雖殊，在吾自樂之意則同也。」

問「認取自家不利便處，退一步」，曰：「自家心有不利便，則不爲其事也。退一步，謂不爲也。」

問：「人無父母，生日當倍悲痛，是以禮律身也。至於父母生辰，設宴於其親，是以非禮事其親，如何？」曰：「父母若知，當倍悲痛而禁之，則不爲可也；若父母不禁，則何可不爲？」

問「性者道之形體」，曰：「道雖散在萬事，而性是統體處，故曰『性者道之形體』。」

諸友各持壺酒聚精舍，陪先生賞花。酒半，先生曰：「古人纔別必問做工之多少，諸君近來做甚功夫？」汝龍對曰：「點檢日用之事，但知退尺，不知進寸。」曰：「稍有操之之工，故知其退尺耳。若全放過，則安知其進退？」吳孝元曰：「近日諸友皆有寡過之意。」

問：「昨聞『顔子格物致知，皆未及於聖人』，未詳此意。愚意以爲格致誠已至於聖人，心正未及矣。」曰：「顔子格致誠已及聖人，則聖人之格致誠是畫蛇著足矣。蓋顔子地位，猶未能不思而得，則其格致之功，安可謂已至於聖人乎？」

問：「立志，先賢多泛論。先生作書立言，每每首言此，何意？」曰：「非立志則萬事不成。」因問曰：「欲立志者，當何以用功？」曰：「誠則志自立，而以敬持之可也。」

問：「子罕言利，則亦必有時言之矣。」曰：「古者利義一，後來利義歧。計利則害義，亦後世之言也。」因曰：「古者爲善則福，爲惡則禍，故古人樂於爲善，而不樂於爲惡，是利義一也。「後世爲惡者利」，爲善者不利，故樂於爲惡而不樂於爲善，是利義歧也。」

問「科舉法都變了」之意，曰：「自科舉發身，則已非自重之士，而爲自售矣。然其爲祖父求封謚，亦豈可已耶？若以科舉出身而不求封謚，是自爲則重，而爲祖父則輕矣。蓋伊川以處士進，事體自異，故曰難言也。」

問：「葉味道問：『三年之喪，吉祭而復寢。期終喪不御於内者，父在爲母爲妻。大功則三月不御於内。小功、緦麻獨無明文。』朱先生曰：『無明文即當自如矣，服輕故也。』此義何如？」曰：「雖小功、緦麻，即御於内似未安。」因問：「聞朋友之喪，或七日，或五日不食肉，則白衣居外寢可乎？」曰：「然。」

問「樂意生香」，曰：「古詩云：『樂意相關禽對語，生香不斷樹交花。』蓋亦鳶飛魚躍之意。」

問：「交深者在喪，則雖不知亡者，弔而且哭可乎？」曰：「子夏喪明而曾子哭之，若哀其在喪而欲哭之情發，則雖哭無妨。」

問：「如以事上京時，州官賫行，則其可受乎？」曰：「名以賫行則似可受，而以國法言之則不可受也。」因言曰：「不受易也，不與爲難。」李誠甫曰：「如崔永慶者爲守令，則必不與矣。」曰：「然。」

講有「有小宗而無大宗」者，汝龍疑「君之别子」謂之次嫡而爲大宗，則其餘若側室子，不得爲大宗不遷之位也。曰：「是也。」

因「主人由阼階」，問曰：「西尊位而主婦、執事由之，東則非尊而主人由之，未詳其意。」曰：「東，主位也。主人由阼階，故主婦以下不得不由西階，非所以尊也。」

問「四味」，曰：「謂餠、麪、魚、肉，而湯則無之。余以爲不可無湯，故擊蒙要訣教用之矣〔一一〕。」

問「大祭西向立」，曰：「古者廟南向，位東向，故拜者西向，厥後仍而不廢矣。今位南向，則北面拜可也。」

質大全疑處問：「神是理之發用而乘氣出入者乎？」曰：「神有主理、主氣之别，今此所云主理一邊而言，故曰『仁者木之神』。」

問「豈不墮於不擇其本而直圖其末」之弊，曰：「大學或問不言各格其物，各致其知矣。」

問「裏面衆理之體用」，曰：「雖知義理萬善之本具本明，須識得裏面義理之體用各自分曉之意也。」

問：「『纔祭高祖畢，酌獻祔于高祖』者，而有曰『先正位，次祔位』。蓋祭高祖畢，即祭祔位，則祔高祖者乃曾祖之子也，子先於父可乎？」曰：「祝辭以祔食言，則非所謂先父而食也。況使人行之，則是尤有閒矣。」

問：「子貢反築室於場云，則廬墓之事古亦有之乎？」曰：「大抵弟子行三年喪者，不忍離去，侍神主所在之側終三年矣。子貢則又不忍離去，更築室於墓側，居三年然後去耳。」

金公直問：「師喪或三月、五月、九月、期、三年者，不食肉，不參宴樂，而素衣、黑帶乎？」曰：「然。」汝龍問：「何以曰心喪？」曰：「內有哀戚之心，外無衰麻之服，故曰心喪。」曰：「爲師之喪，聖人不立服，何也？」曰：「恩義有淺深，故不立一定之服矣。」曰：「此意何在？」曰：「程子說有之。」

問「時師」，曰：「如俗云經師之類。」又問「昧然歸匣」，曰：「無祭告而還祠版，故曰昧然。」

問「招魂葬」，曰：「死於軍，或没於水，不得其屍，則以服招魂而葬其服，夫是之謂招魂葬，然非禮矣。」

問：「冠時，長子則西向，衆子則南向。南向主壁，何以長子則西向，衆子則南向?」曰：「東主位，故長子西向。南向雖主壁位，實則空處，然冠者南向，所以尊之也。」

問「有先人之禮」，曰：「此婚禮，自先人所行之禮也。」

問「斅師仰食於人」，曰：「古有如此事，或聚徒教學，弟子合而饋師。」

因尹文伯葬母事，先生曰：「古人發引時，以晝不以夜，故或日食而見星，則即駐柩不行。今人雖近地，必夜行，不知其何故而然耳。」

往會尹文伯母葬，以簡問于先生曰：「妻之喪夫爲主，則神主何以書?祝辭亦何以爲稱?」答曰：「神主宜書『故室某鄉某氏』，無旁註可也。祝則宜稱『夫某告于故室某鄉某氏』，但題主祝改『伏惟尊靈』作『惟靈』。」

質大全疑處問：「宋魏以來，一南一北，未有以相君臣者，何也?」曰：「宋魏之君，功德不相上下，故彼不敢以臣此，此不能以君彼。」

先生以餕召汝龍與安丈，因問漢原廟之制，曰：「原謂再也，既有宗廟，又有廟，故曰原廟，如今之文昭殿是也。但漢原廟則各爲廟，其制自惠帝、叔孫通始矣。」有一生問「枉死市叔孫通」，曰：「此乃忿罵之辭，通本無枉死事。」

金子張兄弟來謁，因問：「庶叔某某日已葬，然服則甚重，不食肉，何以爲限乎？」曰：「踰月而葬，禮也。雖葬於一朔之內，食肉則以此爲限可也。」

與吴孝元、俞淑夫、金子張等七人同學聖學輯要，講至「天命之謂性」，先生曰：「天命率性則無容人爲，至修道處，方有功夫也。」

問「或横或竪」，曰：「一言而該盡體用乃横説，累言而只論一端乃竪説也。」

問「性之德而具於心，此則都指人而言」，曰：「本性命而言，則不得不推原其本，故第一節竝言人物。大抵書本爲人，故自『道也者』以下，都指人矣。」

問：「『自戒懼而約之』，戒懼既是未發，未發中又有至靜乎？」曰：「戒懼只是涵養之意。自學者言，則初來致中，必多未至。故約之以至於至靜云爾，非謂靜中又有至靜也。」

問「斷置自易」，曰：「宋時有强盜之羣，計欲取司馬温公爲黨首。温公之友見温公謂曰：『吾聞强盜之羣計欲取公，甚以爲憂。』温公答曰：『此事不難，只死而已，何難之有？』此温公斷置自易處也。」

問「横陽之命」，曰：「韓成初爲横陽君，故云。」又問「鼎貴」，曰：「謂忽貴也。」問「胡部」，曰：「未詳，意胡樂也。」又問「上林侈矣」，曰：「侈謂富盛也。」又問「懟筆」，曰：「謂憤筆也。」又問「廢春秋自北面」，曰：「王安石厭三傳之煩，而遂廢春秋之學，推尊師之義。而謂人主可以北面事其臣，蓋皆言其病痛也。」

往精舍與諸友旅謁，汝龍問：「『易有太極』，『易』字指理而言乎，指氣而言乎？」曰：「指氣之變易而言，於此亦可見理氣之不可歧也。其釋當曰：於陰陽變易之中，有太極之理，是生兩儀云爾。」

問「鬼神合其吉凶」，曰：「卜而聽吉凶於鬼神，聖人之知其吉凶與鬼神合也。」又問：「既云陰與陽、柔與剛，則當云義與仁，何以云仁與義？」曰：「此由統體而言爾。」

因講「四端不言信」，曰：「先賢之書，不可率易增添。林隱程氏謂：『誠實之心，信之端。』仁義禮智之心，既是誠實之理，便所謂『信』也，豈別有誠實之心乎？孟子之不云，必有以也。退溪將林隱此語載於聖學十圖，吾意則恐不可也。」

因講「始則不知愛物，充之以至好殺」，曰：「吾少時著木屐行泥濘處，初來持心甚謹，猶恐泥污於足，一蹶陷泥之後，踏泥自安。爲惡之人亦如是也，可不謹於始乎？」

因講「人心惟危，道心惟微」，曰：「以『生』、『原』二字，學者之見每誤矣。」因出與牛溪答問理氣論辨一册示之曰：「見此則可以知矣。」汝龍請傳録以來。

問「保明津送」，曰：「保明如今保單子，津送謂使人率去。」又問「幾分」，曰：「如今講經計畫之意。」

問「斷流而爲忍」，曰：「如今父子、夫婦之間，多以斷而終至於忍。」又問「之善之惡皆志」之説，曰：「志者，心之所之。雖爲惡之事，其心必有所之。以此而言，則亦不可謂非志也。」

因講「公天下事，若用私意爲之」之説，曰：「如桓文之事，固爲天下而爲之，是非公天下事乎？然原其心，皆出於私意。如唐太宗勵精圖治，以致太平，亦皆未免私意。」

因論神仙之説，汝龍問朱先生「發揮參同契」者何意，曰：「屈原傷時，而離騷之卒章有登仙之語。朱子晩遭僞學之禍，有此意思，當時弟子之言亦有此意。」曰：「然則何以不明言其意耶？」曰：「居今之世，傷時之説不可明言也。註楚辭亦此意。但參同契序曰『空同道士鄒訢』，未知此意。」

問「不用某許多功夫」，曰：「聖人格致功夫已至，故曰不用聖賢許多功夫，亦看聖賢底不出，如云見不到聖賢意思也。朱子平生用功於大學至矣，他書則雖不甚用功，便無疑意。大學則改而又改，至於臨没而後已，故曰不用某許多功夫，亦看某底不出。」

問：「『氣以成形，理亦賦焉。』未知此意。」曰：「別無他意，只明其理氣不相離而已。」

問：「輯要所論居敬、窮理、力行三者，似未明白。」曰：「尊德性是居敬，博學於文是窮理，約之以禮是力行，而但約禮於力行，意似未足。」

問「一貞八悔」，曰：「以内卦爲貞，以外卦爲悔。内卦乾也，而外卦則變爲八，故一卦皆今八卦，是以爲六十四卦也。」問「僂句成欺」，曰：「僂句，寶龜名，本以所出地名之。左傳：臧昭伯如晉，臧會竊其寶龜僂句，卜信與僭，僭吉。後季平子立會，會曰：『僂句不余欺也。』引此，蓋言術數之非。」

問「七分之貌」，曰：「程子作易傳曰：『此乃七分之書。』謂十分内所説只七分，其餘三分則在人自得云爾。」門人張繹祭之曰：「先生有言：『見于文字者有七分之心，繪于丹青者有七分之儀。』此蓋用其語。此謂『七分之貌』者，謂程正思體貌柔弱，而中之所存至剛，故曰未足以見其七分之貌。」

問「一每生二，不假絲毫智力」，曰：「謂若以智力爲之，則必須以己意安排，此則自然推上去，自住不得也。」又問：「繫辭何因而成？」曰：「因其象而成之。」又問：「象則見而知之矣，厥初何以知其理而名之以理也？」曰：「聖人以爲陰陽動静既如是，必有所主宰而使之然者矣。」

問：「七情各分屬四德，似不相合？」曰：「喜哀樂欲則屬於仁，怒惡懼則屬於義，亦似乎得，但若分屬則不可得。蓋仁義乃四德之綱，而禮智就仁義上節文是非者也，故曰『立人之道曰仁與義』。孟子曰：『仁義而已矣。』先儒有以愛屬乎禮？欲屬乎智者，而哀懼則棄之，恐非。」

問：「五行，質先生乎，氣先生乎？」曰：「氣生於兩儀未立之前，質成於天地已分之後。」

金子張問：「人心感於善則淺，感於惡則深，何也？」曰：「常人之心，以其氣禀物欲之查滓在裏面相感，故所感於惡者爲深矣。」

吴仲老問：「與兄同居，兄若不爲晨謁，弟可獨行乎？」曰：「理當委曲陳達，而兄若終不行，則不可獨行也。朔望，則雖獨行可矣。」

問「瘗重」，曰：「重，古者鑿木爲之，猶今之魂帛也。謂之重者，以其有柩而又有此鑿木也。」

問：「宋高宗何以不請欽宗梓宫乎？」曰：「金人議欲立欽宗於汴以北，故欽宗生時，高宗嫌而不請。及其死後，因循放過矣。」仍曰：「春秋之義，一事有狄道，則待以夷狄。如高宗者，既已稱臣於夷狄，豈可許以正統乎？黄牧使固執偏見，不信吾言，不知其意矣。」又問「繳奏」，曰：「謂詔下而不施行，繳而奏之也。」

先生以晦齋大學或問補遺一卷許覽，曰：「博引古書，殊無正釋經文之意。」

問「心性二用」，曰：「蓋以心性爲有二用也。」曰：「理氣互發之説始出退溪耶？」曰：「黄勉齋亦有此言矣。」曰：「此先賢必有所見而言，然理發之説，百爾思之未得其意。」曰：「不知其何以言也。」

問「宣王有志而共和罷」，曰：「厲王奔彘，二相周、召共政，謂之共和。宣王立，有志於政，而共和罷矣。」

問「真元之氣」、「浩然之氣」，曰：「真元、浩然本非二氣，而以道義養之則爲浩然之氣，只保養血氣則爲真元之氣也。故輯要養氣章專論善養仁義之心，而終之以養浩然之氣矣。蓋以道義善養仁義之心，則浩然之氣自生，而真元之保養亦在其中矣。故善養仁義之心者，兼養真元之氣；只養真元之氣者，未必善養仁義之心也。」

問：「先生每言宋高宗不可以與正統，然朱先生以不遷之位言之，何也？」曰：「余所言萬世之公論也，朱子所言一時之公論也。以一國言，則雖純爲夷狄者，可以祖有功，而宗有德矣；以萬世言，則在春秋時，雖中國之君而一行夷狄之禮，則以夷狄待之。況高宗以中國之天子，稱臣於夷狄，豈有夷狄之臣而主萬古之正統乎？有人云高宗之稱臣，假也，非真也。此言非是。君臣之間，不可以假爲，故孔子曰：『必也正名乎？』此言非有志於學問者必不能信得及矣，近者申普、金瓛一言領悟也。」

問：「朱子大全昏禮迎壻有『女尊長』出迎之文，意不必女父也。」曰：「非女父，而有主昏者則可以爲之。既無主昏者，而女父兼尊長，則女父爲之可也。其所謂『女尊長』者，似必有爲而言。」

問：「有服者著白笠，何如？」曰：「古人雖弔不以玄冠，況有服乎？頃見華人著白巾而食肉者，問之，乃有服者。今日見洪萬户俊以大功服著白笠而來，見之不至駭怪，若成習則著之何害？」曰：「有官者恐未安。」曰：「私居服之何害？」

因言「盧相爲大憲時，有衣服之禁。余知相業之不盛，笠制衣袖見譏於人久矣，何關於時政而禁之乎？」又問：「許公曄自以爲擔當學問乎？」曰：「自以爲擔當矣。」金子張曰：「趙季珍往許公前，問『非公事未嘗至於偃之室』曰：『若切親至官府，使主倅請來則如何？』許公曰：『往見是亦公事也。』其言何如？」曰：「所見如此，故其行事如彼。」汝龍問：「其學無乃有源流乎？」曰：「花潭有與者，則雖不宜之饋皆受；無與者，則飢坐累日，亦不求於人。此似禪道，是許之所從來也。」

問程子爲上元主簿時脯龍之事，曰：「有龍作怪，程子捕打脯之。」曰：「神龍，人可捕乎?」曰:「其龍必非神龍,若神龍則焉能捕乎?」

問「以形而下者言之,則事物爲體,而其理之發見者爲之用」,先生指示案上册曰:「以册言,則此册乃體; 裏面許多聖賢之言,用也。」又問:「『以形而上者言,則沖漠爲體,發於事物爲用。』夫形而上者,只是沖漠而已,何以復指發於事物爲用耶?」曰:「以孝言,則必不終日夜事親。未事親前,沖漠也; 方事親時,發於事物也。」

問:「牛溪東西論議與先生脗合乎?」曰:「大概所見相似,而當初是非與我不同。我以東爲非,牛溪以西爲非。」「敢問牛溪之見。」曰:「其意以爲沈某抑金某之清顯,此乃私心也。余意以爲如尹元衡、李樑輩,則固不可以避嫌而放過矣。今沈某雖非清謹之類,亦一凡人也,則置而不論可也; 金某乃不避嫌,攻之不已,終至於士林不靖,國體虧損,此非東之過乎?乙亥年間,余在朝謂曰:『當初則其過在東,而今年則西之過也。』衆口同是余言,而今則當初非東之一節隱而不論云,可歎。然使牛溪處置,則必與我相合矣。大抵今番所用人物,皆前輩所棄而反不如前輩者,則豈能服人心?」

問「上下弦則日月近一而遠三」,曰:「謂一分近而三分遠也。」

金子張問:「『慾萌於中,知而窒之。後有復萌者,或有不萌者,慾之輕重,分數有異。』何也?」曰:「譬如除草: 窒不復萌者,去其根者也; 窒而復萌者,以土覆之者也。以土覆者姑似除去，而不久復萌矣。顔子之不貳，去其根者也。劉元城雖未及顔子，而被謫去時，以爲將父母遺體，矢不犯色而來，厥後三十年在謫，色心不復萌作矣。」

問：「道學之名，始於何代耶？」先生曰：「始於宋朝，道學本在人倫之内，故於人倫盡其理則是乃道學也。但不知道而暗合者，是習而不察者也。大抵知道，然後爲臣盡忠，爲子盡孝；如不知道，雖有一段忠孝，豈能所行皆合於道乎？」

問：「我朝學問，亦始於何代？」曰：「自前朝末始矣，然權近入學圖似齟齬。鄭圃隱號爲理學之祖，而以余觀之，乃安社稷之臣，非儒者也。然則道學自趙靜菴始起，至退陶先生，儒者模樣已成矣。然退陶似遵行聖賢言語者，而不見其有自見處；花潭則有所見，而見其一隅者也。」

問羅欽順、薛瑄、王守仁之學，曰：「羅欽順，拔萃人物，而所見少差。薛瑄，雖無自見處，而可謂賢者也。王守仁，則以謂朱子之害甚於洪水猛獸之禍，其學可知。而中朝至乃從祀於聖廟云，中朝之學可知。」

問：「未生陽而陽之理已具，陽氣未生之時，陽之理何所具乎？」曰：「未應不是先，已應不是後。」因示硯家曰：「此硯家未造前非無硯家之理，故造成之後即有此理矣。」

問「天地有定性」之説，曰：「人之性則修之者，爲賢爲聖；汩之者，爲愚爲不肖。天地草木，則不能推移而有定性矣。」又問「以寒暑之失時，災傷之不正觀之，則天地亦似無定性」，曰：「寒暑失時，災傷不正，是乃氣數。人爲所致，豈天地之本性哉？」

問：「食色臭味亦天性，則食色臭味之欲發於何性也？」曰：「七情中，愛欲皆發於仁之性。」

問「鳶飛魚躍」與「勿忘勿助」之意同，曰：「思而又思，然後問可也。」曰：「此不用力之意乎？」曰：「謂之『勿忘』，則豈專爲不用力之意耶？」

問「復所以見天地之心」，曰：「當春夏之時，萬物發養，則將何所據而見其心乎？故於動之端，乃見所謂『天地之心』。譬如人之仁心，於初發時可見，及其博施濟衆之時，其仁固盛而反有難見者矣。」

問「無是餒也」，曰：「無是之是，指浩然之氣也。餒，一身之氣不充體也。如云若無浩然之氣，則雖欲行道義，一身無氣如飢乏然也。若道義則是本有之物，豈有飢乏之時乎？」

問：「漢時用人必試於郡縣，然後登進其賢者、能者於朝。以今觀之，有吏才者不足於京任，有名於京職者不足於一縣，其故何歟？」曰：「漢時郡縣，非如今之郡縣，一郡如今之一道矣。大抵人品各異，如蔣琬能治全蜀，而不能治一邑。自今視之，爲憲長時與人無異，任一道一縣則反不能及人，又有能於一道一邑而不能成形於臺閣者，不可以一概論也。」

問：「前日先生云『鳶魚之飛躍』與『勿忘勿助』同意，汝龍思而終不得其意，敢請。」

曰：「『鳶魚飛躍』是天理流行也，『勿忘勿助』則天理亦流行矣。」以上己卯。

校勘記

〔一〕稟陰氣之濁　「氣」，原本無，據文意補。

〔二〕此閒字乃天理固當發見　「字」，原作「者」，據文意改。

〔三〕曰　此字原本無，據文意補。

〔四〕而其所以爲理者亦常自若也　「常」，原作「嘗」，據文意改。

〔五〕固常自若　「常」，原作「嘗」，據文意改。

〔六〕或有稟氣之濁而貴者　「貴」前，原有「爲」字，據文意删。

〔七〕曰　此字前疑當有「先生」二字。

〔八〕曰　此字前疑當有「先生」二字。

〔九〕大功以下　此段前疑有闕文。

〔一〇〕至誠惻怛　此段前疑有闕文。

〔一一〕故擊蒙要訣教用之矣　「之」，一本作「湯」。

栗谷先生全書卷三十二

語録下

以先生緒言之散見於諸家文字者，蒐輯爲此編。金宇顒經筵講義多載先生奏語，雖其所謂辭氣之「頗傷快直」、建白之「急於作爲」等語顯有疵點之意，然於此益可見先生致澤之志、忠諫之誠，有門弟子所不及聞者，故依程氏外書、孔文仲章疏例，採其數條，附録于末。

十年前，栗谷訪余，因宿溪廬。時當仲秋，窓外蛩聲唧唧，十百爲羣，爭鳴而競吟，無暫時停息，及到曉鐘，其聲益盛，有自樂其樂而不知其勤苦者。余歎曰：「微物尚能盡其職分至於此哉？」栗谷又歎曰：「知覺多者深於利害，擇利而就安，怠惰而日偷，所以人不能盡性而天機自動，不假修爲，盡其天職，乃出於微物也。」余喜其超詣之見，未嘗忘。出牛溪文集。下同。

叔獻謂「先儒謂春秋獲麟是志一動氣，且疾病之來，聖賢所不免，則疾而心不寧，是氣動志云」，是説似爲得之也。大抵動志動氣，皆兼善惡爲得，孟子所言只是泛言凡例耳，何謂做病説乎？

叔獻平日語余曰：「汝式一以實體力行，而所見則非所長。然喜於論事，而不思見事之疏，則可憂也。」

李景震問：「色慾之頻發難制，何以抑絶此念乎？」栗谷曰：「此也無别功夫，只是心有存主，讀書則專心窮理，應事則專心踐履，無事則静中涵養，常使此心無忘時，則色念自不得發，雖發亦必省覺，省覺則自退矣。不然，放心忘忽，而欲與色念厮戰，雖極費力，如土壓草，愈壓愈生矣。」出牛溪日記。下同。

叔獻言趙兄大男，歎僕夫難得善者，土亭曰：「士人之善者，尚不可易得兄僕隷乎？人家得善奴者，萬一之幸也。必求善奴，則勞心無益，當求善使之道，不當求善奴也。使奴爲善主之奴可也，豈必欲爲善奴之主乎？」此言甚好，有責己恕人之意。

栗谷問先生曰：「國喪卒哭前，朔望參則非祭禮也，依常行之如何？」答曰：「依常具饌，亦恐未安，略具酒果行參謁而已。」鄙見如此。出牛溪言行録。

己巳七月二十八日，夕講近思録，李珥因解經「不同無害」而言曰：「凡議論國事亦然，如昨日朝講所言請對當爲不當爲之説皆如此。只是欲致君堯、舜，措世唐、虞、三代者，正論也；謂不可爲隆古之治者，邪説也。」出柳眉巖希春日録。下同。

甲戌正月二十一日，引見於丕顯閤，希春講辯言亂舊政，歷舉商鞅、張湯、趙禹、蔡京爲説。李珥曰：「王安石以似是而非之説惑神宗，變法亂天下，此真所謂『辯言亂政』。若其他小人之言，豈足爲『辯言亂政』者乎？」希春曰：「不然。『辯言亂政』泛指不正之人逢迎君惡，變亂成憲，不必專指安石一般人。」

二月一日，晝講，因論歷代帝王。李珥曰：「胡致堂以太宗比於曹操，此恐不然。」希春亦陳曹操陰賊險狠，猜忌賢能，決不能爲太宗任賢使能以成貞觀之治。上曰：「予以爲胡氏論不謬，觀太宗殺兄殺弟，滅其子孫，納弟婦而亂天倫，輒痛憤掩卷不忍觀也。」臣等曰：「太宗人倫之惡，誠如上教。歐陽脩贊太宗曰：『除隋之亂，比迹湯武；致治之美，庶幾成康。由漢以來，功德兼隆，未之有也。』朱子曰：『此二事皆功非德也，只是歐公一輩人不知本領，故有此言。蓋太宗才有餘而德不足，有功而無德者也。』」臣又曰：「漢文帝、金世宗最賢。」上曰：「三代以下，無如文帝。」臣對曰：「金世宗仁静節儉，好賢納諫，豈下於文帝乎？」李珥曰：「金世宗雖賢，常誡子弟不改女真舊風，此其志不遠大者也。」又曰：「殿下既以太宗爲不足取，則雖漢文帝亦不足法，只當以三代聖王爲法耳。」講畢，李珥進言曰：

「請先行救民革弊之政，而後行鄉約。」上曰：「予初以爲難，當詢于大臣。」珥曰：「欲救生民倒懸之弊，不可不更張舊法，蓋法久則弊生，古今之通患。況貢案成於廢朝弘治辛酉，荒亂虐取之君所爲，誠不可不改也。殿下膠守舊規，不欲更張，誠無善治之望。」上曰：「人不能自知爾。觀我可爲善治否？」珥對曰：「殿下英明，豈不能有爲？」希春趨進曰：「上清明堅正，真大有爲之資，但性執有未通暢處耳。」

金希元問：「『道心惟微』，朱子曰：『微妙而難見。』」栗谷云：「惟理無聲臭可言，微而難見，故曰微。譬如此遠山，本微而難見，目暗人見之則微者愈微，明者見之則微者著。」出龜峯簡帖。下同。

希元又問：「『二者雜於方寸之中』，愚意或有因形氣而發之時，或有因性命而發之時。二者所發皆出於方寸之中，故謂之『雜』。」栗谷云：「『人心』『道心』皆指用而言之。若如前説，犯未發之境，二者所發皆在於一事，有發於人心而爲道心者，有發於道心而爲人心者。」

喪中墓祭，礪城及叔獻以一獻爲得宜，成積城、金而精云從俗三獻，於情似愜。墓祭，似指新喪。○出鄭松江澈日記。下同。

積城來訪曰：朔望參禮，遭喪時與叔獻議定，出主先參神，斟酒再拜，辭神再拜，以異於祠堂參禮。叔獻曰：「吾親在堂，安用不先參禮而先降神乎？」

積城書：尊姊來省几筵，自當於晨昏哭拜。若祥祭時主婦不在，只以一位陪祭恐未安。叔獻之言亦然。

練後深衣帶，叔獻以爲亦當略有降殺，不可仍存舊件。

積城歷話，且言李正郎叔獻會葬宋祀連，似有未穩之意，嘗問叔獻宋家題主人誰耶，良久乃曰：「喪人輩草土號泣之中，屬望甚懇，余甚以爲難，而不得已題之云。」

李正郎叔獻歷訪曰：「收放心莫如小學一書，若心經等書，切己則有之，不如小學之該備焉。讀書雖貴成誦，然若著意於記誦，則不久生厭，且無意味，莫如玩索潛究之爲愈也。」且言宋君所謂「几筵無參」之説，似得其正。且練後既云功衰，則似不當更用斬制絞帶，用布之説亦未爲不可。「脯醢三品」云者，脯醢中三品也，非謂脯三品、醢三品竝六品也。乍言子强將被論之事，深以爲駭然曰：「架漏度日如此，安能久乎？若大臣得人，則或可無禍敗也。」

練後上食哭，宋雲長兄弟以爲若無上食則已矣，若既從俗上食，則恐亦當有哭也。成、李二友皆以爲然。

清牧叔獻來自坡平，問近來事，對以實，白老事。愕然良久而去江南，禫事若妾子存，則可以行之云。

叔獻再過，遺白粒三斗，城主難於自致，欲叔獻傳之，却之，只留西苽。叔獻後有書曰：「郡守所遺，一切勿受，無乃太過乎？」辰日祭議論不同，如蘇齋、頤菴皆以爲不可。後來議及李叔獻，以爲朔望遍奠，此亦何傷云云。故遍奠諸位，今承浩原之説，有曰：「若不能從禮，無寧取中原別祭之制可乎？」未祫前朔望遍奠，李叔獻云：「若以未祫爲未安，則不如皆廢；若始舉朔祭於祥後，則雖曰未祫，遍奠似無妨，別祭於他所未穩。」許篈論罪，栗谷上劄曰：「其志將欲何爲？」其後，李潑以遺漏，於義謙之黨添入李珥、成渾以啓。平日栗谷謂龜峯曰：「今吾被罪，則彼輩欲爲功臣。」龜峯曰：「何以知之？」栗谷曰：「其形迹已著，蓋必以李浚慶爲原頭，而凡其議論之言，機軸甚顯，不可誣也。」出松江遺事。

鄭松江曰：「九容，理也非氣也。」栗谷曰：「九容非理也，發動乃氣也。」論辨良久未決。按栗谷、松江之説各有所主，活看可也。小學。○出門人金沙溪長生經書辨疑。下同。

「習與性成，聖賢同歸。」栗谷曰：「習與性成，謂積習成功，則若出於天性也，所謂『少成若天性，習慣如自然』者也。天性，謂當初禀受氣質之性，非謂本然之性也。」宋龜峯曰：「習與性成之性，乃本然之性也。朱子論橫渠知禮成性之性曰：『如習與性成之意。』」又曰：「性者，我所得於天底道義，是衆人共由底。」栗谷答曰：「當尋文字來處，伊川此語實本於伊尹所謂『玆乃不義，習與性成』之文，此亦可謂本然之性乎？」

「涵養成，甚生氣質。」集說：「涵養既成，則生出好氣質也。」近思録葉氏註：「甚生，猶言非常也。」栗谷以葉說爲是。

栗谷曰：「所謂『志有定向』者，是非明白，向善而背惡也。『静』謂心不妄動者，是非既定，不爲他歧所動，心常寧靜也。『安』謂所處而安者，正我權度，有以應事，隨時隨處，無不泰然也。『慮』謂處事精詳者，事物到來，更須研幾審處也。『得』謂得其所止者，行之而得止於至善也。」大學。

嘗問于栗谷先生曰：「物格云者，是物理到極處耶，吾之知到極處耶？」答曰：「物理到極處也。若吾之知到極處，則是知至，非物格也。物格知至，只是一事。以物理言之，謂之物格；以吾心言之，謂之知至：非二事也。」又問：「物理元在極處，豈必待人格物後乃到極處乎？」曰：「此問固然。譬如暗室中，册在架上，衣在桁上，箱在壁下，緣黑暗不能見物，不可謂之册、衣、箱在某處也。及人取燈以照見，則方見册、衣、箱各在其處分明，然後乃可謂之册在架，衣在桁，箱在壁下矣。理本在極處，非待格物始到極處也。理非自解到極處，吾之知有明暗，故理有至未至也。」又曰：「格物之格，窮底意多。物格之格，至底意多。」

「修身以上，明明德之事也。齊家以下，新民之事也。」此解「古之欲明明德」一節，故用其本節中文字曰修身，曰齊家。「物格知至，則知所止矣。意誠以下，則皆得所止之序也。」此解「物格而后知止」一節，故用其本節中文字曰物格知至，曰意誠也。栗谷曰：「此通結上下二節，不必分條釋之。」龜峯意亦然。

傳五章小註：「玉溪盧氏曰：『表也粗也，理之用也；裏也精也，理之體也。』」先生駁之曰：「在禽獸糞壤之理，則表亦粗，裏亦粗。凡物不可以表裏精粗，分體用二之也。」

問于栗谷先生曰：「誠意、正心何別？」答曰：「誠意，是真爲善而實去惡之謂也。正心，是心無偏係期待留滯，且不起浮念之謂也。正心最難，如司馬温公誠意而每爲念慮所攪擾，是不得正心也。雖然若真誠意，則去正心不遠。所謂『真誠意』者，格物致知，理明心開而誠其意之謂。以此言之，温公致知不精，不能到得真誠意境界也。曾見花潭行録門人問先生地位如何，花潭曰：『到得誠意。』未知花潭到真誠意境界也。其自言曰：『知到十分盡處。』此必不能真知也。若是真知，則道理無窮，豈可以知到十分自處乎？未能真知，則恐難得到真誠意也。」

「欲動情勝，而其用之所行，或不能不失其正矣。」愚按：欲動情勝，則其行之失其正也必矣。註中「或」字未詳，栗谷先生亦曰：「『或』字果可疑。」

「心不在焉」註：「必察乎此。」退溪曰：「『此』字指不在之病處。」栗谷云：「『此』字指心而言之。」

「如保赤子」小註諸說中，栗谷以新安陳氏爲是。

「所藏乎身不恕。」先生曰：「『恕』字實指『忠』字，是恕之藏乎身者，借『恕』字而言忠。」

「此謂治國」小註：「仁山金氏說。」栗谷曰：「仁山推化之說亦似矣。但朱子論此章曰：且只說動化爲本，未說到推上。如是，則十章乃說推矣，九章只是躬行化下之說。」

「必當因其所同。」栗谷曰：「所同者心也，即矩也。」

「有財此有用。」柳眉巖希春云：「用，器用也。」栗谷曰：「不是。」

或問：「盤銘『聖敬日躋』註云：『聖人能敬，其德日愈升於高明也。』」栗谷曰：「此『聖』字非指聖人而言也，『聖』猶通明也，聖敬之德，日躋於高明也。」

論語。

「其爲仁之本」註：「曷嘗有孝悌來？」栗谷曰：「來，語辭，如莊子有『以語我來』。」

「亡之，命矣夫。」亡乃死亡之亡，蓋「此人不應有此疾」一段，是解「命矣夫」之文，非解「亡之」兩字也。栗谷先生亦以「存亡」之「亡」看。

「予也有三年之愛於其父母乎?」栗谷以喪三年爲言。今考直解曰:「三年之愛,指懷抱言。」與鄙見相符,未知是否。

「不忍其觳觫,若無罪而就死地。」栗谷以「觳觫若」句絶。孟子。

「校數歲之中。」栗谷釋校數其歲之中,謂不豐不凶之中年也。愚意以爲通計其數年之間所收多寡之數,而定爲常式也。

「知皆擴而充之。」退溪解云:「知而擴充,按『知』字當釋於充之下。」栗谷云:「退溪解恐非,此乃只知之而已,時未擴充也。惟知之則如火始然,如泉始達,至其下苟能充之,然後始是擴充時也。苟如退溪説,則是既已充之矣,不但如火始然、泉始達也。」

七篇中,公明儀凡四見:一曰「文王我師也」,二曰「三月無君則弔」,三曰「庖有肥肉」,四曰「宜若無罪」。栗谷曰:「公明儀,古之賢人,非與孟子同時。所謂『宜若無罪』,疑亦古公明儀之言,孟子引之也。不然則公明儀有二人,而一人與孟子同時也。」

「舜、禹、益相去久遠」。栗谷曰:「『遠』,疑『速』字之誤。」愚按:栗谷之意以爲舜、禹之間相去則久,禹、益之間相去則速也,意甚平順。

「學問之道無他,求其放心而已矣。」栗谷曰:「求其放心,乃學者功夫之極處也。」

讀法註:西山真氏曰:「必篤恭而後,能造無聲無臭之境。」按本註以無聲無臭爲形容篤恭之妙，今曰「篤恭而後，能造無聲無臭之境」，似失註意，栗谷亦嘗疑之。中庸。

首章小註：「雲峯胡氏曰：『一陰一陽之謂道』，此『道』字統體一太極。『率性之謂道』，此『道』字各具一太極。」愚按：一陰一陽之道，即率性之道，兩「道」字一也。胡氏分而二之，非是。栗谷先生亦以鄙見爲是。蓋一陰一陽之謂道，對却繼善成性，而有先後之分矣；統體之太極，則不可與各具者分先後矣。

「君子之道，費而隱。」問：「費則氣也，隱是理也。」愚答曰：「不然，古亦有如公之説者。小註或説形而下者爲費，形而上者爲隱。朱子曰：『形而下者甚廣，其形而上者實行乎其間，而無物不具，無處不有，故曰費。就其中形而上者，有非聞見所及，故曰隱。』朱子説十分分明，而向者許公曄亦主費者氣之説。」退溪、栗谷反覆論辨，終不改云。

「攝」，韻會：「兩指攝也。」栗谷釋一手所掬。

「蓋曰文王之所以爲『文』也，純亦不已。」栗谷解「曰」字釋於「不已」下，愚意欲釋「文也」下。栗谷以既純而又不已之意釋之，愚意「亦」字指文王，天既不已，而文王亦不已也。

舜典「乃言底可績」註：「致之於行，信可有功。」栗谷釋「乃言」將至於「可績」，與蔡註不同，然於本經文理甚順，恐爲得也。書傳。

「定之以中正仁義。」栗谷曰：「中正仁義，自有動靜云。」然此泛論中正仁義，與圖註不同。出沙溪近思釋疑。下同。

「與天地合其德。」問四「其」字指聖人而言乎，指天地、日月、四時、鬼神而言乎。栗谷答曰：「聖人與天地合爲順，天地與聖人合文意不順。」

「除非。」栗谷曰：「除是非之謂也。」龜峯云：「朱子詩『除是人間別有天』，亦此意也。」蔡節齋以「易有太極」與「無極而太極」比而同之，似未穩，栗谷亦嘗非之。

「尋向上去。」栗谷曰：「向上，猶言那處也。」

栗谷亦謂：「喪中朝夕祭，夏月則清酒味變，用燒酒甚好云」。出沙溪疑禮問解。下同。

栗谷曰：「祭禰，恐豐于昵。」

「忌日竝祭考妣，我朝先賢嘗行之。」栗谷亦曰：「祭兩位，於心爲安。」

「物格」之説，惟栗谷所論通透灑落，蓋曰：「『物格』者，物理盡明而無有餘蘊，是物理至於極處也，是主物而言也。『知至』者，物之理盡明而無餘，然後吾之知亦隨而至於極處也，是主知而言也。此乃一本於朱子説也。」曰：「何以知本於朱子説也？」曰：「『補亡』章曰：『衆物之表裏精粗無不到。』此以物而言也。又曰：『吾心之全體大用無不明。』此以知而言也。或問曰：『理之在物者，既詣其極而無餘，則知之在我者，亦隨所詣而無不盡矣。』」出沙溪語録。下同。

栗谷常曰：「余幸生朱子後，學問庶幾不差矣。」

「無極而太極。」惟栗谷之釋最爲分明，其意蓋曰：「雖無其極，而實有大煞之極云爾。」

栗谷曰：「情是不知不覺自發出來，不教由自家，惟平日涵養之功至，則其發出者自無邪枉矣。意則是情之發出因緣計較者，志則是指一處一直趨向者，意陰而志陽也。然則性情統於心，而志意又統於情者也。」

栗谷曰：「『點掇』本註：猶言拈掇、沾綴。拈掇以手指取物而排置之意也，沾綴以水滴瀝於地面之意也。如明道言雄雉詩：『瞻彼日月，悠悠我思。道之云遠，曷云能來？』其下即曰：『思之切也。』『百爾君子，不知德行。不忮不求，何用不臧？』其下即曰：『歸于正也。』此以己意，閒閒下語於本文之中之意也。」

栗谷曰：「許魯齋之仕元，人多訾之。然此乃失身，非失節也。蓋魯齋雖不當仕元，本爲生長於北方，非如宋室遺民之類故耳。」

問：「蓄色與乙巳事，晦、退均有其過，而先生獨咎晦齋，何也？」栗谷良久答曰：「凡觀人之道，當分成德後與未成德前。退溪之失在於年少時，晦齋則既老而有此失，所以不能無別也。」

嘗與金清風權同在栗谷先生門下。清風爲請其祖金大成碑文，先生不答，清風憮然而退，私於余曰：「欲請不許之由於先生，而嚴不敢焉，君須待閒請問也。」余如其說，則先生答曰：「其處死之義甚未安，故不許矣。」余以是言於清風，後竟不敢復請云。

嘗問：「先生於事爲無所不通，將帥之任，亦可當否？」栗谷曰：「若自任將兵之事，則吾亦未敢自信，亦可爲將帥之師矣。」

問：「先生擔當國事，如到極難處，則將如何？」栗谷曰：「繼之以死而已。學問亦然，成不成姑置不論，當鞠躬盡瘁，斃而後已可也。」

問：「先生在楓岳時，未嘗變形乎？」栗谷笑曰：「既已入山，雖不變形，何益於其心之陷溺乎？此事不須問也。」

語類曰：「七情氣之發，四端理之發。」退溪之一生所主在此，故有理發氣隨之說。栗谷以爲四端固亦隨氣而發〔一〕，然不爲氣所揜而直遂者，故謂之理之發；七情固亦理乘之，然或不免爲氣所揜，故謂之氣之發。似當活看也。然七情中亦有主理而言者，舜之喜，文王之怒，非理而何？四端中亦有主氣而言者，朱子所謂『四端之不中節』者是也。」

博文約禮二者於聖門之學，如車兩輪，如鳥兩翼，栗谷每誦此而教之。

栗谷先生嘗論格致之義曰：「程朱皆說格至也。據此論之，『格物』云者，人窮物之理，而使之至於盡處也；『物格』云者，物之理已至於盡處，更無可窮之餘地也。」此說通透灑落，十分明白，而後之紛紛之說甚多，至有物理來至吾心之說，殊不可曉。

「五行一陰陽」註：「精粗本末無彼此。」沙溪曰：「熊氏註云：『太極爲精，陰陽爲粗。太極爲本，陰陽爲末。』此註恐誤。栗谷嘗曰：「精粗本末，以氣言也，一理通於無精無粗無本末彼此之間也。後來讀朱子書，有曰：『不論氣之精粗，而莫不有是理云云。』栗谷之說實出於此。熊說不可從也。」出門人鄭守夢曄近思釋疑。下同。

「與天地合其德，止合其吉凶。」栗谷曰：「四『其』字，指天地、日月、四時、鬼神而言也。鬼神合其吉凶者，聖人知事之吉凶，如鬼神之明也。」

「合理與氣而成氣質。」栗谷曰：「合理與氣，此言未穩，言氣則理在其中。」

「每日須求多少爲益，知所亡，改得少不善。」退溪答栗谷曰：「此段文義，果似未瑩。然其大義，只如葉註之說。註中『不知』二字，貼『所無』字，乃論語『日知其所無』之意也。『改得少不善』，謂有少不善，輒改之也，非欠一多字。」栗谷釋「求」字在「善」字下，與退溪釋不同。

「不害心疾。」退溪曰：「不爲心疾所害也。」栗谷曰：「『害』恐當『患』字看。」

「『習與性成』之『性』，葉註以爲本然。新安陳氏則引書『茲乃不義，習與性成』，以爲氣質。以何爲正？」栗谷曰：「陳說長。」

先生謂李成春曰：「爾文理尚未達，姑舍輯要而讀通鑑可也。」對曰：「小生年將三十，少無所就，自今讀性理之書，惟恐不及，何暇讀他書乎？」曰：「有是哉！爾之言也。爲學之道，必先達文理，然後吾之所知日長，所見日明，故用功易而其得必矣。若不達文義，先爲求道，則心地茅塞，識見茫昧，雖欲求道，末由也已。況學問之道，乃吾人終身事業，其何汲汲之有哉？孔子曰：『欲速則不達。』孟子曰：『其進鋭者，其退速。』聖賢之訓，昭在經傳，爾其未之學乎？」出直月記。下同。

諸生侍坐，先生曰：「諸生羣居終日，無所用心，不如靜坐山堂，以養其心也。」因而戒之曰：「比見諸生，一向優游，不勤所業，是何故也？余之訓諸生，諸生之學於余，其意豈如此耶？念之念之，毋爲少怠。」

李有慶問曰：「草木金石，亦有五行之氣乎？」先生曰：「有。鑽之而生火者非木歟？以水而發生者非木歟？觸之而生火者石也，濕潤而生水者石也。金亦有氣，故照日而火生焉，照月而水生焉。此其大概也，然未可一一而言之也。」

先生謂李成春曰：「汝近者中酒唱歌云，然耶？」曰：「非敢歌也，困於酒而永於言，故傍觀者不知，而謂之歌也。」曰：「既曰歌永言，則謂之歌者，不亦是乎？且爾過矣。余聞前日爾之叔父命唱歌，而爾不歌焉。余亦命歌，而爾又不歌。然則酒之威反重於長者之命乎？」仍問曰：「聞鄭鰲山曰：『若不善歌，雖有父母之命不敢歌。』然乎？」對曰：「鰲山曰：『父母若殷勤命之，則猶或歌也，不然則不敢也。』」曰：「異哉！鰲山之言。古人行年七十，舞斑衣作兒戲者，豈有他哉？誠以悦親也。是故孝子之事親也，必有愉色，有愉色者，必有和氣，雖有不義之命，黽勉順從，至於服勞，亦不敢怨焉。況歌者義本無害而身無所勞。雖不待出言，先意承順，以悦其親可也，豈計其歌之善不善哉？嗚呼！父母既没，雖欲悦，孰爲悦？有父母而不悦其心，則可謂人子乎？」夜，諸生皆拜退，先生曰：「居，吾有説焉：諸生羣居精舍，或讀書思索，或静坐存心，其能有異於前日者哉？」金義貞對曰：「雖無勇往之功，豈無少異於前日乎？」許克誠曰：「小生近來浮念尤重，讀書而書不在心，就寢而寢不安席。」曰：「何爲而然耶？」曰：「非有他故，雙親在堂，窮困莫甚。言念至此，不覺其然。」曰：「念之而若得善處之術則可矣，不然則徒勞精神，而反有害於用功，其何益之有哉？」吴潔對曰：「若在齋在家，則有師友父兄存焉，故心常敬畏，未嘗有放。若出外處，則或戲或笑，自致解弛。有時惕然念之，則寒粟遍體，不能自已也。」曰：「是何言歟？爲學之道，不論在内在外，皆當勉勉著功也。」李有慶對曰：「小子頃日歸寧，父母之心，以爲小子久侍先生，將有大得，望之若成人。念此父母之心，則心常警懼，多有愧怍也。」曰：「善哉爾心！是心足以學矣，願無忘是心也。」吴潔問曰：「假令山路日暮，徒步而行，暴得輭脚，不能運步，思欲投宿巖底，而又多虎豹。彷徨悶鬱之際，適有所知賊人，驅馬過去，憐其危死，懇請騎去，則當何以處之？」先生曰：「人之死生，都在彼天。我若定死，雖騎彼馬，焉知其不死也？我若無死，雖經露宿，焉知其不生也[二]？而況不騎者義也，騎之者利也。不計其義，徒欲取利，則可謂君子乎？」有慶因避席曰：「小生之意，以爲彼雖爲賊，既與我相知，又無他意，則我姑解衣與之而騎去。此意何如？」曰：「如此者必臨時權其輕重，不可預定也。然君子平日立心，必當以義爲利，然後其處天下之事，庶無所失矣。」

許克誠問：「兄弟同居，人倫之厚也。今有兄弟三人，一兄之志與我同，一兄之志與我不同，只與同志之兄同居，亦可乎？」曰：「如此可矣。然於不同志之兄，必期於感悟而終與同居，大可也。」

又問：「今有士焉，前貧賤而薄葬其父母，後富貴而改葬，如何？若不欲改之，則棺槨已腐，白骨將暴，人子終天之痛何可量也？貧賤之薄葬，勢不得已，富而不改，則可謂人子之情乎？」曰：「孟子之後喪逾於前喪，而且不改前喪之薄，如有可改之禮，則以孟子之賢而豈其情不足而不改也哉？誠無改之之禮也。聖賢之事，昭在經傳，小子其未之見乎？但有一事於此，補其墳土，茂其莎草，致其誠敬，謹其祭祀，則吾之情畢矣。强欲改葬，則是惑也，非禮也。」

李有慶問曰：「今有人焉，久遊同門，相與許交。一日以過而見黜於同類，則我見其人當如舊乎，抑泛然不與之更交乎？」曰：「苟見其人大段無狀之事，則雖有前分，難與更交。不然則不可以一時之過而便絶同門之友，須當從容切責，使入無過之地，是乃朋友之道也。」

李有慶問管仲、召忽死生得失，先生曰：「管仲之生，權也；召忽之死，直也：故皆是。然立嫡之分，乃萬世不易之常法也，則管仲之事不亦稍優於召忽之死乎？後之人臣若值如此之變，則不從管仲、召忽，而先見大義而處之者爲是。」

李有慶問：「陽貨非大夫，以大夫自處者也，然則其歸豚僭也，而聖人之往拜其門，何耶？」先生曰：「陽貨雖非大夫，當時之政一歸於貨，則其爲任乃大夫之任也，故夫子亦不得不以大夫待之也。」

又問：「陽貨、弗擾同是叛者，而夫子於陽貨則絶之，於弗擾則欲往者，何也？如曰『天下無不可變之人』云，則豈獨陽貨爲不可變者哉？且使弗擾終能用夫子，則夫子其果往從而興周道乎？」曰：「陽貨之全無善意，夫子已知之，故不欲見。至於弗擾，則其以費叛也，不召叛人逆黨，而召孔子，其意將欲遷善悔過。則以夫子天地生物之心，豈不爲之欲往也哉？然必知其不改，故亦終不往焉，其與待陽貨者何異哉？且弗擾雖用夫子，夫子豈可與此人而興至治乎？不過使之遷善改過，臣順於季氏耳。然聖人抑別有措置之事，有不可知者矣。」

又問：「行路之際，若遇忠孝旌門，當下馬而過乎？」曰：「若祖先之門則猶可下也，不然則只當俯式而已。余亦式而不下也。」

又問：「小子前日上京時，遇庶人爲老職堂上者三人，偶語路中，欲騎而過則於心不安，故下之而過，此意何如？」曰：「既有其年，又有其職，不可不下也：爾之下也善矣。」

奉聖民問：「先生、長者自外而來，則爲弟子者，當序立庭中，迎入而拜謁，禮乎？當避于他處，俟先生既入堂上，然後拜謁耶？」先生曰：「其禮則未可知也。以事觀之，則迎入而拜謁可矣。」

先生謂李成春曰：「近聞爾聞人責善，多有不肯之色云，是何義也？人有責我者，則必反而自省。若我實有可責之行，則彼責雖過，我當内訟，不憚改過，何可以責我者爲非哉？」成春起而避席曰：「敢不承教？」

戊午謁陶山時，退溪先生問先君子以「主一無適，酬酢萬變」之義，又曰：「朱子以割股爲過中。當親之病劇，人子以迫切之心，無所不用其極，或割股而得瘳親病，則所謂至誠感天者也。此乃人子向親至善之心也，雖謂之中可也。但其割之之際，有一毫私意，則此是不及者也。朱子不爲分析言之，而但曰『過中』者，何也？」先君子對曰：「此雖人子愛親之至誠，而或有感天之時，揆之事理，實非天下之常道也。況其割之之際，其人心術，外人何可察也？若果爲至善之中，則以曾子之孝，豈有不割者乎？無已則有一焉，一時神醫如華陀者出而言曰：『此病必須取他人血而補之，然後得瘳云。』其子即割己肉出血，以補親血而得瘳，則恐是得中也。」退溪先生擊節歎賞。出李景臨年譜草稾。

與牛溪先生論難理氣，往復九度，牛溪多從先生之説，故牛溪祭先生文有「欲事爲師」之語。然先生謂人曰：「吾於義理上曉解處，優於牛溪，牛溪多從吾説。而吾性弛緩，雖知之而不能實踐；牛溪則既知之，便能一一踐履，實有諸己，此吾所以不及也。」出事實記。

余嘗在牛溪精舍，先生曰：「小人閒居章，如見其肺肝之語，栗谷公教之子云何？」余對曰：「指人之視己者而言之也。」先生曰：「叔獻平生識見超邁，有出人底意思。每於文字上做出別論，大失前聖立言之本指。既曰人之視己如見其肺肝，則指小人之身。而人之視小人者，不但視其外面作僞而已，亦看得在内之肺肝也。其旨如此，更無他藴。」時李先生以大諫辭歸花石亭，將捲還石潭，來見先生而辭焉，先生以前語語之。李先生曰：「尊兄所論，大不襯合。蓋陰爲不善者，雖欲掩其不善，而人之視我之不善，實若人之自視肺肝，則何益之有哉？大意如斯，文順理直，俗學之誤見者，循途不返，惜哉！高明亦不免固滯之病也。」反覆相爭，終未歸宿。最後先生謂李先生曰：「吾兄自恃高明，謂人不若，然終不無覺悟之日矣。」李先生曰：「多言無益，姑守各見以俟可也。」出門人尹耆獻長貧子胡撰。

漢陰李相國釋褐，拜栗谷先生論文章，栗谷曰：「心通於道，然後可以自然成章。心有所不通，則文氣未暢。蓋學道，必先於學文也。」出崔滄浪濬寓言。

申濆築室居于富平縣餘金山，求詩諸名士，詩人尹紀理之詩曰：「荆門日暖桃花淨，無數晴蜂上下飛。午睡初醒童子語，折未山蕨滿筐肥。」諸人閣筆，栗谷見之歎曰：「此豈摹寫所得者？所謂『出於天然』者歟？」出郭西浦説日録。

栗谷昔在石潭，一日往候焉，謂赫曰：「舊時玉堂文僚中，辛君望坐不讀書，其才日退。主公一味嗜學，其才倍，文不可當也。」及與詞人白光勳評騭國朝以來詩家曰：「黄某公詩，發於經術，濟以自得，義理之文也。當與佔畢齋竝驅，湖陰、陽谷不是及也。」出黄赫所撰黄芝川廷彧行狀。

上延訪大臣，朴淳以爲吏曹用年少之人不可，大司憲具鳳齡以爲今日儒生不事讀書，高談大言云云。時栗谷入侍，進曰：「吏曹只擇人才，年雖少，有可用之才，則用之未爲不可。且士習不正，則朝廷當擇置賢師，以明教化，使歸中正。」出禹東溪伏龍雜録。下同。

栗谷曰：「我國不通庶孽，故頃有如金訓導、李訓導者至於未施而死，良可惜也。」

先生嘗言於上曰：「自古儒者難與俗吏謀。儒者曰：『唐虞可立致。』俗吏曰：『古道必難行。』故俗吏詘儒學，儒學亦詘俗吏，均之兩言皆非也。爲治當法三代，事功則須以漸進。臣言三代者，非曰一蹴便到，今日行一善政，明日行一善政，漸圖至治耳。」出安牛山邦俊雜録。下同。

河西清水芙蓉，光風霽月也，出處之正，無與公比者。栗谷豈欺我哉？牛溪先生曰：「栗谷在時，常有言曰：『凡人三十、四十之前，雖作優倡侏儒之戲，無所妨。』蓋深惡其知友晚節之不謹也。其時吾亦以爲憤世過激之言，今而後益知栗老之言不是過激，而實吾黨知友之所當鑑戒者也。」出牛山言行録。

尹月汀從容語及河西先生，起而言曰：「叔獻生時每稱河西出處之正，海東無與倫比。」出吴希吉所記金河西麟厚行蹟。

栗谷先生論花潭則曰：「微有認氣爲理之病。至於大學小註陳北溪説一款，駁之曰：『理氣元不相離，非有合也。』又聞嘗論太極圖説『妙合而凝』，不如朱子『渾融無間』之説也，後世必有知其解者。」出鄭畸菴弘溟雜録。

訪李叔獻，叔獻先及時事，爲之嗟咤。次論「理氣一本」、「心統性情」、「明德是本心，良知非天理」，及困知記「不可輕」等説，極似穩洽。出許篈朝天録。

癸酉九月二十一日，李珥以直提學被召，入侍進啓曰：「小臣疾病久退，今日伏聞玉音，殊不通利，不知何故而然也。竊聞殿下不樂聞戒色之語，未曉聖意所在，想必殿下聖資，自是清明寡慾，不待人言。故聞人此等語，便以爲不曉而妄言故爾，然無則加勉，不宜厭聞也。」上曰：「汝曾上疏，亦言如此。然此却不然，人之語音自不同，予語聲自是然爾，何疑之有？」珥曰：「殿下初年，臣嘗忝侍，這時玉音琅然，未嘗如此也，故臣敢疑之。」珥凡啓辭時，辭氣頗傷快直，是時玉色頗以爲忤。出金宇顒經筵講義。下同。

一日，珥因論整齊嚴肅之義，極陳政事閒得失之事，而曰：「『敬以直内』，又須『義以方外』。」宇顒曰：「真能『敬以直内』，則『義以方外』在其中矣。」珥又言己卯事云：「諸人不知有根本事，只從事於文具末節，所以敗也。」

珥急於作爲，凡建白多就事爲上敷奏。宇顒謂珥曰：「譬於人，豈不知飲食軀命所關？却是脾胃傷弱，不能下咽。今却不向脾胃上下藥，扶持元氣，使有思食之念，而只要將飯將肉强勸他，無亦未通乎？」珥曰：「固當下藥，先治脾胃。然若全不知飲食軀命所關，則亦不肯服藥治病矣。」

十月二十六日，朝講入侍，進講自「惟尹躬先見」，止「史氏之言忠信有終之説」。李珥啓曰：「古者君臣之閒，以忠信相與，情志交孚，故能有終。」守慎曰：「珥言别是一義，經言忠信之義，却不然。」宇顒曰：「忠信者，誠也。所存只是一箇誠實之心，故事事有終，其要自『不愧屋漏』始。若珥言君臣相與之忠信，亦自此中流出，無二道也。」又曰：「太甲恃伊尹而縱欲，故伊尹言此，所以汲汲於正太甲之身也。」珥曰：「太甲恃尹縱欲，固不好。然能知伊尹之可恃，亦有知人之明，由其明故終能改過爾。」禛、誠一請李滉賜謚，珥曰：「自鄭夢周倡學之後，入我朝，如金宏弼、趙光祖道學之人也，亦不知其用功之詳。其他雖有所謂學問者，而率皆不成模樣。若滉者，聽其言論風旨，真知古人之學者，誠未有其比。但其人資稟精神，似不逮於古人，殿下想必以此小之。然學問之功，至以變化其氣質，潛心古人之學，終始如一，積累功夫，所造日深，恐不可少也。」宇顒言及軍額不足之弊，珥曰：「減額紓民，則民有安業滋息之理。民漸復業，然後漸復舊額可也。」是時，籍軍使者之徒承望風旨，務以刻急爲辦，事多所虛張，州縣騷然，故及之。珥等因言：「國家於私賤，立法獨偏，既從母又從父，其弊至於良民盡入私家，而軍丁日少。」上曰：「此法誠爲未便，似當變通。」守愼乞因災異策免，上曰：「卿何出此言？今日羣臣無出卿右者。」珥曰：「以災異策免三公，非合理之事。人君遇災，當罪己責躬，側身修行，豈可委罪大臣乎？」

甲戌正月二十七日，晝講。宇顒曰：「大無道之世無災云者，此恐別有一道耳，非謂常常如是也。」其後，承旨珥入侍，上又問之，珥曰：「天人之間，只有福善禍淫之理。大無道之世無災云者，其説非是。」上以爲然。

二月一日，晝講。副提學柳希春曰：「『大哉王言』，物格知至故也；『一哉王心』，意誠心正故也。」宇顒與李珥啓曰：「此言非是。由其有格致誠正之功，故其言大；其言之大，故知其心之一，不可分言與心而兩之也。言，心聲也。心一則言大，猶形影也。故不得於言勿求於心，不可言有不得處，便是心有不明處故也。」

上謂宇顒曰：「若予亦可有爲乎？」對曰：「聖質高明超詣，若加意篤志，豈有不可爲之理？」李珥曰：「宇顒所言，雖是其情，然語太過矣。殿下執德有恒，有可爲之資，若加勉則豈不能有爲乎？」

乙亥六月二十四日，召對。李珥啓曰：「近來臺諫所言不從，人心頗解體。」上曰：「是予不敏故也。但唐虞之際亦有吁咈，豈可徒事唯唯也？」珥曰：「此固然，但可從之事則速從可也。」又曰：「臺諫之言有誤，則亦無不可駁正之理。」因言：「臣在黄海時，論崔世濯事云云。雖然，不可謂臺諫之言每如此而不之信也。」珥又啓曰：「持平閔純棄官歸田，賢者去國，此可警省處也。」上驚曰：「予未聞矣。何故去也？」珥曰：「世習滔滔，稍有直己之人，羣怪聚罵，使不得容其身，此純所以去也。以今時俗，決無有爲之望。若自上不爲主張，則賢者何所賴焉？且今時至誠憂國者極少，國家事是人主之憂也。人主不可獨任其憂，須得賢者而共憂之，不亦可乎？」上曰：「白布衣冠事，聞亦多以爲非云。人心如此，似難有爲。」珥曰：「不特此一事也，人心時習不好久矣。殿下若欲有爲，人心必有不悅而沮撓之者。惟在上心堅定不變，則豈有不成之理？」珥仍啓超遷久任之法，又曰：「今民生憔悴，膏澤已渴。朝廷雖欲救之，澤不下究，閭巷嗷嗷，無異往時，小民不知朝廷之清明。天之立君，以爲民也，民生如此，其可不念乎？然今人心不正，官吏無愛民之心，法令不行，無可如何。此在自上誠心爲民，而端原正本，以立紀綱，然後始有可爲之望矣。」宇顒曰：「自上惟以王道爲心，生靈爲念，則賢才輔而聖德進，紀綱可立而事可爲矣。」珥曰：「明主若欲有爲，須聚一時第一流輩於根本之地，不拘常規，未出身如純輩者，皆以閒官兼帶經筵職名，使得出入論難。且不須經筵，不時召見，君臣之間，如家人父子，情義相接，然後可爲也。未出身兼帶經筵事，人或以大典所無爲難，然備邊司特進官，皆非大典所載也。」上曰：「經筵之外，何以數數見羣臣乎？」珥曰：「祖宗朝承旨常入啓事，侍從之官無時獨對，論難疑事。成中之朝，亦皆如此。」上曰：「大臣及玉堂入番，則予欲數數召見。但承旨啓事，則似難矣。」上謂珥曰：「嘗讀何書？所最喜者何書乎？」對曰：「習舉業時所讀，則猶不讀也。向學之後，從小學讀來，以至大學、論、孟，猶未及中庸，終而復始，尚未能通會，故不及於六經矣。」上曰：「四書中最喜何書乎？」珥曰：「亦無不好，別無偏喜。餘暇亦讀近思、心經等書，但以疾病公務之故，多不能專。」上曰：「少時嘗習文章否？觀爾文詞甚好，亦嘗學否？」珥曰：「臣自少未嘗學文詞。少時頗好禪學，泛觀諸經，覺得無著實處，反以求之吾儒之書，亦非爲文章而讀。今爲文詞，粗成文理者，亦別無用工之由。但嘗讀韓文、古文真寶及詩、書大文而已。」

辛巳二月初十日，朝講春秋襄公同圍齊、左傳夙沙衛陷郭最處，臣曰：「衛以小怨誤大事，真小人也。」李珥曰：「小人之心，只知有私己，不知有國家，所以不可用也。」至楚子庚伐鄭，珥曰：「公子午知伐鄭之不可，而勉從其君之意，妄用師徒，多殺士卒。大臣如此，不亦負國乎？」臣曰：「午非不知，而欲避懷安之嫌，故出師以試之，此爲身而不忠於國者也。」珥仍進啓曰：「人君須明示好惡，使人知趨向可也。堯舜率天下以仁，而民從之；桀紂率天下以暴，而民從之。今好惡不分明，使天下不知上意之所嚮，不知其爲堯舜爲桀紂，所以治效之不至也。」臣曰：「古云：『善不賞，惡不罰，則雖有堯舜之德，而不能治天下。』此言信然。」珥曰：「我國人輕淺，纔欲有爲，便紛然有更張之論。上意恐其騷擾，故不欲有爲矣。然不可慮此而遂廢求治之心。」又曰：「頃日殿下答憲府，一言差異，羣下便喪膽，以爲有爲之志已墜。臣嘗笑之，以爲言詞偶爾，何至如此？然人心如此，發言不可不慎。」上曰：「予有何言乎？」珥曰：「論啓朴民獻時，上教以爲『攻發大臣陰私』，又云『豈爾輩論之之久而便改哉』，此等語已爲未安矣。」因言及守令事，金晬曰：「暗行御史無先文，恐傷事體。」珥曰：「晬不知外方事而言也。御史若出，先文而巡行，則萬無能察不法之理，須微行出入民間可也。」

校勘記

〔一〕栗谷以爲四端固亦隨氣而發　「隨」，疑作「乘」。

〔二〕焉知其不生也　「不」，原本無，據文意補。